MICROECONOMIA

MICROECONOMIA

8ª edição

Robert Pindyck
Daniel Rubinfeld

Revisão técnica

Julio Manuel Pires
Economista e historiador pela Universidade de São Paulo, onde também defendeu seu mestrado e doutorado em Economia. É professor do Departamento de Economia da FEARP/USP, e também do Departamento de Economia e do Programa de Estudos Pós-graduados em Economia Política da Pontifícia Universidade Católica de São Paulo.

Edgard Monforte Merlo
Graduado em Economia pela Unicamp, Mestre em Economia pela PUC-SP e Mestre e Doutor em Administração pela FEA/USP. Trabalha como professor associado da área de Política de Negócios e Economia de empresas da FEARP/USP.

Pearson

abdr
ASSOCIAÇÃO BRASILEIRA DE DIREITOS REPROGRÁFICOS
Respeite o direito autoral

©2014 Robert S. Pindyck e Daniel L. Rubinfeld

Todos os direitos reservados. Nenhuma parte desta publicação poderá ser reproduzida ou transmitida de qualquer modo ou por qualquer outro meio, eletrônico ou mecânico, incluindo fotocópia, gravação ou qualquer outro tipo de sistema de armazenamento e transmissão de informação, sem prévia autorização, por escrito, da Pearson Education do Brasil.

Diretor editorial e de conteúdo	Roger Trimer
Gerente editorial	Kelly Tavares
Supervisora de produção editorial	Silvana Afonso
Coordenadora de produção gráfica	Tatiane Romano
Editor de aquisições	Vinícius Souza
Editora de texto	Daniela Braz
Editor assistente	Luiz Salla
Preparação	Christiane Colas
Revisão	Guilherme Summa
Revisão técnica	Julio Manuel Pires e Edgard Monforte Merlo
Capa	Solange Rennó
	(Sob projeto original)
Projeto gráfico e diagramação	Casa de Ideias

Dados Internacionais de Catalogação na Publicação (CIP)
(Câmara Brasileira do Livro, SP, Brasil)

Pindyck, Robert S.
  Microeconomia / Robert S. Pindyck, Daniel L. Rubinfeld ; tradução Daniel Vieira, revisão técnica Edgard Merlo, Julio Pires. – 8. ed. – São Paulo : Pearson Education do Brasil, 2013.

  Título original: Microeconomics.
  Bibliografia.
  ISBN 978-85-430-0028-2

  1. Microeconomia 2. Microeconomia - Problemas, exercícios etc. I. Rubinfeld, Daniel L. II. Título.

13-10620   CDD-338.5

Índice para catálogo sistemático:
1. Microeconomia 338.5

Direitos exclusivos cedidos à
Pearson Education do Brasil Ltda.,
uma empresa do grupo Pearson Education
Av. Francisco Matarazzo, 1400,
7º andar, Edifício Milano
CEP 05033-070 - São Paulo - SP - Brasil
Fone: 19 3743-2155
pearsonuniversidades@pearson.com
Distribuição
Grupo A Educação
www.grupoa.com.br
Fone: 0800 703 3444

A nossas filhas,
Maya, Talia e Shira
Sarah e Rachel

SOBRE OS AUTORES

Revisar um livro-texto a cada três ou quatro anos exige um trabalho considerável, e a edição anterior foi muito bem recebida pelos estudantes. "Então, por que nosso editor está nos pedindo uma nova edição?" — questionaram os autores. "Será que precisamos de alguns exemplos mais recentes? Ou isso tem a ver com o mercado de livros usados?" Poderia ser ambos. De qualquer forma, aqui estão eles novamente, com uma nova edição que possui melhorias substanciais e muitos novos exemplos.

Robert S. Pindyck é professor de economia e finanças do Banco de Tokyo-Mitsubishi Ltd. na Sloan School of Management, MIT. Daniel L. Rubinfeld é professor de direito na Robert L. Bridges e professor emérito de economia na Universidade da Califórnia, Berkeley, além de professor de direito da Universidade de Nova York. Ambos obtiveram doutorado pelo MIT — Pindyck em 1971 e Rubinfeld em 1972. As pesquisas e os textos do professor Pindyck cobrem uma ampla variedade de tópicos em microeconomia, incluindo os efeitos da incerteza sobre o comportamento das empresas e a estrutura de mercado; os determinantes do poder de mercado; o comportamento dos mercados de recursos naturais, *commodities* e financeiro, economia ambiental e os critérios para decisões de investimentos. O professor Rubinfeld, que trabalhou como economista chefe no Departamento de Justiça norte-americano em 1997 e 1998, é autor de diversos artigos relacionados a política antitruste, política de competição, direito e economia, direito e estatística e economia pública.

Pindyck e Rubinfeld também são coautores de *Econometria: modelos e previsões*, livro-texto de sucesso que serve como um presente perfeito (aniversários de nascimento, casamento, bar-mitzvá, não importa) para o homem ou mulher que já tem de tudo. (Compre vários exemplares — você terá um desconto especial!) Esses dois autores estão sempre à procura de formas de ganhar algum dinheiro extra, assim, ambos recentemente serviram de cobaias humanas em testes de um novo medicamento para recuperação capilar. Rubinfeld tem a forte impressão de que estão lhe dando placebo.

Provavelmente, isso é tudo o que você deseja saber sobre os autores, mas, para obter mais informações, consulte seus respectivos sites, em inglês: http://web.mit.edu/rpindyck/www e http://www.law.berkeley.edu/faculty/rubinfeldd.

Os autores, de volta com a nova edição, refletindo sobre os anos de parceria de sucesso do livro-texto. Pindyck está à direita, e Rubinfeld, à esquerda.

SUMÁRIO

Prefácio xvii

PARTE UM
Introdução: mercados e preços..........1

1 Aspectos preliminares..................3

1.1 Os temas da microeconomia......................4
- *Dilemas..4*
- *Preços e mercados..5*
- *Teorias e modelos..5*
- *Análise positiva versus análise normativa.....6*

1.2 O que é um mercado?................................7
- *Mercados competitivos versus mercados não competitivos..................................8*
- *Preço de mercado..9*
- *Definição de mercado — a extensão de um mercado...9*

1.3 Preços reais versus preços nominais.........12

1.4 Por que estudar microeconomia?..............15
- *Tomada de decisões nas empresas: o Toyota Prius...16*
- *Elaboração de políticas públicas: padrões de eficiência de combustível para o século XXI.....17*

Resumo...**18**
Questões para revisão....................................**18**
Exercícios...**19**

2 Os fundamentos da oferta e da demanda..................................21

2.1 Oferta e demanda....................................22
- *A curva de oferta..22*
- *A curva de demanda......................................23*

2.2 O mecanismo de mercado........................25

2.3 Alterações no equilíbrio de mercado.........26

2.4 Elasticidades da oferta e da demanda......33
- *Elasticidades no ponto e no arco...................36*

2.5 Elasticidades de curto prazo versus elasticidades de longo prazo..............39
- *Demanda..39*
- *Oferta...43*

*2.6 Compreendendo e prevendo os efeitos das modificações nas condições de mercado......47

2.7 Efeitos da intervenção governamental — controle de preços..................................55

Resumo...**58**
Questões para revisão....................................**59**
Exercícios...**60**

PARTE DOIS
Produtores, consumidores e mercados competitivos 63

3 Comportamento do consumidor..................................65

Comportamento do consumidor......................66

3.1 Preferências do consumidor......................67
- *Cestas de mercado...67*
- *Algumas premissas básicas sobre preferências......68*
- *Curvas de indiferença....................................69*
- *Mapas de indiferença.....................................70*
- *A forma das curvas de indiferença.................72*
- *Taxa marginal de substituição........................73*
- *Substitutos perfeitos e complementos perfeitos.....74*

3.2 Restrições orçamentárias........................80

   Linha de orçamento.................................... *80*
   Efeitos das modificações na renda e nos preços......... 82
3.3 A escolha do consumidor............................**84**
   Soluções de canto.. 87
3.4 Preferência revelada....................................**90**
3.5 Utilidade marginal e escolha do consumidor..**93**
   Racionamento... 95
*3.6 Índices de custo de vida...........................**98**
   Índice de custo de vida ideal.......................... 98
   Índice de Laspeyres.................................... 99
   Índice de Paasche.................................... 100
   Índices de preços nos Estados Unidos:
   pesos encadeados..................................... 101

Resumo...**103**
Questões para revisão...................................**104**
Exercícios..**104**

4 **Demanda individual e demanda de mercado**...**107**
4.1 Demanda individual................................**108**
   Modificações no preço............................... 108
   A curva de demanda individual................... 109
   Modificações na renda............................... 110
   Bens normais versus inferiores.................. 111
   Curvas de Engel...................................... 112
   Substitutos e complementares.................. 114
4.2 Efeito renda e efeito substituição **115**
   Efeito substituição................................... 116
   Efeito renda... 117
   Um caso especial: os bens de Giffen.......... 118
4.3 Demanda de mercado...............................**120**
   Da demanda individual à demanda de mercado....... 120
   Elasticidade da demanda.......................... 122
   Demanda especulativa............................. 125
4.4 Excedente do consumidor **127**
4.5 Externalidades de rede **131**
   Externalidades de rede positivas............... 131
   Externalidades de rede negativas............... 133
*4.6 Estimativa empírica da demanda **135**
   Abordagem estatística para a estimativa
   da demanda... 135
   Formato da curva de demanda................... 136
   Entrevistas e abordagens experimentais para
   a determinação da demanda..................... 138

Resumo...**139**
Questões para revisão...................................**139**
Exercícios..**140**

Apêndice do Capítulo 4
Teoria da demanda — tratamento matemático......................................**143**
Maximização da utilidade 143
O método dos multiplicadores de Lagrange............. 144
Princípio da igualdade marginal.............................. 145
Taxa marginal de substituição 145
Utilidade marginal da renda................................... 146
Um exemplo... 146
Dualidade na teoria do consumidor......................... 147
Efeito renda e efeito substituição............................ 148

Exercícios..**150**

5 **Incerteza e comportamento do consumidor**..............................**151**
5.1 Descrevendo o risco **152**
   Probabilidade... 152
   Valor esperado....................................... 153
   Variabilidade... 153
   Tomada de decisão.................................. 156
5.2 Preferências em relação ao risco **157**
   Diferentes preferências em relação ao risco......... 159
5.3 Reduzindo o risco **162**
   Diversificação.. 162
   Seguros.. 164
   O valor da informação............................. 166
*5.4 A demanda por ativos de risco **168**
   Ativos.. 168
   Ativos de risco e ativos sem risco............... 169
   Retorno sobre ativos............................... 169
   O trade-off entre risco e retorno................ 171
   Problema da escolha do investidor............. 172
5.5 Bolhas **176**
   Cascatas de informação........................... 178
5.6 Economia comportamental **180**
   Pontos de referência e preferências do consumidor. 180
   Justiça... 182
   Princípios básicos e vieses na tomada de decisões .. 184
   Resumindo.. 186

Resumo...**187**
Questões para revisão...................................**188**
Exercícios..**188**

6 **Produção**..**191**
   As decisões empresariais sobre a produção............ 191

6.1 As empresas e suas decisões de produção 192
  Por que existem empresas? 193
  A tecnologia de produção 194
  A função de produção 194
  Curto prazo versus longo prazo 195
6.2 Produção com um insumo variável (trabalho) 196
  Produto médio e produto marginal 197
  As inclinações da curva de produto 197
  O produto médio da curva de trabalho 199
  O produto marginal da curva de trabalho 199
  A lei dos rendimentos marginais decrescentes 200
  A produtividade da mão de obra 204
6.3 Produção com dois insumos variáveis 205
  Isoquantas 206
  Flexibilidade do insumo 207
  Rendimentos marginais decrescentes 207
  Substituição entre os insumos 208
  As funções de produção — dois casos especiais ... 210
6.4 Rendimentos de escala 213
  Descrevendo os rendimentos de escala 214

Resumo 216
Questões para revisão 216
Exercícios 217

7 O custo de produção 219

7.1 Medindo custos: quais custos considerar? 220
  Custos econômicos versus custos contábeis 220
  Custos de oportunidade 220
  Custos irreversíveis 222
  Custos fixos e custos variáveis 223
  Custos fixos versus custos irreversíveis 224
  Custo médio e custo marginal 226
7.2 Custos no curto prazo 227
  Determinantes de custos no curto prazo 227
  Formatos das curvas de custo 228
7.3 Custos no longo prazo 232
  Custo de uso do capital 233
  Escolha de insumos e minimização de custos ... 234
  A linha de isocusto 235
  Escolha de insumos 236
  Minimização de custos com variação dos níveis de produção 239
  Caminho de expansão e custos no longo prazo ... 240
7.4 Curvas de custo no longo prazo *versus* curvas de custo no curto prazo 243
  Inflexibilidade da produção no curto prazo 243
  Custo médio no longo prazo 244
  Economias e deseconomias de escala 245
  Relação entre custos no curto e longo prazos 247
7.5 Produção com dois produtos — economias de escopo 248
  Curvas de transformação de produto 248
  Economias e deseconomias de escopo 249
  Grau das economias de escopo 250
*7.6 Mudanças dinâmicas nos custos — a curva de aprendizagem 251
  Gráfico da curva de aprendizagem 252
  Aprendizagem versus economias de escala ... 253
*7.7 Estimativa e previsão de custos 256
  Funções de custo e a medição de economias de escala 258

Resumo 260
Questões para revisão 261
Exercícios 261

Apêndice do Capítulo 7
Teoria da produção e do custo — tratamento matemático 264

  Minimização de custo 264
  Taxa marginal de substituição técnica 265
  Dualidade na teoria de produção e custo 266
  Funções de Cobb-Douglas de custo e produção 266

Exercícios 269

8 Maximização de lucros e oferta competitiva 271

8.1 Mercados perfeitamente competitivos 272
  Quando um mercado é altamente competitivo? 273
8.2 Maximização de lucros 274
  Será que as empresas maximizam lucros? 274
  Formas alternativas de organização 275
8.3 Receita marginal, custo marginal e maximização de lucros 276
  Demanda e receita marginal para uma empresa competitiva 277
  Maximização de lucros por empresas competitivas ... 279
8.4 Escolha do nível de produção no curto prazo ... 279
  Maximização de lucros no curto prazo por uma empresa competitiva 279
  Quando se deve encerrar uma empresa? 281
8.5 Curva de oferta no curto prazo da empresa competitiva 284
  Resposta da empresa a uma modificação de preço dos insumos 285

SUMÁRIO

8.6 Curva de oferta de mercado no curto prazo..287
Elasticidade da oferta de mercado...........288
Excedente do produtor no curto prazo..........290

8.7 Escolha do nível de produção no longo prazo.............292
Maximização do lucro no longo prazo............292
Equilíbrio competitivo no longo prazo............293
Renda econômica................296
Excedente do produtor no longo␣prazo............296

8.8 Curva de oferta do setor no longo prazo.......298
Setor de custo constante................298
Setor de custo crescente................. 300
Setor de custo decrescente.................301
Efeitos de um imposto.......................302
Elasticidade da oferta no longo prazo.........303

Resumo................306
Questões para revisão................306
Exercícios................307

9 Análise de mercados competitivos................311

9.1 Avaliação de ganhos e perdas resultantes de políticas governamentais: excedentes do consumidor e do produtor............312
Revisão dos excedentes do consumidor e do produtor............ 312
Aplicação dos conceitos de excedentes do consumidor e do produtor................ 314

9.2 Eficiência de um mercado competitivo.........318
9.3 Preços mínimos................321
9.4 Sustentação de preços e quotas de produção 325
Sustentação de preços................326
Quotas de produção................327

9.5 Quotas e tarifas de importação............333
9.6 Impacto de um imposto ou de um subsídio..338
Os efeitos de um subsídio................ 341

Resumo................344
Questões para revisão................345
Exercícios................345

PARTE TRÊS
Estrutura de mercado e estratégia competitiva................349

10 Poder de mercado: monopólio e monopsônio................351

10.1 Monopólio................352
Receita média e receita marginal................ 353
Decisão de produção do monopolista............354
Um exemplo................ 355
Regra prática para determinação de preços............357
Deslocamentos da demanda................ 359
Efeito de um imposto................360
*Empresa com múltiplas instalações................ 361

10.2 Poder de monopólio................363
Produção, preço e poder de monopólio............364
Medindo o poder de monopólio................ 365
Regra prática para a determinação de preços...........365

10.3 Fontes do poder de monopólio................368
A elasticidade da demanda de mercado............369
O número de empresas................369
A interação entre as empresas................370

10.4 Custos sociais do poder de monopólio............370
Captura de renda................372
Regulamentação de preços................372
Monopólio natural................ 373
Regulamentação na prática................ 374

10.5 Monopsônio................375
Comparação entre monopsônio e monopólio............378

10.6 Poder de monopsônio................378
Fontes do poder de monopsônio................ 379
Custos sociais do poder de monopsônio................380
Monopólio bilateral................381

10.7 Limitando o poder de mercado: a legislação antitruste................382
Restringindo o que as empresas podem fazer............383
Imposição da legislação antitruste................384
O antitruste na Europa................ 385

Resumo................387
Questões para revisão................388
Exercícios................388

11 Determinação de preços e poder de mercado................393

11.1 Captura do excedente do consumidor............394
11.2 Discriminação de preço................395
Discriminação de preço de primeiro grau................395
Discriminação de preço de segundo grau............398
Discriminação de preço de terceiro grau................399

11.3 Discriminação de preço intertemporal e preço de pico................ 405

	Discriminação de preço intertemporal...405		**12.5**	Implicações do dilema dos prisioneiros para a determinação de preços oligopolistas...468
	Preço de pico...406			*Rigidez de preços*...469
11.4	Tarifa em duas partes...408			*Sinalização de preços e liderança de preços*...470
***11.5**	Venda em pacote...413			*Modelo da empresa dominante*...472
	Avaliações relativas...414		**12.6**	Cartéis...473
	Pacotes mistos...418			*Análise dos preços determinados por cartéis*...474
	Venda em pacotes na prática...421			
	Venda casada...423			

Resumo...428
Questões para revisão...429
Exercícios...429

Apêndice do Capítulo 11
A empresa verticalmente integrada .. 434

Por que integrar verticalmente?...434
   Poder de mercado e dupla imposição de margem....434
Preços de transferência na empresa integrada...437
   Preços de transferência quando não há mercado externo...437
   Preços de transferência com mercado externo competitivo...440
   Preços de transferência com mercado externo não competitivo...442
   Impostos e preços de transferência...443
Um exemplo numérico...443
Exercícios...444

12 Competição monopolística e oligopólio...447

12.1 Competição monopolística...448
   Características da competição monopolística...448
   Equilíbrio no curto e no longo prazos...449
   Competição monopolística e eficiência econômica..450

12.2 Oligopólio...453
   Equilíbrio no mercado oligopolista...453
   Modelo de Cournot...454
   A curva de demanda linear — um exemplo...457
   Vantagem de ser o primeiro — o modelo de Stackelberg...459

12.3 Concorrência de preços...460
   Concorrência de preços com produtos homogêneos — modelo de Bertrand...461
   Concorrência de preços com produtos diferenciados...462

12.4 Concorrência *versus* coalizão: o dilema dos prisioneiros...465

Resumo...478
Questões para revisão...479
Exercícios...479

13 Teoria dos jogos e estratégia competitiva...483

13.1 Jogos e decisões estratégicas...483
   Jogos não cooperativos versus *jogos cooperativos*..484

13.2 Estratégias dominantes...486

13.3 Equilíbrio de Nash retomado...488
   Estratégias maximin...490
   **Estratégias mistas*...492

13.4 Jogos repetitivos...494

13.5 Jogos sequenciais...498
   Forma extensiva de um jogo...499
   Vantagem em ser o primeiro...500

13.6 Ameaças, compromissos e credibilidade...500
   Ameaças vazias...501
   Compromisso e credibilidade...502
   Estratégia de negociação...503

13.7 Desencorajamento à entrada...506
   Política de comércio estratégico e concorrência internacional...508

***13.8** Leilões...512
   Tipos de leilão...512
   Avaliação e informação...513
   Leilões de valor privado...513
   Leilões de valor comum...514
   Maximização da receita do leilão...515
   Lances e coalizões...516

Resumo...519
Questões para revisão...519
Exercícios...520

14 Mercados para fatores de produção...525

14.1 Mercados de fatores competitivos...525
   Demanda por um fator de produção quando apenas um fator é variável...526

A demanda por um fator de produção quando diversos insumos são variáveis 529
A curva de demanda do mercado 530
Oferta de insumos para uma empresa 533
O mercado de oferta de insumos 535

14.2 Equilíbrio em um mercado de fatores competitivo 538
Renda econômica 539

14.3 Mercado de fatores com poder de monopsônio 542
Poder de monopsônio: despesas marginal e média .. 542
Decisão de aquisição com poder de monopsônio 543
Poder de negociação 544

14.4 Mercado de fatores com poder de monopólio 546
Poder de monopólio sobre o nível de salários 546
Trabalhadores sindicalizados e não sindicalizados .. 548

Resumo 551
Questões para revisão 551
Exercícios 552

15 Investimento, tempo e mercados de capitais 555

15.1 Estoques *versus* fluxos 556
15.2 Valor presente descontado 557
Avaliação de fluxos de pagamentos 558
15.3 Valor de um título 560
Perpetuidades 560
Rendimento efetivo de um título 561
15.4 Critério do valor presente líquido para decisões de investimento de capital 563
A fábrica de motores elétricos 564
Taxas de desconto nominais versus reais 565
Fluxos de caixa futuros negativos 566
15.5 Ajustes para riscos 567
Riscos diversificáveis versus riscos não diversificáveis 567
Modelo de Formação de Preço para Ativos de Capital 568
15.6 Decisões de investimento dos consumidores ... 571
15.7 Investimentos em capital humano 573
*15.8 Decisões de produção intertemporal — recursos esgotáveis 576
Decisão de produção de um produtor de recurso esgotável único 577
Comportamento do preço de mercado 577
Custo de uso 578
Produção de recursos por um monopolista 579

15.9 Como são determinadas as taxas de juros? ...580
A variedade de taxas de juros 582

Resumo 583
Questões para revisão 584
Exercícios 584

PARTE QUATRO
Informação, falhas de mercado e o papel do governo 587

16 Equilíbrio geral e eficiência econômica 589

16.1 Análise de equilíbrio geral 590
Dois mercados interdependentes — rumo ao equilíbrio geral 590
A obtenção do equilíbrio geral 592
Eficiência econômica 595
16.2 Eficiência nas trocas 596
As vantagens do comércio 596
Diagrama da caixa de Edgeworth 597
Alocações eficientes 598
A curva de contrato 599
Equilíbrio do consumidor em um mercado competitivo 600
A eficiência econômica em mercados competitivos .. 602
16.3 Equidade e eficiência 603
Fronteira de possibilidades da utilidade 603
Equidade e competição perfeita 605
16.4 Eficiência na produção 606
Eficiência nos insumos 607
A fronteira de possibilidades de produção 607
Eficiência na produção 609
Eficiência nos mercados produtivos 610
16.5 Os ganhos do livre-comércio 612
Vantagem comparativa 612
Uma fronteira expandida das possibilidades de produção 613
16.6 A eficiência nos mercados competitivos — uma visão geral 616
16.7 Por que os mercados falham 617
Poder de mercado 618
Informações incompletas 618
Externalidades 619
Bens públicos 619

Resumo 620
Questões para revisão 621
Exercícios 621

17 Mercados com informação assimétrica 623

17.1 Incerteza sobre a qualidade e o mercado de limões 624
O mercado de automóveis usados 624
Implicações da informação assimétrica 626
Importância da reputação e da padronização 628

17.2 Sinalização de mercado 631
Um modelo simples de sinalização no mercado de trabalho 632
Certificados e garantias 634

17.3 Risco moral 636

17.4 O problema da relação agente-principal 638
O problema da relação agente-principal em empresas privadas 638
O problema da relação agente-principal em empresas públicas 641
Incentivos no sistema agente-principal 642

*17.5 Incentivos aos administradores de uma empresa integrada 644
Informações assimétricas e incentivos na empresa integrada 644
Aplicações 647

17.6 Informação assimétrica no mercado de trabalho: teoria do salário de eficiência 647

Resumo 650
Questões para revisão 650
Exercícios 651

18 Externalidades e bens públicos 653

18.1 Externalidades 653
Externalidades negativas e ineficiência 654
Externalidades positivas e ineficiência 656

18.2 Formas de corrigir falhas de mercado 659
Padrão de emissão de poluentes 660
Taxa sobre a emissão de poluentes 661
Padrões de emissões versus taxas 661
Permissões transferíveis para emissões 664
Reciclagem 667

18.3 Externalidades de estoque 671
Aumento do estoque e seus impactos 671

18.4 Externalidades e direitos de propriedade 676
Direitos de propriedade 676
Negociação e eficiência econômica 676
Negociação dispendiosa — o papel do comportamento estratégico 677
Solução legal — ação de indenização por danos 678

18.5 Recursos de propriedade comum 679

18.6 Bens públicos 682
Eficiência e bens públicos 683
Bens públicos e falhas de mercado 684

18.7 Preferências privadas por bens públicos 686

Resumo 688
Questões para revisão 688
Exercícios 689

Apêndice
Os fundamentos da regressão 693

Um exemplo 693
Estimativa 694
Testes estatísticos 695
A qualidade do ajuste 697
Previsões econômicas 698

Resumo 700

Glossário 701
Respostas dos exercícios selecionados 713
Índice 729

PREFÁCIO

Para os estudantes que se interessam em saber como o mundo funciona, a microeconomia é provavelmente uma das disciplinas mais relevantes e interessantes de se estudar. (Macroeconomia é a segunda disciplina mais importante.) O bom entendimento desse ramo da economia é vital para a tomada de decisões em empresas, bem como para o planejamento e para a compreensão da política pública e, de maneira mais geral, para apreciar como funciona a economia moderna. De fato, até mesmo para compreender as notícias do dia a dia é preciso compreender a microeconomia.

Escrevemos este livro, *Microeconomia*, porque acreditamos que os estudantes precisam ter contato com os novos tópicos que passaram a ocupar papel central na microeconomia ao longo dos últimos anos, como a teoria dos jogos e a estratégia competitiva, os papéis da incerteza e da informação e a determinação de preços por parte das empresas que detêm o poder de mercado. Acreditamos, também, que os alunos precisam entender como a microeconomia pode nos ajudar a compreender o que acontece no mundo e como ela pode servir de ferramenta no processo de tomada de decisão. Trata-se de uma disciplina estimulante e dinâmica, mas é preciso fazer os estudantes tomarem consciência de sua relevância e utilidade. Eles desejam e precisam compreender como a microeconomia pode ser utilizada na prática, fora da sala de aula.

Em resposta a essas necessidades, a oitava edição de *Microeconomia* apresenta uma nova abordagem da teoria microeconômica, realçando sua relevância e aplicação no processo de tomada de decisão tanto no setor privado como no público. Esse aspecto prático é reforçado por exemplos que abrangem assuntos como análise da demanda, do custo e da eficiência de mercado; formulação de estratégias de determinação de preços, decisões de investimento e produção e análise da política pública. Por conta da importância que damos a esses exemplos, eles foram incluídos ao longo de toda a obra.

Esta edição de *Microeconomia* incorpora as mudanças drásticas ocorridas na área durante os últimos anos. Houve um crescente interesse pela teoria dos jogos e pelas interações estratégicas entre empresas (capítulos 12 e 13), pelo papel e pelas implicações da incerteza e da informação assimétrica (capítulos 5 e 17), pelas estratégias de determinação de preços de empresas com poder de mercado (capítulos 10 e 11) e pela formulação de políticas que tratam de modo eficiente as externalidades, como a poluição ambiental (Capítulo 18).

O fato de este livro ser abrangente e atualizado não significa que seja "avançado" ou difícil. Esforçamo-nos bastante para tornar a exposição clara, acessível, dinâmica e atraente. Acreditamos que o estudo da microeconomia deva ser agradável e estimulante e esperamos que este livro reflita isso. Com exceção dos apêndices e das notas de rodapé, o livro não utiliza cálculo. Assim, torna-se adequado para estudantes com diversos tipos de formação. (As seções que exigem mais do leitor estão assinaladas com um asterisco, podendo ser facilmente suprimidas sem prejudicar o entendimento do livro.)

Modificações na oitava edição

Cada nova edição deste livro apoia-se no sucesso das edições anteriores, com o acréscimo de novos tópicos, exemplos atualizados e o aperfeiçoamento na exposição do conteúdo existente.

A oitava edição dá continuidade a essa tradição, com uma série de tópicos novos e modernos.

- Introduzimos material novo sobre demanda especulativa e expandimos nossa discussão de externalidades de rede para incluir redes sociais (Capítulo 4).
- No Capítulo 5, acrescentamos uma seção nova sobre bolhas e cascatas de informação, junto com exemplos mostrando aplicações para os mercados imobiliários e a crise financeira. Também expandimos e atualizamos o material sobre economia comportamental.
- Expandimos o Apêndice do Capítulo 11 de modo que amplie o tratamento da empresa integrada verticalmente, incluindo o problema da dupla marginalização e as vantagens da integração vertical, junto com a análise da determinação do preço de transferência interno.

Incluímos diversos exemplos novos e atualizamos a maior parte dos existentes.

- Introduzimos uma série de exemplos relacionados com a economia da saúde, incluindo a demanda e produção de assistência médica (capítulos 3, 6, 16 e 17).
- Também incluímos uma série de exemplos sobre mercados de serviço de táxi que ilustram os efeitos de políticas do governo que restringem a produção (capítulos 8, 9 e 15).
- Acrescentamos exemplos sobre demanda de energia e eficiência de energia (capítulos 4 e 7), e "contágio" em mercados financeiros globais (Capítulo 16).
- Acrescentamos ainda um exemplo que explica a determinação de preços para este livro (Capítulo 12).

Assim como em cada acréscimo, trabalhamos muito para melhorar a exposição onde foi possível. Para esta edição, revisamos e melhoramos o tratamento de parte do material essencial sobre produção e custo (Capítulos 7 e 8), bem como o tratamento do equilíbrio geral e eficiência econômica (Capítulo 16). Fizemos diversas outras mudanças, incluindo revisões de algumas das figuras, para tornar a exposição a mais clara e legível possível.

O formato desta edição é semelhante ao da anterior, o que nos permite continuar definindo os termos-chave nas margens (bem como no Glossário ao final do livro) e usar as margens para incluir Notas de Ligação, que relacionam as novas ideias apresentadas com os conceitos já expostos no texto.

Elaboração de cursos alternativos

Esta nova edição de *Microeconomia* oferece aos professores uma flexibilidade considerável na elaboração de cursos. Para cursos trimestrais ou semestrais que realcem os temas básicos, sugerimos a utilização dos seguintes capítulos e seções: do 1 ao 6, 7.1 a 7.4, do 8 ao 10, 11.1 a 11.3, 12, 14, 15.1 a 15.4, 18.1 a 18.2 e 18.5. Cursos um pouco mais ambiciosos poderão incluir também partes dos capítulos 5 e 16 e seções adicionais dos capítulos 7 e 9.

Se o intuito for enfatizar a incerteza e as falhas de mercado, o professor deve incluir, ainda, partes substanciais dos capítulos 5 e 17.

Dependendo do interesse de cada um e dos objetivos do curso, outras seções podem ser acrescentadas ou utilizadas para substituir o conteúdo que acabamos de indicar. Um curso que enfatize a moderna teoria de determinação de preços e a estratégia de empresas, por exemplo, deveria utilizar inteiramente os capítulos 11, 12 e 13 e as demais seções do Capítulo 15. Caso o tema central seja economia gerencial, é válida a inclusão dos apêndices dos capítulos 4, 7 e 11, além do apêndice sobre análise de regressão no final do livro. O Capítulo 16 e as seções adicionais do Capítulo 18 também podem ser utilizados para o estudo da economia voltada ao bem-estar e à política pública.

Por fim, gostaríamos de lembrar que aquelas seções ou subseções que exigem maior conhecimento do leitor e/ou que são periféricas ao conteúdo básico estão assinaladas com um asterisco. Elas podem ser facilmente suprimidas sem prejuízo à sequência do livro.

Material adicional

Professores e estudantes que usarem esta edição podem contar com material complementar de excepcional qualidade. O *Manual do Professor*, preparado por Duncan M. Holthausen, da North Carolina State University, apresenta as soluções detalhadas de todas as questões para revisão e dos exercícios presentes no fim dos capítulos. Esta oitava edição contém muitas questões para revisão e exercícios totalmente novos; além disso, uma grande parte dos exercícios foi revista e atualizada. O novo manual do professor também foi revisado de acordo com o texto. Cada capítulo traz, ainda, dicas didáticas que resumem os pontos-chave.

As *Apresentações em PowerPoint* foram revisadas para esta edição por Fernando Quijano, da Dickinson State University, com os consultores editoriais Shelly Tefft e Michael Brener. O professor que adotá-las pode editar os esboços detalhados e, assim, criar suas próprias apresentações, ricas em cores e de aparência profissional, além de poder preparar apostilas personalizadas para seus alunos. A Apresentação em PowerPoint também contém notas de aula e um conjunto completo de figuras animadas do livro-texto.

O *Guia de Estudos*, preparado por Valerie Suslow, da Universidade de Michigan, e Jonathan Hamilton, da Universidade da Flórida, oferece uma grande variedade de material de análise e exercícios para estudantes. Cada capítulo contém uma lista de conceitos importantes, destaques do capítulo, uma análise do conceito, conjuntos de problemas e um questionário de autoteste. Respostas e soluções resolvidas são fornecidas para todos os exercícios, conjuntos de problemas e perguntas de autoteste.

Para a sua conveniência, todos os recursos para o professor estão disponíveis on-line no Site de apoio do livro (www.grupoa.com.br). Para ter acesso ou obter mais informações, entre em contato através do e-mail *divulgacao@grupoa.com.br*.

Agradecimentos

De fato, é preciso muita gente para revisar um livro-texto. Uma vez que este texto é resultado de anos de experiência em salas de aula, devemos agradecer a nossos estudantes e colegas com os quais frequentemente discutimos microeconomia e sua apresentação. Tivemos também a colaboração de competentes assistentes de pesquisa. Nas primeiras sete edições do livro, contamos com a colaboração de Peter Adams, Walter Athier, Smita Brunnerneier, Phillip Gibbs, Matt Hartman, Salar Jahedi, Jamie Jue, Rashmi Khare, Jay Kim, Maciej Kotowski, Tammy McGavock, Masaya Okoshi, Kathy O'Regan, Shira Pindyck, Karen Randig, Subi Rangan, Deborah Senior, Ashesh Shah, Nicola Stafford e Wilson Tai. Kathy Hill ajudou na arte, enquanto Assunta Kent, Mary Knott e Dawn Elliott Linahan nos ajudaram em serviços de apoio na primeira edição. Desejamos agradecer especialmente a Lynn Steele e Jay Tharp, que proporcionaram considerável apoio editorial na segunda edição. Mark Glickman e Steve Wiggins ajudaram na elaboração dos exemplos na terceira edição, e Andrew Guest, Jeanette Sayre e Lynn Steele forneceram valioso apoio editorial nas terceira, quarta e quinta edições, bem como Brandi Henson e Jeanette Sayre na sexta edição, e assim como Ida Ng na sétima edição e Ida Ng e Dagmar Trantinova na oitava. Além disso, Carola Conces e Catherine Martin nos prestaram uma assistência de pesquisa magnífica nesta oitava edição.

A escrita deste livro foi um processo meticuloso e agradável. Em cada estágio, recebemos orientação extremamente valiosa por parte de professores de microeconomia de todo o país. Depois que a primeira versão da primeira edição deste livro foi editada e revisada, a prova foi objeto de discussão em um grupo de estudo que se reuniu durante dois dias em Nova York. Foi uma grande oportunidade para obtenção de ideias por parte de professores com diversas formações e perspectivas. Gostaríamos de agradecer aos seguintes membros do grupo, pelos conselhos e críticas: Carl Davidson, da Michigan State University; Richard Eastin, da Universidade Southern California; Judith Roberts, da California State University em Long Beach; e Charles Strein, da Universidade Northern Iowa.

Também queremos agradecer aos seguintes revisores pelos comentários e ideias que contribuíram significativamente para esta oitava edição de *Microeconomia*:

Anita Alves Pena, *Colorado State University*
Donald L. Bumpass, *Sam Houston State University*
Joni Charles, *Texas State University – San Marcos*
Ben Collier, *Northwest Missouri State University*
Lee Endress, *University of Hawaii*
Tammy R. Feldman, *University of Michigan*
Todd Matthew Fitch, *University of San Francisco*
Thomas J. Grennes, *North Carolina State University*
Philip Grossman, *Saint Cloud State University*
Nader Habibi, *Brandeis University*
Robert G. Hansen, *Dartmouth College*
Donald Holley, *Boise State University*
Folke Kafka, *University of Pittsburgh*
Anthony M. Marino, *University of Southern California*
Laudo M. Ogura, *Grand Valley State University*
June Ellenoff O'Neill, *Baruch College*
Lourenço Paz, *Syracuse University*
Philip Young, *University of Maryland*

Desejamos, ainda, agradecer a todos aqueles que revisaram as primeiras sete edições em seus diversos estágios de evolução:

Nii Adote Abrahams, Missouri Southern State College
Jack Adams, University of Arkansas, Little Rock
Sheri Aggarwal, Dartmouth College
Anca Alecsandru, Louisiana State University
Ted Amato, University of North Carolina, Charlotte
John J. Antel, University of Houston
Albert Assibey-Mensah, Kentucky State University
Kerry Back, Northwestern University
Dale Ballou, University of Massachusetts, Amherst
William Baxter, Stanford University
Charles A. Bennett, Gannon University
Gregory Besharov, Duke University
Maharukh Bhiladwalla, Rutgers University
Victor Brajer, California State University, Fullerton
James A. Brander, University of British Columbia
David S. Bullock, University of Illinois
Jeremy Bulow, Stanford University
Raymonda Burgman, DePauw University
H. Stuart Burness, University of New Mexico
Peter Calcagno, College of Charleston
Winston Chang, State University of New York, Buffalo
Henry Chappel, University of South Carolina
Larry A. Chenault, Miami University
Harrison Cheng, University of Southern California
Eric Chiang, Florida Atlantic University
Kwan Choi, Iowa State University
Charles Clotfelter, Duke University
Kathryn Combs, California State University, Los Angeles
Tom Cooper, Georgetown College
Richard Corwall, Middlebury College
John Coupe, University of Maine em Orono

Robert Crawford, Marriott School, Brigham Young University
Jacques Cremer, Virginia Polytechnic Institute and State University
Julie Cullen, University of California, San Diego
Carl Davidson, Michigan State University
Gilbert Davis, University of Michigan
Arthur T. Denzau, Washington University
Tran Dung, Wright State University
Richard V. Eastin, University of Southern California
Maxim Engers, University of Virginia
Carl E. Enomoto, New Mexico State University
Michael Enz, Western New England College
Ray Farrow, Seattle University
Gary Ferrier, Southern Methodist University
John Francis, Auburn University, Montgomery
Roger Frantz, San Diego State University
Delia Furtado, University of Connecticut
Craig Gallet, California State University, Sacramento
Patricia Gladden, University of Missouri
Michele Glower, Lehigh University
Otis Gilley, Louisiana Tech University
Tiffani Gottschall, Washington & Jefferson College
William H. Greene, New York University
Thomas A. Gresik, Notre Dame University
John Gross, University of Wisconsin em Milwaukee
Adam Grossberg, Trinity College
Jonathan Hamilton, University of Florida
Claire Hammond, Wake Forest University
Bruce Hartman, California State University, The California Maritime Academy
James Hartigan, University of Oklahoma
Daniel Henderson, Binghamton University
George Heitman, Pennsylvania State University
Wayne Hickenbottom, University of Texas em Austin
George E. Hoffer, Virginia Commonwealth University
Stella Hofrenning, Augsburg College
Duncan M. Holthausen, North Carolina State University
Robert Inman, The Wharton School, University of Pennsylvania
Brian Jacobsen, Wisconsin Lutheran College
Joyce Jacobsen, Rhodes College
Jonatan Jelen, New York University
Changik Jo, Anderson University
B. Patrick Joyce, Michigan Technological University
Mahbubul Kabir, Lyon College
David Kaserman, Auburn University
Brian Kench, University of Tampa
Michael Kende, INSEAD, France
Philip G. King, San Francisco State University
Paul Koch, Olivet Nazarene University
Tetteh A. Kofi, University of San Francisco
Dennis Kovach, Community College of Allegheny County
Anthony Krautman, DePaul University
Leonard Lardaro, University of Rhode Island
Sang Lee, Southeastern Louisiana University
Robert Lemke, Florida International University
Peter Linneman, University of Pennsylvania
Leonard Loyd, University of Houston
R. Ashley Lyman, University of Idaho
James MacDonald, Rensselaer Polytechnical Institute
Wesley A. Magat, Duke University
Peter Marks, Rhode Island College
Anthony M. Marino, University of Southern Florida
Lawrence Martin, Michigan State University
John Makum Mbaku, Weber State University
Richard D. McGrath, College of William and Mary
Douglas J. Miller, University of Missouri, Columbia
David Mills, University of Virginia, Charlottesville
Richard Mills, University of New Hampshire
Jennifer Moll, Fairfield University
Michael J. Moore, Duke University
W. D. Morgan, University of California em Santa Barbara
Julianne Nelson, Stern School of Business, New York University
George Norman, Tufts University
Laudo Ogura, Grand Valley State University
Daniel Orr, Virginia Polytechnic Institute and State University
Ozge Ozay, University of Utah
Christos Paphristodoulou, Mälardalen University
Sharon J. Pearson, University of Alberta, Edmonton
Ivan P'ng, University of California, Los Angeles
Michael Podgursky, University of Massachusetts, Amherst
Jonathan Powers, Knox College
Lucia Quesada, Universidad Torcuato Di Telia
Benjamin Rashford, Oregon State University

Charles Ratliff, Davidson College
Judith Roberts, California State University, Long Beach
Fred Rodgers, Medaille College
William Rogers, University of Missouri, Saint Louis
Geoffrey Rothwell, Stanford University
Nestor Ruiz, University of California, Davis
Edward L. Sattler, Bradley University
Roger Sherman, University of Virginia
Nachum Sicherman, Columbia University
Sigbjørn Sødal, Agder University College
Menahem Spiegel, Rutgers University
Houston H. Stokes, University of Illinois, Chicago
Richard W. Stratton, University of Akron
Houston Stokes, University of Illinois at Chicago
Charles T. Strein, University of Northern Iowa
Charles Stuart, University of California, Santa Barbara
Valerie Suslow, University of Michigan
Theofanis Tsoulouhas, North Carolina State
Mira Tsymuk, Hunter College, CUNY
Abdul Turay, Radford University
Sevin Ugural, Eastern Mediterranean University
Nora A. Underwood, University of California, Davis
Nikolaos Vettas, Duke University
David Vrooman, St. Lawrence University
Michael Wasylenko, Syracuse University
Thomas Watkins, Eastern Kentucky University
Robert Whaples, Wake Forest University
David Wharton, Washington College
Lawrence J. White, New York University
Michael F. Williams, University of St. Thomas
Beth Wilson, Humboldt State University
Arthur Woolf, University of Vermont
Chiou-nan Yeh, Alabama State University
Peter Zaleski, Villanova University
Joseph Ziegler, University of Arkansas, Fayetteville

Além do processo de revisão formal, agradecemos especialmente a Jean Andrews, Paul Anglin, J. C. K. Ash, Ernst Berndt, George Bittlingmayer, Severin Borenstein, Paul Carlin, Whewon Cho, Setio Angarro Dewo, Avinash Dixit, Frank Fabozzi, Joseph Farrell, Frank Fisher, Jonathan Hamilton, Robert Inman, Joyce Jacobsen, Paul Joskow, Stacey Kole, Preston McAfee, Jeannette Mortensen, John Mullahy, Krishna Pendakur, Jeffrey Perloff, Ivan P'ng, A. Mitchell Polinsky, Judith Roberts, Geoffrey Rothwell, Garth Saloner, Joel Schrag, Daniel Siegel, Thomas Stoker, David Storey, James Walker e Michael Williams, os quais colaboraram com comentários, críticas e sugestões durante a elaboração das várias edições deste livro.

Diversas pessoas fizeram valiosos comentários, correções e sugestões para a oitava edição. Dedicamos um agradecimento especial a Ernst Berndt, David Colander, Kurt von dem Hagen, Chris Knittel, Thomas Stoker e Lawrence White.

O Capítulo 5 desta oitava edição contém material novo e atualizado sobre economia comportamental, cuja origem deve-se em grande parte aos comentários cuidadosos de George Akerlof. Também queremos agradecer a Ida Ng, pela excepcional assistência no processo editorial e pela cuidadosa revisão feita nas páginas de prova deste livro.

Além disso, gostaríamos de expressar nossos sinceros agradecimentos pelo extraordinário esforço da equipe da Macmillan, Prentice Hall e Pearson no desenvolvimento das diversas edições deste livro. No decorrer do trabalho de escrita da primeira edição, Bonnie Lieberman deu-nos preciosa orientação e estímulo; Ken MacLeod manteve o andamento do livro em um ritmo adequado; Gerald Lombardi forneceu competente assistência editorial e aconselhamento; e John Molyneux supervisionou a produção da obra com habilidade.

Durante o desenvolvimento da segunda edição, tivemos a felicidade de contar com o estímulo e o apoio de David Boelio e com o suporte organizacional e editorial de dois editores da Macmillan, Caroline Carney e Jill Lectka. Essa edição também contou muito com a formidável produção editorial de Gerald Lombardi, e de John Travis, que gerenciou seu desenvolvimento.

Jill Lectka e Denise Abbott, nossos editores da terceira edição, muito contribuíram com suas intervenções. Leah Jewell foi nossa editora da quarta edição; agradecemos muito sua paciência, consideração e perseverança. Chris Rogers forneceu orientação contínua e leal durante as edições de cinco a sete. Com relação a esta oitava edição, somos gratos à nossa editora de economia Adrienne D'Ambrosio, que trabalhou diligentemente durante esta revisão principal. Também agradecemos muito os esforços de Deepa Chungi, nosso Editor de Desenvolvimento; Kathryn Dinovo, Gerente de Projetos de Produção Sênior; Jonathan Boylan, Diretor de Arte; Angela Norris, Gerente de Projetos com Integra; Donna Battista, Editora Chefe; Sarah Dumouchelle, Gerente de Projetos Editoriais; Lori DeShazo, Gerente Executiva de Marketing; Noel Lotz, Líder de Conteúdo do MyEconLab; Melissa Honig, Produtora Executiva de Mídia; e Alison Eusden, Editora de Suplementos.

> Nossos agradecimentos especiais vão para Catherine Lynn Steele, cujo excepcional trabalho editorial nos conduziu ao longo das cinco primeiras edições deste livro. Lynn faleceu em 10 de dezembro de 2002. Sentimos muito sua falta.

R.S.P.
D.L.R.

Agradecimentos – Edição brasileira

Agradecemos a todos os profissionais envolvidos na produção desta edição brasileira, em especial ao Prof. Julio Manuel Pires (Universidade de São Paulo, campus Ribeirão Preto, e Pontifícia Universidade Católica de São Paulo) e ao Prof. Edgard Monforte Merlo (FEARP – Universidade de São Paulo) pela dedicação e prestatividade na revisão técnica do conteúdo.

Materiais de apoio do livro

No site www.grupoa.com.br professores e alunos podem acessar os seguintes materiais adicionais:

Para o professor:
- *Apresentações em PowerPoint*
- *Manual do professor (em inglês)*
- *Banco de imagens*
- *Exercícios adicionais (em inglês)*

Para estudantes:
- *Exercícios adicionais e autocorrigíveis*

PARTE UM

Introdução: mercados e preços

CAPÍTULOS

1. Aspectos preliminares   3
2. Os fundamentos da oferta e da demanda   21

A **Parte I examina o campo de estudo da microeconomia e introduz alguns conceitos básicos e algumas ferramentas.**

O Capítulo 1 discute os tipos de problemas tratados pela microeconomia e as várias respostas que ela pode oferecer. Também explicamos o que é um mercado, como determinar seus limites ou sua extensão, e de que maneira podemos medir o preço de mercado.

O Capítulo 2 trata de uma das mais importantes ferramentas da microeconomia: a análise da oferta e da demanda. Nele mostramos como funcionam os mercados competitivos e como a oferta e a demanda determinam os preços e as quantidades de mercadorias e serviços. Demonstramos, ainda, como a análise da oferta e da demanda pode ser utilizada para determinar os efeitos das mudanças das condições de mercado, inclusive quando há intervenção do governo.

CAPÍTULO 1

Aspectos preliminares

ESTE CAPÍTULO DESTACA

1.1	Os temas da microeconomia	4
1.2	O que é um mercado?	7
1.3	Preços reais *versus* preços nominais	12
1.4	Por que estudar microeconomia?	15

LISTA DE EXEMPLOS

1.1	O mercado de adoçantes	10
1.2	Uma bicicleta é uma bicicleta. Ou não?	11
1.3	O preço dos ovos e o custo do ensino universitário	13
1.4	O salário mínimo	14

A economia divide-se em dois ramos principais: microeconomia e macroeconomia. A **microeconomia** trata do comportamento das unidades econômicas individuais. Estas incluem consumidores, trabalhadores, investidores, proprietários de terra, empresas — na realidade, qualquer indivíduo ou entidade que tenha participação no funcionamento de nossa economia.[1] A microeconomia explica como e por que essas unidades tomam decisões econômicas. Por exemplo, ela esclarece como os consumidores tomam decisões de compra e de que forma suas escolhas são influenciadas pelas variações de preços e rendas. Explica também de que maneira as empresas determinam o número de funcionários que contratarão e como os trabalhadores decidem onde e quanto trabalhar.

Outra preocupação importante da microeconomia é saber como as unidades econômicas (as empresas) interagem para formar unidades maiores — mercados e indústrias. A microeconomia nos ajuda a compreender, por exemplo, por que a indústria automobilística norte-americana se desenvolveu da forma como se desenvolveu e como os fabricantes e consumidores interagem no mercado de automóveis. Ela explica como são determinados os preços dos automóveis, quanto as empresas automobilísticas investem em novas fábricas e quantos automóveis são produzidos a cada ano. Por meio do estudo do comportamento e da interação entre cada empresa e os consumidores, a microeconomia revela como os setores e os mercados operam e se desenvolvem, por que são diferentes entre si e como são influenciados pelas políticas governamentais e condições econômicas globais.

Em contrapartida, a **macroeconomia** trata das quantidades econômicas agregadas, tais como taxa de crescimento e nível do produto nacional, taxas de juros, desemprego e inflação. Porém, a fronteira entre a macroeconomia e a microeconomia tem se tornado cada vez menos definida nos últimos anos. Isso ocorre porque a macroeconomia também envolve a análise de mercados — por exemplo, mercados agregados de bens e serviços, mão de obra e títulos de empresas. Para entender como tais mercados

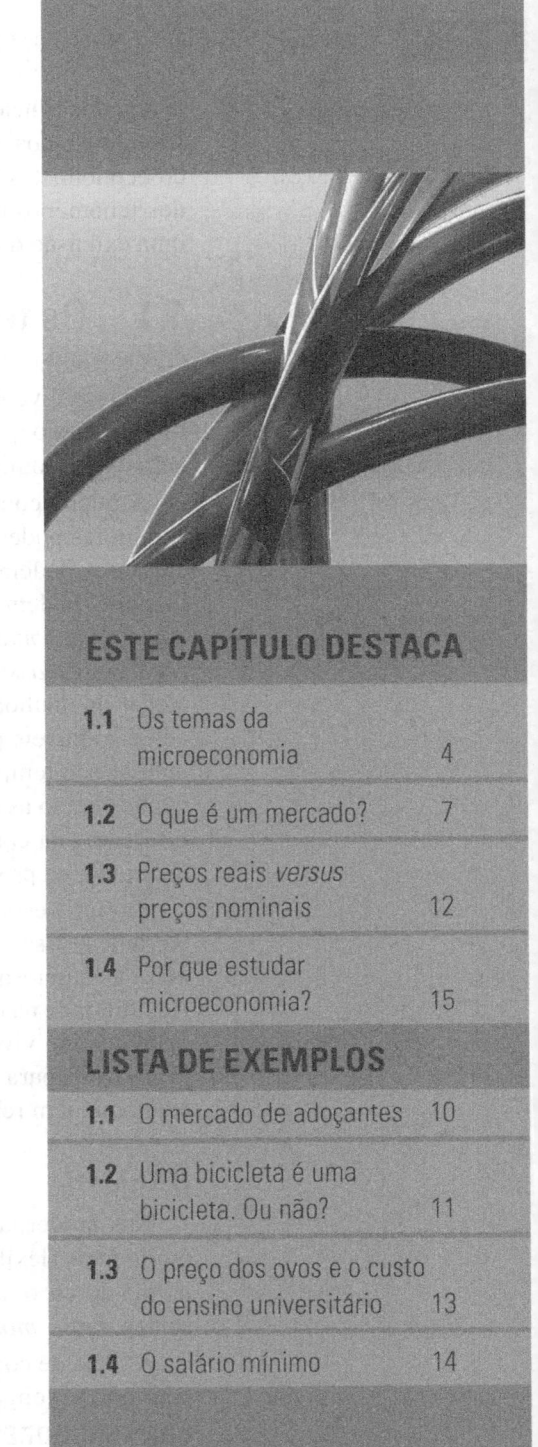

---

[1] O prefixo *micro* vem do grego "pequeno". Entretanto, muitas das unidades econômicas individuais que vamos estudar são pequenas somente se comparadas à economia dos Estados Unidos como um todo. As vendas anuais da General Motors, da IBM, ou da Microsoft, por exemplo, são mais altas do que o produto interno bruto de muitos países.

agregados funcionam, é necessário compreender o comportamento das empresas, dos consumidores, dos trabalhadores e dos investidores que os constituem. Dessa maneira, os macroeconomistas têm se preocupado cada vez mais com os fundamentos microeconômicos dos fenômenos econômicos agregados, e grande parte da macroeconomia é, na realidade, uma extensão da análise microeconômica.

> **microeconomia**
> Ramo da economia que lida com o comportamento de unidades econômicas individuais — consumidores, empresas, trabalhadores e investidores —, assim como com os mercados que essas unidades englobam.

> **macroeconomia**
> Ramo da economia que lida com as variáveis econômicas agregadas, tais como taxa de crescimento e nível do produto nacional, taxas de juros, desemprego e inflação.

1.1 Os temas da microeconomia

Os Rolling Stones afirmaram certa vez que "Você não pode ter sempre tudo o que deseja". Isso é verdade. Para muitas pessoas (até mesmo para Mick Jagger), a existência de limites para o que se quer ter ou fazer é um fato da vida que se aprende na infância. Porém, para os economistas, isso pode ser uma obsessão.

A microeconomia trata, em grande parte, de *limites* — da renda limitada que os consumidores podem gastar em bens e serviços, de orçamentos e tecnologias limitadas que as empresas podem empregar para produzir bens, do número limitado de horas que os trabalhadores podem dedicar ao trabalho ou ao lazer. Mas a microeconomia também trata de *como tirar o máximo proveito desses limites*. Mais precisamente, ela trata da *alocação de recursos escassos*. Por exemplo, a microeconomia explica como os consumidores podem alocar da melhor maneira possível sua renda limitada na compra dos vários bens e serviços disponíveis para aquisição. Ela também explica como os trabalhadores podem alocar melhor seu tempo ao trabalho em vez de lazer, ou a um emprego em vez de outro. E ela explica como as empresas podem alocar de forma mais eficiente seus recursos financeiros limitados, na contratação de trabalhadores adicionais ou na compra de novo maquinário ou, ainda, na produção de determinado conjunto de bens em vez de outro.

Em uma economia planejada como a de Cuba, da Coreia do Norte ou da antiga União Soviética, essas decisões de alocação são feitas principalmente pelo governo. Este determina às empresas o que, quanto e como elas devem produzir; os trabalhadores têm pouca flexibilidade na escolha de seu emprego, das horas a serem trabalhadas ou mesmo do lugar onde querem viver; e os consumidores têm, em geral, um conjunto muito limitado de bens disponíveis para escolha. Por consequência, muitos dos conceitos e instrumentos da microeconomia têm relevância limitada nesses países.

Dilemas

Nas modernas economias de mercado, consumidores, trabalhadores e empresas têm muito mais flexibilidade e poder de escolha na alocação de recursos escassos. A microeconomia descreve os dilemas (*trade-offs*) com que Consumidores, Trabalhadores e empresas se deparam e *mostra como esses dilemas podem ser resolvidos da melhor maneira*.

A ideia de como fazer escolhas é um tema importante da microeconomia e ela será encontrada ao longo de todo este livro. Vamos examiná-la mais detalhadamente.

CONSUMIDORES Os consumidores têm renda limitada, a qual pode ser gasta em uma grande variedade de bens e serviços ou poupada para o futuro. A *teoria do consumidor*, tema dos Capítulos 3, 4 e 5 deste livro, descreve como os consumidores, com base em suas preferências, maximizam o próprio bem-estar optando por comprar mais unidades de determinado bem e, em contrapartida, adquirir menos de outros. Veremos também como os consumidores decidem que parcela de sua renda poupar, escolhendo entre consumo atual e consumo futuro.

TRABALHADORES Os trabalhadores também enfrentam restrições e fazem escolhas. Primeiro, as pessoas têm de decidir se e quando devem fazer parte da força de trabalho. Os tipos de empregos — assim como os níveis de salário — disponíveis para um trabalhador dependem em parte de seu grau de educação e das habilidades acumuladas. Assim, uma pessoa tem a opção de trabalhar agora (obtendo, desse modo, um rendimento imediato) ou continuar estudando (na esperança de obter uma renda melhor no futuro). Segundo, os trabalhadores enfrentam dilemas na escolha do emprego. Por exemplo, enquanto algumas pessoas escolhem trabalhar para grandes corporações, que oferecem bastante segurança, mas limitadas oportunidades de ascensão, outras optam por pequenas empresas, nas quais encontram menos segurança, mas melhores oportunidades de avançarem na carreira profissional. Por fim, as pessoas algumas vezes precisam decidir quantas horas por semana querem trabalhar, trocando, assim, trabalho por lazer.

EMPRESAS As empresas também enfrentam limitações em relação àquilo que podem produzir e aos recursos disponíveis para produzi-los. A General Motors, por exemplo, é muito boa na fabricação de automóveis e caminhões, mas não é capaz de produzir aeronaves, computadores ou produtos farmacêuticos. Ela está também limitada pelos recursos financeiros e pela capacidade atual de produção de suas fábricas. Dadas essas restrições, a General Motors deve decidir quanto de cada tipo de veículo deve produzir. Se quiser fabricar um número maior de automóveis e caminhões nos próximos anos, ela tem de decidir se contrata mais trabalhadores ou se constrói mais fábricas, ou ambas as coisas. A *teoria da firma*, assunto dos capítulos 6 e 7, descreve como essas escolhas podem ser feitas da melhor maneira.

Preços e mercados

Um segundo tema importante da microeconomia é o papel dos *preços*. Todos os dilemas descritos anteriormente se baseiam nos preços que consumidores, trabalhadores e empresas encontram. Por exemplo, um consumidor opta por frango em vez de bife, em parte, por causa de suas preferências, mas também por causa dos preços. De igual modo, os empregados optam por trabalhar mais, abrindo mão de seu lazer, em parte, por conta do "preço" que podem obter por seu esforço produtivo, ou seja, o *salário*. As empresas decidem se empregam mais trabalhadores ou compram mais máquinas baseando-se, em parte, nos salários vigentes no mercado e nos preços das máquinas.

A microeconomia também explica como os preços são determinados. Em uma economia centralmente planejada, os preços são fixados pelo governo. Em uma economia de mercado, os preços são determinados pela interação entre consumidores, trabalhadores e empresas. Essa interação ocorre nos *mercados* — conjuntos de compradores e vendedores que determinam juntos os preços de cada um dos bens. No mercado de automóveis, por exemplo, o preço dos carros é afetado pela concorrência entre a Ford, a General Motors, a Toyota e outros fabricantes, assim como pela demanda dos consumidores. O papel central dos mercados é o terceiro tema mais importante da microeconomia. Outras considerações sobre a natureza e a operação dos mercados serão apresentadas em breve.

Teorias e modelos

Como qualquer ciência, a economia preocupa-se com a *explicação* de fenômenos observados. Por que, por exemplo, as empresas tendem a contratar ou demitir trabalhadores quando o preço das matérias-primas utilizadas em seus processos produtivos se altera? Quantos trabalhadores provavelmente serão contratados ou demitidos por uma empresa ou setor se o preço das matérias-primas aumentar, digamos, 10%?

Na economia, como em outras ciências, explicação e previsão baseiam-se em *teorias*. As teorias são desenvolvidas para explicar fenômenos observados em termos de um conjunto de regras básicas e premissas. A *teoria da firma*, por exemplo, começa com uma premissa simples — as empresas procuram maximizar seus lucros. A teoria utiliza tal premissa para explicar como as empresas determinam a quantidade de mão de obra, capital e matérias-primas que empregam na produção, assim como o volume produzido. Ela explica também como essas escolhas dependem dos *custos* dos insumos, ou seja, mão de obra, capital e matérias-primas, bem como do preço que a empresa pode receber por seus produtos.

As teorias econômicas constituem também a base para a elaboração de previsões. Assim, a teoria da empresa nos diz se o nível de produção de uma empresa aumentará ou diminuirá em resposta a um aumento nos níveis salariais ou a um decréscimo no preço das matérias-primas. Com a aplicação de técnicas estatísticas e econométricas, as teorias podem ser utilizadas para construir modelos com os quais possam ser feitas previsões quantitativas.

Um *modelo* é uma representação matemática de uma empresa, um mercado ou alguma outra entidade, com base na teoria econômica. Por exemplo, poderíamos desenvolver um modelo de uma empresa específica e utilizá-lo para prever quanto deve variar o nível de produção como resultado, digamos, de uma queda de 10% no preço de suas matérias-primas.

A estatística e a econometria também nos permitem avaliar a precisão de nossas previsões. Por exemplo, suponhamos a seguinte previsão: uma queda de 10% no preço das matérias-primas levará a um aumento de 5% na produção. Temos certeza de que o aumento da produção será de exatamente 5% ou talvez fique entre 3% e 7%? Quantificar uma previsão de maneira precisa pode ser tão importante quanto a própria previsão.

Nenhuma teoria, seja em economia, física ou em qualquer outra ciência, é perfeitamente correta. A utilidade e a validade de uma teoria dependem de sua eficácia em explicar e prever o conjunto de fenômenos que ela tem por objeto. Desse modo, as teorias são continuamente testadas por meio da observação. Como resultado dos testes, com frequência elas são modificadas ou aprimoradas e, às vezes, até mesmo descartadas. O processo de teste e aprimoramento de teorias é fundamental para o desenvolvimento da economia como ciência.

Na avaliação de uma teoria, é importante ter em mente que ela é invariavelmente imperfeita. Isso ocorre em todos os campos da ciência. Por exemplo, em física, a lei de Boyle, que relaciona volume, temperatura e pressão de um gás,[2] baseia-se na suposição de que as moléculas individuais de um gás se comportam como se fossem pequenas bolas de bilhar elásticas. Os físicos atualmente sabem que as moléculas de gás na realidade nem sempre se comportam como bolas de bilhar, motivo pelo qual a lei de Boyle não é válida em condições extremas de temperatura e pressão. No entanto, na maioria das condições, ela prevê muito bem como a temperatura de um gás vai se modificar quando a pressão e o volume mudarem, sendo, portanto, uma ferramenta essencial para engenheiros e cientistas.

Em economia, ocorre quase o mesmo. Por exemplo, como as empresas não maximizam seus lucros o tempo todo, a teoria da empresa tem sido apenas parcialmente eficaz em explicar determinados aspectos do comportamento das empresas, tais como o melhor momento das decisões de investimento de capital. Apesar disso, a teoria explica de fato uma ampla gama de fenômenos relacionados com o comportamento, o crescimento e a evolução de empresas e setores, tendo assim se tornado uma importante ferramenta para administradores e formuladores de políticas públicas.

ANÁLISE POSITIVA *VERSUS* ANÁLISE NORMATIVA

A microeconomia trata de questões tanto *positivas* quanto *normativas*. As questões positivas relacionam-se com explicações e previsões, e as normativas com aquilo que se *supõe* que seja adequado. Suponhamos que o governo imponha uma quota na importação de automóveis. O que ocorreria com o preço, a produção e as vendas dos automóveis? Que impacto esse fato teria sobre os consumidores? E sobre os trabalhadores do setor automobilístico? Essas questões fazem parte do âmbito da **análise positiva**, que consiste em proposições que descrevem relações de causa e efeito.

> **análise positiva**
> Análise que descreve as relações de causa e efeito.

A análise positiva é fundamental para a microeconomia. Como explicamos anteriormente, as teorias são desenvolvidas para explicar os fenômenos, depois são comparadas com as observações, sendo então usadas para construir modelos com os quais se fazem previsões. O uso da teoria econômica para fazer previsões é importante tanto para os

---

2 Robert Boyle (1627-1691) foi um químico e físico inglês que descobriu experimentalmente que a pressão (P), o volume (V) e a temperatura (T) estão relacionados do seguinte modo: $PV = RT$, sendo R uma constante. Mais tarde, os físicos descobriram que essa relação decorria da teoria cinética dos gases, que descreve o movimento das moléculas de gás em termos estatísticos.

administradores de empresas quanto para a política pública. Suponhamos que o governo federal esteja considerando a possibilidade de elevar o imposto sobre a gasolina. Isso afetaria o preço desse combustível, a preferência de compra dos consumidores por automóveis grandes ou pequenos, a frequência no uso de automóveis e assim por diante. Para poder planejar adequadamente, as empresas petrolíferas e automobilísticas, os fabricantes de autopeças e as empresas do setor de turismo precisariam saber qual o impacto provocado por essa mudança. Os formuladores de políticas do governo também teriam que dispor de estimativas quantitativas sobre os efeitos de tal medida. Eles provavelmente procurariam determinar seu custo para os consumidores (talvez obtendo estimativas por faixas de renda); os efeitos sobre os lucros e a mão de obra dos setores de petróleo, automobilístico e de turismo; e a arrecadação provável que esse imposto traria a cada ano.

Por vezes queremos ir além da explicação e da previsão, fazendo perguntas do tipo "o que será melhor?". Isso envolve a **análise normativa**, que também é importante para os administradores de empresas e para os elaboradores de políticas públicas. Mais uma vez, consideremos a imposição de um novo imposto sobre a gasolina. As empresas automobilísticas desejariam, então, determinar a melhor composição de produto (para maximização de lucros), entre automóveis grandes e pequenos, após tal imposto entrar em vigor. Em especial, quanto deveria ser investido para produzir automóveis mais econômicos em termos de consumo de combustível? Para os formuladores de políticas públicas, a questão básica provavelmente será saber se tal imposto seria de interesse público. Os mesmos objetivos da política (digamos, um aumento na arrecadação de impostos e um decréscimo na dependência do petróleo importado) poderiam ser satisfeitos de modo menos dispendioso por meio de um tipo diferente de imposto, tal como uma tarifação sobre a importação de petróleo.

análise normativa
Análise que examina as questões relativas ao que se supõe adequado.

A análise normativa não está relacionada apenas com opções políticas alternativas; ela envolve também o planejamento das escolhas dentro de um plano de ação específico. Por exemplo, suponhamos que tenha sido decidido que o imposto sobre a gasolina é desejável. Ponderando custos e benefícios, deveremos então perguntar qual seria a alíquota ideal do imposto.

A análise normativa é frequentemente suplementada por juízos de valor. Isto é, uma comparação entre um imposto sobre a gasolina e um imposto sobre a importação de petróleo poderia provar que o imposto sobre a gasolina seria mais facilmente administrado, porém teria impacto maior sobre os consumidores de menor renda. Nesse ponto, é necessário que a sociedade faça um juízo de valor, confrontando a equidade e a eficiência econômica. Quando juízos de valor estão envolvidos, a microeconomia não pode nos dizer qual será a melhor política a ser adotada. Entretanto, ela pode deixar claro os termos dos dilemas e, dessa maneira, contribuir para elucidar as questões e aguçar o debate.

1.2 O que é um mercado?

Empresários, jornalistas, políticos e consumidores comuns falam de mercado o tempo inteiro — por exemplo, mercado de petróleo, mercado imobiliário, mercado de títulos e ações, mercado de trabalho e mercados para todos os tipos de mercadorias e serviços. Porém, frequentemente o que eles querem dizer com a palavra "mercado" é vago ou confuso. Em economia, mercados são um foco central da análise, de modo que os economistas tentam dar a maior clareza possível sobre o que querem dizer quando se referem a um mercado.

É mais fácil entender o que é um mercado e como ele funciona dividindo as unidades econômicas individuais em dois grandes grupos de acordo com a função — *compradores* e *vendedores*. Os compradores abrangem os consumidores, que adquirem bens e serviços; e as empresas, que adquirem mão de obra, capital e matérias-primas que utilizam para produzir bens e serviços. Entre os vendedores estão as empresas, que vendem bens e serviços; os trabalhadores, que vendem sua mão de obra; e os proprietários de recursos, que arrendam terras ou comercializam recursos minerais para as empresas. É evidente que a maioria das pessoas e das empresas atua tanto como comprador quanto como vendedor;

verificaremos, contudo, que é mais prático pensar nelas simplesmente como compradores quando estão adquirindo alguma coisa e vendedores quando estão vendendo alguma coisa.

Em conjunto, compradores e vendedores interagem, originando os *mercados*. Um **mercado** é, portanto, *um grupo de compradores e vendedores que, por meio de suas interações efetivas ou potenciais, determinam o preço de um produto ou de um conjunto de produtos*. No mercado de computadores pessoais, por exemplo, os compradores são empresas, usuários domésticos e estudantes; os vendedores são a Hewlett-Packard, a Lenovo, a Dell, a Apple e diversas outras empresas. Observe que um mercado representa mais do que um *setor*. *Um setor é um conjunto de empresas que vendem o mesmo produto ou produtos correlatos*. Com efeito, o setor corresponde ao lado da oferta do mercado.

Com frequência, os economistas se preocupam com a **definição do mercado**, isto é, a identificação de quais compradores e vendedores devem ser incluídos em determinado mercado. Quando se define um mercado, as interações *potenciais* entre compradores e vendedores podem ser tão importantes quanto as interações *reais*. Um exemplo disso pode ser visto no mercado do ouro. Um cidadão nova-iorquino que queira comprar esse metal dificilmente irá a Zurique para efetuar a transação. A maioria dos compradores de ouro em Nova York interagirá somente com os vendedores de ouro da mesma cidade. Mas os compradores nova-iorquinos poderiam adquirir ouro de Zurique se os preços naquela cidade fossem significativamente inferiores aos praticados em Nova York, porque os custos do transporte de ouro são relativamente baixos em relação a seu valor.

Diferenças significativas no preço de uma mercadoria criam um potencial para **arbitragem**: comprar a um preço baixo em uma localidade e vender a um preço mais alto em outra. A possibilidade de arbitragem impede o surgimento de diferenças significativas entre o preço do ouro em Nova York e em Zurique e, ao mesmo tempo, cria um mercado mundial para o ouro.

Os mercados estão no centro da atividade econômica e muitas das questões mais interessantes da economia estão relacionadas com o modo de funcionamento dos mercados. Por exemplo, por que apenas um pequeno número de empresas concorre entre si em alguns mercados, enquanto em outros há um grande número de empresas competindo? Os consumidores ficarão necessariamente numa situação melhor se existirem muitas empresas? Em caso afirmativo, o governo deveria intervir em mercados que tenham apenas algumas empresas? Por que os preços, em alguns mercados, caem ou sobem rapidamente, enquanto em outros dificilmente sofrem alguma alteração? Quais mercados oferecem as melhores oportunidades para um empreendedor que esteja pensando em entrar no mundo dos negócios?

MERCADOS COMPETITIVOS *VERSUS* MERCADOS NÃO COMPETITIVOS

Neste livro, estudaremos o comportamento tanto dos mercados competitivos quanto dos não competitivos. Um **mercado perfeitamente competitivo** possui muitos compradores e vendedores, de tal modo que nenhum comprador ou vendedor pode, individualmente, influir no preço. Os mercados de produtos agrícolas, na maioria das vezes, chegam perto de ser perfeitamente competitivos. Por exemplo, milhares de fazendeiros produzem trigo, que, por sua vez, é adquirido por milhares de compradores para a produção de farinha de trigo e outros produtos. Como resultado, nenhum fazendeiro e nenhum comprador pode, individualmente, afetar o preço do trigo.

Muitos outros mercados são competitivos o suficiente para serem tratados como se fossem perfeitamente competitivos. O mercado mundial de cobre, por exemplo, contém algumas dezenas de produtores importantes. Entretanto, esse número já é suficiente para que o impacto no preço seja pequeno caso algum dos produtores venha a encerrar suas atividades. O mesmo ocorre com muitos outros mercados de recursos naturais, tais como carvão, ferro, estanho ou madeira.

---

mercado
Grupo de compradores e vendedores que, por meio de suas interações efetivas ou potenciais, determinam o preço de um produto ou de um conjunto de produtos.

definição do mercado
Identificação dos compradores, vendedores e da gama de produtos que deve ser incluída em um determinado mercado.

arbitragem
Prática de comprar a um preço mais baixo em certa localidade para vender a um preço maior em outra.

mercado perfeitamente competitivo
Mercado com muitos compradores e vendedores, de tal modo que nenhum comprador ou vendedor pode, individualmente, afetar o preço.

Outros mercados que contêm poucos produtores também poderiam, para fins de análise, serem tratados como competitivos. Por exemplo, o setor de aviação comercial nos Estados Unidos contém algumas dezenas de empresas, ainda que a maioria das rotas seja servida apenas por poucas delas. No entanto, a concorrência entre tais empresas frequentemente é acirrada o suficiente, de modo que, para determinadas finalidades, seu mercado pode ser tratado como competitivo. Por fim, alguns mercados possuem muitos produtores, mas são considerados *não competitivos*, já que empresas individuais podem, agindo conjuntamente, afetar o preço do produto. O mercado mundial de petróleo é um exemplo. Desde o início da década de 1970, ele tem sido dominado pelo cartel da OPEP. (Um *cartel* é um grupo de produtores que atua coletivamente.)

Preço de mercado

Os mercados possibilitam transações entre compradores e vendedores. Grandes quantidades de uma mesma mercadoria são vendidas por determinados preços. Em um mercado perfeitamente competitivo, um único preço — o **preço de mercado** — geralmente prevalecerá. O preço do trigo na cidade de Kansas ou o preço do ouro em Nova York são dois exemplos. Tais valores em geral são fáceis de medir; por exemplo, todos os dias você pode encontrar a cotação do milho, do trigo ou do ouro na seção de negócios dos jornais.

Em mercados que não são perfeitamente competitivos, empresas diferentes podem cobrar preços diferentes pelo mesmo produto. Isso pode acontecer porque uma empresa está tentando ganhar clientes de suas concorrentes ou porque os clientes são leais a determinadas marcas, permitindo que algumas empresas cobrem preços mais altos que as demais. Por exemplo, duas marcas de detergente poderiam ser vendidas no mesmo supermercado por preços diferentes. Ou, então, dois supermercados da mesma cidade poderiam vender a mesma marca de detergente por preços diferentes. Em casos como esse, quando nos referirmos ao preço de mercado, estaremos falando da média dos preços calculada com base nas marcas ou nos supermercados.

O preço de mercado da maioria dos produtos flutua ao longo do tempo, e no caso de muitos deles tais flutuações podem ser rápidas. Isso é particularmente verdadeiro no caso de produtos vendidos em mercados competitivos. O mercado de ações, por exemplo, é altamente competitivo, pois em geral existem muitos compradores e vendedores para qualquer lote de ações. Como sabem todos os que já investiram no mercado de ações, o preço das ações flutua minuto a minuto, podendo subir ou cair substancialmente ao longo de um único dia. De modo semelhante, os preços de *commodities*, tais como o trigo, a soja, o café, o petróleo, o ouro, a prata ou a madeira, poderão também subir ou cair significativamente em um dia ou em uma semana.

Definição de mercado — a extensão de um mercado

Como já dissemos, a *definição do mercado* identifica quais compradores e vendedores devem ser incluídos em determinado mercado. Entretanto, para determinarmos quais compradores e vendedores serão aí incluídos, devemos, primeiro, determinar a **extensão do mercado** — seus *limites*, tanto *geográficos* quanto em relação à *gama de produtos* que nele é oferecida.

Quando nos referimos ao mercado norte-americano de gasolina, por exemplo, devemos esclarecer quais são suas fronteiras geográficas. Estamos nos referindo ao centro de Los Angeles, ao sul da Califórnia ou aos Estados Unidos como um todo? Devemos também esclarecer qual a gama de produtos a que nos referimos. Sendo assim, a gasolina comum com octanagem normal e a gasolina especial de alta octanagem deveriam estar incluídas no mesmo mercado? E a gasolina e o óleo diesel?

Em relação a alguns produtos, somente faz sentido falar de um mercado em termos de fronteiras geográficas muito restritas. A habitação é um bom exemplo. A maioria das pessoas que trabalha no centro de Chicago procurará moradias a uma distância conveniente.

---

preço de mercado
Preço que prevalece em um mercado competitivo.

extensão de um mercado
Limites de um mercado, tanto geográficos quanto em relação à gama de produtos fabricados e vendidos dentro dele.

Elas não optarão por imóveis que estejam a 300 ou 400 quilômetros de distância, mesmo que possam ser muito mais baratos. Ademais, as residências (junto com seus terrenos) situadas a 300 quilômetros de distância não podem ser transportadas para mais perto de Chicago. Dessa maneira, o mercado imobiliário dessa cidade encontra-se separado e diferenciado, digamos, dos mercados de Cleveland, Houston, Atlanta ou Filadélfia. Os mercados varejistas de gasolina, por outro lado, são menos limitados em termos geográficos, contudo são ainda regionais por causa do custo do transporte do combustível a longas distâncias. Sendo assim, o mercado de gasolina no sul da Califórnia é diferente do mercado no norte de Illinois. Por outro lado, como já dissemos, o ouro é comprado e vendido no mercado mundial; a possibilidade de arbitragem impede que haja diferenças significativas de preços de uma localidade para outra.

Devemos ser igualmente cuidadosos quanto à gama de produtos a ser incluída em um mercado. Por exemplo, existe um mercado para câmeras digitais do tipo SLR, mais sofisticadas, no qual muitas marcas concorrem. Mas existem também as câmeras digitais comuns. Elas deveriam ser consideradas parte do mesmo mercado? Provavelmente não, já que em geral são utilizadas para finalidades diferentes e, dessa maneira, não concorrem com as máquinas fotográficas SLR. A gasolina é outro exemplo. A gasolina do tipo comum e a especial poderiam ser consideradas como parte do mesmo mercado porque a maioria dos consumidores pode utilizar qualquer uma delas em seus automóveis. Entretanto, o óleo diesel não faz parte desse mercado, pois os automóveis que utilizam gasolina comum não podem utilizar óleo diesel e vice-versa.[3]

A definição do mercado é importante por duas razões:

- Uma empresa precisa saber quais são os reais e potenciais concorrentes para os produtos que ela vende agora ou pode vir a vender no futuro. Uma empresa também precisa conhecer, no mercado em que atua, os limites de seu produto e os limites geográficos, a fim de fixar preços, determinar as verbas de publicidade e tomar decisões de investimento.
- A definição de mercado pode ser importante para a tomada de decisões no âmbito das políticas públicas. O governo deve permitir as fusões e incorporações de companhias que produzem produtos similares ou deve contestá-las? A resposta depende do impacto dessas fusões ou incorporações na competição e nos preços futuros; em geral, isso só pode ser avaliado definindo-se um mercado.

EXEMPLO 1.1   O MERCADO DE ADOÇANTES

Em 1990, a Archer-Daniels-Midland (ADM) comprou a Clinton Corn Processing (CCP).[4] A ADM era uma empresa de grande porte que produzia muitos produtos agrícolas, dentre eles o xarope de milho com alto teor de frutose (HFCS). A CCP era outra importante empresa produtora do mesmo tipo de xarope. O Departamento de Justiça americano contestou a compra alegando que a mesma levaria à existência de um fabricante líder com poder para elevar os preços acima dos níveis competitivos. De fato, a ADM e a CCP juntas seriam responsáveis por mais de 70% da produção americana de xarope de milho.

---

3   Como podemos determinar a extensão de um mercado? Uma vez que o mercado é o local no qual o preço de uma mercadoria é estabelecido, um critério empregado focaliza justamente os preços de mercado. Devemos verificar se os preços de um produto em diferentes regiões geográficas (ou de diferentes tipos de produtos) são aproximadamente os mesmos ou se variam em conjunto. Caso ocorram quaisquer desses fatos, consideraremos, então, que se trata de um mesmo mercado. Para uma discussão mais detalhada ver: George J. Stigler e Robert A. Sherwin, "The extent of the Market", *Journal of Law and Economics* 27, out. 1985, p. 555-585.

4   Esse exemplo se baseia em F. M. Scherer, "Archer-Daniels-Midland Corn Processing", Case C16-92-1126, John F. Kennedy School of Government, Harvard University, 1992.

A ADM reagiu à decisão do Departamento de Justiça e o caso foi parar nos tribunais. A questão principal era se o xarope de milho representava um mercado distinto. Se isso se confirmasse, as fatias de mercado da ADM e da CCP juntas representariam cerca de 40%, o que justificaria a preocupação do Departamento de Justiça. A ADM, entretanto, argumentou que a definição correta de mercado era muito mais ampla — um mercado de adoçantes que incluía tanto o açúcar quanto o xarope de milho. Como a combinação das quotas da ADM e da CCP no mercado de adoçantes seria pequena, não havia razão para que se preocupassem com o poder da empresa para elevar os preços.

A ADM alegou que o açúcar e o xarope de milho deveriam ser considerados partes do mesmo mercado porque são usados da mesma maneira para adoçar uma enorme variedade de produtos alimentícios, como refrigerantes, molhos de tomate e caldas. A ADM também demonstrou que, com a flutuação dos preços do xarope de milho e do açúcar, os produtores de comida industrializada modificariam as proporções de cada adoçante utilizado em seus produtos. Em outubro de 1990, um juiz federal concordou com os argumentos da ADM de que o açúcar e o xarope de milho faziam parte de um mercado mais amplo, o de adoçantes, e permitiu que a compra fosse efetivada.

O açúcar e o xarope de milho continuam a ser utilizados de maneira intercambiável para satisfazer a preferência dos americanos pelos alimentos doces. O uso de adoçantes cresceu de forma constante no decorrer da década de 1990, chegando a 68 kg por pessoa em 1999. Mas, a partir de 2000, o uso de adoçantes começou a cair quando as preocupações com a saúde levaram as pessoas a procurar alimentos substitutos com menos adição de açúcar. Em 2010, o consumo per capita de adoçantes nos Estados Unidos caiu para 59 kg. Além disso, pela primeira vez desde 1985, as pessoas consumiram mais açúcar (30 kg por pessoa) do que xarope de milho (29 kg por pessoa). Parte da mudança do xarope de milho para o açúcar foi decorrente da crença cada vez maior do que o açúcar é algo mais "natural" — e, portanto, mais saudável — do que o xarope de milho.

EXEMPLO 1.2 UMA BICICLETA É UMA BICICLETA. OU NÃO?

Onde você comprou sua última bicicleta? Você pode ter comprado uma bicicleta usada de um amigo ou de um anúncio na Craigslist. Mas, se era uma bicicleta nova que você comprou, você provavelmente a comprou em um de dois tipos de lojas.

Se você estava procurando algo mais barato, apenas uma bicicleta funcional para levá-lo de A para B, é possível que tenha ido a uma loja de comércio de massa, como o Target, o Walmart ou a Sears. Lá, você provavelmente poderia achar uma bicicleta decente custando em torno de US$ 100 a US$ 200. Por outro lado, se você é um ciclista sério (ou, pelo menos, acredita que é), deve ter ido até uma revenda de bicicletas — uma loja especializada em bicicletas e equipamentos para elas. Lá, seria difícil achar uma bicicleta custando menos de US$ 400, e você facilmente poderia gastar muito mais. Mas é claro que você ficaria feliz em gastar esse dinheiro, pois é um ciclista sério.

O que uma bicicleta Trek de US$ 1.000 lhe dá que uma Huffy de US$ 120 não oferece? Ambas poderiam ter 21 marchas (três coroas na frente e sete atrás), mas os mecanismos de mudança de marcha na Trek terão mais qualidade e provavelmente passarão as marchas de modo mais suave e uniforme. As duas bicicletas terão freios dianteiro e traseiro, mas os freios na Trek talvez sejam mais fortes e mais duráveis. E a Trek provavelmente terá um quadro mais leve do que a Huffy, o que poderia ser importante se você participa de competições.

Assim, na verdade existem dois mercados diferentes para bicicletas, mercados que podem ser identificados pelo tipo de loja em que a bicicleta é vendida. Isso é ilustrado na *Tabela 1.1*. Bicicletas do "mercado de massa", aquelas que são vendidas no Target e no Walmart, são fabricadas por empresas como Huffy, Schwinn e Mantis, com preços desde US$ 90 e raramente custam mais do que US$ 250. Essas empresas estão voltadas para a produção de bicicletas funcionais mais baratas possíveis e normalmente são fabricadas na China. Bicicletas de "revenda", aquelas vendidas em sua loja de bicicletas local, incluem marcas como Trek, Cannondale, Giant, Gary Fisher e Ridley, com preços variando de US$ 400 para cima. Para essas empresas, a ênfase está no desempenho, medido pelo peso e pela qualidade dos freios, marchas, pneus e outras partes.

Empresas como Huffy e Schwinn nunca tentariam produzir uma bicicleta de US$ 1.000, pois esse simplesmente não é seu forte (ou vantagem competitiva, como os economistas gostam de dizer). De modo semelhante, Trek e Ridley desenvolveram uma reputação por conta da qualidade de seus produtos e eles não possuem condições nem fábricas para produzir bicicletas de US$ 100. A Mongoose, por outro lado, estende-se pelos dois mercados. Eles produzem bicicletas para o mercado de massa custando desde US$ 120, mas também bicicletas de revenda, de alta qualidade, custando de US$ 700 a US$ 2.000.

Depois de comprar sua bicicleta, você precisará trancá-la cuidadosamente, por causa da infeliz realidade de outro mercado — o mercado negro de bicicletas usadas e suas peças. Esperamos que você — e sua bicicleta — fiquem *fora* desse mercado!

TABELA 1.1 — Mercados para bicicletas

Tipo de bicicleta	Empresas e preços (2011)
Bicicletas do mercado comum: vendidas pelas lojas de comércio de massa, como Target, Walmart, Kmart e Sears.	Huffy: US$ 90 a US$ 140
	Schwinn: US$ 140 a US$ 240
	Mantis: US$ 129 a US$ 140
	Mongoose: US$ 120 a US$ 280
Bicicletas de revendas: vendidas por revendas de bicicletas — lojas que vendem apenas (ou principalmente) bicicletas e equipamentos para bicicletas.	Trek: US$ 400 a US$ 2.500
	Cannondale: US$ 500 a US$ 2.000
	Giant: US$ 500 a US$ 2.500
	Gary Fisher: US$ 600 a US$ 2.000
	Mongoose: US$ 700 a US$ 2.000
	Ridley: US$ 1.300 a US$ 2.500
	Scott: US$ 1.000 a US$ 3.000
	Ibis: a partir de US$ 2.000

1.3 Preços reais *versus* preços nominais

Muitas vezes desejamos comparar o preço de uma mercadoria hoje com aquele do passado ou com seu provável preço no futuro. Para que tais comparações sejam coerentes, necessitamos medir esses preços em relação ao *nível geral de preços*. Em termos absolutos, o preço de uma dúzia de ovos é hoje muito mais alto que há 50 anos; porém, levando em conta o nível geral de preços de hoje é, na realidade, muito mais baixo. Portanto, devemos ter cuidado: sempre que compararmos preços no decorrer do tempo é necessário fazer a correção considerando a inflação no período. Isso significa medir os preços em termos *reais* e não em termos *nominais*.

preço nominal
Preço absoluto de um bem, sem qualquer ajuste decorrente da inflação.

preço real
Preço de um bem relativo a uma medida agregada de preços; preço ajustado de acordo com a inflação.

Índice de Preços ao Consumidor (IPC)
Medida do nível agregado de preços.

O **preço nominal** de uma mercadoria (também denominado preço em moeda corrente) é apenas seu preço absoluto. Por exemplo, o preço nominal de meio quilo de manteiga nos Estados Unidos, em 1970, era de cerca de US$ 0,87; em 1980, era de aproximadamente US$ 1,88; em 1990, estava em torno de US$ 1,99; e, em 2010, ficava por volta de US$ 3,42. Esses são os preços que seriam vistos nos supermercados naqueles anos. O **preço real** de uma mercadoria (também denominado preço em "moeda constante") é o **preço relativo** a uma medida agregada dos preços. Em outras palavras, é o preço ajustado pela inflação.

Para os bens de consumo, a medida agregada utilizada com maior frequência é o **Índice de Preços ao Consumidor (IPC)**. O IPC é calculado nos Estados Unidos por meio de uma pesquisa dos preços de revenda feita pelo U.S. Bureau of Labor Statistics e é publicado mensalmente. Ele registra de que forma o custo de uma grande cesta de mercadorias adquirida por um consumidor "típico" modifica-se ao longo do tempo. As mudanças percentuais no IPC indicam a taxa de inflação na economia.

Algumas vezes, estamos interessados nos preços das matérias-primas e de outros produtos intermediários comprados pelas empresas, assim como nos produtos acabados vendidos no atacado para as lojas varejistas. Neste caso, a medida agregada utilizada com maior frequência é o **Índice de Preços por Atacado (IPA)**. O IPA também é calculado pelo U.S. Bureau of Labor Statistics e publicado mensalmente. Ele registra como, em média, os preços de atacado variam ao longo do tempo. As alterações percentuais no IPA medem a taxa de inflação e preveem mudanças futuras no IPC.

> **Índice de Preços por Atacado (IPA)**
> Medida do nível agregado de preços para os produtos intermediários e mercadorias no atacado.

Assim sendo, que índice devemos utilizar na conversão de preços nominais em preços reais? Isso depende do tipo de produto que se está avaliando. Em se tratando de um produto ou serviço normalmente adquirido por consumidores use o IPC. No caso de produtos adquiridos por empresas use o IPA.

Como estamos avaliando o preço da manteiga nos supermercados, o índice de preços relevante é o IPC. Depois de ter sido efetuada a correção referente à inflação, será que a manteiga em 2010 realmente estava mais cara que em 1970? Para encontrar a resposta, devemos calcular o preço da manteiga em 2010 em termos de dólares de 1970. O IPC era de 38,8 em 1970, tendo subido para cerca de 218,1 em 2010. (Houve uma considerável inflação nos Estados Unidos durante a década de 1970 e início da década de 1980.) Portanto, em dólares de 1970, o preço da manteiga era:

$$\frac{38,8}{218,1} \times US\$\ 3,42 = US\$\ 0,61$$

Portanto, em termos reais, o preço da manteiga estava mais baixo em 2010 do que em 1970.[5] Em outras palavras, o preço nominal da manteiga subiu aproximadamente 293%, enquanto o IPC subiu 462%, de tal forma que o preço da manteiga caiu em relação ao nível geral de preços.

Neste livro normalmente utilizaremos preços reais e não nominais, pois as escolhas do consumidor envolvem uma análise comparativa de preços. Tais preços relativos poderão ser mais facilmente avaliados se houver uma base comum para comparação. A fixação de todos os preços em termos reais atende esse objetivo. Desse modo, embora façamos com frequência medições de preços em dólares, estaremos pensando em termos do real poder aquisitivo proporcionado por tais dólares.

EXEMPLO 1.3 O PREÇO DOS OVOS E O CUSTO DO ENSINO UNIVERSITÁRIO

Em 1970, a dúzia de ovos tipo A nos Estados Unidos custava aproximadamente US$ 0,61. No mesmo ano, o custo médio anual do ensino universitário em uma faculdade particular nesse país, incluindo despesas de moradia e alimentação, estava em torno de US$ 2.112. Em 2010, o preço da dúzia de ovos havia subido para US$ 1,54 e o custo médio do ensino universitário estava em US$ 21.550. Em termos reais, os ovos estavam mais caros em 2010 do que em 1970? O ensino universitário havia se tornado mais caro?

A Tabela 1.2 apresenta o preço nominal dos ovos, o custo nominal do ensino universitário e o IPC para o período de 1970-2010. (O IPC tem por base 1983 = 100.) Também são mostrados os preços reais dos ovos e do ensino universitário em dólares de 1970, calculados da seguinte forma:

$$\text{Preço real da dúzia de ovos em 1980} = \frac{IPC_{1970}}{IPC_{1980}} \times \text{preço nominal em 1980}$$

$$\text{Preço real da dúzia de ovos em 1990} = \frac{IPC_{1970}}{IPC_{1990}} \times \text{preço nominal em 1990}$$

e assim por diante.

---

5 Duas boas fontes de dados sobre a economia norte-americana são o *Economic Report of the President* e o *Statistical Abstract of the United States*. Ambos são publicados anualmente e encontram-se disponíveis no U.S. Government Printing Office.

TABELA 1.2	O preço real dos ovos e o preço real do ensino universitário[6]				
	1970	1980	1990	2000	2010
Índice de Preços ao Consumidor	38,8	82,4	130,7	172,2	218,1
Preços nominais					
Ovos grandes do tipo A	US$ 0,61	US$ 0,84	US$ 1,01	US$ 0,91	US$ 1,54
Educação universitária	US$ 2.112	US$ 3.502	US$ 7.619	US$ 12.976	US$ 21.550
Preços reais (US$ 1970)					
Ovos grandes do tipo A	US$ 0,61	US$ 0,40	US$ 0,30	US$ 0,21	US$ 0,27
Educação universitária	US$ 2.112	US$ 1.649	US$ 2.262	US$ 2.924	US$ 3.835

A tabela mostra claramente que o custo real do ensino universitário subiu (82%) durante o período, enquanto o preço real da dúzia de ovos caiu (55%). As mudanças relativas dos preços dos ovos e do ensino é que são importantes para as escolhas que os consumidores devem fazer, e não o fato de que tanto os ovos como o ensino universitário custam atualmente, em dólares nominais, mais do que custavam em 1970.

Na tabela, calculamos os preços reais em termos de dólares de 1970, mas poderíamos tê-los calculado, com a mesma facilidade, em termos de dólares de algum outro ano-base. Por exemplo, suponhamos que desejemos calcular o preço real dos ovos em dólares de 1990. Então, teremos:

$$\text{Preço real da dúzia de ovos em 1970} = \frac{IPC_{1990}}{IPC_{1970}} \times \text{preço nominal em 1970} = \frac{130,7}{38,8} \times 0,61 = 2,05$$

$$\text{Preço real da dúzia de ovos em 2010} = \frac{IPC_{1990}}{IPC_{2010}} \times \text{preço nominal em 2010} = \frac{130,7}{218,1} \times 1,54 = 0,92$$

$$\text{Alteração percentual no preço real} = \frac{\text{preço real em 2010} - \text{preço real em 1970}}{\text{preço real em 1970}} = \frac{0,92 - 2,05}{2,05} = -0,55$$

Observe que a diminuição percentual no preço real é a mesma, independentemente de utilizarmos dólares de 1970 ou 1990 como ano-base.

EXEMPLO 1.4 O SALÁRIO MÍNIMO

O salário mínimo norte-americano — instituído em 1938 no valor de US$ 0,25 por hora — vem aumentando periodicamente ao longo dos anos. De 1991 a 1995, por exemplo, era de US$ 4,25 por hora. Em 1996, o Congresso norte-americano aprovou um aumento do salário mínimo para US$ 4,75 naquele ano e para US$ 5,15 em 1997. Em 2007, a legislação determinou o aumento para US$ 6,55 naquele ano e para US$ 7,25 em 2009.[7]

---

6 Podem-se obter dados sobre os custos do ensino universitário nos Estados Unidos visitando a página do National Center for Education Statistics e baixando o Digest of Education Statistics em http://nces.ed.gov. Dados históricos e atuais sobre o preço médio dos ovos podem ser obtidos no Bureau of Labor Statistics (BLS), na página http://www.bls.gov, selecionando CPI — Average Price Data.

7 Em alguns estados, o salário mínimo é mais alto do que o salário mínimo federal. Em 2011, por exemplo, o salário mínimo por hora era de US$ 8,00 em Massachusetts, US$ 7,25 em Nova York, e US$ 8,00 na Califórnia. Para saber mais sobre o salário mínimo nos Estados Unidos visite: http://www.dol.gov.

A Figura 1.1 mostra a evolução do salário mínimo no período de 1938 a 2013, tanto em termos nominais quanto em termos reais (com base em dólares constantes de 2000). Ainda que o salário mínimo fixado pelo governo em termos nominais tenha aumentado regularmente, em termos reais ele não é muito diferente hoje do que era na década de 1950.

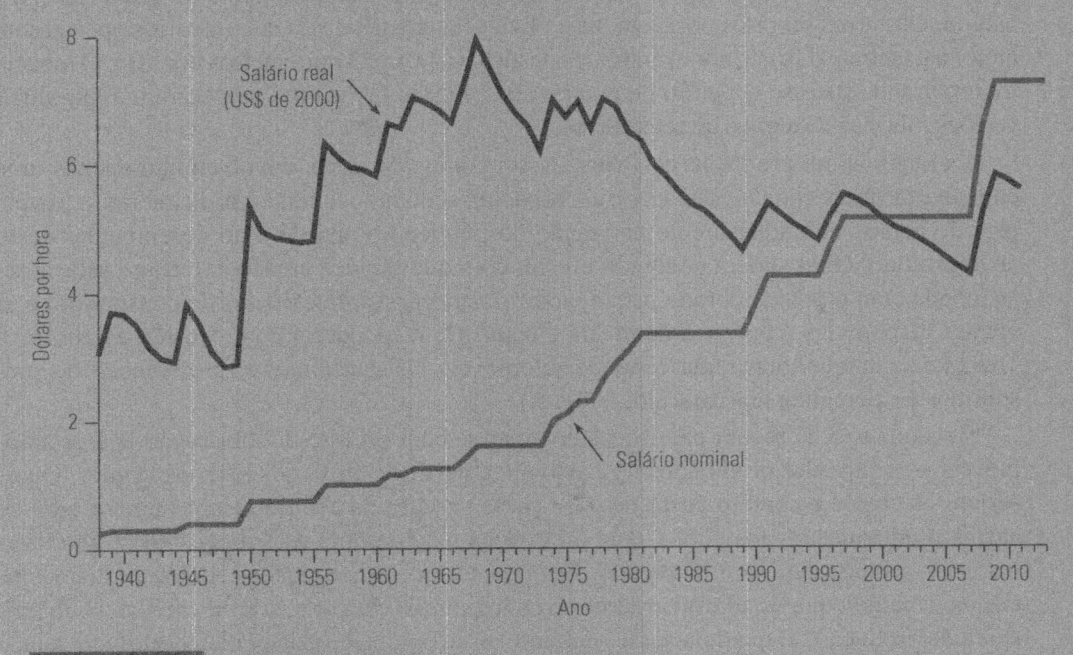

FIGURA 1.1   O SALÁRIO MÍNIMO

Em termos nominais, o salário mínimo aumentou regularmente nos últimos 70 anos. Porém, em termos reais, seu valor em 2010 é menor que o verificado na década de 1970.

No entanto, a decisão tomada em 2007 de elevar o salário mínimo não foi fácil. Embora um salário mínimo maior possibilitasse um melhor padrão de vida aos trabalhadores que estavam recebendo abaixo do mínimo então vigente, alguns analistas temiam que o aumento pudesse elevar o desemprego de trabalhadores jovens e sem qualificação. A decisão de elevar o salário mínimo, portanto, levanta questões normativas e positivas. A questão normativa é se a demissão de jovens e trabalhadores com baixa qualificação seria compensada por dois fatores: (1) os benefícios diretos aos trabalhadores que passariam a receber mais e (2) os benefícios indiretos a outros trabalhadores cujos salários poderiam ser aumentados em decorrência do aumento dos salários que constituem a base de remuneração.

Uma importante questão positiva associada ao salário mínimo é saber quantos trabalhadores conseguirão (se é que algum conseguirá) encontrar trabalho com um salário mínimo maior. Como veremos no Capítulo 14, essa é uma questão ainda bastante controversa. Estudos estatísticos apontaram que um aumento de cerca de 10% no salário mínimo aumentaria o desemprego de jovens em 1% ou 2%. (O aumento real de US$ 5,15 para US$ 7,25 representa uma elevação de 41%.) Entretanto, uma recente revisão das estatísticas veio questionar se realmente existe um efeito significativo sobre o desemprego.[8]

1.4 Por que estudar microeconomia?

Acreditamos que, após a leitura deste livro, você não tenha dúvidas sobre a importância e a vasta aplicabilidade da microeconomia. Na verdade, um de nossos principais objetivos é lhe mostrar como aplicar os princípios microeconômicos a problemas reais de tomada de decisão. No entanto, um pouco de motivação extra logo no início nunca é demais. Aqui estão dois exemplos que não apenas mostram o uso da microeconomia na prática, mas também oferecem uma prévia deste livro.

---

8 O primeiro estudo é de David Neumark e William Wascher, "Employment Effects of Minimum and Subminimum Wages: Panel Data on State Minimum Wage Laws", Industrial and Labor Relations Review 46, out. 1992, p. 55-81. Uma revisão da literatura é feita por David Card e Allan Krueger, Myth and Measurement: The New Economics of the Minimum Wage (Princeton: Princeton University Press, 1995).

TOMADA DE DECISÕES NAS EMPRESAS: O TOYOTA PRIUS

Em 1997, a Toyota Motor Corporation lançou o Prius no Japão, começando a vendê-lo no mundo inteiro em 2001. O Prius, o primeiro automóvel híbrido a ser vendido nos Estados Unidos, pode usar um motor a gasolina e uma bateria e o deslocamento do carro carrega a bateria. Os carros híbridos possuem mais eficiência energética do que os carros apenas com motor a gasolina; o Prius, por exemplo, pode alcançar 19 a 23 quilômetros por litro. O modelo foi um grande sucesso e, dentro de poucos anos, outros fabricantes começaram a introduzir versões híbridas de alguns de seus carros.

A eficiência na produção do Prius, assim como o projeto, envolveu não apenas uma engenharia impressionante, mas vários aspectos econômicos também. Primeiro, a Toyota teve de pensar cuidadosamente na reação do público ao projeto e ao desempenho desse novo produto. Qual seria a demanda inicial, com que rapidez cresceria e como estaria relacionada com o preço cobrado pela Toyota? Conhecer as preferências do consumidor e as opções disponíveis e prever a demanda e como ela responderia ao preço são essenciais à Toyota e a qualquer outro fabricante de automóveis. (Discutiremos as preferências do consumidor e a demanda nos capítulos 3, 4 e 5.)

Na sequência, a Toyota precisou preocupar-se com o custo de fabricação desses automóveis — sejam eles produzidos no Japão ou, a partir de 2010, nos Estados Unidos. Quais seriam os custos e como o custo de cada carro variaria de acordo com o número total de carros produzidos a cada ano? Como o custo da mão de obra e os preços do aço e outras matérias-primas afetariam os preços? Em quanto e com que rapidez seriam reduzidos os custos à medida que os administradores e os trabalhadores ganhassem experiência no processo de produção? E quantos desses automóveis a Toyota deveria planejar produzir a cada ano para maximizar seus lucros? (Abordaremos a produção e o custo nos capítulos 6 e 7, e a escolha da produção que maximiza os lucros nos capítulos 8 e 10.)

A Toyota também teve de elaborar uma estratégia de fixação de preços e considerar a reação de seus concorrentes a ela. Embora o Prius fosse o primeiro carro híbrido, a empresa sabia que competiria com outros carros pequenos e econômicos, e que logo outros fabricantes lançariam seus próprios carros híbridos. Será que a Toyota deveria cobrar um preço relativamente baixo por uma versão básica do Prius e preços altos por opções individuais, como bancos de couro? Ou seria mais lucrativo tornar essas opções itens "padrão" e cobrar um preço mais alto pelo pacote inteiro? Qualquer que fosse a estratégia de preços escolhida pela Toyota, como os concorrentes provavelmente reagiriam? A Ford ou a Nissan tentariam vender mais barato seus carros menores ou correriam para lançar seus próprios carros híbridos a preços mais baixos? A Toyota seria capaz de desencorajar a Ford e a Nissan a baixar os preços ameaçando responder com uma redução de seus próprios preços? (Discutiremos fixação de preços nos capítulos 10 e 11, e estratégia competitiva nos capítulos 12 e 13.)

Como a produção de seus veículos utilitários exigiu grandes investimentos em novos equipamentos, a Toyota teve de considerar os riscos e possíveis consequências de suas decisões. Parte desse risco se devia à incerteza a respeito do futuro preço do petróleo (reduções no preço da gasolina desestimulariam a demanda por carros econômicos). Outra parte devia-se à incerteza sobre o salário que a Toyota teria de pagar a seus funcionários em suas instalações no Japão e nos Estados Unidos. (Os mercados de petróleo e de outras *commodities* são discutidos nos capítulos 2 e 9. Os mercados de trabalho e o impacto dos sindicatos são discutidos no Capítulo 14. As decisões de investimento e as implicações da incerteza são analisadas nos capítulos 5 e 15.)

A Toyota também precisou levar em consideração os problemas organizacionais, pois ela é uma empresa integrada na qual divisões distintas produzem motores e peças e, depois, fazem a montagem final dos automóveis. Como deveriam ser gratificados os gerentes de divisões diferentes? Qual preço deveria ser cobrado da divisão de montagem pelos motores recebidos de outra divisão? (Discutiremos preços internos e incentivos organizacionais para empresas integradas nos capítulos 11 e 17.)

Por fim, a Toyota teve de ponderar sobre suas relações com o governo e sobre os efeitos das políticas regulamentadoras. Por exemplo, todos os carros da Toyota deveriam satisfazer os padrões federais de emissão de poluentes e as operações da linha de produção precisariam respeitar as normas de saúde e segurança. De que maneira tais normas e padrões poderiam ser modificados ao longo do tempo? Como eles afetariam os custos e lucros da empresa? (No Capítulo 18, discutiremos o papel do governo no controle da poluição e na promoção da saúde e segurança.)

Elaboração de políticas públicas: padrões de eficiência de combustível para o século XXI

Em 1975, o governo norte-americano impôs padrões rigorosos para reduzir o consumo de combustível dos carros de passeio e caminhões leves (incluindo furgões e veículos utilitários esportivos). Os padrões do CAFE (Corporate Average Fuel Economy) se tornaram cada vez mais restritivos com o passar dos anos. Em 2007, o Presidente George W. Bush transformou em lei o Ato de Independência de Energia e Segurança, exigindo que as montadoras de automóveis melhorem o consumo de gasolina para 35 milhas por galão (mpg) — cerca de 15 km/l — por volta de 2020. Em 2011, a administração Obama antecipou a meta de 35 mpg para 2016, e (com o acordo de 13 montadoras) definiu um padrão de 55 mpg (cerca de 23 km/l) para 2020. Embora o objetivo principal do programa seja aumentar a segurança energética, reduzindo a dependência dos EUA do petróleo importado, ele também geraria benefícios ambientais substanciais, como uma redução nas emissões de gases pelo efeito estufa.

Diversas decisões importantes foram tomadas ao se projetar um programa de eficiência de combustível e a maioria dessas decisões envolve análise econômica. Primeiro, o governo precisa avaliar o impacto econômico do programa sobre os consumidores. Padrões de economia de combustível mais altos aumentarão o custo de aquisição de um automóvel (o custo para conseguir uma maior economia de combustível será pago em parte pelos consumidores), mas reduzirão o custo de sua operação (a quilometragem por litro será maior). A análise do impacto final sobre os consumidores exige uma análise das preferências do consumidor e da demanda. Por exemplo, será que os consumidores usariam menos o carro e gastariam uma parcela maior de sua renda com outras mercadorias? Em caso afirmativo, eles manteriam seu padrão de vida? (As preferências do consumidor e a demanda serão discutidas nos capítulos 3 e 4.)

Antes de impor os padrões do CAFE, é importante estimar como os padrões exigidos afetariam o custo de produção de automóveis de passeio e caminhões leves. Será que os fabricantes poderiam minimizar o aumento dos custos passando a utilizar novos materiais mais leves ou alterando a "pegada ecológica" (reduzindo a necessidade de recursos naturais) dos novos modelos de automóveis? (A produção e os custos serão discutidos nos capítulos 6 e 7.) Então o governo precisa saber como as modificações nos custos de produção poderiam afetar o nível de produção e os preços dos novos automóveis e caminhões leves. Os custos adicionais seriam absorvidos pelas empresas ou repassados para os consumidores na forma de preços mais altos? (A determinação do nível de produção será discutida no Capítulo 8 e a fixação de preços nos capítulos 10 a 13.)

O governo também precisa perguntar por que os problemas relacionados ao consumo de combustível não se resolvem por meio da economia de mercado. A resposta é que os preços do petróleo são determinados em parte por um cartel (OPEP), que é capaz de elevar o preço do petróleo acima dos níveis competitivos. (A determinação de preços nos mercados em que as empresas têm poder de controlar os preços é discutida nos capítulos 10 a 12.) Por fim, a elevada demanda de petróleo nos EUA levou a uma substancial saída de dólares para os países produtores, o que por sua vez criou problemas políticos e de segurança que vão além das fronteiras da economia. O que os economistas podem fazer é nos ajudar a avaliar qual seria a melhor forma de reduzir nossa dependência do petróleo estrangeiro. Será que os padrões de exigência como aqueles do programa CAFE são preferíveis a impostos sobre o consumo de petróleo? Quais são as implicações ambientais de padrões cada vez mais rigorosos? (Essas questões são tratadas no Capítulo 18.)

Esses são apenas dois exemplos de como a microeconomia pode ser aplicada para auxiliar a tomada de decisões no âmbito privado e das políticas públicas. Você encontrará muitas outras aplicações no decorrer do livro.

RESUMO

1. A microeconomia trata das decisões tomadas por unidades econômicas individuais — consumidores, trabalhadores, investidores, proprietários de recursos naturais e empresas. Ela trata também da interação entre consumidores e empresas para formar os mercados e os setores.

2. A microeconomia apoia-se fortemente no uso da teoria, que (por meio de simplificações) pode ajudar a explicar como as unidades econômicas se comportam e a prever os comportamentos futuros. Os modelos são representações matemáticas da teoria e podem auxiliar nos processos de explicação e previsão.

3. A microeconomia trata de questões positivas relacionadas com a explicação e a previsão dos fenômenos. Porém, ela também é importante por causa da análise normativa, na qual perguntamos quais são as melhores escolhas para a empresa ou para toda a sociedade. Com frequência, as análises normativas devem ser combinadas com juízos individuais de valor, pelo fato de que poderão estar envolvidos aspectos de equidade e justiça, bem como de eficiência econômica.

4. O termo *mercado* diz respeito ao conjunto de compradores e vendedores que interagem, assim como às vendas e compras que podem resultar dessas interações. A microeconomia envolve o estudo tanto dos mercados competitivos, nos quais nenhum comprador ou vendedor tem individualmente influência no preço, como dos mercados não competitivos, nos quais as entidades individuais podem afetar o preço.

5. O preço de mercado é determinado pela interação entre compradores e vendedores. Em mercados perfeitamente competitivos, um único preço costuma prevalecer. Em mercados que não sejam perfeitamente competitivos, diferentes vendedores podem cobrar diferentes preços. Nesse caso, o preço de mercado será o preço médio predominante.

6. Ao discutirmos determinado mercado, devemos ser claros a respeito de sua extensão tanto em termos de limites geográficos como em termos da gama de produtos que nele é vendida. Alguns mercados (por exemplo, o imobiliário) possuem uma abrangência geográfica bastante restrita, ao passo que outros (por exemplo, o de ouro) são globais por natureza.

7. Para levar em conta os efeitos da inflação, comparamos preços reais (ou preços em moeda constante), em vez de preços nominais (ou preços em moeda corrente). Os preços reais são calculados por meio de um índice agregado de preços, como o IPC, para corrigir os efeitos da inflação.

QUESTÕES PARA REVISÃO

1. Diz-se frequentemente que uma boa teoria é aquela que pode ser refutada pelos fatos por meio de investigações empíricas, baseadas em dados. Explique por que uma teoria que não pode ser testada empiricamente não é uma boa teoria.

2. Qual das seguintes afirmações envolve análise econômica positiva e qual envolve análise normativa? Quais são as diferenças entre os dois tipos de análise?

    a O racionamento de gasolina (que fixa para cada indivíduo uma quantidade máxima a ser comprada anualmente) é uma política social insatisfatória, pois interfere no funcionamento do sistema de mercado competitivo.

    b O racionamento de gasolina é uma política sob a qual o número de pessoas cuja situação piora é maior do que o número daquelas cuja situação melhora.

3. Suponha que o litro da gasolina comum custasse US$ 0,20 a mais em Nova Jersey do que em Oklahoma. Você acha que poderia existir uma oportunidade para arbitragem (isto é, a possibilidade de que as empresas comprassem gasolina em Oklahoma e depois a vendessem com lucro em Nova Jersey)? Por quê?

4. No Exemplo 1.3, quais forças econômicas poderiam explicar a razão da queda do preço real dos ovos e do aumento do preço real do ensino universitário? De que forma tais mudanças de preço poderiam ter afetado as escolhas dos consumidores?

5. Suponha que o iene japonês suba em relação ao dólar norte-americano, isto é, que sejam necessários mais dólares para adquirir determinada quantidade de ienes japoneses. Explique por que tal fato simultaneamente aumentaria o preço real de automóveis japoneses para consumidores norte-americanos e reduziria o preço real de automóveis norte-americanos para consumidores japoneses.

6. O preço das ligações interurbanas caiu de US$ 0,40 por minuto, em 1996, para US$ 0,22 em 1999, uma redução de 45% (US$ 0,18/US$ 0,40). O Índice de Preços ao Consumidor aumentou 10% nesse mesmo período. O que ocorreu com o preço real do serviço telefônico?

EXERCÍCIOS

1. Decida se cada uma das proposições que se seguem é verdadeira ou falsa e explique a razão.
   a. As cadeias de *fast-food*, tais como McDonald's, Burger King e Wendy's, operam em todo o território norte-americano. Consequentemente, o mercado de *fast-food* é um mercado nacional (para os Estados Unidos).
   b. As pessoas em geral compram roupas na cidade em que vivem, por isso há um mercado em, digamos, Atlanta, distinto do mercado de roupas em Los Angeles.
   c. Alguns consumidores preferem muito mais a Pepsi-Cola, enquanto outros preferem muito mais a Coca-Cola. Portanto, não existe um mercado único para refrigerantes do tipo cola.

2. A tabela seguinte mostra o preço médio de venda da manteiga e o Índice de Preços ao Consumidor de 1980 a 2010, considerando o IPC = 100 em 1980.

	1980	1990	2000	2010
IPC	100	158,56	208,98	218,06
Preço médio de venda da manteiga (salgada, tipo extra, por ± 450 g)	US$ 1,88	US$ 1,99	US$ 2,52	US$ 2,88

   a. Calcule o preço real da manteiga em dólares de 1980. O preço real da manteiga subiu, caiu ou permaneceu estável de 1980 a 2000? E entre 1980 a 2010?
   b. Qual foi a variação percentual do preço real da manteiga (em dólares de 1980) entre 1980 e 2000? E entre 1980 a 2010?
   c. Converta o IPC para 1990 = 100 e determine o preço real da manteiga em dólares de 1990.
   d. Qual foi a variação percentual do preço real da manteiga (em dólares de 1990) entre 1980 e 2000? Compare o resultado com o obtido na resposta ao item b. O que você nota? Explique.

3. Quando este livro foi impresso, o salário mínimo norte-americano era de US$ 7,25 por hora. Para encontrar os valores correntes do IPC norte-americano visite o site http://www.bls.gov/cpi/. Dê um clique em "CPI Tables", que se encontra no lado esquerdo da página. Depois, clique em "Table Containing History of CPI-U U.S. All Items Indexes and Annual Percent Changes from 1913 to Present". Isso permitirá obter o IPC norte-americano desde 1913 até hoje.
   a. Com os valores obtidos, calcule o salário mínimo atual em termos reais, em dólares de 1990.
   b. Qual o percentual da variação do salário mínimo real de 1985 até o presente, em termos de dólares de 1990?

CAPÍTULO 2

Os fundamentos da oferta e da demanda

ESTE CAPÍTULO DESTACA

- 2.1 Oferta e demanda 22
- 2.2 O mecanismo de mercado 25
- 2.3 Alterações no equilíbrio de mercado 26
- 2.4 Elasticidades da oferta e da demanda 33
- 2.5 Elasticidades de curto prazo *versus* elasticidades de longo prazo 39
- *2.6 Compreendendo e prevendo os efeitos das modificações nas condições de mercado 47
- 2.7 Efeitos da intervenção governamental — controle de preços 55

LISTA DE EXEMPLOS

- 2.1 O preço dos ovos e o custo do ensino universitário analisados novamente 28
- 2.2 A desigualdade salarial nos Estados Unidos 29
- 2.3 O comportamento de longo prazo dos preços dos recursos naturais 30
- 2.4 Os efeitos do 11 de Setembro na oferta e na demanda de imóveis comerciais em Nova York 32
- 2.5 O mercado de trigo 37
- 2.6 A demanda por gasolina e automóveis 42
- 2.7 O clima no Brasil e o preço do café em Nova York 45
- 2.8 O comportamento do preço do cobre 50
- 2.9 A alta forçada no mercado mundial de petróleo 52
- 2.10 Controle de preços e escassez de gás natural 57

Uma das melhores maneiras de perceber a relevância da economia é começar pelos fundamentos da oferta e da demanda. A análise da oferta e da demanda é uma ferramenta essencial e poderosa que pode ser aplicada a uma ampla variedade de questões interessantes e importantes. Dentre elas, podemos citar:

- A compreensão e a previsão de como as variações nas condições econômicas mundiais podem afetar o preço de mercado e a produção.
- A avaliação do impacto dos controles governamentais de preços, do salário mínimo, de sustentação de preços e dos incentivos à produção.
- A determinação do modo como os impostos, os subsídios, as tarifas e as cotas de importação afetam consumidores e produtores.

Começaremos com uma revisão da maneira como as curvas de oferta e de demanda são utilizadas para descrever o *mecanismo de mercado*. Não havendo intervenção governamental (por exemplo, por meio da imposição de controles de preços ou qualquer outra política de regulamentação), a oferta e a demanda de uma mercadoria entrarão em equilíbrio, determinando o preço de mercado, bem como a quantidade produzida. Tal preço e tal quantidade dependerão das características específicas da oferta e da demanda. As variações do preço e da quantidade ao longo do tempo dependem de como a oferta e a demanda reagem a outras variáveis econômicas, como a atividade econômica agregada e os custos da mão de obra, que também podem estar sofrendo alterações.

Discutiremos, portanto, as características da oferta e da demanda e como elas podem diferir de um mercado para outro. Poderemos, então, dar início ao uso das curvas de oferta e demanda para compreender diversos fenômenos — por exemplo, a causa da contínua queda no preço de algumas *commodities* durante longos períodos, enquanto os preços de outras mercadorias sofreram apenas flutuações passageiras; por que ocorre escassez de mercadorias em determinados mercados; e a razão pela qual o anúncio de planos para políticas governamentais futuras ou as previsões a respeito de condições econômicas podem afetar mercados muito antes de tais políticas ou condições se tornarem realidade.

Além de compreender *qualitativamente* como a quantidade e o preço de mercado são determinados e como variam ao longo do tempo, é também importante saber como eles podem ser analisados *quantitativamente*. Veremos como cálculos rápidos podem ser utilizados para analisar e prever o desenrolar das condições de mercado. Além disso, mostraremos a reação dos mercados às flutuações macroeconômicas domésticas e internacionais e aos efeitos das intervenções governamentais. Procuraremos reforçar essa compreensão com exemplos simples e recomendando que você faça alguns exercícios ao final de cada capítulo.

2.1 Oferta e demanda

O modelo básico de oferta e de demanda é o instrumento-chave da microeconomia. Ele nos ajuda a compreender por que e como os preços mudam e o que acontece quando o governo intervém em um mercado. O modelo de oferta e de demanda combina dois conceitos importantes: a *curva de oferta* e a *curva de demanda*. É importante entender precisamente o que essas duas curvas representam.

A curva de oferta

curva de oferta

Relação entre a quantidade de uma mercadoria que os produtores estão dispostos a vender e o preço dessa mercadoria.

A **curva de oferta** informa-nos a quantidade de mercadoria que os produtores estão dispostos a vender a determinado preço, mantendo-se constantes quaisquer outros fatores que possam afetar a quantidade ofertada. A curva rotulada com S na Figura 2.1 ilustra isso. O eixo vertical do gráfico mostra o preço da mercadoria, P, medido em dólares por unidade. Esse é o preço que os vendedores recebem por determinada quantidade ofertada. O eixo horizontal mostra a quantidade total ofertada, Q, medida em unidades por período.

A curva de oferta é, assim, uma relação entre a quantidade ofertada e o preço. Podemos escrever essa relação por meio de uma equação:

$$Q_S = Q_S(P)$$

ou podemos desenhá-la graficamente, como na Figura 2.1.

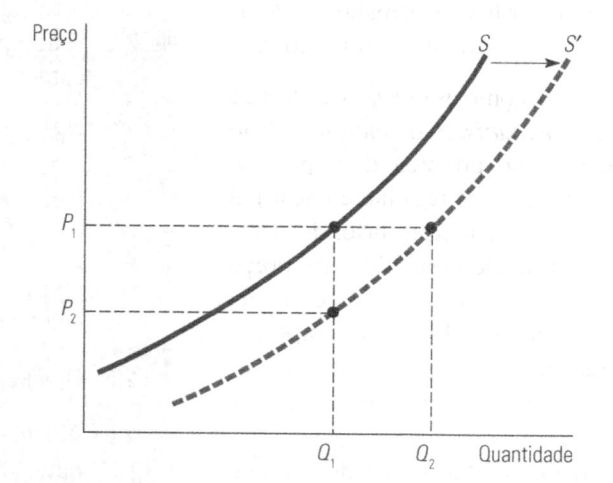

FIGURA 2.1 A CURVA DE OFERTA

A curva de oferta, denominada S na figura, mostra como a quantidade ofertada de uma mercadoria muda conforme o preço dessa mercadoria sofre alterações. A curva de oferta é ascendente: quanto mais altos os preços, maior a capacidade e a disposição das empresas de produzir e vender. Se o custo de produção cai, as empresas podem produzir a mesma quantidade com um preço menor ou uma quantidade maior com o mesmo preço. A curva de oferta desloca-se, então, para a direita (de S para S').

Observe que, na Figura 2.1, a curva de oferta é ascendente porque, quanto mais alto for o preço, *maior será a capacidade e a disposição das empresas de produzir e vender*. Por exemplo, um preço mais alto pode permitir que as empresas existentes expandam sua produção no curto prazo, por meio da contratação de trabalhadores adicionais, ou então, por meio de horas extras trabalhadas pelos funcionários atuais (a um custo mais alto para a empresa); podem também aumentar a produção no longo prazo, ampliando suas fábricas. O preço mais alto também pode atrair para o mercado novas empresas. Essas novas empresas vão se deparar com custos mais altos, em virtude de sua inexperiência, e, assim sendo, a preços mais baixos sua entrada não seria economicamente viável.

OUTRAS VARIÁVEIS QUE AFETAM A OFERTA A quantidade ofertada pode depender de outras variáveis além do preço. Por exemplo, a quantidade que os produtores estão dispostos a vender depende não apenas do preço que recebem, mas também dos custos de produção, incluindo-se aí salários, taxa de juros e o custo das matérias-primas. A curva de oferta, indicada por S na Figura 2.1, foi desenhada para valores particulares dessas outras variáveis. Uma mudança nos valores de uma ou de mais de uma dessas variáveis traduz-se em um deslocamento na curva de oferta. Vejamos como isso poderia acontecer.

A curva de oferta S na Figura 2.1 mostra que, ao preço P_1, a quantidade produzida e vendida seria Q_1. Suponhamos agora que o custo das matérias-primas *caia*. Como isso afeta a curva de oferta?

Com custos de matérias-primas mais baixos — na verdade, com quaisquer custos menores — a produção se torna mais lucrativa e isso estimula as empresas existentes a expandir a produção e possibilita a entrada de novas empresas no mercado. Se, ao mesmo tempo, o preço de mercado se mantém constante em P_1, devemos observar uma quantidade ofertada maior. A Figura 2.1 mostra isso como um aumento de Q_1 para Q_2. Quando os custos de produção *caem*, a produção *aumenta*, não importando o que ocorra com os preços de mercado. *Toda a curva de oferta então se desloca para a direita*, o que é mostrado na figura como uma mudança de S para S'.

Outro modo de olhar o efeito de uma queda no custo das matérias-primas é imaginar que a quantidade produzida permanece fixa em Q_1 e depois perguntar que preço as empresas necessitariam receber para produzir essa quantidade. Como os custos estão menores, elas aceitarão um preço menor — P_2. E isso ocorreria qualquer que fosse a quantidade produzida. De novo, vemos na Figura 2.1 que a curva de oferta deve se deslocar para a direita.

Vimos que a resposta da quantidade ofertada às variações no preço pode ser representada por movimentos *ao longo da curva de oferta*. No entanto, a resposta da oferta às mudanças nas outras variáveis determinantes da oferta reflete-se graficamente como uma *mudança na própria curva de oferta*. A fim de distinguir essas duas mudanças gráficas nas condições de oferta, os economistas frequentemente empregam a expressão *mudança na oferta* para se referir aos deslocamentos na curva de oferta, bem como a expressão *mudança na quantidade ofertada* para os movimentos ao longo da própria curva de oferta.

A curva de demanda

A **curva de demanda** informa-nos a quantidade que os consumidores estão dispostos a comprar à medida que muda o preço unitário. Podemos escrever essa relação entre a quantidade demandada e os preços como uma equação:

$$Q_D = Q_D(P)$$

ou podemos desenhá-la graficamente como na Figura 2.2. Note que a curva de demanda nessa figura, indicada por D, é *descendente*: os consumidores geralmente estão dispostos a comprar quantidades maiores se o preço está mais baixo. Por exemplo, um preço mais baixo pode estimular consumidores que já tenham adquirido tal mercadoria a consumir

curva de demanda

Relação entre a quantidade de um bem que os consumidores estão dispostos a adquirir e o preço do bem.

quantidades maiores. Além disso, pode permitir que outros consumidores, que antes não compravam este bem, se tornem capazes de arcar com tal preço e comecem a comprá-lo.

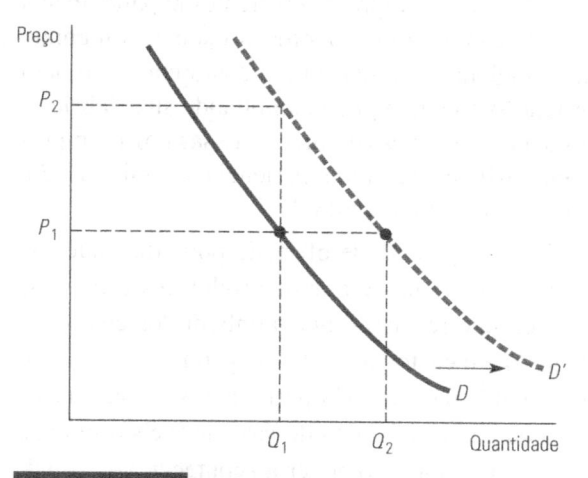

FIGURA 2.2 A CURVA DE DEMANDA

A curva de demanda, indicada por D, mostra como a quantidade demandada pelos consumidores depende do preço. Ela é descendente — isto é, mantendo-se tudo o mais constante, os consumidores desejarão comprar uma quantidade maior de um bem conforme o preço cai. A quantidade demandada pode também depender de outras variáveis, tais como a renda, o clima e os preços de outros bens. Para a maioria dos produtos, a quantidade demandada aumenta quando a renda aumenta. Uma renda mais alta desloca a curva de demanda para a direita (de D para D').

É óbvio que a quantidade de um bem que os consumidores estão dispostos a comprar pode depender de outras variáveis, além do próprio preço. A *renda* é especialmente importante. Com rendas maiores, os consumidores podem gastar mais em qualquer dos bens disponíveis e alguns consumidores farão isso para a maioria dos bens.

DESLOCANDO A CURVA DE DEMANDA Vejamos o que acontece com a curva de demanda se a renda aumenta. Como você pode ver na Figura 2.2, se o preço de mercado fosse constante em P_1, seria de se esperar um aumento da quantidade demandada — digamos, de Q_1 para Q_2, como resultado da renda mais alta dos consumidores. Como esse aumento ocorreria qualquer que fosse o preço de mercado, o resultado seria *um deslocamento para a direita de toda a curva de demanda*. Na figura, isso é mostrado como um deslocamento de D para D'. Alternativamente, podemos perguntar que preço os consumidores pagariam para adquirir determinada quantidade Q_1. Com uma renda maior, eles poderiam estar dispostos a pagar um preço mais alto — digamos, P_2 em vez de P_1, na Figura 2.2. Novamente, *a curva de demanda será deslocada para a direita*. Tal como mencionamos no caso da oferta, empregaremos a expressão *mudança na demanda* para nos referirmos aos deslocamentos da curva de demanda, e a expressão *mudança na quantidade demandada* para a situação em que ocorrem movimentos ao longo da curva de demanda.[1]

substitutos
Dois bens são substitutos quando um aumento no preço de um deles provoca um aumento na quantidade demandada do outro.

BENS SUBSTITUTOS E COMPLEMENTARES Mudanças nos preços de bens relacionados também afetam a demanda. Os bens são **substitutos** quando um aumento no preço de um deles produz um aumento na quantidade demandada do outro. Por exemplo, o cobre e o alumínio são bens substitutos. Pelo fato de cada um deles poder ser substituído pelo outro em muitos usos industriais, a quantidade demandada de cobre aumentará se o preço do alumínio subir. Da mesma forma, a carne de boi e a carne de frango são bens substitutos, já que muitos consumidores decidem substituir uma pela outra quando os preços mudam.

---

1 Matematicamente, podemos escrever a curva de demanda como $Q_D = D(P, I)$, onde I é a renda disponível. Ao desenharmos a curva de demanda, estamos mantendo I fixo.

Os bens são **complementares** quando um aumento no preço de um deles leva a um decréscimo na quantidade demandada do outro. Por exemplo, automóveis e gasolina são bens complementares. Como tendem a ser usados em conjunto, um decréscimo no preço da gasolina aumenta a quantidade demandada de automóveis. De igual modo, computadores e programas de computadores são bens complementares. O preço dos computadores caiu drasticamente na última década, propiciando um aumento não apenas das compras dos próprios computadores, mas também das aquisições de pacotes de programas para computadores.

Atribuímos o deslocamento para a direita da curva de demanda na Figura 2.2 a um aumento na renda. No entanto, esse deslocamento poderia ser resultado tanto de um aumento no preço de um bem substituto quanto do decréscimo no preço de um bem complementar. Ou, ainda, poderia ser resultado da alteração de alguma outra variável, tal como o clima. Por exemplo, as curvas de demanda por esquis e *snowboards* se deslocarão para a direita sempre que houver grandes nevascas.

2.2 O mecanismo de mercado

O próximo passo consiste em colocar a curva de oferta e a curva de demanda juntas. Isso é feito na Figura 2.3. O eixo vertical mostra o preço de um bem, P, medido em dólares por unidade. Esse é agora o preço que os vendedores recebem por determinada quantidade ofertada e o preço que os compradores pagam por certa quantidade demandada. O eixo horizontal mostra a quantidade total demandada e ofertada, Q, medida por meio do número de unidades por período.

EQUILÍBRIO No ponto em que as duas curvas se cruzam, dizemos que foi atingido o **equilíbrio** entre o preço e a quantidade. Nesse preço (P_0 na Figura 2.3), a quantidade ofertada e a quantidade demandada são exatamente iguais (a Q_0). Denomina-se **mecanismo de mercado** a tendência, em um mercado livre, de que o preço se modifique até que o mercado se equilibre (*market clearing*) — ou seja, até que a quantidade ofertada e a quantidade demandada sejam iguais. Nesse ponto, não há escassez nem excesso de oferta, de tal forma que não existe pressão para que o preço continue se modificando. A oferta e a demanda podem não estar sempre em equilíbrio e em alguns mercados o equilíbrio pode demorar a ser atingido quando as condições são modificadas de repente. A *tendência*, porém, é de que os mercados se tornem "limpos" (sem sobras de mercadorias).

complementares
Dois bens são complementares quando um aumento no preço de um deles leva a um decréscimo na quantidade demandada do outro.

preço de equilíbrio ou de *market clearing*
Preço que iguala a quantidade ofertada com a quantidade demandada.

mecanismo de mercado
Tendência, em um mercado livre, de os preços se modificarem até que o mercado fique "limpo" (sem sobras de mercadorias).

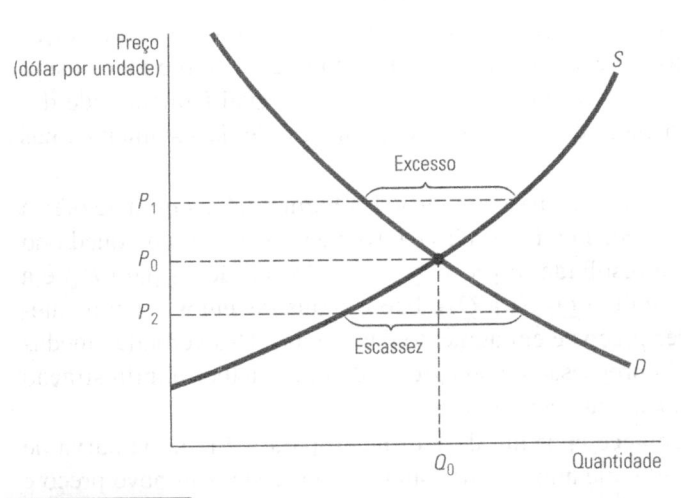

FIGURA 2.3   OFERTA E DEMANDA

No preço P_0 e na quantidade Q_0, o mercado encontra-se em equilíbrio. A um preço maior, P_1, há um excesso de oferta e, portanto, o preço cai. A um preço mais baixo, P_2, há escassez de oferta, e então o preço sobe.

excesso de oferta

Situação na qual a quantidade ofertada excede a quantidade demandada.

escassez de oferta

Situação na qual a quantidade demandada excede a quantidade ofertada.

Para compreendermos por que os mercados tendem a se equilibrar, suponhamos que o preço fosse inicialmente superior ao nível de equilíbrio do mercado — digamos que fosse P_1, na Figura 2.3. Dessa maneira, os produtores procurariam produzir e vender quantidades maiores do que os compradores estariam dispostos a adquirir. Haveria um **excesso de oferta**, situação na qual a quantidade oferecida excederia a quantidade demandada. Para que tal excedente pudesse ser vendido, ou pelo menos pudesse parar de crescer, os produtores começariam a reduzir seus preços. Por fim, conforme o preço caísse, a quantidade demandada aumentaria e a quantidade ofertada diminuiria, até que o preço de equilíbrio P_0 fosse alcançado.

Aconteceria o oposto caso o preço inicial estivesse abaixo de P_0 — digamos que em P_2. Ocorreria, então, uma **escassez de oferta** — situação na qual a quantidade demandada excederia a ofertada e os consumidores não conseguiriam comprar toda a quantidade que desejariam. Isso ocasionaria uma pressão ascendente sobre os preços, à medida que os compradores se mostrassem dispostos a pagar mais pelas quantidades existentes e os produtores reagissem com aumentos de preço e de produção. E, novamente, o preço iria acabar chegando a P_0.

QUANDO PODEMOS EMPREGAR O MODELO DE OFERTA E DE DEMANDA? Quando desenhamos e utilizamos curvas de oferta e de demanda, estamos supondo que, em qualquer nível de preço, determinada quantidade deverá ser produzida e vendida. Isso faz sentido apenas quando o mercado é *competitivo*. Com isso, queremos dizer que tanto vendedores quanto compradores deveriam dispor de pouco *poder de mercado* (isto é, pequena capacidade de afetar *individualmente* o preço de mercado).

Suponhamos, em vez disso, que a oferta fosse controlada por um único produtor — um monopolista. Nesse caso, não haveria mais uma correspondência de um para um no relacionamento entre preço e quantidade ofertada. Isso ocorre porque o comportamento do monopolista depende da forma e da posição da curva de demanda. Se a curva de demanda se modificasse de determinada maneira, poderia interessar ao monopolista manter a quantidade fixa, mas alterando o preço, ou então manter o preço fixo, modificando a quantidade. (No Capítulo 10, explicaremos como isso pode ocorrer.) Assim, à medida que traçamos curvas de oferta e de demanda, nós implicitamente assumimos que estamos nos referindo a um mercado competitivo.

2.3 Alterações no equilíbrio de mercado

Vimos como as curvas de oferta e de demanda se deslocam em resposta às mudanças em variáveis como salários, custos de capital e renda. Vimos também como o mecanismo de mercado produz um equilíbrio em que a quantidade ofertada é igual à quantidade demandada. Veremos, agora, como esse equilíbrio se altera em face de deslocamentos nas curvas de demanda e de oferta.

Comecemos com um deslocamento na curva de oferta. Na Figura 2.4, a curva de oferta se desloca de S para S' (como aconteceu na Figura 2.1), talvez em razão de uma queda no preço das matérias-primas. Como resultado, o preço de mercado cai (de P_1 para P_3) e a quantidade total produzida aumenta (de Q_1 para Q_3). Isto é o que devemos esperar: menores custos resultam em menores preços e em aumento das vendas. (Na verdade, quedas graduais nos custos resultantes do progresso tecnológico e de uma melhor administração são importantes forças para o crescimento econômico.)

A Figura 2.5 mostra o que acontece após um deslocamento para a direita na curva de demanda, o qual vem a ser resultado, digamos, de um aumento da renda. Um novo preço e uma nova quantidade se estabelecem depois que a oferta e a demanda se equilibram. Como é mostrado na Figura 2.5, os consumidores, agora, estão pagando um preço mais alto, P_3, e as empresas estão produzindo uma quantidade maior, Q_3, como resultado do aumento da renda.

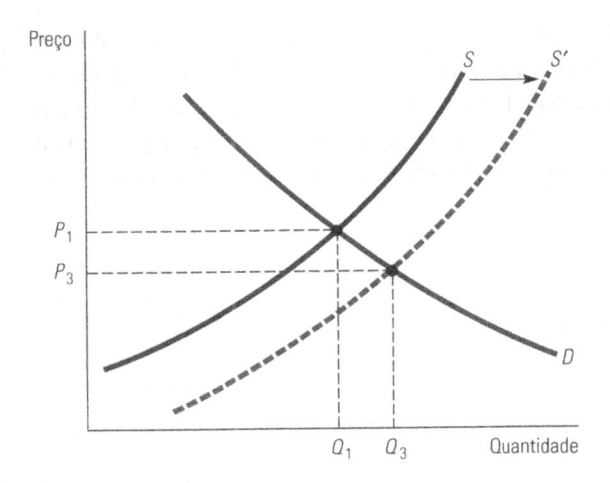

FIGURA 2.4 NOVO EQUILÍBRIO APÓS O DESLOCAMENTO DA OFERTA

Quando a curva de oferta se desloca para a direita, o mercado se equilibra a um preço mais baixo P_3 e a uma quantidade maior Q_3.

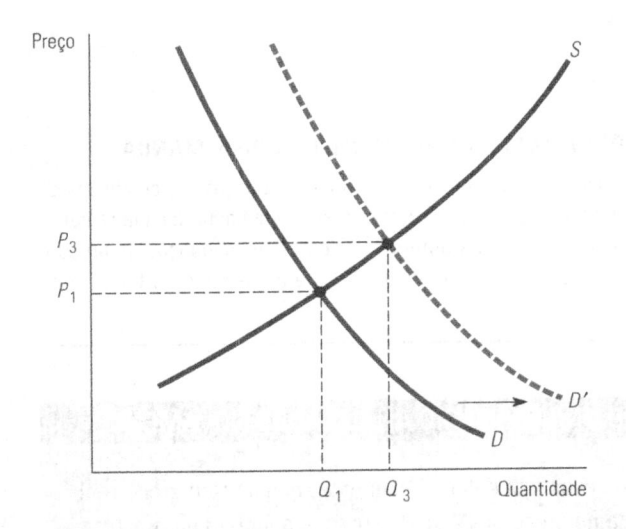

FIGURA 2.5 NOVO EQUILÍBRIO APÓS O DESLOCAMENTO DA DEMANDA

Quando a curva de demanda se desloca para a direita, o mercado se equilibra a um preço mais alto P_3 e a uma quantidade maior Q_3.

Na maioria dos mercados, tanto a demanda quanto a oferta se deslocam de tempos em tempos. A renda disponível dos consumidores aumenta conforme a economia cresce (ou se contrai durante os períodos de recessão econômica). A demanda por alguns bens muda de acordo com as estações (por exemplo, roupas de praia, guarda-chuvas), com as variações dos preços dos bens relacionados (um aumento no preço do petróleo leva a um aumento na demanda de etanol), ou simplesmente por causa de mudanças nos gostos. De modo semelhante, os salários, custos de capital e o preço das matérias-primas também mudam de tempos em tempos e essas mudanças alteram a posição da curva de oferta.

As curvas de oferta e de demanda também podem ser empregadas para acompanhar os efeitos dessas mudanças. Na Figura 2.6, por exemplo, deslocamentos para a direita, tanto da curva de oferta quanto da curva de demanda, resultam em um ligeiro aumento no preço (de P_1 para P_2) e uma quantidade muito maior (de Q_1 para Q_2). Em geral, o preço e a quantidade vão se modificar em função de quanto as curvas de oferta e de demanda vão se deslocar, assim como em função dos formatos dessas curvas. Para prever a dimensão e a direção dessas mudanças, precisamos saber caracterizar quantitativamente a dependência da oferta e da demanda em relação aos preços e outras variáveis. Trataremos desse assunto na próxima seção.

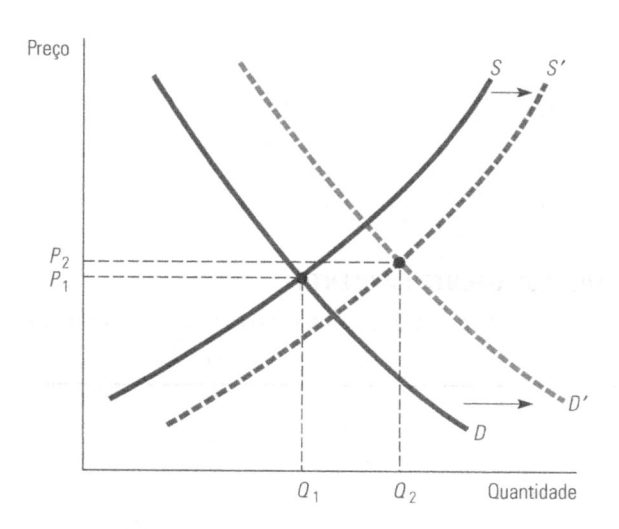

FIGURA 2.6   **NOVO EQUILÍBRIO APÓS OS DESLOCAMENTOS DA OFERTA E DA DEMANDA**

As curvas de oferta e de demanda deslocam-se ao longo do tempo em resposta às mudanças das condições de mercado. Neste exemplo, o deslocamento para a direita de ambas as curvas resulta em um preço ligeiramente mais alto que o anterior e em uma quantidade bem maior que a anterior. Em geral, as mudanças no preço e na quantidade dependem do tamanho dos deslocamentos das curvas de oferta e de demanda e também da inclinação delas.

EXEMPLO 2.1   **O PREÇO DOS OVOS E O CUSTO DO ENSINO UNIVERSITÁRIO ANALISADOS NOVAMENTE**

No Exemplo 1.3, vimos que, entre 1970 e 2010, o preço real dos ovos (em dólares) caiu 55%, enquanto o preço real da educação universitária subiu 82%. O que causou a grande queda no preço dos ovos e o grande aumento no preço da educação universitária?

Podemos compreender as alterações sofridas pelos preços examinando o comportamento da oferta e da demanda de cada bem, como mostrado na Figura 2.7. No caso dos ovos, a mecanização das granjas reduziu bastante o custo de produção, deslocando a curva de oferta para baixo. Enquanto isso, a curva de demanda por ovos movimentou-se para a esquerda à medida que a população ficou mais consciente e mudou os hábitos alimentares, passando a evitar os ovos. Como resultado, o preço real caiu consideravelmente enquanto o seu consumo anual aumentou (de 5.300 milhões para 6.392 milhões de dúzias).

Na educação universitária, as curvas de oferta e de demanda deslocaram-se para direções opostas. O aumento no custo dos equipamentos e na manutenção de modernas salas de aula, laboratórios e bibliotecas, bem como o aumento de salários, deslocou a curva de oferta para cima. Ao mesmo tempo, a curva de demanda deslocou-se para a direita, uma vez que um crescente percentual de estudantes secundaristas decidiu que o ensino universitário era essencial. Assim, apesar do aumento no preço, aproximadamente 12,5 milhões de estudantes matricularam-se na universidade durante o ano de 2010, comparado com os 6,9 milhões em 1970.

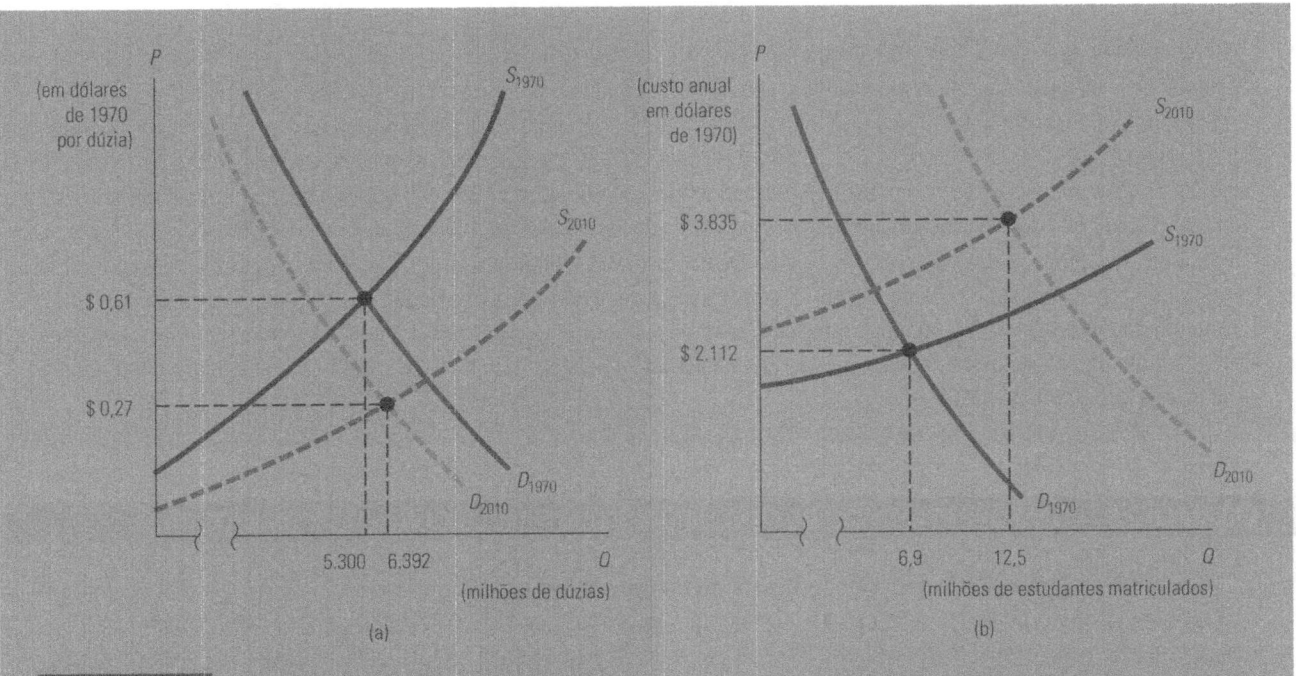

FIGURA 2.7 (a) MERCADO PARA OS OVOS (b) MERCADO PARA O ENSINO UNIVERSITÁRIO

(a) A curva de oferta de ovos deslocou-se para baixo como resultado da queda nos custos de produção; a curva de demanda deslocou-se para a esquerda como resultado da mudança nas preferências dos consumidores. Assim, o preço real dos ovos caiu drasticamente e o consumo aumentou. (b) A curva de oferta do ensino universitário deslocou-se para cima como resultado do aumento nos custos dos equipamentos, manutenção e pessoal. A curva de demanda deslocou-se para a direita como resultado do aumento de estudantes secundaristas querendo cursar uma universidade. Assim, tanto o preço real quanto o número de alunos matriculados cresceram significativamente.

EXEMPLO 2.2 A DESIGUALDADE SALARIAL NOS ESTADOS UNIDOS

Embora a economia norte-americana tenha crescido vigorosamente durante as duas últimas décadas, os ganhos decorrentes desse processo de crescimento não foram repartidos igualmente. Os trabalhadores especializados bem remunerados viram seus salários crescerem de maneira substancial, enquanto o salário dos trabalhadores não especializados, mal remunerados, reduziu-se levemente em termos reais. De modo geral, houve um aumento no grau de desigualdade da distribuição de renda, caracterizando um fenômeno que começou por volta de 1980 e se acelerou nos últimos anos. Por exemplo, de 1978 a 2009, as pessoas nos 20% do topo da distribuição de renda experimentaram um aumento de 45% na renda familiar real média, antes dos impostos (ou seja, a renda ajustada pela inflação), enquanto os 20% na base viram sua renda real média (antes dos impostos) subir apenas 4%.[2]

Por que a distribuição de renda se tornou muito mais desigual durante as duas últimas décadas? A resposta encontra-se na demanda e na oferta de trabalhadores. Enquanto a oferta de trabalhadores não qualificados — ou seja, pessoas com pouca instrução — cresceu substancialmente, a demanda por esse tipo de mão de obra subiu levemente. O deslocamento da curva de oferta para a direita, combinado com um pequeno movimento da curva de demanda, provocou a queda no salário dos trabalhadores não especializados. De outro lado, enquanto a oferta de trabalhadores qualificados — por exemplo, engenheiros, cientistas, gerentes e economistas — cresceu levemente, a demanda por esses profissionais

---

2 Se verificarmos esses valores *após os impostos*, veremos que o crescimento da desigualdade é ainda maior; a renda média real após os impostos (isto é, líquida) dos 20% mais pobres *caiu* nesse período. Para obter dados históricos sobre a desigualdade de renda nos Estados Unidos, consulte Historical Income Inequality Tables, no site do U.S. Census Bureau: http://www.census.gov/.

cresceu de maneira drástica, elevando o salário deles. (Deixamos para o leitor, como um exercício, a tarefa de desenhar as curvas de oferta e de demanda mostrando o que ocorreu, tal como foi feito no Exemplo 2.1.)

Essas tendências são evidentes quando se observa a evolução dos salários das diferentes categorias profissionais. Por exemplo, os ganhos reais (corrigidos pela inflação) semanais dos trabalhadores especializados (tais como profissionais das áreas financeira, securitária e imobiliária) cresceram mais de 20% entre 1980 e 2009. No mesmo período, a renda real semanal dos trabalhadores menos qualificados (vendedores do varejo, por exemplo) cresceu apenas em 5%.[3]

Muitas projeções apontam para uma continuidade dessa tendência durante a próxima década. Com o crescimento dos setores de alta tecnologia da economia norte-americana, a demanda por trabalhadores altamente especializados deve crescer ainda mais. Ao mesmo tempo, a informatização dos escritórios e das fábricas reduzirá ainda mais a demanda por trabalhadores não especializados. (Essa tendência novamente será discutida no Exemplo 14.7.) Tais mudanças só podem exacerbar a desigualdade salarial.

EXEMPLO 2.3 O COMPORTAMENTO DE LONGO PRAZO DOS PREÇOS DOS RECURSOS NATURAIS

Hoje, muitos se preocupam com os recursos naturais do planeta. Essas pessoas se perguntam se as fontes de energia e os recursos minerais podem vir a se esgotar em um futuro próximo, fazendo os preços dispararem, o que poderia pôr um fim ao crescimento econômico. Uma análise da oferta e da demanda pode nos fornecer alguma perspectiva sobre o tema.

O planeta, evidentemente, tem uma quantidade limitada de recursos minerais, tais como cobre, ferro, carvão e petróleo. Durante o último século, porém, os preços desses e de muitos outros recursos minerais declinaram ou permaneceram quase constantes em relação ao índice geral de preços. A Figura 2.8, por exemplo, mostra o preço do cobre em termos reais (ajustado pela inflação), assim como a quantidade consumida entre 1880 e 2010 (ambos são apresentados na forma de índice, considerando-se 1880 = 1). Apesar das variações de curto prazo nos preços, não se observou nenhum aumento de longo prazo, muito embora o consumo anual seja atualmente cerca de 100 vezes maior que em 1880. Padrões semelhantes são válidos para outros recursos minerais, como o ferro, o petróleo e o carvão.[4]

Como podemos explicar esse grande aumento no consumo de cobre, mas com muito pouca mudança no preço? A resposta se encontra ilustrada na Figura 2.9. Como pode ser visto na figura, a demanda por esses recursos cresceu junto com a economia mundial. No entanto, à medida que a demanda cresceu, os custos de produção foram reduzidos. Essa redução deveu-se, primeiro, à descoberta de reservas maiores, que apresentaram menores custos de lavra e, segundo, ao progresso tecnológico e à vantagem econômica das operações de mineração e refinamento em grande escala. Em consequência, a curva de oferta deslocou-se para a direita ao longo do tempo. No longo prazo, os deslocamentos da curva de oferta foram maiores que os deslocamentos da curva de demanda, de tal forma que o preço apresentou repetidas quedas, conforme mostra a Figura 2.9.

Isso não significa que os preços do cobre, do ferro e do carvão devam declinar ou permanecer constantes para sempre, pois tais recursos são finitos. Contudo, à medida que os preços começarem a subir, o consumo provavelmente mudará, pelo menos em parte, para materiais substitutos. Por exemplo, o cobre em muitas de suas aplicações foi substituído pelo alumínio e, mais recentemente, pela fibra ótica em aplicações eletrônicas. (Veja o Exemplo 2.8 para obter uma discussão mais detalhada a respeito do preço do cobre.)

---

3   Para obter dados detalhados sobre salários, consulte a seção Detailed Statistics, no site do Bureau of Labor Statistics (BLS): http://www.bls.gov/ces/. Escolha Employment, Hours, and Earnings from The Current Employment Statistics Survey (National).

4   Entre 1999 e 2000, o índice de consumo de cobre nos Estados Unidos era de aproximadamente 102, mas depois sofreu uma queda significativa, em decorrência da demanda cada vez menor de 2001 a 2006. Os dados sobre consumo (1880-1899) e preço (1880-1969) da Figura 2.8 foram extraídos de Robert S. Manthy, *Natural Resource Commodities: A Century of Statistics*. (Baltimore: Johns Hopkins University Press, 1978.) Já os dados mais recentes sobre preço e consumo (1970-2010) vieram do U.S. Geological Survey – Minerals Information, Copper Statistics and Information (http://minerals.usgs.gov/).

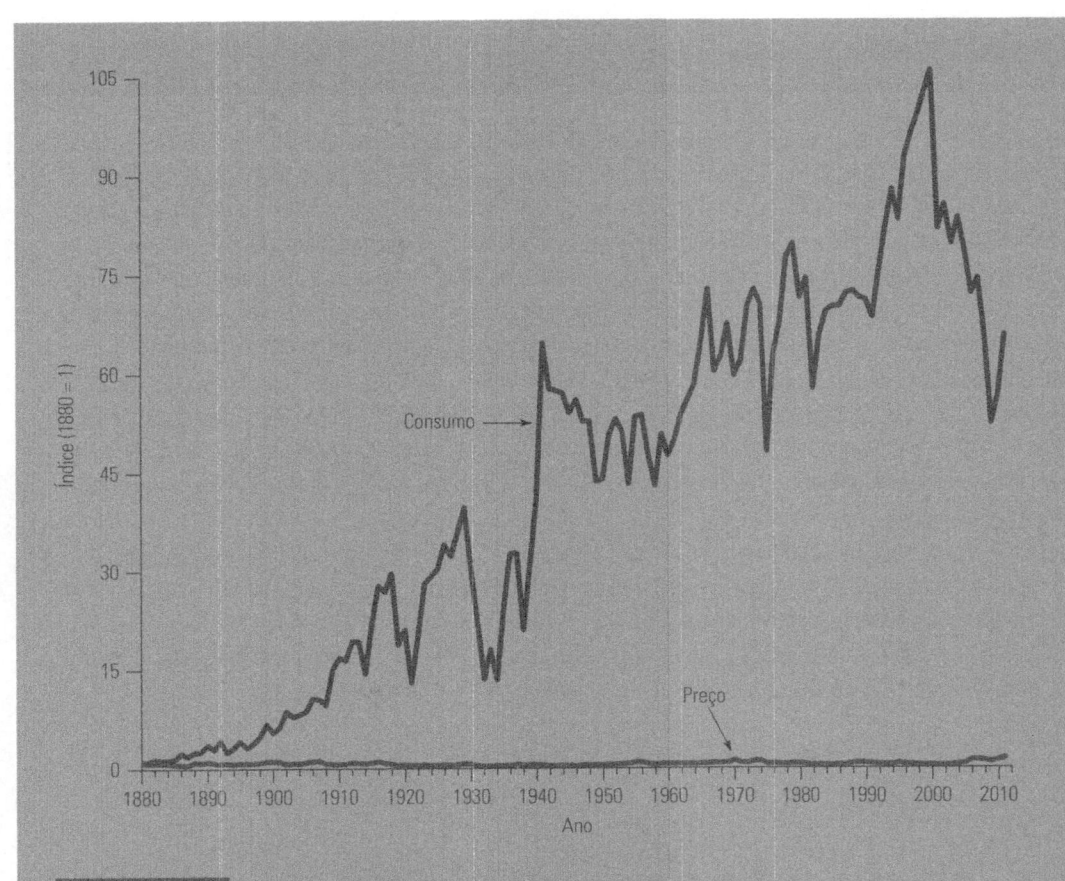

FIGURA 2.8 **CONSUMO E PREÇO DO COBRE**

O consumo anual de cobre cresceu cerca de cem vezes no período, mas o preço real (ajustado pela inflação) pouco mudou.

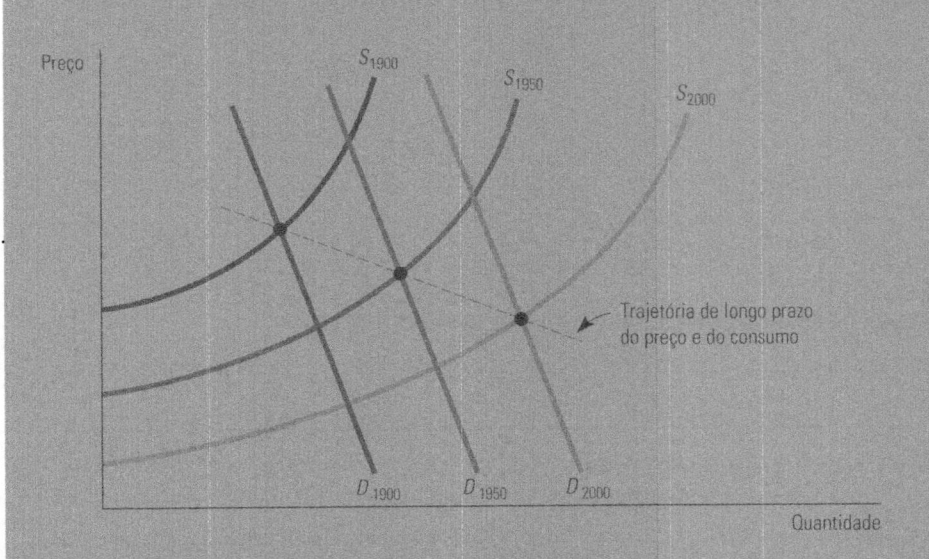

FIGURA 2.9 **DESLOCAMENTOS DE LONGO PRAZO DA OFERTA E DA DEMANDA DE RECURSOS MINERAIS**

A demanda pela maioria dos recursos aumentou drasticamente no século XX, mas os preços caíram ou subiram pouco em termos reais (com ajuste pela inflação), devido à considerável redução dos custos, que deslocou a curva de oferta significativamente para a direita.

EXEMPLO 2.4 — OS EFEITOS DO 11 DE SETEMBRO NA OFERTA E NA DEMANDA DE IMÓVEIS COMERCIAIS EM NOVA YORK

O ataque terrorista que atingiu o complexo do World Trade Center (WTC), em 11 de setembro de 2001, danificou ou destruiu 21 edifícios, que totalizavam cerca de 31,2 milhões de pés quadrados (2,9 km²) na área comercial de Manhattan — cerca de 10% da oferta total da cidade. Pouco antes do ataque, a taxa de desocupação dos escritórios na região era de 8% e o aluguel médio cobrado era de US$ 52,50 por pé quadrado (US$ 565,10 por metro quadrado). Após a imensa e inesperada redução na quantidade de imóveis comerciais ofertados, poderíamos esperar um aumento no preço de equilíbrio dos aluguéis e, com isso, uma queda na quantidade de equilíbrio dos imóveis comerciais. Além disso, como construir novos prédios comerciais e restaurar os danificados é um processo demorado, também poderíamos esperar por uma violenta queda na taxa de desocupação.

Para surpresa geral, porém, a taxa de desocupação em Manhattan cresceu: daqueles 8% em agosto, passou para 9,3% em novembro de 2001. Além disso, o preço médio do aluguel caiu, de US$ 52,50 para US$ 50,75 por pé quadrado. No centro de Manhattan, onde ficava o WTC, a mudança foi ainda mais marcante. A taxa de desocupação cresceu de 7,5% para 10,6% e o preço médio do aluguel caiu aproximadamente 8%, ficando em US$ 41,81. O que houve? Os preços caíram porque a demanda por imóveis comerciais diminuiu.

A Figura 2.10 descreve o mercado para imóveis comerciais no centro de Manhattan. As curvas de oferta e de demanda antes do 11 de Setembro são representadas por S_{Ago} e D_{Ago}. No equilíbrio, o preço e o espaço comercial eram de US$ 45,34 por pé quadrado e 76,4 milhões de pés quadrados, respectivamente. A redução na oferta, ocorrida de agosto a novembro, é indicada por um desvio para a esquerda na curva de oferta (de S_{Ago} para S'_{Nov}); o resultado é um preço de equilíbrio mais alto, P', e uma quantidade de equilíbrio mais baixa, Q'. Esse é o resultado que muitos previram para os meses seguintes ao 11 de Setembro.

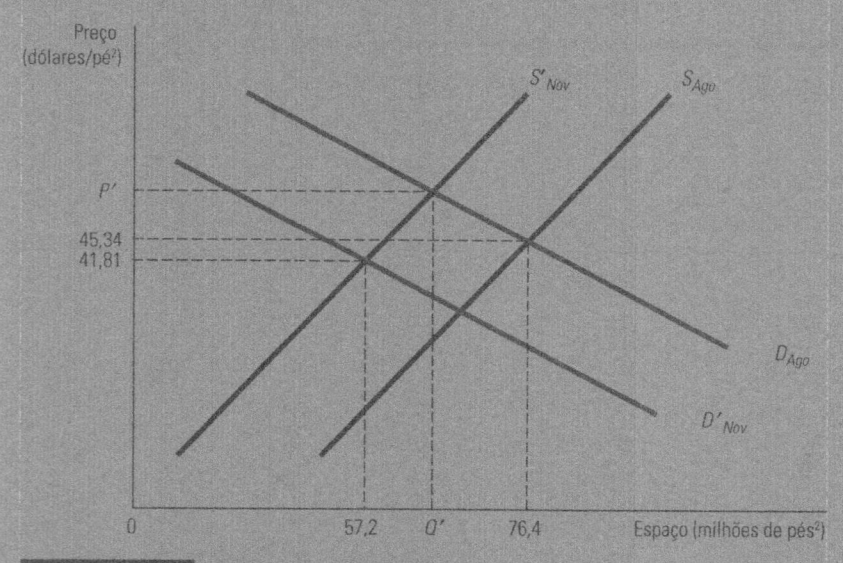

FIGURA 2.10 OFERTA E DEMANDA DE ESPAÇO COMERCIAL NA CIDADE DE NOVA YORK

Após o 11 de Setembro, a curva de oferta se desviou para a esquerda, mas a curva de demanda também se desviou na mesma direção e, assim, o preço do aluguel caiu.

Muitos especialistas não previram, porém, a significativa diminuição na demanda por imóveis comerciais que acompanhou a queda na oferta. Primeiro, muitas empresas, desalojadas ou não, preferiram não voltar ao centro por questões relacionadas com a qualidade de vida (as ruínas do WTC, a poluição, o transporte deficiente e um inventário em processo de envelhecimento). As empresas desalojadas pelo ataque também foram obrigadas a rever sua necessidade de espaço e, por fim, compraram de novo pouco mais de 50% de seu espaço original em Manhattan. Outras deixaram a ilha, mas permaneceram na cidade de Nova York; outras, ainda, mudaram-se para Nova Jersey.[5] Além disso, no fim de 2001, a economia norte-americana passava por uma crise (exacerbada pelos eventos de 11 de Setembro) que reduziu ainda mais a demanda

---

[5] Veja Jason Bram, James Orr e Carol Rapaport, "Measuring the Effects of the September 11 Attack on New York City", Federal Reserve Bank of New York, *Economic Policy Review*, nov. 2002.

por imóveis comerciais. Assim, a queda cumulativa na demanda (a mudança de D_{Ago} para D'_{Nov}) acabou fazendo com que o preço médio dos aluguéis comerciais no centro de Manhattan caísse, em vez de subir, nos meses posteriores ao ataque. Em novembro, embora o preço tivesse baixado para US$ 41,81, ainda havia 57,2 milhões de pés quadrados desocupados.

Em outras importantes cidades americanas, há evidências de que o mercado imobiliário experimentou oscilações semelhantes na taxa de desocupação após os ataques de 11 de Setembro. Em Chicago, por exemplo, houve um aumento na taxa de desocupação de edifícios comerciais localizados no centro da cidade, principalmente nos que estão situados nos pontos considerados alvos preferidos para ataques terroristas ou próximo a eles.[6] Em maio de 2009, a taxa de desocupação tinha subido para acima de 13%. As empresas de serviços financeiros ocupam mais de um quarto do espaço de escritórios de Manhattan, e com a crise financeira sobreveio uma queda brusca no valor dos aluguéis comerciais. A Goldman Sachs, por exemplo, desocupou mais de 1 milhão de pés quadrados de espaço de escritório. No lado da oferta, o novo arranha-céu no canto noroeste do local do World Trade Center acrescentará 2,6 milhões de pés quadrados de espaço de escritório quando ficar pronto.

2.4 Elasticidades da oferta e da demanda

Já vimos que a demanda por uma mercadoria depende do seu preço, bem como da renda do consumidor e dos preços de outras mercadorias. De modo semelhante, a oferta depende do preço, bem como de outras variáveis que afetam os custos de produção. Por exemplo, se o preço do café aumentar, a quantidade demandada cairá e a quantidade ofertada aumentará. Porém, muitas vezes queremos saber *quanto* vai aumentar ou cair a oferta ou a demanda. Até que ponto a demanda de café poderá ser afetada? Se o preço aumentar 10%, qual deverá ser a variação da demanda? Qual seria essa variação se o nível de renda aumentasse em 5%? Utilizamos as *elasticidades* para responder a perguntas como essas.

A **elasticidade** mede quanto uma variável pode ser afetada por outra. Mais especificamente, é um número que nos informa a *variação percentual que ocorrerá em uma variável como reação a um aumento de um ponto percentual em outra variável*. Por exemplo, a *elasticidade preço da demanda* mede quanto a quantidade demandada pode ser afetada por modificações no preço. Ela nos informa qual será a variação percentual na quantidade demandada de uma mercadoria após um aumento de 1% no preço de tal mercadoria.

elasticidade
Variação percentual em uma variável que resulta do aumento de 1% na outra.

ELASTICIDADE PREÇO DA DEMANDA Vamos examinar isso em mais detalhe. Indicando a quantidade (Q) e o preço (P), *podemos expressar a* **elasticidade preço da demanda** (E_p) *da seguinte forma*:

$$E_p = (\%\Delta Q)/(\%\Delta P)$$

em que $\%\Delta Q$ significa simplesmente "variação percentual na quantidade demandada" e $\%\Delta P$ significa "variação percentual no preço". (O símbolo Δ é a letra maiúscula grega delta; ela significa "variação em". Assim, por exemplo, ΔX significa "uma mudança na variável X", digamos, de um ano para o seguinte.) A variação percentual de uma variável corresponde à sua variação absoluta, dividida por seu valor original. (Se o Índice de Preços ao Consumidor fosse 200 no início do ano e tivesse aumentado para 204 no fim, sua variação percentual — ou taxa anual de inflação — seria de 4/200 = 0,02, ou seja, 2%.) Assim, também podemos escrever a elasticidade preço da demanda como:[7]

$$E_p = \frac{\Delta Q/Q}{\Delta P/P} = \frac{P}{Q}\frac{\Delta Q}{\Delta P} \tag{2.1}$$

---

[6] Veja Alberto Abadie e Sofia Dermisi, "Is Terrorism Eroding Agglomeration Economies in Central Business Districts? Lessons from the Office Real Estate Market in Downtown Chicago", *National Bureau of Economic Research*, Working Paper 12678, nov. 2006.

[7] Em termos de mudanças infinitesimais (considerando um ΔP bem pequeno), $E_p = \left(\frac{P}{Q}\right)\left(\frac{\Delta Q}{\Delta P}\right)$.

A elasticidade preço da demanda é normalmente um número negativo. Quando o preço de uma mercadoria aumenta, a quantidade demandada em geral cai e, dessa forma, $\Delta Q/\Delta P$ (a variação da quantidade demandada correspondente a uma variação no preço) é negativa, assim como E_p. Às vezes, nos referimos à *magnitude* da elasticidade preço — ou seja, ao seu valor absoluto. Por exemplo, se $E_p = -2$, dizemos que a elasticidade é 2 em magnitude.

Quando a elasticidade preço é maior que 1 em magnitude, dizemos que a demanda é *elástica ao preço*, porque o percentual de redução da quantidade demandada é maior que o percentual de aumento no preço. Se a elasticidade preço for menor que 1 em magnitude, dizemos que a demanda é *inelástica ao preço*. Em geral, a elasticidade preço da demanda para uma mercadoria depende da disponibilidade de outras mercadorias que possam ser substituídas por ela. Quando há substitutos próximos, um aumento no preço fará o consumidor comprar menos da mercadoria e mais da substituta. A demanda, então, será altamente elástica ao preço. Quando não existem substitutos, a demanda tenderá a ser inelástica ao preço.

CURVA DE DEMANDA LINEAR A Equação 2.1 indica que a elasticidade preço da demanda corresponde à variação na quantidade associada à variação no preço ($\Delta Q/\Delta P$) *multiplicada pela razão entre o preço e a quantidade (P/Q). No entanto, à medida que nos movemos em direção à parte inferior da curva de demanda, a relação $\Delta Q/\Delta P$ pode variar e o preço e a quantidade estarão variando.* Portanto, a elasticidade preço da demanda deve ser medida *em um ponto específico da curva de demanda e, em geral, sofrerá variações à medida que nos movermos ao longo da curva.*

curva de demanda linear

Curva de demanda que tem a forma de uma linha reta.

Esse princípio pode ser visto com mais facilidade por uma **curva de demanda linear** — ou seja, uma curva de demanda que tem a forma:

$$Q = a - bP$$

Como um exemplo, considere a curva de demanda:

$$Q = 8 - 2P$$

Para essa curva, $\Delta Q/\Delta P$ é constante e igual a –2 (ou seja, um ΔP de 1 resulta sempre em um ΔQ de –2). Entretanto, essa curva *não* possui uma elasticidade constante. Observe, pela Figura 2.11, que quando descemos na curva, a relação P/Q diminui; portanto, a elasticidade diminui em magnitude. Perto da interseção da curva com o eixo do preço, Q é muito pequeno, portanto $E_p = -2(P/Q)$ será grande em magnitude. Quando $P = 2$ e $Q = 4$, $E_p = -1$. Na interseção com o eixo da quantidade, $P = 0$ e portanto $E_p = 0$.

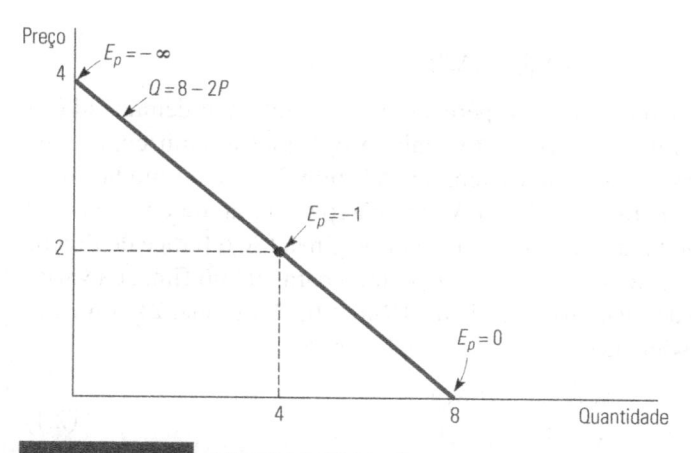

FIGURA 2.11 CURVA DE DEMANDA LINEAR

A elasticidade preço da demanda depende não apenas da inclinação da curva de demanda, mas também do preço e da quantidade. A elasticidade, portanto, varia ao longo da curva à medida que preço e quantidade variam. A inclinação dessa curva de demanda linear é constante. Perto do topo, como o preço é alto e a quantidade é pequena, a elasticidade é grande em magnitude. A elasticidade torna-se menor quando descemos ao longo da curva.

Como traçamos as curvas de demanda (e de oferta) com o preço no eixo vertical e a quantidade no eixo horizontal, $\Delta Q/\Delta P$ = (1/inclinação da curva). Como resultado, para qualquer combinação entre preço e quantidade, quanto mais acentuada for a inclinação da curva, menor será a elasticidade da demanda. A Figura 2.12 apresenta dois casos especiais. A Figura 2.12(a) apresenta uma curva de demanda que reflete uma **demanda infinitamente elástica**: os consumidores vão adquirir a quantidade que puderem a determinado preço P^*. No caso de qualquer aumento de preço acima desse nível, mesmo que ínfimo, a quantidade demandada cai a zero; da mesma maneira, para quaisquer reduções no preço, a quantidade demandada aumenta de forma ilimitada. A curva de demanda na Figura 2.12(b), por outro lado, reflete uma **demanda completamente inelástica**: os consumidores adquirirão uma quantidade fixa Q^*, qualquer que seja o preço.

> **demanda infinitamente elástica**
>
> Princípio de que os consumidores comprarão a quantidade que puderem a determinado preço, mas, para qualquer preço superior, a quantidade demandada cai a zero; da mesma forma, para qualquer preço inferior, a quantidade demandada aumenta sem limite.

> **demanda completamente inelástica**
>
> Princípio de que os consumidores comprarão uma quantidade fixa de uma mercadoria, independentemente do seu preço.

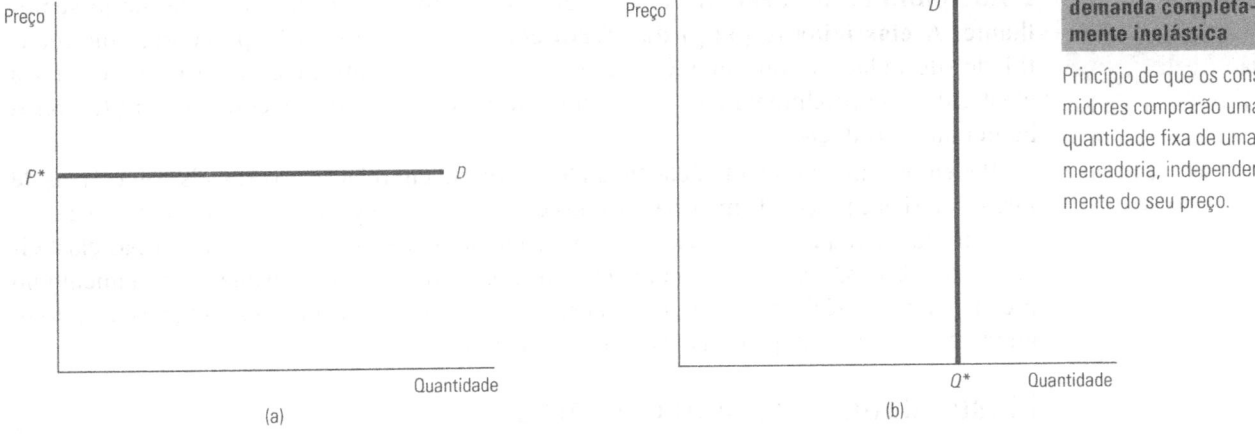

FIGURA 2.12 (a) DEMANDA INFINITAMENTE ELÁSTICA (b) DEMANDA COMPLETAMENTE INELÁSTICA

(a) Para uma curva de demanda horizontal, $\Delta Q/\Delta P$ é infinito. Como uma pequena variação no preço leva a uma enorme variação na quantidade demandada, a elasticidade preço da demanda é infinita. (b) Para uma curva de demanda vertical, $\Delta Q/\Delta P$ é zero. Como a quantidade demandada é a mesma, não importa o preço, então a elasticidade preço da demanda é zero.

OUTRAS ELASTICIDADES DE DEMANDA Estaremos também interessados em elasticidades de demanda em relação a outras variáveis além do preço. Por exemplo, a demanda da maioria dos bens normalmente aumenta quando a renda agregada se eleva. A **elasticidade renda da demanda** corresponde à variação percentual da quantidade demandada, Q, resultante de um aumento de 1% na renda, I (income):

$$E_I = \frac{\Delta Q/Q}{\Delta I/I} = \frac{I}{Q}\frac{\Delta Q}{\Delta I} \qquad (2.2)$$

> **elasticidade renda da demanda**
>
> Porcentagem de variação na quantidade demandada que resulta de um aumento de 1% na renda do consumidor.

A demanda por algumas mercadorias é também influenciada pelos preços de outras mercadorias. Por exemplo, pelo fato de a manteiga e a margarina poderem facilmente ser substituídas uma pela outra, a demanda para cada uma delas depende do preço da outra. A **elasticidade preço cruzada da demanda** refere-se à variação percentual da quantidade demandada de uma mercadoria que resultará no aumento de 1% no preço de outra. Dessa maneira, a elasticidade da demanda de manteiga em relação ao preço da margarina seria expressa como:

$$E_{Q_b P_m} = \frac{\Delta Q_b/Q_b}{\Delta P_m/P_m} = \frac{P_m}{Q_b}\frac{\Delta Q_b}{\Delta P_m} \qquad (2.3)$$

> **elasticidade preço cruzada da demanda**
>
> Porcentagem de variação da quantidade demandada de uma mercadoria que resultará no aumento de 1% no preço de outra.

sendo Q_b a quantidade de manteiga (*butter*) e P_m o preço da margarina.

Nesse exemplo, as elasticidades cruzadas serão positivas porque os produtos são *substitutos*, isto é, concorrem no mercado; um aumento no preço da margarina, tornando a manteiga relativamente mais barata que ela, resulta em um aumento na demanda por manteiga. (A curva de demanda da manteiga se deslocará para a direita, de tal forma que o preço aumentará.) No entanto, nem sempre é isso que ocorre. Alguns bens são *complementares*: como tendem a ser utilizados em conjunto, um aumento no preço de um deles tende a reduzir o consumo do outro. Gasolina e óleo para motores são um exemplo. Se o preço da gasolina sobe, a quantidade de gasolina demandada cai, e os motoristas utilizarão menos o carro. Como as pessoas estão dirigindo menos, a demanda por óleo para motores também cai. (A curva toda da demanda por óleo para motores se desloca para a esquerda.) Dessa maneira, a elasticidade preço cruzada da demanda de óleo para motores em relação à gasolina é negativa.

ELASTICIDADES DE OFERTA As elasticidades de oferta são definidas de modo semelhante. A **elasticidade preço da oferta** corresponde à variação percentual da quantidade ofertada em consequência do aumento de um ponto percentual no preço. Essa elasticidade normalmente é positiva, pois um preço mais alto incentiva os produtores a aumentar a produção.

> **elasticidade preço da oferta**
>
> Porcentagem de variação na quantidade ofertada de um bem que resulta de 1% de aumento em seu preço.

Podemos também falar em elasticidades de oferta em relação a variáveis como taxas de juros, salários e preços de matérias-primas e outros bens intermediários utilizados para gerar o produto em questão. Por exemplo, para a maior parte dos bens produzidos, as elasticidades de oferta são negativas em relação aos preços das matérias-primas. Um aumento no preço de uma matéria-prima significa custos mais altos para a empresa; assim, se o resto se mantiver constante, a quantidade ofertada vai cair.

Elasticidades no ponto e no arco

Até aqui, examinamos as elasticidades em determinado ponto da curva de demanda ou de oferta. A elas chamamos *elasticidades pontuais*. A **elasticidade pontual da demanda**, por exemplo, é *a elasticidade preço medida em determinado ponto da curva de demanda* e é definida pela Equação 2.1. Como mostramos na Figura 2.11, por meio de uma curva de demanda linear, a elasticidade pontual da demanda pode variar, conforme o ponto da curva em que é medida.

> **elasticidade pontual da demanda**
>
> Elasticidade preço em determinado ponto da curva de demanda.

Há situações, porém, em que desejamos calcular a elasticidade preço correspondente a determinado trecho da curva de demanda (ou de oferta), não a um ponto específico. Suponhamos, por exemplo, que estejamos pensando em aumentar o preço de um produto de US$ 8 para US$ 10 e esperamos que a quantidade demandada caia de 6 para 4. Como deveremos calcular a elasticidade preço da demanda? O preço aumentou 25% (um aumento de US$ 2 dividido pelo preço original de US$ 8) ou aumentou 20% (um aumento de US$ 2 dividido pelo preço final de US$ 10)? Da mesma forma, o percentual de queda na quantidade demandada foi de 33,33% (2/6) ou 50% (2/4)?

Não há uma resposta correta para essas perguntas. Poderíamos calcular a elasticidade utilizando o preço e a quantidade originais e concluiríamos, assim, que $E_p = (-33,33\%/25\%) = -1,33$. Ou poderíamos utilizar preço e quantidade novos, obtendo o resultado $E_p = (-50\%/20\%) = -2,5$. A diferença entre essas duas elasticidades calculadas é grande e nenhum método parece ser preferível ao outro.

ELASTICIDADE ARCO DA DEMANDA Podemos resolver esse problema utilizando a **elasticidade arco da demanda**: a elasticidade calculada em um intervalo de preços. Em vez de escolhermos entre preços iniciais ou finais, utilizamos a média entre os dois, $\overline{P}$; para a quantidade demandada empregamos $\overline{Q}$. Assim, a elasticidade arco da demanda é expressa por:

> **elasticidade arco da demanda**
>
> Elasticidade preço calculada com base em um intervalo de preços.

$$\text{Elasticidade arco: } E_p = (\Delta Q/\Delta P)(\overline{P}/\overline{Q}) \tag{2.4}$$

Em nosso exemplo, o preço médio é US$ 9 e a quantidade média é de 5 unidades. Assim, a elasticidade arco é

$$E_p = (-2/US\$\ 2)(US\$\ 9/5) = -1,8$$

A elasticidade arco estará sempre situada entre (mas não necessariamente no meio do caminho) as duas elasticidades pontuais, calculadas por meio do preço mais baixo e do preço mais alto.

Embora a elasticidade arco da demanda seja útil algumas vezes, quando os economistas empregam o termo "elasticidade" estão se referindo à elasticidade *no ponto*. No restante deste livro faremos o mesmo, a menos que indiquemos explicitamente o contrário.

EXEMPLO 2.5 O MERCADO DE TRIGO

O trigo é uma importante *commodity* agrícola e seu mercado tem sido amplamente estudado por economistas especializados em agricultura. Durante as últimas décadas, as modificações no mercado de trigo tiveram importantes consequências para os agricultores norte-americanos e para a política agrícola dos Estados Unidos. Para entendermos o que aconteceu, vamos examinar o comportamento da oferta e da demanda a partir de 1981.

Com base em levantamentos estatísticos, temos conhecimento de que, em 1981, a curva de oferta de trigo poderia ser aproximadamente expressa da seguinte maneira:[8]

$$\text{Oferta: } Q_S = 1.800 + 240P\ [9]$$

em que o preço está expresso em dólares por bushel e as quantidades estão expressas em milhões de bushels por ano. Esses levantamentos indicam também que, em 1981, a curva de demanda de trigo era

$$\text{Demanda: } Q_D = 3.550 - 266P$$

Igualando oferta e demanda, poderemos determinar o preço que equilibrava o mercado de trigo em 1981:

$$Q_S = Q_D$$
$$1.800 + 240P = 3.550 - 266P$$
$$506P = 1.750$$
$$P = US\$\ 3,46 \text{ por bushel}$$

Para encontrarmos a quantidade de equilíbrio, substituímos esse preço de US$ 3,46 na equação da curva de oferta ou na equação da curva de demanda. Substituindo na equação da curva de oferta, obtemos

$$Q = 1.800 + (240)(3,46) = 2.630 \text{ milhões de bushels}$$

Quais são as elasticidades preço da demanda e da oferta medidas a esse preço e a essa quantidade? Empregamos a curva de demanda para encontrar a elasticidade preço da demanda:

$$E_p^D = \frac{P}{Q} \cdot \frac{\Delta Q_D}{\Delta P} = \frac{3,46}{2630}(-266) = -0,35$$

Vemos, pois, que a demanda é inelástica. De forma semelhante, podemos calcular a elasticidade preço da oferta:

$$E_p^S = \frac{P}{Q} \cdot \frac{\Delta Q_S}{\Delta P} = \frac{3,46}{2630}(240) = 0,32$$

---

8 Para ver um levantamento dos estudos estatísticos sobre a demanda e a oferta de trigo e uma análise da evolução das condições do mercado, consulte o artigo de Larry Salathe e Sudchada Langley, "An Empirical Analysis of Alternative Export Subsidy Programs for U.S. Wheat", *Agricultural Economics Research* 38, n. l, 1986. As curvas de oferta e de demanda desse exemplo são baseadas nos estudos que eles apresentaram.

9 Utilizaremos a letra S para representar a oferta ao longo deste livro, tendo em vista menter uma convenção há muito tempo seguida pelos economistas e para evitar confusões com o número zero (Nota dos RTs).

Como as curvas de demanda e de oferta empregadas são lineares, as elasticidades preço variarão ao longo dessas curvas. Por exemplo, suponhamos que uma seca desloque a curva de oferta para a esquerda de tal modo que eleve o preço para US$ 4 por bushel. Nesse caso, a quantidade demandada cairia para 3.550 − (266)(4) = 2.486 milhões de bushels. A esse preço e quantidade, a elasticidade da demanda seria

$$E_P^D = \frac{4,00}{2486}(-266) = -0,43$$

O mercado norte-americano de trigo transformou-se, no decorrer dos anos, em parte por causa das mudanças na demanda. A demanda de trigo tem dois componentes: a demanda nacional (dos consumidores norte-americanos) e a de exportação (dos consumidores de fora dos EUA). Durante as décadas de 1980 e 1990, a demanda nacional de trigo aumentou apenas ligeiramente (devido a pequenos aumentos da população e da renda), mas a de exportação apresentou forte queda. A demanda de exportação caiu por diversas razões. A primeira e principal delas foi o sucesso da Revolução Verde na agricultura: países em desenvolvimento como a Índia, que haviam sido grandes importadores de trigo, tornaram-se cada vez mais autossuficientes. Além disso, países europeus passaram a adotar políticas protecionistas, subsidiando suas próprias produções e impondo barreiras tarifárias contra o trigo importado.

Em 2007, as curvas de demanda e de oferta eram

Demanda: $Q_D = 2.900 - 125P$

Oferta: $Q_S = 1.460 + 115P$

Podemos, novamente, igualar oferta e demanda, para determinar o preço e a quantidade de equilíbrio do mercado de trigo:

$$1.460 + 115P = 2.900 - 125P$$

$$P = US\$ \, 6,00 \text{ por bushel}$$

$$Q = 1.460 + (115)(6) = 2.150 \text{ milhões de bushels}$$

Assim, em termos nominais, o preço do trigo subiu consideravelmente desde 1981. Na verdade, quase todo o aumento se deu entre 2005 e 2007. (Em 2002, por exemplo, o preço do trigo era somente US$ 2,78 por bushel.) As causas? Tempo seco em 2005, ainda mais seco em 2006, fortes chuvas em 2007 combinadas com o aumento da demanda de exportação. O leitor pode verificar que, ao preço e à quantidade de 2007, a elasticidade preço da demanda era de −0,35, e a elasticidade preço da oferta era de 0,32. Dadas essas baixas elasticidades, não é de se estranhar que o preço do trigo tenha subido tão acentuadamente.[10]

A demanda internacional pelo trigo dos Estados Unidos flutua conforme as condições climáticas e políticas de outros importantes países produtores, como China, Índia e Rússia. Entre 2008 e 2010, as exportações de trigo dos Estados Unidos caíram em torno de 30% diante da forte produção internacional, portanto, o preço caiu para US$ 4,87 em 2010, abaixo dos US$ 6,48 dos dois anos antes. Em 2011, porém, climas rigorosos provocaram perdas, e as exportações dos Estados Unidos tiveram uma súbita alta de 33%, fazendo subir o preço para US$ 5,70 nesse ano.

Descobrimos que o preço do trigo era US$ 3,46 em 1981, mas na verdade o preço era maior do que isso. Por quê? Porque os Estados Unidos compraram trigo por meio do programa do governo de suporte ao preço. Além disso, os agricultores receberam subsídios diretos para a produção de trigo. Essa ajuda aos agricultores (e à custa dos contribuintes) aumentou em magnitude. Em 2002 — e novamente em 2008 —, o Congresso aprovou a legislação que continua (e, em alguns casos, expande) o subsídio aos agricultores. O Food, Conservation and Energy Act de 2008 autorizou o auxílio aos agricultores até 2012, a um custo projetado de US$ 284 bilhões durante cinco anos. Entretanto, a recente crise orçamentária dos EUA serviu de apoio para aqueles no Congresso que achavam que esses subsídios deveriam acabar.[11]

Há políticas agrícolas que subsidiam os agricultores nos EUA, na Europa, no Japão e em muitos outros países. No Capítulo 9 discutiremos como tais políticas funcionam e avaliaremos o custo e os benefícios delas para os consumidores, os agricultores e o orçamento federal.

---

10 Essas estimativas de elasticidade no curto prazo foram obtidas no Economics Research Service (ERS) do U.S. Department of Agriculture (USDA). Para obter mais informações, consulte as seguintes publicações: William Lin, Paul C. Westcott, Robert Skinner, Scott Sanford e Daniel G. De La Torre Ugarte, *Supply Response Under the 1996 Farm Act and Implications for the U.S. Field Crops Sector.* (Technical Bulletin n. 1888, ERS, USDA, jul. 2000, http://www.ers.usda.gov/); e James Barnes e Dennis Shields, *The Growth in U.S. Wheat Food Demand* (Wheat Situation and Outlook Yearbook, WHS-1998, http://www.ers.usda.gov/).

11 Para obter mais informações sobre contas agrícolas do passado: http://www.ers.usda.gov/farmbill/2008/.

2.5 Elasticidades de curto prazo *versus* elasticidades de longo prazo

Ao analisarmos a demanda e a oferta, precisamos distinguir entre o curto e o longo prazos. Em outras palavras, ao perguntarmos em quanto deverá variar a oferta ou a demanda como reação a uma variação do preço, devemos ser claros a respeito de *quanto tempo pode passar antes de medirmos as variações nas quantidades demandadas ou ofertadas*. Se deixarmos passar apenas um curto período de tempo — digamos um ano ou menos —, então estaremos tratando de demanda ou oferta de *curto prazo*. Quando nos referimos a *longo prazo*, queremos dizer que o tempo é longo o suficiente para que consumidores e produtores possam se *ajustar completamente* à mudança de preço. Em geral, as curvas de demanda e de oferta de curto prazo têm formato muito diferente das curvas de longo prazo.

Demanda

No caso de muitas mercadorias, a demanda é muito mais preço-elástica no longo do que no curto prazo. Uma das razões para isso é que as pessoas demoram para modificar os hábitos de consumo. Por exemplo, mesmo que o preço do café apresentasse um aumento brusco, a quantidade demandada cairia apenas de modo gradual, à medida que os consumidores começassem a beber menos café. Outra razão é que a demanda por uma mercadoria pode estar ligada ao estoque de outra, o qual muda apenas lentamente. Por exemplo, a demanda de gasolina é muito mais elástica no longo do que no curto prazo. Uma brusca elevação no preço da gasolina reduz a quantidade demandada no curto prazo, fazendo com que os motoristas utilizem menos o carro; todavia, tal elevação tem maior impacto sobre a demanda por induzir os consumidores a adquirir automóveis menores e que consumam menos combustível. No entanto, como os estoques de automóveis mudam apenas lentamente, a quantidade demandada de gasolina também reduzirá lentamente. A Figura 2.13(a) apresenta curvas de demanda no curto e no longo prazos para mercadorias como essas.

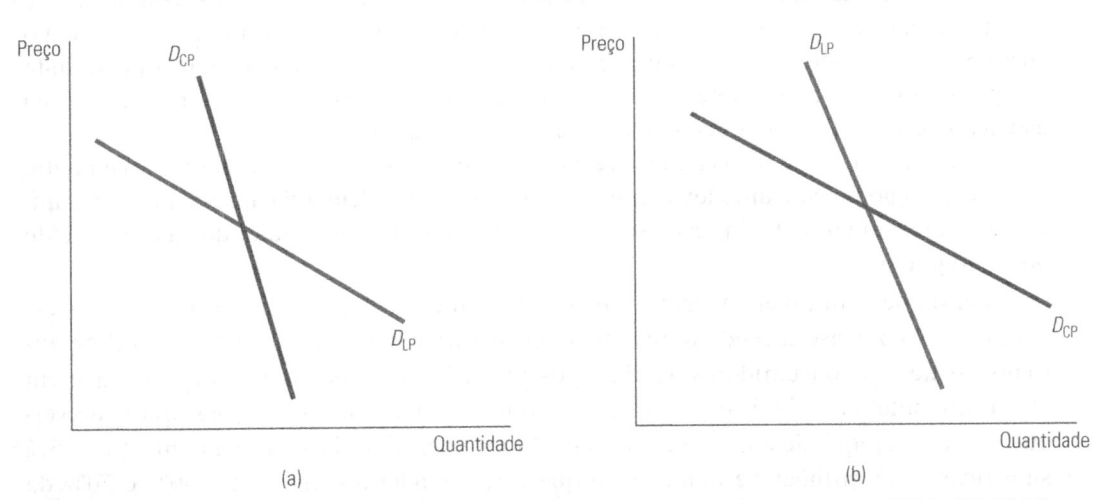

FIGURA 2.13 (a) GASOLINA: CURVAS DE DEMANDA NO CURTO E NO LONGO PRAZOS
(b) AUTOMÓVEIS: CURVAS DE DEMANDA NO CURTO E NO LONGO PRAZOS

(a) No curto prazo, um aumento no preço tem um pequeno efeito na quantidade de gasolina demandada. Motoristas podem utilizá-lo menos, mas não mudarão o tipo de carro que dirigem da noite para o dia. No longo prazo, contudo, eles adquirirão veículos menores e mais econômicos, de tal modo que o efeito do aumento do preço sobre a quantidade de gasolina demandada será maior. Portanto, a demanda é mais elástica no longo prazo do que no curto prazo.
(b) O oposto vale para a demanda de automóveis. Se o preço aumenta, os consumidores inicialmente se recusam a comprar um carro novo e a quantidade demandada despenca. No longo prazo, entretanto, os carros velhos precisarão ser substituídos, de tal modo que a quantidade anual demandada aumentará. A demanda é, portanto, menos elástica no longo do que no curto prazo.

DEMANDA E DURABILIDADE Por outro lado, no caso de algumas mercadorias ocorre exatamente o contrário — a demanda é mais elástica no curto prazo do que no longo prazo. Como tais bens (automóveis, refrigeradores, televisores ou os bens de capital adquiridos pelas indústrias) são *duráveis*, o total de cada bem possuído pelos consumidores é grande em relação à sua produção anual. Em consequência, uma pequena variação no total de cada bem que os consumidores queiram ter pode resultar em uma grande variação percentual no nível de compras.

Suponhamos, por exemplo, que o preço das geladeiras suba 10%, causando uma queda de 5% no total de aparelhos que os consumidores desejam possuir. De início, tal fato causará uma queda muito superior a 5% nas compras. Mas, à medida que as geladeiras dos consumidores se depreciarem (e certas unidades necessitarem ser substituídas), a quantidade demandada novamente aumentará. No longo prazo, o total de geladeiras que os consumidores possuem será cerca de 5% menor que antes do aumento no preço. Nesse caso, enquanto a elasticidade preço da demanda no longo prazo por refrigeradores seria de $-0,05/0,10 = -0,5$, a elasticidade no curto prazo seria muito maior em magnitude.

Os automóveis são outro exemplo. A demanda norte-americana anual — aquisições de carros novos — está entre 10 e 12 milhões de unidades, enquanto o estoque de automóveis no país está em torno de 130 milhões de unidades. Se houver um aumento de preço, muitas pessoas adiarão a compra de automóveis novos e a quantidade demandada apresentará uma drástica queda, mesmo que o total de automóveis que os consumidores queiram ter caia apenas um pouco. No entanto, tendo em vista que os automóveis velhos vão se desgastando e têm de ser substituídos, a demanda voltará a aumentar. Portanto, a variação da quantidade demandada é muito menor no longo do que no curto prazo. A Figura 2.13(b) apresenta as curvas de demanda para bens duráveis, como automóveis.

ELASTICIDADES RENDA As elasticidades renda também diferem no curto e no longo prazos. No caso da maior parte dos bens e serviços — alimentos, bebidas, combustíveis, entretenimento etc. —, a elasticidade renda da demanda é maior no longo prazo que no curto prazo. Considere, por exemplo, o comportamento do consumo de gasolina durante um período de forte crescimento econômico, em que a renda agregada apresente uma elevação de 10%. Eventualmente, o consumo acabará aumentando, pois as pessoas terão condições de utilizar mais os automóveis e talvez de possuir carros maiores. No entanto, tal modificação no consumo leva tempo e, inicialmente, a demanda apresenta apenas um pequeno crescimento. Assim, a elasticidade no longo prazo será maior que a elasticidade no curto prazo.

Com os bens duráveis ocorre o oposto. Novamente, vamos utilizar os automóveis como exemplo. Caso a renda agregada apresente uma elevação de 10%, o total de automóveis que os consumidores desejam possuir também aumentará — digamos que em 5%. Entretanto, isso significaria um aumento muito maior nas *aquisições atuais* de veículos. (Se o estoque de automóveis for de 130 milhões de unidades, um aumento de 5% significaria 6,5 milhões de unidades, o que corresponderia a algo entre 60% e 70% da demanda normal em um único ano). Por fim, quando os consumidores conseguirem aumentar o total de automóveis, as novas compras serão, na maior parte, para substituição de carros velhos. (Essas novas compras serão ainda maiores que as anteriores, porque, com um número maior de automóveis rodando, mais veículos necessitarão ser substituídos a cada ano.) Claro, a elasticidade renda da demanda no curto prazo será muito maior que sua elasticidade no longo prazo.

SETORES CÍCLICOS Pelo fato de as demandas por bens duráveis flutuarem tão acentuadamente em reação às variações de renda no curto prazo, os setores que produzem tais bens são muito vulneráveis a variações das condições macroeconômicas e, em particular, ao ciclo de negócios — períodos de recessão e expansão econômica.

Assim, tais setores são frequentemente denominados **setores cíclicos**, ou seja, as vendas tendem a refletir de maneira mais acentuada as mudanças cíclicas do Produto Nacional Bruto (PNB) e da renda nacional.

setores cíclicos
Setores em que as vendas tendem a acentuar mudanças cíclicas ocorridas no Produto Nacional Bruto (PNB) e na renda nacional.

As figuras 2.14 e 2.15 ilustram esse princípio. A Figura 2.14 apresenta duas variáveis oscilando no tempo: a taxa anual de crescimento real (corrigida pela inflação) do PNB e a taxa anual de crescimento real do investimento em bens duráveis de capital (isto é, máquinas e equipamentos adquiridos pelas empresas). Observe que a série relativa aos equipamentos duráveis segue o mesmo padrão da série correspondente ao PNB, porém as variações do setor de equipamentos duráveis são mais acentuadas do que as do PNB. Por exemplo, durante o período de 1961 a 1966, o PNB cresceu pelo menos 4% a cada ano. As compras de equipamentos duráveis também apresentaram crescimento, porém muito mais acentuado (acima de 10% ao ano, durante o período 1963 a 1966). Os investimentos em equipamentos também cresceram muito mais rapidamente do que o PNB durante o período de 1993 a 1998. Por outro lado, durante as recessões de 1974 a 1975, 1982, 1991, 2001 e 2008, as aquisições de equipamentos caíram muito mais que o PNB.

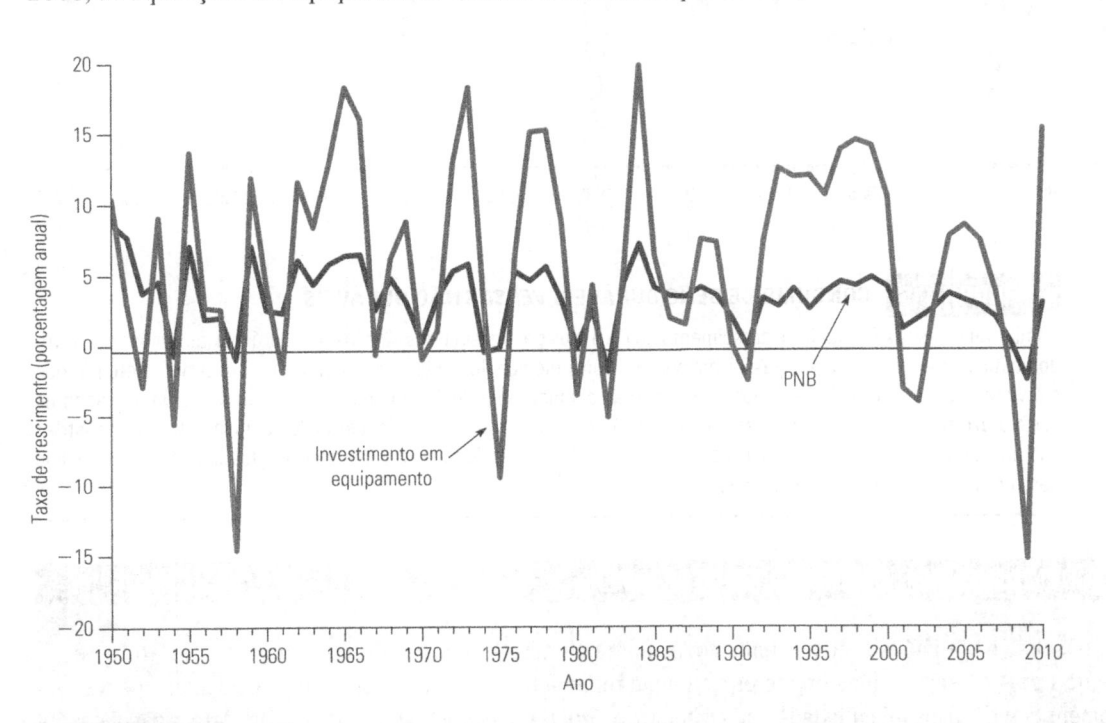

FIGURA 2.14 PRODUTO NACIONAL BRUTO E INVESTIMENTOS EM EQUIPAMENTOS DURÁVEIS

Comparamos aqui as taxas anuais de crescimento do PNB e dos investimentos em equipamentos duráveis. Uma vez que a elasticidade da demanda do PNB no curto prazo é maior que a elasticidade para equipamentos duráveis no longo prazo, as mudanças no investimento em equipamentos são intensificadas pelas alterações no PNB. Assim, as indústrias de bens de capital são consideradas "cíclicas".

A Figura 2.15 também apresenta a taxa anual de crescimento real do PNB e as taxas reais anuais de crescimento dos gastos dos consumidores com bens duráveis (automóveis, eletrodomésticos etc.) e com bens não duráveis (alimentos, combustível, vestuário etc.). Observe que ambas as séries acompanham o PNB, mas que apenas a série dos bens duráveis tende a ter variações mais acentuadas do que a do PNB. As variações no consumo de bens não duráveis são quase as mesmas que as do PNB, porém as variações no consumo de bens duráveis geralmente são muito maiores, por esse motivo empresas como a General Motors e a General Electric são consideradas "cíclicas": as vendas de automóveis e de eletrodomésticos são significativamente afetadas por variações nas condições macroeconômicas.

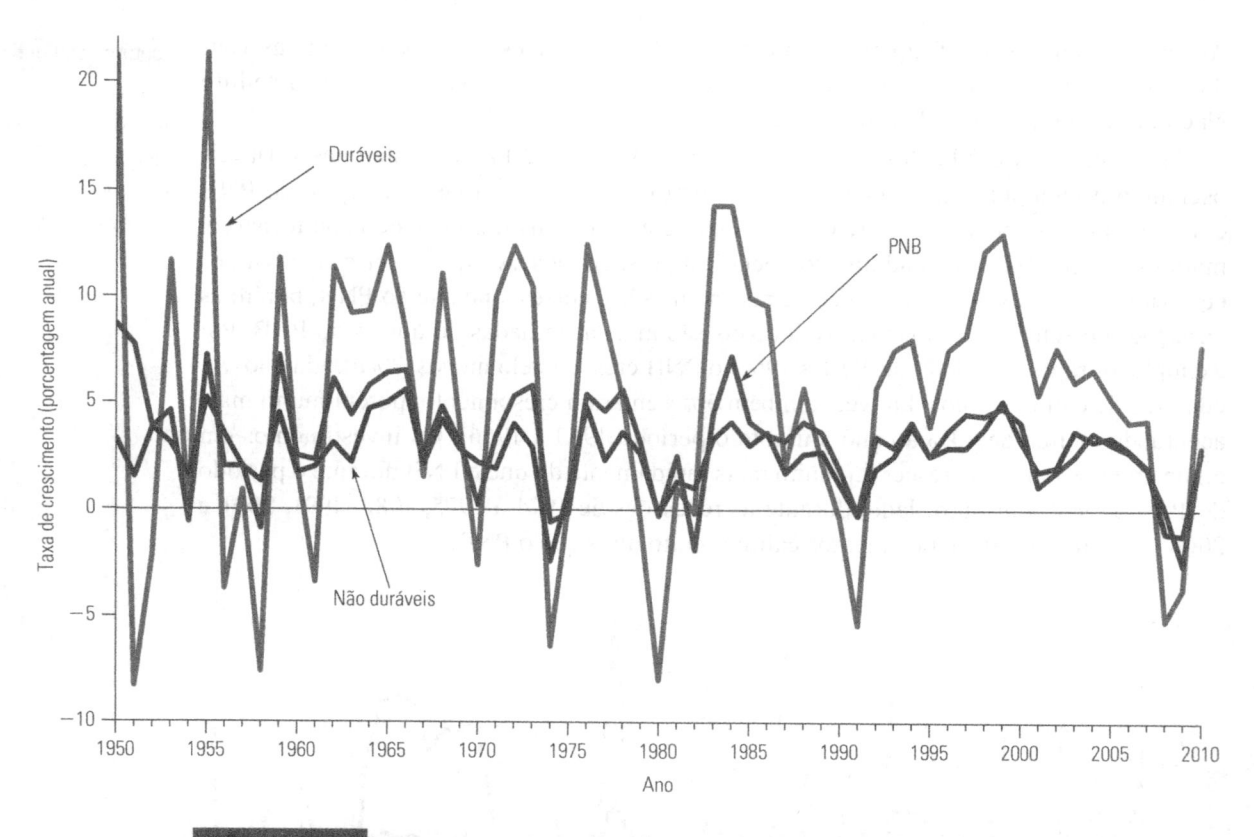

FIGURA 2.15 CONSUMO DE BENS DURÁVEIS *VERSUS* NÃO DURÁVEIS

Comparamos as taxas anuais de crescimento do PNB, dos gastos em bens de consumo duráveis (automóveis, eletrodomésticos, móveis etc.) e dos gastos em bens de consumo não duráveis (alimentos, vestuário, serviços etc.). Tendo em vista que o estoque de bens duráveis é alto se comparado à demanda anual, as elasticidades da demanda no curto prazo são maiores que as elasticidades no longo prazo. Assim como a indústria de equipamentos, as indústrias que produzem bens de consumo duráveis são "cíclicas" (isto é, mudanças no PNB são acentuadas). Isso não é válido para produtores de bens não duráveis.

EXEMPLO 2.6 — A DEMANDA POR GASOLINA E AUTOMÓVEIS

A demanda por gasolina e automóveis é um exemplo que mostra características discutidas anteriormente. Trata-se de bens complementares — ou seja, o aumento no preço de um tende a reduzir a demanda do outro; ademais, os respectivos comportamentos dinâmicos (elasticidades no curto prazo *versus* no longo prazo) são opostos. Para a gasolina, a elasticidade preço e a elasticidade renda no longo prazo são maiores que no curto prazo; para os automóveis, o oposto é verdadeiro.

Diversos estudos estatísticos sobre a demanda de gasolina e de automóveis têm sido elaborados. Apresentamos aqui as estimativas da elasticidade preço e elasticidade renda de acordo com diversos estudos que enfatizam a reação dinâmica da demanda.[12] A Tabela 2.1 apresenta a elasticidade preço e a elasticidade renda da demanda de gasolina nos Estados Unidos no curto e no longo prazos, bem como para vários prazos entre esses dois extremos.

---

12 Para ver estudos sobre demanda e estimativas de elasticidade da gasolina e dos automóveis, consulte: R. S. Pindyck, *The Structure of World Energy Demand* (Cambridge, MA: MIT Press, 1979); Carol Dahl e Thomas Sterner, "Analyzing Gasoline Demand Elasticities: A Survey", *Energy Economics*, jul. 1991; Molly Espey, "Gasoline Demand Revised: An International Meta-Analysis of Elasticities", *Energy Economics*, jul. 1998; David L. Greene, James R. Kahn e Robert C. Gibson, "Fuel Economy Rebound Effects for U.S. Household Vehicles", *The Energy Journal* 20, n. 3, 1999; Daniel Graham e Stephen Glaister, "The Demand for Automobile Fuel: A Survey for Elasticities", *Journal of Transport Economics and Policy* 36, jan. 2002; e Ian Parry e Kenneth Small, "Does Britain or the United States Have the Right Gasoline Tax?", *American Economic Review*, n. 95, 2005.

TABELA 2.1	A demanda por gasolina				
	Anos decorridos após variação no preço ou na renda				
ELASTICIDADE	1	2	3	5	10
Preço	−0,2	−0,3	−0,4	−0,5	−0,8
Renda	0,2	0,4	0,5	0,6	1,0

Observe as grandes diferenças entre as elasticidades no curto e no longo prazos. Após as acentuadas elevações do preço da gasolina provocadas pelo cartel da OPEP, em 1974, muitas pessoas (inclusive executivos das indústrias de automóveis e de petróleo) afirmaram que a demanda de gasolina não sofreria grande variação, ou seja, que a demanda não seria muito elástica. Na realidade, quanto ao primeiro ano após o aumento do preço, eles estavam corretos. No entanto, a demanda acabou apresentando alterações. Demorou certo tempo para que as pessoas pudessem modificar os hábitos e passassem a substituir os veículos grandes por menores e que consumissem menos combustível. Essa reação teve continuidade após o segundo aumento acentuado nos preços do petróleo, ocorrido no período de 1979 a 1980. Foi em parte por essa razão que a OPEP não pôde manter os preços do petróleo acima de US$ 30 o barril — e assim os preços caíram. De forma semelhante, os aumentos no preço do petróleo e da gasolina que ocorreram entre 2005 e 2011 levaram a uma resposta gradual da demanda.

A Tabela 2.2 apresenta as elasticidades preço e renda da demanda de automóveis. Observe que as elasticidades são muito maiores no curto prazo do que no longo prazo. Fica claro, mediante a observação das elasticidades renda, a razão pela qual a indústria automobilística é tão cíclica. Por exemplo, o PNB caiu quase 2% em termos reais (ajustado pela inflação) durante a recessão de 1991, entretanto, as vendas de automóveis caíram cerca de 8%. As vendas de automóveis, contudo, apresentaram uma recuperação em 1993, e aumentaram bruscamente entre 1995 e 1999. Durante a recessão de 2008, o PNB caiu quase 3% e as vendas de automóveis e caminhões diminuíram 21%. As vendas começaram a se recuperar em 2010, quando aumentaram quase 10%.

TABELA 2.2	A demanda por automóveis				
	Anos decorridos após variação no preço ou na renda				
ELASTICIDADE	1	2	3	5	10
Preço	−1,2	−0,9	−0,8	−0,6	−0,4
Renda	3,0	2,3	1,9	1,4	1,0

Oferta

As elasticidades da oferta também diferem no curto e no longo prazos. Para a maior parte dos produtos, a oferta no longo prazo é muito mais elástica ao preço do que a oferta no curto prazo. As empresas enfrentam *restrições de capacidade produtiva* no curto prazo e necessitam de tempo para poder expandi-la por meio da construção de novas instalações e da contratação de mais funcionários. Isso não significa que a oferta não aumentará no curto prazo se os preços apresentarem uma brusca elevação. Mesmo no curto prazo, as empresas conseguem aumentar a produção usando as atuais instalações durante um maior número de horas por semana, pagando horas extras aos funcionários e contratando imediatamente mais alguns. No entanto, as empresas poderão expandir muito mais sua produção se tiverem tempo para ampliar as instalações e contratar um número maior e permanente de funcionários.

No caso de alguns bens e serviços, a oferta no curto prazo é completamente inelástica. A oferta de imóveis residenciais para locação na maior parte das cidades é um exemplo disso. No curto prazo, como há apenas um número fixo de unidades disponíveis para locação, um aumento na demanda apenas faria os aluguéis subirem. Em um prazo mais longo, e não havendo regulamentação de preços, aluguéis mais altos atuariam como estímulo para a reforma das moradias existentes e para a construção de novas unidades, de tal forma que a quantidade ofertada aumentaria.

Entretanto, no caso da maioria das mercadorias, as empresas poderão encontrar meios de aumentar a produção mesmo no curto prazo — se o estímulo do preço for forte o suficiente. O problema é que, como as limitações que as empresas enfrentam tornam dispendiosa a ampliação rápida da produção, poderia ser necessário um substancial aumento no preço para que fosse obtido um pequeno aumento da oferta no curto prazo. No Capítulo 8, discutiremos essas características da oferta com mais detalhes.

OFERTA E DURABILIDADE Para determinados bens, a oferta é mais elástica no curto do que no longo prazo. Tais bens são duráveis e podem ser reciclados para incrementar a oferta caso os preços sejam aumentados. Um exemplo é a *oferta secundária* de muitos metais: a oferta originada da *sucata do metal*, que costuma ser fundido e reprocessado. Quando os preços do cobre sobem, torna-se maior o estímulo para a conversão de sucata de cobre em nova oferta, de tal modo que, inicialmente, a oferta de cobre secundário apresenta rápida elevação. No entanto, à medida que os estoques de sucata de boa qualidade são reduzidos, tornando mais dispendiosa a fusão, o tratamento e o reprocessamento, a oferta secundária se contrai. Por conseguinte, a elasticidade preço da oferta secundária no longo prazo é menor do que a elasticidade de curto prazo.

As figuras 2.16(a) e 2.16(b) apresentam curvas de oferta no curto e no longo prazos para a produção de cobres primário (mineração e fundição do minério) e secundário. A Tabela 2.3 apresenta estimativas de elasticidades para cada componente da oferta e também para a oferta total, com base em uma média ponderada das elasticidades dos componentes.[13] Como a oferta secundária corresponde a cerca de 20% da oferta total, a elasticidade preço dessa última é maior no longo do que no curto prazo.

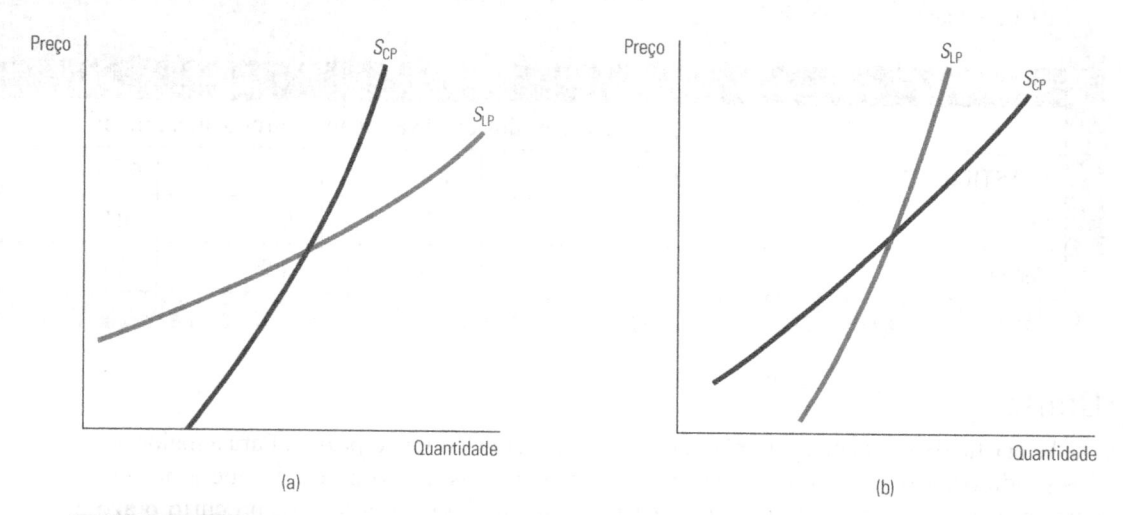

FIGURA 2.16 COBRE: CURVAS DE OFERTA NO CURTO E NO LONGO PRAZOS

Como ocorre com a maioria dos bens, a oferta primária de cobre mostrada em (a) é mais elástica no longo prazo. Se o preço aumenta, as empresas gostariam de produzir mais, no entanto, estão limitadas pelas restrições de capacidade produtiva no curto prazo. No longo prazo, elas podem ampliar sua capacidade e produzir mais. Em (b) encontramos as curvas de oferta para o cobre secundário. Se o preço aumenta, há um grande incentivo para converter sucata em nova oferta; então, inicialmente a oferta de cobre secundário (isto é, a oferta originada da sucata) aumenta significativamente. No entanto, mais tarde, à medida que o estoque de sucata diminui, a oferta de cobre secundário também se contrai. A oferta de cobre secundário é, então, mais elástica no curto prazo que no longo prazo.

---

[13] Essas estimativas foram obtidas por meio da agregação das estimativas regionais apresentadas em Franklin M. Fisher, Paul H. Cootner e Martin N. Baily, "An Econometric Model of the World Copper Industry", *Bell Journal of Economics* 3, 1972, 568-609.

TABELA 2.3	Oferta de cobre	
Elasticidade de preço da:	Curto prazo	Longo prazo
Oferta primária	0,20	1,60
Oferta secundária	0,43	0,31
Oferta total	0,25	1,50

EXEMPLO 2.7 O CLIMA NO BRASIL E O PREÇO DO CAFÉ EM NOVA YORK

As secas ou geadas ocasionalmente destroem ou danificam muitos cafezais brasileiros. Pelo fato de o Brasil ser o maior produtor mundial de café, as secas ou geadas resultam em um decréscimo na oferta de café e provocam acentuadas elevações do preço.

Por exemplo, em julho de 1975, geadas destruíram a maior parte da safra de café que seria colhida entre 1976 e 1977. (Lembre-se de que é inverno no Brasil quando é verão no hemisfério norte.) Como mostra a Figura 2.17, o preço da libra de café em Nova York passou de US$ 0,68 em 1975 para US$ 1,23 em 1976, e para US$ 2,70 em 1977. Depois, os preços caíram, mas novamente subiram em 1986, após uma seca de sete meses em 1985, que arruinou boa parte da safra brasileira. Por fim, a partir de junho de 1994, geadas seguidas por seca destruíram cerca de metade da safra brasileira de café. Como resultado, o preço em 1994 e 1995 ficou em torno de duas vezes o preço de 1993. Em 2002, porém, o preço havia caído para o nível mais baixo em 30 anos. (Pesquisadores estimam que, ao longo dos próximos 50 anos, o aquecimento global pode destruir 60% das áreas brasileiras produtoras de café, resultando em uma significativa queda na produção e no aumento dos preços. Se isso acontecer, discutiremos o assunto na vigésima edição deste livro.)

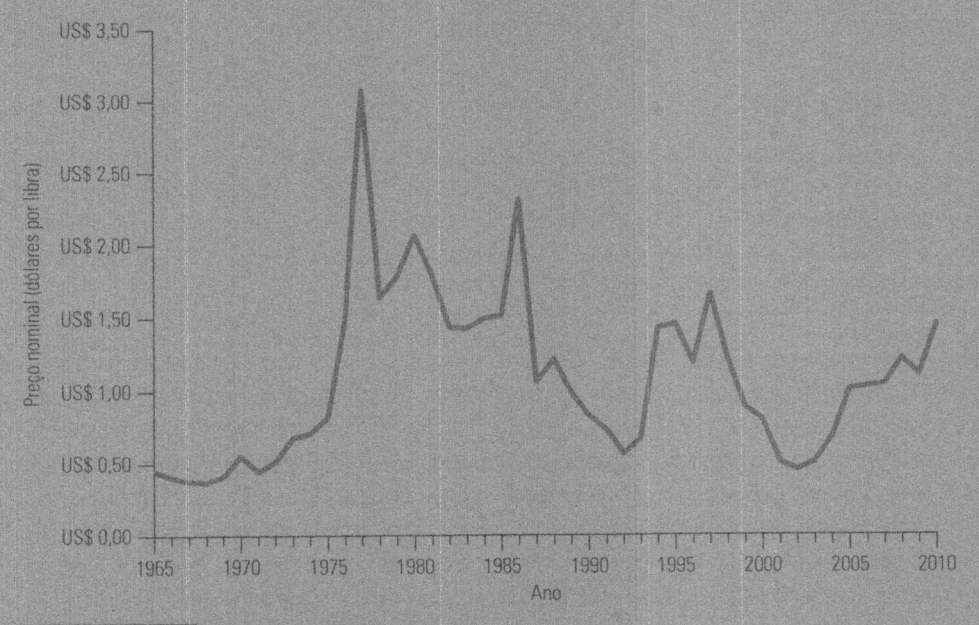

FIGURA 2.17 PREÇO DO CAFÉ BRASILEIRO

Quando secas ou geadas danificam os cafezais no Brasil, o preço do café pode se elevar de modo considerável. Mas, geralmente, os preços caem de novo depois de alguns anos, conforme a oferta e a demanda se ajustam.

O importante na Figura 2.17 é observar que o aumento de preço ocorrido após secas ou geadas geralmente é de curta duração. Dentro de um ano, o preço começa a cair e, dentro de três ou quatro anos, ele retorna ao nível anterior às geadas. Por exemplo, em 1978 o preço do café em Nova York caiu para US$ 1,48 por libra e, em 1983, caiu em termos reais (com os ajustes da inflação) para um nível muito próximo do preço de 1975, quando as geadas ainda não tinham ocorrido.[14] Da mesma forma, em 1987, o preço do café caiu, ficando abaixo do nível de 1984, e então continuou caindo até congelar em 1994. Ao atingir uma queda de US$ 0,45 por libra em 2002, o preço do café aumentou a uma taca média de 17% ao ano, chegando a US$ 1,46 — igual ao pico de 1995 — em 2010. Os produtores de café brasileiros trabalharam para aumentar sua produção na década passada, mas o clima ruim levou a resultados inconsistentes na colheita.

O preço do café varia desse modo porque tanto a demanda como a oferta (especialmente a oferta) são muito mais elásticas no longo do que no curto prazo. A Figura 2.18 ilustra esse fato. Observe em (a) que, em um prazo muito curto (um ou dois meses após as geadas), a oferta é completamente inelástica: apenas uma quantidade fixa de grãos de café pode ser produzida no ano, parte da qual foi danificada pelas geadas. A demanda também é relativamente inelástica. Em consequência das geadas, a curva de oferta é deslocada para a esquerda, e o preço aumenta acentuadamente, passando de P_0 para P_1.

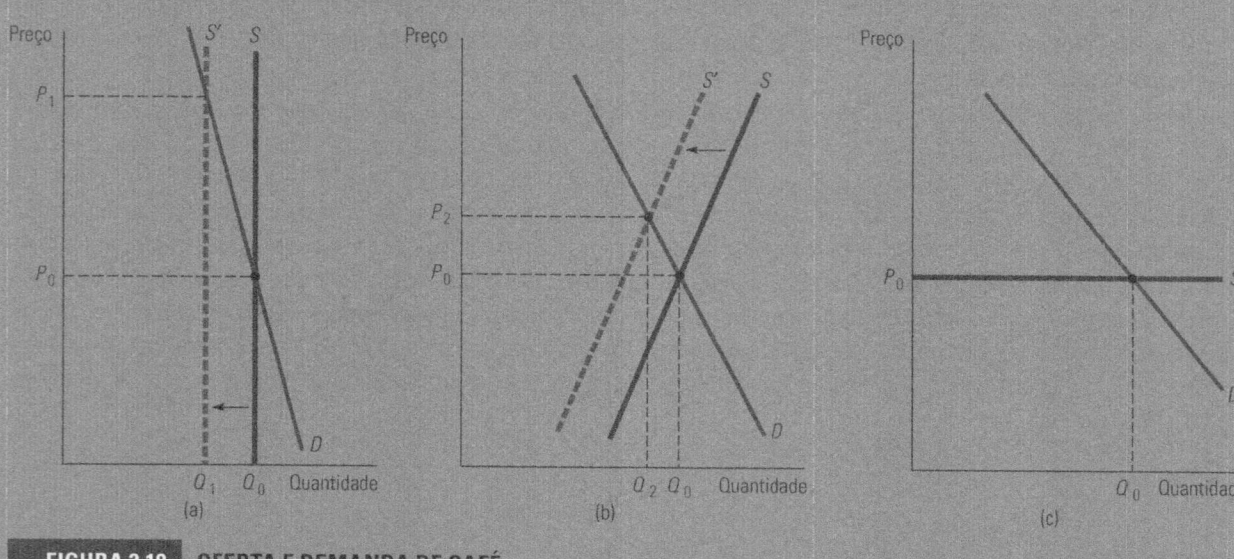

FIGURA 2.18 **OFERTA E DEMANDA DE CAFÉ**

(a) Secas ou geadas no Brasil causam deslocamento da curva de oferta para a esquerda. No curto prazo, a oferta é completamente inelástica; apenas um número fixo de grãos pode ser colhido. A demanda também é relativamente inelástica; os consumidores mudam seus hábitos de modo lento. Como resultado, o efeito inicial das geadas é um forte aumento no preço, que passa de P_0 para P_1. (b) Em um prazo intermediário, oferta e demanda são mais elásticas, e o preço recua para P_2. (c) No longo prazo, a oferta é extremamente elástica; como novos cafeeiros tiveram tempo para crescer, o efeito das geadas terá desaparecido. O preço retorna a P_0.

No período intermediário — digamos, um ano após as geadas — tanto a oferta quanto a demanda tornam-se mais elásticas. A oferta apresenta-se mais elástica em virtude de os cafezais existentes poderem ter colheitas mais intensivas (com algum prejuízo para a qualidade), e a demanda torna-se mais elástica porque os consumidores tiveram tempo para alterar os hábitos de compra. Como mostrado na parte (b), a curva de oferta correspondente ao período intermediário também se desloca para a esquerda, mas o preço cai de P_1 para P_2. A quantidade ofertada apresenta ainda alguma elevação no curto prazo, passando de Q_1 para Q_2. Como é mostrado na parte (c), no longo prazo, o preço retorna ao nível normal, pois os cafeicultores tiveram tempo para repor os cafezais danificados pelas geadas. A curva de oferta no longo prazo passa, então, a refletir apenas o custo de produção do café, incluindo os custos da terra, do plantio, da manutenção dos cafezais e de uma taxa de lucro competitiva.[15]

---

14 Em 1980, entretanto, os preços superaram temporariamente a marca dos US$ 2,00 por libra, em consequência da imposição de quotas de exportação pelo International Coffee Agreement (ICA). O ICA é essencialmente um acordo de cartel, implementado em 1968 pelos países produtores de café. Sua atuação não tem sido muito efetiva, com pequeno impacto sobre o preço do café. Discutiremos detalhadamente a fixação de preços por cartéis no Capítulo 12.

15 Você poderá obter mais informações sobre o mercado internacional de café no serviço para a agricultura estrangeira (Foreign Agriculture Service) do Departamento de Agricultura dos Estados Unidos. O site é: http://www.fas.usda.gov/htp/coffee.asp. Outra boa fonte de informações é o site: http://www.nationalgeographic.com/coffee.

*2.6 Compreendendo e prevendo os efeitos das modificações nas condições de mercado

Até agora discutimos o significado e as características da oferta e da demanda, porém nossa abordagem foi principalmente qualitativa. A utilização das curvas de oferta e de demanda para analisar e predizer os efeitos de variações nas condições de mercado requer que acrescentemos números a elas. Por exemplo, para compreendermos como uma redução de 50% na oferta de café brasileiro poderia afetar o preço internacional do produto, temos de determinar as reais curvas de oferta e de demanda e depois calcular quanto tais curvas seriam deslocadas e quanto o preço seria modificado.

Nesta seção, veremos como executar cálculos simples, com curvas lineares de oferta e de demanda. Embora sejam frequentemente uma aproximação de curvas mais complexas, utilizamos as curvas lineares porque é mais fácil trabalhar com elas. Pode parecer surpreendente, mas é possível fazer análises econômicas bastante esclarecedoras utilizando apenas papel, lápis e uma calculadora de bolso.

Primeiro, é necessário aprender a "ajustar" curvas de oferta e de demanda lineares aos dados de mercado. (Não estamos nos referindo aqui à *adequação estatística* em termos de regressões lineares ou outras técnicas estatísticas, que serão discutidas mais adiante neste livro.) Suponha que tenhamos dois conjuntos de números para determinado mercado. De um lado, temos os preços e quantidades que geralmente prevalecem no mercado (isto é, o preço e a quantidade que prevalecem "em média", ou seja, quando o mercado está em equilíbrio ou quando suas condições são consideradas "normais"). Denominamos tais números de *preço* e *quantidade de equilíbrio* e os indicamos usando P^* e Q^*. O segundo conjunto consiste nas elasticidades preço da oferta e da demanda de mercado (no ponto de equilíbrio, ou próximo dele), as quais indicamos por E_S e E_D, como já fizemos anteriormente.

Esses números poderiam vir de um estudo estatístico feito por terceiros; poderiam ser números que consideramos simplesmente razoáveis; ou poderiam ser números com os quais quiséssemos trabalhar em uma base hipotética ("e se"). Nosso objetivo é *traçar as curvas de oferta e de demanda que se ajustem a (isto é, que sejam coerentes com) tais números*. Dessa forma, poderemos determinar numericamente de que maneira uma alteração em uma variável, por exemplo, o PNB, ou o preço de alguma mercadoria, ou ainda algum custo de produção, causaria um deslocamento da oferta ou da demanda, afetando, assim, a quantidade e o preço de mercado.

Começaremos com as curvas lineares apresentadas na Figura 2.19. Podemos expressar tais curvas algebricamente como:

$$\text{Demanda}: Q = a - bP \qquad (2.5a)$$

$$\text{Oferta}: Q = c + dP \qquad (2.5b)$$

Nosso problema será escolher números para as constantes a, b, c e d. Tanto para a oferta como para a demanda, isso será realizado por meio de um procedimento em duas fases:

- **Primeira fase:** lembre-se de que cada elasticidade preço, seja de oferta ou de demanda, pode ser expressa como

$$E = (P/Q)(\Delta Q/\Delta P)$$

em que $\Delta Q/\Delta P$ corresponde à variação na quantidade demandada ou ofertada, resultante de uma pequena modificação no preço. Para curvas lineares, $\Delta Q/\Delta P$ é constante. Com base nas equações 2.5a e 2.5b, podemos ver que $\Delta Q/\Delta P = d$ para a oferta, e que $\Delta Q/\Delta P = -b$ para a demanda. Agora, podemos substituir $\Delta Q/\Delta P$ por esses valores na fórmula da elasticidade:

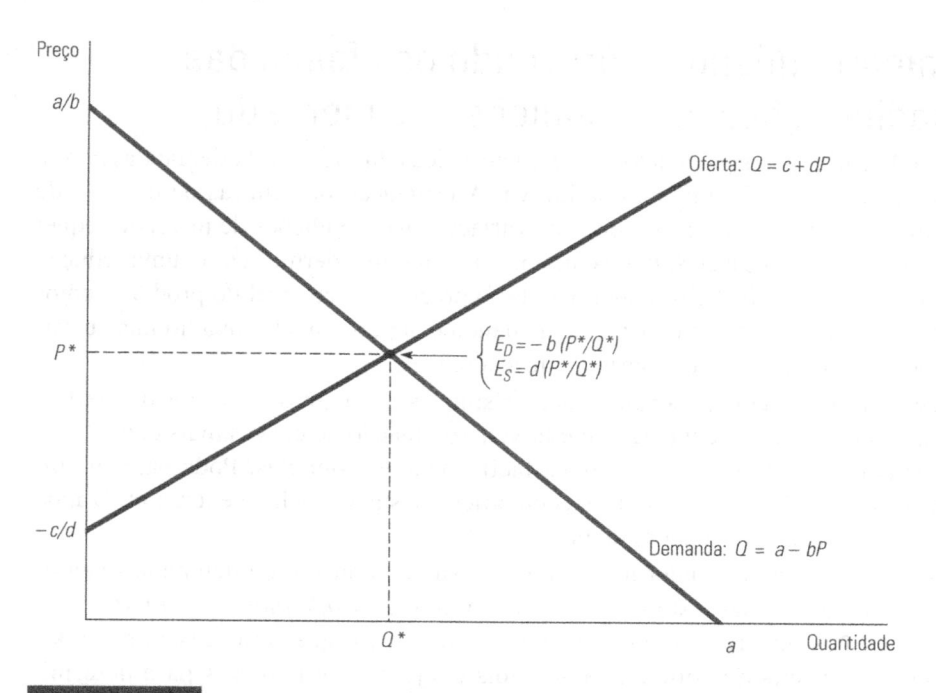

FIGURA 2.19 AJUSTE DAS CURVAS LINEARES DE OFERTA E DE DEMANDA AOS DADOS

Curvas lineares de demanda e de oferta fornecem ferramentas adequadas para que se possam realizar análises. Uma vez fornecidos os dados para o equilíbrio do preço P^* e da quantidade Q^*, assim como estimativas de elasticidade da demanda E_D e da oferta E_S, podemos calcular os parâmetros c e d para a curva de oferta e a e b para a curva de demanda. (No caso ilustrado aqui, $c < 0$.) As curvas podem então ser usadas para analisar, quantitativamente, o comportamento do mercado.

$$\text{Demanda: } E_D = -b(P^*/Q^*) \quad (2.6a)$$

$$\text{Oferta: } E_S = d(P^*/Q^*) \quad (2.6b)$$

sendo P^* e Q^*, respectivamente, o preço e a quantidade de equilíbrio para os quais temos dados e aos quais as curvas deverão ser ajustadas. Uma vez que tenhamos os números para E_S, E_D, P^* e Q^*, poderemos substituir esses números nas equações 2.6a e 2.6b e resolvê-las para determinar b e d.

- **Segunda fase:** a partir do momento em que conhecemos os valores de b e d, poderemos inserir esses números, bem como P^* e Q^*, nas equações 2.5a e 2.5b, e resolvê-las para determinar as constantes a e c. Por exemplo, poderemos reescrever a Equação 2.5a da seguinte forma:

$$a = Q^* + bP^*$$

e então utilizar nossos dados para Q^* e P^*, junto com o número para b, que já calculamos na primeira fase, para a obtenção de a.

Vamos aplicar esse procedimento a um exemplo específico: a oferta e a demanda no longo prazo para o mercado mundial de cobre. Os números relevantes para esse mercado são os seguintes:

Quantidade $Q^* = 18$ milhões de toneladas métricas por ano (mtm/ano)

Preço $P^* = $ US\$ 3,00 por libra

Elasticidade da oferta $E_S = 1,5$

Elasticidade da demanda $E_D = -0,5$.

(Durante as duas últimas décadas, o preço do cobre flutuou entre US$ 0,60 e um pouco mais de US$ 4,00, mas US$ 3,00 corresponderia a um preço médio razoável para o período de 2008 a 2011.)

Iniciaremos com a equação da curva de oferta 2.5b e utilizaremos nosso procedimento em duas fases para calcular os números para c e d. O valor da elasticidade preço no longo prazo para a oferta é 1,5, $P^* = $ US$ 3,00 e $Q^* = 18$.

- **Primeira fase:** substitua esses números na Equação 2.6b para determinar d:

$$1{,}5 = d(3/18) = d/6$$

portanto, $d = (1{,}5)(6) = 9$.

- **Segunda fase:** substitua esse número para d, juntamente com os números para P^* e Q^* na Equação 2.5b, para determinar c:

$$18 = c + (9)(3{,}00) = c + 27$$

portanto, $c = 18 - 27 = -9$. Agora conhecemos c e d, então podemos escrever nossa curva de oferta:

$$\textit{Oferta: } Q = -9 + 9P$$

Podemos, então, seguir os mesmos passos em relação à equação da curva da demanda 2.5a. Uma estimativa para a elasticidade no longo prazo da demanda é $-0{,}5$.[16] Primeiro, substitua esse número, assim como os valores para P^* e Q^* na Equação 2.6a, para determinar b:

$$-0{,}5 = -b(3/18) = -b/6$$

portanto, $b = (0{,}5)(6) = 3$. Segundo, substitua esse valor para b, juntamente com os valores para P^* e Q^* na Equação 2.5a para determinar a:

$$18 = a = (3)(3) = a - 9$$

portanto, $a = 18 + 9 = 27$. Assim, a expressão de nossa curva de demanda será:

$$\textit{Demanda: } Q = 27 - 3P$$

Para nos certificarmos de que não cometemos nenhum engano, igualemos a oferta e a demanda, calculando, assim, o preço de equilíbrio resultante:

$$\textit{Oferta} = -9 + 9P = 27 - 3P = \textit{Demanda}$$

$$9P + 3P = 27 + 9$$

ou $P = 36/12 = 3{,}00$, que realmente vem a ser o preço de equilíbrio com o qual havíamos iniciado.

Embora tenhamos escrito as expressões da oferta e da demanda de tal forma que elas dependam apenas do preço, elas poderiam facilmente depender também de outras variáveis. Por exemplo, a demanda poderia depender tanto da renda como do preço. Poderíamos, então, escrever a expressão da demanda como

$$Q = a - bP + fI \qquad (2.7)$$

sendo I um índice da renda agregada ou do PNB. Por exemplo, I poderia ser igualado a 1,0 em um ano-base e então ir aumentando ou diminuindo para poder refletir aumentos ou decréscimos percentuais na renda agregada.

---

16 Veja Claudio Agostini, "Estimating Market Power in the U.S. Cooper Industry", *Review of Industrial Organization* 28, 2006, 17-39.

Em nosso exemplo do mercado de cobre, uma estimativa razoável da elasticidade renda no longo prazo para a demanda seria 1,3. Para a curva de demanda linear (2.7), poderemos então calcular f por meio da fórmula da elasticidade renda da demanda: $E = (I/Q)(\Delta Q/\Delta I)$. Tomando por base o valor de I igual a 1,0, teremos

$$1,3 = (1,0/18)(f)$$

Portanto, $f = (1,3)(18)/(1,0) = 23,4$. Por fim, substituindo os valores $b = 3$, $f = 23,4$, $P^* = 3,00$ e $Q^* = 18$ na Equação 2.7, poderemos calcular a, que deve ser igual a 3,6.

Vimos como ajustar curvas de oferta e de demanda lineares aos dados. Agora, para verificarmos de que forma essas curvas podem ser utilizadas para analisar mercados, examinemos o Exemplo 2.8, sobre a evolução dos preços do cobre, e o Exemplo 2.9, a respeito do mercado mundial do petróleo.

EXEMPLO 2.8 O COMPORTAMENTO DO PREÇO DO COBRE

Após ter atingido um nível de cerca de US$ 1 por libra em 1980, o preço do cobre caiu bruscamente para cerca de US$ 0,60 por libra em 1986. Em termos reais (ajustado pela inflação), esse preço era mais baixo até mesmo que o vigente durante a Grande Depressão, ocorrida 50 anos antes. Entre 1988 e 1989 e em 1995, os preços subiram outra vez em consequência das greves dos mineiros, ocorridas no Peru e no Canadá, que ocasionaram interrupções da oferta, mas depois voltaram a cair entre 1996 e 2003. Entretanto, os preços subiram acentuadamente entre os anos de 2003 e 2007, e embora o cobre tenha acompanhado muitos outros produtos de consumo durante a recessão de 2008 a 2009, seu preço se recuperou no início de 2010. A Figura 2.20 apresenta a evolução dos preços do cobre durante o período de 1965 a 2011 em termos reais e nominais.

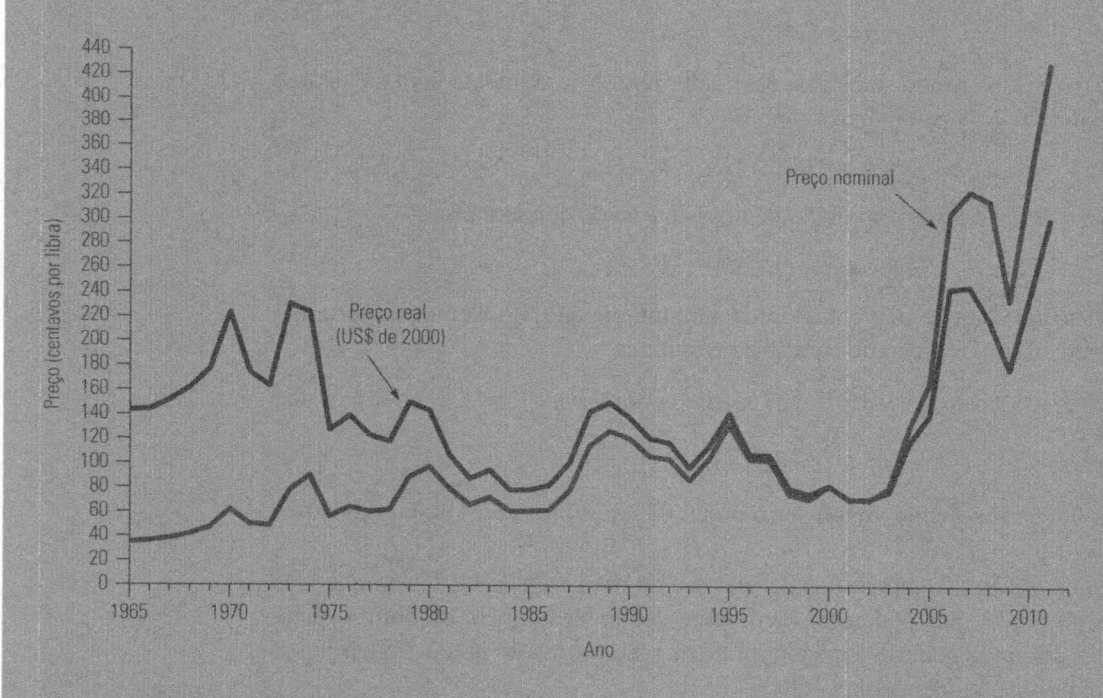

FIGURA 2.20 PREÇO DO COBRE NO PERÍODO DE 1965 A 2011

Os preços do cobre são apresentados em termos nominais (sem ajustes pela inflação) e reais (ajustados pela inflação). Em termos reais, o preço diminuiu acentuadamente do início da década de 1970 até meados de 1980, como resultado da queda da demanda. Entre 1988 e 1990, o preço do cobre aumentou em resposta a interrupções da oferta causadas por greves no Peru e no Canadá; contudo, os preços voltaram a cair após o fim das greves. Os preços caíram fortemente de 1996 a 2002, mas voltaram a subir a partir de 2005.

As recessões mundiais de 1980 e 1982 contribuíram para o declínio dos preços do cobre. Como já foi mencionado, a elasticidade renda da demanda de cobre é de aproximadamente 1,3. No entanto, essa demanda não mostrou recuperação quando da retomada das economias industrializadas, ocorrida em meados da década de 1980. Em vez disso, o que pudemos observar na década de 1980 foi um significativo declínio da demanda de cobre.

O declínio do preço ao longo de 2003 ocorreu por duas razões. Primeiro, grande parte do consumo do cobre está relacionada à construção de equipamentos para a geração e transmissão de energia elétrica. Entretanto, no fim da década de 1970, a taxa de crescimento de geração de energia elétrica havia caído substancialmente na maioria dos países industrializados. Por exemplo, nos Estados Unidos, essa taxa caiu de 6% ao ano, durante a década de 1960 e princípio da década de 1970, para menos de 2% ao ano, nas décadas de 1970 e 1980. Isso significou uma grande queda no que havia sido uma importante fonte de demanda de cobre. Segundo, durante os anos 1980, outros materiais, como o alumínio e a fibra ótica, passaram a substituir cada vez mais o cobre.

Por que o preço subiu tanto depois de 2003? Primeiro, a demanda por cobre na China e em outros países asiáticos começou a aumentar drasticamente, assumindo o lugar da demanda na Europa e nos Estados Unidos. O consumo chinês de cobre, por exemplo, quase triplicou desde 2001. Segundo, os preços caíram tanto entre 1996 e 2003 que os produtores americanos, canadenses e chilenos fecharam as minas não rentáveis e diminuíram a produção. Entre os anos de 2000 e 2003, por exemplo, a produção mineira de cobre nos Estados Unidos caiu 23%.[17]

Pode-se esperar que os altos preços estimulem investimentos em novas minas e aumentem a produção — e foi realmente isso o que aconteceu. No Arizona, por exemplo, houve um grande *boom* quando Phelps Dodge abriu uma nova e importante mina em 2007,[18] o que fez com que os produtores voltassem a se preocupar com uma possível queda nos preços oriunda tanto dos novos investimentos quanto da demanda asiática (que poderia se estabilizar ou mesmo diminuir).

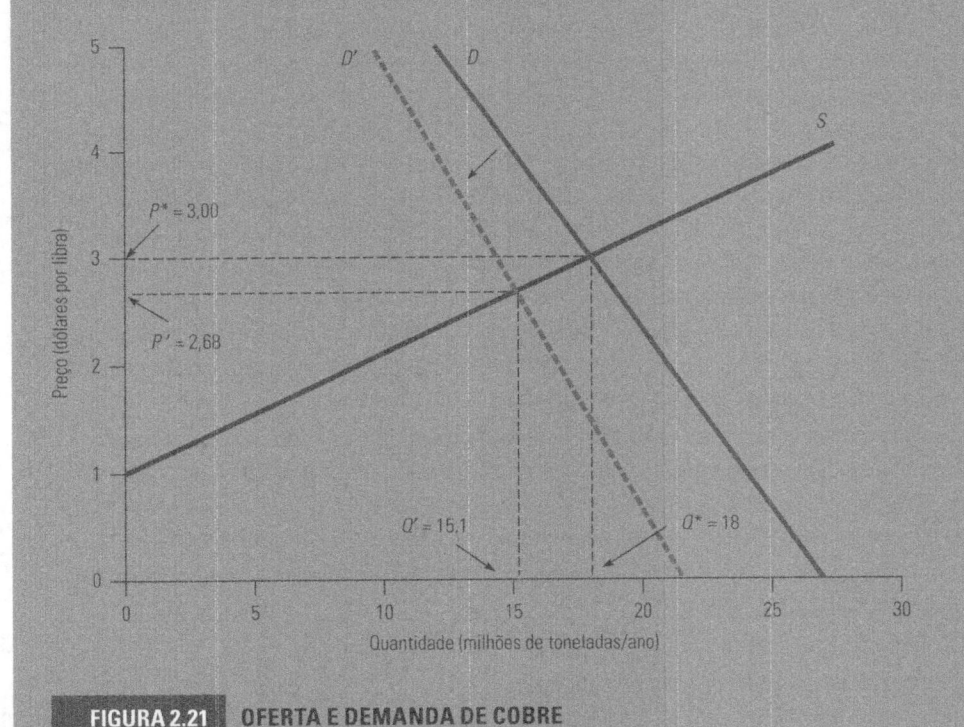

FIGURA 2.21 OFERTA E DEMANDA DE COBRE

O deslocamento na curva de demanda correspondente a 20% da sua diminuição leva a uma baixa de 10,7% no preço.

---

17 Nossos agradecimentos a Patricia Foley, Diretora Executiva do American Bureau of Metal Statistics, por fornecer os dados sobre a China. Outros dados são do Geological Survey Mineral Resources Program, dos Estados Unidos — http://minerals.usgs.gov/minerals/pubs/commodity/cooper/index.html#myb.

18 O *boom* criou centenas de novos empregos que, como consequência, acarretou aumento dos preços das moradias: "Copper Boom Creates Housing Crunch", *The Arizona Republic*, 12 jul. 2007.

O que uma queda na demanda seria capaz de causar ao preço do cobre? Para descobrir, podemos utilizar as curvas de oferta e de demanda lineares que acabamos de obter. Vamos calcular o efeito que um declínio de 20% na demanda teria sobre o preço. Uma vez que não estamos preocupados, neste momento, com os efeitos do crescimento do PNB, podemos deixar fora da equação de demanda o elemento fl, relativo à renda.

Deslocaremos a curva de demanda para a esquerda em 20%. Em outras palavras, desejamos que a quantidade demandada seja 80% do que seria para cada preço. No caso de nossa curva de demanda linear, vamos simplesmente multiplicar o lado direito da expressão por 0,8:

$$Q = (0,8)(27 - 3P) = 21,6 - 2,4P$$

A oferta é novamente $Q = -9 + 9P$. Agora podemos igualar as quantidades ofertadas e demandadas para determinar o preço:

$$-9 + 9P = 21,6 - 2,4P$$

ou $P = 30,6/11,4 =$ US$ 2,68 por libra. Portanto, um declínio de 20% na demanda de cobre implicaria uma redução de preço de aproximadamente US$ 0,32 por libra, ou seja, de 10,7%.[19]

EXEMPLO 2.9 A ALTA FORÇADA NO MERCADO MUNDIAL DE PETRÓLEO

Desde o início da década de 1970, o mercado mundial de petróleo tem se caracterizado pelo domínio do cartel da OPEP e pela desordem política no Golfo Pérsico. Em 1974, por meio de uma limitação conjunta da oferta, a OPEP (Organização dos Países Exportadores de Petróleo) conseguiu elevar os preços mundiais do petróleo bem acima do que teria conseguido em um mercado competitivo. A OPEP foi capaz de fazer isso porque detinha uma grande parcela da produção mundial de petróleo. Entre 1979 e 1980, os preços dispararam novamente, à medida que a revolução iraniana e a eclosão da guerra entre Irã e Iraque reduziram a produção de petróleo de ambos os países. Durante a década de 1980, o preço diminuiu lentamente à medida que a demanda declinou e a oferta competitiva (de países não pertencentes à OPEP) aumentou em relação aos preços. Durante o período de 1988 a 2001, os preços permaneceram relativamente estáveis, exceto por uma breve alta em 1990, após a invasão do Kuwait pelo Iraque. Os preços voltaram a subir entre 2002 e 2003, em consequência de uma greve na Venezuela e, mais tarde, da guerra entre Estados Unidos e Iraque na primavera de 2003. Como resultado do aumento da demanda por petróleo na Ásia e das reduções nas exportações da OPEP, os preços continuaram a subir até o verão de 2008. No fim de 2008, a recessão havia reduzido a demanda em todo o mundo, levando os preços a uma queda de 127% em seis meses. Entre 2009 e 2011, os preços do petróleo se recuperaram aos poucos, sustentados em parte pelo contínuo crescimento da China. A Figura 2.22 mostra o preço mundial do petróleo de 1970 a 2011, em termos reais e nominais.[20]

O Golfo Pérsico é uma das regiões menos estáveis do planeta — um fato que inspira preocupações acerca de uma abrupta interrupção da oferta de petróleo e de um exagerado aumento nos preços. O que aconteceria com o preço do petróleo, no curto e no longo prazos, se uma guerra ou revolução no Golfo Pérsico causasse um corte em sua produção? Veremos como as simples curvas de oferta e de demanda podem ser usadas para prever o resultado de tal acontecimento.

Como este exemplo considera o intervalo entre 2009 e 2011, todos os preços encontram-se medidos em dólares de 2011. Os números (aproximados) que utilizaremos são os seguintes:
- Preço mundial entre 2009 e 2011 = US$ 80 o barril
- Demanda mundial e oferta total = 32 bilhões de barris por ano (bb/ano)
- Oferta da OPEP = 13 bb/ano
- Oferta competitiva (de países não membros da OPEP) = 19 bb/ano

---

19 Como multiplicamos a função de demanda por 0,8 e, assim, reduzimos em 20% a quantidade demandada em cada preço, a nova curva de demanda não está paralela à antiga. Em vez disso, a curva gira para baixo na interseção com o eixo dos preços.

20 Para ter uma boa visão geral dos fatores que afetaram os preços mundiais do petróleo, consulte James D. Hamilton, "Understanding Crude Oil Prices", *The Energy Journal*, 2009, v. 30, p. 179-206.

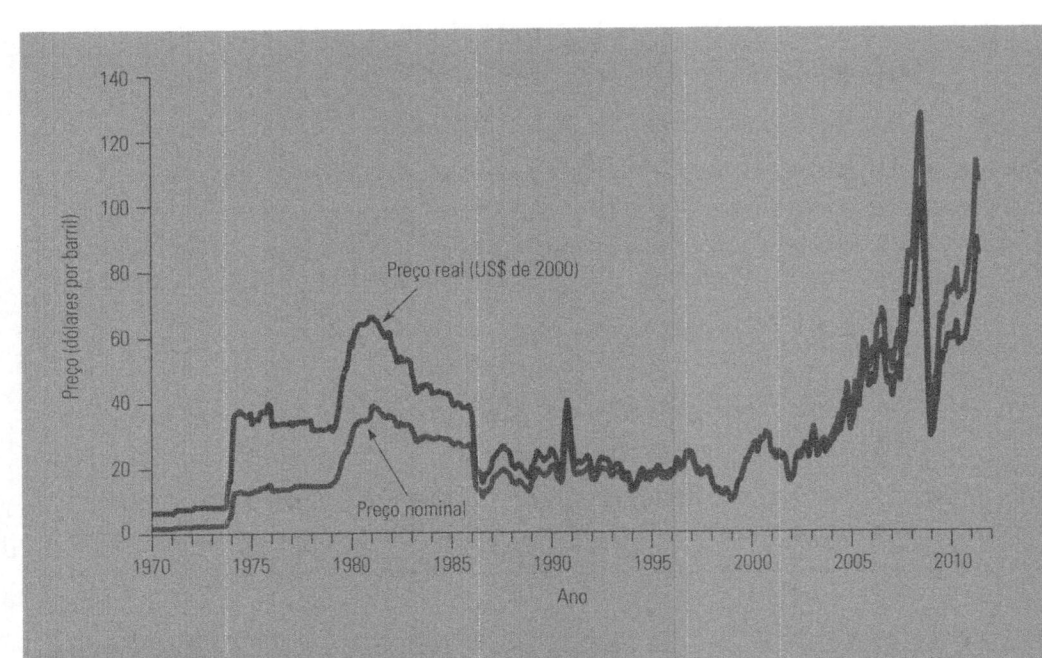

FIGURA 2.22 PREÇO DO PETRÓLEO

O cartel da OPEP e acontecimentos políticos causaram algumas elevações bruscas no preço do petróleo, que posteriormente recuou como resultado dos ajustes da demanda e da oferta.

A tabela a seguir fornece as elasticidades preço da oferta e da demanda de petróleo:[21]

	Curto prazo	Longo prazo
Demanda mundial	−0,05	−0,30
Oferta competitiva	0,05	0,30

Podemos verificar que esses números implicam o seguinte para a demanda e para a oferta competitiva no *curto prazo*:

Demanda no curto prazo: $D = 33{,}6 - 0{,}020P$

Oferta competitiva no curto prazo: $S_C = 18{,}05 + 0{,}012P$

Obviamente, a oferta total corresponde à oferta competitiva *mais* a oferta da OPEP, a qual assumiremos como constante em 13 bb/ano. Adicionando esses 13 bb/ano à curva de oferta competitiva expressa anteriormente, obteremos a seguinte expressão para a oferta total no curto prazo:

Oferta total no curto prazo: $S_T = 31{,}05 + 0{,}012P$

Podemos verificar que, ao preço de equilíbrio de US$ 80 o barril, as quantidades demandadas e ofertadas se igualam. Devemos também verificar que as correspondentes curvas de demanda e oferta no *longo prazo* são:

Demanda no longo prazo: $D = 41{,}6 - 0{,}120P$

---

21 Para consulta às fontes desses números e uma discussão mais detalhada sobre a política de preços da OPEP, veja Robert S. Pindyck, "Gains to Producers from the Cartelization of Exhaustible Resources", *Review of Economics and Statistics* 60 (maio 1978), p. 238-251; James M. Griffin e David J. Teece, *OPEC Behavior and World Oil Prices* (Londres: Allen and Unwin, 1982); e John C. B. Cooper, "Price Elasticity of Demand for Crude Oil: Estimates for 23 Countries", *Organization of the Petroleum Exporting Countries Review* (mar. 2003).

Oferta competitiva no longo prazo: $S_C = 13{,}3 + 0{,}071P$

Oferta total no longo prazo: $S_T = 26{,}3 + 0{,}071P$

De novo, podemos confirmar que, ao preço de US$ 80 o barril, as quantidades ofertadas e demandadas se igualam.

A Arábia Saudita é um dos maiores produtores mundiais de petróleo, responsável por cerca de 3 bb/ano, que corresponde a cerca de 10% da produção mundial total. O que aconteceria com o preço do petróleo se, por causa de uma guerra ou uma mudança política, a Arábia Saudita parasse de produzir? Podemos utilizar nossas curvas de oferta e de demanda para achar a resposta.

Para o *curto prazo*, basta subtrair 3 da oferta total:

Demanda em curto prazo: $D = 33{,}6 - 0{,}020P$

Oferta total em curto prazo: $S_T = 28{,}05 + 0{,}012P$

Igualando essa oferta total à demanda, podemos ver que no curto prazo o preço deveria mais do que dobrar, elevando-se para US$ 173,44 o barril. A Figura 2.23 ilustra o deslocamento da oferta e o consequente aumento do preço no curto prazo. O equilíbrio inicial encontra-se na interseção de S_T com D. Após o corte na produção da Arábia Saudita, o equilíbrio passa a ocorrer na interseção de S'_T com D.

No *longo prazo*, entretanto, as coisas serão diferentes. Pelo fato de tanto a demanda como a oferta competitiva serem mais elásticas no longo prazo, uma redução de 3 bb/ano na oferta total não vai ocasionar um aumento tão forte no preço. Subtraindo 3 da expressão da oferta total no longo prazo e igualando-a com a demanda no longo prazo, podemos ver que o preço passará a ser US$ 95,81 o barril, apenas US$ 15,81 acima do preço inicial de US$ 80.

Portanto, se a Arábia Saudita interrompesse bruscamente a produção de petróleo, os preços dobrariam. Entretanto, esse aumento seria seguido de um declínio gradual, à medida que a demanda se retraísse e a oferta competitiva crescesse.

Isso foi de fato o que ocorreu após o forte declínio da produção no Iraque e no Irã entre 1979 e 1980. A história pode ou não se repetir, mas, em caso afirmativo, ao menos podemos prever os efeitos sobre o preço do petróleo.[22]

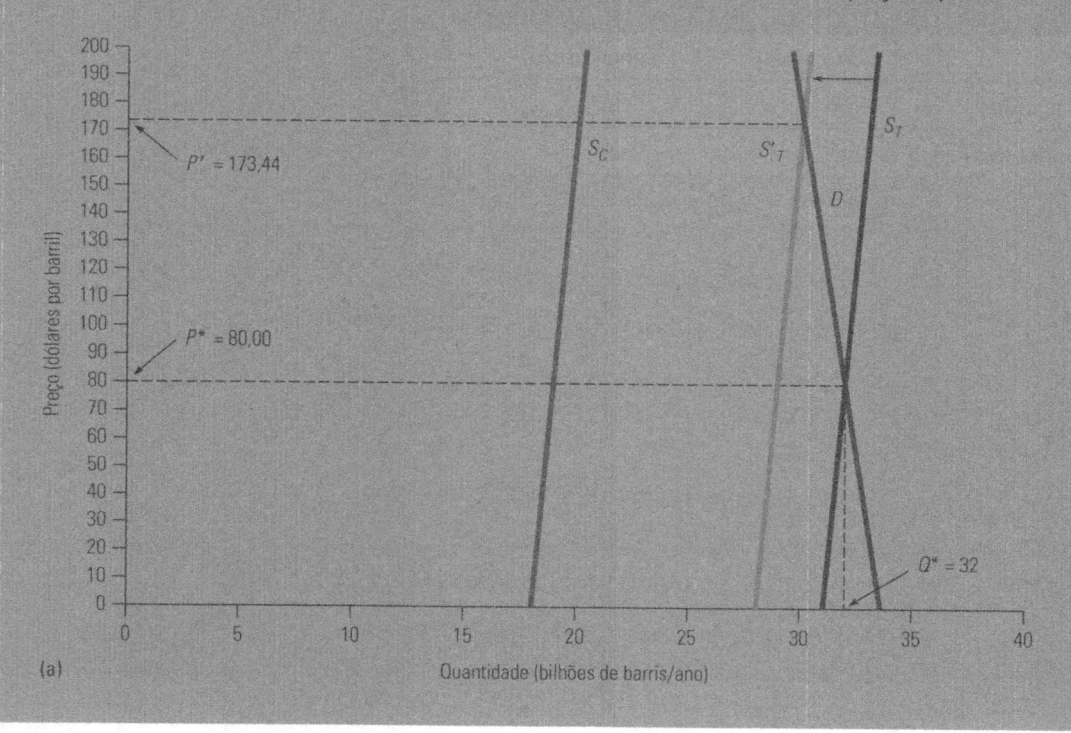

---

22 Pode-se obter dados recentes e conhecer mais sobre o mercado internacional de petróleo acessando o site do American Petroleum Institute, www.api.org, ou do U.S. Energy Information Administration, www.eia.doe.gov.

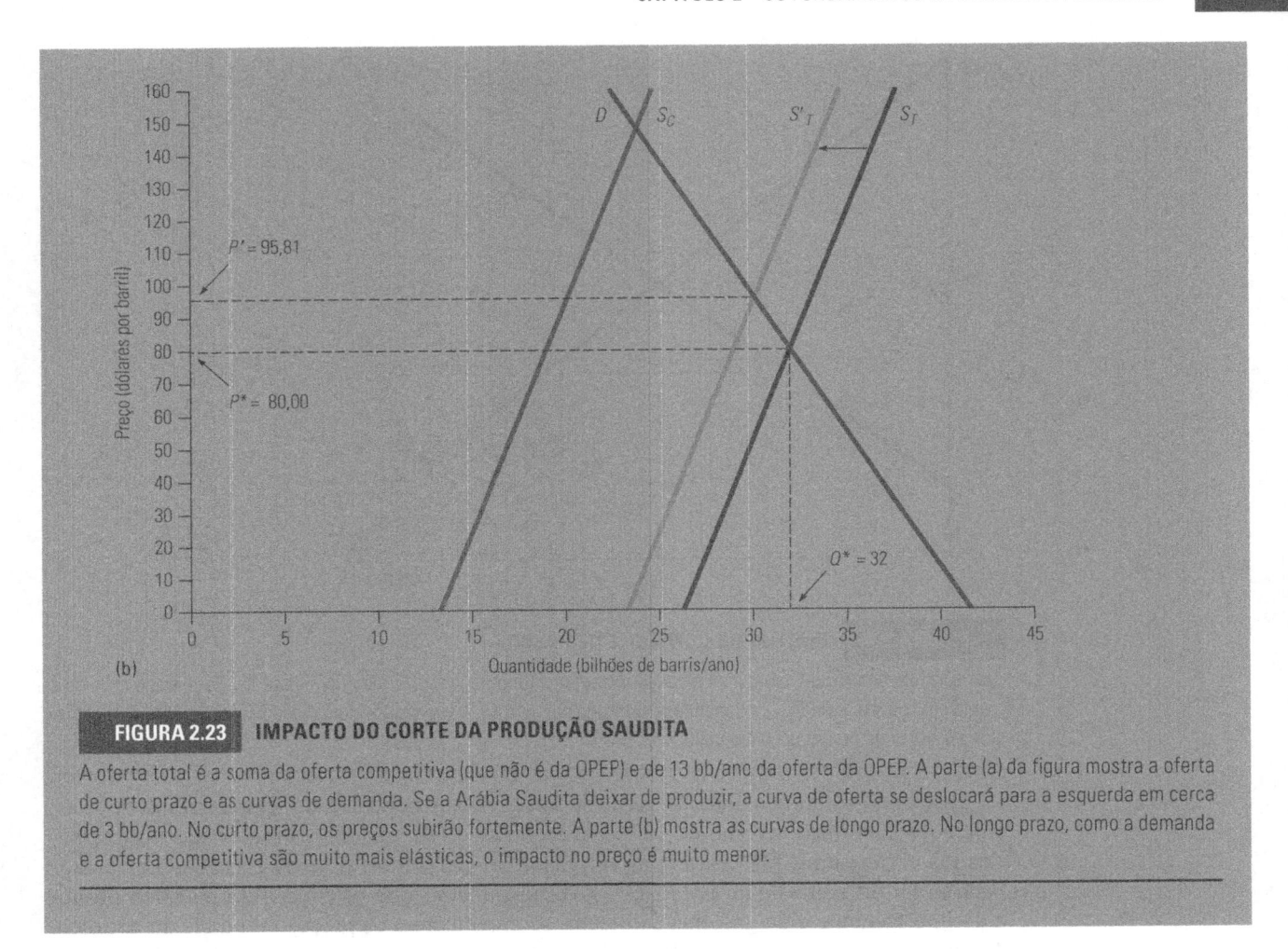

FIGURA 2.23 **IMPACTO DO CORTE DA PRODUÇÃO SAUDITA**

A oferta total é a soma da oferta competitiva (que não é da OPEP) e de 13 bb/ano da oferta da OPEP. A parte (a) da figura mostra a oferta de curto prazo e as curvas de demanda. Se a Arábia Saudita deixar de produzir, a curva de oferta se deslocará para a esquerda em cerca de 3 bb/ano. No curto prazo, os preços subirão fortemente. A parte (b) mostra as curvas de longo prazo. No longo prazo, como a demanda e a oferta competitiva são muito mais elásticas, o impacto no preço é muito menor.

2.7 Efeitos da intervenção governamental — controle de preços

Nos Estados Unidos e na maioria dos demais países industrializados, os mercados raramente estão isentos de intervenção governamental. Além de criar impostos e conceder subsídios, os governos quase sempre regulam mercados (até mesmo os mercados competitivos) de diversas formas. Nesta seção, veremos como utilizar as curvas de oferta e de demanda para analisar os efeitos de uma forma comum de intervenção governamental: o controle de preços. Posteriormente, no Capítulo 9, examinaremos em detalhes os efeitos do controle de preços e de outras formas de intervenção e regulamentação governamental.

A Figura 2.24 ilustra os efeitos do controle de preços. Nela, P_0 e Q_0 representam o preço e a quantidade de equilíbrio que prevaleceriam no mercado caso não houvesse regulamentação governamental. O governo, entretanto, decidiu que P_0 é muito alto e estipulou que o preço não pode ser mais alto do que um *valor máximo*, o qual indicaremos como P_{max}. Qual será o resultado? Nesse nível mais baixo de preço, os produtores (em particular aqueles com altos custos) produzirão menos, e a oferta cairá para Q_1. Os consumidores, por outro lado, demandarão uma maior quantidade, Q_2. Portanto, a demanda excede a oferta, e ocorre uma escassez de produtos, denominada *excesso de demanda*. O valor de tal excesso corresponde a $Q_2 - Q_1$.

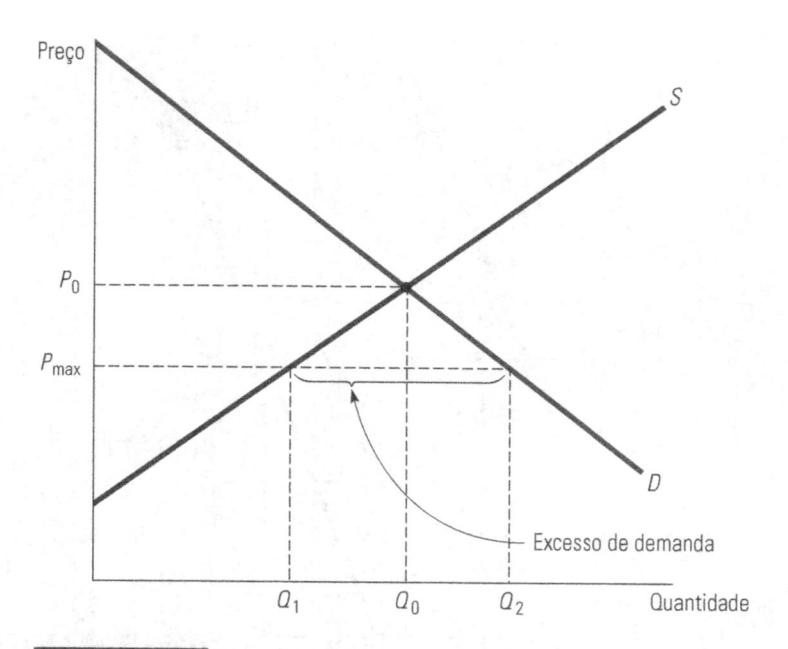

FIGURA 2.24 — EFEITOS DO CONTROLE DE PREÇOS

Sem controle de preços, o mercado alcançaria seu equilíbrio ao preço P_0 e à quantidade Q_0. Se o preço máximo é fixado pelo governo em P_{max}, a quantidade ofertada cai para Q_1, a quantidade demandada se eleva para Q_2 e ocorre uma escassez de produtos no mercado.

Esse excesso de demanda às vezes se torna visível por meio do aparecimento de filas; vale aqui lembrar o inverno de 1974 e o verão de 1979, quando os motoristas norte-americanos enfrentaram filas para comprar gasolina. Em ambos os casos, as filas nos postos resultaram do controle de preços; o governo impediu que os preços do petróleo produzido internamente e da gasolina subissem, acompanhando os preços mundiais do petróleo. Algumas vezes, o excesso de demanda assume o aspecto de restrições e de racionamento da oferta. Por exemplo, no caso do controle de preços do gás natural, e a consequente falta do produto, ocorrida em meados da década de 1970 nos Estados Unidos, as indústrias que o utilizavam tiveram o fornecimento cortado, o que levou à paralisação de sua produção. Em outras situações, o excesso de demanda transborda para outros mercados, aumentando artificialmente a demanda de outros produtos. Por exemplo, o controle do preço do gás natural fez potenciais consumidores desse produto utilizarem petróleo.

Algumas pessoas ganham e outras perdem com o controle de preços. Como sugere a Figura 2.24, os produtores perdem, pois passam a receber preços menores, e alguns até abandonam o setor. Alguns consumidores são beneficiados, porém nem todos. Os consumidores que podem adquirir a mercadoria a preços mais baixos ficam em condições nitidamente melhores; no entanto, aqueles que forem atingidos pelo racionamento, não podendo realmente adquirir a mercadoria, ficam em condições piores. De que tamanho serão os ganhos dos beneficiados? De que tamanho serão as perdas dos prejudicados? Será que os ganhos totais excedem as perdas totais? Para responder a tais perguntas, precisamos de um método que permita a medição dos ganhos e das perdas decorrentes do controle de preços, bem como de outras formas de intervenção governamental. Discutiremos tal método no Capítulo 9.

EXEMPLO 2.10 — CONTROLE DE PREÇOS E ESCASSEZ DE GÁS NATURAL

Em 1954, o governo federal dos Estados Unidos começou a regulamentar o preço do gás natural. No início, o controle não era tão restritivo; o preço máximo situava-se acima do preço de mercado. No entanto, por volta de 1962, o preço máximo passou a ter um rígido controle, fazendo surgir, e gradualmente se expandir, um excesso de demanda pelo produto. Durante a década de 1970, tal excesso de demanda, impulsionado pelos preços mais elevados do petróleo, assumiu graves proporções, ocasionando uma escassez generalizada. O preço máximo estava muito abaixo do nível de preços que prevaleceria em um mercado livre.[23]

Hoje, produtores e consumidores industriais de gás natural, petróleo e outros combustíveis estão preocupados em saber se o governo pode vir a controlar os preços caso venham a sofrer um forte aumento. Vamos calcular o provável impacto do controle do preço do gás natural com base nas condições de mercado de 2007.

A Figura 2.25 mostra o preço de atacado do gás natural, tanto em termos nominais quanto reais (dólares de 2000) de 1950 a 2007. Esses números descrevem o mercado dos EUA em 2007:

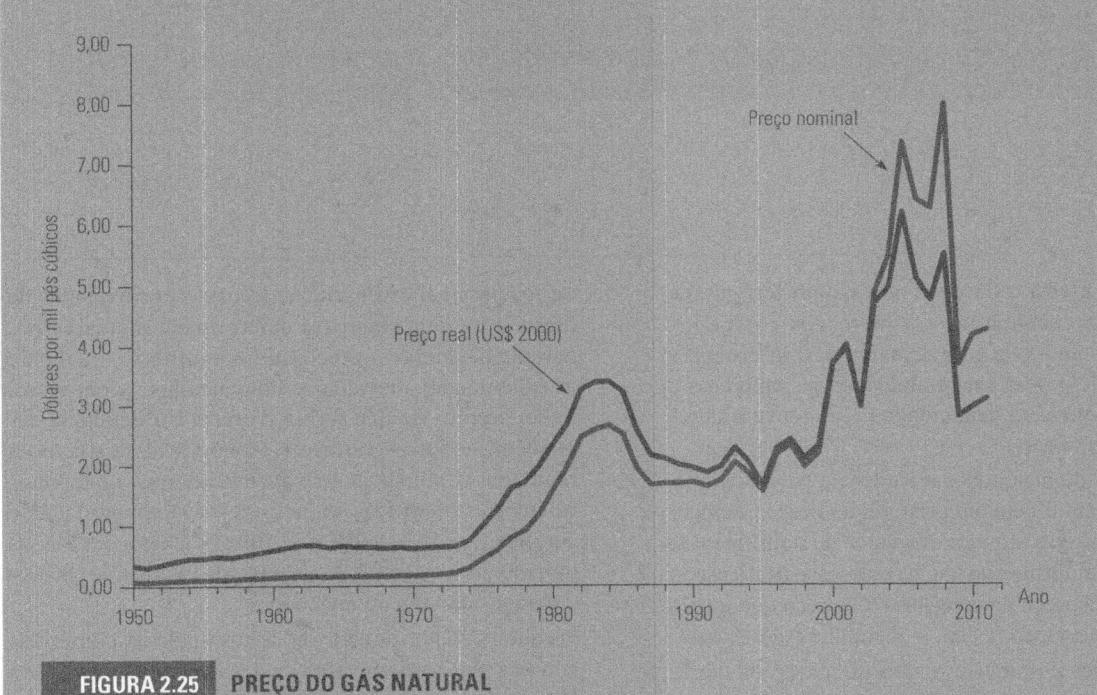

FIGURA 2.25 PREÇO DO GÁS NATURAL

Assim como o preço da gasolina e de outros combustíveis, o preço do gás natural sofreu um forte aumento depois do ano 2000.

- O preço de atacado do gás natural no mercado livre teria sido de cerca de US$ 6,40 por mpc (mil pés cúbicos).
- A produção e o consumo teriam chegado a aproximadamente 23 tpc (trilhões de pés cúbicos).
- O preço médio do petróleo bruto (que afeta tanto a oferta como a demanda do gás natural) estava em torno de US$ 50/barril.

Uma estimativa razoável para a elasticidade preço da oferta de gás natural é de 0,2. Os preços mais altos do petróleo também ocasionaram uma elevação na produção de gás natural, pois o petróleo e o gás natural são com frequência descobertos e produzidos em conjunto; a estimativa da elasticidade cruzada da oferta é de 0,1. Quanto à demanda de gás natural, a elasticidade preço é de aproximadamente −0,5, e sua elasticidade preço cruzada em relação à do petróleo está em torno de 1,5. Pode-se verificar que as seguintes curvas de oferta e de demanda lineares se ajustam a tais números:

---

23 Essa regulamentação teve início com uma decisão da Suprema Corte, em 1954, exigindo que a então Federal Power Commission elaborasse uma regulamentação para o preço do gás natural vendido para as empresas de gasodutos interestaduais. Esse controle de preços foi retirado quase em sua totalidade na década de 1980, em conformidade com o Natural Gas Policy Act, de 1978. Para uma discussão mais detalhada sobre a regulamentação referente ao gás natural e seus efeitos, consulte Paul W. MacAvoy e Robert S. Pindyck, *The Economics of the Natural Gas Shortage* (Amsterdã: North-Holland, 1975); R. S. Pindyck, "Higher Energy Prices and the Supply of Natural Gas", *Energy Systems and Policy* 2, 1978, 177-209; e Arlon R. Tussing e Connie C. Barlow, *The Natural Gas Industry* (Cambridge, MA: Ballinger, 1984).

$$\text{Oferta: } Q = 15{,}90 + 0{,}72 P_G + 0{,}05 P_O$$

$$\text{Demanda: } Q = 0{,}02 - 1{,}8 P_G + 0{,}69 P_O$$

sendo Q a quantidade de gás natural (em tpc), P_G o preço do gás natural (em dólares por mpc) e P_O o preço do petróleo (em dólares por barril). Verifica-se também que, igualando a oferta e a demanda e substituindo P_O por US$ 50, essas curvas de oferta e de demanda implicam o preço de equilíbrio de US$ 6,40 em mercado livre para o gás natural.

Imagine que o governo determine que o valor de US$ 6,40 por mpc no mercado livre está muito alto e decida impor o controle de preços e fixe o preço máximo de US$ 3,00 por mpc. Que impacto isso causaria na quantidade de gás ofertada e na quantidade demandada?

Substituindo P_G por US$ 3,00 nas expressões da demanda e da oferta (mantendo o preço P_O do petróleo fixo em US$ 50), você pode descobrir que a quantidade ofertada é 20,6 tpc, enquanto a equação da demanda resulta em uma quantidade demandada de 29,1 tpc. O controle de preços, portanto, criou um excesso de demanda, ou seja, uma carência, de 29,1 − 20,6 = 8,5 tpc. No Exemplo 9.1, apresentaremos como foi feita a medição de ganhos e perdas decorrentes do controle de preço do gás natural.

RESUMO

1. A análise da oferta e da demanda é uma ferramenta básica da microeconomia. Em mercados competitivos, as curvas de oferta e de demanda nos informam a quantidade que deverá ser produzida pelas empresas e a quantidade que será demandada pelos consumidores em função dos preços.

2. O mecanismo de mercado é a tendência para o equilíbrio entre oferta e demanda (isto é, os preços tendem a se alterar até que atinjam um valor de equilíbrio de mercado), de tal forma que não haja excesso de oferta ou de demanda. O preço de equilíbrio é o preço que iguala a quantidade demandada com a quantidade oferecida.

3. As elasticidades descrevem o grau de reação da oferta e da demanda às variações de preço, de renda ou a outras variáveis. Por exemplo, a elasticidade preço da demanda mede a variação percentual da quantidade demandada que resulta de um aumento de 1% no preço.

4. As elasticidades referem-se a determinados períodos; para a maioria dos bens, é importante que se diferenciem as elasticidades de curto prazo das de longo prazo.

5. Podemos usar os diagramas de oferta-demanda para ver como as alterações na curva de oferta e/ou na curva de demanda podem explicar as variações no preço e na quantidade de mercado.

6. Se for possível estimarmos as curvas aproximadas de oferta e de demanda para determinado mercado, poderemos calcular o preço que o equilibra, igualando as quantidades ofertadas e demandadas. Além disso, se soubermos de que forma a oferta e a demanda dependem de outras variáveis econômicas, tais como a renda ou os preços de outras mercadorias, poderemos calcular as modificações no preço e na quantidade de equilíbrio de mercado em virtude de alterações nessas outras variáveis. Esse é um meio de explicar ou prever o comportamento do mercado.

7. Frequentemente podem ser feitas análises numéricas simples ajustando-se curvas de demanda e de oferta lineares a dados de preço e quantidade, bem como a estimativas de elasticidades. Para muitos mercados, tais dados e estimativas encontram-se disponíveis, permitindo a execução de cálculos simples, o que pode nos ajudar a compreender as características e o comportamento do mercado.

8. Quando um governo impõe controle de preços, ele mantém o preço abaixo do nível que equilibra oferta e demanda. Isso resulta em escassez; a quantidade demandada excede a quantidade ofertada.

QUESTÕES PARA REVISÃO

1. Suponha que um clima excepcionalmente quente ocasione um deslocamento para a direita na curva de demanda de sorvete. Por que razão o preço de equilíbrio do sorvete aumentaria?
2. Utilize as curvas de oferta e de demanda para ilustrar de que forma cada um dos seguintes fatos afetaria o preço e a quantidade de manteiga comprada e vendida: (a) um aumento no preço da margarina; (b) um aumento no preço do leite; (c) uma redução nos níveis de renda média.
3. Se um aumento de 3% no preço dos cereais matinais causa uma redução de 6% na quantidade demandada, qual é a elasticidade da demanda desses cereais?
4. Explique a diferença entre um deslocamento da curva de oferta e um movimento ao longo dela.
5. Explique por que, no caso de muitas mercadorias, a elasticidade preço da oferta é maior no longo prazo do que no curto prazo.
6. Por que razão as elasticidades da demanda no longo prazo são diferentes das elasticidades no curto prazo? Considere duas mercadorias: toalhas de papel e televisores. Qual das duas é um bem durável? Você esperaria que a elasticidade preço da demanda das toalhas de papel fosse maior no curto ou no longo prazo? Por quê? Como deveria ser a elasticidade preço da demanda no caso dos televisores?
7. As afirmações a seguir são verdadeiras ou falsas? Explique sua resposta.
    a. A elasticidade da demanda é igual ao grau de inclinação da curva de demanda.
    b. A elasticidade preço cruzada sempre será positiva.
    c. A oferta de apartamentos é mais inelástica no curto prazo do que no longo prazo.
8. Suponha que o governo regule os preços da carne bovina e do frango, tornando-os mais baixos do que seus respectivos níveis de equilíbrio de mercado. Explique resumidamente por que ocorreria escassez dessas mercadorias e quais os fatores que determinariam a dimensão da escassez. O que ocorreria com o preço da carne suína? Explique resumidamente.
9. Em uma pequena cidade universitária, o conselho municipal decidiu regulamentar os aluguéis, a fim de reduzir as despesas dos estudantes com moradia. Suponha que o aluguel médio de equilíbrio de mercado, em um contrato anual para um apartamento de dois quartos, fosse de US$ 700 por mês, e que se esperasse um aumento para US$ 900 dentro de um ano. O conselho municipal limita, então, o valor dos aluguéis ao nível atual, de US$ 700 por mês.
    a. Desenhe um gráfico de oferta e de demanda para ilustrar o que acontecerá ao preço dos aluguéis após a imposição do controle.
    b. Você acha que essa política vai beneficiar todos os estudantes? Por quê?
10. Durante uma discussão sobre anuidades, uma funcionária da universidade argumenta que a demanda por vagas é completamente inelástica ao preço. Como prova disso, ela afirma que, embora a universidade tenha duplicado o valor das anuidades (em termos reais) nos últimos 15 anos, não houve redução nem no número nem na qualidade dos estudantes que vêm se candidatando às vagas. Você aceitaria essa argumentação? Explique de forma resumida. (*Dica*: a funcionária faz uma afirmação a respeito da demanda por vagas, mas será que ela realmente está observando uma curva de demanda? O que mais poderia estar ocorrendo?)
11. Suponha que a curva de demanda por um produto seja dada pela seguinte equação:

    $$Q = 10 - 2P + P_S$$

    sendo P o preço do produto e P_S o preço do bem substituto. O preço do bem substituto é US$ 2,00.
    a. Suponha que P = US$ 1,00. Qual é a elasticidade preço da demanda? Qual é a elasticidade preço cruzada da demanda?
    b. Suponha que o preço do bem, P, suba para US$ 2,00. Qual vem a ser, agora, a elasticidade preço da demanda e a elasticidade preço cruzada da demanda?
12. Suponha que, em vez de uma demanda em declínio, tal qual assumimos no Exemplo 2.8, um decréscimo no custo da produção de cobre faça a curva de oferta se deslocar para a direita em 40%. Em quanto o preço do cobre mudará?
13. Suponha que a demanda por gás natural seja perfeitamente inelástica. Qual seria o efeito, se é que haveria algum, de controles sobre o preço do gás natural?

EXERCÍCIOS

1. Suponha que a curva de demanda por um produto seja dada por $Q = 300 - 2P + 4I$, sendo I a renda média medida em milhares de dólares. A curva de oferta é $Q = 3P - 50$.

   a. Se $I = 25$, calcule o preço e a quantidade de equilíbrio de mercado para o produto.

   b. Se $I = 50$, calcule o preço e a quantidade de equilíbrio de mercado para o produto.

   c. Desenhe um gráfico que ilustre suas respostas.

2. Considere um mercado competitivo no qual as quantidades anuais demandadas e ofertadas a diversos preços sejam as seguintes:

Preço (US$)	Demanda (milhões)	Oferta (milhões)
60	22	14
80	20	16
100	18	18
120	16	20

   a. Calcule a elasticidade preço da demanda quando o preço for US$ 80 e também quando for US$ 100.

   b. Calcule a elasticidade preço da oferta quando o preço for US$ 80 e também quando for US$ 100.

   c. Quais são o preço e a quantidade de equilíbrio?

   d. Suponha que o governo estabeleça um preço máximo de US$ 80. Será que haverá escassez? Em caso afirmativo, qual será sua dimensão?

3. Considere o Exemplo 2.5 sobre o mercado de trigo. Em 1998, a demanda total por trigo americano era $Q = 3.244 - 283P$ e a oferta local era $Q_S = 1.944 + 207P$. No final de 1998, tanto o Brasil quanto a Indonésia abriram seu mercado de trigo para os agricultores norte-americanos. Suponha que esses novos mercados adicionem 200 milhões de bushels de trigo à demanda dos Estados Unidos. Qual será o preço de mercado livre do trigo e que quantidade será produzida e vendida pelos agricultores norte-americanos nesse caso?

4. Uma fibra vegetal é negociada em um mercado mundial competitivo ao preço de US$ 9 por libra. Quantidades ilimitadas estão disponíveis para a importação pelos norte-americanos a esse preço. A oferta e a demanda nos Estados Unidos são mostradas no quadro a seguir, considerando diversos níveis de preço.

Preço	Oferta EUA (milhões de libras)	Demanda EUA (milhões de libras)
3	2	34
6	4	28
9	6	22
12	8	16
15	10	10
18	12	4

   a. Qual é a equação da demanda? Qual é a equação da oferta?

   b. Ao preço de US$ 9, qual é a elasticidade preço da demanda? E ao preço de US$ 12?

   c. Qual é a elasticidade preço da oferta ao preço de US$ 9? E ao preço de US$ 12?

   d. Em um mercado livre, qual será o preço e o nível de importação da fibra no mercado norte-americano?

*5. Grande parte da demanda de produtos agrícolas dos Estados Unidos vem de outros países. Em 1998, a demanda total era $Q = 3.244 - 283P$. Dentro disso, a demanda nacional era $Q_D = 1.700 - 107P$, e a oferta nacional era $Q_S = 1.944 + 207P$. Suponha que a demanda de exportação de trigo sofresse uma queda de 40%.

   a. Os agricultores norte-americanos ficariam preocupados com essa queda na demanda de exportação. O que aconteceria com o preço no mercado livre de trigo nos Estados Unidos? Será que os agricultores teriam razão em ficar preocupados?

   b. Agora, suponha que o governo dos Estados Unidos quisesse adquirir uma quantidade de trigo suficiente para elevar o preço a US$ 3,50 por bushel. Com a queda na demanda de exportação, qual seria a quantidade que o governo teria de comprar? Quanto isso lhe custaria?

6. A agência de controle de aluguéis da cidade de Nova York descobriu que a demanda agregada é $Q_D = 160 - 8P$. A quantidade medida em dezenas de milhares de apartamentos e o preço do aluguel mensal médio é expresso em centenas de dólares. A agência observou também que o aumento em Q para valores mais baixos de P é consequência de um maior número de famílias (de três pessoas) vindo de Long Island para a cidade, demandando apartamentos. A associação de corretores de imóveis da cidade reconhece que essa é uma boa

estimativa da demanda, tendo mostrado que a equação da oferta é $Q_S = 70 + 7P$.

- **a.** Se a agência e a associação estiverem certas a respeito da demanda e da oferta, qual seria o preço no mercado livre? Qual seria a variação na população da cidade caso a agência estabelecesse um aluguel mensal médio de US$ 300 e todas as pessoas que não conseguissem encontrar um apartamento deixassem a cidade?
- **b.** Suponha que a agência ceda às solicitações da associação, estabelecendo um aluguel mensal de US$ 900 para todos os apartamentos a fim de permitir aos proprietários uma taxa de retorno razoável. Se 50% de qualquer aumento no longo prazo da oferta de apartamentos surgir de novas construções, quantos apartamentos serão construídos?

7. Em 2010, os norte-americanos fumaram 315 bilhões de cigarros, ou 15,75 bilhões de maços. O preço médio de venda no comércio (incluindo impostos) foi de US$ 5 o maço. Estudos estatísticos mostraram que a elasticidade preço da demanda era de –0,4 e que a elasticidade preço da oferta era de 0,5.

- **a.** Usando essas informações, obtenha curvas lineares de demanda e de oferta para o mercado de cigarros.
- **b.** Em 1998, os norte-americanos fumaram 23,5 bilhões de maços de cigarros, e o preço médio de venda no comércio foi de US$ 2 o maço. O declínio no consumo de cigarros de 1998 a 2010 decorreu, em parte, da maior conscientização pública dos prejuízos à saúde causados pelo fumo, mas também do aumento no preço. Suponha que *todo o declínio fosse causado pelo aumento no preço*. O que você poderia deduzir, com isso, sobre a elasticidade preço da demanda?

8. No Exemplo 2.8, examinamos o efeito de uma queda de 20% na demanda de cobre sobre seu preço utilizando curvas lineares de oferta e de demanda que foram desenvolvidas na Seção 2.6. Suponha que a elasticidade preço da demanda no longo prazo do cobre seja de –0,75, em vez de –0,5.

- **a.** Mantendo a premissa feita anteriormente de que o preço e a quantidade de equilíbrio sejam, respectivamente, $P^* = $ US$ 3 por libra e $Q^* = 18$ milhões de toneladas métricas por ano, construa uma curva de demanda linear que seja coerente com a elasticidade, agora menor.
- **b.** Usando essa curva de demanda, recalcule o efeito sobre o preço do cobre de uma queda de 20% em sua demanda.

9. O Exemplo 2.8 discutiu o recente aumento na demanda mundial por cobre, causado, em parte, pelo aumento do consumo na China.

- **a.** Utilizando as elasticidades originais de demanda e de oferta ($E_S = 1,5$ e $E_D = -0,5$), calcule o efeito de um *aumento* de 20% no preço do cobre.
- **b.** Em seguida, calcule o efeito desse aumento na demanda na quantidade de equilíbrio, Q^*.
- **c.** Conforme discutimos no Exemplo 2.8, a produção norte-americana de cobre caiu entre os anos de 2000 e 2003. Considerando um aumento de 20% na demanda por cobre (calculado no item a) *e* uma queda de 20% na oferta, calcule o efeito no preço e na quantidade de equilíbrio.

10. O Exemplo 2.9 analisou o mercado mundial de petróleo. Utilizando os dados fornecidos naquele exemplo:

- **a.** Mostre que as curvas de demanda e de oferta competitiva no curto prazo podem realmente ser expressas por:

    $D = 33,6 - 0,020P$

    $S_C = 18,05 + 0,012P$

- **b.** Mostre que as curvas de demanda e de oferta competitiva no longo prazo podem realmente ser expressas por:

    $D = 41,6 - 0,120P$

    $S_C = 13,3 + 0,071P$

- **c.** No Exemplo 2.9, discutimos o impacto sofrido pelo preço no caso de uma interrupção na oferta de petróleo da Arábia Saudita. Suponha que, no lugar de uma queda na oferta, a produção da OPEP *aumente* em 2 bilhões de barris por ano (bb/ano) por conta da abertura de novos campos de petróleo. Calcule o efeito que esse aumento na produção causaria a longo e a curto prazos.

11. Considere o Exemplo 2.10, que analisa os efeitos do controle de preços sobre o gás natural.

- **a.** Utilizando os dados disponíveis no exemplo, mostre que as seguintes curvas de oferta e de demanda realmente descreviam o mercado de gás natural entre 2005 e 2007.

    Oferta: $Q = 15,90 + 0,72P_G + 0,05P_O$

    Demanda: $Q = 0,02 - 1,8P_G + 0,69P_O$

    Verifique também que, se o preço do petróleo for US$ 50, essas curvas implicarão preço de equilíbrio de US$ 6,40 para o gás natural.

- **b.** Suponha que o preço regulamentado em 1975 para o gás fosse de US$ 4,50 por mil pés cúbicos, em vez de US$ 3,00. Qual teria sido a dimensão do excesso de demanda?

c. Suponha que o mercado de gás natural não tivesse sido regulamentado. Se o preço do petróleo subisse de US$ 50 para US$ 100, o que teria ocorrido com o preço do gás natural no mercado livre?

*12. A tabela a seguir mostra os preços de varejo e as quantidades vendidas de café instantâneo e de café torrado referentes a dois anos.

   a. Empregando apenas esses dados, faça uma estimativa da elasticidade preço da demanda no curto prazo de café torrado. Obtenha, também, uma curva de demanda linear para esse tipo de café.

   b Agora faça uma estimativa da elasticidade preço da demanda no curto prazo de café instantâneo. Obtenha uma curva de demanda linear também para esse outro tipo de café.

   c Qual tipo de café possui maior elasticidade preço da demanda no curto prazo? Como isso pode ser explicado?

ANO	Preço de varejo do café instantâneo (US$/libra)	Vendas de café instantâneo (milhões de libras)	Preço de varejo do café torrado (US$/libra)	Vendas de café torrado (milhões de libras)
Ano 1	10,35	75	4,11	820
Ano 2	10,48	70	3,76	850

PARTE DOIS

Produtores, consumidores e mercados competitivos

A Parte 2 apresenta os fundamentos teóricos da microeconomia.

Os capítulos 3 e 4 explicam os princípios que embasam a demanda por parte do consumidor. Veremos como os consumidores tomam decisões de consumo, de que forma as preferências e restrições orçamentárias determinam a demanda por diversas mercadorias e por que mercadorias diferentes possuem diferentes características de demanda. O Capítulo 5 contém estudos mais avançados, mostrando como se analisa a escolha do consumidor em situações de incerteza. Explicaremos a razão pela qual as pessoas não gostam de situações que envolvam riscos e mostraremos de que forma elas podem reduzi-los e escolher entre alternativas de risco. Também discutiremos aspectos do comportamento do consumidor que só conseguimos explicar quando penetramos nas dimensões psicológicas da tomada de decisão.

Os capítulos 6 e 7 desenvolvem a teoria da firma. Neles, mostraremos de que forma as empresas combinam insumos, tais como capital, mão de obra e matérias-primas, para produzir bens e serviços de um modo que minimize os custos de produção. Veremos também como os custos de uma empresa dependem do nível de produção e de sua experiência. O Capítulo 8 explica, então, como as empresas decidem a quantidade a ser produzida para maximizar os lucros. Veremos como as decisões de produção de empresas individuais se combinam para determinar a curva de oferta do mercado competitivo e suas características.

No Capítulo 9 usamos as curvas de oferta e de demanda para analisar os mercados competitivos. Mostraremos como as políticas governamentais, como controle de preços, quotas, taxas e subsídios, podem ter uma ampla gama de efeitos nos consumidores e nos produtores. Explicaremos também como a análise da oferta e da demanda pode ser empregada para avaliar esses efeitos.

CAPÍTULOS

3.	Comportamento do consumidor	65
4.	Demanda individual e demanda de mercado	107
5.	Incerteza e comportamento do consumidor	151
6.	Produção	191
7.	O Custo de produção	219
8.	Maximização de lucros e oferta competitiva	271
9.	Análise de mercados competitivos	311

CAPÍTULO **3**

Comportamento do consumidor

Há algum tempo, a General Mills decidiu introduzir um novo cereal matinal no mercado. A nova marca, Apple-Cinnamon Cheerios, era uma variação mais doce e mais saborosa de um cereal clássico da companhia. No entanto, antes que essa nova marca pudesse ser comercializada extensivamente, a empresa tinha de resolver um importante problema: *que preço deveria cobrar*? Independentemente da qualidade do novo cereal, sua lucratividade dependeria da decisão de preço tomada. Saber que os consumidores pagariam mais por um novo produto não era suficiente. A questão era saber *quanto a mais* eles estariam dispostos a pagar. A General Mills teve, portanto, de elaborar uma cuidadosa análise das preferências dos consumidores para determinar a demanda de Apple--cinnamon Cheerios.

O problema da General Mills na determinação das preferências dos consumidores era semelhante a um problema um pouco mais complexo enfrentado pelo Congresso dos Estados Unidos na avaliação do programa de vales de alimentação. O objetivo era oferecer às famílias de baixa renda vales que poderiam ser trocados por alimentos. No entanto, surgiu um problema na formulação do programa que complicava sua avaliação: até que ponto os vales proporcionariam às pessoas *mais* alimentos, em vez de simplesmente subsidiar seus gastos usuais com alimentação? Em outras palavras, será que o programa não acabaria se constituindo em pouco mais do que mera renda suplementar, que seria gasta principalmente em itens não alimentícios, em vez de ser uma solução para os problemas nutricionais dos pobres? Como no exemplo do cereal, uma análise do comportamento do consumidor se faz necessária. Nesse caso, o governo federal necessitava compreender de que forma os gastos com alimentação, em comparação com outras mercadorias, eram influenciados por variações nos níveis de renda e de preços.

A solução desses dois problemas — um envolvendo política de empresas e outro envolvendo política pública — requer que se compreenda a **teoria do comportamento do consumidor**: a explicação de como os consumidores alocam a renda para a aquisição de bens e serviços diversos.

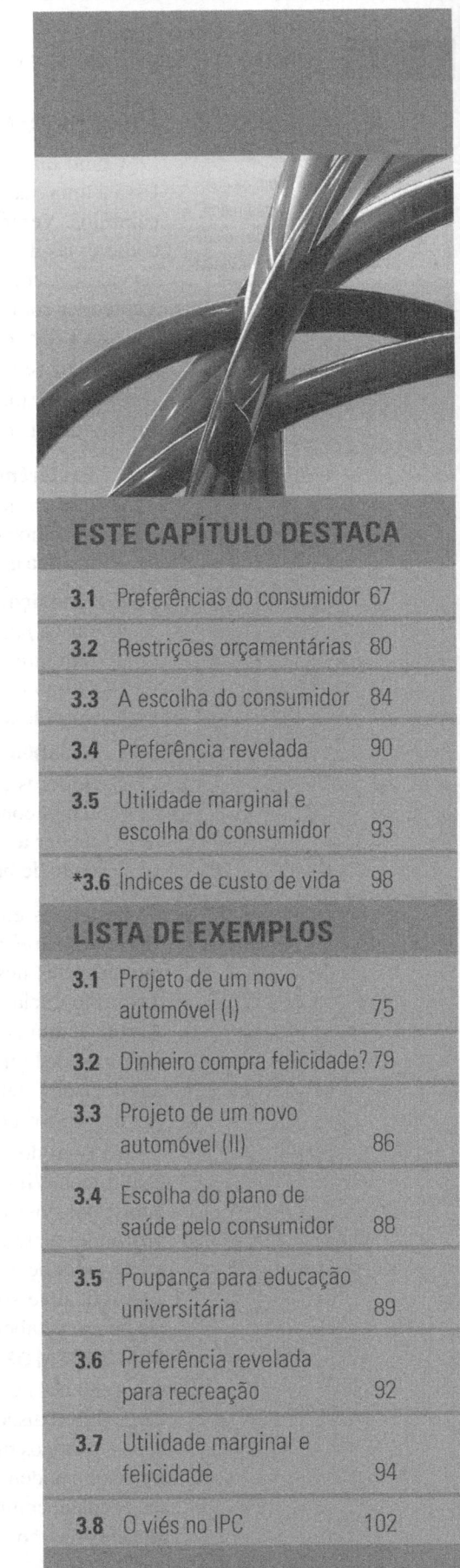

ESTE CAPÍTULO DESTACA

3.1	Preferências do consumidor	67
3.2	Restrições orçamentárias	80
3.3	A escolha do consumidor	84
3.4	Preferência revelada	90
3.5	Utilidade marginal e escolha do consumidor	93
*3.6	Índices de custo de vida	98

LISTA DE EXEMPLOS

3.1	Projeto de um novo automóvel (I)	75
3.2	Dinheiro compra felicidade?	79
3.3	Projeto de um novo automóvel (II)	86
3.4	Escolha do plano de saúde pelo consumidor	88
3.5	Poupança para educação universitária	89
3.6	Preferência revelada para recreação	92
3.7	Utilidade marginal e felicidade	94
3.8	O viés no IPC	102

Comportamento do Consumidor

teoria do comportamento do consumidor
Descrição de como os consumidores alocam a renda, entre diferentes bens e serviços, procurando maximizar seu bem-estar.

Como um consumidor com renda limitada decide que bens e serviços deve adquirir? Essa é uma questão fundamental em microeconomia — ela será tratada neste e no próximo capítulos. Veremos como os consumidores alocam a renda entre bens, explicando, assim, como essas decisões de alocação de recursos determinam as demandas de diversos bens e serviços. A compreensão das decisões de compras por parte dos consumidores nos ajudará a entender como as mudanças na renda e nos preços afetam a demanda de bens e serviços e por que a demanda de certos produtos é mais sensível do que a de outros às mudanças nos preços e na renda.

O comportamento do consumidor é mais bem compreendido quando ele é examinado em três etapas distintas:

1. **Preferências do consumidor:** a primeira etapa consiste em encontrar uma forma prática de descrever por que as pessoas poderiam preferir uma mercadoria a outra. Veremos como as *preferências* do consumidor por vários bens podem ser descritas gráfica e algebricamente.

2. **Restrições orçamentárias:** obviamente, os consumidores devem também considerar os *preços*. Por isso, na segunda etapa levaremos em conta que os consumidores têm uma renda limitada, o que restringe a quantidade de bens que podem adquirir. O que um consumidor faz nessa situação? Encontraremos uma resposta para essa questão ao juntar as preferências e as restrições orçamentárias na terceira etapa.

3. **Escolhas do consumidor:** dadas suas preferências e a limitação da renda, os consumidores escolhem comprar as combinações de bens que maximizam sua satisfação. Essas combinações dependerão dos preços dos vários bens disponíveis. Assim, entender as escolhas nos ajudará a compreender a *demanda* — isto é, como a quantidade de bens que os consumidores escolhem para comprar depende de seus preços.

Essas três etapas são básicas na teoria do consumidor, e serão discutidas em detalhes nas três primeiras seções deste capítulo. Depois, exploraremos alguns outros aspectos interessantes dessa teoria. Por exemplo, veremos como é possível determinar a natureza das preferências do consumidor com base na observação de seu comportamento efetivo. Assim, se um consumidor escolhe um bem, em vez de uma alternativa com preço similar, podemos deduzir que ele prefere o primeiro bem. Conclusões desse tipo podem ser obtidas das decisões efetivas dos consumidores, as quais surgem em resposta a mudanças nos preços dos vários bens e serviços disponíveis para compra.

Ao final do capítulo, retomaremos a discussão dos preços nominais e reais iniciada no Capítulo 1. Vimos que o Índice de Preços ao Consumidor fornece uma medida de como o bem-estar dos consumidores muda ao longo do tempo. Neste capítulo, exploraremos mais profundamente a questão do poder de compra, descrevendo um conjunto de índices que mede mudanças no poder de compra ao longo do tempo. Como afetam os benefícios e os custos de diversos programas de bem-estar social, esses índices são ferramentas importantes para o estabelecimento de políticas governamentais nos Estados Unidos.

COMO AGEM OS CONSUMIDORES? Antes de prosseguirmos, precisamos saber com clareza quais são nossas premissas a respeito do comportamento do consumidor e se elas são realistas. É difícil discordar da proposição de que os consumidores têm preferências entre os vários bens e serviços disponíveis, e que eles enfrentam restrições orçamentárias que impõem limites ao que podem comprar. Podemos, contudo, questionar a proposição de que os consumidores decidem comprar as combinações de bens e serviços que maximizam sua satisfação. Será que eles são tão racionais e bem informados quanto os economistas pensam?

Sabemos que os consumidores nem sempre tomam decisões de compra racionalmente. Às vezes, por exemplo, eles compram por impulso, ignorando ou não considerando suas restrições orçamentárias (e, assim, contraindo dívidas). Outras vezes, eles não têm certeza de suas preferências ou são influenciados pelas decisões de consumo tomadas por amigos ou vizinhos, ou até mesmo por mudanças de humor. Além disso, ainda que os consumidores se comportem racionalmente, nem sempre conseguirão levar em conta, por completo, a multiplicidade de preços e escolhas com que se defrontam diariamente.

Nos últimos tempos, os economistas vêm desenvolvendo modelos para o comportamento do consumidor que incorporam premissas mais realistas sobre racionalidade e tomada de decisão. Essa área de pesquisa, chamada *economia comportamental*, tem sido extremamente influenciada por descobertas da psicologia e campos de estudo relacionados. No Capítulo 5, discutiremos algumas das principais conclusões da economia comportamental. Por enquanto, queremos apenas deixar claro que nosso modelo básico para o comportamento do consumidor parte, necessariamente, de algumas premissas simplificadoras. Mas também queremos enfatizar que esse modelo tem explicado, com imenso sucesso, muito do que se observa na prática quanto às escolhas do consumidor e às características da demanda por parte dele. Assim, esse modelo é uma espécie de "ferramenta básica" da economia. Ele é bastante usado, não só por economistas, como também por profissionais de áreas relacionadas, como finanças e marketing.

3.1 Preferências do consumidor

Considerando a imensa variedade de bens e serviços disponíveis no mercado e a diversidade de gostos pessoais, como poderemos descrever as preferências do consumidor de forma coerente? Vamos começar pensando em como um consumidor pode comparar diferentes conjuntos de itens disponíveis para compra. Um dado conjunto de itens será preferido a outro, ou os consumidores serão indiferentes a esses dois conjuntos?

CESTAS DE MERCADO

Empregamos o termo *cesta de mercado* para nos referirmos a esse conjunto de itens. Especificamente, uma **cesta de mercado** é um conjunto com quantidades determinadas de uma ou mais mercadorias. Ela pode conter, por exemplo, vários itens alimentícios, ou então uma combinação de artigos alimentícios, de vestuário e produtos para casa que um consumidor compra por mês. Muitos economistas também usam o termo "pacote" (*bundle*) com o mesmo significado de cesta de mercado.

cesta de mercado
Lista com quantidades específicas de um ou mais bens.

Como os consumidores selecionam essas cestas de mercado? Como eles decidem, por exemplo, quanto de comida e quanto de roupa compram em cada mês? Embora essa escolha às vezes possa ser arbitrária, veremos em breve que os consumidores normalmente selecionam as cestas de mercado que os satisfazem da melhor forma possível.

A Tabela 3.1 apresenta várias cestas de mercado, que consistem em diversas quantidades de alimento e vestuário adquiridas mensalmente. O número de itens alimentícios pode ser medido de muitas maneiras: pelo número total de embalagens, pelo número de pacotes de cada produto (por exemplo, leite, carne etc.) ou pelo peso. Do mesmo modo, o vestuário pode ser contado pelo número total de peças, pelo número de peças de cada tipo de roupa, pelo peso total ou pelo volume. Como o método de medição é basicamente arbitrário, indicaremos cada item em uma cesta de consumo simplesmente pelo número total de *unidades* de cada mercadoria ali contida. A cesta de mercado A, por exemplo, compõe-se de 20 unidades de alimento e 30 de vestuário; a B consiste em 10 unidades de alimento e 50 de vestuário e assim por diante.

TABELA 3.1	Cestas de mercado alternativas	
Cesta de mercado	Unidades de alimento	Unidades de vestuário
A	20	30
B	10	50
D	40	20
E	30	40
G	10	20
H	10	40
Nota: Evitou-se a utilização das letras *C* e *F* na representação de cestas de mercado porque as cestas poderiam ser confundidas com as designações usadas para vestuário (*C* de *clothing*) e alimento (*F* de *food*) na versão original deste livro.		

Para explicarmos a teoria do comportamento do consumidor, perguntaremos se os consumidores *preferem* uma cesta à outra. Note que a teoria supõe que as preferências dos consumidores são consistentes e têm sentido. Explicaremos o que significam essas suposições na próxima subseção.

ALGUMAS PREMISSAS BÁSICAS SOBRE PREFERÊNCIAS

A teoria do comportamento do consumidor inicia-se com três premissas básicas a respeito das preferências das pessoas por determinada cesta de mercado em relação a outra. Acreditamos que tais premissas sejam válidas para a maioria das pessoas na maior parte das situações:

1. **Integralidade (plenitude):** assume-se que as preferências são *completas*. Isso significa, em outras palavras, que os consumidores podem comparar e ordenar todas as cestas de mercado. Assim, para quaisquer duas cestas *A* e *B*, um consumidor pode preferir *A* a *B*, ou preferir *B* a *A* ou ser indiferente a qualquer uma das duas. Com *indiferente* queremos dizer que qualquer uma das cestas deixaria o indivíduo igualmente satisfeito. Observe que essas predileções não levam em conta os preços. Um consumidor poderia preferir bife a hambúrguer, porém compraria o segundo por ser mais barato.

2. **Transitividade:** as preferências são *transitivas*. Transitividade significa que, se um consumidor prefere a cesta de mercado *A* a *B* e prefere *B* a *C*, então ele também prefere *A* a *C*. Por exemplo, quando se prefere um Porsche a um Cadillac e um Cadillac a um Chevrolet, então também se prefere o Porsche ao Chevrolet. Em geral, a transitividade é encarada como necessária para a consistência das escolhas do consumidor.

3. **Mais é melhor do que menos:** presumimos que todas as mercadorias são desejáveis — isto é, são *benéficas*. Em consequência, *os consumidores sempre preferem quantidades maiores de qualquer mercadoria*. Assim, eles nunca ficam completamente satisfeitos ou saciados; *mais é sempre melhor, mesmo que seja só um pouquinho melhor*.[1] Essa premissa é adotada por motivos didáticos: ela simplifica a análise gráfica. Decerto, algumas mercadorias poderão ser indesejáveis, como as que provocam a poluição do ar; os consumidores preferirão sempre menos delas. Ignoramos tais mercadorias indesejáveis no contexto de nossa presente discussão sobre escolha do consumidor, pois a maioria dos consumidores não escolheria adquiri-las. Contudo, nós as discutiremos mais adiante neste capítulo.

Essas três premissas constituem a base da teoria do consumidor. Elas não explicam as preferências do consumidor, mas lhe conferem certo grau de racionalidade e razoabilidade. Baseando-nos nessas premissas, passaremos, então, a analisar com maior nível de detalhamento o comportamento do consumidor.

---

[1] Assim, alguns economistas usam o termo *insatisfação* para se referirem a essa terceira premissa.

CURVAS DE INDIFERENÇA

Podemos apresentar graficamente as preferências do consumidor por meio do uso das *curvas de indiferença*. Uma **curva de indiferença** *representa todas as combinações de cestas de mercado que fornecem o mesmo nível de satisfação para um consumidor*. Para ele, portanto, são *indiferentes* as cestas de mercado representadas pelos pontos ao longo da curva.

Admitindo-se nossas três premissas relativas a preferências, sabemos que o consumidor poderá sempre manifestar sua predileção por determinada cesta em relação a outra, ou ainda sua indiferença entre as duas. Essa informação poderá então ser utilizada para ordenar todas as possíveis alternativas de consumo. Para visualizarmos esse fato graficamente, vamos supor que existam apenas dois tipos de mercadorias disponíveis para consumo: alimentos (A) e vestuário (V). Nesse caso, as cestas de mercado descrevem as diferentes combinações desses dois bens que uma pessoa poderia querer adquirir. Como já vimos, a Tabela 3.1 oferece alguns exemplos de cestas de mercado, contendo quantidades variadas de alimentos e vestuário.

Para que possamos desenhar a curva de indiferença do consumidor, é importante, antes, indicar suas preferências particulares. A Figura 3.1 apresenta as mesmas cestas que se encontram na Tabela 3.1. O eixo horizontal mede o número de unidades de alimento adquiridas semanalmente e o eixo vertical mede o número de unidades de vestuário. A cesta de mercado A, com 20 unidades de alimento e 30 de vestuário, é preferível à cesta G, pois A contém mais unidades de *ambos* os bens (lembre-se de nossa terceira premissa: maior quantidade é melhor do que menor quantidade). De modo similar, a cesta de mercado E, que contém ainda mais unidades de alimento e de vestuário, é preferível a A. De fato, poderemos facilmente comparar todas as cestas de mercado das áreas sombreadas (tais como E e G) com A, porque elas contêm quantidades maiores ou menores de ambos os bens. Observe, por fim, que B contém mais vestuário, mas menos alimento que A. De maneira similar, D contém mais alimento, mas menos vestuário que A. Assim, não são possíveis comparações entre a cesta de mercado A e as cestas B, D e H sem que haja mais informações a respeito da ordenação feita pelo consumidor.

> **curva de indiferença**
> Curva que representa todas as combinações de cestas de mercado que fornecem o mesmo nível de satisfação para um consumidor.

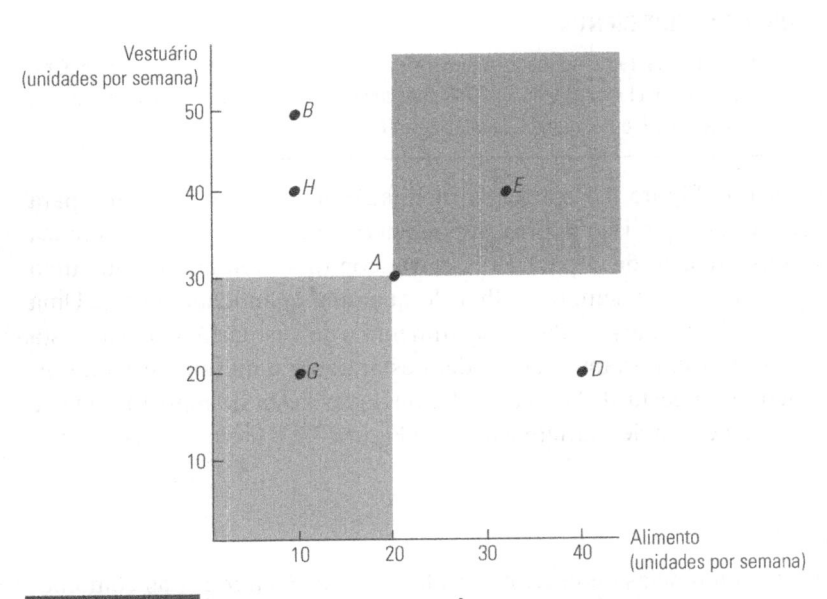

FIGURA 3.1 DESCREVENDO PREFERÊNCIAS INDIVIDUAIS

Como os consumidores preferem sempre maiores quantidades de um bem, ao invés de menores, podemos comparar as cestas de mercado indicadas nas áreas sombreadas. A cesta *A* é certamente preferível à cesta *G*, ao passo que a cesta *E* é preferível à *A*. Entretanto, *A* não pode ser comparada a *B*, *D* ou *H* sem que haja informações adicionais.

Essa informação adicional é fornecida pela Figura 3.2, que apresenta uma curva de indiferença com a designação U_1, que passa pelos pontos A, B e D. Essa curva indica que, para o consumidor, é indiferente a escolha entre qualquer uma das três cestas de mercado. Ela nos informa que, ao movimentar-se da cesta A para a cesta B, o consumidor não se sente nem melhor nem pior ao desistir de 10 unidades de alimento para obter 20 unidades adicionais de vestuário. De modo semelhante, o consumidor mostra-se indiferente entre os pontos A e D (isto é, ele desistiria de 10 unidades de vestuário para obter 20 unidades adicionais de alimento). Por outro lado, o consumidor prefere A a H, que está localizado abaixo de U_1.

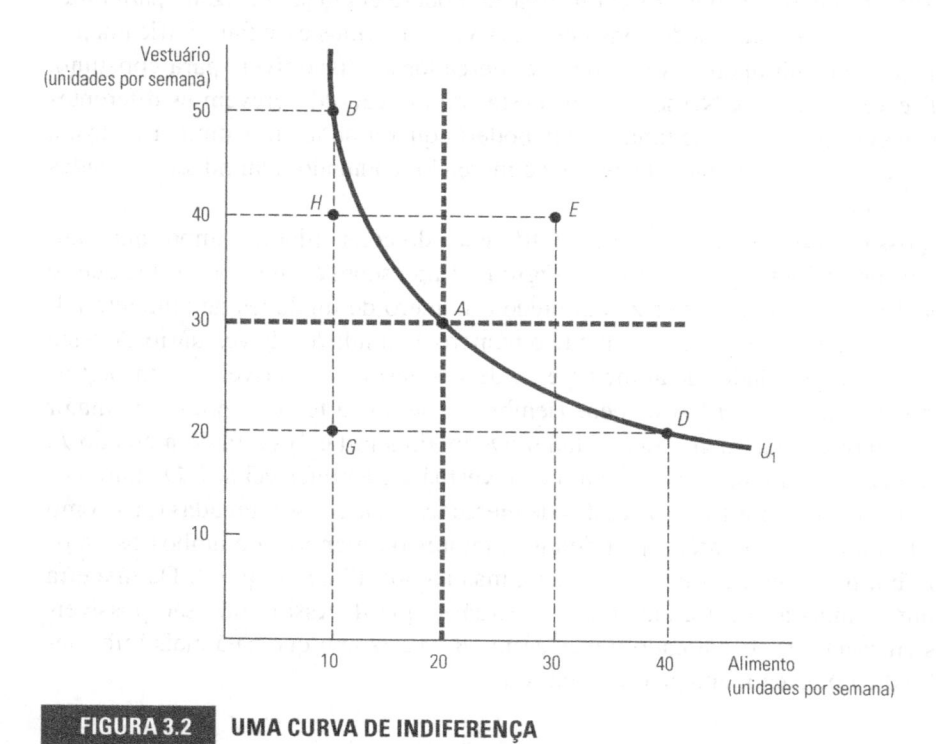

FIGURA 3.2 UMA CURVA DE INDIFERENÇA

A curva de indiferença U_1 que passa pela cesta de mercado A mostra todas as cestas que dão ao consumidor o mesmo nível de satisfação da cesta A; isso inclui as cestas B e D. O consumidor prefere a cesta E, que está acima de U_1, à cesta A, mas prefere A em relação a H ou G, que estão abaixo de U_1.

A curva de indiferença da Figura 3.2 apresenta inclinação negativa da esquerda para a direita. Para compreender por que isso ocorre, suponhamos que a curva de indiferença apresentasse inclinação ascendente de A para E. Isso iria contra a premissa de que uma quantidade maior de qualquer bem é sempre melhor do que uma quantidade menor. Uma vez que a cesta de mercado E tem mais unidades de alimento e de vestuário do que a cesta A, ela deverá ser preferível a A e, portanto, não poderá estar sobre a mesma curva de indiferença em que se encontra a cesta A. Na realidade, qualquer cesta de mercado que se encontre *acima e à direita* da curva de indiferença U_1 da Figura 3.2 é preferível a qualquer cesta que se encontre na curva U_1.

MAPAS DE INDIFERENÇA

mapa de indiferença
Gráfico que contém um conjunto de curvas de indiferença mostrando os conjuntos de cestas de mercado entre as quais os consumidores são indiferentes.

Para descrevermos as preferências de um consumidor em relação a *todas* as combinações de alimentos e vestuário, podemos traçar um conjunto de curvas de indiferença, o qual se denomina **mapa de indiferença**. Cada curva de indiferença no mapa apresenta as cestas de mercado que são indiferentes para a pessoa. A Figura 3.3 apresenta três curvas de indiferença que fazem parte de um mapa de indiferença (o mapa completo inclui um número infinito de curvas como elas). A curva de indiferença U_3 oferece o mais alto grau de satisfação, sendo seguida das curvas de indiferença U_2 e U_1.

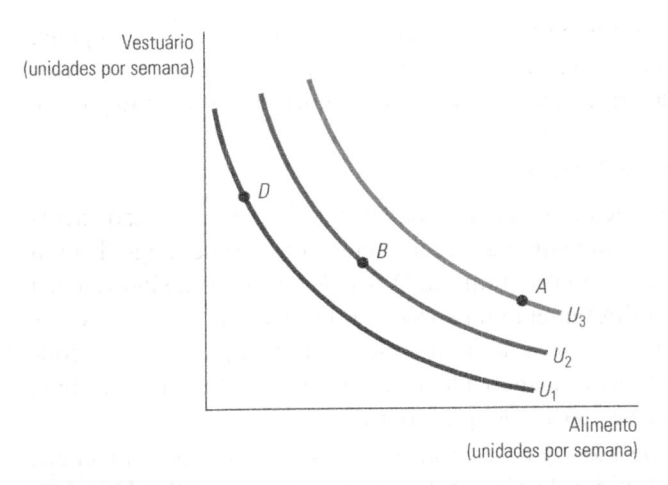

FIGURA 3.3   **UM MAPA DE INDIFERENÇA**

Um mapa de indiferença é um conjunto de curvas de indiferença que descrevem as preferências de um consumidor. Qualquer cesta de mercado sobre a curva U_3 (por exemplo, a cesta A) é preferível a qualquer cesta sobre a curva U_2 (por exemplo, a cesta B), que, por sua vez, é preferível a qualquer cesta sobre a curva U_1 (por exemplo, a cesta D).

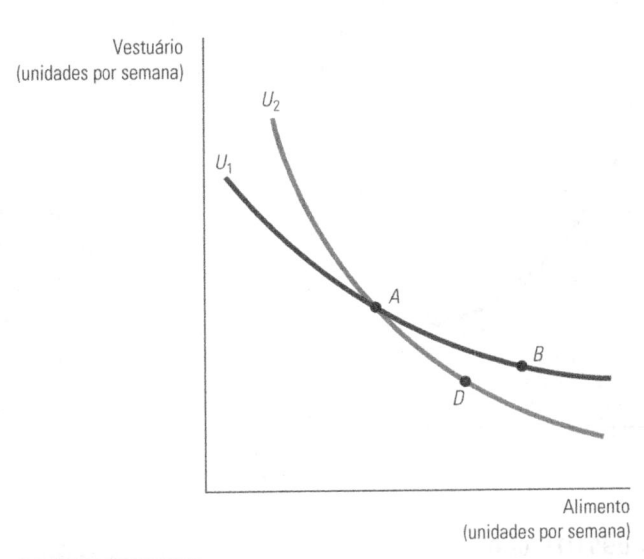

As curvas de indiferença não podem se interceptar. Para entendermos a razão, suponhamos que elas pudessem se interceptar e vejamos, então, de que forma isso violaria as premissas a respeito do comportamento do consumidor. A Figura 3.4 apresenta duas curvas de indiferença, U_1 e U_2, que se interceptam em A. Como A e B estão sobre a curva de indiferença U_1, o consumidor será indiferente a qualquer uma dessas duas cestas de mercado. Como tanto A quanto D se encontram sobre a curva U_2, o consumidor também é indiferente a essas duas cestas. Por conseguinte, de acordo com a premissa da transitividade, o consumidor também não teria preferência entre as cestas B e D. No entanto, isso não pode ser verdadeiro, pois a cesta de mercado B deve ser preferível à cesta D, uma vez que B contém maior número de unidades, tanto de alimento quanto de vestuário. Sendo assim, a suposição de que as curvas de indiferença poderiam se interceptar contradiz a premissa de que mais é preferível a menos.

FIGURA 3.4   **CURVAS DE INDIFERENÇA NÃO PODEM SE INTERCEPTAR**

Se as curvas de indiferença U_1 e U_2 se interceptassem, uma das premissas da teoria do consumidor seria violada. De acordo com o diagrama, o consumidor seria indiferente à cesta A, B ou D. Entretanto, B deveria ser preferível a D, pois B contém quantidades maiores de ambas as mercadorias.

É óbvio que existe um número infinito de curvas de indiferença que não se interceptam, cada qual correspondendo a um nível possível de satisfação. Na realidade, cada cesta de mercado (que corresponde a um ponto do gráfico) tem uma curva de indiferença passando por ela.

A FORMA DAS CURVAS DE INDIFERENÇA

As curvas de indiferença, convém lembrar, são inclinadas para baixo. Em nosso exemplo do alimento e do vestuário, quando a quantidade de alimento aumenta ao longo de uma curva de indiferença, a quantidade de vestuário diminui. O fato de as curvas de indiferença serem inclinadas para baixo deriva diretamente da suposição de que mais de um bem é melhor do que menos. Se houvesse uma curva de indiferença inclinada para cima, o consumidor seria indiferente entre duas cestas de mercado, mesmo que uma delas tivesse mais dos *dois* bens, ou seja, de alimento e vestuário, do que a outra.

Como vimos no Capítulo 1, as pessoas têm de fazer escolhas. A forma de uma curva de indiferença mostra como o consumidor deseja substituir um bem pelo outro. Veja, por exemplo, a curva de indiferença da Figura 3.5. Partindo da cesta de mercado A e indo para a cesta B, vemos que o consumidor está disposto a abrir mão de 6 unidades de vestuário para obter 1 unidade extra de alimento. Entretanto, movimentando-se de B para D, ele se dispõe a desistir de apenas 4 unidades de vestuário para obter 1 unidade adicional de alimento e, ao se movimentar de D para E, ele se dispõe a desistir de 2 unidades de vestuário para obter 1 unidade de alimento. Quanto mais vestuário e menos alimento uma pessoa possuir, maior será a quantidade de vestuário que ela estará disposta a desistir para poder obter mais alimento. Da mesma forma, quanto maior a quantidade de alimento que ela possuir, menor será a quantidade de vestuário que ela estará disposta a abrir mão para obter mais alimento.

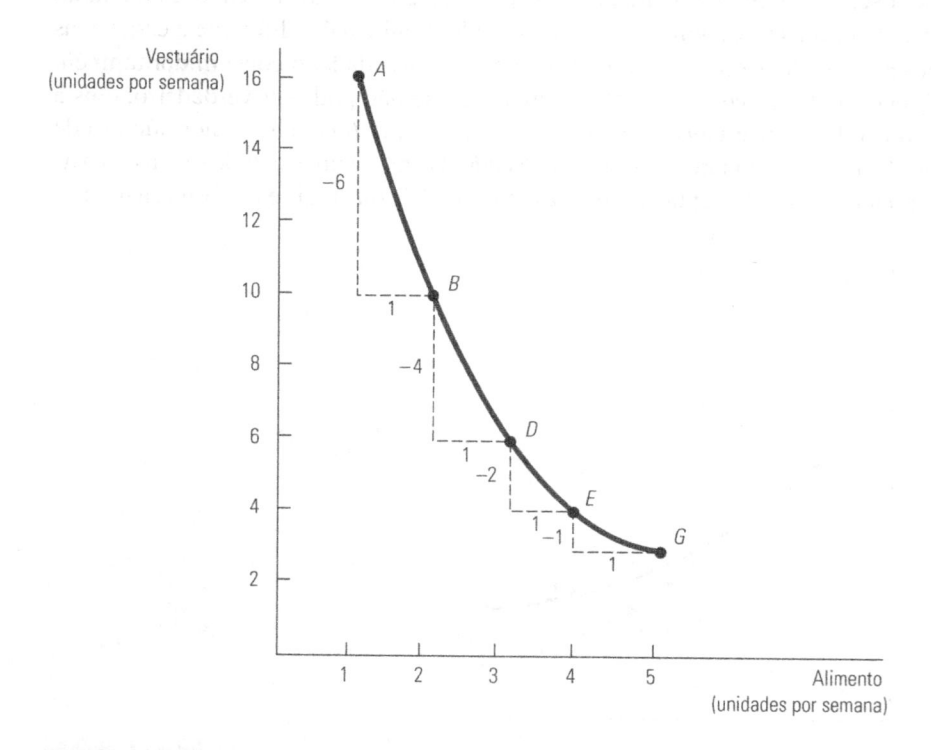

FIGURA 3.5 **TAXA MARGINAL DE SUBSTITUIÇÃO**

A magnitude da inclinação de uma curva de indiferença traçada para um consumidor é a medida de sua taxa marginal de substituição (TMS) entre dois bens. Na figura, a taxa marginal de substituição entre vestuário (V) e alimento (A) cai de 6 (entre A e B), para 4 (entre B e D), para 2 (entre D e E), até 1 (entre E e G). Quando a TMS diminui ao longo da curva de indiferença, a curva é convexa.

Taxa marginal de substituição

Para medir a quantidade de determinada mercadoria da qual um consumidor estaria disposto a abrir mão para obter maior número de outra, fazemos uso de uma medida denominada **taxa marginal de substituição (TMS)**. *A TMS de alimento A por vestuário V corresponde à quantidade máxima de unidades de vestuário das quais uma pessoa estaria disposta a desistir para poder obter uma unidade adicional de alimento.* Se a TMS for 3, então o consumidor estará disposto a desistir de 3 unidades de vestuário para obter 1 unidade adicional de alimento, e, se a TMS for 1/2 ele, por conseguinte, estará disposto a desistir apenas de 1/2 unidade de vestuário. Assim, a TMS mede *o valor que um indivíduo atribui a uma unidade extra de um bem em termos de outro.*

> **taxa marginal de substituição (TMS)**
> Quantidade máxima de um bem que um consumidor está disposto a deixar de consumir para obter uma unidade adicional de um outro bem.

Observemos novamente a Figura 3.5. Note que o vestuário aparece no eixo vertical e o alimento aparece no eixo horizontal. Quando descrevemos a TMS, devemos ter claro de qual dos bens estamos desistindo e de qual estamos obtendo maior quantidade. Para sermos coerentes ao longo de todo o livro, definiremos a TMS em termos da *quantidade de mercadoria representada no eixo vertical que o indivíduo deseja abrir mão para obter uma unidade extra da mercadoria representada no eixo horizontal.* Dessa forma, na Figura 3.5, a TMS se refere à quantidade de vestuário da qual o consumidor está disposto a desistir para obter uma unidade adicional de alimento. Se indicarmos a variação em unidades de vestuário por ΔV e a variação em unidades de alimento por ΔA, a TMS poderá ser expressa por $-\Delta V/\Delta A$. O sinal negativo foi incluído para tornar a taxa marginal de substituição um número positivo. (Lembre-se de que ΔV é sempre negativo, uma vez que o consumidor *desiste* do vestuário para obter mais alimento.)

Consequentemente, a TMS em qualquer ponto tem seu valor absoluto igual à inclinação da curva de indiferença naquele ponto. Na Figura 3.5, por exemplo, a TMS entre os pontos *A* e *B* é 6: o consumidor está disposto a trocar 6 unidades de vestuário por 1 unidade adicional de alimento. Entre os pontos *B* e *D*, porém, a TMS é 4: dadas essas quantidades de alimento e vestuário, o consumidor deseja substituir somente 4 unidades de vestuário para obter 1 unidade adicional de alimento.

CONVEXIDADE Observemos também, na Figura 3.5, que a TMS cai conforme nos movemos para baixo na curva de indiferença. Isso não é mera coincidência. O declínio da TMS reflete uma característica importante das preferências dos consumidores. Para entendermos isso, acrescentaremos uma premissa adicional, relativa às preferências do consumidor, às três apresentadas anteriormente neste capítulo:

4. **Taxa marginal de substituição decrescente:** em geral, as curvas de indiferença são *convexas*, isto é, arqueadas para dentro. O termo *convexo* significa que a inclinação da curva de indiferença aumenta (isto é, torna-se menos negativa) à medida que nos movimentamos para baixo ao longo da curva. Em outras palavras, *uma curva de indiferença é convexa quando a TMS diminui ao longo dessa curva.* A curva de indiferença da Figura 3.5 é convexa. Começando pela cesta de mercado *A* e percorrendo a curva até a cesta *B*, observamos que a TMS de alimento por vestuário é $-\Delta V/\Delta A = -(-6)/1 = 6$. Entretanto, quando começamos pela cesta de mercado *B* e percorremos a curva até a cesta de mercado *D*, a TMS cai para 4. Se, por outro lado, iniciarmos pela cesta *D* e formos até *E*, a TMS será igual a 2. Por fim, se começarmos pela cesta de mercado *E* e seguirmos para *G*, a TMS será igual a 1. Quando aumenta o consumo de alimento, diminui a grandeza da inclinação da curva de indiferença, portanto, a TMS também se reduz.[2]

---

2   No caso de preferências não convexas, a TMS sofre elevação quando aumenta a quantidade do bem medido no eixo horizontal, ao longo das curvas de indiferença. Trata-se de uma situação pouco provável, que poderia ocorrer caso uma das mercadorias (ou ambas) pudesse criar um vício. Por exemplo, o desejo de substituir um medicamento que cria dependência por outras mercadorias poderia tornar-se maior à medida que fosse aumentando o consumo do medicamento.

> Na Seção 2.1 foi mencionado que dois bens são *substitutos* quando um aumento no preço de um deles gera um aumento na quantidade demandada do outro.

Seria sensato esperar que as curvas de indiferença sejam convexas? Sim, pois, à medida que maiores quantidades de uma mercadoria são consumidas, esperamos que o consumidor esteja disposto a abrir mão de cada vez menos unidades de uma segunda mercadoria para poder obter unidades adicionais da primeira. Assim, à medida que percorremos a curva de indiferença da Figura 3.5 no sentido descendente e o consumo de unidades de alimento aumenta, deve diminuir a satisfação adicional que o consumidor obtém ao adquirir unidades adicionais desse bem. Ou seja, ele estará disposto a desistir de cada vez menos unidades de vestuário para obter uma unidade adicional de alimento.

Outra forma de descrever tal situação seria dizendo que os consumidores preferem em geral uma cesta de mercado balanceada a uma cujo conteúdo total seja de apenas um tipo de mercadoria. Observe na Figura 3.5 que uma cesta de mercado relativamente balanceada, contendo 3 unidades de alimento e 6 unidades de vestuário (cesta D), satisfaz tanto quanto uma outra cesta contendo apenas 1 unidade de alimento e 16 de vestuário (cesta A). Do que se conclui que uma cesta de mercado balanceada, contendo, por exemplo, 6 unidades de alimento e 8 unidades de vestuário, poderia produzir um grau de satisfação mais elevado.

SUBSTITUTOS PERFEITOS E COMPLEMENTOS PERFEITOS

Os formatos das curvas de indiferença podem significar diferentes graus de disposição de um consumidor para substituir um bem por outro. Uma curva de indiferença com um formato distinto indica uma disposição diferente para substituição. Para visualizar esse princípio, observe os dois casos extremos ilustrados na Figura 3.6.

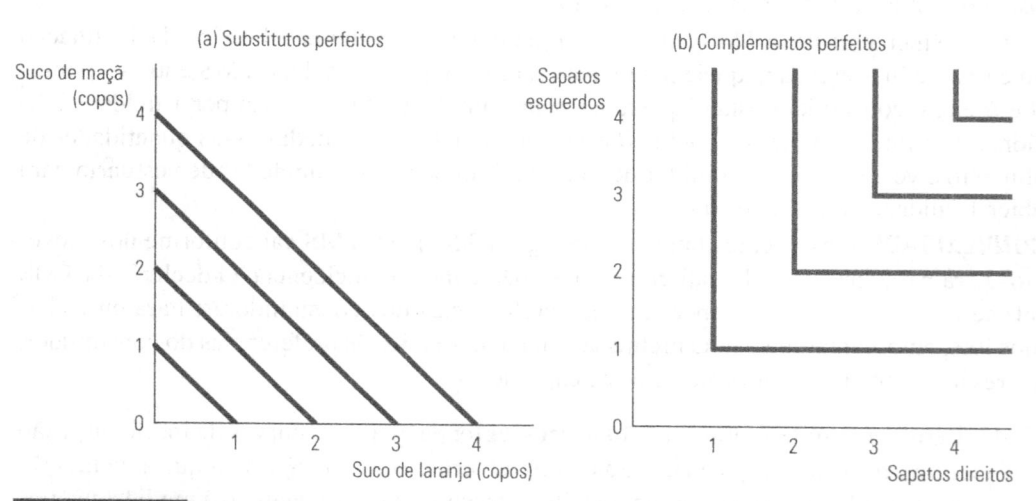

FIGURA 3.6 SUBSTITUTOS PERFEITOS E COMPLEMENTOS PERFEITOS

No diagrama (a), Bob classifica suco de maçã e suco de laranja como substitutos perfeitos; ele sempre é indiferente entre um copo de um ou de outro. No diagrama (b), Jane considera sapatos esquerdos e sapatos direitos complementos perfeitos. Um sapato esquerdo adicional não propicia aumento na satisfação, a menos que ela obtenha o sapato direito correspondente.

> **substitutos perfeitos**
> Dois bens são substitutos perfeitos quando a taxa marginal de substituição de um pelo outro é uma constante.

A Figura 3.6(a) apresenta as preferências de Bob por suco de maçã e suco de laranja. Essas duas mercadorias são substitutos perfeitos para Bob, uma vez que para ele é totalmente indiferente beber um copo de um ou de outro. Nesse caso, a TMS do suco de maçã pelo suco de laranja é 1: Bob está sempre disposto a trocar um copo de um por um copo do outro. Geralmente, dizemos que dois bens são **substitutos perfeitos** quando a taxa marginal de substituição de um bem pelo outro é uma constante. As curvas de indiferença que descrevem a permuta entre o consumo das mercadorias se apresentam como linhas retas.

A inclinação das curvas de indiferença não precisa ser igual a –1 para que os bens sejam substitutos perfeitos. Suponhamos, por exemplo, que Dan acredite que um chip com memória de 16 gigabytes é equivalente a dois chips de 8 gigabytes, porque as duas combinações representam a mesma capacidade de memória. Nesse caso, a inclinação da curva de indiferença de Dan será –2 (com a quantidade de chips de 8 gigabytes de memória medida no eixo vertical).

A Figura 3.6(b) ilustra as preferências de Jane por sapatos esquerdos e sapatos direitos. Para Jane, as duas mercadorias são complementos perfeitos, já que um sapato esquerdo não aumentará seu grau de satisfação, a menos que ela possa obter também o sapato direito correspondente. Nesse caso, a TMS dos sapatos direitos por sapatos esquerdos será zero sempre que houver mais sapatos direitos do que sapatos esquerdos; Jane não desistiria de nenhuma unidade de sapato esquerdo para obter unidades adicionais de sapatos direitos. Da mesma forma, a taxa marginal de substituição será infinita sempre que houver mais sapatos esquerdos do que sapatos direitos, uma vez que Jane desistirá de todos, menos um, do excedente de sapatos esquerdos que possui para poder obter um sapato direito adicional. Dois bens são **complementos perfeitos** quando suas curvas de indiferença formam ângulos retos.

BENS NOCIVOS Até agora, todos os nossos exemplos envolveram mercadorias que são "bens", isto é, casos em que uma quantidade maior de determinado produto era preferível a uma menor. No entanto, algumas coisas são **bens nocivos**: *quantidades menores dessas mercadorias nocivas são melhores do que quantidades maiores*. A poluição do ar é um mal; o amianto como isolante térmico é outro exemplo. Como considerar as mercadorias nocivas na análise das preferências do consumidor?

A resposta é simples: redefinimos a mercadoria em questão de tal modo que os gostos do consumidor sejam representados como preferências por quantidades menores desses bens. Isso converte o mal em bem. Assim, por exemplo, em vez de uma preferência por ar poluído, trataremos de uma preferência por ar puro, que podemos considerar uma medida do grau de redução da poluição atmosférica. De igual modo, em vez de enfocarmos o amianto como nocivo, podemos considerar o bem correspondente, o qual, nesse caso, vem a ser a ausência de amianto.

Com uma adaptação simples, as quatro premissas básicas da teoria do consumidor se mantêm e estamos prontos para iniciar a análise das restrições orçamentárias do consumidor.

> **complementos perfeitos**
> Dois bens são complementos perfeitos quando a taxa marginal de substituição entre eles for infinita; nesse caso, as curvas de indiferença são ângulos retos.
>
> **bens nocivos**
> Mercadorias que os consumidores preferem em menor quantidade em vez de maior quantidade.
>
> Na Seção 2.1 foi mencionado que dois bens são complementares quando um aumento no preço de um deles produz uma redução na quantidade demandada do outro.

EXEMPLO 3.1   PROJETO DE UM NOVO AUTOMÓVEL (I)

Imagine que você trabalha para a Ford Motor Company e tem de ajudar a planejar novos modelos a serem lançados. Os novos modelos deveriam enfatizar o espaço interno ou a dirigibilidade? A potência do motor ou o consumo de combustível? Para decidir, seria bom você saber quanto as pessoas valorizam os diferentes atributos de um carro, tais como potência, tamanho, dirigibilidade, consumo de combustível, características do interior e assim por diante. Quanto mais desejáveis os atributos, mais as pessoas estarão dispostas a pagar pelo veículo. Por outro lado, quanto melhores os atributos, mais cara vai ficar a produção. Fabricar um automóvel com motor mais potente e mais espaço interno, por exemplo, sairá mais caro que montar um com motor menor e menos espaço. Como a Ford deve escolher entre esses diferentes atributos e decidir quais devem ser enfatizados?

A resposta depende, em parte, dos custos de produção, mas também das preferências do consumidor. Para descobrir quanto as pessoas estarão dispostas a pagar pelos distintos atributos, os economistas e os especialistas em marketing observam os preços que, na prática, as pessoas pagam por uma ampla gama de modelos com uma série de atributos. Por exemplo, se a única diferença entre dois carros é o espaço interno, e se o carro com 2 pés cúbicos adicionais é vendido por US$ 1.000 a mais que seu concorrente menos espaçoso, isso significa que se atribui ao espaço interno o valor de US$ 500 por pé cúbico. Avaliando as compras de carros em um universo de muitos compradores e muitos modelos, podemos estimar os valores associados a cada atributo, não perdendo de vista que essas valorizações podem diminuir conforme porções maiores de cada atributo são incluídas no carro. Uma maneira de obter tais informações é conduzir pesquisas, nas quais se pergunte às pessoas sobre suas preferências quanto a vários automóveis com diferentes combinações de atributos. Uma outra forma consiste em analisar, por meio de métodos estatísticos, as compras dos consumidores de carros com atributos diversos ocorridas nos últimos anos.

Um estudo estatístico recente analisou uma ampla gama de modelos Ford com atributos variados.[3] A Figura 3.7 descreve dois conjuntos de curvas de indiferença, derivadas de uma análise que considerava a variação de dois atributos: o *espaço interno* (medido em pés cúbicos) e a *potência* (medida em cavalos-força) *para consumidores típicos de automóveis Ford*. A Figura 3.7(a) descreve as preferências de proprietários típicos de cupês Ford Mustang. Como eles tendem a atribuir maior valor à potência que ao espaço interno, os proprietários de Mustang têm uma alta taxa marginal de substituição para espaço *versus* potência; em outras palavras, para conseguir mais potência, eles estão dispostos a abrir mão de muito espaço interno. Compare essas preferências às dos proprietários do Ford Explorer, mostradas na Figura 3.7(b). Estes têm uma TMS mais baixa e, consequentemente, abrem mão de uma dose considerável de potência em troca de um carro com interior mais espaçoso.

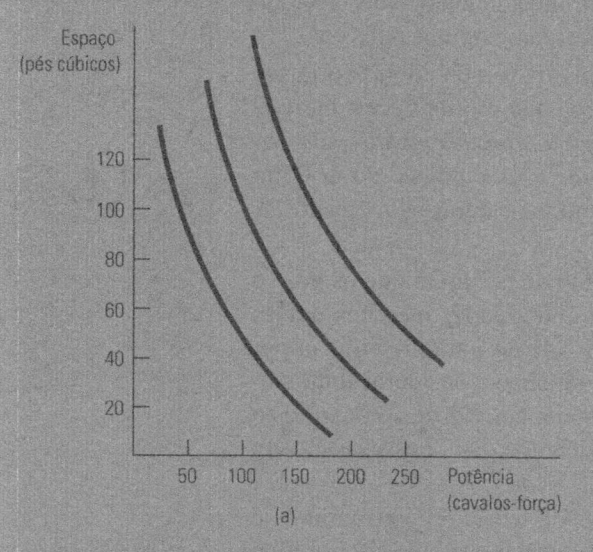

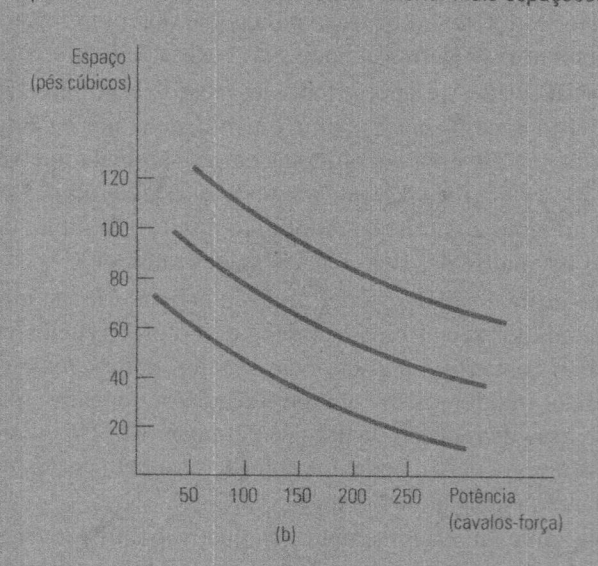

FIGURA 3.7 PREFERÊNCIAS POR ATRIBUTOS DE AUTOMÓVEIS

As preferências relativas aos atributos de um automóvel podem ser descritas pelas curvas de indiferença. Cada curva mostra a combinação de potência e espaço interno que fornece a mesma satisfação. Os proprietários de cupês Ford Mustang (a) estão dispostos a abrir mão de bastante espaço interno em troca de potência adicional. O oposto vale para os proprietários do Ford Explorer (b).

UTILIDADE Você deve ter percebido uma característica importante da teoria do comportamento do consumidor, tal como a apresentamos até agora: *não foi necessário associar a cada cesta de mercado consumida um valor numérico indicador de satisfação*. Por exemplo, em relação às três curvas de indiferença da Figura 3.3, sabemos que a cesta A (ou qualquer outra cesta na curva de indiferença U_3) fornece maior nível de satisfação do que qualquer cesta de mercado em U_2, tal como B. De modo semelhante, sabemos que as cestas de mercado em U_2 são preferíveis àquelas em U_1. As curvas de indiferença permitem simplesmente descrever as preferências do consumidor graficamente, com base na suposição de que os consumidores são capazes de classificar as alternativas.

Podemos ver que a teoria do consumidor depende da suposição de que os consumidores podem fornecer as classificações relativas das cestas de mercado. Entretanto, em geral é útil atribuir *valores numéricos* às cestas individuais. Empregando essa abordagem

---

[3] Amil Petrin, "Quantifying the Benefits of New Products: the Case of the Minivan", *Journal of Political Economy* 110, 2002, 705-729. Gostaríamos de agradecer a Amil Petrin por fornecer algumas das informações empíricas deste exemplo.

numérica, podemos apresentar as preferências do consumidor atribuindo valores para os níveis de satisfação associados a cada curva de indiferença. Tal conceito é conhecido como utilidade. Na linguagem do cotidiano, a palavra *utilidade* tem um conjunto de conotações muito mais amplo, significando, grosso modo, "benefício" ou "bem-estar". Na verdade, as pessoas obtêm "utilidade" apropriando-se de coisas que lhes dão prazer e evitando as que lhes trazem sofrimento. Na linguagem da economia, o conceito de **utilidade** se refere ao *valor numérico que representa a satisfação que o consumidor obtém de uma cesta de mercado*. Em outras palavras, utilidade é um recurso usado para simplificar a classificação das cestas de mercado. Se a compra de três exemplares deste livro o deixa mais feliz do que a compra de uma camisa, então dizemos que três livros proporcionam mais utilidade para você do que a camisa.

utilidade
Índice numérico que representa a satisfação que um consumidor obtém com dada cesta de mercado.

FUNÇÕES UTILIDADE A **função utilidade** é uma fórmula que atribui um nível de utilidade a cada cesta de mercado. Suponhamos, por exemplo, que a função utilidade de Phil por alimento (A) e vestuário (V) seja $u(A,V) = A + 2V$. Nesse caso, uma cesta de mercado que tenha 8 unidades de alimento e 3 unidades de vestuário gerará uma utilidade de $8 + (2)(3) = 14$. Para Phil, portanto, é indiferente essa cesta de mercado ou outra cesta que contenha 6 unidades de alimento e 4 unidades de vestuário, pois $[6 + (2)(4) = 14]$. Por outro lado, qualquer uma dessas cestas é preferível a uma terceira que contenha 4 unidades de alimento e 4 unidades de vestuário. Por quê? Porque essa última cesta proporciona um nível de utilidade de apenas $4 + (4)(2) = 12$.

função utilidade
Fórmula que atribui níveis de utilidade a cestas de mercado individuais.

Atribuímos níveis de utilidade a cestas de mercado de tal modo que, se a cesta A é preferível à B, o valor de A tem de ser maior que o de B. Por exemplo, uma cesta de mercado A situada na mais alta das três curvas de indiferença, ou seja, em U_3, poderia ter um nível de utilidade 3, enquanto uma cesta B na penúltima curva de indiferença mais alta, U_2, poderia ter um nível igual a 2; e uma cesta D posicionada na curva de indiferença mais baixa, U_1, poderia ter um nível igual a 1. Assim, uma função utilidade fornece a mesma informação sobre as preferências que o mapa de indiferença: ambos ordenam as escolhas do consumidor em termos de níveis de satisfação.

Vamos examinar, agora, uma função utilidade particular mais detalhadamente. A *função de utilidade* $u(A,V) = AV$ diz que o nível de satisfação obtido com o consumo de A unidades de alimento e V unidades de vestuário é o produto de A por V. A Figura 3.8 mostra algumas curvas de indiferença associadas a essa função. O gráfico foi desenhado com base na escolha inicial de uma cesta de mercado em particular, ou seja, da cesta em que $A = 5$ e $V = 5$ no ponto A. Essa cesta gera um nível de utilidade U_1 igual a 25. Então, a curva de indiferença (também chamada de *curva de isoutilidade*) foi desenhada encontrando todas as cestas de mercado para as quais $AV = 25$ (por exemplo, $A = 10$, $V = 2,5$ no ponto B; $A = 2,5$ e $V = 10$ no ponto D). A segunda curva de indiferença, U_2, contém todas as cestas de mercado para as quais $AV = 50$ e a terceira, U_3, possui todas as cestas para as quais $AV = 100$.

É importante notar que os valores associados às curvas de indiferença foram escolhidos por mera conveniência. Suponhamos que a função utilidade seja modificada para $u(A,V) = 4AV$. Consideremos qualquer uma das cestas que anteriormente gerava um nível de utilidade igual a 25 — digamos, $A = 5$ e $V = 5$. Agora, o nível de utilidade aumentou para 100, já que foi multiplicado por 4. Assim, a curva de indiferença rotulada como 25 continua tal como antes, passando agora, entretanto, a ser rotulada como 100, em vez de 25. De fato, a única distinção entre as curvas de indiferença associadas à função de utilidade $4AV$ e as curvas associadas à função de utilidade AV é que elas são rotuladas como 100, 200 e 400, em vez de 25, 50 e 100. É importante realçar que a função utilidade é apenas um modo de *classificar* as diferentes cestas de mercado; na verdade, a *grandeza* da diferença de utilidade entre duas cestas quaisquer não fornece nenhuma informação adicional. O fato de U_3 ter um nível de utilidade de 100 e de U_2 ter um nível de 50 não significa que uma cesta de mercado em U_3 gere o dobro de satisfação que uma cesta em U_2. Isso ocorre porque não temos nenhum meio de medir objetivamente o nível de satisfação ou o nível de bem-estar de uma pessoa que adquire determinada cesta. Assim, ao empregarmos curvas de indiferença ou medidas de utilidade, sabemos apenas que U_3 é melhor do que U_2 e que U_2 é melhor do que U_1. Não sabemos, porém, quanto uma cesta é preferível à outra.

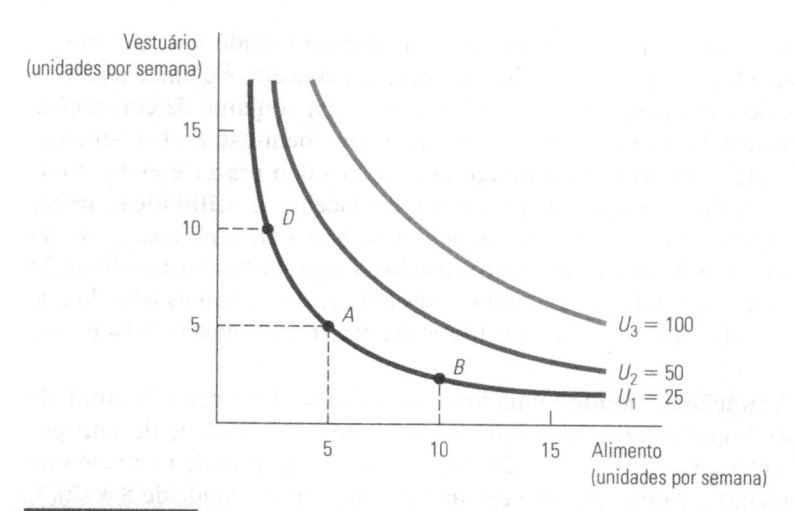

FIGURA 3.8 **FUNÇÕES UTILIDADE E CURVAS DE INDIFERENÇA**

Uma função utilidade pode ser representada por um conjunto de curvas de indiferença, cada qual com um indicador numérico. A figura mostra três curvas de indiferença (com níveis de utilidade de 25, 50 e 100, respectivamente) associadas à função de utilidade *AV*.

UTILIDADE ORDINAL *VERSUS* CARDINAL As três curvas de indiferença da Figura 3.3 fornecem uma classificação das cestas de mercado que é ordenada, ou *ordinal*. Por essa razão, a função utilidade que gera a ordenação das cestas de mercado é chamada de **função utilidade ordinal**. A classificação ordinal posiciona as cestas de mercado na sequência de maior preferência para de menor preferência, não indicando, porém, o *quanto* determinada cesta é preferível a outra. Sabemos, por exemplo, que qualquer cesta de mercado em U_3, tal como *A*, é preferível a qualquer outra em U_2, tal como *B*. Entretanto, a *quantidade* pela qual *A* é preferível a *B* (e *B* em relação a *D*) não é revelada pelo mapa de indiferença ou pela função utilidade que o gera.

função utilidade ordinal
Função utilidade que gera uma ordenação de cestas de mercado da maior para a menor preferência.

Ao trabalharmos com funções utilidade ordinais, devemos ser cuidadosos para evitar uma armadilha. Suponhamos que a função utilidade ordinal de João atribua um nível de utilidade igual a 5 para um exemplar deste livro; enquanto isso, a função utilidade ordinal de Maria atribui um nível 10. Será que Maria ficaria mais feliz do que João se cada um deles ganhasse um exemplar deste livro? Não há como sabermos a resposta. Como os valores numéricos são arbitrários, as comparações interpessoais de utilidade são impossíveis.

Quando os economistas começaram a estudar a utilidade e suas funções, eles tinham esperanças de que as preferências das pessoas pudessem ser facilmente quantificadas ou medidas em termos de unidades básicas, o que possibilitaria comparações interpessoais. Empregando essa abordagem, poderíamos dizer que Maria obtém duas vezes mais satisfação do que João ao adquirir um exemplar deste livro. Ou, se descobríssemos que ter um segundo exemplar aumentaria para 10 o nível de utilidade de João, poderíamos dizer que seu nível de felicidade seria dobrado. Se os valores numéricos atribuídos às cestas de mercado tivessem esse tipo de significado, poderíamos dizer que eles fornecem uma classificação *cardinal* das alternativas. Uma função utilidade capaz de informar *quanto* uma cesta é preferível a outra é chamada de **função utilidade cardinal**. Ao contrário das funções ordinais, uma função utilidade cardinal atribui às cestas de mercado valores numéricos que não podem ser arbitrariamente dobrados ou triplicados sem que isso altere as diferenças entre os valores de diversas cestas de mercado.

função utilidade cardinal
Função utilidade que informa quanto uma cesta de mercado é preferível a outra.

Infelizmente, não é possível afirmar se uma pessoa obtém duas vezes mais satisfação de uma cesta de mercado que de outra. Nem sabemos se uma pessoa obtém duas vezes mais satisfação do que outra ao consumir a mesma cesta. (*Você* poderia afirmar que fica duas vezes mais satisfeito ao adquirir uma coisa qualquer em vez de outra?) Felizmente, essa restrição é pouco importante. Como nosso objetivo é entender o comportamento dos consumidores, basta saber como eles classificam as diferentes cestas. Assim, trabalharemos aqui exclusivamente com funções utilidade ordinais. Essa abordagem é suficiente para compreendermos tanto como são tomadas as decisões dos consumidores individuais quanto o que isso representa sobre as características das demandas desses consumidores.

EXEMPLO 3.2 — DINHEIRO COMPRA FELICIDADE?

Os economistas usam o termo *utilidade para* representar uma medida da satisfação ou felicidade que os indivíduos obtêm graças ao consumo de bens e serviços. Como uma renda maior nos permite consumir mais bens e serviços, dizemos que a utilidade aumenta com a renda. Mas será que rendas e consumos maiores realmente se traduzem em mais felicidade? Pesquisas que compararam várias medidas de felicidade sugerem que a resposta é um sim qualificado.[4]

Em um dos estudos, montou-se uma escala ordinal de felicidade com base na resposta à seguinte pergunta: "Considerando todas as coisas, quão satisfeito você está com sua vida atual?"[5] As respostas possíveis variavam de 0 (totalmente insatisfeito) a 10 (totalmente satisfeito). Os rendimentos se revelaram um forte indicador de felicidade, bem como o fato de o indivíduo estar ou não empregado. Em média, à medida que os rendimentos aumentavam em 1%, a pontuação de satisfação aumentava meio ponto. Sabendo que há uma relação positiva entre utilidade e renda, torna-se plausível atribuir às cestas de bens e serviços valores de utilidade associados a diferentes níveis de renda. Se essa relação pode ser interpretada como cardinal ou ordinal ainda é uma questão em debate.

Levemos esse questionamento um pouco mais além. Será que é possível comparar níveis de felicidade *entre* as nações e *dentro* delas? Outra vez, os dados dizem que sim. Em um levantamento separado entre os habitantes de 67 países, uma equipe de pesquisadores perguntou: "Considerando tudo, em que medida você está satisfeito com sua vida atualmente?" As respostas foram dadas em uma escala de dez pontos, na qual o 1 representava o nível mais baixo de satisfação e o 10 o mais alto.[6] A renda foi considerada segundo o produto interno bruto *per capita* de cada país, medida em dólares norte-americanos. Os resultados aparecem na Figura 3.9, na qual cada ponto representa um país diferente. Como se vê, à medida que passamos dos países pobres, com rendas abaixo de US$ 5.000 *per capita*, para aqueles com renda próxima de US$ 10.000 *per capita*, a satisfação cresce substancialmente. Mas, quando ultrapassamos o nível de US$ 10.000, o índice de satisfação sobe a uma taxa menor.

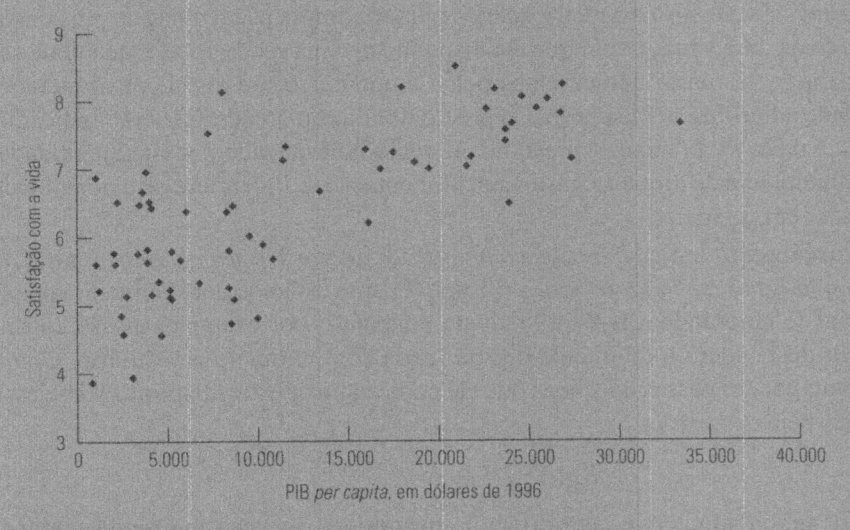

FIGURA 3.9 — RENDA E FELICIDADE

Uma comparação entre países mostra que os habitantes de nações com PIB *per capita* mais alto são, na média, mais felizes que os de nações com PIB *per capita* mais baixo.

---

4 Uma revisão dos principais textos que embasam este exemplo pode ser encontrada em Rafael Di Tella e Robert MacCulloch, "Some Uses of Happiness Data in Economics", *Journal of Economic Perspectives* 20, 2006, p. 25-46.

5 Paul Frijters, John P. Haisken-Denew e Michael A. Shields, "Money Does Matter! Evidence from Increasing Real Income and Life Satisfaction in East Germany Following Reunification", *American Economic Review* 94, jun. 2004, p. 730-740.

6 Ronald Inglehart et al. *European and World Values Surveys Four-Wave Integrated Data File, 1981-2004* (2006). Disponível on-line em: http://www.worldvaluessurvey.org.

Comparar países é difícil porque, em geral, há muitos outros fatores além da renda que explicam a satisfação (por exemplo, saúde, clima, ambiente político, direitos humanos etc.). É interessante que, em uma pesquisa recente com 136 mil pessoas em 132 países, foi identificado que os Estados Unidos, que tinham o PIB per capita mais alto, foi avaliado em 16º lugar na satisfação geral. O país que ficou em primeiro lugar foi a Dinamarca. Em geral, os países no norte da Europa e os países de língua inglesa se saíram bem, assim como diversos países da América Latina. Porém, Coreia do Sul e Rússia não tiveram uma avaliação tão alta quanto suas rendas poderiam prever. Será que o local afeta os sentimentos de bem-estar dentro dos Estados Unidos? A resposta, aparentemente, é sim, com os estados mais bem avaliados (em ordem decrescente) sendo Utah, Havaí, Wyoming e Colorado, todos a oeste do rio Mississippi. (Os quatro piores, em ordem inversa, foram West Virginia, Kentucky, Mississippi e Ohio, todos a leste do Mississippi.) Além disso, é possível que a relação entre renda e satisfação seja uma via de mão dupla: embora a renda mais alta gere mais satisfação, mais satisfação oferece mais motivação para que as pessoas trabalhem duro e, assim, gerem rendas mais altas. É interessante que, mesmo quando os estudos levam em conta outros fatores, a relação positiva entre renda e satisfação permanece.

3.2 Restrições orçamentárias

Até aqui enfocamos somente a primeira parte da teoria do consumidor. Vimos como as curvas de indiferença (ou, como alternativa, as funções utilidade) podem ser usadas para descrever como os consumidores avaliam as diversas combinações de cestas de bens. Agora, vamos desenvolver a segunda parte da teoria do consumidor: as **restrições orçamentárias** que os consumidores enfrentam por dispor de renda limitada.

LINHA DE ORÇAMENTO

Para analisarmos de que forma a restrição orçamentária limita as escolhas de um consumidor, consideremos uma situação em que ele disponha de uma renda fixa, I, que pode ser gasta com alimento e vestuário. Indicaremos por A a quantidade adquirida de alimento e por V a quantidade adquirida de vestuário. Os preços das duas mercadorias serão indicados por P_A e por P_V. Então, $P_A A$ (isto é, o preço do alimento multiplicado por sua quantidade) corresponde à quantidade de dinheiro gasto com alimentação, e $P_V V$ refere-se à quantidade de dinheiro gasta com vestuário.

A **linha de orçamento** indica *todas as combinações de A e V para as quais o total de dinheiro gasto seja igual à renda disponível*. Uma vez que estamos considerando apenas duas mercadorias (e ignorando a possibilidade de poupança, por exemplo), nosso consumidor hipotético despenderá a totalidade de sua renda com alimento e vestuário. Como resultado, as combinações desses dois bens que ele pode adquirir estão dispostas sobre essa linha e são dadas pela expressão:

$$P_A A + P_V V = I \tag{3.1}$$

Por exemplo, suponhamos que determinado consumidor possua uma renda semanal de US$ 80, que o preço do alimento seja US$ 1 por unidade e que o preço do vestuário seja US$ 2 por unidade. A Tabela 3.2 apresenta as diversas combinações de alimento e vestuário que ele pode adquirir semanalmente com US$ 80. Se todo o orçamento fosse dirigido ao vestuário, o máximo que ele poderia adquirir seria 40 unidades (ao preço de US$ 2 por unidade), conforme representado pela cesta de mercado A. Caso ele gastasse todo o seu orçamento com alimento, poderia adquirir um total de 80 unidades (a US$ 1 por unidade), conforme representado pela cesta de mercado G. As cestas de mercado B, D e E mostram três formas adicionais pelas quais os US$ 80 poderiam ser gastos com alimento e vestuário.

TABELA 3.2	Cestas de mercado e a linha de orçamento		
Cesta de mercado	Alimento (A)	Vestuário (V)	Despesa total
A	0	40	US$ 80
B	20	30	US$ 80
D	40	20	US$ 80
E	60	10	US$ 80
G	80	0	US$ 80

A Figura 3.10 apresenta a linha de orçamento associada às cestas de mercado da Tabela 3.2. Pelo fato de a desistência de uma unidade de vestuário trazer uma economia de US$ 2 e a compra de uma unidade de alimento custar US$ 1, a quantidade de vestuário que pode ser permutada por alimentação deve ser a mesma em qualquer ponto ao longo da linha do orçamento. Assim, a linha de orçamento é uma reta entre os pontos A e G. Neste caso específico, a linha de orçamento é expressa por: $A + 2V = $ US$ 80.

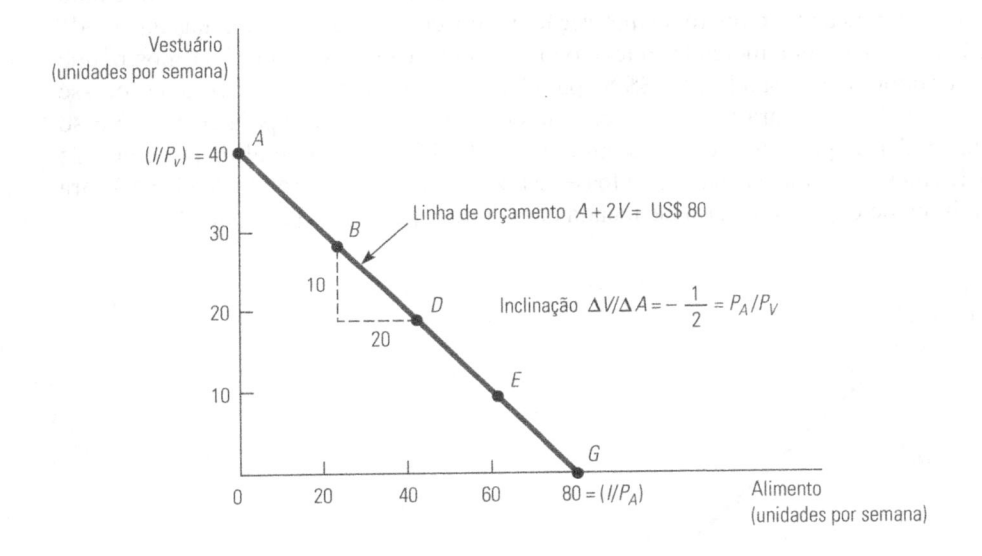

FIGURA 3.10 LINHA DE ORÇAMENTO

A linha de orçamento do consumidor descreve as combinações de quantidades de dois bens que podem ser adquiridas de acordo com a renda do consumidor e os preços dos dois bens. A linha AG (que passa pelos pontos B, D e E) mostra um orçamento associado a uma renda de US$ 80, um preço unitário de alimento $P_A = $ US$ 1 e um preço unitário de vestuário $P_V = $ US$ 2. A inclinação da linha de orçamento (medida entre os pontos B e D) é $-P_A/P_V = -10/20 = -1/2$.

A interseção da linha de orçamento é representada pela cesta de mercado A. À medida que se move ao longo da linha, desde a cesta A até a cesta G, um consumidor gasta menos com vestuário e mais com alimentação. É fácil visualizar que a quantidade extra de vestuário da qual ele deverá desistir, para poder consumir uma unidade adicional de alimento, pode ser expressa pela razão entre o preço do alimento e o preço do vestuário (US$ 1/US$ 2 = 1/2). Como o vestuário custa US$ 2 por unidade, enquanto o alimento custa US$ 1 por unidade, 1/2 unidade de vestuário deve ser abandonada para a obtenção de 1 unidade de alimento. Na Figura 3.10, a inclinação da linha, $\Delta V/\Delta A = -1/2$, mede o custo relativo de alimento e vestuário.

Usando a Equação 3.1, podemos ver quanto se deve desistir de V para consumir mais de A. Dividimos ambos os lados por P_V e então resolvemos para obter V.

$$V = (I/P_V) - (P_A/P_V)A \tag{3.2}$$

A Equação 3.2 é a equação de uma linha reta; a interceptação no eixo vertical ocorre em I/P_V e sua inclinação é $-(P_A/P_V)$.

A inclinação da linha de orçamento, $-(P_A/P_V)$, é igual à *razão dos preços das duas mercadorias com o sinal negativo*. O grau de inclinação nos informa a proporção pela qual as duas mercadorias podem ser trocadas sem alterar a quantidade total de dinheiro gasto. A interceptação (I/PV) com o eixo vertical representa a maior quantidade de V que pode ser adquirida com a renda I. Finalmente, a interceptação (I/P_A) com o eixo horizontal representa a maior quantidade de A que pode ser adquirida caso toda a renda seja gasta com A.

EFEITOS DAS MODIFICAÇÕES NA RENDA E NOS PREÇOS

Já vimos que a linha de orçamento depende da renda I e dos preços P_A e P_V das mercadorias. Todavia, os preços e a renda frequentemente sofrem modificações. Vejamos, então, como tais modificações poderão influenciar a linha de orçamento.

MODIFICAÇÕES NA RENDA O que ocorre com a linha de orçamento quando acontecem modificações na renda? Com base na equação da linha reta 3.2, podemos observar que uma modificação na renda altera o ponto de interseção da reta com o eixo vertical, mas não muda a inclinação (pois nenhuma mercadoria teve o preço modificado). A Figura 3.11 mostra que se a renda for dobrada (passando de US$ 80 para US$ 160) a linha de orçamento desloca-se para fora (passando de L_1 para L_2). Observe, contudo, que L_2 permanece paralela a L_1. Nosso consumidor poderia agora duplicar as quantidades adquiridas tanto de alimento como de vestuário. Da mesma forma, caso a renda fosse reduzida à metade (passando de US$ 80 para US$ 40), a linha de orçamento seria deslocada para dentro, passando de L_1 para L_3.

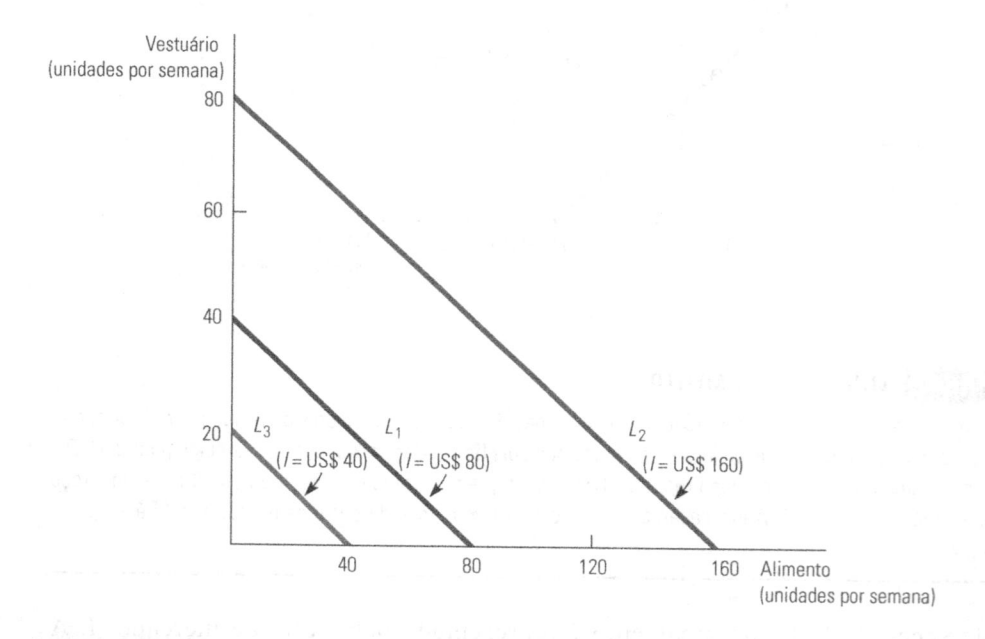

FIGURA 3.11 EFEITOS DE UMA MODIFICAÇÃO NA RENDA SOBRE A LINHA DE ORÇAMENTO

Uma mudança na renda (com os preços inalterados) causa um deslocamento paralelo na linha de orçamento original (L_1). Quando a renda de US$ 80 (em L_1) aumenta para US$ 160, a linha de orçamento se desloca para L_2. Se diminui para US$ 40, a linha se desloca para L_3.

MODIFICAÇÕES NOS PREÇOS O que ocorre com a linha de orçamento caso o preço de uma mercadoria seja modificado, mas o da outra mercadoria permaneça o mesmo? Podemos utilizar a equação $V = (I/PV) - (PA/PV)A$ para descrever os efeitos de uma modificação no preço do alimento sobre a linha de orçamento. Suponhamos que o preço do alimento seja reduzido à metade, caindo de US$ 1 para US$ 0,50. Dessa forma, a interseção da linha de orçamento com o eixo vertical permaneceria inalterada, contudo a inclinação se modificaria, passando de $-P_A/P_V = -US\$\ 1/US\$\ 2 = -US\$\ 1/2$ para $-US\$\ 0,50/US\$\ 2 = -US\$\ 1/4$. Na Figura 3.12, podemos obter a nova linha de orçamento L_2 por meio de uma rotação da linha original L_1 para fora, a partir de seu ponto de interseção com V. Essa rotação faz sentido, pois uma pessoa que adquira apenas vestuário e nenhum alimento não será influenciada por tal modificação de preço. Entretanto, um indivíduo que adquira uma quantidade substancial de alimento terá seu poder aquisitivo ampliado. Em consequência do declínio no preço do alimento, a quantidade máxima de alimento que pode ser adquirida dobrou.

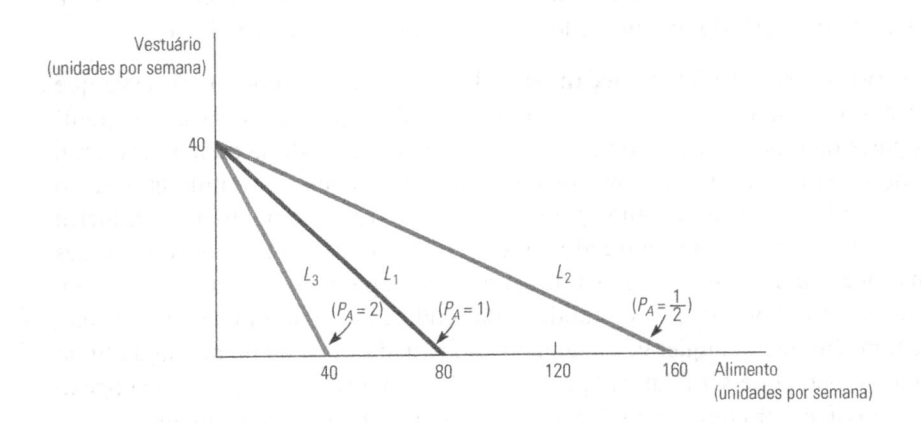

FIGURA 3.12 **EFEITOS DE UMA MODIFICAÇÃO NO PREÇO SOBRE A LINHA DE ORÇAMENTO**

Uma mudança no preço de um dos bens (com a renda inalterada) provoca uma rotação na linha de orçamento em torno de um intercepto. Quando o preço do alimento cai de US$ 1,00 para US$ 0,50, a linha de orçamento gira para fora, de L_1 até L_2. No entanto, se o preço aumenta de US$ 1,00 para US$ 2,00, a linha de orçamento gira para dentro, de L_1 para L_3.

Por outro lado, quando o preço do alimento duplica, passando de US$ 1 para US$ 2, a linha de orçamento faz uma rotação para dentro, passando para L_3 de tal modo que o poder aquisitivo das pessoas é reduzido. Mais uma vez, um indivíduo que adquira apenas vestuário não será afetado por tal aumento de preço.

O que ocorreria caso os preços de ambas as mercadorias, alimento e vestuário, sofressem modificações, mas de tal forma que a *razão* entre os dois preços permanecesse inalterada? Pelo fato de a inclinação da linha de orçamento ser igual à razão entre os dois preços, a inclinação permaneceria a mesma. O ponto de interseção da linha de orçamento se deslocaria de tal forma que a nova linha se manteria paralela à linha anterior. Por exemplo, caso os preços de ambas as mercadorias fossem reduzidos à metade, a inclinação da linha de orçamento não sofreria alteração; os valores correspondentes a seus pontos de interseção com os eixos vertical e horizontal, porém, seriam duplicados, de tal modo que a linha de orçamento seria deslocada para fora.

Tal fato nos diz alguma coisa sobre os determinantes do *poder aquisitivo* do consumidor — sua possibilidade de adquirir bens e serviços. O poder aquisitivo é determinado não apenas pela renda, mas também pelos preços. Por exemplo, o poder de compra do consumidor poderia ser dobrado pela duplicação de sua renda *ou* por uma redução, pela metade, de todos os preços das mercadorias que ele viesse a adquirir.

Por fim, consideremos o que poderia ocorrer se tudo fosse duplicado — os preços, tanto do alimento como do vestuário, *e também* a renda do consumidor. (Tal fato poderia ocorrer em uma economia inflacionária.) Pelo fato de ambos os preços terem duplicado, a razão entre eles não seria alterada, portanto, a inclinação da linha de orçamento também não sofreria qualquer modificação. Em razão do preço do vestuário ter duplicado, da mesma forma que a renda, a quantidade máxima de vestuário que poderia ser adquirida (representada pela interseção entre a linha de orçamento e o eixo vertical) não seria alterada. O mesmo ocorre com o alimento. Por conseguinte, uma inflação na qual todos os preços e níveis de renda proporcionalmente se elevassem não influenciaria a linha de orçamento ou o poder aquisitivo do consumidor.

3.3 A escolha do consumidor

Dadas as preferências e as restrições orçamentárias, podemos então determinar como os consumidores escolhem quanto comprar de cada mercadoria. Estamos supondo que eles façam essa escolha de maneira racional — eles decidem a quantidade de cada bem *visando a maximizar o grau de satisfação que podem obter, considerando o orçamento limitado de que dispõem*. A cesta de mercado maximizadora deverá satisfazer duas condições:

1. **Deverá estar sobre a linha de orçamento.** Para entender o motivo, observe que qualquer cesta situada à esquerda e abaixo da linha do orçamento deixaria disponível uma parte da renda, que, caso viesse a ser despendida, poderia aumentar o grau de satisfação do consumidor. Claro, os consumidores podem — e muitas vezes o fazem — guardar parte de sua renda para consumo futuro. No entanto, isso significa que sua escolha não é apenas entre alimento e vestuário, mas entre consumir esses dois bens agora ou no futuro. A essa altura, no entanto, para simplificar a exposição, partiremos do princípio de que a totalidade da renda é gasta no momento presente. Observe também que qualquer cesta de mercado situada à direita ou acima da linha do orçamento não pode ser adquirida com a renda disponível. Assim, a única opção racional e possível será uma cesta que esteja situada sobre a linha de orçamento.

2. **Deverá dar ao consumidor sua combinação preferida de bens e serviços.** Essas duas condições fazem com que o problema de maximizar a satisfação do consumidor restrinja-se a escolher um ponto apropriado sobre a linha de orçamento.

Tanto em nosso exemplo com alimento e vestuário como em outro com quaisquer outras duas mercadorias, podemos ilustrar graficamente a solução do problema da escolha do consumidor. A Figura 3.13 mostra de que forma o problema é resolvido. Nela, três curvas de indiferença descrevem as preferências do consumidor quanto a alimento e vestuário. Lembre-se de que, das três, a curva U_3, localizada mais à direita, é aquela que oferece o maior grau de satisfação; a curva U_2 oferece o segundo maior grau de satisfação; e a curva U_1, o menor grau de satisfação.

Observe que o ponto B sobre a curva de indiferença U_1 não é a melhor escolha, pois uma redistribuição da renda na qual se gastasse mais com alimento e menos com vestuário poderia aumentar o grau de satisfação do consumidor. Percorrendo a linha de orçamento até o ponto A, o consumidor gasta a mesma quantidade de dinheiro, mas atinge um grau mais elevado de satisfação que se encontra associado à curva de indiferença U_2. Além disso, observe que as cestas de mercado situadas à direita e acima da curva de indiferença U_2, como a cesta associada a D sobre a curva de indiferença U_3, proporcionam um grau mais elevado de satisfação, mas não podem ser adquiridas com a renda disponível. Portanto, A é a cesta de mercado que maximiza a satisfação do consumidor.

Portanto, nesta análise podemos ver que a cesta de mercado que maximiza a satisfação deverá estar situada sobre a curva de indiferença mais elevada que toca a linha de orçamento. O ponto A é o ponto de tangência entre a curva de indiferença U_2 e a linha de orçamento. Em A, a inclinação da linha de orçamento é exatamente igual à inclinação da curva de indiferença. Pelo fato de a TMS ($-\Delta V/\Delta A$) ser igual à inclinação da curva de indiferença com sinal negativo, podemos afirmar que o grau de satisfação é maximizado (considerando-se a restrição orçamentária) no ponto em que

$$\text{TMS} = P_A/P_V \tag{3.3}$$

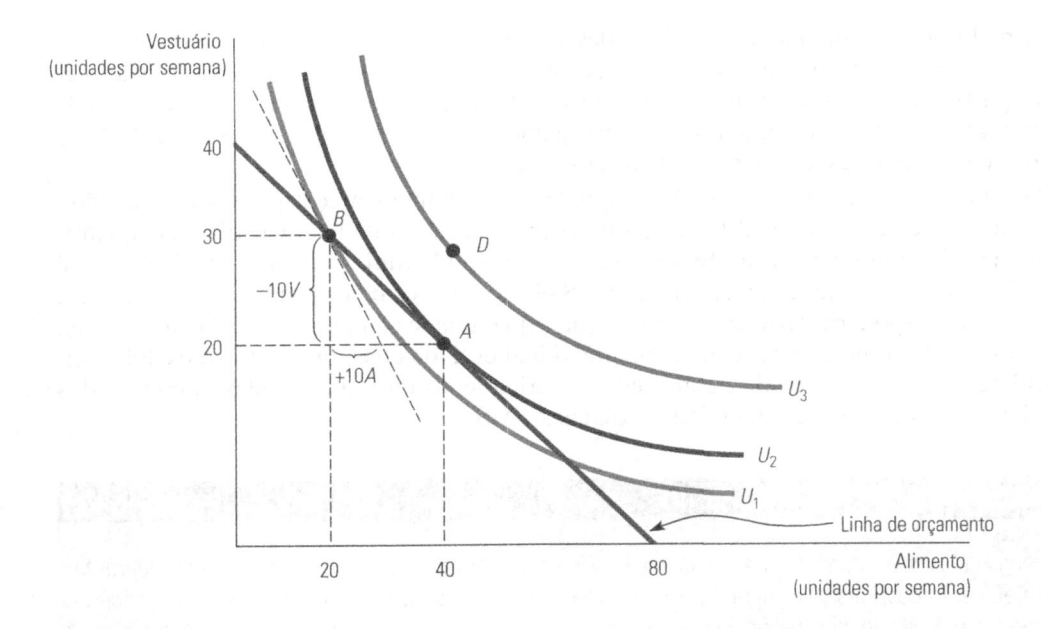

FIGURA 3.13 — MAXIMIZANDO A SATISFAÇÃO DO CONSUMIDOR

Os consumidores maximizam sua satisfação escolhendo a cesta de mercado A. Nesse ponto, a linha de orçamento e a curva de indiferença U_2 são tangentes, e nenhum nível mais elevado de satisfação (por exemplo, o propiciado pela cesta de mercado D) pode ser obtido. No ponto A (de maximização), a TMS entre os dois bens é igual à razão entre os preços. Em B, entretanto, como a TMS [–(–10/10) = 1] é maior que a relação entre os preços (1/2), a satisfação não é maximizada.

Esse é um resultado importante: a satisfação é maximizada quando a *taxa marginal de substituição* (de A por V) *é igual à razão entre os preços* (de A sobre V). Assim, o consumidor pode obter o máximo grau de satisfação ajustando seu consumo das mercadorias A e V de tal forma que a TMS seja igual à razão entre os preços.

A condição dada pela Equação 3.3 é um exemplo de situação de otimização que surge em economia. Nesta situação, em particular, a maximização é atingida quando o **benefício marginal** — associado ao consumo de uma unidade adicional de alimento — é igual ao **custo marginal** — o custo da unidade adicional de alimento. O benefício marginal é medido pela TMS. No ponto A ele é igual a 1/2 (o grau da inclinação da curva de indiferença), o que significa que o consumidor estaria disposto a desistir de 1/2 unidade de vestuário para poder obter 1 unidade de alimento. No mesmo ponto, o custo marginal é medido por meio do grau da inclinação da linha de orçamento; ele também é igual a 1/2, pois o custo de uma unidade adicional de alimento corresponde à desistência de 1/2 unidade de vestuário (sobre a linha de orçamento, $P_A = 1$ e $P_V = 2$).

Caso a TMS seja menor ou maior do que a razão entre os preços, a satisfação do consumidor não estará sendo maximizada. Por exemplo, compare o ponto B da Figura 3.13 com o ponto A. No ponto B, o consumidor estaria adquirindo 20 unidades de alimento e 30 de vestuário. A razão entre os preços (ou custo marginal) é igual a 1/2, pois a unidade de alimento custa US$ 1 e a unidade de vestuário custa US$ 2. Contudo, a TMS (ou benefício marginal) é maior do que 1/2; é de mais ou menos 1. Como resultado, o consumidor estaria disposto a substituir uma unidade de alimento por uma de vestuário, sem perda de satisfação. Pelo fato de o primeiro estar mais barato do que o segundo, seria de seu interesse adquirir mais alimento e menos vestuário. Se o consumidor adquirisse uma unidade a menos de vestuário, por exemplo, aqueles US$ 2 poderiam ser reservados para a aquisição de duas unidades de alimento, quando apenas uma unidade seria necessária para manter seu nível de satisfação.

benefício marginal
Benefício propiciado pelo consumo de uma unidade adicional de determinado bem.

custo marginal
Custo de uma unidade adicional de determinado bem.

A realocação do orçamento continua dessa forma (percorrendo a linha de orçamento), até que se atinja o ponto A, pois em A a razão entre os preços de 1/2 iguala-se à TMS de 1/2. Isso significaria que, nesse ponto, nosso consumidor estaria disposto a trocar uma unidade de vestuário por duas de alimento. Somente quando ocorre a condição TMS = $1/2 = P_A/P_V$ é que o consumidor está maximizando a satisfação.

O resultado de que o valor da TMS é igual à razão entre os preços pode ser enganador. Imagine dois consumidores diferentes que tenham acabado de adquirir diversas quantidades de alimento e vestuário. Se os dois estivessem maximizando sua satisfação, você poderia dizer o valor de suas respectivas TMS observando os preços das duas mercadorias. O que você não poderia dizer, entretanto, seria a quantidade comprada de cada mercadoria, pois isso é determinado pela preferência individual de cada consumidor. Caso os dois consumidores tivessem gostos diferentes, eles poderiam consumir quantidades diferentes dos dois bens, mesmo havendo igualdade entre suas TMS.

EXEMPLO 3.3   PROJETO DE UM NOVO AUTOMÓVEL (II)

A análise da escolha do consumidor permite-nos visualizar como as diferentes preferências dos grupos de consumidores quanto a automóveis podem afetar suas decisões de compra. Dando prosseguimento ao Exemplo 3.1, consideraremos aqui dois grupos de consumidores que estão planejando comprar um carro novo. Imagine que cada consumidor tem uma verba total de US$ 20.000 para a compra, mas decidiu destinar US$ 10.000 ao espaço interno e à potência, e os US$ 10.000 restantes a todos os outros atributos do veículo novo. Cada grupo tem, porém, diferentes preferências no que diz respeito a tamanho e potência.

A Figura 3.14 mostra a restrição orçamentária para a compra do carro dos indivíduos em cada grupo. O primeiro grupo, composto por proprietários típicos de cupês Ford Mustang, com preferências similares àquelas descritas na Figura 3.7, valorizam mais a potência que o espaço. Encontrando o ponto de tangência entre uma curva de indiferença do indivíduo típico e a linha de orçamento, vemos que os consumidores desse grupo preferem comprar um carro cujo atributo de potência valha US$ 7.000 e cujo atributo de espaço valha US$ 3.000. Entretanto, os indivíduos do segundo grupo, formado pelos usuários típicos do Ford Explorer, preferem carros cuja potência valha US$ 2.500 e cujo espaço valha US$ 7.500.[7]

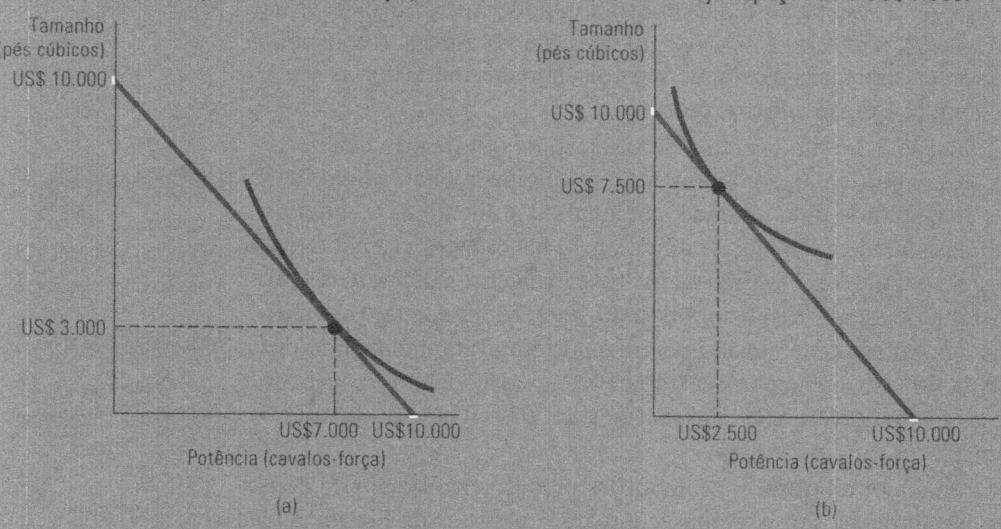

FIGURA 3.14   ESCOLHA DO CONSUMIDOR POR ATRIBUTOS DOS AUTOMÓVEIS

Os consumidores em (a) estão dispostos a abrir mão de uma considerável dose de espaço interno para obter algum desempenho adicional. Dada a restrição orçamentária, eles escolherão um automóvel em que a potência se destaque. O oposto é válido para os consumidores em (b).

---

[7] O primeiro conjunto de curvas de indiferença para o cupê Ford Mustang assumirá a seguinte configuração: U (nível de utilidade) $= b_0$ (constante) $+ b_1 * S$ (espaço em pés cúbicos) $* b_2 * S^2 + b_3 * H$ (cavalo-força) $+ b_4 * H_2 + b_5 * O$ (uma lista de outros atributos). Cada curva de indiferença representa as combinações de S e H que geram o mesmo nível de utilidade. A relação correspondente para o Ford Explorer tem a mesma configuração, mas com valores diferentes de b.

Para simplificarmos as coisas, neste exemplo consideramos apenas dois atributos. Na prática, um fabricante de automóveis usará pesquisas estatísticas e de marketing para saber o valor que diferentes grupos de consumidores dão a um amplo conjunto de atributos. Combinando os resultados com informações sobre como esses atributos afetarão os custos de produção, o fabricante pode elaborar um plano de produção e marketing.

No contexto de nosso exemplo, uma opção potencialmente lucrativa seria atingir os dois grupos de consumidores: para tanto, a solução seria fabricar um modelo com potência ligeiramente inferior à preferida pelo grupo da Figura 3.14(a). Uma segunda opção seria produzir um número relativamente grande de carros nos quais o tamanho se destacasse e, em paralelo, um número menor que privilegiasse a potência.

Conhecer as preferências de cada grupo (isto é, as curvas de indiferença reais), bem como o número de consumidores em cada um, ajudaria a empresa a tomar uma decisão sensata. De fato, um exercício similar ao que descrevemos aqui foi executado pela General Motors, que pesquisou um extenso universo de compradores de carro.[8] Alguns dos resultados já eram esperados. Por exemplo, famílias com crianças tendiam a preferir funcionalidade a estilo; assim, compravam mais minivans do que sedãs ou modelos esportivos. Famílias que viviam em área rural, por outro lado, tendiam a comprar picapes e veículos 4×4. E o mais interessante foi a descoberta de uma forte correlação entre idade e preferências por determinados atributos. Consumidores mais velhos tendiam a preferir automóveis grandes e pesados, com mais itens de segurança e acessórios (vidros elétricos e direção hidráulica, por exemplo). Os mais jovens, por sua vez, estavam atrás de mais potência e modelos com design marcante.

SOLUÇÕES DE CANTO

Às vezes, pelo menos dentro de certas categorias de bens, as escolhas do consumidor são extremas. Por exemplo, algumas pessoas não gastam um centavo com viagens e entretenimento. A análise das curvas de indiferença pode ser utilizada para revelar em que condições os consumidores optam por não consumir determinada mercadoria.

Na Figura 3.15, um homem que se defronta com a linha de orçamento AB opta por adquirir apenas sorvete (S) e nenhuma quantidade de iogurte congelado (IC). Essa decisão reflete o que se denomina **solução de canto**: quando uma das mercadorias não é consumida, a cesta adquirida é indicada no canto do gráfico. Em B, ponto de sua máxima satisfação, a taxa marginal de substituição de sorvete por iogurte congelado é maior do que a inclinação da linha de orçamento. Essa desigualdade sugere que, se o consumidor possuísse mais iogurte congelado do qual pudesse desistir, ele o substituiria de boa vontade por mais sorvete. Entretanto, nesse ponto o consumidor já está adquirindo todo o sorvete e nenhum iogurte congelado, de tal modo que seria impossível vê-lo adquirir quantidades *negativas* deste último.

Quando ocorre uma solução de canto, a TMS do consumidor não se iguala necessariamente à razão entre os preços. Diferentemente do que ocorre com a condição da Equação 3.3, a condição necessária para a maximização da satisfação na escolha entre sorvete e iogurte congelado é dada pela seguinte inequação:[9]

$$\text{TMS} \geq P_S/P_{IC} \tag{3.4}$$

Essa desigualdade seria, claro, revertida se a solução de canto ocorresse no ponto A em vez de no ponto B. Em ambos os casos, podemos ver que a igualdade entre o benefício marginal e o custo marginal, que descrevemos nas seções anteriores, só se verifica quando quantidades positivas de todos os bens considerados são consumidas.

Uma lição importante aqui é que previsões a respeito da quantidade de um produto que os consumidores poderão adquirir, quando se defrontarem com variações das condições econômicas, dependerão da natureza das preferências do consumidor por aquele produto e por produtos correlatos, bem como da inclinação da linha de orçamento. Se a TMS do sorvete por iogurte congelado for substancialmente mais alta do que a razão entre os preços, como mostra a Figura 3.15, então um pequeno decréscimo no preço do iogurte congelado não alterará a escolha do consumidor; ele ainda optará por consumir apenas sorvete. Todavia, se o preço

> **solução de canto**
> Situação na qual a taxa marginal de substituição de um bem por outro, em uma cesta de mercado escolhida, não é igual à inclinação da linha de orçamento.

---

[8] A elaboração da pesquisa e seus resultados são descritos em Steven Berry, James Levinsohn e Ariel Pakes, "Differentiated Products Demand Systems from a Combination of Micro and Macro Data: The New Car Market", *Journal of Political Economy*, 112, fev. 2004, p. 68-105.

[9] A igualdade estrita seria possível se a inclinação da restrição orçamentária fosse igual à inclinação da curva de indiferença — uma condição improvável.

do iogurte congelado apresentar uma queda significativa, o consumidor poderá rapidamente mudar de ideia e adquirir potes e potes de iogurte congelado.

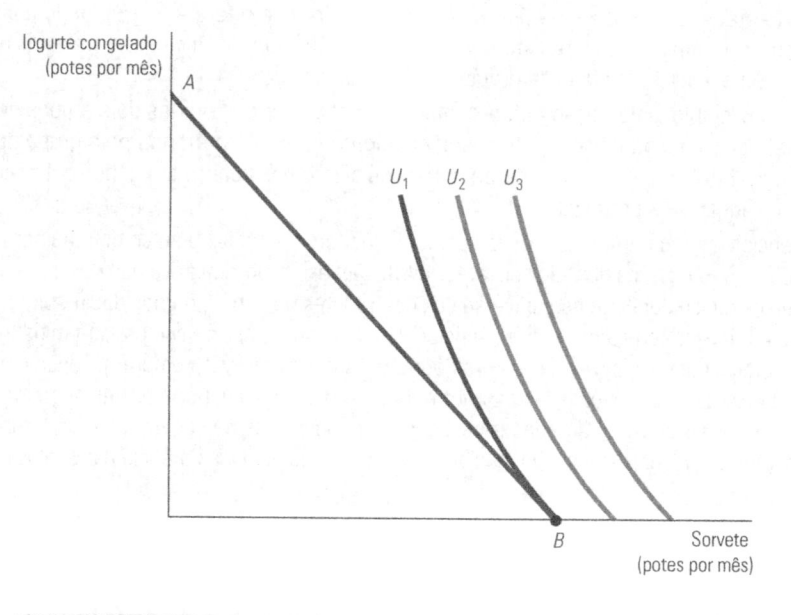

FIGURA 3.15 UMA SOLUÇÃO DE CANTO

Quando a taxa marginal de substituição de um consumidor não se iguala à razão entre os preços em nenhum nível de consumo, então surge uma solução de canto. O consumidor maximiza sua satisfação adquirindo apenas um dos dois bens. Dada a linha de orçamento AB, o maior nível de satisfação é alcançado no ponto B na curva de indiferença U_1, em que a TMS (de sorvete por iogurte congelado) é maior do que a razão entre os preços do sorvete e do iogurte congelado.

EXEMPLO 3.4 ESCOLHA DO PLANO DE SAÚDE PELO CONSUMIDOR

Os gastos com planos de saúde nos Estados Unidos subiram bastante durante as últimas décadas, um fenômeno que algumas pessoas consideram alarmante. Alguns economistas têm argumentado que esses gastos aumentaram muito porque o sistema de saúde norte-americano é ineficaz. Pode ser que sim, mas também poderia haver outro motivo: à medida que os consumidores melhoram sua situação econômica, suas preferências se afastam de outros bens e se deslocam para os planos de saúde. Afinal, se você já possui uma boa casa e dois carros, o que lhe daria mais satisfação: um terceiro carro ou um plano de saúde adicional que possa estender sua vida em mais um ano? Muitos escolheriam o plano de saúde extra.

As preferências pelo plano de saúde são ilustradas na Figura 3.16, que mostra uma série de curvas de indiferença e linhas de orçamento que caracterizam as escolhas entre consumo de plano de saúde (S) versus outros bens (O). A curva de indiferença U_1 se aplica a um consumidor com baixa renda. A linha de orçamento do consumidor é tangente no ponto A, de modo que o consumo do plano de saúde e o consumo de outros bens que maximizam sua satisfação são S_1 e O_1. A curva de indiferença U_2 resulta em uma maior satisfação, mas só é viável para um consumidor com renda mais alta. Neste caso, a utilidade é maximizada no ponto B. A curva U_3 se aplica a um consumidor com alta renda e implica em menos desejo de desistir do plano de saúde em favor de outros bens. Passando do ponto B para o ponto C, o consumo do plano de saúde aumenta consideravelmente (de S_2 para S_3), enquanto seu consumo de outros bens aumenta apenas modestamente (de O_2 para O_3).

Será que a Figura 3.16 caracteriza corretamente as preferências dos consumidores? Pelo menos um estudo estatístico recente indica que sim.[10] O mesmo ocorre com o bom senso. Se a sua renda fosse alta o suficiente para que você pudesse ter a maior parte das coisas que quisesse, preferiria gastar uma renda adicional com um plano de saúde para extensão da vida ou com outro carro?

---

10 Veja o interessante artigo de Robert E. Hall e Charles I. Jones, "The Value of Life and the Rise in Health Spending", *Quarterly Journal of Economics*, fev. 2007, p. 39-72. Os autores explicam que a composição ideal do total de gastos se desloca em direção à saúde à medida que a renda aumenta. Eles preveem que a proporção de gastos ideal com saúde provavelmente ultrapassará os 30% por volta de 2050.

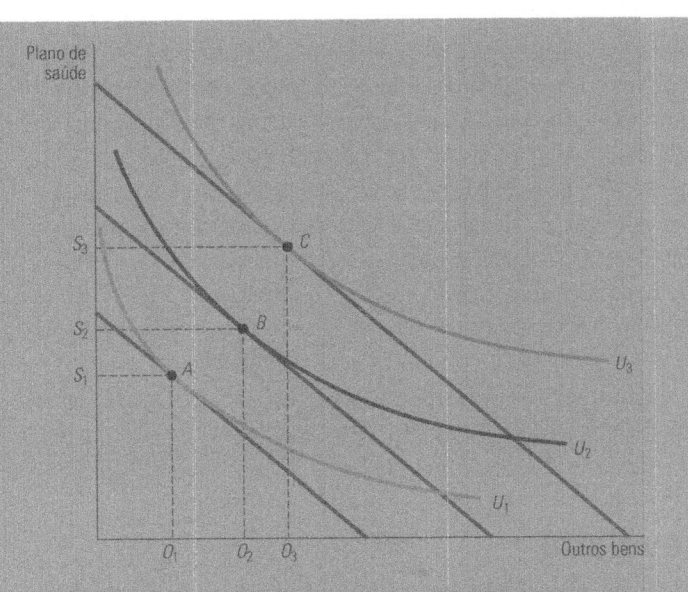

FIGURA 3.16 **PREFERÊNCIAS DO CONSUMIDOR POR PLANO DE SAÚDE *VERSUS* OUTROS BENS**

Estas curvas de indiferença mostram as escolhas entre consumo de plano de saúde (S) *versus* outros bens (O). A curva U_1 se aplica a um consumidor com baixa renda; dada a restrição orçamentária do consumidor, a satisfação é maximizada no ponto A. À medida que a renda aumenta, a linha de orçamento se desloca para a direita e a curva U_2 se torna viável. O consumidor se move para o ponto B, com maior consumo de plano de saúde e outros bens. A curva U_3 se aplica a um consumidor com alta renda e implica em menos desejo de abrir mão do plano de saúde em troca de outros bens. Passando do ponto B para o ponto C, o consumo de plano de saúde aumenta consideravelmente (de S_2 para S_3), enquanto seu consumo de outros bens aumenta apenas modestamente (de O_2 para O_3).

EXEMPLO 3.5 POUPANÇA PARA EDUCAÇÃO UNIVERSITÁRIA

Os pais de Jane fizeram depósitos em uma poupança para custear a educação universitária da filha. Jane, que tem 18 anos, pode receber toda a poupança sob a condição de que tais recursos sejam gastos apenas com educação. O presente é bem recebido, mas talvez não tanto quanto seria uma poupança sem qualquer restrição de uso. Para entender por que Jane vê as coisas assim, considere a Figura 3.17, na qual os dólares gastos anualmente com educação são mostrados no eixo horizontal e os dólares gastos com outros tipos de consumo encontram-se no eixo vertical.

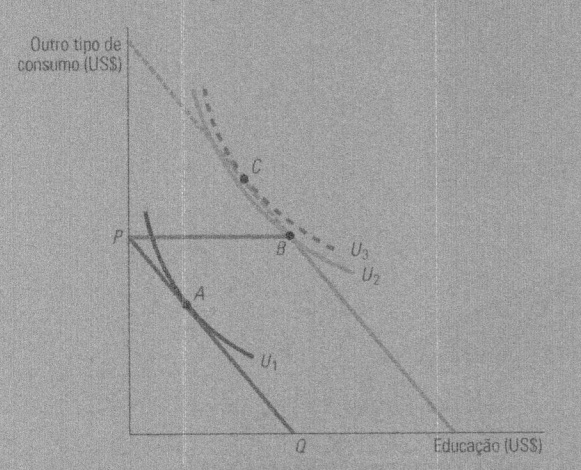

FIGURA 3.17 **UMA POUPANÇA PARA EDUCAÇÃO UNIVERSITÁRIA**

Quando uma estudante recebe uma poupança que deve ser gasta em educação, ela se move do ponto A para o ponto B, uma solução de canto. No entanto, se a poupança pudesse ser gasta também em outro tipo de consumo além da educação, para a estudante seria mais vantajoso o ponto C.

A linha do orçamento com a qual Jane se defrontava antes de receber a poupança é representada pela linha *PQ*. A poupança desloca a linha de orçamento para a direita, à condição de que a totalidade dos recursos, representada pela distância *PB*, seja gasta em educação. Aceitando a poupança e indo para a universidade, Jane aumenta seu grau de satisfação, movendo-se do ponto *A*, situado sobre a curva de indiferença U_1, para o ponto *B*, situado sobre a curva de indiferença U_2.

Observe que *B* representa uma solução de canto, pois para Jane a taxa marginal de substituição de educação por outro tipo de consumo é mais baixa do que o preço relativo de outro tipo de consumo. Jane preferiria poder gastar uma parte da poupança com outras mercadorias, além da educação. Não havendo restrições sobre a utilização da poupança, ela se moveria para o ponto *C*, situado sobre a curva de indiferença U_3, reduzindo, assim, suas despesas com educação (talvez preferisse frequentar apenas os dois primeiros anos da universidade a realizar o curso completo de quatro anos), aumentando, contudo, suas despesas com itens que lhe dessem mais prazer do que os estudos.

Os beneficiários geralmente preferem as poupanças de uso irrestrito às de uso restrito; estas, no entanto, são muito comuns, pois permitem que os pais controlem os gastos de seus filhos de uma maneira que, segundo creem, os beneficiará no longo prazo.

3.4 Preferência revelada

Na Seção 3.1, vimos de que forma as preferências de um indivíduo podem ser representadas por uma série de curvas de indiferença. Posteriormente, na Seção 3.3, vimos como as preferências determinam as escolhas, dadas as restrições orçamentárias. Será que esse processo pode ser utilizado de modo inverso? Conhecendo as escolhas feitas por um consumidor, podemos determinar suas preferências?

Sim, desde que disponhamos de informações sobre um número suficiente de escolhas feitas quando os preços e os níveis de renda variaram. A ideia básica é simples. *Se um consumidor optar por determinada cesta de mercado em vez de outra, sendo a cesta escolhida mais cara do que a outra, conclui-se, então, que o consumidor tem realmente preferência pela cesta de mercado escolhida.*

Suponha que um indivíduo, defrontando-se com a restrição orçamentária definida pela linha l_1 da Figura 3.18, escolhesse a cesta de mercado *A*. Vamos compará-la com as cestas *B* e *D*. Uma vez que a pessoa poderia ter comprado a cesta de mercado *B* (bem como todas as cestas de mercado situadas abaixo da linha l_1), mas não o fez, dizemos que *A é preferível a B*.

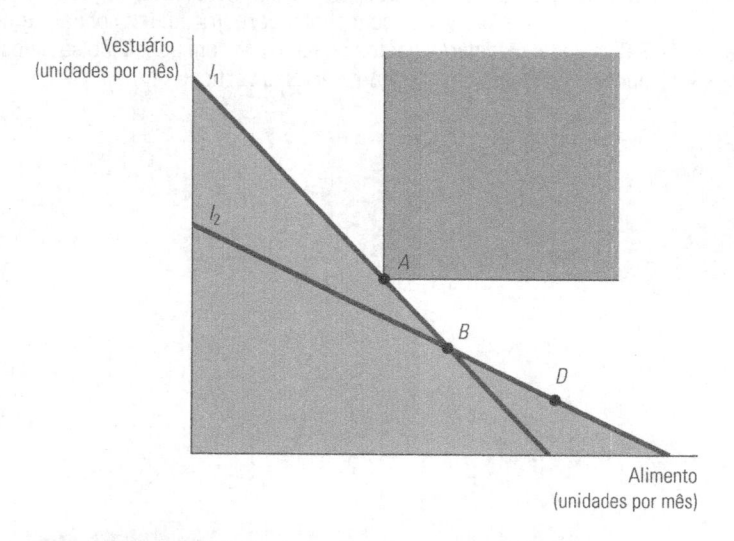

FIGURA 3.18 **PREFERÊNCIA REVELADA — DUAS LINHAS DE ORÇAMENTO**

Se um indivíduo que se defronta com a linha do orçamento l_1 escolher a cesta *A* em vez da *B*, *A* se revelará preferível a *B*. Da mesma forma, ao deparar com a linha de orçamento l_2, o indivíduo opta pela cesta de mercado *B*, e é *B* então que se revela preferível a *D*. *A* é preferível a todas as cestas situadas na área de coloração cinza-claro, enquanto todas as cestas de mercado localizadas na área cinza-escuro são preferíveis a *A*.

À primeira vista, talvez pareça que não podemos fazer uma comparação entre as cestas de mercado A e D, pelo fato de D não estar situada sobre l_1. Mas suponhamos que ocorra uma variação na relação entre os preços dos alimentos e do vestuário, de tal forma que a nova linha de orçamento passe a ser l_2 e o consumidor, então, opte pela cesta de mercado B. Uma vez que D está situada sobre a linha de orçamento l_2, e não foi escolhida, B é preferível a D (e B é preferível a todas as demais cestas de mercado situadas abaixo da linha l_2). Visto que A é preferível a B e B é preferível a D, concluímos que A também é preferível a D. Ademais, observe na Figura 3.18 que a cesta A é preferível a todas as cestas de mercado que estejam situadas na área de coloração cinza-claro. Entretanto, considerando que é melhor ter mais alimentos e vestuário do que menos, todas as cestas de mercado da área de coloração cinza-escuro, correspondente ao retângulo situado acima e à direita de A, são preferíveis a A. Portanto, a curva de indiferença que passa por A deve estar localizada na área sem coloração.

Havendo outras informações sobre as escolhas realizadas quando ocorrem variações de preços e de níveis de renda, podemos ajustar melhor o formato da curva de indiferença. Consideremos a Figura 3.18. Suponhamos que, defrontando-se com a linha l_3 (que foi selecionada para passar por A), o consumidor opte pela cesta de mercado E. Tendo sido E a cesta escolhida, embora a cesta de mercado A apresentasse o mesmo preço (pois se encontra sobre a mesma linha de orçamento), E é preferível a A, da mesma forma que o seriam todos os pontos localizados no retângulo acima e à direita de E. Agora, suponhamos que, defrontando-se com a linha l_4 (que passa pelo ponto A), o consumidor venha a escolher a cesta de mercado G. Tendo sido G a cesta escolhida, em vez de A, então G é preferível a A, da mesma forma que o seriam todas as cestas de mercado situadas acima e à direita de G.

Podemos seguir adiante supondo que as curvas de indiferença são convexas. Então, como E é preferível a A, todas as cestas de mercado situadas acima e à direita da linha AE da Figura 3.19 deveriam ser preferíveis a A. Se não fosse assim, a curva de indiferença passando pelo ponto A teria de passar também por um ponto acima e à direita de AE e, a seguir, cair abaixo da linha no ponto E — dessa forma, tal curva de indiferença não seria convexa. Por um argumento semelhante, todos os pontos situados sobre AG, ou acima, seriam também preferíveis a A. Portanto, sua curva de indiferença deveria estar localizada dentro da área sem coloração.

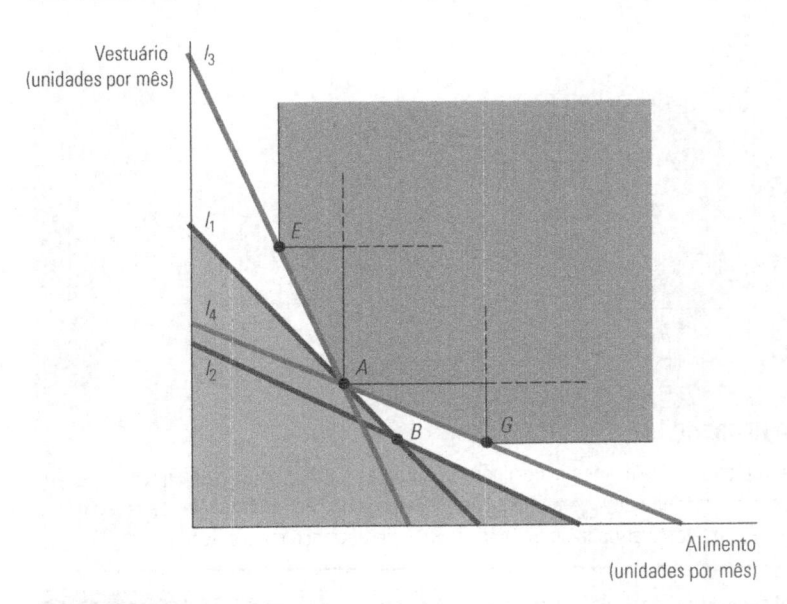

FIGURA 3.19 **PREFERÊNCIA REVELADA — QUATRO LINHAS DE ORÇAMENTO**

Um indivíduo que se defronta com a linha de orçamento l_3 escolhe a cesta E, que se revela preferível a A (já que A não foi escolhida). Da mesma forma, ao deparar com a linha de orçamento l_4, o indivíduo opta pela cesta G, que se revela preferível a A. A é preferível a todas as cestas situadas na área de coloração cinza-claro, enquanto todas as cestas de mercado localizadas na área cinza-escuro são preferíveis a A.

A análise da preferência revelada é um meio valioso de verificar se as escolhas individuais são consistentes com as hipóteses da teoria do consumidor. A análise da preferência revelada pode nos ajudar a compreender as implicações das escolhas que os consumidores devem fazer em determinadas circunstâncias, como mostra o Exemplo 3.6.

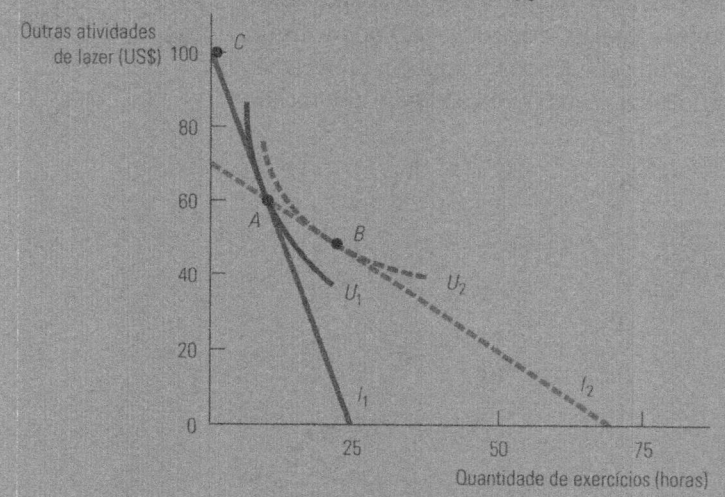

EXEMPLO 3.6 PREFERÊNCIA REVELADA PARA RECREAÇÃO

Uma academia de ginástica permitia o uso de suas instalações a qualquer pessoa que se mostrasse disposta a pagar determinada taxa por hora. Agora a academia decidiu alterar sua política de preços, passando a cobrar uma anuidade e uma taxa horária mais reduzida. Para os consumidores, esse novo plano de pagamento é melhor ou pior do que o esquema anterior? A resposta depende das preferências dos frequentadores da academia.

Suponhamos que Roberta tenha US$ 100 de renda semanal disponível para lazer, incluindo aulas de ginástica, cinema, refeições em restaurantes e outros itens. Quando a academia cobrava uma taxa de US$ 4 por hora, Roberta utilizava suas instalações 10 horas por semana. Nas novas condições, ela tem de pagar uma taxa de US$ 30 por semana, mas pode utilizar as instalações da academia por apenas US$ 1 a hora.

Essa modificação nas condições de pagamento é vantajosa para Roberta? A análise da preferência revelada fornece a resposta. Na Figura 3.20, a linha l_1 representa a restrição orçamentária com que se defronta Roberta, segundo o preço originalmente vigente. Neste caso, ela maximizava sua satisfação escolhendo a cesta de mercado A, que contém 10 horas de exercícios e US$ 60 em outras atividades recreativas. No novo esquema, que desloca a linha do orçamento para l_2, ela poderia ainda optar pela cesta de mercado A. Mas, levando em conta o fato de que U_1 claramente não tangencia a linha do orçamento l_2, seria melhor para Roberta optar por outra cesta de mercado, por exemplo a B, que representa 25 horas de exercícios e US$ 45 relativos a outras atividades recreativas. Uma vez que ela escolheria B, quando poderia ainda ter optado por A, conclui-se que ela prefere B a A. Portanto, para Roberta a nova política de preços é melhor do que a anterior. (Notemos que B também é preferível a C, que representa a opção de não usar a academia de ginástica.)

FIGURA 3.20 PREFERÊNCIA REVELADA PARA RECREAÇÃO

Ao deparar com a linha de orçamento l_1, a pessoa escolhe frequentar uma academia de ginástica durante 10 horas por semana no ponto A. Quando a forma de cobrança de taxas é alterada, ela depara com a linha de orçamento l_2. Após a alteração, ela obtém maior satisfação, pois a cesta A ainda pode ser adquirida, assim como a cesta B, que está situada sobre uma curva de indiferença mais elevada.

Poderíamos também perguntar se essa nova política de preços — denominada *tarifa em duas partes* — é de interesse financeiro dos proprietários da academia. Se todos os membros forem como Roberta, de tal modo que um maior número de adesões é capaz de gerar mais lucros, então a resposta é positiva. Porém, em geral, a resposta depende de dois fatores: as preferências de todos os membros e os custos operacionais das instalações. No Capítulo 11, discutiremos em detalhes a tarifa em duas partes, onde estudaremos de que modo as empresas com poder de mercado fixam os preços.

3.5 Utilidade marginal e escolha do consumidor

Na Seção 3.3 mostramos graficamente como um consumidor pode maximizar sua satisfação dada uma restrição orçamentária. Fizemos isso encontrando a curva de indiferença mais alta que podia ser alcançada, dada tal restrição. Como essa curva de indiferença mais alta é também a que proporciona o mais alto nível de utilidade, é natural reformular o problema do consumidor como um problema de maximização de utilidade sujeita à restrição orçamentária.

O conceito de utilidade também pode ser empregado para reformular nossa análise de modo mais esclarecedor. Para começar, vamos distinguir entre a utilidade total obtida do consumo de certa quantidade de um bem e a satisfação proporcionada pelo último item consumido. A **utilidade marginal (UM)** mede, pois, *a satisfação adicional obtida pelo consumo de uma unidade adicional de determinado bem*. Por exemplo, a utilidade marginal associada a um aumento do consumo de 0 para 1 unidade de alimento poderia ser 9; de 1 para 2 poderia ser 7; e de 2 para 3 poderia ser 5.

Esses números são coerentes com o princípio da **utilidade marginal decrescente**; à medida que se consome mais de determinada mercadoria, quantidades adicionais que forem consumidas vão gerar cada vez menos utilidade. Imagine, por exemplo, o caso de programas de televisão: sua utilidade marginal poderia cair após a segunda ou terceira hora e até se tornar muito pequena após a quarta ou quinta.

Podemos relacionar o conceito de utilidade marginal ao problema de maximização de utilidade por parte do consumidor da seguinte forma. Considere um pequeno movimento para baixo ao longo de uma curva de indiferença na Figura 3.8. Sabemos que o consumo adicional de unidades de alimento, ΔA, produzirá uma utilidade marginal UM_A. Isso resulta em um aumento total de utilidade correspondente a $UM_A \Delta A$. Ao mesmo tempo, a diminuição no consumo de itens de vestuário, ΔV, reduzirá a utilidade por unidade em UM_V, resultando em uma perda total de utilidade correspondente a $UM_C \Delta V$.

Uma vez que todos os pontos de uma curva de indiferença fornecem o mesmo nível de utilidade, o ganho total de utilidade associado ao aumento de A deverá equilibrar a perda resultante do consumo menor de V. Formalmente:

$$0 = UM_A(\Delta A) + UM_V(\Delta V)$$

Podemos reescrever essa equação de forma que:

$$-(\Delta V/\Delta A) = UM_A/UM_V$$

Mas, considerando que $-(\Delta V/\Delta A)$ corresponde à taxa marginal de substituição de A por V, segue que

$$TMS = UM_A/UM_V, \tag{3.5}$$

A Equação 3.5 informa-nos que a taxa marginal de substituição é igual à razão entre a utilidade marginal de A e a utilidade marginal de V. À medida que o consumidor desistir de quantidades maiores de V para obter quantidades adicionais de A, a utilidade marginal de A cairá e a de V aumentará. A TMS, por sua vez, diminuirá.

Vimos anteriormente, neste capítulo, que, quando os consumidores maximizam sua satisfação, a taxa marginal de substituição de A por V é igual à razão entre os preços das duas mercadorias:

$$TMS = P_A/P_V \tag{3.6}$$

Considerando que a TMS também é igual à razão entre as utilidades marginais do consumo de A e V (conforme a Equação 3.5), deduz-se que

$$UM_A/UM_V = P_A/P_V$$

ou seja,

$$UM_A/P_A = UM_V/P_V \tag{3.7}$$

---

utilidade marginal (UM)
Satisfação adicional obtida pelo consumo de uma unidade adicional de determinado bem.

utilidade marginal decrescente
Princípio segundo o qual, à medida que se consome mais de determinado bem, quantidades adicionais que forem consumidas vão gerar cada vez menores acréscimos à utilidade.

A Equação 3.7 é um importante resultado. Ela nos diz que a maximização da utilidade é obtida quando o orçamento é alocado de tal forma que *a utilidade marginal por dólar* (ou qualquer outra moeda) *despendido é igual para ambos os bens*. Para compreendermos o fundamento desse princípio, suponhamos que uma pessoa obtenha mais utilidade despendendo um dólar a mais com alimentação do que com vestuário. Nesse caso, a utilidade será aumentada por meio de mais gastos com alimentos. Enquanto a utilidade marginal obtida ao gastar uma unidade monetária a mais em alimento for maior que a utilidade marginal obtida ao gastar uma unidade monetária a mais em vestuário, essa pessoa pode aumentar sua utilidade direcionando seu orçamento para o alimento e reduzindo o gasto com vestuário. Por fim, a utilidade marginal do alimento vai se tornando menor (porque é decrescente no consumo) e a utilidade marginal do vestuário vai se tornar maior (pela mesma razão). A maximização da utilidade ocorrerá somente quando o consumidor tiver satisfeito o **princípio da igualdade marginal**, isto é, *tiver igualado a utilidade marginal por dólar despendido em cada uma das mercadorias*. O princípio da igualdade marginal é um importante conceito na microeconomia. Ele reaparecerá de formas diferentes ao longo de toda a nossa análise dos comportamentos do consumidor e do produtor.

princípio da igualdade marginal
Princípio segundo o qual a utilidade é maximizada quando os consumidores igualam a utilidade marginal por unidade monetária gasta em cada um dos bens.

EXEMPLO 3.7 UTILIDADE MARGINAL E FELICIDADE

No Exemplo 3.2, vimos que o dinheiro (isto é, uma renda mais alta) pode, pelo menos até certo ponto, comprar felicidade. Mas o que será que as pesquisas sobre a satisfação do consumidor nos dizem, se é que dizem algo, quanto à relação entre felicidade e os conceitos de utilidade e utilidade marginal? O interessante é que, tanto nos Estados Unidos quanto em outros países, essas pesquisas são coerentes com um padrão de utilidade marginal decrescente da renda. Para entender por que, reexaminemos a Figura 3.9 do Exemplo 3.2. Os dados sugerem que, à medida que a renda sobe de um país para outro, a satisfação, felicidade ou utilidade (estamos usando as três palavras com o mesmo significado) sobe com o aumento da renda *per capita*. No entanto, esse aumento *incremental* na satisfação diminui à medida que a renda aumenta. Se estivermos dispostos a aceitar que o índice de satisfação resultante do levantamento é cardinal, os resultados vão respaldar a noção de utilidade marginal decrescente da renda.

Em termos qualitativos, os dados colhidos nos Estados Unidos são muito similares aos dos 67 países representados na Figura 3.9. Na Figura 3.21, vemos o nível médio de felicidade para nove diferentes grupos de renda na população; o mais baixo tem uma renda média de US$ 6.250, o seguinte, renda média de US$ 16.250, e assim por diante até o grupo mais elevado, cuja renda média é de US$ 87.500. A curva sólida é a que melhor se ajusta aos dados. Uma vez mais, podemos ver que a felicidade aumenta com a renda, mas a uma taxa decrescente. Para os alunos preocupados com as possibilidades futuras de renda, um estudo recente do psicólogo Daniel Kahneman e do economista Angus Deaton mostra que, para esse grupo de renda relativamente alta, ganhar mais dinheiro não melhora a capacidade de uma pessoa de gozar seu tempo livre e desfrutar de boa saúde — todos estes fatores importantes para o bem-estar geral.[11]

Esses resultados oferecem sólido respaldo à moderna teoria da tomada de decisão econômica, na qual este livro se apoia, mas ainda estão sendo cuidadosamente examinados. Eles não levam em conta, por exemplo, o fato de que a satisfação tende a mudar com a idade: em geral, os mais jovens expressam menos satisfação que os mais velhos. Ou podemos ver a questão de outro ângulo: os estudantes podem esperar por uma mudança positiva quando estiverem mais velhos e sábios.

Quando comparamos os resultados de pesquisas sobre felicidade ao longo do tempo, uma segunda questão vem à tona. A renda *per capita* nos Estados Unidos, Reino Unido, Bélgica e Japão se elevou substancialmente ao longo dos últimos 20 anos. A felicidade média, porém, permaneceu quase a mesma. (Dinamarca, Alemanha e Itália mostraram algum aumento na satisfação.) Uma interpretação plausível seria que a felicidade é uma medida relativa, e não absoluta, de bem-estar.

---

11 Daniel Kahneman e Angus Deaton, "High Income Improves Evaluation of Life But not Emotional Well-Being", *PNAS*, v. 107, 21 set. 2010, p. 16489-16493.

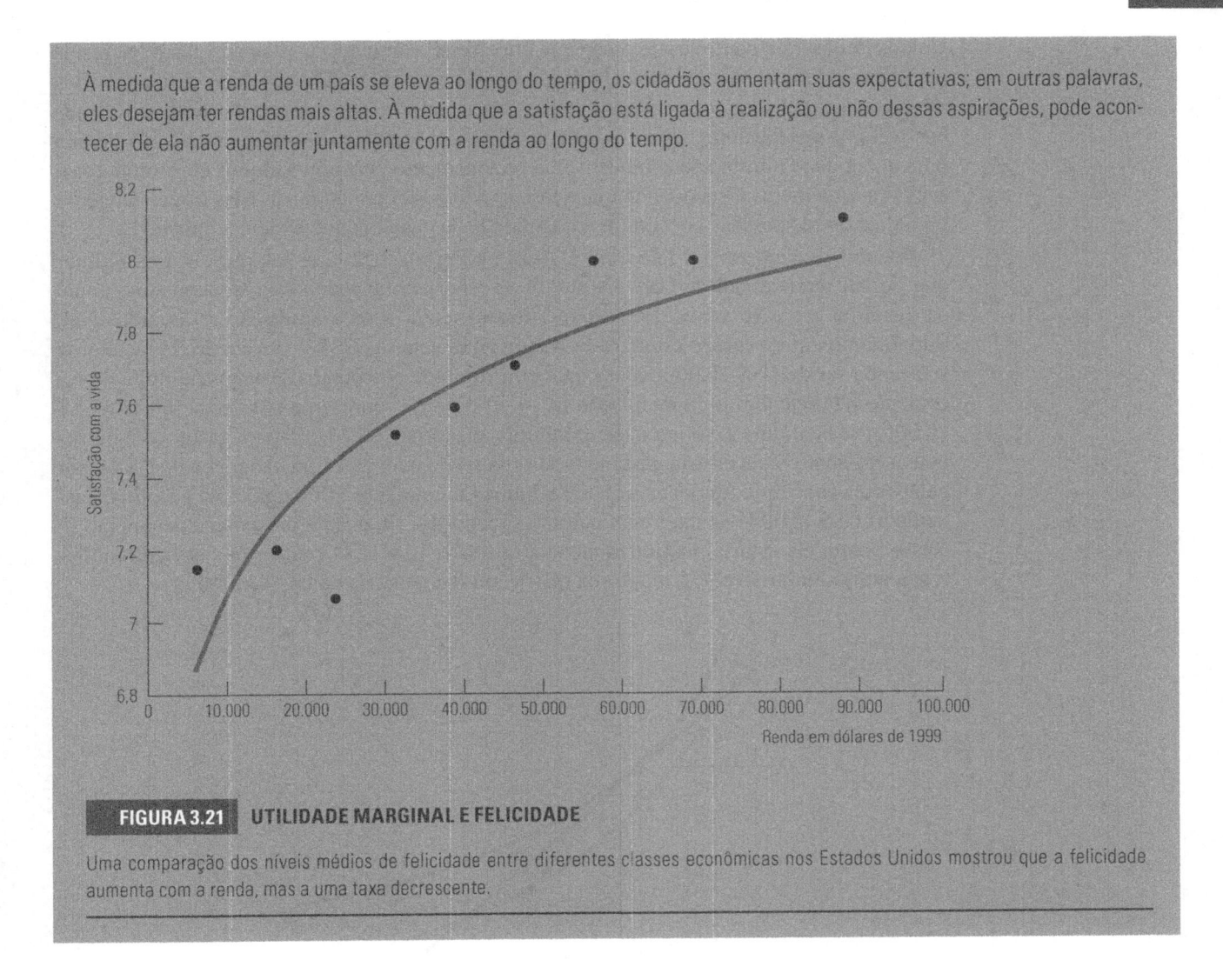

À medida que a renda de um país se eleva ao longo do tempo, os cidadãos aumentam suas expectativas; em outras palavras, eles desejam ter rendas mais altas. À medida que a satisfação está ligada à realização ou não dessas aspirações, pode acontecer de ela não aumentar juntamente com a renda ao longo do tempo.

FIGURA 3.21 UTILIDADE MARGINAL E FELICIDADE

Uma comparação dos níveis médios de felicidade entre diferentes classes econômicas nos Estados Unidos mostrou que a felicidade aumenta com a renda, mas a uma taxa decrescente.

RACIONAMENTO

Em tempos de guerra e outros tipos de crise, os governos às vezes racionam alimento, gasolina e outros produtos críticos, em vez de permitir que os preços subam a níveis competitivos. Durante a Segunda Guerra Mundial, por exemplo, cada família nos Estados Unidos tinha direito a comprar 340 gramas de açúcar por semana, meio quilo de café a cada cinco semanas e pouco mais de 11 litros de gasolina por semana. O racionamento geralmente é usado com relação à água em períodos de seca. Nos Estados Unidos, a Califórnia frequentemente enfrenta racionamento de água para consumo doméstico e produção agrícola. Fora dos Estados Unidos, países como Ruanda, Índia, Paquistão e Egito impuseram racionamento de água há pouco tempo, em 2010.

O racionamento que dispensa o sistema de preços é um modo alternativo de lidar com a escassez de um produto; para alguns, ele parece mais justo do que depender de forças de mercado não contestáveis. Em um sistema de mercado, aqueles com maior renda podem oferecer mais pela mercadoria, impedindo que aqueles com menor renda consigam ter acesso à mercadoria cuja oferta apresente escassez. Já sob o racionamento, todos os consumidores têm oportunidades iguais de adquirir a mercadoria racionada.

Para entender como é possível analisar o racionamento usando o modelo de consumidor básico, vejamos o racionamento de gasolina que ocorreu durante 1979 como um exemplo. Após a Revolução Iraniana de 1979, os preços do petróleo subiram muito, mas os Estados

Unidos impuseram controles de preço que impediram aumentos no preço da gasolina, resultando em escassez. Nos Estados Unidos, a gasolina foi racionada por meio de longas filas nos postos: os consumidores dispostos a gastar seu tempo esperando na fila obtinham o combustível que desejavam, enquanto os demais não conseguiam. Assegurando a cada pessoa uma quantidade mínima de combustível, o racionamento permitiu a alguns consumidores o acesso a uma mercadoria que, de outra forma, não poderiam adquirir. Mas o racionamento prejudica outras pessoas por limitar a quantidade de gasolina que podem adquirir.[12]

Podemos visualizar tal fato com clareza na Figura 3.22, que se aplica a uma mulher que possui renda anual de US$ 20.000. O eixo horizontal representa seu consumo anual de gasolina e o eixo vertical o restante de sua renda após a aquisição do combustível. Suponhamos que o preço controlado da gasolina seja de US$ 1 por galão. Pelo fato de sua renda ser de US$ 20.000, ela se encontra limitada aos pontos situados na linha de orçamento AB, que tem uma inclinação de –1. O ponto A representa sua renda total de US$ 20.000. (Se nenhuma gasolina fosse comprada, ela teria US$ 20.000 para gastar com outros bens.) No ponto B ela estaria gastando toda sua renda com gasolina. Ao preço de US$ 1 por galão, essa consumidora poderia querer adquirir anualmente 5.000 galões de gasolina, gastando os US$ 15.000 restantes com outras mercadorias, situação representada pelo ponto C. Nesse ponto, ela estaria maximizando sua utilidade (por se encontrar na curva de indiferença mais alta possível U_2), dada sua restrição orçamentária de US$ 20.000.

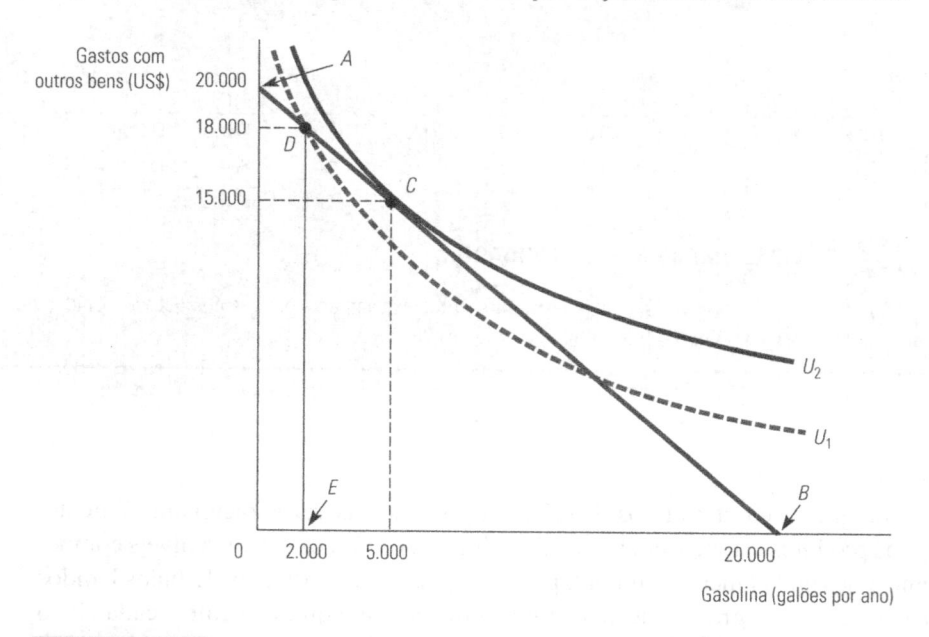

FIGURA 3.22 **INEFICIÊNCIA DO RACIONAMENTO DE GASOLINA**

Quando um bem é racionado, os consumidores têm à disposição uma quantidade menor do que desejariam comprar, e sua satisfação pode ser menor. Sem o racionamento de gasolina, até 20.000 galões de gasolina estariam disponíveis para consumo (ponto B). O consumidor escolhe o ponto C na curva de indiferença U_2, consumindo 5.000 galões. Entretanto, com um limite de 2.000 galões, devido ao racionamento (ponto E), o consumidor move-se para o ponto D, na curva de indiferença mais baixa, U_1.

Vamos supor que, em razão do racionamento, a consumidora pode adquirir no máximo 2.000 galões de gasolina. Por conseguinte, ela agora se defronta com a linha de orçamento ADE, que não é mais uma linha reta, pois não lhe é permitido adquirir mais que 2.000 galões. O ponto D representa o ponto de consumo de 2.000 galões por ano. Nesse ponto, a linha de

---

[12] Para uma discussão mais extensa sobre o racionamento de gasolina consulte o artigo de H. E. Frech III e William C. Lee, "The Welfare Cost of Rationing-by-Queuing Across Markets: Theory and Estimates from the U.S. Gasoline Crises", *Quarterly Journal of Economics*, 1987, p. 97-108.

orçamento torna-se vertical, declinando até o ponto E, pois o racionamento limitou o consumo de gasolina. A figura mostra que sua opção de consumo em D fornece um nível mais baixo de utilidade, U_1, do que o nível que seria adquirido sem racionamento, U_2, porque ela está consumindo menos gasolina e mais de outras mercadorias do que gostaria de consumir.

É evidente que, ao preço racionado, a mulher estaria melhor se seu consumo não sofresse restrições. Mas será que ela estaria melhor sob o sistema de racionamento do que sob o mercado livre? A resposta, como era de se esperar, depende de qual seria o preço da gasolina no mercado competitivo, sem racionamento. A Figura 3.23 ilustra esse ponto. Lembre-se de que, se o preço da gasolina fosse determinado pelo mercado como US$ 1 por galão, nossa consumidora poderia comprar até 20.000 galões de gasolina por ano — daí a linha de orçamento original. Com o racionamento, ela escolhe comprar o máximo permitido de 2.000 galões por ano, colocando-a na curva de indiferença U_1. Agora suponha que o preço competitivo do mercado fosse US$ 2,00 por galão, em vez de US$ 1,00. Agora, a linha de orçamento relevante seria a linha associada a um consumo máximo de gasolina de apenas 10.000 galões por ano e, sem racionamento, ela escolheria o ponto F, situado abaixo da curva de indiferença U_1. (No ponto F, ela compra 3.000 galões de gasolina e tem US$ 14.000 para gastar com outros bens.)

Mas considere o que aconteceria se o preço da gasolina fosse apenas US$ 1,33 por galão. Nesse caso, a linha de orçamento relevante seria a linha associada a um consumo máximo de gasolina de aproximadamente 15.000 galões por ano (US$ 20.000 / US$ 1,33). Ela escolheria um ponto como G, onde adquire mais de 3.000 galões de gasolina e tem mais de US$ 14.000 para gastar com outras mercadorias. No entanto, ela estaria em situação melhor sem racionamento, pois o ponto G se encontra acima da curva de indiferença U1. Portanto, podemos concluir que, embora o racionamento seja um meio menos eficaz de alocar bens e serviços, sob qualquer esquema de racionamento específico, alguns indivíduos podem estar em situação melhor, embora outros necessariamente sejam prejudicados.

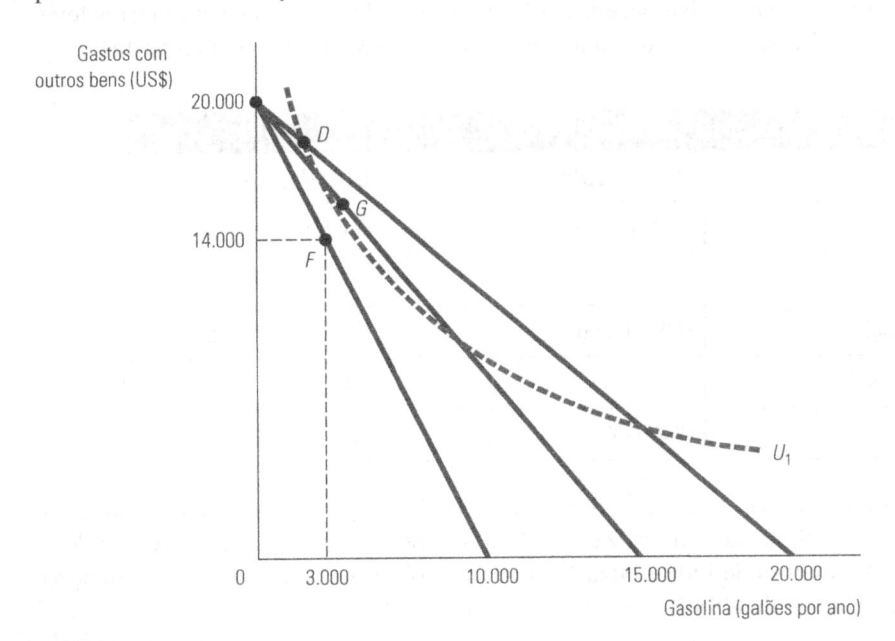

FIGURA 3.23 COMPARAÇÃO ENTRE O RACIONAMENTO DE GASOLINA E O LIVRE MERCADO

Com o racionamento, alguns consumidores podem ser prejudicados, mas outros podem se beneficiar. Sob o racionamento e a gasolina custando US$ 1,00 por galão, a mulher compraria o máximo permitido de 2.000 galões por ano, colocando-a na curva de indiferença U_1. Se o preço competitivo fosse US$ 2,00 por galão sem racionamento, ela teria escolhido o ponto F, que se encontra abaixo da curva de indiferença U_1. Porém, se o preço da gasolina fosse US$ 1,33 por galão, ela teria escolhido o ponto G, situado acima da curva de indiferença U_1.

*3.6 Índices de custo de vida

índice de custo de vida
Razão do custo atual de uma cesta típica de bens e serviços em comparação com o custo dessa mesma cesta em um período-base.

Na Seção 1.3, apresentamos o *Índice de Preços ao Consumidor* como uma medida do custo de uma cesta de mercado completa para um consumidor típico. Desse modo, variações no IPC medem as taxas de inflação.

Na Seção 1.3, explicamos que o Índice de Preços ao Produtor proporciona uma medida do nível agregado de preços para produtos intermediários e bens no atacado.

O sistema de seguridade social norte-americano tem sido objeto de calorosas discussões. No sistema atual, uma pessoa aposentada recebe um benefício anual que é de início determinado no momento da aposentadoria, baseado em seu histórico de trabalho. O benefício aumenta anualmente de maneira proporcional à taxa de crescimento do Índice de Preços ao Consumidor (IPC). Será que o IPC de fato reflete o custo de vida dos aposentados? É adequado utilizá-lo como um **índice de custo de vida** para outros programas governamentais, para fundos de pensão privados e para acordos salariais do setor privado? De modo semelhante, podemos nos perguntar se o Índice de Preços ao Produtor (IPP) mede com precisão as alterações no custo de produção ao longo do tempo. A resposta a essas perguntas está na teoria econômica do comportamento do consumidor. Nesta seção, descreveremos os fundamentos teóricos de índices como o IPC, utilizando um exemplo que descreve mudanças hipotéticas nos preços que estudantes e pais podem vir a enfrentar.

ÍNDICE DE CUSTO DE VIDA IDEAL

Rachel e Sarah são irmãs e têm preferências idênticas. Quando Sarah iniciou os estudos universitários em 2000, os pais lhe davam US$ 500 trimestralmente. Ela podia gastar esse dinheiro em alimentação, disponível ao preço de US$ 2 por libra, e em livros, que custavam US$ 20 por unidade. Com essa quantia, Sarah comprava 100 libras de alimentos (ao custo de US$ 200) e 15 livros (ao custo de US$ 300). Dez anos mais tarde, em 2010, quando Rachel (que tinha trabalhado nesse ínterim) iniciou os estudos, seus pais lhe prometeram recursos que, em termos de poder de compra, seriam equivalentes aos fornecidos a sua irmã mais velha. Infelizmente, os preços haviam aumentado: os alimentos custavam então US$ 2,20 por libra e o preço de cada livro era de US$ 100. Em quanto os recursos destinados a Rachel deveriam aumentar para que ela tivesse, em 2010, o mesmo padrão de vida que sua irmã teve em 2000? A Tabela 3.3 resume os dados relevantes e a Figura 3.24 fornece a resposta.

TABELA 3.3 Índice de custo de vida ideal		
	2000 (*Sarah*)	2010 (*Rachel*)
Preço dos livros	US$ 20 por livro	US$ 100 por livro
Número de livros	15	6
Preço da alimentação	US$ 2,00 por libra	US$ 2,20 por libra
Libras de alimentos	100	300
Despesa	US$ 500	US$ 1.260

A restrição orçamentária inicial de Sarah, em 2000, é representada pela linha l_1 na Figura 3.24, e sua combinação maximizadora de utilidade de livros e alimentação é descrita pelo ponto A na curva de indiferença U_1. Podemos observar que o custo de obtenção desse nível de utilidade é de US$ 500, de acordo com a tabela:

US$ 500 = 100 libras de alimentos × US$ 2/libra + 15 livros × US$ 20/livro

Conforme mostra a Figura 3.24, para obter o mesmo nível de utilidade de Sarah diante de preços mais altos, Rachel necessita de orçamento suficiente para adquirir uma combinação de livros e alimentos representada pelo ponto B na linha l_2 (e tangente à curva de indiferença U_1), em que ela opta por 300 libras de alimentos e 6 livros. Note que, ao proceder dessa forma, Rachel levou em conta que o preço dos livros aumentou em relação ao preço dos alimentos, e então substituiu livros por alimentos.

O custo para que Rachel obtenha o mesmo nível de utilidade de Sarah é dado por

US$ 1.260 = 300 libras de alimentos × US$ 2,20/libra + 6 livros × US$ 100/livro

O *reajuste do custo de vida* ideal para Rachel é, portanto, de US$ 760 (a diferença entre os US$ 1.260 e os US$ 500 dados a Sarah); o índice de custo de vida ideal é

US$ 1.260/US$ 500 = 2,52

Nosso índice requer um ano-base, que estabeleceremos como 2000 = 100, de forma que o valor em 2010 é de 252. Um valor de 252 implica um aumento de 152% no custo de vida, enquanto um valor de 100 implicaria que o custo de vida não se alterou. Esse **índice de custo de vida ideal** representa *o custo de obtenção de determinado nível de utilidade a preços correntes (2010) dividido pelo custo de obtenção do mesmo nível de utilidade a preços do ano-base (2000).*

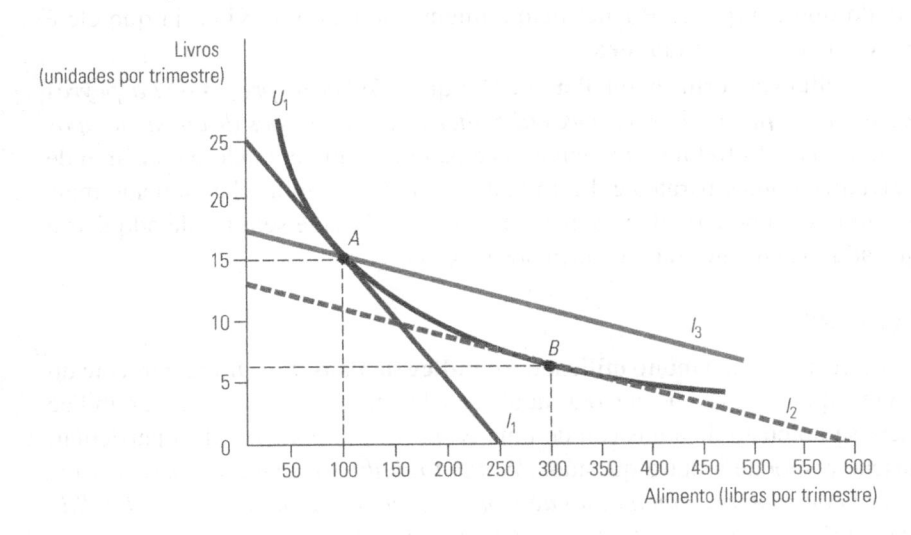

FIGURA 3.24 ÍNDICES DE CUSTO DE VIDA

Um índice de preços, que representa o custo de aquisição da cesta A a preços correntes em relação ao custo de aquisição da mesma cesta A a preços do ano-base, superestima o índice de custo de vida ideal.

índice de custo de vida ideal

Custo para atingir dado nível de utilidade a preços correntes, em relação ao custo para fazê-lo a preços do ano-base.

ÍNDICE DE LASPEYRES

Infelizmente, a quantidade de informações necessária para calcularmos tal índice de custo de vida ideal seria imensa. Precisaríamos conhecer as preferências individuais (que variam na população), bem como os preços e os gastos. Os índices de preços existentes baseiam-se nas *aquisições* por parte dos consumidores, e não em suas preferências. Um índice de preços que utiliza uma *cesta de consumo fixa no período-base* é chamado de índice de preços de Laspeyres. O **índice de preços de Laspeyres** responde à seguinte questão: *qual a quantia de dinheiro, a preços correntes, que um indivíduo necessita para comprar uma cesta de bens e serviços, dividido pelo custo de aquisição da mesma cesta a preços do ano-base?*

O índice de preços de Laspeyres foi ilustrado na Figura 3.24. Calcular esse índice para Rachel é um processo simples: para comprar 100 libras de alimentos e 15 livros em 2010 seriam necessários US$ 1.720 (100 × US$ 2,20 + 15 × US$ 100). Com esse valor, Rachel poderia escolher a cesta A sobre a linha de orçamento l_3 (ou qualquer outra cesta sobre essa linha). A linha l_3 foi obtida por meio do deslocamento da linha l_2 para cima até que ela cruzasse o ponto A. Note que l_3 é a linha de orçamento que permitiria a Rachel comprar a preços correntes de 2010 a mesma cesta que sua irmã adquiriu em 2000. Seria então

índice de preços de Laspeyres

Valor monetário que um indivíduo necessita para adquirir, a preços correntes, uma cesta de bens e serviços escolhida no ano-base dividido pelo valor necessário para comprá-la a preços do ano-base.

necessário um aumento de US$ 1.220 no orçamento de Rachel para compensá-la do aumento no custo de vida. Usando 100 como a base em 2000, o índice de Laspeyres é, então

$$100 \times US\$\ 1.720/US\$\ 500 = 344$$

COMPARANDO O ÍNDICE DE CUSTO DE VIDA IDEAL E O ÍNDICE DE LASPEYRES Em nosso exemplo, o índice de preços de Laspeyres é claramente muito superior ao índice de preços ideal. Mas será que o índice de Laspeyres sempre superestima o índice de custo de vida real? A resposta é sim, como pode ser observado na Figura 3.24. Suponhamos que Rachel tenha recebido a verba associada à linha l_3 durante o ano-base de 2000. Ela poderia escolher a cesta A, mas claramente obteria um nível de utilidade mais alto se optasse por mais alimentos e menos livros (movendo-se para a direita na linha l_3). Como A e B geram a mesma utilidade, para Rachel seria melhor receber um orçamento reajustado pelo índice de Laspeyres do que um reajuste ideal. O índice de Laspeyres mais do que compensa Rachel pelo aumento no custo de vida, já que ele é maior que o índice de custo de vida ideal.

Esse resultado é válido de forma geral. Por quê? Porque *o índice de preços de Laspeyres baseia-se na premissa de que os consumidores não alteram seus padrões de consumo após uma mudança nos preços*. Entretanto, mudando o consumo — aumentando o consumo de bens agora relativamente mais baratos e diminuindo o dos bens agora relativamente mais caros —, os consumidores podem obter o mesmo nível de utilidade sem ter de adquirir a mesma cesta que adquiriam antes da mudança nos preços.

ÍNDICE DE PAASCHE

índice de Paasche
Valor monetário de que um indivíduo precisa para comprar, a preços correntes, uma cesta de bens e serviços no próprio ano corrente, dividido pelo custo de comprá-la a preços do ano-base.

Outro índice de custo de vida muito utilizado é o **índice de Paasche**. Diferentemente do índice de Laspeyres, que se baseia no custo de aquisição de uma cesta no ano-base, o índice de Paasche baseia-se no custo de aquisição de uma *cesta no ano corrente*. Em particular, o índice de Paasche responde a outra questão: *de quanto dinheiro a preços correntes um indivíduo necessita para comprar uma cesta de bens e serviços no ano corrente, dividido pelo custo de aquisição da mesma cesta a preços do ano-base?*

COMPARANDO OS ÍNDICES DE LASPEYRES E DE PAASCHE É útil comparar os índices de custo de vida de Laspeyres e de Paasche:

- **Índice de Laspeyres:** o valor monetário, a preços correntes, necessário para comprar uma cesta de bens e serviços que foi escolhida no ano-base, dividido pelo montante de dinheiro necessário para comprar a mesma cesta a preços do ano-base.
- **Índice de Paasche:** o valor monetário, a preços correntes, necessário para comprar uma cesta de bens e serviços que foi escolhida no ano corrente, dividido pelo montante de dinheiro necessário para comprar a mesma cesta a preços do ano-base.

índices com pesos constantes
Índice de custo de vida no qual as quantidades de bens e serviços permanecem inalteradas.

Tanto o índice de Laspeyres (IL) quanto o índice de Paasche (IP) são **índices com pesos constantes**: as quantidades dos vários bens e serviços permanecem inalteradas. Entretanto, o índice de Laspeyres leva em conta as quantidades consumidas no *ano-base*, enquanto o índice de Paasche leva em conta as quantidades consumidas no *ano corrente*. Suponhamos, de modo geral, que haja dois bens, alimento (A) e vestuário (V). Temos:

$$P_{Ac}\ e\ P_{Vc}\ \text{são preços no ano corrente}$$

$$P_{Ab}\ e\ P_{Vb}\ \text{são preços no ano-base}$$

$$A_c\ e\ V_c\ \text{são quantidades no ano corrente}$$

$$A_b\ e\ V_b\ \text{são quantidades no ano-base}$$

Podemos escrever os dois índices como:

$$IL = \frac{P_{At}F_b + P_{Vc}C_b}{P_{Ab}F_b + P_{Vb}C_b}$$

$$IP = \frac{P_{Ac}F_c + P_{Vc}C_c}{P_{Ab}F_c + P_{Vb}C_c}$$

Da mesma forma que o índice de Laspeyres superestima o custo de vida ideal, o índice de Paasche o subestima, pois se baseia na premissa de que os indivíduos comprariam a cesta do ano corrente no período-base. Na verdade, ao se defrontar com os preços do ano-base, o consumidor poderia obter o mesmo nível de utilidade a um custo mais baixo mudando suas cestas de consumo. Como o índice de Paasche é a razão entre o custo da compra da cesta corrente e o custo da compra da mesma cesta no ano-base, superestimar o custo da cesta no ano-base (o denominador dessa razão) significa subestimar o próprio índice.

Para ilustrarmos a comparação entre os índices de Paasche e de Laspeyres, vamos retornar ao nosso exemplo anterior, que considerava as escolhas de Sarah quanto a livros e alimentos. Para Sarah (que começou a estudar em 2000), o custo da compra da cesta de alimentos e livros do ano-base a preços correntes era de US$ 1.720 (100 libras × US$ 2,20/libra + 15 livros × US$ 100/livro). O custo da compra dessa mesma cesta a preços do ano--base era de US$ 500 (100 libras × US$ 2/libra + 15 livros × US$ 20/livro). O índice de Laspeyres, IL, vem a ser, portanto, 100 × US$ 1.720/US$ 500 = 344, tal como mencionamos anteriormente. Em contrapartida, o custo da compra da cesta do ano corrente a preços do ano corrente é de US$ 1.260 (300 libras × US$ 2,20/libra + 6 livros × US$ 100/livro). O custo da compra dessa mesma cesta a preços do ano-base vem a ser de US$ 720 (300 libras × US$ 2/libra + 6 livros × US$ 20/livro). Por conseguinte, o índice de Paasche, IP, é igual a 100 × US$ 1.260/US$ 720 = 175. Como era de se esperar, o índice de Paasche é menor do que o índice ideal de 252.

ÍNDICES DE PREÇOS NOS ESTADOS UNIDOS: PESOS ENCADEADOS

Historicamente, tanto o IPC quanto o IPP eram medidos como índices de Laspeyres. O IPC geral era calculado mensalmente pelo U. S. Bureau of Labor Statistics como a razão entre o custo de uma cesta típica de bens e serviços e o custo em determinado período--base. Para uma categoria particular de bens e serviços (moradia, por exemplo), o IPC faria uso da cesta de bens e serviços daquela categoria. Cálculos semelhantes eram feitos para o IPP com base nas cestas de produtos intermediários e mercadorias no atacado.

Vimos que o índice de custo de vida de Laspeyres superestima o montante necessário para compensar os indivíduos pelas elevações de preços. Com respeito à seguridade social e outros programas governamentais, isso significa que, utilizando o IPC para reajustar benefícios, existirá sempre uma tendência a compensar exageradamente os beneficiários, o que implicará maiores gastos por parte do governo.

Os economistas sabem há muito tempo que os índices de custo de vida baseados no índice de Laspeyres superestimam a inflação. No entanto, foi somente após os choques do preço do combustível na década de 1970, as flutuações mais recentes nos preços dos alimentos e a preocupação com os déficits federais norte-americanos que a insatisfação com tais índices se tornou muito grande. Concluiu-se, por exemplo, que eram bem grandes as superestimativas no IPC norte-americano resultantes de não considerar as mudanças nos padrões de compra de computadores em resposta à forte queda em seus preços nos últimos anos.

Esse é o motivo pelo qual o governo norte-americano considera necessário mudar as metodologias do IPC e do IPP, abandonando o índice de Laspeyres e passando a utilizar um índice mais complexo, que seja atualizado de tempos em tempos. O **índice de preços com pesos encadeados** é um índice de custo de vida que considera as alterações nas quantidades de bens e serviços ao longo do tempo. O encadeamento dos pesos não é novo

índice de preços com pesos encadeados

Índice de custo de vida que leva em consideração as mudanças nas quantidades consumidas de bens e serviços.

nos Estados Unidos. Ele foi adotado em 1995 para deflacionar o produto interno bruto (PIB), obtendo-se, assim, uma estimativa do PIB real (PIB ajustado pela inflação).[13] O uso de versões encadeadas do IPC, do IPP e do PIB reduziu o viés associado ao uso dos índices de Laspeyres e Paasche, mas não conseguiu eliminá-lo por conta da não regularidade na alteração dos pesos.[14]

EXEMPLO 3.8   O VIÉS NO IPC

Nos últimos anos, tem havido uma preocupação pública crescente com a solvência do sistema norte-americano de seguridade social. A preocupação é o fato de as aposentadorias estarem ligadas ao Índice de Preços ao Consumidor. Como o IPC norte-americano é calculado com base no índice de Laspeyres, podendo, por isso, superestimar substancialmente o custo de vida, o Congresso tem pedido a diversos economistas para que examinem o assunto.

Uma comissão presidida pelo professor Michael Boskin, da Universidade de Stanford, concluiu que o IPC superestimou a inflação em aproximadamente 1,1% — um valor significativo, uma vez que as taxas de inflação nos Estados Unidos foram relativamente baixas nos últimos anos.[15] De acordo com essa comissão, aproximadamente 0,4% do viés total de 1,1% deveu-se à não consideração, por parte do índice de Laspeyres, das variações no ano corrente do consumo dos produtos da cesta do ano-base. O restante do viés deveu-se à não consideração do crescimento das lojas de desconto (aproximadamente 0,1%), dos melhoramentos na qualidade dos produtos existentes e, de modo mais significativo, da introdução de novos produtos (0,6%).

O viés do IPC fica especialmente crítico quando avaliamos os custos relacionados à saúde. De 1986 a 1996, o aumento médio do IPC foi de 3,6%, mas o componente de saúde desse índice subiu a uma taxa anual média de 6,5%. Assim, estima-se que o viés total da parte do IPC correspondente a seguros de saúde fica em aproximadamente 3,1% por ano. Esse viés tem enormes implicações nas políticas públicas, em um momento em que a nação luta para conter os custos da assistência médica e para oferecer serviços de saúde a uma população cada vez mais idosa.[16]

Se o viés restante do IPC fosse eliminado, totalmente ou em parte, os custos de vários programas federais decresceriam substancialmente (o que também ocorreria, é evidente, com os benefícios correspondentes daqueles que têm o direito de recebê-los). Além da seguridade social, outros programas seriam afetados por essa correção: os programas de aposentadoria do governo federal (para os empregados das ferrovias e os veteranos militares), a renda de apoio a pessoas carentes, o programa de cupons de alimentos e o programa de nutrição infantil. De acordo com um dos estudos feitos, uma redução anual de 1 ponto percentual no IPC aumentaria a poupança nacional, reduzindo, assim, o déficit público do país em aproximadamente US$ 95 bilhões por ano, em dólares de 2000.[17]

Além disso, o efeito de quaisquer ajustes no IPC não ficaria restrito ao lado dos gastos do orçamento federal. Como os limites das faixas do imposto de renda pessoal são ajustados pela inflação, um ajuste no IPC reduzindo o crescimento observado dos preços levaria a uma elevação menor desses limites e, consequentemente, aumentaria as receitas dos impostos federais.

---

13 Para obter mais informações sobre as alterações no IPC e no IPP consulte http://www.bls.gov/cpi e http://www.bls.gov/ppi. Para obter informações sobre o cálculo do PIB real, consulte http://www.bea.gov.

14 A dificuldade para levar em conta o aparecimento de novos bens e a melhoria na qualidade dos bens existentes são outras fontes de vieses com relação ao IPC e ao IPP.

15 Michael J. Boskin, Ellen R. Dulberger, Robert J. Gordon, Zvi Griliches e Dale W. Jorgenson, "The CPI Commission: Findings and Recommendations", *American Economic Review* 87, maio 1997, p. 78-93. O Bureau of Labor Statistics adotou mudanças na medição do IPC, mas essas mudanças reduziram o viés para somente 0,8 ou 0,9%. Veja Michael J. Boskin, "Causes and Consequences of Bias in the Consumer Price Index as a Measure of the Cost of Living", *Atlantic Economic Journal* 33, mar. 2005, p. 1-13.

16 Para obter mais informações, veja os capítulos 1 e 2 de *Measuring the Prices of Medical Treatments*, Jack E. Triplett (ed.). Washington, D.C.: Brookings Institution Press, 1999 (http://brookings.nap.edu/).

17 Michael F. Bryan e Jagadeesh Gokhale, "The Consumer Price Index and National Savings", *Economic Commentary*, 15 out. 1995, disponível em http://www.clevelandfed.org/research/commentary/1995/1015.pdf?wt.oss=bryan%20and%20jagadeesh&wt.oss_r=53. Os dados foram ajustados para cima com base no deflator do PIB.

RESUMO

1. A teoria da escolha do consumidor baseia-se na premissa de que as pessoas se comportam de modo racional na tentativa de maximizar o grau de satisfação que podem obter por meio da aquisição de uma combinação particular de bens e serviços.

2. A teoria da escolha do consumidor compõe-se de duas partes relacionadas: o estudo das preferências do consumidor e a análise da linha de orçamento que restringe as escolhas que o consumidor pode fazer.

3. Os consumidores fazem suas escolhas comparando entre cestas de mercado ou pacotes de mercadorias. Supõe-se que suas preferências sejam completas (ou seja, eles podem comparar todas as possíveis cestas de mercado) e transitivas (ou seja, se preferem a cesta de mercado A a B, e B a C, então preferem A a C). Além disso, os economistas adotam a premissa de que é sempre preferível mais a menos de cada mercadoria.

4. As curvas de indiferença, que representam todas as combinações de bens e serviços que produzem o mesmo grau de satisfação, possuem inclinação para baixo e jamais se cruzam.

5. As preferências do consumidor podem ser completamente descritas por um conjunto de curvas de indiferença conhecido como mapa de indiferença. Esse mapa de indiferença oferece uma classificação ordinal de todas as escolhas que um consumidor pode fazer.

6. A taxa marginal de substituição (TMS) de A por V corresponde à maior quantidade de V à qual uma pessoa se dispõe a renunciar para obter uma unidade adicional de A. A taxa marginal de substituição vai sendo reduzida à medida que nos movemos para baixo, ao longo de uma curva de indiferença. Quando a taxa marginal de substituição é decrescente, as curvas de indiferença são convexas.

7. As linhas de orçamento representam todas as combinações de mercadorias com as quais os consumidores gastariam toda a renda. As linhas de orçamento deslocam-se para a direita em resposta a um aumento na renda do consumidor e fazem um movimento de rotação em torno de um ponto fixo (no eixo vertical) quando o preço de uma mercadoria (representado no eixo horizontal) é modificado, mas a renda do consumidor e o preço da outra mercadoria permanecem inalterados.

8. Os consumidores maximizam sua satisfação sujeita à restrição orçamentária. Quando um consumidor maximiza sua satisfação escolhendo dois bens em quantidades diferentes de zero cada, a taxa marginal de substituição é igual à razão entre os preços das duas mercadorias que estão sendo adquiridas.

9. Algumas vezes a maximização pode ser obtida por meio de uma solução de canto, quando uma mercadoria não é consumida. Em tal situação, não é válida a condição de que a taxa marginal de substituição deve ser igual à razão entre os preços das mercadorias.

10. A teoria da preferência revelada mostra como as escolhas feitas pelos consumidores, diante de variações no preço e na renda, podem ser utilizadas para determinar suas preferências. Portanto, se um consumidor opta pela cesta de mercado A, quando poderia ter adquirido a B, sabemos que prefere A a B.

11. A teoria do consumidor pode ser apresentada por meio do enfoque das curvas de indiferença, que faz uso das propriedades ordinais da utilidade (ou seja, por meio da classificação das alternativas), ou então por meio do enfoque da função utilidade, atribuindo um número a cada cesta de mercado; se a cesta de mercado A for preferível à cesta de mercado B, então A gera maior utilidade do que B.

12. Quando se analisam escolhas de risco ou quando é preciso fazer comparações entre consumidores, as propriedades cardinais da função utilidade podem ser importantes. Normalmente, a função utilidade apresenta utilidade marginal decrescente: quanto mais de determinada mercadoria for consumida, menores serão os incrementos de utilidade obtidos pelo consumidor.

13. Quando é utilizado o enfoque da função utilidade e ambas as mercadorias são consumidas, a maximização da utilidade ocorre quando a razão entre as utilidades marginais das duas mercadorias (ou seja, a taxa marginal de substituição) for igual à razão entre seus preços.

14. Em tempos de guerra e em outras crises, os governos às vezes racionam alimento, gasolina e outros produtos, em vez de permitir que os preços aumentem para níveis competitivos. Alguns consideram que o racionamento que dispensa o sistema de preços seja mais justo do que depender de forças de mercado não contestáveis.

15. Um índice de custo de vida ideal mede o custo de aquisição de uma cesta de bens a preços correntes que forneça o mesmo nível de *utilidade* da cesta de bens que foi consumida a preços do ano-base. O índice de preços de Laspeyres, entretanto, representa o custo de aquisição de uma cesta de bens escolhida no ano-base a preços correntes, relativamente ao custo *da mesma cesta* a preços do ano-base. Mesmo com o encadeamento, o IPC superestima o índice de custo de vida ideal. Por sua vez, o índice de Paasche mede o custo de aquisição a preços correntes de uma cesta escolhida no ano corrente, dividido pelo custo de aquisição da mesma cesta a preços do ano-base. Portanto, o índice de Paasche subestima o índice de custo de vida ideal.

QUESTÕES PARA REVISÃO

1. Quais são as quatro premissas básicas sobre as preferências individuais? Explique a importância ou o significado de cada uma.
2. Um conjunto de curvas de indiferença pode ser inclinado para cima? Em caso positivo, o que isso lhe diria sobre as duas mercadorias em questão?
3. Explique por que não pode haver interseção entre duas curvas de indiferença.
4. Jonas está sempre disposto a trocar uma lata de Coca-Cola por uma lata de Sprite, ou uma lata de Sprite por uma de Coca-cola.
   a. O que você pode dizer sobre a taxa marginal de substituição de Jonas?
   b. Trace um conjunto de curvas de indiferença para Jonas.
   c. Trace duas linhas de orçamento com diferentes inclinações e explique a escolha maximizadora da satisfação. A que conclusão você pode chegar?
5. O que acontece com a taxa marginal de substituição à medida que você se desloca ao longo de uma curva de indiferença convexa? E de uma curva de indiferença linear?
6. Explique por que a taxa marginal de substituição entre duas mercadorias deve ser igual à razão entre os preços das mercadorias para que o consumidor possa obter máxima satisfação.
7. Descreva as curvas de indiferença associadas a dois bens que sejam substitutos perfeitos. E como elas seriam se os bens fossem complementos perfeitos?
8. Qual é a diferença entre utilidade ordinal e utilidade cardinal? Explique por que a suposição de utilidade cardinal não se faz necessária para a classificação das preferências do consumidor.
9. Após a fusão com a economia da Alemanha Ocidental, os consumidores da Alemanha Oriental demonstravam preferência por automóveis Mercedez-Benz em relação a automóveis Volkswagen. Entretanto, depois de terem convertido suas poupanças para marcos alemães, muitos consumidores da Alemanha Oriental correram até os revendedores Volkswagen. Como você explicaria esse aparente paradoxo?
10. Trace uma linha de orçamento e, em seguida, uma curva de indiferença para ilustrar a escolha maximizadora da satisfação associada a dois produtos. Use seu gráfico para responder às seguintes questões.
    a. Suponha que um dos produtos esteja racionado. Explique por que o consumidor provavelmente sairá perdendo.
    b. Suponha que o preço de um dos produtos seja fixado em um nível abaixo do preço corrente. Em consequência, o consumidor não poderá comprar tanto quanto gostaria. Você pode dizer se esse consumidor sairá perdendo ou ganhando?
11. Descreva o princípio da igualdade marginal. Explique por que esse princípio não se sustenta se uma utilidade marginal crescente estiver associada ao consumo de uma mercadoria ou de ambas.
12. O preço dos computadores caiu substancialmente durante as duas últimas décadas. Use essa queda no preço para explicar por que, provavelmente, o IPC superestima de maneira considerável o índice de custo de vida para indivíduos que utilizam computadores intensivamente.
13. Explique por que o índice de Paasche, em geral, subestima o índice de custo de vida ideal.

EXERCÍCIOS

1. Neste capítulo, as preferências do consumidor por diversas mercadorias não se alteram durante a análise. Todavia, em determinadas situações, as preferências realmente se modificam à medida que ocorre o consumo. Discuta por que e como as preferências poderiam se alterar ao longo do tempo, tomando como referência o consumo dos seguintes itens:
   a. Cigarros.
   b. Jantar pela primeira vez em um restaurante de culinária típica.
2. Trace curvas de indiferença que representem as seguintes preferências de um consumidor por duas mercadorias: hambúrguer e refrigerante. Indique a direção na qual a satisfação (ou a utilidade) da pessoa está crescendo.
   a. Joe tem curvas de indiferença convexas e não gosta nem de hambúrguer nem de refrigerante.
   b. Jane adora hambúrgueres e não gosta de refrigerantes. Se lhe servirem um refrigerante, é mais provável que ela o despeje no ralo em vez de bebê-lo.
   c. Bob adora hambúrgueres e não gosta de refrigerantes. Se lhe servirem um refrigerante, ele aceitará por educação.
   d. Molly adora hambúrgueres e refrigerantes, mas insiste em consumir exatamente um refrigerante para cada dois hambúrgueres que come.
   e. Bill gosta de hambúrgueres, mas é indiferente aos refrigerantes.
   f. Mary sempre tem o dobro de satisfação tanto de um hambúrguer extra quanto de um refrigerante extra.

3. Se atualmente Jane está disposta a trocar 4 ingressos para o cinema por um ingresso para o basquete, ela deve gostar mais de basquete que de cinema. Verdadeiro ou falso? Explique.

4. Nos carros que pretendem comprar, tanto Janelle quanto Brian planejam investir US$ 20.000 dólares em atributos relacionados a estilo e consumo de combustível. Eles podem escolher investir tudo em estilo ou tudo em consumo de combustível, ou ainda em alguma combinação desses dois atributos. Janelle não dá a mínima para estilo e deseja um carro que consuma o mínimo possível de combustível. Já Brian valoriza os dois itens igualmente e quer investir neles quantias iguais. Usando curvas de indiferença e linhas de orçamento, ilustre a escolha que cada consumidor fará.

5. Suponha que Bridget e Erin gastem sua renda em duas mercadorias, alimento, A, e vestuário, V. As preferências de Bridget são representadas pela função utilidade $U(A,V) = 10AV$, enquanto as de Erin são representadas pela função utilidade $U(A,V) = 0,20A^2V^2$.

   a. Colocando alimentos no eixo horizontal e vestuário no eixo vertical, identifique em um gráfico o conjunto de pontos que dão a Bridget o mesmo nível de utilidade que a cesta (10, 5). Em outro gráfico, faça o mesmo para Erin.

   b. Nesses mesmos gráficos, identifique o conjunto de cestas que dariam a Bridget e a Erin o mesmo nível de utilidade que a cesta (15, 8).

   c. Você acha que Bridget e Erin têm preferências iguais ou diferentes? Explique.

6. Suponha que tanto Jones quanto Smith tenham decidido reservar US$ 1.000 por ano para gastar com lazer, na forma de jogos de hóquei ou shows de rock. Ambos apreciam os dois itens e escolherão consumir quantidades positivas dos dois. Entretanto, eles têm preferências substancialmente diferentes quanto aos dois programas. Jones prefere os jogos de hóquei e Smith os shows de rock.

   a. Trace um conjunto de curvas de indiferença para Jones e um segundo conjunto para Smith.

   b. Utilizando o conceito de taxa marginal de substituição, discuta por que os dois conjuntos de curvas diferem entre si.

7. Um DVD, D, custa US$ 20 e um CD, C, US$ 10. Philip tem uma verba de US$ 100 para gastar nos dois produtos. Suponha que ele já tenha comprado um DVD e um CD. Além disso, suponha que ainda existam 3 DVDs e 5 CDs que ele gostaria de comprar.

   a. Dados os preços e a renda que acabamos de mencionar, trace a linha de orçamento em um gráfico com CDs no eixo horizontal.

   b. Considerando o que Philip já comprou e o que ainda quer adquirir, identifique as três diferentes cestas de CDs e DVDs que ele poderia escolher. Para esta parte da questão, parta da premissa de que ele não pode comprar unidades fracionadas.

8. Anne tem um emprego que a obriga a passar três semanas do mês viajando. Ela dispõe de uma verba anual para viagens e pode optar por trem ou avião. A companhia aérea na qual ela costuma voar tem um programa de fidelidade que reduz o custo dos bilhetes de acordo com o número de milhas que o cliente já voou no ano. Quando Anne alcançar 25.000 milhas, a companhia vai reduzir o preço de seus bilhetes em 25% pelo resto do ano. Quando ela alcançar 50.000 milhas, a companhia vai reduzir o preço em 50% pelo resto do ano. Trace a linha de orçamento de Anne, com as milhas ferroviárias no eixo vertical e as milhas aéreas no eixo horizontal.

9. Quando vai ao cinema, Debra costuma comprar um refrigerante. O copo de refrigerante é vendido em três tamanhos. O de 250 ml custa US$ 1,50, o de 375 ml US$ 2,00 e o de 500 ml US$ 2,25. Descreva a restrição orçamentária que Debra enfrenta quando tem de decidir quantos mililitros de refrigerante adquirir. (Suponha que ela possa jogar fora, sem qualquer custo, qualquer quantidade de refrigerante que não queira beber.)

10. Antônio comprou cinco livros novos durante o primeiro ano na faculdade, a um preço de US$ 80 cada. Livros usados custam apenas US$ 50 cada. Quando a livraria anunciou que haveria um acréscimo de 10% sobre o preço dos livros novos e de 5% sobre os usados, o pai de Antônio lhe ofereceu US$ 40 adicionais.

    a. O que aconteceu com a linha de orçamento de Antônio? Ilustre a mudança com os livros novos no eixo vertical.

    b. A situação de Antônio estará pior ou melhor depois que os preços mudarem? Explique.

11. Os consumidores na Geórgia pagam por um abacate duas vezes mais do que pagam por um pêssego. Entretanto, abacates e pêssegos têm o mesmo preço na Califórnia. Se os consumidores nos dois estados norte-americanos maximizarem a utilidade, as taxas marginais de substituição de abacates por pêssegos serão iguais para os consumidores dos dois estados? Em caso contrário, qual delas será mais alta?

12. Ben divide sua verba de almoço entre dois produtos: pizza e sanduíches.

    a. Ilustre a melhor cesta possível para Ben em um gráfico que tenha a pizza no eixo horizontal.

    b. Suponha agora que a pizza tenha sido taxada, o que elevou seu preço em 20%. Ilustre a nova cesta ideal para Ben.

c. Suponha, por fim, que a pizza esteja sendo racionada em uma quantidade inferior à que Ben deseja. Ilustre a nova cesta ideal para Ben.

13. Brenda quer comprar um carro novo e dispõe de US$ 25.000. Ela acabou de descobrir uma revista que atribui a cada automóvel uma nota pelo design e uma nota pelo consumo de combustível. As notas vão de 1 a 10, em uma escala em que 10 representa o melhor design ou o uso mais eficiente de combustível. Ao observar a lista de carros, Brenda nota que, em média, quando a nota de design sobe um ponto, o preço do carro sobe US$ 5.000. Ela também percebe que, quando a nota de consumo sobe um ponto, o preço do automóvel se eleva em US$ 2.500.

    a. Ilustre as diversas combinações de design, D, e consumo de combustível, C, que Brenda poderia selecionar com um orçamento de US$ 25.000. Coloque o consumo de combustível no eixo horizontal.

    b. Suponha que as preferências de Brenda sejam tais que ela obtém três vezes mais satisfação com um ponto extra de design do que com um ponto extra no consumo de combustível. Que tipo de carro ela vai escolher?

    c. Suponha que a taxa marginal de substituição de Brenda (de design por consumo de combustível) seja igual a $D/(4C)$. Que valor de cada nota ela gostaria de ter em seu carro?

    d. Suponha que a taxa marginal de substituição de Brenda (de design por consumo de combustível) seja igual a $(3D)/C$. Que valor de cada nota ela gostaria de ter em seu carro?

14. Connie tem uma renda mensal de US$ 200, a qual ela divide entre duas mercadorias: carne e batatas.

    a. Suponha que o preço da carne seja de US$ 4 por libra e o das batatas de US$ 2 por libra. Desenhe a restrição orçamentária de Connie.

    b. Suponha também que a função utilidade de Connie seja expressa por meio da equação $U(C,B) = 2C + B$. Que combinação de carne e batatas ela deveria adquirir para que a utilidade fosse maximizada? (*Dica*: considere carne e batatas substitutos perfeitos.)

    c. O supermercado em que Connie faz compras oferece uma promoção especial. Se ela adquirir 20 libras de batatas (a US$ 2 por libra), ganhará 10 libras adicionais. Essa promoção só é válida para as primeiras 20 libras de batata. Todas as batatas além das primeiras 20 libras (exceto as 10 libras de bônus) ainda custam US$ 2 por libra. Desenhe a restrição orçamentária de Connie.

    d. Um surto de parasitas faz com que o preço das batatas suba para US$ 4 por libra e o supermercado encerra a promoção. Que aspecto passaria a ter o diagrama de restrição orçamentária de Connie agora? Que combinação de carne e batatas maximizaria sua utilidade?

15. A utilidade que Jane obtém dos dias que passa fazendo viagens nacionais, N, e dos dias que passa fazendo viagens internacionais, I, é dada pela função de utilidade $U(N,I) = 10NI$. Além disso, sabemos que uma diária nas viagens nacionais lhe sai por US$ 100, e uma diária nas viagens internacionais, por US$ 400; e a verba anual para viagens de Jane é de US$ 4.000.

    a. Trace a curva de indiferença associada a uma utilidade de 800 e a curva de indiferença associada a uma utilidade de 1.200.

    b. No mesmo gráfico, trace a linha de orçamento de Jane.

    c. Jane pode arcar com as despesas das cestas que lhe dão uma utilidade de 800? E quanto às que lhe dão uma utilidade de 1.200?

    d*. Encontre o número de dias gastos em viagens nacionais e o número de dias gastos em viagens internacionais que maximizam a satisfação de Jane.

16. A utilidade que Julio obtém ao consumir alimento (A) e vestuário (V) é dada pela função de utilidade $U(A,V) = AV$. Além disso, sabemos que o preço do alimento é de US$ 2 por unidade, o do vestuário é de US$ 10 por unidade, e a renda semanal de Julio é de US$ 50.

    a. Qual é a taxa marginal de substituição de alimento por vestuário para Julio, quando a utilidade é maximizada? Explique.

    b. Suponha agora que Julio está consumindo uma cesta com mais alimentos e menos vestuário do que o contido em sua cesta maximizadora de utilidade. Sua taxa marginal de substituição de alimento por vestuário seria superior ou inferior à que você deu como resposta da parte a? Explique.

17. A utilidade que Meredith obtém do consumo de alimento, A, e vestuário, V, é dada por $U(A,V) = AV$. Suponha que sua renda, em 1990, fosse de US$ 1.200 e que o preço unitário de ambas as mercadorias fosse de US$ 1. No entanto, em 2000, o preço do alimento passou para US$ 2 e o preço do vestuário para US$ 3. Sendo 100 o índice de custo de vida em 1990, calcule o índice de custo de vida ideal e o índice de Laspeyres para Meredith em 2000. (*Dica*: de acordo com essas preferências, Meredith gastará montantes iguais em alimento e vestuário.)

CAPÍTULO 4

Demanda individual e demanda de mercado

No Capítulo 3, apresentamos os fundamentos sobre os quais se baseia a teoria da demanda do consumidor. Discutimos a natureza das preferências e vimos como, dada uma restrição orçamentária, os consumidores escolhem cestas que maximizam a utilidade. A partir daqui, vamos analisar como a demanda de um bem depende de seu preço, do preço dos demais bens e da renda.

A análise da demanda ocorrerá em seis etapas:

1. Começamos derivando a curva de demanda de um consumidor individual. Uma vez que já sabemos de que forma modificações no preço e na renda influenciam a linha de orçamento de uma pessoa, poderemos determinar de que maneira elas afetam suas escolhas de consumo. Empregaremos essas informações para ver como a quantidade demandada de um bem varia em resposta à mudança de seu preço, à medida que nos movemos sobre a curva de demanda individual. Veremos, também, como a curva de demanda muda em resposta a alterações na renda individual.
2. Com base nessa fundamentação, examinaremos mais detalhadamente os efeitos de uma mudança no preço de um bem. Quando o preço sobe, a demanda individual pelo bem pode se alterar de duas maneiras. Primeiro, como o produto ficou mais caro em relação aos outros bens, os consumidores comprarão menos dele e mais dos outros. Segundo, um preço mais alto reduz o poder de compra do consumidor. Essa redução, que gera uma diminuição da renda real, levará a uma redução na demanda do consumidor. Analisando esses dois efeitos, entenderemos melhor as características da demanda.
3. A seguir, veremos como as curvas de demanda individuais podem ser agregadas para determinar a curva de demanda de mercado. Estudaremos, inclusive, as características dessa demanda e veremos as razões pelas quais a demanda de algumas mercadorias é consideravelmente diferente da de outras.
4. Apresentaremos, depois, o modo como as curvas de demanda podem ser utilizadas para avaliar as vantagens para as pessoas quando elas consomem determinado produto acima e além de suas despesas. Essa informação será muito importante posteriormente, quando estudarmos os efeitos da intervenção do governo em um mercado.
5. Descreveremos, então, os efeitos das *externalidades de rede*, isto é, o que ocorre quando a demanda de uma pessoa por um bem também depende da demanda de *outras* pessoas. Esses efeitos têm um papel crucial na demanda de muitos produtos de alta tecnologia, como hardware, software e sistemas de telecomunicações.
6. Por fim, descreveremos resumidamente alguns dos métodos que os economistas utilizam para obter informações empíricas sobre a demanda.

ESTE CAPÍTULO DESTACA

4.1	Demanda individual	108
4.2	Efeito renda e efeito substituição	115
4.3	Demanda de mercado	120
4.4	Excedente do consumidor	127
4.5	Externalidades de rede	131
*4.6	Estimativa empírica da demanda	135
Apêndice:	Teoria da demanda — tratamento matemático	143

LISTA DE EXEMPLOS

4.1	Gastos dos consumidores norte-americanos	113
4.2	Os efeitos de um imposto sobre a gasolina	118
4.3	A demanda agregada de trigo	123
4.4	A demanda habitacional	125
4.5	A demanda de gasolina a longo prazo	126
4.6	O valor do ar puro	130
4.7	Facebook	134
4.8	A demanda de cereal pronto para consumo	137

4.1 Demanda individual

Esta seção mostra como a curva de demanda de um consumidor individual surge por meio de suas escolhas de bens em face de uma restrição orçamentária. Para ilustrar esses conceitos por meio de gráficos, limitaremos as mercadorias disponíveis a alimento e vestuário, utilizando o enfoque da maximização da utilidade, descrito na Seção 3.3.

MODIFICAÇÕES NO PREÇO

Começaremos examinando de que forma se modifica o consumo de alimento e de vestuário quando ocorre uma variação no preço do alimento. A Figura 4.1 apresenta as escolhas que uma pessoa poderá fazer quando estiver destinando um montante fixo de renda entre dois bens.

> Na Seção 3.3, explicamos como um consumidor escolhe a cesta de mercado situada na curva de indiferença mais elevada que toca a sua linha de orçamento.

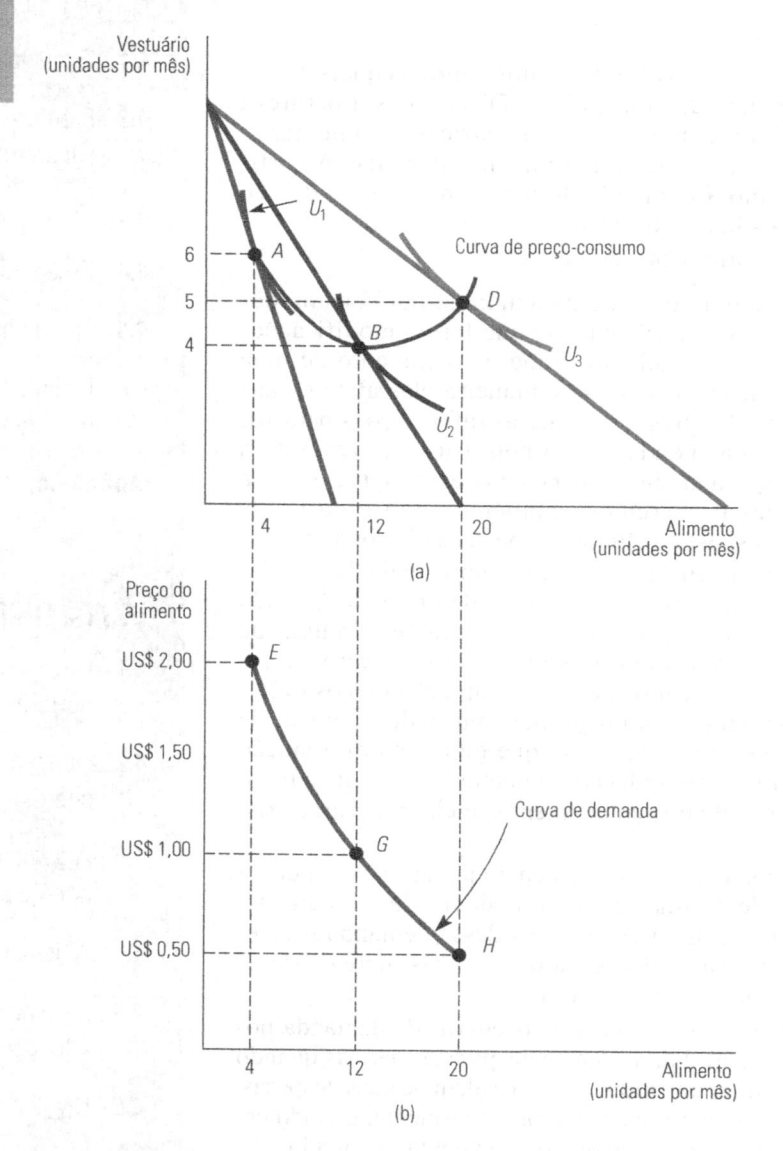

FIGURA 4.1   EFEITO DE VARIAÇÕES NO PREÇO

Uma redução no preço do alimento, mantidos constantes a renda e o preço do vestuário, faz com que o consumidor escolha outra cesta de mercado. Em (a), as cestas de mercado que maximizam a utilidade para os vários preços do alimento (no ponto A, o preço é US$ 2; no B, é US$ 1; e, no D, é US$ 0,50) constituem a curva de preço-consumo. A parte (b) mostra a curva de demanda, que relaciona o preço do alimento à quantidade demandada. (Os pontos E, G e H correspondem, respectivamente, aos pontos A, B e D.)

Inicialmente, o preço do alimento é de US$ 1 por unidade, o preço do vestuário é de US$ 2 por unidade e a renda do consumidor é de US$ 20. A escolha maximizadora de utilidade localiza-se no ponto *B*, na Figura 4.1(a). Nele, o consumidor adquire 12 unidades de alimento e 4 de vestuário, atingindo o nível de utilidade associado à curva de indiferença U_2.

Observe a Figura 4.1(b), que apresenta a relação entre o preço do alimento e a quantidade demandada. O eixo horizontal mede a quantidade de alimento consumido, como ocorre na Figura 4.1(a); porém, o eixo vertical agora mede o preço do alimento. O ponto *G* na Figura 4.1(b) corresponde ao ponto *B* da Figura 4.1(a). No ponto *G*, o preço do alimento é de US$ 1 e o consumidor adquire 12 unidades de alimento.

Suponhamos que o preço do alimento aumente para US$ 2. Como já vimos no Capítulo 3, a linha de orçamento da Figura 4.1(a) sofre um movimento de rotação para a esquerda, em torno do ponto de interseção com o eixo vertical, tornando-se duas vezes mais inclinada do que antes. O preço relativo mais alto resultou no aumento da inclinação da linha do orçamento. O consumidor agora atinge a máxima utilidade no ponto *A*, situado na curva de indiferença mais baixa, U_1. Pelo fato de o preço do alimento ter aumentado, o poder aquisitivo do consumidor — e assim, o nível máximo de utilidade atingível — tornou-se mais baixo. No ponto *A*, o consumidor escolhe 4 unidades de alimento e 6 de vestuário. Na Figura 4.1(b), essa escolha de consumo modificada localiza-se no ponto *E*, o qual mostra que, ao preço de US$ 2, são demandadas 4 unidades de alimento.

> Na Seção 3.2, explicamos como a linha de orçamento se desloca em resposta a uma mudança no preço.

Finalmente, o que ocorreria se o preço do alimento *caísse* para US$ 0,50? Como a linha de orçamento agora sofre um movimento de rotação para a direita, o consumidor pode atingir um nível mais alto de utilidade associado à curva de indiferença U_3 na Figura 4.1(a), escolhendo *D*, com 20 unidades de alimento e 5 de vestuário. O ponto *H* da Figura 4.1(b) representa o preço de US$ 0,50 e uma quantidade demandada de 20 unidades de alimento.

A CURVA DE DEMANDA INDIVIDUAL

Podemos agora incluir todas as possíveis alterações no preço do alimento. Na Figura 4.1(a), a **curva de preço-consumo** representa as combinações maximizadoras de utilidade, compostas de alimento e vestuário, que estão associadas a cada um dos possíveis preços do alimento. Observe que, à medida que esse preço cai, aumenta o nível alcançável de utilidade e o consumidor passa a adquirir mais alimento. Esse padrão de aumento no consumo de uma mercadoria em reação a uma queda em seu preço é válido em quase todas as situações. No entanto, o que ocorre com o consumo de vestuário quando cai o preço do alimento? Como mostra a Figura 4.1(a), o consumo de vestuário pode sofrer um aumento ou uma diminuição. Tanto o consumo de alimento como o de vestuário podem aumentar pelo fato de que uma redução no preço do primeiro bem resultou em um aumento na capacidade do consumidor de adquirir ambas as mercadorias.

> **curva de preço-consumo**
> Curva que apresenta as combinações de dois bens que são maximizadoras de utilidade conforme o preço de um deles se modifica.

A **curva de demanda individual** relaciona a quantidade de um bem que um único consumidor adquirirá com o preço desse bem. Na Figura 4.1(b), a curva de demanda individual relaciona a quantidade de alimento que será adquirida pelo consumidor com o preço que ele pagará por esse alimento. Tal curva apresenta duas propriedades importantes:

> **curva de demanda individual**
> Curva que relaciona a quantidade de um bem que um consumidor comprará com o preço desse bem.

1. *O nível de utilidade que pode ser obtido varia à medida que nos movemos ao longo da curva.* Quanto mais baixo o preço do produto, maior o nível de utilidade. Observe na Figura 4.1(a) que, à medida que o preço da mercadoria cai, atinge-se uma curva de indiferença mais elevada. Mais uma vez, isso reflete simplesmente o fato de que quando cai o preço de uma mercadoria o poder aquisitivo do consumidor aumenta.

2. *Em cada ponto da curva de demanda, o consumidor estará maximizando a utilidade ao satisfazer a condição de que a taxa marginal de substituição (TMS) do vestuário por alimento seja igual à razão entre os preços desses dois bens.* À medida que cai o preço do alimento, a razão entre os preços e a TMS também cai. Na Figura 4.1(b), a razão entre os preços cai de 1 (US$ 2/US$ 2) no ponto *E* (porque, a curva U_1 é tangente a uma linha de orçamento com inclinação −1 em *A*) para 1/2 (US$ 1/US$ 2) no ponto *G*, e para 1/4 (US$ 0,50/US$ 2) no ponto *H*. Em virtude

> Na Seção 3.1, introduzimos o conceito de taxa marginal de substituição (TMS) como uma medida da quantidade máxima de um bem que determinado consumidor está disposto a abrir mão por uma unidade de outro bem.

de o consumidor estar maximizando a utilidade, a TMS de vestuário por alimento diminui à medida que nos movemos para baixo ao longo da curva de demanda. Isso faz sentido, pois nos diz que o valor relativo do alimento vai caindo à medida que o consumidor adquire mais desse bem.

O fato de a TMS apresentar variação ao longo da curva de demanda informa-nos algo a respeito de como os consumidores decidem quanto pagar por um bem ou serviço. Suponhamos que tivéssemos de perguntar a um consumidor quanto ele estaria disposto a pagar por uma unidade adicional de alimento quando, neste momento, consome 4 unidades. O ponto E da curva de demanda na Figura 4.1(b) oferece a resposta a essa pergunta: US$ 2. Por quê? Como já mencionamos, sendo 1 a TMS de vestuário por alimento no ponto E, uma unidade adicional de alimento vale tanto quanto uma unidade adicional de vestuário. No entanto, uma unidade de vestuário custa US$ 2, que é, portanto, o valor (ou benefício marginal) obtido por meio do consumo de uma unidade adicional de alimento. Portanto, à medida que nos movemos para baixo ao longo da curva de demanda da Figura 4.1(b), a TMS vai caindo e o valor que o consumidor atribui para cada unidade adicional de alimento cai de US$ 2 para US$ 1 e depois para US$ 0,50.

MODIFICAÇÕES NA RENDA

Já vimos o que ocorre com o consumo de alimento e de vestuário quando o preço do alimento varia. Agora veremos o que acontece quando a renda sofre modificações.

Os efeitos de uma variação da renda podem ser analisados de maneira muito semelhante à análise da variação do preço. A Figura 4.2(a) apresenta as escolhas que seriam feitas por um consumidor ao alocar uma quantia fixa de renda a despesas com alimento e vestuário, sendo o preço do primeiro bem US$ 1 e o preço do segundo, US$ 2. Tal como na Figura 4.1(a), a quantidade de vestuário é medida no eixo vertical e a quantidade de alimento no eixo horizontal. As variações da renda aparecem como variações da linha de orçamento na Figura 4.2(a). Inicialmente, a renda do consumidor é de US$ 10. A escolha de consumo maximizadora de utilidade encontra-se no ponto A, no qual o consumidor adquire 4 unidades de alimento e 3 de vestuário.

Essa escolha de 4 unidades de alimento é também mostrada na Figura 4.2(b) no ponto E, sobre a curva de demanda D_1 — a que seria traçada caso mantivéssemos a renda fixa em US$ 10, *mas variássemos o preço do alimento*. Como estamos mantendo constante o preço do alimento, observaremos apenas um único ponto E sobre essa curva de demanda.

O que ocorreria se a renda do consumidor fosse aumentada para US$ 20? Sua linha de orçamento seria deslocada para a direita, paralela à linha de orçamento original, permitindo ao consumidor obter o nível de utilidade associado à curva de indiferença U_2. Sua escolha ideal está agora no ponto B, no qual adquire 10 unidades de alimento e 5 unidades de vestuário. Na Figura 4.2(b) seu consumo de alimento é indicado pelo ponto G, situado sobre a curva de demanda D_2, que seria traçada caso mantivéssemos a renda fixa em US$ 20, mas variássemos o preço do alimento. Por fim, observe que, se sua renda aumentar para US$ 30, ele escolherá o ponto D, com uma cesta de mercado contendo 16 unidades de alimento (e 7 de vestuário), representada pelo ponto H na Figura 4.2(b).

> **curva de renda-consumo**
> Curva que apresenta as combinações maximizadoras de utilidade de dois bens, conforme muda a renda do consumidor.

Podemos prosseguir e incluir todas as possíveis variações da renda. Na Figura 4.2(a), a **curva de renda-consumo** especifica as combinações de alimento e vestuário maximizadoras da utilidade, associadas a cada um dos possíveis níveis de renda. Essa curva de renda-consumo tem inclinação ascendente pelo fato de que tanto o consumo de alimento como o de vestuário apresentam elevação conforme a renda aumenta. Anteriormente, vimos que, para cada variação do preço de uma mercadoria, havia um *movimento correspondente ao longo da curva de demanda*. Neste caso, ocorre um fato diverso. Como cada curva de demanda implica determinado nível de renda, qualquer variação da renda dever causar *um deslocamento da própria curva de demanda*. Assim, o ponto A, situado sobre a curva de renda-consumo na Figura 4.2(a), corresponde ao ponto E sobre a curva de demanda D_1 na Figura 4.2(b); e o ponto B corresponde ao ponto G sobre outra curva de demanda, D_2. A inclinação para cima da curva de renda-consumo implica que um aumento na renda ocasionará um deslocamento da curva de demanda para a direita, passando de D_1 para D_2 e deste para D_3.

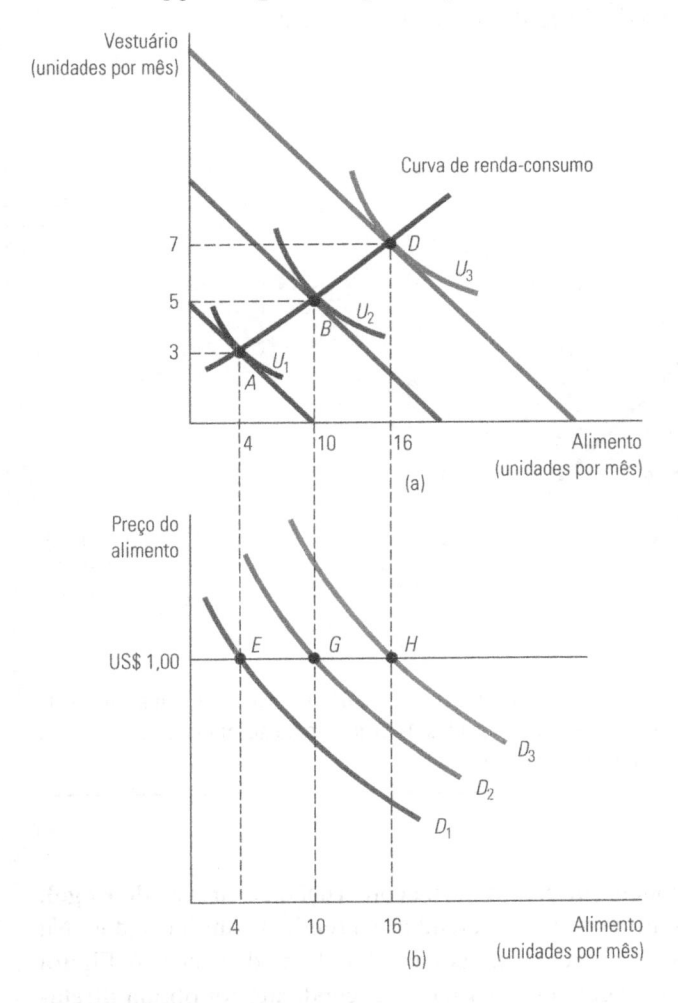

FIGURA 4.2 **EFEITO DE VARIAÇÕES NA RENDA**

Um aumento na renda, mantidos constantes os preços dos bens, faz com que os consumidores alterem suas escolhas de cestas. Na parte (a), as cestas que maximizam a satisfação do consumidor para os vários níveis de renda (US$ 10 no ponto A, US$ 20 no ponto B e US$ 30 no ponto D) determinam o traçado da curva de renda-consumo. O deslocamento da curva de demanda para a direita, em resposta aos aumentos da renda, é apresentado na parte (b). (Os pontos E, G e H correspondem aos pontos A, B e D, respectivamente.)

BENS NORMAIS *VERSUS* INFERIORES

Quando a curva de renda-consumo apresenta uma inclinação positiva, a quantidade demandada aumenta com a renda e, por conseguinte, a elasticidade renda da demanda torna-se positiva. Quanto maiores forem os deslocamentos da curva de demanda para a direita, maior será a elasticidade da demanda. Nesse caso, os bens são descritos como *normais*: os consumidores desejam adquirir mais desses bens à medida que sua renda aumenta.

Em alguns casos, a quantidade demandada *cai* à medida que a renda dos consumidores aumenta; a elasticidade renda da demanda é, assim, negativa. Então, descrevemos esse bem como *inferior*. O termo *inferior* apenas denota que o consumo apresenta redução quando a renda aumenta. Por exemplo, hambúrguer é um bem inferior para algumas pessoas, pois, quando sua renda aumenta, elas passam a comprar menos desse bem, consumindo, por exemplo, mais bife.

> Na Seção 2.4, explicamos que a elasticidade renda da demanda é a variação percentual na quantidade demandada resultante de um aumento de 1% na renda.

A Figura 4.3 apresenta uma curva de renda-consumo para um bem inferior. Para níveis de renda relativamente baixos, tanto o hambúrguer quanto o bife são bens normais. Entretanto, à medida que a renda aumenta, a curva de renda-consumo inclina-se para a esquerda (do ponto *B* ao ponto *C*). Esse deslocamento ocorreu porque o hambúrguer tornou-se um bem inferior — seu consumo se reduziu conforme a renda aumentou.

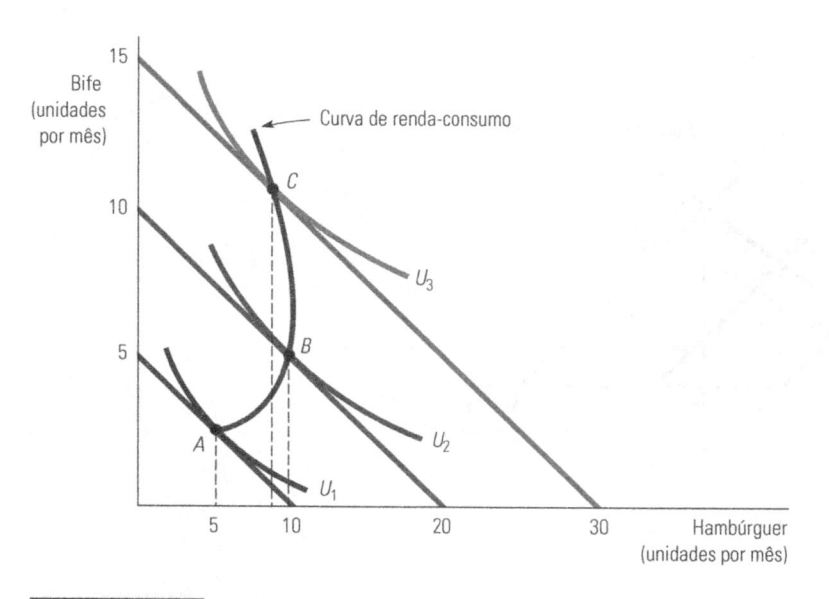

FIGURA 4.3   UM BEM INFERIOR

Um aumento na renda de uma pessoa pode causar diminuição no consumo de um dos dois bens que estão sendo adquiridos. Neste caso, o hambúrguer é um bem normal entre os pontos *A* e *B*, mas torna-se inferior quando a curva de renda-consumo se inclina para a esquerda entre os pontos *B* e *C*.

Curvas de Engel

curvas de Engel
Curvas que relacionam a quantidade consumida de um bem com a renda.

As curvas de renda-consumo podem ser utilizadas na construção de **curvas de Engel**, que relacionam a quantidade consumida de uma mercadoria à renda de um indivíduo. Na Figura 4.4, vemos como tais curvas são construídas para dois bens distintos. A Figura 4.4(a), que apresenta uma curva de Engel com inclinação ascendente, foi obtida diretamente da Figura 4.2(a). Em ambas as figuras, à medida que a renda aumenta de US$ 10 para US$ 20, e depois para US$ 30, o consumo de alimento também aumenta, passando de 4 para 10, e depois para 16 unidades. Lembremos que, na Figura 4.2(a), o eixo vertical representava as unidades de vestuário adquiridas por mês, e o eixo horizontal as unidades de alimento; variações da renda refletiam-se como variações da linha de orçamento. Nas figuras 4.4(a) e (b), mudamos a disposição dos dados, colocando a renda no eixo vertical, mas mantendo alimento e hambúrguer no horizontal.

A curva de Engel com inclinação ascendente da Figura 4.4(a) — da mesma forma que a curva de renda-consumo com inclinação ascendente da Figura 4.2(a) — aplica-se a todos os bens normais. Observe que uma curva de Engel para vestuário teria formato semelhante (o consumo de vestuário aumenta de 3 para 5, e depois para 7 unidades, à medida que a renda aumenta).

A Figura 4.4(b), derivada da Figura 4.3, apresenta a curva de Engel para hambúrgueres. Podemos ver que o consumo desse bem cresce de 5 para 10 unidades, quando a renda aumenta de US$ 10 para US$ 20. No entanto, à medida que a renda continua a apresentar elevação, passando de US$ 20 para US$ 30, o consumo cai para 8 unidades. A parte da curva de Engel que tem inclinação descendente corresponde à faixa de renda para a qual o hambúrguer é considerado um bem inferior.

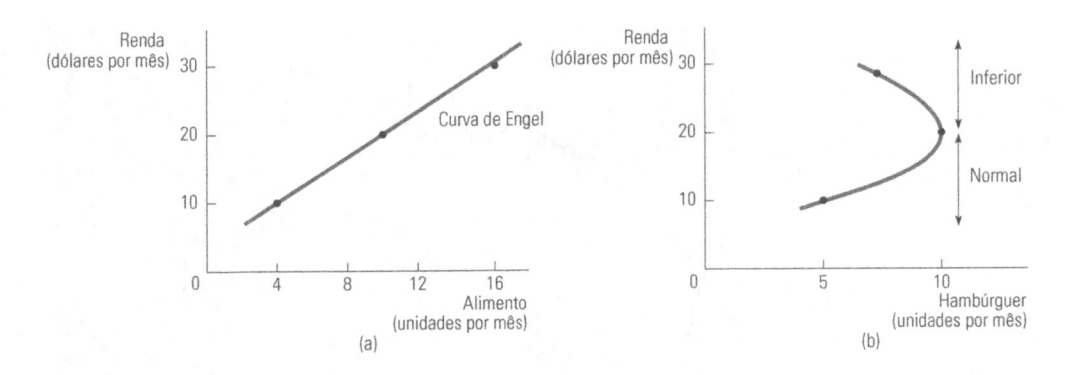

FIGURA 4.4 — CURVAS DE ENGEL

As curvas de Engel relacionam a quantidade consumida de determinada mercadoria à renda. Em (a), o alimento é um bem normal e a curva de Engel tem inclinação ascendente. Em (b), entretanto, o hambúrguer é um bem normal para rendas inferiores a US$ 20 por mês e um bem inferior para rendas superiores a US$ 20.

EXEMPLO 4.1 — GASTOS DOS CONSUMIDORES NORTE-AMERICANOS

As curvas de Engel que examinamos se referem a consumidores individuais. Entretanto, podemos obter também curvas de Engel para grupos de consumidores. Essa informação é particularmente útil se queremos ver como o gasto dos consumidores varia entre diferentes grupos de renda. A Tabela 4.1 ilustra padrões de gasto para alguns itens obtidos em uma recente pesquisa feita pelo U.S. Bureau of Labor Statistics (Departamento Americano de Estatísticas de Trabalho). Embora os dados apresentados correspondam a médias obtidas pela agregação de muitas famílias, podem ser interpretados como uma descrição das despesas de uma família típica.

Observe que esses dados se relacionam às *despesas* com determinado item, e não às *quantidades* desse item. Os primeiros dois bens, lazer e residência própria, apresentam alta elasticidade renda da demanda. A média de gastos familiares em lazer aumenta quase cinco vezes quando passamos do grupo com o mais baixo nível de renda para o grupo com a renda mais elevada. O mesmo padrão aplica-se à aquisição de imóveis residenciais: os gastos crescem mais de oito vezes quando se passa da categoria mais baixa para a mais alta.

Em oposição, os gastos com *aluguéis* residenciais *caem* à medida que se eleva a renda. Isso reflete o fato de que a maioria dos indivíduos com renda elevada possui moradia própria. Assim, imóveis alugados são bens inferiores, ao menos para grupos de renda acima de US$ 30.000 por ano. Por fim, note que os gastos com saúde, alimentação e vestuário aumentam com a renda; são itens de consumo para os quais a elasticidade renda é positiva, mas não tão alta quanto para o lazer e a moradia própria.

Os dados da Tabela 4.1 para aluguéis residenciais, saúde e lazer estão representados graficamente na Figura 4.5. Observe nas três curvas de Engel que, à medida que aumenta a renda, os gastos com lazer e saúde aumentam rapidamente, enquanto os gastos com aluguéis residenciais aumentam quando a renda é baixa, mas diminuem assim que a renda ultrapassa US$ 30.000 por ano.

TABELA 4.1 — Despesas anuais das famílias norte-americanas

Despesas (US$) em:	Grupos de renda (em US$ de 2009)						
	Menos de US$ 10.000	10.000 – 19.999	20.000 – 29.999	30.000 – 39.999	40.000 – 49.999	50.000 – 69.999	Acima de 70.000
Lazer	1.041	1.025	1.504	1.970	2.008	2.611	4.733
Moradia própria	1.880	2.083	3.117	4.038	4.847	6.473	12.306
Aluguéis residenciais	3.172	3.359	3.228	3.296	3.295	2.977	2.098
Saúde	1.222	1.917	2.536	2.684	2.937	3.454	4.393
Alimentação	3.429	3.529	4.415	4.737	5.384	6.420	9.761
Vestuário	799	927	1.080	1.225	1.336	1.608	2.850

Fonte: U.S. Department of Labor, Bureau of Labor Statistics, "Consumer Expenditure Survey, Annual Report 2010".

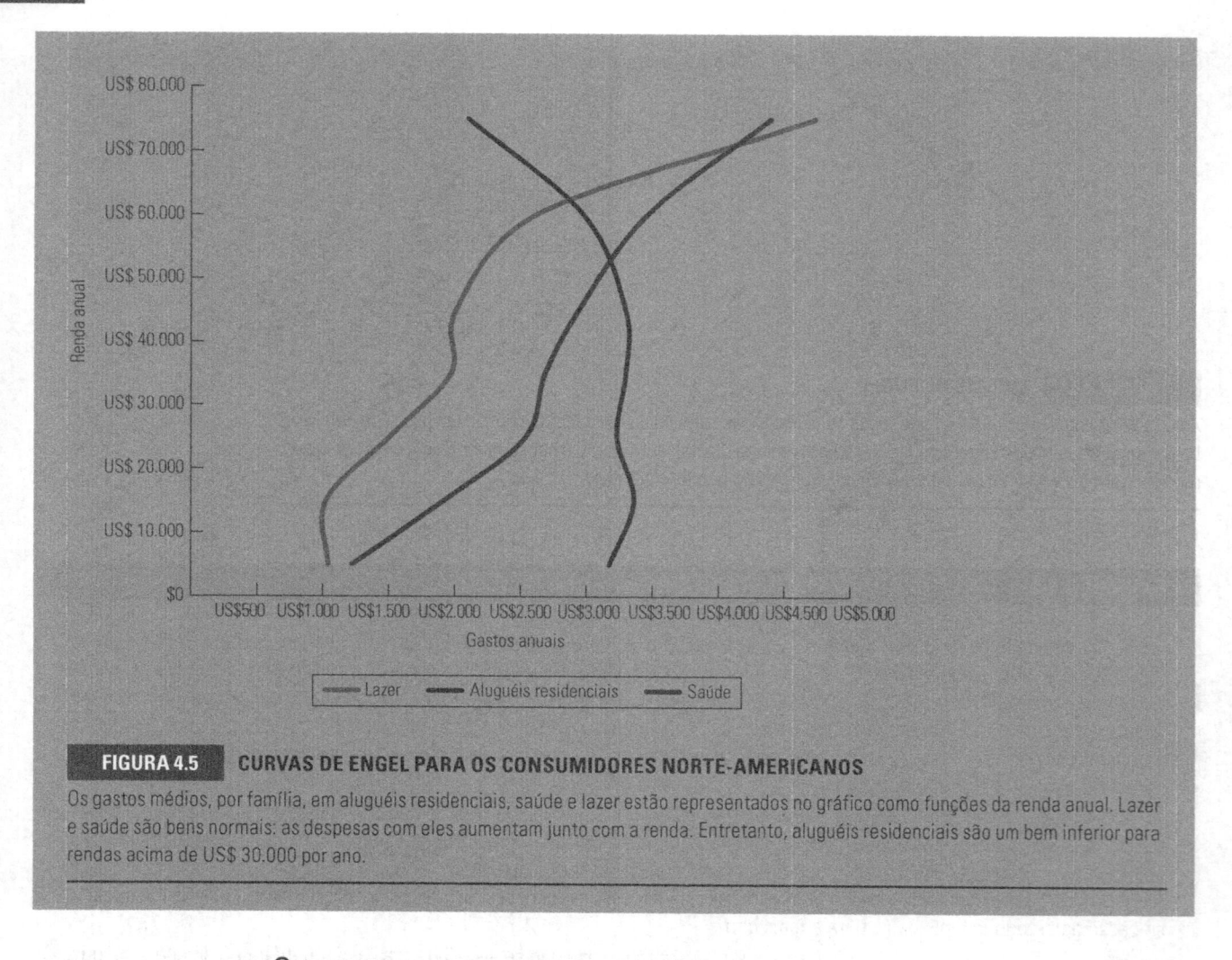

FIGURA 4.5 CURVAS DE ENGEL PARA OS CONSUMIDORES NORTE-AMERICANOS

Os gastos médios, por família, em aluguéis residenciais, saúde e lazer estão representados no gráfico como funções da renda anual. Lazer e saúde são bens normais: as despesas com eles aumentam junto com a renda. Entretanto, aluguéis residenciais são um bem inferior para rendas acima de US$ 30.000 por ano.

Substitutos e complementares

As curvas de demanda representadas nos gráficos do Capítulo 2 apresentaram a relação entre o preço de uma mercadoria e a quantidade demandada, mantendo-se constantes as preferências, a renda e os preços de todas as outras mercadorias. Para muitos produtos, a demanda está relacionada com o consumo e os preços de outros bens. Tacos e bolas de beisebol, cachorro-quente e mostarda, hardware e software são exemplos de mercadorias que tendem a ser usadas em conjunto. Outros itens, como refrigerantes comuns e dietéticos, imóveis ocupados por proprietários e imóveis alugados, ingressos de cinema e aluguéis de vídeo são considerados substitutos por substituírem uns aos outros.

Lembre-se de que, na Seção 2.1, dissemos que dois bens são *substitutos* se um aumento no preço de um deles ocasiona um aumento na quantidade demandada do outro. Se o preço do ingresso de cinema aumenta, é de se esperar que as pessoas passem a alugar mais vídeo, uma vez que os dois são substitutos. De modo similar, dois bens são *complementares* se um aumento no preço de um deles ocasionar uma redução na quantidade demandada do outro. Se o preço da gasolina sobe, ocasionando uma redução de seu consumo, é de se esperar que o consumo de óleo para motor também caia, pois a gasolina e o óleo são utilizados em conjunto. Duas mercadorias são *independentes* se uma variação do preço de uma delas não tem efeito algum sobre a quantidade demandada da outra.

Uma forma de saber se dois bens são complementares ou substitutos é analisando a curva de preço-consumo. Examinemos de novo a Figura 4.1. Notemos que, na parte descendente da curva de preço-consumo, os bens alimento e vestuário são substitutos: quanto menor for o preço do alimento, menor será o consumo de vestuário (talvez porque, quando os gastos com alimento crescem, há menos renda disponível para gastar com vestuário). De modo semelhante, alimento e vestuário são complementares na parte ascendente dessa curva: quanto menor for o preço do alimento, maior será o consumo de vestuário (talvez porque o consumidor passe a frequentar mais os restaurantes e precise estar mais bem-vestido).

O fato de bens poderem ser complementares ou substitutos sugere que, ao estudar os efeitos das variações de preço em um determinado mercado, pode ser importante observar as consequências em mercados correlatos. (As inter-relações entre mercados serão discutidas mais detalhadamente no Capítulo 16.) Determinar se dois bens são complementares, substitutos ou independentes é uma questão essencialmente empírica. Para encontrarmos a resposta, temos de verificar a maneira pela qual a demanda de um bem se modifica (se é que isso acontece) em resposta a uma mudança no preço do outro bem. Essa questão é mais difícil do que parece à primeira vista porque, no momento em que há mudança no preço do primeiro bem, muita coisa pode estar mudando também. A Seção 4.6 deste capítulo analisa os modos de distinguir empiricamente as possíveis explicações para a modificação da demanda pelo segundo bem. Primeiro, porém, será útil fazer um exercício teórico básico. Na próxima seção, examinaremos os modos pelos quais uma mudança no preço de um bem pode afetar a demanda do consumidor.

4.2 Efeito renda e efeito substituição

Uma redução no preço de uma mercadoria tem dois efeitos:

1. *Os consumidores tenderão a comprar mais do bem que se tornou mais barato e menos das mercadorias que se tornaram relativamente mais caras.* Essa resposta a uma mudança nos preços relativos dos bens é chamada de *efeito substituição*.

2. *Como um dos bens se torna mais barato, há um aumento no poder de compra dos consumidores.* Eles se encontram agora em uma situação melhor porque podem comprar a mesma quantidade de bens com menos dinheiro, tendo em mãos recursos para realizar compras adicionais. A mudança na demanda resultante da alteração desse poder de compra é chamada de *efeito renda*.

Esses dois efeitos em geral ocorrem ao mesmo tempo; porém, é útil distingui-los para fins de análise. Os aspectos característicos de cada um encontram-se ilustrados na Figura 4.6, em que a linha de orçamento original é RS e há apenas duas mercadorias: alimento e vestuário. Neste caso, o consumidor maximiza a utilidade por meio da escolha da cesta de mercado A, obtendo assim o nível de utilidade associado à curva de indiferença U_1.

Na Seção 3.4, mostramos como informações sobre as preferências do consumidor são reveladas pelas escolhas feitas por ele.

Vejamos o que ocorre se o preço do alimento cair, fazendo com que a linha de orçamento sofra um movimento de rotação para a direita, tornando-se RT. O consumidor agora escolhe a cesta de mercado B, situada sobre a curva de indiferença U_2. O fato de a cesta de mercado B ter sido escolhida, embora a cesta de mercado A estivesse disponível, leva-nos a saber (por meio da preferência revelada, que discutimos na Seção 3.4) que B é preferível a A. Assim, uma redução no preço do alimento permite que o consumidor aumente seu nível de satisfação, pois seu poder aquisitivo apresentou elevação. A variação total do consumo de alimento ocasionada pelo preço menor é representada por A_1A_2. Inicialmente, o consumidor adquiria OA_1 unidades de alimento; contudo, após a alteração do preço, o consumo desse bem elevou-se para OA_2. Portanto, o segmento de reta A_1A_2 representa o aumento desejado na aquisição de alimentos.

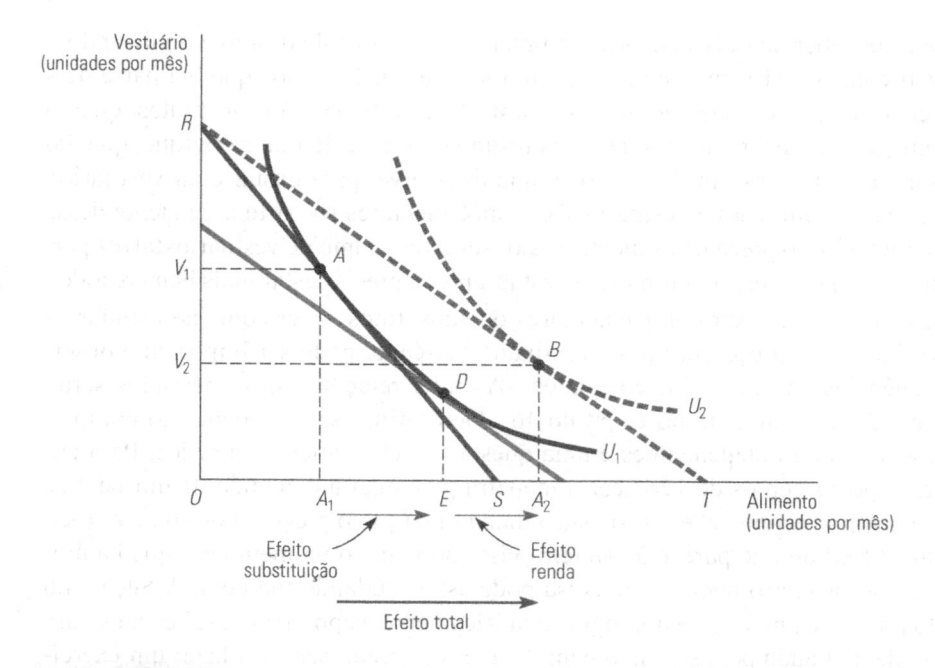

FIGURA 4.6   **EFEITO RENDA E EFEITO SUBSTITUIÇÃO: BEM NORMAL**

Uma redução no preço do alimento gera um efeito renda e um efeito substituição. O consumidor encontra-se inicialmente sobre o ponto A, na linha de orçamento RS. Após a redução no preço do alimento, a quantidade consumida aumenta o equivalente a A_1A_2, à medida que o consumidor move-se para B. O efeito substituição A_1E (associado ao movimento do ponto A para o ponto D) altera os preços relativos entre alimento e vestuário, mas mantém constante a renda real (satisfação). O efeito renda EA_2 (associado ao movimento de D para B) mantém os preços relativos constantes, ocasionando, porém, um aumento no poder aquisitivo. O alimento é um bem normal, pois seu efeito renda EA_2 é positivo.

EFEITO SUBSTITUIÇÃO

efeito substituição
Mudança no consumo de um bem associado a uma mudança em seu preço, mantendo-se constante o nível de utilidade.

A redução de preço cria um efeito substituição e um efeito renda. O **efeito substituição** é *a modificação no consumo de alimento associada a uma variação em seu preço, mantendo-se constante o nível de utilidade*. O efeito substituição capta a modificação no consumo de alimento que ocorre em consequência da variação do preço que o torna relativamente mais barato do que o vestuário. Essa substituição é caracterizada por um movimento ao longo da curva de indiferença. Na Figura 4.6, o efeito substituição pode ser obtido desenhando-se uma linha de orçamento paralela à nova linha de orçamento RT (que reflete o preço relativo mais baixo do alimento), mas que seja tangente à curva de indiferença original, U_1 (mantendo-se constante o nível de satisfação). A nova e imaginária linha de orçamento reflete o fato de que a renda nominal foi reduzida para que atingíssemos nosso objetivo conceitual de isolar o efeito substituição. Dada essa linha de orçamento, o consumidor escolhe a cesta de mercado D, obtendo OE unidades de alimento. Dessa forma, o segmento A_1E representa o efeito substituição.

A Figura 4.6 torna claro o fato de que, quando o preço do alimento diminui, o efeito substituição sempre conduz a um aumento na quantidade demandada desse bem. A explicação encontra-se na quarta premissa sobre as preferências do consumidor, discutidas na Seção 3.1 — qual seja, a de que as curvas de indiferença são convexas. Assim, no caso das curvas de indiferença convexas apresentadas nessa figura, o ponto de maximização da satisfação na nova linha de orçamento RT deve estar situado abaixo e à direita do ponto original de tangência.

EFEITO RENDA

Consideremos agora o **efeito renda**: *a variação no consumo de alimento ocasionada pelo aumento do poder aquisitivo, mantendo-se constantes os preços relativos*. Na Figura 4.6, poderemos ver o efeito renda se partirmos da linha imaginária de orçamento, que passa pelo ponto D, e formos para a linha de orçamento original, RT, que é paralela à anterior e passa por B. O consumidor escolhe a cesta B, situada sobre a curva de indiferença U_2 (pelo fato de o preço mais baixo do alimento ter aumentado o nível de utilidade do consumidor). O aumento no consumo de alimento, passando de OE para OA_2, é a medida do efeito renda, que é positivo, pois o alimento é um *bem normal* (os consumidores adquirem maiores quantidades do bem quando suas rendas aumentam). Por refletir o movimento feito pelo consumidor de uma curva de indiferença para outra, o efeito renda mede a variação de seu poder aquisitivo.

Na Figura 4.6, vimos que o efeito total de uma mudança no preço é fornecido teoricamente pela soma do efeito substituição e do efeito renda:

$$\text{Efeito total } (A_1A_2) = \text{Efeito substituição } (A_1E) + \text{Efeito renda } (EA_2)$$

Lembremo-nos aqui de que a direção do efeito substituição é sempre a mesma: um declínio no preço provoca um aumento no consumo do bem. Entretanto, o efeito renda pode fazer com que a demanda se modifique em qualquer uma das duas direções, dependendo de o bem ser normal ou inferior.

Um bem é **inferior** quando o efeito renda é negativo: quando a renda aumenta, o consumo cai. A Figura 4.7 apresenta o efeito renda e o efeito substituição para um bem inferior. O efeito renda negativo é medido pelo segmento EA_2. Mesmo no caso dos bens inferiores, o efeito renda raramente é grande o suficiente para superar o efeito substituição. Consequentemente, quando o preço de um bem inferior cai, seu consumo quase sempre apresenta elevação.

> **efeito renda**
> Mudança no consumo de um bem resultante de um aumento do poder de compra, com os preços relativos mantidos constantes.

> **bem inferior**
> Um bem que tem um efeito renda negativo.

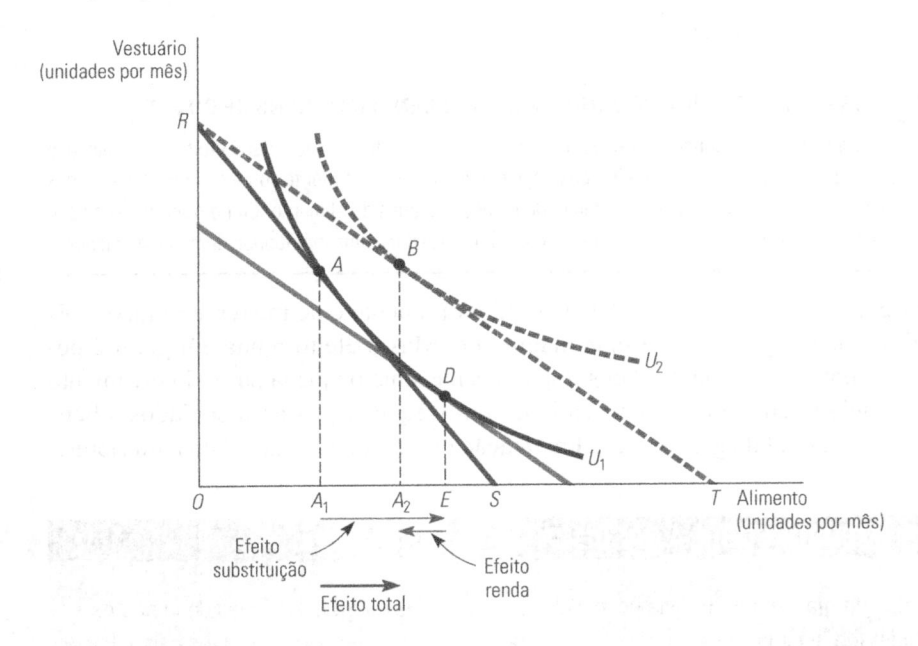

FIGURA 4.7 EFEITO RENDA E EFEITO SUBSTITUIÇÃO: BEM INFERIOR

O consumidor encontra-se inicialmente sobre o ponto A, na linha de orçamento RS. Após a redução no preço do alimento, move-se para B. A mudança resultante na quantidade adquirida de alimento pode ser decomposta em um efeito substituição A_1E (associado ao movimento de A para D) e em um efeito renda EA_2 (associado ao movimento do ponto D para o ponto B). Nesse caso, o alimento é um bem inferior, porque tem efeito renda negativo. Entretanto, como o efeito substituição excede o efeito renda, uma diminuição no preço do alimento leva a um aumento na quantidade demandada.

UM CASO ESPECIAL: OS BENS DE GIFFEN

bens de Giffen

Bens cuja curva de demanda tem inclinação ascendente pelo fato de que o efeito renda (negativo) é maior do que o efeito substituição.

O efeito renda teoricamente pode ser grande o suficiente para fazer com que a curva de demanda de um bem passe a ter inclinação ascendente. As mercadorias que se enquadram nesse perfil são denominadas **bens de Giffen**, e a Figura 4.8 mostra o efeito renda e o efeito substituição para esse caso. De início, o consumidor encontra-se no ponto A, adquirindo relativamente pouco vestuário e muito alimento. Suponhamos que ocorra uma diminuição no preço do alimento. Tal diminuição libera renda suficiente para que o consumidor passe a desejar adquirir mais vestuário e menos alimento, conforme indica o ponto B. A preferência revelada nos mostra que o consumidor está em melhores condições no ponto B do que no ponto A, mesmo consumindo menos alimento.

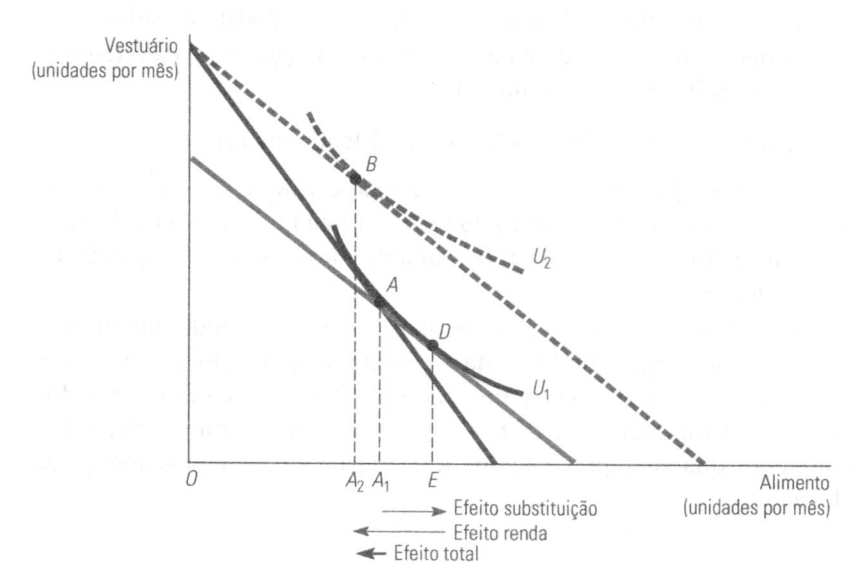

FIGURA 4.8 CURVA DE DEMANDA COM INCLINAÇÃO ASCENDENTE: BENS DE GIFFEN

Quando o alimento é um bem inferior e quando o efeito renda é grande o suficiente para dominar o efeito substituição, a curva de demanda apresenta inclinação ascendente. O consumidor encontra-se inicialmente sobre o ponto A, mas, após a diminuição no preço do alimento, move-se para B, adquirindo menos unidades de alimento. Como o efeito renda EA_2 é maior que o efeito substituição A_1E, a diminuição no preço do alimento ocasiona uma quantidade demandada menor.

Embora intrigante, a ocorrência de bens de Giffen raramente é de interesse prático, pois requer um efeito renda negativo de grande magnitude. Mas o efeito renda em geral é pequeno: individualmente, a maioria dos bens requer apenas uma pequena parte do orçamento do consumidor. Efeitos renda mais significativos com frequência estão associados a bens normais (por exemplo, total de gastos com alimentação ou moradia) e não a bens inferiores.

EXEMPLO 4.2 OS EFEITOS DE UM IMPOSTO SOBRE A GASOLINA

Em parte por causa da conservação de energia e em parte pela necessidade de elevar as receitas advindas de impostos, o governo dos Estados Unidos tem considerado algumas vezes a possibilidade de aumentar o imposto sobre a gasolina. Em 1993, por exemplo, um pequeno aumento de 4,3 centavos foi fixado como parte de um pacote de reformas fiscais mais amplo. Esse aumento foi muito menor do que aquilo que seria necessário para alinhar o preço da gasolina nos Estados Unidos com os preços praticados na Europa. Como um importante objetivo do aumento do imposto sobre a gasolina era desencorajar o consumo, o governo também considerou alternativas para devolver o montante arrecadado aos consumidores. Uma delas, bastante popular, seria um programa de compensação por meio do qual o imposto arrecadado seria devolvido às famílias em uma base *per capita*. Qual seria o efeito de tal programa?

Calculemos, em princípio, o efeito de tal programa ao longo de cinco anos. A elasticidade preço da demanda relevante é de aproximadamente –0,5.[1] Suponhamos que um consumidor de baixa renda utilize em torno de 1.200 galões[2] de gasolina por ano, que a gasolina custe US$ 1 por galão e que a renda anual do consumidor seja de US$ 9.000.

A Figura 4.9 apresenta o efeito do imposto sobre a gasolina. (Para evidenciar os efeitos que estamos discutindo, o gráfico não foi desenhado em escala.) AB é a linha de orçamento original, e o consumidor maximiza a utilidade (na curva de indiferença U_2) adquirindo a cesta de mercado C, com a qual obtém 1.200 galões de gasolina e gasta US$ 7.800 com outras mercadorias. Se o imposto for de US$ 0,50 por galão, o preço aumentará em 50%, deslocando a nova linha de orçamento para AD.[3] (Lembre-se de que, quando o preço varia e a renda permanece inalterada, a linha de orçamento sofre um movimento de rotação em torno de seu ponto de interseção com o eixo correspondente à mercadoria cujo preço permanece inalterado.) Com uma elasticidade preço de –0,5, o consumo de gasolina diminuirá em 25%, passando de 1.200 para 900 galões, conforme indica o ponto E de maximização de utilidade, situado sobre a curva de indiferença U_1 (para cada aumento de 1% no preço da gasolina, sua quantidade demandada apresenta uma redução de 0,5%).

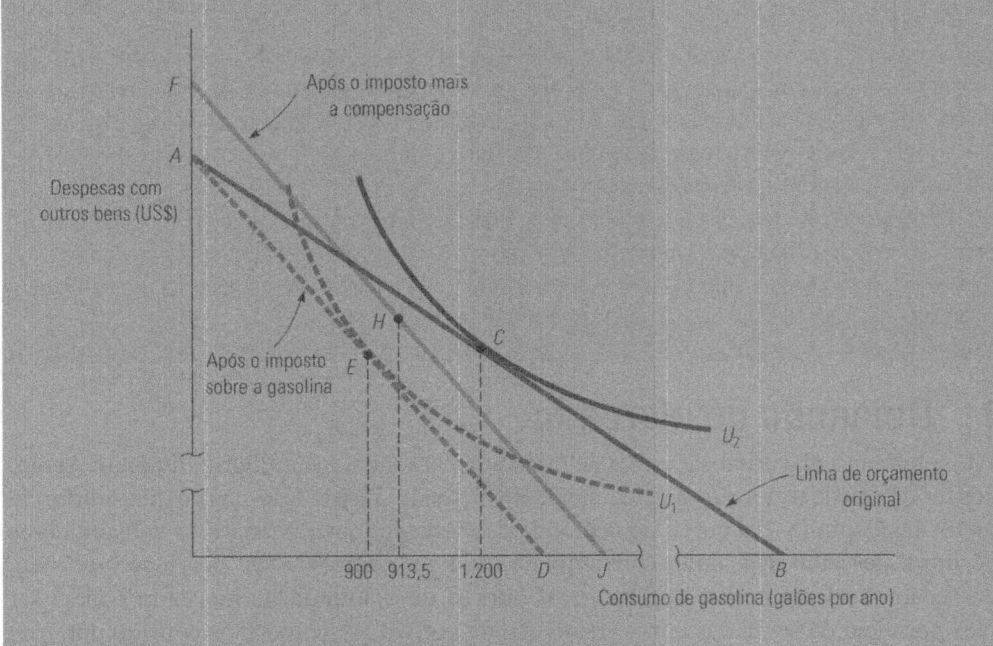

FIGURA 4.9 — EFEITO DE UM IMPOSTO SOBRE A GASOLINA COM COMPENSAÇÃO

Um imposto sobre a gasolina é implementado quando o consumidor adquire, inicialmente, 1.200 galões de gasolina, representado pelo ponto C. Depois do deslocamento da linha de orçamento causado pelo imposto, de AB para AD, o consumidor passa a maximizar sua satisfação no ponto E, em que consome 900 galões. Entretanto, quando os recursos provenientes do imposto são repassados ao consumidor, seu consumo apresenta ligeira elevação, passando a 913,5 galões no ponto H. Apesar da compensação, houve queda no consumo, bem como no nível de satisfação.

O programa, entretanto, compensa parcialmente esse efeito. Suponhamos que a receita de arrecadação seja de US$ 450 por pessoa (900 galões vezes US$ 0,50 por galão), de forma que cada consumidor venha a receber US$ 450. De que maneira esse aumento de renda influenciaria o consumo de gasolina? Esse efeito pode ser representado graficamente deslocando-se a linha de orçamento mais para cima, em US$ 450, até FJ, que é paralela a AD. Qual será a quantidade de gasolina que nosso consumidor estará agora comprando? No Capítulo 2, vimos que a elasticidade renda

---

1 Vimos, no Capítulo 2, que a elasticidade preço da demanda da gasolina apresentava substancial variação do curto prazo ao longo prazo.
2 1 galão = 3,8 litros. (Nota do revisor técnico).
3 Para simplificarmos o exemplo, presumimos que a totalidade do imposto sobre a gasolina é paga pelos consumidores na forma de um preço mais elevado. Uma análise mais geral de mudança de impostos será feita no Capítulo 9.

da demanda de gasolina é cerca de 0,3. Pelo fato de os US$ 450 representarem um acréscimo de 5% na renda (US$ 450/US$ 9.000 = 0,05), seria de se esperar que o desconto fosse capaz de aumentar em 1,5% (0,3 multiplicado por 5%) o consumo de 900 galões, ou seja, 13,5 galões. Tal fato é ilustrado pela nova escolha maximizadora de utilidade, representada pelo ponto H. (Omitimos a curva de indiferença que é tangente a H para simplificar o diagrama.) Com a compensação, o imposto reduziria o consumo de gasolina em 286,5 galões, e este passaria de 1.200 para 913,5 galões. Pelo fato de a elasticidade preço da demanda de gasolina ser relativamente baixa, o efeito renda do programa de compensação é superado pelo efeito substituição, e o resultado do programa é uma redução do consumo.

A fim de colocar o programa de compensação em funcionamento, o Congresso dos Estados Unidos teria de resolver uma série de problemas práticos. Primeiro, a receita proveniente do imposto e as despesas com a compensação variariam de ano para ano, tornando muito difícil planejar o processo orçamentário. Por exemplo, uma compensação de impostos da ordem de US$ 450 no primeiro ano do programa se transformaria em um aumento da renda. Durante o segundo ano, esse aumento levaria a um aumento no consumo de gasolina pelas pessoas de baixa renda que estamos estudando. Com essa elevação do consumo, porém, o imposto pago e a compensação recebida iriam aumentar no segundo ano. Como resultado, seria muito difícil prever o tamanho do orçamento do programa.

A Figura 4.9 revela que o programa do imposto sobre a gasolina deixa o consumidor de renda média mais baixa ligeiramente em piores condições, porque o ponto H está situado logo abaixo da curva de indiferença U_2. É claro que alguns consumidores de baixa renda poderiam efetivamente se beneficiar do programa (no caso, por exemplo, de consumirem em média menos gasolina do que o grupo cujo consumo determine a compensação). Entretanto, o efeito substituição causado pelo imposto deixaria os consumidores, na média, em piores condições.

Por que, então, introduzir tal programa? As pessoas que apoiam os impostos sobre a gasolina argumentam que eles promovem a segurança nacional (ao reduzir a dependência do petróleo importado) e propiciam maior conservação de energia, ajudando, assim, a diminuir o ritmo do aquecimento global por meio da redução do dióxido de carbono na atmosfera. Continuaremos a examinar o impacto do imposto sobre a gasolina mais à frente, no Capítulo 9.

4.3 Demanda de mercado

Até este ponto discutimos a curva de demanda para um consumidor individual. Agora, vamos ter de considerar a curva de demanda de mercado. Lembremo-nos de que, conforme dissemos no Capítulo 2, a curva de demanda de mercado mostra quanto os consumidores como um todo estão desejando consumir de um bem conforme seu preço se modifica. Nesta seção, mostraremos de que forma as **curvas de demanda de mercado** podem ser obtidas por meio da soma das curvas de demanda individual de todos os consumidores de determinado mercado.

curva de demanda de mercado
Curva que relaciona a quantidade de um bem que todos os consumidores em um mercado vão comprar a um dado preço.

DA DEMANDA INDIVIDUAL À DEMANDA DE MERCADO

Para simplificar, suponhamos que existam apenas três consumidores (A, B e C) no mercado de café. A Tabela 4.2 apresenta uma tabulação de diversos pontos da curva de demanda para cada um desses consumidores. A demanda de mercado, na coluna (5), é calculada por meio da soma das colunas (2), (3) e (4) que representam nossos três consumidores para determinar a quantidade total demandada correspondente a cada preço. Por exemplo, quando o preço é de US$ 3, a quantidade total demandada é de 2 + 6 + 10, ou seja, 18.

TABELA 4.2	Determinando a curva de demanda de mercado			
(1) Preço (US$)	(2) Consumidor A (unidades)	(3) Consumidor B (unidades)	(4) Consumidor C (unidades)	(5) Mercado (unidades)
1	6	10	16	32
2	4	8	13	25
3	2	6	10	18
4	0	4	7	11
5	0	2	4	6

A Figura 4.10 apresenta as curvas de demanda por café dos mesmos três consumidores (designadas D_A, D_B e D_C). No gráfico, a curva de demanda de mercado corresponde à *soma horizontal* das demandas de cada consumidor. Efetuamos a soma horizontal para encontrar a quantidade total que os três consumidores demandarão a cada preço. Por exemplo, quando o preço for de US$ 4, a quantidade demandada pelo mercado (11 unidades) corresponderá à soma da quantidade demandada por A (0 unidade), por B (4 unidades) e por C (7 unidades). Pelo fato de todas as curvas de demanda apresentarem inclinação descendente, a curva de demanda de mercado também apresentará inclinação descendente. Todavia, embora cada uma das curvas de demanda individual seja uma linha reta, a curva de demanda de mercado não precisa ser assim. Na Figura 4.10, por exemplo, a demanda de mercado é quebrada, pois um consumidor não faz aquisições a preços que os demais acham aceitáveis (os preços acima de US$ 4).

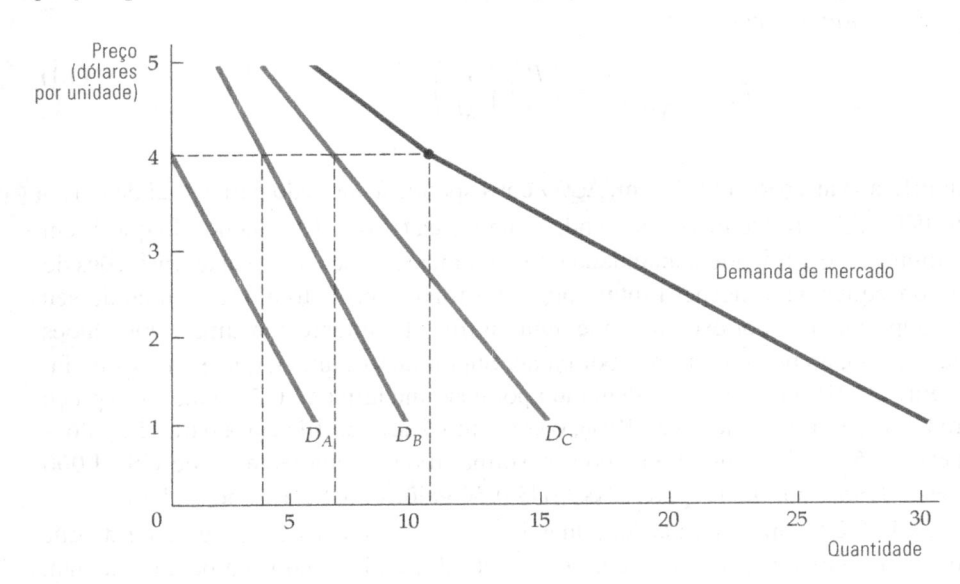

FIGURA 4.10 **SOMANDO PARA OBTER A CURVA DE DEMANDA DE MERCADO**

A curva de demanda de mercado é obtida por meio da soma das curvas D_A, D_B e D_C, correspondentes à demanda individual dos nossos três consumidores. Para cada preço, a quantidade de café demandada pelo mercado corresponde à soma das quantidades demandadas individualmente. Por exemplo, ao preço de US$ 4, a quantidade demandada pelo mercado (11 unidades) é a soma das quantidades demandadas por A (0 unidade), B (4 unidades) e C (7 unidades).

Dois aspectos que resultam dessa análise precisam ser observados:

1. **A curva de demanda de mercado será deslocada para a direita à medida que mais consumidores entrarem no mercado.**
2. **Os fatores que influenciam a demanda de muitos consumidores também afetarão a demanda do mercado.** Suponhamos, por exemplo, que a maioria dos consumidores em determinado mercado tenha sua renda aumentada e, como resultado, eleve sua demanda por café. Pelo fato de a curva de demanda de cada consumidor apresentar deslocamento para a direita, o mesmo ocorrerá com a curva de demanda de mercado.

A agregação das demandas individuais para a composição das demandas de mercado não é apenas um exercício teórico. É algo que se torna importante na prática, quando as demandas de mercado são calculadas com base em demandas de diferentes grupos demográficos ou de consumidores que se encontram em regiões diferentes. Por exemplo, poderíamos obter informações sobre a demanda de computadores de uso doméstico somando informações obtidas independentemente a respeito das demandas dos seguintes grupos:

- Famílias com crianças
- Famílias sem crianças
- Pessoas solteiras

Ou então poderíamos determinar a demanda por trigo nos Estados Unidos agregando a demanda doméstica (isto é, a dos consumidores norte-americanos) e a de exportação (isto é, a dos consumidores estrangeiros), como veremos no Exemplo 4.3.

ELASTICIDADE DA DEMANDA

Como dissemos na Seção 2.4, a elasticidade preço da demanda mede a variação percentual da quantidade demandada, em consequência de uma variação percentual do preço. Indicando por Q a quantidade de uma mercadoria e por P seu preço, definimos a *elasticidade preço da demanda* como

$$E_P = \frac{\Delta Q/Q}{\Delta P/P} = \left(\frac{P}{Q}\right)\left(\frac{\Delta Q}{\Delta P}\right) \tag{4.1}$$

(Aqui, Δ significa "variação em". Assim, $\Delta Q/Q$ corresponde à variação percentual de Q.)

DEMANDA INELÁSTICA Quando a demanda é inelástica (isto é, E_P é menor do que 1, em valores absolutos), a quantidade demandada é relativamente pouco sensível às variações do preço. Em consequência, a despesa total com determinado produto aumenta quando seu preço sobe. Suponhamos, por exemplo, que uma família atualmente consuma 1.000 galões de gasolina por ano, ao preço de US$ 1 por galão. Suponhamos, ainda, que essa mesma família apresente elasticidade preço da demanda por gasolina igual a –0,5. Então, se o preço passar para US$ 1,10 (um aumento de 10%), o consumo dessa família cairá para 950 galões (uma redução de 5%). Os gastos totais com gasolina, todavia, aumentarão de US$ 1.000 (1.000 galões × US$ 1 por galão) para US$ 1.045 (950 galões × US$ 1,10 por galão).

DEMANDA ELÁSTICA Em contrapartida, quando a demanda é elástica (E_P é maior do que 1, em valores absolutos), o gasto total com o produto diminui quando seu preço aumenta. Suponhamos que uma família adquira 100 libras de carne de frango por ano, ao preço de US$ 2 por libra; a elasticidade preço da demanda por carne de frango é –1,5. Então, se o preço da carne de frango for elevado para US$ 2,20 (um aumento de 10%), o consumo de carne de frango pela família cai para 85 libras por ano (uma redução de 15%). O dispêndio total com carne de frango também apresentará redução, passando de US$ 200 (100 libras × US$ 2 por libra) para US$ 187 (85 libras × US$ 2,20 por libra).[4]

DEMANDA ISOELÁSTICA Quando a elasticidade da demanda é constante ao longo de toda a curva de demanda, dizemos que a curva é **isoelástica**. A Figura 4.11 mostra uma curva de demanda com essa propriedade. Em contraste, lembremos, conforme dissemos na Seção 2.4, o que acontece com a elasticidade preço da demanda à medida que nos movemos ao longo de uma *curva de demanda linear*. Embora a inclinação da curva linear seja constante, o mesmo não ocorre com a elasticidade preço da demanda. Ela vem a ser zero quando o preço é zero, crescendo em magnitude até se tornar infinita quando o preço é suficientemente alto para que a quantidade demandada seja zero.

Um caso especial de curva isoelástica ocorre quando a curva de demanda tem *elasticidade unitária* (ou seja, quando essa elasticidade é sempre igual a –1), como ocorre na Figura 4.11. Nesse caso, o gasto total permanece o mesmo após a variação do preço. Um aumento de preço, por exemplo, ocasionaria uma redução na quantidade demandada, mas de tal forma que essa redução fosse suficiente para deixar inalterado o gasto total com a mercadoria. Suponhamos, por exemplo, que o gasto total dos consumidores em filmes exibidos pela primeira vez em Berkeley, Califórnia, seja de US$ 5,4 milhões por ano, independentemente do preço do ingresso

---

4 (N.T:. 1 libra = 0,45 kg)

de cinema. Em todos os pontos da curva de demanda, o preço multiplicado pela quantidade tem de ser igual a US$ 5,4 milhões. Se o preço for US$ 6, a quantidade será de 900 mil bilhetes; se o preço subir para US$ 9, a quantidade de bilhetes cairá para 600 mil, como mostra a Figura 4.11.

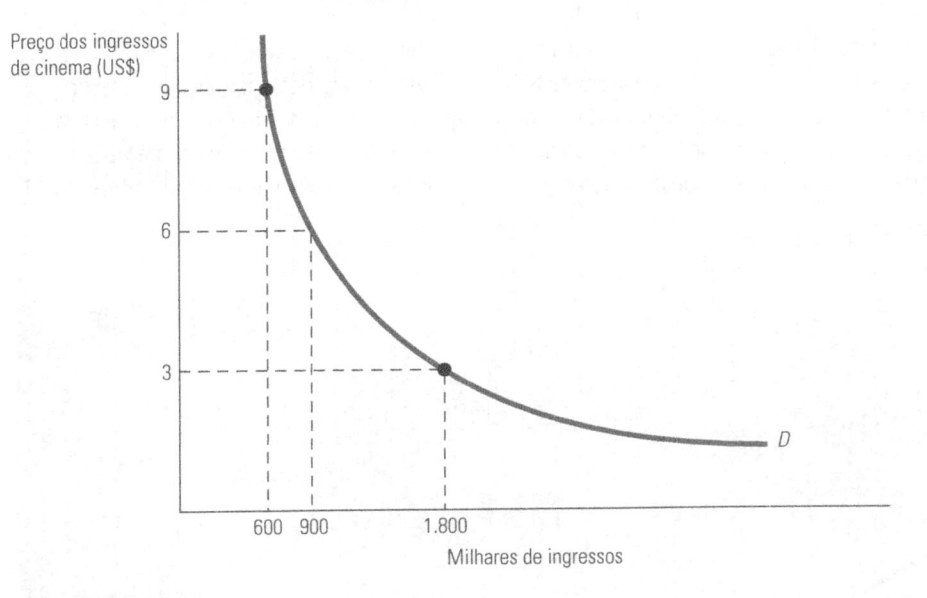

FIGURA 4.11 CURVA DE DEMANDA DE ELASTICIDADE UNITÁRIA

Quando a elasticidade preço da demanda vem a ser −1,0 para cada preço possível, o gasto total é constante ao longo da curva de demanda *D*.

A Tabela 4.3 resume as relações entre elasticidade e gasto. É útil rever esse quadro do ponto de vista daquele que vende a mercadoria, em vez de fazê-lo do ponto de vista do comprador. (O que é receita total para aqueles que vendem é gasto total para os consumidores.) Quando a demanda é inelástica, um aumento no preço ocasiona apenas uma pequena redução na quantidade demandada, de tal forma que a receita total recebida por quem vende apresenta elevação. No entanto, quando a demanda é elástica, um aumento no preço da mercadoria ocasiona uma grande redução na quantidade demandada e a receita total também apresenta redução.

TABELA 4.3	Elasticidade preço e gasto do consumidor	
Demanda	Gasto após elevação de preço	Gasto após queda de preço
Inelástica	Aumenta	Diminui
Unitária	Permanece constante	Permanece constante
Elástica	Diminui	Aumenta

EXEMPLO 4.3 A DEMANDA AGREGADA DE TRIGO

No Capítulo 2 (Exemplo 2.5), discutimos dois componentes da demanda de trigo: a demanda interna (dos consumidores dos Estados Unidos) e a de exportação (dos consumidores estrangeiros). Vejamos agora de que forma a demanda mundial de trigo pode ser obtida por meio da agregação das demandas interna e externa.

A demanda interna de trigo é calculada por meio da equação

$$Q_{DI} = 1.430 - 55P$$

sendo Q_{DI} o número de bushels (em milhões) correspondente à demanda interna, e P o preço em dólares por bushel (1 bushel = 27,2 kg). A demanda de exportação é calculada por meio de

$$Q_{DE} = 1.470 - 70P$$

sendo Q_{DE} o número de bushels (em milhões) demandados pelos consumidores do exterior. Como mostra a Figura 4.12, a demanda interna de trigo, indicada por AB, é relativamente inelástica aos preços. (Estudos estatísticos demonstram que a elasticidade preço da demanda interna está entre $-0,2$ e $-0,3$.) Entretanto, a demanda de exportação, indicada por CD, é mais elástica aos preços, apresentando uma elasticidade de $-0,4$. Por quê? A demanda de exportação é mais elástica do que a interna, pois muitas nações mais pobres que importam trigo dos Estados Unidos voltam-se para outros cereais e alimentos quando os preços do trigo sobem.[5]

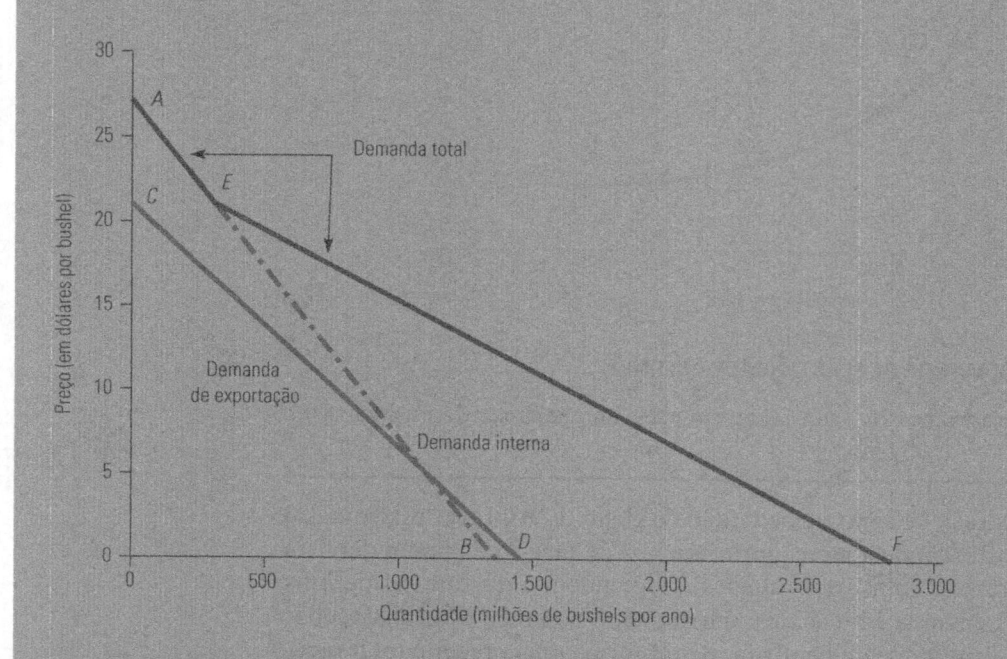

FIGURA 4.12 **A DEMANDA AGREGADA DE TRIGO**

A demanda mundial de trigo corresponde à soma horizontal da demanda interna AB com a demanda de exportação CD. Embora cada uma das curvas seja linear, a curva da demanda de mercado é quebrada, refletindo o fato de que não existe demanda de exportação quando o preço do trigo é maior que US$ 21 por bushel.

Para podermos obter a demanda mundial de trigo, fizemos com que o lado esquerdo de cada uma das equações de demanda fosse igualado à quantidade de trigo (variável representada pelo eixo horizontal). Em seguida, fizemos a adição do lado direito das equações, obtendo

$$Q_{DI} + Q_{DE} = (1.430 - 55P) + (1.470 - 70P)$$
$$= 2.900 - 125P$$

Isso gera o segmento EF na Figura 4.12.

Para todos os preços superiores a C não há demanda de exportação, de tal forma que a demanda mundial e a interna se tornam iguais. Como resultado, para todos os preços acima de C, a demanda mundial é dada pelo segmento AE. (Se somássemos Q_{DE} para preços acima de C, estaríamos incorretamente somando uma demanda negativa de exportação a uma demanda positiva interna.) Como indica a figura, a demanda mundial de trigo, dada por AEF, é quebrada. A quebra ocorre no ponto E, que indica o nível de preço acima do qual não existe demanda de exportação.

---

[5] Pode-se encontrar um panorama dos estudos estatísticos sobre elasticidades de oferta e de demanda e uma análise do mercado de trigo nos Estados Unidos em Larry Salathe e Sudchada Langley, "An Empirical Analysis of Alternative Export Subsidy Programs for U.S. Wheat", *Agricultural Economics Research* 38, n. l, inv. 1986.

DEMANDA ESPECULATIVA

Até aqui em nosso tratamento da demanda, consideramos que os consumidores são "racionais", no sentido que eles dividem sua renda para comprar diversos bens e serviços, maximizando sua satisfação total. Às vezes, porém, as demandas por alguns bens são baseadas não na satisfação que se obtém por realmente consumir o bem, mas na crença de que seu preço aumentará. Nesse caso, pode ser possível lucrar comprando o produto e depois revendê-lo mais tarde a um preço mais alto. Essa **demanda especulativa** é parcialmente culpada pelo aumento brusco nos preços de moradia que ocorreram nos Estados Unidos, Europa e China durante a década passada.

A demanda especulativa é frequentemente (mas não sempre, conforme explicaremos no Capítulo 5) irracional. As pessoas veem que o preço de um bem está subindo e, de alguma forma, concluem que, portanto, o preço continuará subindo. Mas normalmente não há uma base racional para o "portanto", de modo que um consumidor que compra algo porque acredita que o preço continuará subindo normalmente está apenas apostando nisso.

> **demanda especulativa**
> Demanda orientada não por benefícios diretos obtidos por possuir ou consumir um bem, mas sim por uma expectativa de que o preço do bem aumentará.

EXEMPLO 4.4 — A DEMANDA HABITACIONAL

Os gastos com moradia costumam ser os mais importantes dentro do orçamento familiar e consomem, em média, 25% da renda. A demanda habitacional depende da faixa etária e da situação social da família que está tomando a decisão de compra. Uma forma de avaliar a demanda habitacional é estabelecendo uma relação entre o número de cômodos por moradia para cada família (quantidade demandada), o preço estimado para cada cômodo adicional e a renda familiar. (Os preços dos cômodos variam de local para local nos Estados Unidos, em virtude de diferenças nos custos de construção.) A Tabela 4.4 apresenta uma relação de elasticidade preço e elasticidade renda para alguns grupos demográficos.

TABELA 4.4 Elasticidades preço e renda da demanda por cômodos

Grupo	Elasticidade preço	Elasticidade renda
Solteiros	–0,10	0,21
Casados; chefes de família com idade inferior a 30 anos; 1 filho	–0,25	0,06
Casados; chefes de família na faixa de 30 a 39 anos; 2 ou mais filhos	–0,15	0,12
Casados; chefes de família com idade igual ou superior a 50 anos; 1 filho	–0,08	0,19

Existem diferenças significativas entre os subgrupos da população. Por exemplo, a demanda das famílias com chefes jovens apresenta uma elasticidade preço de –0,25, que é maior do que a elasticidade preço das famílias com chefes mais velhos. Presumivelmente, as famílias que adquirem um imóvel são mais sensíveis ao preço quando pais e filhos são mais jovens, talvez pelo fato de que os pais podem estar planejando ter mais filhos. Entre as famílias de indivíduos casados, a elasticidade renda da demanda por cômodos também sofre elevação com o aumento da idade, o que nos diz que famílias mais velhas adquirem moradias maiores do que famílias mais jovens.

Para as famílias pobres, a fração do rendimento gasta com moradia é alta. Os locatários com renda localizada nos 20% inferiores da distribuição de renda, por exemplo, costumam gastar 55% de seus rendimentos com moradia, em comparação com os 28% da renda para as famílias em geral.[6] Muitos programas do governo — como subsídios, controle de aluguéis, regulamentações do uso da terra — foram propostos para moldar o mercado imobiliário de modo a facilitar a moradia para os mais pobres.

---

[6] Este é o ponto de partida para o debate sobre moradia "acessível". Para ter uma visão geral consulte John Quigley e Steven Raphael, "Is Housing Unaffordable? Why Isn't It More Affordable?", *Journal of Economic Perspectives* 18, 2004, p. 191-214.

Qual é a eficácia dos subsídios de renda? Se o subsídio aumenta consideravelmente a demanda por moradia, podemos presumir que melhorará as condições habitacionais dos mais pobres.[7] Por outro lado, se o dinheiro extra for gasto com outras coisas que não com a moradia, o subsídio, embora possa ser benéfico, terá falhado no tratamento das questões políticas relacionadas à moradia.

A evidência indica que, para as famílias mais pobres (localizadas dentre os 10% inferiores da distribuição de renda), a elasticidade renda da demanda habitacional é cerca de 0,09, o que indica que os subsídios de renda não estão sendo gastos com moradia. Por comparação, a elasticidade renda da demanda habitacional entre os mais ricos (localizados nos 10% superiores da distribuição de renda) é cerca de 0,54.

Esta discussão considera que os consumidores escolhem seus gastos com moradia e com outros bens de modo a maximizar sua satisfação total, onde os benefícios da moradia (e, portanto, a demanda habitacional) surgem da quantidade de cômodos, da segurança da vizinhança, da qualidade das escolas etc. Nos últimos anos, porém, a demanda habitacional tem sido afetada parcialmente pela demanda especulativa: as pessoas compraram casas achando que poderiam revendê-las no futuro a um preço muito mais alto. A demanda especulativa — demanda determinada não pelos benefícios diretos que se obtêm ao comprar uma casa, mas por uma expectativa de que seu preço aumentará — fez com que os preços de moradia em muitas partes dos Estados Unidos aumentassem bruscamente, muito mais do que poderia ser justificado pela densidade demográfica.

A demanda especulativa pode levar a uma bolha — um aumento no preço com base não nos fundamentos da demanda, mas sim em uma crença de que o preço continuará subindo. Por fim, as bolhas estouram — o preço para de subir à medida que novos compradores deixam de vir para o mercado, os proprietários ficam alarmados e começam a vender, o preço cai, mais pessoas vendem e o preço cai ainda mais. Conforme veremos no Capítulo 5, as bolhas são problemáticas, pois podem distorcer o funcionamento de um mercado e levar a crises financeiras quando estouram. Foi isso o que aconteceu com o mercado imobiliário dos Estados Unidos, que experimentou uma bolha de preços imobiliários que finalmente estourou em 2008, levando ao não pagamento de hipotecas e contribuindo para a crise financeira que atingiu essa nação e a economia global no final de 2008.

EXEMPLO 4.5 A DEMANDA DE GASOLINA A LONGO PRAZO

Entre os países industrializados, os Estados Unidos é o único no qual o preço da gasolina é relativamente baixo. O motivo é simples: Europa, Japão e outros países possuem altos impostos sobre a gasolina, de modo que os preços em geral são o dobro ou o triplo daqueles praticados nos Estados Unidos, que impõem impostos muito baixos sobre a gasolina. Muitos economistas argumentaram que o país deveria aumentar de modo substancial seu imposto sobre a gasolina, pois isso reduziria o consumo e, portanto, reduziria a dependência do petróleo importado, reduzindo as emissões de gases pelo efeito estufa, que contribuem para o aquecimento global (além de fornecer uma receita tão necessária para o governo). Porém, os políticos têm resistido, temendo que um aumento de impostos deixe os eleitores furiosos.

Deixando de lado as questões políticas relacionadas à taxação da gasolina, preços mais altos realmente reduziriam o consumo ou os motoristas estão tão acostumados a carros grandes, que consomem muito combustível, que os preços mais altos fariam pouca diferença? O que importa aqui é a demanda por gasolina a *longo prazo*, pois não podemos esperar que os motoristas imediatamente se livrem de seus carros antigos e comprem novos logo após um aumento de preços. Uma forma de chegar à curva de demanda no longo prazo é examinando o consumo *per capita* de gasolina em diversos países que, historicamente, tiveram preços muito diferentes (pois impuseram diferentes impostos sobre a gasolina). A Figura 4.13 ilustra exatamente isso. Ela traça o consumo *per capita* de gasolina no eixo vertical e o preço em dólares por galão para 9 países no eixo horizontal.[8] (Cada círculo representa a população do país correspondente.)

---

[7] Julia L. Hansen, John P. Formby e W. James Smith, "Estimating the Income Elasticity of Demand for Housing: A Comparison of Traditional and Lorenz-Concentration Curve Methodologies", *Journal of Housing Economics* 7, 1998, p. 328-342.

[8] Agradecemos a Chris Knittel por fornecer os dados desta figura. Os dados levam em conta as diferenças de renda e são baseados na Figura 1 que consta em Christopher Knittel, "Reducing Petroleum Consumption from Transportation", *Journal of Economic Perspectives*, 2012. Todos os dados básicos estão disponíveis em www.worldbank.org.

Observe que os Estados Unidos tiveram, de longe, os preços mais baixos e também o consumo de gasolina *per capita* mais elevado. A Austrália está mais ou menos no meio em termos de preços e também de consumo. A maioria dos países europeus, por outro lado, tem preços muito mais altos e, consequentemente, níveis de consumo *per capita* mais baixos. A elasticidade da demanda a longo prazo para a gasolina está em torno de −1,4.

Agora, voltemos à nossa questão: maiores preços de gasolina reduziriam seu consumo? A Figura 4.13 fornece uma resposta clara: definitivamente sim.

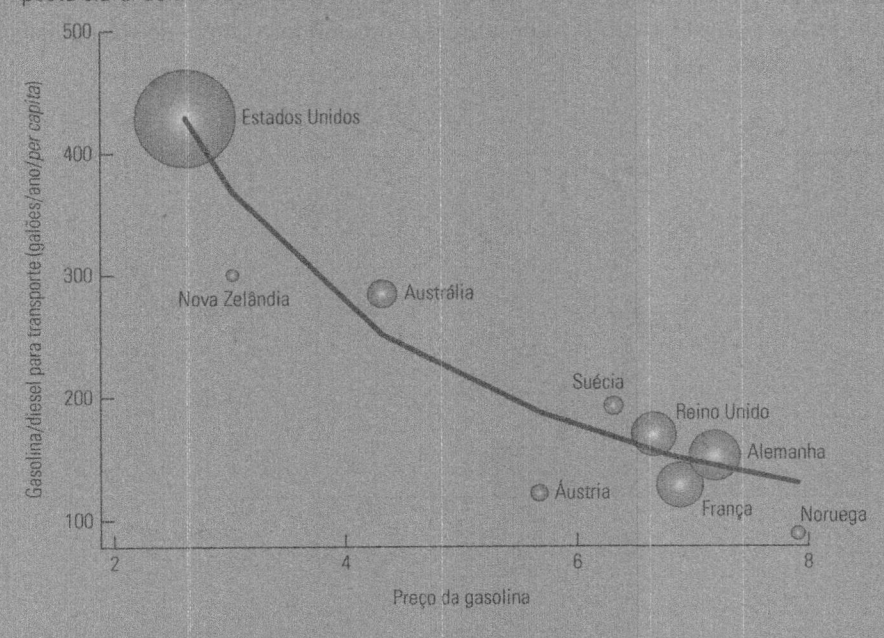

FIGURA 4.13   **PREÇOS DA GASOLINA E CONSUMO *PER CAPITA* EM NOVE PAÍSES**

O gráfico representa o consumo *per capita* de gasolina *versus* o preço por galão (convertido para dólares norte-americanos) para 9 países pelo período de 2008 a 2010. Cada círculo representa, proporcionalmente, a população do país correspondente.

4.4 Excedente do consumidor

Os consumidores adquirem mercadorias porque elas lhes proporcionam aumento no bem-estar. O **excedente do consumidor** calcula *em que medida* será maior a satisfação das pessoas, em conjunto, por poderem adquirir um produto no mercado. Pelo fato de diferentes consumidores atribuírem valores diferenciados ao consumo de cada mercadoria, o valor máximo que estariam dispostos a pagar por tais mercadorias também difere. *O excedente do consumidor individual é a diferença entre o preço que um consumidor estaria disposto a pagar por uma mercadoria e o preço que realmente paga.* Suponhamos, por exemplo, que uma estudante estivesse disposta a pagar US$ 13 por um ingresso para um show de rock, entretanto, o preço do ingresso é de apenas US$ 12. Aquele US$ 1 economizado corresponde ao excedente do consumidor.[9] Quando somamos os excedentes de todos os consumidores que adquirem determinada mercadoria, obtemos uma medida do excedente do consumidor *agregado*.

excedente do consumidor
Diferença entre o que um consumidor está disposto a pagar por certo bem e o que efetivamente paga.

---

9   O fato de o excedente do consumidor poder ser medido em unidades monetárias envolve uma premissa implícita a respeito do formato das curvas de indiferença dos consumidores, ou seja, de que a utilidade marginal do consumidor, associada aos aumentos de renda, permanece constante dentro da faixa de renda em questão. Para muitas análises econômicas, essa premissa é razoável. No entanto, pode ser duvidosa quando estão envolvidas grandes variações de renda.

EXCEDENTE DO CONSUMIDOR E DEMANDA

O excedente do consumidor pode ser facilmente calculado quando conhecemos a curva de demanda. Para verificar a relação entre a demanda e o excedente do consumidor, examine a curva de demanda individual de ingressos para o show, que é apresentada na Figura 4.14. (Embora a discussão que se segue se aplique a essa curva de demanda individual em particular, um argumento similar também se aplica à curva de demanda de mercado.) Desenhando a curva de demanda de modo que ela se pareça mais com uma escada do que com uma linha reta, é possível medir o valor que essa consumidora obtém de sua aquisição de ingressos para o show.

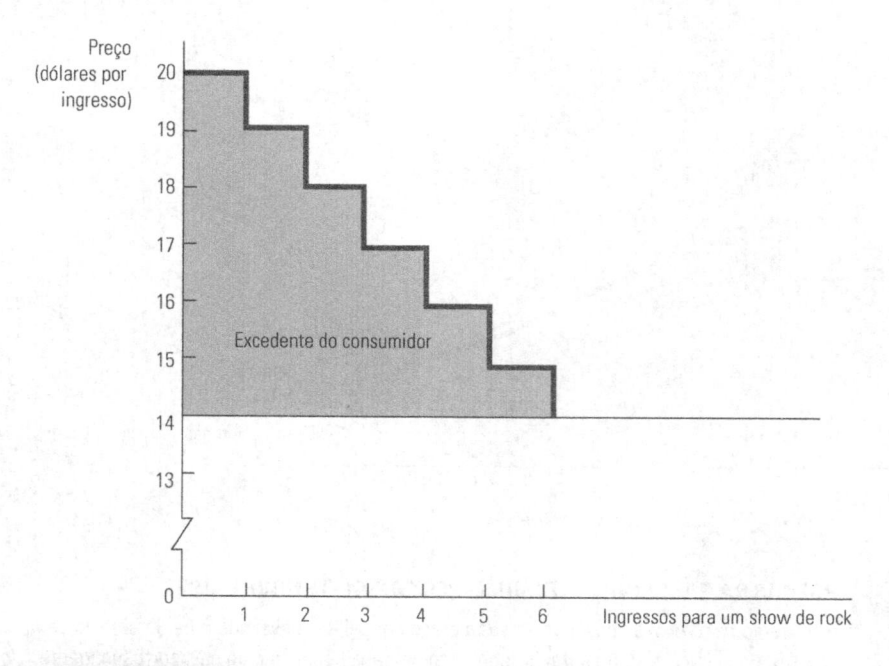

FIGURA 4.14 EXCEDENTE DO CONSUMIDOR

O excedente do consumidor corresponde ao benefício total obtido pelo consumo de determinado produto, menos o custo total de sua aquisição. Nesta figura, o excedente do consumidor associado ao consumo de seis ingressos para um show (adquiridos ao preço unitário de US$ 14) é dado pela área sombreada em cinza.

Quando estiver decidindo qual quantidade adquirirá, a estudante poderá efetuar os seguintes cálculos: o primeiro ingresso custa US$ 14, mas vale US$ 20. Essa avaliação de US$ 20 é obtida pelo uso da curva de demanda para descobrir o valor máximo que a consumidora estaria disposta a pagar na aquisição de cada unidade *adicional* do ingresso (US$ 20 corresponde ao valor máximo que a consumidora pagaria para adquirir o *primeiro* ingresso). Vale a pena comprar o primeiro ingresso, pois ele gera US$ 6 em valor excedente ao preço de aquisição. Também vale a pena adquirir o segundo, já que gera US$ 5 (US$ 19 – US$ 14) em valor excedente ao preço de aquisição. O terceiro gera excedente no valor de US$ 4; o quarto, de US$ 3; o quinto, de US$ 2; e o sexto, de apenas US$ 1. Em consequência, para nossa estudante é indiferente adquirir o sétimo ingresso (já que ele gera um valor excedente de US$ 0) e ela prefere não adquirir ingressos adicionais, uma vez que o valor de cada novo ingresso será inferior a seu preço. Na Figura 4.14, o excedente do consumidor é obtido por meio da *soma dos valores dos excedentes correspondentes a cada uma das unidades adquiridas*. Nesse caso, o excedente do consumidor é igual a

$$US\$\ 6 + US\$\ 5 + US\$\ 4 + US\$\ 3 + US\$\ 2 + US\$\ 1 = US\$\ 21$$

Para calcular o excedente do consumidor agregado em um mercado, simplesmente calculamos a área situada abaixo da curva de demanda de *mercado* e acima da linha do preço. Na Figura 4.15, vamos ilustrar esse princípio para o caso do show de rock. Como o número de ingressos vendidos é medido em milhares e as demandas dos indivíduos diferem entre si, a curva de demanda de mercado aparece como uma linha reta. Observe que o gasto corrente em ingresso vem a ser 6.500 × US$ 14 = US$ 91.000. O excedente do consumidor, mostrado pela área sombreada do triângulo, vem a ser

$$1/2 \times (US\$ 20 - US\$ 14) \times 6.500 = US\$ 19.500$$

Esse valor representa o benefício total dos consumidores menos o que eles pagaram pelos ingressos.

Obviamente, nem sempre as curvas de demanda de mercado são linhas retas. Apesar disso, podemos sempre medir o excedente do consumidor pela área situada abaixo da curva de demanda e acima da linha do preço.

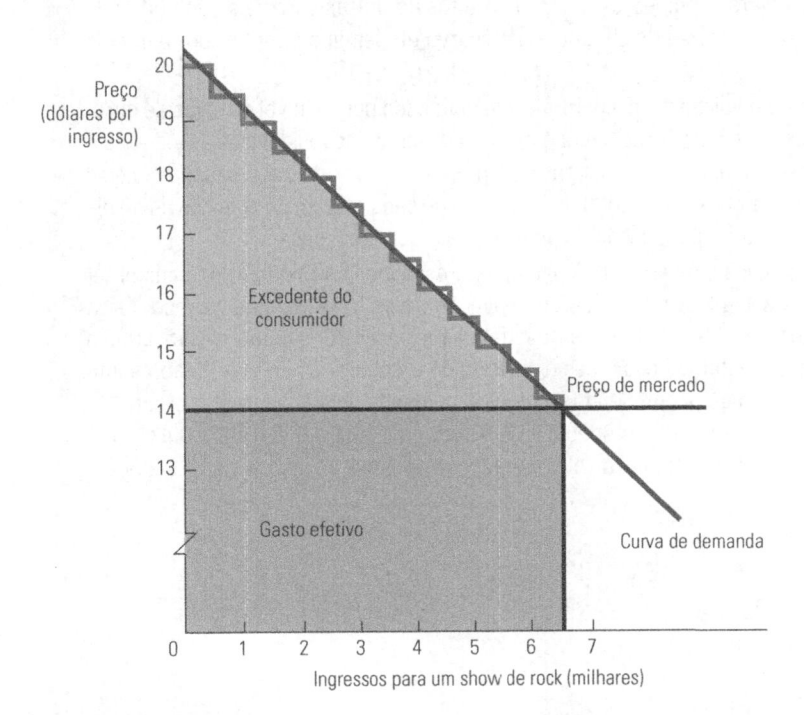

FIGURA 4.15 **EXCEDENTE DO CONSUMIDOR: CASO GERAL**

Para o mercado como um todo, o excedente do consumidor pode ser medido pela área abaixo da curva de demanda e acima da linha que representa o preço efetivo de aquisição do bem. Na figura, o excedente do consumidor é dado pela área sombreada do triângulo, sendo igual a 1/2 × (US$ 20 − US$ 14) × 6.500 = US$ 19.500.

APLICAÇÃO DO EXCEDENTE DO CONSUMIDOR O excedente do consumidor tem aplicações importantes em economia. Quando o excedente de muitas pessoas é somado, o resultado indica o benefício agregado que os consumidores obtêm ao adquirir produtos em um mercado. Quando combinamos o excedente do consumidor com o lucro agregado obtido pelos produtores, podemos avaliar os custos e os benefícios de estruturas de mercado alternativas, bem como de políticas governamentais capazes de alterar o comportamento dos consumidores e empresas em tais mercados.

EXEMPLO 4.6 O VALOR DO AR PURO

O ar é grátis, isto é, não precisamos pagar para respirá-lo. Contudo, a ausência de um mercado para o ar poderia explicar por que sua qualidade tem piorado há décadas em algumas cidades. Em 1977, o Congresso dos Estados Unidos aprovou o Clean Air Act, com a finalidade de tornar o ar menos poluído. Essa legislação foi modificada diversas vezes. Em 1990, por exemplo, o Congresso tornou mais rígido o controle sobre as emissões de poluentes dos automóveis. Será que tais controles valem o que custam? Será que os benefícios da diminuição da poluição do ar são grandes o bastante para compensar os custos cobrados diretamente dos fabricantes de automóveis e, indiretamente, dos compradores?

Para poder responder a essas perguntas, o Congresso dos Estados Unidos solicitou que a National Academy of Sciences avaliasse esses controles de emissão por meio de um estudo de custo-benefício. Utilizando estimativas empíricas da demanda por ar puro, a parte do estudo relativa aos benefícios determinou o valor que as pessoas davam à limpeza do ar. Embora não exista mercado explícito para o ar puro, os indivíduos pagam mais pela aquisição de casas em locais onde o ar não é poluído do que pagariam por casas equivalentes em localidades com ar mais poluído. Essa informação foi utilizada para estimar a demanda por ar puro.[10] Informações detalhadas sobre preços de casas nos arredores de Boston e Los Angeles foram comparadas com os níveis dos diversos poluentes de ar. Os efeitos de outras variáveis que poderiam afetar a demanda foram estatisticamente considerados. O estudo chegou a uma curva de demanda por ar puro parecida com a que apresentamos na Figura 4.16.

O eixo horizontal mede a quantidade de redução da poluição do ar, conforme exemplificado por um nível de óxido de nitrogênio (OXN) igual a 10 ppcm (partes por 100 milhões); já o eixo vertical mede o valor adicional das residências associadas a tal redução. Consideremos, por exemplo, a demanda de ar não poluído por parte do proprietário de uma casa situada em uma cidade cujo ar é bastante poluído. Se a família tivesse de pagar US$ 1.000 pela redução de cada 1 ppcm de poluição do ar, ela escolheria o ponto A sobre a curva de demanda para obter uma redução da poluição da ordem de 5 ppcm.

Quanto será que vale uma redução de 50% na poluição, ou seja, de 5 ppcm, para essa mesma família? Podemos obter esse valor calculando o excedente do consumidor associado a tal redução da poluição do ar. Uma vez que o preço dessa redução é de US$ 1.000 por unidade, a família pagaria US$ 5.000. Entretanto, a família atribui valor superior a US$ 1.000 a cada unidade de redução, menos para a última. Consequentemente, a área sombreada do triângulo na Figura 4.16 representa o valor da redução da poluição do ar (acima e além do preço pago). Sendo a curva de demanda uma linha reta, o excedente do consumidor pode ser calculado por meio da área sombreada do triângulo, cuja altura é de US$ 1.000 (US$ 2.000 – US$ 1.000) e cuja base corresponde a 5 ppcm. Portanto, para essa família, o valor da redução da poluição do ar é de US$ 2.500.

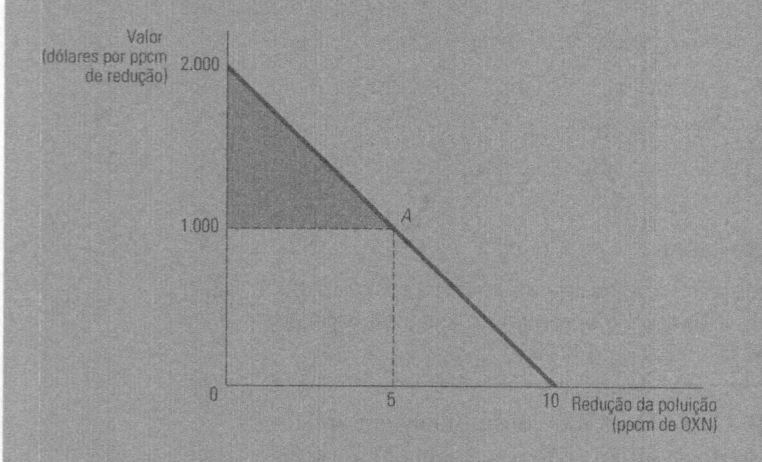

FIGURA 4.16 AVALIANDO O AR MENOS POLUÍDO

O triângulo sombreado representa o excedente do consumidor quando a poluição do ar é reduzida em 5 ppcm de óxido de nitrogênio a um custo de US$ 1.000 por ppcm reduzida. Esse excedente é criado porque a maioria dos consumidores está disposta a pagar mais de US$ 1.000 a cada ppcm de óxido de nitrogênio a menos.

---

10 Esses resultados encontram-se resumidos no texto de Daniel L. Rubinfeld, "Market Approaches to the Measurement of the Benefits of Air Pollution Abatement", em Ann Friedlaender, ed., *The Benefits and Costs of Cleaning the Air*. Cambridge: MIT Press, 1976, p. 240-273.

Um estudo mais recente sobre particulados suspensos revelou que as famílias dão enorme valor à redução da poluição do ar.[11] A redução de um miligrama por metro cúbico no total de particulados suspensos (baseado em uma média de 60 miligramas por metro cúbico) foi avaliado em US$ 2.400 por família.

Uma análise completa de custo-benefício utilizaria uma medição do benefício total da redução da poluição do ar — o valor do benefício por família vezes o número de famílias. Esse valor poderia ser comparado com o custo total da redução da poluição para determinar se tal projeto valeria a pena. Discutiremos essa questão no Capítulo 18, quando trataremos das permissões para emissões introduzidas pelas emendas de 1990 do Clean Air Act.

4.5 Externalidades de rede

Até o momento, presumimos que as demandas dos consumidores por uma mercadoria sejam independentes umas das outras. Em outras palavras, a demanda de Tom por café depende de seu paladar, de sua renda e talvez do preço do chá, sendo, porém, independente da demanda de café de Dick ou de Harry. Graças a essa premissa, pudemos obter a curva de demanda de mercado simplesmente somando as demandas individuais dos consumidores.

Entretanto, no caso de algumas mercadorias, a demanda de uma pessoa também depende das de *outros* consumidores. Em particular, a demanda de uma pessoa pode vir a ser influenciada pelo número de outros consumidores que já estejam adquirindo a mercadoria. Nesses casos, dizemos que ocorre uma **externalidade de rede** que pode ser positiva ou negativa. Uma externalidade de rede *positiva* significa que *há um aumento na quantidade de uma mercadoria demandada por um consumidor típico, em decorrência do crescimento da quantidade adquirida por outros consumidores*. Quando a quantidade demandada diminui, há uma externalidade de rede *negativa*.

externalidade de rede
Situação em que a demanda individual depende das aquisições feitas por outros indivíduos.

EXTERNALIDADES DE REDE POSITIVAS

Um exemplo de externalidade de rede positiva é o processamento de textos. Muitos alunos utilizam o Microsoft Word em parte porque seus amigos e muitos de seus professores fazem o mesmo. Isso nos permite enviar e receber rascunhos sem a necessidade de converter de um programa para outro. Quanto mais pessoas utilizarem um produto em particular ou participarem de uma atividade específica, maior o valor intrínseco dessa atividade ou produto para cada indivíduo.

Sites de redes sociais são outro bom exemplo. Se eu sou o único membro desse site, ele não terá valor algum para mim. Porém, quanto maior o número de pessoas que se juntam ao site, mais valioso ele se tornará. Se um site de rede social tiver uma pequena vantagem em termos de fatia de mercado desde cedo, a vantagem aumentará, pois novos membros preferirão se juntar ao site maior. Daí o imenso sucesso do site de rede social Facebook e o site de rede profissional LinkedIn. Uma situação semelhante ocorre no caso dos mundos virtuais e dos jogos on-line com múltiplos jogadores.

Outro exemplo de externalidade de rede positiva é o **efeito cumulativo de consumo** — o desejo de estar na moda, de ter uma mercadoria porque quase todas as outras pessoas já têm ou pelo fato de que está "na moda". O efeito cumulativo de consumo ocorre frequentemente com brinquedos de crianças (por exemplo, videogames). Criar esse efeito é um objetivo importante do marketing e da propaganda de tais brinquedos. Frequentemente, também é a chave do sucesso em vendas de vestuário.

efeito cumulativo de consumo
Externalidade de rede positiva em que os consumidores desejam possuir um bem em parte porque os outros possuem esse mesmo bem.

Externalidades de rede positivas são ilustradas na Figura 4.17, na qual o eixo horizontal mede as vendas de alguma mercadoria da moda em milhares de unidades por mês. Suponhamos que os consumidores norte-americanos acreditem que apenas 20 mil pessoas tenham adquirido determinado produto. Esse seria um número pequeno em

---
[11] Kenneth Y. Chay e Michael Greenstone, "Does Air Quality Matter? Evidence from the Housing Market", *Journal of Political Economy* 113, 2005, p. 376-424.

comparação com a população dos Estados Unidos e, dessa forma, os consumidores poderiam ter pouca motivação para adquirir tal mercadoria. No entanto, alguns consumidores poderiam ainda adquirir a mercadoria (dependendo do preço) apenas pelo valor intrínseco. Nesse caso, a demanda é representada pela curva D_{20}. (Essa curva de demanda hipotética parte do pressuposto de que não há externalidades.)

Suponhamos, porém, que os consumidores pensem que 40 mil pessoas tenham adquirido a mercadoria. Agora eles passarão a achar a mercadoria mais atraente, podendo querer comprar uma quantidade maior. Nesse caso, a demanda é representada pela curva D_{40}, que se situa à direita de D_{20}. De forma semelhante, se os consumidores pensassem que 60 mil pessoas já adquiriram a mercadoria, a curva de demanda seria D_{60} e assim por diante. Quanto maior for o número de pessoas que os consumidores acreditam que já adquiriram a mercadoria, mais para a direita se situa a curva de demanda correspondente.

De algum modo, os consumidores acabarão tendo uma boa percepção do número de pessoas que já adquiriram a mercadoria. Esse número dependeria, é claro, do preço. Na Figura 4.17, por exemplo, se o preço fosse de US$ 30, então 40 mil pessoas adquiririam a mercadoria, e a curva de demanda relevante seria D_{40}. Ou, então, se o preço fosse de US$ 20, 80 mil pessoas adquiririam a mercadoria, e a curva de demanda relevante seria D_{80}. *Portanto, a curva de demanda de mercado é obtida ligando-se os pontos sobre as curvas D_{20}, D_{40}, D_{60}, D_{80} e D_{100} que correspondem às quantidades 20 mil, 40 mil, 60 mil, 80 mil e 100 mil.*

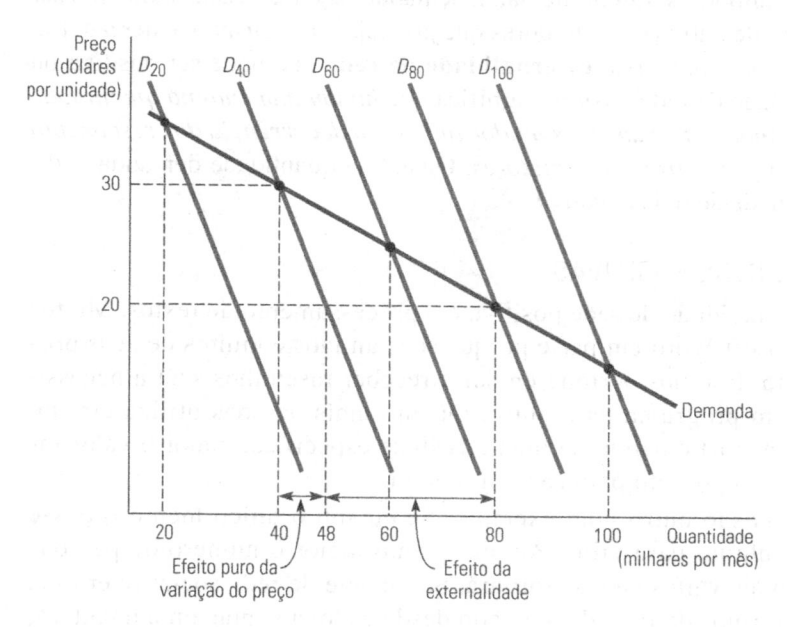

FIGURA 4.17   EXTERNALIDADE DE REDE POSITIVA

Com uma externalidade de rede positiva, a quantidade de um bem demandada por um indivíduo cresce em resposta ao crescimento das aquisições feitas por outros indivíduos. Aqui, à medida que o preço do bem cai de US$ 30 para US$ 20, o efeito cumulativo de consumo faz com que a demanda se desloque para a direita, de D_{40} para D_{80}.

A curva de demanda de mercado é relativamente elástica quando comparada com as curvas D_{20} etc. Para visualizar a razão pela qual o efeito cumulativo de consumo conduz a uma curva de demanda mais elástica, considere o efeito de uma queda no preço, de US$ 30 para US$ 20, com a curva de demanda D_{40}. Caso não houvesse externalidade alguma, o número de pessoas deveria aumentar de 40 mil para apenas 48 mil. No entanto, à medida que mais pessoas adquirem a mercadoria, a externalidade de rede positiva aumenta ainda mais a quantidade demandada, que passa, então, a 80 mil. Assim, a externalidade de rede positiva aumenta a reação da demanda às variações ocorridas no preço — isto é, torna a demanda mais elástica. Como veremos mais adiante, esse resultado tem importantes implicações nas estratégias das empresas para fixação de preços.

EXTERNALIDADES DE REDE NEGATIVAS

Às vezes, as externalidades de rede podem ser negativas. As aglomerações são um exemplo. Como é preferível enfrentar filas mais curtas e encontrar menos pessoas utilizando uma pista de esqui, menor seria o valor do benefício que poderíamos obter por meio de uma entrada para uma pista de esqui quanto maior fosse o número de pessoas que também tivesse adquirido ingressos. O mesmo pode ocorrer quando vamos a parques de diversões, a pistas de patinação ou à praia.

Outro exemplo de uma externalidade de rede negativa é o **efeito de diferenciação de consumo**, que se refere ao desejo de possuir bens exclusivos ou raros. A quantidade demandada de uma mercadoria rara será mais alta quanto *menor* for o número de pessoas que a possuam. Obras de arte raras, carros esporte com design especial e roupas feitas sob medida são mercadorias com consumo diferenciado. Nesses casos, o valor que se obtém com um quadro ou um carro esporte relaciona-se em parte ao prestígio, ao *status* e à exclusividade que resultam do fato de serem poucas as outras pessoas que possuem algo semelhante.

> **efeito de diferenciação de consumo**
>
> Externalidade de rede negativa que reflete o fato de os consumidores desejarem possuir bens exclusivos ou raros.

A Figura 4.18 ilustra como funciona uma externalidade de rede negativa. Vamos supor que o produto em questão seja um bem diferenciado, de modo que as pessoas valorizam a exclusividade. Na figura, D_2 é a curva de demanda que se aplica quando os consumidores pensam que apenas 2 mil pessoas já possuem tal mercadoria. Caso os consumidores acreditassem que 4 mil pessoas possuem a mercadoria, esta se tornaria menos exclusiva e seu valor diminui. A quantidade demandada seria então menor, correspondendo à curva D_4. Da mesma forma, se os consumidores acreditassem que 6 mil pessoas possuem a mercadoria, a quantidade demandada seria ainda menor, correspondendo então à curva D_6. Os consumidores acabarão sabendo qual o verdadeiro grau de exclusividade da mercadoria, assim a curva da demanda de mercado é determinada unindo-se os pontos das curvas D_2, D_4, D_6 etc., que correspondem às quantidades 2 mil, 4 mil, 6 mil etc.

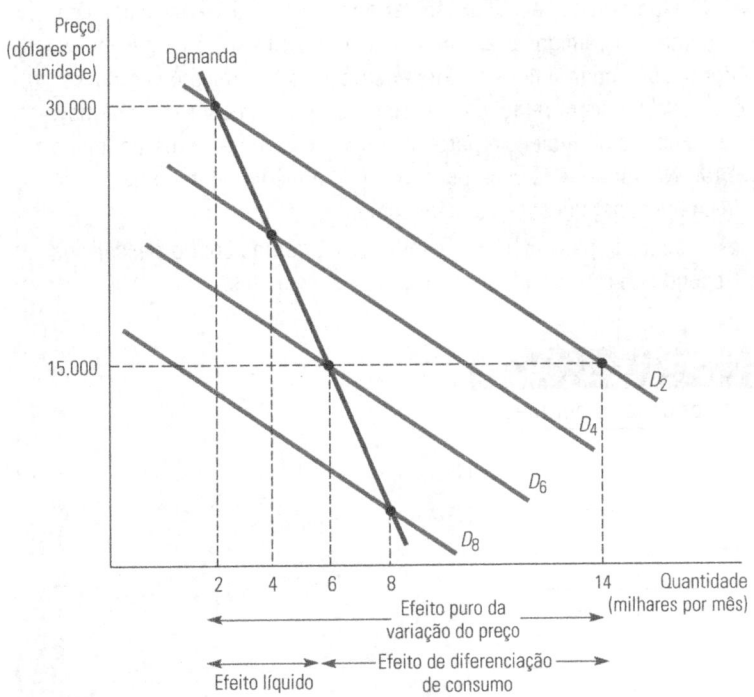

FIGURA 4.18 EXTERNALIDADE DE REDE NEGATIVA: EFEITO DE DIFERENCIAÇÃO DE CONSUMO

O efeito de diferenciação de consumo é um exemplo de externalidade de rede negativa na qual a quantidade de um bem demandada por um indivíduo diminui em resposta ao crescimento das aquisições por outros indivíduos. Aqui, à medida que mais pessoas compram o bem, sua demanda desloca-se para a esquerda, de D_2 para D_6, e o preço do bem cai de US$ 30.000 para US$ 15.000.

Note que a externalidade de rede negativa torna a demanda *menos* elástica. Para entender o motivo, suponha que inicialmente o preço fosse de US$ 30.000, com 2 mil pessoas usando a mercadoria. O que aconteceria se o preço fosse reduzido para US$ 15.000? Se não houvesse externalidade, a quantidade adquirida da mercadoria aumentaria para 14 mil (conforme a curva D_2). No entanto, como se trata de uma mercadoria com consumo diferenciado, seu valor apresentará uma significativa redução se um número maior de pessoas a tiver. O efeito de diferenciação de consumo refreia o aumento da quantidade demandada, reduzindo-a para 8 mil unidades, de tal forma que o aumento de vendas resultante é de apenas 6 mil unidades.

No caso de muitas mercadorias (relógios Rolex, por exemplo), as estratégias de marketing e propaganda visam promover o efeito de diferenciação de consumo. A meta é uma demanda menos elástica — o que permite às empresas aumentar seus preços.

As externalidades de rede negativas também podem surgir por outras razões. Consideremos, por exemplo, o efeito das aglomerações. Como é preferível enfrentar filas mais curtas e encontrar menos pessoas utilizando uma pista de esqui, menor seria o valor do benefício que poderíamos obter por meio de uma entrada para uma pista de esqui quanto maior fosse o número de pessoas que também tivesse adquirido ingressos. O mesmo pode ocorrer quando vamos a parques de diversões, a pistas de patinação ou à praia.[12]

EXEMPLO 4.7 FACEBOOK

O site de rede social Facebook iniciou sua operação em 2004 e obteve um milhão de usuários ao final do ano. No início de 2011, com mais de 600 milhões de usuários, o Facebook tornou-se o segundo site mais visitado do mundo (depois do Google). Uma externalidade de rede positiva foi essencial para o sucesso do Facebook.

Para entender isso, basta perguntar-se por que você se juntaria ao Facebook em vez de outro site de rede social. Ora, porque muitas outras pessoas também se juntaram. Quanto mais amigos presentes, mais útil o site se torna para você, como um modo de compartilhar notícias e outras informações com amigos. Inversamente, se você for o único do seu círculo social que não usa o Facebook, poderá se sentir excluído com relação a notícias e próximos eventos. Com mais membros, há mais pessoas para se encontrar ou rever, uma maior audiência para suas fotos e opiniões e, de um modo geral, uma maior variedade de conteúdo para aproveitar. Na Tabela 4.5, você pode ver que, à medida que o número de usuários do Facebook aumenta, o tempo que o usuário comum gasta no site também aumenta.

As externalidades de rede foram impulsionadores essenciais para muitas tecnologias modernas com o passar dos anos. Telefones, máquinas de fax, e-mail, Craigslist, Second Life e Twitter são apenas alguns exemplos.

TABELA 4.5	Usuários do Facebook	
Ano	Usuários do Facebook (milhões)	Horas por usuário por mês
2004	1	
2005	5,5	
2006	12	< 1
2007	50	2
2008	100	3
2009	350	5,5
2010	500	7
Fonte: www.facebook.com/press/info.php?timeline		

---

12 Os gostos, é claro, diferem. Algumas pessoas associam a externalidade de rede *positiva* à prática de esqui ou à praia; tais pessoas têm prazer em estar no meio da multidão e podem inclusive se sentir solitárias em rampas de esqui ou praias vazias.

*4.6 Estimativa empírica da demanda

Mais adiante, discutiremos de que forma as informações sobre a demanda podem ser levadas em consideração durante o processo de tomada de decisão em empresas. Por exemplo, a General Motors precisa conhecer a demanda automobilística para poder decidir se deve oferecer descontos ou financiamentos com taxas de juros mais baixas do que as do mercado na venda de automóveis novos. O conhecimento da demanda também é importante na tomada de decisões das administrações públicas — por exemplo, conhecer a demanda de petróleo poderia ajudar o Congresso dos Estados Unidos a decidir se deve ou não aprovar um imposto sobre a importação desse insumo. Você pode se perguntar como os economistas determinam a forma das curvas de demanda e como as elasticidades preço e renda da demanda são realmente calculadas. Nesta seção, que marcamos com um asterisco, examinaremos, de forma sucinta, alguns métodos de avaliação e previsão de demanda. A seção foi marcada com um asterisco não apenas porque o material é mais avançado, mas também porque não é essencial para grande parte da análise feita posteriormente no livro. Apesar disso, este material é instrutivo e vai ajudá-lo a avaliar o fundamento empírico da teoria do comportamento do consumidor. As ferramentas estatísticas básicas para as estimativas das curvas de demanda e das elasticidades da demanda encontram-se descritas no apêndice deste livro, intitulado "Os fundamentos da regressão".

ABORDAGEM ESTATÍSTICA PARA A ESTIMATIVA DA DEMANDA

As empresas com frequência se apoiam em dados de mercado originados em estudos reais de demanda. Sendo adequadamente aplicada, a abordagem estatística pode permitir distinguir os efeitos de variáveis, tais como renda e preços de outros produtos, sobre a quantidade demandada de determinado produto. Apresentamos aqui alguns dos aspectos conceituais envolvidos na abordagem estatística.

Os dados da Tabela 4.6 descrevem a quantidade de framboesas vendidas ao ano em determinado mercado. As informações sobre a demanda de framboesa poderiam ser particularmente úteis para uma organização que representasse os plantadores, pois tais dados lhe permitiriam fazer previsões de vendas com base em suas próprias estimativas de preço, bem como de outras variáveis determinantes da demanda. Para concentrarmos nossa atenção na demanda, vamos supor que a quantidade de framboesa produzida dependa das condições do tempo, e não dos preços atuais de mercado (pelo fato de os plantadores tomarem suas decisões de plantio com base no preço do ano anterior).

TABELA 4.6	Dados sobre a demanda		
Ano	Quantidade (Q)	Preço (P)	Renda (I)
2004	4	24	10
2005	7	20	10
2006	8	17	10
2007	13	17	17
2008	16	10	27
2009	15	15	27
2010	19	12	20
2011	20	9	20
2012	22	5	20

As informações sobre preços e quantidades da Tabela 4.6 encontram-se representadas na Figura 4.19. Caso se acreditasse que a demanda fosse exclusivamente determinada pelo preço, seria plausível descrever a demanda do produto desenhando-se uma linha reta (ou outra curva apropriada), $Q = a - bP$, a qual se "ajusta" aos pontos, conforme mostra a curva de demanda D. (O método dos "mínimos quadrados" utilizado para estimar a reta é descrito no apêndice deste livro.)

FIGURA 4.19 ESTIMANDO A DEMANDA

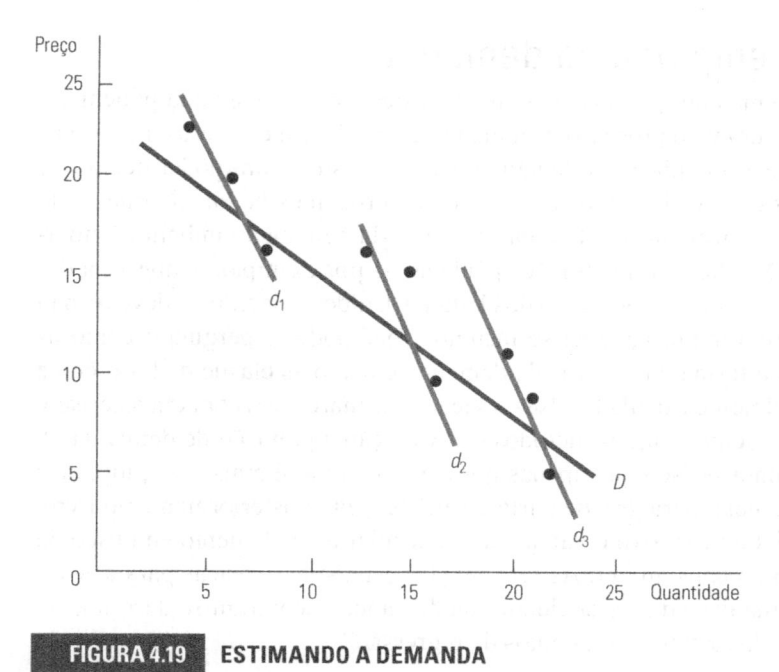

Dados sobre preços e quantidades podem ser usados para determinar a forma da função demanda. Os mesmos dados podem fornecer uma única curva de demanda D ou três curvas de demanda d_1, d_2 e d_3 que se deslocam ao longo do tempo.

Será que a curva D (expressa pela equação $Q = 28{,}2 - 1{,}00P$) representa de fato a demanda desse produto? A resposta é sim — mas apenas se não existirem outros fatores importantes que afetem a demanda, além do preço do produto. Entretanto, na Tabela 4.6, incluímos informações relativas a uma variável omitida: a renda média dos consumidores do produto. Observe que a renda, I, apresentou duas elevações durante o período em que esse estudo foi elaborado, sugerindo que a curva de demanda foi alterada duas vezes. Dessa forma, as curvas de demanda d_1, d_2 e d_3 apresentadas na Figura 4.19 dão uma descrição mais provável da demanda. Essa *curva de demanda linear* poderia ser algebricamente expressa como

$$Q = a - bP + cI \qquad (4.2)$$

O termo relativo à renda na equação da demanda permite que a curva de demanda seja deslocada para uma posição paralela à medida que a renda varia. A curva de demanda, calculada pelo método dos mínimos quadrados, é dada por $Q = 8{,}08 - 0{,}49P + 0{,}81I$.

Formato da curva de demanda

Como as curvas de demanda que acabamos de discutir eram linhas retas, o efeito de uma variação do preço sobre a quantidade demandada é constante. Entretanto, a elasticidade preço da demanda variará com o nível de preço. Com base na equação da demanda $Q = a - bP$, por exemplo, a elasticidade preço da demanda E_p pode ser determinada da seguinte maneira:

$$E_P = (\Delta Q/\Delta P)(P/Q) = -b(P/Q) \qquad (4.3)$$

Assim, a elasticidade preço da demanda aumenta em magnitude à medida que o preço do produto sofre elevação (e a quantidade demandada cai).

Considere, por exemplo, a demanda linear por framboesas, estimada em $Q = 8{,}08 - 0{,}49P + 0{,}81I$. A elasticidade da demanda em 1999 (quando $Q = 16$ e $P = 10$) é igual a $-0{,}49$ $(10/16) = -0{,}31$, enquanto a elasticidade em 2003 (quando $Q = 22$ e $P = 5$) é substancialmente menor: $-0{,}11$.

Não há razão alguma para que esperemos que as elasticidades da demanda sejam constantes. Entretanto, frequentemente achamos útil trabalhar com uma *curva de demanda isoelástica*, para a qual a elasticidade preço e a elasticidade renda são constantes. A curva de demanda isoelástica tem o seguinte *formato log-linear*:

$$\log(Q) = a - b \log(P) + c \log(I) \quad (4.4)$$

sendo log( ) a função logarítmica, e a, b e c as constantes da equação da demanda. O interessante da curva de demanda log-linear é que a inclinação da linha $-b$ é a elasticidade preço da demanda, e a constante c é a elasticidade renda.[13] Utilizando os dados fornecidos pela Tabela 4.5, por exemplo, podemos obter a seguinte regressão linear:

$$\log(Q) = -0{,}23 - 0{,}34 \log(P) + 1{,}33 \log(I)$$

Essa relação nos informa que a elasticidade preço da demanda de framboesa é $-0{,}34$ (ou seja, que sua demanda é inelástica) e que a elasticidade renda é 1,33.

Vimos que isso pode ser útil para distinguir entre bens complementares e bens substitutos. Suponha que P_2 represente o preço de uma segunda mercadoria, que acreditemos estar relacionada ao produto estudado. Então, podemos representar sua expressão da seguinte forma:

$$\log(Q) = a - b \log(P) + b_2 \log(P_2) + c \log(I)$$

Quando b_2, que é a elasticidade preço cruzado, for positiva, os dois bens serão substitutos; quando b_2 for negativa, eles serão complemento um do outro.

Cada vez mais profissionais estão interessados em especificar e estimar as curvas de demanda, não apenas no marketing como na análise antitruste. Hoje, é comum usar curvas de demanda estimadas para avaliar os efeitos prováveis de fusões.[14] A análise (antes, uma empreitada de custos proibitivos, que exigia computadores de grande porte) agora pode ser feita em poucos segundos em um computador pessoal. Consequentemente, as autoridades governamentais que regulam a competitividade, bem como especialistas em marketing e economia do setor privado, costumam estimar curvas de demanda com base em dados coletados por leitores de código de barras, daquele tipo instalado nos supermercados. Uma vez que a elasticidade preço da demanda por um produto em particular é determinada, a empresa pode decidir se é lucrativo subir ou diminuir o preço. Mantido tudo o mais constante, quanto mais baixa em magnitude for a elasticidade, mais provável será a lucratividade de um aumento no preço.

EXEMPLO 4.8 A DEMANDA DE CEREAL PRONTO PARA CONSUMO

A divisão Post Cereals, da Kraft General Foods adquiriu a Shredded Wheat, da Nabisco, em 1995. Antes que a aquisição fosse consumada, surgiu uma questão legal e econômica: saber se essas duas empresas deveriam elevar imediatamente os preços de venda de suas marcas mais vendidas — a Grape Nuts, da Post, e a Shredded Wheat Spoon Size, da Nabisco.[15] Em consequência, uma das questões mais importantes no processo de fusão das duas empresas, ocorrido no estado de Nova York, resumia-se em saber se essas duas marcas consistiam em bens substitutos próximos. Se fosse assim, seria mais lucrativo para a Post aumentar o preço da marca Grape Nuts (ou da Shredded Wheat) depois que a aquisição tivesse ocorrido, em vez de antes. Por quê? Porque após a aquisição as vendas perdidas em virtude de os consumidores terem optado por outras marcas, que não a Grape Nuts (ou a Shredded Wheat), seriam recuperadas em certa medida, já que uma parte deles teria mudado para o produto substituto.

---

13 A função logarítmica natural com base e tem por propriedade a seguinte relação: $\Delta(\log(Q)) = \Delta Q/Q$ para qualquer variação em $\log(Q)$. De forma semelhante, $\Delta(\log(P)) = \Delta P/P$ para qualquer variação em $\log(P)$. Então, segue-se que $\Delta(\log(Q)) = \Delta Q/Q = -b[\Delta(\log(P))] = -b(\Delta P/P)$. Portanto, temos $(\Delta Q/Q)/(\Delta P/P) = -b$, que é a elasticidade preço da demanda. Utilizando o mesmo critério, a elasticidade renda da demanda c é dada por $(\Delta Q/Q)/(\Delta I/I)$.
14 Veja Jonathan B. Baker e Daniel L. Rubinfeld, "Empirical Methods in Antitrust Litigation: Review and Critique", *American Law and Economics Review*, v. 1, 1999, p. 386-435.
15 *State of New York v. Kraft General Foods*, Inc. 926 F. Supp. 321, 356 (S.D.N.Y. 1995).

A dimensão da fuga de consumidores em razão do aumento de preço seria fornecida (em parte) pela elasticidade preço da demanda por Grape Nuts. Mantido tudo o mais constante, quanto maior fosse essa elasticidade, maior seria a perda de vendas associada a um aumento do preço. Nesse caso, seria mais provável, também, que esse aumento de preço não fosse lucrativo.

O grau de substituição entre os bens Grape Nuts e Shredded Wheat pode ser medido pela elasticidade cruzada da demanda por Grape Nuts em relação ao preço da marca Shredded Wheat. As elasticidades relevantes foram calculadas com base em dados semanais obtidos nos supermercados de 10 cidades durante um período de três anos. Uma das demandas isoelásticas estimadas tinha a seguinte forma log-linear:

$$\log(Q_{GN}) = 1{,}998 - 2{,}085 \log(P_{GN}) + 0{,}62 \log(I) + 0{,}14 \log(P_{SW})$$

onde Q_{GN} é a quantidade (em libras) da marca Grape Nuts vendida semanalmente, P_{GN} é o preço por libra desse mesmo produto, I é a renda pessoal em termos reais e P_{SW} é o preço por libra da marca Shredded Wheat Spoon Size.

A demanda por Grape Nuts mostrou-se elástica aos preços correntes, com elasticidade preço de aproximadamente −2. A elasticidade renda obtida foi de 0,62, ou seja, um aumento de renda elevaria a quantidade comprada do cereal, porém menos do que na proporção de 1 para 1. Por fim, a elasticidade preço cruzado foi calculada em 0,14. Esse valor mostrou-se coerente com o fato de que, embora os dois cereais fossem substitutos (a quantidade demandada de Shredded Wheat aumentava em resposta a um aumento no preço de Grape Nuts), eles não eram considerados substitutos muito próximos.

ENTREVISTAS E ABORDAGENS EXPERIMENTAIS PARA A DETERMINAÇÃO DA DEMANDA

Outra maneira de obter informações a respeito da demanda é por meio de entrevistas nas quais os consumidores sejam questionados sobre a quantidade de uma mercadoria que estariam dispostos a adquirir por determinado preço. Abordagens diretas como essa, entretanto, podem não funcionar quando as pessoas não têm informações ou interesse ou, eventualmente, desejam enganar o entrevistador. Por essas razões, os pesquisadores de mercado criaram métodos indiretos de entrevista. Os consumidores podem ser questionados, por exemplo, sobre seu comportamento atual de compras e de que forma reagiriam se determinado bem estivesse disponível com um desconto de 10%. Ou então sobre como eles acham que outros consumidores reagiriam a esse tipo de mudança. Embora os métodos indiretos de entrevista possam dar bons frutos, as dificuldades encontradas têm forçado economistas e especialistas em marketing a procurar métodos alternativos.

Em *experimentos de marketing direto*, ofertas reais de venda são feitas a clientes potenciais. Por exemplo, uma empresa aérea poderia oferecer tarifas reduzidas para determinados voos durante um período de seis meses, em parte para compreender de que forma uma alteração dos preços poderia influenciar a demanda de seus voos e em parte para saber como reagiriam as empresas concorrentes. Em uma abordagem alternativa, uma fabricante de cereais poderia testar uma nova marca em Buffalo, Nova York, e em Omaha, Nebraska, dando a alguns clientes potenciais cupons que valessem de US$ 0,25 a US$ 1 por caixa. A resposta à oferta de cupons informaria à empresa a forma da curva de demanda subjacente, o que ajudaria os profissionais de marketing a decidir se deveriam vender o produto no mercado nacional ou no internacional, bem como que preço cobrar.

Os experimentos diretos são reais, e não hipotéticos, mas ainda assim os problemas permanecem. Um experimento errado pode ser custoso e, mesmo que a empresa consiga aumentos nos lucros e nas vendas, ela não poderá ter certeza de que tais incrementos sejam resultado de sua mudança experimental, pois há a possibilidade de que outros fatores tenham variado ao mesmo tempo. Além disso, a resposta a experimentos — que poderiam ser reconhecidos pelos consumidores como de curta duração — pode diferir da resposta a modificações de caráter permanente. Por fim, as empresas têm condições de arcar apenas com uma quantidade limitada de experimentos.

RESUMO

1. As curvas de demanda individual dos consumidores de uma mercadoria podem ser obtidas com base em informações sobre seus gostos por todos os bens e serviços e a sua restrição orçamentária.
2. As curvas de Engel, que descrevem a relação entre a quantidade consumida de uma mercadoria e a renda dos consumidores, podem ser úteis para mostrar como as despesas do consumidor variam em virtude de sua renda.
3. Dois bens são substitutos quando um aumento no preço de um deles ocasiona um aumento na quantidade demandada do outro. Por outro lado, dois bens são complementares quando o aumento no preço de um deles ocasiona uma redução na quantidade demandada do outro.
4. O efeito de uma variação do preço sobre a quantidade demandada de uma mercadoria pode ser dividido em duas partes: o efeito substituição, em que o nível de utilidade permanece constante enquanto o preço varia, e o efeito renda, em que o preço permanece constante enquanto o nível de utilidade varia. Como o efeito renda pode ser positivo ou negativo, uma variação no preço pode ter um efeito grande ou pequeno sobre a quantidade demandada. Em um caso pouco comum (dos bens de Giffen), a quantidade demandada pode variar na mesma direção da variação dos preços, ocasionando uma inclinação ascendente na curva de demanda individual.
5. A curva de demanda de mercado é a soma horizontal das curvas de demanda individuais de todos os consumidores no mercado de um bem. Ela pode ser usada para calcular o valor que as pessoas atribuem ao consumo de determinados bens e serviços.
6. A demanda de uma mercadoria é inelástica quando um aumento de 1% no preço ocasiona uma redução inferior a 1% na quantidade demandada, de tal forma que o gasto do consumidor sofra uma elevação. A demanda de uma mercadoria é elástica quando um aumento de 1% no preço resulta em uma redução superior a 1% na quantidade demandada, de tal forma que o gasto do consumidor sofra um decréscimo. A demanda de uma mercadoria tem elasticidade unitária quando um aumento de 1% no preço ocasiona um decréscimo de 1% na quantidade demandada.
7. O conceito de excedente do consumidor pode ser útil na determinação do valor dos benefícios que as pessoas obtêm ao consumir um produto. O excedente do consumidor é a diferença entre o valor que um consumidor estaria disposto a pagar pela mercadoria e o valor que ele realmente paga quando a adquire.
8. Em alguns casos, a demanda será *especulativa*, determinada não pelos benefícios diretos obtidos de possuir ou consumir um bem, mas sim por uma expectativa de que o preço do bem aumentará.
9. Uma externalidade de rede ocorre quando a demanda de um consumidor é influenciada pelas decisões de compra tomadas por outros consumidores. Há uma externalidade de rede positiva quando a quantidade demandada por um consumidor típico aumenta porque outros já compraram ou estão usando o produto ou serviço. Por outro lado, há uma externalidade de rede negativa quando aumenta a quantidade demandada de um produto em decorrência de uma diminuição no número de pessoas que possuam ou usem tal produto ou serviço.
10. Podem ser utilizados diversos métodos para a obtenção de informações sobre a demanda do consumidor. Tais métodos incluem entrevistas e experimentos, tais como as experiências de marketing direto e as abordagens estatísticas indiretas. Uma análise estatística pode ser uma ferramenta poderosa, mas é necessário determinar as variáveis apropriadas que afetam a demanda antes que seja feito o trabalho estatístico.

QUESTÕES PARA REVISÃO

1. Explique a diferença entre os seguintes termos:
   a. uma curva de preço-consumo e uma curva de demanda
   b. uma curva de demanda individual e uma curva de demanda de mercado
   c. uma curva de Engel e uma curva de demanda
   d. um efeito renda e um efeito substituição
2. Suponha que uma pessoa divida todo seu orçamento entre duas mercadorias: alimento e vestuário. Será que os dois bens podem ser inferiores? Explique.
3. Diga se as afirmações a seguir são verdadeiras ou falsas e explique o motivo.
   a. A taxa marginal de substituição diminui à medida que a pessoa se move para baixo, ao longo da curva de demanda.
   b. O nível de utilidade cresce à medida que a pessoa se move para baixo, ao longo da curva de demanda.
   c. As curvas de Engel sempre apresentam inclinação para cima.
4. Os ingressos para um show de rock são vendidos a US$ 10 cada. No entanto, a esse preço, a demanda é substancialmente maior do que o número de ingressos disponíveis. O valor, ou o benefício marginal, de um ingresso

adicional é maior, menor ou igual a US$ 10? De que forma você determinaria tal valor?

5. Quais das seguintes combinações de mercadorias envolvem bens complementares e quais envolvem bens substitutos? Será que tais mercadorias poderiam ser complementares e substitutas em diferentes circunstâncias? Discuta.

   a. uma aula de matemática e uma aula de economia
   b. bolas de tênis e uma raquete de tênis
   c. bife e lagosta
   d. uma viagem de avião e uma viagem de trem para o mesmo destino
   e. bacon e ovos

6. Suponha que um consumidor gaste uma parcela fixa de sua renda mensal nos seguintes pares de bens:

   a. tortilha e molho
   b. tortilha e batatas fritas
   c. ingressos para o cinema e produtos de cafeteria
   d. viagens de ônibus e viagens de metrô

   Se o preço das mercadorias aumentar, explique o efeito na quantidade demandada de cada um dos bens. Em cada par, quais provavelmente são complementares e quais são substitutos?

7. Quais dos seguintes eventos poderiam causar um movimento ao longo da curva de demanda por vestuário produzido nos Estados Unidos, e quais poderiam causar um deslocamento da curva de demanda?

   a. eliminação das cotas de importação para roupas importadas
   b. um aumento na renda dos cidadãos norte-americanos
   c. uma redução nos custos de produção das roupas fabricadas nos Estados Unidos, que seja repassada para o mercado por meio de preços de venda mais baixos

8. Para quais das mercadorias relacionadas a seguir seria provável que um aumento de preços ocasionasse um substancial efeito renda (e também um efeito substituição)?

   a. sal
   b. habitação
   c. ingressos de teatro
   d. alimentação

9. Suponha que uma família média de determinado estado consuma anualmente 800 galões de gasolina. A seguir, passa a ser arrecadado um imposto de US$ 0,20 por galão, junto com uma compensação do imposto no valor de US$ 160 por ano para cada família. Será que as famílias sairão perdendo ou ganhando com o novo programa?

10. Qual dentre os seguintes grupos terá, provavelmente, a maior (e a menor) elasticidade preço de demanda por títulos de sócio da Associação dos Economistas de Empresas?

    a estudantes
    b executivos de nível júnior
    c executivos de nível sênior

11. Explique qual dos itens em cada um dos pares a seguir é mais elástico ao preço.

    a. A demanda por uma marca específica de pasta de dente e a demanda por pasta de dente em geral.
    b. A demanda por gasolina no curto prazo e a demanda por gasolina no longo prazo.

12. Explique a diferença entre externalidades de rede positiva e negativa e dê um exemplo de cada.

EXERCÍCIOS

1. Uma pessoa reserva determinada parcela de sua renda mensal para gastar em seus dois *hobbies*: colecionar vinhos e colecionar livros. Com base nas informações a seguir, ilustre a curva de preço-consumo associada com mudanças no preço do vinho, bem como a curva de demanda por vinho.

Preço do vinho	Preço dos livros	Quantidade de vinho	Quantidade de livros	Orçamento
US$ 10	US$ 10	7	8	US$ 150
US$ 12	US$ 10	5	9	US$ 150
US$ 15	US$ 10	4	9	US$ 150
US$ 20	US$ 10	2	11	US$ 150

2. Uma pessoa consome dois bens: vestuário e alimento. Com base nas informações a seguir, ilustre a curva de preço-consumo e a curva de Engel para vestuário e alimento.

Preço do vestuário	Preço do alimento	Quantidade de vestuário	Quantidade de alimento	Renda
US$ 10	US$ 2	6	20	US$ 100
US$ 10	US$ 2	8	35	US$ 150
US$ 10	US$ 2	11	45	US$ 200
US$ 10	US$ 2	15	50	US$ 250

3. Um ingresso adicional para o balé proporciona a Jane o dobro de utilidade que um ingresso adicional para o basquete, não importa quantos ingressos de cada tipo ela tenha em mãos. Trace a curva de renda-consumo e a curva de Engel para os ingressos de balé.

4.a. O suco de laranja e o suco de maçã são conhecidos como substitutos perfeitos. Trace a curva de preço-consumo (para um preço variável do suco de laranja) e a curva de renda-consumo apropriadas.

b. Sapatos esquerdos e sapatos direitos são complementos perfeitos. Trace as curvas de preço-consumo e de renda-consumo apropriadas.

5. Toda semana, a fim de maximizar suas respectivas utilidades, Bill, Mary e Jane escolhem a quantidade de dois bens, x_1 e x_2, que vão consumir. Cada um deles gasta toda a sua renda semanal nesses dois bens.

   a. Suponha que você receba as seguintes informações sobre as escolhas que Bill fez durante um período de três semanas:

	x_1	x_2	P_1	P_2	I
Semana 1	10	20	2	1	40
Semana 2	7	19	3	1	40
Semana 3	8	31	3	1	55

   A utilidade para Bill aumentou ou diminuiu da semana 1 para a semana 2? E da semana 1 para a semana 3? Para explicar, use um gráfico que fundamente sua resposta.

   b. Considere agora as seguintes informações, que dizem respeito às escolhas de Mary:

	x_1	x_2	P_1	P_2	I
Semana 1	10	20	2	1	40
Semana 2	6	14	2	2	40
Semana 3	20	10	2	2	60

   A utilidade para Mary aumentou ou diminuiu da semana 1 para a semana 3? Será que Mary considera os dois bens normais? Explique.

   *c. Por fim, examine os seguintes dados, relativos às escolhas de Jane:

	x_1	x_2	P_1	P_2	I
Semana 1	12	24	2	1	48
Semana 2	16	32	1	1	48
Semana 3	12	24	1	1	36

   Desenhe um gráfico com a curva de indiferença e a linha de orçamento capazes de ilustrar as três cestas escolhidas por Jane. O que você pode afirmar sobre as preferências de Jane nesse caso? Identifique os efeitos renda e substituição que resultam de uma mudança no preço do bem x_1.

6. Dois consumidores, Sam e Barb, obtêm utilidade das horas de lazer, L, que desfrutam e da quantidade de bens, B, que consomem. A fim de maximizar a utilidade, eles precisam dividir as 24 horas do dia entre horas de lazer e horas de trabalho. Suponha que todas as horas não gastas em trabalho sejam horas de lazer. Um bem custa US$ 1, e o preço do lazer é igual ao salário por hora. Quanto às escolhas feitas por Sam e Barb, observamos as seguintes informações:

Preço de B	Preço de L	Sam L (horas)	Barb L (horas)	Sam B (US$)	Barb B (US$)
1	8	16	14	64	80
1	9	15	14	81	90
1	10	14	15	100	90
1	11	14	16	110	88

   Graficamente, ilustre a curva de demanda de Sam por lazer e a curva de demanda de Barb por lazer. Coloque o preço no eixo vertical e o lazer no horizontal. Uma vez que ambos maximizam a utilidade, como você explica a diferença nas curvas de demanda por lazer?

7. O diretor de uma companhia de teatro de uma pequena cidade universitária está pensando em mudar sua maneira de estabelecer preços para os ingressos. Ele contratou uma consultoria econômica para calcular a demanda por ingressos. A consultoria classificou o público que vai ao teatro em dois grupos e chegou a duas funções de demanda. As curvas de demanda para o público geral, Q_P, e para os alunos, Q_A, são dadas por:

   $$Q_P = 500 - 5P$$
   $$Q_A = 200 - 4P$$

   a. Trace as duas curvas de demanda em um gráfico, com P no eixo vertical e Q no horizontal. Se o preço atual dos ingressos é US$ 35, identifique a quantidade que cada grupo demanda.

   b. Descubra a elasticidade preço da demanda de cada grupo, considerando o preço e a quantidade atuais.

   c. Ao cobrar US$ 35 por ingresso, o diretor está maximizando sua receita? Explique.

   d. Que preço ele deveria cobrar de cada grupo se quisesse maximizar a receita?

8. Judy decidiu destinar exatamente US$ 500 por ano à compra de livros universitários, mesmo sabendo que os preços provavelmente vão subir de 5 a 10% ao ano e que ela receberá uma boa quantia em dinheiro como presente de seus avós no próximo ano. Qual é a elasticidade preço da demanda de Judy para livros universitários? E sua elasticidade renda?

9. A ACME Corporation fez uma estimativa segundo a qual, nos níveis atuais de preços, a demanda por seus chips para computadores tem uma elasticidade preço de –2 no curto prazo, enquanto a elasticidade preço de suas unidades de disco é –1.

   a. Caso a empresa decida aumentar o preço de ambos os produtos em 10%, o que deve ocorrer com o volume de suas vendas? E o que deve ocorrer com a receita de suas vendas?

   b. Levando em consideração as informações disponíveis, você poderia dizer qual dos dois produtos seria responsável pela maior receita de vendas da empresa? Em caso afirmativo, por quê? Se não, diga de quais informações adicionais você precisaria para poder responder a esta pergunta.

10. Por meio da observação do comportamento de um consumidor nas situações a seguir descritas, calcule as elasticidades renda da demanda relevantes para cada bem (isto é, se tais bens são normais ou inferiores). Se não puder calcular a elasticidade renda da demanda, diga de quais informações adicionais você precisa.

   a. Bill gasta toda a renda com livros e café. Durante suas buscas por livros brochura nas prateleiras de obras usadas de uma livraria, ele encontrou uma nota de US$ 20. Então, imediatamente adquiriu um livro novo de poesia, com capa dura.

   b. Bill perde os US$ 10 que utilizaria na compra de um café expresso duplo. Dessa forma, decide vender seu novo livro com desconto para um amigo e utilizar o dinheiro para comprar o café.

   c. Ser boêmio é a última moda entre os adolescentes. Consequentemente, os preços de café e livros sofrem um aumento de 25%. Bill reduz o consumo de ambas as mercadorias na mesma porcentagem.

   d. Bill decide sair da escola de arte e fazer MBA. Sendo assim, muda os hábitos: para de ler livros e de beber café. Agora ele lê o *Wall Street Journal* e bebe água mineral.

11. Suponha que, para a demanda de alimento, a elasticidade renda seja de 0,5 e a elasticidade preço seja de $-1,0$. Suponha também que uma consumidora, Felicia, tenha um gasto anual de US$ 10.000 com alimento, que o preço unitário deste seja de US$ 2, e que a renda da consumidora seja de US$ 25.000.

   a. Se fosse criado um imposto sobre as vendas de alimento, fazendo com que o preço subisse para US$ 2,50, o que ocorreria com o consumo de alimento por parte da consumidora? (*Dica*: uma vez que se trata de uma grande variação no preço, você deveria supor que a elasticidade preço corresponde à medição da elasticidade no arco, em vez da elasticidade pontual.)

   b. Suponha que Felicia receba um desconto fiscal no valor de US$ 2.500 no período, visando a atenuar o efeito do imposto sobre as vendas. Qual seria o consumo de alimento?

   c. A situação da consumidora melhoraria ou pioraria, caso lhe fosse restituído o valor do imposto sobre as vendas que pagou? Desenhe um gráfico e explique.

12. Você, um pequeno empresário, gostaria de prever o que acontecerá com a demanda por seu produto caso aumente os preços. Embora não conheça a curva de demanda exata para o produto, você sabe que, no primeiro ano, cobrou US$ 45 e vendeu 1.200 unidades e que, no segundo ano, cobrou US$ 30 e vendeu 1.800 unidades.

   a. Se você planeja aumentar o preço em 10%, qual seria uma estimativa razoável para a quantidade demandada, em termos percentuais?

   b. Se você aumentar o preço em 10%, sua receita vai aumentar ou diminuir?

13. Suponha que você esteja encarregado da cobrança de pedágio em uma ponte que praticamente não apresenta custos. A demanda das travessias pela ponte, Q, é expressa por meio de $P = 15 - (1/2)Q$.

   a. Desenhe a curva de demanda das travessias pela ponte.

   b. Quantas pessoas fariam a travessia caso não houvesse pedágio?

   c. Qual seria a perda de excedente do consumidor em razão da cobrança de um pedágio de US$ 5?

   d. O operador do pedágio está pensando em aumentar a tarifa para US$ 7. A esse preço mais alto, quantas pessoas atravessariam a ponte? A receita do operador aumentaria ou diminuiria? O que sua resposta lhe diz sobre a elasticidade de demanda?

   e. Calcule a perda de excedente do consumidor em razão de um aumento, de US$ 5 para US$ 7, no preço do pedágio.

14. Vera decidiu melhorar o sistema operacional de seu novo computador fazendo um *upgrade*. Ela ouviu dizer que o novo sistema operacional Linux era tecnologicamente superior ao Windows, além de ter um preço bem mais baixo. Entretanto, ao questionar seus colegas, descobriu que eles mantinham o sistema Windows em seus computadores. Todos concordavam que o Linux era mais interessante, mas informaram que havia poucas cópias desse sistema operacional disponíveis nas lojas das redondezas. Levando em conta essas informações, Vera preferiu melhorar o desempenho de seu computador com o Windows. Como explicar essa decisão?

15. Suponha que você seja consultor de uma cooperativa agrícola norte-americana que está prestes a decidir se seus membros devem reduzir a produção de algodão em 50% no próximo ano. Eles querem sua opinião para saber se assim conseguirão aumentar a receita de suas fazendas. Sabendo que o algodão, A, e a soja, S, competem pela terra agrícola no Sul, você estima a demanda por algodão como sendo $A = 3,5 - 1,0P_A + 0,25P_S + 0,50I$, onde P_A é o preço do algodão, P_S é o preço da soja e I, a renda. Você recomendaria o plano de corte de produção de algodão ou se oporia a ele? Haveria alguma informação adicional que o ajudaria a dar uma resposta mais definitiva?

Apêndice do Capítulo 4
Teoria da demanda — tratamento matemático

Este apêndice apresenta um tratamento matemático dos princípios da teoria da demanda. Nosso objetivo é oferecer uma breve visualização da teoria da demanda aos alunos que já estejam familiarizados com o uso do cálculo. Com esse propósito, explicaremos e posteriormente aplicaremos o conceito de otimização com restrições.

Maximização da utilidade

A teoria do comportamento do consumidor baseia-se na premissa de que os consumidores maximizam a utilidade sujeita a uma restrição orçamentária. Vimos, no Capítulo 3, que podemos definir para cada consumidor uma *função utilidade* que associa certo nível de utilidade a cada cesta de mercado que ele possa consumir. Vimos também que a *utilidade marginal* de um bem é definida como a variação da utilidade total em razão do aumento de uma unidade no consumo desse bem. Empregando os recursos do cálculo, como fazemos neste apêndice, mediremos a utilidade marginal como o incremento da utilidade resultante de um pequeno aumento no consumo.

> Na Seção 3.1, mostramos que uma função utilidade é um modo de atribuir certo nível de utilidade a cada cesta de mercado.

Suponhamos, por exemplo, que a função utilidade de Bob seja dada por $U(X,Y) = \log X + \log Y$, onde, para manter certo grau de generalidade, X representa o alimento e Y o vestuário. Nesse caso, a utilidade marginal associada ao consumo adicional do bem X é dada pela *derivada parcial da função utilidade em relação ao bem X*. Assim, UM_X, que representa a utilidade marginal do bem X, é dada por:

$$\frac{\delta U(X,Y)}{\delta X} = \frac{\delta(\log X + \log Y)}{\delta X} = \frac{1}{X}$$

Na análise que se segue, supomos, tal como havíamos feito no Capítulo 3, que enquanto o nível de utilidade é uma função *crescente* das quantidades consumidas, a utilidade marginal *diminui* com o consumo. Quando existem duas mercadorias, X e Y, o problema de otimização do consumidor pode então ser expresso como

> Na Seção 3.5, a utilidade marginal é descrita como a satisfação adicional obtida por meio do consumo de uma unidade adicional de um bem.

$$\text{Maximizar } U(X,Y) \qquad \text{(A4.1)}$$

sujeito à restrição de que toda a renda seja despendida com as duas mercadorias:

$$P_X X + P_Y Y = I \qquad \text{(A4.2)}$$

Nesse caso, $U()$ é a função utilidade, X e Y são as quantidades das duas mercadorias adquiridas pelo consumidor, P_X e P_Y são os preços das mercadorias e I é a renda.[16]

Para podermos determinar a demanda do consumidor individual das duas mercadorias, escolhemos os valores de X e Y que maximizam A4.1, sujeito a A4.2. Quando conhecemos o formato específico da função utilidade, podemos efetuar cálculos para determinar diretamente as demandas do consumidor em relação a X e Y. Entretanto, mesmo se escrevermos a função utilidade em sua forma genérica $U(X,Y)$, a técnica da *otimização com restrições* pode ser utilizada para descrever as condições que devem prevalecer quando o consumidor estiver maximizando a utilidade.

---

[16] Visando a simplificação dos cálculos matemáticos, supomos que a função utilidade seja contínua (com derivadas contínuas) e que as mercadorias sejam infinitamente divisíveis. A função logarítmica log (.) indica o logaritmo natural de um número.

O método dos multiplicadores de Lagrange

método dos multiplicadores de Lagrange
Técnica para maximizar ou minimizar uma função sujeita a uma ou mais restrições.

lagrangiano
Função constituída pela função a ser maximizada ou minimizada e uma variável (o *multiplicador de Lagrange*) multiplicada pela restrição.

O **método dos multiplicadores de Lagrange** é uma técnica que pode ser empregada para maximizar ou minimizar funções sujeitas a restrições. Como empregaremos essa técnica para estudar o custo e a produção mais à frente neste livro, oferecemos aqui uma aplicação passo a passo do método, examinando o problema de otimização do consumidor dado pelas equações A4.1 e A4.2.

1. **Estabelecendo o problema** Primeiro, escrevemos o lagrangiano para o problema. O **lagrangiano** é a função a ser maximizada ou minimizada (aqui, a utilidade está sendo maximizada) mais uma variável que chamaremos de λ multiplicada pela restrição (aqui, a restrição orçamentária do consumidor). Interpretaremos o significado desse λ mais adiante. Então, o lagrangiano será

$$\Phi = U(X,Y) - \lambda(P_X X + P_Y Y - I) \qquad (A4.3)$$

Note que escrevemos a restrição orçamentária como:

$$P_X X + P_Y Y - I = 0$$

isto é, como uma soma de termos iguais a zero. Então, inserimos essa soma no lagrangiano.

2. **Diferenciando o lagrangiano** Se escolhermos valores para X e Y que satisfaçam a equação de restrição orçamentária, então o segundo termo da equação A4.3 será igual a zero, e a maximização será equivalente à maximização de $U(X,Y)$. Diferenciando Φ em relação a X, Y e λ e, em seguida, igualando as derivadas a zero, alcançaremos as condições necessárias para a obtenção de um máximo.[17] As equações resultantes são:

$$\frac{\delta\Phi}{\delta X} = UM_X(X,Y) - \lambda P_X = 0$$

$$\frac{\delta\Phi}{\delta Y} = UM_Y(X,Y) - \lambda P_Y = 0 \qquad (A4.4)$$

$$\frac{\delta\Phi}{\delta I} = I - P_X X - P_Y Y = 0$$

onde UM é a abreviação de utilidade marginal. Em outros termos, $UM_X(X,Y) = \partial U(X,Y)/\partial X$, ou seja, é a variação da utilidade ocasionada por um pequeno aumento no consumo da mercadoria X.

3. **Resolvendo as equações resultantes** As três equações em A4.4 podem ser reescritas da seguinte forma:

$$UM_X = \lambda P_X$$

$$UM_Y = \lambda PY$$

$$P_X X + P_Y Y = I$$

Agora, podemos resolver essas três equações para as três incógnitas. Os valores resultantes para X e Y são as soluções para o problema de otimização do consumidor: são as quantidades que maximizam sua utilidade.

---

[17] Essas condições são necessárias para uma solução "interna" na qual o consumidor opta por quantidades positivas de ambas as mercadorias. Entretanto, a solução poderia ser uma solução de "canto", na qual se consome apenas uma das mercadorias, e nenhuma quantidade da outra.

Princípio da igualdade marginal

A terceira equação corresponde à restrição orçamentária apresentada inicialmente. As primeiras duas condições de A4.4 dizem-nos que cada mercadoria será consumida até o ponto no qual a utilidade marginal do consumo seja um múltiplo (λ) do preço da mercadoria. Para visualizarmos a implicação de tal fato, podemos combinar as duas primeiras condições obtendo o *princípio da igualdade marginal*:

$$\lambda = \frac{UM_X(X,Y)}{P_X} = \frac{UM_Y(X,Y)}{P_Y} \quad (A4.5)$$

Em outras palavras, a utilidade marginal de cada mercadoria dividida por seu preço é a mesma. Para otimizar, *o consumidor deve receber a mesma utilidade do último dólar despendido no consumo de X ou de Y*. Caso isso não ocorra, a utilidade pode ser aumentada por meio do consumo de maior quantidade de uma mercadoria e de menor quantidade da outra.

Para caracterizar o ideal do indivíduo de forma mais detalhada, poderíamos reescrever a informação em A4.5 para obter

$$\frac{UM_X(X,Y)}{UM_Y(X,Y)} = \frac{P_X}{P_Y} \quad (A4.6)$$

Em outras palavras, *a razão entre as utilidades marginais é igual à razão entre os preços*.

Taxa marginal de substituição

Podemos então utilizar a Equação A4.6 para examinar a ligação entre as funções utilidade e as curvas de indiferença apresentadas no Capítulo 3. Uma curva de indiferença representa todas as cestas de mercado que proporcionam o mesmo nível de utilidade. Considerando-se U^* um nível fixo de utilidade, então a curva de indiferença que corresponde a tal nível de utilidade seria obtida por meio da expressão:

$$U(X,Y) = U^*$$

À medida que as cestas de mercado são modificadas pelo acréscimo de pequenas quantidades de X e da subtração de pequenas quantidades de Y, a variação total na utilidade deverá ser igual a zero. Portanto, temos

$$UM_X(X,Y)dX + UM_Y(X,Y)dY = dU^* = 0 \quad (A4.7)$$

Reordenando os termos, temos

$$-dY/dX = UM_X(X,Y)/UM_Y(X,Y) = TMS_{XY} \quad (A4.8)$$

> Na Seção 3.5, mostramos que a taxa marginal de substituição é igual à razão entre as utilidades marginais dos dois bens consumidos.

em que TMS_{XY} representa a taxa marginal de substituição de X por Y do consumidor individual. Como o lado esquerdo da Equação A4.8 representa a inclinação negativa da curva de indiferença, deduz-se que, no ponto de tangência, a taxa de substituição marginal do consumidor individual (que permuta as mercadorias mantendo constante a utilidade) é igual à razão entre suas utilidades marginais, que, por sua vez, é igual à razão entre os preços das duas mercadorias, tal como em A4.6.[18]

---

18 Estamos implicitamente contando com as "condições de segunda ordem" para obter a máxima utilidade, de tal modo que o consumidor esteja maximizando a utilidade, em vez de minimizá-la. A condição de convexidade é suficiente para que as condições de segunda ordem sejam satisfeitas. Em termos matemáticos, a condição é de que $d(TMS)/dX < 0$ ou então de que $dY^2/dX^2 > 0$, onde $-dY/dX$ é a inclinação da curva de indiferença. É importante observar que a utilidade marginal decrescente não é premissa suficiente para garantir que as curvas de indiferença sejam convexas.

Quando as curvas de indiferença do consumidor individual são convexas, a tangência da curva de indiferença com a linha de orçamento resolve o problema de otimização do consumidor. Esse princípio foi ilustrado pela Figura 3.13, no Capítulo 3.

Utilidade marginal da renda

Qualquer que seja o formato da função utilidade, o multiplicador de Lagrange, λ, representa a utilidade extra gerada quando a restrição do orçamento é relaxada — neste caso, por meio do acréscimo de um dólar ao orçamento. Para melhor compreensão, diferenciaremos a função utilidade $U(X,Y)$ totalmente em relação a I:

$$dU/dI = UM_X(X,Y)(dX/dI) + UM_Y(X,Y)(dY/dI) \qquad (A4.9)$$

Uma vez que qualquer incremento na renda deve ser dividido entre as duas mercadorias, segue-se que

$$dI = P_X dX + P_Y dY \qquad (A4.10)$$

Efetuando a substituição de A4.5 em A4.9, temos

$$dU/dI = \lambda P_X(dX/dI) + \lambda P_Y(dY/dI) = \lambda(P_X dX + P_Y dY)/dI \qquad (A4.11)$$

e, efetuando a substituição de A4.10 em A4.11, temos

$$dU/dI = X(P_X dX + P_Y dY)/(P_X dX + P_Y dY) = \lambda \qquad (A4.12)$$

Portanto, o *multiplicador de Lagrange* corresponde à utilidade extra que resulta de um dólar adicional de renda.

Retornando à nossa análise original das condições para a maximização de utilidade, podemos ver, pela Equação A4.5, que a maximização exige que a utilidade obtida por meio do consumo de cada mercadoria, por dólar despendido com tal mercadoria, seja igual à utilidade marginal de um dólar adicional de renda. Se isso não ocorresse, um consumidor poderia aumentar sua utilidade gastando mais com a mercadoria que apresentasse a maior razão entre utilidade marginal e preço e gastando menos com a outra mercadoria.

Um exemplo

Em geral, as três equações de A4.4 podem ser resolvidas para determinar as três variáveis desconhecidas X, Y e λ como funções dos dois preços e da renda. Fazendo-se, então, as substituições para a eliminação de λ, torna-se possível determinar as demandas de cada uma das duas mercadorias em função da renda e de seus preços. Isso pode ser mais bem compreendido por meio de um exemplo.

A **função utilidade de Cobb-Douglas**, frequentemente utilizada, pode ser representada de duas maneiras:

$$U(X,Y) = a \log(X) + (1-a)\log(Y)$$

e

$$U(X,Y) = X^a Y^{1-a}$$

função utilidade de Cobb-Douglas

Função utilidade $U(X,Y) = X^a Y^{1-a}$, onde X e Y são dois bens e a é uma constante.

Para os propósitos da teoria da demanda, as duas formas são equivalentes, pois ambas resultam em funções idênticas de demanda para as mercadorias X e Y. A seguir, derivaremos as funções de demanda para a primeira forma, deixando a outra como exercício para o leitor.

Para encontrarmos as funções de demanda para X e Y, dada a restrição orçamentária normal, devemos em primeiro lugar escrever o lagrangiano:

$$\Phi = a \log(X) + (1-a)\log(Y) - \lambda(P_X X + P_Y Y - I)$$

Agora, diferenciando em relação a X, Y e λ e tomando suas derivadas iguais a zero, temos

$$\partial\Phi/\partial X = a/X - \lambda P_X = 0$$

$$\partial\Phi/\partial Y = (1-a)/Y - \lambda P_Y = 0$$

$$\partial\Phi/\partial \lambda = P_X X + P_Y Y - I = 0$$

As duas primeiras condições têm as seguintes implicações:

$$P_X X = a/\lambda \qquad (A4.13)$$

$$P_Y Y = (1-a)/\lambda \qquad (A4.14)$$

Combinando essas duas com a última condição, ou seja, com a restrição orçamentária, temos:

$$a/\lambda + (1-a)/\lambda - I = 0$$

ou então $\lambda = 1/I$. Agora, podemos substituir essa expressão por λ de volta em A4.13 e A4.14 para obter as funções de demanda:

$$X = (a/P_X)I$$

$$Y = [(1-a)/P_Y]I$$

Nesse exemplo, a demanda de cada mercadoria depende apenas do preço e da renda, mas não do preço da outra mercadoria. Desse modo, as elasticidades cruzadas de demanda são iguais a zero.

Também podemos usar esse exemplo para rever o significado dos multiplicadores de Lagrange. Para fazermos isso, vamos substituir cada um dos parâmetros do problema por valores específicos. Sejam $a = 1/2$, P_X = US$ 1, P_Y = US$ 2 e I = US$ 100. Então, as escolhas que maximizarão a utilidade serão $X = 50$ e $Y = 25$. Observe também que $\lambda = 1/100$. O multiplicador de Lagrange informa-nos que, se o consumidor dispusesse de um dólar adicional de renda, o nível de utilidade obtido seria aumentado em 1/100. Tal fato é relativamente fácil de ser verificado. Com uma renda de US$ 101, as escolhas de maximização para as duas mercadorias seriam $X = 50,5$ e $Y = 25,25$. Um pouco de aritmética informa-nos que o nível original de utilidade é de 3,565, e o novo nível de utilidade é de 3,575. Como podemos verificar, o dólar adicional de renda na verdade aumentou a utilidade em 0,01, ou seja, 1/100.

> Na Seção 2.4, explicamos que a elasticidade cruzada de demanda se refere à variação percentual na quantidade demandada de um bem resultante de um aumento de 1% no preço de outro bem.

Dualidade na teoria do consumidor

Há duas maneiras diferentes de enxergar as decisões de otimização do consumidor. A escolha dos valores para X e Y que proporcionem a otimização pode ser analisada não apenas em termos do problema de escolha da curva de indiferença mais alta — o valor máximo de $U(v)$ que tangencie a linha de orçamento, mas também quanto ao problema da escolha da linha orçamentária mais baixa (menor gasto orçamentário) que tangencie determinada curva de indiferença. Empregamos o termo **dualidade** para nos referirmos às duas perspectivas. Para visualizar tal fato, considere o seguinte problema dual de otimização do consumidor, ou seja, o problema de minimizar o custo da obtenção de determinado nível de utilidade:

$$\text{Minimizar } P_X X + P_Y Y$$

considerando a seguinte restrição:

$$U(X,Y) = U^*$$

Portanto, o lagrangiano correspondente é

$$\Phi = P_X X + P_Y Y - \mu(U(X,Y) - U^*) \qquad (A4.15)$$

> **dualidade**
> Modo alternativo de examinar as decisões de otimização do consumidor. Dada uma restrição orçamentária, em vez de escolher a curva de indiferença mais alta, o consumidor escolhe a linha orçamentária mais baixa que toque determinada curva de indiferença.

em que μ é o multiplicador de Lagrange. Diferenciando-se Φ em relação a X, Y e μ e igualando-se a zero suas derivadas, encontraremos as seguintes condições necessárias para a minimização do gasto:

$$P_X - \mu UM_X(X,Y) = 0$$

$$P_Y - \mu UM_Y(X,Y) = 0$$

e

$$U(X,Y) = U^*$$

Resolvendo as duas primeiras equações, e relembrando A4.5, vemos que

$$\mu = [P_X/UM_X(X,Y)] = [P_Y/UM_Y(X,Y)] = 1/\lambda$$

Como também é verdade que

$$UM_X(X,Y)/UM_Y(X,Y) = TMS_{XY} = P_X/P_Y$$

a escolha dos valores para X e Y que minimizem o custo deve ocorrer no ponto de tangência da linha de orçamento com a curva de indiferença que gera a utilidade U^*. Como esse ponto é o mesmo que maximiza a utilidade em nosso problema original, o problema dual de minimização do gasto resulta nas mesmas funções de demanda obtidas por meio da maximização direta da utilidade.

Para entendermos a abordagem dual, examinaremos mais uma vez o exemplo de Cobb-Douglas. Torna-se um pouco mais fácil acompanhar o tratamento algébrico se for utilizada a forma exponencial da função utilidade de Cobb-Douglas: $U(X,Y) = X^a Y^{1-a}$. Nesse caso, temos a seguinte expressão para o lagrangiano:

$$\Phi = PXX + PYY - \mu[X^a Y^{1-a} - U^*] \tag{A4.16}$$

Diferenciando-se em relação a X, Y e μ e igualando a zero, obtemos

$$P_X = \mu a U^*/X$$

$$P_Y = \mu(1-a)U^*/Y$$

Multiplicando-se a primeira equação por X e a segunda por Y e somando ambas, temos

$$PXX + PYY = \mu U^*$$

Se fizermos com que I seja o gasto minimizador de custo (ou seja, se o consumidor não gastasse toda a sua renda para obter o nível de utilidade U^*, U^* não teria maximizado a utilidade no problema original), teremos $\mu = I/U^*$. Efetuando a substituição nas equações anteriores, obteremos

$$X = aI/P_X \quad \text{e} \quad Y = (1-a)I/P_Y$$

Essas são as mesmas funções de demanda obtidas anteriormente.

Efeito renda e efeito substituição

A função de demanda informa-nos de que modo as escolhas maximizadoras de utilidade feitas por qualquer consumidor responderão às variações da renda e dos preços das mercadorias. É importante, entretanto, que se distinga a parte de variação do preço que envolve *movimento ao longo de uma curva de indiferença* da parte que envolve *movimento para uma nova curva de indiferença* (ou seja, uma modificação no poder aquisitivo). Para tanto, consideraremos o que acontece com a demanda da mercadoria X quando ocorrem variações no preço de X. Tal como foi explicado na Seção 4.2, a variação da demanda pode ser dividida entre um *efeito substituição* (isto é, a variação ocorrida na quantidade demandada quando o nível de utilidade é fixo) e um *efeito renda* (isto é, a variação ocorrida na quantidade demandada pela modificação no nível de utilidade, mantido inalterado o preço relativo da mercadoria X). Denotamos a variação de X que resulta de uma variação de uma unidade no preço de X, mantida a utilidade constante, por

$$\partial X/\partial P_X|_{U=U^*}$$

Sendo assim, a variação total em X resultante da variação em P_X é

$$dX/dP_X = \partial X/\partial P_X|U=U^* + (\partial X/\partial I)(\partial I/\partial P_X) \qquad (A4.17)$$

O primeiro termo do lado direito da equação A4.17 corresponde ao efeito substituição (pois a utilidade é fixa); o segundo termo corresponde ao efeito renda (pois a renda aumenta).

Com a restrição de orçamento do consumidor, $I = P_X X + P_Y Y$, sabemos que, por diferenciação, temos:

$$\partial I/\partial P_X = X \qquad (A4.18)$$

Suponhamos, por um momento, que o consumidor fosse proprietário das mercadorias X e Y. Então, a Equação A4.18 nos informaria que, quando ocorresse um aumento de US$ 1 no preço da mercadoria X, a quantidade de renda que o consumidor poderia obter com a venda de tal mercadoria aumentaria em US$ X. Segundo a teoria do comportamento do consumidor, entretanto, ele não possui as mercadorias. Por conseguinte, a Equação A4.18 informa-nos de quanto de renda adicional o consumidor necessitaria para que pudesse, após o aumento de preço, estar em uma situação equivalente àquela em que estava antes da ocorrência do aumento. Por essa razão, é comum o efeito renda ter sinal negativo (ou seja, refletindo uma perda de poder aquisitivo) em vez de positivo. A Equação A4.17 será, então, a seguinte:

$$dX/dP_X = \partial X/\partial P_X|U=U^* - X(\partial X/\partial I) \qquad (A4.19)$$

Nessa nova forma, denominada **equação de Slutsky**, o primeiro termo representa o *efeito substituição*, ou seja, a variação da demanda da mercadoria X quando a utilidade permanece fixa. O segundo termo representa o *efeito renda*, ou seja, a variação do poder aquisitivo resultante de uma mudança no preço multiplicada pela variação da demanda, resultante de uma mudança no poder aquisitivo.

Uma forma alternativa de decompor uma mudança de preços em efeito substituição e efeito renda, normalmente atribuída a John Hicks, não envolve curvas de indiferença. Na Figura A4.1, o consumidor inicialmente escolhe a cesta de mercado A, situada sobre a linha do orçamento RS. Suponha que, após a queda no preço dos alimentos (movendo a linha de orçamento para RT), fosse retirado do indivíduo um montante de renda suficiente para não alterar a situação anterior. Para fazer isso, traçamos uma linha de orçamento paralela a RT. Se a linha do orçamento passasse pelo ponto A, então a situação do consumidor seria ao menos tão boa quanto antes da mudança de preços, porque ele teria a opção de adquirir A se o desejasse. De acordo com o **efeito substituição de Hicks**, entretanto, a linha de orçamento que mantém a mesma situação deve ser uma linha como R'T' paralela a RT e que cruze com RS no ponto B abaixo e à direita do ponto A.

A preferência revelada mostra que a nova cesta de mercado escolhida tem de estar no segmento BT'. Por quê? Porque todas as cestas situadas no segmento $R'B$ poderiam ter sido escolhidas (mas não foram) quando a linha de orçamento era RS. (Lembre-se de que o consumidor preferiu a cesta A a todas as outras cestas de mercado viáveis.) Observe que todos os pontos no segmento BT' envolvem mais consumo de alimento que a cesta A. Isso quer dizer que a quantidade demandada de alimento aumenta sempre que há uma redução em seu preço. Esse efeito substituição negativo ocorre para qualquer mudança de preços e não depende da hipótese de convexidade das preferências que expusemos na Seção 3.1.

Na Seção 4.2, o efeito de uma mudança de preço foi subdividido em efeito renda e efeito substituição.

equação de Slutsky
Fórmula para decompor os efeitos de uma variação do preço em efeitos substituição e renda.

efeito substituição de Hicks
Uma alternativa à equação de Slutsky para decompor alterações de preço sem ter de utilizar curvas de indiferença.

Na Seção 3.1, explicamos que uma curva de indiferença é convexa se a taxa marginal de substituição diminuir à medida que nos movimentarmos para baixo ao longo da curva.

Na Seção 3.4, explicamos como as informações sobre as preferências do consumidor são reveladas por meio das escolhas de consumo que as pessoas fazem.

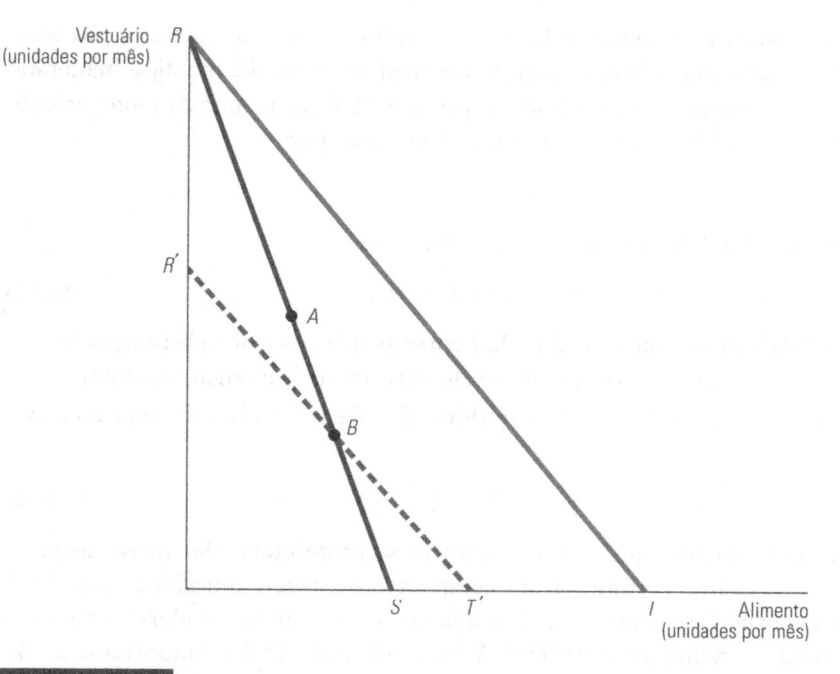

FIGURA A4.1 EFEITO SUBSTITUIÇÃO DE HICKS

O consumidor inicialmente escolhe a cesta de mercado A. Uma queda no preço do alimento desloca a linha de orçamento de RS para RT. Se ocorre uma perda de renda suficiente para manter a mesma situação em que o consumidor estava quando localizado no ponto A, a nova cesta de mercado escolhida deve situar-se no segmento de reta BT', dentro da linha de orçamento R'T' (a qual cruza com RS à direita de A), com uma quantidade demandada de alimentos maior que em A.

EXERCÍCIOS

1. Quais das seguintes funções utilidade são coerentes com as curvas de indiferença convexas e quais não são?
   a. $U(X,Y) = 2X + 5Y$
   b. $U(X,Y) = (XY)^{0,5}$
   c. $U(X,Y) = \text{Mín}(X,Y)$, onde Mín corresponde ao mínimo de ambos os valores de X e Y.

2. Mostre como as duas funções utilidade apresentadas a seguir produzem curvas de demanda idênticas para as mercadorias X e Y:
   a. $U(X,Y) = \log(X) + \log(Y)$
   b. $U(X,Y) = (XY)^{0,5}$

3. Suponha que determinada função utilidade seja obtida por meio de Mín(X,Y), como no Exercício 1(c). Qual é a equação de Slutsky que decompõe a variação da demanda de X em resposta a uma variação ocorrida em seu preço? Qual será o efeito renda? Qual será o efeito substituição?

4. Sharon tem a seguinte função utilidade:
   $$U(X,Y) = \sqrt{X} + \sqrt{Y}$$
   em que X é o consumo de barras de chocolate, cujo preço $P_X =$ US$ 1, e Y é o consumo de xícaras de café expresso, cujo preço $P_Y =$ US$ 3.
   a. Obtenha a curva de demanda de Sharon para as barras de chocolate e xícaras de café expresso.
   b. Presumindo que a renda, I, seja igual a US$ 100, quantas barras de chocolate e quantas xícaras de café expresso ela poderá consumir?
   c. Qual a utilidade marginal de sua renda?

5. Maurice possui a seguinte função utilidade:
   $$U(X,Y) = 20X + 80Y - X^2 - 2Y^2$$
   onde X é o consumo de CDs, cujo preço é igual a US$ 1, e Y é o consumo de filmes de vídeo, cujo preço de aluguel é de US$ 2. Ele planeja gastar US$ 41 com os dois tipos de entretenimento. Determine o número de CDs e aluguéis de vídeo que vai maximizar a utilidade de Maurice.

CAPÍTULO 5

Incerteza e comportamento do consumidor

ESTE CAPÍTULO DESTACA

5.1	Descrevendo o risco	152
5.2	Preferências em relação ao risco	157
5.3	Reduzindo o risco	162
*5.4	A demanda por ativos de risco	168
5.5	Bolhas	176
5.6	Economia comportamental	180

LISTA DE EXEMPLOS

5.1	Dissuadindo a prática de infrações	156
5.2	Os executivos e a escolha de risco	162
5.3	O valor do seguro de titularidade na aquisição de residências	166
5.4	O valor da informação no mercado on-line de produtos eletrônicos	167
5.5	Médicos, pacientes e o valor da informação	167
5.6	Investindo no mercado de ações	175
5.7	A bolha de preços de imóveis (I)	177
5.8	A bolha de preços de imóveis (II)	179
5.9	Venda de uma casa	182
5.10	Os taxistas nova-iorquinos	186

Até o momento, presumimos que preços, rendas e outras variáveis são conhecidos com segurança. Entretanto, muitas das escolhas que precisam ser feitas pelos consumidores envolvem um considerável grau de incerteza. Por exemplo, a maioria das pessoas toma empréstimos para financiar aquisições de maior valor, tais como casas ou educação universitária, planejando pagar com rendimentos futuros. No entanto, para a maioria de nós, os rendimentos futuros são incertos. Nossa renda pode se elevar ou se reduzir; podemos ser promovidos, rebaixados ou até demitidos de nosso emprego. Por outro lado, se adiarmos a compra de uma casa ou o investimento na educação universitária, estaremos nos arriscando a ver o preço desses bens aumentar em termos reais, ficando mais difícil adquiri-los. De que forma deveríamos levar em consideração tais incertezas quando estivermos tomando importantes decisões de consumo ou de investimento?

Às vezes, é necessário decidir o grau de *risco* que estamos dispostos a assumir. Por exemplo, o que você deveria fazer com suas economias? Será que deveria investir seu dinheiro em algo seguro, como uma caderneta de poupança, ou em algo mais arriscado, porém com maior potencial de rendimentos, como o mercado de ações? Outro exemplo seria a escolha de um emprego ou de uma carreira. É melhor trabalhar para uma empresa grande e estável, em que haja segurança no emprego, embora as oportunidades de progredir sejam limitadas, ou é mais interessante fazer parte de (ou fundar) uma empresa que, embora ofereça menor segurança, pode apresentar maior oportunidade de progredir?

Para poder responder a essas perguntas, precisamos examinar os modos pelos quais as pessoas podem comparar e escolher entre opções com diferentes graus de risco. Faremos isso nas seguintes etapas:

1. Para comparar opções com diferentes graus de risco, é preciso quantificá-lo. Portanto, iniciaremos este capítulo com uma discussão sobre como medir o risco.
2. Examinaremos as preferências das pessoas em relação ao risco. A maioria o vê como algo indesejável, mas algumas pessoas consideram-no mais indesejável do que outras.

3. Veremos como as pessoas podem, algumas vezes, reduzir ou eliminar os riscos. Em alguns casos, ele pode ser reduzido por meio da diversificação, da aquisição de um seguro ou investindo em informações adicionais.

4. Em outras situações, as pessoas devem escolher o grau de risco que estão dispostas a assumir. Um bom exemplo é o investimento em ações ou em títulos. Veremos como tais investimentos implicam optar entre os ganhos monetários esperados e o nível de risco associado a esses ganhos.

5. Às vezes a demanda por um bem é controlada em parte ou totalmente pela especulação — as pessoas compram o bem porque acham que seu preço aumentará. Veremos como isso pode levar a uma bolha, na qual mais e mais pessoas, convencidas de que o preço continuará subindo, compram o bem e empurram seu preço ainda mais para cima — até que por fim a bolha estoure e o preço caia.

Em um mundo de incertezas, o comportamento dos indivíduos pode às vezes parecer imprevisível, até mesmo irracional, e talvez contrário às premissas básicas da teoria do consumidor. Na última seção deste capítulo, traçamos um panorama de uma área de pesquisa em expansão: a economia comportamental, que, ao incorporar importantes princípios da psicologia, tem ampliado e enriquecido os estudos de microeconomia.

5.1 Descrevendo o risco

Para podermos descrever o risco de forma quantitativa, é necessário, primeiro, que saibamos quais são os possíveis resultados de determinada ação, bem como qual a probabilidade de ocorrência de cada resultado.[1] Suponhamos, por exemplo, que você esteja considerando a possibilidade de investir em uma empresa que esteja fazendo explorações petrolíferas *off-shore*. Se a exploração for bem-sucedida, as ações da empresa terão seu valor aumentado de US$ 30 para US$ 40; caso contrário, terão seu valor reduzido para US$ 20. Há, portanto, dois possíveis resultados, ou seja, o preço de US$ 40 por ação ou o preço de US$ 20 por ação.

PROBABILIDADE

probabilidade
Possibilidade de que dado resultado venha a ocorrer.

A **probabilidade** refere-se à chance de que determinado resultado venha a ocorrer. Em nosso exemplo, a probabilidade de que o projeto de exploração petrolífera tenha sucesso é de 1/4 e a probabilidade de insucesso é de 3/4. (Observe que a soma das probabilidades de todos os eventos possíveis deve ser igual a 1.)

Nossa interpretação do conceito de probabilidade pode depender da natureza dos eventos incertos, bem como da convicção das pessoas envolvidas, ou de ambos os fatores. Uma interpretação *objetiva* da probabilidade fundamenta-se na frequência com a qual determinados eventos tendem a ocorrer. Suponha que saibamos que, das 100 últimas explorações petrolíferas *off-shore*, 25 tenham sido bem-sucedidas e 75 tenham fracassado. Sendo assim, a probabilidade de sucesso de 1/4 é considerada objetiva, pois se baseia diretamente na frequência de experiências similares.

Mas, como seria se não houvesse experiência anterior que pudesse auxiliar na medição da probabilidade? Nessa situação, não poderiam ser obtidas medidas objetivas para as probabilidades e seria necessário apelar para algo mais subjetivo. A *probabilidade subjetiva* baseia-se na percepção de que determinado resultado pode vir a ocorrer. Essa percepção

---

[1] Algumas pessoas fazem distinção entre incerteza e risco em conformidade com a distinção sugerida pelo economista Frank Knight há cerca de 60 anos. A *incerteza* pode se referir a situações nas quais muitos resultados são possíveis, mas a probabilidade de cada um ocorrer é desconhecida. O *risco*, por sua vez, refere-se a situações nas quais podemos relacionar todos os possíveis resultados, assim como estabelecer a probabilidade de ocorrência de cada um deles. Neste capítulo, estaremos sempre nos referindo a situações de risco, porém simplificaremos a discussão fazendo uso alternado dos termos *incerteza* e *risco*.

pode estar embasada no julgamento ou na experiência de uma pessoa, mas não necessariamente na frequência com a qual determinado resultado tenha de fato ocorrido no passado. Quando as probabilidades são determinadas de modo subjetivo, diferentes pessoas podem atribuir diferentes probabilidades a diferentes resultados, fazendo, portanto, escolhas distintas. Por exemplo, se a procura de petróleo estivesse acontecendo em local onde não tivesse ocorrido nenhuma busca antes, eu poderia atribuir uma probabilidade subjetiva mais alta do que a sua para a possibilidade de que o projeto obtenha sucesso, talvez por dispor de mais informações sobre ele ou talvez por ter melhor compreensão de negócios petrolíferos, podendo, assim, fazer melhor uso de nossas informações comuns. Tanto as informações como a capacidade diferenciada de processá-las podem ser utilizadas para explicar por que as probabilidades subjetivas variam de um indivíduo para outro.

Qualquer que seja a interpretação da natureza da probabilidade, ela é sempre utilizada no cálculo de duas importantes medidas que nos auxiliam a descrever e a comparar escolhas de risco. Uma dessas medidas informa-nos o *valor esperado* e a segunda a *variabilidade* dos possíveis resultados.

VALOR ESPERADO

O **valor esperado** associado a uma situação incerta corresponde a uma média ponderada dos *payoffs* ou valores associados a todos os possíveis resultados. As probabilidades de cada resultado são utilizadas como seus pesos. O valor esperado mede a *tendência central*, isto é, o *payoff* que, na média, deveríamos esperar que viesse a ocorrer.

valor esperado
Média ponderada probabilística dos valores associados a todos os resultados possíveis de um acontecimento.

Nosso exemplo de exploração petrolífera *off-shore* tem dois possíveis resultados: o sucesso produz um *payoff* de US$ 40 por ação, enquanto o insucesso produz um *payoff* de US$ 20 por ação. Indicando por Pr o termo "probabilidade de", teremos a seguinte expressão para o valor esperado neste caso:

payoff
Valor associado a um resultado possível de ocorrer.

$$\text{Valor esperado} = \Pr(\text{sucesso})(\text{US\$ } 40/\text{ação}) + \Pr(\text{insucesso})(\text{US\$ } 20/\text{ação})$$

$$= (1/4)(\text{US\$ } 40/\text{ação}) + (3/4)(\text{US\$ } 20/\text{ação}) = \text{US\$ } 25/\text{ação}$$

Genericamente falando, quando existem dois resultados possíveis apresentando *payoffs* X_1 e X_2, sendo as probabilidades de cada resultado indicadas por $\Pr_1$ e $\Pr_2$, temos a seguinte equação para o valor esperado:

$$E(X) = \Pr_1 X_1 + \Pr_2 X_2$$

Quando há *n* resultados possíveis, o valor esperado se torna

$$E(X) = \Pr_1 X_1 + \Pr_2 X_2 + \ldots + \Pr_n X_n$$

VARIABILIDADE

A **variabilidade** é a extensão pela qual os resultados possíveis em situações incertas diferem. Para percebermos como a variabilidade é importante, suponha que você esteja fazendo uma escolha entre dois empregos na área de vendas que ofereçam a mesma renda esperada (US$ 1.500); ambos são temporários e de meio período. O primeiro baseia-se totalmente em comissões, ou seja, a renda esperada dependerá de quanto você conseguirá vender. Há duas rendas com igual probabilidade de ocorrência: US$ 2.000 para um bom resultado de vendas e US$ 1.000 para um resultado inferior. O segundo emprego é assalariado, e é bem provável que você ganhe US$ 1.510 enquanto a empresa continuar operando (0,99 de probabilidade), mas há a probabilidade de 0,01 de que ela encerre suas atividades, e nesse caso você receberia apenas US$ 510 a título de indenização. A Tabela 5.1 resume esses possíveis resultados, com seus respectivos *payoffs* e probabilidades.

variabilidade
Extensão pela qual diferem os resultados possíveis de um acontecimento incerto.

TABELA 5.1	Rendas de empregos em vendas				
	Resultado 1		Resultado 2		
	Probabilidade	Renda (US$)	Probabilidade	Renda (US$)	Renda esperada (US$)
Emprego 1: comissão	0,5	2.000	0,5	1.000	1.500
Emprego 2: salário fixo	0,99	1.510	0,01	510	1.500

Observe que os dois empregos oferecem a mesma renda esperada. No primeiro emprego, a renda esperada é 0,5(US$ 2.000) + 0,5(US$ 1.000) = US$ 1.500; no segundo, é 0,99(US$ 1.510) + 0,01(US$ 510) = US$ 1.500. Contudo, a *variabilidade* dos *payoffs* possíveis é diferente para os dois empregos. Essa variabilidade pode ser medida notando que, quanto maiores forem as diferenças (sejam positivas ou negativas) entre os *payoffs* efetivos e os *payoffs* esperados, denominadas **desvios**, maior será o risco. A Tabela 5.2 apresenta os desvios dos rendimentos efetivos em relação aos rendimentos esperados para cada emprego.

Os desvios, em si, não fornecem uma medida de variabilidade. Por quê? Porque algumas vezes o desvio é positivo e outras vezes é negativo. Podemos ver na Tabela 5.2 que a média dos desvios ponderados pela probabilidade é sempre 0.[2] Para resolver esse problema, é preciso elevar ao quadrado cada um dos desvios, obtendo-se números que são sempre positivos. Calculamos, então, a variabilidade por meio do **desvio padrão**: a raiz quadrada da média dos *quadrados* dos desvios dos *payoffs* associados a cada valor esperado.[3]

desvio
Diferença entre valores de *payoff* esperados e efetivos.

desvio padrão
Raiz quadrada da média ponderada dos quadrados dos desvios dos *payoffs* associados a cada resultado a partir de seus valores esperados.

TABELA 5.2	Desvios do rendimento esperado (US$)			
	Resultado 1	Desvio	Resultado 2	Desvio
Emprego 1	2.000	500	1.000	− 500
Emprego 2	1.510	10	510	− 990

A Tabela 5.3 apresenta o cálculo do desvio padrão para nosso exemplo. Note que a média dos quadrados dos desvios no caso do primeiro emprego é obtida por meio de

$$0,5(US\$\ 250.000) + 0,5(US\$\ 250.000) = US\$\ 250.000$$

TABELA 5.3	Cálculo da variância (US$)					
	Resultado 1	Quadrado do desvio	Resultado 2	Quadrado do desvio	Média ponderada do quadrado do desvio	Desvio padrão
Emprego 1	2.000	250.000	1.000	250.000	250.000	500
Emprego 2	1.510	100	510	980.100	9.900	99,50

O desvio padrão é, então, a raiz quadrada de US$ 250.000, ou seja, US$ 500. Da mesma forma, a média (ponderada pela probabilidade) dos quadrados dos desvios no caso do segundo emprego é obtida por meio de

$$0,99(US\$\ 100) + 0,01(US\$\ 980.100) = US\$\ 9.900$$

Portanto, o desvio padrão corresponde à raiz quadrada de US$ 9.900, ou seja, US$ 99,50. Mais uma vez, vemos que o segundo emprego é bem menos arriscado que o primeiro; o desvio padrão dos rendimentos é muito menor.[4]

O conceito de desvio padrão aplica-se igualmente bem a situações nas quais existam muitos resultados possíveis, em vez de apenas dois. Suponhamos, por exemplo, que o

---

[2] No primeiro emprego, o desvio médio é igual a 0,5(US$ 500) + 0,5(−US$ 500) = 0; no emprego 2, é igual a 0,99(US$ 10) + 0,01(−US$ 990) = 0.

[3] Outra medida de variabilidade, denominada *variância*, é definida como o quadrado do desvio padrão.

[4] Em geral, quando existem dois resultados possíveis com *payoffs* X_1 e X_2, respectivamente, cada qual com as probabilidades de ocorrência Pr_1 e Pr_2 e sendo $E(X)$ o valor esperado para tais resultados, o desvio padrão é dado por σ, em que $\sigma^2 = Pr_1[(X_1 - E(X))^2] + Pr_2[(X_2 - E(X))^2]$.

primeiro emprego ofereça rendimentos variando entre US$ 1.000 e US$ 2.000 em incrementos de US$ 100, sendo todos igualmente possíveis. O segundo emprego oferece rendimentos variando entre US$ 1.300 e US$ 1.700 (também em incrementos de US$ 100), sendo todos igualmente possíveis. A Figura 5.1 apresenta graficamente essas alternativas. (Se houvesse apenas dois resultados possíveis com igual probabilidade de ocorrência, então a figura seria composta por duas linhas verticais com altura de 0,5.)

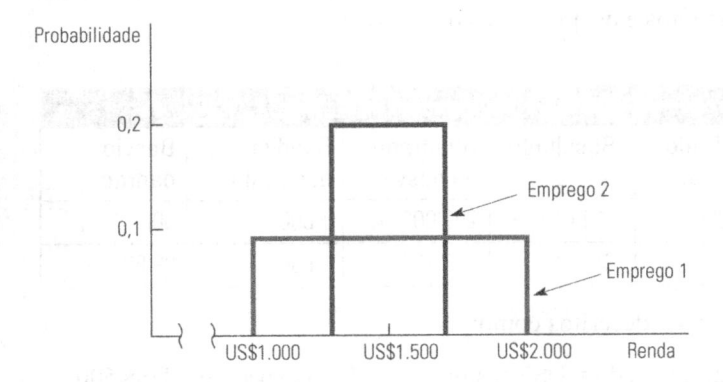

FIGURA 5.1 PROBABILIDADES DOS RESULTADOS DOS DOIS EMPREGOS

A distribuição dos *payoffs* associados com o primeiro emprego apresenta maior dispersão e maior desvio padrão do que a distribuição dos *payoffs* associados com o segundo. Ambas as distribuições têm aspecto plano, pois todos os resultados são igualmente prováveis.

Na Figura 5.1, pode-se observar que o primeiro emprego apresenta maior risco do que o segundo. A "dispersão" dos possíveis *payoffs* relativos ao primeiro emprego é muito maior do que a do segundo. Como resultado, o desvio padrão dos *payoffs* associados com o primeiro emprego é também maior do que o desvio padrão do segundo.

Nesse exemplo, em particular, todos os *payoffs* apresentam iguais probabilidades, de tal modo que as curvas que descrevem as probabilidades para cada emprego são planas. No entanto, em muitos casos, alguns *payoffs* apresentam maior probabilidade de ocorrência do que outros. A Figura 5.2 mostra uma situação na qual os *payoffs* extremos têm menor probabilidade de ocorrência. Novamente, o salário do primeiro emprego apresenta desvio padrão maior. A partir deste ponto, utilizaremos apenas o desvio padrão dos *payoffs* para medir o grau de risco.

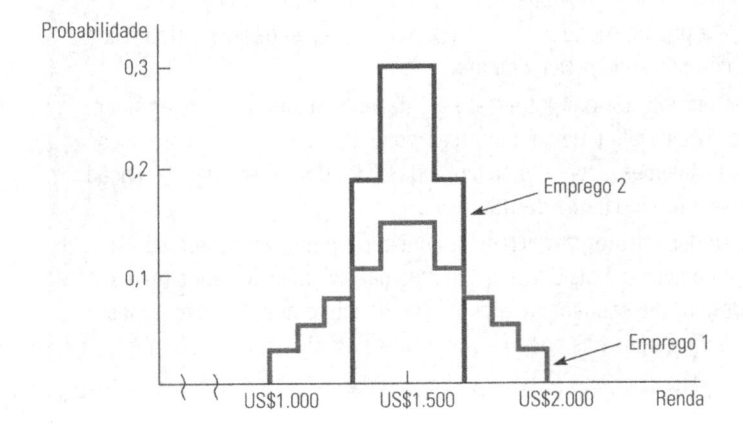

FIGURA 5.2 RESULTADOS COM PROBABILIDADES DIFERENTES

A distribuição dos *payoffs* associados com o primeiro emprego apresenta maior dispersão e maior desvio padrão do que a distribuição dos *payoffs* associados com o segundo. Ambas as distribuições apresentam picos, pois os resultados extremos demonstram menos probabilidade de ocorrência que os resultados localizados próximos ao meio da distribuição.

Tomada de decisão

Suponha que você esteja escolhendo entre os dois empregos em vendas já descritos em nosso exemplo original. Qual deles você escolheria? Se você não gosta de correr riscos, optaria pelo segundo emprego. Ele oferece a mesma renda esperada do primeiro, porém com menor risco. Contudo, suponha que aumentemos em US$ 100 os *payoffs* do primeiro emprego, de tal modo que o valor esperado passe de US$ 1.500 para US$ 1.600. A Tabela 5.4 mostra-nos os novos rendimentos e os quadrados dos desvios.

TABELA 5.4	Rendas de empregos em vendas — modificadas (US$)					
	Resultado 1	Quadrado do desvio	Resultado 2	Quadrado do desvio	Rendimento esperado	Desvio padrão
Emprego 1	2.100	250.000	1.100	250.000	1.600	500
Emprego 2	1.510	100	510	980.100	1.500	99,50

Os empregos poderiam então ser descritos como:

Emprego 1: Rendimento esperado = US$ 1.600   Desvio padrão = US$ 500

Emprego 2: Rendimento esperado = US$ 1.500   Desvio padrão = US$ 99,50

O primeiro emprego oferece maior rendimento esperado, mas apresenta um risco substancialmente mais elevado do que o segundo. A preferência por um dos dois empregos dependerá do indivíduo. Um empreendedor agressivo não se preocupa em assumir riscos e poderia optar pelo maior rendimento esperado e pelo maior desvio padrão; uma pessoa mais conservadora poderia optar pelo segundo emprego.

A atitude das pessoas em relação ao risco influi nas decisões que tomam. No Exemplo 5.1, veremos como as atitudes em relação ao risco afetam a disposição dos indivíduos de violar a lei e como isso tem implicações para a fixação das multas para diversas violações. Na Seção 5.2, aprofundaremos nosso estudo sobre a teoria da escolha do consumidor examinando as preferências em relação ao risco com mais detalhes.

EXEMPLO 5.1 DISSUADINDO A PRÁTICA DE INFRAÇÕES

No caso de determinados tipos de infrações, como dirigir em alta velocidade, estacionar em fila dupla, sonegar impostos e poluir o ar,[5] as multas podem ser mais dissuasivas do que a prisão. Alguém que opta por infringir a lei dessas formas está bem informado, o que nos permite presumir que esteja se comportando racionalmente.

Em geral, quanto maior for a multa mais efetivamente um infrator em potencial será desencorajado de praticar algum delito. Por exemplo, se a captura de um infrator não tivesse custo algum e se a infração houvesse causado um prejuízo de US$ 1.000 à sociedade, poderíamos optar por punir todas as violações e cobrar uma multa de US$ 1.000 a cada uma. Tal ação desencorajaria as pessoas cujo ganho com a atividade fosse inferior à multa de US$ 1.000.

Na realidade, entretanto, é muito dispendiosa a captura dos infratores. Portanto, economizaríamos em custos administrativos impondo multas relativamente altas (cuja cobrança não custa mais que a das multas baixas), mas alocando recursos de tal forma que apenas uma parte dos infratores fosse detida. Dessa maneira, a dimensão da multa que deve ser imposta para desencorajar um comportamento criminoso dependerá da atitude dos potenciais infratores em relação ao risco.

---

5 Essa discussão baseia-se indiretamente no artigo de Gary S. Becker, "Crime and Punishment: An Economic Approach", *Journal of Political Economy*, mar./abr. 1968, p. 169-217. Veja também A. Mitchell Polinsky e Steven Shavell, "The Optimal Tradeoff Between the Probability and the Magnitude of Fines", *American Economic Review* 69, dez. 1979, p. 880-891.

Suponhamos que um município queira desencorajar as pessoas de estacionar em fila dupla. Por meio dessa prática, o cidadão típico estaria economizando US$ 5 em termos de seu próprio tempo disponível para atividades que sejam mais agradáveis do que procurar um local para estacionar. Se o motorista fosse neutro em relação a riscos e se nada custasse ao município a captura de infratores, uma multa de pouco mais de US$ 5, digamos, US$ 6, teria de ser levada em consideração pelo infrator sempre que estacionasse em fila dupla. Isso garantiria que o benefício líquido do estacionamento em fila dupla para o motorista infrator (US$ 5 de benefício menos US$ 6 de multa) fosse inferior a zero, de tal forma que nosso cidadão optaria por obedecer à lei. Na realidade, todos os potenciais infratores cujos benefícios fossem inferiores ou iguais a US$ 5 seriam desencorajados, ao passo que para outros, para os quais os benefícios fossem superiores a US$ 5, haveria um estímulo para a violação da lei (eles poderiam ter de estacionar em fila dupla em uma emergência).

O controle intensivo é dispendioso, porém, felizmente, pode não vir a ser necessário. O mesmo efeito de dissuasão poderia ser obtido pela imposição de uma multa de US$ 50 e da captura de apenas um em cada dez infratores (ou talvez uma multa de US$ 500 com uma chance de uma em cem de capturar os infratores). Em cada um dos casos, a multa esperada é de US$ 5, isto é, de [US$ 50][0,1] ou [US$ 500][0,01]. Uma política que combine multas altas e a baixa probabilidade de captura do infrator provavelmente reduzirá os custos de imposição da lei. Esse modo de abordar o problema é especialmente eficaz se os motoristas não apreciam assumir riscos. No exemplo anterior, uma multa de US$ 50 com uma probabilidade de 0,1 de captura do infrator poderia ser suficiente para desencorajar a maioria das pessoas da prática de infrações à lei. Na próxima seção, examinaremos as posturas em relação ao risco.

Um novo tipo de crime que se tornou um problema sério para os produtores de música e filmes é a pirataria digital; trata-se de um delito particularmente difícil de ser flagrado e as multas raramente são impostas. Apesar disso, as multas cobradas em geral são muito altas. Em 2009, uma mulher foi multada em US$ 1,9 milhão por baixar ilegalmente 24 músicas. Isso significa uma multa de US$ 80.000 por música.

5.2 Preferências em relação ao risco

Utilizamos um exemplo relacionado com empregos para descrever o modo pelo qual as pessoas poderiam avaliar resultados de risco, mas esse princípio se aplica igualmente bem a outros tipos de escolha. Nesta seção, vamos nos concentrar em escolhas do consumidor de uma forma geral, bem como na *utilidade* que os consumidores obtêm com opções entre alternativas de risco. Para simplificarmos, consideraremos a utilidade que um consumidor obtém de sua renda — ou melhor, a cesta de mercado que a renda do consumidor lhe permite adquirir. Agora, portanto, vamos medir os *payoffs* em termos de utilidade em vez de dólares.

> Na Seção 3.1, mostramos que uma função utilidade atribui um nível de utilidade para cada cesta de mercado possível.

A Figura 5.3(a) mostra como podemos descrever as preferências de uma consumidora em relação ao risco. A curva 0E, que representa a função utilidade da consumidora, informa-nos qual o nível de utilidade (no eixo vertical) que ela pode obter para cada nível de rendimento (medido em milhares de dólares no eixo horizontal). O nível de utilidade aumenta de 10 para 16, e depois para 18, à medida que a renda aumenta de US$ 10.000 para US$ 20.000 e depois para US$ 30.000. Entretanto, observe que a *utilidade marginal* é decrescente, passando de 10 (quando a renda aumenta de zero para US$ 10.000) para 6 (quando a renda aumenta de US$ 10.000 para US$ 20.000) e depois para 2 (quando a renda aumenta de US$ 20.000 para US$ 30.000).

> Na Seção 3.5, a utilidade marginal foi definida como a satisfação adicional obtida por meio do consumo de uma unidade adicional de um bem.

Agora, suponha que essa consumidora possua uma renda de US$ 15.000 e esteja considerando a possibilidade de mudar para um emprego que apresente maior risco, mas que possibilitaria a duplicação de sua renda para US$ 30.000 ou a faria cair para US$ 10.000. Cada um desses resultados tem probabilidade igual a 0,5. De acordo com a Figura 5.3(a), o nível de utilidade associado a uma renda de US$ 10.000 é 10 (no ponto A) e a utilidade associada a um nível de renda de US$ 30.000 é 18 (no ponto E). O emprego de risco deve ser comparado ao atual, para o qual o nível de utilidade é 13,5 (no ponto B).

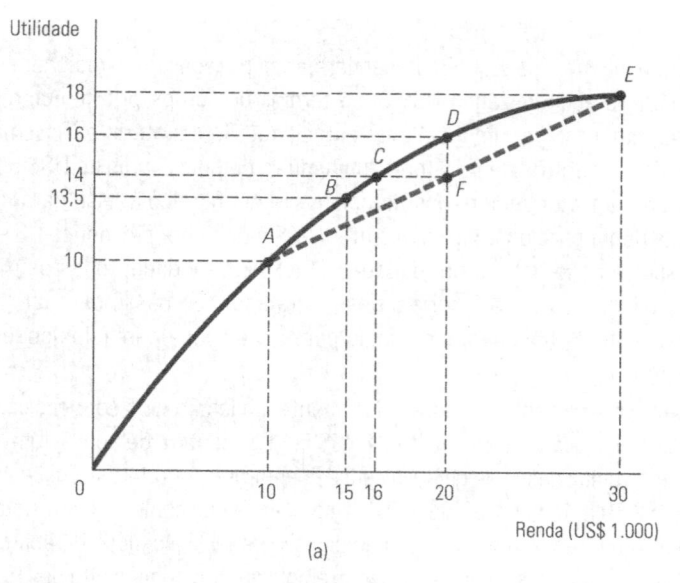

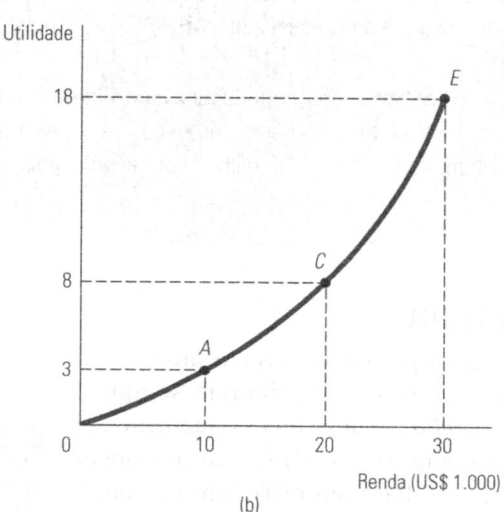

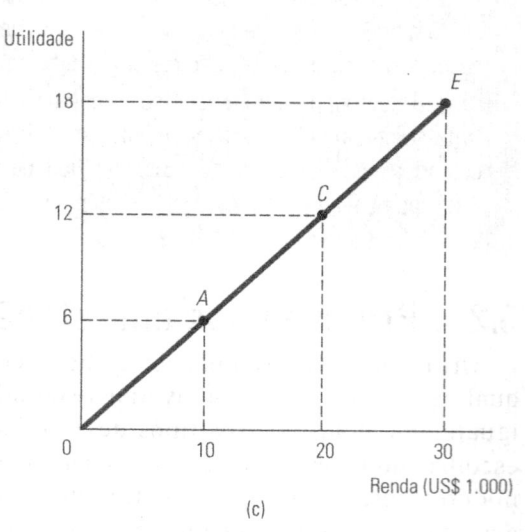

FIGURA 5.3   AVESSO AO RISCO, AMANTE DO RISCO E NEUTRO EM RELAÇÃO AO RISCO

As pessoas podem diferir entre si pelas preferências em relação ao risco. Em (a), a utilidade marginal da consumidora diminui à medida que a renda aumenta. A consumidora é avessa ao risco, pois preferiria uma renda certa de US$ 20.000 (com uma utilidade de 16) a apostar em 0,5 de probabilidade de receber uma renda de US$ 10.000 e 0,5 de probabilidade de receber uma renda de US$ 30.000 (com uma utilidade esperada de 14). Em (b), a consumidora é amante do risco, porque prefere apostar (com utilidade esperada de 10,5) a optar pela renda certa (com utilidade de 8). Por fim, em (c), a consumidora é neutra em relação ao risco e para ela são indiferentes acontecimentos certos e incertos com a mesma renda esperada.

Para avaliar o novo emprego, ela pode calcular o valor esperado da renda resultante. Como estamos medindo o valor em termos de sua utilidade para essa consumidora, devemos calcular a **utilidade esperada**, $E(u)$, que ela pode obter. A utilidade esperada é *a soma das utilidades associadas a todos os possíveis resultados, ponderadas pela probabilidade de que cada resultado ocorra*. Nesse caso, a utilidade esperada é

$$E(u) = (1/2)u(\text{US\$ } 10.000) + (1/2)u(\text{US\$ } 30.000) = 0{,}5(10) + 0{,}5(18) = 14$$

Portanto, o novo emprego com maior risco seria preferível ao emprego original, porque a utilidade esperada apresenta nível 14, sendo mais elevada do que a utilidade original, de nível 13,5.

utilidade esperada
Soma das utilidades associadas a todos os resultados possíveis, ponderadas pela probabilidade de que cada um ocorra.

O emprego anterior não envolvia risco — ele garantia uma renda de US$ 15.000 e um nível de utilidade de 13,5. O novo emprego envolve risco, porém oferece possibilidades de uma renda mais elevada (US$ 20.000) e, principalmente, de um nível mais elevado de utilidade esperada. Se a consumidora estivesse desejando aumentar a utilidade esperada, ela deveria optar pelo emprego mais arriscado.

DIFERENTES PREFERÊNCIAS EM RELAÇÃO AO RISCO

As pessoas diferem em sua disposição de assumir riscos. Algumas demonstram aversão ao risco, outras o apreciam, enquanto outras se mostram neutras. De um indivíduo que prefira uma renda garantida a um emprego arriscado com a mesma renda esperada diz-se que ele tem **aversão a riscos**. (Tal pessoa tem utilidade marginal decrescente para a renda.) A aversão a riscos é a atitude mais comum. Para observar o fato de que a maioria das pessoas tem aversão a situações arriscadas durante a maior parte do tempo, basta ver como as pessoas se protegem contra os riscos adquirindo não apenas seguros de vida, seguro-saúde e seguro de automóveis, mas também procurando empregos que ofereçam salários relativamente estáveis.

aversão a riscos
Condição de preferência por uma renda certa em relação a uma renda incerta com o mesmo valor esperado.

A Figura 5.3(a) refere-se a uma mulher que tem aversão a riscos. Suponhamos hipoteticamente que ela pudesse optar por uma renda garantida de US$ 20.000 ou um emprego com renda de US$ 30.000 com probabilidade 0,5 e uma renda de US$ 10.000 com probabilidade 0,5 (de tal modo que a renda esperada fosse de US$ 20.000). Como já vimos, a utilidade esperada para a renda incerta é de 14 — uma média entre a utilidade no ponto A (10) e a utilidade no ponto E (18) —, indicada pelo ponto F. Agora podemos comparar a utilidade esperada, associada ao emprego de risco, com a utilidade gerada, caso os US$ 20.000 fossem recebidos sem risco algum. Esse último nível de utilidade, 16, é indicado pelo ponto D na Figura 5.3(a). Ele é claramente mais elevado do que o nível da utilidade esperada (14) associada ao emprego que envolve risco.

Para uma pessoa que tem aversão a riscos, as perdas são mais importantes (em termos de variação de utilidade) do que os ganhos. Podemos ver isso na Figura 5.3(a). Um aumento de US$ 10.000 na renda, de US$ 20.000 para US$ 30.000, gera um aumento de utilidade de duas unidades; uma redução de US$ 10.000 na renda, de US$ 20.000 para US$ 10.000, causa uma perda de utilidade de seis unidades.

neutralidade em relação aos riscos
Situação de uma pessoa para a qual é indiferente uma renda certa ou uma renda incerta com o mesmo valor esperado.

Para o indivíduo que apresenta **neutralidade em relação aos riscos** é indiferente o recebimento de uma renda garantida e o de uma renda incerta que apresente o mesmo valor de renda esperada. Na Figura 5.3(c), a utilidade associada ao emprego com iguais probabilidades de gerar uma renda de US$ 10.000 ou de US$ 30.000 é 12, da mesma forma que é 12 o nível de utilidade associado ao recebimento de uma renda garantida de US$ 20.000. Como podemos ver na figura, a utilidade marginal da renda é constante para uma pessoa neutra diante de riscos.[6]

amante do risco
Condição de preferência por uma renda incerta em relação a uma renda certa quando ambas têm o mesmo valor esperado.

Por fim, se um indivíduo é **amante do risco**, ele prefere uma renda incerta a uma renda certa, mesmo que o valor esperado da renda incerta seja menor do que o valor da renda certa. A Figura 5.3(b) apresenta essa terceira possibilidade. Nesse caso, a utilidade esperada de uma renda incerta de US$ 10.000 com probabilidade 0,5, ou então de US$ 30.000 com probabilidade 0,5, é *mais elevada* do que o nível de utilidade associado a uma renda garantida de US$ 20.000. Numericamente, temos

$$E(u) = 0{,}5u(US\$ \ 10.000) + 0{,}5u(US\$ \ 30.000) = 0{,}5(3) + 0{,}5(18) = 10{,}5 > u(US\$ \ 20.000) = 8$$

Obviamente, algumas pessoas podem ter aversão a alguns tipos de risco e ter atração em relação a outros. Por exemplo, muitas pessoas compram seguro de vida e são conservadoras

---

[6] Quando as pessoas são neutras em relação aos riscos, a utilidade marginal da renda pode ser utilizada como indicador de seu bem-estar. Uma política governamental que fosse capaz de duplicar a renda também duplicaria o nível de utilidade dessas pessoas. Ao mesmo tempo, políticas governamentais que alterassem os riscos com os quais se defrontam esses indivíduos, sem, no entanto, causar variação em sua renda esperada, não modificariam seu nível de bem-estar. A neutralidade em relação aos riscos permite que os indivíduos evitem complicações que poderiam estar associadas aos efeitos de medidas governamentais que possam modificar o grau de risco dos resultados.

na escolha de emprego, mas ainda assim gostam de jogos de azar. Criminalistas poderiam também descrever certos criminosos como amantes do risco, especialmente quando cometem delitos com grandes possibilidades de detenção e punição. Deixando de lado tais casos especiais, poucas pessoas são amantes dos riscos, pelo menos em relação a compras de alto valor ou grandes rendimentos ou riquezas.

PRÊMIO DE RISCO O **prêmio de risco** é a soma máxima em dinheiro que uma pessoa com aversão ao risco pagaria para deixar de assumir determinado risco. Em geral, a magnitude do prêmio de risco depende das alternativas de risco com que se defronta tal pessoa. Para podermos determiná-lo, reproduzimos a função utilidade da Figura 5.3(a) na Figura 5.4, estendendo esta até uma renda de US$ 40.000. Lembre-se de que um nível de utilidade esperado igual a 14 seria obtido por uma mulher que estivesse disposta a assumir um emprego de risco com uma renda esperada de US$ 20.000. Esse fato é mostrado graficamente traçando-se uma linha horizontal a partir do ponto F em direção ao eixo vertical, cruzando a linha reta AE (representando, assim, um valor médio entre US$ 10.000 e US$ 30.000). No entanto, o nível de utilidade igual a 14 também poderia ser obtido caso a mulher tivesse uma renda garantida no valor de US$ 16.000, conforme indica a linha vertical traçada a partir do ponto C. Assim, o prêmio de risco de US$ 4.000, identificado pelo segmento de reta CF, corresponde à parcela da renda esperada (US$ 20.000 menos US$ 16.000) da qual a trabalhadora abriria mão para que se tornassem indiferentes para ela o emprego arriscado e um emprego hipotético que lhe garantisse uma renda fixa de US$ 16.000.

prêmio de risco
Soma máxima em dinheiro que uma pessoa avessa ao risco paga para evitá-lo.

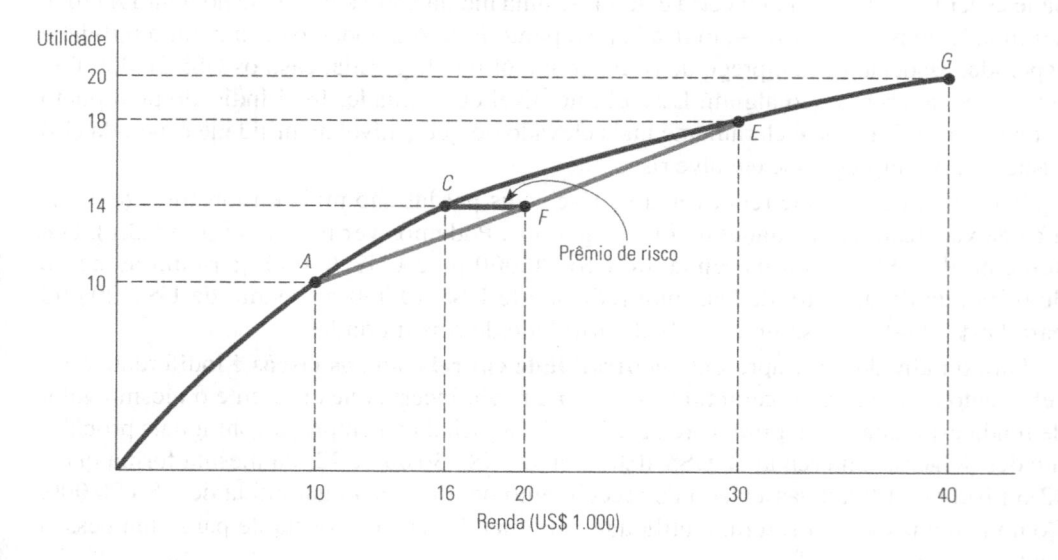

FIGURA 5.4 **PRÊMIO DE RISCO**

O prêmio de risco, CF, mede o montante de renda do qual o indivíduo abriria mão para se tornar indiferente entre uma escolha de risco ou uma escolha certa. Aqui, o prêmio de risco é de US$ 4.000, porque uma renda certa de US$ 16.000 (no ponto C) fornece a mesma utilidade (14) de uma renda incerta cujo valor esperado é US$ 20.000 (com 0,5 de probabilidade de estar no ponto A e 0,5 de probabilidade de estar no ponto E).

AVERSÃO AO RISCO E RENDA O grau de aversão ao risco demonstrado pelas pessoas depende da natureza dos riscos envolvidos e do nível de renda. Outros fatores permanecendo constantes, pessoas com aversão a riscos preferem uma variabilidade menor de resultados. No exemplo, vimos que, quando há dois resultados possíveis, ou seja, a renda de US$ 10.000 e a renda de US$ 30.000, o prêmio de risco é de US$ 4.000. Agora, consideremos um segundo emprego que envolve risco, também ilustrado na Figura 5.4. Nesse emprego, a probabilidade de receber uma renda de US$ 40.000, com nível de utilidade igual a 20, é de 0,5, e a probabilidade de obter uma renda nula, com nível de utilidade igual a zero, é de 0,5 também. A renda esperada desse emprego de risco também é de US$ 20.000, porém a utilidade esperada é de apenas 10:

$$\text{Utilidade esperada} = 0{,}5u(\text{US\$ }0) + 0{,}5u(\text{US\$ }40.000) = 0 + 0{,}5(20) = 10$$

Comparado com um emprego hipotético que pagasse US$ 20.000 garantidos, esse emprego arriscado ofereceria à mulher 6 unidades de utilidade esperada a menos: 10, em vez de 16 unidades. Ao mesmo tempo, porém, ela também poderia obter 10 unidades de utilidade com um emprego que pagasse US$ 10.000 garantidos. Assim, o prêmio de risco, nesse caso, é igual a US$ 10.000, pois a trabalhadora estaria disposta a abrir mão de US$ 10.000, dentre os US$ 20.000 de sua renda esperada, só para não assumir o risco de uma renda incerta. Quanto maior for a variabilidade da renda, maior será o prêmio que o trabalhador estará disposto a pagar para evitar a situação de risco.

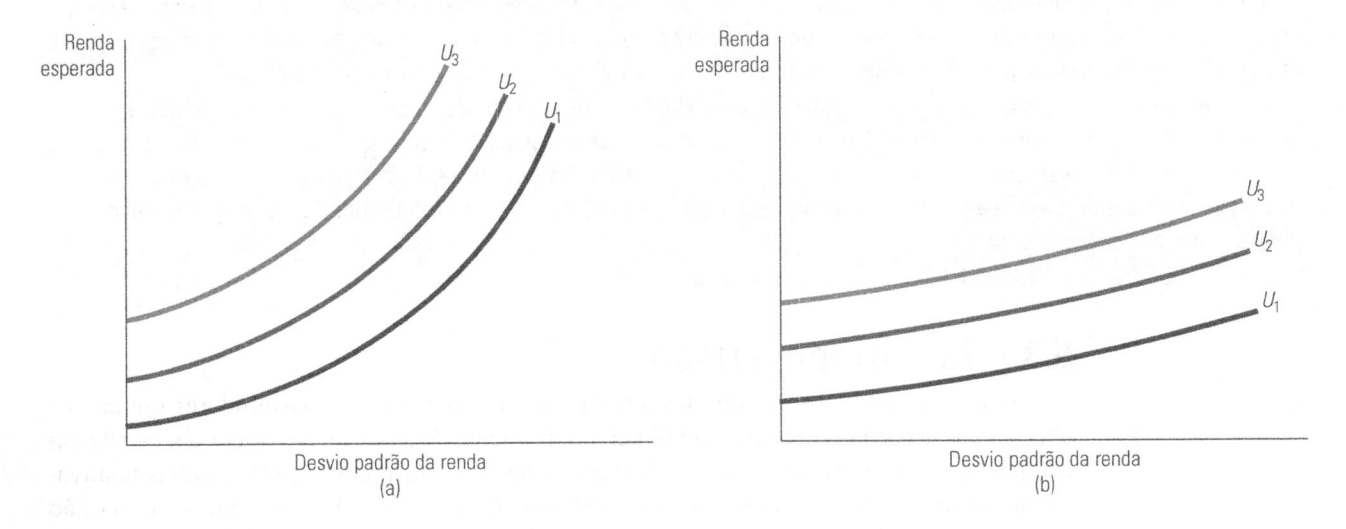

AVERSÃO AO RISCO E CURVAS DE INDIFERENÇA Podemos também fazer uma descrição da aversão de uma pessoa ao risco por meio de curvas de indiferença que relacionem a renda esperada à variabilidade da renda, esta última medida em termos de desvio padrão. A Figura 5.5 mostra tais curvas de indiferença para dois indivíduos, um deles com muita e o outro com bem menos aversão a riscos. Cada curva de indiferença mostra as combinações de renda esperada e desvio padrão da renda que proporcionam ao indivíduo o mesmo nível de utilidade. Observe que todas as curvas de indiferença são ascendentes: como o risco é algo indesejável, quanto maior ele for, maior será a renda esperada necessária para deixar o indivíduo no mesmo nível de satisfação.

FIGURA 5.5 AVERSÃO AO RISCO E CURVAS DE INDIFERENÇA

A parte (a) refere-se a uma pessoa com grande aversão a riscos: um aumento no desvio padrão da renda desse indivíduo requer um grande aumento na renda esperada para que ele permaneça em uma situação tão boa quanto antes. A parte (b) refere-se a uma pessoa que é apenas levemente avessa a riscos. Um aumento no desvio padrão da renda requer somente um pequeno aumento da renda esperada para que ela permaneça no mesmo nível de bem-estar.

A Figura 5.5(a) descreve um indivíduo com grande aversão a riscos. Observemos que, para que essa pessoa permaneça em uma situação tão boa quanto antes, um aumento no desvio padrão da renda requer um grande aumento na renda esperada. A Figura 5.5(b) apresenta uma pessoa com uma menor aversão a riscos. Nesse caso, um grande aumento no desvio padrão da renda requer somente um pequeno aumento na renda esperada.

Vamos voltar a usar as curvas de indiferença como um meio de descrever a aversão ao risco na Seção 5.4, na qual discutiremos a demanda por ativos de risco. Primeiro, entretanto, vamos nos concentrar nos modos pelos quais um indivíduo pode reduzir o risco.

> Na Seção 3.1, definimos uma curva de indiferença como o conjunto de todas as cestas de mercado que proporcionam o mesmo nível de satisfação para o consumidor.

EXEMPLO 5.2 OS EXECUTIVOS E A ESCOLHA DE RISCO

Será que os executivos são mais amantes dos riscos do que a maioria das pessoas? Quando estão diante de diferentes alternativas de estratégia, algumas envolvendo risco e outras garantidas, quais eles escolhem? Em um estudo, 464 executivos foram convidados a responder a um questionário contendo descrições de situações de risco com as quais poderiam se defrontar, atuando como vice-presidentes de uma empresa hipotética.[7] Eles foram apresentados a quatro eventos de risco, cada qual com determinada probabilidade para um resultado favorável, assim como para um resultado desfavorável. Os *payoffs* e as probabilidades foram escolhidos de tal modo que cada item tivesse o mesmo valor esperado. Em ordem crescente dos riscos envolvidos (medidos pela diferença entre os resultados favoráveis e os resultados desfavoráveis), os quatro itens eram os seguintes:

1. Um processo judicial envolvendo uma violação de direitos de patente.
2. Um cliente ameaçando comprar de um concorrente.
3. Uma negociação com um sindicato.
4. Uma *joint venture* com um concorrente.

Foram feitas diversas perguntas sobre estratégia de negócios aos executivos, para saber o quanto eles estariam dispostos a assumir ou evitar riscos. Em uma situação, eles podiam adotar imediatamente uma estratégia arriscada, com a possibilidade de altos retornos, ou postergar a escolha até que os resultados se tornassem mais certos e o risco fosse menor. Em outra situação, os executivos podiam optar por uma estratégia a princípio arriscada, porém potencialmente lucrativa, o que poderia levar a uma promoção; ou delegar a decisão a outra pessoa, o que protegeria o emprego, mas eliminaria a possibilidade de promoção.

O estudo revelou que os executivos têm preferências relativas a riscos bastante variadas. Cerca de 20% dos que responderam ao questionário manifestaram neutralidade em relação aos riscos, enquanto 40% optaram por alternativas de maior risco e 20% demonstraram clara aversão a riscos (20% dos executivos não responderam ao questionário). Um importante aspecto é que os executivos (incluindo aqueles que optaram por alternativas de risco) fizeram significativos esforços para reduzir ou eliminar os riscos, geralmente mediante adiamento de decisões ou coleta de informações adicionais.

Alguns argumentam que a causa da crise financeira de 2008 foi um risco excessivo tomado pelos banqueiros e executivos de Wall Street, que poderiam obter enormes lucros e bônus se suas iniciativas tivessem sucesso, mas teriam um revés pequeno se elas fracassassem. O Troubled Asset Relief Program (TARP) do Departamento do Tesouro norte-americano salvou alguns dos bancos, mas até agora não conseguiu impor restrições sobre riscos "desnecessários e excessivos" assumidos por parte dos executivos dos bancos.

5.3 Reduzindo o risco

Como o recente crescimento das loterias mostra, às vezes os consumidores optam por alternativas arriscadas que sugerem um comportamento de amantes dos riscos em vez de um comportamento de aversão a riscos. A maioria das pessoas, porém, gasta quantias relativamente baixas nos bilhetes de loteria e nos cassinos. Quando decisões mais importantes estão em jogo, em geral o ser humano demonstra aversão ao risco. Nesta seção, descreveremos três maneiras pelas quais consumidores e empresas costumam reduzir os riscos: *diversificação*, *seguros* e *obtenção de informações adicionais* a respeito de escolhas e *payoffs* (retornos).

DIVERSIFICAÇÃO

Um velho ditado recomenda: "Nunca coloque todos os seus ovos em uma única cesta". Ignorar esse conselho vem a ser desnecessariamente arriscado: se a cesta escolhida tornar-se uma má aposta, tudo estará perdido. Em vez disso, sempre é possível reduzir o risco por meio da **diversificação**: isto é, distribuir os recursos entre uma gama de atividades cujos resultados não estejam intimamente relacionados.

Suponhamos, por exemplo, que você planeje obter um emprego de meio expediente em vendas comissionadas de eletrodomésticos. Nesse trabalho é possível determinar a forma de utilizar seu tempo — você poderia vender apenas ares-condicionados ou

diversificação
Prática de redução do risco por meio da alocação de recursos a atividades variadas cujos resultados não estejam intimamente relacionados entre si.

---
[7] Esse exemplo é baseado no artigo de Kenneth R. MacCrimmon e Donald A. Wehrung, "The Risk In-Basket", *Journal of Business* 57, 1984, p. 367-387.

apenas aquecedores, ou então despender metade de seu tempo na venda de cada produto. Certamente, é impossível adivinhar o calor ou frio que fará no próximo ano. Qual seria a melhor maneira de administrar seu tempo, de modo que se minimize o risco envolvido?

A resposta é que o risco pode ser minimizado por meio da *diversificação* — ou seja, alocando seu tempo para a venda de dois ou mais produtos (cujas vendas não estejam muito relacionadas), em vez de apenas um produto. Suponhamos, por exemplo, que haja 50% de probabilidade de que o ano venha a ser relativamente quente e 50% de probabilidade de que o ano venha a ser relativamente frio. A Tabela 5.5 apresenta os rendimentos que você poderia obter por meio da venda de ares-condicionados e aquecedores.

TABELA 5.5 Rendimentos obtidos com a venda de aparelhos (US$)		
	Clima quente	Clima frio
Vendas de ares-condicionados	30.000	12.000
Vendas de aquecedores	12.000	30.000

Caso decidisse pela venda de ares-condicionados apenas, ou de aquecedores apenas, sua renda real seria de US$ 12.000 ou de US$ 30.000; porém, sua renda esperada seria de US$ 21.000 (0,5[US$ 30.000] + 0,5[US$ 12.000]). No entanto, suponhamos que você faça uma diversificação, dividindo seu tempo de forma igual entre as vendas de ares-condicionados e aquecedores. Assim, sua renda certamente seria de US$ 21.000, qualquer que fosse o clima. Se fizesse muito calor, você ganharia US$ 15.000 com vendas de ares-condicionados e US$ 6.000 com vendas de aquecedores; se fizesse muito frio, ganharia US$ 6.000 com vendas de ares-condicionados e US$ 15.000 com vendas de aquecedores. Em qualquer das duas situações estaria assegurando um rendimento garantido, eliminando, assim, todo o risco.

Obviamente, a diversificação não é sempre tão fácil assim. Em nosso exemplo, as vendas de aquecedores e de ares-condicionados são **variáveis negativamente correlacionadas** — isto é, tendem a se mover em direções opostas; sempre que forem maiores as vendas de um produto as do outro serão menores. Todavia, o princípio da diversificação tem ampla aplicação. Enquanto for possível alocar seus recursos para atividades variadas cujos resultados *não* estejam relacionados entre si, você pode reduzir o risco.

variáveis negativamente correlacionadas
Variáveis que tendem a se mover em direções opostas.

MERCADO DE AÇÕES A diversificação é especialmente importante para as pessoas que investem em ações. Em um dia qualquer, o preço de uma ação individual pode subir ou cair drasticamente, mas é possível — tendo em vista o conjunto das ações — que o preço de algumas delas venha a subir enquanto o de outras venha a cair. Um indivíduo que investe todo dinheiro em uma única ação (isto é, que coloca todos os seus ovos em uma única cesta) está assumindo muito mais risco do que o necessário. O risco pode ser reduzido — embora não eliminado — por meio do investimento em uma carteira de dez ou vinte ações diferentes. De modo equivalente, é possível diversificar por meio da aquisição de quotas de **fundos mútuos**: há organizações especializadas que reúnem os recursos de muitos investidores em um grande fundo com a finalidade de comprar uma ampla quantidade de diferentes ações. Hoje, há milhares de fundos mútuos disponíveis, tanto para ações como para títulos. Tais fundos são populares porque reduzem o risco por meio da diversificação e porque as taxas são, em geral, muito menores do que o custo que o investidor teria se resolvesse montar sua própria carteira de ações.

fundos mútuos
Organizações que reúnem fundos de investidores individuais para comprar um grande número de ações de diversas empresas ou outros ativos financeiros.

No caso do mercado de ações, nem todo o risco pode ser objeto de diversificação. Embora o preço de algumas ações aumente enquanto o de outras diminui, os preços das ações são, até certo ponto, **variáveis positivamente correlacionadas**, ou seja, tendem a se mover na mesma direção em resposta às mudanças nas condições econômicas. Por exemplo, no começo de uma grande recessão, quando os lucros de muitas empresas estão se reduzindo, é provável que ocorra uma queda do mercado como um todo. Nessas condições, mesmo possuindo uma carteira bem diversificada de ações, o investidor enfrentará algum risco.

variáveis positivamente correlacionadas
Variáveis que tendem a se mover na mesma direção.

Seguros

Já vimos que pessoas com aversão a riscos estão dispostas a despender parte de sua renda para evitá-los. De fato, se o custo do seguro for igual ao prejuízo esperado (por exemplo, se uma apólice correspondente a um prejuízo esperado de US$ 1.000 custar US$ 1.000), as pessoas com aversão a riscos vão adquirir um seguro que cubra totalmente quaisquer prejuízos financeiros que possam sofrer.

Por quê? A resposta está implícita em nossa discussão sobre aversão a riscos. A aquisição de seguros garante que uma pessoa possa usufruir a mesma renda, havendo ou não a ocorrência de perdas. Como o preço do seguro é igual ao prejuízo esperado, essa renda garantida torna-se igual à renda esperada em uma situação de risco. Para o consumidor com aversão a riscos, a garantia da mesma renda, quaisquer que sejam os resultados, gera maior utilidade do que no caso de tal pessoa ter renda mais elevada na ausência de perdas e uma baixa renda quando elas ocorrerem.

Para esclarecermos esse raciocínio, suponhamos que um proprietário se defronte com 10% de probabilidade de que sua casa seja assaltada, o que lhe causaria um prejuízo de US$ 10.000. Suponhamos também que ele possua objetos no valor de US$ 50.000. A Tabela 5.6 apresenta suas posses diante de duas possibilidades com um seguro que custa US$ 1.000 ou sem seguro.

TABELA 5.6	A decisão de adquirir seguro (US$)			
Seguro	Ocorrência de assalto (Pr = 0,1)	Não ocorrência (Pr = 0,9)	Posses esperadas	Desvio padrão
Não	40.000	50.000	49.000	3.000
Sim	49.000	49.000	49.000	0

Observemos que as posses esperadas são as mesmas em ambas as situações (US$ 49.000). A variabilidade, entretanto, é bem diferente: como a tabela mostra, se o proprietário opta por não fazer o seguro, o desvio padrão da riqueza é de US$ 3.000, ao passo que, se ele opta por fazê-lo, esse desvio é de zero. Se não houver assalto, o proprietário não segurado ganhará US$ 1.000 em relação ao proprietário segurado. Mas, se o assalto acontecer, o primeiro perde US$ 9.000 em relação ao segundo. É preciso recordar aqui que, para um indivíduo com aversão a riscos, as perdas valem mais (em termos de mudanças na utilidade) do que os ganhos. Em consequência, um proprietário com aversão a riscos obterá maior utilidade se adquirir o seguro.

LEI DOS GRANDES NÚMEROS Os consumidores normalmente adquirem seguros em empresas especializadas na venda destes. Em geral, as seguradoras são empresas que oferecem seguro porque sabem que, quando conseguem vender muitas apólices, defrontam-se com riscos relativamente menores. A capacidade de evitá-los por meio de operações em larga escala é baseada na *lei dos grandes números*, que nos diz que, embora acontecimentos singulares possam ser aleatórios e bastante imprevisíveis, o resultado médio de muitos acontecimentos similares pode ser previsto. Por exemplo, eu poderia não ser capaz de prever se uma moeda jogada para o alto apresentaria cara ou coroa; no entanto, sei que, quando muitas moedas são jogadas para o alto, aproximadamente metade delas cai apresentando cara e a outra metade, coroa. De modo semelhante, se estiver vendendo seguro de automóveis, não poderei prever se determinado motorista vai se acidentar, contudo estarei razoavelmente certo, ao me basear em fatos ocorridos, quanto à parcela que se acidentará em um grande grupo de motoristas.

JUSTIÇA ATUARIAL Por meio da operação em larga escala, as seguradoras podem se certificar de que, considerando um número de acontecimentos suficientemente grande, o valor total de prêmios recebidos será igual ao valor total dos pagamentos feitos. Voltando a nosso exemplo do assalto à residência, um consumidor sabe que há 10% de probabilidade de que sua casa seja assaltada; caso isso ocorra, ele terá um prejuízo de US$ 10.000. Antes de se defrontar com tal risco, o consumidor calculou que o prejuízo esperado seria de US$ 1.000 (0,10 × US$ 10.000). Entretanto, o risco envolvido é substancial, pois há 10% de probabilidade de que ocorra um grande prejuízo. Suponhamos, agora, que 100 pessoas morem em residências similares e que todas adquiram seguro contra roubos. Pelo fato de que todas têm uma probabilidade de 10% de sofrer um prejuízo de US$ 10.000, a seguradora cobra de cada pessoa um prêmio de US$ 1.000, que gera um fundo de seguros no valor de US$ 100.000 para a cobertura dos prejuízos. A seguradora pode confiar na lei dos grandes números, que diz que o prejuízo esperado dos 100 consumidores como um todo deve ser muito próximo de US$ 1.000 para cada um. Portanto, o desembolso total seria de aproximadamente US$ 100.000 e a companhia seguradora não precisaria estar preocupada com prejuízo superior a tal valor.

Quando o prêmio de seguro é igual ao pagamento esperado em caso de sinistro, dizemos que o seguro é **atuarialmente justo**. As seguradoras normalmente cobram prêmios *acima* do prejuízo esperado, pois necessitam cobrir seus custos administrativos, assim como obter algum lucro. Se há um número suficientemente grande de seguradoras para que o mercado seja competitivo, tais prêmios estarão bem próximos dos níveis atuarialmente justos. Porém, em alguns lugares, como em certos estados norte-americanos, os prêmios são regulados, a fim de proteger os consumidores contra prêmios "excessivos". Examinaremos a regulamentação de mercados pelo governo nos capítulos 9 e 10 deste livro.

Nos últimos anos, algumas seguradoras sentiram na pele que as catástrofes naturais, como os terremotos, são eventos tão únicos e imprevisíveis que não podem ser vistos como riscos diversificáveis. De fato, após os prejuízos que tiveram com desastres assim, essas companhias deixaram de cobrar taxas de seguros atuarialmente justas. Na Califórnia, por exemplo, o próprio governo teve de entrar no ramo de seguros para preencher o vácuo criado quando as companhias privadas se recusaram a vender seguro contra terremotos. Além de cobrar taxas mais altas, a seguradora estatal oferece menos cobertura do que as similares privadas ofereciam anteriormente.

atuarialmente justo

Situação em que o prêmio de seguro é igual ao pagamento esperado em caso de sinistro.

EXEMPLO 5.3 O VALOR DO SEGURO DE TITULARIDADE NA AQUISIÇÃO DE RESIDÊNCIAS[8*]

Suponha que você esteja adquirindo sua primeira casa. Para fechar o negócio, você vai precisar ter em mãos uma escritura que garanta os plenos direitos de titularidade sobre a casa. Sem tal titularidade, sempre existirá a possibilidade de que o vendedor do imóvel não seja o proprietário de fato. Claro, ele poderia estar envolvido em alguma fraude, mas o mais provável é que não estivesse a par da natureza exata de seus direitos de propriedade. Por exemplo, poderia ter se endividado muito, utilizando a casa como garantia para empréstimos tomados. Ou então a propriedade poderia encontrar-se sob restrições legais quanto ao tipo de uso.

Suponha que você esteja disposto a pagar US$ 300.000 pela casa, mas acredite haver 5% de probabilidade de uma pesquisa cuidadosa revelar que a pessoa que está vendendo o imóvel não é realmente proprietária dele. Nesse caso, a propriedade passaria a não valer nada. Se não houvesse cobertura de seguro disponível, uma pessoa neutra em relação a riscos poderia oferecer no máximo US$ 285.000 pela casa (0,95[US$ 300.000] + 0,05[US$ 0]). Entretanto, como você pretende comprometer a maior parte de seus recursos na aquisição da casa, provavelmente terá aversão a riscos e, portanto, fará uma oferta bem menor, digamos, US$ 230.000.

Em situações como esta, torna-se claramente de interesse do comprador se assegurar da inexistência de risco em relação à plena titularidade do imóvel. Isso pode ser feito por meio da aquisição de um "seguro de titularidade". A seguradora realiza uma investigação sobre a propriedade, faz uma verificação a respeito de eventuais pendências legais que possam estar vinculadas ao imóvel e, de maneira geral, certifica-se da não existência de problemas relacionados com a propriedade do imóvel. A partir daí, a seguradora concorda em assumir quaisquer riscos remanescentes que possam existir.

---

8 *Esse tipo de seguro constitui uma particularidade do mercado imobiliário norte-americano, não existindo no Brasil (Nota do R.T.).

Como a seguradora de titularidade é especializada nessa modalidade de seguros, podendo, portanto, coletar informações relevantes com certa facilidade, o preço do seguro de titularidade em geral é inferior ao valor esperado do prejuízo. É muito comum a cobrança de um prêmio de US$ 1.500 por um seguro de titularidade, ainda que o valor esperado do prejuízo possa ser muito maior. É do interesse de quem vende uma casa poder oferecer tal modalidade de seguro, já que, excetuando-se os compradores que apreciam riscos, todos os demais estarão dispostos a pagar substancialmente mais por uma casa quando ela dispuser do seguro de titularidade do que quando não tiver tal seguro. Na realidade, a maioria dos estados norte-americanos exige que as partes vendedoras façam seguro de titularidade do imóvel antes de concretizar a venda. Além disso, todas as instituições que oferecem crédito hipotecário levam em conta tal risco e, por isso, antes de conceder o crédito, em geral exigem que os novos compradores apresentem o seguro de titularidade.

O VALOR DA INFORMAÇÃO

A tomada de decisão de um consumidor, com frequência, baseia-se em uma quantidade limitada de informações. Se uma maior quantidade de dados estivesse disponível, o consumidor poderia fazer previsões mais seguras, reduzindo, assim, os riscos. Como a informação é uma mercadoria valiosa, as pessoas pagarão por ela. O **valor da informação completa** é a diferença entre o valor esperado de uma escolha quando existe informação completa e o valor esperado quando a informação é incompleta.

valor da informação completa

Diferença entre o valor esperado de uma escolha quando existe informação completa e o valor esperado quando a informação é incompleta.

Para saber como a informação pode ser valiosa, suponhamos que você seja gerente de uma loja de roupas e tenha de decidir quantos ternos encomendar para a estação de outono. Se encomendar 100 peças, seu custo será de US$ 180 por peça; porém, se encomendar apenas 50, seu custo aumentará para US$ 200 por unidade. Você sabe que venderá ternos por US$ 300 cada, mas não tem noção de quantas unidades poderá vender. Todos os ternos não vendidos podem ser devolvidos ao fabricante, mas pela metade do valor pago por eles. Não havendo nenhuma informação adicional, você agirá baseado em seu conhecimento de que há uma probabilidade de 0,5 de que 100 ternos serão vendidos e uma probabilidade de 0,5 de que as vendas sejam de 50 unidades. A Tabela 5.7 apresenta os lucros que você obteria em cada um desses dois casos.

TABELA 5.7 Lucros obtidos com vendas de ternos (US$)			
	Venda de 50 ternos	Venda de 100 ternos	Lucros esperados
Aquisição de 50 unidades	5.000	5.000	5.000
Aquisição de 100 unidades	1.500	12.000	6.750

Na ausência de informação adicional, você adquiriria 100 ternos se fosse neutro diante de riscos, criando assim a possibilidade de que seus lucros pudessem ser de US$ 12.000 ou, então, de US$ 1.500. Caso tivesse aversão a riscos, adquiriria 50 ternos; nesse caso, poderia ter certeza de que seu lucro seria de US$ 5.000.

Dispondo de informação completa, você pode fazer a encomenda correta de ternos, quaisquer que sejam as vendas. Se as vendas forem de 50 unidades e você tiver encomendado 50 unidades, seu lucro será de US$ 5.000. Por outro lado, se as vendas forem de 100 unidades e você tiver encomendado 100 unidades, seu lucro será de US$ 12.000. Uma vez que ambos os resultados são igualmente prováveis, seu lucro esperado, havendo informação completa, seria de US$ 8.500. O valor das informações é calculado da forma apresentada a seguir:

Lucro esperado havendo informação completa: US$ 8.500
Menos: Lucro esperado havendo incerteza (comprando 100 ternos): −US$ 6.750
Igual: Valor da informação completa: US$ 1.750

Portanto, seria apropriado efetuar um pagamento de até US$ 1.750 para poder obter uma previsão exata das vendas. Embora as previsões inevitavelmente contenham imperfeições, poderia ser justificável investir em um estudo de mercado que possibilitasse uma melhor previsão de vendas para o próximo ano.

EXEMPLO 5.4 — O VALOR DA INFORMAÇÃO NO MERCADO ON-LINE DE PRODUTOS ELETRÔNICOS

Sites de comparação de preços pela Internet oferecem um recurso de informação valioso para os consumidores, conforme mostra um estudo de um dos principais sites de comparação de preços, Shopper.com. Os pesquisadores estudaram informações de preços fornecidas aos consumidores sobre mais de 1.000 produtos eletrônicos mais vendidos durante um período de 8 meses. Eles descobriram que os consumidores economizavam cerca de 16% quando usavam esse site em vez de comprar na loja, pois o site reduzia significativamente o custo da localização do produto com menor preço.[9]

O valor da informação de comparação de preços não é o mesmo para todas as pessoas e para todos os produtos. A concorrência importa. O estudo descobriu que, quando apenas duas firmas listam preços no Shopper.com, os consumidores economizam 11%. Mas a economia aumenta com o número de concorrentes, saltando para 20% quando mais de 30 empresas listam seus preços.

Pode-se pensar que a Internet gerará tanta informação sobre preços que apenas os produtos com menor preço serão vendidos com o passar do tempo, fazendo com que o valor dessa informação por fim chegue a zero. Até agora, isso não aconteceu. Existem custos fixos para as partes na transmissão e aquisição de informações pela Internet. Entre eles estão os custos de manutenção de servidores e as taxas que os sites (como o Shopper.com) cobram para listar os preços dos produtos. O resultado é que os preços provavelmente continuarão a variar bastante à medida que a Internet continua a crescer e amadurecer.

Você pode pensar que é sempre bom dispor de mais informações. Porém, como o exemplo a seguir mostra, nem sempre é assim.

EXEMPLO 5.5 — MÉDICOS, PACIENTES E O VALOR DA INFORMAÇÃO

Suponha que você esteja seriamente doente e precise de uma cirurgia arriscada. Partindo da ideia de que você deseja receber a melhor assistência médica possível, como escolheria o cirurgião e o hospital? Muita gente pediria indicações aos amigos ou a um clínico geral de confiança. Embora esse expediente possa ser útil, uma decisão bem fundamentada costuma exigir informações mais detalhadas. Seria bom saber, por exemplo, qual o índice de sucesso do cirurgião recomendado e do hospital em que ele trabalha naquele tipo específico de operação que você necessita. Quantos dos pacientes morreram ou tiveram sérias complicações após a intervenção, e qual a relevância desse número quando comparado com os obtidos por outros cirurgiões e hospitais? É possível que, para a maior parte dos pacientes, esse tipo de informação seja difícil ou até impossível de obter. Mas será que eles sairiam ganhando se informações detalhadas sobre índices de desempenho de médicos e hospitais fossem de fácil acesso?

Não necessariamente. Em geral, é melhor dispor de mais informações, mas essa regra também tem exceções. É interessante notar que, nesse caso, o acesso a informações sobre desempenho poderia, na verdade, prejudicar a saúde pública. Por quê? Porque criaria duas motivações que afetariam o comportamento de médicos e pacientes. Primeiro, permitiria ao paciente escolher médicos com índices de desempenho melhores, o que os estimularia a atuar melhor. Esse seria o lado bom da mudança. Mas, em contrapartida, a medida incentivaria os médicos a limitar seu atendimento aos pacientes que estivessem relativamente bem de saúde. Isso porque os pacientes muito idosos ou debilitados têm mais probabilidade de, em decorrência da intervenção, enfrentar complicações ou morrer; os médicos que tratassem tais casos provavelmente teriam índices mais baixos de sucesso (se os outros fatores forem mantidos constantes). Julgados de acordo com o desempenho, os médicos ficariam tentados a evitar pacientes muito velhos ou em estado grave. Assim, para tais pacientes se tornaria difícil ou até impossível obter tratamento.

---

9 Michael Baye, John Morgan e Patrick Scholten, "The Value of Information in an Online Electronics Market", *Journal of Public Policy and Marketing*, v. 22, 2003, p. 17-25.

Conforme o efeito dominante — a capacidade dos pacientes de tomar decisões mais bem fundamentadas de um lado, e, de outro, o estímulo para que os médicos evitem pacientes em estado grave —, o acesso a mais informações pode ser benéfico ou não. Em uma pesquisa recente, economistas examinaram o impacto de relatórios obrigatórios introduzidos em Nova York e na Pensilvânia, no começo da década de 1990. Ao serem preenchidos pelos médicos, os relatórios pretendiam avaliar os resultados de cirurgias para implante de ponte de safena.[10] Os pesquisadores analisaram as escolhas de hospital e os resultados de todos os pacientes idosos que haviam sofrido enfarte e de todos os que haviam recebido a ponte de safena nos Estados Unidos entre 1987 e 1994. Comparando as tendências em Nova York e na Pensilvânia às tendências em outros estados norte-americanos, eles puderam determinar o efeito do aumento na informação, ocasionado pela disponibilidade dos relatórios. Descobriram, então, que, embora os relatórios ajudassem a combinar os pacientes com os hospitais e médicos adequados, também causavam uma mudança no atendimento: os pacientes em estado mais grave eram recusados em favor dos mais saudáveis. De maneira geral, isso levava a resultados piores, especialmente entre os pacientes em estado mais grave. Por isso, o estudo concluiu que os relatórios haviam reduzido o bem-estar.

A profissão médica reagiu a esse problema até certo ponto. Por exemplo, em 2010, programas de cirurgia cardíaca em todos os Estados Unidos relataram voluntariamente os resultados de procedimentos de implante de ponte de safena. Cada programa foi avaliado com uma, duas ou três estrelas, mas no momento as avaliações foram "ajustadas ao risco", para reduzir o incentivo dos médicos a escolher pacientes com menor risco.

Em geral, dispor de mais informações aumenta o bem-estar porque permite ao público reduzir o risco, bem como tomar atitudes capazes de amenizar o efeito de resultados ruins. Contudo, como este exemplo deixa claro, as informações também podem levar as pessoas a assumir posturas indesejáveis. Discutiremos esse assunto com mais profundidade no Capítulo 17.

*5.4 A demanda por ativos de risco

A maioria das pessoas tem aversão a riscos. Havendo uma escolha, elas preferem uma renda mensal fixa a outra que na média seja um pouco maior mas apresente flutuações aleatórias de mês para mês. Entretanto, muitas dessas mesmas pessoas seriam capazes de investir a totalidade ou parte de suas economias em ações, letras de câmbio e em outros ativos que apresentem algum risco. Por que razão indivíduos que têm aversão a riscos são capazes de fazer investimentos no mercado de ações, arriscando-se, portanto, a perder parte, ou a totalidade, de seus investimentos?[11] Como as pessoas tomam suas decisões quanto ao grau de risco que assumirão ao fazer investimentos e ao realizar planos para o futuro? Para respondermos a tais questões, é necessário examinar a demanda dos ativos de risco.

Ativos

ativo
Algo capaz de proporcionar um fluxo de dinheiro ou serviços para seu proprietário.

Um **ativo** é *algo capaz de produzir um fluxo de dinheiro ou serviços para seu proprietário*. Uma casa, um prédio de apartamentos, uma caderneta de poupança ou ações da General Motors são ativos. Uma casa, por exemplo, produz um fluxo de serviços de moradia para seu proprietário, mas, se ele não quiser viver nela, pode alugá-la, obtendo assim um fluxo monetário. De modo semelhante, os apartamentos de um prédio podem ser alugados, produzindo assim um fluxo de renda de locação para o proprietário do prédio. Uma caderneta de poupança em um banco paga juros (geralmente mensais) que são reinvestidos na própria conta.

---

10 David Dranove, Daniel Kessler, Mark McClennan e Mark Satterthwaite, "Is More Information Better? The Effects of 'Report Cards' on Health Care Providers", *Journal of Political Economy* 3, jun. 2003, p. 555-558.
11 A maioria dos cidadãos norte-americanos tem pelo menos algum dinheiro investido em ações ou em outros ativos de risco, ainda que, muitas vezes, tal investimento seja feito indiretamente. Por exemplo, muitas pessoas com emprego fixo têm ações em um fundo de pensão, acumulado, em parte, por meio de contribuições deduzidas de seu salário e, em parte, por meio de contribuições feitas por seus empregadores. Geralmente, os recursos desses fundos de pensão, ou pelo menos parte deles, encontram-se investidos no mercado de ações.

O fluxo monetário recebido em decorrência de um ativo pode tomar a forma de pagamentos explícitos, como a renda oriunda da locação de um prédio de apartamentos: a cada mês, o proprietário recebe cheques correspondentes aos aluguéis pagos por seus inquilinos. Outro tipo de pagamento explícito é o dos dividendos do capital acionário: a cada três meses, o proprietário de ações da General Motors recebe o pagamento de um dividendo.

Entretanto, em outros casos, o fluxo monetário decorrente da propriedade de um ativo é implícito; ele toma a forma de um aumento ou de uma diminuição no preço ou valor do ativo. Um aumento no valor de um ativo corresponde a um *ganho de capital* e uma diminuição corresponde a uma *perda de capital*. Por exemplo, à medida que a população de uma cidade aumenta, o valor de um prédio de apartamentos pode aumentar. O proprietário terá, dessa forma, um ganho de capital adicional à renda de locação que já recebe. Embora esse ganho de capital *não se efetue* enquanto o prédio não for vendido, em virtude de nenhum dinheiro ser recebido até então, existe um fluxo monetário implícito, uma vez que o prédio *pode* ser vendido a qualquer momento. O fluxo monetário oriundo da posse de ações da General Motors também é, em parte, implícito. O preço das ações varia a cada dia e, a cada variação, os proprietários ganham ou perdem.

ATIVOS DE RISCO E ATIVOS SEM RISCO

Um **ativo de risco** oferece *um fluxo monetário que é aleatório, pelo menos em parte*. Em outras palavras, o fluxo monetário não é antecipadamente conhecido ao certo. As ações da General Motors são um exemplo óbvio de ativos de risco — não se pode saber se seu preço aumentará ou diminuirá ao longo do tempo, bem como não se pode saber com segurança se a empresa continuará a pagar os mesmos (ou quaisquer) dividendos por ação. Entretanto, embora as pessoas associem o risco frequentemente ao mercado acionário, a maioria dos demais ativos também envolve algum risco.

ativo de risco
Ativo que proporciona um fluxo incerto de dinheiro ou serviços para seu proprietário.

Um prédio de apartamentos é um exemplo. É impossível saber em quanto os preços dos terrenos aumentarão ou diminuirão, ou se o prédio estará com todas as suas unidades alugadas durante todo o tempo, ou mesmo se os inquilinos pagarão o aluguel em dia. Os títulos financeiros emitidos pelas empresas também são outro exemplo — a empresa que os emitiu pode ir à falência, não conseguindo pagar aos detentores nem os juros nem o principal. Mesmo as letras do Tesouro Nacional dos Estados Unidos com vencimento em 10 ou 20 anos apresentam risco. Embora seja pouco provável que o governo federal vá à falência, a taxa de inflação poderia subir inesperadamente e assim reduzir, em termos reais, os futuros pagamentos de juros e o eventual ressarcimento do principal, reduzindo, portanto, o valor das letras.

Em contrapartida, um **ativo sem risco (ou isento de risco)** produz um fluxo monetário que é conhecido com certeza. Os títulos de curto prazo do Tesouro Nacional dos Estados Unidos — denominados *Treasury bills* — constituem um ativo sem risco, ou quase sem risco. Pelo fato de tais títulos apresentarem vencimento em poucos meses, torna-se muito pequeno o risco de um possível aumento da taxa inflacionária. Além disso, as pessoas podem estar razoavelmente seguras de que o governo dos Estados Unidos não permitirá a ocorrência do que em linguagem técnica é denominado *default* (isto é, recusar-se a pagar ao portador do título na data do vencimento). Outros exemplos de ativos sem risco, ou quase sem risco, incluem as cadernetas de poupança e os certificados de depósitos bancários de curto prazo.

ativo sem risco (ou isento de risco)
Ativo que proporciona um fluxo de dinheiro ou serviços que é conhecido com certeza.

RETORNO SOBRE ATIVOS

As pessoas adquirem e retêm ativos em razão do fluxo monetário que eles produzem. Para efetuarmos comparações entre ativos, é importante relacionar o fluxo monetário ao preço ou valor desses ativos. O **retorno** sobre um ativo é *o fluxo monetário total que ele produz — incluindo ganhos ou perdas de capital — como uma fração de seu preço*. Por exemplo, um título com valor atual de US$ 1.000 que pague US$ 100 por ano (e a cada ano) tem um

retorno
Fluxo monetário total de um ativo como uma fração de seu preço.

retorno de 10%.[12] Se um prédio de apartamentos que valesse US$ 10 milhões no ano passado, tivesse seu valor aumentado para US$ 11 milhões neste ano, tendo também produzido uma renda líquida de locação (abatidas as despesas) de US$ 0,5 milhão, tal prédio apresentaria um retorno de 15% em relação ao ano passado. Ou, por outro lado, se uma ação da General Motors com o valor de US$ 80 no início do ano tivesse seu valor reduzido para US$ 72 ao final do ano, tendo pago dividendos no valor de US$ 4 durante o ano, tal ação teria apresentado um retorno de –5% (isto é, os dividendos de 5% menos a perda de capital de 10%).

Quando as pessoas investem suas economias em ações, títulos, terras ou em outros ativos, geralmente esperam obter um retorno superior à taxa de inflação. Assim, por meio do adiamento do consumo, elas podem futuramente adquirir mais mercadorias do que poderiam obter hoje despendendo toda a sua renda. Por conseguinte, com frequência expressamos o retorno sobre os ativos em termos *reais* — ou seja, com o *ajuste pela inflação*. O **retorno real** sobre um ativo corresponde a seu retorno simples (ou nominal) *menos* a taxa de inflação. Por exemplo, se a taxa anual de inflação tivesse sido de 5%, então o título, o prédio de apartamentos e a ação da GM teriam apresentado, respectivamente, retornos reais de 5%, 10% e –10%.

RETORNOS ESPERADOS *VERSUS* RETORNOS EFETIVOS Uma vez que a maior parte dos ativos é de risco, o investidor não pode saber com antecipação quais os retornos que tais ativos apresentarão no próximo ano. Por exemplo, o prédio de apartamentos poderia vir a ter seu valor diminuído em vez de aumentado, e o preço da ação da GM poderia vir a ter seu valor elevado em vez de reduzido. Entretanto, podemos ainda efetuar comparações entre ativos verificando os retornos esperados. O **retorno esperado** sobre um ativo é apenas o *valor esperado de seu retorno* (isto é, o retorno que ele deve proporcionar em média). Em certos anos, o **retorno efetivo** de um ativo pode ser muito mais alto do que seu retorno esperado, enquanto em outros anos pode ser muito menor. Entretanto, no decorrer de um longo período, o retorno médio deve estar próximo do retorno esperado.

Ativos diferentes apresentam diferentes retornos esperados. A Tabela 5.8, por exemplo, mostra que o retorno real esperado para letras do Tesouro Nacional dos Estados Unidos (U.S. Treasury) tem sido inferior a 1%, ao passo que o retorno real esperado para uma ação típica da Bolsa de Valores de Nova York tem sido maior do que 9%.[13] Por que razão alguém adquiriria uma letra do Tesouro Nacional, quando o retorno real esperado de ações é tão mais elevado? A resposta é que a demanda de um ativo não depende apenas de seu retorno esperado, mas também de seu *risco*. Embora as ações tenham apresentado retorno esperado mais elevado do que as letras do Tesouro Nacional, elas também apresentam risco muito mais alto. Uma medida do risco, o desvio padrão do retorno real, é igual a 20,4% para ações ordinárias, 8,3% para título emitidos por empresas e somente 3,1% para letras do Tesouro Nacional dos Estados Unidos.

retorno real
Retorno simples (ou nominal) de um ativo menos a taxa de inflação.

retorno esperado
Retorno que um ativo pode proporcionar em média.

retorno efetivo
Retorno que um ativo proporciona.

TABELA 5.8 Investimentos — risco e retorno (período: 1926-2010)			
	Taxa média de retorno (%)	Taxa média real de retorno (%)	Risco (desvio padrão)
Ações ordinárias	11,9	8,7	20,4
Títulos de empresas de longo prazo	6,2	3,3	8,3
Letras do Tesouro Nacional dos EUA	3,7	0,7	3,1
Fonte: Ibbotson® SBBI® 2001 Classic Yearbook: Market results for Stocks, Bonds, Bills, and Inflation 1926–2010. © 2011 Morningstar.			

---

12 O preço de um título varia frequentemente ao longo de um ano. Se o título sofresse uma elevação (ou redução) de valor durante o ano, seu retorno seria superior (ou inferior) a 10%. Além disso, a definição de *retorno* apresentada não deve ser confundida com a definição de "taxa interna de retorno", algumas vezes utilizada para comparar fluxos monetários ao longo de determinado período. Discutiremos outras medidas de retorno no Capítulo 15, ao tratarmos do valor presente descontado.

13 Para certos tipos de ações, o retorno esperado é mais alto e para outros é mais baixo. As ações de algumas empresas pequenas (por exemplo, as negociadas na Nasdaq) têm taxas de retorno esperado mais altas e os desvios padrão desses retornos são também mais elevados.

Os valores da Tabela 5.8 sugerem que, com o aumento do retorno esperado do investimento, cresce também o risco envolvido. Isso ocorre se os investimentos podem ser de fato diversificados.[14] Consequentemente, os investidores com aversão a riscos devem buscar um equilíbrio entre retorno esperado e risco. A seguir, examinaremos tal relação mais detalhadamente.

O *TRADE-OFF* ENTRE RISCO E RETORNO

Suponhamos que uma mulher queira investir suas economias em dois ativos — em letras do Tesouro Nacional, que são praticamente isentas de risco, e em uma carteira representativa de ações. Ela precisa decidir quanto de suas economias será investido em cada um desses dois ativos — ela poderia investir apenas em letras do Tesouro Nacional, ou apenas em ações, ou em alguma combinação dos dois ativos. Como veremos mais adiante, essa escolha é análoga ao problema do consumidor quando aloca o orçamento entre aquisições de alimento e de vestuário.

Indicaremos por R_f o retorno seguro das letras do Tesouro Nacional. Pelo fato de esse retorno ser isento de risco, o retorno esperado e o retorno efetivo são idênticos. Da mesma forma, indicaremos por R_m o retorno *esperado* do investimento no mercado de ações, sendo o retorno efetivo indicado por r_m. Esse último apresenta riscos. No momento da tomada de decisão, conhecemos o conjunto de resultados possíveis, bem como a probabilidade de cada um, mas desconhecemos qual o resultado específico que ocorrerá. O ativo de risco terá um retorno esperado mais elevado do que o ativo sem risco ($R_m > R_f$). Do contrário, os investidores com aversão a riscos adquiririam apenas letras do Tesouro Nacional e nenhuma quantidade de ações seria vendida.

CARTEIRA DE INVESTIMENTO Para podermos calcular quanto dinheiro a investidora deveria colocar em cada ativo, faremos com que b seja a fração de suas economias que ela investirá no mercado acionário e $(1-b)$ a fração utilizada na aquisição de letras do Tesouro Nacional. O retorno esperado sobre sua carteira de valores, R_p, corresponde a uma média ponderada entre os retornos esperados dos dois ativos:[15]

$$R_p = bR_m + (1-b)R_f \qquad (5.1)$$

Suponha, por exemplo, que as letras do Tesouro estejam pagando 4% ($R_f = 0{,}04$), que o retorno esperado do mercado acionário seja de 12% ($R_m = 0{,}12$) e que $b = 1/2$. Então, $R_p = 8\%$. Qual o grau de risco apresentado por tal carteira de ativos? Uma medida de seu grau de risco é o desvio padrão do retorno dessa carteira. Indicaremos por σ_m o *desvio padrão* do investimento de risco no mercado de ações. Por meio de alguns cálculos algébricos, podemos mostrar que o *desvio padrão da carteira*, σ_p (contendo um ativo de risco e um ativo sem risco), corresponde à fração da carteira com investimento em ativos de risco multiplicada pelo desvio padrão de tal ativo:[16]

$$\sigma_p = b\sigma_m \qquad (5.2)$$

---

14 São os riscos *não diversificáveis* que importam. Uma ação individual pode possuir alto risco, tendo ainda um baixo retorno esperado porque uma boa parte de seu risco poderia estar sendo diversificado por meio da manutenção em carteira de várias ações do mesmo tipo. O *risco não diversificável,* que surge do fato de que os preços das ações individuais estão correlacionados com os preços do mercado de ações em geral, é aquele risco que permanece mesmo em uma carteira bem diversificada. Discutiremos esse assunto em detalhes ao abordarmos o *modelo de formação de preço para ativos de capital*, no Capítulo 15.

15 O valor esperado da soma de duas variáveis é a soma dos valores esperados de cada variável. Portanto: $R_p = E[br_m] + E[(1-b)R_f] = bE[r_m] + (1-b)R_f = bR_m + (1-b)R_f$

16 Para compreender o motivo, verifique na nota de rodapé 4 que podemos escrever a variância do retorno da carteira de ativos como:

$$\sigma_p^2 = E[br_m + (1-b)R_f - R_p]^2$$

Substituindo o valor do retorno esperado da carteira, R_p, na Equação 5.1, temos:

$$\sigma_p^2 = E[br_m + (1-b)R_f - bR_m - (1-b)R_f]^2 = E[b(r_m - R_m)]^2 = b^2\sigma_m^2$$

Já que o desvio padrão de uma variável aleatória é a raiz quadrada de sua variância, $\sigma_p = b\sigma_m$.

Problema da escolha do investidor

Na seção 3.2 explicamos como uma linha de orçamento é determinada a partir da renda de um indivíduo e os preços dos bens disponíveis.

Ainda não determinamos de que forma o investidor deveria escolher a fração b. Para tanto, devemos primeiro mostrar que ele se defronta com uma relação de *trade-off* entre risco e retorno análoga à da linha de orçamento de um consumidor. Para entender o significado dessa relação, observe que a Equação 5.1 do retorno esperado para a carteira de valores poderia ser reescrita na forma apresentada a seguir:

$$R_p = R_f + b(R_m - R_f)$$

Na Equação 5.2, vemos que $b = \sigma_p/\sigma_m$, de forma que

$$R_p = R_f + \frac{(R_m - R_f)}{\sigma_m} \sigma_p \qquad (5.3)$$

LINHA DE ORÇAMENTO E RISCO Essa equação corresponde a uma *linha de orçamento*, pois descreve o *trade-off* entre risco (σ_p) e retorno esperado (R_p). Observe que se trata da equação de uma linha reta: como R_m, R_f e σ_m são constantes, a inclinação $(R_m - R_f)/\sigma_m$ é uma constante, da mesma forma que é constante também o ponto de interseção R_f. Essa equação mostra que *o retorno esperado da carteira R_p aumenta quando aumenta o desvio padrão σ_p desse retorno*. A inclinação da linha de orçamento, $(R_m - R_f)/\sigma_m$, é denominada **preço de risco**, pois nos diz quanto de risco extra um investidor deverá correr para que possa desfrutar de um retorno esperado mais elevado.

preço de risco

Risco extra que um investidor deverá correr para que desfrutar de um retorno esperado mais elevado.

A linha de orçamento encontra-se traçada na Figura 5.6. Caso o investidor não queira assumir nenhum risco, ele poderá investir a totalidade de suas economias em letras do Tesouro Nacional ($b = 0$), obtendo, assim, o retorno esperado R_f. Para obter um retorno esperado mais elevado, deverá correr algum risco. Por exemplo, ele poderia investir todas as suas economias em ações ($b = 1$), obtendo o retorno esperado R_m, todavia incorrendo em um desvio padrão σ_m. Ou então investir uma fração de suas economias em cada tipo de ativo e obter um retorno esperado localizado em algum ponto entre R_f e R_m, defrontando-se então com um desvio padrão inferior a σ_m, porém superior a zero.

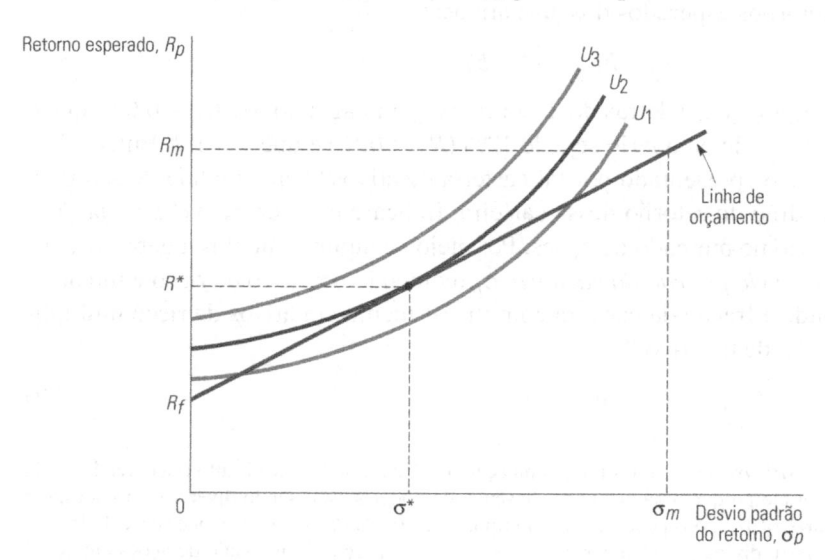

FIGURA 5.6 ESCOLHA ENTRE RISCO E RETORNO

Um investidor quer alocar seus fundos entre dois ativos — letras do Tesouro Nacional, que são isentas de risco, e ações. A linha de orçamento descreve a relação entre o retorno esperado e o risco associado a esse retorno, medido pelo desvio padrão do retorno. A inclinação da linha de orçamento é $(R_m - R_f)/\sigma_m$, que é o preço de risco. São apresentadas três curvas de indiferença, cada qual mostrando as combinações de risco e retorno que deixam o investidor igualmente satisfeito. As curvas têm inclinação ascendente, pois um investidor com aversão a riscos exige um retorno esperado mais elevado se tiver de assumir maiores riscos. A carteira de investimentos que maximiza a utilidade é representada pelo ponto em que a curva de indiferença U_2 é tangente à linha de orçamento.

RISCO E CURVAS DE INDIFERENÇA A Figura 5.6 mostra também a solução do problema do investidor. Três curvas de indiferença encontram-se traçadas nessa figura. Cada uma descreve combinações de risco e retorno que deixam o investidor igualmente satisfeito. As curvas apresentam inclinação ascendente, pois o risco é indesejável; havendo maior risco, é necessário que haja maior retorno esperado para que o investidor permaneça no mesmo nível de satisfação. A curva U_3 oferece o maior nível de satisfação e a U_1 o menor. Para determinado grau de risco, o investidor obtém um retorno esperado mais elevado em U_3 do que em U_2, e um retorno esperado mais elevado em U_2 do que em U_1.

Dentre essas três curvas de indiferença, o investidor preferiria estar em U_3, porém, isso seria inviável, porque U_3 não encosta na linha de orçamento. A curva U_1 seria viável, contudo o investidor poderia optar por algo melhor. Da mesma forma que o consumidor escolhe quantidades de alimento e vestuário, nosso investidor obtém maior vantagem e escolhe uma combinação de risco e retorno em um ponto em que a curva de indiferença (U_2 neste exemplo) seja tangente à linha de orçamento. Em tal ponto, o retorno obtido pelo investidor terá o valor esperado R^* e o desvio padrão σ^*.

Claro, as atitudes das pessoas em relação aos riscos diferem. Tal fato é ilustrado na Figura 5.7, que apresenta o modo pelo qual dois investidores escolhem suas carteiras de investimentos. O investidor A tem grande aversão a riscos. Como sua curva de indiferença, U_A, é tangente à linha de orçamento em um ponto de baixo risco, ele investirá quase a totalidade de suas economias em letras do Tesouro Nacional, obtendo um retorno esperado, R_A, que é apenas ligeiramente superior ao retorno sem risco R_f. O investidor B tem menos aversão a riscos. Ele investirá a maior parte de suas economias em ações, e o retorno de sua carteira de investimentos terá um valor esperado, R_B, mais elevado e também um desvio padrão, σ_B, maior.

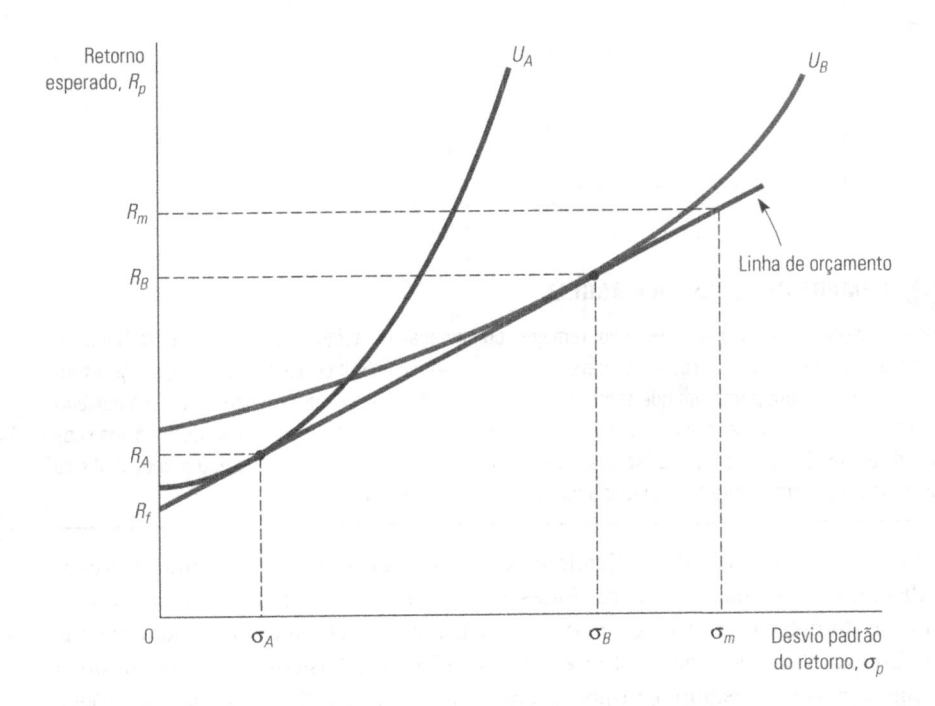

FIGURA 5.7 **A ESCOLHA DE DOIS INVESTIDORES DIFERENTES**

O investidor A tem grande aversão a riscos. Como sua carteira de ações consistirá majoritariamente de ativos livres de risco, seu retorno esperado, R_A, será apenas ligeiramente superior ao retorno do ativo livre de risco, mas o risco, σ_A, será pequeno. O investidor B tem menos aversão a riscos. Ele investirá grande parte de seus fundos em ações. Apesar de o retorno esperado da carteira, R_B, ser maior, o risco também será maior.

Se o investidor *B* tiver uma aversão a riscos pequena o suficiente, poderá comprar ações *na margem*, isto é, poderá tomar dinheiro emprestado de uma instituição financeira a fim de investir mais no mercado de ações do que atualmente vem fazendo. Com efeito, uma pessoa que adquire ações na margem mantém uma carteira com mais de 100% de seu valor investido em ações. Essa situação está ilustrada na Figura 5.8, na qual mostramos as curvas de indiferença para dois investidores. O investidor *A*, que tem relativa aversão a riscos, investe mais ou menos metade de seus fundos em ações. O investidor *B*, entretanto, tem uma curva de indiferença bem mais aplanada e tangente à linha de orçamento em um ponto em que o retorno esperado da carteira excede o retorno esperado do mercado acionário como um todo. Para poder manter essa carteira, o investidor deve tomar dinheiro emprestado, uma vez que deseja investir *mais* de 100% de suas posses no mercado de ações. A compra de ações na margem é uma forma de *alavancagem*: o investidor aumenta seu retorno esperado acima do nível do mercado como um todo, mas o faz ao custo de um risco maior.

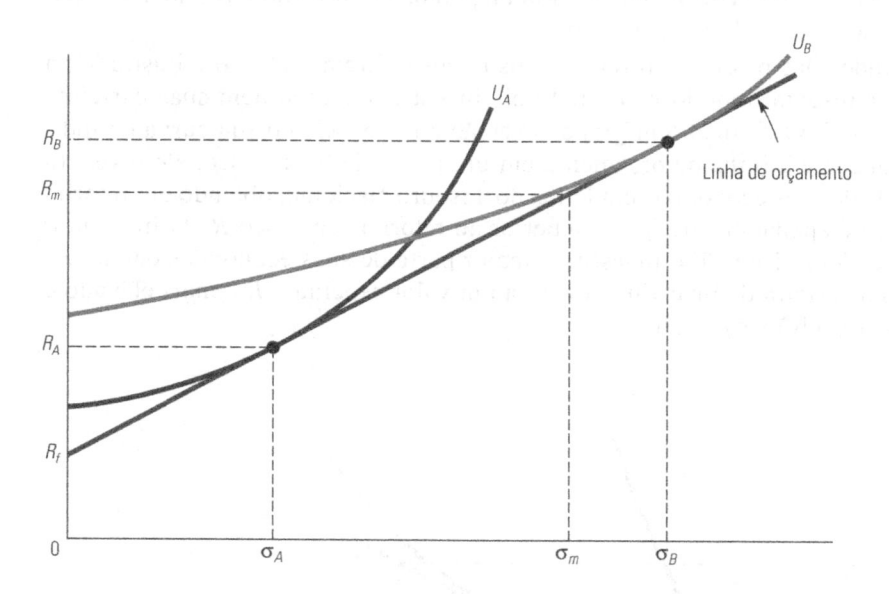

FIGURA 5.8 COMPRA DE AÇÕES NA MARGEM

Como o investidor *A* é avesso ao risco, sua carteira contém uma combinação de ações e letras do Tesouro Nacional sem risco. O investidor *B*, porém, tem um grau muito baixo de aversão ao risco. Sua curva de indiferença, U_B, é tangente à linha de orçamento em um ponto em que tanto o retorno esperado quanto o desvio padrão de sua carteira são maiores do que os valores do mercado em geral. Isso significa que ele gostaria de investir *mais* de 100% de suas posses no mercado de ações. O investidor pode fazer isso comprando ações *na margem* — isto é, tomando dinheiro emprestado de uma instituição financeira para ajudar a custear seu investimento.

Nos capítulos 3 e 4, havíamos simplificado o problema da opção do consumidor presumindo que ele dispunha de apenas duas mercadorias para efetuar sua escolha — alimento e vestuário. Fazendo uso do mesmo critério, estamos simplificando a escolha do investidor apenas entre letras do Tesouro Nacional e ações. Entretanto, os princípios básicos seriam os mesmos se tivéssemos mais ativos (por exemplo, títulos de empresas, terras e diferentes tipos de ações). Todos os investidores defrontam-se com um *trade-off* entre risco e retorno.[17] O nível de risco extra que determinado investidor está disposto a assumir para obter um retorno esperado mais elevado depende do grau de sua aversão ao risco. Investidores com menos aversão ao risco tendem a incluir uma fração maior de ativos de risco em suas carteiras de investimento.

---

17 Como já dissemos, o que realmente importa são os riscos que não podem ser diversificados, porque os diversificáveis podem ser eliminados pelos investidores por meio da aquisição de muitas ações diferentes (por exemplo, comprando cotas de fundos de investimento). Discutiremos os riscos que podem ou não ser diversificados no Capítulo 15.

EXEMPLO 5.6 INVESTINDO NO MERCADO DE AÇÕES

Os anos 1990 foram testemunha de uma mudança no comportamento dos investidores norte-americanos. Primeiro, muitos começaram a investir em ações pela primeira vez. Em 1989, cerca de 32% das famílias nos Estados Unidos tinham parte de suas posses aplicada em ações, seja diretamente (por meio da aquisição de ações individuais), seja indiretamente (por meio de fundos mútuos ou planos de aposentadoria aplicados em ações). Em 1998, essa porcentagem havia subido para 49%. Além disso, a parcela da riqueza investida em ações aumentou de 26% para cerca de 54% durante o mesmo período.[18] Uma boa parte dessa mudança deve ser atribuída aos investidores jovens. Para aqueles com idade abaixo de 35 anos, a participação no mercado de ações aumentou de aproximadamente 22%, em 1989, para cerca de 41%, em 1998. Em geral, o comportamento do investimento interno se estabilizou após a mudança da década de 1990. A porcentagem de famílias com investimentos no mercado de ações era de 51,1% em 2007. Porém, os americanos com mais idade se tornaram muito mais ativos. Em 2007, 40% das pessoas com mais de 75 anos mantinham ações, vindo de 29% em 1998.

Por que um número maior de pessoas começou a investir no mercado de ações? Uma razão foi o advento das transações on-line, o que tornou o investimento algo muito mais fácil de realizar. Outra razão foi o extraordinário aumento dos preços das ações que ocorreu no final da década de 1990, gerado, em parte, pela chamada "febre das ponto-com". Tais aumentos devem ter convencido alguns investidores de que os preços poderiam continuar subindo no futuro. Nas palavras de um analista: "A subida sem cessar dos mercados durante sete anos, a popularidade dos fundos mútuos, a opção feita pelos funcionários por planos de aposentadoria administrados por eles mesmos, assim como uma avalanche de publicações sobre investimentos, do tipo 'faça você mesmo', tudo isso contribuiu para criar e difundir um saber financeiro em nível nacional"[nos Estados Unidos]".[19]

A Figura 5.9 mostra o indicador de rendimento e a razão entre preço e lucro referentes ao chamado S&P 500 (um índice das ações de 500 grandes empresas) durante o período de 1970 a 2011. Observe que o indicador de rendimento (calculado pela divisão do dividendo anual pelo preço da ação) caiu de cerca de 5%, em 1980, para 2%, no fim de 2000. A razão entre preço e lucro (resultado da divisão do preço da ação pelos ganhos anuais por ação), porém, aumentou de cerca de 8 em 1980 para mais de 40 em 2002, antes de cair para cerca de 20 entre 2005 e 2007, e depois aumentando ao longo de 2011. Em retrospecto, concluímos que esse aumento na razão preço/lucro só poderia ter ocorrido se os investidores acreditassem que os lucros corporativos continuariam a crescer rapidamente na década seguinte. Isso sugere que, no final da década de 1990, muitos investidores norte-americanos tinham um baixo nível de aversão ao risco, estavam muito otimistas quanto ao desempenho futuro da economia, ou ambas as coisas. Em uma abordagem alternativa, alguns economistas comentaram que a disparada no preço das ações durante a década de 1990 foi o resultado de um "efeito manada", que fez os investidores correrem em massa para o mercado depois de ouvirem sobre experiências bem-sucedidas de outros.[20]

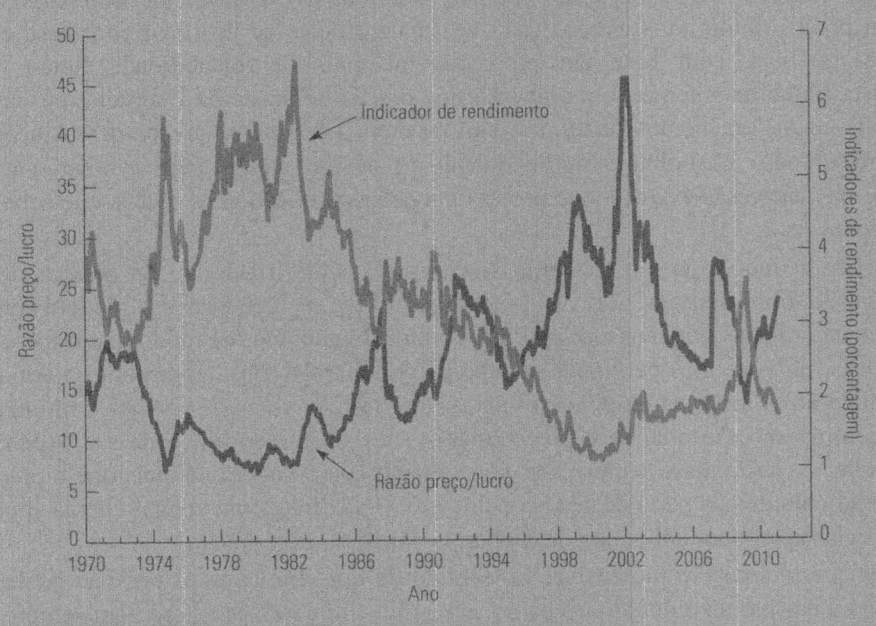

FIGURA 5.9 INDICADOR DE RENDIMENTO E RAZÃO ENTRE PREÇO E LUCRO REFERENTES AO S&P 500

O indicador de rendimento do S&P 500 (dividendo anual dividido pelo preço da ação) caiu drasticamente entre 1980 e 2002, enquanto a razão entre o preço e o lucro (o preço da ação dividido pelos ganhos anuais por ação) referentes ao S&P 500 subiu nesse período e depois caiu.

---

18 Dados obtidos do *Federal Reserve Bulletin*, jan. 1997, e do *Survey of Consumer Finances*, 2011.
19 We're All Bulls Here: Strong Market Makes Everybody an Expert", *Wall Street Journal*, 12 set. 1997.
20 Veja, por exemplo, Robert Shiller, *Irrational Exuberance*, Princeton University Press, 2000.

As motivações psicológicas que explicam o efeito manada podem ajudar a explicar as bolhas no mercado de ações. Contudo, elas vão muito além desse mercado. Também se aplicam ao comportamento de consumidores e executivos em uma grande variedade de situações. Tal comportamento nem sempre pode ser explicado pelas premissas simplificadas que, até agora, formamos sobre as escolhas feitas pelo consumidor. Na próxima seção, discutiremos esses aspectos comportamentais em detalhe e, assim, veremos como os modelos tradicionais dos capítulos 3 e 4 podem ser ampliados, a fim de nos ajudar a entender o comportamento do consumidor.

5.5 Bolhas

Durante o período de 1995 a 2000, os preços das ações de muitas empresas da Internet subiram bruscamente. O que estava por trás desses aumentos de preço? Pode-se argumentar — como muitos analistas de ações, consultores de investimento e investidores comuns fizeram na época — que esses aumentos tinham fundamentos bem concretos para justificá-los. Muitas pessoas acharam que o potencial da Internet era praticamente ilimitado, particularmente à medida que o acesso à Internet de alta velocidade se tornou mais disponível. Afinal, cada vez mais bens e serviços estavam sendo colocados à venda on-line por empresas como Amazon.com, Craigslist.org, Ticketmaster.com, Fandango.com, e inúmeras outras. Além disso, cada vez mais pessoas começavam a ler noticiários on-line, em vez de comprar jornais e revistas em papel, e mais informações estavam disponíveis on-line em fontes como Google, Bing, Wikipedia e WebMD. Como resultado, as empresas começaram a transferir mais e mais de seus anúncios dos jornais e da televisão para a Internet.

Sim, a Internet decerto mudou o modo como a maioria de nós vive. (De fato, alguns de vocês podem estar lendo a versão eletrônica deste livro, baixada do site do Grupo A e, esperamos, pagaram por isso!) Porém, isso significa que qualquer empresa com um nome ".com" terá altos lucros no futuro? Provavelmente, não. E ainda assim muitos investidores (talvez "especuladores" seja um termo melhor) compraram as ações de empresas de Internet com preços muito altos, preços cada vez mais difíceis de justificar com base em fundamentos, ou seja, com base em projeções racionais de rentabilidade futura. O resultado foi a **bolha** da Internet, um aumento nos preços de ações da Internet com base não nos fundamentos da lucratividade, mas sim na crença de que os preços dessas ações continuariam subindo. A bolha estourou quando as pessoas começaram a notar que a lucratividade das empresas estava longe de ser uma coisa certa, e que os preços que sobem também podem cair.

As bolhas com frequência são resultado de comportamento irracional. As pessoas deixam de pensar de forma sensata. Elas compram algo porque o preço estava subindo e acreditam (talvez encorajadas por seus amigos) que continuará subindo, de modo que o lucro é uma coisa certa. Se você lhes perguntar se o preço poderia cair em algum ponto, normalmente responderão "Sim, mas eu venderei antes que o preço caia". E se você continuar, perguntando como saberão quando o preço estará para cair, a resposta pode ser "Apenas saberei". Porém, é claro, quase sempre elas não saberão; eles venderão depois que o preço cair, e perderão pelo menos parte de seu investimento. (Pode haver um consolo nessa situação — talvez elas aprendam um pouco de economia com essa experiência.)

As bolhas geralmente são inofensivas no sentido de que, enquanto as pessoas perdem dinheiro, não há um prejuízo duradouro para a economia em geral. Mas isso nem sempre é assim. Os Estados Unidos experimentaram uma bolha de preços de imóveis prolongada, que estourou em 2008, causando perdas financeiras para grandes bancos que vendiam hipotecas a compradores de imóveis que poderiam não fazer seus pagamentos mensais (mas achavam que os preços de imóveis continuariam subindo). Alguns desses bancos receberam grande apoio do governo para não falirem, mas muitos proprietários de imóveis não tiveram tanta sorte e, com a execução da hipoteca, eles perderam suas casas. Ao final de 2008, os Estados Unidos estavam na pior recessão desde a Grande Depressão da década de 1930. Em parte, a culpa disso foi da bolha de preços de imóveis, que se revelou longe de ser inofensiva.

---

bolha
Um aumento no preço de um bem com base não nos fundamentos da demanda ou do valor, mas em uma crença de que o preço continuará subindo.

A Seção 4.3 explicou que a *demanda especulativa* é determinada não pelos benefícios diretos que se obtém por possuir ou consumir um bem, mas sim por uma expectativa de que o preço do bem aumentará.

EXEMPLO 5.7 — A BOLHA DE PREÇOS DE IMÓVEIS (I)

Começando por volta de 1998, os preços de imóveis dos Estados Unidos começaram a subir bruscamente. A Figura 5.10 mostra o índice de preços nacional de imóveis S&P/Case-Shiller.[21] Desde 1987 (quando foi publicado inicialmente) até 1998, o índice subiu em torno de 3% por ano em termos nominais. (Em termos reais, ou seja, isento de inflação, o índice caiu em torno de 0,5% por ano.) Essa era uma taxa de aumento de preços normal, razoavelmente proporcional ao crescimento da população e da renda e com inflação. Mas então os preços começaram a subir muito mais depressa, com o índice aumentando em torno de 10% ao ano, até que atingiu o pico de 190% em 2006. Durante esse período de oito anos, de 1998 a 2006, muitas pessoas acreditaram no mito de que imóveis eram um investimento garantido, e que os preços só poderiam continuar subindo. Muitos bancos também entraram nessa onda e ofereceram hipotecas às pessoas com rendas bem abaixo da necessária para fazer os pagamentos mensais dos juros e do principal de longo prazo. A demanda por imóveis aumentou rapidamente, com algumas pessoas comprando quatro ou cinco casas sob a premissa de que elas poderiam vendê-las em um ano e obter um bom lucro com a venda. Essa demanda especulativa serviu para aumentar os preços ainda mais.

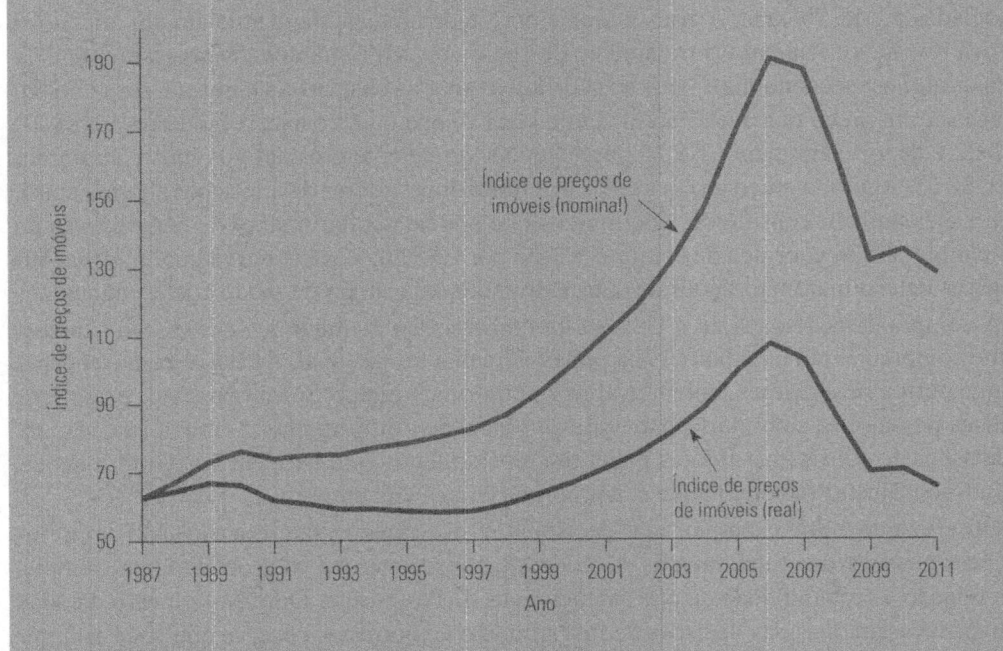

FIGURA 5.10 — ÍNDICE DE PREÇOS DE IMÓVEIS S&P/CASE-SHILLER

O índice mostra o preço médio de imóveis nos Estados Unidos em nível nacional. Observe o aumento no índice de 1998 a 2007, e depois o brusco declínio.

Porém, em 2006, algo engraçado aconteceu. Os preços pararam de subir. Na verdade, durante 2006, os preços realmente caíram ligeiramente (cerca de 2% em termos nominais). Depois, em 2007, começaram a cair rapidamente, e em 2008 tornou-se claro que o grande "boom" imobiliário era apenas uma bolha, e que a bolha tinha estourado. Desde seu pico no início de 2006 até 2011, os preços de imóveis caíram em mais de 33% em termos nominais. (Em termos reais, eles caíram quase 40%.) E essa queda é uma média para os Estados Unidos como um todo. Em alguns estados, como Flórida, Arizona e Nevada, a bolha foi muito pior, com os preços caindo mais de 50%.

---

21 O índice S&P/Case-Shiller mede a mudança nos preços de imóveis acompanhando as vendas repetidas das mesmas residências unifamiliares em 20 cidades nos Estados Unidos. Comparando o preço de venda original do imóvel com seu preço em vendas subsequentes, o índice é capaz de controlar outras variáveis (ou seja, tamanho, local, estilo) que também poderiam elevar os preços.

Os Estados Unidos não foram o único país a experimentar uma bolha de preços de imóveis. Aconteceu mais ou menos a mesma coisa na Europa. Na Irlanda, por exemplo, uma economia em ascensão e cada vez mais investimento estrangeiro — junto com uma especulação generalizada — aumentaram os preços de imóveis em 305% entre 1995 e 2007 (641% entre 1987 e 2007 — ambos em termos nominais). Após mais de uma década de crescimento acima da média, a bolha da Irlanda estourou. Em 2010, os preços de imóveis caíram mais de 28% em relação ao seu pico em 2007. A Espanha e outros países europeus tiveram destinos semelhantes, contribuindo para uma crise de dívida em âmbito mundial. Outras bolhas aparentes ainda estão para estourar. Muitas cidades chinesas, incluindo Xangai e Pequim, viram aumentos bruscos nos preços de casas e terrenos, com alguns apartamentos dobrando de valor em poucos meses.[22]

Cascatas de informação

Suponha que você esteja pensando em investir em ações da Ajax Corp., que estão sendo negociadas a US$ 20 cada. A Ajax é uma empresa de biotecnologia atuando em uma nova técnica revolucionária para o tratamento do tédio crônico (uma doença que normalmente afeta os alunos de economia). Você acha difícil avaliar as chances da empresa, mas US$ 20 parece ser um preço razoável. Porém, agora você vê que o preço está subindo para US$ 21, US$ 22 e depois salta para US$ 25 por ação. Na verdade, alguns amigos seus compraram por US$ 25. Agora, o preço chega a US$ 30. Outros investidores devem saber alguma coisa. Talvez eles tenham consultado bioquímicos que podem avaliar melhor as perspectivas da companhia. Então você decide comprar a ação por US$ 30. Você acredita que informações positivas determinaram as ações de outros investidores e atuou de modo correspondente.

A compra da ação da Ajax a US$ 30 foi uma decisão racional ou você estava simplesmente comprando em uma bolha? Ela pode realmente ser racional. Afinal, é razoável esperar que outros investidores tentem avaliar a empresa da melhor forma possível, e que suas análises possam ter sido mais ponderadas ou mais bem informadas do que a sua. Assim, as decisões de outros investidores poderiam ter sido feitas com base em boas informações, levando-o a ajustar racionalmente sua própria avaliação da empresa.

Observe que, neste exemplo, suas decisões de investimento são baseadas não em informações a respeito dos fundamentos da atividade da empresa que você obteve (por exemplo, com relação à probabilidade de que as iniciativas de Pesquisa & Desenvolvimento da Ajax tenham sucesso), mas nas decisões de investimento de outros. E observe que você está implicitamente supondo que: (i) essas decisões de investimento dos outros são baseadas em informações sobre os fundamentos que *eles próprios* obtiveram; *ou* (ii) essas decisões de investimento dos outros são baseadas em decisões de investimento de outros ainda, que são baseadas em informações sobre os fundamentos que *eles próprios* obtiveram; *ou* (iii) essas decisões de investimento de outros são baseadas nas decisões de investimento de outros ainda, que por sua vez são baseadas nas decisões de investimento de outros, que são baseadas em informações sobre os fundamentos da empresa que *eles próprios* obtiveram; *ou* ... etc. etc. Você entendeu a ideia. Talvez os "outros" no final da cadeia tenham baseado suas decisões de investimento em informações frágeis, que não são mais informativas do que as que você obteve quando pensou inicialmente em investir em ações da Ajax. Em outras palavras, suas próprias decisões de investimento poderiam ser o resultado de uma **cascata de informações** — ações baseadas em ações baseadas em ações ... etc., determinadas por informações sobre os fundamentos da rentabilidade real da empresa bastante limitadas.

A bolha resultante de uma cascata de informações pode realmente ser racional no sentido de que há uma base para acreditar que o investimento na bolha gerará um retorno

cascata de informações
Uma avaliação (por exemplo, de uma oportunidade de investimento) baseada em parte nas ações de outras pessoas, que, por sua vez, foram baseadas em ações de outras.

---

22 Temendo um colapso repentino, o governo chinês tomou medidas para cortar a escalada de aumento de preços de imóveis, aumentando as exigências para a concessão de empréstimos e exigindo que os compradores coloquem mais dinheiro. Veja em http://www.businessinsider.com/the-chinese-real-estate-bubble-is-the-most-obvious-bubble-ever-2010-1#prices-are-way-out-of-whack-compared-to-global-standards-3.

positivo. O motivo é que se os investidores no início da cadeia realmente obtiveram informações positivas e basearam suas decisões nessa informação, *o ganho esperado para um investidor mais adiante na cadeia será positivo.*[23] Porém, o risco envolvido será considerável, e é provável que pelo menos alguns investidores subestimem esse risco.

EXEMPLO 5.8 A BOLHA DE PREÇOS DE IMÓVEIS (II)

As cascatas de informação podem ajudar a explicar as bolhas de imóveis que ocorreram nos Estados Unidos e em outros países. Por exemplo, de 1999 a 2006, os preços de imóveis em Miami quase triplicaram. Teria sido completamente irracional comprar imóveis em Miami em 2006? Antes de 2006, alguns analistas projetaram grandes aumentos na demanda por imóveis em Miami e em outras partes da Flórida, com base parte em um número crescente de aposentados que quer se mudar para algum local quente, e parte em um fluxo de imigrantes com família ou outras raízes em Miami. Se outros investidores atuarem acreditando que esses analistas fizeram seu dever de casa, o investimento pode ter sido racional.

As cascatas de informações também podem ajudar a explicar as bolhas de imóveis que ocorreram em outras partes dos Estados Unidos, principalmente no Arizona, em Nevada e na Califórnia. (Ver Figura 5.11.) Lá, também, alguns analistas projetaram grandes aumentos na demanda. Por outro lado, poucos analistas projetaram grandes aumentos de demanda em cidades como Cleveland (não exatamente um paraíso para aposentados) e, na verdade, essas cidades tiveram uma experiência bastante limitada relativamente à bolha imobiliária.

Foi racional comprar imóveis em Miami em 2006? Racional ou não, os investidores deveriam saber que havia um risco considerável na compra de imóveis lá (ou em qualquer lugar da Flórida, Arizona, Nevada e Califórnia). Em retrospecto, agora sabemos que muitos desses investidores perderam todas as suas economias (inclusive suas casas).

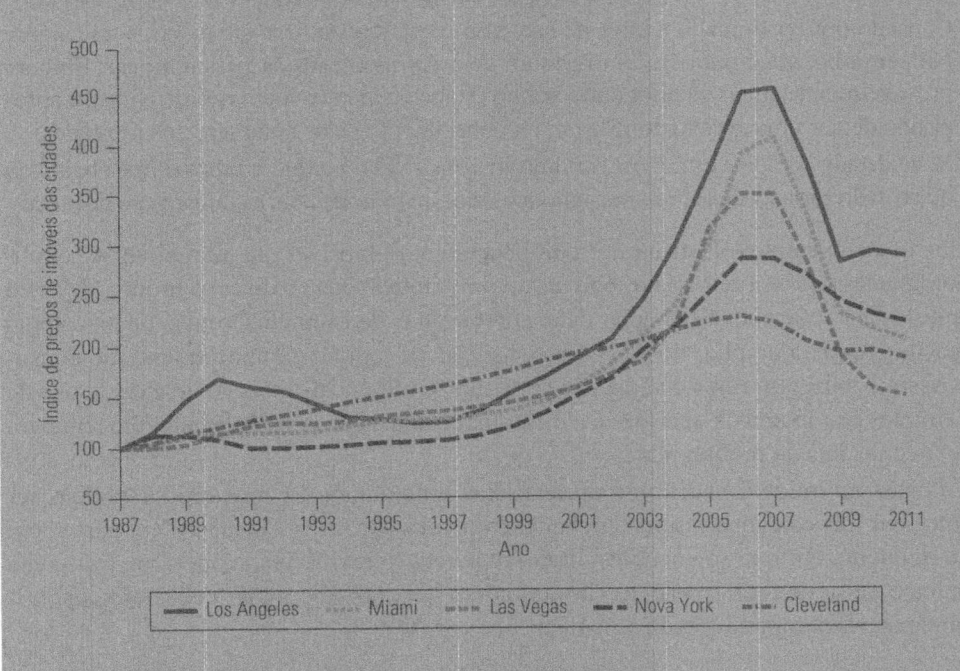

FIGURA 5.11 ÍNDICE DE PREÇOS DE IMÓVEIS S&P/CASE-SHILLER PARA CINCO CIDADES

O índice mostra o preço médio de imóveis para cada uma das cinco cidades (em termos nominais). Para algumas, a bolha de imóveis foi muito pior do que para outras. Los Angeles, Miami e Las Vegas experimentaram alguns dos aumentos mais bruscos nos preços de imóveis, e depois, a partir de 2007, eles despencaram. Cleveland, por outro lado, evitou a bolha em grande parte, com os preços de imóveis subindo e depois caindo, mas apenas moderadamente.

---

23 Veja um exemplo razoavelmente simples (e uma discussão interessante) que explica este ponto em S. Bikhchandani, D. Hirschleifer e I. Welch, "Learning from the Behavior of Others: Conformity, Fads, and Informational Cascades", *Journal of Economic Perspectives* 12, 1998, p. 151-170.

5.6 Economia comportamental

Lembre-se de que a teoria básica da demanda do consumidor baseia-se em três premissas: (1) os consumidores preferem claramente determinados produtos a outros; (2) os consumidores enfrentam restrições de orçamento; (3) dadas suas preferências, suas rendas limitadas e os preços dos diferentes produtos, os consumidores escolhem comprar combinações de produtos que maximizem sua satisfação (ou utilidade). Essas premissas, entretanto, nem sempre são realistas: as preferências não são sempre claras ou podem variar de acordo com o contexto no qual as escolhas são feitas, e as escolhas dos consumidores nem sempre visam à maximização da utilidade.

Talvez nossa compreensão da demanda do consumidor (assim como das decisões das empresas) seria mais refinada se incorporássemos premissas mais realistas e detalhadas quanto ao comportamento humano. Esse tem sido o objetivo de uma área nova e em plena expansão: a *economia comportamental*, que vem ampliando e enriquecendo os estudos de microeconomia.[24] Para introduzir o assunto, vamos descrever alguns aspectos do comportamento do consumidor que não podem ser facilmente explicados pelas premissas básicas de maximização da utilidade, nas quais até agora nos apoiamos:

- Acabou de cair uma tempestade de neve e então você vai a uma loja de ferramentas para comprar uma pá. Você espera pagar US$ 20, o preço que a loja costuma cobrar. No entanto, descobre que o proprietário subiu o preço para US$ 40. Embora já esperasse um reajuste por conta da tempestade, dobrar o preço lhe parece injusto e você acha que a loja está tentando se aproveitar. Indignado, você decide não comprar a pá.[25]
- Cansado por ter limpado a neve de sua casa, você decide tirar umas férias no campo. No caminho, você para em um restaurante à beira da estrada para almoçar. Embora provavelmente jamais vá pisar outra vez no estabelecimento, você considera justo e apropriado deixar uma gorjeta de 15% em reconhecimento pelos bons serviços prestados.
- Você decide comprar este livro em uma livraria virtual porque o preço é mais baixo do que o da livraria local. Entretanto, ignora o valor do frete durante a comparação de preços.

Todos esses exemplos ilustram um comportamento plausível que não pode ser explicado por aquelas nossas premissas, sobre as quais o modelo básico do consumidor, descrito nos capítulos 3 e 4, se apoia. No lugar delas, precisamos de exemplos vindos da psicologia ou da sociologia para ampliar nossas premissas básicas sobre o comportamento do consumidor. Assim, conseguiremos entender melhor suas preferências mais complexas, o uso de regras simples na tomada de decisões e a dificuldade que as pessoas normalmente têm para compreender as leis da probabilidade.

Os ajustes no modelo padrão de preferências e demanda do consumidor podem ser agrupados em três categorias: uma tendência para valorizar bens e serviços em parte com base no ambiente em que se encontra, uma preocupação com a justiça de uma transação econômica e o uso de regras práticas simples como um modo de tomar decisões econômicas complexas. Examinamos cada uma delas por vez.

Pontos de referência e preferências do consumidor

O modelo padrão do comportamento do consumidor parte do pressuposto de que os consumidores atribuem valores únicos às mercadorias e serviços que adquirem.

---

[24] Você encontrará uma discussão mais detalhada do conteúdo desta seção em Stefano DellaVigna, "Psychology and Economics: Evidence from the Field", *Journal of Economic Literature* 47(2), 2009, p. 315-372; Colin Camerer e George Loewenstein, "Behavioral Economics: Past, Present and Future", em Colin Camerer, George Loewenstein e Matthew Rabin (eds.), *Advances in Behavioral Economics*, Princeton University Press, 2003.

[25] Este exemplo se baseia em Daniel Kahneman, Jack L. Knetsch e Richard H. Thaler, "Fairness as a Constraint on Profit Seeking: Entitlements in the Market", *American Economic Review* 76, set. 1986, p. 728-741.

Contudo, os psicólogos e os estudos de pesquisa de mercado têm demonstrado que o valor atribuído pelo consumidor depende em parte da situação em que ocorre a decisão de compra. Essa situação cria um **ponto de referência** em que as preferências poderiam ser baseadas, pelo menos em parte.

ponto de referência
O ponto do qual um indivíduo toma uma decisão de consumo.

O ponto de referência — o ponto do qual o indivíduo toma uma decisão de consumo — pode afetar bastante essa decisão. Considere, por exemplo, o valor dos apartamentos em Pittsburgh e em São Francisco. Em 2006, o valor médio do aluguel mensal em Pittsburgh para um apartamento de dois quartos era cerca de US$ 650, enquanto em São Francisco o de um imóvel similar custava US$ 2.125. Para alguém que já esteja acostumado com o mercado imobiliário de São Francisco, Pittsburgh pode parecer uma pechincha. Por outro lado, alguém que esteja se mudando de Pittsburgh para São Francisco pode se sentir enganado — achando injusto que o aluguel seja tão alto.[26] Neste exemplo, o ponto de referência é claramente diferente para os residentes de São Francisco e Pittsburgh.

Os pontos de referência podem surgir por diversos motivos: nossas experiências anteriores de consumo ou de mercado, nossas expectativas sobre como os preços devem se comportar, ou mesmo pelo contexto no qual consumimos um bem. Os pontos de referência podem influenciar fortemente a maneira como alguém toma decisões econômicas. A seguir, descrevemos vários exemplos diferentes de pontos de referência e o modo como eles afetam o comportamento do consumidor.

EFEITO DOTAÇÃO Um exemplo bastante conhecido de ponto de referência é o **efeito dotação** — a tendência dos indivíduos a valorizar mais os produtos quando os têm do que quando não os têm. Um modo de entender esse efeito é pensar na lacuna entre o preço que alguém está disposto a pagar por um produto e o valor pelo qual está disposto a vender o mesmo item para outra pessoa. Nossa teoria básica sobre o comportamento do consumidor nos diz que o preço deveria ser o mesmo, mas a prática nos mostra que não é isso que acontece.[27]

efeito dotação
Tendência dos indivíduos a valorizar mais os produtos quando os têm do que quando não os têm.

Em um experimento conduzido em sala de aula, metade dos alunos, escolhidos aleatoriamente, recebeu uma xícara de café grátis, a qual valia US$ 5 no mercado; a outra metade não ganhou nada.[28] Perguntou-se, então, aos alunos que haviam recebido a xícara de café, o preço mínimo pelo qual a revenderiam ao professor; ao segundo grupo, perguntou-se a quantia mínima que eles aceitariam receber no lugar da xícara. Os dois grupos se viam diante de decisões similares, mas cada um tinha um ponto de referência diferente. Para o primeiro grupo, cujo ponto de referência era a posse do item, o preço mais baixo pelo qual o venderiam era de US$ 7 em média. O segundo grupo, que não tinha a xícara, estava disposto a aceitar US$ 3,50, em média, no lugar do presente. Essa diferença nos preços nos mostra que, para os alunos que tinham recebido a xícara, desistir dela parecia uma "perda" maior do que o "ganho" que obtê-la representava para os outros. Esse é um efeito dotação — a xícara valia mais para as pessoas que já a possuíam.

AVERSÃO À PERDA O experimento da xícara de café, descrito anteriormente, também é um exemplo de **aversão à perda** — a tendência dos indivíduos de preferirem evitar perdas a obter ganhos. Os alunos que possuíam a xícara e acreditavam que seu valor de mercado era, na realidade, US$ 5, eram contrários a vendê-la por menos de US$ 5, pois isso teria criado uma sensação de perda. O fato de terem recebido uma xícara gratuitamente, e portanto de ainda desfrutarem de um ganho geral, não importou tanto.

aversão à perda
Tendência dos indivíduos de preferir evitar as perdas a obter ganhos.

---

26 Este exemplo baseia-se em Uri Simonsohn e George Loewenstein, "Mistake # 737: The Effects of Previously Encountered Prices on Current Housing Demand", *The Economic Journal* 116, jan. 2006, p. 175-199.

27 O trabalho experimental tem sido fundamental para a economia comportamental. Por essa razão, o Prêmio Nobel de 2002 foi dividido com o economista Vernon Smith, que foi pioneiro no uso de experimentos para testar teorias econômicas.

28 Veja Daniel Kahneman, Jack L. Knetsch e Richard H. Thaler, "Experimental Tests of the Endowment Effect and the Coase Theorem", *Journal of Political Economy* 98, dez. 1990, p. 1925-1948.

Outro exemplo de aversão à perda: as pessoas normalmente hesitam em vender as ações abaixo do preço que valem, mesmo sabendo que poderiam aplicar em outras ações que lhe parecem melhor investimento. A razão disso? O preço original pago que acabou se revelando alto demais para as condições do mercado atua como ponto de referência e as pessoas têm aversão a perdas. (Uma perda de US$ 1.000 em um investimento parece "machucar" mais do que a sensação prazerosa de um ganho no mesmo valor.) Embora existam inúmeras situações nas quais o efeito dotação possa surgir, sabemos que ele tende a desaparecer à medida que os consumidores ficam mais experientes. Não é de se esperar que corretores da bolsa de valores ou outros profissionais da área de investimentos apresentem a aversão à perda descrita anteriormente.[29]

ENQUADRAMENTO As preferências também são influenciadas pelo **enquadramento**, que é outra manifestação de pontos de referência. O enquadramento é uma tendência de levar em consideração o contexto no qual uma escolha é descrita na tomada de uma decisão. O modo como as opções são enquadradas — os nomes que elas recebem, o contexto em que são descritas e sua aparência — pode afetar as escolhas que os indivíduos fazem. Você está mais propenso a comprar um creme para pele cuja embalagem afirma que ele "atrasará o processo de envelhecimento" ou um que é descrito como "fazendo você se sentir jovem de novo"? Esses produtos poderiam ser basicamente idênticos, exceto por sua embalagem. Mesmo assim, no mundo real, onde a informação às vezes é limitada e o ponto de vista importa, muitos indivíduos prefeririam comprar o produto que enfatiza a juventude.

> **enquadramento**
> Tendência de levar em consideração o contexto no qual uma escolha é descrita ao tomar uma decisão.

EXEMPLO 5.9 VENDA DE UMA CASA

Os proprietários às vezes vendem suas casas porque têm de mudar para um novo emprego, porque querem estar mais próximos (ou mais distantes) da cidade onde trabalham, ou porque querem se mudar para uma casa maior ou menor. Assim, eles colocam sua casa à venda. Mas a que preço? Os proprietários normalmente podem ter uma boa ideia do preço do imóvel examinando preços de venda de casas semelhantes, ou falando com um corretor. Com frequência, porém, definirão um preço de venda muito acima de qualquer expectativa realista do valor da casa. Como resultado, a casa permanecerá à venda por muitos meses até que os proprietários, relutantes, reduzam seu preço. Durante esse tempo, eles têm de continuar a manter a casa e pagar os impostos, água, luz e seguro. Isso parece irracional. Por que não definir um preço mais próximo daquilo que o mercado aceitará pagar?

O *efeito dotação* funciona neste caso. Os proprietários veem sua casa como especial; sua posse lhes deu aquilo que eles consideram uma apreciação especial de seu valor — um valor que pode ir além de qualquer preço que o mercado aceite.

Se os preços de moradia estiverem caindo, uma *aversão à perda* também poderia existir. Como vimos nos exemplos 5.7 e 5.8, os preços dos imóveis residenciais nos Estados Unidos e na Europa começaram a cair por volta de 2008, quando a bolha imobiliária esvaziou. Como resultado, alguns proprietários foram afetados pela aversão à perda ao decidir sobre o preço a ser pedido, especialmente se compraram sua casa em uma época próxima de quando a bolha estava no seu auge. A venda da casa torna uma perda no papel — que pode não parecer real — uma perda real. A aversão a essa realidade pode servir para explicar a relutância dos proprietários de dar o último passo na venda de sua casa. Portanto, não é raro descobrir que as casas tendem a permanecer à venda por mais tempo durante períodos de baixa econômica do que de alta.

JUSTIÇA

Muitas pessoas agem de determinada maneira porque acham apropriado ou *justo* fazê-lo, mesmo quando não há nenhum benefício material ou financeiro envolvido. Como exemplo, podemos citar as doações filantrópicas, o voluntariado e a gorjeta dada nos

---

[29] John A. List, "Does Market Experience Eliminate Market Anomalies?", *Quarterly Journal of Economics* 188, jan. 2003, p. 41-71.

restaurantes. A justiça, da mesma forma, afetou o comportamento do consumidor em nosso exemplo de compra de uma pá para neve.

Em um primeiro momento, nossa teoria básica sobre o consumidor parece não levar em conta o senso de justiça. Porém, normalmente podemos modificar nossos modelos de demanda para considerar os efeitos da justiça sobre o comportamento do consumidor. Para ver como, vamos voltar ao nosso exemplo original da pá de neve. Nesse exemplo, o preço de mercado das pás era US$ 20, mas logo depois de uma tempestade (que causou uma variação na curva da demanda) as lojas elevaram seu preço para US$ 40. Alguns consumidores, porém, acham que estão sendo injustamente extorquidos e recusam-se a comprar a pá.

Isso é ilustrado na Figura 5.12. A curva de demanda D_1 se aplica durante o clima normal. As lojas cobram US$ 20 por uma pá e vendem uma quantidade total de Q_1 pás por mês (pois muitos consumidores as compram antes da chegada da neve). De fato, algumas pessoas estariam dispostas a pagar muito mais por uma pá (a parte superior da curva de demanda), mas não precisam, pois o preço de mercado é US$ 20. Então chega a tempestade de neve e a curva de demanda se desloca para a direita. Se o preço tivesse permanecido em US$ 20, a quantidade demandada teria aumentado para Q_2. Mas observe que a nova curva de demanda (D_2) não se estende para cima tanto quanto a antiga. Muitos consumidores poderiam achar que um aumento no preço para, digamos, US$ 25, seria justo, mas um aumento muito acima seria uma extorsão. Assim, a nova curva de demanda torna-se muito elástica para preços acima de US$ 25 e nenhuma pá pode ser vendida a um preço muito acima de US$ 30.

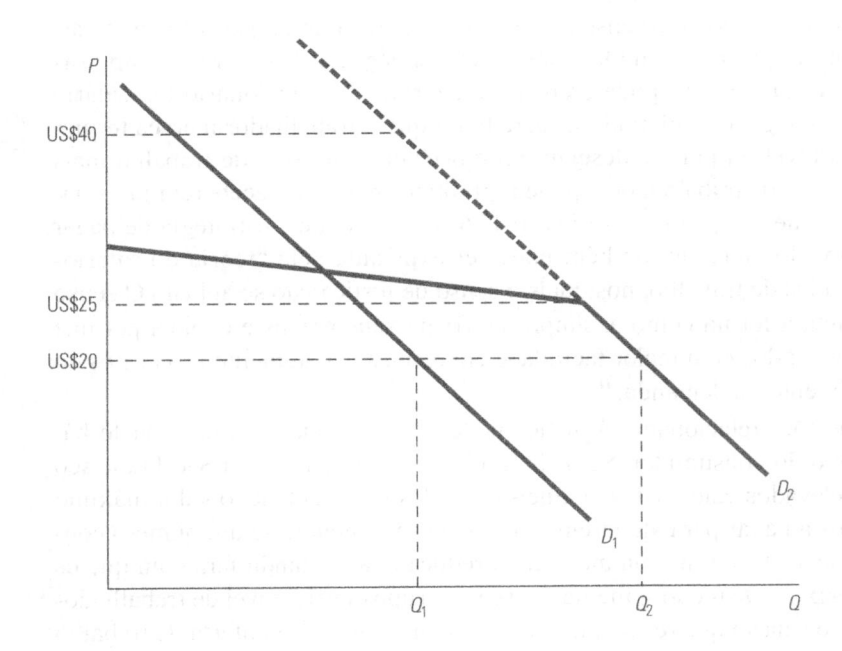

FIGURA 5.12 **DEMANDA POR PÁS DE NEVE**

A curva de demanda D_1 se aplica durante o clima normal. As lojas cobram US$ 20 e vendem Q_1 pás por mês. Quando chega uma tempestade de neve, a curva de demanda se desloca para a direita. Se o preço tivesse ficado em US$ 20, a quantidade demandada teria aumentado para Q_2. Mas a nova curva de demanda (D_2) não se estende para cima tanto quanto a antiga. Os consumidores acham justo um aumento no preço para, digamos, US$ 25, mas um aumento muito acima disso é considerado extorsão. A nova curva de demanda é muito elástica para preços acima de US$ 25 e nenhuma pá pode ser vendida a um preço muito acima de US$ 30.

Note como a justiça entra em cena aqui. Com clima normal, alguns consumidores estariam dispostos a pagar US$ 30 ou mesmo US$ 40 por uma pá. Mas eles sabem que o preço sempre foi US$ 20, e acham que um aumento brusco no preço após uma tempestade de neve constitui uma extorsão injusta e se recusam a comprar. Observe também como podemos modificar curvas de demanda padrão para considerar as atitudes do consumidor em relação à justiça.

Outro exemplo de justiça surge no chamado *jogo do ultimato*. Obedecidas as regras a seguir, imagine que você tem a chance de dividir 100 notas de um dólar com um desconhecido que nunca verá novamente. Primeiro, você propõe uma divisão das notas entre os dois. O desconhecido pode aceitar ou recusar sua proposta. Se ele aceitar, cada um de vocês fica com a parcela proposta por você. Se ele recusar, nenhum de vocês ganha. O que você deve fazer?

Como mais dinheiro significa mais utilidade, nossa teoria oferece uma resposta clara para essa pergunta. Você deve propor ficar com US$ 99 e dar ao estranho apenas US$ 1. Além disso, o desconhecido deve ficar feliz com a proposta, já que US$ 1 é mais do que tinha antes e mais do que teria se recusasse a oferta, ou seja, nada. O negócio é benéfico para ambas as partes.

Ainda assim, diante de uma oferta como essa, muitas pessoas tendem a hesitar porque a julgam injusta e muitos "desconhecidos" acabam recusando a proposta. Por quê? O desconhecido pode achar que, como vocês dois tiveram a inesperada chance de dividir US$ 100, uma divisão simples e justa seria dar a cada um US$ 50 ou algo perto disso. Talvez ele recuse a oferta de US$ 1 para ensinar-lhe que a avareza não é um comportamento adequado. Na verdade, se você acredita que ele se sentirá como descrevemos, talvez seja melhor aumentar a oferta. Quando praticada de forma experimental, o mais comum é que se ofereçam quantias entre US$ 67/US$ 33 e US$ 50/US$ 50 para as partes; essa ofertas normalmente são aceitas.

O jogo do ultimato mostra como o senso de justiça pode afetar as decisões econômicas. Não é nenhuma surpresa, portanto, que tal senso afete as negociações entre as empresas e seus trabalhadores. Uma empresa pode oferecer a determinado funcionário um salário acima do mercado porque os administradores acreditam que o trabalhador mereça ter um padrão de vida confortável ou porque desejam promover um ambiente de trabalho mais agradável. Por outro lado, os trabalhadores podem produzir menos se receberem um salário inferior ao que consideram justo.[30] (Na Seção 17.6, veremos que a estratégia de pagar salários superiores aos do mercado também pode ser explicada pela "teoria do salário-eficiência" dos mercados de trabalho, nos quais o senso de justiça não se aplica.) O senso de justiça também afeta a forma como as empresas fixam seus preços e explica por que algumas conseguem elevá-los com maior facilidade em resposta ao aumento nos custos do que no caso de crescimento da demanda.[31]

Felizmente, as questões relacionadas à justiça podem ser consideradas no modelo básico do comportamento do consumidor. Se os indivíduos de mudança para São Francisco julgarem injustos os elevados valores dos aluguéis cobrados nessa cidade, o valor máximo que estariam dispostos a pagar para alugarem um imóvel será menor. Se um número considerável de pessoas se sentir da mesma maneira, a redução na demanda fará com que os preços fiquem mais baixos. De modo semelhante, se um grupo considerável de trabalhadores considerar injusto o salário que recebem, haverá uma diminuição na oferta de trabalho e os salários aumentarão.

PRINCÍPIOS BÁSICOS E VIESES NA TOMADA DE DECISÕES

Muitas decisões econômicas (e cotidianas) podem ser bastante complexas, em especial se envolverem escolhas sobre questões sobre as quais temos pouca experiência. Em tais casos, as pessoas costumam recorrer a princípios básicos ou outros atalhos mentais que lhes

---

30 Para uma discussão geral sobre a economia comportamental e a teoria dos salários e emprego veja George A. Akerlof, "Behavioral Macroeconomics and Macroeconomic Behavior", *American Economic Review* 92, jun. 2002, p. 411-433.
31 Veja um exemplo em Julio J. Rotemberg, "Fair Pricing", NBER Working Paper No. W10915, 2004.

ajudem a tomar decisões. No exemplo da gorjeta, você tomou um atalho mental quando resolveu oferecer 15% do valor da conta. O uso de tais princípios básicos, entretanto, introduz um viés nos nossos processos de tomada de decisões econômicas — algo que o nosso modelo básico não permite.[32]

ANCORAGEM As regras mentais que usamos na tomada de decisões normalmente dependem tanto do contexto no qual a decisão é tomada quanto das informações das quais dispomos. Imagine, por exemplo, que você acabou de receber um pedido de doação de uma instituição de caridade local. Em vez de pedirem qualquer quantia, pedem que você escolha entre doar US$ 20, US$ 50, US$ 100, US$ 250 ou "outro" valor. A intenção dessa sugestão é induzi-lo a ancorar sua doação final. A **ancoragem** refere-se ao impacto que a sugestão de uma informação (relacionada ou não) pode ter na sua decisão final. Em vez de tentar decidir quanto exatamente irá doar — US$ 44,52, por exemplo — e tentar não parecer miserável, o indivíduo pode simplesmente optar por fazer um cheque no valor da próxima categoria — US$ 50. Uma pessoa que queira fazer somente uma doação simbólica de US$ 10 pode optar por doar a menor quantia estipulada, ou seja, US$ 20. Em ambos os casos, a ancoragem pode induzir as escolhas individuais a doações maiores. De modo semelhante, não é coincidência que tantas etiquetas de preço terminem com os dígitos 95 ou 99. Os "marqueteiros" entendem que os consumidores tendem a valorizar mais o primeiro dígito dos preços, e também pensam em termos de categorias de preço como "abaixo de US$ 20" ou "acima de US$ 20". Assim, para o consumidor, que pode não estar pensando com muito cuidado, US$ 19,95 parece muito mais barato que US$ 20,01.

ancoragem
Tendência a confiar excessivamente em uma informação previamente conhecida (sugerida) durante a tomada de decisões.

PRINCÍPIOS BÁSICOS Uma maneira comum de economizar esforços durante a tomada de decisões é ignorar informações aparentemente irrelevantes. Os produtos adquiridos pela Internet, por exemplo, normalmente envolvem custos com o frete. Embora não sejam altos, esses custos devem ser somados ao valor final do produto no momento da decisão de compra. Apesar disso, um estudo recente mostrou que os gastos com frete costumam ser ignorados por muitos consumidores durante a compra on-line. Suas decisões são viesadas, já que acham que os preços dos produtos são mais baixos do que realmente são.[33]

Embora depender dos princípios básicos possa introduzir vieses na tomada de decisões, é importante compreender que eles servem a um propósito útil. Com frequência, eles nos ajudam a economizar tempo e esforço e resultam em apenas poucos desvios relativamente à situação ideal. Portanto, esses princípios não devem ser de todo desconsiderados.

Os consumidores muitas vezes enfrentam incerteza ao tomar decisões, e não conhecem os conceitos básicos de probabilidade para tomá-las de forma ideal. (Considere a dificuldade envolvida, por exemplo, no cálculo da utilidade esperada.) Os consumidores frequentemente usam princípios básicos ao tomar decisões, mas às vezes esses princípios podem levar a fortes distorções.

A LEI DOS PEQUENOS NÚMEROS As pessoas às vezes caem em uma distorção chamada **lei dos pequenos números**: quando dispõem de poucas informações na memória recente, tendem a superestimar a probabilidade de determinados eventos ocorrerem. Os indivíduos tendem, por exemplo, a superestimar muito a possibilidade de eles mesmos ou alguém que conhecem morrer em um acidente de avião ou ganhar na loteria. Recorde o caso do jogador de roleta que apostou no preto após ver que havia dado vermelho três vezes seguidas: ele ignorou as leis da probabilidade.

lei dos pequenos números
Tendência em superestimar a probabilidade de que determinado evento irá ocorrer quando dispor de relativamente pouca informação.

As pesquisas mostram que quem investe na bolsa de valores geralmente está sujeito à distorção dos pequenos números, acreditando que altos retornos nos últimos anos provavelmente são seguidos por mais retornos altos nos próximos anos — contribuindo, assim, para o "efeito manada" discutido na seção anterior. Nesse caso, o investidor avalia o retorno

---

[32] Para uma introdução sobre esse assunto consulte Amos Tversky e Daniel Kahneman, "Judgement under Uncertainty: Heuristics and Biases", *Science* 185, set. 1974, p. 1124-1131.
[33] Tankim Hossain e John Morgan, "... Plus Shipping and Handling: Revenue (Non) Equivalence in Field Experiments on eBay", *Advances in Economic Analysis & Policy* 6: 2, 2006.

provável de investir observando o mercado por um curto período de tempo. Seria necessário, na verdade, estudar a bolsa de valores por várias décadas para estimar com precisão o retorno esperado em investimentos em ações. De modo semelhante, quando as pessoas avaliam a possibilidade do preço da moradia aumentar com base em dados de vários anos, os erros de percepção podem redundar em bolhas no valor dos imóveis.[34]

Embora os indivíduos possam ter conhecimento de algumas probabilidades reais (como as que envolvem o lançamento de uma moeda), complicações podem surgir quando as probabilidades são desconhecidas. Por exemplo, poucas pessoas têm noção da probabilidade de elas mesmos ou alguém que conhecem morrer em um acidente de avião ou carro. Nesses casos, formamos avaliações subjetivas da probabilidade de cada evento acontecer. Nossa estimativa das probabilidades subjetivas pode estar próxima das probabilidades reais, mas, em geral, não está.

A formação da probabilidade subjetiva nem sempre é uma tarefa fácil e as pessoas estão sujeitas a vários vieses ao longo do processo. Durante a avaliação da probabilidade de ocorrência de um evento, por exemplo, o contexto no qual a avaliação é feita pode ser muito importante. Se uma tragédia como um acidente aéreo aconteceu recentemente, muitas pessoas terão a tendência de superestimar a probabilidade de acontecer o mesmo com eles. De modo semelhante, quando a probabilidade de um evento é muito, muito pequena, muitas pessoas simplesmente ignoram tal possibilidade durante a tomada de decisões.

RESUMINDO

Aonde tudo isso nos leva? Deveríamos deixar de lado a tradicional teoria do consumidor discutida nos capítulos 3 e 4? De maneira alguma. Na verdade, a teoria básica que aprendemos até agora nos ajuda a entender e avaliar a demanda por parte do consumidor em muitas situações. Ela nos ajuda a avaliar e compreender as características da demanda do consumidor e nos permite prever o impacto que a alteração dos preços ou dos rendimentos pode causar sobre a demanda. Embora ela não explique todas as decisões do consumidor, esclarece muitas delas. A economia comportamental, uma área em desenvolvimento, tenta explicar e detalhar essas situações que não são bem explicadas pelo modelo básico da teoria do consumidor.

Se você continuar a estudar economia, notará muitos casos em que os modelos econômicos não são um reflexo perfeito da realidade. Os economistas precisam decidir com cuidado, caso a caso, quais características do mundo real devem incluir e quais premissas de simplificação devem fazer de modo que os modelos, para que sejam úteis, não sejam nem muito complicados de estudar nem muito simples.

EXEMPLO 5.10 OS TAXISTAS NOVA-IORQUINOS

A maioria dos taxistas dirige um veículo alugado, pertencente a uma empresa dona de uma frota de carros. Dessa maneira, mediante o pagamento de uma taxa diária, o condutor pode rodar quanto quiser durante um período de 12 horas. Assim como ocorre com muitos serviços, o negócio varia muito de um dia para o outro, conforme as condições do tempo, as paralisações do metrô, as férias e outros fatores. Como os taxistas reagem a essas variações, muitas delas geralmente imprevisíveis?

Em muitas cidades, as tarifas de táxi são fixadas por regulamentações e não mudam conforme o dia. No entanto, nos dias mais agitados os taxistas ganham uma remuneração maior por hora, pois não precisam gastar tanto tempo em busca de passageiros. Pelas previsões da teoria econômica tradicional, os motoristas trabalhariam mais horas nos dias atribulados do que nos dias parados; afinal, uma hora extra nos dias cheios lhes traria US$ 20, enquanto uma hora extra nos dias mortos lhes renderia apenas US$ 10. Será que a teoria tradicional explica o comportamento real dos taxistas?

---

[34] Ver Charles Himmelberg, Christopher Mayer e Todd Sinai, "Assessing High House Prices: Bubbles, Fundamentals, and Misperceptions", *Journal of Economic Perspectives* 19, 2005, p. 67-92.

Há pouco tempo, uma pesquisa analisou os registros de corridas de táxi na primavera de 1994, mantidos pelo Comitê de Limusines e Táxis de Nova York.[35] A taxa diária para alugar um táxi era de US$ 76 e a gasolina custava cerca de US$ 15 por dia. Para surpresa geral, os pesquisadores descobriram que a maioria dos taxistas rodava *mais* horas nos dias parados e *menos* horas nos dias agitados. Em outras palavras, havia uma *relação negativa* entre a remuneração horária efetiva e o número de horas trabalhadas a cada dia; quanto maior a remuneração, mais cedo os taxistas encerravam o expediente. A economia comportamental pode explicar esse resultado. Suponha que a maioria dos taxistas tenha uma meta de faturamento para cada dia. Na prática, essa meta serve como um ponto de referência. Estabelecer metas de faturamento diário faz sentido de uma perspectiva comportamental. Uma meta de faturamento propicia ao taxista uma regra de decisão simples, porque o taxista só precisa registrar as corridas do dia. Uma meta diária também ajuda a lidar com eventuais problemas de autocontrole; sem ela, o motorista ficaria tentado a deixar o batente cedo, só para escapar do aborrecimento do trabalho. Em 1994, aparentemente a meta era de US$ 150 por dia.

Outros estudos, entretanto, desafiam a explicação "comportamental" do comportamento. Outra pesquisa, também realizada em Nova York com os motoristas que alugavam seus táxis, observou que o modelo econômico tradicional oferece esclarecimentos importantes sobre o comportamento dos taxistas.[36] O estudo concluiu que a renda diária tinha pouca influência sobre a decisão do motorista sobre quando encerrar as corridas do dia. Tal decisão parecia estar baseada no número de horas trabalhadas no dia e não na busca do acúmulo de um valor específico.

O que logo poderá ser conhecido como "o grande debate sobre motoristas de táxi" não terminou aqui. Um estudo recente buscou explicar esses dois resultados aparentemente contraditórios. Reanalisando os mesmos registros de viagens de táxi, os autores descobriram que o modelo econômico tradicional consegue explicar a maioria das decisões diárias dos motoristas, mas que um modelo comportamental que leve em conta os pontos de referência de metas (para receita e horas) pode ser ainda melhor.[37] Se você estiver interessado em aprender mais sobre o setor de táxis, poderá examinar os exemplos nos capítulos 8, 9 e 15.

RESUMO

1. Consumidores e administradores frequentemente tomam decisões nas quais existe incerteza sobre o futuro. Tal incerteza é caracterizada pelo termo *risco*, nos casos em que cada um dos possíveis resultados e sua correspondente probabilidade são conhecidos.

2. Consumidores e investidores preocupam-se com o valor esperado e a variabilidade dos resultados incertos. O valor esperado é uma medida da tendência média do valor dos resultados de risco. A variabilidade é quase sempre medida pelo desvio padrão dos resultados, que é a raiz quadrada da média (ponderada pela probabilidade) dos quadrados dos desvios do valor esperado de cada possível resultado.

3. Quando se defronta com escolhas incertas, o consumidor maximiza sua utilidade esperada — uma média das utilidades associadas a cada resultado possível — ponderando-as com base em suas respectivas probabilidades.

4. Do indivíduo que prefere um retorno garantido de certo montante, em vez de um investimento de risco com o mesmo retorno esperado, diz-se que tem aversão ao risco. O montante máximo em dinheiro que uma pessoa que tem aversão ao risco pagaria para evitar ter de assumir determinado risco é chamado *prêmio de risco*. Aquele para o qual são indiferentes investimentos de risco e o recebimento garantido do retorno esperado para tal investimento é denominado neutro relativamente ao risco. O consumidor amante do risco preferiria um investimento de risco com dado retorno esperado ao recebimento garantido de tal montante esperado.

5. O risco pode ser minimizado por meio de: (a) diversificação, (b) aquisição de seguro e (c) obtenção de informações adicionais.

6. A *lei dos grandes números* possibilita às seguradoras oferecer seguros para os quais os prêmios pagos são

---

35 Colin Camerer, Linda Babcock, George Loewenstein e Richard Thaler, "Labor Supply of New York City Cabdrivers: One Day at a Time", *Quarterly Journal of Economics*, maio 1997, p. 404-441. Veja também Henry S. Farber, "Reference-Dependent Preferences and Labor Supply: The Case of New York City Taxi Drivers", *American Economic Review* 98, 2008, p. 1069-1082.

36 Henry S. Farber, "Is Tomorrow Another Day? The Labor Supply of New York City Cabdrivers", *Journal of Political Economy* 113, 2005, p. 46-82.

37 Veja Vincent P. Crawford e Juanjuan Meng, "New York City Cab Drivers' Labor Supply Revisited: Reference-Dependent Preferences with Rational-Expectations Targets for Hours and Income", *American Economic Review* 101, ago. 2011, p. 1912-1934.

iguais aos valores esperados dos prejuízos contra os quais tais seguros são feitos. Chamamos tais seguros de *atuarialmente justos*.

7. A teoria do consumidor pode ser aplicada à decisão de investimento em ativos de risco. A linha de orçamento reflete o preço do risco, enquanto as curvas de indiferença dos consumidores refletem as atitudes deles em relação ao risco.

8. O comportamento individual às vezes parece ser imprevisível, até mesmo irracional e contrário às premissas que estão por trás do modelo básico de escolha do consumidor. O estudo da economia comportamental enriquece a teoria do consumidor, considerando *pontos de referência*, *efeitos dotação*, *ancoragem*, considerações de justiça e divergências relativamente às leis da probabilidade.

QUESTÕES PARA REVISÃO

1. O que significa dizer que uma pessoa tem aversão ao risco? Por que algumas pessoas são mais propensas a não assumir riscos, enquanto outras são amantes do risco?
2. Por que a variância é uma medida melhor para a variabilidade do que a faixa de dispersão?
3. George tem US$ 5.000 para investir em um fundo mútuo. O retorno esperado do fundo A é de 15% e o do fundo B, 10%. Com qual George deve ficar?
4. O que significa para os consumidores a maximização da utilidade esperada? Você seria capaz de pensar em um caso no qual uma pessoa poderia *não* maximizar a utilidade esperada?
5. Por que frequentemente as pessoas desejam fazer seguro total contra situações incertas mesmo quando o prêmio pago excede o valor esperado da perda?
6. Por que razão uma seguradora provavelmente se comportaria como se fosse neutra diante de riscos, mesmo que seus administradores fossem pessoas com aversão ao risco?
7. Quando seria compensador pagar para obter informações adicionais a fim de reduzir a incerteza?
8. Como a diversificação da carteira de um investidor pode contribuir para evitar o risco?
9. Por que razão alguns investidores colocam grande parte de suas carteiras em ativos de risco, enquanto outros investem principalmente em alternativas isentas de risco? (*Dica*: será que os dois tipos de investidores obtêm exatamente o mesmo retorno em média? Por quê?)
10. O que é o efeito dotação? Dê um exemplo desse efeito.
11. Jennifer está fazendo compras e vê uma blusa bonita. Contudo, o preço de US$ 50 é mais do que ela está disposta a pagar. Algumas semanas depois, ela acha a mesma blusa à venda por US$ 25 e a compra. Quando uma amiga lhe oferece US$ 50 pela peça, ela se recusa a vendê-la. Explique o comportamento de Jennifer.

EXERCÍCIOS

1. Considere uma loteria com três possíveis resultados:
   - uma probabilidade de 0,2 para ganhar US$ 125;
   - uma probabilidade de 0,3 para ganhar US$ 100;
   - uma probabilidade de 0,5 para ganhar US$ 50.
   a. Qual é o valor esperado dessa loteria?
   b. Qual é a variância dos resultados dessa loteria?
   c. Quanto uma pessoa neutra relativamente a riscos pagaria para participar dessa loteria?

2. Suponha que você tenha investido em uma nova empresa norte-americana de computadores cuja lucratividade dependa de: (1) aprovação ou rejeição, por parte do Congresso dos Estados Unidos, de um imposto de importação que aumente o preço de venda dos computadores japoneses e (2) crescimento lento ou rápido da economia dos Estados Unidos. Quais seriam os quatro cenários (mutuamente exclusivos) com os quais você deveria se preocupar?

3. Richard está decidindo sobre a aquisição de um bilhete da loteria estatal. Cada bilhete custa US$ 1 e a probabilidade dos prêmios é apresentada na tabela a seguir:

Probabilidade	Retorno
0,5	US$ 0,00
0,25	US$ 1,00
0,2	US$ 2,00
0,05	US$ 7,50

a. Qual seria o valor esperado do payoff de Richard, caso ele adquirisse um bilhete de loteria? Qual seria a variância?
b. O apelido de Richard é "Rick-sem-Risco", pois ele tem extrema aversão ao risco. Será que ele adquiriria o bilhete?
c. Richard ganhou 1.000 bilhetes de loteria. Discuta como seria possível determinar o menor valor pelo qual ele estaria disposto a vender todos os bilhetes.
d. No longo prazo, levando em consideração o preço do bilhete de loteria e as informações da tabela sobre probabilidade/retorno, o que você imagina que o governo faria a respeito dessa loteria?

4. Suponha que um investidor esteja preocupado com uma escolha de investimentos envolvendo três alternativas possíveis, cujas respectivas probabilidades e retornos são os seguintes:

Probabilidade	Retorno
0,4	US$ 100
0,3	US$ 30
0,3	–US$ 30

Qual será o valor esperado do investimento incerto? Qual será sua variância?

5. Você é um corretor de seguros e deve preencher uma apólice para um novo cliente cujo nome é Sam. A empresa de Sam, a Sociedade de Alternativas Criativas para a Maionese (SACM), está trabalhando no desenvolvimento de um substituto para a maionese, contendo baixos teores de gordura e colesterol, que será fornecido à indústria de condimentos para sanduíches. Essa última pagaria altas somas em dólares para o primeiro que inventasse um substituto para a maionese. Para você, a SACM parece uma empresa de alto risco. Você já calculou os possíveis retornos de Sam e os apresentou na tabela a seguir:

Probabilidade	Retorno	Resultado
0,999	–US$ 1.000.000	(Sam vai à falência)
0,001	US$ 1.000.000.000	(Sam obtém sucesso e vende sua fórmula)

   a. Qual é o retorno esperado do projeto de Sam? Qual é sua variância?
   b. Qual seria o maior valor que Sam estaria disposto a pagar pelo seguro? Suponha que ele seja neutro relativamente aos riscos.
   c. Suponha que você tenha descoberto que os japoneses estão na iminência de lançar seu próprio substituto para a maionese já no próximo mês. Sam, que não dispõe dessa informação, acaba de recusar sua oferta final de US$ 1.000 para fazer o seguro. Caso Sam lhe dissesse que a SACM está apenas a seis meses da conclusão do projeto, você, conhecedor dos fatos relacionados aos japoneses, aumentaria ou reduziria o valor do prêmio da apólice em outra eventual proposta que viesse a fazer a ele? Baseando-se nas informações de que ele dispõe, Sam aceitaria sua proposta?

6. Suponha que a função utilidade de Natasha seja expressa por: $u(I) = \sqrt{10I}$, na qual I representa sua renda anual em milhares de dólares.
   a. Será que Natasha é amante, neutra ou avessa ao risco? Explique.
   b. Suponha que Natasha atualmente esteja recebendo uma renda de US$ 40.000 ($I = 40$), podendo decerto obter a mesma renda no ano que vem. Ela recebe, então, uma oferta para um novo emprego com uma probabilidade de 0,6 de rendimentos de US$ 44.000 e uma probabilidade de 0,4 de rendimentos de US$ 33.000. Ela deveria aceitar o novo emprego?
   c. Na alternativa (b), Natasha estaria disposta a adquirir um seguro para poder se proteger contra a renda variável associada ao novo emprego? Em caso afirmativo, qual valor estaria disposta a pagar por tal seguro? (*Dica*: qual é o prêmio de risco?)

7. Suponha que dois investimentos têm a mesma remuneração, mas a probabilidade associada a cada remuneração difere, como ilustrado na tabela a seguir:

Retorno	Probabilidade (investimento A)	Probabilidade (investimento B)
US$ 300	0,10	0,30
US$ 250	0,80	0,40
US$ 200	0,10	0,30

   a. Calcule o retorno esperado e o desvio padrão de cada investimento.
   b. Jill tem a função utilidade $U = 5I$, onde I indica o retorno. Qual investimento ela escolherá?
   c. Ken tem a função utilidade $U = 5\sqrt{I}$. Qual investimento ele escolherá?
   d. Laura tem a função utilidade $U = 5I^2$. Qual investimento ela escolherá?

8. Na qualidade de proprietário de uma fazenda familiar cujo capital atual é de US$ 250.000, você precisa optar entre: ficar fora da atual safra e investir os rendimentos do último ano (US$ 200.000) em um fundo de mercado seguro que paga 5,0%; ou plantar milho. Plantar lhe custará US$ 200.000 e a colheita só poderá ser feita após seis meses. Se houver chuva, a colheita lhe renderá US$ 500.000; se houver seca, seus rendimentos serão de US$ 50.000. Como terceira opção, você pode comprar o milho resistente à seca da AgriCorp, que custa US$ 250.000 e rende US$ 500.000 quando chove, ou US$ 350.000 na seca. Você é avesso ao risco, e sua preferência quanto à riqueza familiar, W, é dada pela relação $U(W) = \sqrt{W}$. A probabilidade de uma seca é de 0,30 e a de chuva, 0,70.

Qual das três alternativas você escolheria? Explique.

9. Desenhe uma função utilidade sobre a renda $u(I)$ capaz de satisfazer a condição de que determinado consumidor seja amante do risco quando sua renda é baixa, porém, torna-se avesso ao risco quando sua renda é alta. Você poderia explicar por que tal função utilidade seria capaz de descrever razoavelmente bem as preferências de uma pessoa?

10. Um município está estudando quanto gastar na contratação de funcionários para monitorar seus parquímetros. As seguintes informações encontram-se à disposição do administrador municipal:

    - A contratação de cada monitor custa US$ 10.000 por ano.
    - Havendo uma pessoa contratada para o monitoramento, a probabilidade de um motorista ser multado cada vez que estacione ilegalmente é igual a 0,25.
    - Havendo dois monitores, a probabilidade é de 0,5; se forem três, a probabilidade passa para 0,75; e se forem quatro pessoas contratadas, a probabilidade é igual a 1.
    - Havendo dois monitores contratados, a multa cobrada por estacionamento além do tempo permitido é de US$ 20.

    a. Suponha que todos os motoristas sejam neutros relativamente ao risco. Qual a multa que você estabeleceria para o estacionamento ilegal e quantas pessoas contrataria para o monitoramento (1, 2, 3 ou 4) a fim de, com o mínimo custo, poder atingir os atuais níveis de desencorajamento ao estacionamento ilegal?

    b. Agora suponha que os motoristas sejam substancialmente avessos ao risco. Como você modificaria sua resposta para a questão (a)?

    c. (Para discussão.) O que ocorreria se os motoristas pudessem fazer seguro contra o risco de multa por estacionamento ilegal? Seria de interesse público a autorização para que houvesse tal modalidade de seguro?

11. Um investidor moderadamente avesso a risco tem 50% de sua carteira investida em ações e 50% em letras do Tesouro Nacional que, como sabemos, não apresentam risco. Mostre como cada um dos seguintes fatos afetará a linha de orçamento do investidor, assim como a proporção de ações de sua carteira:

    a. O desvio padrão do retorno sobre o mercado de ações aumenta, mas o retorno esperado das ações permanece o mesmo.

    b. O retorno esperado sobre o mercado de ações aumenta, mas o desvio padrão do retorno esperado das ações permanece o mesmo.

    c. O retorno das letras do Tesouro Nacional livres de risco aumenta.

12. Suponha que haja dois tipos de consumidores de livro eletrônico (*e-book*): 100 consumidores "padrão", com demanda $Q = 20 - P$, e 100 consumidores do tipo "princípio básico", que compram 10 *e-books* somente se o preço for menor que US$ 10. (Sua curva de demanda é dada por $Q = 10$ se $P < 10$ e $Q = 0$ se $P \geq 10$.) Desenhe a curva de demanda total resultante para *e-books*. Como o comportamento "princípio básico" afetou a elasticidade da demanda total por *e-books*?

CAPÍTULO 6

Produção

ESTE CAPÍTULO DESTACA

- **6.1** As empresas e suas decisões de produção 192
- **6.2** Produção com um insumo variável (trabalho) 196
- **6.3** Produção com dois insumos variáveis 206
- **6.4** Rendimentos de escala 213

LISTA DE EXEMPLOS

- **6.1** Uma função de produção para a saúde 201
- **6.2** Malthus e a crise de alimentos 203
- **6.3** Produtividade do trabalho e padrão de vida 204
- **6.4** Uma função de produção para o trigo 211
- **6.5** Rendimentos de escala na indústria de tapetes 215

Nos últimos três capítulos enfocamos o *lado da demanda* do mercado — as preferências e o comportamento dos consumidores. Agora, voltamo-nos para o *lado da oferta*, examinando o comportamento dos produtores. Veremos o modo pelo qual as empresas organizam eficientemente a produção e como os custos de produção variam à medida que ocorrem alterações nos preços dos insumos e nos níveis de produção. Veremos também que há grandes semelhanças entre as decisões de otimização por parte das empresas e por parte dos consumidores. Em outras palavras, a compreensão do comportamento do consumidor vai nos ajudar a entender o comportamento do produtor.

Neste capítulo e no próximo examinaremos a **teoria da firma**, que mostra como uma empresa toma decisões de produção com base na minimização dos custos e como eles variam com o volume produzido. O conhecimento da teoria da produção e do custo ajudará a entender as características da oferta de mercado. A teoria da produção e do custo é de importância fundamental também para a administração econômica da empresa. Pense em alguns dos problemas com os quais uma empresa como a General Motors muitas vezes se defronta. Quantos equipamentos e quanta mão de obra na linha de montagem deverão ser empregados em novas fábricas de automóveis? Caso a empresa queira aumentar a produção, será que deveria contratar mais trabalhadores, construir novas fábricas, ou ambos? Será mais lógico que determinada fábrica de automóveis produza diferentes modelos ou que cada modelo seja produzido em uma fábrica separada? Quais os custos que a GM deveria esperar para o próximo ano? De que forma tais custos poderiam variar ao longo do tempo e como poderiam ser influenciados pelo nível de produção? Questões como essas não se aplicam apenas a empresas privadas, mas também a outros produtores de bens e serviços, como órgãos governamentais e organizações sem fins lucrativos.

As decisões empresariais sobre a produção

Nos capítulos 3 e 4, para estudar o comportamento do consumidor nós o dividimos em três etapas. Primeiro, explicamos como descrever as preferências do consumidor. Segundo, consideramos o fato de que os consumidores possuem restrições orçamentárias. Em seguida, vimos como, dadas as preferências e as restrições orçamentárias, eles podem escolher combinações de bens para maximizar sua satisfação. As decisões das empresas sobre a produção são semelhantes às dos consumidores sobre a compra de bens e, da mesma maneira, podem ser entendidas em três etapas:

1. **Tecnologia de produção:** precisamos de um modo prático de descrever como os *insumos* (trabalho, capital e matérias-primas, por exemplo) podem ser transformados em *produção* (como carros e televisores). Assim como o consumidor pode alcançar determinado nível de satisfação comprando diferentes combinações de bens, uma empresa pode gerar determinado nível de produção usando diferentes combinações de insumos. Um fabricante de eletrônicos, por exemplo, pode produzir 10 mil televisores por mês empregando substancial quantidade de mão de obra (se os funcionários montarem os aparelhos à mão, por exemplo) e muito pouco capital, ou construindo uma fábrica capital intensiva, totalmente automatizada, e usando pouquíssima mão de obra.

2. **Restrições de custo:** as empresas precisam levar em conta o *preço* do trabalho, do capital e de outros insumos. Assim como o consumidor está sujeito a um orçamento limitado, a empresa terá de se preocupar com o custo de produção. Uma fábrica que produza, por exemplo, 10 mil televisores por mês vai querer fazê-lo de forma que minimize o custo total de produção, o qual é determinado em parte pelo preço dos insumos utilizados.

3. **Escolha de insumos:** dada a tecnologia de produção, o preço do trabalho e outros insumos, a empresa necessita escolher *quanto de cada insumo* vai usar em seu processo produtivo. Assim como o consumidor leva em conta o preço dos diferentes bens ao decidir a quantidade de cada um que será comprada, a empresa precisa levar em conta o preço dos diferentes insumos ao decidir a quantidade de cada um que será usada. Se nossa fábrica de eletrônicos opera em um país com baixos níveis salariais, talvez opte por produzir televisores usando muito trabalho e pouco capital.

teoria da firma
Explicação sobre como as empresas tomam decisões de minimização de custos e como esses custos variam com a produção.

Essas três etapas, que formam os alicerces da teoria da firma, serão discutidas em detalhes neste capítulo e no próximo. Também abordaremos outros aspectos importantes do comportamento da empresa. Por exemplo, supondo que a firma está sempre usando uma combinação de insumos que minimiza o custo, veremos como o custo total da produção varia conforme a quantidade produzida e como se pode escolher a quantidade que maximizará os seus lucros.

Começamos este capítulo discutindo a natureza da firma e perguntando as razões da existência das empresas. Em seguida, vamos mostrar como a tecnologia de produção da empresa pode ser representada na forma de uma *função de produção* — uma descrição resumida de como os insumos se transformam em produtos. Em seguida, usamos a função de produção para mostrar como a produção muda quando somente um dos insumos (trabalho) varia, mantendo-se fixos os demais insumos. Depois, passamos ao caso mais geral, no qual a empresa pode variar todos os seus insumos, e mostramos como ela escolhe uma combinação que minimiza os custos. Em particular, vamos prestar atenção à *escala* de operação da empresa. Será que há, por exemplo, vantagens tecnológicas capazes de tornar a empresa mais produtiva à medida que sua escala aumenta?

6.1 As empresas e suas decisões de produção

As empresas, conforme as conhecemos hoje, são uma invenção relativamente nova. Na primeira metade do século XIX, quase toda a produção era feita pelos agricultores, artesãos, indivíduos que fabricavam tecidos e roupas, e comerciantes que compravam e vendiam diversas mercadorias. Isso acontecia nos Estados Unidos, Europa e em todas as partes do mundo. O conceito de uma firma — dirigida por administradores que não são os proprietários, e que contratam e administram um grande número de trabalhadores — nem sequer existia. As modernas corporações surgiram somente no final do século XIX.[1]

Hoje, aceitamos as empresas como algo comum. É difícil para nós imaginar a produção de automóveis sem grandes montadoras como a Ford e a Toyota, a produção de petróleo e gás natural sem empresas como a Petrobrás e a Shell, ou mesmo a produção de cereais matinais sem companhias como a Kellogg e a General Mills. Pare por um instante e pense se de fato precisamos de empresas para produzir os bens e serviços que consumimos regularmente. Essa foi a pergunta levantada por Ronald Coase em um famoso artigo de 1937: se os mercados trabalham tão bem na alocação de recursos, por que precisamos de empresas?[2]

Por que existem empresas?

Será que precisamos mesmo de empresas para produzir carros? Por que os carros não poderiam ser fabricados por um grupo de indivíduos trabalhando independentemente e contratados entre si quando fosse apropriado, em vez de serem empregados da Chevrolet, por exemplo? Algumas pessoas não poderiam projetar um carro (por certo valor), outras comprariam o aço, alugariam o equipamento necessário para moldar o aço nas formas exigidas pelo projeto e depois fazer a moldagem (também por valores negociados), outras pessoas fariam as rodas e radiadores, ainda alguns montariam as diversas peças, e assim por diante, onde, novamente, cada tarefa seria realizada por um valor negociado?

Ou então pense em outro exemplo: nós — autores deste livro — trabalhamos para universidades, que são basicamente empresas que oferecem serviços de educação junto com pesquisa. Recebemos salários mensais e, em troca, devemos ensinar regularmente (para alunos recrutados por nossas "empresas" e em salas de aula que as "empresas" oferecem), realizar pesquisa e escrever (nos escritórios que nossas "empresas" nos dão) e executar tarefas administrativas. Não poderíamos simplesmente evitar as universidades e oferecer nossos serviços de ensino com pagamento por hora em salas alugadas para alunos que aparecem e nos pagam e, de modo semelhante, realizar pesquisa com base em um preço pago de acordo com a realização do trabalho? Precisamos mesmo de escolas e universidades, com todos os seus custos adicionais?

Em princípio, carros poderiam realmente ser produzidos por uma grande quantidade de trabalhadores independentes, e uma educação poderia ser ofertada por diversos professores independentes. Esses trabalhadores ofereceriam seus serviços por valores negociados, e esses valores seriam determinados pela oferta e demanda do mercado. Porém, não levaria muito tempo para notar que tal sistema de produção seria extremamente ineficaz. Pense em como seria difícil para os trabalhadores independentes decidirem quem fará o que para produzir carros, e para negociar os valores que cada um cobrará por tarefa. E se houvesse qualquer mudança no projeto do carro, todas essas tarefas e valores teriam que ser renegociados. Para os carros produzidos dessa forma, a qualidade provavelmente seria péssima, e o custo astronômico.

As empresas oferecem um meio de *coordenação* de extrema importância, cuja falta seria muito sentida se os trabalhadores operassem de modo independente. As empresas eliminam a necessidade de que cada trabalhador negocie cada tarefa que realizará e os preços a serem pagos por essas tarefas. As empresas podem evitar esse tipo de negociação por meio de administradores que *direcionam a produção de trabalhadores assalariados* — eles dizem aos trabalhadores o que e quando fazer, e os trabalhadores (bem como os próprios administradores) simplesmente recebem seus salários mensais ou semanais.

---

1 Para entender a história clássica do desenvolvimento da corporação moderna, consulte Alfred Chandler, Jr., *The Visible Hand: The Managerial Revolution in American Business*, Cambridge: Harvard University Press, 1977.

2 Ronald Coase, "The Nature of the Firm", *Economica* v. 4, 1937, p. 386-405. Coase ganhou o Prêmio Nobel de Economia em 1991.

É claro que não há garantias de que uma empresa operará de modo eficiente, e há muitos exemplos de firmas que são ineficientes. Os administradores nem sempre podem monitorar o que os trabalhadores estão fazendo, e os próprios administradores às vezes tomam decisões que são do seu interesse, contrariando o melhor interesse da empresa. Como resultado, a teoria da firma (e, de modo geral, a *economia organizacional*) tornou-se uma área importante da pesquisa microeconômica. A teoria tem aspectos positivos (explicando por que administradores e trabalhadores se comportam de determinada maneira) e aspectos normativos (explicando como as firmas podem ser mais bem organizadas, de modo que operem da forma mais eficiente possível).[3] Discutiremos alguns aspectos da teoria mais adiante neste livro. Neste ponto, enfatizamos apenas que as empresas existem porque permitem que bens e serviços sejam produzidos de uma forma mais eficiente do que sem elas.

A TECNOLOGIA DE PRODUÇÃO

O que as empresas fazem? Vimos que elas organizam e coordenam as atividades de grandes quantidades de trabalhadores e administradores. Mas para que finalidade? No nível mais fundamental, elas adquirem *insumos* e os transformam em *produtos*. Esse processo produtivo, transformar insumos em produtos, é a essência do que uma empresa faz. Os insumos, que também são chamados **fatores de produção**, são tudo aquilo que a empresa utiliza no processo produtivo. Em uma padaria, por exemplo, os insumos incluem o trabalho de seus empregados; matérias-primas, como farinha e açúcar; e o capital investido nos fornos, bateideiras e em outros equipamentos necessários à produção de pães, bolos e confeitos.

fatores de produção

Insumos que entram no processo produtivo (por exemplo, trabalho, capital e matérias-primas).

Como se vê, podemos dividir os insumos em amplas categorias gerais de *trabalho, matérias-primas* e *capital*, podendo cada uma delas incluir subdivisões mais limitadas. O trabalho abrange os trabalhadores especializados (carpinteiros, engenheiros) e os não especializados (trabalhadores agrícolas), bem como os esforços empreendedores dos administradores da empresa. As matérias-primas incluem o aço, o plástico, a eletricidade, a água e quaisquer outros materiais que a empresa adquira e transforme em um produto final. O capital inclui o terreno, as instalações, o maquinário e outros equipamentos, bem como os estoques.

A FUNÇÃO DE PRODUÇÃO

As empresas podem transformar os insumos em produtos de várias maneiras, usando várias combinações de mão de obra, matérias-primas e capital. Podemos descrever a relação entre os insumos do processo produtivo e o produto resultante como uma *função de produção*. Uma **função de produção** indica o produto máximo (volume de produção), q, que uma empresa produz para cada combinação específica de insumos.[4] Embora na prática as empresas usem inúmeros insumos, para simplificar nossa análise, vamos nos concentrar em apenas dois insumos: o trabalho, L (labor), e o capital, K. Podemos então escrever a expressão da função de produção como

função de produção

Função que mostra o produto (ou produção) máximo que uma empresa pode obter para cada combinação específica de insumos.

$$q = F(K, L) \qquad (6.1)$$

Essa equação nos diz que a quantidade de produto depende da quantidade de dois insumos, capital e trabalho. Por exemplo, a função de produção poderia descrever o número de computadores pessoais que seriam produzidos a cada ano por uma empresa que possui uma fábrica com mil metros quadrados e determinado número de operários na linha de montagem. Ou poderia descrever a colheita que um agricultor pode obter com determinada quantidade de equipamentos e trabalhadores.

---

3 A literatura sobre a teoria da firma é muito vasta. Um dos livros clássicos é Oliver Williamson, *Markets and Hierarchies: Analysis and Antitrust Implications*, New York: Free Press, 1975. (Como reconhecimento pelo seu trabalho acadêmico, Williamson recebeu o Prêmio Nobel de Economia em 2009.)

4 Neste capítulo e nos seguintes, usaremos a variável q para o produto da empresa e a variável Q para o produto do setor.

É importante ter em mente que os insumos e produtos são *fluxos*. Assim, por exemplo, nosso fabricante de computadores pessoais emprega certa quantidade de trabalho *por ano* para produzir determinado número de máquinas naquele ano. Embora ele seja dono da fábrica e das máquinas, podemos pensar que paga certo montante anual pelo uso disso tudo. Para simplificarmos, ignoraremos muitas vezes as referências ao tempo, mencionando apenas as quantidades de trabalho, capital e produto. A menos que seja expressamente indicado, entretanto, estaremos nos referindo sempre a quantidades de trabalho e de capital usados a cada ano e o produto anual.

Como a função de produção permite que os insumos sejam combinados em proporções variadas, o produto pode ser gerado de diversas maneiras. Na Equação 6.1, isso pode significar empregar mais capital e menos trabalho, ou vice-versa. Por exemplo, o vinho pode ser produzido de modo intensivo em trabalho, empregando muitas pessoas, ou, então, de modo intensivo em capital, ou seja, usando muitas máquinas e poucos trabalhadores.

Observe que a Equação 6.1 aplica-se a uma *dada tecnologia*, isto é, um determinado grau de conhecimento a respeito dos diversos métodos que poderiam ser utilizados para transformar insumos em produtos. À medida que a tecnologia se torna mais avançada e a função de produção se modifica, uma empresa pode passar a obter maior volume de produção dado o mesmo conjunto de insumos. Por exemplo, uma nova linha de montagem mais rápida poderia permitir que um fabricante de hardware produzisse mais computadores de alta velocidade em um determinado período.

As funções de produção descrevem o que é *tecnicamente viável* quando a empresa opera *eficientemente*, ou seja, quando utiliza cada combinação de insumos da forma mais eficaz possível. A suposição de que a produção seja sempre tecnicamente eficiente nem sempre é válida, porém, é razoável esperar que as empresas que busquem lucros não desperdicem recursos.

CURTO PRAZO *VERSUS* LONGO PRAZO

Ajustar os insumos à produção, dosando diferentes quantidades de trabalho e capital, não é um processo rápido. Uma nova fábrica precisa ser planejada e construída; máquinas e outros equipamentos básicos precisam ser encomendados e produzidos. Tais atividades podem demorar um ano ou mais para ser completadas. Portanto, se temos por referência as decisões de produção em um curto período, como um mês ou dois, é provável que a empresa não seja capaz de substituir muito trabalho por capital.

Como as empresas têm de considerar se os insumos podem ser substituídos uns pelos outros, e, nos casos em que isso pode ocorrer, quanto tempo é necessário para a substituição, é importante distinguir entre curto e longo prazos quando analisamos a produção. **Curto prazo** refere-se ao período no qual a quantidade de um ou mais fatores de produção não pode ser modificada. Em outras palavras, no curto prazo há sempre pelo menos um fator que não pode ser modificado; esse fator é, por isso, denominado **insumo fixo**. O **longo prazo** corresponde ao período necessário para tornar variáveis *todos* os insumos.

Como é de se esperar, os tipos de decisão que as empresas podem tomar são muito diferentes no curto e no longo prazos. No curto prazo, as empresas podem variar a intensidade de utilização de determinada fábrica e equipamentos; no longo prazo, as empresas podem modificar o tamanho das fábricas. Todos os insumos fixos no curto prazo correspondem aos resultados de decisões anteriores de longo prazo baseadas em estimativas das empresas daquilo que poderiam produzir e vender com lucro.

Não há um período específico, por exemplo, um ano, que separe o curto prazo do longo prazo. Em vez disso, é necessário que se faça distinção entre eles caso a caso. Por exemplo, o longo prazo pode ser tão curto quanto um dia ou dois, no caso de um balcão para uma criança vender limonada, e tão longo quanto cinco ou dez anos, no caso de um fabricante de produtos petroquímicos ou de uma indústria automobilística.

curto prazo

Período em que a quantidade de um ou mais fatores de produção não pode ser modificada.

insumo fixo

Fator de produção que não pode variar.

longo prazo

Tempo necessário para que todos os insumos de produção possam se tornar variáveis.

Veremos que, no longo prazo, as empresas podem variar a quantidade de todos os insumos a fim de minimizar o custo de produção. Antes de abordarmos esse caso geral, porém, vamos começar com uma análise de curto prazo, na qual somente um insumo do processo produtivo pode variar. Vamos, pois, pressupor que o capital seja o insumo fixo, e o trabalho, o variável.

6.2 Produção com um insumo variável (trabalho)

Quando uma empresa tem de decidir quanto vai adquirir de determinado insumo, ela tem de comparar o custo com o benefício que obterá. Às vezes, é interessante olhar para o benefício e o custo de um ponto de vista *incremental*, procurando saber qual seria o produto adicional que resultaria de certo incremento do insumo. Outras vezes, vem a ser mais interessante fazer comparações na *média*, considerando o resultado de um aumento substancial do insumo. Analisaremos os benefícios e os custos de ambos os modos.

Quando o capital é fixo, mas o trabalho é variável, o único jeito de a empresa aumentar a produção é aumentando o insumo trabalho. Imagine, por exemplo, que você esteja administrando uma fábrica de roupas. Embora disponha de determinada quantidade de equipamentos, você poderia contratar mais ou menos trabalho para operar as máquinas. Você tem de tomar uma decisão sobre a quantidade de trabalho que contratará e a quantidade de roupas que produzirá. Para tomar essa decisão, necessitará saber de que forma o volume de produção, q, aumenta (se é que aumenta) à medida que o insumo trabalho, L, cresce.

A Tabela 6.1 contém essas informações. As primeiras três colunas apresentam o volume de produto que pode ser produzido em um mês com diferentes quantidades de trabalho e mantendo-se o capital fixo em 10 unidades. A primeira coluna apresenta a quantidade de trabalho, a segunda coluna indica a quantidade fixa de capital e a terceira mostra o volume de produção obtido. Quando o insumo trabalho é zero, o volume de produção também é zero. Dessa forma, o volume de produção eleva-se à medida que o trabalho aumenta para um insumo de até 8 unidades. Além de tal ponto, o produto total diminui: enquanto de início cada unidade de trabalho é capaz de obter uma vantagem cada vez maior do equipamento e de instalações disponíveis, após determinado ponto, quantidades adicionais de trabalho não são mais úteis e podem ser contraproducentes. Cinco pessoas podem operar uma linha de montagem melhor do que duas, porém dez pessoas podem tropeçar umas nas outras.

TABELA 6.1	Produção com um insumo variável			
Quantidade de trabalho (L)	Quantidade de capital (K)	Produto total (q)	Produto médio (q/L)	Produto marginal ($\Delta q/\Delta L$)
0	10	0	—	—
1	10	10	10	10
2	10	30	15	20
3	10	60	20	30
4	10	80	20	20
5	10	95	19	15
6	10	108	18	13
7	10	112	16	4
8	10	112	14	0
9	10	108	12	−4
10	10	100	10	−8

Produto médio e produto marginal

A contribuição do trabalho ao processo produtivo poderia ser descrita em uma base *média* e uma *marginal* (ou incremental) do trabalho. A quarta coluna da Tabela 6.1 apresenta o **produto médio** do trabalho (PM_L), o qual é o produto por unidade de insumo trabalho. O produto médio é calculado pela divisão do produto total, q, pela quantidade total de insumo trabalho, L. O produto médio do trabalho mede a produtividade da força de trabalho da empresa, em termos de quantos produtos cada unidade de trabalho produz em média. Em nosso exemplo, o produto médio aumenta inicialmente, porém, passa a cair quando o insumo trabalho se torna superior a quatro.

A quinta coluna da Tabela 6.1 apresenta o **produto marginal** do trabalho (PMg_L). Produto marginal do trabalho é o volume de produção *adicional* gerado ao acrescentar 1 unidade de insumo trabalho. Por exemplo, com o capital fixo em 10 unidades, quando o insumo trabalho aumenta de 2 para 3, o produto total é elevado de 30 para 60, ocasionando um volume adicional de produção igual a 30 unidades (60 − 30). O produto marginal do trabalho pode ser expresso como $\Delta q/\Delta L$, isto é, a variação no volume de produção, Δq, resultante do aumento de uma unidade no insumo trabalho, ΔL.

Lembre-se de que o produto marginal do trabalho depende da quantidade de capital empregado. Se o insumo capital aumentar de 10 para 20, por exemplo, é bastante provável que o produto marginal do trabalho aumente. Por quê? Isso ocorre porque os trabalhadores adicionais possivelmente serão mais produtivos se tiverem mais capital para utilizar. Da mesma forma que o produto médio, o produto marginal inicialmente aumenta, depois diminui — nesse caso, após a terceira unidade de trabalho.

Resumindo, temos:

Produto médio do trabalho = Produto total/insumo trabalho = q/L

Produto marginal do trabalho = Variação do produto total/variação do insumo trabalho = $\Delta q/\Delta L$

produto médio
Produto por unidade de determinado insumo.

produto marginal
Produto adicional obtido quando se acrescenta uma unidade de insumo.

As inclinações da curva de produto

A Figura 6.1 apresenta graficamente as informações contidas na Tabela 6.1. (Interligamos todos os pontos da figura com linhas cheias.) A Figura 6.1(a) mostra que o volume de produção aumenta até atingir o valor máximo de 112; após esse ponto, apresenta diminuição. Essa parte da curva de produto total encontra-se tracejada, indicando que produzir com mais que oito trabalhadores não é economicamente racional; nunca pode ser lucrativo utilizar quantidades adicionais de um insumo custoso para gerar uma produção *menor*.

A Figura 6.1(b) apresenta as curvas de produto médio e de produto marginal. (As unidades do eixo vertical foram trocadas, de produção mensal para produção mensal por trabalhador.) Observe que o produto marginal é sempre positivo quando o volume de produção é crescente, sendo negativo quando o volume de produção é decrescente.

Não é mera coincidência o fato de a curva de produto marginal cruzar o eixo horizontal do gráfico exatamente no ponto correspondente ao volume máximo de produção. Isso ocorre porque o acréscimo de mais um trabalhador na linha de produção, tornando-a mais lenta e ocasionando um real decréscimo no produto total, implica um produto marginal negativo para tal trabalhador.

As curvas de produto médio e de produto marginal estão estritamente relacionadas. *Quando o produto marginal é maior do que o produto médio, o produto médio é crescente.* Esse é o caso que ocorre entre os volumes de produção de 1 a 4 unidades de trabalho na Figura 6.1(b). Se o produto de um trabalhador adicional é maior do que o produto médio de cada um dos trabalhadores existentes (isto é, se o produto marginal é maior do que o produto médio), quando se acrescenta esse trabalhador, o produto médio aumenta. Na Tabela 6.1, dois trabalhadores produzem 30 unidades de produto, o que resulta em um produto médio de 15 unidades por trabalhador. Adicionar um terceiro trabalhador faz com que o produto aumente em 30 unidades (ou seja, para 60), de tal modo que o produto médio cresce de 15 para 20.

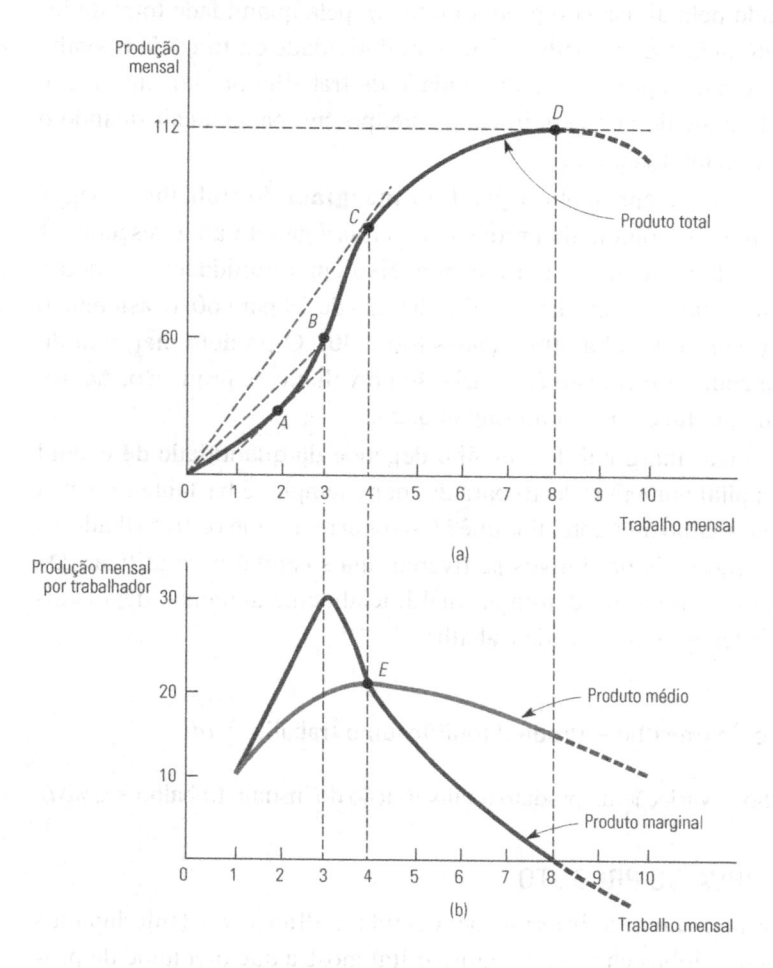

FIGURA 6.1   PRODUÇÃO COM UM INSUMO VARIÁVEL

A curva de produção total mostrada em (a) mostra os volumes de produção correspondentes a diferentes quantidades do insumo trabalho. Os produtos médio e marginal em (b) são obtidos diretamente da curva de produção (usando os dados da Tabela 6.1). No ponto A em (a), o produto marginal é 20, pois a tangente da curva de produção tem inclinação igual a 20. No ponto B em (a), o produto médio do trabalho é 20, pois essa é a inclinação da linha 0C. O produto médio do trabalho no ponto C em (a) é dado pela inclinação da linha 0C. À esquerda do ponto E em (b), o produto marginal está acima do produto médio, que está crescendo, enquanto à direita do ponto E o produto marginal está abaixo do produto médio, que está decrescendo. Como resultado, E representa o ponto em que os produtos médio e marginal são iguais, quando o produto médio alcança seu máximo.

Da mesma maneira, *quando o produto marginal é menor do que o produto médio, o produto médio é decrescente*. É o que ocorre quando o insumo trabalho é maior que 4 na Figura 6.1(b). Segundo a Tabela 6.1, seis trabalhadores produzem 108 unidades de produto, de tal modo que o produto médio é 18. Um sétimo trabalhador apresenta um produto marginal de apenas 4 (menos do que o produto médio), o que reduz o produto médio para 16.

Vimos que o produto marginal está acima do produto médio quando este é crescente, e abaixo do produto médio quando este é decrescente. Deduzimos, pois, que o produto marginal dever ser igual ao produto médio quando este atingir seu valor máximo. Tal fato ocorre no ponto *E* da Figura 6.1(b).

Por que, na prática, devemos esperar que a curva de produto marginal seja crescente primeiro para depois se tornar decrescente? Pensemos em uma fábrica de montagem de televisores. Menos de 10 trabalhadores seria insuficiente para fazer funcionar a sua linha de montagem. Entre 10 e 15 trabalhadores poderiam fazê-la funcionar, mas não de um modo muito eficiente. A adição de alguns trabalhadores poderia fazer com que a linha de montagem operasse de um modo muito mais eficiente, portanto, o produto marginal deles seria muito alto. Essa eficiência adicional começaria a diminuir quando a fábrica tivesse mais de 20 trabalhadores. O produto marginal do vigésimo segundo trabalhador, por exemplo, poderia ainda ser bem alto (maior do que o produto médio), mas não tão alto quanto o produto marginal do décimo nono ou do vigésimo. O produto marginal do vigésimo quinto seria ainda menor, igualando-se talvez ao produto médio. Com 30 operários, a adição de um trabalhador geraria mais produto, mas não muito (de maneira que o produto marginal, embora positivo, seria menor do que o produto médio). Uma vez que a fábrica tivesse mais de 40 trabalhadores, cada empregado adicional tropeçaria nos demais e contribuiria para reduzir o produto total (de maneira que o produto marginal seria negativo).

O PRODUTO MÉDIO DA CURVA DE TRABALHO

A relação geométrica entre a curva de produto total e as curvas de produto médio e de produto marginal é apresentada na Figura 6.1(a). O produto médio do trabalho é o produto total dividido pela quantidade total do insumo trabalho. Por exemplo, no ponto *B*, o produto médio é igual ao produto de 60 dividido pela quantidade de insumo trabalho de 3, ou seja, 20 unidades de produto por unidade de insumo trabalho. No entanto, isso corresponde à inclinação da linha que vai da origem até o ponto *B* da Figura 6.1(a). Em geral, *o produto médio do trabalho é dado pela inclinação da linha traçada do ponto de origem ao ponto correspondente à curva do produto total.*

O PRODUTO MARGINAL DA CURVA DE TRABALHO

Como vimos, o produto marginal do trabalho é a variação do produto total resultante do aumento de uma unidade de trabalho. Por exemplo, no ponto *A*, o produto marginal é 20, porque nele a tangente da curva de produto total tem inclinação igual a 20. Em geral, *o produto marginal do trabalho em determinado ponto é dado pela inclinação da curva de produto total naquele ponto.* Podemos ver na Figura 6.1(b) que o produto marginal do trabalho inicialmente apresenta uma elevação, atingindo o pico no ponto correspondente ao insumo trabalho igual a 3, e depois diminui à medida que percorremos ascendentemente a curva de produto total entre os pontos *C* e *D*. No ponto *D*, no qual o volume total de produção é maximizado, a inclinação da tangente da curva de produto total é 0, da mesma forma que o produto marginal. Além desse ponto, o produto marginal torna-se negativo.

A RELAÇÃO ENTRE PRODUTO MARGINAL E PRODUTO MÉDIO Observe a relação gráfica entre os produtos médio e marginal na Figura 6.1(a). No ponto *B*, o produto marginal do trabalho (a inclinação da tangente em relação à curva de produção no ponto *B* — não mostrada explicitamente) é maior que o produto médio (linha tracejada 0*B*). Como resultado, o produto médio do trabalho aumenta quando nos movemos de *B* para *C*. Em *C*, os produtos médio e marginal são iguais — o produto médio é a inclinação da linha 0*C*, enquanto o produto marginal é a tangente da curva de produção no ponto *C* (note a igualdade entre os produtos médio e marginal no ponto *E* da Figura 6.1(b)). Por fim, quando nos movemos de *C* para *D*, o produto marginal cai abaixo do produto médio; você pode comprovar que a inclinação da tangente da curva de produção em qualquer ponto entre *C* e *D* é menor que a inclinação da linha a partir da origem.

A LEI DOS RENDIMENTOS MARGINAIS DECRESCENTES

lei dos rendimentos marginais decrescentes

Princípio segundo o qual quando o uso de um insumo produtivo aumenta, mantendo-se os demais insumos fixos, a partir de dado momento, as resultantes adições ao produto serão cada vez menores.

O produto marginal decrescente do trabalho (e um produto marginal decrescente de outros insumos) ocorre na maioria dos processos de produção. A **lei dos rendimentos marginais decrescentes** diz que, à medida que aumenta o uso de um insumo em incrementos iguais (mantendo-se fixos os demais insumos), acaba-se chegando a um ponto em que a produção adicional resultante decresce. Quando a quantidade utilizada do insumo trabalho é pequena (e o capital é fixo), pequenos incrementos de insumo trabalho geram substanciais aumentos no volume de produção, à medida que os funcionários são admitidos para desenvolver tarefas especializadas. Entretanto, por fim, a lei dos rendimentos marginais decrescentes entra em ação. Quando houver funcionários em demasia, alguns se tornarão ineficientes e o produto marginal do insumo trabalho apresentará uma queda.

A lei dos rendimentos marginais decrescentes geralmente aplica-se ao curto prazo, quando pelo menos um dos insumos permanece inalterado. Entretanto, ela também se aplica ao longo prazo. Mesmo que sejam variáveis todos os insumos da produção no longo prazo, um administrador pode ter interesse em analisar opções de produção para as quais um ou mais insumos devam permanecer inalterados. Suponhamos, por exemplo, que apenas dois tamanhos de fábrica sejam viáveis e a administração tenha de tomar a decisão de construir uma delas. Então, a administração desejaria saber em que ponto a lei dos rendimentos marginais decrescentes passaria a atuar em cada uma das duas opções.

Não confunda a lei dos rendimentos marginais decrescentes com possíveis alterações na *qualidade* da mão de obra à medida que aumentam as unidades do insumo trabalho (por exemplo, se todos os trabalhadores com alta qualificação fossem contratados em primeiro lugar, e aqueles com menor qualificação fossem contratados por último). Em nossa análise da produção, adotamos a premissa de que todas as unidades do insumo trabalho têm igual qualidade; por conseguinte, os rendimentos decrescentes resultam de limitações no uso dos demais insumos mantidos inalterados (por exemplo, equipamentos), e não do declínio da qualidade dos trabalhadores. Também não confunda rendimentos marginais decrescentes com retornos *negativos*. A lei dos rendimentos marginais decrescentes descreve um produto marginal *declinante*, mas não necessariamente negativo.

A lei dos rendimentos marginais decrescentes aplica-se a uma tecnologia de produção específica. Ao longo do tempo, entretanto, as invenções e outros avanços tecnológicos podem vir a permitir que toda a curva de produto total da Figura 6.1(a) seja deslocada para cima, de tal maneira que um maior volume possa ser produzido com os mesmos insumos. A Figura 6.2 ilustra esse fato. Inicialmente, a curva de produto total corresponde a O_1, porém avanços tecnológicos podem permitir que a curva seja deslocada para cima, primeiro até O_2 e depois até O_3.

Suponhamos que, com o decorrer do tempo, à medida que se aumenta a mão de obra na produção agrícola, estejam também ocorrendo avanços tecnológicos, tais como sementes geneticamente modificadas, que resistem às aplicações de pesticidas, fertilizantes mais poderosos e mais eficazes, ou ainda melhores máquinas e implementos agrícolas. Nesse caso, o produto total sofre uma variação do ponto A (com um insumo trabalho igual a 6 na curva O_1), para o ponto B (com insumo trabalho igual a 7 na curva O_2) e para o ponto C (com insumo trabalho igual a 8 na curva O_3).

A movimentação de A para B e depois para C estabelece uma relação entre um aumento no insumo trabalho e um aumento no produto total, dando a falsa impressão de que não estão ocorrendo rendimentos marginais decrescentes. Na verdade, a mudança na curva de produto total sugere que pode não haver nenhuma implicação negativa para o crescimento econômico de longo prazo. De fato, como discutiremos no Exemplo 6.2, não considerar os avanços tecnológicos no longo prazo levou o economista britânico Thomas Malthus a prever erroneamente consequências calamitosas para o crescimento populacional contínuo.

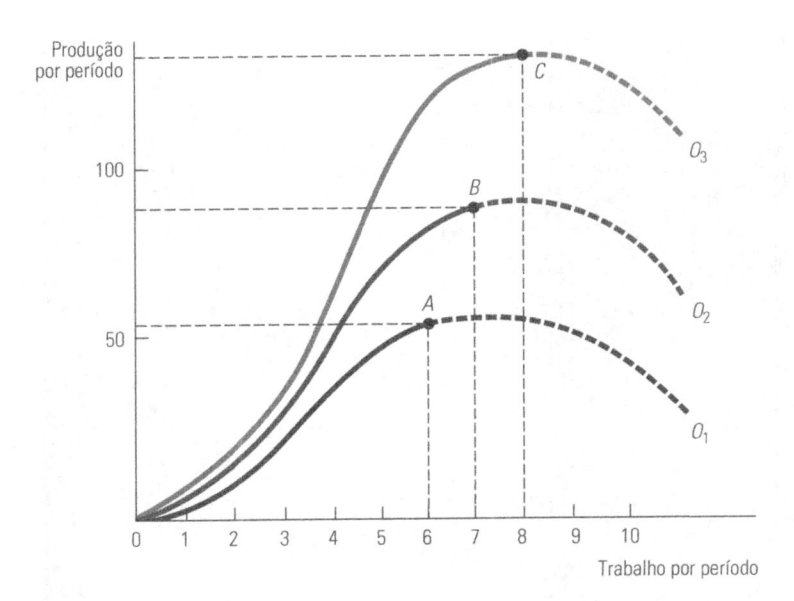

FIGURA 6.2 EFEITO DOS AVANÇOS TECNOLÓGICOS

A produtividade do trabalho (volume de produção por unidade de trabalho) pode aumentar se houver avanços tecnológicos, mesmo que determinado processo produtivo apresente rendimentos decrescentes para o insumo trabalho. À medida que nos movemos do ponto A, na curva O_1, para B, na curva O_2, e para C, na curva O_3, ao longo do tempo, a produtividade do trabalho aumenta.

EXEMPLO 6.1   UMA FUNÇÃO DE PRODUÇÃO PARA A SAÚDE

Os gastos com saúde têm aumentado com rapidez em muitas nações. Isso acontece especialmente nos Estados Unidos, que gastaram 15% do seu PIB com saúde nos últimos anos. Mas outros países também dedicam recursos substanciais à saúde (por exemplo, 11% do PIB na França e na Alemanha e 8% do PIB no Japão e no Reino Unido). Será que esses gastos aumentados refletem os aumentos na produção total ou refletem ineficiências no processo de produção?

A Figura 6.3 mostra uma função de produção para a saúde nos Estados Unidos.[5] O eixo vertical utiliza uma medida possível do produto saúde, o aumento médio na expectativa de vida para a população. (Outra medida do produto poderiam ser as reduções nos números médios de ataques cardíacos ou derrames.) O eixo horizontal mede milhares de dólares gastos com insumos de tratamento de saúde, que incluem despesas com médicos, enfermeiros, administradores, equipamento de hospital e medicações. A função de produção representa o resultado de saúde máximo alcançável para a população como um todo, como uma função dos dólares gastos *per capita* em insumos de tratamento de saúde. Os pontos na função de produção, como A, B e C, representam a utilização mais eficiente possível dos insumos de tratamento de saúde para fornecer esse serviço. O ponto D, que se encontra abaixo da função de produção, é ineficaz porque os insumos de tratamento de saúde associados a D não geram o resultado de saúde máximo possível.

Observe que a função de produção apresenta rendimentos decrescentes: ela se torna relativamente plana à medida que mais dinheiro é gasto com saúde. Por exemplo, o produto saúde no ponto B é muito maior do que no ponto A, pois a produtividade marginal dos gastos com saúde é alta. A partir do ponto A, um adicional de US$ 20.000 com gastos de saúde (de US$ 10.000 para US$ 30.000) aumenta a expectativa de vida em 3 anos. Porém, o produto em C é apenas um pouco maior do que o produto em B, embora a diferença nos insumos de saúde seja grande. Ao passar de B para C, com US$ 20.000 adicionais com gastos de saúde a expectativa de vida aumenta em apenas um ano. Por que isso acontece? A resposta é que, dadas as tecnologias médicas atuais, os gastos adicionais com procedimentos médicos e/ou o uso de novos medicamentos têm apenas um efeito mínimo nas taxas de expectativa de vida. Assim, a produtividade marginal do valor gasto com saúde tornou-se cada vez menos eficaz à medida que o nível de gastos aumentou.

---

5   Este exemplo é baseado em Alan M. Garber e Jonathan Skinner, "Is American Health Care Uniquely Inefficient?" *Journal of Economic Perspectives*, v. 22, N. 4, 2008, p. 27-50.

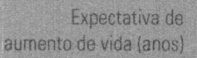

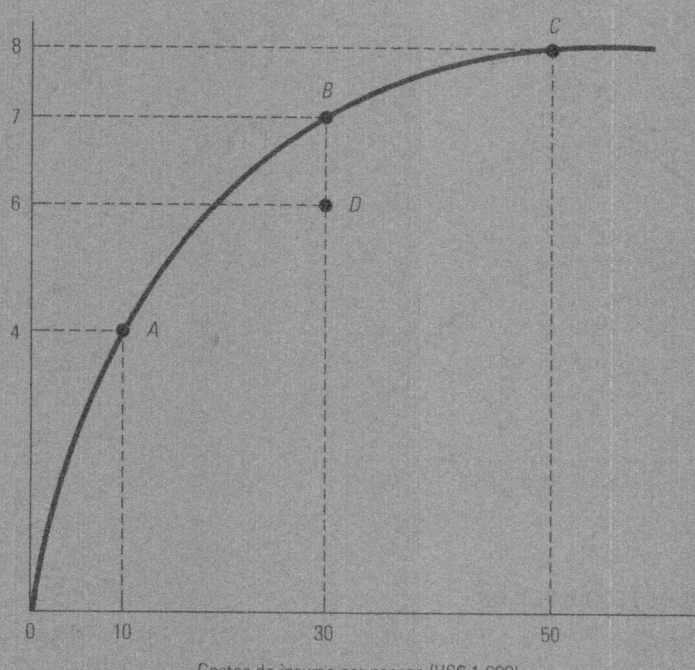

FIGURA 6.3 UMA FUNÇÃO DE PRODUÇÃO PARA A SAÚDE

Gastos adicionais em saúde (insumos) aumentam a expectativa de vida (produto) ao longo da fronteira de produção. Os pontos A, B e C representam pontos nos quais os insumos são utilizados de modo eficiente, embora haja retornos decrescentes ao passar de B para C. O ponto D é um ponto de ineficiência de insumo.

Agora, podemos ver uma explicação possível para o alto nível de gastos com saúde nos Estados Unidos. O país é relativamente rico, e é natural que as preferências do consumidor se desloquem para mais qualidade de saúde à medida que os rendimentos aumentam, mesmo que se torne cada vez mais caro obter aumentos modestos na expectativa de vida. (Lembre-se de nossa discussão sobre escolha de plano de saúde no Exemplo 3.4.) Assim, os norte-americanos podem estar buscando resultados cada vez melhores para sua saúde, mas com sucesso limitado, dada a forma da função de produção para a saúde. Em outras palavras, em comparação com outros países, os Estados Unidos podem estar operando mais à direita na parte plana da função de produção de saúde.

Porém, existe outra explicação. Pode ser que a produção de saúde nos Estados Unidos seja menos eficiente, isto é, resultados médicos melhores poderiam ser alcançados com os mesmos gastos (ou gastos semelhantes) se eles fossem utilizados de modo mais eficiente. Na Figura 6.3, isso aparece como uma mudança do ponto D para o ponto B; aqui, sem gastos adicionais, a expectativa de vida aumenta em um ano usando insumos de modo mais eficiente. Uma comparação de diversas medições de saúde e assistência médica em certo número de países desenvolvidos sugere que isso realmente pode acontecer. Primeiro, apenas 28% dos médicos com atendimento básico utilizam registros de saúde eletrônicos nos Estados Unidos, em comparação com 89% no Reino Unido e 98% na Holanda. Segundo, a porcentagem de pacientes cronicamente enfermos que não procurou atendimento, não seguiu tratamentos recomendados ou não tomou completamente a medicação recomendada foi de 42% nos Estados Unidos em comparação com 9% no Reino Unido e 20% na Alemanha. Terceiro, o sistema de cobrança, seguro e credenciamento é mais complexo e fatigante nos Estados Unidos do que em muitos outros países, de modo que a quantidade de pessoal administrativo *per capita* envolvido na saúde é maior.

As duas explicações para os gastos com saúde nos Estados Unidos provavelmente têm alguma validade. É provável que os Estados Unidos realmente sofram de ineficiência na produção de assistência médica. Também é provável que, à medida que os rendimentos nos Estados Unidos aumentem, as pessoas exijam mais e mais assistência médica em relação a outros bens, de modo que, com rendimentos decrescentes, os benefícios incrementais com a saúde serão limitados.

EXEMPLO 6.2 MALTHUS E A CRISE DE ALIMENTOS

A lei dos rendimentos decrescentes foi fundamental para o pensamento do economista Thomas Malthus (1766-1834).[6] Malthus acreditava que a quantidade relativamente fixa de terras existentes em nosso planeta seria insuficiente para o suprimento de quantidades necessárias de alimento, à medida que a população mundial crescesse. Segundo suas previsões, quando ocorresse a queda tanto da produtividade marginal quanto da produtividade média da mão de obra e ainda houvesse mais pessoas para serem alimentadas, o resultado seria a fome em larga escala. Felizmente, ele estava enganado (embora estivesse correto a respeito da aplicação da lei dos rendimentos decrescentes para o trabalho).

Nos últimos cem anos, avanços tecnológicos modificaram significativamente a produção de alimentos na maioria dos países (inclusive em países em desenvolvimento, como a Índia), de tal forma que o produto médio do trabalho e a produção total de alimentos têm apresentado elevação. Tais avanços incluem novas variedades de sementes de alto rendimento e alta resistência às pragas, melhores fertilizantes e melhores colheitadeiras. Como mostra o índice de produção de alimentos na Tabela 6.2, a produção global de alimentos tem excedido o crescimento populacional mundial de forma contínua desde 1960.[7] Esse aumento na produtividade agrícola mundial é também ilustrado na Figura 6.4, que mostra a produção média de cereais de 1970 até 2005, bem como o índice de preço mundial para alimentos.[8] Note que a produção de cereais cresceu ininterruptamente nesse período.

TABELA 6.2	Índice da produção alimentar mundial *per capita*		
Ano	Índice	Ano	Índice
1948-1952	100	1985	134
1961	115	1990	135
1965	119	1995	135
1970	124	2000	144
1975	125	2005	151
1980	127	2009	155

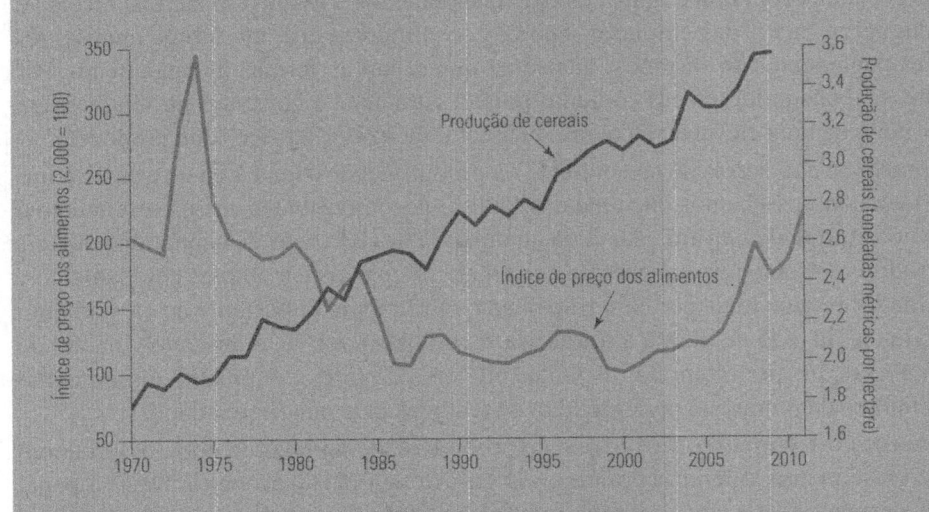

FIGURA 6.4 PRODUÇÃO DE CEREAIS E PREÇO MUNDIAL DA ALIMENTAÇÃO

A produção de cereais vem aumentando de modo contínuo. O preço médio mundial da alimentação aumentou temporariamente no início da década de 1970, mas vem declinando desde então.

---

6 Thomas Malthus, *Essay on the Principle of Population*, 1798.
7 Os dados sobre a produção mundial de alimentos *per capita* são da Organização das Nações Unidas para a Alimentação e a Agricultura (FAO). Veja também http://faostat.fao.org.
8 Os dados são da FAO e do Banco Mundial. Veja também http://faostat.fao.org.

O crescimento da produtividade agrícola levou a aumentos na oferta de alimentos que superaram o crescimento da demanda, de forma que, exceto por alguns aumentos temporários no início da década de 1970, os preços declinaram.

Ainda assim, a fome permanece como um grave problema em algumas regiões, tais como a região ao sul do Saara na África, em parte pela baixa produtividade da mão de obra local. Embora outros países disponham de excedentes de produção agrícola, a fome em larga escala ocorre em razão das dificuldades existentes na redistribuição de alimentos das regiões mais produtivas para as regiões menos produtivas do planeta, e também em virtude da baixa renda existente nas regiões menos produtivas.

A PRODUTIVIDADE DA MÃO DE OBRA

produtividade da mão de obra
Produto médio da mão de obra em um setor ou na economia como um todo.

Embora este livro seja de microeconomia, muitos conceitos aqui desenvolvidos fornecem fundamentos para a análise macroeconômica. Os macroeconomistas estão particularmente interessados na **produtividade da mão de obra**, ou seja, no produto médio do trabalho para todo um setor ou para a economia como um todo. Nesta subseção, discutimos a produtividade da mão de obra nos Estados Unidos e em alguns outros países. O tópico é interessante por si só e aqui torna possível ilustrar uma das ligações mais importantes entre a microeconomia e a macroeconomia.

Pelo fato de o produto médio mensurar o produto total por unidade do insumo trabalho, torna-se relativamente fácil obter essa medida (porque o insumo trabalho total e o produto total são as duas únicas informações de que necessitamos). A produtividade da mão de obra possibilita fazer comparações úteis entre setores, bem como dentro de um setor no decorrer de um longo período. A produtividade é particularmente importante porque ela determina o real *padrão de vida* que determinado país pode oferecer a seus cidadãos.

PRODUTIVIDADE E PADRÃO DE VIDA Há uma ligação simples entre a produtividade da mão de obra e o padrão de vida. Em qualquer ano, o valor agregado dos bens e serviços produzidos por uma economia é igual aos pagamentos feitos a todos os insumos, inclusive salários, aluguéis e lucros das empresas. São os consumidores que, em última análise, recebem esses pagamentos de insumos, quaisquer que sejam as formas de pagamento. Por conseguinte, os consumidores em conjunto podem aumentar o consumo no longo prazo apenas por meio de uma elevação na quantidade total de bens e serviços que produzem.

estoque de capital
Quantidade total de capital disponível para uso na produção.

mudança tecnológica
Desenvolvimento de novas tecnologias que permitem que os fatores de produção sejam utilizados mais eficientemente.

A compreensão das causas do crescimento da produtividade é uma área de pesquisa importante na economia. Sabemos que uma das fontes mais importantes desse crescimento é o aumento do **estoque de capital**, isto é, da quantidade total de bens de capital disponíveis para uso produtivo. Como um aumento do capital significa mais e melhores equipamentos, cada trabalhador produz mais por hora trabalhada. Outra fonte importante do crescimento da produtividade da mão de obra é a **mudança tecnológica**, isto é, o desenvolvimento de novas tecnologias que permitem um uso mais eficiente da força de trabalho (assim como dos outros fatores de produção) para produzir novos bens e de maior qualidade.

Como mostra o Exemplo 6.3, os níveis da produtividade da mão de obra, assim como as taxas de crescimento, diferem consideravelmente de um país para outro. Dado o papel central que a produtividade tem na determinação do padrão de vida da população, compreender essas diferenças é muito importante.

EXEMPLO 6.3   PRODUTIVIDADE DO TRABALHO E PADRÃO DE VIDA

Será que o padrão de vida nos Estados Unidos, Europa e Japão continuará a melhorar ou será que essas economias apenas conseguirão manter para as gerações futuras os mesmos níveis das gerações atuais? A resposta depende da produtividade da mão de obra, pois a renda real dos consumidores desses países aumenta no mesmo ritmo que a produtividade.

Como mostra a Tabela 6.3, o nível de produção por trabalhador nos Estados Unidos em 2009 foi mais elevado do que em outros países industriais. Todavia, desde o final da Segunda Guerra Mundial, dois aspectos têm-se mostrado particularmente incômodos para os norte-americanos. Primeiro, até a década de 1990, o crescimento da produtividade nos Estados Unidos foi, em média, mais lento do que o da maioria das outras nações desenvolvidas. Segundo, entre 1974 e 2009 foi muito menor em todas as nações desenvolvidas, comparativamente ao que foi no passado.[9]

TABELA 6.3	Produtividade do trabalho nos países desenvolvidos				
Anos	Estados Unidos	Japão	França	Alemanha	Reino Unido
	PIB por hora trabalhada (em US$ de 2009)				
	US$ 56,90	US$ 38,20	US$ 54,70	US$ 53,10	US$ 45,80
	Taxa de crescimento anual da produtividade da mão de obra (%)				
1960-1973	2,29	7,86	4,70	3,98	2,84
1974-1982	0,22	2,29	1,73	2,28	1,53
1983-1991	1,54	2,64	1,50	2,07	1,57
1992-2000	1,94	1,08	1,40	1,64	2,22
2001-2009	1,90	1,50	0,90	0,80	1,30

Entre 1960 e 1991, a taxa de crescimento da produtividade no Japão foi a mais alta, seguida pela Alemanha e pela França. Nos Estados Unidos, o crescimento da produtividade foi o mais baixo, inferior até mesmo ao da Inglaterra. Isso se deve em parte a diferenças entre as taxas de investimento e de crescimento do estoque de capital entre os vários países. O maior crescimento do estoque de capital, durante o período do pós-guerra, ocorreu no Japão, na França e na Alemanha, nações substancialmente reconstruídas após a Segunda Guerra Mundial. Em alguma proporção, portanto, as taxas mais baixas de crescimento da produtividade verificadas nos Estados Unidos, em comparação com as do Japão, da França e da Alemanha, seriam resultantes da necessidade que tais países tiveram de retomar o desenvolvimento depois da guerra.

O crescimento da produtividade encontra-se ligado também ao setor de recursos naturais da economia. À medida que o petróleo e outras reservas naturais começaram a se esgotar, o produto por trabalhador apresentou alguma queda. As regulamentações de caráter ambiental (por exemplo, a necessidade de restaurar a condição original do solo após atividades de extração de carvão em lavras a céu aberto) ampliaram tal efeito, enquanto o público tornou-se mais preocupado com a importância de manter o ar e a água mais limpos.

Observemos na Tabela 6.3 que o aumento da produtividade nos Estados Unidos acelerou-se na década de 1990, em particular quando comparada à de outros países. Alguns economistas acreditam que a tecnologia de informação e comunicação (TIC) foi o principal propulsor desse crescimento. A diminuição no ritmo de crescimento vivenciada nos últimos anos, entretanto, sugere que a contribuição da TIC pode ter alcançado o ponto máximo.

6.3 Produção com dois insumos variáveis

Completamos nossa análise da função de produção no curto prazo, na qual um dos insumos, o trabalho, é variável, e o outro, o capital, é fixo. Agora voltaremos ao longo prazo, no qual tanto o trabalho quanto o capital são variáveis. A empresa pode agora produzir de vários modos, combinando diferentes quantidades de trabalho e capital. Nesta seção, veremos como uma empresa pode escolher entre combinações de trabalho e capital que geram a mesma produção. Na primeira subseção, vamos examinar a escala do processo produtivo, analisando como a produção muda quando as combinações de insumo são dobradas, triplicadas e assim por diante.

---

[9] Valores recentes sobre o crescimento do PIB, do emprego e sobre a paridade do poder de compra da moeda foram obtidos na OECD. Para obter mais informações, visite a página http://www.oecd.org e selecione "Frequently Requested Statistics", dentro da seção "Statistics".

Isoquantas

Começaremos examinando a tecnologia de produção da empresa quando ela utiliza dois insumos e pode variar a quantidade de ambos. Suponhamos, por exemplo, que os insumos sejam capital e trabalho, e que estes estejam sendo utilizados para produzir alimento. A Tabela 6.4 relaciona os volumes de produção alcançáveis por meio de diversas combinações de insumos.

TABELA 6.4 Produção com dois insumos variáveis

Insumo capital	Insumo trabalho				
	1	2	3	4	5
1	20	40	55	65	(75)
2	40	60	(75)	85	90
3	55	(75)	90	100	105
4	65	85	100	110	115
5	(75)	90	105	115	120

As unidades do insumo trabalho encontram-se relacionadas na linha superior e as do insumo capital na coluna da esquerda. Cada valor na tabela corresponde ao volume máximo de produção (tecnicamente eficiente) que pode ser obtido por determinado período (digamos, um ano), com cada combinação de trabalho e capital utilizada ao longo desse período. Por exemplo, 4 unidades de trabalho por ano e 2 unidades de capital por ano resultam em 85 unidades de alimento por ano. Observando cada linha, vemos que o volume de produção sobe à medida que as unidades de trabalho também aumentam, mantendo-se fixas as unidades de capital. Observando cada coluna, vemos que o volume de produção também aumenta à medida que as unidades de capital crescem, mantendo-se fixas as unidades de trabalho.

isoquanta

Curva que mostra todas as combinações possíveis de insumos que geram o mesmo volume de produção.

As informações contidas na Tabela 6.4 também podem ser representadas graficamente por meio do uso de isoquantas. Uma **isoquanta** é uma *curva que representa todas as possíveis combinações de insumos que resultam no mesmo volume de produção*. A Figura 6.5 apresenta três isoquantas. (Cada eixo da figura mede as quantidades de insumos.) Essas isoquantas estão baseadas nos dados da Tabela 6.4, porém, foram desenhadas como curvas contínuas para permitir o uso de quantidades fracionadas de insumos.

Por exemplo, a isoquanta q_1 mostra todas as combinações de trabalho e de capital por ano que, em conjunto, resultam na obtenção de um volume de produção de 55 unidades. Dois desses pontos, A e D, correspondem à Tabela 6.4. No ponto A, 1 unidade de trabalho e 3 unidades de capital resultam em 55 unidades produzidas, enquanto no ponto D o mesmo volume de produção é obtido por meio de 3 unidades de trabalho e 1 unidade de capital. A isoquanta q_2 mostra todas as combinações de insumos que resultam em um volume de produção de 75 unidades, correspondendo às quatro combinações de trabalho e capital circuladas na tabela (por exemplo, no ponto B, em que 2 unidades de capital e 3 unidades de trabalho são combinadas). A isoquanta q_2 está acima e à direita de q_1 porque é necessária maior quantidade de trabalho e de capital para obter um nível mais elevado de produção. Por fim, a isoquanta q_3 mostra as combinações de trabalho e capital que resultam em 90 unidades produzidas. O ponto C, por exemplo, envolve 3 unidades de trabalho e 3 de capital, enquanto o ponto E envolve apenas 2 unidades de trabalho e 5 de capital.

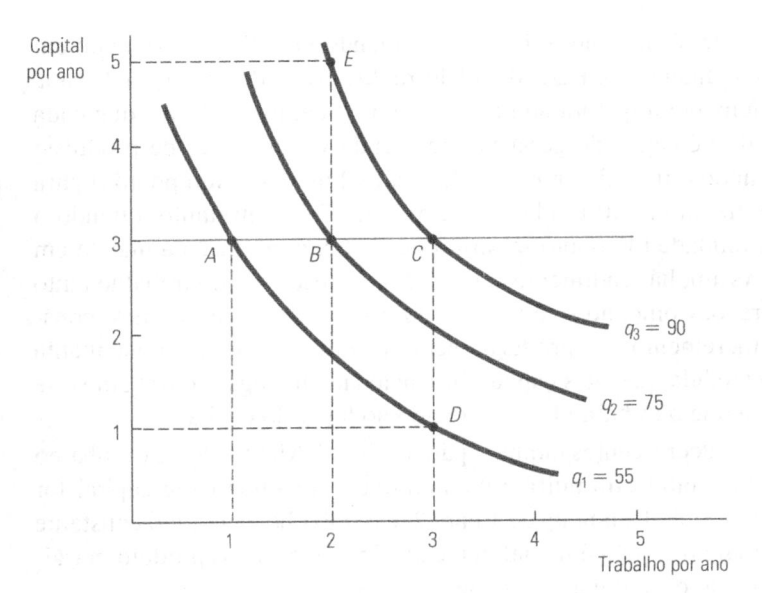

FIGURA 6.5 PRODUÇÃO COM DOIS INSUMOS VARIÁVEIS

As isoquantas de produção mostram as várias combinações de insumos necessárias para que a empresa obtenha determinado volume de produção. Um conjunto de isoquantas, ou *mapa de isoquantas*, descreve a função de produção da empresa. O volume de produção aumenta quando nos movemos da isoquanta q_1 (na qual 55 unidades são produzidas por ano em pontos como o A e o D) para a isoquanta q_2 (75 unidades por ano em pontos como o B) e para a isoquanta q_3 (90 unidades por ano em pontos como o C e o E).

MAPAS DE ISOQUANTAS Quando um conjunto de isoquantas é apresentado em um mesmo gráfico, temos um **mapa de isoquantas**. Na Figura 6.5, vemos três das muitas isoquantas que formam um mapa de isoquantas. Por meio dele, temos um modo alternativo de descrever a função de produção, da mesma forma que o mapa de indiferença é um modo de descrever a função utilidade. Cada isoquanta está associada a um nível diferente de produção e o nível de produção aumenta à medida que nos movemos para cima e para a direita na figura.

mapa de isoquantas
Gráfico no qual são combinadas diversas isoquantas, usado para descrever uma função de produção.

FLEXIBILIDADE DO INSUMO

As isoquantas mostram a flexibilidade que as empresas têm quando tomam decisões de produção. As empresas geralmente podem obter determinado volume de produção por meio do uso de diversas combinações de insumos. É importante para o administrador de uma empresa compreender a natureza dessa flexibilidade. Por exemplo, restaurantes de *fast-food* defrontam-se, nos Estados Unidos, com escassez de trabalho jovem e de baixa remuneração. As empresas têm enfrentado essa situação por meio da automatização — introduzindo o sistema de *self-service* para saladas e adquirindo equipamentos de cozinha mais sofisticados. Além disso, têm recrutado pessoas mais velhas para ocupar as vagas existentes. Como discutiremos nos capítulos 7 e 8, incorporando essa flexibilidade no processo produtivo, os administradores podem escolher combinações de insumos capazes de minimizar custos e maximizar lucros.

RENDIMENTOS MARGINAIS DECRESCENTES

Embora tanto o trabalho quanto o capital sejam variáveis no longo prazo, para uma empresa que está escolhendo a combinação adequada de insumo é útil perguntar o que acontece com o produto quando um dos insumos aumenta, enquanto o outro permanece constante. O resultado desse exercício está descrito na Figura 6.5, que reflete rendimentos decrescentes tanto para o trabalho quanto para o capital. Podemos entender a razão da existência de rendimentos decrescentes no trabalho desenhando uma linha horizontal em determinado nível de capital, digamos 3. Fazendo a leitura dos níveis de produção de cada isoquanta, à medida que aumenta a quantidade de trabalho, podemos observar que cada unidade adicional de trabalho é capaz de gerar volumes cada vez menores de produção adicional. Por exemplo, quando o trabalho aumenta de 1 para 2 unidades (do ponto A para o ponto B), a produção aumenta em 20 unidades (de 55 para 75). Entretanto, quando o trabalho aumenta em uma unidade (do ponto B para o ponto C), a produção aumenta em apenas 15 (de 75 para 90). Assim, há rendimentos marginais decrescentes do trabalho tanto no curto como no longo prazo. Como, ao se adicionar um insumo e manter o outro constante, inevitavelmente os incrementos de produção serão cada vez menores, a isoquanta se tornará mais inclinada à medida que mais capital for adicionado no lugar do trabalho e se tornará mais plana à medida que o trabalho for adicionado no lugar do capital.

Há rendimentos marginais decrescentes também para o capital. Mantendo-se o trabalho fixo, o produto marginal do capital diminuirá à medida que a quantidade de capital for maior. Por exemplo, quando o capital aumenta de 1 para 2, e o trabalho é mantido constante no nível 3, o produto marginal do capital é inicialmente 20 (75 – 55), mas o produto marginal cai para 15 (90 – 75) quando o capital aumenta de 2 para 3.

SUBSTITUIÇÃO ENTRE OS INSUMOS

Havendo dois insumos que possam ser alterados, um administrador deve considerar a possibilidade de substituir um pelo outro. A inclinação de cada isoquanta indica o volume de cada insumo que pode ser substituído por determinada quantidade do outro, mantendo-se a produção constante. Quando o sinal negativo é removido, a inclinação passa a ser denominada **taxa marginal de substituição técnica (TMST)**. A *taxa marginal de substituição técnica do trabalho por capital* é a quantidade que se pode reduzir do insumo capital quando se utiliza uma unidade extra de insumo trabalho, de tal forma que a produção se mantenha constante. Isso é semelhante à taxa marginal de substituição (TMS) da teoria do consumidor. Como descrevemos na Seção 3.1, a TMS mostra como os consumidores substituem um bem pelo outro, mantendo o nível de satisfação constante. Da mesma forma que a TMS, a TMST é sempre medida como quantidade positiva:

$$\text{TMST} = -\text{Variação do insumo capital/variação do insumo trabalho}$$
$$= -\Delta K/\Delta L \text{ (para um nível constante de } q\text{)}$$

na qual ΔK e ΔL representam pequenas variações de capital e de trabalho ao longo de determinada isoquanta.

Na Figura 6.6, a TMST é igual a 2 quando o trabalho aumenta de 1 para 2 unidades, estando a produção fixa em 75. Entretanto, a TMST cai para 1 quando o trabalho aumenta de 2 para 3 unidades, e então declina para 2/3 e para 1/3. Nitidamente, à medida que quantidades cada vez maiores de trabalho substituem o capital, o trabalho se torna cada vez menos produtivo, e o capital relativamente mais produtivo. Por conseguinte, menos capital precisa ser despendido para que se consiga manter constante o volume de produção obtido e a isoquanta torna-se mais plana.

TMST DECRESCENTE Presumimos que exista uma TMST *decrescente*. Em outras palavras, a TMST cai à medida que nos deslocamos para baixo ao longo de uma isoquanta. A implicação matemática desse fato é que as isoquantas são *convexas*, assim como as curvas de indiferença. Esse é, de fato, o caso para a maioria das tecnologias de produção. A TMST decrescente informa-nos que a produtividade que qualquer unidade de insumo possa ter é limitada. À medida que se adiciona uma quantidade cada vez maior de trabalho ao processo produtivo, em substituição ao capital, a produtividade da mão de obra cai. Da mesma forma, quando uma quantidade maior de capital é adicionada, em substituição ao trabalho,

---

taxa marginal de substituição técnica (TMST)
Quantidade de um insumo que pode ser reduzida quando uma unidade extra de outro insumo é utilizada, mantendo-se o produto constante.

Na Seção 3.1, explicamos que a taxa marginal de substituição é a quantidade máxima de um bem que o consumidor está disposto a deixar de adquirir para obter uma unidade de outro bem.

a produtividade do capital apresenta redução. A produção necessita ter uma combinação equilibrada de ambos os insumos.

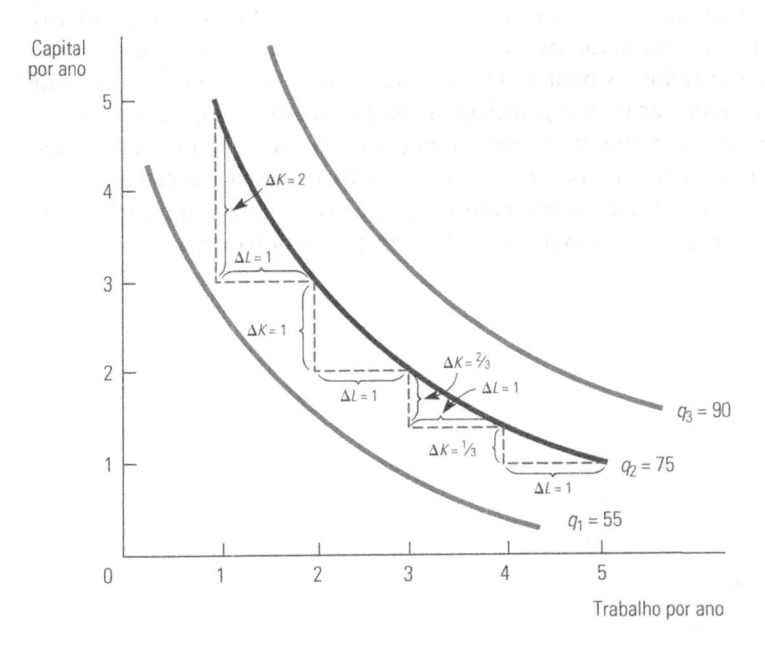

FIGURA 6.6 TAXA MARGINAL DE SUBSTITUIÇÃO TÉCNICA

As isoquantas possuem inclinação descendente e são convexas, assim como as curvas de indiferença. A inclinação da isoquanta em qualquer ponto mede a taxa marginal de substituição técnica — a capacidade da empresa em trocar capital por trabalho, mantendo o mesmo nível de produção. Na isoquanta q_2, a TMST cai de 2 para 1, depois para 2/3 e finalmente para 1/3.

Como acaba de sugerir nossa discussão, a TMST está intimamente relacionada com os produtos marginais do trabalho (PMg_L) e do capital (PMg_K). Para compreender tal fato, imagine um acréscimo de trabalho e uma redução do capital, mantendo-se constante o produto. O acréscimo de produto resultante do aumento do insumo trabalho é igual ao produto adicional por unidade adicional de trabalho (isto é, o produto marginal do trabalho) multiplicado pelo número de unidades de trabalho adicional:

Produto adicional resultante de maior utilização do trabalho = $(PMg_L)(\Delta L)$

Do mesmo modo, o decréscimo de produção resultante de uma redução no capital corresponde à perda de produção por unidade reduzida no capital (o produto marginal do capital) multiplicada pelo número de unidades de capital reduzidas:

Redução da produção resultante do decréscimo do capital = $(PMg_K)(\Delta K)$

Como mantemos a produção constante quando nos movemos sobre uma isoquanta, a variação total da produção deve ser igual a zero. Assim, temos

$$(PMg_L)(\Delta L) + (PMg_K)(\Delta K) = 0$$

Então, reordenando os termos da expressão anterior, temos

$$(PMg_L)/(PMg_K) = -(\Delta K/\Delta L) = \text{TMST} \tag{6.2}$$

A Equação 6.2 mostra que *a taxa marginal de substituição técnica entre dois insumos é igual à razão entre os produtos marginais dos insumos*. Essa fórmula será útil quando investigarmos a escolha das quantidades de insumos feita pela empresa com o objetivo de minimizar os custos, no Capítulo 7.

> Na Seção 3.1, mostramos que uma curva de indiferença é convexa se a taxa marginal de substituição diminui ao longo da curva, de cima para baixo.

AS FUNÇÕES DE PRODUÇÃO — DOIS CASOS ESPECIAIS

Dois casos extremos de funções de produção podem ser utilizados para examinar a faixa de possibilidades de substituição de insumos no processo produtivo. No primeiro caso, apresentado na Figura 6.7, os insumos são *substitutos perfeitos* um para o outro. Aqui, a TMST é constante em todos os pontos da isoquanta. Em consequência, a mesma produção (por exemplo, q_3) pode ser obtida principalmente por meio do capital (no ponto *A*), principalmente por meio do trabalho (no ponto *C*) ou então por meio de uma combinação balanceada de ambos os insumos (no ponto *B*). Por exemplo, os instrumentos musicais podem ser manufaturados quase inteiramente com máquinas operatrizes ou então com algumas poucas ferramentas, mas com mão de obra altamente especializada.

> Na Seção 3.1, explicamos que dois bens são substitutos perfeitos se a taxa marginal de substituição de um pelo outro é constante.

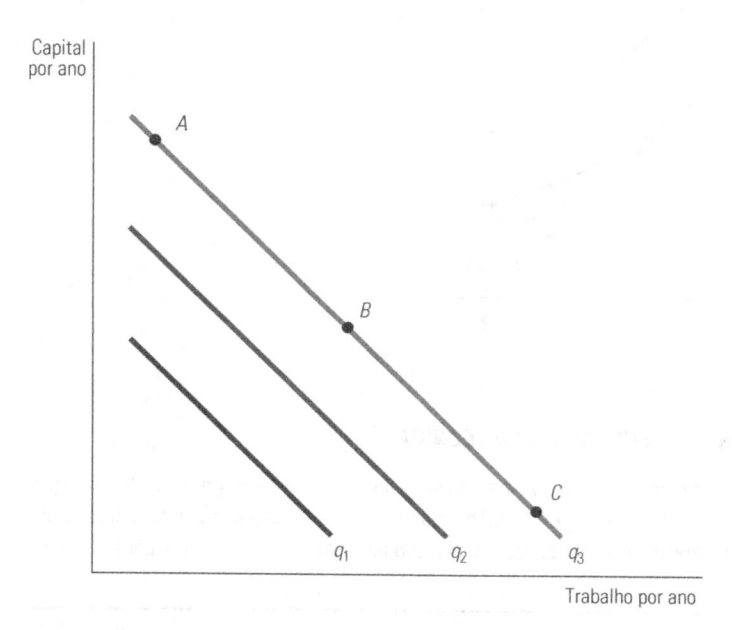

FIGURA 6.7 ISOQUANTAS QUANDO OS INSUMOS SÃO SUBSTITUTOS PERFEITOS

Quando as isoquantas são linhas retas, a TMST é constante. Isso significa que a taxa à qual capital e trabalho podem substituir um ao outro é a mesma, não importando o nível de insumos que esteja sendo utilizado. Os pontos *A*, *B* e *C* representam três composições diferentes entre capital e trabalho que geram a mesma quantidade de produto q_3.

A Figura 6.8 ilustra o extremo oposto, a **função de produção de proporções fixas**, algumas vezes chamada de *função de produção de Leontief*. Nesse caso, seria impossível qualquer substituição entre os insumos. Cada nível de produção exige uma combinação específica de trabalho e capital. Não se pode obter produção adicional, a menos que sejam incluídos mais capital e mais trabalho, conforme as proporções especificadas. Por consequência, as isoquantas apresentam formato em L, do mesmo modo que as curvas de indiferença quando os dois bens considerados eram complementares. Um exemplo poderia ser a reconstrução de calçadas, por meio do uso de perfuratrizes pneumáticas. É necessário que apenas uma pessoa opere a perfuratriz pneumática — combinações de duas pessoas com uma perfuratriz, ou então de uma pessoa com duas perfuratrizes não resultariam em um aumento de produção. Como outro exemplo, suponhamos que uma empresa produtora de cereais matinais esteja oferecendo um novo tipo de cereal, Nutty Oat Crunch, composto de dois insumos: nozes e aveia. A fórmula secreta requer que o produto seja feito com uma proporção exata de insumos: 30 gramas de nozes para cada 120 gramas de aveia em cada porção. Se a empresa comprar uma quantidade adicional de nozes, mas não fizer o mesmo com a aveia, não poderá aumentar a produção, pois a fórmula exige uma proporção fixa desses dois insumos. De modo similar, a compra de uma quantidade adicional de aveia sem a quantidade adicional de nozes seria igualmente improdutiva.

> **função de produção de proporções fixas**
> Função de produção com isoquantas que têm a forma em L, de tal modo que apenas uma combinação de trabalho e capital pode ser empregada para produzir cada nível de produto.

> Na Seção 3.1, explicamos que dois bens são perfeitamente complementares quando a curva de indiferença para eles tem a forma de um ângulo reto.

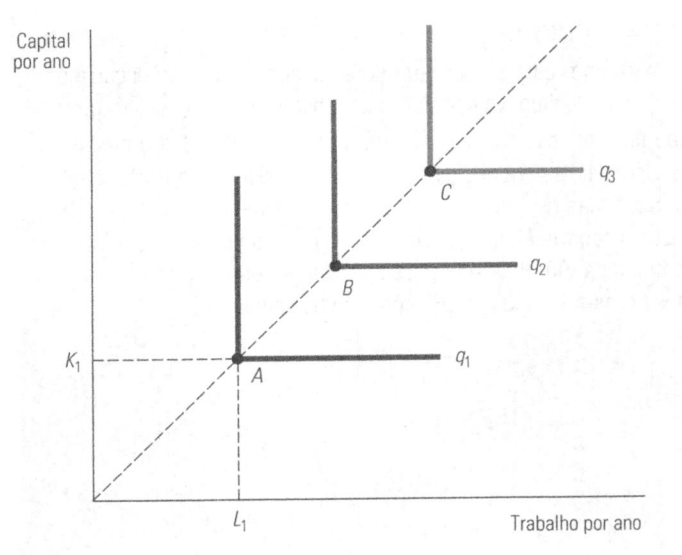

FIGURA 6.8 · FUNÇÃO DE PRODUÇÃO DE PROPORÇÕES FIXAS

Quando as isoquantas possuem formato em L, apenas determinada combinação de trabalho e capital pode ser utilizada para obter determinado nível de produto (como no ponto A na isoquanta q_1, B na isoquanta q_2 e C na isoquanta q_3). Acréscimo apenas de trabalho, ou apenas de capital, não aumenta o volume de produção.

Na Figura 6.8, os pontos A, B e C representam combinações tecnicamente eficientes dos insumos. Por exemplo, para obter uma produção q_1 podem ser utilizadas uma quantidade de trabalho L_1 e uma quantidade de capital K_1 como ocorre no ponto A. Se o capital permanecer fixo em K_1, o acréscimo de trabalho não alterará a produção. Da mesma forma, se o trabalho permanecer fixo em L_1, o acréscimo de capital não alterará a produção. Assim sendo, nos segmentos verticais e horizontais das isoquantas com formato em L ou o produto marginal do capital ou o produto marginal do trabalho é zero. Níveis maiores de produção ocorrerão apenas quando houver acréscimo tanto de trabalho quanto de capital, o que ocorre quando se passa da combinação de insumos do ponto A para a do ponto B.

A função de produção de proporções fixas descreve situações nas quais os métodos de produção de que dispõem as empresas são limitados. Por exemplo, a produção de um show de televisão pode envolver determinada combinação de capital (equipamentos de áudio e vídeo etc.) e de trabalho (produtor, diretor, atores etc.). Para aumentar o número de shows de televisão produzidos, devem-se aumentar proporcionalmente todos os insumos. Particularmente, seria difícil incrementar o insumo capital em substituição ao insumo trabalho, uma vez que os atores são fatores necessários à produção (excetuando-se, talvez, o caso dos desenhos animados). De modo semelhante, seria difícil a substituição de capital por trabalho, uma vez que as produções de filmes e shows de televisão, hoje, exigem equipamentos sofisticados.

EXEMPLO 6.4 · UMA FUNÇÃO DE PRODUÇÃO PARA O TRIGO

As safras agrícolas podem ser produzidas por meio de diferentes métodos. Os alimentos cultivados em grandes fazendas dos Estados Unidos são geralmente produzidos por meio de *tecnologia intensiva em capital*, a qual envolve substanciais investimentos de capital, tais como prédios e equipamentos, com relativamente pouco emprego do trabalho. Entretanto, os alimentos também podem ser produzidos por meio do uso de pouco capital (enxadas) e grande quantidade de trabalho (muitas pessoas com paciência e resistência para cultivar o solo). Uma forma de descrever o processo de produção agrícola é mostrando uma isoquanta (ou então, mais de uma) que descreva a combinação de insumos capazes de gerar determinado nível de produção (ou então diversos níveis de produção). A descrição a seguir se refere a uma estimativa estatística da função de produção do trigo.[10]

A Figura 6.9 apresenta uma isoquanta associada à função de produção correspondente à produção de 13.800 bushels de trigo por ano. O administrador da fazenda pode utilizar essa isoquanta para decidir se seria mais lucrativo contratar mais trabalho ou então utilizar um número maior de equipamentos. Suponhamos que a fazenda esteja atualmente sendo operada no ponto A, com insumo trabalho, L, de 500 horas-homem e insumo capital, K, de 100 horas-máquina. O administrador decide fazer uma experiência utilizando menor quantidade de horas-máquina, 90. Para que possa continuar com o mesmo volume anual de produção, ele descobre que necessita substituir essas horas-máquina por 260 horas de trabalho.

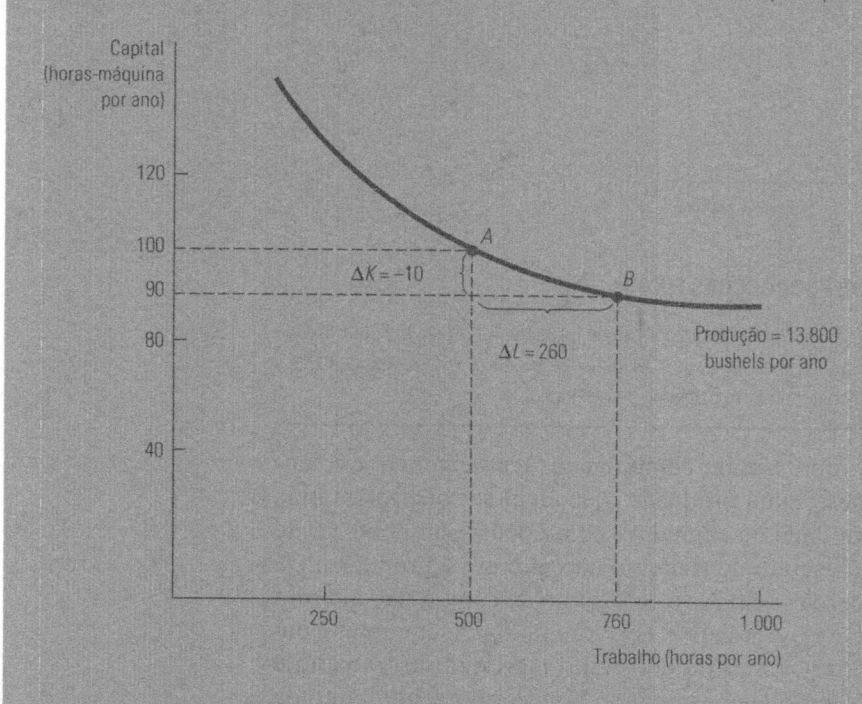

FIGURA 6.9 ISOQUANTA QUE DESCREVE A PRODUÇÃO DE TRIGO

O volume de produção de trigo de 13.800 bushels por ano pode ser obtido por meio de diferentes combinações de trabalho e capital. O processo mais intensivo em capital é representado pelo ponto A, e o processo mais intensivo em trabalho, pelo ponto B. A taxa marginal de substituição técnica entre A e B é 10/260 = 0,04. O resultado dessa experiência informa ao administrador qual é o formato da isoquanta da função de produção do trigo. Ao comparar o ponto A (em que L = 500 e K = 100) com o ponto B (em que L = 760 e K = 90) na Figura 6.9, ambos sobre a mesma isoquanta, o administrador descobre que a taxa marginal de substituição técnica é igual a 0,04: ($-\Delta K/\Delta L = -(-10)/260 = 0,04$).

O resultado dessa experiência informa ao administrador qual é o formato da isoquanta da função de produção do trigo. Ao comparar o ponto A (em que L = 500 e K = 100) com o ponto B (em que L = 760 e K = 90) na Figura 6.9, ambos sobre a mesma isoquanta, o administrador descobre que a taxa marginal de substituição técnica é igual a 0,04 ($-\Delta K/\Delta L = -(-10)/260 = 0,04$).

A TMST revela a natureza do *trade-off* entre um acréscimo de trabalho e uma diminuição no uso de máquinas agrícolas. Pelo fato de a TMST apresentar valor substancialmente inferior a 1, o administrador sabe que, quando o salário de um trabalhador braçal se tornar igual ao custo operacional de uma máquina, ele deve passar a usar mais capital. (Nos atuais níveis de produção, ele precisa de 260 unidades de trabalho para poder substituir 10 unidades de capital.) Na verdade, ele sabe que, a menos que o trabalho seja substancialmente mais barato do que o uso da máquina, o processo produtivo deve tornar-se mais intensivo em capital.

A decisão relativa ao número de trabalhadores a serem contratados e de máquinas a serem utilizadas não poderá ser completamente resolvida enquanto não discutirmos os custos de produção no próximo capítulo. Entretanto, este exemplo ilustra a forma pela qual o conhecimento das isoquantas de produção e da taxa marginal de substituição técnica pode auxiliar um administrador. Ele sugere também a razão pela qual a maioria das fazendas dos Estados Unidos e do Canadá, onde o

---

[10] A função de produção de alimentos em que este exemplo se baseia é expressa pela equação $q = 100(K^{0,8}L^{0,2})$, na qual q é a taxa de produção anual em bushels de trigo, K a quantidade anual de máquinas em uso e L a quantidade anual de horas de trabalho.

trabalho é relativamente caro, opera em uma faixa de produção em que a TMST é relativamente alta (apresentando uma elevada relação capital/trabalho), enquanto as fazendas dos países em desenvolvimento, onde o trabalho é mais barato, operam com TMST mais baixa (e menor relação capital/trabalho).[11] A combinação ideal de trabalho/capital a ser utilizada dependerá dos preços dos insumos, assunto que tratamos no Capítulo 7.

6.4 Rendimentos de escala

A análise que fizemos sobre a substituição de fatores no processo produtivo nos mostrou o que acontece quando uma empresa troca um insumo por outro, mantendo o produto constante. Entretanto, no longo prazo, quando todos os insumos são variáveis, a empresa precisa decidir sobre a melhor maneira de aumentar a produção. Uma forma de fazê-lo consiste em mudar a escala de operação aumentando *todos os insumos na mesma proporção*. Se um fazendeiro que trabalha com uma colheitadeira e em um acre de terra produz 100 bushels de trigo, quanto produzirão dois fazendeiros com duas colheitadeiras e dois acres de terra? É quase certo que a produção aumentará, mas será que dobrará, aumentará mais do que o dobro ou não chegará ao dobro? Os **rendimentos de escala** referem-se à proporção de aumento do produto quando os insumos aumentam proporcionalmente entre si. Examinaremos aqui três casos: rendimentos de escala crescentes, constantes e decrescentes.

rendimentos de escala
Taxa de crescimento do produto à medida que os insumos crescem proporcionalmente.

RENDIMENTOS CRESCENTES DE ESCALA Se a produção cresce mais que o dobro quando se dobram os insumos, então há **rendimentos crescentes de escala**. Isso pode ocorrer pelo fato de a operação em maior escala permitir que administradores e funcionários se especializem em suas tarefas e façam uso de instalações e equipamentos mais especializados e em grande escala. A linha de montagem na indústria automobilística é um famoso exemplo de rendimentos crescentes.

rendimentos crescentes de escala
Situação em que a produção cresce mais do que o dobro quando se dobra a quantidade de todos os insumos.

A presença dos rendimentos crescentes de escala é um tema importante do ponto de vista das políticas públicas. Quando existem rendimentos crescentes, torna-se economicamente mais vantajoso ter uma grande empresa produzindo (a um custo relativamente baixo) do que muitas empresas pequenas (a custos relativamente altos). Mas, pelo fato de uma empresa grande poder exercer controle sobre os preços estabelecidos, ela pode estar sujeita a regulamentações. Por exemplo, os rendimentos crescentes do fornecimento de energia elétrica são uma das razões pelas quais temos grandes empresas de fornecimento de energia elétrica regulamentadas.

RENDIMENTOS CONSTANTES DE ESCALA Uma segunda possibilidade relacionada à escala de produção é a de que a produção dobre quando ocorrer a duplicação dos insumos. Nesse caso, dizemos que há **rendimentos constantes de escala**. Havendo rendimentos constantes de escala, o tamanho da empresa não influencia a produtividade de seus insumos — como uma fábrica utilizando determinado processo produtivo pode ser facilmente copiada, duas fábricas juntas produzirão o dobro. Por exemplo, uma grande agência de viagens pode oferecer o mesmo serviço por cliente e utilizar a mesma proporção de capital (área de escritórios) e de trabalho (agentes de viagem) que uma pequena agência de viagens que tivesse um número menor de clientes.

rendimentos constantes de escala
Situação em que a produção dobra quando se duplica a quantidade de todos os insumos.

RENDIMENTOS DECRESCENTES DE ESCALA Por fim, se a produção aumenta em menos que o dobro, quando se dobram os insumos, há **rendimentos decrescentes de escala**. Essa situação se aplica a algumas empresas com operações em grande escala. Dificuldades para organizar e gerenciar uma operação em grande escala podem acabar levando a uma

rendimentos decrescentes de escala
Situação em que a produção aumenta menos que o dobro quando se dobra a quantidade de todos os insumos.

---

[11] Com a função de produção apresentada na nota 6, não é difícil (utilizando-se o cálculo integral) demonstrar que a taxa marginal de substituição técnica pode ser expressa pela equação: $TMST = (PMg_L/PMg_K) = (1/4)(K/L)$. Portanto, a TMST diminui à medida que a relação capital/trabalho cai. Para conhecer um interessante estudo sobre a produção agrícola em Israel, veja Richard E. Just, David Zilberman e Eithan Hochman, "Estimation of Multicrop Production Functions", *American Journal of Agricultural Economics* 65, 1983, p. 770-780.

produtividade menor, tanto para o trabalho quanto para o capital. A comunicação entre os funcionários e a administração pode se tornar difícil de ser monitorada à medida que o local de trabalho se torna mais impessoal. Em consequência, a existência dos rendimentos decrescentes provavelmente está ligada aos problemas crescentes de coordenação de tarefas e da preservação de um bom canal de comunicação entre administração e funcionários.

Descrevendo os rendimentos de escala

Os rendimentos de escala não precisam ser uniformes em todos os níveis possíveis de produção. Com baixos níveis de produção, por exemplo, a empresa pode ter rendimentos crescentes de escala, mas, com níveis mais altos, rendimentos constantes e decrescentes.

A presença ou ausência de rendimentos de escala pode ser graficamente visualizada nas duas partes da Figura 6.10. A linha 0A, partindo da origem em cada painel, descreve um processo produtivo no qual trabalho e capital são utilizados como insumos para produzir diversos níveis de produção na proporção de 5 horas de trabalho para 2 horas de máquina. Na Figura 6.10(a), a função de produção da empresa apresenta retornos constantes de escala. Quando são utilizadas 5 horas de trabalho e 2 horas de máquina, é obtida uma produção de 10 unidades. Quando ambos os insumos dobram, a produção dobra de 10 para 20 unidades, e, quando ambos os insumos triplicam, a produção também triplica, passando de 10 para 30 unidades. Em outras palavras, é necessário o dobro de insumos para produzir 20 unidades e é necessário o triplo de insumos para produzir 30 unidades.

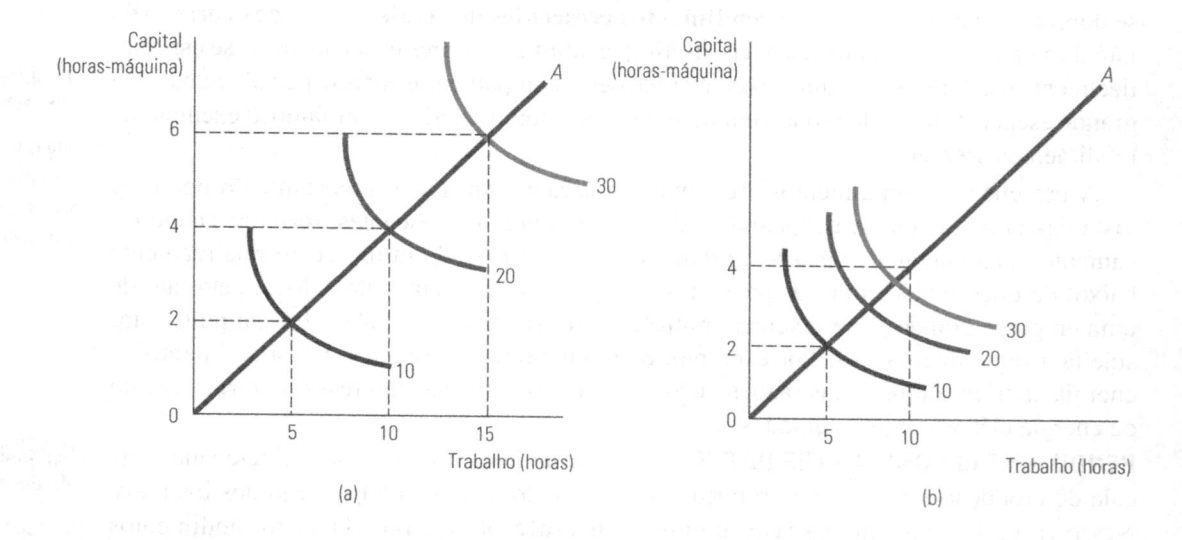

FIGURA 6.10 RENDIMENTOS DE ESCALA

Quando o processo de produção de uma empresa apresenta rendimentos constantes de escala, como mostrado pelo movimento ao longo da linha 0A no painel (a), o espaço entre as isoquantas é igual, à medida que a produção aumenta de modo proporcional. Entretanto, quando há rendimentos crescentes de escala, como mostrado em (b), as isoquantas situam-se cada vez mais próximas, à medida que os insumos aumentam ao longo da linha.

Na Figura 6.10(b), a função de produção da empresa apresenta rendimentos crescentes de escala. As isoquantas tornam-se mais próximas à medida que nos distanciamos da origem ao longo da reta 0A. Como resultado, é necessário *menos* que o dobro de ambos os insumos para aumentar a produção de 10 para 20 unidades e bem menos do que o triplo para aumentá-la para 30 unidades. O oposto seria verdadeiro se a função de produção apresentasse rendimentos decrescentes de escala (não mostrados aqui). Com rendimentos decrescentes, as isoquantas tornam-se cada vez mais distantes entre si conforme os níveis de produção aumentam proporcionalmente.

Os rendimentos de escala variam de modo substancial entre as empresas e entre os setores. Mantido tudo o mais constante, quanto mais substanciais forem os rendimentos de escala, maiores tendem a ser as empresas de determinado setor. Em geral, a indústria de transformação tem maior probabilidade de apresentar rendimentos crescentes de escala do que as empresas do setor de serviços, pois a atividade de transformação exige substanciais investimentos em equipamentos de capital. As empresas do setor de serviços são mais intensivas em trabalho, e podem ser igualmente eficientes operando em pequena ou grande escala.

EXEMPLO 6.5 RENDIMENTOS DE ESCALA NA INDÚSTRIA DE TAPETES

A indústria de tapetes nos Estados Unidos concentra-se em torno da cidade de Dalton, na parte setentrional do estado da Geórgia. Um setor industrial relativamente pequeno, com muitas empresas também pequenas na primeira metade do século XX, cresceu rapidamente e se tornou um grande setor com um elevado número de empresas de todos os tamanhos. Como exemplo, listamos na Tabela 6.5, classificados pelo valor de suas entregas em milhões de dólares no ano de 2005, os cinco maiores fabricantes de tapetes.[12]

TABELA 6.5 A indústria de tapetes nos Estados Unidos

Vendas de tapetes em 2005 (milhões de dólares por ano)	
1. Shaw	4.346
2. Mohawk	3.779
3. Beaulieu	1.115
4. Interface	421
5. Royalty	298

Atualmente, nesse setor, há três empresas relativamente grandes (Shaw, Mohawk e Beaulieu), assim como um número bem expressivo de pequenos fabricantes. Há, também, muitos atacadistas, varejistas, grupos compradores e cadeias nacionais de vendas no varejo. O setor de tapetes cresceu rapidamente por diversas razões. A demanda dos consumidores por tapetes de lã, náilon e polipropileno para usos residencial e comercial aumentou vertiginosamente. Além disso, inovações como a introdução de máquinas de entufar maiores, mais eficientes e mais rápidas, reduziram os custos, possibilitando o aumento da produção. Junto com o aumento da produção, a inovação e a competição colaboraram para reduzir os preços reais dos tapetes.

Em que medida, se for este o caso, o crescimento da indústria de tapetes pode ser explicado pela existência de rendimentos de escala? Ocorreram certamente melhorias substanciais no processamento de vários insumos-chave (fios mais difíceis de manchar, por exemplo), assim como no processo de distribuição da produção para revendedores e consumidores finais. No entanto, o que ocorreu na produção de tapetes? Essa produção é intensiva em capital — as fábricas requerem pesados investimentos em velozes máquinas de entufar, as quais transformam vários tipos de fios em tapeçarias também variadas, assim como em máquinas de forrar os tapetes, de cortá-los nos tamanhos apropriados, de empacotá-los, rotulá-los e distribuí-los.

De modo geral, o capital físico (incluindo a fábrica e os equipamentos) é responsável por cerca de 77% dos custos de fabricação de tapetes, enquanto o trabalho é responsável apenas pelos 23% restantes. Ao longo do tempo, os maiores fabricantes de tapetes aumentaram a escala de suas operações pondo em funcionamento máquinas de entufar maiores e mais eficientes dentro de fábricas também maiores. Ao mesmo tempo, o emprego de mão de obra nessas fábricas também aumentou significativamente. Qual foi o resultado de tudo isso? Aumentos proporcionais de insumos resultaram em aumentos mais do que proporcionais de produção nas fábricas maiores. Por exemplo, dobrar os insumos capital e trabalho fazia o produto crescer 110%. Esse padrão, entretanto, não se mostrou uniforme em todo o setor. Os pequenos fabricantes descobriram que pequenas mudanças de escala tinham pouco ou nenhum efeito na produção, isto é, ao aumentarem proporcionalmente os insumos, obtinham somente um acréscimo de produção proporcional.

---

12 *Floor Focus*, maio 2005.

Portanto, podemos caracterizar o setor de tapetes como um em que há rendimentos constantes de escala nas fábricas pequenas, mas rendimentos crescentes de escala nas fábricas grandes. Esses rendimentos crescentes, entretanto, são limitados, de tal modo que, se o tamanho de uma dessas fábricas for aumentado, chegará um momento em que os rendimentos se tornarão decrescentes.

RESUMO

1. Uma *função de produção* mostra a produção máxima que uma empresa pode obter para cada combinação específica de insumos.

2. No curto prazo, um ou mais insumos do processo produtivo são fixos, enquanto no longo prazo todos os insumos são potencialmente variáveis.

3. A produção com um insumo variável, por exemplo, o trabalho, pode ser utilmente descrita em termos do *produto médio do trabalho* (que mede o produto por unidade de trabalho) e do *produto marginal do trabalho* (que mede a produção adicional quando se aumenta o trabalho em uma unidade).

4. De acordo com a *lei dos rendimentos decrescentes*, quando um ou mais insumos são fixos, o insumo variável (em geral, o trabalho) apresenta um produto marginal que diminui à medida que o nível de produção aumenta.

5. Uma *isoquanta* é uma curva que mostra todas as combinações de insumos que resultam em determinado nível de produção. A função de produção de uma empresa pode ser representada por uma série de isoquantas associadas a diferentes níveis de produção.

6. As isoquantas possuem sempre inclinação descendente porque o produto marginal de todos os insumos é positivo. O formato de cada isoquanta pode ser descrito pela taxa marginal de substituição técnica, em cada ponto da isoquanta. A *taxa marginal de substituição técnica* (TMST) *do trabalho pelo capital* corresponde à quantidade em que se deve reduzir o insumo capital, quando uma unidade extra de insumo trabalho é utilizada, de tal forma que a produção permaneça constante.

7. O padrão de vida que um país pode oferecer a seus cidadãos está muito relacionado ao nível de produtividade de sua mão de obra. Diminuições no crescimento da taxa de produtividade dos países desenvolvidos devem-se em parte à falta de crescimento dos investimentos de capital.

8. As possibilidades de substituição entre os insumos no processo produtivo variam de uma função de produção na qual os insumos são *substitutos perfeitos* a uma função de produção na qual as proporções dos insumos utilizados são fixas (uma *função de produção de proporções fixas*).

9. Na análise de longo prazo, tendemos a pensar no problema de escolha da empresa em termos de escala ou tamanho de operação. *Rendimentos constantes de escala* significam que, dobrando-se todos os insumos, obtém-se o dobro da produção. *Rendimentos crescentes de escala* ocorrem quando a produção aumenta em mais do que o dobro quando se dobram os insumos, ao passo que os *rendimentos decrescentes de escala* acontecem quando a produção não chega a dobrar.

QUESTÕES PARA REVISÃO

1. O que é uma função de produção? Em que uma função de produção de longo prazo difere de uma função de produção de curto prazo?

2. Por que o produto marginal do trabalho tende a apresentar uma elevação inicial no curto prazo quanto mais insumo variável for empregado?

3. Por que, no curto prazo, a produção acaba apresentando rendimentos marginais decrescentes no que diz respeito ao trabalho?

4. Você é um empregador interessado em preencher uma posição vaga em uma linha de montagem. Será que estaria mais preocupado com o produto médio ou com o produto marginal do trabalho da última pessoa contratada? Caso observe que o produto médio está começando a diminuir, você deveria contratar mais funcionários? O que tal situação significaria em termos do produto marginal do último funcionário contratado?

5. Qual é a diferença entre uma função de produção e uma isoquanta?

6. Defrontando-se com condições que mudam constantemente, por que uma empresa teria algum interesse em manter *algum* insumo fixo? O que determina se um insumo é fixo ou variável?

7. As isoquantas podem ser convexas, lineares ou em forma de L. O que cada uma dessas formas lhe diz sobre a natureza da função de produção? E sobre a TMST?

8. Uma isoquanta pode ser uma curva ascendente? Explique.

9. Explique o termo "taxa marginal de substituição técnica". O que uma TMST = 4 significa?

10. Explique por que a taxa marginal de substituição técnica tende a diminuir à medida que o trabalho é substituído pelo capital.

11. É possível obter, ao mesmo tempo, rendimentos decrescentes para um único fator de produção e rendimentos constantes de escala? Discuta.
12. Uma empresa poderia ter uma função de produção que exibisse rendimentos crescentes de escala, rendimentos constantes de escala e rendimentos decrescentes de escala, à medida que a produção aumentasse? Discuta.
13. Suponha que o produto q seja uma função de um único insumo, o trabalho (L). Descreva os rendimentos de escala associados a cada uma das seguintes funções de produção: (a) $q = L/2$ (b) $q = L^2 + L$ (c) $q = \log(L)$.

EXERCÍCIOS

1. O cardápio na cafeteria de Joe consiste em vários tipos de café, salgadinhos, doces e sanduíches. O produto marginal de um funcionário adicional pode ser definido como o número de clientes que podem ser servidos pelo funcionário em dado período. Joe só tem um empregado, mas está pensando em contratar mais dois. Explique por que o produto marginal do segundo e do terceiro funcionários pode ser mais alto que o do primeiro. Por que é de se esperar que o produto marginal dos funcionários adicionais eventualmente diminua?

2. Suponha que um fabricante de cadeiras esteja produzindo no curto prazo (com uma fábrica e equipamentos preexistentes). O fabricante observou os seguintes níveis de produção, correspondentes a diferentes números de funcionários:

Número de funcionários	Número de cadeiras
1	10
2	18
3	24
4	28
5	30
6	28
7	25

   a. Calcule o produto marginal e o produto médio do trabalho para essa função de produção.
   b. Essa função de produção apresenta rendimentos decrescentes de escala para o trabalho? Explique.
   c. Explique, de acordo com sua opinião, qual poderia ser a razão do produto marginal do trabalho se tornar negativo.

3. Preencha os espaços em branco na tabela a seguir.

Quantidade de insumo	Produto total	Produto marginal do insumo variável	Produto médio do insumo variável
0	0	—	—
1	225		
2			300
3		300	
4	1.140		
5		225	
6			225

4. Durante uma campanha de reeleição, o gestor de determinada candidatura precisa decidir se veiculará propagandas na televisão ou enviará correspondências para potenciais eleitores. Descreva a função de produção para os votos da campanha. De que modo as informações a respeito dessa função (por exemplo, o formato das isoquantas) poderiam ajudar o gestor a planejar sua estratégia?

5. Para cada um dos exemplos a seguir, desenhe uma isoquanta representativa. O que pode ser dito sobre a taxa marginal de substituição técnica em cada caso?
   a. Uma empresa pode contratar apenas empregados para trabalhar em período integral ou alguma combinação de funcionários de período integral e de meio-período. Para cada empregado de período integral que deixa o emprego a empresa deve contratar um número crescente de empregados de meio período para manter o mesmo nível do produto.
   b. Uma empresa descobre que pode sempre trocar duas unidades de trabalho por uma unidade de capital, mantendo o mesmo nível de produção.
   c. Uma empresa precisa exatamente de dois funcionários em período integral para operar cada peça do maquinário de sua fábrica.

6. Uma empresa tem um processo produtivo no qual os insumos de produção são perfeitamente substituíveis no longo prazo. Você poderia dizer se a taxa marginal de substituição é alta ou baixa, ou precisaria de mais informações para responder? Discuta.

7. O produto marginal do trabalho na produção de chips para computadores é de 50 chips por hora. A taxa marginal de substituição técnica de horas de trabalho por horas de maquinário é de 1/4. Qual é o produto marginal do capital?

8. As funções a seguir representam rendimentos de escala crescentes, constantes ou decrescentes? O que acontece com o produto marginal de cada fator isolado, quando esse fator aumenta e o outro se mantém constante?
   a. $q = 3L + 2K$
   b. $q = (2L + 2K)^{1/2}$
   c. $q = 3LK^2$
   d. $q = L^{1/2}K^{1/2}$
   e. $q = 4L^{1/2} + 4K$

9. A função de produção da empresa fabricante de computadores pessoais Disk, Inc. é expressa por

$$q = 10K^{0,5}L^{0,5}$$

sendo q o número de computadores produzidos diariamente, K o número de horas-máquina e L o número de horas do insumo trabalho. Um concorrente da Disk, a empresa Floppy, Inc., está utilizando a função de produção

$$q = 10K^{0,6}L^{0,4}$$

a. Se ambas as empresas utilizam quantidades iguais de capital e trabalho, qual das duas produz mais?

b. Suponha que o capital esteja limitado a 9 horas-máquina, porém, a oferta de trabalho seja ilimitada. Em qual das duas empresas seria maior o produto marginal do trabalho? Explique.

10. No Exemplo 6.4, o trigo é produzido em conformidade com a função de produção:

$$q = 100(K^{0,8}L^{0,2})$$

a. Iniciando com insumo capital igual a 4 e insumo trabalho igual a 49, mostre que o produto marginal do trabalho e o produto marginal do capital são ambos declinantes.

b. Essa função de produção exibe rendimentos de escala crescentes, decrescentes ou constantes?

11. Suponha que a expectativa de vida em anos (V) seja uma função de dois insumos, gastos com saúde (S) e gastos com nutrição (N) em centenas de dólares por ano. A função de produção é $V = c\,S^{0,8}N^{0,2}$.

a. Começando com um insumo saúde de US$ 400 por ano ($S = 4$) e um insumo de nutrição de US$ 4.900 por ano ($N = 49$), mostre que o produto marginal dos gastos de saúde e o produto marginal de gastos com nutrição são ambos decrescentes.

b. Essa função de produção apresenta rendimentos de escala crescentes, decrescentes ou constantes?

c. Suponha que, em um país com habitantes passando fome, N seja fixo em 2 e que $c = 20$. Desenhe a função de produção para a expectativa de vida como uma função de gastos com saúde, com V no eixo vertical e S no eixo horizontal.

d. Agora, suponha que outra nação ofereça auxílio alimentar ao país com habitantes passando fome, de modo que N aumente para 4. Desenhe a nova função de produção.

e. Agora, suponha que $N = 4$ e $S = 2$. Você dirige uma ONG que pode oferecer auxílio alimentar ou auxílio na forma de serviços de saúde a esse país. O que proporcionaria mais benefício: aumentar S em 1 ou aumentar N em 1?

CAPÍTULO 7

O custo de produção

No capítulo anterior, examinamos a tecnologia de produção da empresa, ou seja, a relação que mostra como os insumos podem ser transformados em produtos. Agora, veremos de que forma a tecnologia de produção, junto com os preços dos insumos, determina o custo de produção.

Dada uma tecnologia de produção da empresa, os administradores devem decidir *como* produzir. Vimos anteriormente que os insumos podem ser combinados de diferentes maneiras para que seja obtida uma mesma quantidade de produto. Por exemplo, determinada quantidade de produto pode ser produzida com muito trabalho e pouco capital, com pouco trabalho e muito capital ou com alguma outra combinação dos dois insumos. Neste capítulo, veremos de que forma é escolhida uma combinação *ótima* (ou seja, que minimiza os custos) de insumos. Veremos também de que modo os custos da empresa dependem de sua produção e de que maneira eles podem variar com o decorrer do tempo.

Começamos explicando como o *custo* é definido e medido, fazendo distinção entre o conceito de custo usado pelos economistas, os quais estão preocupados com o desempenho futuro da empresa, e pelos contadores, cujo foco são os demonstrativos financeiros. Depois examinamos o modo pelo qual as características da tecnologia de produção da empresa afetam seus custos, tanto no curto prazo, em que a empresa pouco pode fazer para variar seu estoque de capital, quanto no longo prazo, em que pode alterar todos os seus fatores de produção.

Em seguida, mostramos de que maneira o conceito de rendimento de escala pode ser generalizado para tratar tanto da combinação de insumos quanto da produção de muitos produtos diferentes. Mostramos, também, que os custos às vezes apresentam queda no decorrer do tempo, à medida que os administradores e funcionários aprendem pela experiência e tornam o processo produtivo mais eficiente. Por fim, mostramos como utilizar informações empíricas nas estimativas das funções de custo e na previsão de custos futuros.

ESTE CAPÍTULO DESTACA

- **7.1** Medindo custos: quais custos considerar? 220
- **7.2** Custos no curto prazo 227
- **7.3** Custos no longo prazo 232
- **7.4** Curvas de custo no longo prazo *versus* curvas de custo no curto prazo 243
- **7.5** Produção com dois produtos — economias de escopo 248
- ***7.6** Mudanças dinâmicas nos custos — a curva de aprendizagem 251
- ***7.7** Estimativa e previsão de custos 256
- **Apêndice:** Teoria da produção e do custo — tratamento matemático 264

LISTA DE EXEMPLOS

- **7.1** Escolhendo o local do novo prédio da faculdade de Direito 222
- **7.2** Custos fixos, variáveis e irreversíveis — computadores, softwares e pizzas 225
- **7.3** Custos de curto prazo na produção de alumínio 231
- **7.4** Efeito das taxas para efluentes nas escolhas dos insumos 237
- **7.5** Reduzindo o uso de energia 241
- **7.6** Economias de escopo em empresas transportadoras 250
- **7.7** Curva de aprendizagem na prática 254
- **7.8** Funções de custo para energia elétrica 258

7.1 Medindo custos: quais custos considerar?

Antes que possamos analisar de que forma são determinados os custos, bem como as razões de sua variação, precisamos esclarecer o que entendemos por *custos* e de que forma efetuamos sua medição. Quais itens deveriam ser incluídos como parte integrante dos custos de uma empresa? Os custos obviamente incluem os salários que a empresa paga aos funcionários e o aluguel que paga pela área ocupada pelos escritórios. Mas como ficariam os cálculos no caso de a empresa já ser proprietária de suas instalações, o que tornaria desnecessário o pagamento de aluguel? De que forma deveríamos considerar o dinheiro que a empresa despendeu durante dois ou três anos (não podendo recuperá-lo) com equipamentos ou com pesquisa e desenvolvimento? Responderemos a tais questões no contexto das decisões econômicas tomadas pelos administradores.

Custos econômicos *versus* custos contábeis

Os economistas tratam os custos de forma diferente dos contadores, os quais estão preocupados em acompanhar os ativos e passivos, bem como em retratar o desempenho passado para uso externo, como ocorre nos demonstrativos anuais. Os contadores tendem a ter uma visão retrospectiva das finanças e operações da empresa. Em consequência disso, os **custos contábeis** que os contadores calculam podem incluir itens que um economista não incluiria, assim como podem excluir itens que os economistas não deixariam de considerar. Por exemplo, os custos contábeis incluem as despesas atuais e as despesas ocasionadas pela desvalorização dos equipamentos de capital, que são determinadas com base no tratamento fiscal permitido pelas normas do órgão fazendário (Internal Revenue Service, nos Estados Unidos).

> **custos contábeis**
> Despesas correntes mais as despesas atribuídas à depreciação dos equipamentos de capital.

A visão dos economistas — e esperamos que também a dos administradores — é voltada para o futuro. Eles se preocupam com a alocação de recursos escassos. Assim, preocupam-se com os custos que poderão ocorrer no futuro e com as formas que poderiam ser utilizadas pela empresa para reorganizar sua produção para reduzir os custos e aumentar sua lucratividade. Como veremos, os economistas têm sempre em mente os **custos econômicos**, ou seja, os custos da utilização de recursos na produção. Que tipo de recursos fazem parte dos custos econômicos? A palavra *econômico* implica que devemos aprender a distinguir os custos que a empresa pode controlar daqueles que não pode. Ela também nos diz para considerar *todos* os custos relevantes para a produção. É lógico que capital, mão de obra e matérias-primas são recursos cujos custos deverão ser incluídos. Mas a empresa poderia usar outros recursos com custos que são menos óbvios, porém igualmente importantes. Nesse ponto, o conceito de custo de oportunidade desempenha um importante papel.

> **custos econômicos**
> Custos para uma empresa de utilizar recursos econômicos na produção.

Custos de oportunidade

Os **custos de oportunidade** são aqueles associados às oportunidades que serão deixadas de lado, caso a empresa não empregue os recursos da melhor maneira possível. Isso é mais fácil de entender por meio de um exemplo. Considere uma empresa proprietária de um edifício e que, portanto, não paga aluguel pelo espaço ocupado por seus escritórios. Será que isso significaria que o custo do espaço ocupado pelos escritórios é zero para a empresa? Os administradores da empresa e o contador diriam que sim, mas um economista iria discordar. Ele observaria que a empresa poderia ter recebido aluguel por tal espaço, caso o tivesse arrendado a outra firma. Alugar o espaço dos escritórios significaria dar um uso alternativo a esse recurso, um uso que proporcionaria à empresa uma renda sob a forma de aluguel. Esse aluguel não recebido corresponde aos custos de oportunidade de utilização do espaço dos escritórios. E devido ao fato de que o espaço dos escritórios é um recurso que a empresa está utilizando, esse custo de oportunidade deve ser incluído como parte dos custos econômicos das atividades da empresa.

> **custos de oportunidade**
> Custos associados às oportunidades descartadas quando os recursos de uma empresa não são utilizados da melhor forma.

E os salários pagos aos trabalhadores da empresa? Esse certamente é um custo econômico dos negócios, mas, se você pensar bem, verá que também é um custo de oportunidade. O motivo é que o dinheiro pago aos funcionários poderia ter sido colocado em algum uso alternativo em vez disso. Talvez a empresa pudesse ter usado algum ou todo esse dinheiro para comprar máquinas que economizam mão de obra, ou ainda para produzir um produto completamente diferente. Assim, vemos que o custo econômico e o custo de oportunidade se referem à mesma coisa. Se pudermos considerar e medir todos os recursos da empresa devidamente, descobriremos que:

Custo econômico = Custo de oportunidade

Embora tanto o custo econômico quanto o de oportunidade descrevam a mesma coisa, o conceito de custo de oportunidade é particularmente útil em situações onde as alternativas que são renunciadas não refletem os gastos monetários. Vamos examinar com mais detalhes o custo de oportunidade para ver como ele pode tornar o custo econômico diferente do contábil no tratamento de salários, e depois no custo dos insumos de produção. Considere uma proprietária que administra sua própria loja de brinquedos e não paga salário para si mesma. (Vamos deixar de lado o aluguel que ela paga pelo espaço do escritório só para simplificar a discussão.) Se nossa proprietária da loja tivesse escolhido trabalhar em outro lugar, ela teria sido capaz de achar um emprego que pagasse US$ 60.000 por ano basicamente pelo mesmo esforço. Nesse caso, o custo de oportunidade do tempo que ela gasta trabalhando em seu comércio é de US$ 60.000.

Agora, suponha que, no ano passado, ela tenha adquirido um estoque de brinquedos pelo qual tenha pago US$ 1 milhão. Ela espera poder vender esses brinquedos na época de natal com uma substancial margem de lucro relativamente ao seu custo de aquisição. Porém, próximo do fim do ano, ela recebe uma oferta de outro revendedor para comprar seu estoque por US$ 1,5 milhão. Ela deveria vender seu estoque ou não? A resposta, em parte, depende das perspectivas de seus negócios, mas também do custo de oportunidade da aquisição de um estoque de brinquedos. Supondo que custaria US$ 1,5 milhão para adquirir o novo estoque outra vez, o custo de oportunidade de mantê-lo é de US$ 1,5 milhão, e não o US$ 1 milhão que ela pagou originalmente.

Você poderia perguntar por que o custo de oportunidade não é apenas US$ 500.000, já que essa é a diferença entre o valor de mercado do estoque e o custo de sua aquisição. A explicação é que, quando a proprietária está decidindo o que fazer com o estoque, ela está tentando antecipar o que é melhor para o seu negócio no futuro. Para fazer isso, ela precisa considerar o fato de que, se mantiver o estoque para seu próprio uso, estaria sacrificando o US$ 1,5 milhão que poderia ter recebido vendendo o estoque para outra empresa.[1]

Observe que um contador poderia não ver as coisas dessa maneira. Ele poderia dizer à proprietária da loja que o custo de utilizar o estoque é de apenas US$ 1 milhão que ela pagou. Mas esperamos que você entenda por que isso seria enganoso. O custo econômico real de manter e utilizar esse estoque é de US$ 1,5 milhão que a proprietária poderia ter obtido ao vendê-lo a outro comerciante.

Contadores e economistas algumas vezes também consideram a depreciação de modo diferente. Ao estimar a lucratividade futura de uma empresa, economistas e administradores preocupam-se com os custos das edificações e dos equipamentos. Isso envolve não apenas os custos explícitos da aquisição e da operação desses bens, mas também o associado ao desgaste de sua utilização. Durante a avaliação do desempenho no período anterior, os contadores usam em seus cálculos de custos e lucros a regulamentação fiscal para determinar a depreciação permitida. Contudo, tais valores fixados em lei não refletem o real desgaste a que foram submetidos os equipamentos, o qual varia entre diferentes tipos de ativos.

---

[1] Naturalmente, o custo de oportunidade mudará de acordo com as circunstâncias e de uma época para outra. Se o valor do estoque de nossa comerciante de repente aumentasse para US$ 1,7 milhão, pois esse estoque incluiu alguns produtos para natal, que estavam com demanda em alta, o custo de oportunidade de manter e usar o estoque aumentaria para US$ 1,7 milhão.

Custos irreversíveis

custos irreversíveis
Despesas realizadas que não podem ser recuperadas.

Embora os custos de oportunidade estejam quase sempre ocultos, eles deveriam ser sempre levados em consideração quando se tomam decisões econômicas. O exato oposto ocorre em relação aos **custos irreversíveis**: um gasto que foi feito e que não pode ser recuperado. Os custos irreversíveis em geral são visíveis, mas, apesar de terem de fato ocorrido, deveriam ser sempre ignorados quando se tomam decisões econômicas.

Como não podem ser recuperados, os custos irreversíveis não deveriam ter influência alguma sobre as decisões da empresa. Consideremos, por exemplo, a aquisição de um equipamento específico para determinada fábrica. Vamos supor que ele possa ser utilizado apenas para executar aquilo para o qual foi originalmente projetado, não podendo ser convertido para usos alternativos. O gasto com tal equipamento vem a ser um custo irreversível. *Como ele não tem uso alternativo, seu custo de oportunidade é zero.* Assim, esse gasto não deveria ser incluído como parte dos custos da empresa. A decisão de adquirir esse equipamento pode ter sido boa ou má; não importa. Isso é passado e, portanto, não deve influenciar as atuais decisões da empresa.

E se o equipamento pudesse ser utilizado de outra maneira ou pudesse ser vendido ou alugado para outra empresa? Nesse caso, seu emprego envolveria um custo econômico, a saber, o custo de oportunidade de empregá-lo em vez de vendê-lo ou alugá-lo para outra empresa.

Há também os custos irreversíveis *prospectivos*. Por exemplo, suponhamos que uma empresa ainda não tenha comprado um equipamento de uso específico e esteja considerando se deve adquiri-lo. O custo irreversível prospectivo é um *investimento*. Aqui, a empresa deve decidir se a aplicação de capital no equipamento de uso específico é vantajosa *economicamente*, ou seja, se é capaz de proporcionar um fluxo de receitas grande o suficiente diante do custo que representa. No Capítulo 15, explicaremos em detalhes como tomar decisões de investimento desse tipo.

Como mais um exemplo, imagine que uma empresa esteja considerando a possibilidade de mudar sua sede para outra cidade. No ano passado, foram pagos US$ 500.000 a título de sinal para a compra de um prédio em tal cidade; esse sinal proporciona o direito de comprar o prédio ao preço de US$ 5.000.000, de tal forma que a despesa total será de US$ 5.500.000 caso a empresa venha realmente a adquiri-lo. Entretanto, ela agora descobre um edifício comparável ao primeiro, disponível na mesma cidade, por um preço de US$ 5.250.000. Qual dos dois deveria ser adquirido? A resposta é: o primeiro. O sinal no valor de US$ 500.000 corresponde a um fundo perdido, que não deveria influenciar a atual decisão da empresa. Para a empresa, o custo econômico da primeira propriedade é de US$ 5.000.000 (pois o custo irreversível não faz parte do custo econômico), enquanto o segundo edifício possui um custo econômico de US$ 5.250.000. Claro, se o segundo edifício custasse US$ 4.900.000, a empresa deveria adquiri-lo, abandonando o sinal pago.

EXEMPLO 7.1 ESCOLHENDO O LOCAL DO NOVO PRÉDIO DA FACULDADE DE DIREITO

A Faculdade de Direito da Universidade de Northwestern está situada em Chicago há muitos anos, em local próximo às praias do lago Michigan. Entretanto, o principal *campus* da universidade localiza-se no distrito de Evanston. Em meados da década de 1970, a faculdade de Direito começou a planejar a construção de um novo prédio e precisava tomar uma decisão sobre a localização mais apropriada. O prédio deveria ser construído no local atual, onde estaria próximo aos escritórios de advocacia do centro de Chicago? Ou deveria ser erguido em Evanston, onde se tornaria fisicamente integrado com o restante da universidade?

A localização próxima ao centro da cidade dispunha do apoio de muitas pessoas importantes. Em parte, elas argumentavam que seria mais vantajoso em termos de custo que a localização do novo edifício fosse próxima à cidade, pois a universidade já possuía o terreno. Em Evanston, haveria a necessidade da aquisição de uma grande área, caso o novo prédio viesse a ser construído lá. Será que esse argumento faz sentido em termos econômicos?

Não. Ele incorre no erro bastante comum de não fazer distinção entre custos contábeis e custos econômicos. Do ponto de vista econômico, seria muito dispendioso construir o prédio no centro da cidade, pelo alto custo de oportunidade da propriedade situada às margens do lago: tal propriedade poderia ser vendida por um valor suficiente para adquirir um terreno em Evanston, havendo ainda a sobra de uma quantia bem substancial.

Ao final, a Northwestern decidiu manter a faculdade de Direito em Chicago. Essa foi uma decisão bem custosa. Talvez tal escolha tenha sido apropriada, caso a localização em Chicago fosse particularmente conveniente para a faculdade de Direito; entretanto, foi inadequada se feita com base na suposição de que o terreno no centro da cidade não apresentava custo.

Custos fixos e custos variáveis

Alguns dos custos das empresas variam com o nível de produção, enquanto outros permanecem sem modificação independentemente do quanto está sendo produzido. Essa distinção será importante quando examinarmos, no próximo capítulo, a escolha da empresa quanto ao nível de produto que maximiza os lucros. Dividimos aqui, por isso, o **custo total (CT ou C)**, ou seja, o custo econômico total da produção, em dois componentes:

- **Custos fixos (CF):** não variam com o nível de produção e só podem ser eliminados se a empresa deixa de operar.
- **Custos variáveis (CV):** variam quando o nível de produção varia.

Dependendo das circunstâncias, os custos fixos podem incluir gastos com manutenção do prédio, seguro, aquecimento e eletricidade, e talvez um número mínimo de funcionários. São custos que permanecem inalterados independentemente do volume de produção da empresa. Os custos variáveis incluem gastos com salários e matérias-primas usadas para a produção — são custos que aumentam quando o volume produzido cresce.

Os custos fixos não variam com o nível de produção — devem ser pagos mesmo que não haja produção. *A única maneira de a empresa eliminar totalmente os custos fixos é deixando de operar.*

DEIXANDO DE OPERAR Deixar de operar não significa, necessariamente, abandonar os negócios. Imagine uma marca de roupa que possui diversas fábricas e está enfrentando uma baixa na demanda e queira reduzir a produção e os custos o máximo possível em uma das confecções. Reduzindo a zero a produção, os custos com matéria-prima seriam eliminados, assim como a maior parte do custo associado à mão de obra. Ainda assim, os custos fixos com pagamento de gerentes, seguranças e manutenção continuariam a existir. Os custos fixos somente seriam eliminados se a fábrica fechasse as portas, desligasse tudo o que gasta eletricidade e vendesse ou aposentasse todo o maquinário. A empresa se manteria no mercado e continuaria a operar suas outras confecções. Seria possível, inclusive, reabrir a fábrica fechada, embora tal atitude possa custar caro se envolver a compra de novas máquinas ou a remodelação das antigas.

FIXO OU VARIÁVEL? Como sabemos quais custos são fixos e quais são variáveis? A resposta depende do período que consideramos. No curto prazo — digamos, alguns poucos meses —, a maioria dos custos é fixa. Isso ocorre porque, em tal prazo, uma empresa é obrigada a receber e a pagar pela entrega de matérias-primas encomendadas com antecedência e não pode dispensar facilmente os trabalhadores, qualquer que seja o volume de produção.

Por outro lado, no longo prazo — digamos, dois ou três anos —, a maioria dos custos é variável. Nesse intervalo de tempo, se a empresa deseja diminuir a produção, pode reduzir sua força de trabalho, comprar menos matérias-primas e talvez até vender parte de seu maquinário. Se o prazo for ainda mais longo — dez anos, digamos —, quase todos os custos são variáveis. Funcionários e administradores podem ser dispensados (ou não

---

custo total (CT ou C)
Custo econômico total de produção, consistindo em custos fixos e variáveis.

custos fixos (CF)
Custos que não variam com o nível de produção e só podem ser eliminados se a empresa deixar de operar.

custos variáveis (CV)
Custos que variam quando o nível de produção varia.

serem substituídos) e as máquinas podem ser vendidas ou não serem repostas quando se tornarem obsoletas ou pararem de funcionar.

É importante para a administração da empresa saber quais custos são variáveis e quais são fixos. Quando uma empresa planeja uma mudança em seu nível de operação, ela em geral quer saber se essa mudança afetará seus custos. Consideremos, por exemplo, o problema que a Delta Airlines enfrentou recentemente. Essa empresa queria saber como seus custos seriam afetados se o número de voos programados fosse reduzido em 10%. A resposta para essa questão depende se estamos considerando o curto ou o longo prazo. No curto prazo — digamos, seis meses —, uma boa parte dos recursos de operação é fixa e é difícil dispensar os trabalhadores. Os custos de curto prazo da Delta são, na maior parte, fixos e não podem ser reduzidos significativamente com a diminuição no número de voos. No longo prazo — digamos, dois anos ou mais —, a situação é bem diferente. A Delta teria tempo suficiente para vender ou alugar os aviões que não estivesse utilizando e para dispensar os funcionários que não fossem mais necessários. Nesse longo prazo, os custos da Delta são, na maior parte, variáveis e podem ser reduzidos significativamente se 10% da redução de voos for colocada em prática.

Custos fixos *versus* custos irreversíveis

Muitas pessoas confundem custos fixos com custos irreversíveis. Como já explicamos, os primeiros são custos pagos pelas empresas em funcionamento, independentemente do nível de produção. Tais custos incluem, por exemplo, os salários dos principais executivos, as despesas associadas ao espaço ocupado pelos escritórios, assim como os gastos com a equipe de suporte, seguros e custos de manutenção da unidade. Os custos fixos podem ser evitados se a empresa fechar uma de suas unidades ou deixar de operar — seus principais executivos, por exemplo, deixam de ser necessários.

Custos irreversíveis, por outro lado, são os que foram contraídos e *não podem ser recuperados*. Considere, por exemplo, os custos de P&D de uma empresa farmacêutica envolvida no desenvolvimento e teste de um novo medicamento. Considere ainda os custos de marketing caso o medicamento seja seguro e eficaz. Independentemente de o medicamento fazer ou não sucesso no mercado, esses custos não podem ser recuperados e, portanto, são irreversíveis. Outro exemplo seria o custo que uma fábrica teria na produção de microprocessadores para computadores. Como os equipamentos são específicos demais para serem usados em outros setores, a maioria, se não todos, dos gastos com eles envolvidos é irreversível, ou seja, não pode ser recuperada. (Uma parte pequena dos gastos pode ser recuperada se os equipamentos forem vendidos como sucata.)

Suponhamos, por outro lado, que a empresa tenha concordado em contribuir para um plano de aposentadoria dos funcionários enquanto estiver em operação, independentemente de seu nível de produção e de sua lucratividade. Esses pagamentos poderão ser interrompidos apenas se a empresa deixar de operar. Nesse caso, as contribuições anuais para o programa de aposentadoria teriam de ser consideradas custos fixos.

Por que fazer diferença entre custos fixos e custos irreversíveis? Porque os custos fixos afetam as decisões futuras da empresa, enquanto os irreversíveis não. Custos fixos altos em relação às receitas e que não têm como ser diminuídos podem levar uma empresa ao encerramento de suas atividades — eliminar tais custos e abrir mão do lucro pode ser melhor do que afundar em dívidas. Optar por um alto custo irreversível pode acabar se revelando uma má escolha (como no caso do desenvolvimento de um novo produto, por exemplo), já que os gastos já foram feitos e não podem ser recuperados com o fechamento da empresa. Claro que um custo irreversível *prospectivo* é diferente e, conforme já mencionamos, acabaria por afetar as decisões futuras da empresa. (A empresa deveria, por exemplo, responsabilizar-se pelo desenvolvimento do novo produto?)

AMORTIZANDO CUSTOS IRREVERSÍVEIS Na prática, muitas empresas não costumam fazer diferença entre os custos fixos e os irreversíveis. A empresa de semicondutores que gastou US$ 600 milhões na fábrica de produção de processadores (um custo claramente irreversível) pode **amortizar** os gastos ao longo de seis anos e tratá-los como um custo fixo de US$ 100 milhões por ano. Não há problema algum nisso quando os gerentes da empresa compreendem que encerrar os negócios não fará desaparecer o custo anual de US$ 100 milhões. Na verdade, amortizar os gastos de capital dessa forma — dividindo-os ao longo de muitos anos e tratando-os como custos fixos — pode ser uma maneira útil de avaliar os lucros da empresa no longo prazo.

> **amortização**
> Política de tratamento de um gasto único como um custo anual dividido ao longo de alguns anos.

A amortização de gastos de capital altos e o tratamento destes como custos fixos contínuos também pode simplificar a análise econômica do funcionamento da empresa. Como veremos adiante, amortizar os gastos pode viabilizar a compreensão dos *trade-offs* enfrentados pela empresa no uso do trabalho *versus* o capital. Para simplificar, normalmente trataremos os custos irreversíveis dessa forma quando avaliarmos as decisões de produção da empresa. Quando a diferença entre custos fixos e custos irreversíveis for relevante na análise econômica, avisaremos antes.

EXEMPLO 7.2 CUSTOS FIXOS, VARIÁVEIS E IRREVERSÍVEIS — COMPUTADORES, SOFTWARES E PIZZAS

No decorrer deste livro, você aprenderá que as decisões das empresas sobre os preços de venda e níveis de produção — e sua lucratividade — dependem muito da estrutura de custos. Portanto, é importante para os administradores compreenderem as características dos custos de produção e serem capazes de identificar quais custos são fixos, quais são variáveis e quais são irreversíveis. As dimensões relativas desses diferentes componentes de custo podem variar consideravelmente de um setor para outro. São bons exemplos: o setor de computadores pessoais (cuja maioria dos custos é variável), o setor de software (cuja maioria dos custos é irreversível) e o negócio das pizzarias (cuja maioria dos custos é fixa). Vamos examinar cada um desses casos.

Empresas como a Dell, a Gateway, a Hewlett-Packard e a IBM produzem milhões de computadores pessoais todos os anos. Como os computadores que elas produzem são muito similares, a competição é intensa e a lucratividade depende muito da capacidade de manter os custos baixos. A maioria destes é variável — eles crescem em proporção ao número de computadores produzidos por ano. Os custos mais importantes são os dos componentes: o microprocessador que executa efetivamente a computação, os chips de memória, as unidades de disco e outros dispositivos de armazenamento, as placas de vídeo e de som etc. Normalmente, a maioria dos componentes é adquirida de fornecedores externos em quantidades que dependem dos computadores que serão produzidos.

Outro custo variável importante nessas empresas é a força de trabalho: são necessários muitos trabalhadores para montar os computadores, empacotá-los e transportá-los aos locais de venda. Há muito pouco custo irreversível nesse setor porque o valor da fábrica é pequeno em relação ao do produto anual desse tipo de empresa. De igual modo, há aí também pouco custo fixo: talvez os salários dos executivos de cargo mais elevado, de alguns seguranças e gastos com eletricidade. Assim, quando empresas como a Dell ou a Hewlett-Packard se deparam com a necessidade de reduzir custos, elas se preocupam principalmente em obter melhores preços para os componentes ou em reduzir a necessidade de mão de obra, que são modos de reduzir os custos variáveis.

Consideremos, agora, os programas para esses computadores pessoais. A Microsoft produz o sistema operacional Windows, assim como uma série de aplicativos, como o Word, o Excel e o PowerPoint. Mas muitas outras empresas — algumas grandes e outras pequenas — também produzem softwares que rodam em computadores pessoais. Para elas, os custos de produção são muito diferentes daqueles encontrados nas empresas de hardware. Na produção de programas de computadores, a maioria dos custos é *irreversível*. Em geral, uma empresa de programação aplica um grande volume de recursos no desenvolvimento de novos aplicativos. Esses gastos não podem ser recuperados.

Assim que o programa for completado, a empresa pode tentar recuperar o investimento feito (assim como pode tentar obter lucro) vendendo o maior número de cópias possível. O custo variável da produção dessas cópias é bem pequeno, pois consiste em grande parte na despesa de transferir os códigos dos programas para uma mídia ou para um servidor de Internet, acondicioná-los ou remetê-los pela Web. Os custos fixos de produção também são pequenos. Como muitos deles são irreversíveis, entrar no negócio de programas envolve um risco considerável. Enquanto os recursos para desenvolvimento não forem totalmente gastos e o produto não estiver pronto para venda, é provável que o empreendedor não possa saber quantas cópias serão vendidas e se conseguirá ou não obter lucro.

Por fim, vamos considerar uma pizzaria norte-americana. Nesse tipo de empreendimento, os maiores componentes de custo são fixos. Os custos irreversíveis são bem baixos, uma vez que fornos, cadeiras, mesas e pratos podem ser revendidos se o negócio tiver de ser fechado. Os custos variáveis são baixos, pois consistem principalmente nos ingredientes necessários para a preparação de pizzas (farinha de trigo, molho de tomate, queijo e outros ingredientes, necessários para fazer uma pizza típica nos Estados Unidos, custam no máximo US$ 1 ou US$ 2) e talvez nos salários de dois ajudantes que colaboram com a produção, dos atendentes nas mesas e dos entregadores. A maioria dos custos é fixa — o custo de oportunidade do tempo gasto pelo proprietário (normalmente, de 60 a 70 horas por semana), o aluguel e os utensílios. Em razão dos altos custos fixos, muitas pizzarias (que cobram, nos Estados Unidos, cerca de US$ 12 por uma pizza grande cujo custo variável aproximado é de US$ 3) não conseguem obter lucro muito alto.

CUSTO MÉDIO E CUSTO MARGINAL

Para completarmos a reflexão sobre custos, vamos agora nos ater à distinção entre custo marginal e custo médio. Para explicá-la, usaremos um exemplo numérico específico de uma função custo (relação entre o custo e a produção) que descreve a situação de muitas empresas. Esse exemplo é apresentado na Tabela 7.1. Depois de apresentarmos os conceitos de custos marginal e médio, vamos pensar em como a análise de custos difere no curto e no longo prazos.

TABELA 7.1	Custos de uma empresa						
Nível de produção (unidades por ano)	Custo fixo (dólares por ano)	Custo variável (dólares por ano)	Custo total (dólares por ano)	Custo marginal (dólares por unidade)	Custo fixo médio (dólares por unidade)	Custo variável médio (dólares por unidade)	Custo total médio (dólares por unidade)
	(CF) (1)	(CV) (2)	(CT) (3)	(CMg) (4)	(CFMe) (5)	(CVMe) (6)	(CTMe) (7)
0	50	0	50	—	—	—	—
1	50	50	100	50	50	50	100
2	50	78	128	28	25	39	64
3	50	98	148	20	16,7	32,7	49,3
4	50	112	162	14	12,5	28	40,5
5	50	130	180	18	10	26	36
6	50	150	200	20	8,3	25	33,3
7	50	175	225	25	7,1	25	32,1
8	50	204	254	29	6,3	25,5	31,8
9	50	242	292	38	5,6	26,9	32,4
10	50	300	350	58	5	30	35
11	50	385	435	85	4,5	35	39,5

CUSTO MARGINAL (CMg) *Custo marginal* — às vezes definido como *custo incremental* — é o aumento de custo ocasionado pela produção de uma unidade adicional de produto. Uma vez que o custo fixo não apresenta variação quando ocorrem alterações no nível de produção da empresa, o custo marginal é apenas o aumento no custo variável ou o aumento no custo total ocasionado por uma unidade extra de produto. Podemos, portanto, expressar o custo marginal da seguinte forma:

$$CMg = \Delta CV/\Delta q = \Delta CT/\Delta q$$

O custo marginal informa-nos quanto custará aumentar a produção em uma unidade. Na Tabela 7.1, o custo marginal é calculado tanto por meio do custo variável (coluna 2), como por meio do custo total (coluna 3). Por exemplo, o custo marginal de um aumento da produção, passando de 2 para 3 unidades, é de US$ 20, pois o custo variável da empresa passa de US$ 78 para US$ 98. (O custo total da produção é também aumentado em US$ 20, passando de US$ 128 para US$ 148. O custo total difere do variável apenas no montante correspondente ao custo fixo, o qual, por definição, não se altera quando ocorrem variações no nível de produção.)

CUSTO TOTAL MÉDIO (CTMe) *Custo total médio*, ou simplesmente *custo médio* (CMe), é o custo por unidade de produto. O custo total médio (CTMe) é o custo total dividido pelo nível de produção CT/q. Portanto, o custo total médio para um nível de produção de 5 unidades é de US$ 36, ou seja, US$ 180/5. Basicamente, o custo total médio informa-nos o custo unitário da produção.

O CTMe possui dois componentes. O **custo fixo médio (CFMe)** é o custo fixo (coluna 1 da Tabela 7.1) dividido pelo nível de produção, CF/q. Por exemplo, o custo fixo médio para um nível de produção de 4 unidades é de US$ 12,50 (US$ 50/4). Como o custo fixo é constante, o custo fixo médio apresenta declínio à medida que o nível de produção aumenta. O **custo variável médio (CVMe)** é o custo variável dividido pelo nível de produção CV/q. O custo variável médio para a produção de 5 unidades é de US$ 26, ou seja, US$ 130/5.

Já discutimos todos os tipos de custos relevantes para as decisões de produção, tanto em mercados competitivos quanto em não competitivos. Agora, vamos nos voltar às diferenças entre custos no curto prazo e no longo prazo. Esse ponto é particularmente importante no caso dos custos fixos. Os custos que são fixos em um prazo muito curto — por exemplo, os salários de trabalhadores contratados por tempo determinado — podem não ser fixos em um horizonte de tempo maior. De modo semelhante, os custos de capital fixos referentes a instalações e equipamentos se tornam variáveis se o horizonte de tempo é longo o bastante para permitir à empresa comprar novos equipamentos ou construir uma nova planta. Os custos fixos, porém, não necessariamente desaparecem, mesmo no longo prazo. Suponhamos, por exemplo, que uma empresa venha contribuindo para um programa de previdência dos funcionários. As obrigações dela, em parte fixas, podem permanecer até mesmo no longo prazo; elas só vão desaparecer se a empresa for à falência.

> **custo marginal (CMg)**
> Aumento no custo resultante da produção de uma unidade adicional de produto.

> **custo total médio (CTMe)**
> Custo total da empresa dividido pelo seu nível de produção.

> **custo fixo médio (CFMe)**
> Custo fixo dividido pelo nível de produção.

> **custo variável médio (CVMe)**
> Custo variável dividido pelo nível de produção.

7.2 Custos no curto prazo

Nesta seção, vamos concentrar nossa atenção nos custos de curto prazo. Os de longo prazo serão vistos a seguir, na Seção 7.3.

DETERMINANTES DE CUSTOS NO CURTO PRAZO

Os dados da Tabela 7.1 mostram que, no curto prazo, os custos variáveis e totais aumentam com a produção. A taxa de elevação de tais custos depende da natureza do processo produtivo e, em particular, da extensão em que tal produção envolve rendimentos marginais decrescentes para os insumos variáveis. Conforme vimos no Capítulo 6, ocorrem rendimentos decrescentes do trabalho quando seu produto marginal é declinante. Se o trabalho fosse o único insumo variável, o que ocorreria se aumentássemos o nível de produção da empresa?

> Na Seção 6.2, explicamos que os rendimentos marginais são decrescentes quando o acréscimo de insumos resulta em acréscimos decrescentes na produção.

Para poder elevar seu nível de produção, ela terá de contratar mais mão de obra. Então, se o produto marginal do trabalho diminui à medida que a quantidade de trabalho contratado é aumentada (por causa dos rendimentos decrescentes), isso significa que as despesas com mão de obra devem ser cada vez maiores para que se possam obter níveis mais elevados de produção. Consequentemente, o custo variável e o custo total aumentam à medida que o nível de produção aumenta. Por outro lado, se o produto marginal do trabalho diminuir apenas ligeiramente à medida que a quantidade de mão de obra aumentar, os custos não subirão com tanta rapidez quando o nível de produção se elevar.[2]

Vejamos, agora, a relação entre produção e custo com mais detalhes, examinando os custos de uma empresa que tem possibilidade de contratar o número de trabalhadores que desejar por uma remuneração fixa w. Lembre-se de que o custo marginal CMg é a mudança do custo variável ocasionada por uma variação de uma unidade no nível de produção (ou seja, $\Delta CV/\Delta q$). No entanto, a mudança do custo variável é o custo unitário do trabalho extra, w, multiplicado pela quantidade extra de mão de obra necessária para efetivar a produção extra, ΔL. Como $\Delta CV = w\Delta L$, segue-se que

$$CMg = \Delta CV/\Delta q = w\Delta L/\Delta q$$

Como dissemos no Capítulo 6, o produto marginal do trabalho, PMg_L, é a variação no nível de produção ocasionada pela variação de uma unidade do insumo trabalho, ou seja, $\Delta q/\Delta L$. Portanto, o trabalho extra necessário para a obtenção de uma unidade extra na produção é $\Delta L/\Delta q = 1/PMg_L$. Consequentemente, temos

$$CMg = w/PMg_L \qquad (7.1)$$

> O produto marginal do trabalho foi discutido na Seção 6.2.

A Equação 7.1 informa que, quando há apenas um insumo variável, o custo marginal é igual ao preço desse insumo dividido por seu produto marginal. Suponhamos, por exemplo, que o produto marginal do trabalho seja 3 e que a remuneração seja US$ 30 por hora. Sendo assim, uma hora de trabalho aumentará a produção em 3 unidades, de tal forma que uma unidade de produto requer 1/3 de hora de trabalho, custando US$ 10. O custo marginal da produção de tal unidade é US$ 10, que é igual à remuneração do trabalho, US$ 30, dividida pelo produto marginal do trabalho, 3 unidades. Um baixo produto marginal do trabalho significa que uma grande quantidade de trabalho adicional seria necessária para o aumento do nível de produção, o que resulta em um alto custo marginal. De forma recíproca, um produto marginal elevado significa que a necessidade de trabalho é pequena, da mesma forma que seu custo marginal. De maneira geral, sempre que o produto marginal do trabalho diminui, o custo marginal da produção aumenta, e vice-versa.[3]

RENDIMENTOS MARGINAIS DECRESCENTES E CUSTO MARGINAL Rendimentos marginais decrescentes significam que o produto marginal do trabalho declina conforme a quantidade de trabalho empregada aumenta. Como consequência, quando houver rendimentos marginais decrescentes, os custos marginais aumentarão à medida que o produto aumentar. Isso pode ser visto observando-se os valores do custo marginal na Tabela 7.1. Para os níveis de produção de 0 a 4, o custo marginal é decrescente; para os níveis de 4 a 11, porém, é crescente, o que reflete a presença de rendimentos marginais decrescentes.

Formatos das curvas de custo

A Figura 7.1 ilustra como as várias medidas de custo mudam quando o produto aumenta. A parte superior mostra o custo total e seus dois componentes, o custo variável e o fixo;

---

2 Estamos implicitamente presumindo que o trabalho seja contratado em mercados competitivos, de tal forma que o pagamento por unidade de insumo utilizado seria o mesmo qualquer que fosse o nível de produção da empresa.

3 Com dois ou mais insumos variáveis, a relação torna-se mais complexa. No entanto, o princípio básico se mantém: quanto maior for a produtividade dos fatores, menores serão os custos variáveis da empresa para obter qualquer nível específico de produção.

a parte inferior mostra o custo marginal e o custo médio. Essas curvas de custo, que se baseiam nas informações da Tabela 7.1, fornecem diferentes tipos de informações.

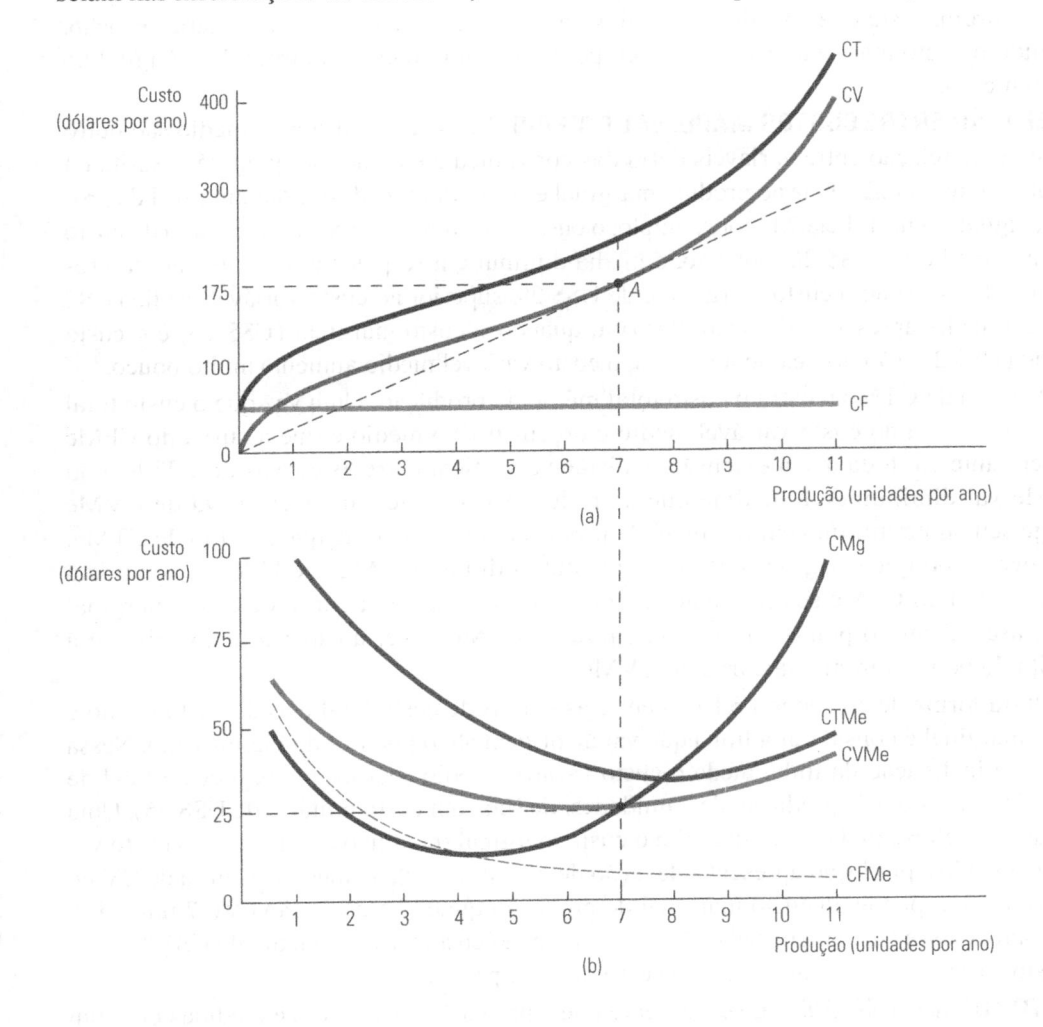

FIGURA 7.1 CURVAS DE CUSTOS PARA UMA EMPRESA

Em (a), o custo total, CT, é a soma vertical do custo fixo, CF, e do custo variável, CV. Em (b), o custo total médio, CTMe, é a soma do custo variável médio, CVMe, e do custo fixo médio, CFMe. O custo marginal, CMg, cruza com as curvas de custo variável médio e custo total médio em seus respectivos pontos mínimos.

Observe na Figura 7.1(a) que o custo fixo, CF, não varia com a produção, sendo apresentado por uma linha horizontal em US$ 50 por ano. O custo variável, CV, é zero quando a produção é zero, e então aumenta de modo contínuo à medida que a produção se eleva. A curva de custo total, CT, é determinada adicionando-se verticalmente as curvas de custo fixo e de custo variável. Visto que o custo fixo é constante, a distância vertical entre as duas curvas é sempre de US$ 50.

A Figura 7.1(b) mostra o conjunto correspondente de curvas de custo marginal e de custo variável médio.[4] Sendo o custo fixo total igual a US$ 50, a curva de custo fixo médio, CFMe, apresenta queda contínua de US$ 50, quando a produção é 1, em direção a zero para níveis elevados de produção. O formato das demais curvas de curto prazo é determinado

---

4 Essas curvas não expressam exatamente os valores da Tabela 7.1. Uma vez que o custo marginal representa a variação de custo associada a uma variação do produto, desenhamos a curva de CMg para a primeira unidade de produção fazendo com que esta seja igual a ½, para a segunda unidade fixando uma produção igual a 1½ e assim por diante.

pela relação entre as curvas de custo marginal e custo médio. Sempre que o custo marginal for inferior ao custo médio, a curva de custo médio apresentará declínio. Sempre que o custo marginal estiver acima do custo médio, a curva de custo médio apresentará elevação. Quando o custo marginal estiver em seu ponto mínimo, o custo marginal será igual ao custo médio.

A RELAÇÃO ENTRE CUSTOS MARGINAL E MÉDIO Os custos marginal e médio são outro exemplo da relação entre variáveis definidas como média e como marginal, já descrita no Capítulo 6 (com referência ao produto marginal e ao produto médio). Com um nível de produção igual a 5 na Tabela 7.1, por exemplo, o custo marginal de US$ 18 está abaixo do custo variável médio de US$ 26; por isso, a média diminui em resposta a um aumento da produção. Mas, quando o custo marginal é de US$ 29, superior ao custo variável médio (US$ 25,5), a média apresenta elevação. Por fim, quando o custo marginal (US$ 25) e o custo médio (US$ 25) são praticamente iguais, o custo variável médio aumenta muito pouco.

A curva de CTMe mostra o custo total médio da produção. Uma vez que o custo total médio é a soma do custo variável médio e do custo fixo médio e que a curva do CFMe é declinante em toda a sua extensão, a distância vertical entre as curvas do CTMe e do CVMe vai diminuindo à medida que a produção vai aumentando. A curva de CVMe atinge seu ponto mínimo em um nível de produção mais baixo do que a curva de CTMe. Isso ocorre porque CMg = CVMe em seu ponto mínimo e CMg = CTMe em seu ponto mínimo. Sendo CTMe sempre maior do que CVMe, e sendo a curva de custo marginal CMg ascendente, o ponto mínimo da curva de CTMe deveria estar situado acima e à direita do ponto mínimo da curva de CVMe.

Outra forma de entender a relação entre as curvas de custo total e as de custo médio e custo marginal é considerar a linha que vai da origem até o ponto A da Figura 7.1(a). Nessa figura, a inclinação da linha mede o custo variável médio (por exemplo, o custo total de US$ 175 dividido pela produção de 7 unidades, ou seja, um custo unitário de US$ 25). Uma vez que a inclinação da curva de CV é o custo marginal (medindo a mudança do custo variável quando a produção apresenta elevação de uma unidade), a tangente à curva de CV no ponto A corresponde ao custo marginal de produção quando a produção é de 7 unidades. No ponto A, esse custo marginal de US$ 25 é igual ao custo variável médio de US$ 25, pois o custo variável médio é minimizado nesse nível de produção.

CUSTO TOTAL COMO UM FLUXO Observe que a produção da empresa é medida como um fluxo; ela produz determinado número de unidades *por ano*. Por conseguinte, seu custo total corresponde a um fluxo — por exemplo, de alguma quantia em dólares a cada ano. (Custos médios e custos marginais, entretanto, são medidos em dólares *por unidade*.) Para simplificarmos, muitas vezes deixaremos de fazer menção ao referencial de tempo, mencionando assim o custo total em dólares e a produção em unidades. No entanto, é importante lembrarmos de que a produção e os custos de uma empresa ocorrem ao longo de determinado período. Também, para simplificarmos, frequentemente utilizaremos *custo* (C) ao nos referirmos ao custo total. Da mesma forma, a menos que haja indicação, utilizaremos *custo médio* (CMe) quando nos referirmos ao custo total médio.

Custo marginal e custo médio são conceitos muito importantes. Como veremos no Capítulo 8, eles têm um papel decisivo na escolha do nível de produção feita pela empresa. O conhecimento dos custos no curto prazo é de particular importância para as empresas que operam em ambientes nos quais as condições de demanda apresentam consideráveis flutuações. Caso a empresa já esteja operando em níveis de produção nos quais os custos marginais estejam apresentando aumentos significativos e haja possibilidade de ainda ocorrerem aumentos futuros da demanda, a empresa pode planejar expandir seu nível de capacidade produtiva para evitar custos mais elevados.

EXEMPLO 7.3 CUSTOS DE CURTO PRAZO NA PRODUÇÃO DE ALUMÍNIO

O alumínio é um metal leve muito versátil, com uma ampla variedade de aplicações, incluindo a produção de aviões, automóveis, embalagens e materiais de construção. A produção do alumínio se inicia nas minas de bauxita em países como Austrália, Brasil, Guiné, Jamaica e Suriname. A bauxita é um minério que contém uma concentração relativamente alta de alumina (óxido de alumínio), a qual é separada da bauxita por meio de um processo químico de refinamento. A alumina é então convertida em alumínio por meio de um processo de fusão no qual se emprega uma corrente elétrica para separar os átomos de oxigênio das moléculas de óxido de alumínio. Aqui, vamos nos concentrar nesse processo de fusão, que é a etapa mais dispendiosa da produção do alumínio.

Todos os maiores produtores de alumínio, incluindo UC RUSAL, Alcoa, Alcan, Chalco e Hydro Aluminum, operam unidades de fusão. Uma unidade de fusão típica tem duas linhas de produção, cada uma produzindo cerca de 300 a 400 toneladas de alumínio por dia. Examinaremos os custos de produção no curto prazo. Assim, consideraremos os custos de operação das fábricas existentes, já que, no curto prazo, não há tempo hábil para construir novas fábricas. (São necessários cerca de quatro anos para planejar, construir e equipar completamente uma unidade de fusão de alumínio.)

Embora os custos de uma unidade dessas sejam substanciais (acima de US$ 1 bilhão), vamos presumir que tais fábricas não possam ser vendidas; portanto, os custos são irreversíveis e podem ser ignorados. Além disso, vamos ignorar os custos fixos, referentes em geral às despesas administrativas, já que eles são relativamente pequenos. Assim, podemos nos concentrar exclusivamente nos custos variáveis no curto prazo. A Tabela 7.2 mostra os custos médios de operação (por tonelada) para uma típica unidade de fusão.[5] Os custos referem-se a uma unidade que funciona em dois turnos diários para produzir 600 toneladas de alumínio por dia. Se os preços fossem suficientemente altos, a empresa poderia optar por manter a fábrica funcionando em três turnos por dia, pedindo aos trabalhadores que fizessem horas extras. Desse modo, os salários e os custos de manutenção aumentariam provavelmente em 50% no turno adicional, já que seria necessário pagar mais pelas horas extras. Na Tabela 7.2, dividimos os componentes dos custos em dois grupos. No primeiro colocamos os custos que não se alteram com o nível de produção e no segundo incluímos os custos que aumentam quando a produção excede 600 toneladas diárias.

TABELA 7.2 Custos de produção para a fusão de alumínio (US$/tonelada) (baseados em uma produção de 600 toneladas/dia)		
Custos variáveis que são constantes em todos os níveis de produção	Produção ≤ 600 toneladas/dia	Produção > 600 toneladas/dia
Eletricidade	US$ 316	US$ 316
Alumina	369	369
Outros materiais brutos	125	125
Energia e combustíveis	10	10
Subtotal	US$ 820	US$ 820
Custos que aumentam quando a produção excede 600 toneladas/dia		
Trabalho	US$ 150	US$ 225
Manutenção	120	180
Frete	50	75
Subtotal	US$ 320	US$ 480
Custos totais de produção por tonelada	US$ 1.140	US$ 1.300

Observe que os dois maiores componentes do custo de fusão do alumínio são eletricidade e o custo da alumina. Juntas, elas representam cerca de 60% dos custos operacionais. Como a eletricidade, a alumina e os outros materiais são empregados na proporção direta da quantidade de alumínio produzida, eles representam custos que se alteram de forma constante de acordo com nível da produção. Os custos de mão de obra, de manutenção e de frete também são proporcionais ao nível de produção, mas somente quando as unidades operam com dois turnos diários. Aumentando a produção acima de 600

---

[5] Este exemplo se baseia em Kenneth S. Corts, "The Aluminum Industry in 1994", Harvard Business School Case N9-799-129, abr. 1999.

toneladas diárias, um terceiro turno vem a ser necessário, e isso resulta em um aumento de 50% nos custos do trabalho, da manutenção e do frete.

As curvas de custo variável médio e de custo marginal no curto prazo para uma unidade de fusão de alumínio são mostradas na Figura 7.2. Para uma produção q de até 600 toneladas diárias, o custo variável total é de US$ 1.140q, de modo que o custo marginal e o custo variável médio são constantes em US$ 1.140 por tonelada. Se aumentarmos a produção para mais de 600 toneladas diárias empregando três turnos, os custos marginais do trabalho, da manutenção e do frete aumentam de US$ 320 para US$ 480 por tonelada, de tal modo que o custo marginal como um todo aumenta de US$ 1.140 para US$ 1.300 por tonelada.

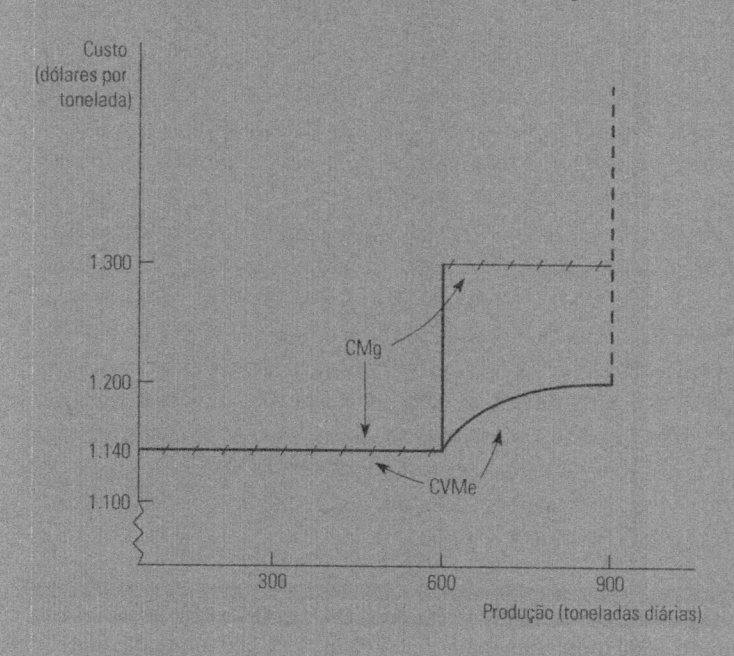

FIGURA 7.2 CUSTOS VARIÁVEIS NO CURTO PRAZO DA FUSÃO DE ALUMÍNIO

O custo variável médio no curto prazo do processo de fusão de alumínio é constante para níveis de produção que usam até dois turnos de trabalho. Quando um terceiro turno é adicionado, o custo marginal e o custo médio aumentam até que a capacidade máxima seja atingida.

O que acontece ao custo variável médio quando a produção (q) é maior do que 600 toneladas diárias? Neste caso, o custo variável total é dado por:

$$CVT = (1.140)(600) + 1.300(q - 600) = 1.300q - 96.000$$

Portanto, o custo variável médio é

$$CVMe = 1.300 - \frac{96.000}{q}$$

Como a Figura 7.2 mostra, quando a produção chega a 900 toneladas diárias, atinge-se uma restrição absoluta de capacidade, fazendo com que o custo marginal e o custo médio se tornem infinitos.

7.3 Custos no longo prazo

No longo prazo, a empresa tem muito mais flexibilidade. É possível maximizar sua capacidade com a expansão das fábricas existentes ou com a construção de novas unidades; pode aumentar ou diminuir sua força de trabalho e, em alguns casos, pode modificar o desenho dos produtos atuais ou criar novos produtos. Nesta seção, mostraremos como a empresa pode escolher a combinação de insumos que seja capaz de minimizar os custos de produção de determinado produto. Procuraremos também examinar a relação entre os custos no longo prazo e o nível de produção. Para começar, analisaremos cuidadosamente os custos da utilização de equipamentos de capital. Mostraremos, então, como esses custos, assim como os da mão de obra, são considerados nas decisões de produção.

Custo de uso do capital

As empresas frequentemente alugam equipamentos, prédios e outros bens de capital empregados no processo de produção. Em outros casos, os bens de capital utilizados são adquiridos. Na análise que se segue, porém, será importante considerar o capital como se ele fosse inteiramente alugado, mesmo que tenha sido comprado. Um caso ilustrativo ajudará a explicar como e por que isso tem de ser feito. Vamos supor que a Delta Airlines esteja considerando a possibilidade de comprar um novo Boeing 777 por US$ 150 milhões. Embora a empresa aérea tenha de gastar um grande volume de recursos imediatamente, o valor da compra, por razões econômicas, tem de ser alocado ou *amortizado* durante a vida útil do avião. Isso exige que a Delta compare suas receitas e custos na *base de fluxos anuais*. Presumiremos que a vida útil da aeronave seja de 30 anos e que, em consequência, o custo de amortização chegue a US$ 5 milhões por ano. Os US$ 5 milhões podem então ser vistos como a *depreciação econômica anual* do avião.

Até aqui, ignoramos o fato de que a empresa poderia obter uma receita de juros sobre os US$ 150 milhões, caso ela optasse por não comprar a aeronave. Esse montante de juros perdidos é um *custo de oportunidade* que deve ser levado em conta. Assim, o **custo de uso do capital** — o custo anual que se tem por possuir e usar a aeronave em vez de vendê-la ou nunca tê-la comprado — é dado pela *soma da depreciação econômica e pelos juros (isto é, o retorno financeiro) que poderiam ter sido ganhos se esses recursos tivessem sido aplicados de outra forma*.[6] Formalmente,

custo de uso do capital
Custo que se tem por possuir e usar um ativo de capital, o qual é igual ao custo da depreciação mais os juros não recebidos.

Custo de uso do capital = Depreciação econômica + (Taxa de juros)(Valor do capital)

No exemplo, a depreciação econômica da aeronave é de US$ 5 milhões por ano. Suponhamos que a Delta pudesse ter obtido um retorno de 10% se tivesse investido o dinheiro de outra forma. Nesse caso, o custo de uso do capital vem a ser US$ 5 milhões + (0,10)(US$ 150 milhões − depreciação). Ora, à medida que a aeronave se deprecia com o decorrer do tempo, seu valor declina, ocorrendo o mesmo com o custo de oportunidade do capital financeiro investido. Nos termos do exemplo, no momento da compra, fazendo uma previsão para o período de um ano, o custo de uso do capital vem a ser US$ 5 milhões + (0,10)(US$ 150 milhões) = US$ 20 milhões. No décimo ano, a aeronave, cujo preço terá sido depreciado em US$ 50 milhões, valerá apenas US$ 100 milhões. Nesse ponto, o custo de uso do capital será US$ 5 milhões + (0,10)(US$ 100 milhões) = US$ 15 milhões por ano.

Podemos expressar também o custo de uso do capital como uma *taxa* por unidade monetária investida em capital:

$$r = \text{Taxa de depreciação} + \text{Taxa de juros}$$

No exemplo, a taxa de depreciação é de 1/30 = 3,33% ao ano. Se a Delta pudesse ter obtido uma taxa de retorno de 10% ao ano, o custo de uso do capital, nesse caso, seria $r = 3,33 + 10 = 13,33\%$ ao ano.

Como já dissemos, no longo prazo a empresa pode alterar as proporções relativas de todos os seus insumos. Mostraremos agora como ela escolhe a combinação de insumos que minimiza o custo de produção para certo nível de produção, dadas as informações sobre salários e o custo de uso do capital. Examinaremos então a relação entre o custo no longo prazo e o nível da produção.

---

[6] Mais precisamente, o retorno financeiro deveria refletir um investimento com risco similar. A taxa de juros, consequentemente, deveria incluir um prêmio de risco. Discutiremos esse ponto no Capítulo 15. Note também que o custo de uso do capital não está ajustado por impostos; quando os impostos são considerados, receitas e custos devem ser mensurados em termos de seus valores após o pagamento dos impostos.

Escolha de insumos e minimização de custos

Examinaremos agora um problema fundamental com o qual todas as empresas se defrontam: *como selecionar insumos para a obtenção de determinado nível de produção com um custo mínimo*. Para simplificarmos, trabalharemos com dois insumos variáveis: o trabalho (medido em horas trabalhadas por ano) e o capital (medido em horas de utilização de máquinas por ano).

A quantidade de trabalho e capital que a empresa emprega depende, claro, dos preços desses insumos. Presumiremos que os mercados para ambos os insumos são competitivos, de tal modo que os seus preços não sejam afetados pelas decisões da empresa considerada. (No Capítulo 14, examinaremos mercados de trabalho não competitivos.) Nesse caso, o preço do trabalho é simplesmente a *taxa de salário*, w. Mas como saber o preço do capital?

PREÇO DO CAPITAL No longo prazo, a empresa pode modificar a quantidade de capital que emprega. Mesmo que o capital inclua maquinário específico que não tenha uso alternativo, tais gastos ainda não se tornaram irreversíveis e precisam ser considerados; a empresa está decidindo *prospectivamente* sobre a quantidade de capital que empregará. Diferente do que ocorre com os gastos com mão de obra, são necessários grandes gastos iniciais com bens de capital. A fim de comparar os gastos da empresa com bens de capital aos seus custos correntes de mão de obra, precisamos expressar esses gastos como um *fluxo*, isto é, em dólares por ano. Para fazê-lo, precisamos amortizar esses gastos distribuindo-os pela vida útil dos bens de capital, considerando também os juros perdidos que a empresa teria obtido se tivesse investido os recursos de outra forma. Como já vimos, é exatamente isso que fizemos quando calculamos o *custo de uso do capital*. Tal como antes, o preço do bem de capital é seu *custo de uso*, dado por r = Taxa de depreciação + Taxa de juros.

TAXA DE LOCAÇÃO DO CAPITAL Como já salientamos, muitas vezes o bem de capital é arrendado em vez de ser comprado. Um exemplo bastante comum são as salas de um prédio de escritórios. Nesse caso, o preço do capital é a sua **taxa de locação**, isto é, o custo por ano para arrendar uma unidade de bem de capital.

> **taxa de locação**
> Custo do arrendamento anual de uma unidade de bem de capital.

Isso significa que precisamos distinguir entre o capital arrendado e o capital adquirido quando determinamos o preço do capital? Não. Se o mercado de capitais é competitivo (tal como presumimos), *a taxa de locação tem de ser igual a seu custo de uso, r*. Por quê? Porque em um mercado competitivo as empresas detentoras de capital (por exemplo, a empresa proprietária do prédio de escritórios) esperam obter um retorno competitivo ao alugá-lo, ou seja, a taxa de retorno que poderia ter sido obtida se tivessem investido o dinheiro de outra forma, mais certa quantia para compensar a depreciação do capital. *Esse retorno competitivo é o custo de uso do capital*.

Muitos livros-textos simplesmente presumem que todo o capital seja arrendado a uma taxa r. Como vimos, essa suposição é razoável, pois *o capital adquirido pode ser considerado como se tivesse sido alugado com uma taxa de locação igual ao custo de uso do capital*.

No restante deste capítulo, consideraremos, portanto, que a empresa arrenda todo o capital a uma taxa de locação, ou "preço", igual a r, da mesma forma que contrata força de trabalho a certo salário unitário, ou "preço", w. Também vamos pressupor que as empresas tratam qualquer custo irreversível de capital como um custo fixo que se distribui ao longo do tempo. Não precisaremos, portanto, nos preocupar com custos irreversíveis. Assim, podemos nos concentrar em como uma empresa leva em consideração esses preços para determinar quanto capital e trabalho empregar.[7]

---

[7] É possível, claro, que os preços desses insumos aumentem com a demanda devido a horas extras ou a uma escassez relativa de equipamento de capital. Discutiremos a possibilidade de uma relação entre o preço dos insumos e a quantidade demandada pelas empresas no Capítulo 14.

A LINHA DE ISOCUSTO

Vamos começar examinando o custo de produção associado ao aluguel de fatores, que pode ser representado por linhas de isocusto de uma empresa. Uma **linha de isocusto** inclui todas as possíveis combinações de trabalho e capital que podem ser adquiridas por determinado custo total. Para visualizar uma linha de isocusto, lembre-se de que a curva de custo total, C, para a produção de qualquer produto específico é obtida por meio da soma dos custos da empresa referentes ao trabalho, wL, e ao capital, rK:

$$C = wL + rK \qquad (7.2)$$

linha de isocusto
Gráfico mostrando todas as combinações possíveis de trabalho e capital que podem ser adquiridas para um dado custo total.

Para cada nível diferente de custo total, a Equação 7.2 apresenta uma linha de isocusto diferente. Por exemplo, na Figura 7.3, a linha de isocusto C_0 descreve todas as possíveis combinações de trabalho e capital que podem ser adquiridas com um valor igual a C_0.

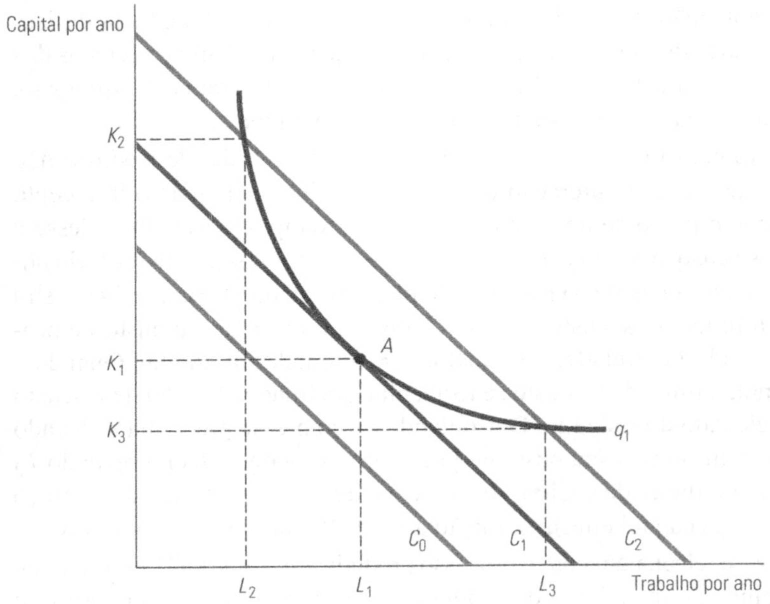

FIGURA 7.3 PRODUÇÃO DE UM NÍVEL DETERMINADO COM UM CUSTO MÍNIMO

As curvas de isocusto descrevem as combinações de insumos de produção que custam o mesmo montante para a empresa. A curva de isocusto C_1 é tangente à isoquanta q_1 no ponto A e mostra que o produto q_1 pode ser produzido ao custo mínimo com L_1 unidades de insumo trabalho e K_1 unidades de insumo capital. Outras combinações de insumos — L_2, K_2 e L_3, K_3 — fornecem a mesma produção, mas a um custo maior.

Se reescrevermos a equação do custo total na forma de uma equação para uma linha reta, teremos

$$K = C/r - (w/r)L$$

Sendo assim, a linha de isocusto tem uma inclinação igual a $\Delta K/\Delta L = -(w/r)$, que é a razão entre a taxa de remuneração do trabalho e o custo de locação do capital. Observe que essa inclinação é similar à inclinação da linha de orçamento com que se defronta um consumidor (porque ela é determinada tão somente pelos preços das mercadorias em questão, sejam insumos ou produtos). Ela nos informa que, se uma empresa eliminasse uma unidade de trabalho (recuperando assim w dólares em custo) para poder adquirir w/r unidades de capital a um custo de r dólares por unidade, seu custo total de produção permaneceria inalterado. Por exemplo, se a taxa de remuneração da mão de obra fosse US$ 10 e o custo de locação do capital fosse US$ 5, a empresa poderia substituir uma unidade de trabalho por duas unidades de capital, sem a ocorrência de variação em seu custo total.

Escolha de insumos

Vamos supor que tenhamos interesse em obter um nível de produção q_1. De que forma podemos fazê-lo a um custo mínimo? Vejamos a isoquanta da produção da empresa, indicada por q_1 na Figura 7.3. O problema será escolher o ponto dessa isoquanta capaz de minimizar os custos totais.

A Figura 7.3 ilustra a solução para esse problema. Suponhamos que a empresa fosse despender C_0 com insumos. Infelizmente, nenhuma combinação de insumos adquirida pelo valor C_0 permitiria que a empresa atingisse o nível de produção q_1. Entretanto, o nível de produção q_1 pode ser atingido com um valor C_2, seja por meio do uso de K_2 unidades de capital e L_2 unidades de trabalho ou por meio do uso de K_3 unidades de capital e L_3 unidades de trabalho. No entanto, C_2 não é o custo mínimo. O mesmo nível de produção q_1 poderia ser obtido de forma menos dispendiosa por um custo C_1 utilizando-se K_1 unidades de capital e L_1 unidades de trabalho. Na verdade, a linha de isocusto C_1 é a linha mais baixa de isocusto que permite a obtenção do nível de produção q_1. O ponto de tangência da isoquanta q_1 com a linha de isocusto, no ponto A, nos dá a escolha que minimiza os custos dos insumos L_1 e K_1, que pode ser identificado diretamente a partir do diagrama. Nesse ponto, as inclinações da isoquanta e da linha de isocusto são exatamente iguais.

Quando cresce o gasto com todos os insumos, a inclinação da linha de isocusto não sofre modificação, pois não ocorreu alteração dos preços dos insumos, mas o intercepto aumenta. Suponhamos que o preço de um dos insumos, por exemplo, o trabalho, viesse a apresentar elevação. Nesse caso, a inclinação da linha de isocusto, ou seja, $-(w/r)$, teria aumentado, e a própria linha de isocusto teria se tornado mais inclinada. A Figura 7.4 mostra esse fato. Inicialmente, a linha de isocusto é C_1, e a empresa minimiza seu custo de produzir q_1 no ponto A utilizando L_1 unidades de trabalho e K_1 unidades de capital. Quando o preço do trabalho aumenta, a linha de isocusto se torna mais inclinada. A linha de isocusto C_2 reflete o custo mais elevado do trabalho. Defrontando-se com esse preço mais elevado para o trabalho, a empresa minimiza seu custo de produzir q_1 no ponto B, empregando L_2 unidades de trabalho e K_2 unidades de capital. Assim, ela reage contra a elevação do preço do trabalho empregando mais capital em substituição ao trabalho no processo produtivo.

> Na Seção 6.3, explicamos que a TMST é a quantidade de capital que pode ser reduzida quando uma unidade adicional de trabalho é empregada, de maneira que o nível de produção seja mantido constante.

De que forma tais fatos se relacionam com o processo produtivo da empresa? Lembre-se de que, na análise que fizemos da tecnologia de produção, mostramos que a taxa marginal de substituição técnica de capital por trabalho (TMST) corresponde ao negativo da inclinação da isoquanta, sendo igual à razão entre os produtos marginais do trabalho e do capital:

$$\text{TMST} = -\Delta K/\Delta L = \text{PMg}_L/\text{PMg}_K \tag{7.3}$$

Pudemos observar anteriormente que a linha de isocusto tem uma inclinação igual a $\Delta K/\Delta L = -w/r$. Portanto, quando uma empresa minimiza o custo de determinado nível de produção, torna-se válida a seguinte condição:

$$\text{PMg}_L/\text{PMg}_K = w/r$$

Podemos reescrever ligeiramente tal condição da seguinte maneira:

$$\text{PMg}_L/w = \text{PMg}_K/r \tag{7.4}$$

PMg_L/w é o produto adicional que resulta do gasto de uma unidade monetária a mais em trabalho. Suponhamos, por exemplo, que a taxa de remuneração do trabalho seja igual a US\$ 10 e que, ao acrescentar um trabalhador ao processo de produção, esta aumente em 20 unidades. O produto adicional por unidade monetária despendida em trabalho será igual a 20/US\$ 10 = 2. De modo semelhante, PMg_K/r é o produto adicional que resulta do gasto de uma unidade monetária a mais em capital. Em consequência, a Equação 7.4 nos diz que uma empresa que minimiza custos escolhe as quantidades de insumos de tal modo que a última unidade monetária gasta em qualquer insumo adicionado ao processo de produção gere a mesma quantidade de produto adicional.

Por que é válida essa condição de igualdade na minimização de custos? Além de uma taxa de remuneração do trabalho igual a US$ 10, suponhamos que a taxa de locação de capital seja igual a US$ 2. Suponhamos, também, que uma unidade a mais de capital aumente o produto em 20 unidades. Nesse caso, o produto adicional por unidade monetária vem a ser 20/US$ 2 = 10. Como uma unidade monetária gasta em capital vem a ser cinco vezes mais produtiva do que uma unidade monetária gasta em trabalho, a empresa desejará empregar mais capital e menos trabalho. Se reduzir a quantidade de trabalho e aumentar a de capital, o produto marginal do trabalho aumentará e o produto marginal do capital se reduzirá. Inevitavelmente, será alcançado o ponto no qual a produção de uma unidade adicional custa o mesmo, qualquer que seja o insumo acrescentado. Nesse ponto, a empresa está minimizando seu custo.

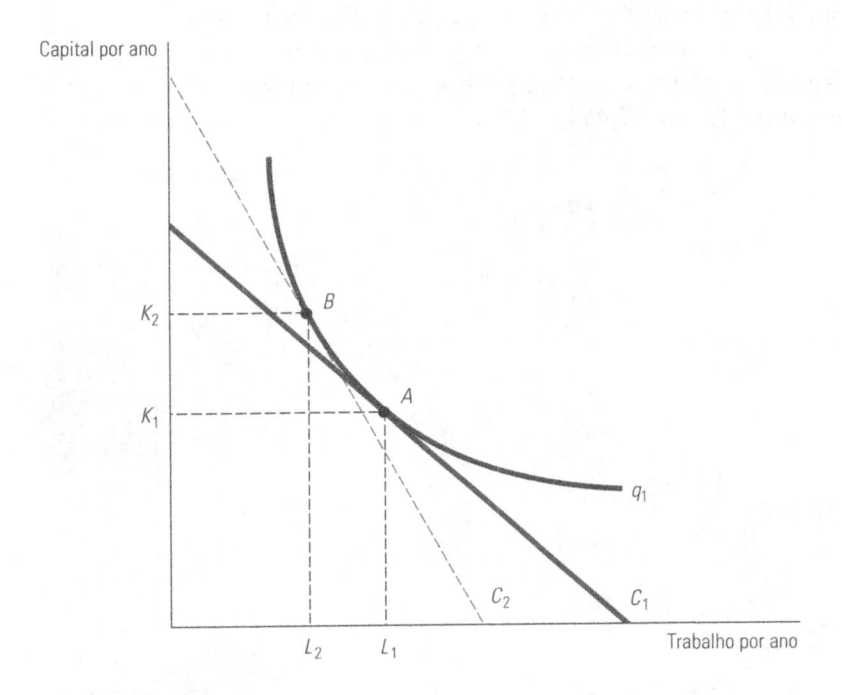

FIGURA 7.4 **SUBSTITUIÇÃO DE INSUMOS QUANDO O PREÇO DE UM DELES MUDA**

Ao se defrontar com uma curva de isocusto C_1, a empresa produz q_1 no ponto A utilizando L_1 unidades de insumo trabalho e K_1 unidades de insumo capital. Quando o preço do insumo trabalho aumenta, a curva de isocusto torna-se mais inclinada. O produto q_1 é agora obtido no ponto B da curva de isocusto C_2, utilizando L_2 unidades de trabalho e K_2 unidades de capital.

EXEMPLO 7.4 **EFEITO DAS TAXAS PARA EFLUENTES NAS ESCOLHAS DOS INSUMOS**

As usinas de aço são com frequência construídas às margens ou nas proximidades de um rio. Os rios oferecem um meio de transporte prontamente disponível e barato, tanto para o minério de ferro que é utilizado na produção quanto para o próprio aço produzido. Infelizmente, os rios também possibilitam um método barato de a empresa se desfazer dos subprodutos do processo produtivo, denominados *efluentes*. Por exemplo, a usina de aço processa o minério de ferro usado em seus altos-fornos moendo a taconita até que esta adquira uma consistência muito fina. Durante tal processo, o minério é extraído por atração magnética à medida que um fluxo de água com minério de ferro circula pela fábrica. Um subproduto desse processo — as partículas finas de taconita — pode ser lançado ao rio mediante um custo relativamente baixo para a empresa. Os métodos alternativos de remoção ou de tratamento dos resíduos são relativamente dispendiosos.

Como as partículas de taconita não são biodegradáveis e são consideradas perigosas para a flora e os peixes, o órgão de proteção ambiental dos Estados Unidos, denominado Environmental Protection Agency (EPA), criou uma taxa para efluentes, ou seja, uma taxa por unidade de resíduo despejado que a empresa tem de pagar. De que forma o administrador da empresa deve lidar com tal taxa para minimizar os custos da produção?

Suponhamos que, sem tal regulamentação, a usina de aço esteja produzindo 2.000 toneladas de aço por mês, fazendo uso de 2.000 horas-máquina de capital e de 10.000 galões de água (contendo partículas de taconita que serão jogadas no rio). O administrador da empresa estima que uma hora-máquina custe US$ 40 e que o despejo de cada galão de água no rio custe US$ 10. O custo total de produção é, portanto, de US$ 180.000: US$ 80.000 com capital e US$ 100.000 com o despejo da água. De que forma o administrador deve reagir à imposição da taxa de US$ 10 por galão de água despejada? O administrador sabe que há alguma flexibilidade no processo de produção. Se a empresa põe em funcionamento um equipamento de tratamento de efluentes mais caro, ela pode obter o mesmo produto com menos água despejada.

A Figura 7.5 mostra uma resposta capaz de minimizar os custos (a qual mantém o nível de produção da empresa). O eixo vertical mede o insumo de capital da empresa em horas-máquina por mês e o eixo horizontal mede a quantidade de galões de água despejados por mês. Primeiro, consideremos o nível de produção da empresa quando não existe a taxa para efluentes. O ponto A representa o insumo de capital e o nível de água despejada que permitem que a usina produza sua quota de aço a um custo mínimo. Como ela está minimizando seus custos, o ponto A encontra-se situado na linha de isocusto FC, tangente à isoquanta. A inclinação da linha de isocusto é igual a –US$ 10/US$ 40 = –0,25, pois uma unidade de capital custa quatro vezes mais do que uma unidade de água despejada.

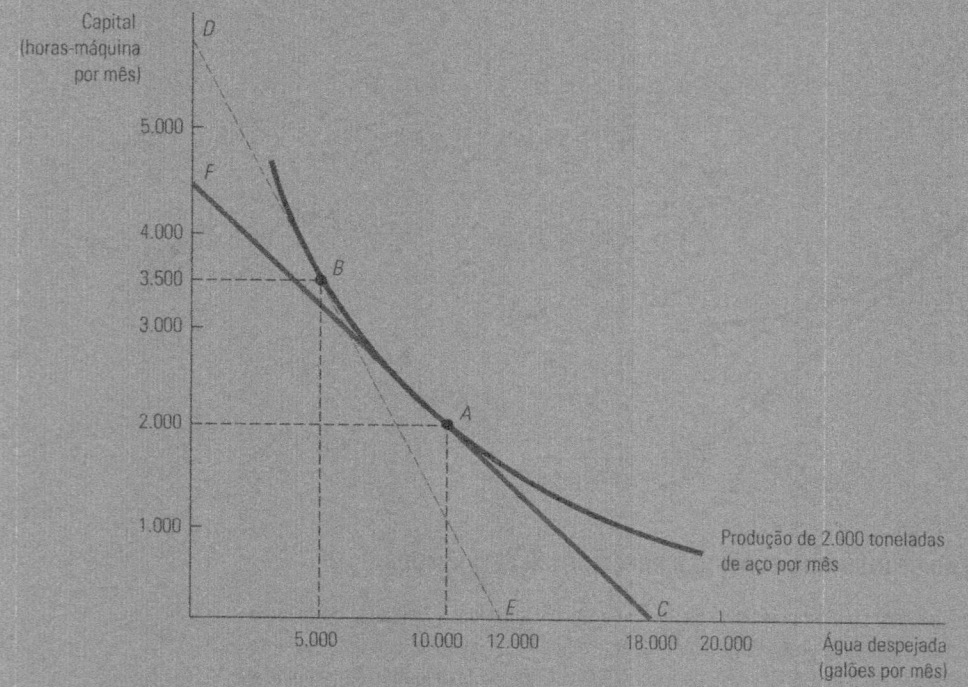

FIGURA 7.5 **MINIMIZAÇÃO DE CUSTOS DIANTE DE UMA TAXA PARA EFLUENTES**

Quando a empresa não sofre cobrança de taxa relativa ao despejo de seus efluentes em um rio, ela opta por determinado nível de produção, com 10.000 galões de água despejada e 2.000 horas-máquina de capital no ponto A. Entretanto, a taxa para efluentes eleva o custo da água despejada, deslocando a curva de isocusto de FC para DE e fazendo com que a usina passe a produzir no ponto B — um processo que resulta em muito menos efluentes.

Quando a taxa para efluentes passa a ser cobrada, o custo da água despejada aumenta, passando de US$ 10 por galão para US$ 20, já que para cada galão de água despejada (que custa US$ 10) a empresa tem de pagar ao governo US$ 10 adicionais. A taxa para efluentes aumenta o custo da água despejada em relação ao capital. Para poder obter o mesmo nível de produção ao menor custo possível, o administrador necessita escolher a linha de isocusto com uma inclinação de –US$ 20/US$ 40 = –0,5, que é tangente à isoquanta. Na Figura 7.5, DE apresenta-se como a linha de isocusto apropriada e o ponto B oferece a combinação adequada de capital e efluentes. O deslocamento do ponto A para o ponto B mostra que, havendo uma taxa para efluentes, o uso de uma tecnologia de produção alternativa, dando maior ênfase ao uso de capital (3.500 horas--máquina) e com menor produção de efluentes (5.000 galões), torna-se menos dispendioso do que o processo original, que não enfatizava a reciclagem. Observe que o custo total de produção aumentou para US$ 240.000: US$ 140.000 com capital, US$ 50.000 com a água despejada e US$ 50.000 com a taxa para efluentes.

Podemos tirar duas lições dessa decisão. Primeira: quanto mais fácil for a substituição de fatores no processo produtivo — ou seja, quanto mais fácil for tratar as partículas de taconita sem a utilização do rio —, mais eficaz será a taxa na redução do despejo dos efluentes. Segunda: quanto maior for o grau de substituição, menor será a despesa da empresa com a taxa. Em nosso exemplo, a taxa teria sido de US$ 100.000 se a usina não tivesse alterado seus insumos. Ao deslocar sua produção do ponto A para o ponto B, porém, ela consegue pagar apenas US$ 50.000 de taxa.

MINIMIZAÇÃO DE CUSTOS COM VARIAÇÃO DOS NÍVEIS DE PRODUÇÃO

Na seção anterior, vimos de que forma uma empresa, visando à minimização de custos, opta por uma combinação de insumos para poder obter determinado nível de produção. Agora ampliaremos essa análise para ver de que maneira os custos da empresa dependem de seu nível de produção. Para tanto, determinaremos as quantidades de insumos que minimizam os custos da empresa e depois calcularemos os custos resultantes.

O exercício de minimização de custos fornece um resultado como o mostrado na Figura 7.6. Supomos que as empresas possam contratar mão de obra, L, com salário w = US$ 10 por hora, assim como arrendar uma unidade de capital, K, por r = US$ 20 por hora. Dados esses custos de insumos, podemos desenhar três das linhas de isocusto da empresa, as quais têm a seguinte equação:

$$C = (US\$ \ 10/hora)(L) + (US\$ \ 20/hora)(K)$$

Na Figura 7.6(a), a linha mais baixa (sem denominação no gráfico) representa um custo de US$ 1.000; a do meio e a superior representam, respectivamente, custos de US$ 2.000 e US$ 3.000.

Cada um dos pontos A, B e C na Figura 7.6(a) representa um ponto de tangência entre uma curva de isocusto e uma isoquanta. O ponto B, por exemplo, mostra que para produzir 200 unidades de produto com o menor custo é preciso empregar 100 unidades de trabalho e 50 de capital, uma combinação situada na linha de isocusto correspondente a US$ 2.000. De modo similar, a forma mais barata de produzir 100 unidades de produto (isoquanta sem denominação) envolve um gasto de US$ 1.000 (obtido no ponto A, em que $L = 50$ e $K = 25$). Para produzir 300 unidades de produto com o menor custo é preciso gastar US$ 3.000 com insumos (no ponto C, em que $L = 150$ e $K = 75$).

A curva que passa nos pontos de tangência entre as linhas de isocusto e as isoquantas é o *caminho de expansão*. O **caminho de expansão** apresenta as combinações de trabalho e capital pelas quais a empresa optará para minimizar seus custos em cada um dos níveis de produção. Enquanto a utilização de ambos os insumos estiver aumentando à medida que o nível de produção aumentar, a curva terá inclinação ascendente. Neste caso particular, é fácil calcular a inclinação dessa linha. Conforme o produto aumenta de 100 para 200 unidades, o capital aumenta de 25 para 50 unidades, e o trabalho, de 50 para 100 unidades. Para cada nível de produto, a empresa emprega em capital metade do que emprega em trabalho. Assim, o caminho de expansão apresenta uma inclinação igual a

$$\Delta K/\Delta L = (50 - 25)/(100 - 50) = \frac{1}{2}$$

caminho de expansão Curva que passa pelos pontos de tangência entre as linhas de isocustos e as isoquantas de uma empresa.

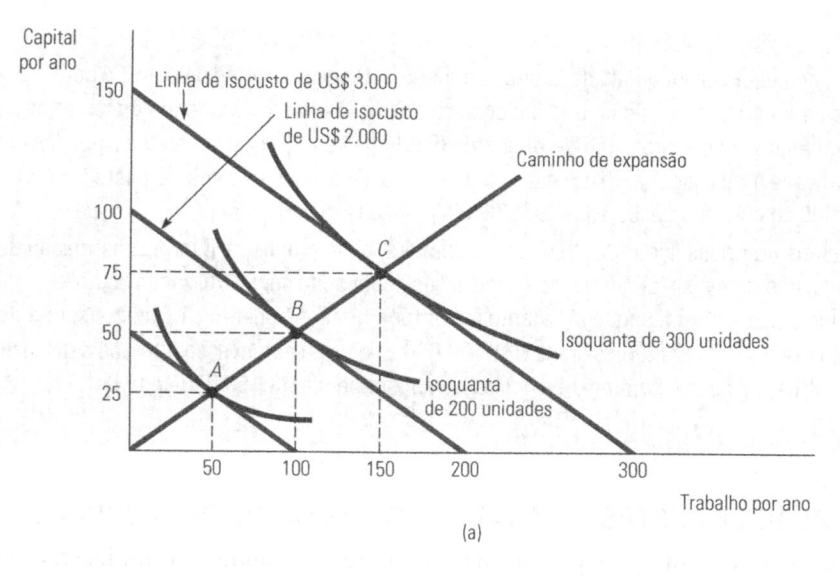

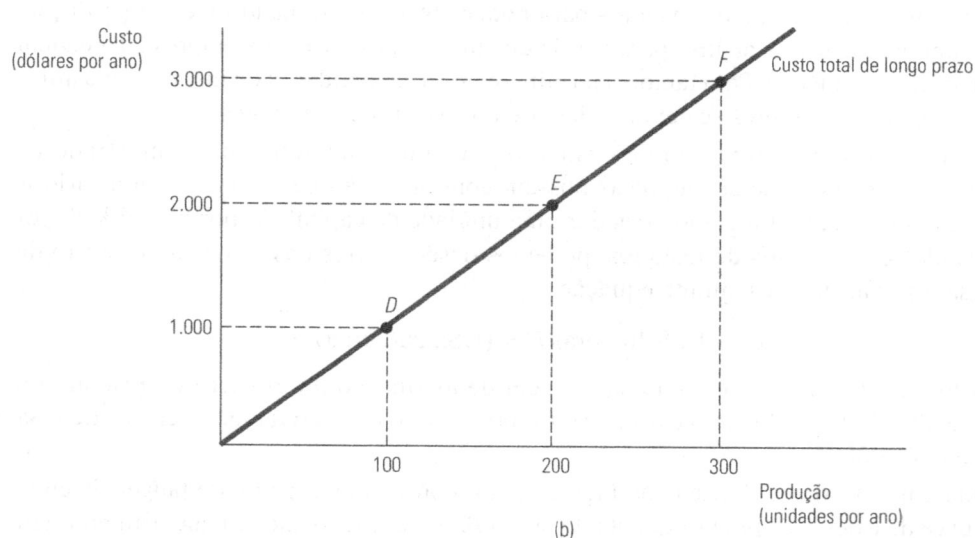

FIGURA 7.6 CAMINHO DE EXPANSÃO E CURVA DE CUSTO TOTAL NO LONGO PRAZO DE UMA EMPRESA

Em (a), o caminho de expansão (a partir da origem, passando pelos pontos A, B e C) ilustra as combinações de trabalho e capital que apresentam menores custos e que podem ser utilizadas na obtenção de cada nível de produção no longo prazo, quando ambos os insumos de produção podem variar. Em (b), a curva de custo total no longo prazo correspondente (a partir da origem, passando pelos pontos D, E e F) apresenta o menor custo de produção para cada nível de produção.

Caminho de expansão e custos no longo prazo

O caminho de expansão da empresa contém as mesmas informações da curva de custo total no longo prazo, $C(q)$. Isso pode ser visualizado na Figura 7.6(b). Para traçarmos a curva de custo a partir do caminho de expansão, seguimos três passos:

1. Escolhemos um nível de produto representado por uma isoquanta na Figura 7.6(a). Encontramos, então, o ponto de tangência dessa isoquanta com uma linha de isocusto.
2. Partindo da linha de isocusto escolhida, determinamos o custo mínimo para produzir o produto que foi selecionado.
3. Desenhamos o gráfico das combinações de custo e produção na Figura 7.6(b).

Suponhamos que comecemos com uma produção de 100 unidades. O ponto de tangência entre a isoquanta de 100 unidades e uma das linhas de isocusto é A na Figura 7.6(a). Como A está situado na linha de isocusto US$ 1.000, sabemos que o custo mínimo para produzir 100 unidades no longo prazo será US$ 1.000. Marcamos, então, essa combinação de 100 unidades de produção e US$ 1.000 de custo como o ponto D na Figura 7.6(b). O ponto D representa, então, a combinação constituída pelo custo de US$ 1.000 e pela produção de 100 unidades. De modo semelhante, o ponto E representa a combinação constituída por um custo de US$ 2.000 e pela produção de 200 unidades, correspondente ao ponto B no caminho de expansão. Por fim, o ponto F representa o custo de US$ 3.000 e a produção de 300 unidades, correspondente ao ponto C. Repetindo esses passos para cada nível de produção possível, obtemos a *curva de custo total no longo prazo* da Figura 7.6(b), cujos pontos representam os custos mínimos no longo prazo para obter cada nível de produção.

Neste exemplo em particular, a curva de custo total no longo prazo é uma reta. Por quê? Isso ocorre porque há rendimentos de escala constantes na produção: quando os insumos crescem na mesma proporção, o mesmo ocorre com o produto total. Como veremos na próxima seção, a forma do caminho de expansão fornece informações sobre como os custos se alteram com a escala de operação da empresa.

EXEMPLO 7.5 REDUZINDO O USO DE ENERGIA

Políticos do mundo inteiro têm se preocupado em achar maneiras de reduzir o uso de energia. Em parte, isso reflete preocupações ambientais — a maior parte do consumo de energia utiliza combustíveis fósseis e, assim, contribui para a emissão de gases do efeito estufa e o aquecimento global. Mas a energia, seja na forma de petróleo, gás natural, carvão ou nuclear, também é cara, de modo que se as empresas puderem achar formas de reduzir seu uso de energia elas podem reduzir seus custos.

Há basicamente duas maneiras como as empresas podem reduzir a quantidade de energia que utilizam. A primeira é substituir energia por outros fatores de produção. Por exemplo, algumas máquinas poderiam ser mais caras, mas também consumir menos energia, de modo que, se os preços de energia subirem, as empresas poderiam responder comprando e usando essas máquinas com uso eficiente da energia, na essência substituindo energia por capital. Foi exatamente isso que aconteceu quando os preços de energia subiram nos últimos anos: as empresas compraram e instalaram sistemas de aquecimento e resfriamento, equipamentos de processamento industrial, caminhões, carros e outros veículos, que são caros, porém mais eficientes em termos de energia.

A segunda forma de reduzir o uso de energia é por meio da mudança tecnológica. Com o passar do tempo, a pesquisa e o desenvolvimento ocasionaram inovações que possibilitam obter a mesma produção usando menos insumos — menos trabalho, menos capital e menos energia. Assim, mesmo que os preços relativos de energia e capital permaneçam iguais, as empresas usarão menos energia (e menos capital) para obter a mesma produção. Os avanços na robótica durante as duas últimas décadas são um exemplo disso; carros e caminhões agora são produzidos com menos capital e energia (e também com menos trabalho).

Essas duas formas de reduzir o uso são ilustradas nas figuras 7.7(a) e (b), que mostram como capital e energia são combinados para que a produção seja realizada.[8] As isoquantas em cada figura representam as diversas combinações de capital e energia que podem ser usadas para gerar o mesmo nível de produção. As figuras ilustram como as reduções no uso de energia podem ser obtidas de duas maneiras. Primeiro, as empresas podem substituir energia por mais capital, talvez em resposta a um subsídio do governo para o investimento em equipamento que economiza energia e/ou por um aumento no custo da eletricidade. Isso pode ser visto como um movimento ao longo da isoquanta q_1 do ponto A para o ponto B na Figura 7.7(a), com o capital aumentando de K_1 para K_2 e a energia diminuindo de E_2 para E_1, em resposta a uma variação na curva de isocusto de C_0 para C_1. Segundo, a variação tecnológica pode deslocar para dentro a isoquanta q_1 que representa um nível de produção em particular, como na Figura 7.7(b). Cuidado ao analisar esse gráfico. As duas isoquantas geram o mesmo nível de produção, mas a variação tecnológica possibilitou alcançar a mesma produção com menos capital (uma mudança de K_2 para K_1) e com menos energia (uma mudança de E_2 para E_1). O resultado é que a isoquanta q_1 se moveu para dentro a partir de uma que é tangente a uma curva de isocusto no ponto C até uma que é tangente no ponto D, pois podemos agora alcançar a mesma produção (q_1) com menos capital e menos energia.

---

8 Este exemplo foi inspirado em Kenneth Gillingham, Richard G. Newell e Karen Palmer, "Energy Efficiency Economics and Policy", *Annual Review of Resource Economics*, v. 1, 2009: p. 597-619.

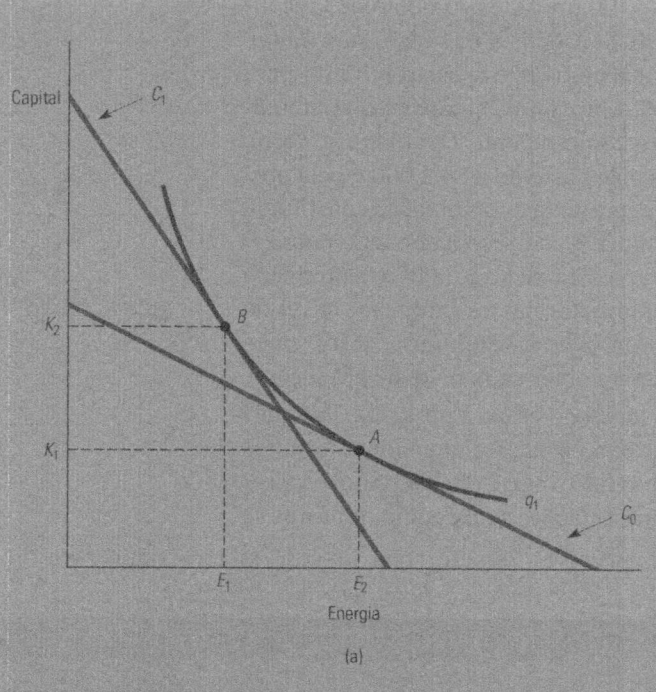

FIGURA 7.7a **EFICIÊNCIA DE ENERGIA ATRAVÉS DA SUBSTITUIÇÃO DE ENERGIA POR CAPITAL**

Uma maior eficiência de energia pode ser obtida se o capital for substituído por energia. Isso pode ser visto como o movimento ao longo da isoquanta q_1 do ponto A ao ponto B, com o capital aumentando de K_1 para K_2 e a energia diminuindo de E_2 para E_1 em resposta a uma mudança na curva de isocusto de C_0 para C_1.

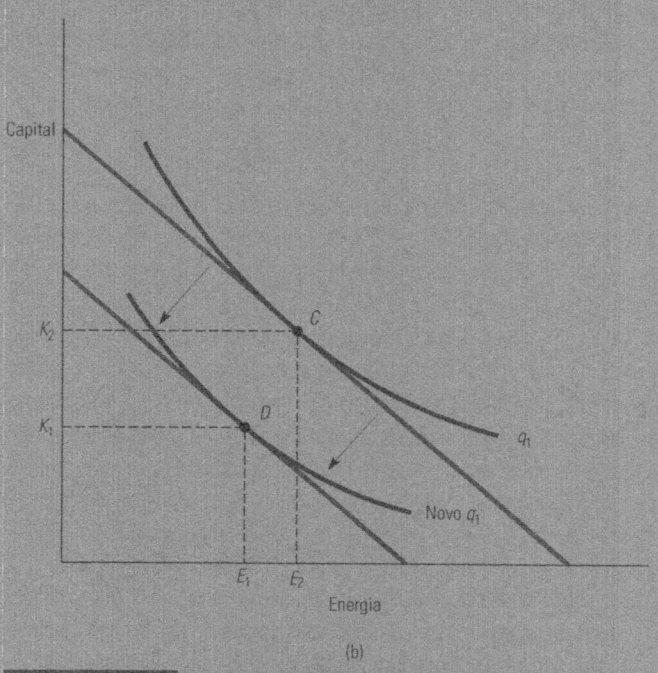

FIGURA 7.7b **EFICIÊNCIA DE ENERGIA POR MEIO DA MUDANÇA TECNOLÓGICA**

A mudança tecnológica implica que a mesma produção pode ser produzida com menores quantidades de insumos. Aqui, a isoquanta denominada q_1 mostra combinações de energia e capital que resultam na produção q_1; a tangência com a linha de isocusto no ponto C ocorre com combinação de energia e capital E_2 e K_2. Devido ao avanço tecnológico, a isoquanta se desloca para baixo, de modo que a mesma produção q_1 pode agora ser realizada com menos energia e capital, neste caso, no ponto D, com combinação de energia e capital E_1 e K_1.

7.4 Curvas de custo no longo prazo *versus* curvas de custo no curto prazo

Vimos antes (na Figura 7.1) que as curvas de custo médio no curto prazo têm forma de U. Veremos agora que as curvas de custo médio no longo prazo também apresentam forma de U. Entretanto, diferentes fatores econômicos explicam os formatos de tais curvas. Nesta seção, discutiremos as curvas de custo médio e de custo marginal no longo prazo, enfatizando as diferenças entre essas curvas e suas correspondentes no curto prazo.

INFLEXIBILIDADE DA PRODUÇÃO NO CURTO PRAZO

Lembre-se de que, no longo prazo, todos os insumos da empresa podem variar, pois o planejamento abrange um período extenso o suficiente para que seja possível a realização de modificações inclusive nas dimensões da planta produtiva. Tal flexibilidade adicional possibilita que a empresa obtenha uma produção com menor custo médio do que no curto prazo. Para entender a razão de tal fato, poderíamos comparar a situação em que capital e trabalho sejam ambos flexíveis com o caso em que o capital seja fixo no curto prazo.

A Figura 7.8 apresenta as isoquantas de produção da empresa. O *caminho de expansão no longo prazo* é a linha reta partindo da origem que corresponde à trajetória apresentada na Figura 7.6. Suponhamos que o capital esteja fixo no nível K_1 no curto prazo. Para obter o nível de produção q_1, a empresa minimizaria custos pela escolha da quantidade L_1 de trabalho, correspondendo ao ponto de tangência com a linha de isocusto AB. A inflexibilidade surge quando a empresa decide elevar seu nível de produção para q_2 sem aumentar o uso do capital. Se o capital não fosse fixo, seria possível atingir esse nível de produção com a quantidade K_2 de capital e a quantidade L_2 de trabalho. Seu custo de produção seria refletido pela linha de isocusto CD.

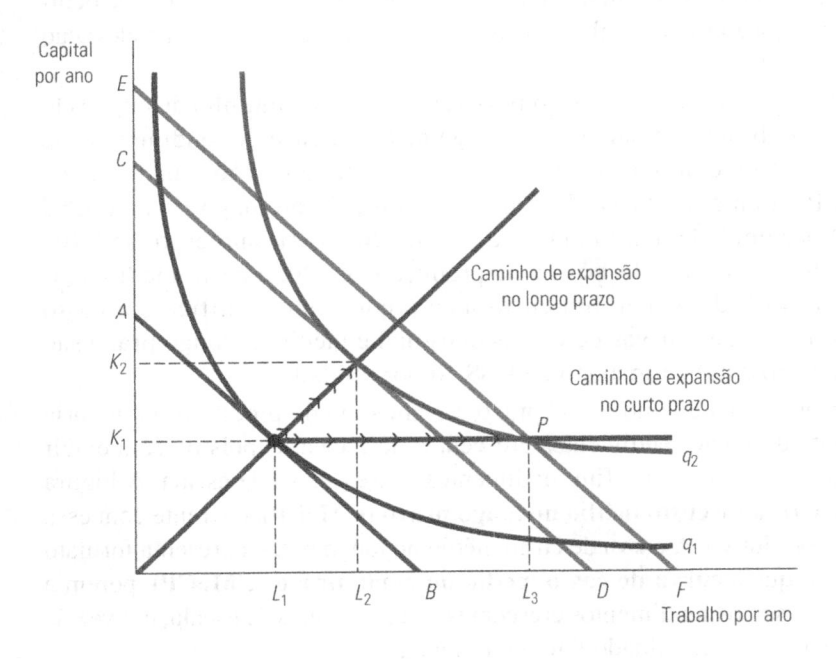

FIGURA 7.8 INFLEXIBILIDADE DA PRODUÇÃO NO CURTO PRAZO

Quando uma empresa opera no curto prazo, o custo de produção pode não ser minimizado por causa da inflexibilidade na utilização de insumos de capital. De início, o nível de produção é q_1. No curto prazo, o nível q_2 só pode ser atingido aumentando-se o insumo trabalho de L_1 para L_3, porque a quantidade de capital está fixa em K_1. No longo prazo, a mesma produção pode ser atingida com custos mais baixos, aumentando-se o trabalho de L_1 para L_2 e o capital de K_1 para K_2.

Entretanto, o nível fixo de capital força a empresa a elevar seu nível de produção por meio da quantidade de capital K_1 e da quantidade L_3 de trabalho no ponto P. O ponto P situa-se sobre a linha de isocusto EF, que corresponde a um custo mais alto do que a linha CD. O custo de produção é mais elevado quando o capital é mantido fixo porque a empresa é incapaz de substituir trabalho por capital, que seria relativamente mais barato, ao expandir sua produção. Essa inflexibilidade se reflete *no caminho de expansão no curto prazo*, o qual começa como uma reta a partir da origem, mas se torna horizontal a partir do momento em que o insumo capital atinge o valor K_1.

CUSTO MÉDIO NO LONGO PRAZO

No longo prazo, a capacidade de variar a quantidade de capital permite que a empresa reduza seus custos. Para vermos como variam os custos, à medida que a empresa percorre seu caminho de expansão no longo prazo, podemos observar as curvas de custo médio e custo marginal no longo prazo.[9] O mais importante determinante do formato das curvas de custo médio e de custo marginal de longo prazo é a relação entre a escala de operação da empresa e os insumos que são necessários para minimizar seus custos. Suponhamos, por exemplo, que o processo produtivo da empresa apresente rendimentos constantes de escala para todos os níveis de produção. Sendo assim, a duplicação dos insumos ocasionaria uma duplicação do nível de produção. Como os preços dos insumos permanecem inalterados à medida que o nível de produção vai sendo elevado, o custo médio da produção deve ser o mesmo para todos os níveis.

Suponhamos, por outro lado, que o processo produtivo da empresa esteja sujeito a rendimentos crescentes de escala. A duplicação dos insumos ocasionaria, então, mais do que uma duplicação do nível de produção. Dessa forma, o custo médio de produção apresentaria uma redução com a elevação do nível de produção, pois a duplicação dos custos estaria associada a um aumento da produção em mais do que o dobro. Pela mesma lógica, se ocorressem rendimentos decrescentes de escala, o custo médio de produção teria uma elevação com o aumento da produção.

Vimos que a curva de custo total no longo prazo associada ao caminho de expansão na Figura 7.6(a) era uma linha reta partindo da origem. Nesse caso de rendimentos de escala constantes, o custo médio no longo prazo é constante, pois não muda quando o produto aumenta. Para uma produção de 100, o custo médio no longo prazo é US$ 1.000/100 = US$ 10 por unidade. Para uma produção de 200, o mesmo custo se torna US$ 2.000/200 = US$ 10 por unidade; para uma produção de 300, o custo médio também é de US$ 10 por unidade. Como um custo médio constante significa um custo marginal também constante, as curvas de custos marginal e médio no longo prazo são dadas por uma linha horizontal a um custo de US$ 10 por unidade.

No capítulo anterior, vimos que no longo prazo a tecnologia de produção da maioria das empresas apresenta de início rendimentos crescentes de escala, depois passa a exibir rendimentos constantes de escala e por fim rendimentos decrescentes de escala. A Figura 7.9 mostra uma típica **curva de custo médio no longo prazo (CMeLP)**, coerente com essa descrição do processo produtivo. A curva de custo médio no longo prazo apresenta formato em U, do mesmo modo que a **curva de custo médio no curto prazo (CMeCP)**, porém a origem do formato em U são os rendimentos crescentes e decrescentes de escala, em vez de rendimentos decrescentes de determinado fator de produção.

A **curva de custo marginal no longo prazo (CMgLP)** pode ser determinada a partir da curva de custo médio no longo prazo; ela mede a mudança nos custos totais de longo prazo à medida que a produção aumenta. O CMgLP está abaixo da curva de custo médio

---

curva de custo médio no longo prazo (CMeLP)

Curva que fornece o custo médio de produção para cada nível de produto quando todos os insumos, incluindo capital, são variáveis.

curva de custo médio no curto prazo (CMeCP)

Curva que fornece o custo médio de produção para cada nível de produto quando a quantidade de capital é fixa.

curva de custo marginal no longo prazo (CMgLP)

Curva que fornece a variação no custo total no longo prazo quando o produto aumenta em 1 unidade.

---

9 No curto prazo, o formato das curvas de custo médio e de custo marginal era determinado principalmente por rendimentos decrescentes. Como já apresentamos no Capítulo 6, rendimentos decrescentes para cada fator de produção mostram-se consistentes com rendimentos de escala constantes (ou até mesmo crescentes).

no longo prazo quando o CMeLP está diminuindo e acima da curva de custo médio no longo prazo quando o CMeLP está aumentando.[10] As duas curvas se cruzam no ponto A, onde a curva de custo médio no longo prazo atinge seu ponto mínimo. No caso especial em que o CMeLP é constante, temos igualdade entre o CMeLP e o CMgLP.

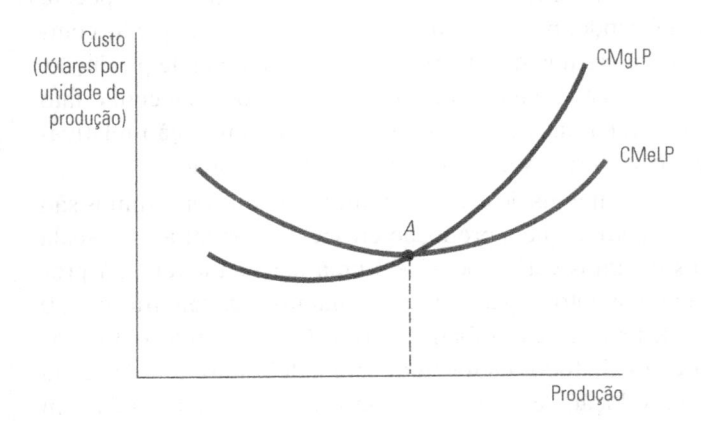

FIGURA 7.9 **CURVAS DE CUSTO MÉDIO E CUSTO MARGINAL NO LONGO PRAZO**

Quando uma empresa apresenta um nível de produção em que o custo médio no longo prazo (CMeLP) está diminuindo, o custo marginal de longo prazo (CMgLP) é menor que o CMeLP. Inversamente, quando o CMeLP aumenta, o CMgLP é maior que o CMeLP. As duas curvas se cruzam no ponto A, onde a curva de CMeLP atinge seu valor mínimo.

ECONOMIAS E DESECONOMIAS DE ESCALA

À medida que a produção cresce, o custo de produção médio tende a cair, pelo menos até certo ponto. Isso pode acontecer pelos seguintes motivos:

1. Se a empresa opera em uma escala maior, os funcionários podem se especializar nas atividades em que são mais produtivos.
2. A escala pode proporcionar flexibilidade. Variando a combinação dos insumos utilizados na produção, os administradores podem organizar o processo produtivo de maneira mais eficaz.
3. Por comprar insumos em grandes quantidades e, assim, ter maior poder de negociação, a empresa pode consegui-los a preço mais baixo. Se os administradores aproveitarem os insumos de menor custo, o mix de insumos pode mudar conforme a escala.

Em algum momento, porém, é provável que o custo de produção médio comece a aumentar junto com a produção. Existem três motivos para essa mudança:

1. Pelo menos no curto prazo, os funcionários terão dificuldade em fazer um trabalho eficiente por causa de fatores como espaço e maquinário.
2. À medida que o número de tarefas aumenta, a gestão de uma empresa maior pode se tornar mais complexa e ineficiente.
3. As vantagens de comprar em grandes quantidades podem desaparecer quando certo limite for atingido. Em determinado ponto, a oferta de insumos essenciais pode se tornar restrita, fazendo com que seus preços se elevem.

Para analisar a relação entre a escala de operação da empresa e os custos, precisamos reconhecer que, quando são modificadas as proporções entre os insumos, o caminho de

---

[10] Lembre-se de que CMe = CT/q, o que significa que ΔCMe/Δq = [q(ΔCT/Δq) − CT]/q^2 = (CMg − CMe)/q. Claramente, quando o CMe está aumentando, ΔCMe/Δq é positivo e CMg > CMe. Da mesma forma, quando o CMe está diminuindo, ΔCMe/Δq é negativo e CMg < CMe.

economias de escala

Situação na qual a produção pode ser dobrada com o custo aumentando menos do que o dobro.

deseconomias de escala

Situação na qual para se dobrar a produção é necessário que os custos mais do que dobrem.

Na Seção 6.4, explicamos que os rendimentos de escala são crescentes nos casos em que a produção mais do que dobra quando os insumos são proporcionalmente dobrados.

expansão deixa de ser uma linha reta, e o conceito de rendimentos de escala não mais se aplica. Em vez disso, dizemos que a empresa apresenta **economias de escala** quando ela é capaz de duplicar a produção com menos do que o dobro dos custos. Da mesma forma, existem **deseconomias de escala** quando a duplicação da produção só é possível quando os custos mais do que dobram. O termo *economias de escala* abrange, como um caso especial, os rendimentos crescentes de escala, sendo, porém, mais amplo, pois permite que as combinações de insumos sejam alteradas à medida que a empresa varia seu nível de produção. Nesse contexto mais geral, a curva de custo médio em formato de U é coerente com o fato de que a empresa pode apresentar economias de escala para níveis de produção relativamente baixos e deseconomias de escala para níveis mais elevados de produção.

Para perceber a diferença entre rendimentos de escala (condição em que os insumos são usados em proporções constantes à medida que a produção cresce) e economias de escala (condição em que a proporção dos insumos varia), pense em uma fazenda leiteira. A produção de leite depende de terra, equipamentos, vacas e ração. Uma fazenda leiteira com 50 vacas usará um mix de insumos que privilegie o trabalho, não os equipamentos (isto é, as vacas serão ordenhadas manualmente). Se todos os insumos forem dobrados, uma fazenda com 100 vacas poderia dobrar sua produção de leite. O mesmo valeria para a fazenda com 200 vacas, e assim por diante. Nesse caso, há rendimentos de escala constantes.

Grandes fazendas leiteiras, porém, têm a opção de usar máquinas de ordenha. Se, apesar de seu tamanho, uma grande fazenda continuar a ordenhar o gado manualmente, os rendimentos constantes continuarão a ser aplicados. Contudo, quando a fazenda passa de 50 para 100 vacas, ela muda sua tecnologia e começa a usar máquinas; assim, consegue reduzir seu custo médio de produção de US$ 0,20 para US$ 0,15 por galão de leite. Nesse caso, temos economias de escala.

Este exemplo ilustra o fato de que o processo produtivo de uma empresa pode exibir rendimentos de escala constantes e, ao mesmo tempo, economias de escala. Claro, as empresas também podem desfrutar de rendimentos de escala crescentes e economias de escala. É útil comparar esses dois últimos:

> *Rendimentos de escala crescentes:* a produção mais do que dobra quando as quantidades de todos os insumos são dobradas.
>
> *Economias de escala:* dobrar a produção requer crescimento dos custos inferior ao dobro.

Economias de escala são frequentemente medidas em termos de elasticidade de custo da produção, E_C, que é o percentual de mudança no custo de produção decorrente de um aumento de 1% no nível de produção:

$$E_C = (\Delta C/C)/(\Delta q/q) \tag{7.5}$$

Para ver como E_C está relacionada com nossas tradicionais medidas de custo, podemos reescrever a Equação 7.5 da seguinte forma:

$$E_C = (\Delta C/\Delta q)/(C/q) = \text{CMg}/\text{CMe} \tag{7.6}$$

Está claro que E_C é igual a 1 quando os custos marginal e médio são iguais. Nesse caso, os custos aumentam proporcionalmente com a produção, não havendo nem economias nem deseconomias de escala (haveria rendimentos constantes de escala se a proporção dos insumos fosse fixa). Quando existem economias de escala (os custos não chegam a aumentar proporcionalmente à produção), o custo marginal é menor que o custo médio (ambos diminuem) e E_C é menor que 1. Por fim, quando há deseconomias de escala, o custo marginal é maior que o custo médio e E_C é maior que 1.

RELAÇÃO ENTRE CUSTOS NO CURTO E LONGO PRAZOS

A Figura 7.10 ilustra a relação entre os custos no curto prazo e os custos no longo prazo. Suponhamos que uma empresa não tenha certeza sobre a demanda futura de seu produto e esteja considerando três alternativas de tamanho de fábrica. As curvas de custo médio no curto prazo para cada uma das fábricas estão indicadas por $CMeCP_1$, $CMeCP_2$ e $CMeCP_3$. Trata-se de uma decisão importante, pois, uma vez construída a fábrica, a firma não poderá modificá-la durante certo tempo.

A Figura 7.10 mostra o caso em que há três tamanhos de fábrica possíveis. Se a empresa espera produzir q_0 unidades de produto, deve construir a fábrica de menor tamanho. Seu custo médio de produção será de US\$ 8. (Se depois ela decidir produzir q_1 unidades, o custo médio no curto prazo continuará sendo de US\$ 8.) No entanto, se ela espera produzir q_2 unidades, a fábrica de tamanho médio será a melhor alternativa. De maneira semelhante, com uma produção de q_3 unidades, a maior das três fábricas será a escolha mais eficiente.

Qual será a curva de custo médio no longo prazo para essa empresa? No longo prazo, ela poderá alterar o tamanho da fábrica. Ao fazê-lo, sempre escolherá a opção que minimize o custo médio de produção.

A curva de custo médio no longo prazo é construída a partir dos trechos destacados das curvas de custo médio no curto prazo, correspondentes ao custo mínimo de produção para cada um dos níveis de produção. A curva de custo médio no longo prazo corresponde ao *envoltório* das curvas de custo médio no curto prazo, ou seja, a curva tangente que passa externamente por essas últimas.

Agora, suponhamos que existam muitas opções em termos de tamanho de fábrica, cada qual com uma curva de custo médio no curto prazo. Novamente, a curva de custo médio no longo prazo corresponde ao envoltório das curvas de curto prazo. Na Figura 7.10, isso corresponde à curva CMeLP. Portanto, qualquer que seja o nível de produção escolhido pela empresa, ela pode optar por um tamanho de fábrica (e por uma combinação de capital e trabalho) que lhe permita obter tal produção com o custo médio mínimo. A curva de custo médio no longo prazo inicialmente exibe economias de escala, mas passa a exibir deseconomias em níveis de produção mais elevados.

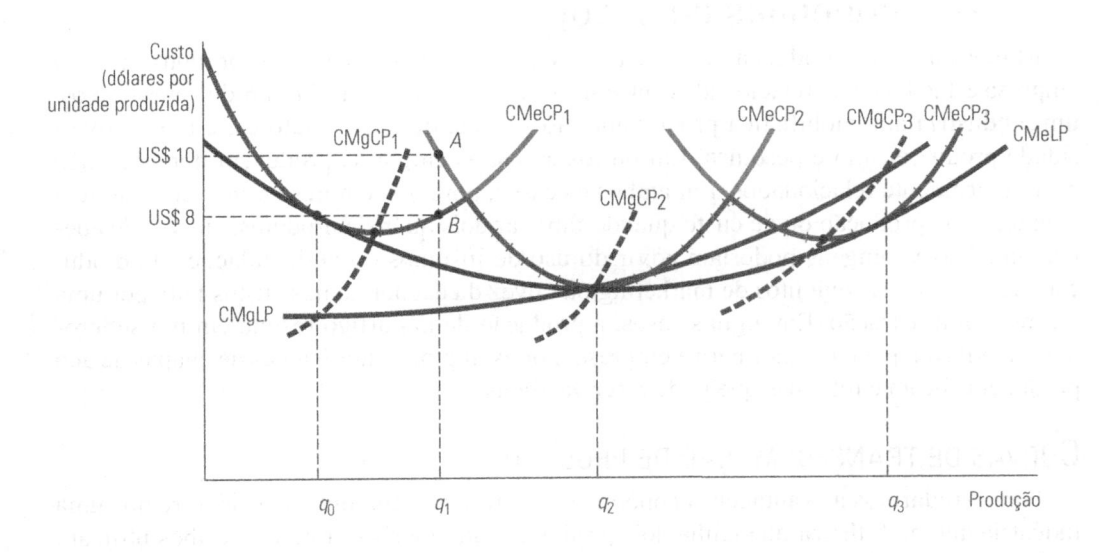

FIGURA 7.10 **CUSTOS NO LONGO PRAZO COM ECONOMIAS E DESECONOMIAS DE ESCALA**

A curva de custo médio no longo prazo, CMeLP, corresponde ao envoltório das curvas de custo médio no curto prazo, $CMeCP_1$, $CMeCP_2$ e $CMeCP_3$. Havendo economias e deseconomias de escala, os pontos mínimos das curvas de custo médio no curto prazo não se encontram situados na curva de custo médio no longo prazo.

Para esclarecermos a relação entre as curvas de custo no curto e no longo prazos, consideremos uma empresa que tenha interesse em atingir um nível de produção q_1. Se ela optar por construir uma fábrica pequena, a curva de custo médio no curto prazo, $CMeCP_1$, é relevante. O custo médio de produção (no ponto B em $CMeCP_1$) é de US$ 8. Uma fábrica pequena seria uma opção melhor do que uma fábrica de tamanho intermediário, que apresentaria um custo médio de produção igual a US$ 10 (no ponto A em $CMeCP_2$). Por conseguinte, o ponto B se tornaria um ponto da função de custo no longo prazo quando existem apenas três alternativas possíveis de tamanho de fábrica. Se fábricas de outros tamanhos pudessem ser construídas, e pelo menos um dos tamanhos permitisse que a empresa pudesse produzir q_1 por menos de US$ 8 por unidade de produção, então o ponto B não estaria mais situado sobre a curva de custo no longo prazo.

Na Figura 7.10, a curva envoltória que surgiria caso fosse possível construir fábricas de qualquer tamanho apresentaria formato em U. Observe outra vez que a curva CMeLP jamais se situa acima de quaisquer curvas de custo médio no curto prazo. Observe também que os pontos de custo médio mínimo da menor e da maior fábrica *não* estão situados sobre a curva de custo médio no longo prazo, pois existem economias e deseconomias de escala no longo prazo. Por exemplo, uma pequena fábrica operando ao custo médio mínimo não seria eficiente, pois uma fábrica maior poderia ser mais vantajosa em decorrência de seus rendimentos crescentes de escala, por meio dos quais é possível produzir a um custo médio inferior.

Por fim, observe que a curva de custo marginal no longo prazo, CMgLP, não se apresenta como envoltória das curvas de custo marginal no curto prazo. Os custos marginais no curto prazo se referem a uma fábrica determinada; por outro lado, os custos marginais no longo prazo se referem a todos os possíveis tamanhos de fábrica. Cada ponto da curva de custo marginal no longo prazo corresponde ao custo marginal no curto prazo obtido pela fábrica com maior eficiência de custos. De acordo com as relações expostas anteriormente, na Figura 7.10 a curva $CMgCP_1$ cruza com a curva CMgLP no nível de produção q_0 no qual $CMeCP_1$ é tangente à curva CMeLP.

7.5 Produção com dois produtos — economias de escopo

Muitas empresas produzem mais de um produto. Em alguns casos, os produtos de uma empresa estão bastante relacionados entre si — uma granja de galinhas produz aves e ovos, uma indústria automobilística produz automóveis, caminhões e tratores, e uma universidade produz ensino e pesquisa. Em outros casos, as empresas produzem itens que não estão fisicamente relacionados. Em ambos os casos, porém, a empresa provavelmente terá vantagens de produção ou de custo quando fabricar dois ou mais produtos, em vez de apenas um. Tais vantagens poderiam advir do uso de insumos ou de instalações de produção, de programas conjuntos de marketing ou talvez da economia nos custos feita por uma mesma administração. Em alguns casos, a produção de um artigo resulta em um subproduto inevitável que tem valor para a empresa. Por exemplo, os fabricantes de chapas de aço produzem sucata e rebarbas que podem ser vendidas.

Curvas de transformação de produto

> **curva de transformação de produto**
> Curva que mostra as várias combinações possíveis de dois diferentes produtos que podem ser produzidos com dado conjunto de insumos.

Para estudarmos as vantagens econômicas da produção conjunta, consideraremos uma indústria automobilística que tenha dois produtos, automóveis e tratores. Ambos utilizam os insumos capital (fábricas e equipamentos) e trabalho. Os automóveis e os tratores não são obrigatoriamente produzidos pela mesma fábrica, porém, para a fabricação de ambos são usados os mesmos recursos administrativos e são necessários equipamentos semelhantes e mão de obra especializada. Os administradores da empresa devem escolher as quantidades de cada produto que fabricarão. A Figura 7.11 apresenta duas **curvas de transformação de produto**. Cada uma mostra as diversas combinações de automóveis e tratores que podem ser produzidas com determinada quantidade de mão de obra e de máquinas. A curva O_1 descreve todas as combinações dos dois produtos que podem ser obtidas com um nível relativamente baixo de insumos e a curva O_2 descreve as combinações de produto obtidas com o dobro dessas quantidades.

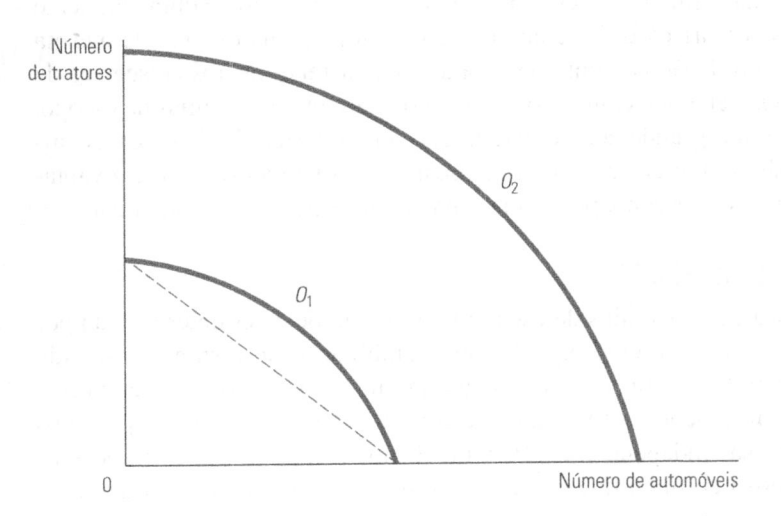

FIGURA 7.11 CURVA DE TRANSFORMAÇÃO DE PRODUTOS

A curva de transformação de produtos descreve as diferentes combinações de dois produtos que podem ser produzidos com uma quantidade fixa de insumos. As curvas de transformação O_1 e O_2 são côncavas, pois existem economias de escopo na produção.

Por que a curva de transformação de produto apresenta uma inclinação negativa? Porque, para obter maior quantidade de um produto, a empresa necessita deixar de produzir alguma quantidade de outro. Por exemplo, uma empresa que dá maior importância à produção de automóveis dedicará menos de seus recursos à produção de tratores. Na Figura 7.11, a curva O_2 fica duas vezes mais longe do ponto de origem do que a curva O_1, indicando que o processo produtivo da empresa apresenta rendimentos constantes de escala na produção de ambos os produtos.

Se a curva O_1 fosse uma linha reta, a produção conjunta não resultaria em ganhos (nem em perdas). Uma pequena empresa especializada em automóveis e outra especializada em tratores seriam, juntas, capazes de atingir o mesmo nível de produção de uma única empresa que produzisse ambos os produtos. Entretanto, a curva de transformação de produto é arqueada para fora (ou *côncava*), porque a produção conjunta em geral apresenta vantagens que possibilitam a uma única empresa produzir com os mesmos recursos mais automóveis e tratores do que duas empresas que estivessem produzindo cada produto em separado. Tais vantagens de produção envolvem o compartilhamento de insumos. Uma única administração frequentemente é capaz de programar e organizar a produção e de lidar com as atividades contábeis e financeiras com mais eficácia do que duas administrações separadas.

ECONOMIAS E DESECONOMIAS DE ESCOPO

Em geral, as **economias de escopo** encontram-se presentes quando a produção conjunta de uma única empresa é maior do que as produções obtidas por duas empresas diferentes, cada uma produzindo um único produto (com equivalentes insumos de produção alocados entre elas). Caso uma empresa apresente uma produção conjunta que seja *menor* do que a obtida por empresas separadas, então tal processo de produção envolve **deseconomias de escopo**. Isso pode ocorrer se a produção de um produto for, de alguma forma, conflitante com a produção do segundo produto.

economias de escopo

Ocorrem quando a produção conjunta de uma única empresa é maior do que aquilo que poderia ser produzido por duas empresas diferentes, cada uma das quais fabricando um único produto.

deseconomias de escopo

Ocorrem quando a produção conjunta de uma única empresa é menor do que aquilo que poderia ser produzido por duas empresas que fabricam produtos únicos.

Não existe relação direta entre economias de escala e economias de escopo. Uma empresa fabricante de dois produtos pode ter vantagens decorrentes de economias de escopo, mesmo que seu processo produtivo envolva deseconomias de escala. Suponhamos, por exemplo, que a produção conjunta de flautas e flautins apresentasse custo menor do que a produção separada de ambos os produtos. Ainda assim, o processo produtivo envolveria mão de obra altamente especializada e seria mais eficaz caso fosse empreendido em pequena escala. Da mesma forma, uma empresa com produção conjunta poderia apresentar rendimentos crescentes de escala para cada produto em separado e, mesmo assim, não apresentar economias de escopo. Imaginemos, por exemplo, um grande conglomerado que seja proprietário de diversas empresas capazes de produzir com eficiência em larga escala, mas que não apresentem vantagens associadas às economias de escopo, pois estão sendo administradas separadamente.

Grau das economias de escopo

A extensão da presença de economias de escopo poderia também ser determinada por meio do estudo dos custos de uma empresa. Se uma combinação de insumos utilizada por uma empresa fosse capaz de gerar mais produção do que a obtida por duas empresas independentes, então custaria menos para uma única empresa produzir ambos os produtos do que para as duas empresas independentes. Para medirmos o *grau* de presença de economias de escopo, devemos perguntar que porcentagem do custo da produção poderia ser economizada caso dois (ou mais) produtos fossem produzidos em conjunto em vez de individualmente. A Equação 7.7 fornece o **grau das economias de escopo (GES)** que mede tais economias de custos:

$$\text{GES} = \frac{C(q_1) + C(q_2) - C(q_1, q_2)}{C(q_1, q_2)} \tag{7.7}$$

grau das economias de escopo (GES)

Porcentagem de economia nos custos quando dois ou mais produtos são produzidos em conjunto em vez de serem fabricados individualmente.

$C(q_1)$ representa o custo de produção apenas do produto q_1, $C(q_2)$ representa o custo de produção apenas do produto q_2 e $C(q_1, q_2)$ corresponde ao custo conjunto da produção dos dois produtos. Quando as unidades físicas de produção podem ser adicionadas, como no exemplo dos automóveis e tratores, a expressão torna-se $C(q_1 + q_2)$. Havendo economias de escopo, o custo conjunto será inferior à soma dos custos individuais, de tal modo que GES será maior do que zero. Havendo deseconomias de escopo, GES será negativo. Em geral, quanto maior for o valor de GES, maiores serão as economias de escopo.

EXEMPLO 7.6 ECONOMIAS DE ESCOPO EM EMPRESAS TRANSPORTADORAS

Suponhamos que você esteja administrando uma empresa transportadora que realize o frete intermunicipal de cargas de diferentes tamanhos.[11] No ramo de transportes, diversos serviços relacionados, ainda que distintos entre si, podem ser oferecidos, dependendo do tamanho da carga e da distância do percurso. Primeiro, qualquer carga, pequena ou grande, pode ser transportada diretamente de um local a outro, sem paradas intermediárias. Segundo, uma carga pode ser combinada com outras (que podem estar sendo transportadas entre localidades diferentes) e ser despachada indiretamente a partir de sua origem para o destino apropriado. Cada tipo de carga, parcial ou total, pode envolver diferentes distâncias de percurso.

Essa gama de possibilidades envolve questões relacionadas tanto com as economias de escala quanto com as de escopo. No que se refere às de escala, a questão é saber se o transporte direto de grandes volumes agregados de carga apresenta menores custos e maiores lucros do que o transporte individual, carga por carga, por meio de pequenos veículos. Quanto às de escopo, a questão é saber se as grandes transportadoras têm vantagens de custo por operar tanto com cargas rápidas, diretas, quanto com cargas lentas, indiretas, as quais são, porém, menos custosas. O planejamento centralizado e a organização das rotas podem gerar economias de escopo. Há um fator-chave para a presença de economias de escala: a organização das rotas

---

11 Esse exemplo é baseado no artigo de Judy S. Wang Chiang e Ann F. Friedlaender, "Truck Technology and Efficient Market Structure", *Review of Economics and Statistics* 67, 1985, p. 250-258.

e dos tipos de fretes pode ser feita com maior eficiência quando o número de fretes envolvidos é grande. Sendo assim, são maiores as chances de programar as viagens de modo que a maioria das cargas dos caminhões seja completa em vez de parcial.

Estudos do setor de transporte de cargas indicam a presença de economias de escopo. Por exemplo, uma análise envolvendo 105 empresas transportadoras verificou quatro tipos distintos de serviço: (1) transporte a curtas distâncias, com carregamento parcial, (2) transporte a distâncias intermediárias, com carregamento parcial, (3) transporte a longas distâncias, com carregamento parcial e (4) transporte com carregamentos plenos. Os resultados indicaram que o grau das economias de escopo (GES) era de 1,576 para empresas razoavelmente grandes. Entretanto, esse grau caía para 0,104 quando as empresas se tornavam muito grandes. Como as grandes empresas colocam carga suficiente em caminhões grandes, não existe interesse em paradas nos terminais localizados em trechos intermediários do percurso para completar um carregamento parcial. Viagens diretas entre o ponto de partida e o destino já bastam. Aparentemente, entretanto, como há outras desvantagens associadas à administração das empresas muito grandes, as economias de escopo se tornam cada vez menores à medida que a empresa se torna maior. De qualquer forma, a capacidade de combinar carregamentos parciais em trechos intermediários do percurso reduz os custos da empresa, aumentando sua lucratividade.

O estudo sugere, portanto, que, para competir no ramo de transporte rodoviário de cargas, uma empresa deve ser grande o suficiente para que seja interessante para ela fazer carregamentos nos pontos de parada localizados nos trechos intermediários dos percursos.

*7.6 Mudanças dinâmicas nos custos — a curva de aprendizagem

Nossa discussão até agora sugeriu uma razão pela qual uma empresa grande pode ter custos médios no longo prazo mais baixos do que uma empresa pequena, ou seja, os rendimentos crescentes de escala na produção. Tende-se a concluir que as empresas que possuem custos médios mais baixos ao longo do tempo são as que estão em crescimento e que apresentam rendimentos crescentes de escala. Contudo, isso nem sempre é verdade. No caso de algumas empresas, os custos médios no longo prazo podem apresentar declínio no decorrer do tempo pelo fato de os trabalhadores e administradores absorverem novas informações tecnológicas à medida que se tornam mais experientes em suas funções.

À medida que os administradores e a mão de obra ganham experiência na produção, o custo marginal e o custo médio de determinado nível de produção apresentam redução devido a quatro motivos:

1. Os funcionários demoram mais para poder realizar determinada tarefa nas primeiras vezes. Quando se tornam mais experientes, entretanto, sua velocidade aumenta.
2. Os administradores aprendem a programar o processo produtivo com maior eficácia, desde o fluxo de materiais até a organização da própria produção.
3. Os engenheiros que no princípio se mantinham cautelosos no desenvolvimento de seus produtos podem adquirir experiência suficiente para fazer inovações no desenvolvimento do projeto, possibilitando reduções de custos sem o aumento de defeitos. Ferramentas de melhor qualidade e mais especializadas e organização da planta produtiva podem também reduzir custos.
4. Os fornecedores podem aprender maneiras de processar os materiais necessários com maior eficácia, podendo repassar parte dessa vantagem na forma de custos mais baixos.

Como consequência, uma empresa "aprende" ao longo do tempo, à medida que a produção acumulada aumenta. Os administradores podem utilizar esse processo de aprendizagem para ajudar a planejar a produção e fazer previsões para os custos futuros. A Figura 7.12 ilustra esse processo na forma de uma **curva de aprendizagem** — uma curva que descreve a relação entre a produção acumulada das empresas e a quantidade de insumos necessários à produção de uma unidade de produto.

curva de aprendizagem

Curva que relaciona as quantidades de insumos necessários para produzir uma unidade de produto à medida que aumenta a produção acumulada da empresa.

Gráfico da curva de aprendizagem

A Figura 7.12 apresenta uma curva de aprendizagem para a produção de máquinas operatrizes por um fabricante. O eixo horizontal mede o número *acumulado* de lotes de máquinas operatrizes que a empresa tem produzido (cada lote corresponde a um grupo de cerca de 40 máquinas) e o eixo vertical mede o número de horas de trabalho necessárias para produzir cada lote. O insumo trabalho por unidade de produto afeta diretamente o custo de produção da empresa, pois quanto menor for o número de horas de trabalho necessárias, menores serão o custo marginal e o custo médio da produção.

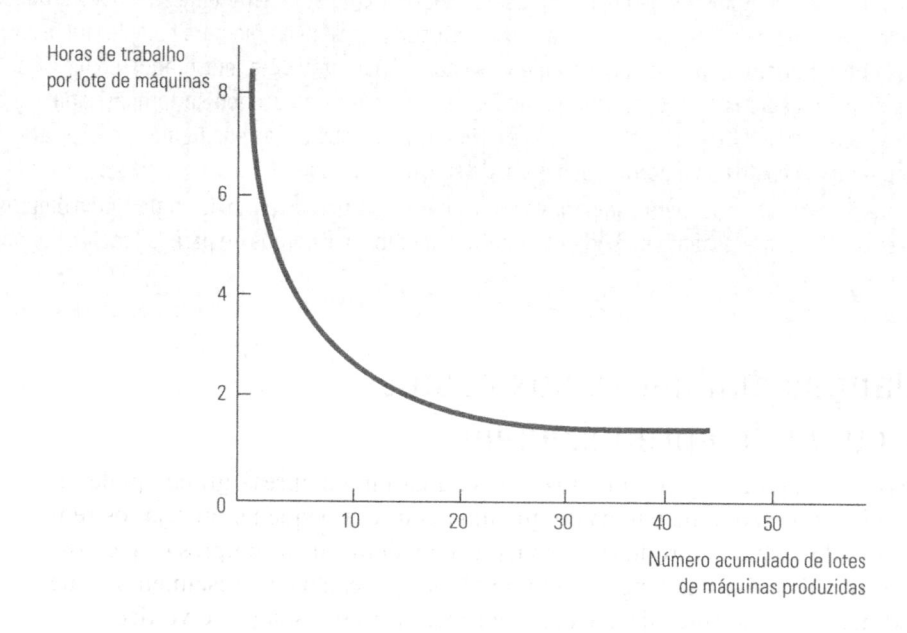

FIGURA 7.12 A CURVA DE APRENDIZAGEM

O custo de produção de uma empresa pode diminuir ao longo do tempo à medida que administradores e trabalhadores se tornem mais experientes e eficientes na utilização da fábrica e dos equipamentos. A curva de aprendizagem mostra como as horas de trabalho necessárias para produzir uma unidade do produto diminuem à medida que aumenta a produção acumulada.

A curva de aprendizagem da Figura 7.12 se baseia na seguinte relação:

$$L = A + BN^{-\beta} \qquad (7.8)$$

em que N é o número de unidades acumuladas de produto fabricado, L é o insumo trabalho por unidade de produto e A, B e β são constantes, sendo A e B positivos e β com valor entre 0 e 1. Quando N for igual a 1, L será igual a $A + B$, assim $A + B$ medem o insumo trabalho necessário para a produção da primeira unidade de produção. Quando β for igual a 0, o insumo trabalho por unidade de produto permanecerá o mesmo à medida que o nível de produção acumulada aumentar, portanto, não haverá aprendizagem. Quando β for positivo e N aumentar cada vez mais, L ficará muito próximo de A, de tal forma que A representará o mínimo insumo trabalho por unidade de produto depois que toda a aprendizagem já tiver ocorrido.

Quanto maior for β, mais significativo será o efeito da aprendizagem. Quando β for igual a 0,5, por exemplo, o insumo trabalho por unidade de produto cairá na proporção da raiz quadrada da produção acumulada. O grau de aprendizagem pode reduzir substancialmente os custos de produção da empresa à medida que aumenta a experiência.

Nesse exemplo com máquinas operatrizes, o valor de β é igual a 0,31. No caso específico dessa curva de aprendizagem, cada vez que a produção acumulada dobra, a diferença entre o insumo necessário e o insumo mínimo obtenível exigido cai em cerca de 20%.[12] De acordo com a Figura 7.12, a curva de aprendizagem apresenta uma acentuada queda até que o número de lotes produzidos atinja aproximadamente 20 unidades. Acima da produção de 20 unidades, as economias de custo tornam-se relativamente pequenas.

APRENDIZAGEM *VERSUS* ECONOMIAS DE ESCALA

Uma vez que a empresa tenha produzido 20 ou mais lotes de máquinas, o efeito total da curva de aprendizagem estaria completo e a análise habitual de custos poderia ser utilizada. Se, entretanto, esse processo produtivo fosse relativamente novo, então os custos mais elevados para níveis baixos de produção (e custos relativamente baixos para níveis altos) indicariam a presença de efeitos da aprendizagem e não de rendimentos crescentes de escala. Com a aprendizagem, os custos de produção de uma empresa com experiência tornam-se relativamente baixos, pouco importa a escala de operação da empresa. Se uma empresa que produz máquinas operatrizes em grupos (ou lotes) souber que apresenta economias de escala, então deverá produzir suas máquinas em lotes muito grandes, para poder tirar proveito dos custos mais baixos associados ao seu tamanho. Quando existe uma curva de aprendizagem, a empresa consegue reduzir seus custos programando a produção de muitos lotes, independentemente do tamanho individual de cada um.

A Figura 7.13 apresenta esse fenômeno. CMe_1 representa a curva de custo médio no longo prazo da produção de uma empresa que possui economia de escala em sua produção. Assim, o aumento no nível de produção entre os pontos A e B ao longo de CMe_1 resulta em custos menores graças às economias de escala. Entretanto, a passagem do ponto A, situado em CMe_1, para o ponto C, situado em CMe_2, resulta em custos mais baixos graças à aprendizagem, a qual desloca a curva de custo médio para baixo.

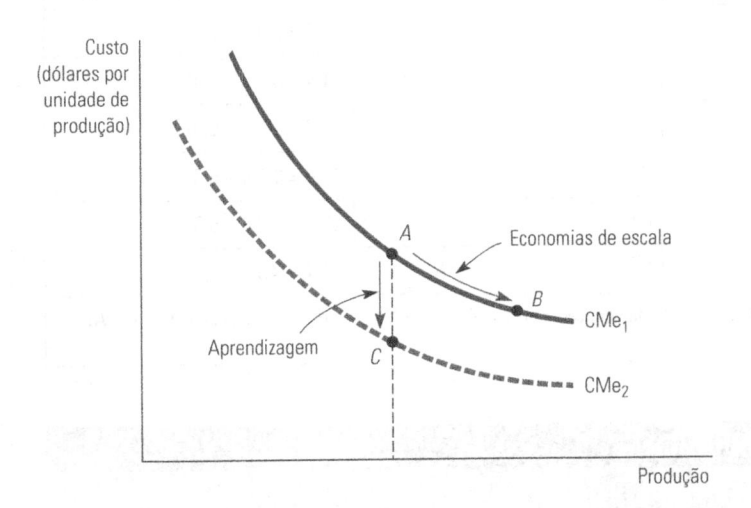

FIGURA 7.13 **ECONOMIAS DE ESCALA *VERSUS* APRENDIZAGEM**

O custo médio de produção de uma empresa pode diminuir ao longo do tempo por causa de um crescimento das vendas quando rendimentos crescentes estiverem presentes (um movimento de A para B, na curva CMe_1) ou pela existência de uma curva de aprendizagem (um movimento de A, na curva CMe_1, para C, na curva CMe_2).

---

[12] Como $(L - A) = BN^{-0,31}$, podemos verificar que $0,8(L - A)$ é aproximadamente igual a $B(2N)^{-0,31}$.

A curva de aprendizagem é fundamental para uma empresa que queira fazer previsões para o custo de produção de um novo produto. Suponhamos, por exemplo, que uma empresa que fabrica máquinas operatrizes saiba que sua necessidade de trabalho por máquina produzida é de 1,0 para as primeiras 10 unidades, que o mínimo insumo trabalho, A, é igual a zero e que β é aproximadamente igual a 0,32. A Tabela 7.3 calcula o trabalho total necessário para a produção de 80 máquinas.

Pelo fato de existir uma curva de aprendizagem, a exigência de trabalho por unidade de produto cai com o aumento da produção. Em consequência, o trabalho necessário para a obtenção de níveis de produção cada vez maiores aumenta cada vez menos. Portanto, ao considerar apenas a grande necessidade inicial de trabalho, a empresa pode ter uma impressão por demais pessimista do negócio. Suponhamos que ela esteja planejando permanecer em atividade por muitos anos, produzindo 10 unidades por ano. Suponhamos que o total de trabalho requerido no primeiro ano de produção seja de 10. No primeiro ano de atividade, os custos serão altos, pois a empresa estará em processo de aprendizagem. No entanto, uma vez que o efeito aprendizagem tenha ocorrido, os custos de produção serão menores. Após 8 anos, o trabalho necessário para produzir 10 unidades será de apenas 5,1, e o custo por unidade será cerca de metade do custo no primeiro ano de produção. Dessa forma, os efeitos da curva de aprendizagem podem ser importantes para uma empresa que esteja decidindo se sua entrada em determinada atividade industrial seria ou não lucrativa.

TABELA 7.3 Trabalho necessário para a obtenção de um determinado nível de produção

Produção acumulada (N)	Trabalho por unidade para cada 10 unidades produzidas (L)*	Trabalho total necessário
10	1,00	10,0
20	0,80	18,0 = (10,0 + 8,0)
30	0,70	25,0 = (18,0 + 7,0)
40	0,64	31,4 = (25,0 + 6,4)
50	0,60	37,4 = (31,4 + 6,0)
60	0,56	43,0 = (37,4 + 5,6)
70	0,53	48,3 = (43,0 + 5,3)
80	0,51	53,4 = (48,3 + 5,1)

* Os números dessa coluna foram calculados a partir da equação: $\log(L) = -0{,}322 \log(N/10)$, onde L é o trabalho unitário e N a produção acumulada.

EXEMPLO 7.7 CURVA DE APRENDIZAGEM NA PRÁTICA

Suponhamos que você administre uma empresa que tenha acabado de entrar na atividade industrial de processamento químico e esteja diante do seguinte problema: você deve obter um nível de produção relativamente baixo, vendendo a preços elevados, ou deve aumentar sua produção e reduzir o preço? A segunda alternativa seria muito atraente caso existisse uma curva de aprendizagem nessa atividade industrial. Ou seja, um volume maior de produção poderia proporcionar uma redução nos custos no longo prazo, aumentando assim a lucratividade.

Antes de prosseguir, você deverá determinar se há realmente uma curva de aprendizagem; se houver, a produção e a venda de um volume maior reduzirão seus custos médios de produção com o tempo, aumentando a lucratividade. Também é preciso distinguir entre aprendizagem e economias de escala. Com as economias de escala, o custo médio é inferior quando a produção em qualquer ponto no tempo for maior, enquanto com a aprendizagem o custo médio diminui à medida que aumenta a produção acumulada da firma. Produzindo volumes relativamente pequenos indefinidamente, você caminha no sentido descendente da curva de aprendizagem, reduzindo seus custos, mas não consegue muitas economias de escala. O oposto acontece se você produzir grandes volumes em um momento no tempo, mas não tiver a oportunidade de repetir essa experiência ao longo do tempo.

Para tomar uma decisão, você precisa examinar as estatísticas disponíveis e que permitam distinguir os efeitos da curva de aprendizagem (ou seja, a aprendizagem de novos processos por parte dos trabalhadores e os melhoramentos de engenharia etc.) dos rendimentos crescentes de escala. Um estudo de 37 produtos químicos revela, por exemplo, que as reduções de custo na indústria de processamento químico estão diretamente ligadas ao crescimento da produção acumulada da empresa, ao investimento em equipamentos melhores e, em menor extensão, às economias de escala.[13] De fato, para toda a amostra de produtos químicos, os custos médios de produção caem 5,5% ao ano. O estudo revela que, a cada duplicação da escala da fábrica, o custo médio apresenta queda de 11%. Para cada duplicação de produção acumulada, entretanto, o custo médio de produção exibe uma redução de 27%. As estatísticas mostram claramente que os efeitos de aprendizagem são mais importantes do que os rendimentos crescentes de escala na indústria de processamento químico.[14]

A curva de aprendizagem também se mostra importante na indústria de semicondutores. Um estudo sobre sete gerações de semicondutores com memória dinâmica de acesso aleatório (DRAM), produzidos entre 1974 e 1992, concluiu que as taxas médias de aprendizagem eram cerca de 20%, de tal modo que cada 10% de aumento na produção acumulada levaria a uma queda de 2% nos custos.[15] O estudo comparou também as empresas japonesas com as norte-americanas nesse aspecto, descobrindo que não havia diferenças significativas na velocidade de aprendizagem.

Outro exemplo é a indústria de aeronaves, na qual estudos detectaram que as taxas médias de aprendizagem eram cerca de 40%. Esse fato está ilustrado na Figura 7.14, que mostra a quantidade de trabalho (em horas) necessária à produção de cada aeronave pela Airbus. Observe que as primeiras 10 ou 20 aeronaves requerem bem mais trabalho que a centésima ou ducentésima. Note também que a curva se torna quase plana a partir de certo ponto; nesse caso, a aprendizagem praticamente concluiu-se após a construção de 200 unidades de aeronaves.

Os efeitos da curva de aprendizagem podem ser importantes na determinação das curvas de custo no longo prazo, podendo assim ajudar os administradores das empresas na tomada de decisões. Eles podem utilizar as informações da curva de aprendizagem para decidir se determinado nível de produção é ou não lucrativo e, em caso afirmativo, para planejar quanto deve ser o nível de operação e o volume de produção acumulada para que seja gerado um fluxo de caixa positivo.

---

13 O estudo foi realizado por Marvin Lieberman, "The Learning Curve and Pricing in the Chemical Processing Industries", *RAND Journal of Economics* 15, 1984, p. 213-228.

14 O autor utilizou o custo médio CMe dos produtos químicos, a produção acumulada X das indústrias e a escala média de produção Z de uma fábrica, estimando assim a relação: $\log(CMe) = -0{,}387 \log(X) - 0{,}173 \log(Z)$. O coeficiente $-0{,}387$ da produção acumulada nos diz que, para cada aumento de 1%, o custo médio apresenta uma redução de 0,387%. Ao mesmo tempo, o coeficiente $-0{,}173$ da escala de produção nos diz que, para cada aumento de 1% na escala, o custo apresenta uma redução de 0,173%.

Com a interpretação dos dois coeficientes, levando em conta os níveis variáveis de produção e de escala de produção, podemos considerar que cerca de 15% das reduções de custo se deveram aos aumentos na escala média de produção das fábricas, e 85% aos aumentos de produção acumulada das indústrias. Suponhamos que a escala de produção tenha duplicado, ao passo que a produção acumulada tenha aumentado por um fator de 5 durante a elaboração dos estudos. Sendo assim, os custos cairão em cerca de 11% por causa do aumento da escala e em 62% pelo aumento da produção acumulada.

15 O estudo foi realizado por D. A. Irwin e P. J. Klenow, "Learning-by-Doing Spillovers in the Semiconductor Industry", *Journal of Political Economy* 102, dez. 1994, p. 1200-1227.

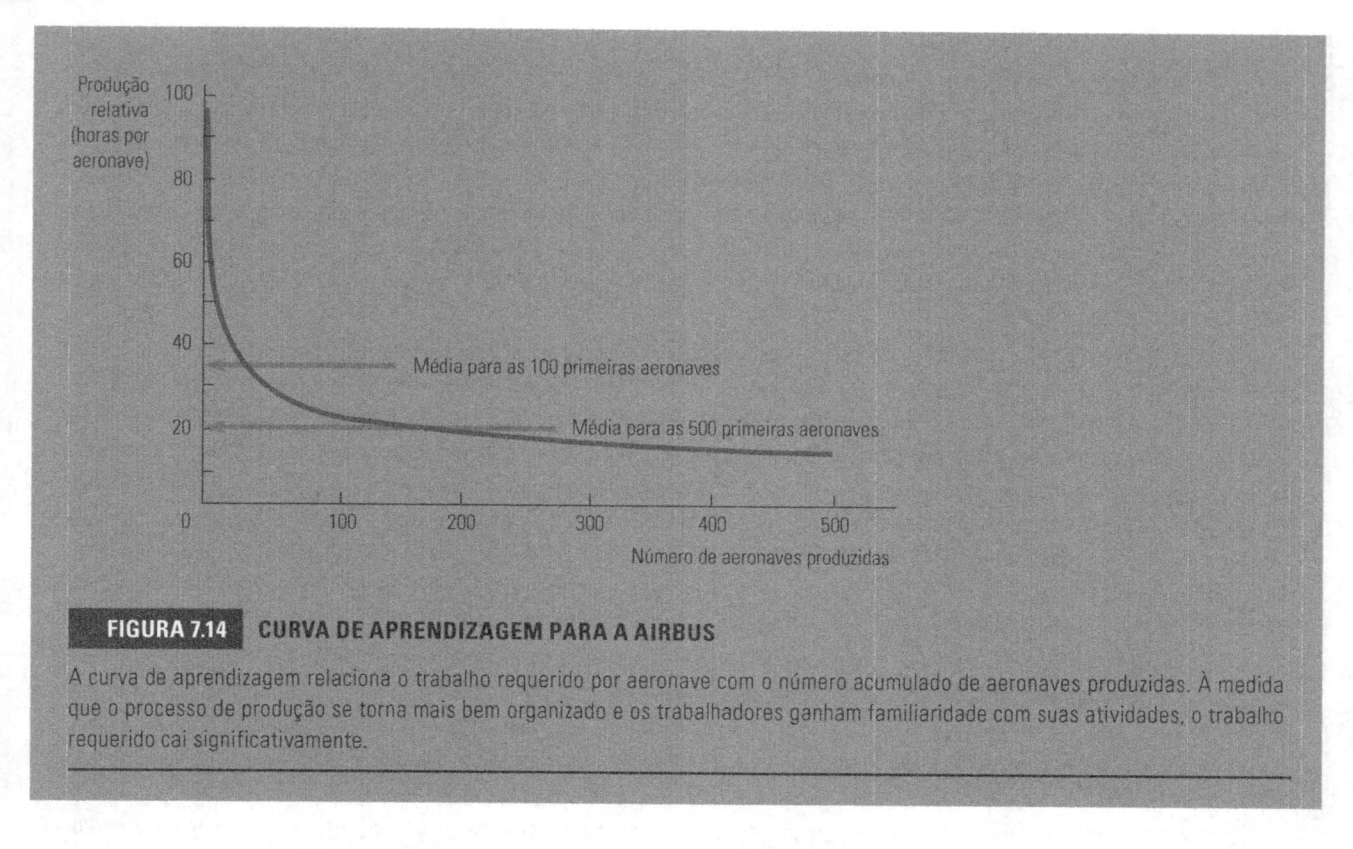

FIGURA 7.14 CURVA DE APRENDIZAGEM PARA A AIRBUS

A curva de aprendizagem relaciona o trabalho requerido por aeronave com o número acumulado de aeronaves produzidas. À medida que o processo de produção se torna mais bem organizado e os trabalhadores ganham familiaridade com suas atividades, o trabalho requerido cai significativamente.

*7.7 Estimativa e previsão de custos

Uma empresa que esteja expandindo ou reduzindo suas operações precisa prever de que forma seus custos serão modificados em decorrência da variação do nível de produção. As estimativas de custos futuros podem ser obtidas a partir de uma **função de custo**, que relaciona o custo da produção com o nível de produção e com outras variáveis que podem ser controladas pela empresa.

função de custo
Função que relaciona o custo de produção ao nível de produção, assim como a outras variáveis que a empresa controla.

Suponhamos que estivéssemos interessados em descrever os custos no curto prazo da produção da indústria automobilística. Poderíamos obter dados a respeito do número de veículos, Q, que cada empresa anualmente produz para depois relacionar essas informações com os custos variáveis, CV, da produção de cada empresa. A utilização dos custos variáveis, em vez dos custos totais, permite evitar o problema de tentar alocar os custos fixos do processo produtivo de uma empresa de múltiplos produtos ao item específico que está em estudo.[16]

A análise de regressão de mínimos quadrados é explicada no Apêndice deste livro.

A Figura 7.15 apresenta um padrão típico de dados sobre custos e produção. Cada ponto do gráfico relaciona a produção de determinada empresa automobilística com seu custo variável. Para prevermos os custos com exatidão, é necessário que determinemos, da forma mais exata possível, as relações implícitas entre custo variável e nível de produção. Sendo assim, se uma empresa aumenta sua produção, podemos calcular o custo que estaria provavelmente associado a tal aumento. A curva da figura foi desenhada com esse objetivo em mente — ela se ajusta razoavelmente bem aos dados de custo. (Em geral, pode ser utilizada uma análise de regressão de mínimos quadrados para adequar a curva aos dados.) Mas qual seria o formato mais apropriado da curva e de que forma poderíamos representar algebricamente tal formato?

---

[16] Caso uma unidade adicional de equipamento seja necessária à medida que o nível de produção se elevar, então o custo anual da locação de tal equipamento deverá ser computado como custo variável. Entretanto, se a mesma máquina puder ser utilizada em todos os níveis de produção, seu custo será fixo, não devendo, portanto, ser incluído.

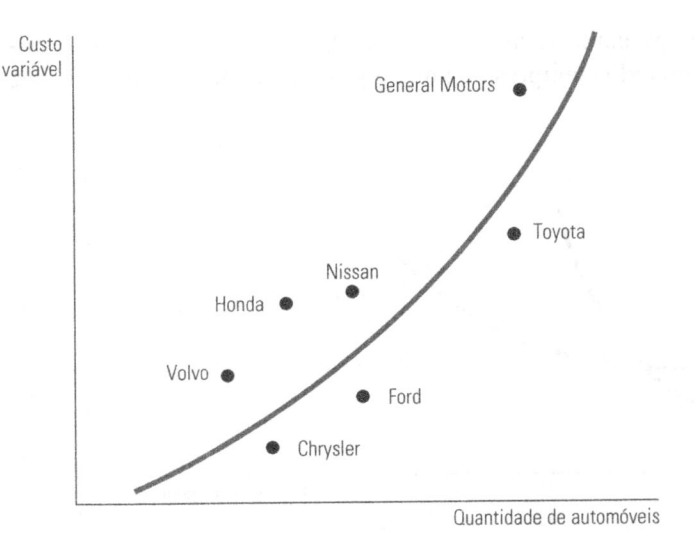

FIGURA 7.15 **CURVA DE CUSTO VARIÁVEL PARA A INDÚSTRIA AUTOMOBILÍSTICA**

Uma estimativa empírica da curva de custo variável pode ser obtida por meio do uso de dados das empresas de um setor. A curva de custo variável do setor é obtida por meio da determinação estatística da curva que melhor se ajusta aos pontos que relacionam a produção de cada empresa com o custo variável de produção.

Uma função de custo que poderia ser escolhida é:

$$CV = \beta q \qquad (7.9)$$

Essa relação *linear* entre custo e produção é de fácil utilização, porém, é aplicável somente quando o custo marginal for constante.[17] Para cada elevação unitária da produção, o custo variável aumenta β, de tal modo que o custo marginal é constante e igual a β.

Caso desejemos permitir que a curva de custo médio tenha formato em U e que o custo marginal não seja constante, devemos então fazer uso de uma função de custo mais complexa. Uma alternativa possível é a função de custo *quadrática*, que relaciona o custo total com o quadrado da produção:

$$CV = \beta q + \gamma q^2 \qquad (7.10)$$

Isso implica uma curva de custo marginal com o formato de uma reta, representada por $CMg = \beta + 2\gamma q$.[18] O custo marginal aumenta com a produção se γ for positivo e diminui com a produção se γ for negativo.

Se a curva de custo marginal não for linear, podemos utilizar uma função de custo *cúbica*:

$$CV = \beta q + \gamma q^2 + \delta q^3 \qquad (7.11)$$

A Figura 7.16 apresenta essa função cúbica de custo. Ela resulta em curvas de custo marginal e de custo médio em forma de U.

As funções de custo podem ser de difícil medição por vários motivos. Primeiro, os dados de produção frequentemente correspondem a um agregado de diferentes tipos de produto. O total de automóveis produzidos pela General Motors, por exemplo, envolve diferentes modelos de carros. Segundo, os dados sobre os custos quase sempre são obtidos diretamente de informações contábeis, que não refletem os custos de oportunidade.

---

17 Em análises estatísticas de custo, outras variáveis podem ser acrescentadas à função de custo para calcular as diferenças de custos de insumos, processos produtivos, combinações de produção etc. entre as empresas.

18 O custo marginal no curto prazo é expresso pela equação $\Delta CV/\Delta q = \beta + \gamma \Delta(q^2)$. Mas $\Delta(q^2)/\Delta q = 2q$. (Verifique a equação por meio do cálculo diferencial ou por meio de um exemplo numérico.) Portanto, $CMg = \beta + 2\gamma q$.

Terceiro, a alocação de custos de manutenção e outros custos de fábrica para determinado produto torna-se difícil quando a empresa é um conglomerado que produz mais de uma linha de produtos.

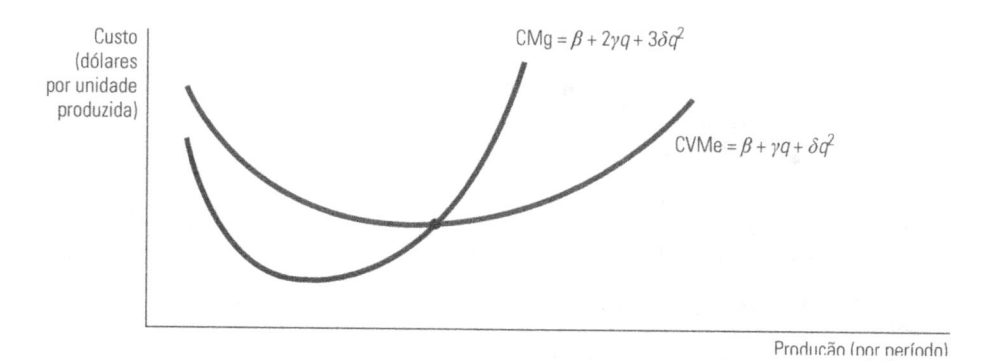

FIGURA 7.16 FUNÇÃO DE CUSTO CÚBICA

Uma função de custo cúbica implica que as curvas de custos médio e marginal têm forma de U.

FUNÇÕES DE CUSTO E A MEDIÇÃO DE ECONOMIAS DE ESCALA

Lembre-se de que a elasticidade de custo do produto, E_C, é menor do que 1 quando há economias de escala e maior do que 1 quando há deseconomias de escala. O *índice de economias de escala (IES)* mostra se há ou não economias de escala. Esse índice é definido da seguinte forma:

$$\text{IES} = 1 - E_C \tag{7.12}$$

Quando $E_C = 1$, IES = 0 e, portanto, não há economias ou deseconomias de escala. Quando E_C é maior do que 1, IES é negativo e, portanto, há deseconomias de escala. Por fim, quando E_C é menor do que 1, IES é positivo e existirão economias de escala.

EXEMPLO 7.8 FUNÇÕES DE CUSTO PARA ENERGIA ELÉTRICA

Em 1955, o consumo de energia elétrica nos Estados Unidos foi de 369 bilhões de quilowatts-hora (kwh); em 1970, foi de 1 trilhão e 83 bilhões. Pelo fato de existirem menos empresas de energia elétrica em 1970, a produção por empresa havia apresentado um substancial aumento. Será que tal aumento de produção teria ocorrido graças a economias de escala ou poderia ter outras raízes? Se fosse proveniente de economias de escala, seria economicamente ineficiente para as autoridades governamentais desmontarem os monopólios das empresas fornecedoras de energia elétrica.

Um interessante estudo sobre economias de escala, baseado em 1955 e em 1970, apresentou uma análise a respeito das empresas de energia elétrica de propriedade de investidores com receita superior a US$ 1 milhão.[19] O custo da energia elétrica foi estimado por meio do emprego de uma função de custo relativamente mais sofisticada do que as funções cúbicas e quadráticas discutidas antes, porém, a partir da mesma ideia básica.[20] A Tabela 7.4 apresenta as estimativas resultantes do índice de economias de escala (IES). Esses resultados estão baseados em uma classificação de todas as empresas, de acordo com cinco categorias distintas, apresentando a produção média (medida em quilowatts-hora) de cada categoria.

---

19 Esse exemplo é baseado no artigo de Laurits Christensen e William H. Greene, "Economies of Scale in U.S. Electric Power Generation", *Journal of Political Economy* 84, 1976, p. 655-676.
20 A função de custo translog utilizada oferece uma relação funcional mais geral do que aquelas já discutidas aqui.

TABELA 7.4	Economias de escala em empresas fornecedoras de energia elétrica				
Nível de produção (milhões de kwh)	43	338	1.109	2.226	5.819
Valor do IES em 1955	0,41	0,26	0,16	0,10	0,04

Os valores positivos do IES informam-nos que empresas de todos os tamanhos tiveram alguma economia de escala em 1955. Entretanto, a magnitude das economias de escala diminuía à medida que aumentava o tamanho das empresas. A curva de custo médio referente a 1955 encontra-se desenhada na Figura 7.17, com a indicação "1955". O ponto de custo médio mínimo ocorre no ponto A para uma produção de mais ou menos 20 bilhões de quilowatts. Como não existiam empresas dessa dimensão em 1955, nenhuma firma havia ainda esgotado a oportunidade de rendimentos de escala na produção. Observe, entretanto, que a curva de custo médio é relativamente plana a partir do nível de produção igual e superior a 9 bilhões de quilowatts, e essa era a faixa de produção em que se encontravam 7 das 124 empresas.

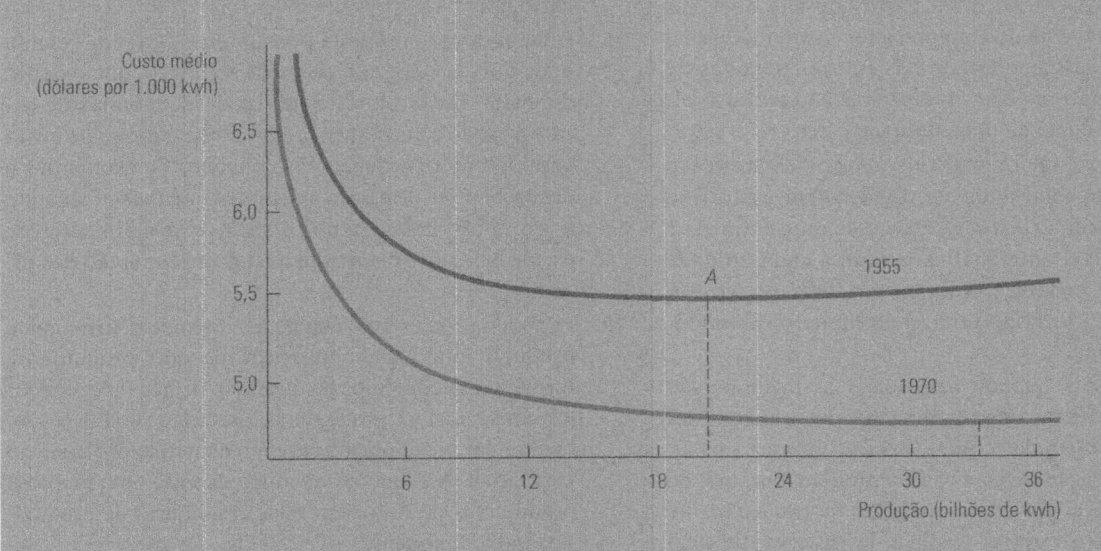

FIGURA 7.17 CUSTO MÉDIO DE PRODUÇÃO NA INDÚSTRIA DE ENERGIA ELÉTRICA

O custo médio de energia elétrica em 1955 atingiu um mínimo com uma produção de aproximadamente 20 bilhões de quilowatts-hora. Em 1970, o custo médio de produção caiu sensivelmente, atingindo um mínimo com uma produção de mais de 33 bilhões de quilowatts-hora.

Quando as mesmas funções de custo foram estimadas com base nos dados de 1970, o resultado foi a curva de custo com a indicação "1970" na Figura 7.17. O gráfico mostra de forma nítida que os custos médios de produção caíram entre 1955 e 1970. (Eles estão em dólares reais de 1970.) No entanto, agora a parte plana da curva tem seu início a partir de 15 bilhões de kwh. Em 1970, 24 dentre 80 empresas apresentavam produção nessa faixa. Assim, um número maior de empresas encontrava-se operando no trecho plano da curva de custo médio, no qual as economias de escala não são um fenômeno significativo. Mais importante: em 1970, grande parte das empresas estava produzindo em um trecho da curva de custo mais plano do que seu ponto de operação na curva de 1955. (Cinco empresas já se encontravam no ponto em que aparecem as deseconomias de escala: a Consolidated Edison [IES = –0,003], a Detroit Edison [IES = –0,004], a Duke Power [IES = –0,012], a Commonwealth Edison [IES = –0,014] e a Southern [IES = –0,028].) Dessa maneira, as economias de escala inexploradas eram muito menores em 1970 do que em 1955.

Essa análise da função de custo deixa claro que o declínio no custo da produção de energia elétrica não poderia ser explicado pela capacidade de as empresas maiores tirarem proveito de economias de escala. Em vez disso, os avanços na tecnologia não relacionados com a escala de operação das empresas e o declínio no custo real dos insumos de produção de energia, como carvão e petróleo, são importantes razões para tais reduções de custo. A tendência a custos médios mais baixos, refletindo um deslocamento para a direita ao longo da curva de custo médio, é mínima quando comparada com o efeito dos avanços tecnológicos.

RESUMO

1. Administradores, investidores e economistas devem levar em conta os *custos de oportunidade* associados ao emprego dos recursos da empresa — isto é, os custos associados às oportunidades deixadas de lado, quando a empresa utiliza seus recursos na melhor alternativa seguinte.

2. *Custo econômico* é o custo de uma empresa na utilização de recursos econômicos na produção. Embora o custo econômico e o custo de oportunidade sejam conceitos idênticos, o custo de oportunidade é particularmente útil em situações nas quais as alternativas que foram desconsideradas não refletem gastos monetários.

3. Um *custo irreversível* é um gasto que não pode ser recuperado. Depois de a empresa ter incorrido em tal custo, ele deve ser ignorado nas futuras tomadas de decisão. Como um gasto irreversível não tem uso alternativo seu custo de oportunidade é zero.

4. No curto prazo, um ou mais insumos da empresa são fixos. O custo total pode ser dividido em custo fixo e custo variável. O *custo marginal* de uma empresa é o custo variável adicional associado a cada unidade adicional de produto. O *custo variável médio* é o custo variável total dividido pelo número de unidades produzidas.

5. No curto prazo, quando nem todos os insumos são variáveis, a presença de rendimentos decrescentes determina o formato das curvas de custo. Em particular, existe uma relação inversa entre o produto marginal do insumo variável e o custo marginal da produção. As curvas de custo variável médio e de custo médio total apresentam formato em U. A curva de custo marginal no curto prazo apresenta elevação após determinado ponto e, vinda de baixo, cruza com ambas as curvas de custo médio em seus pontos mínimos.

6. No longo prazo, todos os insumos do processo produtivo são variáveis. Em consequência, a escolha dos insumos dependerá tanto dos custos relativos aos fatores de produção quanto da capacidade da empresa de fazer substituições entre os insumos de seu processo produtivo. A escolha minimizadora de custos é feita encontrando-se o ponto de tangência entre a isoquanta que representa o nível desejado de produção e uma linha de isocusto.

7. O *caminho de expansão* da empresa descreve como as escolhas de insumos minimizadoras de custo variam à medida que aumenta a escala ou a produção de sua operação. Em consequência, o caminho de expansão oferece informações úteis particularmente relevantes no caso de decisões de planejamento no longo prazo.

8. A curva de custo médio no longo prazo corresponde ao envoltório das curvas de custo médio no curto prazo da empresa, refletindo assim a presença ou ausência de rendimentos de escala. Quando há de início rendimentos crescentes de escala e depois rendimentos decrescentes de escala, a curva de custo médio no longo prazo apresenta formato em U e a curva envoltória não abrange todos os pontos de custo médio mínimo no curto prazo.

9. Uma empresa apresenta *economias de escala* quando pode dobrar sua produção com menos do que o dobro do custo. Da mesma forma, há deseconomias de escala quando é necessário mais do que o dobro do custo para dobrar a produção. Os conceitos de economias e deseconomias de escala aplicam-se até mesmo quando a proporção dos insumos é variável; rendimentos de escala aplicam-se somente quando a proporção dos insumos é fixa.

10. Economias de escopo acontecem quando a firma pode produzir qualquer combinação de dois produtos de forma mais econômica do que duas firmas independentes conseguiriam produzindo um único produto cada. O grau das economias de escopo é medido por meio do percentual de reduções de custo quando uma empresa produz dois produtos em relação ao custo de produzi-los individualmente.

11. O custo médio de produção de uma empresa pode apresentar uma redução no decorrer do tempo, caso a empresa "aprenda" como produzir com maior eficiência. A *curva de aprendizagem* descreve quanto um insumo necessário para a obtenção de determinado nível de produção diminui à medida que aumenta a produção acumulada da empresa.

12. As funções de custo relacionam o custo de produção com o nível de produção da empresa. As funções podem ser medidas tanto no curto como no longo prazos pelo uso de dados relativos a empresas de determinado setor industrial em determinado período ou por meio de dados relativos ao setor ao longo do tempo. Diversas relações funcionais (lineares, quadráticas e cúbicas) podem ser utilizadas para representar funções de custo.

QUESTÕES PARA REVISÃO

1. Uma empresa paga anualmente ao seu contador honorários no valor de US$ 10.000. Trata-se de um custo econômico?

2. A proprietária de uma pequena loja cuida pessoalmente da contabilidade da empresa. De que forma você mediria o custo de oportunidade desse trabalho?

3. Diga se as afirmações a seguir são verdadeiras ou falsas e explique por quê.

    a. Se um empresário não paga salário a si mesmo, o custo contábil é zero, mas o custo econômico é positivo.

    b. Uma empresa que tenha lucro contábil positivo não necessariamente tem lucro econômico positivo.

    c. Se uma empresa contrata um trabalhador atualmente desempregado, o custo de oportunidade de utilizar os serviços desse trabalhador é zero.

4. Suponha que o trabalho seja o único insumo variável no processo produtivo. Se o custo marginal de produção vai diminuindo à medida que mais unidades são produzidas, o que podemos dizer sobre o produto marginal do trabalho?

5. Suponha que um fabricante de cadeiras descubra que a taxa marginal de substituição técnica de capital por trabalho em seu processo produtivo seja substancialmente maior do que a razão entre a taxa de locação das máquinas e o custo do trabalho na linha de montagem. De que forma você acha que ele deveria alterar a utilização de capital e trabalho para poder minimizar o custo de produção?

6. Por que as linhas de isocusto são retas?

7. Suponha que o custo marginal de produção esteja crescendo. Você pode dizer se o custo variável médio está diminuindo ou aumentando? Explique.

8. Suponha que o custo marginal de produção seja maior que o custo variável médio. Você pode dizer se o custo variável médio está diminuindo ou aumentando? Explique.

9. Se as curvas de custo médio de uma empresa apresentam formato em U, por que a curva de custo variável médio atinge o nível mínimo em um nível de produção mais baixo do que a curva de custo médio total?

10. Se uma empresa apresenta rendimentos crescentes de escala até determinado nível de produção e depois os custos começam a subir conforme aumenta a produção, o que você pode dizer a respeito do formato da curva de custo médio no longo prazo dessa empresa?

11. De que forma uma variação no preço de um insumo pode alterar o caminho de expansão de uma empresa no longo prazo?

12. Explique a diferença entre economias de escala e economias de escopo. Por que um pode estar presente sem o outro?

13. O caminho de expansão da empresa é sempre uma linha reta?

14. Qual a diferença entre economias de escala e rendimentos de escala?

EXERCÍCIOS

1. Joe, um programador de computadores que ganhava US$ 50.000 por ano, pede demissão e abre sua própria empresa de software, instalada em um imóvel próprio que ele antes alugava por US$ 24.000 anuais. No primeiro ano do negócio, ele teve as seguintes despesas: US$ 40.000 do salário pago a ele mesmo; US$ 0 de aluguel; US$ 25.000 de outras despesas. Calcule o custo contábil e o custo econômico associados à empresa de Joe.

2. a. Preencha as lacunas da tabela a seguir.

   b. Desenhe um gráfico que mostre o custo marginal, o custo variável médio e o custo total médio, com o custo no eixo vertical e a quantidade no eixo horizontal.

Unidades produzidas	Custo fixo	Custo variável	Custo total	Custo marginal	Custo fixo médio	Custo variável médio	Custo total médio
0			100				
1			125				
2			145				
3			157				
4			177				
5			202				
6			236				
7			270				
8			326				
9			398				
10			490				

3. Uma empresa tem um custo fixo de produção de US$ 5.000 e um custo de produção marginal constante de US$ 500 por unidade.
   a. Qual é a função de custo total da empresa? E de custo médio?
   b. Se quiser minimizar o custo total médio, a empresa deve optar por ser muito pequena ou muito grande? Explique.

4. Suponha que uma empresa deva pagar um imposto anual que corresponde a uma quantia fixa, independentemente de apresentar alguma produção.
   a. Como esse imposto afetaria os custos fixos, marginais e variáveis da empresa?
   b. Agora suponha que o imposto seja proporcional ao número de unidades produzidas. Novamente, como esse imposto afetaria os custos fixos, marginais e variáveis da empresa?

5. Segundo um recente artigo da *Business Week*:

   Durante a queda nas vendas de automóveis, a GM, a Ford e a Chrysler decidiram que era mais econômico vender automóveis com prejuízo para locadoras do que demitir funcionários. Isso porque é caro fechar e abrir fábricas, em parte porque os acordos em vigor com os sindicatos da indústria automobilística preveem a obrigatoriedade de as empresas pagarem salários a muitos trabalhadores, mesmo que estes não estejam trabalhando.

   Quando o artigo menciona a venda de automóveis "com prejuízo", está se referindo ao retorno contábil ou econômico? Explique brevemente como eles se distinguem nesse caso.

6. Suponha que a economia entre em recessão e o custo da mão de obra caia 50%, com perspectiva de que venha a permanecer em tal nível por um longo tempo. Mostre graficamente de que forma essa variação no preço do trabalho em relação ao preço do capital influenciaria o caminho de expansão da empresa.

7. O custo para um passageiro voar do ponto A até o ponto B é de US$ 50.000. A companhia aérea executa essa rota quatro vezes por dia, às 7h, às 10h, às 13h e às 16h. O primeiro e o último voos vão lotados, com 240 passageiros. O segundo e o terceiro vão com metade da capacidade. Calcule o custo médio por passageiro de cada voo. Suponha que a companhia o contrate como consultor de marketing e queira saber que tipo de cliente deve tentar atrair — o cliente dos horários de pico (o primeiro e o último voos) ou o cliente dos voos vazios (os dois do meio). Que orientação você lhe daria?

8. Você é gerente de uma fábrica que produz motores em grande quantidade por meio de equipes de trabalhadores que utilizam máquinas de montagem. A tecnologia pode ser resumida pela função de produção:

   $$q = 5KL$$

   em que q é o número de motores produzidos por semana, K é o número de máquinas e L o número de equipes de trabalho. Cada máquina é alugada ao custo r = US$ 10.000 por semana e cada equipe custa w = US$ 5.000 por semana. O custo dos motores é dado pelo custo das equipes e das máquinas mais US$ 2.000 de matérias-primas por máquina. Sua fábrica possui 5 máquinas de montagem.
   a. Qual a função de custo de sua fábrica, isto é, quanto custa produzir q motores? Quais os custos médios e marginais para produzir q motores? Como os custos médios variam com a produção?
   b. Quantas equipes são necessárias para produzir 250 motores? Qual o custo médio por motor?
   c. Solicitaram que você fizesse recomendações para o projeto de uma nova fábrica. O que você sugeriria? Em particular, se o objetivo fosse minimizar o custo total de produção a qualquer nível de q, com que relação capital/trabalho (K/L) a nova fábrica deveria operar?

9. A função de custo no curto prazo de uma empresa é expressa pela equação CT = 200 + 55q, em que CT é o custo total e q é a quantidade total produzida, ambos medidos em milhares de unidades.
   a. Qual é o custo fixo da empresa?
   b. Caso a empresa produzisse 100.000 unidades de produto, qual seria o custo variável médio?
   c. Qual seria o custo marginal de produção?
   d. Qual seria o custo fixo médio?
   e. Suponha que a empresa tome um empréstimo e expanda sua fábrica. O custo fixo subirá em US$ 50.000, porém o custo variável cairá para US$ 45.000 por 1.000 unidades. O custo dos juros (i) também entra na equação. Cada aumento de 1% na taxa de juros eleva os custos em US$ 3.000. Escreva a nova equação de custo.

*10. Um fabricante de cadeiras contrata sua mão de obra para a linha de montagem por US$ 30 por hora e calcula que o aluguel de suas máquinas seja de US$ 15 por hora. Suponha que uma cadeira possa ser produzida utilizando-se 4 horas entre tempo de trabalho e de máquina, em qualquer combinação. Se a empresa estiver utilizando 3 horas de trabalho para cada hora de máquina, ela está minimizando os custos de produção? Em caso afirmativo, qual a razão disso? Em caso negativo, de que forma a empresa poderia melhorar essa situação? Ilustre graficamente a isoquanta e as duas linhas de isocusto para a combinação atual de trabalho e capital e para a combinação ótima de trabalho e capital.

*11. Suponha que a função de produção de uma empresa seja $q = 10L^{1/2}K^{1/2}$. O custo de uma unidade de trabalho é US$ 20 e o custo de uma unidade de capital é US$ 80.

   a. A empresa está produzindo 100 unidades e acredita que as quantidades de trabalho e capital minimizadoras de custo sejam 20 e 5, respectivamente. Ilustre isso graficamente, usando isoquantas e linhas de isocusto.

   b. A empresa agora quer aumentar a produção para 140 unidades. Se o capital é fixo no curto prazo, quanto trabalho será necessário? Ilustre isso graficamente e calcule o novo custo total da empresa.

   c. Identifique graficamente o nível de capital e trabalho minimizador de custos no longo prazo, caso a empresa queira produzir 140 unidades.

   d. Se a taxa marginal de substituição técnica é K/L, calcule os níveis ótimos de capital e trabalho necessários para produzir 140 unidades.

*12. A função de custo de uma empresa fabricante de computadores, relacionando o custo médio de produção, CMe, com a produção acumulada, Q (em milhares de computadores produzidos), e com o tamanho de sua fábrica em termos de milhares de computadores produzidos anualmente, q (para uma produção na faixa de 10.000 a 50.000 computadores), é expressa pela equação

$$CMe = 10 - 0{,}1Q + 0{,}3q$$

   a. Existe um efeito de curva de aprendizagem?

   b. Existem economias ou deseconomias de escala?

   c. Ao longo de sua existência, a empresa já produziu um total de 40.000 computadores e está produzindo 10.000 máquinas este ano. No ano que vem, ela planeja aumentar a produção para 12.000 computadores. Será que o custo médio de produção aumentará ou diminuirá? Explique.

*13. Suponha que a função de custo total no longo prazo para uma empresa seja expressa pela equação cúbica $CT = a + bq + cq^2 + dq^3$. Mostre (utilizando o cálculo integral) que essa função de custo é consistente com a curva de custo médio com formato em U, pelo menos para alguns valores dos parâmetros a, b, c e d.

*14. Uma empresa de computadores produz hardware e software utilizando a mesma fábrica e os mesmos trabalhadores. O custo total da produção de unidades de hardware, H, e de unidades de software, S, é expresso pela equação

$$CT = aH + bS - cHS$$

em que a, b e c são positivos. Será que essa função de custo total condiz com a presença de economias ou deseconomias de escala? E com economias ou deseconomias de escopo?

Apêndice do Capítulo 7
Teoria da produção e do custo — tratamento matemático

Este apêndice apresenta um tratamento matemático dos fundamentos da teoria da produção e do custo. Da mesma forma que no apêndice do Capítulo 4, utilizaremos o método dos multiplicadores de Lagrange na solução do problema da minimização de custo da empresa.

Minimização de custo

A teoria da empresa baseia-se na suposição de que as empresas escolhem para seus processos produtivos os insumos capazes de minimizar o custo de produção. Se existirem dois insumos, o capital, K, e o trabalho, L, a função de produção $F(K, L)$ descreverá a maior produção que pode ser obtida com cada combinação possível de tais insumos. Estamos supondo que cada um dos insumos do processo produtivo apresente produtos marginais positivos, porém declinantes. Ao escrevermos a expressão do produto marginal do capital e do trabalho, $\text{PMg}_K(K, L)$ e $\text{PMg}_L(K, L)$ são, respectivamente,

$$\text{PMg}_K(K, L) = \frac{\partial F(K, L)}{\partial K} > 0, \quad \frac{\partial^2 F(K, L)}{\partial K^2} < 0$$

$$\text{PMg}_L(K, L) = \frac{\partial F(K, L)}{\partial L} > 0, \quad \frac{\partial^2 F(K, L)}{\partial L^2} < 0$$

Uma empresa competitiva toma os preços do trabalho, w, e do capital, r, como dados. Portanto, o problema da minimização de custo poderia ser escrito na forma

$$\text{Minimizar } C = wL + rK \tag{A7.1}$$

sujeito à restrição de que um nível fixo de produção q_0 deverá ser realizado:

$$F(K, L) = q_0 \tag{A7.2}$$

C representa o custo de produção de um nível fixo q_0 de unidades.

Para determinar a demanda da empresa pelos insumos capital e trabalho, escolhemos os valores de K e L capazes de minimizar a Equação A7.1 e obedecer à restrição expressa pela Equação A7.2. Podemos resolver esse problema de otimização com restrição em três etapas, usando o método discutido no Apêndice do Capítulo 4:

- **Passo 1.** Escrevemos o lagrangiano, que é a soma de dois componentes: o custo de produção (a ser minimizado) e o multiplicador de Lagrange, λ, multiplicado pela restrição de produto enfrentada pela empresa:

$$\Phi = wL + rK - \lambda[F(K, L) - q_0] \tag{A7.3}$$

- **Passo 2.** Efetuamos os diferenciais em relação a K, L e λ. Depois igualamos a zero as derivadas resultantes para obtermos as condições necessárias para que seja atingido um mínimo:[21]

$$\partial\Phi/\partial K = r - \lambda \text{PMg}_K(K, L) = 0$$

---

[21] Essas condições são necessárias para uma solução envolvendo quantidades positivas de ambos os insumos.

$$\partial \Phi / \partial L = w - \lambda \text{PMg}_L(K, L) = 0 \qquad (A7.4)$$

$$\partial \Phi / \partial \lambda = q_0 - F(K, L) = 0$$

- **Passo 3.** Em geral, essas equações podem ser resolvidas para se obter os valores otimizados de K, L e λ. É particularmente instrutivo combinar as duas primeiras condições em A7.4. Ao fazê-lo, obtemos:

$$\text{PMg}_K(K, L)/r = \text{PMg}_L(K, L)/w \qquad (A7.5)$$

A Equação A7.5 nos diz que, se a empresa está minimizando os custos, escolherá os fatores de produção de modo que igualem a razão do produto marginal de cada fator dividido pelo seu preço. Foi exatamente essa condição que derivamos na Equação 7.4 deste texto.

Por fim, podemos combinar as duas primeiras condições da Equação A7.4 para poder determinar o multiplicador de Lagrange:

$$r - \lambda \text{PMg}_K(K, L) = 0 \Rightarrow \lambda = \frac{r}{\text{PMg}_K(K, L)}$$

$$w - \lambda \text{PMg}_L(K, L) = 0 \Rightarrow \lambda = \frac{w}{\text{PMg}_K(K, L)} \qquad (A7.6)$$

Suponhamos que a produção aumente em uma unidade. Como o produto marginal do capital mede a produção extra associada ao acréscimo de uma unidade de insumo de capital, $1/\text{PMg}_K(K, L)$ mede o capital extra necessário para poder produzir uma unidade adicional de produto. Portanto, $r/\text{PMg}_K(K, L)$ mede o custo do insumo adicional para a produção de uma unidade adicional de produto, por meio de um acréscimo de capital. Da mesma forma, $w/\text{PMg}_L(K, L)$ mede o custo adicional para a produção de uma unidade adicional de produto, por meio do acréscimo do insumo trabalho. Em ambos os casos, o multiplicador de Lagrange é igual ao custo marginal de produção, pois este nos informa quanto o custo da produção aumentaria se o nível de produção aumentasse em uma unidade.

Taxa marginal de substituição técnica

Lembre-se de que a *isoquanta* é uma curva que representa o conjunto de todas as combinações de insumos que possibilitam à empresa obter um mesmo nível de produção, digamos, q_0. Portanto, a condição $F(K, L) = q_0$ representa uma isoquanta de produção. À medida que as combinações de insumos variam ao longo da isoquanta, a variação de produção, expressa pela derivada total de $F(K, L)$, iguala-se a zero (isto é, $dq = 0$). Portanto,

$$\text{PMg}_K(K, L)dK + \text{PMg}_L(K, L)dL = dq = 0 \qquad (A7.7)$$

Reordenando a equação anterior, tem-se

$$-dK/dL = \text{TMST}_{LK} = \text{PMg}_L(K, L)/\text{PMg}_K(K, L) \qquad (A7.8)$$

em que TMST_{LK} é a taxa marginal de substituição técnica entre trabalho e capital para a empresa.

Agora, reescrevendo a Equação A7.5, temos

$$\text{PMg}_L(K, L)/\text{PMg}_K(K, L) = w/r \qquad (A7.9)$$

Como o lado esquerdo da Equação A7.8 representa o negativo da inclinação da isoquanta, segue-se que, no ponto de tangência entre a isoquanta e a linha de isocusto, a taxa marginal de substituição técnica da empresa (que pressupõe que há uma permuta entre os insumos ao mesmo tempo que o nível de produção é mantido constante) é igual à razão entre os preços dos insumos (que representa a inclinação da linha de isocusto da empresa).

Podemos visualizar esse resultado de outra forma, reescrevendo a Equação A7.9:

$$\text{PMg}_L/w = \text{PMg}_K/r \qquad (A7.10)$$

A Equação A7.10 é a mesma que a Equação A7.5 e nos diz que os produtos marginais de todos os insumos da produção devem ser iguais quando tais produtos marginais são ponderados pelo custo unitário de cada insumo.

DUALIDADE NA TEORIA DE PRODUÇÃO E CUSTO

Como ocorre na teoria do consumidor, a decisão da empresa em relação a insumos apresenta uma natureza dual. A escolha da combinação ótima entre K e L pode ser analisada não apenas como um problema de escolha da linha de isocusto mais baixa que seja tangente à isoquanta de produção, mas também como um problema de escolha da mais alta isoquanta de produção que seja tangente a determinada linha de isocusto. Suponha que desejamos gastar C_0 na produção. O problema dual consiste em determinar a combinação de K e L que permita maximizar a produção ao custo C_0. Podemos ver a equivalência das duas abordagens resolvendo o seguinte problema:

$$\text{Maximizar } F(K, L) \text{ sujeito a } wL + rL = C_0 \tag{A7.11}$$

Podemos resolver o problema pelo método de Lagrange:

- **Passo 1.** Definimos o lagrangiano como

$$\Phi = F(K, L) - \mu(wL + rK - C_0) \tag{A7.12}$$

em que μ é o multiplicador de Lagrange.

- **Passo 2.** Diferenciamos o lagrangiano com relação a K, L e μ e igualamos a equação resultante a zero para encontrar as condições necessárias para maximizar a produção:

$$\frac{\partial \Phi}{\partial K} = \text{PMg}_K(K, L) - \mu r = 0$$

$$\frac{\partial \Phi}{\partial L} = \text{PMg}_L(K, L) - \mu w = 0 \tag{A7.13}$$

$$\frac{\partial \Phi}{\partial \lambda} = wL - rK + C_0 = 0$$

- **Passo 3.** Normalmente, podemos utilizar as equações de A7.13 para resolver K e L. Combinando as duas primeiras equações, temos

$$\mu = \frac{\text{PMg}_K(K, L)}{r}$$

$$\mu = \frac{\text{PMg}_L(K, L)}{w} \tag{A7.14}$$

$$\Rightarrow \frac{\text{PMg}_K(K, L)}{r} = \frac{\text{PMg}_L(K, L)}{w}$$

Este resultado é igual a A7.5, ou seja, a condição necessária para a minimização do custo.

FUNÇÕES DE COBB-DOUGLAS DE CUSTO E PRODUÇÃO

> **função de produção de Cobb-Douglas**
>
> Função de produção da forma $q = AK^\alpha L^\beta$, onde q é a taxa de produção, K é a quantidade de capital e L é a quantidade de trabalho. Os valores de A, α e β são constantes positivas.

Para determinada função de produção $F(K, L)$, as equações A7.13 e A7.14 podem ser utilizadas para a obtenção da *função de custo* $C(q)$. Para entendermos esse fato, vamos analisá-lo por meio do exemplo de uma **função de produção de Cobb-Douglas**. Essa função de produção tem o seguinte formato:

$$F(K, L) = AK^\alpha L^\beta$$

em que A, α e β são constantes positivas.

Estamos supondo que $\alpha < 1$ e $\beta < 1$, de tal forma que a empresa tenha produtos marginais decrescentes para o trabalho e para o capital.[22] Se $\alpha + \beta = 1$, a empresa tem *rendimentos constantes de escala*, pois, ao duplicar K e L, duplica-se F. Se $\alpha + \beta > 1$, a empresa tem *rendimentos crescentes de escala*, e se $\alpha + \beta < 1$, a empresa tem *rendimentos decrescentes de escala*.

Para encontrarmos uma aplicação, consideremos a indústria de tapetes descrita no Exemplo 6.4. As produções das empresas pequenas, assim como das empresas grandes, podem ser descritas por funções de produção de Cobb-Douglas. Para as empresas pequenas, $\alpha = 0{,}77$ e $\beta = 0{,}23$; como $\alpha + \beta = 1$, há rendimentos constantes de escala. Para as empresas grandes, $\alpha = 0{,}83$ e $\beta = 0{,}22$; portanto, $\alpha + \beta = 1{,}05$, e há rendimentos crescentes de escala. A função de produção de Cobb-Douglas é muito usada na economia e pode representar diversos tipos de produção. Vimos como ela pode acomodar mudanças nos rendimentos de escala e agora veremos como ela pode dar conta das mudanças na tecnologia ou na produtividade mediante alterações no valor de A. Quanto maior o valor de A, mais poderá ser produzido para um dado nível de K e L.

Para determinarmos as quantidades de capital e trabalho que a empresa deve utilizar para poder minimizar o custo de produção de q_0 unidades, devemos primeiro escrever o lagrangiano:

$$\Phi = wL + rK - \lambda(AK^\alpha L^\beta - q_0) \tag{A7.15}$$

Diferenciando em relação a L, K e λ e igualando suas derivadas a zero, temos

$$\partial\Phi/\partial L = w - \lambda(\beta AK^\alpha L^{\beta-1}) = 0 \tag{A7.16}$$

$$\partial\Phi/\partial K = r - \lambda(\alpha AK^{\alpha-1} L^\beta) = 0 \tag{A7.17}$$

$$\partial\Phi/\partial \lambda = AK^\alpha L^\beta - q_0 = 0 \tag{A7.18}$$

Da Equação A7.16, temos

$$\lambda = w/A\beta K^\alpha L^{\beta-1} \tag{A7.19}$$

Substituindo essa fórmula na Equação A7.17, temos

$$r\beta AK^\alpha L^{\beta-1} = w\alpha AK^{\alpha-1} L^\beta \tag{A7.20}$$

ou então

$$L = \frac{\beta r}{\alpha w} K \tag{A7.21}$$

A equação A7.21 é o caminho de expansão. Agora, utilize a Equação A7.21 para eliminar L da Equação A7.18:

$$AK^\alpha \left(\frac{\beta r}{\alpha w}\right)^\beta \beta^\beta - q_0 = 0 \tag{A7.22}$$

Reescrevendo essa equação, temos

$$K^{\alpha+\beta} = \left(\frac{\alpha w}{\beta r}\right)^\beta \frac{q_0}{A} \tag{A7.23}$$

ou então

$$K = \left(\frac{\alpha w}{\beta r}\right)^{\frac{\beta}{\alpha+\beta}} \left(\frac{q_0}{A}\right)^{\frac{1}{\alpha+\beta}} \tag{A7.24}$$

---

[22] Por exemplo, o produto marginal do trabalho é expresso por $\text{PMg}_L = \partial[F(K, L)]\partial L = \beta AK^\alpha L^{\beta-1}$. Assim, PMg_L apresenta diminuição à medida que L aumenta.

A Equação A7.24 é o fator de demanda para o capital. Temos agora que determinar a quantidade de capital capaz de minimizar os custos. Assim, se quisermos produzir q_0 unidades de produção ao menor custo, a Equação A7.24 nos mostra quanto capital deve ser empregado como parte do plano de produção. Para determinarmos a quantidade de trabalho capaz de minimizar os custos, aplicamos a Equação A7.24 à Equação A7.21:

$$L = \frac{\beta r}{\alpha w} K = \frac{\beta r}{\alpha w} \left[\left(\frac{\alpha w}{\beta r}\right)^{\frac{\beta}{\alpha+\beta}} \left(\frac{q_0}{A}\right)^{\frac{1}{\alpha+\beta}} \right]$$

$$L = \left(\frac{\beta r}{\alpha w}\right)^{\frac{\alpha}{\alpha+b}} \left(\frac{q_0}{A}\right)^{\frac{1}{\alpha+\beta}}$$

(A7.25)

A Equação A7.25 é o fator de restrição para o trabalho. Observe que, à medida que a remuneração do trabalho, w, aumentar em relação ao preço do capital, r, a empresa passará a utilizar mais capital e menos trabalho. Se, digamos, por razões de modificações tecnológicas, A aumentar (de tal forma que a empresa atinja níveis mais elevados de produção com as mesmas quantidades de insumos), tanto K como L serão reduzidos.

Já mostramos de que maneira a minimização de custo sujeita à restrição do nível de produção pode ser utilizada para determinarmos a combinação ótima de capital e trabalho. Agora, determinaremos a função de custo da empresa. O custo total de produção de *qualquer nível de produção*, q, pode ser obtido por meio da substituição de K pela Equação A7.24 e L pela Equação A7.25 na equação $C = wL + rK$. Após algumas manipulações algébricas, podemos descobrir que

$$C = w^{\beta/(\alpha+\beta)} r^{\alpha/(\alpha+\beta)} \left[\left(\frac{\alpha}{\beta}\right)^{\beta/(\alpha+\beta)} + \left(\frac{\alpha}{\beta}\right)^{-\alpha/(\alpha+\beta)} \right] \left(\frac{q}{A}\right)^{1/(\alpha+\beta)}$$

(A7.26)

Essa *função de custo* informa: (1) como o custo total de produção aumenta à medida que o nível de produção, q, aumenta, e (2) como o custo varia quando variam os preços dos insumos. Quando $\alpha + \beta$ for igual a 1, a Equação A7.26 pode ser simplificada da seguinte forma:

$$C = w^\beta r^\alpha [(\alpha/\beta)^\beta + (\alpha/\beta)^{-\alpha}](1/A)q$$

(A7.27)

Neste caso, o custo aumenta proporcionalmente à produção, o que significa que o processo produtivo exibe rendimentos constantes de escala. Da mesma forma, se $\alpha + \beta$ for maior do que 1, existem rendimentos crescentes de escala, e se $\alpha + \beta$ for menor do que 1, existem rendimentos decrescentes de escala.

A função de custo da empresa contém muitas características desejáveis. Para comprovar isso, considere a função especial de custo de rendimentos de escala constantes (A7.27). Suponha que queiramos produzir q_0 unidades, mas os salários dobraram. Como deverá ser a mudança nos custos? Os novos valores serão dados por

$$C_1 = (2w)^\beta r^\alpha \left[\left(\frac{\alpha}{\beta}\right)^\beta + \left(\frac{\alpha}{\beta}\right)^{-\alpha}\right]\left(\frac{1}{A}\right) q_0 = 2^\beta \underbrace{w^\beta r^\alpha \left[\left(\frac{\alpha}{\beta}\right)^b + \left(\frac{\alpha}{\beta}\right)^{-\alpha}\right]\left(\frac{1}{A}\right) q_0}_{C_0} = 2^\beta C_0$$

Lembre-se de que, no início desta seção, assumimos que $\alpha < 1$ e $\beta < 1$. Portanto, $C_1 < 2C_0$. Embora os salários estejam 100% mais altos, o custo de produção para q_0 não chegou a dobrar. Este é o resultado esperado. Se uma empresa de repente tivesse que pagar mais pelo trabalho, ela substituiria o trabalho e empregaria uma parcela maior de capital, agora relativamente mais barato, mantendo assim o aumento do custo total sob controle.

Consideremos agora o problema dual da maximização da produção que pode ser obtida por meio do gasto de C_0 dólares. Deixaremos para você a resolução desse problema por meio da função de produção de Cobb-Douglas: mostre que as equações A7.24 e A7.25 descrevem as escolhas capazes de minimizar os custos. Para começar, observe que o lagrangiano para esse problema dual é $\Phi = AK^\alpha L^\beta - \mu(wL + rK - C_0)$.

EXERCÍCIOS

1. Dentre as funções de produção a seguir, quais apresentam rendimentos crescentes, constantes ou decrescentes de escala?
   a. $F(K,L) = K^2L$
   b. $F(K,L) = 10K + 5L$
   c. $F(K,L) = (KL)^{0,5}$

2. A função de produção de determinado produto tem a expressão $q = 100KL$. Sendo o custo do capital US$ 120 por dia e o do trabalho US$ 30 por dia, qual será o custo mínimo de produção para 1.000 unidades do produto?

3. Suponha que uma função de produção tenha a expressão $F(K, L) = KL^2$ e que o custo do capital seja US$ 10 e o do trabalho seja US$ 15. Qual será a combinação de trabalho e capital capaz de minimizar o custo de produção para qualquer quantidade de produção?

4. Suponha que o processo de produção de agasalhos esportivos da empresa Polly's Parkas seja descrito pela função
   $$q = 10K^{0,8}(L - 40)^{0,2}$$
   sendo q o número de agasalhos esportivos produzidos, K o número de horas-máquina e L o número de horas de trabalho. Além de capital e trabalho, US$ 10 de matérias-primas são consumidos na produção de cada agasalho.

   a. Minimizando o custo sujeito à função de produção, derive as demandas de K e L como função da produção (q), salários (w) e aluguel das máquinas (r). Use esses resultados para derivar a função de custo total (custos como função de q, r, w e da constante referente aos US$ 10 de matéria-prima por unidade produzida).

   b. Esse processo requer trabalhadores qualificados, que ganham US$ 32 por hora. O valor do aluguel das máquinas é de US$ 64 por hora. Sendo esses os preços dos fatores, qual é o custo total como uma função de q? Essa tecnologia apresenta rendimentos de escala crescentes, decrescentes ou constantes?

   c. A empresa planeja produzir 2.000 agasalhos esportivos por semana. Com os preços dos fatores acima mencionados, quantos trabalhadores ela deve contratar (considere 40 horas de trabalho semanal) e quantas máquinas deve alugar (também considere a utilização de 40 horas semanais)? Quais são os custos marginal e médio nesse nível de produção?

CAPÍTULO 8

Maximização de lucros e oferta competitiva

As curvas de custo descrevem os custos mínimos com os quais uma empresa pode produzir níveis variados de produção. Uma vez conhecidas essas curvas, podemos nos voltar para um problema fundamental com o qual todas as empresas se defrontam: *quanto deve ser produzido*? Neste capítulo, veremos de que forma uma empresa opta pelo nível de produção capaz de maximizar seus lucros. Veremos também como as escolhas feitas por firmas individuais resultam na curva de oferta de todo o setor.

Como nossa discussão sobre produção e custo, desenvolvida nos capítulos 6 e 7, aplica-se a empresas que operam em todos os tipos de mercado, começaremos explicando a decisão de produção que maximiza os lucros em um contexto geral. Depois, porém, vamos nos voltar para o verdadeiro foco deste capítulo — os *mercados perfeitamente competitivos*, nos quais todas as empresas produzem um produto idêntico, e cada uma delas é tão pequena em relação à dimensão do setor que suas decisões de produção não têm nenhum impacto sobre o preço de mercado. Novas empresas poderão entrar facilmente no setor, caso percebam um potencial para obter lucros, e as já existentes poderão deixar o setor se começarem a perder dinheiro.

Começaremos explicando o que significa exatamente um *mercado competitivo*. Explicaremos, então, por que faz sentido supor que as empresas (em quaisquer mercados) objetivam maximizar lucros. Apresentaremos a regra para a escolha do nível de produção capaz de maximizar lucros para empresas de todos os mercados, sejam eles competitivos ou não. Depois, mostraremos de que forma a empresa competitiva escolhe seu nível de produção no curto e no longo prazos.

Veremos a seguir como as escolhas de produção mudam quando os preços dos insumos variam. Dessa forma, mostraremos como se obtém a *curva de oferta da empresa*. Posteriormente, agregaremos as curvas de oferta de cada empresa, de modo que seja obtida a *curva de oferta do setor*. No curto prazo, as empresas de um setor escolhem seu nível de produção com o objetivo de maximizar lucros. No longo prazo, elas não apenas fazem escolhas de níveis de produção, mas também tomam decisões relativas à sua permanência ou não em determinado mercado. Veremos que a perspectiva de lucros elevados estimula as empresas a entrar em um setor, ao passo que os prejuízos as estimulam a deixá-lo.

ESTE CAPÍTULO DESTACA

8.1	Mercados perfeitamente competitivos	272
8.2	Maximização de lucros	274
8.3	Receita marginal, custo marginal e maximização de lucros	276
8.4	Escolha do nível de produção no curto prazo	279
8.5	Curva de oferta no curto prazo da empresa competitiva	284
8.6	Curva de oferta de mercado no curto prazo	287
8.7	Escolha do nível de produção no longo prazo	292
8.8	Curva de oferta do setor no longo prazo	298

LISTA DE EXEMPLOS

8.1	Condomínios *versus* cooperativas habitacionais em Nova York	276
8.2	A decisão de produção no curto prazo de uma fábrica de alumínio	282
8.3	Algumas considerações sobre custos para os administradores	283
8.4	Produção no curto prazo para produtos derivados de petróleo	285
8.5	Oferta mundial de cobre no curto prazo	288
8.6	Setores com custos constantes, crescentes e decrescentes: café, petróleo e automóveis	302
8.7	A oferta de táxis em Nova York	304
8.8	A oferta habitacional no longo prazo	305

8.1 Mercados perfeitamente competitivos

No Capítulo 2, empregamos a análise da oferta e da demanda para explicar as mudanças nas condições de mercado que afetam o preço de produtos como o trigo e a gasolina. Vimos que o preço e a quantidade de equilíbrio para cada um desses produtos eram determinados pela interseção das curvas de demanda e oferta de mercado. Subjacente a toda aquela análise estava o modelo de *mercado perfeitamente competitivo*. Esse modelo é útil para estudar uma grande variedade de mercados, incluindo os mercados agrícolas, de combustível, habitação, serviços e até os mercados financeiros. Como esse modelo é muito importante, dedicaremos algum tempo expondo suas premissas básicas.

O modelo de competição perfeita baseia-se em três pressupostos básicos: (1) as empresas são tomadoras de preços, (2) homogeneidade do produto e (3) livre entrada e saída de empresas. Essas suposições foram comentadas em seções anteriores deste livro; aqui elas serão resumidas e discutidas.

EMPRESAS TOMADORAS DE PREÇOS Como muitas empresas competem no mercado, cada uma enfrenta um número significativo de concorrentes diretos. Como *cada empresa vende uma parte suficientemente pequena do total da produção que vai para o mercado, as suas decisões não influenciam o preço de mercado*. Ou seja, cada empresa segue o preço de mercado. Em outras palavras, as empresas em mercados perfeitamente competitivos são **tomadoras de preços**.

> **tomadoras de preços**
> Empresas que não têm influência sobre o preço de mercado e, portanto, tomam o preço como dado.

Suponhamos, por exemplo, que você seja o proprietário de uma empresa de distribuição de lâmpadas elétricas. As lâmpadas são compradas de uma fábrica e revendidas no atacado para pequenos comerciantes e lojas de varejo. Infelizmente, você é apenas um entre muitos que competem nessa atividade de distribuição. Como resultado, acha que não há grandes possibilidades de negociar com os clientes. Se você não oferecer um preço competitivo — que vem a ser determinado no próprio mercado —, eles farão suas compras em outro estabelecimento. Ademais, você está consciente de que o número de lâmpadas que vende não vai afetar significativamente seu preço de atacado. Você é um tomador de preços.

Da mesma forma como ocorre com as empresas, também os *consumidores* são tomadores de preços. Em um mercado perfeitamente competitivo, cada consumidor compra uma pequena parte do total produzido pelo setor, de forma que sua ação não influencia o preço, ou seja, cada consumidor também é obrigado a aceitar como dado o preço de mercado.

Outra forma de expor esse ponto é afirmar que existe um número muito grande de empresas e consumidores independentes nesse mercado, os quais acreditam (corretamente) que suas decisões não afetam o preço de mercado.

HOMOGENEIDADE DOS PRODUTOS A obrigação de aceitar os preços como dados usualmente ocorre em mercados nos quais as empresas produzem produtos idênticos ou quase idênticos. Quando *os produtos de todas as empresas em um mercado são substitutos perfeitos entre si*, isto é, quando eles são *homogêneos*, nenhuma delas pode elevar o preço de seu próprio produto acima do preço praticado pelas outras empresas, porque, nesse caso, perderia todos ou a maior parte dos negócios. Muitos produtos agrícolas são homogêneos. Como a qualidade do produto é relativamente similar entre as fazendas de determinada região, os compradores de milho, por exemplo, nunca perguntam em qual fazenda cresceram os grãos que pretendem adquirir. Petróleo, gasolina e matérias-primas como cobre, ferro, madeira, algodão ou folhas de aço são também bastante homogêneos. Os economistas costumam se referir a produtos caracterizados pela homogeneidade como *commodities*.

Em contrapartida, quando os produtos são heterogêneos, cada empresa pode elevar seu preço acima do praticado pelo concorrente sem perder todas as suas vendas. Sorvetes especiais, tais como os da Häagen-Dazs, por exemplo, podem ser vendidos por preços mais altos porque a empresa emprega ingredientes diferenciados. Assim, seus sorvetes são vistos por muitos consumidores como produtos de alta qualidade.

O pressuposto de homogeneidade de produto é importante porque assegura a existência de um *preço de mercado único* de modo consistente com a análise da oferta e da demanda.

LIVRE ENTRADA E SAÍDA Este terceiro pressuposto, da **livre entrada (e saída)**, significa que não há custos especiais que tornam difícil para uma nova empresa entrar em um setor e produzir ou sair dele se não conseguir obter lucros. *Como resultado, em ramos com essa característica, os compradores podem facilmente mudar de um fornecedor para outro, e os fornecedores podem entrar ou sair livremente do mercado.*

> **livre entrada (e saída)** Condição segundo a qual não existem custos especiais que tornam difícil para uma empresa entrar em um setor (ou sair dele).

Os custos especiais que podem restringir a entrada são aqueles que uma nova empresa precisaria enfrentar, mas que outra já estabelecida no mercado não teria. A indústria farmacêutica, por exemplo, não é perfeitamente competitiva. A Merck, a Pfizer e as outras empresas do setor mantêm patentes que lhes garantem direitos exclusivos de produzir certos medicamentos. Uma empresa nova que quisesse entrar nesse mercado teria de investir em pesquisa e desenvolvimento de produtos para ter seus próprios medicamentos competitivos ou, como alternativa, comprar licenças de fabricação de outros laboratórios já existentes, pagando altas taxas. Os dispêndios com P&D e com as taxas de licença poderiam limitar a possibilidade de essa nova empresa entrar no mercado. De modo semelhante, a indústria aeronáutica também não é perfeitamente competitiva, porque a entrada requer imensos investimentos em fábrica e em equipamentos que têm pouco ou nenhum valor de revenda.

A suposição de livre entrada e saída é importante para que a competição seja efetiva. Ela significa que os consumidores podem mudar facilmente para uma empresa rival se o fornecedor usual aumentar o preço. Do ponto de vista organizacional, significa que dada empresa pode entrar livremente em um ramo industrial se perceber que há oportunidade de lucro, podendo também sair caso esteja tendo prejuízos. Além disso, essa empresa está livre para contratar mão de obra e para adquirir capital e as matérias-primas necessárias, podendo livremente revender ou movimentar esses fatores de produção caso tenha de encerrar o negócio ou mudar de ramo.

Se essas três suposições de competição perfeita são válidas, as curvas de demanda e de oferta de mercado podem ser usadas para analisar o comportamento dos preços. Em muitos mercados, obviamente, é possível que elas não se apliquem de forma completa. Isso não significa, porém, que o modelo de competição perfeita deixe de ser útil. Alguns mercados, na verdade, quase satisfazem essas suposições. Mas, mesmo quando uma ou mais delas não se mantêm válidas, fazendo com que o mercado considerado não seja tido como perfeitamente competitivo, muito pode ser aprendido por meio de comparações com o ideal de mercado perfeitamente competitivo.

Quando um mercado é altamente competitivo?

Deixando de lado a agricultura, poucos mercados existentes são *perfeitamente* competitivos no sentido de que cada empresa se defronta com uma curva de demanda totalmente horizontal para um produto homogêneo, havendo também ampla liberdade para as empresas entrarem ou saírem do setor. Não obstante, muitos mercados são *altamente* competitivos no sentido de que as empresas se defrontam com curvas de demanda com elevada elasticidade e relativa facilidade de entrada e de saída.

Seria bom se houvesse uma regra simples para identificar os mercados que estão próximos da competição perfeita. Infelizmente, não dispomos de tal regra, e é importante compreender por que não a temos. Consideremos o candidato mais óbvio: um setor com muitas empresas (digamos, pelo menos de 10 a 20). A presença de muitas empresas não é condição suficiente para que um setor se aproxime da competição perfeita, já que as empresas podem, implícita ou explicitamente, se unir para definir preços. A presença de apenas algumas empresas em determinado mercado também não elimina a possibilidade de um comportamento competitivo. Suponhamos que apenas três empresas estejam atuando em um mercado em que a demanda pelo produto

> Na Seção 2.4, explicamos que a demanda é elástica ao preço quando a diminuição percentual na quantidade demandada é maior que o aumento percentual no preço.

produzido por elas seja bastante elástica. Nesse caso, a curva de demanda com a qual cada uma vai se defrontar será provavelmente horizontal, de tal modo que elas vão se comportar *como se* estivessem operando em um mercado perfeitamente competitivo. Mesmo que a demanda desse mercado não seja muito elástica, as três empresas podem competir agressivamente entre si (conforme discussão que será apresentada no Capítulo 13). O ponto importante a ser lembrado é que, embora as empresas se comportem de modo competitivo em muitas situações, não há um indicador simples que nos diga quando um mercado pode ser considerado altamente competitivo. Muitas vezes é necessário analisar tanto as empresas em si quanto suas interações estratégicas, tal como faremos nos capítulos 12 e 13.

8.2 Maximização de lucros

Nesta seção, analisaremos a maximização de lucros. Primeiro, perguntaremos se de fato as empresas maximizam seus lucros. Depois, na Seção 8.3, apresentaremos uma regra que qualquer empresa, estando ou não em um mercado competitivo, pode utilizar para identificar seu nível de produção que maximiza lucros. Por fim, examinaremos o caso especial de uma empresa operando em um mercado competitivo. Faremos distinção entre a curva de demanda com que se defronta a empresa competitiva e a curva de demanda do mercado, e utilizaremos essa informação para apresentar a regra de maximização de lucros da empresa competitiva.

Será que as empresas maximizam lucros?

A suposição de *maximização de lucros* é com frequência utilizada em microeconomia pelo fato de prever o comportamento empresarial de forma bastante razoável, evitando complicações analíticas desnecessárias. No entanto, saber se as empresas buscam ou não a maximização de seus lucros é um tema controverso.

No caso das firmas menores, administradas pelos proprietários, o interesse pelo lucro provavelmente dominará todas as decisões da empresa. Nas maiores, entretanto, os administradores que tomam as decisões no dia a dia geralmente têm pouco contato com os proprietários (isto é, os acionistas). Em consequência, os proprietários não podem monitorar o comportamento dos administradores com regularidade. Estes dispõem, portanto, de alguma liberdade de atuação em termos de gestão da empresa, podendo de alguma forma desviar-se do comportamento capaz de maximizar os lucros.

Os administradores podem estar mais preocupados com metas como a maximização da receita, visando ao crescimento ou ao pagamento de dividendos para satisfazer acionistas, do que com a maximização dos lucros. Eles podem também estar preocupados demais com os lucros da empresa no curto prazo (talvez pensando em receber uma promoção ou um grande bônus), em detrimento dos lucros no longo prazo, apesar de a maximização de lucros no longo prazo ser do interesse dos acionistas.[1] Como obter informações técnicas e de marketing custa caro, os administradores às vezes usam regras práticas baseadas em um volume de dados menor que o ideal. Em certas ocasiões, eles podem se engajar em estratégias de crescimento e/ou aquisição muito mais arriscadas do que os proprietários da empresa gostariam.

O recente aumento no número de falências, especialmente as do setor financeiro, acompanhado pelo rápido aumento no salário do principal executivo das empresas, tem levantado questões sobre as motivações dos administradores nas grandes corporações. São questões importantes, que serão tratadas no Capítulo 17, no qual discutiremos em detalhes as motivações dos administradores e dos proprietários. Por enquanto, é importante

---

[1] Para ser mais exato, a *maximização de valor de mercado da empresa* é uma meta mais apropriada que a meta de maximização de lucro porque o valor de mercado inclui o fluxo de lucros que a empresa obtém ao longo do tempo. É o fluxo dos lucros correntes e futuros que afeta os interesses dos investidores.

perceber que a liberdade dos administradores para buscar outros objetivos que não a maximização dos lucros no longo prazo é limitada. Se eles persistirem na busca desses outros objetivos, os acionistas ou os diretores poderão substituí-los, ou outra equipe gerencial poderá assumir a administração da empresa. De qualquer maneira, as empresas que não conseguem se aproximar da maximização dos lucros provavelmente não sobreviverão. As que sobrevivem em setores competitivos tornam o planejamento de lucros no longo prazo uma de suas mais altas prioridades.

Portanto, nossa premissa sobre a maximização de lucros é razoável. As empresas que estão há muito tempo no mercado provavelmente cuidam muito bem de seus lucros, mesmo que pareça que seus administradores estejam envolvidos com outros objetivos. Por exemplo, uma empresa que esteja patrocinando programação de televisão estatal pode parecer generosa e altruísta. Entretanto, tal beneficência provavelmente vai ao encontro dos interesses financeiros da empresa no longo prazo, pois cria uma boa imagem para ela.

Formas alternativas de organização

Agora que ressaltamos o fato de a maximização nos lucros ser uma premissa fundamental na maior parte das análises econômicas do comportamento empresarial, vamos parar para considerar um atributo importante em tal afirmação: algumas formas de organização têm objetivos um tanto diferentes da maximização dos lucros. Esse é o caso da **cooperativa** — uma associação de negócios ou pessoas cuja propriedade e gerenciamento se dão de forma conjunta pelos membros visando ao benefício mútuo. Por exemplo, várias fazendas podem decidir formar uma cooperativa na qual juntem seus recursos para distribuir e comercializar leite para os consumidores. Como cada participante da cooperativa de leite é uma unidade econômica autônoma, cada fazenda agirá de forma a maximizar os próprios lucros (e não os lucros da cooperativa como um todo), levando em consideração o mercado comum e o acordo de distribuição. Esses acordos de cooperação são comuns no mercado agropecuário.

cooperativa
Associação de negócios ou pessoas cuja propriedade e gerenciamento se dão de forma conjunta pelos membros visando ao benefício mútuo.

Em muitas cidades, é possível se juntar a uma cooperativa de alimentos, cujo objetivo é fornecer alimentos aos seus membros pelo menor preço possível. Em geral, uma cooperativa desse tipo se parece com uma loja ou um pequeno supermercado. A compra pode ser restrita aos participantes ou liberada para qualquer cliente, ou mesmo irrestrita, com os membros recebendo descontos. Os preços são definidos de forma que a cooperativa evite a perda de dinheiro, mas os lucros são incidentais e acabam sendo devolvidos aos membros (normalmente na proporção de suas compras).

As cooperativas habitacionais são outro exemplo desse tipo de organização. Pode ser um edifício de apartamentos no qual o terreno e a construção sejam de propriedade de uma corporação. Os membros residentes possuem ações no grupo, além de terem o direito de habitar uma das unidades — um acordo como arrendamento de longo prazo. Os membros da cooperativa podem participar da administração de seu edifício de diversas formas: organizando eventos sociais, gerenciando as finanças ou mesmo decidindo quem serão seus vizinhos. Assim como em outros tipos de cooperativa, o objetivo não é maximizar os lucros, mas oferecer moradia de alta qualidade a seus membros ao menor custo possível.

Um tipo semelhante de organização habitacional é o **condomínio**, que não é uma cooperativa porque suas unidades são particulares, enquanto o uso e o acesso a instalações comuns (como corredores, sistema de aquecimento, elevadores e áreas externas) são controlados em conjunto por uma associação de condôminos. Esses proprietários também compartilham o pagamento pela manutenção e operação dessas instalações comuns. O importante nesse tipo de organização é a simplificação da administração, conforme discutimos no Exemplo 8.1.

condomínio
Uma unidade habitacional que é particular, mas fornece acesso a instalações comuns que são pagas e controladas em conjunto por uma associação de condôminos.

EXEMPLO 8.1 CONDOMÍNIOS *VERSUS* COOPERATIVAS HABITACIONAIS EM NOVA YORK

Embora os proprietários dos condomínios tenham que se juntar aos proprietários das unidades individuais de forma a administrar os espaços comuns (como as áreas de entrada), cada um pode decidir, de maneira autônoma, como irá controlar a própria unidade de forma a maximizar seu valor. Por outro lado, as cooperativas dividem a responsabilidade por qualquer dívida hipotecária e estão sujeitas a regras de governança mais complexas. Embora a maior parte de seu gerenciamento seja delegada a um grupo que representa os membros da cooperativa, é preciso que os participantes dediquem um tempo substancial à administração da associação. Além disso, os membros dos condomínios podem vender suas unidades quando e para quem quiserem, enquanto os participantes das cooperativas precisam da autorização do conselho da cooperativa antes que possam realizar uma venda.

Nos Estados Unidos, os condomínios são muito mais comuns do que as cooperativas habitacionais, em uma relação de mais ou menos 10 para 1. Entretanto, a cidade de Nova York é diferente do resto do país — as cooperativas são mais comuns e superam o número de condomínios em uma relação de cerca de 4 para 1. O que fez as cooperativas habitacionais se tornarem populares em Nova York? Parte da resposta é histórica. As cooperativas são uma forma de organização muito antiga nos Estados Unidos, iniciada na metade do século XIX, enquanto o desenvolvimento dos condomínios iniciou-se somente na década de 1960. Nessa época, muitos edifícios da cidade já eram cooperativas habitacionais. Além disso, embora os condomínios estivessem se popularizando em outras partes do país, as regulamentações de Nova York fizeram com que as cooperativas se tornassem o tipo de administração obrigatório.

Mas isso é história. As restrições de construção em Nova York logo desapareceram, porém a conversão dos apartamentos de cooperativas em condomínios foi relativamente lenta. Por quê? Um estudo recente nos oferece respostas interessantes.[2] Os autores descobriram que um apartamento comum em um condomínio vale cerca de 15,5% mais do que uma unidade semelhante em uma cooperativa habitacional. Fica claro, então, que ser proprietário de um apartamento em uma cooperativa não é a melhor forma de maximizar o valor do imóvel. Por outro lado, os proprietários de imóveis de cooperativas podem ser mais seletivos na escolha de seus vizinhos quando as vendas são realizadas — um fator para o qual os nova-iorquinos parecem dar grande valor. Parece que, em Nova York, muitos proprietários estão dispostos a abrir mão de altas quantias para obter benefícios não monetários.

8.3 Receita marginal, custo marginal e maximização de lucros

Voltemos agora ao nosso pressuposto de maximização de lucro e examinemos as implicações desse objetivo para a operação de uma empresa. Começaremos examinando a decisão sobre o nível de produção capaz de maximizar lucros para qualquer empresa, esteja ela operando em um mercado competitivo ou em um mercado no qual ela seja capaz de influenciar o preço. Dado que o **lucro** corresponde à diferença entre receita (total) e custo (total), para descobrirmos o nível de produção capaz de maximizar os lucros de uma empresa devemos analisar sua receita. Suponhamos que o nível de produção da empresa seja q e que ela obtenha a receita R. Essa receita é igual ao preço do produto, P, multiplicado pelo número de unidades vendidas: $R = Pq$. O custo de produção, C, também depende do nível de produção. O lucro da empresa, π, é a diferença entre receita e custo:

$$\pi(q) = R(q) - C(q)$$

(Aqui, mostramos explicitamente que π, R e C dependem do nível de produção. Geralmente omitiremos este lembrete.)

Para maximizar lucros, a empresa opta pelo nível de produção para o qual a diferença entre receita e custo seja máxima. Esse princípio é ilustrado na Figura 8.1. A receita $R(q)$ é uma linha curva, o que reflete o fato de que a empresa só consegue vender uma quantidade maior de produto reduzindo seu preço. A inclinação dessa curva é a **receita marginal**, a qual mostra a variação da receita resultante do aumento de uma unidade na produção.

lucro
Diferença entre receita total e custo total.

receita marginal
Mudança na receita resultante do aumento de uma unidade na produção.

[2] Michael H. Schill, Ioan Voicu e Jonathan Miller, "The Condominium v. Cooperative Puzzle: An Empirical Analysis of Housing in New York City", *Journal of Legal Studies*, v. 36, 2007, p. 275-324.

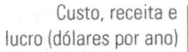

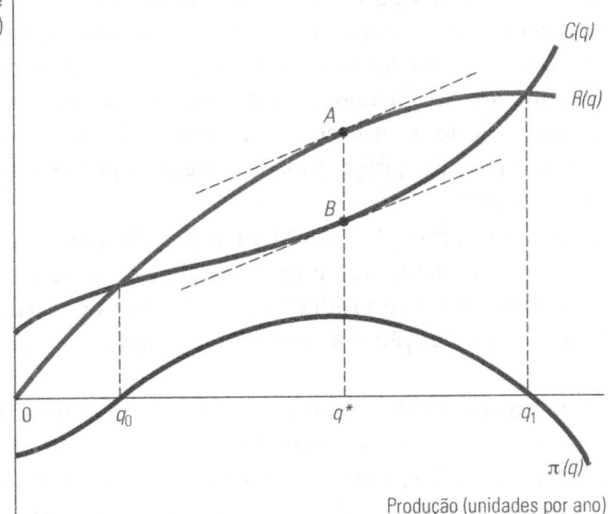

FIGURA 8.1 MAXIMIZAÇÃO DE LUCROS NO CURTO PRAZO

Uma empresa escolhe o nível de produção q^*, de forma a maximizar o lucro, que corresponde à diferença AB entre a receita, R, e o custo, C. Nesse nível de produção, a receita marginal (a inclinação da curva de receita) é igual ao custo marginal (a inclinação da curva de custo).

Também é mostrada aí a curva de custo total, $C(q)$. A inclinação dessa curva, que mede o custo adicional da produção de uma unidade a mais de produto, é o *custo marginal* da empresa. Notemos que o custo total, $C(q)$, é positivo quando o produto é zero, porque há custos fixos no curto prazo.

Para a empresa ilustrada na Figura 8.1, o lucro é negativo em níveis baixos de produção, pois a receita é insuficiente para cobrir os custos fixos e variáveis. À medida que o nível de produção aumenta, a receita aumenta mais rápido do que o custo e o lucro se torna positivo. O lucro continua a crescer até que o nível de produção chegue a q^* unidades. Nesse ponto, a receita marginal e o custo marginal são iguais, e a distância vertical entre a receita e o custo, AB, atinge seu comprimento máximo. O produto q^* é o nível que torna o lucro máximo. Notemos que, para níveis de produto acima de q^*, o custo cresce mais depressa do que a receita, isto é, a receita marginal torna-se menor do que o custo marginal. Assim, o lucro torna-se menor do que o máximo possível quando o produto cresce além de q^*.

A regra de que o lucro é maximizado quando a receita marginal é igual ao custo marginal é válida para todas as empresas, sejam competitivas ou não. Essa importante regra pode também ser deduzida algebricamente. O lucro, $\pi = R - C$, é maximizado no ponto em que um incremento adicional no nível de produção mantém o lucro inalterado (isto é, $\Delta\pi/\Delta q = 0$):

$$\Delta\pi/\Delta q = \Delta R/\Delta q - \Delta C/\Delta q = 0$$

$\Delta R/\Delta q$ é a receita marginal, RMg, e $\Delta C/\Delta q$ é o custo marginal, CMg. Dessa forma, podemos concluir que o lucro é maximizado quando RMg – CMg = 0, de modo que

$$RMg(q) = CMg(q)$$

Demanda e receita marginal para uma empresa competitiva

Como cada empresa de um setor competitivo vende apenas uma pequena fração das vendas ocorridas no setor, *a quantidade que a empresa decidir vender não terá impacto sobre o preço de mercado do produto*. O preço de mercado é determinado pelas curvas de demanda e de oferta do setor. Portanto, a empresa competitiva é uma *tomadora de preços*. Lembremo-nos aqui de que o fato da empresa ser obrigada a aceitar o preço dado é um pressuposto fundamental da competição perfeita. A empresa tomadora de preços sabe que sua decisão de produção não terá impacto sobre o preço do produto. Por exemplo, quando um fazendeiro está decidindo quantos acres de trigo plantar em determinado ano, ele toma o preço de mercado do trigo — por exemplo, US$ 4 por bushel — como dado. Tal preço não será afetado por sua decisão sobre a quantidade de acres em que plantar.

Frequentemente estaremos interessados em fazer distinção entre as curvas de demanda de mercado e as curvas de demanda com as quais as empresas individuais se defrontam. Neste capítulo, indicaremos a produção e a demanda de *mercado* com letras maiúsculas (Q e D), enquanto a produção e a demanda da *empresa* serão indicadas por letras minúsculas (q e d).

> Na Seção 4.1, explicamos como a curva de demanda relaciona a quantidade de um bem que um consumidor deseja adquirir ao preço desse bem.

Como determinada empresa competitiva é tomadora de preços, *a curva de demanda, d, com que ela se defronta é representada por uma linha horizontal*. Na Figura 8.2(a), a curva de demanda do fazendeiro corresponde a um preço de US$ 4 por bushel de trigo. O eixo horizontal mede a quantidade de trigo que o fazendeiro pode vender; o vertical mede o preço.

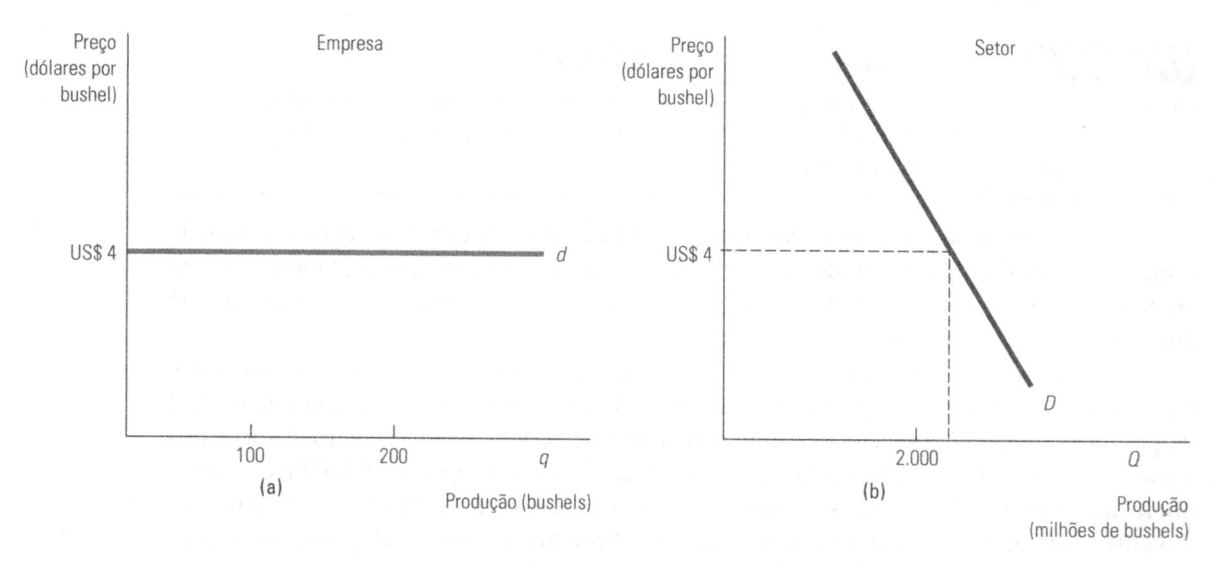

FIGURA 8.2 CURVA DE DEMANDA ENFRENTADA POR UMA EMPRESA COMPETITIVA

Uma empresa competitiva fornece apenas uma pequena parte da produção total de todas as empresas de um setor. Portanto, para a empresa, o preço do produto é dado pelo mercado, e ela escolhe seu nível de produção assumindo que o preço de mercado não será afetado por sua escolha. Em (a), a curva de demanda com a qual a firma se defronta é perfeitamente elástica, mesmo que a curva de demanda de mercado em (b) tenha inclinação descendente.

Compare a curva de demanda enfrentada pela empresa (neste caso, o fazendeiro), na Figura 8.2(a), com a curva de demanda do mercado D, na Figura 8.2(b). A curva de demanda de mercado mostra a quantidade de trigo que *todos os consumidores* adquirirão a cada possível preço. A curva de demanda tem inclinação descendente, pois os consumidores adquirem mais trigo quando os preços são menores. A curva de demanda com a qual a empresa se defronta, entretanto, é horizontal, porque as vendas da empresa não têm nenhum impacto sobre o preço de mercado. Suponhamos que a empresa tenha elevado suas vendas de 100 para 200 bushels de trigo. Isso não teria praticamente nenhum impacto no mercado, pois a produção do setor é de 2 bilhões de bushels. O preço é determinado pela interação entre todas as empresas e todos os consumidores do mercado, e não pela decisão de produção de uma única empresa.

De maneira semelhante, quando determinada empresa se defronta com uma curva de demanda horizontal, ela pode vender uma unidade adicional de produto sem que o preço sofra redução. Em consequência, a *receita total* aumenta em uma quantidade igual ao preço: um bushel de trigo vendido por US$ 4 gera uma receita adicional de US$ 4. Assim, a receita marginal é constante em US$ 4. Ao mesmo tempo, a *receita média* recebida pela empresa é também de US$ 4, pois cada bushel de trigo produzido será vendido por US$ 4. Portanto:

A curva de demanda, d, enfrentada por determinada empresa em um mercado competitivo é, ao mesmo tempo, suas curvas de receita média e de receita marginal. Ao longo dessa curva de demanda, a receita marginal, a receita média e o preço são iguais.

Maximização de lucros por empresas competitivas

Como a curva de demanda com a qual uma empresa competitiva se defronta vem a ser horizontal, de tal modo que RMg = P, a regra geral para maximização de lucros pode ser simplificada. Uma empresa perfeitamente competitiva deve escolher seu nível de produção de tal forma que seu custo marginal seja igual ao preço:

$$\text{CMg}(q) = \text{RMg} = P$$

Observe que, dado que as empresas competitivas consideram o preço como fixo, essa é uma regra para definir o nível de produção, não o preço.

Em razão da grande importância da escolha do nível de produção que maximiza lucros por parte da empresa competitiva, dedicaremos a maior parte do restante deste capítulo à análise desse tema. Começaremos pela decisão sobre o nível de produção no curto prazo e, posteriormente, examinaremos tal decisão no longo prazo.

8.4 Escolha do nível de produção no curto prazo

Quanto uma empresa deve produzir no curto prazo quando o tamanho de sua fábrica permanece fixo? Nesta seção, mostraremos de que maneira uma empresa pode utilizar informações sobre a receita e o custo para decidir sobre o nível de produção capaz de maximizar seus lucros.

Maximização de lucros no curto prazo por uma empresa competitiva

No curto prazo, uma empresa opera com uma quantidade fixa de capital e deve escolher os níveis de seus insumos variáveis (trabalho e matéria-prima) para poder maximizar seus lucros. A Figura 8.3 mostra a decisão da empresa no curto prazo. As curvas de receita média e de receita marginal são desenhadas como linhas horizontais no nível de preço igual a US$ 40. Nessa figura, desenhamos a curva de custo total médio, CTMe, a curva de custo variável médio, CVMe, e a curva de custo marginal, CMg, para podermos visualizar mais facilmente o lucro da empresa.

> Os custos marginal, médio e total foram discutidos na Seção 7.1.

O lucro é maximizado no ponto A, correspondendo ao nível de produção $q^* = 8$ e preço de US$ 40, pois a receita marginal é igual ao custo marginal nesse ponto. Para melhor entender, note que, em um nível de produção mais baixo, digamos $q_1 = 7$, a receita marginal é maior do que o custo marginal, portanto, o lucro poderia ser aumentado por meio de uma elevação da produção. A área sombreada entre $q_1 = 7$ e q^* mostra o lucro perdido associado ao nível de produção q_1. Em um nível de produção mais elevado, digamos q_2, o custo marginal é maior do que a receita marginal; sendo assim, uma redução no nível de produção poupa um custo que excede a redução na receita. A área sombreada entre q^* e $q_2 = 9$ mostra o lucro perdido associado ao nível de produção q_2. Quando a produção é $q^* = 8$, o lucro é representado pela área do retângulo $ABCD$.

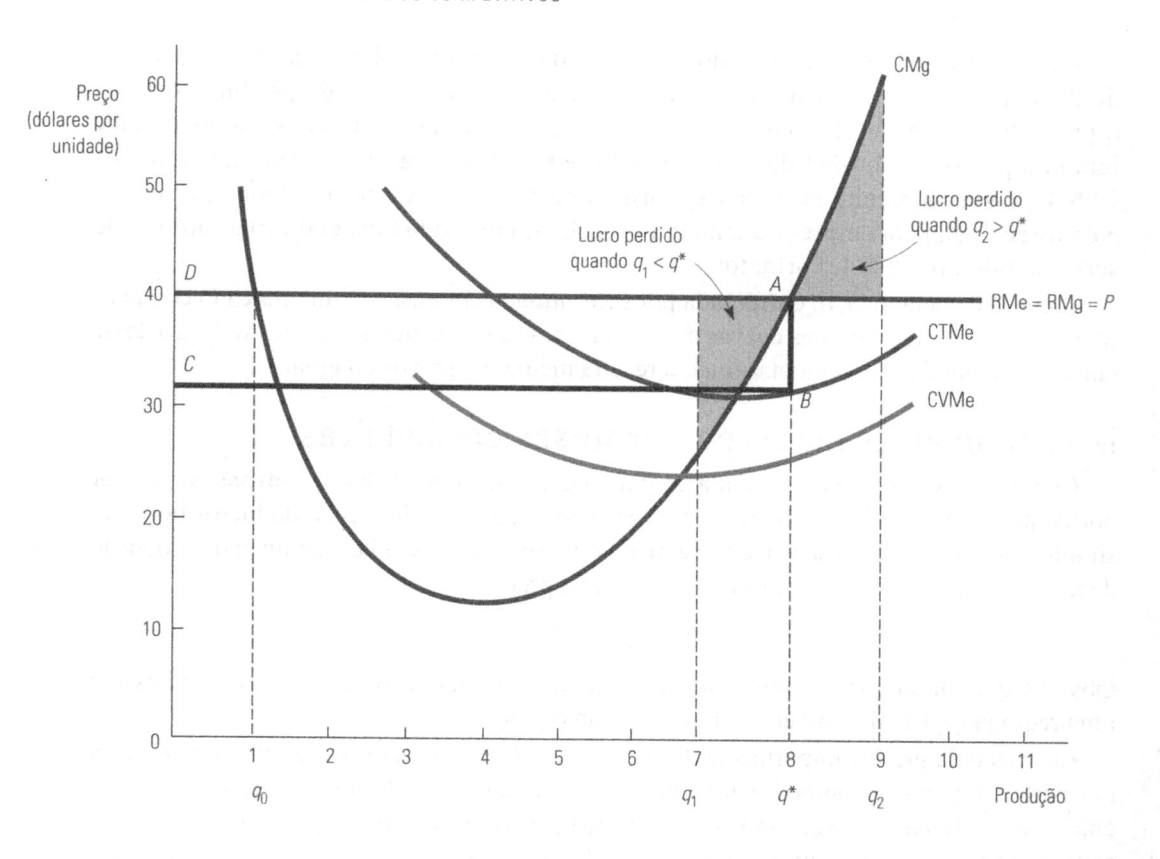

FIGURA 8.3 UMA EMPRESA COMPETITIVA QUE GERA LUCRO POSITIVO

No curto prazo, a empresa maximiza seus lucros escolhendo o nível de produção q^*, no qual seu custo marginal, CMg, é igual ao preço, P (ou receita marginal, RMg), do produto. O lucro da empresa é medido pelo retângulo $ABCD$. Qualquer mudança na produção, seja para um nível inferior q_1, seja para um nível superior q_2, resultará em menor lucro.

As curvas RMg e CMg cruzam-se nos níveis de produção q_0 e q^*. Entretanto, no ponto q_0, o lucro claramente não é maximizado. Um aumento na produção além de q_0 resulta em um aumento no lucro, pois o custo marginal está muito abaixo da receita marginal. Podemos estabelecer a condição de maximização de lucro da seguinte forma: *a receita marginal deve ser igual ao custo marginal em um ponto no qual a curva de custo marginal esteja em ascensão*. Essa conclusão é muito importante porque se aplica às decisões de produção das empresas em mercados perfeitamente competitivos ou não. Podemos reescrevê-la da seguinte forma:

> **Regra da produção:** se uma empresa está produzindo, ela deve fazê-lo em um nível em que a receita marginal seja igual ao custo marginal.

A Figura 8.3 também apresenta o lucro de uma empresa competitiva no curto prazo. A distância AB é a diferença entre preço e custo médio no nível de produção q^*, que é o lucro médio por unidade de produto. O segmento BC mede o número total de unidades produzidas. Por conseguinte, o retângulo $ABCD$ representa o lucro total da empresa.

Uma empresa nem sempre necessita obter lucros no curto prazo, como mostra a Figura 8.4. A principal diferença entre essa ilustração e a Figura 8.3 é o custo fixo mais elevado da produção. Isso ocasiona uma elevação no custo total médio, porém não modifica as curvas de custo variável médio e de custo marginal. No nível de produção q^*, que maximiza lucros, o preço, P, é inferior ao custo médio, de tal forma que o segmento AB mede o *prejuízo* médio associado a esse nível de produção. Da mesma forma, o retângulo $ABCD$ agora mede o prejuízo total da empresa.

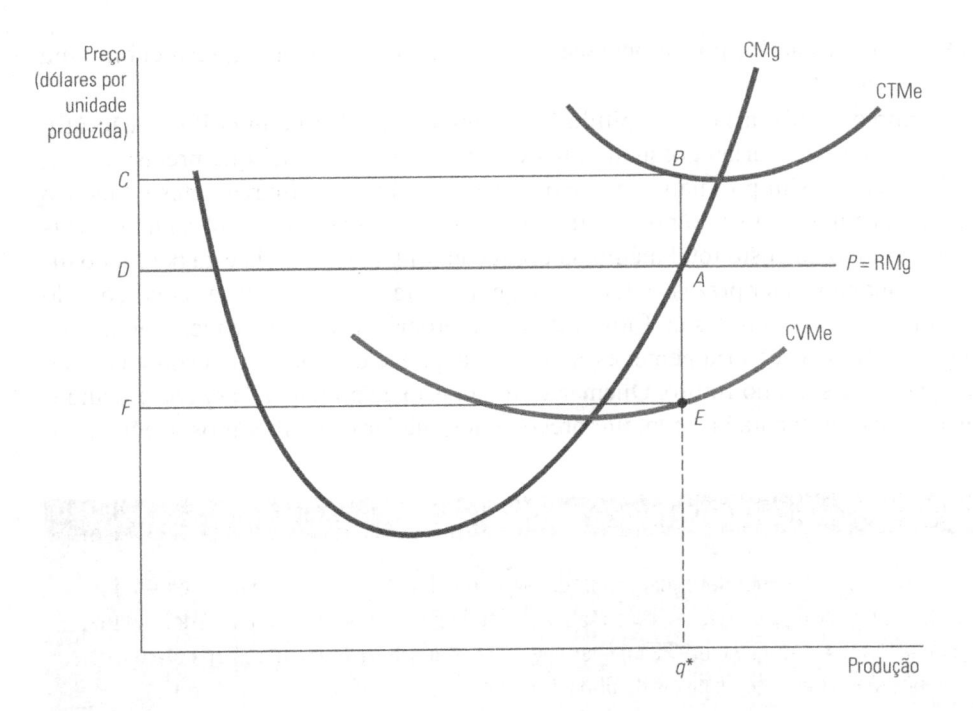

FIGURA 8.4 UMA EMPRESA COMPETITIVA QUE OPERA COM PREJUÍZOS

Uma empresa competitiva deve fechar se o preço de mercado é menor do que o custo variável médio, CVMe. A empresa pode produzir no curto prazo se o preço for maior do que o custo variável médio.

Quando se deve encerrar uma empresa?

Suponha que uma empresa esteja perdendo dinheiro. Ela deverá fechar as portas e sair do setor? Em parte a resposta depende das expectativas da empresa sobre suas futuras condições de negócios. Se ela acreditar que as condições melhorarão e os negócios serão lucrativos no futuro, pode fazer sentido operar com perdas no curto prazo. Mas vamos imaginar, por enquanto, que a empresa espera que o preço de seu produto permaneça igual por um futuro previsível. O que, então, ela deverá fazer?

Observe que a firma está perdendo dinheiro quando seu preço é menor que o custo total médio no nível de produção que maximiza os lucros, q^*. Nesse caso, se houver poucas chances de melhora das condições, ela deverá encerrar as atividades e sair do setor. Essa decisão é apropriada mesmo que o preço seja maior que o custo variável médio, como mostra a Figura 8.4. Se a empresa continua a produzir, ela minimiza suas perdas na produção q^*, mas ainda terá perdas em vez de lucros, pois o preço é menor que o custo total médio. Observe também que na Figura 8.4, em face da presença de custos fixos, o custo total médio é superior ao custo variável médio e, assim, a empresa está de fato perdendo dinheiro. Lembre-se de que os custos fixos não mudam com o nível da produção, mas podem ser eliminados se a empresa sair do negócio. (Alguns exemplos de *custos fixos* são os salários dos administradores e do pessoal de segurança, além dos custos de eletricidade para manter as luzes acesas e o ar-condicionado funcionando.)

Fechar as portas sempre será a melhor estratégia? Não necessariamente. A empresa poderia operar com perdas *no curto prazo* porque espera tornar-se lucrativa de novo no futuro, quando o preço de seu produto aumentar ou o custo de produção cair. A operação com perdas pode ser dolorosa, mas manterá abertas as portas para tempos melhores no futuro. Além disso, caso se mantenha ativa no longo prazo, a empresa terá a flexibilidade de modificar o montante de capital utilizado e, assim, reduzir seu custo total médio. Essa alternativa parece ser particularmente atraente se o preço do produto for maior que o custo variável médio da produção, pois a operação em q^* permitirá que a empresa cubra uma parte dos seus custos fixos.

Nosso exemplo de pizzaria no Capítulo 7 (Exemplo 7.2) oferece uma ilustração útil. Lembre-se de que as pizzarias possuem altos custos fixos (o aluguel que precisa pagar, os fornos de pizza e assim por diante) e baixos custos variáveis (os ingredientes e talvez o salário de alguns empregados). Suponha que o preço que a pizzaria está cobrando de seus clientes esteja abaixo do custo total médio da produção. Então, a pizzaria está perdendo dinheiro se continuar a vender pizzas, e deverá fechar as portas se espera que as condições do negócio permaneçam inalteradas no futuro. Porém, o proprietário deve vender a pizzaria e sair do negócio? Não necessariamente; essa decisão depende da expectativa sobre como o negócio de pizzas se sairá no futuro. Quem sabe a inclusão de pimentas *jalapeño* e o anúncio de novas pizzas apimentadas (com um preço maior) ajudará a melhorar os negócios?

> Relembre que, na Seção 7.1, vimos que um custo fixo é um custo permanente que não muda conforme o nível de produção, só sendo eliminado quando a empresa fecha as portas.

EXEMPLO 8.2 — A DECISÃO DE PRODUÇÃO NO CURTO PRAZO DE UMA FÁBRICA DE ALUMÍNIO

Como um administrador de uma fábrica de alumínio determina a produção que maximiza o lucro? Como mostrado no Exemplo 7.3, o custo marginal de produção no curto prazo desse tipo de fábrica depende do número de turnos — dois ou três por dia — durante os quais ela funciona. Como mostra a Figura 8.5, o custo marginal é de US$ 1.140 por tonelada até o nível de 600 toneladas por dia e US$ 1.300 por tonelada entre os níveis de 600 e 900 toneladas por dia.

Suponhamos que o preço do alumínio seja inicialmente P_1 = US$ 1.250 por tonelada. Nesse caso, o nível de produção que maximiza o lucro é de 600 t. A empresa pode obter um lucro de US$ 110 por tonelada acima de seu custo variável médio, empregando trabalhadores para operar durante dois turnos por dia. Operar um terceiro turno envolveria o pagamento de horas extras, e o preço do alumínio não é suficiente para tornar essa produção adicional lucrativa. Imaginemos, porém, que o preço do alumínio suba para P_2 = US$ 1.360 por tonelada. Esse preço é maior do que o custo marginal de US$ 1.300 do terceiro turno, tornando lucrativo elevar a produção para 900 t/dia.

Suponhamos, por fim, que o preço caia para apenas US$ 1.100 por tonelada. Nesse caso, a empresa deve deixar de produzir, mas provavelmente não deve fechar. Dando esse passo, ela poderá retomar a produção no futuro, quando os preços tiverem aumentado.

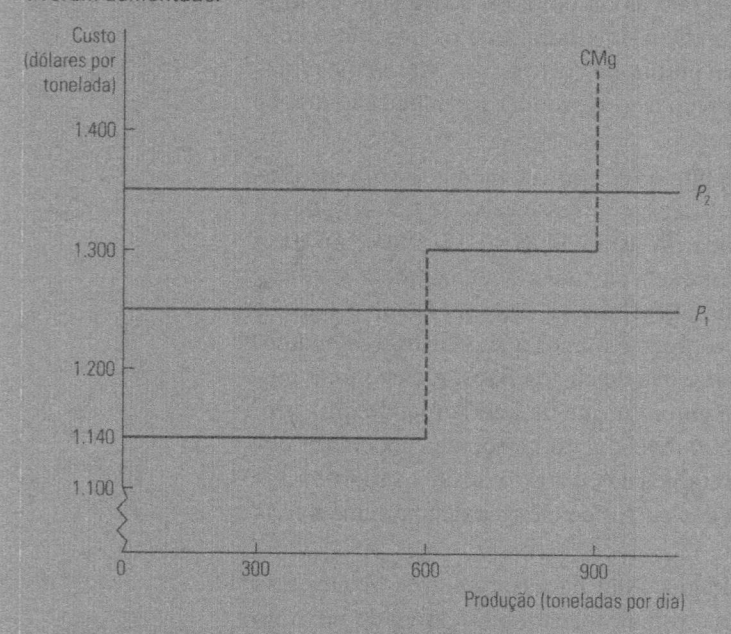

FIGURA 8.5 — PRODUÇÃO NO CURTO PRAZO DE UMA FÁBRICA DE ALUMÍNIO

No curto prazo, a fábrica deve produzir 600 t por dia se o preço estiver entre US$ 1.140 e US$ 1.300 por tonelada. Se o preço for maior do que US$ 1.300, ela deverá ter um turno extra, passando a produzir 900 t por dia. Se o preço cair para menos de US$ 1.140, a empresa deve parar a produção, mas provavelmente não deverá fechar, porque o preço pode subir no futuro.

EXEMPLO 8.3 ALGUMAS CONSIDERAÇÕES SOBRE CUSTOS PARA OS ADMINISTRADORES

A aplicação da regra que afirma que a receita marginal deve ser igual ao custo marginal dependerá da habilidade do administrador em estimar tal custo.[3] Para obter medições de custos úteis, os administradores deveriam ter em mente três recomendações.

Primeiro, exceto em circunstâncias com limitações, *evite o uso do custo variável médio como substituto do custo marginal*. Quando os custos marginal e médio forem quase constantes, haverá pouca diferença entre eles. Entretanto, se ambos os custos marginal e médio estiverem crescendo rapidamente, o uso do custo variável médio poderá induzir a erro quando estiver sendo tomada uma decisão sobre nível de produção. Suponhamos, por exemplo, que uma empresa tenha as seguintes informações sobre os custos:

Nível atual de produção: 100 unidades por dia, 80 das quais são produzidas durante o turno normal e 20 durante as horas extras

Custo de materiais: US$ 8 por unidade para qualquer nível de produção

Custo da mão de obra: US$ 30 por unidade (horas normais) e US$ 50 por unidade (horas extras)

Vamos calcular o custo variável médio e o custo marginal para as primeiras 80 unidades de produto para depois examinarmos como eles se alteram quando incluímos as 20 unidades adicionais produzidas durante as horas extras. Para as primeiras 80 unidades, o custo variável médio é apenas o custo da mão de obra (US$ 2.400 = US$ 30 por unidade × 80 unidades) mais o dos materiais (US$ 640 = US$ 8 por unidade × 80 unidades) dividido por 80 unidades — (US$ 2.400 + US$ 640)/80 = US$ 38 por unidade. Como o custo variável médio é o mesmo para cada uma das unidades produzidas, o custo marginal também é igual a US$ 38 por unidade.

Quando a produção aumenta para 100 unidades por dia, tanto o custo variável médio quanto o custo marginal se alteram. O custo variável agora cresce, pois passa a incluir um custo adicional de material de US$ 160 (20 unidades × US$ 8 por unidade) e um custo adicional de mão de obra de US$ 1.000 (20 unidades × US$ 50 por unidade). O novo custo variável médio é, pois, o custo total do trabalho mais o custo total dos materiais (US$ 2.400 + US$ 1.000 + US$ 640 + US$ 160) dividido pelas 100 unidades de produto, o que resulta em US$ 42 por unidade.

E o custo marginal? Enquanto o custo dos materiais por unidade permaneceu inalterado em US$ 8, o custo marginal do trabalho subiu para US$ 50 por unidade, de tal modo que o custo marginal de cada unidade produzida em horas extras é de US$ 58 por dia. Como o custo marginal é, agora, mais alto do que o custo variável médio, se o administrador se basear apenas no último custo, acabará produzindo em excesso.

Segundo, *um único item do registro contábil da empresa pode ter dois componentes, com apenas um deles envolvendo custos marginais*. Suponhamos, por exemplo, que uma administradora esteja procurando reduzir o nível de produção. Ela reduz o número de horas que alguns funcionários trabalham e dispensa outros. No entanto, o salário de um funcionário que esteja afastado pode não ser uma medida exata do custo marginal de produção quando são feitos os cortes, pois os acordos sindicais com frequência exigem que a empresa pague aos funcionários demitidos parte de seus salários. Nesse caso, o custo marginal do aumento na produção não é o mesmo que a economia no custo marginal quando a produção é reduzida. A economia equivale ao custo da mão de obra após a dedução do salário obrigatório que deve ser pago aos funcionários afastados.

Terceiro, *todos os custos de oportunidade devem ser incluídos para fins de determinação do custo marginal*. Suponhamos que uma loja de departamentos esteja interessada em vender móveis infantis. Em vez de construir uma nova área de vendas, o administrador decide utilizar uma parte do terceiro andar, que é usado para a venda de eletrodomésticos. O custo marginal desse espaço é de US$ 90 por metro quadrado ao dia, medido em lucro perdido, o qual seria obtido caso a loja de departamentos continuasse a vender eletrodomésticos naquele local. Esse custo de oportunidade pode ser substancialmente maior do que o aluguel que a loja de departamentos pagava por aquela parte do edifício.

Essas três recomendações podem ajudar o administrador a medir o custo marginal de forma correta. Falhas na mensuração do custo marginal podem fazer com que a produção seja demasiadamente alta ou baixa, levando à redução dos lucros.

---

[3] Esse exemplo é baseado na discussão sobre custos e tomada de decisões gerenciais de Thomas Nagle e Reed Holden, *The Strategy and Tactics of Pricing*, 5. ed., Upper Saddle River, NJ: Prentice Hall, 2010, Capítulo 2.

8.5 Curva de oferta no curto prazo da empresa competitiva

A *curva de oferta* de uma empresa informa-nos qual o nível de produção que ela atingirá para cada preço possível. Já vimos que as empresas competitivas aumentarão sua produção até o nível em que o preço se igualar ao custo marginal, mas fecharão se o preço for inferior ao custo variável médio. Portanto, a curva de oferta da empresa é *a parte da curva de custo marginal na qual este é superior ao custo variável médio*.

A Figura 8.6 ilustra a curva de oferta no curto prazo. Observe que para qualquer ponto P situado acima do ponto mínimo de CVMe, a produção que maximiza o lucro pode ser encontrada diretamente no gráfico. Ao preço P_1, por exemplo, a quantidade ofertada será q_1; ao preço P_2, ela será q_2. Para todos os pontos P situados abaixo (ou na mesma altura) do ponto mínimo de CVMe, o produto que maximiza o lucro é igual a zero. Na Figura 8.6, a curva de oferta no curto prazo como um todo consiste na parte hachurada com pequenos traços do eixo vertical mais a parte da curva de custo marginal situada acima do ponto mínimo do custo variável médio (marcada do mesmo modo).

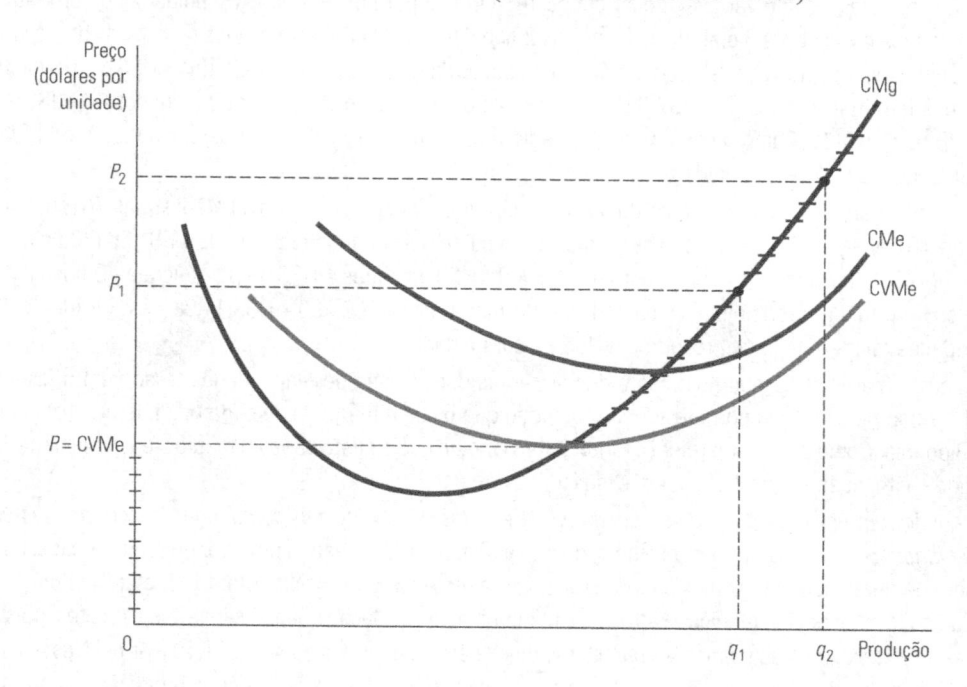

FIGURA 8.6 CURVA DE OFERTA NO CURTO PRAZO PARA UMA EMPRESA COMPETITIVA

No curto prazo, a empresa escolhe um nível de produção no qual seu custo marginal, CMg, é igual ao preço, desde que ela seja capaz de cobrir seus custos variáveis médios. A curva de oferta no curto prazo corresponde à parte hachurada da curva de custo marginal.

Na Seção 6.2, mostramos que os rendimentos marginais decrescentes ocorrem quando cada aumento da quantidade de um insumo resulta em aumentos cada vez menores da produção.

As curvas de oferta no curto prazo para empresas competitivas apresentam inclinação ascendente pela mesma razão de os custos marginais aumentarem, ou seja, pela presença de rendimentos decrescentes em um ou mais fatores de produção. Em consequência, um aumento no preço de mercado induzirá as empresas que já estejam no mercado a aumentar a quantidade produzida. Os preços mais elevados não apenas tornam a produção adicional lucrativa como também elevam o lucro *total*, porque se aplicam a todas as unidades produzidas pela empresa.

Resposta da empresa a uma modificação de preço dos insumos

Quando o preço de seu produto varia, a empresa varia seu nível de produção, de tal forma que o custo marginal da produção permaneça igual ao preço. Entretanto, é frequente o preço do produto variar ao mesmo tempo em que variam os preços dos *insumos*. Nesta seção, mostraremos de que modo a decisão da empresa sobre o nível de produção poderá mudar em resposta a uma modificação nos preços de um dos insumos da empresa.

A Figura 8.7 apresenta a curva de custo marginal da empresa, que é de início representada por CMg_1 quando o preço de seu produto é US$ 5. A empresa maximiza seus lucros com o nível de produção q_1. Suponhamos agora que o preço de um dos fatores de produção aumente. Isso causa um deslocamento para cima na curva de custo marginal, que passará de CMg_1 para CMg_2, pois agora custa mais produzir cada unidade de produto. O novo nível de produção capaz de maximizar lucros é q_2, no qual $P = CMg_2$. Portanto, o preço mais elevado do insumo faz a empresa reduzir seu nível de produção.

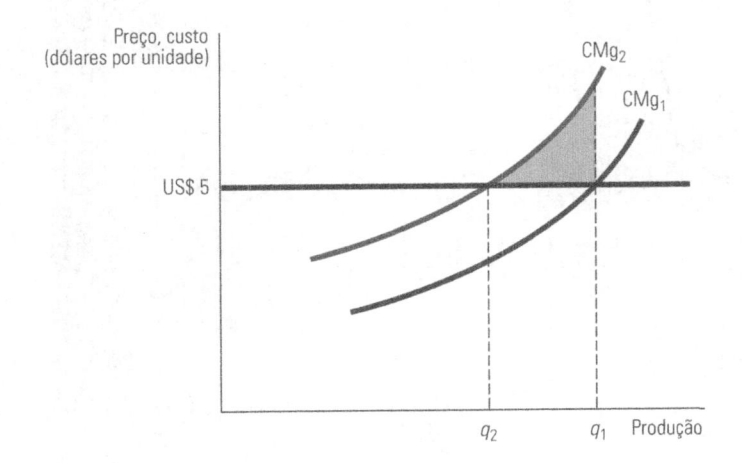

FIGURA 8.7 **RESPOSTA DA EMPRESA À MODIFICAÇÃO NO PREÇO DOS INSUMOS**

Quando o custo marginal de produção de uma empresa aumenta (passando de CMg_1 para CMg_2), o nível de produção que maximiza os lucros cai de q_1 para q_2.

Se a empresa tivesse continuado a produzir q_1, ela teria incorrido em prejuízos na última unidade produzida. De fato, qualquer produção além de q_2 reduziria os lucros. A área sombreada da figura mostra as economias totais da empresa (ou, de modo equivalente, a redução em perda de lucros) associadas à redução da produção de q_1 para q_2.

EXEMPLO 8.4 **PRODUÇÃO NO CURTO PRAZO PARA PRODUTOS DERIVADOS DE PETRÓLEO**

Suponhamos que você esteja administrando uma refinaria de petróleo e opte pela produção de determinada combinação de produtos refinados, incluindo gasolina, combustível para jatos e óleo combustível residual para aquecimento de residências. Embora a oferta de petróleo seja muito grande, a quantidade do produto que você refinará dependerá da capacidade da refinaria e do custo de produção. Qual seria a quantidade de produto que você deveria refinar a cada dia?[4]

---

[4] Esse exemplo é baseado no texto de James M. Griffin, "The Process Analysis Alternative to Statistical Cost Functions: An Application to Petroleum Refining", *American Economic Review* 62, 1972, p. 46-56. Os números foram atualizados e aplicados a determinada refinaria.

Para poder tomar uma decisão, é essencial saber o custo marginal de produção da refinaria. A Figura 8.8 mostra a curva de custo marginal para a produção no curto prazo (CMgCP). O custo marginal de produção aumenta com a produção, porém de acordo com uma série de segmentos diferentes, em vez de apresentar uma curva suave. O aumento ocorre em segmentos porque a refinaria utiliza diferentes unidades de processamento na transformação de petróleo cru em produtos acabados. Quando determinada unidade atinge sua capacidade, a produção pode ser aumentada somente pelo emprego de um processo mais dispendioso. Por exemplo, a gasolina pode ser produzida com petróleo cru leve a um custo razoavelmente baixo, por meio de uma unidade denominada "craqueador térmico". Quando essa unidade atinge sua capacidade plena, quantidades adicionais de gasolina ainda podem ser produzidas (tanto com petróleo cru pesado como com leve), mas a um custo mais elevado. Na Figura 8.8, a primeira restrição de capacidade acontece quando a produção atinge o nível de 9.700 barris por dia. Uma segunda restrição de capacidade torna-se importante quando a produção supera 10.700 barris por dia.

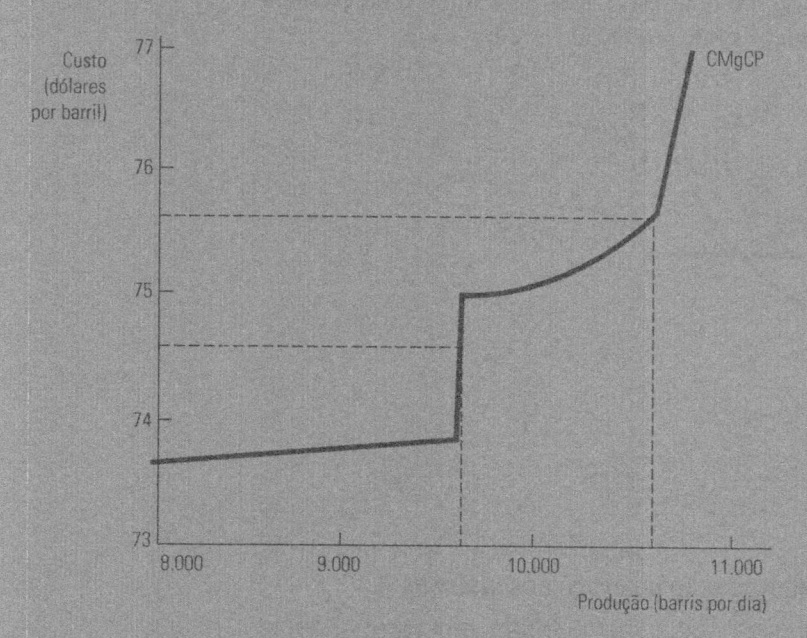

FIGURA 8.8 **PRODUÇÃO NO CURTO PRAZO DE DERIVADOS DE PETRÓLEO**

À medida que a refinaria passa de uma unidade processadora para outra, o custo marginal para produzir derivados de petróleo cru aumenta acentuadamente, em diferentes níveis de produção. Como resultado, o nível de produção pode não ser afetado por algumas alterações de preço, mas muito afetado por outras.

Agora se tornou relativamente fácil decidir o nível de produção a ser atingido. Suponhamos que o produto refinado possa ser vendido ao preço de US$ 73 o barril. Uma vez que o custo marginal de produção está próximo de US$ 74 para a primeira unidade de produção, ao preço de US$ 73 nenhuma quantidade de petróleo deve ser processada pela refinaria. Entretanto, se o preço estiver entre US$ 74 e US$ 75, a refinaria deve produzir 9.700 barris por dia (empregando o craqueador térmico). Por fim, se o preço estiver acima de US$ 75, deve ser utilizada a unidade de processamento mais dispendiosa, expandindo a produção para até 10.700 barris por dia.

Como a função de produção sobe em patamares, você sabe que sua decisão de produção não deve mudar muito em resposta a *pequenas* alterações no preço. Você utilizará normalmente petróleo cru suficiente para abastecer a unidade adequada de processamento até que ocorra um aumento (ou diminuição) substancial do preço. Nesse caso, você simplesmente necessita calcular se o preço mais elevado justificará a utilização de uma unidade de processamento adicional, mais dispendiosa.

8.6 Curva de oferta de mercado no curto prazo

A *curva da oferta de mercado no curto prazo* mostra a quantidade de produção do setor no curto prazo para cada preço possível. A produção do setor corresponde à soma das quantidades fornecidas por todas as empresas. Portanto, a curva de oferta de mercado pode ser obtida por meio da soma das curvas de oferta de cada empresa. A Figura 8.9 mostra de que forma isso é feito quando existem apenas três empresas, todas com diferentes custos de produção no curto prazo. A curva de custo marginal de cada empresa está desenhada apenas para o trecho que se situa acima da curva de seu custo variável médio. (Estamos apresentando apenas três firmas para poder manter o gráfico simples, porém, a mesma análise se aplica quando existem muitas empresas.)

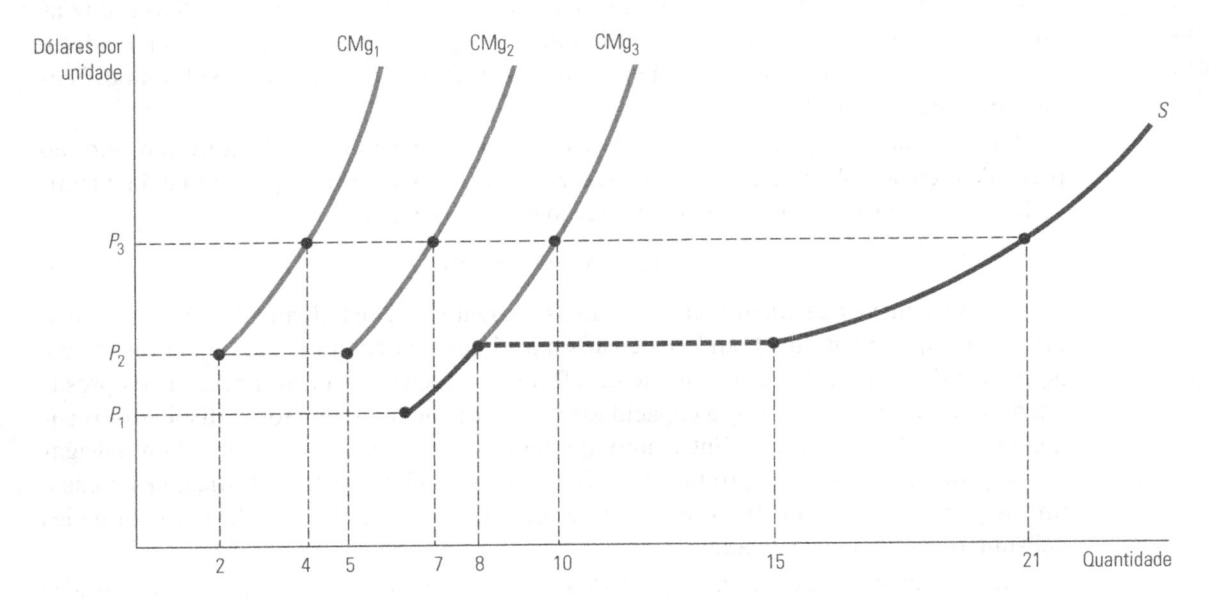

FIGURA 8.9 CURVA DE OFERTA DE UM SETOR NO CURTO PRAZO

A curva de oferta de um setor no curto prazo é a soma horizontal das curvas de oferta das empresas individuais. Como a terceira empresa possui uma curva de custo variável médio mais baixo que a das outras duas, a curva de oferta de mercado, S, começa no preço P_1 e segue a curva de custo marginal da terceira empresa CMg_3 até o preço P_2, quando muda de direção. Para todos os preços acima de P_2, a quantidade ofertada pelo setor é a soma das quantidades que cada uma das três empresas oferta.

Para preços abaixo de P_1, o setor não produzirá nada, porque P_1 é o mínimo custo variável médio para a empresa de custo mais baixo. Entre P_1 e P_2, apenas a empresa 3 produzirá, portanto, a curva de oferta do setor será idêntica ao trecho da curva de custo marginal da terceira empresa, CMg_3. Ao preço P_2, a curva de oferta do setor será a soma das quantidades fornecidas pelas três empresas. A primeira empresa fornece 2 unidades, a segunda fornece 5 e a terceira, 8; portanto, a oferta do setor é de 15 unidades. Ao preço P_3, a primeira empresa fornece 4 unidades, a segunda, 7 e a terceira, 10; a oferta total do setor é de 21 unidades. Observe que a curva do setor apresenta inclinação ascendente, porém, sofre uma inflexão ao atingir o preço P_2, o menor preço no qual as três empresas produzem. Quando existem muitas empresas no mercado, tal inflexão torna-se sem importância e, por essa razão, desenhamos curvas de oferta de mercado com formato de curvas regulares com inclinação ascendente.

Elasticidade da oferta de mercado

Infelizmente, determinar a curva de oferta de mercado nem sempre é tão simples como somar um conjunto de curvas de oferta de empresas. À medida que os preços aumentam, todas as empresas do setor expandem sua produção. Essa produção adicional aumenta a demanda por insumos de produção, podendo resultar em preços mais elevados. Como vimos na Figura 8.7, a elevação dos preços dos fatores de produção ocasiona um deslocamento das curvas de custo marginal das empresas para cima. Por exemplo, uma maior demanda de carne poderia ocasionar também um aumento na demanda de milho e de soja (que são utilizados na alimentação do gado), fazendo os preços desses dois grãos apresentarem elevação. Assim, o preço mais elevado dos insumos causa um deslocamento das curvas de custo marginal das empresas para cima. Tal fato reduz as opções de escolha de produção de cada empresa (para qualquer preço de mercado) e faz com que a curva de oferta do setor seja razoavelmente menos sensível a modificações de preço do produto.

> Na Seção 2.4, definimos a elasticidade de oferta como a variação percentual da quantidade ofertada que resulta de um aumento de 1% no preço.

A elasticidade preço de oferta de mercado mede a sensibilidade da oferta do setor ao preço de mercado. A elasticidade de oferta, E_S, representa a variação percentual da quantidade ofertada, Q, em resposta a uma variação de 1% no preço, P:

$$E_S = (\Delta Q/Q)/(\Delta P/P)$$

Como as curvas de custo marginal são ascendentes, a elasticidade de oferta no curto prazo é sempre positiva. Quando os custos marginais aumentam depressa em resposta a aumentos de produção, a elasticidade da oferta é pequena. No curto prazo, as empresas encontram-se limitadas em sua capacidade de fornecimento, o que torna dispendioso aumentar o nível de produção. Entretanto, quando os custos marginais aumentam devagar em resposta a aumentos na produção, a oferta torna-se relativamente elástica; nesse caso, um pequeno aumento de preço é capaz de induzir as empresas a produzir quantidades substancialmente mais elevadas.

Um caso extremo é o da *oferta perfeitamente inelástica*, que surge quando as fábricas e os equipamentos do setor estão sendo tão plenamente utilizados que seria necessária a construção de novas fábricas (o que deverá ocorrer no longo prazo) para obter maiores níveis de produção. Outro caso extremo é o da *oferta perfeitamente elástica*, que surge quando os custos marginais são constantes.

EXEMPLO 8.5   OFERTA MUNDIAL DE COBRE NO CURTO PRAZO

No curto prazo, o formato da curva de oferta de mercado para um minério como o cobre dependerá da variação do custo de mineração dos principais produtores mundiais. Custos de mineração, fusão e refino de cobre diferem por causa de diferenças de custos de mão de obra e transporte e diferenças no teor de cobre contido no minério. A Tabela 8.1 resume algumas informações relevantes sobre custos e produção dos nove maiores países produtores.[5] Lembre-se de que, no curto prazo, como os gastos na construção de minas, usinas e refinarias são custos irreversíveis, os custos marginais na Tabela 8.1 refletem os custos de operação dessas instalações (e não os de construção).

---

5   Agradecemos a James Burrows, da Charles River Associates, Inc., que fez a gentileza de fornecer os dados sobre os custos marginais de produção. Dados atualizados, assim como informações relacionadas, estão disponíveis no site http://minerals.usgs.gov/minerals.

TABELA 8.1	Produção mundial de cobre (2010)	
País	Produção anual (milhares de toneladas métricas)	Custo marginal (dólares por libra)
Austrália	900	2,30
Canadá	480	2,60
Chile	5.520	1,60
Indonésia	840	1,80
Peru	1.285	1,70
Polônia	430	2,40
Rússia	750	1,30
Estados Unidos	1.120	1,70
Zâmbia	770	1,50

Dados de U.S. Geological Survey, Mineral Commodity Summaries, janeiro de 2011 (http://minerals.usgs.gov/minerals/pubs/commodity/copper/mcs-2011-coppe.pdf)

Os dados podem ser utilizados para traçar a curva de oferta mundial do cobre; e essa é uma curva de curto prazo, pois toma como fixas as minas e refinarias existentes. A Figura 8.10 mostra de que forma a curva é composta para os nove países relacionados na tabela. (A curva está incompleta, visto que há produtores menores e com custos mais baixos que não foram incluídos.) Notemos, ademais, que a curva da Figura 8.10 é uma aproximação. O valor do custo marginal de cada país é uma média entre todos os produtores desse país, e estamos considerando que o custo marginal e o custo variável são praticamente os mesmos. Nos Estados Unidos, por exemplo, alguns produtores tinham custo marginal superior a US$ 1,70 e outros apresentavam custo marginal inferior a esse valor.

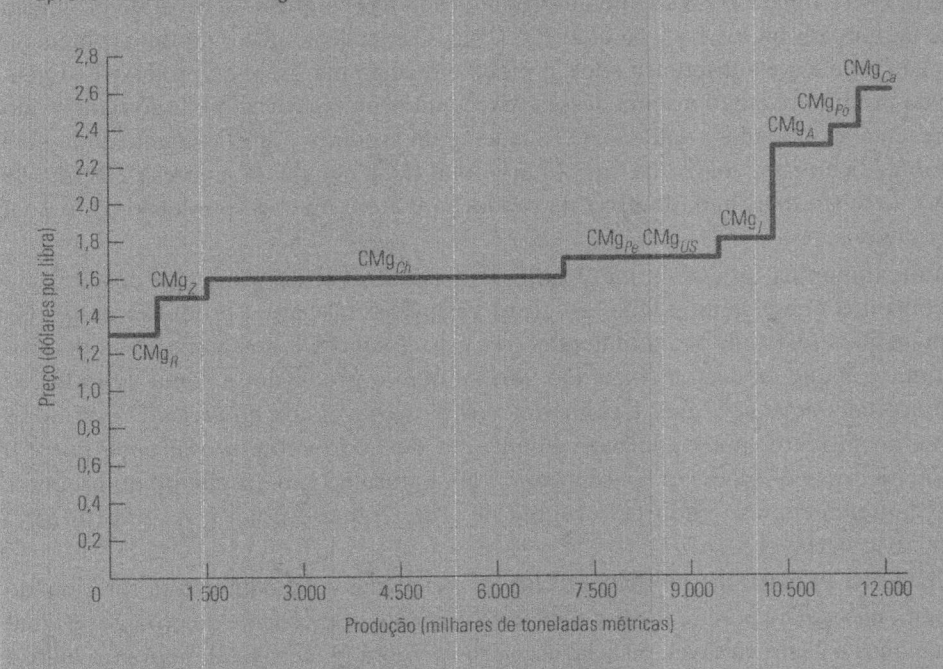

FIGURA 8.10 OFERTA MUNDIAL DE COBRE NO CURTO PRAZO

A curva de oferta mundial de cobre no curto prazo é obtida pela soma horizontal das curvas de oferta de cada uma das maiores nações produtoras. A curva apresenta inclinação ascendente porque o custo marginal de produção varia de US$ 1,30 por libra na Rússia a US$ 2,60 por libra no Canadá.

O cobre de menor custo é o extraído das minas da Rússia, onde o custo marginal do cobre refinado é de mais ou menos US$ 1,30 por libra. O segmento CMg_R representa a curva do custo marginal de produção para aquele país. A curva é horizontal até que a capacidade de mineração e refino de cobre na Rússia seja atingida (em um ponto situado no nível de produção de 750 mil toneladas métricas por ano). O segmento CMg_Z representa a curva de custo marginal do Zâmbia. Da mesma forma, o segmento CMg_{Ch} indica a curva do custo marginal do Chile, e assim por diante.

A curva de oferta mundial é obtida pela soma horizontal da curva de oferta de cada nação. Conforme mostra a figura, a elasticidade dessa curva depende do preço do cobre. Para preços relativamente baixos, entre US$ 1,30 e US$ 1,80 por libra, por exemplo, a curva de oferta é razoavelmente elástica, pois pequenos aumentos de preço ocasionam substanciais elevações na quantidade de cobre ofertada. No entanto, para preços mais elevados, por exemplo, acima de US$ 2,40 por libra, a curva torna-se mais inelástica, pois com tais preços todos os produtores estariam operando com plena capacidade ou perto dela.

Excedente do produtor no curto prazo

No Capítulo 4 medimos o *excedente do consumidor* como a diferença entre o máximo que uma pessoa pagaria por um produto e o preço de mercado de tal produto. Um conceito análogo aplica-se às empresas. Se o custo marginal estiver aumentando, o preço do produto é superior ao custo marginal para cada unidade produzida, exceto para a última. Em consequência, as firmas obtêm excedente em todas as unidades menos a última. O **excedente do produtor** de uma empresa é a soma, para todas as unidades de produto, da diferença entre o preço de mercado de uma mercadoria e o custo marginal de sua produção. Assim sendo, da mesma forma que o excedente do consumidor mede a área situada abaixo da curva de demanda individual e acima do preço de mercado do produto, o excedente do produtor mede a área situada acima da curva de oferta de um produtor e abaixo do preço de mercado.

excedente do produtor Soma das diferenças entre o preço de mercado e o custo marginal de produção relativos a todas as unidades produzidas pela empresa.

Para rever o conceito de excedente do consumidor, veja a Seção 4.4, em que esse conceito é definido como a diferença entre o que o consumidor está disposto a pagar e o que efetivamente paga ao adquirir determinado bem.

A Figura 8.11 ilustra o excedente do produtor de uma empresa. O nível de produção capaz de maximizar lucros é q^*, no qual $P = CMg$. O excedente que o produtor obtém ao vender cada unidade é a diferença entre o preço e o custo marginal de produzi-la. O excedente do produtor é então a soma desses "excedentes unitários" sobre todo o intervalo que representa as unidades vendidas. O excedente do produtor é graficamente dado pela área sombreada situada abaixo da curva horizontal de demanda da empresa e acima de sua curva do custo marginal, do nível de produção 0 até o nível de produção q^*, o qual maximiza lucros.

Quando somamos os custos marginais para cada nível de produção desde 0 até q^*, descobrimos que a soma é igual ao custo variável total para a produção de q^*. Os custos marginais refletem os incrementos de custo associados aos acréscimos de produção; uma vez que os custos fixos não variam com a produção, a soma de todos os custos marginais deve ser igual à soma dos custos variáveis da empresa.[6] Portanto, o excedente do produtor pode alternativamente ser definido como *a diferença entre a receita da empresa e seu custo variável total*. Na Figura 8.11, o excedente do produtor pode ser também representado pelo retângulo $ABCD$, que é igual à receita ($0ABq^*$) menos o custo variável ($0DCq^*$).

EXCEDENTE DO PRODUTOR *VERSUS* LUCRO O excedente do produtor está relacionado com o lucro, não sendo, porém, igual a ele. No curto prazo, o excedente do produtor é igual à receita menos o custo variável, ou seja, ao *lucro variável*. O lucro total, por outro lado, é igual à receita menos *todos* os custos, tanto variáveis como fixos:

$$\text{Excedente do produtor} = EP = R - CV$$

$$\text{Lucro} = \pi = R - CV - CF$$

Segue-se, portanto, que, no curto prazo, quando os custos fixos são positivos, o excedente do produtor é maior do que o lucro.

---

[6] A área abaixo da curva de custo marginal de 0 a q^* é $CT(q^*) - CT(0) = CT - CF = CV$.

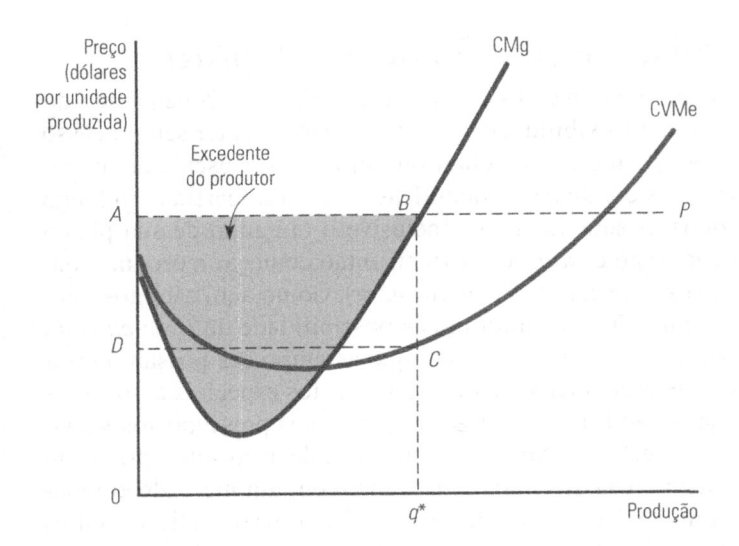

FIGURA 8.11 **EXCEDENTE DO PRODUTOR PARA UMA EMPRESA**

O excedente do produtor para uma empresa é medido pela área sombreada situada abaixo do preço de mercado e acima da curva do custo marginal, entre os níveis de produção 0 e q^*, o nível que maximiza os lucros. O excedente do produtor também é igual ao retângulo $ABCD$, porque a soma de todos os custos marginais até q^* é igual ao custo variável de produzir q^*.

A dimensão do excedente do produtor para a empresa depende de seus custos de produção. Empresas de alto custo têm menor excedente do produtor, e empresas de baixo custo têm maior excedente. Somando-se os excedentes do produtor de todas as empresas, podemos determinar o excedente do produtor para o mercado. Isso pode ser visto na Figura 8.12. A curva de oferta do mercado começa no eixo vertical no ponto de menor custo que uma firma apresenta no mercado. O excedente do produtor é representado pela área sombreada situada abaixo do preço de mercado do produto e acima da curva de oferta, entre os níveis de produção 0 e Q^*.

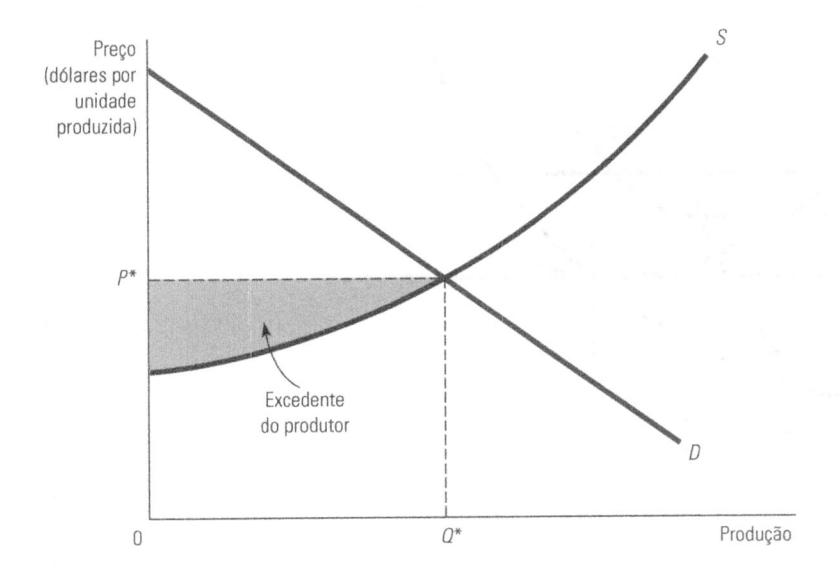

FIGURA 8.12 **EXCEDENTE DO PRODUTOR PARA UM MERCADO**

O excedente do produtor para um mercado é medido pela área sombreada situada entre a linha de preço do mercado e a curva de oferta do mercado, entre os níveis de produção 0 e Q^*.

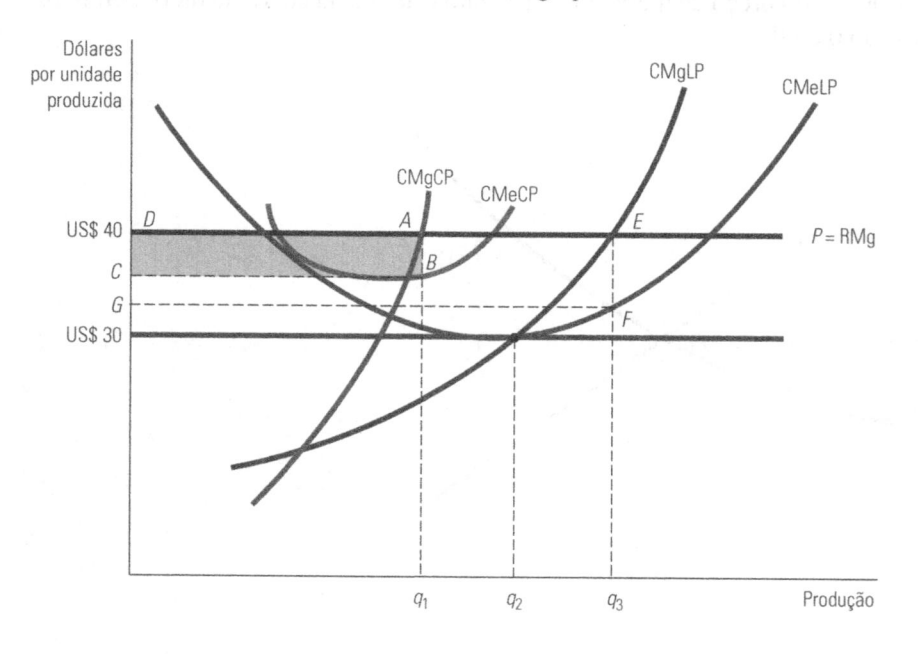

8.7 Escolha do nível de produção no longo prazo

No curto prazo, pelo menos um dos insumos da empresa será fixo. Dependendo do tempo disponível, isso pode limitar a flexibilidade da empresa para adaptar seu processo produtivo aos avanços tecnológicos, ou para aumentar ou diminuir sua escala de operação de acordo com as mudanças nas condições econômicas. Em contrapartida, no longo prazo, a firma pode alterar todos os seus insumos, inclusive o tamanho de sua planta produtiva. Ela pode decidir fechar (isto é, *sair* do setor) ou então começar a produzir determinado artigo pela primeira vez (isto é, *entrar* em um setor). Como aqui estamos interessados apenas em mercados competitivos, admitimos a possibilidade da *livre entrada* e da *livre saída*. Em outras palavras, estamos supondo que as empresas possam entrar ou sair sem quaisquer restrições de ordem legal ou quaisquer custos especiais associados à entrada. (Como discutimos na Seção 8.1, esse é um dos principais pressupostos subjacentes ao conceito de competição perfeita.) Após analisarmos a decisão sobre produção de longo prazo tomada por uma empresa que maximiza o lucro em um mercado competitivo, discutiremos a natureza do equilíbrio competitivo no longo prazo. Discutiremos também a relação entre entrada e saída, lucro econômico e lucro contábil.

Maximização do lucro no longo prazo

> Na Seção 7.4, explicamos que as economias de escala surgem quando uma empresa pode dobrar o nível de produção com menos do que duas vezes o custo.

A Figura 8.13 mostra de que maneira uma empresa competitiva toma uma decisão de produção que maximiza o lucro no longo prazo. Assim como no curto prazo, ela se defronta com uma curva horizontal de demanda. (Na Figura 8.13, a empresa baseia-se no preço de mercado de US$ 40.) Sua curva de custo (total) médio no curto prazo, CMeCP, e sua curva de custo marginal no curto prazo, CMgCP, são baixas o suficiente para que a empresa possa auferir um lucro positivo, representado pelo retângulo $ABCD$, no nível de produção q_1, no qual CMgCP = P = RMg. A curva de custo médio no longo prazo, CMeLP, reflete a presença de economias de escala até o nível de produção q_2 e deseconomias de escala para níveis mais elevados de produção. A curva de custo marginal no longo prazo, CMgLP, cruza, a partir de baixo, com a curva de custo médio no longo prazo no ponto q_2, que é o ponto de custo médio mínimo no longo prazo.

FIGURA 8.13 **ESCOLHA DO NÍVEL DE PRODUÇÃO NO LONGO PRAZO**

A empresa maximiza o lucro escolhendo o nível de produção no qual o preço é igual ao custo marginal no longo prazo, CMgLP. No diagrama, ela aumenta seu lucro de *ABCD* para *EFGD* aumentando sua produção no longo prazo.

Caso a empresa acredite que o preço de mercado permanecerá em US$ 40, ela desejará expandir o tamanho de sua fábrica para poder atingir um nível de produção q_3, no qual seu custo marginal no *longo prazo* se iguale ao preço de US$ 40. Quando tal expansão estiver completa, a margem de lucro aumentará de AB para EF, e seu lucro total subirá de $ABCD$ para $EFGD$. O nível de produção q_3 maximiza os lucros da empresa, pois para qualquer nível mais baixo (digamos, q_2), a receita marginal decorrente de uma produção adicional será superior ao custo marginal, tornando, portanto, desejável a expansão. Contudo, para qualquer nível de produção superior a q_3, o custo marginal torna-se superior à receita marginal. A produção adicional, portanto, reduziria os lucros. Resumindo, *o nível de produção no longo prazo que maximiza os lucros de uma empresa competitiva é aquele no qual o custo marginal no longo prazo se iguala ao preço.*

Observe que, quanto mais alto for o preço de mercado, mais alto será o lucro que a empresa poderá auferir. De modo correspondente, à medida que o preço do produto cair de US$ 40 para US$ 30, também diminuirão os lucros da empresa. Ao preço de US$ 30, o nível de produção que maximiza os lucros da empresa é q_2, que é o ponto de custo médio mínimo no longo prazo. Nesse caso, para P = CTMe, a empresa aufere um lucro econômico igual a zero.

Equilíbrio competitivo no longo prazo

Para que um equilíbrio surja no longo prazo, é necessário satisfazer certas condições econômicas. As empresas que estão no mercado não podem desejar sair e, ao mesmo tempo, nenhuma empresa que está fora do mercado deseja entrar. Mas qual será exatamente a relação entre a lucratividade, a entrada no mercado e o equilíbrio competitivo no longo prazo? Para saber a resposta, devemos relacionar o lucro econômico com o incentivo para a entrada e a saída do mercado.

LUCRO CONTÁBIL E LUCRO ECONÔMICO Como já vimos no Capítulo 7, é importante fazer uma distinção entre lucro contábil e lucro econômico. O lucro contábil é medido pela diferença entre a receita e os fluxos de caixa relacionados ao pagamento de mão de obra e matérias-primas e às despesas de juros e de depreciação. O lucro econômico leva em conta os custos de oportunidade. Um desses custos de oportunidade é o retorno que os proprietários da empresa poderiam obter se o capital fosse aplicado em outro empreendimento. Suponhamos, por exemplo, que a firma utilize os insumos mão de obra e capital e que seu equipamento de capital tenha sido adquirido. O lucro contábil será igual à sua receita, R, menos seu custo de mão de obra, wL, que é positivo. Entretanto, seu lucro econômico, π, é igual à sua receita, R, menos seu custo de mão de obra, wL, e menos seu custo de capital, rK:

$$\pi = R - wL - rK$$

Como explicamos no Capítulo 7, a medida correta do custo de capital vem a ser o custo de uso do capital, o qual é constituído pelo retorno anual que a empresa poderia obter se investisse seu dinheiro em outra aplicação em vez de adquirir capital, acrescido da depreciação anual desse capital.

LUCRO ECONÔMICO ZERO Quando uma empresa entra em um negócio, ela o faz na expectativa de obter um retorno sobre o investimento. Um **lucro econômico zero** significa que ela está obtendo um retorno *normal* — isto é, competitivo — sobre o investimento feito. Esse retorno normal, o qual faz parte do custo de uso do capital, é o custo de oportunidade da empresa por usar seu dinheiro para adquirir capital em vez de investi-lo em outra aplicação. Assim, *a empresa que está obtendo lucro econômico zero está tendo um resultado tão bom investindo em capital quanto teria se aplicasse seus recursos monetários de outra forma* — está tendo um retorno competitivo com esses recursos. Como essa empresa está, portanto, tendo um desempenho adequado, ela deve permanecer no negócio. (Uma firma que esteja obtendo um lucro *negativo*, porém, deve considerar a possibilidade de sair do negócio se não há expectativa de que seu quadro financeiro melhore.)

lucro econômico zero

Ocorre quando uma empresa obtém um retorno normal sobre os investimentos, ou seja, quando tem um resultado tão bom quanto teria se investisse os seus recursos em outra atividade.

Em mercados competitivos, como veremos mais adiante, o lucro econômico tende a se igualar a zero no longo prazo. Tal tendência não significa que as empresas do setor apresentem desempenho insatisfatório, mas, em vez disso, que o setor é competitivo.

ENTRADA E SAÍDA A Figura 8.13 mostra de que maneira um preço de US$ 40 pode induzir uma empresa a elevar seu nível de produção, possibilitando que ela obtenha um lucro positivo. Como o lucro é calculado após se excluírem os custos de oportunidade do investimento, o lucro positivo corresponde a um retorno excepcionalmente elevado sobre o investimento feito. Essa elevada taxa de retorno faz os investidores transferirem seus recursos de outras áreas e aplicarem nesse setor, *entrando*, portanto, no mercado. Inevitavelmente, o nível mais elevado de produção, associado à nova entrada, ocasiona um deslocamento da curva de oferta de mercado para a direita, de tal modo que a oferta de mercado aumenta e o preço do produto apresenta uma redução.[7] A Figura 8.14 ilustra tal fato. Na parte (b), a curva da oferta deslocou-se de S_1 para S_2, fazendo o preço sofrer uma redução de P_1 (US$ 40) para P_2 (US$ 30). Na parte (a), que se aplica a uma única empresa, a curva de custo médio no longo prazo é tangente à linha horizontal do preço no nível de produção q_2.

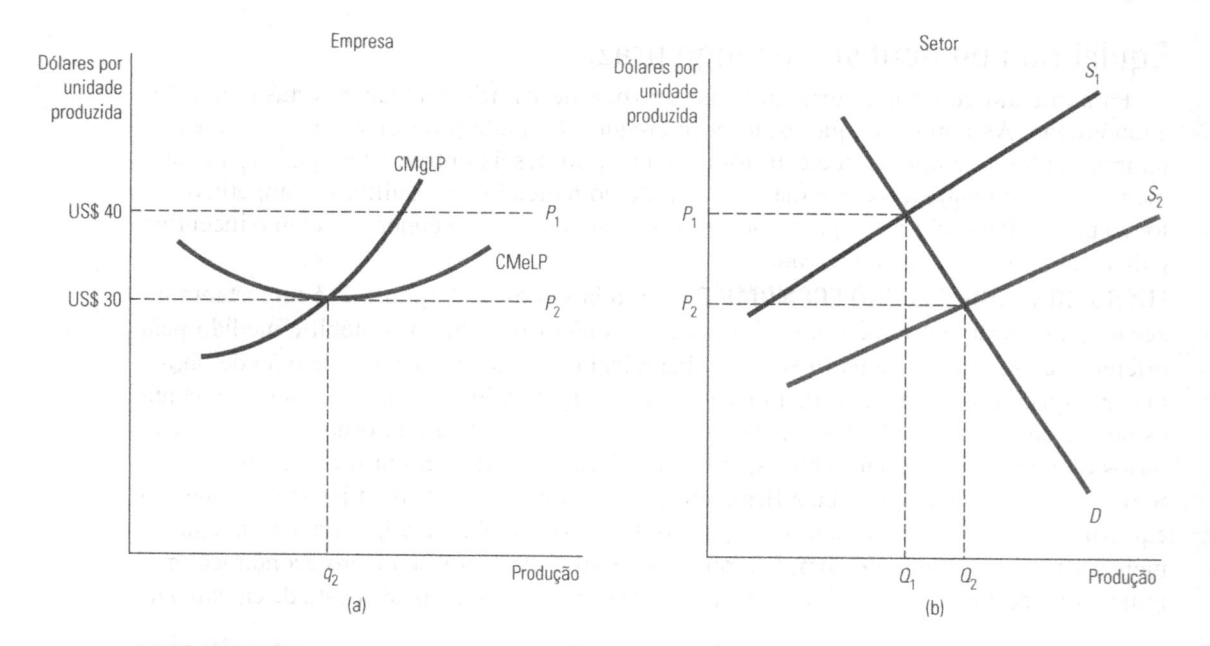

FIGURA 8.14 EQUILÍBRIO COMPETITIVO NO LONGO PRAZO

Inicialmente, o preço de equilíbrio no longo prazo de um produto é US$ 40 por unidade, conforme mostrado em (b) pela interseção da curva de demanda D com a curva da oferta S_1. Em (a), vemos que a empresa aufere um lucro positivo, pois seu custo médio no longo prazo atinge um mínimo de US$ 30 (para o nível de produção q_2). O lucro positivo estimula a entrada de novas empresas e causa um deslocamento da curva de oferta para S_2, como mostrado em (b). O equilíbrio no longo prazo ocorre com o preço de US$ 30, como mostrado em (a), em que cada empresa aufere lucro zero, não havendo incentivo para entrada ou saída de empresas no setor.

Uma sequência de fatos similares se aplica à saída. Suponha que o custo médio mínimo no longo prazo de cada empresa continue sendo US$ 30, mas que o preço de mercado caia para US$ 20. Lembre-se de nossa discussão anterior neste capítulo; se não houver expectativas de uma variação de preços, a empresa deixará o setor quando não conseguir cobrir todos os seus custos, isto é, quando o preço for menor que o custo médio variável. Mas a história não termina aqui. A saída de algumas empresas do mercado fará diminuir a produção, o que fará a curva de oferta se deslocar para a esquerda. A produção de mercado vai diminuir e o preço do produto subir até que o equilíbrio seja alcançado, em um preço de equilíbrio de US$ 30. Resumindo:

---

[7] Na próxima seção, discutiremos por que a curva de oferta no longo prazo pode ser ascendente.

Em um mercado com entrada e saída livres, uma empresa entra quando pode obter um lucro positivo no longo prazo e sai quando vislumbra uma perspectiva de prejuízo no longo prazo.

Quando a empresa aufere lucro econômico zero, ela não tem incentivo para abandonar o setor e, por conseguinte, outras empresas também não encontram estímulo especial para entrar nele. Um **equilíbrio competitivo no longo prazo** acontece sob três condições:

1. Todas as empresas do setor estão maximizando lucros.
2. Inexistem estímulos por parte de qualquer empresa para entrar ou sair do mercado, pois todas estão auferindo lucro econômico igual a zero.
3. O preço do produto é tal que a quantidade ofertada pelas empresas do setor se iguala ao volume demandado pelos consumidores.

> **equilíbrio competitivo no longo prazo**
>
> Todas as empresas do setor estão maximizando os lucros, nenhuma delas tem incentivo para entrar ou sair e o preço vigente torna iguais as quantidades ofertada e demandada.

O processo dinâmico que conduz ao equilíbrio no longo prazo pode parecer desconcertante. As empresas entram em um mercado pela oportunidade de obter lucro positivo e o abandonam por causa dos prejuízos; contudo, no equilíbrio no longo prazo, elas auferem lucro econômico zero. Por que as firmas entram ou saem, se já sabem de antemão que acabarão obtendo lucro zero? A resposta é que o lucro econômico zero representa um retorno competitivo para o investimento de capital financeiro da empresa. Com lucro econômico zero, a empresa não tem incentivo para mudar de atividade, pois isso não seria financeiramente mais vantajoso para ela. Se ela entra em um mercado cedo o suficiente para obter um lucro econômico, tanto melhor. De modo similar, se uma empresa sai de um mercado não lucrativo rapidamente, pode salvar o dinheiro de seus investidores. Portanto, o conceito de equilíbrio no longo prazo informa-nos que direção provavelmente será tomada pelas empresas. A possibilidade de um equilíbrio no longo prazo com lucro zero não deveria desestimular um administrador — essa situação deve ser vista como positiva, uma vez que reflete a oportunidade de obter um retorno competitivo.

EMPRESAS COM CUSTOS IDÊNTICOS Para entendermos por que devem vigorar todas as condições de equilíbrio no longo prazo, suponhamos que as empresas, em sua totalidade, tenham custos idênticos, e consideremos o que ocorreria se muitas entrassem no setor graças a uma oportunidade de obter lucros. Ou seja, a curva de oferta na Figura 8.14(b) será deslocada mais para a direita e o preço cairá para menos de US$ 30, digamos US$ 25. Com esse valor, contudo, as empresas sofrerão prejuízos. Em consequência, algumas deixarão o setor. As empresas continuarão a fazê-lo até que a curva de oferta de mercado se desloque de volta para S_2. Somente quando não houver estímulo para que empresas saiam ou entrem em um setor é que se poderá dizer que tal mercado apresenta equilíbrio no longo prazo.

EMPRESAS COM CUSTOS DIFERENTES Agora, suponhamos que todas as empresas de um setor tenham curvas de custo diferentes. Uma empresa talvez possua uma patente que lhe permita produzir a um custo médio inferior ao de todas as demais. Sendo assim, é coerente com o equilíbrio no longo prazo que tal empresa obtenha um lucro *contábil* maior, desfrutando de um excedente do produtor superior ao das demais empresas. Enquanto outros investidores e empresas não puderem adquirir a patente que reduz os custos, não terão estímulo para entrar no setor. De modo oposto, enquanto tal processo permanecer específico desse produto e desse setor, a empresa detentora não terá estímulo algum para abandonar o setor.

A distinção entre lucro contábil e lucro econômico é importante aqui. Se a patente for lucrativa, outras empresas do setor estarão dispostas a pagar por sua utilização (ou tentar adquirir a própria empresa, para assim obtê-la). Portanto, o valor a mais que essa patente proporciona passa a representar um custo de oportunidade para a empresa, pois ela poderia vender o direito de uso da patente, em vez de utilizá-la. Por outro lado, se todas as empresas forem igualmente eficientes, o lucro *econômico* tenderá a ser zero. No entanto, se a empresa detentora da patente for mais eficiente do que as outras, então obterá um lucro positivo. Se, contudo, for menos eficiente, deve vender a patente e sair do setor.

CUSTO DE OPORTUNIDADE DO TERRENO Há outros casos em que empresas que auferem lucro contábil positivo poderiam auferir lucro econômico zero. Suponhamos, por exemplo, que uma loja de roupas esteja localizada nas proximidades de um grande shopping center. O fluxo adicional de clientes poderá aumentar substancialmente o lucro contábil da loja, pois o custo de seu terreno baseia-se em seu valor histórico. Entretanto, em termos de lucro econômico, o custo do terreno deve refletir seu custo de oportunidade que, no caso, corresponde a seu atual valor de mercado. Quando o custo de oportunidade do terreno está incluído, a lucratividade dessa loja de roupas não é superior à de suas concorrentes.

Dessa forma, a condição de lucro econômico zero é essencial para que o mercado se encontre em equilíbrio no longo prazo. Lucro econômico positivo, por definição, representa uma oportunidade para os investidores e um estímulo para entrar em determinado setor. O lucro contábil positivo, entretanto, pode indicar que as empresas já atuantes no setor possuem ativos, tecnologia ou boas ideias de grande valor, o que não necessariamente estimulará a entrada de outras empresas nesse setor.

Renda econômica

Já vimos que algumas empresas podem auferir lucro contábil superior ao de outras, em virtude de terem acesso a fatores de produção cuja oferta é limitada, tais como terrenos e recursos naturais, técnicas empresariais ou certos talentos criativos. Nesses casos, o que torna o lucro econômico igual a zero no longo prazo é a disposição de outras empresas em adquirir os fatores de produção cuja oferta é limitada. Portanto, os lucros contábeis positivos traduzem-se na *renda econômica* que tais fatores escassos proporcionam. A **renda econômica** é definida como a diferença entre o valor que as empresas estão dispostas a pagar por um insumo e o menor valor necessário para adquiri-lo. Em mercados competitivos, tanto no curto como no longo prazo, a renda econômica é um valor frequentemente positivo, embora o lucro seja igual a zero.

> **renda econômica**
> Valor que as empresas estão dispostas a pagar por um insumo menos o valor mínimo necessário para obtê-lo.

Por exemplo, suponhamos que duas empresas de um setor sejam proprietárias de seus respectivos terrenos; assim, o mínimo custo para obtê-los é igual a zero. Uma delas está localizada às margens de um rio, podendo despachar seus produtos com uma economia de US$ 10.000/ano, em comparação com a outra, situada em local mais distante do rio. Então, o lucro de US$ 10.000 mais alto da primeira corresponderá a uma renda econômica associada à sua localização às margens do rio. Essa renda é criada pelo fato de que esse terreno tem maior valor, de tal modo que as outras empresas estão dispostas a pagar por ele. Inevitavelmente, a competição por tal fator de produção aumentará seu valor em US$ 10.000. A renda do terreno — ou seja, a diferença entre os US$ 10.000 e o custo zero de obtenção do terreno — também é de US$ 10.000. Observe que, quando a renda econômica aumenta, o lucro econômico da empresa situada às margens do rio se torna igual a zero. A renda econômica reflete o fato de que há um custo de oportunidade para possuir o terreno e, de modo geral, para possuir qualquer fator de produção cuja oferta seja restrita. Aqui, o custo de oportunidade de possuir o terreno é de US$ 10.000, que é identificado como a renda econômica.

A presença de renda econômica explica por que há certos mercados nos quais as empresas querem entrar, pelas oportunidades de lucro, mas não conseguem. Nesses mercados, a oferta de um ou mais insumos é fixa, uma ou mais empresas obtêm renda econômica e todas elas conseguem apenas um lucro econômico nulo. O lucro econômico igual a zero indica que a empresa deve permanecer no setor apenas enquanto for pelo menos tão eficiente quanto as demais. Ele também informa que outras empresas que venham a entrar no setor somente serão lucrativas se forem capazes de produzir com mais eficiência do que as que já estão no mercado.

Excedente do produtor no longo prazo

Suponhamos que uma empresa esteja obtendo um lucro contábil positivo, mas que não exista estímulo para que outras firmas entrem ou saiam do setor. Esse lucro deverá refletir a renda econômica. De que forma a renda econômica se relaciona com o excedente do produtor? Para começar, lembremo-nos de que, enquanto a renda econômica se refere a fatores de produção, o excedente do produtor refere-se ao produto. Notemos também que o excedente do produtor mede a diferença entre o preço de mercado recebido pelo produtor e o custo marginal da produção. Portanto, no longo prazo, em um mercado competitivo, *o excedente do produtor obtido por uma empresa por meio do produto que vende consiste na renda econômica que todos os seus insumos escassos lhe proporcionam.*[8]

Suponhamos, por exemplo, que uma equipe de beisebol detenha uma franquia que lhe permita atuar em determinada cidade. Suponhamos também que a única alternativa de localização para esse time seja uma cidade em que ele gerará receitas bem menores. Essa equipe, então, obterá uma renda econômica associada à sua atual localização; essa renda refletirá a diferença entre o que a empresa estaria disposta a pagar por sua localização atual e o montante necessário para se instalar na cidade alternativa. A empresa também vai obter um excedente do produtor associado à venda de ingressos e outros itens da franquia na sua atual localização. Esse excedente reflete todas as rendas econômicas, incluindo aquelas associadas aos outros insumos da empresa (como o estádio e os jogadores).

A Figura 8.15 mostra que as empresas que obtêm renda econômica alcançam o mesmo lucro econômico que as que não a obtêm. A parte (a) apresenta o lucro econômico de uma equipe de beisebol situada em uma cidade de tamanho médio. O preço médio do ingresso é de US$ 7 e os custos são tais que a equipe obtém lucro econômico zero. A parte (b) mostra o lucro de uma equipe que tem as mesmas curvas de custo, mas está localizada em uma cidade maior. Como mais pessoas querem ver os jogos, essa última pode vender ingressos a US$ 10 e, assim, obter um lucro contábil de US$ 2,80 acima de seu custo médio, que é de US$ 7,20 por ingresso. Entretanto, a renda associada à localização representa um custo para a empresa — um custo de oportunidade —, pois ela poderia vender sua franquia para outra equipe. Em consequência, o lucro econômico na cidade maior também é zero.

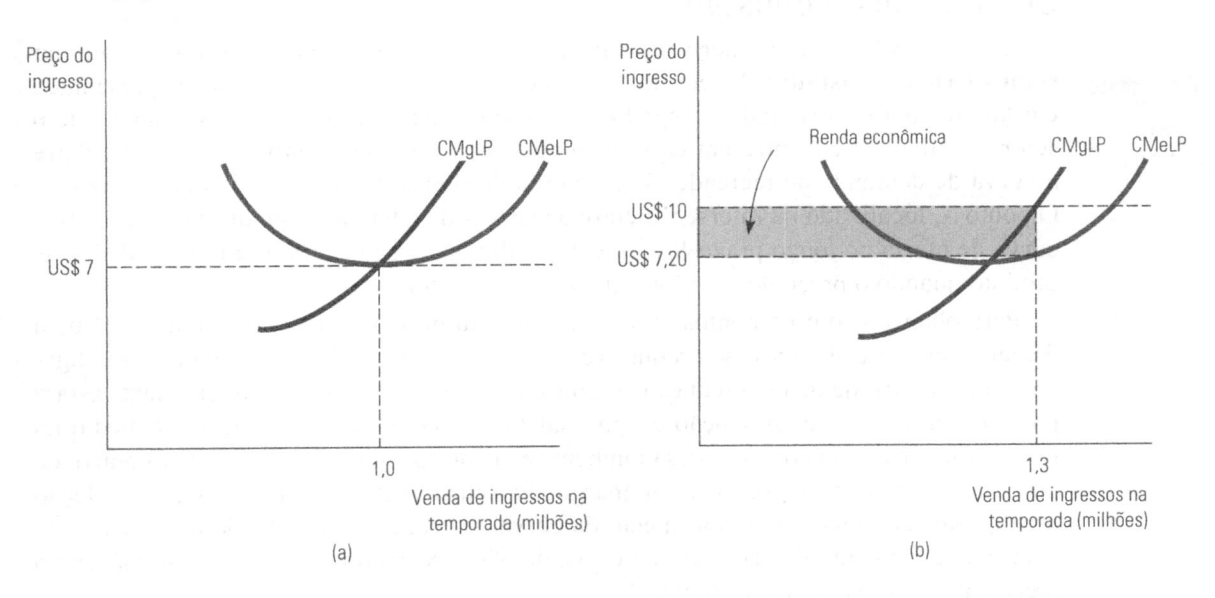

FIGURA 8.15 AS EMPRESAS AUFEREM LUCRO ZERO NO EQUILÍBRIO DE LONGO PRAZO

No equilíbrio de longo prazo, todas as empresas auferem lucro econômico igual a zero. Em (a), um time de beisebol, em uma cidade de tamanho médio, vende uma quantidade tal de ingressos que o preço (US$ 7) acaba sendo igual aos custos marginal e médio. Em (b), a demanda é maior, de modo que pode ser cobrado um preço de US$ 10. O time aumenta as vendas até o ponto no qual o custo médio de produção mais a renda econômica é igual ao preço do ingresso. Quando o custo de oportunidade associado à propriedade da equipe é levado em conta, o lucro econômico auferido pelo time é zero.

---

8 Em um mercado não competitivo, o excedente do produtor refletirá tanto o lucro econômico quanto a renda econômica.

8.8 Curva de oferta do setor no longo prazo

Na análise da oferta no curto prazo, primeiro derivamos a curva de oferta da empresa e, em seguida, mostramos de que maneira a soma horizontal das curvas individuais de oferta de cada empresa produz uma curva de oferta de mercado. Entretanto, não podemos analisar da mesma forma a oferta no longo prazo, pois no longo prazo empresas entram e saem do mercado à medida que o preço se modifica. Isso torna impossível somar as curvas de oferta — afinal, não sabemos quais somar a fim de obter a totalidade do mercado.

O formato da curva de oferta no longo prazo depende da medida em que as expansões e contrações da produção do setor influenciam a determinação dos preços que as empresas necessitam pagar por seus insumos no processo produtivo. Nos casos em que há economias de escala na produção ou economia de custos associada à compra de grandes volumes de insumos, o preço destes cai à medida que a produção cresce. Já no caso de deseconomias de escala, o preço dos insumos pode crescer junto com a produção. A terceira possibilidade é que os custos de insumo não mudem com a produção. Em qualquer um desses casos, para determinar a oferta no longo prazo, adotamos a premissa de que todas as empresas têm acesso à tecnologia de produção existente. O nível de produção aumenta em consequência da utilização de mais insumos, e não graças a invenções. Supomos também que as condições subjacentes ao mercado de insumos não sofrem variação à medida que o setor apresenta expansão ou contração. Por exemplo, um aumento na demanda por mão de obra não eleva a capacidade de reivindicação dos sindicatos por melhores contratos salariais para seus trabalhadores.

Em nossa análise da oferta no longo prazo, será útil distinguir entre três tipos de setor: *de custo constante*, *de custo crescente* e *de custo decrescente*.

Setor de custo constante

A Figura 8.16 mostra a derivação da curva de oferta no longo prazo no caso de um **setor de custo constante**. A decisão da empresa sobre o nível de produção é apresentada em (a) enquanto o resultado agregado para o setor encontra-se em (b). Supomos que o setor no início se encontre em equilíbrio no longo prazo no ponto de interseção entre a curva de demanda de mercado D_1 e a curva da oferta de mercado de curto prazo S_1. O ponto A, localizado na interseção entre as curvas de demanda e de oferta, está sobre a curva de oferta no longo prazo S_{LP}, o que nos diz que o setor produzirá Q_1 unidades de produto quando o preço de equilíbrio no longo prazo for P_1.

Para obtermos outros pontos da curva de oferta no longo prazo, suponhamos que a demanda de mercado por esse produto venha a apresentar um inesperado aumento, digamos que em virtude de uma redução de impostos. Uma empresa típica inicialmente estará produzindo no nível de produção q_1, no qual P_1 é igual aos custos marginal e médio no longo prazo. No entanto, a empresa também se encontra em equilíbrio no curto prazo, de tal forma que o preço é igual ao custo marginal no curto prazo. Suponhamos que a redução de impostos ocasione um deslocamento da curva de demanda de mercado de D_1 para D_2. A curva de demanda D_2 cruza com a curva de oferta S_1 no ponto C. Em consequência, o preço sofre uma elevação de P_1 para P_2.

A parte (a) da Figura 8.16 mostra de que maneira esse aumento de preço influencia uma típica empresa desse setor. Quando o preço sobe para P_2, a empresa segue sua curva de custo marginal e aumenta seu nível de produção para q_2. Essa escolha de nível de produção maximiza o lucro, pois satisfaz a condição de que o preço seja igual ao custo marginal no curto prazo. Se cada empresa reagir dessa maneira, cada uma delas obterá um lucro positivo no equilíbrio no curto prazo. Esse lucro atrairá investidores e fará com que as empresas já atuantes no setor expandam suas operações e que novas firmas entrem no mercado.

---

setor de custo constante
Setor em que a curva de oferta no longo prazo é horizontal.

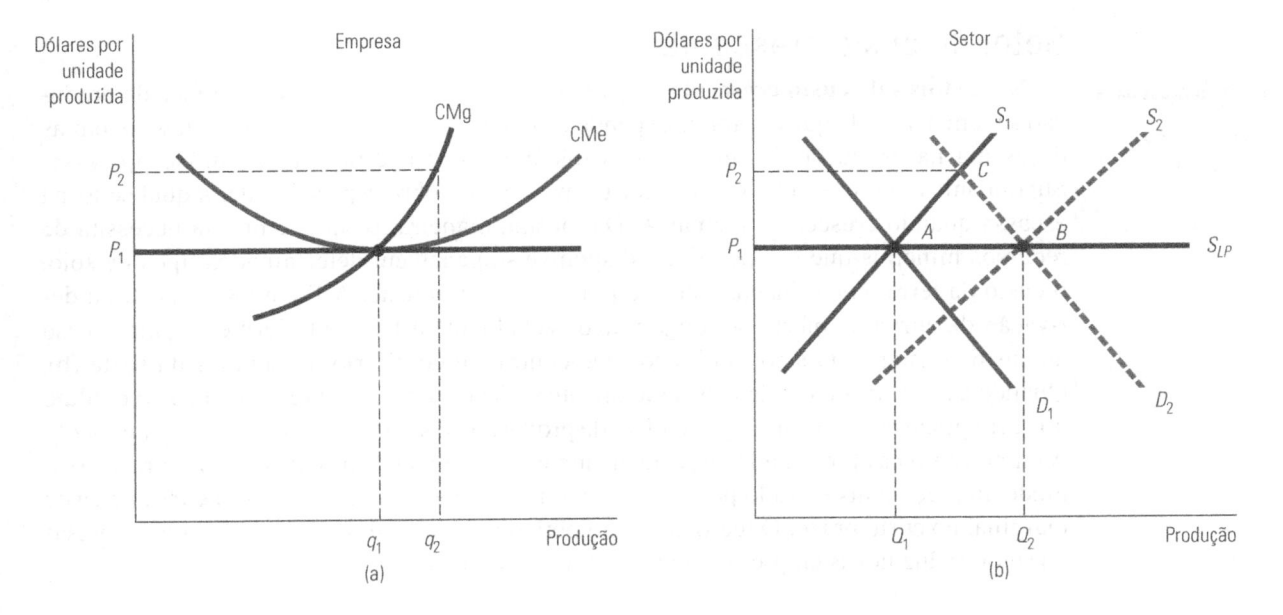

FIGURA 8.16 OFERTA NO LONGO PRAZO EM UM SETOR DE CUSTO CONSTANTE

Em (b), a curva de oferta no longo prazo em um setor de custo constante é a linha horizontal S_{LP}. Quando a demanda aumenta, isso inicialmente causa um aumento no preço (representado pelo movimento do ponto A para o ponto C), de tal modo que cada empresa no início aumenta sua produção de q_1 para q_2, como mostrado em (a). Mas a entrada de novas empresas causa um deslocamento para a direita na oferta do setor. Como os preços dos insumos não são afetados pelo aumento da produção no setor, novos interessados ingressam no mercado até que o preço original seja obtido (no ponto B em (b)).

Em consequência, na Figura 8.16(b), a curva de oferta no curto prazo é deslocada para a direita, de S_1 para S_2. Esse deslocamento faz o mercado se mover para um novo equilíbrio a ser alcançado no longo prazo, indicado pelo ponto de interseção entre D_2 e S_2. Para que esse ponto de interseção corresponda a um equilíbrio no longo prazo, o nível de produção necessita ser expandido o suficiente para que as empresas passem a auferir lucro zero e desapareça o estímulo para que empresas entrem ou saiam do setor.

Em um setor de custo constante, os insumos adicionais necessários para a obtenção de um nível mais elevado de produção podem ser adquiridos sem aumento no preço unitário. Isso pode ocorrer, por exemplo, se a mão de obra não especializada representar um importante insumo na produção e a remuneração de mercado para essa mão de obra não for influenciada pelo aumento na demanda de força de trabalho. Uma vez que os preços dos insumos permaneçam inalterados, as curvas de custo da empresa também permanecerão inalteradas; o novo equilíbrio deverá estar situado no ponto B, conforme apresenta a Figura 8.16(b), na qual o preço é igual a P_1, que é o preço original, anterior ao inesperado aumento de demanda ocorrido.

A curva de oferta no longo prazo para um setor de custo constante é, portanto, uma linha horizontal, referente ao preço que iguala o mínimo custo médio de produção no longo prazo. Para qualquer preço superior haverá lucro positivo, mais empresas entrarão no setor, elevando a oferta no curto prazo, e haverá, por conseguinte, maior pressão para que os preços sejam reduzidos. Lembre-se de que, em um setor de custo constante, os preços dos insumos não se alteram quando varia o nível de produção do mercado. Setores de custo constante podem ter curvas horizontais de custo médio no longo prazo.

Setor de custo crescente

setor de custo crescente
Setor em que a curva de oferta no longo prazo é ascendente.

Nos **setores de custo crescente**, os preços de alguns ou de todos os insumos de produção sobem à medida que o setor se expande e aumenta a demanda por estes. Deseconomias de escala na produção de um ou mais insumos podem estar na raiz desse processo. Suponhamos, por exemplo, que o setor utilize mão de obra especializada, a qual se torna escassa quando cresce sua demanda. Da mesma maneira, se uma empresa necessita de recursos minerais que se encontram disponíveis apenas em determinados tipos de solo, o custo da terra, como insumo, cresce junto com a produção. A Figura 8.17 mostra a derivação da curva de oferta no longo prazo, semelhante à feita anteriormente para o caso de custo constante. O setor no início se encontra em equilíbrio no ponto A da parte (b). Quando a curva de demanda inesperadamente se desloca de D_1 para D_2, o preço do produto no curto prazo eleva-se para P_2, e o nível de produção do setor sofre elevação de Q_1 para Q_2. A empresa típica apresentada na parte (a) aumenta seu nível de produção de q_1 para q_2, reagindo ao preço mais elevado por meio de um deslocamento ao longo de sua curva de custo marginal no curto prazo. O lucro mais alto obtido por ela, assim como por outras empresas do setor, induz novas empresas a entrarem nessa atividade.

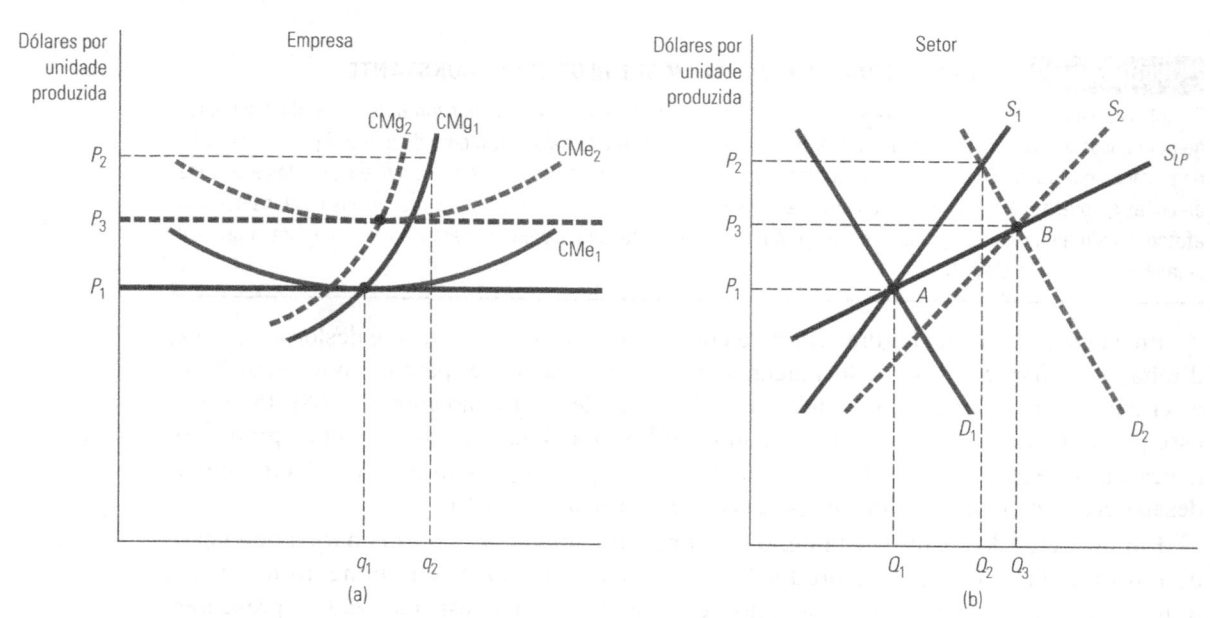

FIGURA 8.17   OFERTA NO LONGO PRAZO EM UM SETOR DE CUSTO CRESCENTE

Em (b), a curva de oferta no longo prazo em um setor de custo crescente é a linha ascendente S_{LP}. Quando a demanda aumenta, inicialmente causa um aumento no preço, de tal modo que as empresas aumentam sua produção de q_1 para q_2, como mostrado em (a). Nesse caso, a entrada de novas empresas causa um deslocamento para a direita na oferta do setor, de S_1 para S_2. Como os preços dos insumos aumentam, o novo equilíbrio no longo prazo ocorre a um preço maior que o equilíbrio inicial.

À medida que novas empresas entram no setor e o nível de produção se expande, a maior demanda por insumos faz o preço de alguns deles sofrer aumento. A curva de oferta de mercado no curto prazo desloca-se para a direita tal como ocorrera anteriormente, porém, não na mesma medida, de tal modo que o novo equilíbrio no ponto B resulta no preço P_3 que é superior ao preço inicial P_1. O preço de mercado mais elevado é necessário para poder assegurar que as empresas obtenham lucro zero no equilíbrio no longo prazo, já que os valores mais altos dos insumos provocam uma elevação das curvas de custo no curto e no longo prazos. A Figura 8.17(a) ilustra tal fato. A curva de custo médio no longo prazo desloca-se para cima, de CMe_1 para CMe_2, ao passo que a curva de custo marginal no curto prazo desloca-se para a esquerda, de CMg_1 para CMg_2. O novo preço de equilíbrio no longo prazo P_3 é igual ao novo custo médio mínimo no longo prazo. Da mesma maneira que no caso do custo constante, o lucro mais elevado no curto prazo, provocado pelo aumento inicial da demanda, desaparecerá no longo prazo, à medida que as empresas aumentarem seus níveis de produção e os custos dos insumos apresentarem elevação.

O novo equilíbrio no longo prazo, representado pelo ponto B na Figura 8.17(b), situa-se, portanto, sobre a curva de oferta no longo prazo do setor. *Em um setor com custo crescente, a curva de oferta no longo prazo é ascendente.* O setor exibe um nível mais elevado de produção, mas somente a preços mais altos, necessários para compensar o aumento nos custos dos insumos. O termo "custo crescente" refere-se ao deslocamento para cima ocorrido nas curvas de custo médio no longo prazo das empresas, e não à inclinação positiva da própria curva de custo.

Setor de custo decrescente

A curva de oferta do setor também pode ser descendente. Nesse caso, o inesperado aumento da demanda resulta em uma expansão da produção do setor, da mesma forma que o anteriormente ocorrido. No entanto, à medida que a empresa eleva seus níveis de produção, ela pode tirar proveito de sua dimensão para obter alguns de seus insumos a custos mais baixos. Por exemplo, uma empresa maior pode dispor de um sistema de transporte mais eficiente ou de uma administração financeira menos dispendiosa. Nesse caso, as curvas de custo médio no curto prazo apresentam deslocamento para baixo (mesmo que as empresas não desfrutem de economias de escala) e o preço de mercado do produto apresenta uma redução. O preço de mercado mais baixo e um menor custo médio de produção induzem a um novo equilíbrio no longo prazo com um maior número de empresas participando do setor, assim como a um nível de produção mais elevado do setor a preços mais baixos. Portanto, em um **setor de custo decrescente**, a curva da oferta no longo prazo é descendente.

setor de custo decrescente
Setor em que a curva de oferta no longo prazo tem inclinação descendente.

EXEMPLO 8.6 SETORES COM CUSTOS CONSTANTES, CRESCENTES E DECRESCENTES: CAFÉ, PETRÓLEO E AUTOMÓVEIS

Ao longo deste livro, você foi apresentado a setores com custos de longo prazo constantes, crescentes e decrescentes. Vamos dar uma nova olhada em alguns deles, começando com um que possui custos de longo prazo constantes. No Exemplo 2.7, vimos que a oferta de café é extremamente elástica no longo prazo (veja a Figura 2.18(c)). Isso porque a terra apropriada ao plantio é abundante, e os custos de plantio e manejo dos pés permanecem constantes enquanto o volume de café produzido cresce. Assim, o café é um setor de custos constantes.

Pense, agora, no caso de um setor com custo crescente. No Exemplo 2.9, explicamos que o setor petrolífero tem custos crescentes, além de uma curva de oferta ascendente no longo prazo (veja a Figura 2.23(b)). Por que os custos crescem? Porque a disponibilidade de bacias petrolíferas amplas e facilmente acessíveis é limitada. Assim, à medida que aumentam sua produção, as companhias de petróleo são obrigadas a prospectar em bacias cujos custos de exploração são cada vez maiores.

Por fim, vejamos um setor de custos decrescentes. Já discutimos a demanda por automóveis nos exemplos 3.1 e 3.3, mas como fica a oferta? No setor automobilístico, certas vantagens de custo surgem porque os insumos podem ser adquiridos por um preço muito mais baixo à medida que a produção aumenta. Na verdade, os principais fabricantes de automóveis — como General Motors, Toyota, Ford e Honda — compram baterias, motores, sistemas de freio e outros insumos essenciais de empresas especializadas em produzir esses insumos de maneira eficiente. Como resultado, o custo médio de produzir um automóvel cai à medida que o volume de produção sobe.

Efeitos de um imposto

No Capítulo 7, vimos que um imposto sobre os insumos de uma empresa (na forma de taxação sobre efluentes) cria um estímulo para que ela modifique a maneira de utilizá-los em seu processo produtivo. Agora consideraremos de que forma uma empresa reagirá a um imposto sobre seu processo de produção. Para simplificarmos a análise, suponhamos que ela empregue uma tecnologia de proporções fixas. Se a empresa for poluidora, o imposto poderá servir para reduzir os efluentes que ela lança no ambiente, mas também pode ter sido criado apenas para elevar a arrecadação.

Primeiro, suponhamos que o imposto sobre a produção esteja vigorando apenas para essa empresa e que, portanto, não influencia o preço de mercado do produto. Veremos que esse tipo de imposto estimula a empresa a reduzir seu nível de produção. A Figura 8.18 mostra as curvas de custo no curto prazo relevantes para uma empresa que desfruta de lucro econômico positivo, por meio da produção de q_1 unidades e da venda de seu produto ao preço de mercado P_1. Como o imposto atinge cada unidade produzida, ele eleva a curva de custo marginal da empresa de CMg_1 para $CMg_2 = CMg_1 + t$, onde t é o imposto arrecadado por unidade produzida pela empresa. O imposto também eleva a curva de custo variável médio no montante t.

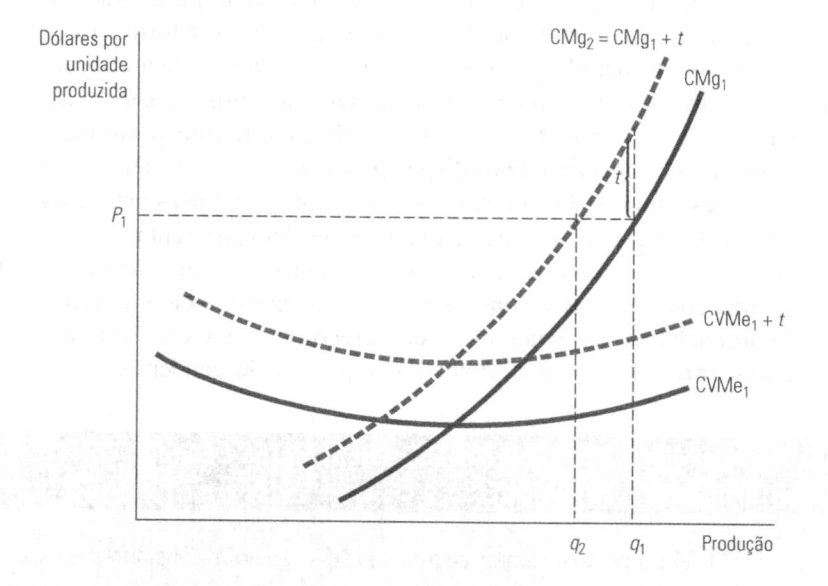

FIGURA 8.18 EFEITO QUE UM IMPOSTO SOBRE A PRODUÇÃO PROVOCA NO NÍVEL DE PRODUÇÃO DE UMA EMPRESA COMPETITIVA

Um imposto sobre a produção aumenta a curva de custo marginal da empresa no montante do imposto. A empresa reduzirá seu nível de produção até o ponto em que o custo marginal mais o imposto sejam iguais ao preço do produto.

O imposto sobre a produção pode ter dois efeitos possíveis. Se a empresa puder obter ainda um lucro econômico positivo ou nulo após a imposição da taxação, ela irá maximizar o lucro ao escolher um nível de produção no qual o custo marginal mais o imposto tornam-se iguais ao preço de mercado do produto. O nível de produção da empresa cairá de q_1 para q_2, e o efeito *implícito* do imposto será o deslocamento para cima da curva de oferta da empresa no curto prazo (na medida do valor do imposto). Se, porém, a empresa não puder obter um lucro econômico após a taxação, ela deverá optar por sair do mercado.

Agora, suponhamos que todas as empresas do setor estejam sujeitas ao imposto, tendo, assim, seus custos marginais elevados. Como cada empresa reduz seu nível de produção ao atual preço de mercado, o volume total ofertado pelo setor também apresentará redução, fazendo o preço do produto sofrer uma elevação. A Figura 8.19 ilustra tal fato, mostrando que um deslocamento para cima na curva de oferta, de S_1 para $S_2 = S_1 + t$, provoca um aumento no preço de mercado (ainda que inferior ao montante do imposto), de P_1 para P_2. Esse aumento de preço reduz alguns dos efeitos apresentados antes. As empresas diminuirão seus níveis de produção menos do que o fariam caso não houvesse essa elevação de preços.

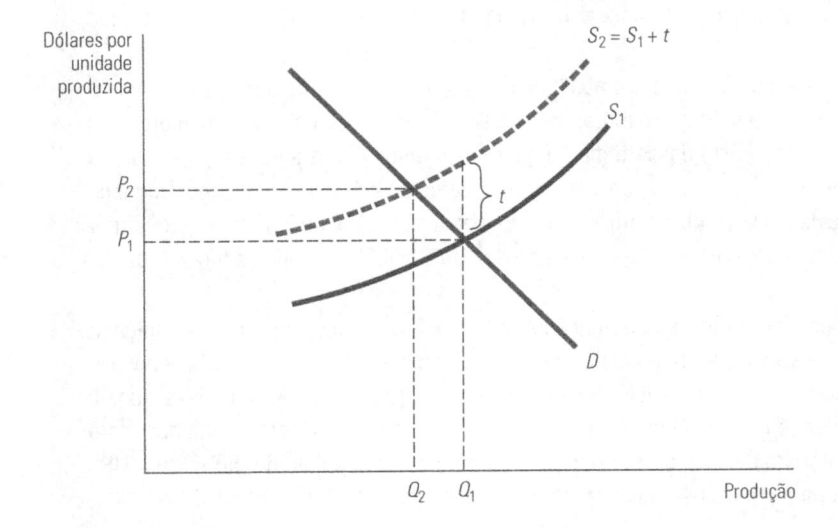

FIGURA 8.19 **EFEITO QUE UM IMPOSTO SOBRE A PRODUÇÃO PROVOCA NO NÍVEL DE PRODUÇÃO DE UM SETOR**

Um imposto sobre a produção que atinge todas as empresas de um mercado competitivo desloca a curva de oferta do setor para cima no montante do imposto. Isso aumenta o preço de mercado do produto e diminui a produção total desse setor.

Por fim, a taxação da produção pode encorajar algumas empresas (aquelas cujos custos são um pouco superiores aos das outras) a sair do setor. Nesse processo, a taxação eleva a curva de custo médio no longo prazo para cada uma das empresas desse ramo.

Elasticidade da oferta no longo prazo

A elasticidade da oferta de um setor no longo prazo é definida da mesma forma que a elasticidade no curto prazo. Ela é a variação percentual do produto ($\Delta Q/Q$) que resulta de uma variação percentual no preço ($\Delta P/P$). Em um setor de custo constante, a curva de oferta no longo prazo é horizontal e a elasticidade no longo prazo é infinitamente grande. (Um pequeno aumento de preço será capaz de induzir um aumento enorme no nível de produção.) Entretanto, em um setor de custo crescente, a elasticidade de oferta no longo prazo é positiva, mas finita. Como as empresas podem se ajustar e se expandir no longo prazo, é de se esperar que as elasticidades no longo prazo sejam maiores do que aquelas no curto prazo.[9] A magnitude da elasticidade dependerá dos aumentos nos custos dos insumos conforme o mercado se expandir. Por exemplo, um setor que dependa de insumos que se encontram amplamente disponíveis provavelmente apresentará uma elevada elasticidade no longo prazo. Já um setor que dependa de insumos mais escassos poderá apresentar uma elasticidade no longo prazo muito mais baixa.

---

9 Em alguns casos, o oposto é verdadeiro. Consideremos a elasticidade da oferta de sucata de um bem durável, como o cobre. Conforme dissemos no Capítulo 2, uma vez que já existe uma provisão de sucata, a elasticidade da oferta no longo prazo será *menor* do que a elasticidade no curto prazo.

EXEMPLO 8.7 A OFERTA DE TÁXIS EM NOVA YORK

O preço de uma corrida de táxi depende, é claro, da distância percorrida. A maioria das cidades regula as tarifas que um taxista pode cobrar e, normalmente, o preço de uma corrida começa com um valor fixo para entrar no táxi e depois um valor por quilômetro percorrido. Em 2011, havia 13.150 táxis em operação na cidade de Nova York. Pode-se esperar que, se as tarifas baixassem, menos motoristas desejariam operar táxis e a quantidade ofertada cairia. De modo semelhante, deve-se esperar que, se as tarifas subirem, mais motoristas desejarão operar táxis e a quantidade aumentaria. Vejamos se isso está correto.

Dirigir um táxi não é um trabalho fácil. A maioria dos motoristas trabalha em um turno de 12 horas por seis dias na semana. Que renda anual um motorista espera obter? Supondo que o motorista trabalha 50 semanas por ano, o número total de horas será 12 × 6 × 50 = 3.600 horas por ano. Mas parte desse tempo é gasto esperando passageiros, seja parado ou dirigindo; em apenas cerca de 2/3 do tempo haverá um passageiro pagante, ou seja, cerca de 2.400 horas por ano. Dirigindo na média a 16 km/h (lembre-se de que é a cidade de Nova York), o motorista dirigirá cerca de 38.400 quilômetros "pagos" por ano. Com base em corridas médias de 8 km, o motorista, portanto, fará cerca de 38.400/8 = 4.800 corridas e terá um ganho bruto de US$ 15 × 4.800 = US$ 72.000 por ano.

Desse valor, o motorista precisa pagar combustível, seguro e manutenção e depreciação do veículo, que podem chegar a US$ 10.000 por ano. Mas esse não é o único custo. Como na maioria das cidades norte-americanas, dirigir um táxi em Nova York exige uma *licença*. As licenças, que foram emitidas pelo município, pertencem às empresas de táxi. As empresas alugam as licenças aos motoristas a um valor que também é regulado pela cidade: US$ 110 por turno de 12 horas. Dirigindo em 6 turnos por semana e 50 semanas por ano, o motorista de táxi, portanto, deverá pagar um adicional de 6 × 50 × 110 = US$ 33.000 por ano para alugar a licença. Isso deixa para o motorista uma renda líquida de apenas US$ 72.000 − US$ 10.000 − US$ 33.000 = US$ 29.000 por ano.

Suponha que a cidade de Nova York reduzisse a tarifa, de modo que uma corrida de 8 km rendesse ao motorista US$ 10 em vez de US$ 15. Então, a receita anual bruta do motorista cairia de US$ 72.000 para US$ 48.000. Depois de cobrir os custos de aluguel da licença e o pagamento do combustível etc., ele ficaria com apenas US$ 5.000 de rendimento anual líquido. Nessas circunstâncias, quase ninguém desejaria dirigir um táxi. E agora suponha que a cidade, em vez disso, aumentasse as tarifas de modo que uma corrida de 8 km rendesse US$ 20 em vez de US$ 15. Agora, o rendimento bruto anual do motorista será US$ 96.000, e sua renda líquida (depois de descontadas as despesas) seria US$ 53.000. Nada mau para um trabalho que não exige alto nível de educação e nenhuma habilidade especial, de modo que muito mais pessoas desejariam dirigir táxis. Assim, poderíamos esperar que a curva de oferta para táxis seja bastante elástica — pequenas reduções no preço (a tarifa recebida em uma corrida média de oito quilômetros) causarão uma redução brusca na quantidade, e pequenos aumentos no preço causarão um aumento brusco na quantidade (o número de taxistas operando). Isso é ilustrado pela curva de oferta rotulada com *S* na Figura 8.20.

Contudo, algo mais está faltando. Embora reduzir as tarifas cause de fato uma redução na quantidade ofertada, aumentar o preço *não* causará um aumento nessa quantidade. Por que não? Porque o número de licença é fixado em 13.150, mais ou menos o mesmo número que havia em 1937. Recusando-se a emitir mais licenças, a cidade de Nova York efetivamente limita a oferta de táxis para que não seja maior que 13.150. Assim, a curva de oferta torna-se vertical na quantidade de 13.150 (e é rotulada com *S'* na figura).

Muitas cidades exigem que os táxis tenham licenças e restringem o número delas. Você descobrirá por que no Capítulo 9, depois de ler o Exemplo 9.5.

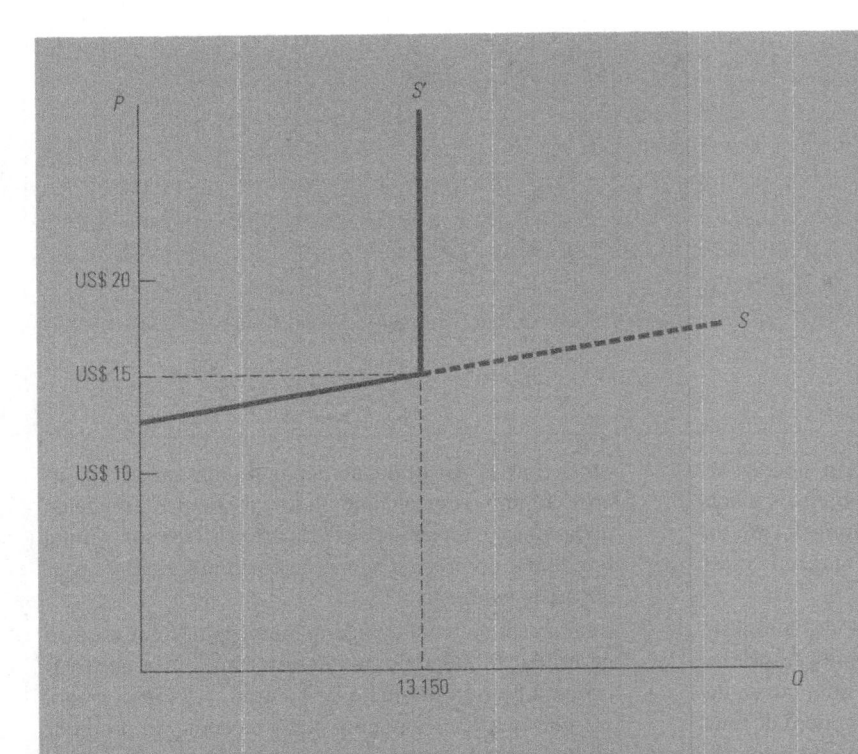

FIGURA 8.20   A CURVA DE OFERTA PARA NOVOS TÁXIS EM NOVA YORK

Se não houvesse restrição para o número de licenças, a curva de oferta seria altamente elástica. Os motoristas de táxi trabalham muito e não ganham muito, de modo que uma queda no preço P (de uma corrida de 8 km) levaria muitos deles a procurar outro trabalho. Da mesma forma, um aumento no preço levaria muitos novos motoristas a entrarem no mercado. Mas o número de licenças — e, portanto, o número de taxistas — é limitado a 13.150, de modo que a curva de oferta torna-se vertical nessa quantidade.

EXEMPLO 8.8   A OFERTA HABITACIONAL NO LONGO PRAZO

Os imóveis residenciais, sejam próprios ou alugados, oferecem um exemplo interessante da amplitude das possíveis elasticidades de oferta. As pessoas adquirem ou alugam casas para obter os serviços que ela proporciona — um local para comer, para dormir, para ter conforto etc. Se o preço da moradia sofrer uma elevação em determinada região do país, a quantidade de residências aí oferecidas poderá apresentar uma substancial elevação.

De início, consideremos a oferta de imóveis próprios em áreas afastadas dos centros urbanos ou em áreas rurais onde não haja escassez de terrenos. Nesse caso, o preço do terreno não aumenta substancialmente à medida que aumenta a quantidade de moradias ofertadas. Da mesma forma, é provável que os custos associados à construção não apresentem elevação em decorrência de existir um mercado em escala nacional para madeira e outros materiais. Portanto, a elasticidade no longo prazo da oferta de moradias será provavelmente muito grande, aproximando-se daquela de um setor de custo constante. De fato, vários estudos revelaram que a curva de oferta habitacional no longo prazo é quase horizontal.[10]

Entretanto, o mercado para a locação de imóveis é diferente (pelo menos nos Estados Unidos). A construção de imóveis para locação é frequentemente limitada por uma legislação municipal de zoneamento. Muitas comunidades consideram essa construção totalmente ilegal, ao passo que outras a limitam a determinadas áreas. Como os terrenos urbanos em que está localizada a maior parte dos imóveis residenciais para locação são restritos e de alto valor, a elasticidade de sua oferta no

---

10 Uma leitura relevante é o artigo de Dixie M. Blackley, "The Long-Run Elasticity of New Housing Supply in the United States: Empirical Evidence for 1950 to 1994", *Journal of Real Estate Finance and Economics* 18, 1999, p. 25-42.

longo prazo é muito menor do que a elasticidade da oferta de imóveis para venda. À medida que os preços dos imóveis para locação aumentam, são construídas novas unidades com essa finalidade e reformadas as antigas, de tal modo que assim cresce a quantidade ofertada. Com os terrenos urbanos se tornando cada vez mais valorizados à medida que aumenta a densidade habitacional, e com os custos de construção tendo forte elevação em virtude da altura crescente dos novos edifícios, uma demanda maior resulta em um aumento de valor dos investimentos necessários para a construção de moradias para locação. Nesse caso, como o custo é crescente, a elasticidade da oferta pode ser muito menor do que 1; em um estudo, os pesquisadores encontraram uma elasticidade de oferta de 0,36.[11]

RESUMO

1. Os administradores de empresas podem operar de acordo com um complexo conjunto de objetivos e sob diversas restrições. Porém, podemos admitir que as empresas atuam como se estivessem maximizando seus lucros no longo prazo.

2. Muitos mercados podem se aproximar da competição perfeita, situação em que uma ou mais empresas agem como se estivessem enfrentando uma curva de demanda quase horizontal. Em geral, o número de empresas em um setor nem sempre é um bom indicador de seu grau de competitividade.

3. Como uma empresa que opera em um mercado competitivo detém apenas uma reduzida parcela do total da produção do setor, ela pode decidir qual será seu nível de produção, supondo que sua decisão de produção não afetará o preço do produto. Nesse caso, a curva de demanda e a curva de receita marginal são idênticas.

4. No curto prazo, uma empresa competitiva maximiza seu lucro selecionando um nível de produção para o qual o preço seja igual ao custo marginal (no curto prazo), desde que o preço seja maior ou igual ao custo variável médio mínimo da produção.

5. A curva de oferta de mercado no curto prazo é a soma horizontal das curvas de cada empresa de determinado setor. Ela pode ser caracterizada por sua elasticidade de oferta, isto é, a variação percentual da quantidade ofertada decorrente de uma variação percentual no preço.

6. O excedente do produtor de uma empresa é a diferença entre sua receita e o custo mínimo necessário para obter o nível de produção capaz de maximizar os lucros. Tanto no curto como no longo prazo, o excedente do produtor é representado pela área situada sob a linha horizontal do preço e acima do custo marginal da produção da empresa.

7. Renda econômica é o pagamento por um fator escasso de produção menos o menor valor que seria necessário para obtê-lo por meio de locação. No longo prazo, em um mercado competitivo, o excedente do produtor é igual à renda econômica gerada por todos os fatores escassos de produção.

8. No longo prazo, as empresas que maximizam o lucro optam pelo nível de produção para o qual o preço se iguala a seu custo marginal no longo prazo.

9. O equilíbrio competitivo no longo prazo ocorre quando: (a) as empresas maximizam seus lucros; (b) todas as empresas auferem lucro econômico zero, de tal forma que não haja estímulo para entrar ou sair do setor; e (c) a quantidade demandada do produto se iguala à quantidade ofertada.

10. A curva de oferta no longo prazo de uma empresa é horizontal quando o setor é de custo constante; nesse caso, a maior demanda dos insumos de produção (associada à maior demanda do produto) não influencia seus preços. No entanto, a curva de oferta no longo prazo para uma empresa será ascendente em um setor de custo crescente, em que uma maior demanda dos insumos de produção resulta no aumento de preços de alguns ou de todos os insumos.

QUESTÕES PARA REVISÃO

1. Por que uma empresa incorrendo em prejuízos optaria por continuar a produzir, em vez de encerrar suas atividades?

2. Explique por que a curva de oferta de um setor é diferente da curva de custo marginal de longo prazo desse mesmo setor.

3. No equilíbrio de longo prazo, todas as empresas de um setor auferem lucro econômico zero. Por que tal afirmativa é verdadeira?

4. Qual a diferença entre lucro econômico e excedente do produtor?

---

11 John M. Quigley e Stephen S. Raphael, "Regulation and the High Cost of Housing in California", *American Economic Review*, v. 95(2), 2005, p. 323-328.

5. Por que as empresas entram em determinado setor quando sabem que no longo prazo seu lucro econômico será zero?

6. No início do século XX, havia muitos pequenos fabricantes de automóveis nos Estados Unidos. No fim, existiam apenas três grandes empresas automobilísticas. Suponha que essa situação não tenha sido resultado da falta de regulamentação contra os monopólios por parte do governo federal. Como você explica a redução no número de fabricantes de automóveis? (*Dica:* qual é a estrutura de custos inerente à indústria automobilística?)

7. O setor X caracteriza-se por uma competição perfeita, de tal forma que cada empresa aufere lucro econômico nulo. Se o preço de mercado caísse, nenhuma empresa poderia sobreviver. Você concorda com essa afirmação? Discuta.

8. O crescimento da demanda de filmes em vídeo também aumenta substancialmente os salários dos atores e atrizes. A curva de oferta no longo prazo para filmes seria horizontal ou ascendente? Explique.

9. Verdadeiro ou falso: uma empresa deveria sempre operar no nível de produção em que o custo médio no longo prazo fosse minimizado. Explique.

10. Será que pode haver rendimentos constantes de escala em um setor com curva de oferta ascendente? Explique.

11. Quais os pressupostos necessários para que um mercado seja considerado perfeitamente competitivo? Com base em tudo o que você aprendeu neste capítulo, por que cada um de tais pressupostos se faz necessário?

12. Suponha que uma empresa competitiva se defronte com um aumento na demanda (isto é, a curva de demanda desloca-se para cima). Por meio de quais passos um mercado competitivo assegura um aumento no nível de produção? Será que sua resposta mudaria caso o governo impusesse um limite de preço?

13. O governo aprova uma lei autorizando um substancial subsídio para cada acre de terra utilizado no plantio de tabaco. De que maneira esse subsídio federal influenciaria a curva de oferta do tabaco no longo prazo?

14. Certa marca de aspirador de pó pode ser comprada em inúmeras lojas, bem como por diversos catálogos e em vários sites na Internet.
    a. Se todas as lojas cobrarem o mesmo preço, no longo prazo todas terão um lucro econômico nulo?
    b. Se todas as lojas cobram o mesmo preço e uma delas opera em sede própria, sem pagar aluguel, essa loja está obtendo um lucro econômico positivo?
    c. A loja que não paga aluguel tem uma motivação para abaixar o preço do aspirador?

EXERCÍCIOS

1. Na tabela a seguir, vemos o preço (em dólares) pelo qual uma empresa pode vender uma unidade de sua produção, bem como o custo total dessa produção.
    a. Preencha as lacunas na tabela.
    b. Mostre o que acontecerá com a escolha do nível de produção e o lucro da empresa caso o preço do produto caia de US$ 60 para US$ 50.

q	P	R P=60	C	π P=60	CMg P=60	RMg P=60	R P=50	RMg P=50	π P=50
0	60		100						
1	60		150						
2	60		178						
3	60		198						
4	60		212						
5	60		230						
6	60		250						
7	60		272						
8	60		310						
9	60		355						
10	60		410						
11	60		475						

2. Com base nos dados da tabela, mostre o que ocorreria com a escolha do nível de produção da empresa e com seu lucro caso o custo fixo de produção subisse de US$ 100 para US$ 150 e depois para US$ 200. Suponha que o preço do produto continue a ser US$ 60 por unidade. Que conclusão geral você pode tirar sobre os efeitos dos custos fixos na escolha do nível de produção da empresa?

3. Utilize as mesmas informações do Exercício 1 para responder ao seguinte:
    a. Determine a curva de oferta no curto prazo da empresa. (*Dica:* você pode desenhar as curvas de custo apropriadas.)
    b. Se 100 empresas idênticas estiverem atuando no mercado, qual será a curva de oferta do setor?

4. Suponha que você seja administrador de um fabricante de relógios de pulso que opera em um mercado competitivo. Seu custo de produção é expresso pela equação: $C = 200 + 2q^2$, sendo q o nível de produção e C o custo total. (O custo marginal de produção é $4q$; o custo fixo é US$ 200.)
    a. Se o preço dos relógios for US$ 100, quantos relógios você deverá produzir para maximizar o lucro?
    b. Qual será o nível de lucro?

c. Qual será o preço mínimo no qual a empresa apresentará uma produção positiva?

5. Suponha que o custo marginal de uma empresa competitiva para obter um nível de produção q seja expresso pela equação CMg(q) = 3 + 2q. Suponha que o preço de mercado do produto da empresa seja US$ 9.
   a. Qual será o nível de produção escolhido pela empresa?
   b. Qual é o excedente do produtor dessa empresa?
   c. Suponha que o custo variável médio da empresa seja expresso pela equação CVMe(q) = 3 + q. Suponha que o custo fixo da empresa seja US$ 3. Será que, no curto prazo, ela estará auferindo lucro positivo, negativo ou zero?

6. Uma empresa atua em um setor competitivo e tem uma função de custo total $C = 50 + 4q + 2q^2$ e uma função de custo marginal CMg = 4 + 4q. Ao preço de mercado dado, de US$ 20, a empresa está produzindo 5 unidades. Ela está maximizando seu lucro? Que volume de produção ela deveria ter no longo prazo?

7. Suponha que a função de custo da mesma empresa seja $C(q) = 4q^2 + 16$.
   a. Calcule o custo variável, o custo fixo, o custo médio, o custo variável médio e o custo fixo médio. (*Dica*: o custo marginal é dado por CMg = 8q.)
   b. Mostre as curvas de custo médio, de custo marginal e de custo variável médio em um gráfico.
   c. Calcule a produção que minimiza o custo médio.
   d. Em que intervalo de preços a empresa terá uma produção positiva?
   e. Em que intervalo de preços a empresa terá um lucro negativo?
   f. Em que intervalo de preços a empresa terá um lucro positivo?

*8. Uma empresa competitiva tem a seguinte função de custo no curto prazo: $C(q) = q^3 - 8q^2 + 30q + 5$.
   a. Calcule o CMg, o CMe e o CVMe; em seguida, represente-os em um gráfico.
   b. Em que intervalo de preços a produção será zero?
   c. Identifique, em seu gráfico, a curva de oferta da empresa.
   d. A que preço a empresa fornecerá exatamente 6 unidades de produção?

*9. a. Suponha que a função de produção de uma empresa seja $q = 9x^{1/2}$ no curto prazo, sendo US$ 1.000 o valor dos custos fixos e x o insumo variável, o qual custa US$ 4.000 por unidade. Qual é o custo total de produzir no nível q? Em outras palavras, identifique a função de custo total $C(q)$.
   b. Escreva a equação para a curva de oferta.
   c. Se o preço é US$ 1.000, quantas unidades a empresa produzirá? Qual é o nível de lucro? Ilustre sua resposta em um gráfico de curva de custos.

*10. Suponha que você recebeu as seguintes informações sobre determinado setor:

   $Q^D = 6.500 - 100P$ — Demanda de mercado
   $Q^S = 1.200P$ — Oferta de mercado
   $C(q) = 722 + \dfrac{q^2}{200}$ — Função de custo total de cada empresa
   $CMg(q) = \dfrac{2q}{200}$ — Função de custo marginal de cada empresa

   Suponha também que todas as empresas sejam idênticas e que o mercado se caracterize pela competição pura.
   a. Calcule o preço de equilíbrio, a quantidade de equilíbrio, a produção de cada empresa e o lucro de cada uma.
   b. No longo prazo, devemos esperar ver entradas ou saídas nesse setor? Explique. Que efeito as entradas ou saídas terão no equilíbrio de mercado?
   c. Qual é o preço mais baixo pelo qual as empresas venderiam sua produção no longo prazo? A esse preço, o lucro é positivo, negativo ou nulo? Explique.
   d. Qual é o preço mais baixo pelo qual as empresas venderiam sua produção no curto prazo? A esse preço, o lucro é positivo, negativo ou nulo? Explique.

*11. Suponha que uma empresa competitiva tenha uma função de custo total $C(q) = 450 + 15q + 2q^2$ e uma função de custo marginal CMg(q) = 15 + 4q. Se o preço de mercado é P = US$ 115 por unidade, calcule o nível de produção da empresa. Calcule também o nível de lucro e o nível de excedente do produtor.

*12. Muitas lojas oferecem serviços de revelação de filmes. Suponha que cada uma tenha uma função de custo $C(q) = 50 + 0,5q + 0,08q^2$ e um custo marginal CMg = 0,5 + 0,16q.
   a. Se o custo para revelar um lote de filme é US$ 8,50, o setor está no equilíbrio de longo prazo? Em caso negativo, calcule o preço associado ao equilíbrio de longo prazo.
   b. Suponha agora que se desenvolva uma nova tecnologia capaz de reduzir o custo da revelação em 25%. Partindo do pressuposto de que o setor está no equilíbrio de longo prazo, quanto cada loja estaria disposta a pagar para adquirir essa nova tecnologia?

*13. Pense em uma cidade com várias barracas de cachorro-quente no centro. Suponha que cada vendedor tenha um custo marginal de US$ 1,50 por cachorro-quente vendido e nenhum custo fixo. Considere que o número máximo de cachorros-quentes que cada vendedor pode fazer por dia seja 100.

a. Sendo US$ 2 o preço do cachorro-quente, quantos lanches cada vendedor gostaria de vender?

b. Se o setor for perfeitamente competitivo, o preço permanecerá em US$ 2? Em caso negativo, para quanto irá?

c. Se cada vendedor vende exatamente 100 cachorros-quentes por dia e a demanda é $Q = 4.400 - 1.200P$, quantos vendedores existem?

d. Suponha que a prefeitura decida regulamentar a venda de cachorros-quentes e passe a emitir licenças. Se apenas 20 licenças forem concedidas e cada vendedor continuar a vender 100 cachorros-quentes por dia, a que preço cada lanche será vendido?

e. Suponha que a prefeitura decida vender as licenças. Qual o preço máximo que um vendedor pagaria por uma licença?

*14. Uma empresa deve pagar um imposto sobre vendas no valor de US$ 1 por unidade produzida. O produto é vendido por US$ 5 em um setor competitivo com muitos participantes.

a. De que forma tal imposto influenciará as curvas de custo da empresa?

b. O que ocorrerá com o preço da empresa, com seu nível de produção e com seu lucro?

c. Haverá entrada ou saída no setor?

*15. Um imposto de 10% sobre vendas passa a incidir sobre metade das empresas (as que poluem o meio ambiente) em um setor competitivo. A receita do imposto arrecadado é paga a cada uma das demais empresas do setor (as que não poluem o meio ambiente) por meio de um subsídio correspondente a 10% do valor de sua produção vendida.

a. Supondo que todas as firmas tenham custos médios constantes idênticos no longo prazo antes da política de subsídio fiscal, o que você espera que ocorra (no curto e no longo prazos) com o preço do produto, com o nível de produção das empresas e com o nível de produção do setor? (*Dica:* de que forma o preço se relaciona com o insumo do setor?)

b. Será que tal política pode *sempre* ser praticada com um orçamento equilibrado, no qual a receita fiscal se iguala ao valor pago na forma de subsídios? Por quê? Explique.

CAPÍTULO 9

Análise de mercados competitivos

No Capítulo 2, vimos de que maneira as curvas de oferta e de demanda podem nos ajudar a descrever e compreender o comportamento de mercados competitivos. Dos capítulos 3 a 8, vimos como essas curvas são obtidas e quais fatores determinam seu formato. Com base nesses fundamentos, retornamos à análise da oferta e da demanda para mostrar como ela pode ser aplicada a uma grande variedade de problemas econômicos, que podem envolver um consumidor que enfrenta uma decisão de compra, uma empresa que se depara com um problema de planejamento no longo prazo ou um órgão governamental que tem de elaborar uma política e avaliar seu provável impacto.

Vamos começar mostrando de que maneira os excedentes do consumidor e do produtor podem ser utilizados no estudo dos *efeitos em termos de bem-estar* de uma política governamental — em outras palavras, na avaliação de quem ganha e quem perde e quanto se ganha e se perde com essa política. Utilizaremos também os excedentes do consumidor e do produtor para demonstrar a *eficiência* de um mercado competitivo — mostrando o motivo de o preço e a quantidade de equilíbrio em um mercado competitivo maximizarem o bem-estar econômico agregado de produtores e consumidores.

Depois, aplicaremos a análise da oferta e da demanda a uma diversidade de problemas. Como nos Estados Unidos poucos mercados têm ficado a salvo de intervenções governamentais de algum tipo, a maioria dos problemas que estudaremos trata dos efeitos dessas intervenções. Nosso objetivo não é apenas resolver esses problemas, mas lhe mostrar como utilizar as ferramentas de análise econômica para lidar com esses e outros problemas semelhantes. Esperamos que, por meio dos exemplos, você aprenda a calcular a reação dos mercados diante das variações nas condições econômicas ou nas políticas governamentais e saiba avaliar os resultados em termos de ganhos e perdas para consumidores e produtores.

ESTE CAPÍTULO DESTACA

9.1 Avaliação de ganhos e perdas resultantes de políticas governamentais: excedentes do consumidor e do produtor — 312

9.2 Eficiência de um mercado competitivo — 318

9.3 Preços mínimos — 321

9.4 Sustentação de preços e quotas de produção — 325

9.5 Quotas e tarifas de importação — 333

9.6 Impacto de um imposto ou de um subsídio — 338

LISTA DE EXEMPLOS

9.1 Controle de preços e escassez de gás natural — 316

9.2 O mercado de rins humanos — 319

9.3 Regulamentação para empresas aéreas — 323

9.4 Política de preço mínimo para o trigo — 329

9.5 Por que não consigo pegar um táxi? — 331

9.6 A quota de açúcar — 336

9.7 O imposto sobre a gasolina — 342

9.1 Avaliação de ganhos e perdas resultantes de políticas governamentais: excedentes do consumidor e do produtor

Vimos, no final do Capítulo 2, que um limite de preço imposto pelo governo faz com que a quantidade demandada de determinada mercadoria aumente (os consumidores desejam adquirir mais em virtude do preço menor) e a quantidade ofertada diminua (os produtores não estão dispostos a ofertar tais quantidades em virtude do preço menor). O resultado é uma escassez do produto — ou seja, excesso de demanda. Claro, os consumidores que ainda conseguem adquirir a mercadoria estão em melhor situação, já que agora têm condições de pagar menos por ela. (Presumivelmente, esse teria sido o objetivo original da política.) No entanto, se levarmos em conta aqueles que não podem obter a mercadoria, quão melhor terá se tornado a situação dos consumidores *como um todo*? Será que estariam em pior situação? Se agruparmos consumidores e produtores, seu *bem-estar total* será maior ou menor e em que medida? Para respondermos a essas questões, necessitamos dispor de uma maneira de medir os ganhos e perdas decorrentes de intervenções governamentais, bem como as variações de preço de mercado e quantidade que essas intervenções ocasionam.

> Explicamos na Seção 2.7 que, sob controle de preço, o valor cobrado por um produto não pode ser maior do que o preço máximo permitido.

Nosso método consiste em calcular as variações ocorridas nos *excedentes do consumidor e do produtor* resultantes da intervenção. No Capítulo 4, vimos que o *excedente do consumidor* mede o benefício líquido agregado obtido pelos consumidores em um mercado competitivo. No Capítulo 8, vimos de que modo o *excedente do produtor* mede o benefício líquido agregado dos produtores. Aqui, veremos de que maneira podemos aplicar na prática os excedentes do consumidor e o do produtor.

Revisão dos excedentes do consumidor e do produtor

Em mercados não regulamentados e competitivos, consumidores e produtores compram e vendem conforme o preço de mercado que prevalece. Mas lembre-se de que, para alguns consumidores, o valor da mercadoria *excede* esse preço de mercado, ou seja, eles estariam dispostos a pagar mais por ela caso fosse necessário. O *excedente do consumidor* é o benefício total, ou valor total, que os consumidores recebem acima do valor pago pela mercadoria.

> Para rever o conceito de excedente do consumidor, veja a Seção 4.4, em que ele é definido como a diferença entre o que o consumidor está disposto a pagar por uma mercadoria e o que ele na verdade paga quando a adquire.

Por exemplo, suponhamos que o preço de mercado seja US$ 5 por unidade, como mostra a Figura 9.1. Alguns consumidores provavelmente dão mais valor a essa mercadoria e estariam dispostos a pagar muito mais do que US$ 5 por ela. O consumidor *A*, por exemplo, estaria disposto a pagar até US$ 10 por tal mercadoria. Entretanto, como o preço de mercado é apenas US$ 5, ele desfruta de um benefício líquido de US$ 5 — isto é, os US$ 10 pelo qual ele avalia a mercadoria menos os US$ 5 que tem de pagar para poder obtê-la. O consumidor *B* não dá tanto valor à mesma mercadoria. Ele estaria disposto a pagar até US$ 7 e, portanto, desfruta de um benefício líquido no valor de US$ 2. Por fim, o consumidor *C* dá à mercadoria um valor exatamente igual a seu preço de mercado, US$ 5. Para ele, é indiferente adquiri-la ou não e, se o preço de mercado fosse um centavo mais elevado, desistiria da aquisição. O consumidor *C*, portanto, não obtém nenhum benefício líquido.[1]

---

[1] Certamente, alguns consumidores dariam a essa mercadoria um valor inferior a US$ 5. Estes fazem parte do lado da curva de demanda situado à direita da quantidade de equilíbrio de mercado Q_0 e não adquirirão a mercadoria.

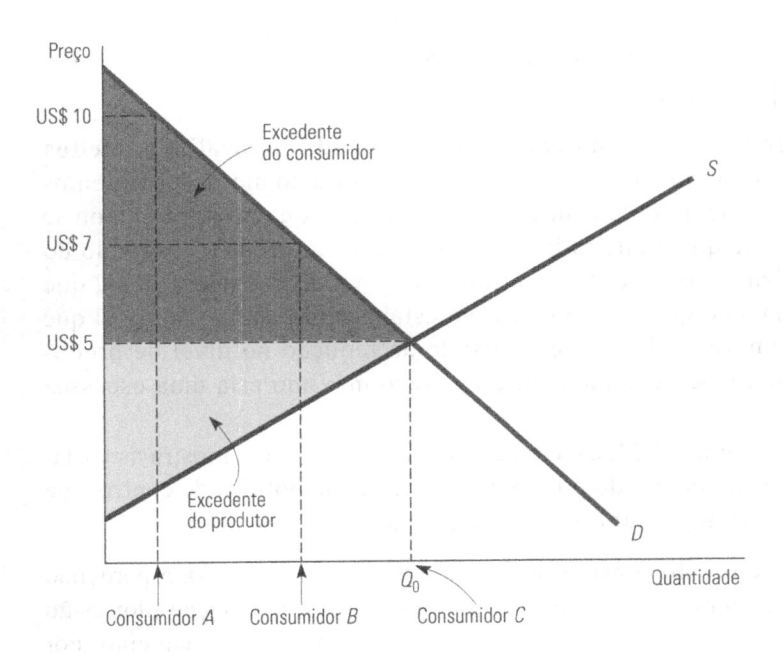

FIGURA 9.1   EXCEDENTES DO CONSUMIDOR E DO PRODUTOR

O consumidor A pagaria US$ 10 pelo bem cujo preço de mercado fosse US$ 5 e, portanto, desfruta de um benefício de US$ 5. O consumidor B desfruta de um benefício de US$ 2 e o consumidor C, que avalia o bem exatamente pelo preço de mercado, não desfruta de benefício algum. O excedente do consumidor, que mede o benefício total para todos os consumidores, é a área sombreada superior, entre a curva de demanda e o preço de mercado. O excedente do produtor mede o lucro total dos produtores mais as rendas referentes aos insumos de produção. É a área sombreada inferior, entre a curva de oferta e o preço de mercado. Em conjunto, os excedentes do produtor e do consumidor medem o bem-estar decorrente de um mercado competitivo.

Para os consumidores em conjunto, o excedente do consumidor é a área entre a curva de demanda e a linha do preço de mercado (isto é, a área de coloração cinza-escura na Figura 9.1). Como *o excedente do consumidor mede o benefício total líquido*, podemos calcular, por meio de sua variação, o ganho ou a perda dos consumidores decorrente da intervenção governamental.

O *excedente do produtor* é uma medida análoga que se refere aos ganhos dos produtores. Alguns estão produzindo unidades do produto a um custo exatamente igual ao preço de mercado. Outras unidades, porém, poderiam ser produzidas por menos que esse preço; estas seriam ainda produzidas e vendidas se o preço de mercado fosse mais baixo. Os produtores, portanto, desfrutam de um benefício — um valor excedente — decorrente da venda dessas unidades. Para cada uma delas, o valor excedente é a diferença entre o preço de mercado recebido pelo produtor e o custo marginal de sua produção.

Para o mercado como um todo, o excedente do produtor é a área situada acima da curva de oferta até a linha de preço de mercado; ou seja, ele representa *o benefício que os produtores com baixo custo desfrutam ao vender o produto pelo preço de mercado*. Na Figura 9.1, trata-se da área triangular inferior. Como o excedente do produtor mede o benefício líquido total dos produtores, podemos calcular, medindo sua variação, o ganho ou a perda que os produtores têm em decorrência de uma intervenção governamental.

> Para rever o conceito de excedente do produtor, veja a Seção 8.6, em que ele é definido como a soma das diferenças entre o preço de mercado de uma mercadoria e o custo marginal de sua produção, considerando-se todas as unidades produzidas.

Aplicação dos conceitos de excedentes do consumidor e do produtor

efeitos no bem-estar
Ganhos e perdas para consumidores e produtores causados pela intervenção governamental no mercado.

Com base nos excedentes do consumidor e do produtor, podemos avaliar os **efeitos no bem-estar** provocados por uma intervenção governamental no mercado. Podemos determinar quem ganha e quem perde com uma intervenção e quanto se ganha ou se perde. Para entendermos de que maneira isso é feito, vamos retornar ao exemplo do *controle de preços*, utilizado no final do Capítulo 2. O governo considera ilegal que os produtores cobrem mais do que o *preço máximo* estabelecido abaixo do nível que equilibra o mercado. Lembre-se de que, em virtude da redução no nível de produção e do aumento na quantidade demandada, esse preço máximo cria uma escassez (excesso de demanda).

A Figura 9.2 reproduz a Figura 2.24, exceto pelo fato de que também mostra as variações nos excedentes do consumidor e do produtor, resultantes da política de controle de preços do governo. Vamos acompanhar essas mudanças passo a passo.

1. **Mudanças no excedente do consumidor:** alguns consumidores saíram perdendo com a política governamental e outros saíram ganhando. Em situação pior estão aqueles que ficaram fora do mercado, enfrentando assim um racionamento, por causa da redução na produção e nas vendas, de Q_0 para Q_1. Outros consumidores, no entanto, conseguem ainda adquirir a mercadoria (talvez por terem escolhido o lugar e o momento certos ou por terem aceitado esperar em uma fila). Esses consumidores estão agora em uma situação melhor, porque podem comprar a mercadoria a um preço menor ($P_{máx}$ em vez de P_0).

   Quanto melhorou ou piorou a situação de cada grupo? Os consumidores que ainda conseguem adquirir a mercadoria desfrutam de uma *elevação* do excedente do consumidor, representada pelo retângulo A. Esse retângulo mede a redução de preço em cada unidade multiplicada pela quantidade de consumidores que são capazes de comprar ao preço menor. Por outro lado, aqueles que não podem mais comprar a mercadoria perdem excedente; essa *perda* é dada pelo triângulo B. Esse triângulo mede o valor para os consumidores (menos o que teriam de pagar) que é perdido por causa da redução na produção, de Q_0 para Q_1. A variação líquida do excedente do consumidor é, portanto, $A - B$. Na Figura 9.2, como o retângulo A é maior do que o triângulo B, sabemos que a variação líquida do excedente do consumidor é positiva.

   É importante salientar que estamos partindo do pressuposto de que aqueles consumidores que podiam comprar os bens eram os que mais os valorizavam. Se não fosse assim — por exemplo, se a produção Q_1 tivesse sido aleatoriamente racionada —, a quantidade de excedente do consumidor perdida seria maior do que o triângulo B. Em muitos casos, não há motivo para esperar que os consumidores que mais valorizam o bem serão aqueles que conseguirão comprá-lo. Como resultado, a perda do excedente do consumidor poderia exceder bastante o triângulo B, tornando os controles de preço altamente ineficientes.[2]

   Além disso, ignoramos os custos de oportunidade do racionamento. Por exemplo, aqueles que querem o bem talvez tivessem de pegar fila para comprá-lo. Nesse caso, o custo de oportunidade do tempo dessas pessoas deveria ser incluído como parte do excedente perdido do consumidor.

---

[2] Para uma boa análise desse aspecto dos controles de preço, consulte David Colander, Sieuwerd Gaastra e Casey Rothschild, "The Welfare Costs of Market Restriction," *Southern Economic Journal*, v. 77(1), 2011, p. 213-223.

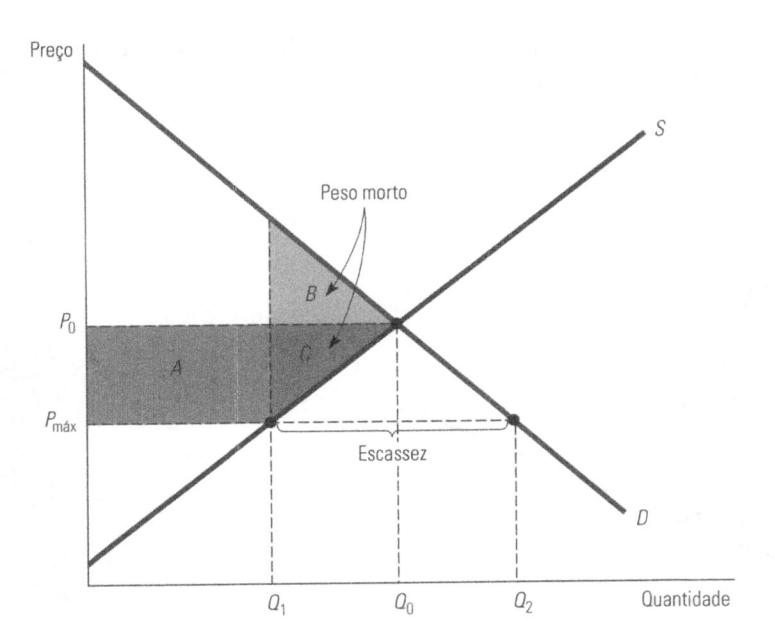

FIGURA 9.2 — VARIAÇÃO DOS EXCEDENTES DO CONSUMIDOR E DO PRODUTOR POR CAUSA DO CONTROLE DE PREÇOS

O preço máximo de um bem foi fixado em $P_{máx}$, que está abaixo do preço de mercado P_0. O ganho dos consumidores é a diferença entre o retângulo A e o triângulo B. A perda dos produtores é a soma do retângulo A e do triângulo C. Os triângulos B e C em conjunto medem o peso morto causado pelo controle de preços.

---

2. **Mudanças no excedente do produtor:** com o controle de preços, alguns produtores (aqueles com custos relativamente mais baixos) ficarão no mercado, mas receberão menos por seu produto, enquanto outros deixarão o mercado. Os dois grupos perderão excedente do produtor. Aqueles que permanecem no mercado produzindo a quantidade Q_1 estão agora recebendo um preço menor. Eles perderam o excedente do produtor representado pelo retângulo A. Entretanto, a quantidade *total* de produção foi também reduzida. O triângulo C mede a perda adicional de excedente do produtor daqueles que saíram do mercado e daqueles que permaneceram no mercado, ainda que produzindo menos. Portanto, a variação total de excedente do produtor é $-A - C$. Os produtores evidentemente perdem devido ao controle de preços.

3. **Peso morto:** será que essa perda dos produtores causada pelo controle de preços estaria sendo compensada pelo ganho dos consumidores? A resposta é não. Como mostra a Figura 9.2, o controle de preços resulta em uma perda líquida do excedente total, a qual denominamos **peso morto**. Lembre-se de que a variação do excedente do consumidor é $A - B$ e de que a variação do excedente do produtor é $-A - C$. Por isso, a variação *total* do excedente é $(A - B) + (-A - C) = -B - C$. Temos, portanto, um peso morto, que é representado pelos triângulos B e C na Figura 9.2. Tal peso morto é uma ineficiência ocasionada pelo controle de preços, pois a perda de excedente do produtor supera o ganho em excedente do consumidor.

peso morto
Perda líquida de excedente total (considerando-se o do consumidor e o do produtor).

Se os políticos dão maior valor ao excedente do consumidor do que ao do produtor, podemos concluir que o peso morto ocasionado pelo controle de preços não tem muita influência sobre a política governamental. Entretanto, se a curva de demanda for muito inelástica, o controle de preços pode resultar até mesmo em uma *perda líquida de excedente do consumidor*, como ilustra a Figura 9.3. Na figura, o triângulo B, que mede a perda sofrida pelos consumidores que não conseguem adquirir a mercadoria, é maior do que o retângulo A, que mede o ganho dos consumidores que conseguem adquiri-la.

Nesse caso, como os consumidores conferem alto valor à mercadoria, aqueles que não conseguem adquiri-la sofrem uma grande perda.

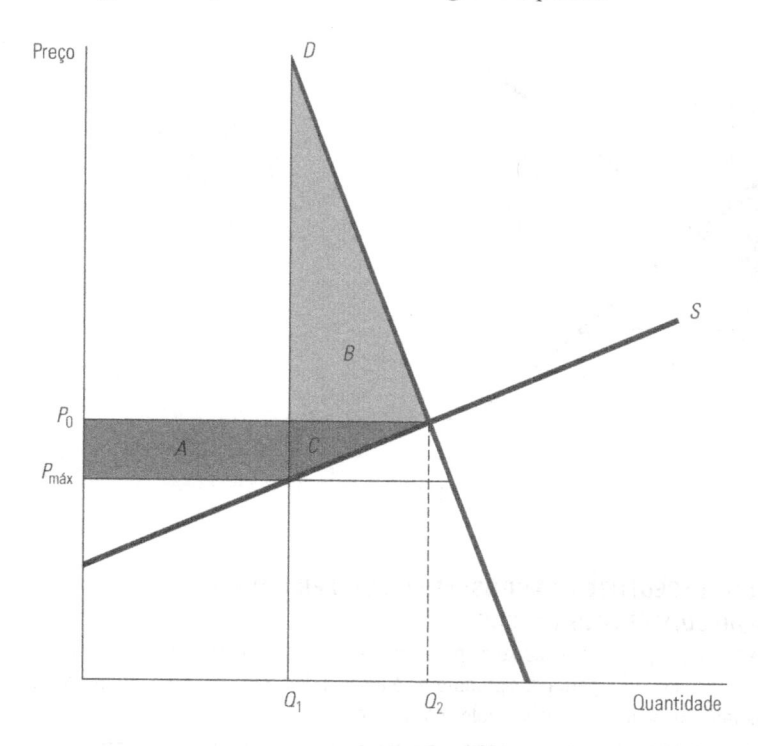

FIGURA 9.3 EFEITO DO CONTROLE DE PREÇOS QUANDO A DEMANDA É INELÁSTICA

Se a demanda é suficientemente inelástica, o triângulo B pode ser maior que o retângulo A. Nesse caso, os consumidores sofrem uma perda líquida decorrente do controle de preços.

A demanda por gasolina é muito inelástica no curto prazo (porém, muito mais elástica no longo prazo). Em meados de 1979, ocorreu uma escassez desse combustível nos Estados Unidos em decorrência do controle do governo, que impediu que os valores do mercado interno aumentassem de acordo com a elevação no nível mundial de preços. Os consumidores norte-americanos tinham de permanecer horas nas filas para abastecer seus veículos. Esse foi um bom exemplo de controle de preços que diminuiu o bem-estar dos consumidores — exatamente daquelas pessoas que a equipe responsável pela elaboração da política governamental procurava proteger.

EXEMPLO 9.1 CONTROLE DE PREÇOS E ESCASSEZ DE GÁS NATURAL

No Exemplo 2.10, do Capítulo 2, discutimos o controle de preços imposto ao mercado de gás natural na década de 1970 e analisamos o que aconteceria caso o governo mais uma vez regulasse o preço por atacado do gás natural. Especificamente, vimos que, em 2007, o preço por atacado no mercado livre era US$ 6,40 por mil pés cúbicos (mpc) e calculamos a quantidade que seria ofertada e demandada se o preço fosse fixado em até US$ 3,00 por mpc. Agora, cientes dos conceitos de *excedente do consumidor, excedente do produtor* e *peso morto*, podemos calcular o impacto no bem-estar que esse valor máximo pode causar.

Examine o Exemplo 2.10, no qual mostramos que as curvas de oferta e de demanda poderiam ser aproximadamente expressas pelas seguintes equações:

$$\text{Oferta: } Q^S = 15{,}90 + 0{,}72 P_G + 0{,}05 P_P$$

$$\text{Demanda: } Q^D = 0{,}02 - 1{,}8 P_G + 0{,}69 P_P$$

em que Q^S e Q^D são, respectivamente, as quantidades ofertada e demandada, sendo cada uma delas medida em trilhões de pés cúbicos (tpc), P_G é o preço do gás natural em dólares por mil pés cúbicos (US$/mpc) e P_P é o preço do petróleo em dólares por barril (US$/b). Como o leitor poderá verificar, igualando Q^S e Q^D e utilizando o preço de US$ 50 por barril de petróleo, o preço e a quantidade de equilíbrio no mercado livre serão, respectivamente, de US$ 6,40 por mpc e 23 tpc. Sob a regulamentação hipotética, entretanto, o preço máximo permitido era de US$ 3,00 por mpc, o que implica uma oferta de 20,6 tpc e uma demanda de 29,1 tpc.

A Figura 9.4 mostra essas curvas de oferta e de demanda e compara os preços de mercado livre e regulamentado. O retângulo A e os triângulos B e C medem variações nos excedentes do consumidor e do produtor decorrentes do controle de preços. Calculando as áreas do retângulo e dos triângulos, poderemos determinar os ganhos e as perdas decorrentes do controle de preços.

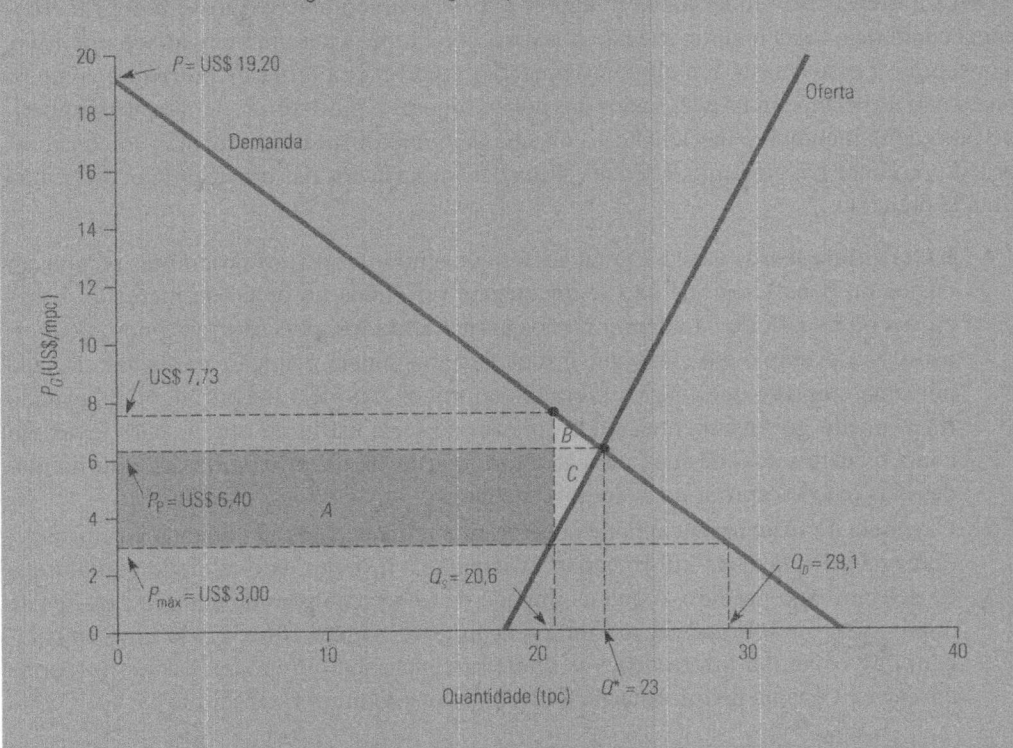

FIGURA 9.4 EFEITO DO CONTROLE DE PREÇO DO GÁS NATURAL

O preço de equilíbrio do mercado de gás natural é de US$ 6,40 por mpc e o preço máximo (hipotético) permitido é de US$ 3,00. O resultado é uma escassez de 29,1 − 20,6 = 8,5 tpc. O ganho do consumidor é o retângulo A menos o triângulo B, e a perda dos produtores é o retângulo A mais o triângulo C. O peso morto é a soma dos triângulos B e C.

Para executarmos esses cálculos, primeiro devemos observar que 1 tpc = 1 bilhão de mpc. (Devemos colocar quantidades e preços em unidades compatíveis.) Além disso, substituindo a quantidade de 20,6 tpc na equação da curva de demanda, poderemos determinar que a linha vertical em 20,6 tpc cruza com a curva de demanda no preço de US$ 7,73 por mpc. Poderemos então calcular as áreas do seguinte modo:

$$A = (20,6 \text{ bilhões mpc}) \times (\text{US\$ } 3,40/\text{mpc}) = \text{US\$ } 70,04 \text{ bilhões}$$

$$B = (1/2) \times (2,4 \text{ bilhões mpc}) \times (\text{US\$ } 1,33/\text{mpc}) = \text{US\$ } 1,60 \text{ bilhão}$$

$$C = (1/2) \times (2,4 \text{ bilhões mpc}) \times (\text{US\$ } 3,40/\text{mpc}) = \text{US\$ } 4,08 \text{ bilhões}$$

(A área de um triângulo é a metade do produto obtido da multiplicação de sua altura por sua base.)

A variação anual do excedente do consumidor resultante do controle de preços hipotético foi, portanto, igual a $A - B$ = 70,04 − 1,60 = US$ 68,44 bilhões. A variação do excedente do produtor foi igual a $-A - C$ = −70,04 − 4,08 = −US$ 74,12 bilhões. Por fim, o peso morto seria $-B - C$ = −1,60 − 4,08 = −US$ 5,68 bilhões. Observe que a maior parte do peso morto vem do triângulo C, ou seja, a perda para aqueles consumidores que, por conta do controle de preço, não conseguem obter gás natural.

9.2 Eficiência de um mercado competitivo

eficiência econômica
Maximização dos excedentes do consumidor e do produtor em conjunto.

Para avaliarmos um resultado do funcionamento do mercado, perguntamos frequentemente se é obtida a **eficiência econômica** — a maximização do excedente conjunto do consumidor e do produtor. Acabamos de ver de que maneira o controle de preços cria um peso morto. Por isso, a política impõe um *custo de eficiência* à economia: juntos, os excedentes do produtor e do consumidor são reduzidos pelo valor igual ao peso morto. (Claro, isso não significa que essa política seja ruim; ela poderá satisfazer objetivos considerados importantes pelas pessoas que a elaboraram e pelo público em geral.)

FALHA DE MERCADO Poderíamos imaginar que, se o único objetivo fosse atingir a eficiência econômica, seria melhor que não houvesse intervenção em um mercado competitivo. Nem sempre é esse o caso. Em algumas situações, ocorre uma **falha de mercado**: como os preços não fornecem sinais adequados aos consumidores e produtores, o mercado competitivo não regulamentado é ineficiente — ou seja, não maximiza os excedentes do consumidor e do produtor em conjunto. Há duas situações importantes nas quais pode ocorrer uma falha de mercado:

falha de mercado
Situação na qual um mercado competitivo desregulamentado é ineficiente porque os preços não fornecem sinais adequados aos consumidores e produtores.

externalidades
Ações de um consumidor ou de um produtor que têm influência sobre outros produtores ou consumidores, mas que não são levadas em conta na fixação do preço de mercado.

1. **Externalidades:** às vezes, a atuação dos consumidores ou dos produtores resulta em custos ou benefícios que não se encontram refletidos no preço de mercado. Esses custos ou benefícios são denominados **externalidades**, pois são "externos" ao mercado. Um exemplo é o custo que a sociedade paga pela poluição ambiental causada por uma empresa que fabrica produtos químicos para uso industrial. Não havendo intervenção governamental, tal empresa não teria estímulo algum para levar em conta o custo social de sua poluição. No Capítulo 18, examinaremos as externalidades e as reações apropriadas do governo a elas.

2. **Carência de informações:** pode ocorrer uma falha de mercado quando os consumidores não dispõem de informações suficientes a respeito da qualidade ou natureza de determinado produto, o que os impede de tomar decisões de compra capazes de maximizar sua utilidade. Uma intervenção governamental (exigindo uma embalagem que contenha informações verdadeiras, por exemplo) poderia então tornar-se desejável. O papel da informação é discutido em detalhes no Capítulo 17.

Na ausência de externalidades ou de problemas de carência de informações, o mercado competitivo não regulamentado chega ao nível de produção economicamente eficiente. Para visualizarmos esse fato, consideremos o que ocorreria se o preço fosse forçado a ser outro que não o de equilíbrio de mercado.

Já examinamos os efeitos de um *preço máximo* (um preço mantido abaixo do preço de mercado). Como você pode observar na Figura 9.2, a produção cai (de Q_0 para Q_1) e ocorre uma correspondente perda do excedente total (igual ao peso morto representado pelos triângulos *B* e *C*). Muito pouco é produzido, de tal modo que consumidores e produtores, em conjunto, estão em pior situação.

Agora suponhamos, em vez disso, que o governo exigisse que o preço fosse *superior* ao preço de mercado — digamos, P_2 em vez de P_0. Como mostra a Figura 9.5, embora os produtores estejam dispostos a produzir mais a esse preço mais elevado (Q_2 em vez de Q_0), os consumidores adquirirão menos (Q_3 em vez de Q_0). Se presumirmos que os produtores produzem apenas o que pode ser vendido, o nível de produção do mercado será Q_3 e, de novo, existirá uma perda líquida de excedente total. Na Figura 9.5, o retângulo *A* passa a representar uma transferência de consumidores para produtores (os quais agora recebem um preço mais elevado), porém, os triângulos *B* e *C* continuam a representar um peso morto. Por causa do preço mais elevado, alguns consumidores deixarão de adquirir a mercadoria (uma perda de excedente do consumidor, representada pelo triângulo *B*) e alguns produtores abandonarão a produção da mercadoria (uma perda de excedente do produtor, representada pelo triângulo *C*).

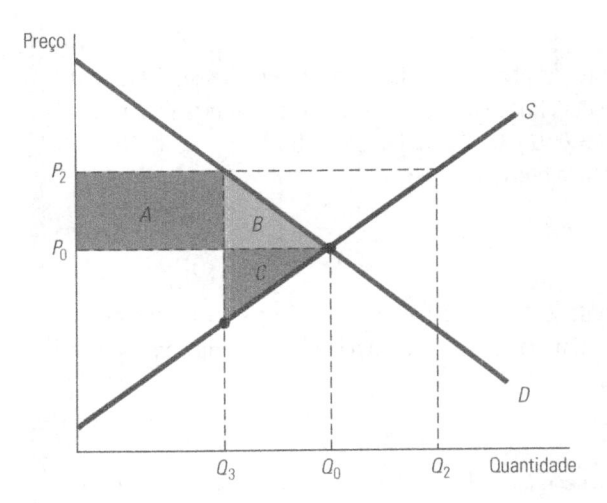

FIGURA 9.5 **PERDA DE BEM-ESTAR QUANDO UM PREÇO É FIXADO ACIMA DO PREÇO DE EQUILÍBRIO**

Quando o preço mínimo regulamentado é P_2, somente Q_3 será demandado. Se Q_3 é produzido, o peso morto é dado pelos triângulos B e C. Ao preço P_2, os produtores gostariam de produzir mais que Q_3. Fazendo isso, o peso morto é ainda maior.

Na verdade, os triângulos B e C correspondentes ao peso morto na Figura 9.5 apresentam uma avaliação otimista do custo da eficiência das políticas que impõem um preço superior ao nível do preço de mercado. Alguns produtores, atraídos pelo preço mais elevado P_2, poderiam vir a expandir a capacidade e o nível de produção, o que resultaria em encalhe do produto. (Isso ocorreu no setor aeroviário quando, antes de 1980, as tarifas foram regulamentadas em um patamar mais elevado do que os níveis de preço de mercado.) Para satisfazer os produtores, o governo poderia adquirir a mercadoria não vendida para manter o nível de produção em Q_2 ou em quantidades próximas. (Isso é o que ocorre com a agricultura nos Estados Unidos.) Em ambas as situações, a perda total de bem-estar excederá os triângulos B e C.

Examinaremos os preços mínimos, a política de sustentação de preços e as políticas correlatas com mais detalhes nas próximas seções. Além de mostrarmos o modo pelo qual a análise da oferta e da demanda pode ser utilizada na compreensão e avaliação de tais políticas, veremos de que forma os desvios de equilíbrio de um mercado competitivo acarretam custos de eficiência.

EXEMPLO 9.2 **O MERCADO DE RINS HUMANOS**

Será que as pessoas deveriam ter o direito de vender partes de seu corpo? O Congresso dos Estados Unidos acredita que não. Em 1984, aprovou uma lei sobre o transplante de órgãos, proibindo a venda deles para esse fim. Os órgãos poderiam apenas ser doados.

Embora a lei proíba sua venda, ela não torna os órgãos sem valor. O que ela faz é evitar que os doadores (pessoas vivas ou a família de pessoas falecidas) possam auferir valor econômico de tais órgãos. Por outro lado, ela também cria uma escassez de órgãos. A cada ano, cerca de 16.000 rins, 44.000 córneas e 2.300 corações são transplantados nos Estados Unidos. No entanto, existe um considerável excesso de demanda e muitos receptores potenciais continuam aguardando; alguns, inclusive, acabam falecendo por causa disso. Em julho de 2011, por exemplo, havia cerca de 111.500 pacientes na lista de espera do Organ Procurement and Transplantation Network (OPTN). No entanto, somente 28.662 cirurgias desse tipo foram feitas nos Estados Unidos em 2010. Embora o número de transplantes tenha quase dobrado desde 1990, o número de pacientes à espera de órgãos aumentou para quase cinco vezes relativamente a seu nível de 1990.[3]

Para compreendermos os efeitos dessa lei, examinaremos a oferta e a demanda de rins. Primeiro, veremos a curva de oferta. Mesmo a preço zero (o preço efetivo conforme os termos da lei), os doadores ofertam 16.000 rins por ano. Contudo,

---
[3] Fonte: Organ Procurement and Transplantation Network, http://www.optn.transplant.hrsa.gov.

muitas pessoas que necessitam de transplantes de rins não podem obtê-los por falta de doadores. Estima-se que 8.000 rins adicionais seriam ofertados se o preço de cada órgão fosse de US$ 20.000. Podemos ajustar uma curva de oferta linear a esses dados, ou seja, uma curva de oferta na forma $Q = a + bP$. Quando $P = 0$, $Q = 16.000$, então $a = 16.000$. Se $P = US\$ 20.000$, $Q = 24.000$, então $b = (24.000 - 16.000)/20.000 = 0,4$. Portanto, a curva de oferta é

$$\text{Oferta: } Q^S = 16.000 + 0,4P$$

Observe que, ao preço de US$ 20.000, a elasticidade de oferta é 0,33.

Estima-se que, ao preço de US$ 20.000, a demanda de rins seria de 24.000 unidades por ano. Da mesma forma que a oferta, a demanda é relativamente inelástica ao preço; $-0,33$ é uma estimativa razoável para a elasticidade da demanda ao preço de US$ 20.000. Isso implica a seguinte curva de demanda linear:

$$\text{Demanda: } Q^D = 32.000 - 0,4P$$

Essas curvas de oferta e de demanda encontram-se representadas na Figura 9.6, que mostra o preço e a quantidade que equilibram o mercado — US$ 20.000 e 24.000 unidades, respectivamente.

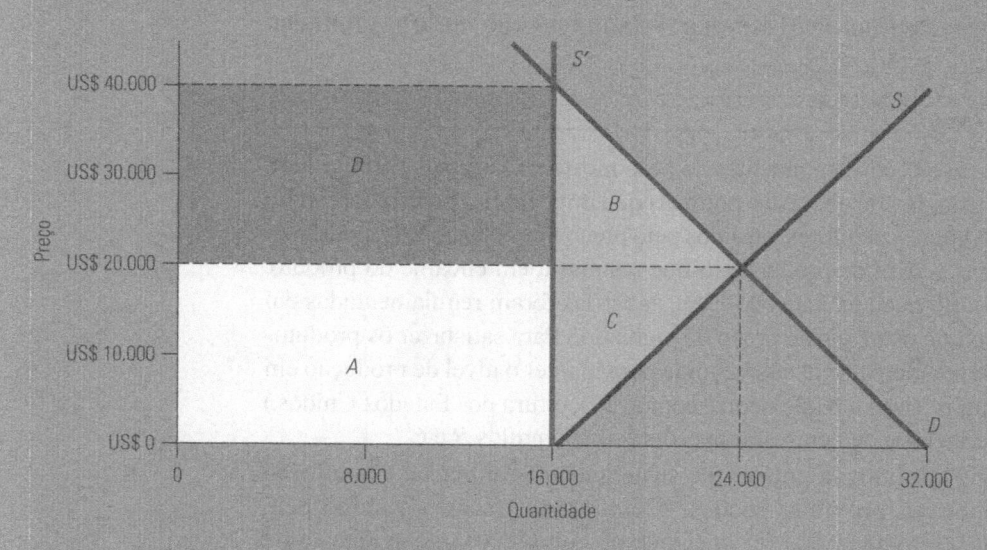

Na Seção 2.6, explicamos como traçar curvas de demanda e de oferta lineares com base em informações sobre o preço e a quantidade de equilíbrio, assim como sobre as elasticidades — preço da demanda e da oferta.

FIGURA 9.6 **O MERCADO DE RINS E O EFEITO DA LEI NORTE-AMERICANA REFERENTE AO TRANSPLANTE DE ÓRGÃOS**

O preço de equilíbrio é US$ 20.000; a esse preço, cerca de 24.000 rins poderiam ser ofertados por ano. A lei efetivamente torna o preço igual a zero. Cerca de 16.000 rins por ano são ainda doados; essa oferta restringida é mostrada pela reta S'. A perda de ofertantes é dada pelo retângulo A e pelo triângulo C. Se os consumidores recebessem rins sem nenhum custo, seu ganho seria representado pelo retângulo A menos o triângulo B. Na prática, os rins são frequentemente racionados com base na disposição ou não de efetuar o pagamento, e muitos receptores acabam arcando com a maior parte ou a totalidade dos US$ 40.000, que correspondem ao preço de equilíbrio quando a oferta é restringida. Os retângulos A e D medem o valor total dos rins quando a oferta é restrita.

Como a venda de rins é proibida, a oferta permanece limitada a 16.000 unidades (isto é, número de rins que são doados). Essa oferta controlada é representada pela linha vertical S'. De que maneira isso afeta o bem-estar dos doadores e receptores de rins?

Primeiro, consideraremos a oferta. As pessoas que doam rins deixam de receber os US$ 20.000 que cada órgão vale — o que corresponde a uma perda de excedente representada pelo retângulo A e igual a $(16.000)(US\$ 20.000) = US\$ 320$ milhões. Além disso, algumas pessoas que estariam dispostas a doar os rins caso recebessem por isso não o fazem. Essas pessoas perdem um valor de excedente representado pelo triângulo C, que é igual a $(1/2)(8.000)(US\$ 20.000) = US\$ 80$ milhões. Portanto, a perda total para os ofertantes é de US$ 400 milhões.

Como ficam os receptores? Presume-se que a legislação considerava o rim um órgão doado para o receptor. Se esse fosse realmente o caso, aqueles receptores que pudessem obter os rins *ganham* o retângulo A (no valor de US$ 320 milhões), pois eles (ou suas seguradoras de saúde) não necessitariam efetuar o pagamento de US$ 20.000. Aqueles que não fossem capazes de obter os rins perderiam o excedente no valor representado pelo triângulo B, igual a US$ 80 milhões. Isso implica um aumento líquido no excedente dos receptores de US$ 320 milhões − US$ 80 milhões = US$ 240 milhões. E implica também a existência de um peso morto, representado pelas áreas dos triângulos *B* e *C* (isto é, US$ 160 milhões).

Essas estimativas dos efeitos do bem-estar da política podem necessitar de ajustes por duas razões. Primeira: os rins não necessariamente serão destinados àqueles que lhes atribuem maior valor. Se a oferta limitada de rins é em parte destinada a pessoas com avaliações abaixo de US$ 40.000, o peso morto real será maior que nossa estimativa. Segunda: com excesso de demanda, não existirá meio de garantir que os receptores obtenham seus rins como doações. Na prática, os rins são frequentemente racionados com base na disposição de pagamento por parte do receptor e muitos acabam pagando a totalidade ou a maior parte do preço de mercado de US$ 40.000, que é necessário para equilibrar o mercado, enquanto a oferta de rins permanece restrita ao nível de 16.000 unidades. Uma boa parte do valor dos rins — representada pelos retângulos *A* e *D* — fica com os hospitais e intermediários. Em consequência, a lei reduz o excedente dos receptores, assim como das pessoas que estariam dispostas a vender seus rins.[4]

Existem, é claro, argumentos em favor da proibição da venda de órgãos.[5] Um deles se baseia no problema de informações imperfeitas: se as pessoas forem pagas por seus órgãos, elas poderão vir a ocultar dados adversos sobre sua saúde. Esse argumento é provavelmente mais aplicável à venda de sangue, em que existe a possibilidade da transmissão de hepatite, Aids ou outros vírus. Mas, mesmo nesses casos, a realização de exames (cujo custo estaria incluído no preço de mercado) poderia ser mais eficiente do que a proibição da venda. Esse tema tem sido o mais importante nos debates sobre uma política relativa ao sangue nos Estados Unidos.

Um segundo argumento é o de que seria simplesmente injusto que se fixasse um pagamento para uma necessidade vital básica. Esse argumento transcende a ciência econômica. Entretanto, devem-se ter dois pontos em mente. Primeiro, quando o preço de uma mercadoria que possui um significativo custo de oportunidade é forçado a zero, é inevitável a ocorrência de oferta reduzida e excesso de demanda. Segundo, não está clara a razão pela qual os órgãos humanos deveriam ser tratados diferentemente de seus substitutos mais próximos; membros artificiais, articulações e válvulas coronárias, por exemplo, encontram-se à venda, o que não acontece com rins verdadeiros.

Muitas questões complexas de ética e economia estão envolvidas na venda de órgãos. Essas questões são importantes, e este exemplo não tem o objetivo de esgotá-las. A economia, a ciência sombria, apenas nos indica que órgãos humanos possuem um valor econômico que não pode ser ignorado, e a proibição de sua venda impõe um custo à sociedade que necessita ser ponderado em relação aos benefícios de tal restrição.

9.3 Preços mínimos

Como vimos, a política governamental às vezes pretende *elevar* os preços acima dos níveis de mercado, ao invés de reduzi-los. Exemplos disso incluem a antiga regulamentação incidente sobre as empresas aéreas norte-americanas feita pelo órgão de aeronáutica civil dos Estados Unidos (o Civil Aeronautics Board), a lei do salário mínimo e diversas políticas voltadas para o setor agrícola. (As mais importantes são baseadas em quotas e tarifas de importação, as quais também apresentam tal objetivo, como veremos na Seção 9.5.) Uma maneira de elevar os preços acima dos níveis que equilibram o mercado é por meio de regulação direta, ou seja, simplesmente tornando ilegal a cobrança de um preço inferior a um nível mínimo específico.

---

4 Para uma análise adicional desses custos de eficiência, veja Dwane L. Barney e R. Larry Reynolds, "An Economic Analysis of Transplant Organs", *Atlantic Economic Journal* 17, set. 1989, p. 12-20; David L. Kaserman e A. H. Barnett, "An Economic Analysis of Transplant Organs: A Comment and Extension", *Atlantic Economic Journal* 19, jun. 1991, p. 57-64; e A. Frank Adams III, A. H. Barnett e David L. Kaserman, "Markets for Organs: The Question of Supply", *Contemporary Economic Policy* 17, abr. 1999, p. 147-155. O transplante de rins também se complica pela necessidade de compatibilidade sanguínea; para uma análise recente, veja Alvin E. Roth, Tayfun Sönmez e M. Utku Ünver, "Efficient Kidney Exchange: Coincidence of Wants in Markets with Compatibility-Based Preferences", *American Economic Review* 97, jun. 2007.

5 Para uma análise dos pontos fortes e fracos desses argumentos, veja Susan Rose-Ackerman, "Inalienability and the Theory of Property Rights", *Columbia Law Review* 85, jun. 1985, p. 931-969, e Roger D. Blair e David L. Kaserman, "The Economics and Ethics of Alternative Cadaveric Organ Procurement Policies", *Yale Journal on Regulation* 8, 1991, p. 403-452.

Volte algumas páginas e examine novamente a Figura 9.5. Se os produtores fizerem uma previsão correta de que poderão vender apenas a quantidade mais baixa Q_3, a perda líquida de bem-estar seria representada pelos triângulos B e C. No entanto, como já explicamos, os produtores poderiam não estar dispostos a limitar seu nível de produção à quantidade Q_3. O que ocorreria se eles pensassem que poderiam vender tudo o que desejassem ao preço mais elevado e passassem a produzir com base em tal suposição? Essa situação é ilustrada na Figura 9.7, onde $P_{mín}$ indica o preço mínimo estabelecido pelo governo. Agora, a quantidade ofertada é Q_2 e a quantidade demandada é Q_3 — a diferença entre elas representa a oferta excessiva e não comercializada. Determinemos, então, as mudanças resultantes nos excedentes do consumidor e do produtor.

Aqueles consumidores que ainda adquirem a mercadoria devem agora pagar por ela um preço mais elevado, sofrendo, assim, a perda de um excedente, a qual é representada pelo retângulo A da Figura 9.7. Por outro lado, alguns consumidores deixam o mercado por causa do preço mais elevado, sofrendo uma correspondente perda de excedente, representada agora pelo triângulo B. Portanto, a variação total ocorrida no excedente do consumidor é

$$\Delta EC = -A - B$$

Os consumidores claramente saem perdendo com essa política.

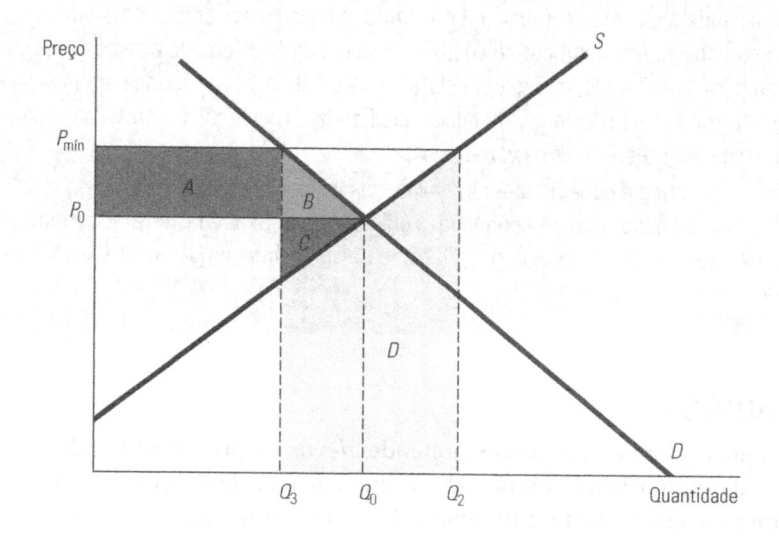

FIGURA 9.7 PREÇO MÍNIMO

O preço é regulamentado de forma que não seja inferior a $P_{mín}$. Os produtores gostariam de ofertar Q_2, mas os consumidores comprarão apenas Q_3. Se os produtores de fato ofertarem Q_2, o montante $Q_2 - Q_3$ não será vendido e a variação do excedente do produtor será $A - C - D$. Nesse caso, os produtores em conjunto estarão em pior situação.

Como estarão os produtores? Eles recebem um preço mais elevado pelas unidades que vendem, o que resulta em um aumento de excedente representado pelo retângulo A. (O retângulo A simboliza a transferência de dinheiro dos consumidores para os produtores.) No entanto, a queda das vendas de Q_0 para Q_3 resulta em uma perda de excedente que é representada pelo triângulo C. Por fim, considere o custo para os produtores da expansão da produção de Q_0 para Q_2. Como eles estão vendendo apenas a quantidade Q_3, não existe receita capaz de cobrir o custo da produção $Q_2 - Q_3$. De que maneira podemos medir esse custo? Lembre-se de que a curva de oferta é a curva de custo marginal agregado do setor. A curva de oferta nos fornece, portanto, o custo adicional de produção de cada unidade adicional. Dessa maneira, a área situada sob a curva de oferta que vai de Q_3 a Q_2 é o custo de produção da quantidade $Q_2 - Q_3$. Esse custo é representado pelo trapézio sombreado D.

Portanto, a menos que os produtores reajam ao excesso de oferta com cortes de produção, a variação total do excedente do produtor será expressa pela equação

$$\Delta EP = A - C - D$$

Considerando-se que o trapézio D pode ser razoavelmente grande, um preço mínimo pode até resultar em uma perda líquida de excedente apenas para os produtores! Em consequência, essa forma de intervenção governamental pode ocasionar uma redução de lucros para os produtores, devido ao custo do excesso de produção.

Outro exemplo de preço mínimo imposto pelo governo é a lei do salário mínimo. O efeito dessa política encontra-se ilustrado na Figura 9.8, que mostra a oferta e a demanda de trabalho. O salário é definido no ponto $w_{mín}$, em um nível superior ao do salário de equilíbrio de mercado w_0. Em consequência, os trabalhadores que conseguem encontrar emprego podem obter um salário mais elevado. Entretanto, algumas pessoas que desejam trabalhar não conseguirão encontrar emprego. Essa política tem como resultado o desemprego, que na ilustração é representado por $L_2 - L_1$. Examinaremos o salário mínimo em mais detalhes no Capítulo 14.

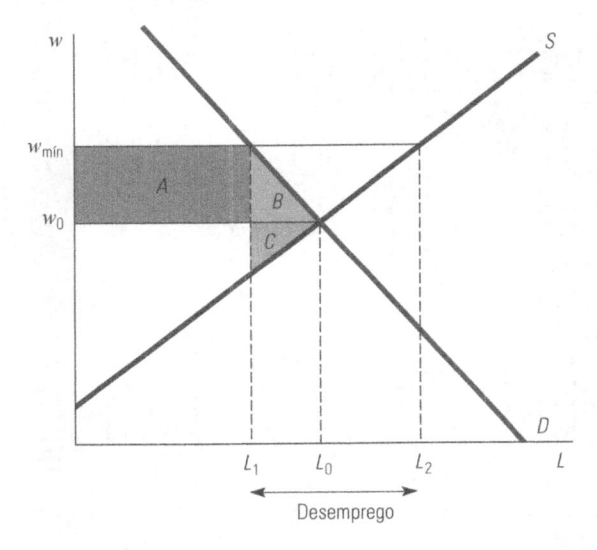

FIGURA 9.8   SALÁRIO MÍNIMO

Embora o salário de equilíbrio seja w_0, as empresas são obrigadas a pagar pelo menos $w_{mín}$. Isso resulta em desemprego no montante igual a $L_2 - L_1$ e o peso morto é dado pelos triângulos B e C.

EXEMPLO 9.3   REGULAMENTAÇÃO PARA EMPRESAS AÉREAS

Antes de 1980, o setor aeroviário nos Estados Unidos parecia bastante diferente do que é hoje. As tarifas e as rotas eram estritamente regulamentadas pelo órgão de aeronáutica civil dos Estados Unidos (Civil Aeronautics Board — CAB). O CAB definia a maior parte das tarifas muito acima do que teria prevalecido em um livre mercado. Ele também restringia a entrada no setor, de tal maneira que muitas rotas eram operadas apenas por uma ou duas empresas. Depois da década de 1970, porém, o CAB deixou de regulamentar as tarifas aéreas e permitiu que as empresas operassem quaisquer rotas que desejassem. Por volta de 1981, o setor já se encontrava completamente desregulamentado, de tal modo que o próprio CAB foi dissolvido em 1982. Desde essa época, muitas empresas aéreas surgiram, outras fecharam as portas, e a competição de preços se tornou muito mais intensa.

Muitos executivos temiam que a desregulamentação ocasionasse uma situação caótica no setor aeroviário, com pressões competitivas causando acentuadas reduções de lucros e até mesmo falências. Afinal, o motivo original da regulamentação do CAB era proporcionar "estabilidade" em um setor considerado vital para a economia dos Estados Unidos. É possível que algumas pessoas pensassem que, por meio da manutenção dos preços em níveis superiores aos de mercado, os lucros poderiam ser maiores do que em um mercado livre.

A desregulamentação realmente causou importantes modificações no setor. Algumas empresas aéreas se fundiram ou encerraram suas atividades, enquanto outras entraram no setor. Embora os preços tenham caído consideravelmente (o que beneficiou os consumidores), os lucros de uma forma geral não caíram muito, pois os preços mínimos definidos pelo CAB haviam gerado ineficiências e custos artificialmente elevados. O efeito dos preços mínimos é ilustrado na Figura 9.9, em que P_0 e Q_0 são, respectivamente, o preço e a quantidade de equilíbrio de mercado, P_{min} é o preço mínimo definido pelo CAB e Q_1 é a quantidade demandada a esse preço mais elevado. O problema foi que, ao preço P_{min}, as empresas aéreas estavam dispostas a ofertar uma quantidade Q_2, muito superior a Q_1. Embora não tenham expandido sua produção até Q_2, elas aumentaram sua produção bem além de Q_1 — chegando a atingir Q_3, conforme mostra a figura —, esperando poder vender essa quantidade à custa dos concorrentes. Como resultado, o fator de utilização (isto é, o percentual de lugares ocupados) revelou-se relativamente baixo, da mesma maneira que os lucros. (O trapézio D mede o custo da produção que não se conseguiu vender.)

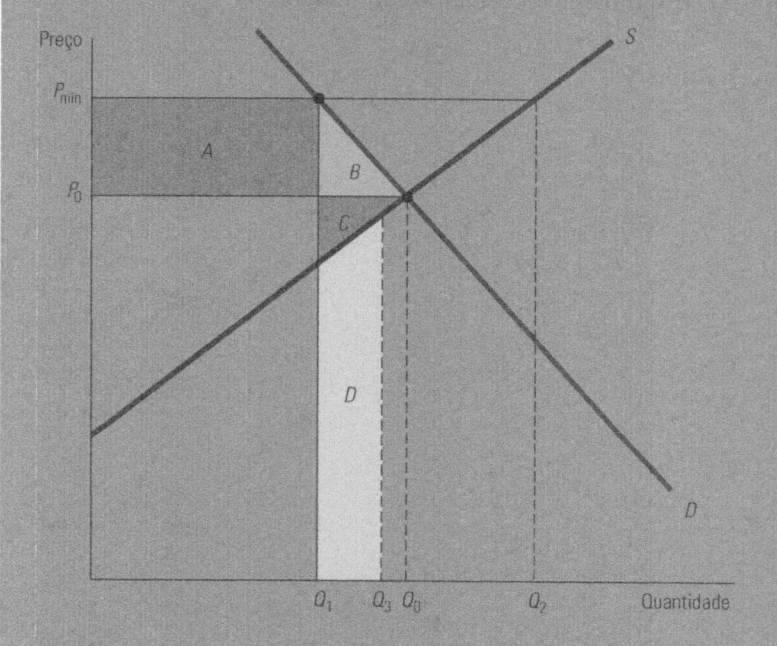

FIGURA 9.9 EFEITO DA REGULAMENTAÇÃO NORTE-AMERICANA DAS EMPRESAS AÉREAS FEITA PELO ÓRGÃO DE AVIAÇÃO CIVIL

Ao preço P_{min}, as empresas de aviação gostariam de ofertar Q_2, bem acima da quantidade Q_1 que os consumidores adquiririam. Aqui, elas estão ofertando Q_3. O trapézio D é o custo da produção não vendida. Os lucros das companhias podem ser menores como resultado da regulamentação, pois em conjunto o triângulo C e o trapézio D podem ser maiores que o retângulo A. Além disso, os consumidores perdem $A + B$.

A Tabela 9.1 fornece alguns números importantes que ilustram a evolução do setor aeroviário nos Estados Unidos.[6] Apesar de o número de empresas ter apresentado significativa elevação após a desregulamentação, o mesmo também ocorreu com o fator de ocupação de assentos. A taxa passageiro-milha (a receita por passageiro-milha transportado) apresentou uma forte redução em termos reais (com o ajuste pela inflação) de 1980 a 1990 e mostrou uma queda contínua até 2010. Essa queda foi resultado do aumento da competição e da redução nas tarifas, tornando o transporte aéreo acessível para muito mais consumidores.

---

6 Department of Commerce, Air Transport Association.

TABELA 9.1	Dados do setor aeroviário nos Estados Unidos				
	1975	1980	1990	2000	2010
Número de empresas nos EUA	36	63	70	94	63
Fator de ocupação de assentos (%)	54,0	58,0	62,4	72,1	82,1
Taxa passageiro-milha (dólares constantes de 1995)	0,218	0,210	0,149	0,118	0,094
Índice de custo real (1995 = 100)	101	145	119	89	148
Índice de custo real do combustível (1995 = 100)	249	300	163	125	342
Índice de custo real corrigido em relação aos aumentos de combustível (1995 = 100)	71	87	104	85	76

Como ficaram os custos? O índice de custos reais mostra que, mesmo depois de ajustado pela inflação, ele aumentou cerca de 45% entre 1975 e 1980, e caiu consideravelmente ao longo dos 20 anos seguintes. Porém, esse fato deveu-se à acentuada elevação dos custos de combustível, que por sua vez é controlada pelas variações no preço do petróleo. (Para a maioria das empresas aéreas, o combustível é responsável por cerca de 30% dos custos totais de operação.) Como mostra a Tabela 9.1, o custo real do combustível flutuou drasticamente e isso não teve ligação alguma com a desregulamentação. Como as companhias não têm controle algum sobre o preço dos combustíveis, vale mais a pena observar o índice de custo real "corrigido", pois ele exclui a oscilação de preços de combustível. Os custos reais com combustível aumentaram consideravelmente de 1975 a 1980, o que leva em conta grande parte do aumento no índice de custo real. Os custos reais com combustível quase triplicaram de 2000 a 2010 (devido a aumentos acentuados no preço do petróleo); se o preço do combustível não tivesse subido, os índices de custo real teriam diminuído (de 85 para 76), em vez de aumentar bruscamente (de 89 para 148).

Qual foi, então, o resultado da desregulamentação do setor aeroviário para consumidores e produtores? Como novas empresas entraram no setor e as tarifas caíram, os consumidores beneficiaram-se. Esse fato deve-se ao aumento no excedente do consumidor, representado pelo retângulo *A* e pelo triângulo *B* na Figura 9.9. (O benefício real para os consumidores foi um pouco menor porque a *qualidade* declinou à medida que aumentou o número de assentos ocupados nos aviões e os atrasos e cancelamentos se multiplicaram.) Quanto às empresas aéreas, tiveram de aprender a conviver em um ambiente mais competitivo — portanto, mais turbulento —, e algumas não conseguiram sobreviver. Mas, de forma geral, as empresas aéreas tornaram-se de tal modo mais eficientes que talvez tenha ocorrido uma elevação do excedente do produtor. O ganho de bem-estar total foi positivo e muito grande.[7]

9.4 Sustentação de preços e quotas de produção

Além de impor preços mínimos, o governo pode elevar o preço de determinada mercadoria de outras maneiras. Uma grande parte da política agrícola dos Estados Unidos está baseada em um sistema de **sustentação de preços** (também conhecido como **suporte de preços**), por meio do qual o governo fixa o preço de mercado de um produto acima do nível de mercado livre e adquire a produção necessária para manter esse preço. O governo pode também aumentar o preço pela *restrição da produção*, diretamente ou por meio de incentivos para os produtores. Nesta seção, mostraremos o funcionamento dessas políticas e examinaremos seu impacto sobre os consumidores, os produtores e o orçamento federal.

sustentação de preços (ou suporte de preços)

Preço fixado pelo governo acima do nível de mercado livre e mantido por meio de compras governamentais da oferta excedente.

---

[7] Estudos sobre os efeitos da desregulamentação incluem o seguinte material: John M. Trapani e C. Vincent Olson, "An Analysis of the Impact of Open Entry on Price and the Quality of Service in the Airline Industry", *Review of Economics and Statistics* 64, fev. 1982, p. 118-138; David R. Graham, Daniel P. Kaplan e David S. Sibley, "Efficiency and Competition in the Airline Industry", *Bell Journal of Economics*, 1983, p. 118-138; S. Morrison e Clifford Whinston, *The Economic Effects of Airline Deregulation*. Washington: Brookings Institution, 1986; e Nancy L. Rose, "Profitability and Product Quality: Economic Determinants of Airline Safety Performance", *Journal of Political Economy* 98, out. 1990, p. 944-964.

Sustentação de preços

Nos Estados Unidos, a política de sustentação de preços tem por objetivo o aumento do preço do leite e de seus derivados, do tabaco, do milho, do amendoim e de outros produtos, de tal maneira que os produtores dessas mercadorias possam obter uma renda mais elevada. Sob um programa de sustentação de preços, o governo determina o preço mínimo P_s e então adquire toda a produção necessária para que o preço de mercado seja mantido nesse nível. A Figura 9.10 ilustra esse fato. Vamos examinar os decorrentes ganhos e perdas para consumidores, produtores e governo.

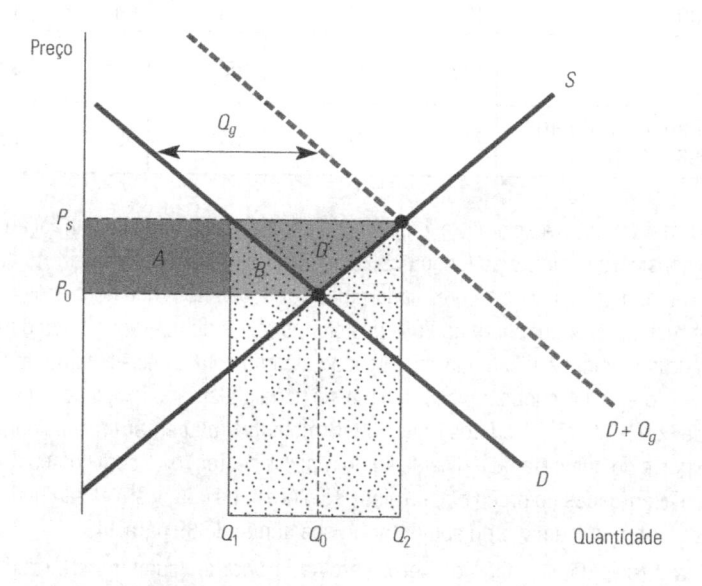

FIGURA 9.10 SUSTENTAÇÃO DE PREÇOS

Para manter um preço P_s mais elevado que o preço de equilíbrio P_0, o governo adquire a quantidade Q_g. O ganho obtido pelos produtores é de $A + B + D$ e a perda sofrida pelos consumidores é de $A + B$. O custo para o governo é representado pelo retângulo pontilhado, cuja área é $P_s(Q_2 - Q_1)$.

CONSUMIDORES Ao preço P_s, a demanda dos consumidores cai para Q_1 mas a oferta aumenta para Q_2. Para manter o preço e evitar que estoques se acumulem nos armazéns dos produtores, o governo deve adquirir a quantidade $Q_g = Q_2 - Q_1$. Na prática, como o governo adiciona sua parcela de demanda Q_g à demanda dos consumidores, os produtores podem vender tudo o que desejam pelo preço P_s.

Como os consumidores que adquirem a mercadoria precisam pagar o preço mais elevado P_s em vez de P_0, acabam sofrendo uma perda de excedente do consumidor, representada pelo retângulo A. Em virtude do preço elevado, outros consumidores deixam de adquirir a mercadoria ou então passam a adquirir quantidades menores, sendo sua perda de excedente representada pelo triângulo B. Portanto, da mesma forma que no caso do preço mínimo, examinado antes, os consumidores perdem, sendo que agora sua perda é igual ao montante

$$\Delta EC = -A - B$$

PRODUTORES Por outro lado, os produtores ganham (razão pela qual essa política foi implementada). Os produtores agora estão vendendo uma quantidade maior, Q_2, em vez de Q_0 e por um preço mais elevado, P_s. Observemos na Figura 9.10 que o excedente do produtor aumenta da seguinte maneira:

$$\Delta EP = A + B + D$$

GOVERNO No entanto, existe também um custo para o governo (que deve ser compensado com impostos, acarretando, assim, no fim das contas, um custo para os consumidores). O custo para o governo é $(Q_2 - Q_1)P_s$, que é o valor pago pelas aquisições de produção feitas pelo governo. Na Figura 9.10, esse valor é representado pelo grande retângulo pontilhado. Tal custo pode ser menor se o governo puder praticar o chamado "despejo" de alguns dos produtos adquiridos — isto é, vendê-los no exterior a preços baixos. Entretanto, ao fazer isso, ele diminui a possibilidade de os próprios produtores internos venderem seus produtos em mercados externos, e é a esses produtores que o governo está tentando agradar em primeiro lugar.

Qual será o custo total dessa política em termos de bem-estar? Para descobrirmos, teremos de somar a variação do excedente do consumidor com a variação do excedente do produtor e então subtrair o custo para o governo. Dessa maneira, podemos verificar que a variação total do bem-estar é

$$\Delta EC + \Delta EP - \text{Custo para o governo} = D - (Q_2 - Q_1)P_s$$

Pela Figura 9.10, a sociedade como um todo tem seu bem-estar piorado, em um valor representado pela diferença entre a área do grande retângulo pontilhado e a área do triângulo D.

Como veremos no Exemplo 9.4, tal perda de bem-estar pode assumir proporções imensas. Contudo, o pior aspecto dessa política é o fato de que existe uma maneira muito mais eficiente de melhorar a situação dos produtores rurais. Se o objetivo é dar a eles uma renda adicional igual a $A + B + D$, seria muito menos dispendioso para a sociedade que eles recebessem esse dinheiro diretamente, em vez de por meio da política de sustentação de preços. Como a sustentação de preços, de qualquer forma, já está custando $A + B$ aos consumidores, pagando diretamente aos produtores rurais a sociedade economizaria a diferença entre o grande retângulo pontilhado e o triângulo D. Então, por que é que o governo simplesmente não doa dinheiro a esses produtores? Talvez porque a sustentação de preços seja uma forma menos óbvia de efetuar tal doação e, portanto, politicamente mais atraente.[8]

Quotas de produção

Além de entrar no mercado e adquirir produtos — o que causa um aumento da demanda total —, o governo também pode fazer com que o preço de uma mercadoria aumente por meio da *redução da oferta*. Isso pode ser feito por decreto — isto é, pela simples definição de quotas de produção para cada empresa. Com quotas apropriadas, o preço pode então ser forçado a subir até que atinja qualquer patamar arbitrariamente determinado.

Como veremos no Exemplo 9.5, é exatamente essa a maneira pela qual muitas administrações municipais mantêm elevadas as tarifas dos táxis. Elas restringem a oferta total por meio da exigência de que cada táxi seja portador de uma licença, limitando então o número total de licenças concedidas. Outro exemplo é o controle de licenças para venda de bebidas alcoólicas exercido pelos governos estaduais nos Estados Unidos. Eles exigem, primeiro, que cada bar ou restaurante que venda bebida alcoólica possua uma autorização e, posteriormente, restringem o número de autorizações expedidas, limitando, assim, a entrada no mercado de novos proprietários de bares e restaurantes e permitindo que aqueles que já possuem autorização possam cobrar preços mais elevados e obter maiores lucros.

Os efeitos sobre o bem-estar das quotas de produção são mostrados na Figura 9.11. O governo restringe a quantidade ofertada a Q_1, e não ao nível Q_0 que equilibra o mercado. Dessa maneira, a curva de oferta torna-se a linha vertical S' que passa por Q_1. O excedente

---

8 Na prática, a política de preços mínimos para muitos produtos agrícolas é efetuada por meio de empréstimos. A taxa de empréstimo na verdade implica na fixação de um preço mínimo para o produtor. Se, durante o período do empréstimo, os preços de mercado não forem altos o suficiente, os produtores poderão entregar sua produção ao governo (especificamente, para o órgão denominado Commodity Credit Corporation), que será recebida como *pleno pagamento do empréstimo*. Claro, os produtores se sentem estimulados a tomar tal providência, a menos que o preço de mercado se torne mais elevado do que o preço mínimo fixado pelo governo.

do consumidor é reduzido pelo retângulo A (os consumidores que compram a mercadoria pagam um preço mais alto) mais o triângulo B (ao preço elevado, alguns consumidores não mais adquirem a mercadoria). Os produtores ganham o retângulo A (por meio da venda a um preço mais elevado), mas perdem o triângulo C (porque eles agora produzem e vendem Q_1 em vez de Q_0). Mais uma vez, há um peso morto dado pelos triângulos B e C.

PROGRAMAS DE INCENTIVO De acordo com a política agrícola dos Estados Unidos, o nível de produção é reduzido por meio de incentivos, e não pelo emprego de quotas especificamente determinadas. Os *programas de limitação de área de plantio* proporcionam aos agricultores os incentivos financeiros para que não cultivem uma parte de suas terras. A Figura 9.11 também mostra os efeitos sobre o bem-estar da redução da oferta dessa maneira. Observe que, como os agricultores concordam em limitar a área de plantio, as curvas de oferta mais uma vez se tornam completamente inelásticas para a quantidade Q_1 e o preço de mercado aumenta de P_0 para P_s.

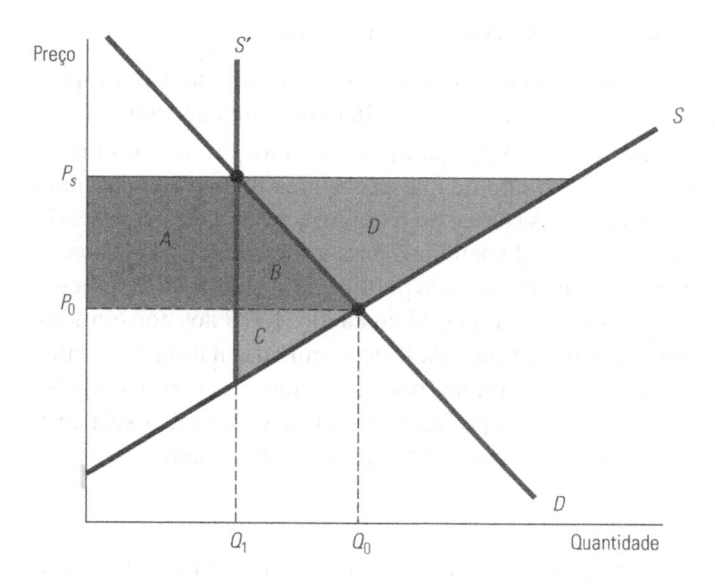

FIGURA 9.11 RESTRIÇÕES DE OFERTA

Para manter o preço P_s mais elevado que o preço de equilíbrio P_0, o governo pode restringir a oferta a Q_1 ao impor a produção de quotas (como no caso das licenças de táxi) ou ao fornecer aos produtores um incentivo financeiro para reduzir a quantidade produzida (como no caso das limitações de áreas agrícolas). Para que o incentivo funcione, ele deve ser pelo menos igual a $B + C + D$, que seria o lucro adicional obtido por meio do plantio, dado o preço mais elevado P_s. O custo para o governo é, portanto, de pelo menos $B + C + D$.

Com quotas de produção diretas, a variação ocorrida no excedente do consumidor é

$$\Delta EC = -A - B$$

Os agricultores agora recebem um preço mais elevado pela produção Q_1, o que corresponde a um ganho de excedente representado pelo retângulo A. Entretanto, como a produção diminuiu de Q_0 para Q_1, existe uma perda de excedente do produtor representada pelo triângulo C. Por fim, os agricultores recebem dinheiro do governo como incentivo para reduzir sua produção. Portanto, a variação total ocorrida no excedente do produtor é

$$\Delta EP = A - C + \text{Pagamentos para não produzir}$$

O custo para o governo refere-se a um pagamento suficiente para incentivar os produtores a reduzir o nível de produção a Q_1. Tal incentivo necessita ser pelo menos tão grande quanto $B + C + D$, pois essa área representa o lucro adicional que poderia ser obtido por meio do plantio, *ao preço mais elevado P_s*. (Lembremo-nos de que o preço mais elevado P_s proporciona aos produtores um estímulo para que produzam *mais*, mesmo que o governo esteja tentando induzi-los a produzir *menos*.) Dessa maneira, o custo para o governo é de pelo menos $B + C + D$ e a variação total ocorrida no excedente do produtor é

$$\Delta EP = A - C + B + C + D = A + B + D$$

Essa é a mesma variação ocorrida no excedente do produtor no caso em que uma política de sustentação de preços é mantida por meio de aquisições de produto feitas pelo governo. (Veja a Figura 9.10.) Para os agricultores, então, deveria ser indiferente qualquer uma dessas duas políticas, porque eles acabam ganhando o mesmo com ambas. Da mesma maneira, nos dois casos os consumidores perdem a mesma quantia.

Qual das duas políticas é mais dispendiosa para o governo? A resposta dependerá de a soma dos triângulos $B + C + D$ na Figura 9.11 ser maior ou menor do que $(Q_2 - Q_1)P_s$ (representado pelo grande retângulo pontilhado) na Figura 9.10. Em geral, ela será menor e, assim, o programa de limitação de área de plantio custará menos para o governo (e para a sociedade) do que a sustentação de preços efetuada por meio de aquisições de produção pelo governo.

Ainda assim, mesmo um programa de limitação de área de plantio torna-se mais dispendioso para a sociedade do que a simples doação do dinheiro aos agricultores. A variação do bem-estar total ($\Delta EC + \Delta EP -$ Custo para o governo) sob o programa de limitação de área de plantio é

$$\Delta\text{Bem-estar} = -A - B + A + B + D - B - C - D = -B - C$$

A sociedade estaria nitidamente em melhor situação em termos de eficiência se o governo apenas doasse $A + B + D$ aos agricultores, deixando de intervir nos preços e nos níveis de produção. Os produtores teriam um ganho de $A + B + D$, o governo perderia $A + B + D$ e, no total, haveria uma variação zero de bem-estar, em vez de uma perda de $B + C$. Entretanto, a eficiência econômica nem sempre é o objetivo da política governamental.

EXEMPLO 9.4 POLÍTICA DE PREÇO MÍNIMO PARA O TRIGO

Nos exemplos 2.5 e 4.3, começamos a examinar o mercado do trigo nos Estados Unidos. Usando simples curvas lineares de oferta e de demanda, pudemos descobrir que o preço de equilíbrio do trigo era de US$ 3,46 em 1981, tendo, porém, caído para US$ 2,78 em 2002, por causa de uma queda na demanda de exportação. Na verdade, os programas do governo mantiveram alto o preço real do trigo e forneceram subsídios diretos aos agricultores. De que maneira funcionavam tais programas, quanto eles acabaram custando para os consumidores e em quanto aumentaram o déficit federal?

Primeiro, vamos examinar o mercado em 1981. Naquele ano, não havia limitações efetivas para a produção de trigo, mas o preço subiu para US$ 3,70 graças às aquisições de produção feitas pelo governo. Que quantidades o governo teria de adquirir para fazer com que o preço aumentasse de US$ 3,46 para US$ 3,70? Para responder a essa questão, é preciso primeiro escrever as equações da oferta e da demanda total (demanda doméstica mais demanda de exportação):

Oferta em 1981: $Q_S = 1.800 + 240P$

Demanda em 1981: $Q_D = 3.550 - 266P$

Igualando oferta e demanda é possível verificar que o preço de equilíbrio é US$ 3,46 e que a quantidade produzida é de 2.630 milhões de bushels. A Figura 9.12 ilustra esse fato.

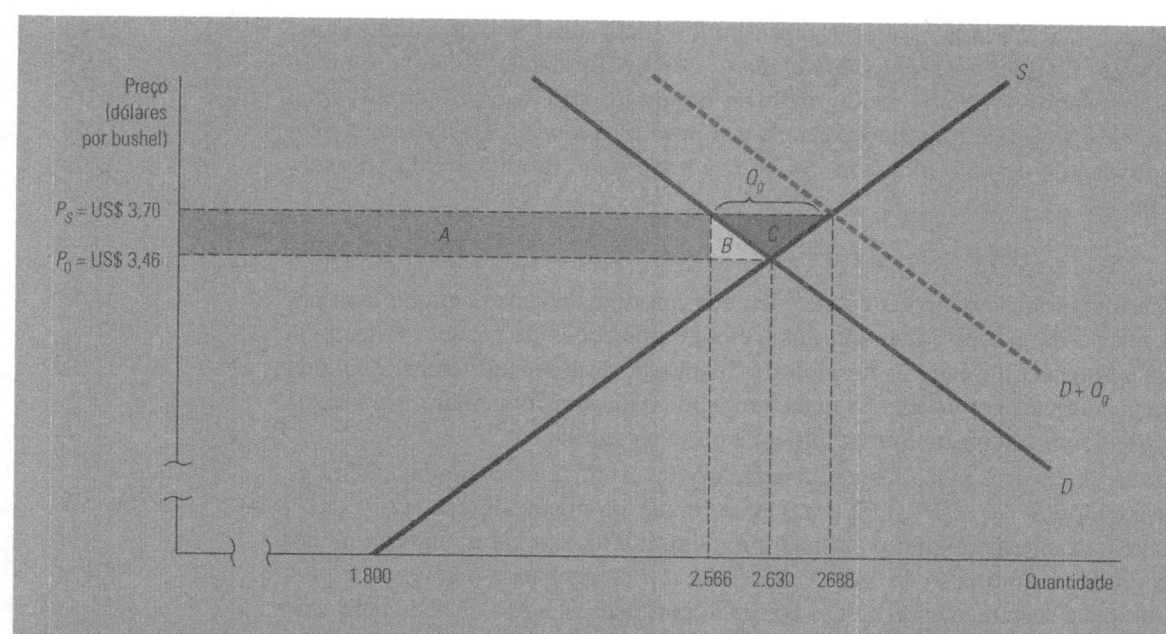

FIGURA 9.12 — MERCADO DE TRIGO EM 1981

Comprando 122 milhões de bushels de trigo, o governo eleva o preço de equilíbrio de US$ 3,46 para US$ 3,70 por bushel.

Para elevar o preço para US$ 3,70, o governo deve adquirir uma quantidade de trigo Q_g. A demanda total (setor privado + governo) será, então:

$$\text{Demanda total em 1981: } Q_{DT} = 3.550 - 266P + Q_g$$

Agora, igualando a oferta a essa demanda total, temos

$$1.800 + 240P = 3.550 - 266P + Q_g$$

ou seja

$$Q_g = 506P - 1.750$$

Essa equação pode ser utilizada na determinação da quantidade necessária de aquisição de trigo que deverá ser feita pelo governo Q_g em virtude da sustentação de preço ao nível P. Portanto, para poder elevar o preço para US$ 3,70, o governo deve adquirir

$$Q_g = (506)(3,70) - 1.750 = 122 \text{ milhões de bushels}$$

Observe que, na Figura 9.12, esses 122 milhões de bushels são representados pela diferença entre a oferta ao preço de US$ 3,70 (2.688 milhões de bushels) e a demanda do setor privado (2.566 milhões de bushels). Essa figura também mostra os ganhos e perdas de consumidores e produtores. Lembre-se de que a perda dos consumidores era representada pela soma do retângulo A com o triângulo B. Você pode então verificar que o retângulo A é $(3,70 - 3,46)(2.566) = $ US$ 616 milhões e que o triângulo B é $(1/2)(3,70 - 3,46)(2.630 - 2.566) = $ US$ 8 milhões, portanto, o custo para os consumidores é de US$ 624 milhões.

O custo para o governo é calculado multiplicando-se os US$ 3,70 que ele paga pelo trigo pelos 122 milhões de bushels que adquire, ou seja, US$ 451,4 milhões. O custo total do programa é, então, US$ 624 milhões + US$ 451,4 milhões = US$ 1.075 milhões. Compare esse valor com o ganho dos produtores, representado pela soma do retângulo A com os triângulos B e C. Esse ganho é de US$ 638 milhões.

A política de sustentação de preços do trigo em 1981 foi dispendiosa. Para elevar o excedente dos produtores em US$ 638 milhões, os consumidores e os contribuintes tiveram de pagar em conjunto US$ 1.076 milhões. Entretanto, na realidade, os contribuintes pagaram ainda mais. Os produtores de trigo também receberam subsídios de US$ 0,30 por bushel, o que representa outros US$ 806 milhões.

Em 1996, o Congresso dos Estados Unidos votou um novo projeto de lei, apelidado de "Freedom to Farm" [Liberdade para as Fazendas]. Ele foi criado para reduzir o papel do governo e tornar a agricultura mais voltada para o mercado.

A lei eliminou as cotas de produção (para trigo, milho, arroz e outros produtos) e reduziu aos poucos as compras e subsídios do governo ao longo de 2003. Porém, a lei não desregulamentou completamente a agricultura dos Estados Unidos. Por exemplo, os programas de sustentação de preço para amendoim e açúcar continuaram válidos. Além disso, as políticas de sustentação de preço e as quotas de produção anteriores a 1996 seriam restabelecidas, a menos que o Congresso renovasse a lei em 2003. (O Congresso não a renovou — veja mais sobre isso adiante.) Mesmo sob a lei de 1996, os subsídios agrícolas continuaram sendo substanciais.

No Exemplo 2.5, vimos que o preço de equilíbrio do mercado do trigo em 2007 aumentou para cerca de US$ 6,00 por bushel. As curvas de oferta e de demanda naquele ano apresentavam as seguintes equações:

$$\text{Demanda: } Q_D = 2.900 - 125P$$

$$\text{Oferta: } Q_S = 1.460 + 115P$$

Você pode verificar que a quantidade de equilíbrio do mercado é de 2.150 milhões de bushels.

O Congresso norte-americano não renovou o Freedom to Farm Act de 1996. Em vez disso, em 2002, os parlamentares e o gabinete de George W. Bush basicamente reverteram os efeitos da lei de 1996 pela aprovação do Farm Security and Rural Investment Act (Lei de Segurança Agrícola e Investimento Rural), que restabeleceu os subsídios para a maioria dos cultivos, em particular os de grãos e algodão.[9] Embora a lei não tenha restaurado explicitamente a política de sustentação de preços, deixava nas mãos do governo fazer "pagamentos diretos fixos" aos produtores, com base em uma taxa de pagamento fixa e no número de acres da propriedade para cada cultura em particular. Usando os níveis de produção e o número de acres da cultura de trigo nos Estados Unidos em 2001, podemos calcular que a nova lei custará aos contribuintes perto de US$ 1,1 bilhão em pagamentos anuais apenas para os triticultores.[10] A lei agrícola de 2002 foi projetada para custar aos contribuintes US$ 190 bilhões ao longo dos 10 anos seguintes.

O Congresso revisou os subsídios agrícolas em 2007. Para a maioria das culturas, as taxas anteriores de subsídio ou foram mantidas ou aumentaram, elevando ainda mais a carga fiscal para os contribuintes norte-americanos. De fato, o Food, Conservation, and Energy Act de 2008 aumentou as taxas de subsídio na maioria das colheitas em 2012, a um custo projetado de US$ 284 bilhões por cinco anos. Recentemente, porém, o pêndulo oscilou novamente na direção da eliminação dos subsídios e novos cortes foram aprovados como parte do acordo para equacionar a crise orçamentária de 2011.

EXEMPLO 9.5 POR QUE NÃO CONSIGO PEGAR UM TÁXI?

Já tentou pegar um táxi em Nova York? Boa sorte! Se estiver chovendo ou em horário de pico, você poderá esperar uma hora até conseguir um táxi livre. Por quê? Por que não existem mais táxis em Nova York?

O motivo é simples. A cidade de Nova York limita o número de táxis exigindo que cada táxi tenha uma *licença* (na essência, uma permissão) e depois limitando o número de licenças. Em 2011, havia 13.150 licenças para táxis em Nova York — mais ou menos o mesmo número de 1937, uma época em que era muito mais fácil achar um táxi. Porém, desde 1937, a cidade cresceu e a demanda por corridas de táxi aumentou bastante, de modo que agora o limite de 13.150 licenças é uma restrição que pode tornar a vida difícil para os nova-iorquinos. Mas isso levanta outra questão. Por que uma cidade faria algo que tornasse a vida mais difícil para os seus cidadãos? Por que apenas não aumenta o número de licenças?

Mais uma vez, o motivo é simples. Isso causaria a ira dos atuais proprietários de licenças — principalmente, empresas de táxi que alugam as licenças e táxis aos motoristas, e possuem um considerável poder político e de *lobby*. As licenças podem ser compradas e vendidas pelas empresas que as possuem. Em 1937, havia muitas licenças, de modo que elas tinham pouco valor.

---

9 Veja Mike Allen, "Bush Signs Bill Providing Big Farm Subsidy Increases", *The Washington Post* 14, maio 2002; e David E. Sanger, "Reversing Course, Bush Signs Bill Raising Farm Subsidies", *The New York Times*, 14 maio 2002.

10 Pagamentos diretos ao trigo em 2001 (estimativa) = (taxa de pagamento) * (produção subsidiada) * (número de acres) * 0,85 = (US$ 0,52) * (40,2) * (59.617.000) * 0,85 = US$ 1,06 bilhão.

Em 1947, o valor de uma licença tinha aumentado para US$ 2.500, em 1980 para US$ 55.000 e, em 2011, para US$ 880.000. É isso mesmo — como Nova York não emitirá mais licenças, o valor de uma licença de táxi está chegando perto de US$ 1 milhão! Mas é claro que esse valor cairia bruscamente se a cidade começasse a emitir mais licenças. Assim, as empresas de táxi de Nova York, que em conjunto possuem as 13.150 licenças disponíveis, fizeram todo o possível para impedir que a cidade emita mais licenças — e tiveram sucesso com isso.

A situação é ilustrada na Figura 9.13. A curva de demanda D e a curva de oferta S são baseadas nas elasticidades tomadas de estudos estatísticos dos mercados de táxi em Nova York e outras cidades.[11] Se a cidade tivesse de emitir outras 7.000 licenças para obter um total de cerca de 20.000, a demanda e a oferta se equilibrariam em um preço de cerca de US$ 350.000 cada — ainda muito alto, porém o suficiente para alugar táxis, entrar no negócio e ainda ter um lucro. Mas a oferta está restrita a 13.150, em um ponto onde a curva de oferta (rotulada com S') torna-se vertical e cruza a curva de demanda a um preço de US$ 880.000.

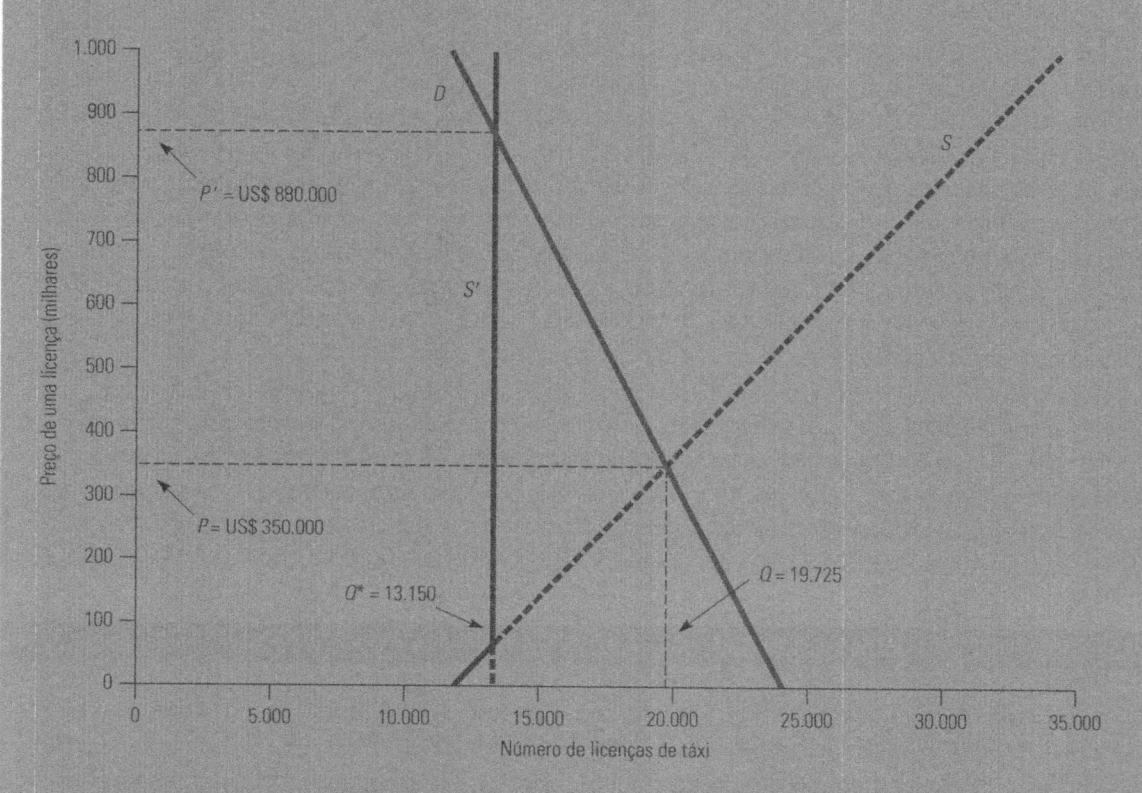

FIGURA 9.13 LICENÇAS DE TÁXI NA CIDADE DE NOVA YORK

A curva de demanda D mostra a quantidade de licenças demandadas pelas empresas de táxi como uma função do preço de uma licença. A curva de oferta S mostra o número de licenças que seriam vendidas pelos proprietários atuais como uma função do preço. Nova York limita a quantidade a 13.150, de modo que a curva de oferta torna-se vertical e cruza a demanda em US$ 880.000, o preço de mercado de uma licença em 2011.

Lembre-se de que a política de licenças de Nova York prejudica os motoristas de táxi e também os cidadãos que dependem dos táxis. A maior parte das licenças pertence a empresas de táxis — não a motoristas, que precisam alugá-las das empresas (uma pequena parte é reservada para motoristas proprietários). Para se tornar um motorista de táxi, é preciso passar em um teste prático e ser certificado. Em 2011, havia 44.000 motoristas certificados em Nova York, mas somente 13.150 deles podem dirigir um táxi a qualquer momento, deixando muitos desempregados.

---

[11] As elasticidades são tomadas de Bruce Schaller, "Elasticities for Taxicab Fares and Service Availability", *Transportation* 26, 1999, p. 283-297. Informações sobre as regulamentações de táxi de Nova York e os preços de licenças podem ser encontradas no site da Taxi and Limousine Commission de Nova York, em http://www.nyc.gov/tlc e em http://www.schallerconsult.com/taxi/.

Será que a cidade de Nova York é exclusiva em seu tratamento dos táxis? Decerto não. Em Boston, havia somente 1.825 licenças disponíveis em 2010, e elas foram compradas e vendidas a um preço de US$ 410.000. E tente encontrar um táxi em Milão, Roma, ou em quase qualquer outra cidade da Itália. O governo italiano restringe bastante o número de licenças, que pertencem não a grandes companhias de táxi, como em Nova York, mas a famílias, que têm influência política para preservar o valor de suas preciosas licenças.

9.5 Quotas e tarifas de importação

Muitos países utilizam **quotas e tarifas de importação** para manter o preço interno de um produto acima dos níveis mundiais, possibilitando, dessa maneira, que a indústria interna desfrute de lucros mais elevados do que conseguiria em condições de livre mercado. Como veremos, o custo desse tipo de proteção pode ser alto para os contribuintes, e as perdas sofridas pelos consumidores poderão exceder o ganho obtido pelos produtores internos.

Na ausência de quota ou tarifa de importação, um país importará uma mercadoria quando seu preço mundial estiver abaixo do preço de mercado que prevaleceria internamente caso não ocorressem importações. A Figura 9.14 ilustra esse princípio. S e D são as curvas de oferta e de demanda no mercado interno. Se não ocorressem importações, o preço e a quantidade de equilíbrio entre oferta e demanda no mercado interno seriam, respectivamente, P_0 e Q_0. Entretanto, como o preço mundial, P_w, situa-se abaixo de P_0, os consumidores do mercado interno sentem-se estimulados a adquirir o produto importado, e o farão caso não exista restrição às importações. Qual será a quantidade importada? O preço do mercado interno cairá ao nível do preço mundial, P_w; a esse preço mais baixo, a produção interna cairá para Q_s e o consumo interno aumentará para Q_d. A quantidade importada será a diferença entre o consumo interno e a produção interna, $Q_d - Q_s$.

quota de importação
Limite da quantidade de uma mercadoria que pode ser importada.

tarifa de importação
Imposto sobre uma mercadoria importada.

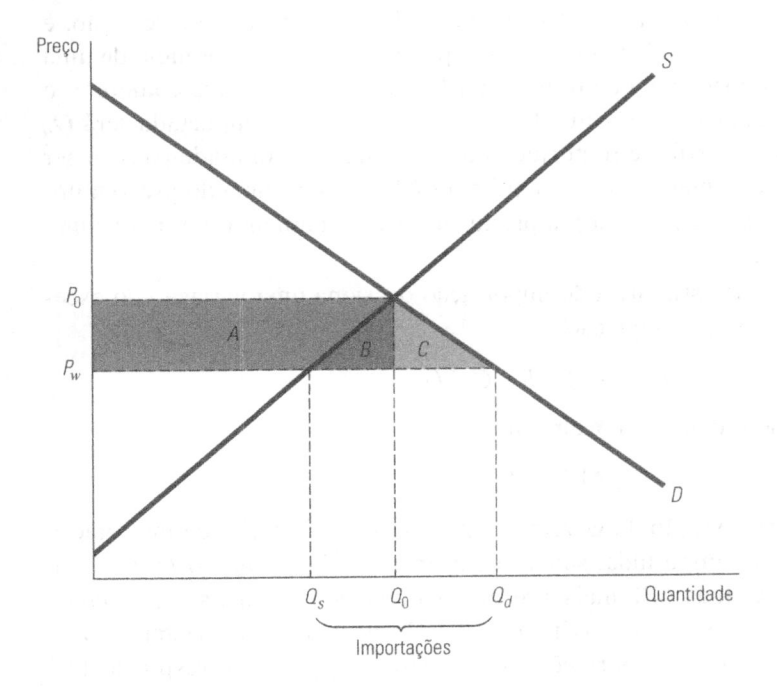

FIGURA 9.14 **TARIFA OU QUOTA DE IMPORTAÇÃO PARA ELIMINAR IMPORTAÇÕES**

Em um mercado livre, o preço interno é igual ao preço mundial, P_w. A quantidade demandada total Q_d é consumida, da qual Q_s é a quantidade ofertada internamente e o restante é importado. Quando as importações são eliminadas, o preço sobe para P_0. O ganho dos produtores é o trapézio A. A perda dos consumidores é $A + B + C$, sendo o peso morto igual a $B + C$.

Suponhamos agora que o governo, cedendo às pressões da indústria interna, elimine os importados do mercado, pela imposição de uma quota igual a zero — ou seja, proibindo qualquer importação da mercadoria. Quais serão os ganhos e as perdas decorrentes dessa política?

Não sendo permitidos os produtos importados, o preço interno subirá para P_0. Os consumidores que ainda adquirem a mercadoria (em quantidade Q_0) pagarão mais e sofrerão uma perda de excedente representada pela soma do trapézio A com o triângulo B. Além disso, devido ao preço mais elevado, alguns consumidores deixarão de adquirir a mercadoria, e, por essa razão, ocorrerá uma perda adicional de excedente do consumidor, que é representada pelo triângulo C. Portanto, a variação total do excedente do consumidor será

$$\Delta EC = -A - B - C$$

E o que ocorre com os produtores? O nível de produção agora é mais elevado (Q_0 em vez de Q_s), assim como seu preço (P_0 em vez de P_w). Portanto, o excedente do produtor sofre uma elevação, representada pelo trapézio A:

$$\Delta EP = A$$

A variação total de excedentes, $\Delta EC + \Delta EP$ é, portanto, $-B - C$. Assim, mais uma vez, há a ocorrência de peso morto, já que os consumidores perdem mais do que ganham os produtores.

As importações poderiam também ser reduzidas a zero por meio da imposição de uma tarifa suficientemente grande. Essa tarifa teria de ser igual ou maior do que a diferença entre P_0 e P_w. Com uma tarifa dessa dimensão, não existirão importações e, portanto, não haverá receita governamental decorrente da arrecadação de tarifa de importação, de tal forma que o impacto sobre os consumidores e produtores será o mesmo de quando há quotas.

Com maior frequência, a política governamental é elaborada visando à redução, e não à eliminação das importações. Novamente, isso pode ser efetuado por meio de uma tarifa ou uma quota de importação, como mostra a Figura 9.15. Sob livre comércio, o preço interno se tornará igual ao preço mundial, P_w, e a quantidade importada será $Q_d - Q_s$. Suponhamos que uma tarifa de importação de T dólares por unidade passe a ser arrecadada. Então, o preço doméstico aumentará para P^* (que é a soma do preço mundial com o valor da tarifa de importação), a produção interna aumentará e o consumo interno apresentará queda.

Na Figura 9.15, vemos que essa tarifa de importação ocasiona uma variação do excedente do consumidor, expressa pela equação

$$\Delta EC = -A - B - C - D$$

A variação do excedente do produtor é novamente

$$\Delta EP = A$$

Por fim, a receita de arrecadação do governo é igual ao valor da tarifa de importação multiplicado pela quantidade importada, sendo representada pelo retângulo D. A variação total do bem-estar, ΔEC mais ΔEP mais a receita obtida pelo governo, será, portanto: $-A - B - C - D + A + D = -B - C$. Os triângulos B e C novamente representam o peso morto decorrente da limitação de importações. (B representa a perda correspondente à parcela da produção interna que não foi vendida e C a perda referente à queda de consumo.)

Suponhamos que o governo utilize o sistema de quota em vez da tarifa para restringir as importações: os produtores estrangeiros poderão apenas remeter uma quantidade específica ($Q'_d - Q'_s$ na Figura 9.15) para o país em questão e poderão então cobrar o preço mais elevado P^* por seu produto vendido nesse país. As variações dos excedentes do consumidor e do produtor serão iguais às que ocorrem quando é utilizada a tarifa, mas em vez de o governo recolher a receita dessa tarifa de importação, representada pelo retângulo D, o dinheiro vai para as mãos dos produtores externos, na forma de lucros mais elevados. O país como um todo estará em situação pior do que estaria mediante a tarifa, perdendo D, assim como o peso morto B e C.[12]

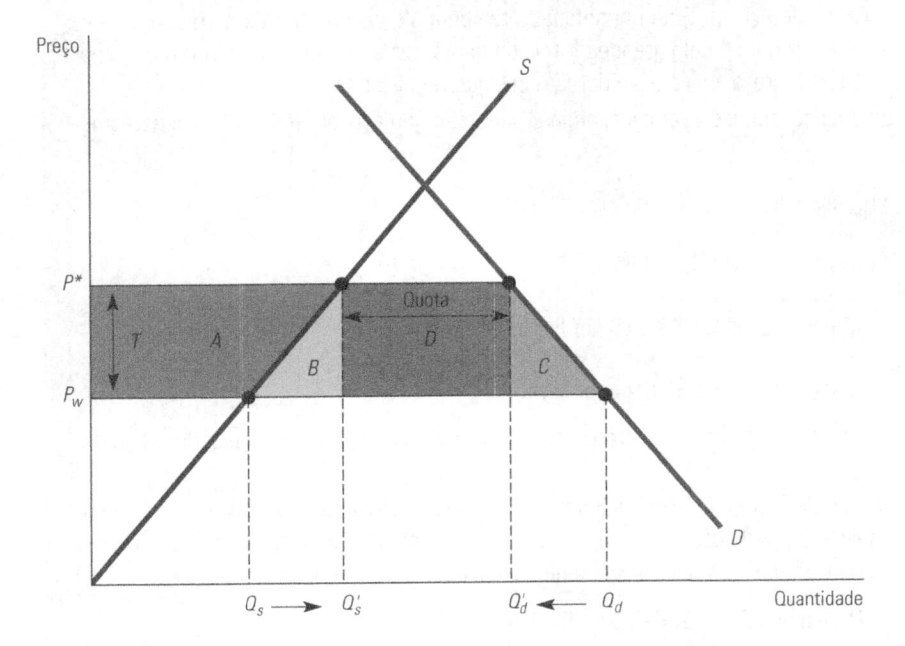

FIGURA 9.15   TARIFA OU QUOTA DE IMPORTAÇÃO (CASO GENÉRICO)

Quando as importações são reduzidas, o preço interno aumenta de P_w para P^*. Isso pode ser obtido por fixação de uma quota ou de uma tarifa $T = P^* - P_w$. O ganho dos produtores internos é novamente o trapézio A. A perda dos consumidores é $A + B + C + D$. Utilizando a tarifa, o governo ganha D — a receita proveniente da tarifa — e a perda interna líquida é, portanto, $B + C$. Se, por outro lado, é fixada uma quota, o retângulo D torna-se parte dos lucros dos produtores estrangeiros e a perda interna líquida é, portanto, $B + C + D$.

É exatamente isso que aconteceu no caso da importação de automóveis japoneses durante a década de 1980. Sob pressão da indústria automobilística nacional, o governo Ronald Reagan negociou uma limitação "voluntária" para as importações, segundo a qual os japoneses concordavam em limitar seu envio de automóveis para os Estados Unidos. Dessa maneira, podiam vender os veículos enviados por um valor mais elevado do que o preço mundial, obtendo assim uma margem de lucro mais alta em cada unidade vendida. Os Estados Unidos estariam em melhor situação se apenas impusessem uma tarifa sobre essas importações.

---

12 Como alternativa, uma quota de importação poderia ser mantida por meio da determinação de limites para as empresas importadoras ou *tradings* nacionais. Essas empresas intermediárias passariam a ter direito de importar uma quantidade anual fixa de mercadoria. Claro, esse direito de importação teria muito valor, pois o intermediário poderia comprar o produto no mercado mundial pelo preço P_w e depois vendê-lo pelo preço P^*. O valor agregado desses direitos é representado pelo retângulo D. Se o governo *vender* tais direitos por esse valor em dinheiro, poderá obter uma receita semelhante à que receberia com o imposto de importação. Entretanto, esses direitos são dados e, como ocorre em alguns casos, o dinheiro, em vez de ir para o governo, vai para as mãos dos intermediários.

EXEMPLO 9.6 A QUOTA DE AÇÚCAR

Nos últimos anos, o preço mundial do açúcar tem sido de US$ 0,10 a US$ 0,28 por libra, enquanto nos Estados Unidos o preço tem sido de US$ 0,30 a US$ 0,40 por libra. Qual o motivo disso? A resposta é que, por meio da limitação das importações de açúcar, o governo dos Estados Unidos está protegendo a indústria interna, cujas vendas são de US$ 4 bilhões e que seria praticamente eliminada do mercado caso tivesse de competir com produtores estrangeiros de baixo custo. Essa política tem beneficiado os produtores norte-americanos de açúcar. E tem beneficiado também alguns produtores estrangeiros — cujos esforços bem-sucedidos de *lobby* lhes têm proporcionado grandes fatias da quota norte-americana. Entretanto, como ocorre na maioria dos casos com políticas dessa natureza, os consumidores têm sido prejudicados.

Para termos uma ideia da perda sofrida pelo consumidor, vamos examinar o mercado do açúcar em 2010. Aqui estão os dados relevantes daquele ano:

Produção dos EUA: 15,9 bilhões de libras

Consumo dos EUA: 22,8 bilhões de libras

Preço nos EUA: US$ 0,36 por libra

Preço mundial: US$ 0,24 por libra

Para esses preços e quantidades, a elasticidade preço da oferta nos Estados Unidos é de 1,5 e a elasticidade preço da demanda é de −0,3.[13]

Ajustaremos curvas lineares de oferta e de demanda a esses dados e, então, vamos utilizá-las no cálculo dos efeitos das quotas. Você poderá verificar que a seguinte curva de oferta referente aos Estados Unidos é consistente com o nível de produção de 15,9 bilhões de libras, ao preço de US$ 0,36 por libra e com uma elasticidade preço de 1,5:

Oferta nos EUA: $Q_S = -7,95 + 0,66P$

em que a quantidade é medida em bilhões de libras e o preço em centavos de dólar por libra. Da mesma maneira, utilizando-se a elasticidade de demanda de −0,3 e os dados de consumo e preço nos Estados Unidos temos a seguinte curva de demanda linear:

Demanda nos EUA: $Q_D = 29,73 - 0,19P$

Na Seção 2.6, explicamos como ajustar as funções lineares de oferta e de demanda aos dados desse tipo.

Essas curvas de oferta e de demanda encontram-se ilustradas na Figura 9.16. Usando as curvas de oferta e de demanda dos Estados Unidos apresentadas antes, você pode verificar que, ao preço mundial de US$ 0,24, a produção interna nos Estados Unidos teria sido de apenas 7,9 bilhões de libras e o consumo de 25,2 bilhões de libras, sendo a maior parte (25,2 − 7,9 = 17,3 bilhões) importada. No entanto, felizmente para os produtores norte-americanos, as importações foram limitadas a 6,9 bilhões de libras.

O que o limite sobre as importações fez para o preço interno nos Estados Unidos? Para descobrir, use as equações da oferta e da demanda nesse país e defina a quantidade demandada menos a quantidade ofertada como 6,9:

$$Q_S - Q_D = (29,73 - 0,19P) - (-7,95 + 0,66P) = 6,9$$

Você pode verificar que a solução para essa equação é $P = 36,2$ centavos de dólar. Assim, o limite sobre as importações empurrou o preço interno para cerca de US$ 0,36, como mostra a figura.

---

[13] Os preços e as quantidades são do Economic Research Service da USDA. Encontre mais informações em http://www.ers.usda.gov/Briefing/Sugar/Data.htm. As estimativas de elasticidade baseiam-se em: Morris E. Morkre e David G. Tarr, *Effects of Restrictions on United States Imports: Five Case Studies and Theory*, U.S. Federal Trade Commission Staff Report, jun. 1981; e F. M. Scherer, "The United States Sugar Program", Kennedy School of Government Case Study, Harvard University, 1992. Para uma discussão geral sobre quotas de açúcar e outros aspectos da política agrícola dos Estados Unidos, veja D. Gale Johnson, *Agricultural Policy and Trade*. Nova York: New York University Press, 1985; e Gail L. Cramer e Clarence W. Jensen, *Agricultural Economics and Agribusiness*, Nova York: Wiley, 1985.

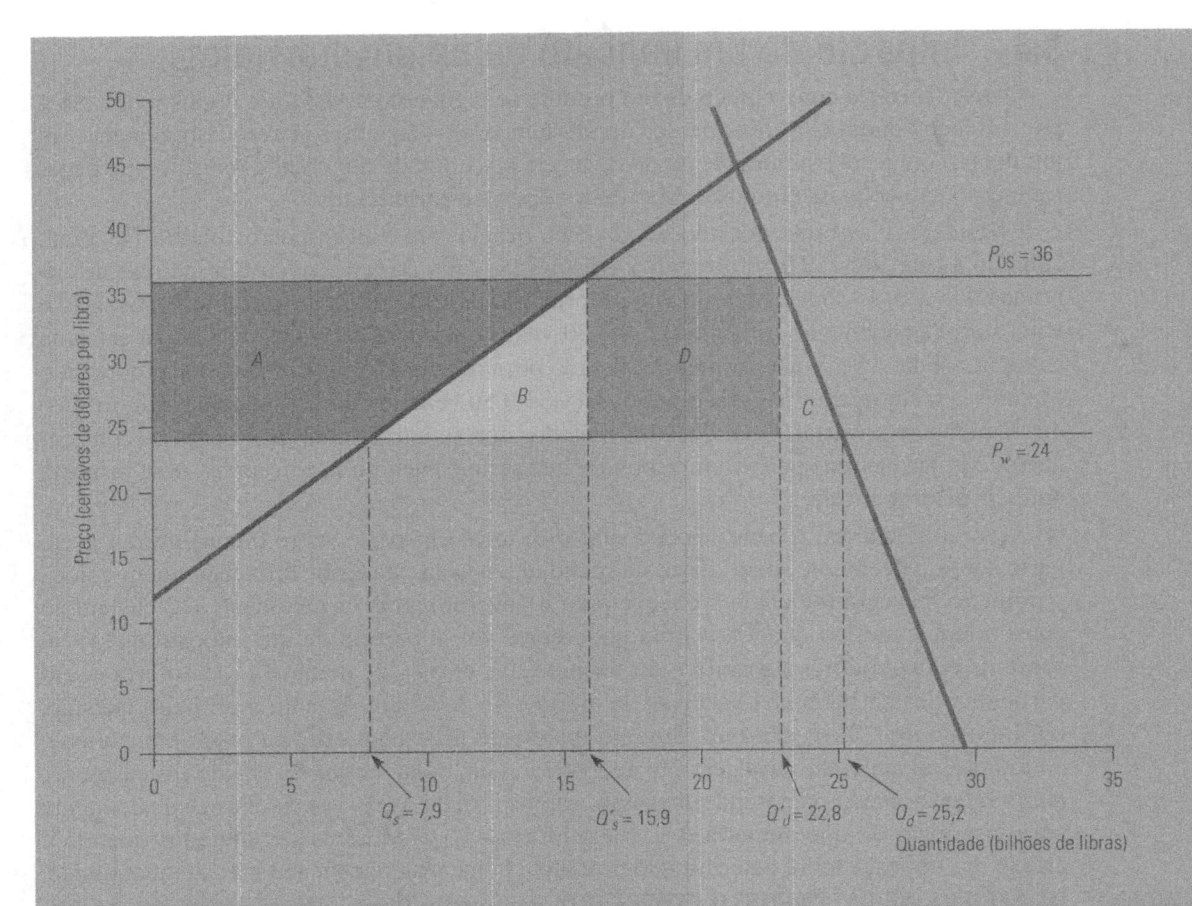

FIGURA 9.16 QUOTA DE AÇÚCAR EM 2010

Ao preço mundial de US$ 0,24 por libra, cerca de 25,2 bilhões de libras de açúcar teriam sido consumidas nos Estados Unidos em 2010, das quais apenas 7,9 bilhões não teriam sido importadas. Restringindo-se as importações a 6,9 bilhões de libras, o preço norte-americano aumentou em US$ 0,12. O custo para os consumidores foi em torno de US$ 2,9 bilhões ($A + B + C + D$). O ganho dos produtores internos foi o trapézio A, de cerca de US$ 1,4 bilhão. O valor de US$ 836 milhões (retângulo D) foi o ganho dos produtores estrangeiros detentores das quotas. Os triângulos B e C representam o peso morto de cerca de US$ 614 milhões.

Qual terá sido o custo dessa política para os consumidores norte-americanos? A perda de excedente do consumidor é representada pela soma do trapézio A com os triângulos B e C e com o retângulo D. Efetuando esses cálculos, pode-se verificar que o trapézio A corresponde a US$ 1.431 milhões, o triângulo B a US$ 477 milhões, o triângulo C a US$ 137 milhões e o retângulo D a US$ 836 milhões. O custo total em 2010 para os consumidores foi cerca de US$ 2,9 bilhões.

Qual terá sido o ganho dos produtores em consequência dessa política? O aumento de excedente do produtor é representado pelo trapézio A (isto é, em torno de US$ 1,4 bilhão). O retângulo D, correspondendo a US$ 836 milhões, representa o ganho dos produtores estrangeiros que venderam seu açúcar por um preço mais elevado depois de terem tido sucesso na obtenção de grandes parcelas da quota. A soma dos triângulos B e C representa o peso morto, no valor de US$ 614 milhões.

O preço mundial do açúcar foi bastante volátil durante a última década. Em meados da década de 2000, a União Europeia retirou as proteções sobre o açúcar europeu, fazendo com que a região passasse a importar mais do que a exportar o produto. Enquanto isso, a demanda por açúcar em países com crescimento industrial rápido, como Índia, Paquistão e China, disparou. A produção de açúcar nesses três países costuma ser imprevisível: embora em geral eles sejam exportadores líquidos do produto, a mudança nas políticas do governo e o clima volátil constantemente levam a uma produção reduzida, forçando-os a importar açúcar para cobrir a demanda interna. Além disso, muitos países, como o Brasil, também usam a cana-de-açúcar para produzir etanol, reduzindo ainda mais a quantidade disponível para alimentação.

9.6 Impacto de um imposto ou de um subsídio

O que ocorreria com o preço de um produto se o governo criasse um imposto de US$ 1 por unidade vendida? Muitas pessoas poderiam responder que seu preço aumentaria em um dólar, com os consumidores tendo de pagar por unidade um dólar a mais do que pagariam caso não houvesse imposto. Mas essa resposta estaria errada.

Considere a seguinte questão. O governo deseja criar um imposto sobre a gasolina, cobrado à base de US$ 0,50 por galão, e está estudando duas possíveis alternativas de cobrança. De acordo com o Método 1, o proprietário de cada posto de gasolina depositaria o valor correspondente ao imposto (US$ 0,50 vezes o número de galões vendidos) em uma caixa trancada, a ser posteriormente coletado por um agente do governo. De acordo com o Método 2, o comprador pagaria o imposto (US$ 0,50 vezes o número de galões adquiridos) diretamente ao governo. Qual dos dois métodos apresentaria maior custo para os compradores? Muitas pessoas poderiam responder que seria o Método 2, entretanto, essa resposta também estaria errada.

A carga fiscal (ou o benefício do subsídio) recai em parte sobre o consumidor e em parte sobre o produtor. Além disso, na realidade, não faz a menor diferença quem coloca o dinheiro na caixa (ou envia o cheque para o governo), pois os métodos 1 e 2 custam ao consumidor a mesma quantia. Como poderemos ver, a parcela de um imposto que recai sobre os consumidores dependerá do formato das curvas de demanda e de oferta e, em particular, das elasticidades relativas da oferta e da demanda. Quanto à primeira questão, um imposto de US$ 1 sobre um produto realmente faria com que seu preço aumentasse, entretanto, tal aumento seria geralmente *inferior* a um dólar, podendo, em alguns casos, ser *muito* inferior. Para compreendermos isso, vamos utilizar as curvas de oferta e de demanda para visualizar de que maneira os consumidores e os produtores são afetados quando é criado um imposto sobre determinado produto e o que ocorre com seu preço e quantidade.

OS EFEITOS DE UM IMPOSTO ESPECÍFICO Para simplificar, vamos considerar um **imposto específico**, isto é, uma determinada quantia cobrada *por unidade vendida*. Esse tipo de imposto é diferente do imposto *ad valorem* (que é proporcional ao valor do produto), como é o caso do imposto estadual sobre as vendas. (A análise do problema para um imposto *ad valorem* é mais ou menos igual e leva aos mesmos resultados em termos qualitativos.) Entre os exemplos de impostos específicos incluem-se os impostos federais e estaduais que incidem sobre a gasolina e os cigarros.

Suponhamos que o governo criasse um imposto de t centavos por unidade de produto. Presumindo que todos cumpram a lei, o governo deverá, então, passar a receber t centavos para cada unidade desse bem vendido. *Isso significa que o preço a ser pago pelo comprador deverá exceder em t centavos o preço líquido recebido pelo vendedor.* A Figura 9.17 ilustra essa simples relação contábil — assim como suas implicações. Nela, P_0 e Q_0 representam, respectivamente, o preço e a quantidade de mercado *antes* da incidência do imposto. P_c é o preço que os compradores pagam e P_v é o preço líquido que os vendedores recebem *após* a incidência do imposto. Observe que $P_c - P_v = t$, o que deixa o governo satisfeito.

De que maneira poderemos determinar qual será a quantidade no mercado após o imposto entrar em vigor? Que parcela dessa carga fiscal recairá sobre compradores e vendedores? Primeiro, lembre-se de que o que interessa aos compradores é o preço que deverão pagar: P_c. A quantidade que será adquirida pelos consumidores é dada pela curva de demanda; trata-se da quantidade que podemos observar com base na curva de demanda e que corresponde ao preço P_c. Do mesmo modo, o que importa aos vendedores é o preço líquido que receberão, P_v. Com base em P_v, a quantidade que produzirão e venderão pode ser obtida com base na curva de oferta. Por fim, sabemos que a quantidade vendida deve ser igual à adquirida. A solução, portanto, é descobrir a quantidade que corresponde ao preço P_c sobre a curva de demanda e ao preço P_v sobre a curva de oferta, de tal modo que a diferença $P_c - P_v$ seja igual ao imposto t. Na Figura 9.17, essa quantidade é representada por Q_1.

---

imposto específico
Imposto que é cobrado na forma de uma determinada quantia por unidade vendida.

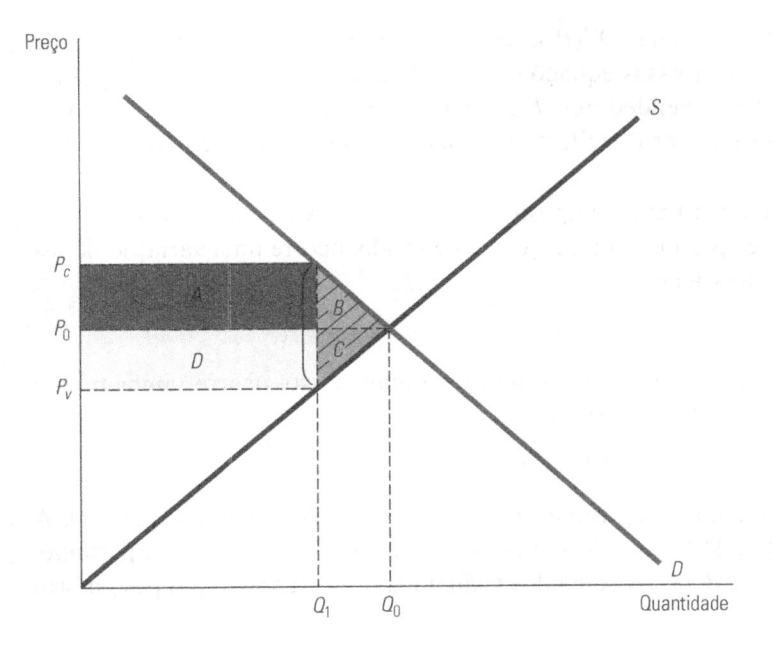

FIGURA 9.17   INCIDÊNCIA DE UM IMPOSTO

P_c é o preço (incluindo o imposto) pago pelos compradores. P_v é o preço que os vendedores recebem menos o imposto. Aqui, a carga fiscal é repartida entre compradores e vendedores. Os compradores perdem $A + B$ e os vendedores perdem $D + C$, enquanto o governo arrecada $A + D$. O peso morto é $B + C$.

Sobre quem estará recaindo a carga fiscal? Na Figura 9.17, essa carga é compartilhada mais ou menos em partes iguais por compradores e vendedores. O preço de mercado (preço a ser pago pelos compradores) apresenta uma elevação aproximadamente igual à metade do valor do imposto, e o preço que os vendedores recebem apresenta uma redução mais ou menos igual à metade do valor do imposto.

Como mostra a Figura 9.17, o equilíbrio de mercado exige que *quatro condições* sejam satisfeitas após a introdução do imposto:

1. A quantidade vendida e o preço pago pelo comprador, P_c, devem estar situados sobre a curva de demanda (porque os consumidores estão interessados apenas no preço que terão de pagar).
2. A quantidade vendida e o preço (líquido) recebido pelo vendedor, P_v, devem estar situados sobre a curva de oferta (porque os vendedores estão interessados apenas no valor que receberão, descontados os impostos).
3. A quantidade demandada deve ser igual à quantidade ofertada (Q_1 na figura).
4. A diferença entre o preço que o comprador paga e o preço que o vendedor recebe deve ser igual ao imposto, t.

Essas condições podem ser resumidas pelas quatro equações seguintes:

$$Q^D = Q^D(P_c) \qquad (9.1a)$$

$$Q^S = Q^S(P_v) \qquad (9.1b)$$

$$Q^D = Q^S \qquad (9.1c)$$

$$P_c - P_v = t \qquad (9.1d)$$

Dispondo da curva de demanda, $Q^D(P_c)$, da curva de oferta, $Q^S(P_v)$, e do valor do imposto, t, poderemos resolver essas equações, obtendo o preço pago pelos compradores, P_c, o preço recebido pelos vendedores, P_v, e as quantidades demandada e ofertada. Embora essa tarefa possa parecer difícil, na realidade é fácil, como demonstraremos no Exemplo 9.7.

A Figura 9.17 também mostra que o imposto resulta em um *peso morto*. Observe que, pelo fato de os compradores pagarem um preço mais elevado, ocorre uma variação de excedente do consumidor expressa por

$$\Delta EC = -A - B$$

Como os vendedores agora estão recebendo um preço mais baixo, ocorre também uma variação de excedente do produtor expressa por

$$\Delta EP = -C - D$$

A receita fiscal do governo é tQ_1, representada pela soma dos retângulos A e D. A variação total do bem-estar, ΔEC mais ΔEP mais a receita fiscal do governo, é, portanto, $-A - B - C - D + A + D = -B - C$. A soma dos triângulos B e C representa o peso morto decorrente do imposto.

Na Figura 9.17, a carga fiscal é compartilhada quase por igual entre compradores e vendedores, porém, isso nem sempre ocorre. Se a demanda for relativamente inelástica e a oferta relativamente elástica, a carga fiscal recairá quase por inteiro sobre os compradores. A Figura 9.18(a) mostra a razão desse fato: é necessário que exista um aumento relativamente grande no preço para reduzir a quantidade demandada, até mesmo em uma pequena proporção, ao passo que basta uma pequena diminuição de preço para que ocorra uma redução na quantidade ofertada. Por exemplo, pelo fato de os cigarros criarem dependência, a elasticidade de sua demanda é pequena (cerca de $-0,4$) e, assim, os impostos federais e estaduais que incidem sobre o cigarro recaem principalmente sobre os compradores.[14] A Figura 9.18(b) mostra o oposto: se a demanda for relativamente elástica e a oferta relativamente inelástica, a carga fiscal recairá principalmente sobre os vendedores.

Portanto, mesmo que tenhamos estimativas para as elasticidades de demanda e de oferta apenas em um ponto ou então para uma pequena faixa de preços e quantidades, em vez de termos as curvas completas de demanda e de oferta, ainda assim poderemos determinar aproximadamente sobre quem recairá a maior parte da carga fiscal decorrente de determinado imposto (quer já esteja em vigor, quer esteja apenas sendo discutido como uma opção política). Em geral, *um imposto recai principalmente sobre o comprador se o valor de E_d/E_s for baixo e recai principalmente sobre o vendedor se o valor de E_d/E_s for alto.*

Na verdade, por meio da utilização da seguinte fórmula de "transferência", podemos calcular a porcentagem da carga fiscal que recai sobre os consumidores:

$$\text{Transferência} = E_s/(E_s - E_d)$$

Essa fórmula nos diz qual fração do imposto é transferida para os consumidores na forma de preços mais elevados. Por exemplo, quando a demanda é totalmente inelástica, de tal modo que E_d seja igual a 0, a fração de transferência é igual a 1, o que significa que o imposto recai totalmente sobre os consumidores. Quando a demanda é infinitamente elástica, a fração de transferência é igual a zero, o que significa que o imposto recai totalmente sobre os produtores. (A fração de imposto que recai sobre os produtores é dada por $-E_d/(E_s - E_d)$.)

---

14 Veja o artigo de Daniel A. Sumner e Michael K. Wohlgenant, "Effects of an Increase in the Federal Excise Tax on Cigarettes", *American Journal of Agricultural Economics* 67, maio 1985, p. 235-242.

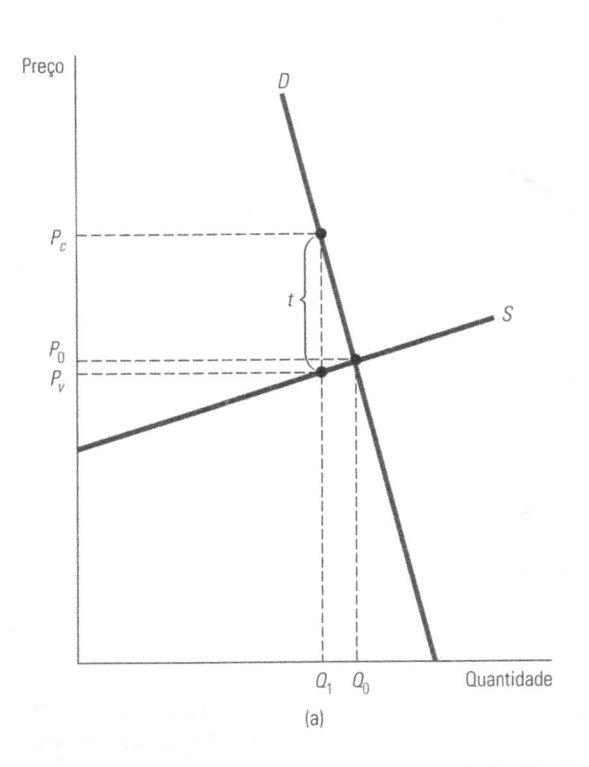

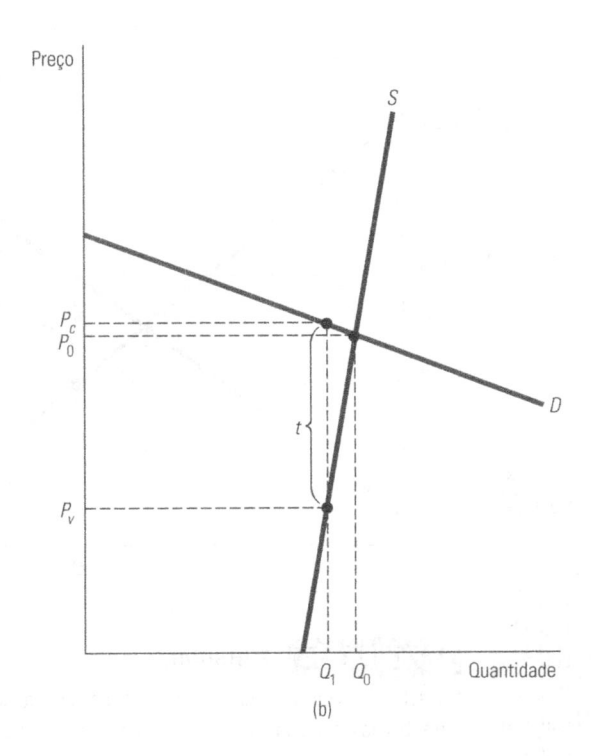

FIGURA 9.18 **O IMPACTO DE UM IMPOSTO DEPENDE DAS ELASTICIDADES DE OFERTA E DE DEMANDA**

(a) Se a demanda for muito inelástica em relação à oferta, a carga fiscal recairá principalmente sobre os compradores.
(b) Se a demanda for muito elástica em relação à oferta, a carga fiscal incidirá principalmente sobre os vendedores.

Os efeitos de um subsídio

Um **subsídio** pode ser analisado da mesma maneira que o imposto — de fato, você pode pensar no subsídio como um *imposto negativo*. Existindo subsídio, o preço líquido recebido pelo vendedor *excede* o preço pago pelo comprador e a diferença entre os dois é igual ao valor do subsídio. Como seria de se esperar, o efeito do subsídio sobre a quantidade produzida é exatamente o oposto do efeito de um imposto, ou seja, a quantidade aumenta.

A Figura 9.19 ilustra esse fato. Ao preço de mercado P_0 anterior à implementação do subsídio, as elasticidades de oferta e de demanda são quase iguais. Em consequência, o benefício do subsídio é compartilhado quase por igual entre compradores e vendedores. Como no caso dos impostos, isso nem sempre ocorre. Em geral, *o benefício de um subsídio é apropriado principalmente pelos compradores se o valor de E_d/E_s for baixo e beneficia principalmente os vendedores se o valor de E_d/E_s for alto.*

Como também ocorre no caso do imposto, se conhecemos a curva de oferta, a curva de demanda e o valor do subsídio, s, poderemos resolver as equações e obter o preço e a quantidade resultantes. As mesmas quatro condições necessárias ao equilíbrio do mercado no caso do imposto se aplicam ao subsídio com a seguinte distinção: a diferença entre o preço recebido pelos vendedores e o preço pago pelos compradores é igual ao subsídio. Mais uma vez, podemos expressar tais condições algebricamente como:

$$Q^D = Q^D(P_c) \quad (9.2a)$$

$$Q^S = Q^S(P_v) \quad (9.2b)$$

$$Q^D = Q^S \quad (9.2c)$$

$$P_v - P_c = s \quad (9.2d)$$

subsídio Pagamento de parte do valor do bem, fazendo com que o preço de compra fique abaixo do preço de venda; ou seja, um imposto negativo.

FIGURA 9.19 **SUBSÍDIO**

Um subsídio pode ser interpretado como um imposto negativo. De maneira semelhante ao caso do imposto, o benefício de um subsídio é dividido entre compradores e vendedores, dependendo das elasticidades relativas da oferta e da demanda.

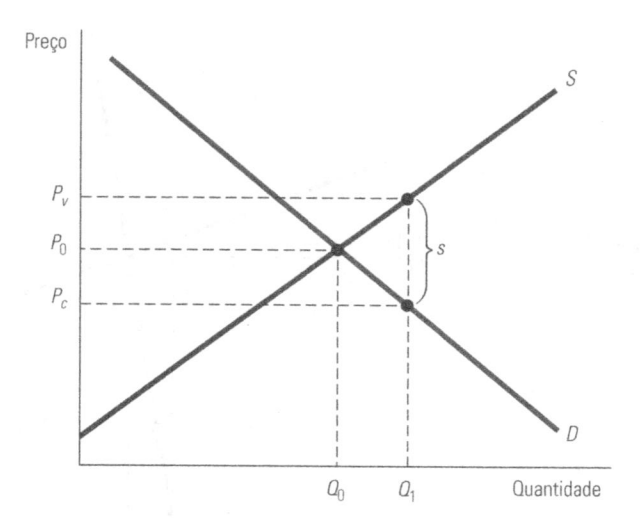

> Na Seção 2.5, explicamos que a demanda é frequentemente mais elástica ao preço no longo prazo do que no curto prazo, porque leva tempo para as pessoas mudarem os hábitos de consumo e/ou porque a demanda de uma mercadoria pode estar ligada à provisão de outra mercadoria que muda lentamente.

Para se assegurar de que aprendeu a analisar o impacto de um imposto ou de um subsídio, talvez você ache útil desenvolver um ou dois exemplos, como os exercícios 2 e 14, no fim deste capítulo.

EXEMPLO 9.7 O IMPOSTO SOBRE A GASOLINA

A ideia de um imposto sobre a gasolina, tanto para elevar a receita do governo como para reduzir o consumo de petróleo e a dependência do petróleo importado, tem sido amplamente debatida nos Estados Unidos há muitos anos. Vamos examinar de que forma um imposto de US$ 1,00 por galão influenciaria o preço e o consumo da gasolina.

Faremos essa análise no contexto das condições de mercado vigentes no período entre 2005 e 2010, quando a gasolina era vendida em média a US$ 2 por galão e o consumo total era de 100 bilhões de galões por ano (bg/ano).[15] Utilizaremos também elasticidades com prazo intermediário: elasticidades que seriam aplicáveis a períodos de três a seis anos após a ocorrência de uma modificação no preço.

Um valor razoável para essa elasticidade é −0,5 (veja o Exemplo 2.6 no Capítulo 2). Podemos utilizar esse valor de elasticidade, junto com o preço de US$ 2 e a quantidade de 100 bg/ano, para obter uma curva de demanda linear para a gasolina. Você poderá verificar que a seguinte curva de demanda se ajusta a esses dados:

$$\text{Demanda de gasolina: } Q^D = 150 - 25P$$

A gasolina é refinada do petróleo cru, uma parte do qual é produzida localmente e outra importada. (São feitas também algumas importações diretas de gasolina produzida por refinarias estrangeiras.) Portanto, a curva de oferta da gasolina dependerá do preço mundial do petróleo, de sua oferta no mercado interno e do custo do refino. Os detalhes estão além do escopo deste exemplo, porém, um valor razoável para a elasticidade da oferta é 0,4. Você deve verificar que essa elasticidade, juntamente com o preço de US$ 2 e a quantidade de 100 bg/ano, nos dá a seguinte curva da oferta linear:

$$\text{Oferta da gasolina: } Q^S = 60 + 20P$$

---

15 Certamente, esse preço apresentava variações entre as diversas regiões e qualidades de gasolina; no entanto, podemos ignorar tais fatos aqui. As quantidades de petróleo e de seus derivados são frequentemente medidas em barris; 1 barril contém 42 galões, portanto, a quantidade poderia ser de 2,4 bilhões de barris por ano.

Para rever o procedimento por meio do qual são obtidas curvas lineares, veja a Seção 2.6. Com os dados de preço e quantidade, assim como as estimativas das elasticidades da demanda e da oferta, podemos utilizar um procedimento de duas etapas para resolver o problema, determinando uma quantidade demandada e uma quantidade ofertada.

Você deve também verificar que essas curvas de demanda e de oferta implicam um preço de mercado de US$ 2 e quantidade igual a 100 bg/ano.

Podemos utilizar essas curvas lineares de demanda e de oferta no cálculo do efeito de um imposto de US$ 1,00 por galão. Primeiro, escreveremos as quatro condições que devem ser mantidas, na forma de suas equações (9.2a–d):

$$Q^D = 150 - 25P_c \quad \text{(Demanda)}$$

$$Q^S = 60 + 20P_v \quad \text{(Oferta)}$$

$$Q^D = Q^S \quad \text{(A oferta deve ser igual à demanda)}$$

$$P_c = P_v = 1,00 \quad \text{(O governo recebe US\$ 1,00/galão)}$$

Agora, combinando as três primeiras equações para igualar oferta e demanda, temos

$$150 - 25P_c = 60 + 20P_v$$

Podemos reescrever a última das quatro equações na forma $P_c = P_v + 1,00$ e, substituindo P_c por ela na equação anterior, teremos

$$150 - 25(P_v + 1,00) = 60 + 20P_v$$

Agora podemos reordenar essa equação, resolvendo-a para determinar P_v:

$$20P_v + 25P_v = 150 - 25 - 60$$
$$45P_v = 65, \text{ ou } P_v = 1,44$$

Lembre-se de que $P_c = P_v + 1,00$, portanto, $P_c = 2,44$. Por fim, podemos determinar a quantidade total, tanto pela curva de demanda como pela curva de oferta. Utilizando a curva de demanda (e o preço $P_c = 2,44$), descobriremos que $Q = 150 - (25)(2,44) = 150 - 61$, ou seja, $Q = 89$ bg/ano. Isso representa um declínio de aproximadamente 11% no consumo de gasolina. A Figura 9.20 ilustra esses cálculos e o efeito do imposto.

A carga fiscal desse imposto será compartilhada quase igualmente por consumidores e produtores. Os consumidores pagariam cerca de US$ 0,44 a mais por galão de gasolina que adquirissem e os produtores receberiam cerca de US$ 0,56 a menos por galão vendido. Portanto, não é de se surpreender o fato de que tanto consumidores como produtores tenham se oposto a tal imposto e os políticos que representam ambas as partes tenham combatido sua proposição sempre que ela voltou à tona. Observe, porém, que esse imposto elevaria significativamente a receita do governo. A receita anual advinda desse imposto será $tQ = (1,00)(89) = $ US$ 89 bilhões por ano.

O custo para consumidores e produtores, entretanto, será superior à arrecadação de US$ 89 bilhões em impostos. A Figura 9.20 mostra o peso morto decorrente desse imposto como os dois triângulos sombreados. Os dois retângulos, A e D, representam o total de imposto arrecadado pelo governo, mas a perda de excedentes do consumidor e do produtor é ainda maior.

Antes de decidir se um imposto sobre a gasolina seria desejável, é importante que se conheça a provável dimensão do peso morto resultante. Podemos facilmente calcular isso a partir da Figura 9.20. Somando a área dos dois pequenos triângulos, temos

$$(1/2) \times (\text{US\$ } 1,00/\text{galão}) \times (11 \text{ bilhões de galões/ano})$$
$$= \text{US\$ } 5,5 \text{ bilhões/ano}$$

Esse peso morto é de cerca de 6% da receita do governo arrecadada por meio desse imposto e deve ser cotejado com quaisquer benefícios adicionais que tal imposto possa trazer.

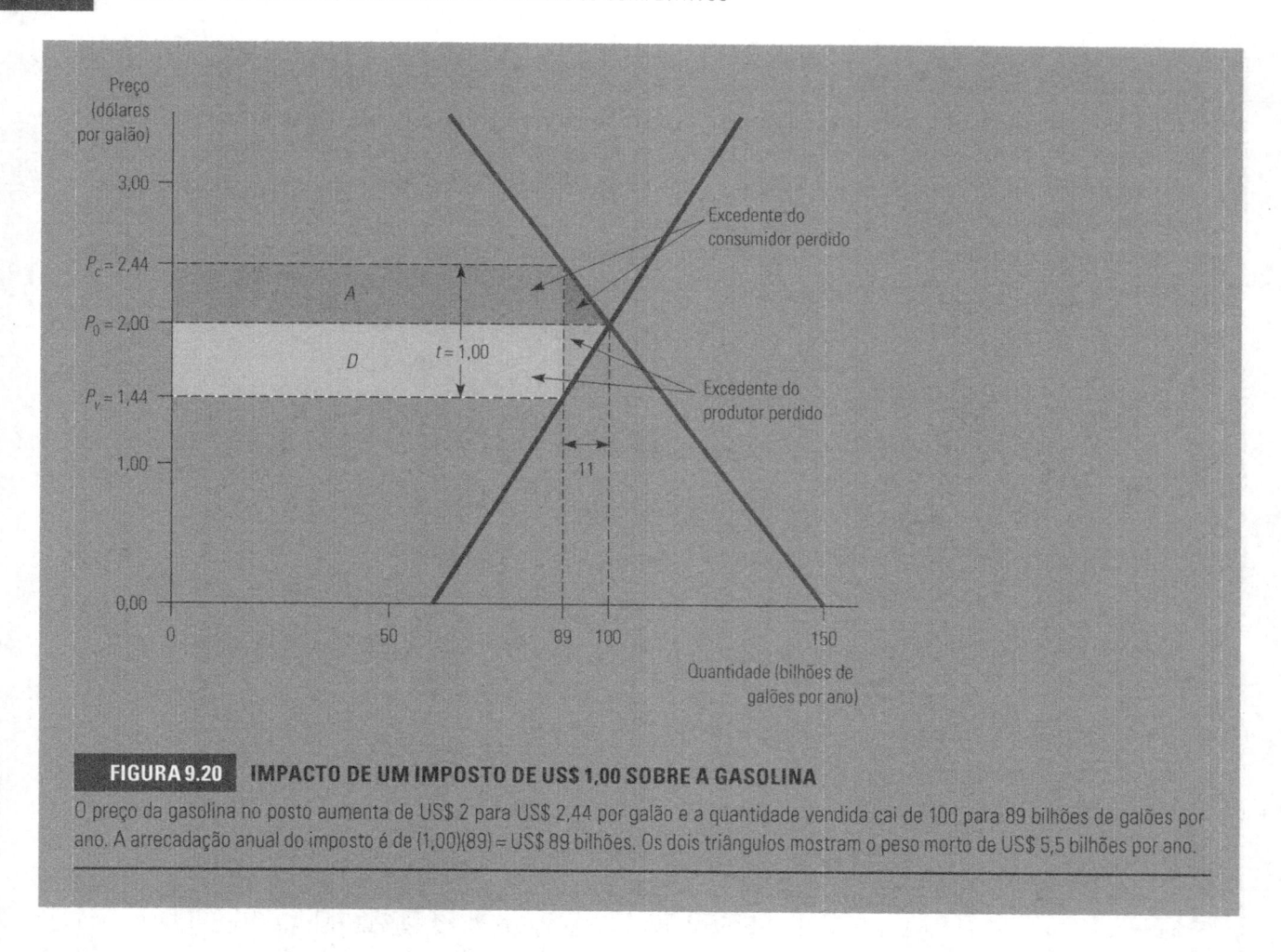

FIGURA 9.20 IMPACTO DE UM IMPOSTO DE US$ 1,00 SOBRE A GASOLINA

O preço da gasolina no posto aumenta de US$ 2 para US$ 2,44 por galão e a quantidade vendida cai de 100 para 89 bilhões de galões por ano. A arrecadação anual do imposto é de (1,00)(89) = US$ 89 bilhões. Os dois triângulos mostram o peso morto de US$ 5,5 bilhões por ano.

RESUMO

1. Modelos simples de oferta e de demanda podem ser utilizados para analisar uma grande variedade de políticas governamentais, como controle de preços, preços mínimos, programas de sustentação de preços, quotas de produção ou programas de incentivo para reduzir a produção, impostos e quotas de importação e impostos ou subsídios.

2. Em cada caso, os excedentes do consumidor e do produtor são utilizados para avaliar os ganhos e as perdas de consumidores e produtores. Aplicando a metodologia ao controle de preços de gás natural, à regulamentação do setor aeroviário, à sustentação de preço do trigo e à quota do açúcar, descobrimos que tais ganhos e perdas podem assumir grandes proporções.

3. Quando o governo cria um imposto ou um subsídio, o preço geralmente não se eleva ou se reduz no mesmo montante do valor total do imposto ou subsídio. A incidência de um imposto ou de um subsídio é normalmente compartilhada por produtores e consumidores. A fração que cada um acabará pagando ou recebendo dependerá das elasticidades da oferta e da demanda.

4. A intervenção governamental em geral resulta em um peso morto; mesmo que os excedentes do consumidor e do produtor sejam ponderados igualmente, existirá uma perda líquida decorrente das políticas governamentais que desloca o excedente de um grupo para outro. Em alguns casos, esse peso morto será pequeno, porém, em outros — por exemplo, na sustentação de preços e nas quotas de importação —, ele pode ser grande. O peso morto é uma forma de ineficiência econômica que deve ser levada em consideração quando políticas são elaboradas e implementadas.

5. A intervenção do governo em um mercado competitivo nem sempre é uma medida negativa. O governo (e a sociedade que ele representa) pode ter outros objetivos além da eficiência econômica. Além disso, existem situações nas quais uma intervenção governamental pode melhorar a eficiência econômica. Essas situações incluem as externalidades e os casos de falhas de mercado. Essas situações e a forma pela qual o governo pode responder a elas serão discutidas nos capítulos 17 e 18.

QUESTÕES PARA REVISÃO

1. Qual é o significado de *peso morto*? Por que razão a implementação de um preço máximo costuma resultar em peso morto?
2. Suponha que a curva de oferta de uma mercadoria seja completamente inelástica. Se o governo impusesse um preço máximo inferior ao preço de equilíbrio de mercado, isso resultaria em um peso morto? Explique.
3. De que maneira o preço máximo pode melhorar a situação dos consumidores? Em quais condições ele poderia torná-la pior?
4. Suponha que o governo regulamente o preço de uma mercadoria de modo que não possa ser inferior a determinado nível mínimo. Será que tal preço mínimo tornará pior a situação dos produtores como um todo? Explique.
5. De que modo são utilizadas, na prática, as limitações de produção para elevar os preços dos seguintes bens e serviços: (a) corridas de táxi; (b) bebidas em um restaurante ou bar; (c) trigo ou milho?
6. Suponha que o governo queira elevar a renda dos agricultores. Por que a política de preço mínimo baseada em sustentação de preços ou os programas de limitação de área de plantio custam à sociedade mais do que a simples doação de dinheiro aos produtores?
7. Suponha que o governo queira limitar as importações de determinada mercadoria. Seria preferível a utilização de quota de importação ou de tarifa de importação? Por quê?
8. A carga fiscal decorrente de um imposto é compartilhada por produtores e por consumidores. Em quais condições os consumidores pagarão a maior parte do imposto? Em quais condições isso será feito pelos produtores? O que determina a parcela do subsídio que beneficia os consumidores?
9. Por que um imposto cria um peso morto? O que determina o tamanho dessa perda?

EXERCÍCIOS

1. De tempos em tempos, o Congresso norte-americano aprova um aumento do salário mínimo. Algumas pessoas sugeriram que um subsídio do governo concedido aos empregadores poderia ajudar a financiar os salários após o aumento. Este exercício examina o aspecto econômico de um salário mínimo e dos subsídios salariais. Suponha que a oferta de mão de obra pouco qualificada seja expressa pela equação:

   $$L^S = 10w$$

   em que L^S é a quantidade de trabalho (em milhões de pessoas empregadas a cada ano) e w é a taxa de salário (em dólares por hora). A demanda por trabalho é expressa pela equação:

   $$L^D = 80 - 10w$$

   a. Quais serão, respectivamente, o salário e o nível de emprego com livre mercado? Suponha que o governo defina um salário mínimo de US$ 5 por hora. Quantas pessoas poderiam ser empregadas?
   b. Suponha que, em vez de definir um salário mínimo, o governo pagasse um subsídio de US$ 1 por hora a cada empregado. Qual seria agora o nível total de emprego? Qual seria o salário de equilíbrio?

2. Suponha que o mercado de certo bem possa ser expresso pelas seguintes equações:

   $$\text{Demanda: } P = 10 - Q$$
   $$\text{Oferta: } P = Q - 4$$

   sendo P o preço em dólares por unidade e Q a quantidade em milhares de unidades. Então:

   a. Quais são o preço e a quantidade de equilíbrio?
   b. Imagine que o governo crie um imposto de US$ 1 por unidade, a fim de reduzir o consumo desse bem e elevar a própria receita. Qual passará a ser a nova quantidade de equilíbrio? Qual o preço que o comprador passará a pagar? Qual o valor que o vendedor passará a receber por unidade vendida?
   c. Suponha que o governo mude de opinião a respeito da importância desse bem para a satisfação da população. Dessa maneira, o imposto é removido e um subsídio de US$ 1 por unidade é concedido a seus produtores. Qual passará a ser a nova quantidade de equilíbrio? Qual o preço que o comprador passará a pagar? Qual o valor que o vendedor passará a receber (incluindo o subsídio) por unidade vendida? Qual será o custo total para o governo?

3. Os produtores japoneses de arroz têm custos de produção extremamente elevados, em parte por causa do alto custo de oportunidade da terra e por sua incapacidade de tirar proveito da produção em grande escala. Analise as duas políticas a seguir, cujo objetivo é a preservação da produção de arroz pelos japoneses: (1) concessão de um subsídio para cada libra de arroz produzido pelos agricultores ou (2) criação de um imposto incidindo sobre cada libra de arroz importado. Ilustre com diagramas de oferta e de demanda o preço e a quantidade de equilíbrio, o nível da produção doméstica de arroz, a receita ou o déficit governamental e o peso morto decorrente de cada política. Qual será

a política que o governo japonês provavelmente preferirá? Qual será a política que os agricultores japoneses provavelmente preferirão?

4. Em 1983, o governo Ronald Reagan lançou um novo programa agrícola baseado no pagamento em espécie (denominado Payment-in-Kind Program). Para examinar como funciona esse programa, vamos considerar o mercado do trigo:

   a. Suponha que a função de demanda seja $Q^D = 28 - 2P$ e a função de oferta seja $Q^S = 4 + 4P$, onde P seja o preço do trigo em dólares por bushel e Q a quantidade em bilhões de bushels. Descubra o preço e a quantidade de equilíbrio para o livre mercado.

   b. Agora suponha que o governo queira reduzir a oferta de trigo em 25%, pelo equilíbrio de livre mercado, pagando aos produtores para que suas terras não sejam cultivadas. Entretanto, o pagamento será feito com trigo em vez de dólares, daí decorre o nome do programa. Esse trigo virá da vasta reserva governamental resultante dos programas de sustentação de preços anteriormente praticados. A quantidade de trigo paga será igual à que poderia ter sido colhida nas terras que deixaram de ser cultivadas. Os produtores estão livres para vender esse trigo no mercado. Qual será a quantidade produzida pelos agricultores de agora em diante? Qual a quantidade indiretamente fornecida ao mercado pelo governo? Qual será o novo preço de mercado? Qual será o ganho dos produtores? Os consumidores sairão ganhando ou perdendo?

   c. Se o governo não tivesse devolvido o trigo aos agricultores, precisaria tê-lo armazenado ou, então, destruído. Será que os contribuintes ganham com a implementação desse programa? Quais são os problemas em potencial criados por ele?

5. Cerca de 100 milhões de libras de jujubas são anualmente consumidas nos Estados Unidos e seu preço é de cerca de US$ 0,50 por libra. Entretanto, como os produtores desse bem acham que seus rendimentos estão muito baixos, conseguiram convencer o governo de que uma política de sustentação de preços seria adequada. Em consequência, o governo passará a adquirir a quantidade necessária de jujubas para que o preço seja mantido no nível de US$ 1 por libra. Mas a equipe econômica está preocupada com o impacto desse programa, pois não dispõe de nenhuma estimativa para a elasticidade da oferta ou da demanda das jujubas.

   a. Será que esse programa poderia custar ao governo *mais* de US$ 50 milhões por ano? Sob quais condições? Esse programa poderia custar *menos* de US$ 50 milhões por ano? Sob quais condições? Faça uma ilustração por meio de um diagrama.

   b. Será que esse programa poderia custar aos consumidores (em termos de perda de excedente do consumidor) *mais* de US$ 50 milhões por ano? Sob quais condições? Esse programa poderia custar aos consumidores *menos* de US$ 50 milhões por ano? Sob quais condições? Novamente, faça uma ilustração por meio de um diagrama.

6. No Exercício 4 do Capítulo 2, consideramos determinada fibra vegetal comercializada em um mercado mundial altamente competitivo, a qual é importada pelos Estados Unidos ao preço mundial de US$ 9 por libra. Na tabela que se segue, apresentamos as quantidades ofertadas e demandadas nos Estados Unidos para diversos níveis de preços:

Preço	Oferta nos EUA (milhões de libras)	Demanda nos EUA (milhões de libras)
3	2	34
6	4	28
9	6	22
12	8	16
15	10	10
18	12	4

   Responda às seguintes questões relativas ao mercado nos Estados Unidos:

   a. Verifique se a curva de demanda é dada por $Q^D = 40 - 2P$ e a curva de oferta, por $Q^S = 2/3P$.

   b. Certifique-se de que, se não existissem restrições no comércio, os Estados Unidos importariam 16 milhões de libras.

   c. Se os Estados Unidos criassem uma tarifa de importação para esse produto igual a US$ 3 por libra, qual seria o preço nos Estados Unidos e qual seria o nível das importações? Qual a arrecadação obtida pelo governo por meio dessa tarifa? Qual seria o valor do peso morto?

   d. Se os Estados Unidos não criassem a tarifa de importação e, em vez disso, estabelecessem uma quota de importação de 8 milhões de libras, qual seria o preço no mercado interno dos Estados Unidos? Qual seria o custo dessa quota para os consumidores norte-americanos da fibra? Qual deveria ser o ganho dos produtores norte-americanos?

7. Os Estados Unidos importam todo o café que consomem. A demanda anual de café por parte dos norte-americanos é dada pela curva de demanda $Q = 250 - 10P$, sendo Q a quantidade (em milhões de libras) e P o preço de mercado por libra de café. Os produtores mundiais podem colher e enviar café aos distribuidores norte-americanos a um custo marginal constante (= média) de US$ 8 por libra. Os distribuidores

norte-americanos podem, por sua vez, distribuir café por um custo constante de US$ 2 por libra. O mercado de café nos Estados Unidos é competitivo e o Congresso norte-americano está pensando em estabelecer uma tarifa sobre as importações no valor de US$ 2 por libra.

   a. Na ausência de tarifa, quanto os consumidores pagam por uma libra de café? Qual é a quantidade demandada?

   b. Se for imposta uma tarifa, quanto os consumidores pagarão por uma libra de café? Qual será a quantidade demandada?

   c. Calcule o excedente perdido do consumidor.

   d. Calcule a receita oriunda da tarifa que o governo receberá.

   e. Para a sociedade, a tarifa vai resultar em um ganho líquido ou em uma perda líquida?

8. Determinado metal é comercializado em um mercado mundial altamente competitivo ao preço mundial de US$ 9 por onça. A esse preço, quantidades ilimitadas encontram-se disponíveis para importação por parte dos Estados Unidos. A oferta desse metal pelas empresas de mineração norte-americanas pode ser representada pela equação $Q^S = 2/3P$, onde Q^S é a produção norte-americana em milhões de onças e P é o preço no mercado interno. A demanda desse metal nos Estados Unidos é expressa pela equação $Q^D = 40 - 2P$, onde Q^D é a demanda interna em milhões de onças.

   Nos últimos anos, a indústria norte-americana tem sido protegida por uma tarifa de importação de US$ 9, porém, por causa da pressão exercida por outros governos, os Estados Unidos planejam reduzir para zero essa tarifa de importação. Sob a ameaça dessa mudança, a indústria norte-americana pleiteia que seja aprovado um acordo de restrição voluntária capaz de limitar as importações norte-americanas a 8 milhões de onças ao ano.

   a. Havendo a tarifa de importação de US$ 9, qual é o preço desse metal no mercado norte-americano?

   b. Caso os Estados Unidos venham a eliminar a tarifa de importação e seja aprovado o acordo de restrição voluntária, qual deverá ser o preço no mercado interno norte-americano?

9. Entre as propostas fiscais examinadas pelo Congresso norte-americano, existe um imposto adicional sobre bebidas alcoólicas destiladas. Esse imposto não incidiria sobre a cerveja. A elasticidade preço da oferta de bebidas alcoólicas é 4 e a elasticidade preço da demanda é –0,2. A elasticidade cruzada da demanda da cerveja em relação ao preço das bebidas alcoólicas é 0,1.

   a. Se o novo imposto for criado, a maior parte dessa carga fiscal recairá sobre os produtores ou sobre os consumidores de bebidas alcoólicas? Por quê?

   b. Ao considerar que sua oferta é infinitamente elástica, de que maneira o novo imposto afetaria o mercado de cerveja?

10. No Exemplo 9.1, calculamos ganhos e perdas decorrentes do controle de preços exercido sobre o gás natural e descobrimos a existência de um peso morto de US$ 5,68 bilhões. Esse cálculo baseou-se em um preço de US$ 50 por barril de petróleo.

    a. Se o preço do petróleo fosse de US$ 60 por barril, qual seria o preço do gás natural no mercado livre? Qual seria o valor do peso morto resultante caso o preço máximo permitido para o gás natural fosse de US$ 3 por mil pés cúbicos?

    b. Que preço de petróleo geraria um preço do gás natural de US$ 3 no mercado livre?

11. O Exemplo 9.6 descreve os efeitos da quota do açúcar. Em 2011, as importações estavam limitadas a 6,9 bilhões de libras, o que elevou seu preço no mercado norte-americano para US$ 0,36 por libra. Suponha que as importações tivessem sido expandidas para 10 bilhões de libras.

    a. Qual seria o novo preço interno nos Estados Unidos?

    b. Quanto ganhariam os produtores e quanto perderiam os consumidores?

    c. Qual seria o efeito sobre o peso morto e sobre os produtores estrangeiros?

12. As curvas de demanda e de oferta domésticas de um tipo especial de feijão, o "hula beans", são as seguintes:

    $$\text{Oferta: } P = 50 + Q$$
    $$\text{Demanda: } P = 200 - 2Q$$

    em que P é o preço em centavos por libra e Q é a quantidade em milhões de libras. A produção norte-americana é pequena quando comparada com o mercado mundial desse feijão, no qual o preço corrente é de US$ 0,60 por libra (tal preço mundial é insensível a mudanças no mercado norte-americano). O Congresso está estudando uma tarifa de importação de US$ 0,40 por libra. Descubra qual seria o preço desse feijão no mercado doméstico norte-americano resultante da implementação da tarifa. Calcule também o ganho ou a perda em dólares para os consumidores e produtores domésticos, e qual seria a arrecadação do governo mediante essa tarifa de importação.

13. A contribuição para o seguro social nos Estados Unidos é dividida por igual entre empregados e empregadores. Os empregadores devem recolher 6,2% sobre o salário que pagam e os empregados, 6,2% do salário que recebem. Suponha que as regras mudem e os empregadores passem a pagar o total de 12,4% e os empregados nada paguem. Será que estes estariam em uma situação melhor?

14. Você sabe que se um imposto passar a incidir sobre determinado produto, a correspondente carga fiscal é compartilhada por produtores e consumidores. Você também sabe que a demanda de automóveis envolve um processo de ajuste de estoques. Suponha que um imposto de 20% passe subitamente a incidir sobre as vendas de automóveis. Será que a proporção da carga fiscal paga pelos consumidores apresentaria uma elevação, uma redução ou permaneceria a mesma ao longo do tempo? Explique de modo sucinto. Repita o exercício para o caso da incidência de um imposto de US$ 0,50 por galão de gasolina.

15. Em 2011, os norte-americanos fumaram 16 bilhões de maços de cigarros. Pagaram um preço de varejo médio igual a US$ 5,00 por maço.

  a. Dado que a elasticidade da oferta é 0,5 e a elasticidade da demanda é −0,4, derive as curvas de demanda e de oferta lineares para os cigarros.

  b. O cigarro é uma mercadoria sujeita a um imposto federal, que estava em torno de US$ 1,00 por maço em 2011. De que forma esse imposto afeta o preço e a quantidade de equilíbrio?

  c. Quanto os consumidores pagarão de imposto federal? Que parte caberá aos produtores?

PARTE TRÊS

Estrutura de mercado e estratégia competitiva

A Parte 3 examina uma ampla gama de mercados e explica de que forma as decisões de preço, investimento e nível de produção das empresas dependem da estrutura de mercado e do comportamento dos concorrentes.

Os capítulos 10 e 11 analisam o *poder de mercado*, isto é, a capacidade de influenciar o preço, seja por parte do vendedor, seja por parte do comprador. Veremos de que forma surge o poder de mercado, de que maneira ele difere entre empresas, de que modo influencia o bem-estar dos consumidores e dos produtores e como pode ser limitado pelo governo. Veremos também como as empresas podem elaborar estratégias de preço e propaganda para tirarem o máximo de vantagem de seu poder de mercado.

Os capítulos 12 e 13 tratam de mercados nos quais o número de empresas participantes é limitado. Examinaremos diversos desses mercados, variando da *competição monopolística*, na qual muitas empresas vendem produtos diferenciados, ao *cartel*, nos quais grupos de empresas coordenam as decisões e atuam como um monopolista. Estamos interessados particularmente nos mercados em que existam poucas empresas. Nesses casos, cada empresa terá de determinar as estratégias de preços, níveis de produção e investimentos tendo em mente a reação dos concorrentes. Desenvolveremos e aplicaremos os princípios da teoria dos jogos para analisar tais estratégias.

O Capítulo 14 mostra como funcionam os mercados para fatores de produção, tais como trabalho e matéria-prima. Examinaremos as decisões das empresas relativas aos insumos e a forma pela qual tais decisões dependem da estrutura de mercado de fatores de produção. O Capítulo 15 enfatiza as decisões de investimento de capital da empresa. Veremos como uma firma avalia os lucros futuros que espera obter de um investimento, comparando esse valor com o custo do investimento para determinar se ele valerá a pena. Por fim, aplicaremos a mesma ideia às decisões individuais de investir em educação ou de comprar um carro ou um eletrodoméstico.

CAPÍTULOS

10. Poder de mercado: monopólio e monopsônio
11. Determinação de preços e poder de mercado
12. Competição monopolística e oligopólio
13. Teoria dos jogos e estratégia competitiva
14. Mercados para fatores de produção
15. Investimento, tempo e mercados de capitais

CAPÍTULO **10**

Poder de mercado: monopólio e monopsônio

ESTE CAPÍTULO DESTACA

10.1	Monopólio	356
10.2	Poder de monopólio	366
10.3	Fontes do poder de monopólio	372
10.4	Custos sociais do poder de monopólio	374
10.5	Monopsônio	379
10.6	Poder de monopsônio	382
10.7	Limitando o poder de mercado: a legislação antitruste	386

LISTA DE EXEMPLOS

10.1	O laboratório Astra-Merck estabelece preços para o Prilosec	362
10.2	Elasticidades de demanda para refrigerantes	368
10.3	Preço de *markup*: de supermercados a jeans de marca	370
10.4	Preços de fitas de vídeo e DVDs	371
10.5	Poder de monopsônio na indústria norte-americana	385
10.6	Um telefonema sobre preços	389
10.7	Vá direto para a cadeia	390
10.8	Os Estados Unidos e a União Europeia contra a Microsoft	391

Em um mercado perfeitamente competitivo, o grande número de vendedores e compradores de uma mercadoria garante que nenhum vendedor ou comprador em particular pode influenciar o preço. As forças de mercado da oferta e da demanda é que o determinam. As empresas, individualmente, baseiam-se no preço de mercado para decidir quanto vão produzir e vender e os consumidores também se baseiam nele para decidir quanto vão adquirir.

Monopólio e *monopsônio*, os temas deste capítulo, são os polos opostos da competição perfeita. O **monopólio** é um mercado no qual existe apenas um vendedor, mas muitos compradores. O **monopsônio** é exatamente o oposto: um mercado com muitos vendedores, mas apenas um comprador. Os dois conceitos estão estreitamente relacionados e essa é a razão de serem abordados no mesmo capítulo.

Primeiro, discutiremos o comportamento de um monopolista. Como ele é o único produtor de determinado bem ou serviço, a curva de demanda com que se depara é a curva de demanda de mercado, a qual relaciona o preço recebido pelo monopolista com a quantidade a ser vendida por ele. Veremos de que modo um monopolista pode se beneficiar de seu controle sobre o preço e de que maneira o preço e a quantidade que maximizam os lucros diferem daquilo que prevaleceria caso o mercado fosse competitivo.

Em geral, em um mercado monopólico, a quantidade será menor e seu preço será maior do que a quantidade e o preço do mercado competitivo. Tal fato impõe um custo à sociedade, porque menos consumidores poderão adquirir o produto, e aqueles que o fizerem estarão pagando um preço mais elevado. É por esse motivo que as leis antitruste proíbem as empresas de monopolizar a maioria dos mercados. Quando economias de escala tornam o monopólio desejável — por exemplo, empresas locais de geração de energia elétrica —, veremos como o governo pode aumentar a eficiência, por meio da regulamentação do preço do monopolista.

O *monopólio puro* é raro, mas em muitos mercados apenas poucas empresas concorrem entre si. As interações entre as empresas em tais mercados podem ser complicadas e com frequência envolvem aspectos de *jogos de estratégia*, tema que será tratado nos capítulos 12 e 13. De qualquer maneira, as empresas podem estar capacitadas a influenciar o

monopólio

Mercado no qual existe apenas um vendedor.

monopsônio

Mercado com apenas um comprador.

poder de mercado

Capacidade tanto do vendedor quanto do comprador de influir no preço de um bem.

preço e podem descobrir que é lucrativa a cobrança de um preço mais elevado do que o custo marginal. Essas empresas têm *poder de monopólio*. Discutiremos, neste capítulo, os determinantes do poder de monopólio, a medição e as implicações em termos de fixação de preço.

Em seguida, trataremos do *monopsônio*. Diferentemente do comprador competitivo, o monopsonista paga um preço que depende das quantidades por ele adquiridas. O problema é escolher a quantidade capaz de maximizar o benefício líquido por meio da compra — ou seja, a diferença entre o valor obtido com a mercadoria e o preço pago por ela. Ao mostrar como essa escolha é feita, demonstraremos o paralelismo existente entre monopsônio e monopólio.

Embora o monopsônio puro também seja raro, muitos mercados têm apenas alguns compradores, os quais podem adquirir a mercadoria por menos do que o fariam em um mercado competitivo. Esses compradores têm *poder de monopsônio*. Essa situação costuma ocorrer nos mercados de fatores de produção. Por exemplo, a General Motors, a maior empresa automobilística norte-americana, possui o poder de monopsônio nos mercados de pneus, baterias para automóveis e outras peças. Discutiremos também os determinantes do poder de monopsônio, a medição e as implicações em termos de preço.

Poderes de monopólio e de monopsônio são duas formas de **poder de mercado**: a capacidade — por parte do vendedor ou do comprador — de influir no preço de uma mercadoria.[1] Como os vendedores ou compradores têm pelo menos um pouco de poder de mercado (como na maioria dos mercados do mundo real), é necessário compreender como ele funciona e como influencia produtores e consumidores.

10.1 Monopólio

Na qualidade de único produtor de determinado bem, o monopolista encontra-se em uma posição singular. Se decidir elevar o preço do produto, não terá de se preocupar com concorrentes que, cobrando um preço menor, poderiam capturar uma fatia maior do mercado à sua custa. O monopolista *é* o mercado e controla totalmente a quantidade de produto que será colocada à venda.

Mas isso não significa que o monopolista possa cobrar qualquer preço que desejar — não deve fazê-lo caso o objetivo seja a maximização de lucros. Este livro é um exemplo. A Pearson Education do Brasil, proprietária dos direitos autorais da edição em português desta obra, é, portanto, o produtor monopolista deste livro no Brasil. Então, por que razão ela não vende esta obra a R$ 1.000 por unidade? Porque poucas pessoas iriam adquiri-la e ela teria um lucro muito menor.

Para poder maximizar os lucros, o monopolista deve, primeiro, determinar os custos e as características da demanda de mercado. O conhecimento da demanda e do custo é crucial para a tomada de decisão econômica por parte da empresa. Dispondo de tal conhecimento, o monopolista precisa decidir quanto produzir e vender. O preço unitário recebido pelo monopolista é obtido diretamente da curva de demanda de mercado. De modo equivalente à determinação do preço, a quantidade que ele venderá a esse preço também pode ser deduzida diretamente da curva de demanda de mercado.

---

[1] Os tribunais frequentemente utilizam o termo "poder de monopólio" para se referir ao caso em que esse poder é grande o suficiente para justificar a análise sob os termos da legislação antitruste. Neste livro, entretanto, por motivos didáticos, utilizamos o termo "poder de monopólio" para nos referir ao poder de mercado exercido por parte dos vendedores, seja tal poder substancial ou não.

Receita média e receita marginal

A *receita média* do monopolista — o preço que recebe por unidade vendida — é exatamente a curva de demanda de mercado. Para escolher o nível de produção capaz de maximizar os lucros, o monopolista deve também conhecer a **receita marginal**: a variação de receita resultante da variação da produção em uma unidade. Para entender o relacionamento entre receita total, receita média e receita marginal, considere uma empresa que se defronta com a seguinte curva de demanda:

$$P = 6 - Q$$

A Tabela 10.1 mostra as receitas total, média e marginal para essa curva de demanda. Observe que a receita é zero quando o preço é de US$ 6: a esse preço nenhuma unidade é vendida. Entretanto, ao preço de US$ 5, é vendida uma unidade, e a receita total (e marginal) é de US$ 5. Um aumento na quantidade vendida de 1 para 2 unidades resulta em um acréscimo da receita de US$ 5 para US$ 8, de tal maneira que a receita marginal é de US$ 3. À medida que a quantidade aumentada se eleva de 2 para 3 unidades, a receita marginal cai para US$ 1 e, quando o número de unidades vendidas aumenta de 3 para 4, a receita marginal se torna negativa. Quando a receita marginal é positiva, a receita aumenta com o aumento da quantidade; contudo, quando a receita marginal é negativa, a receita diminui.

receita marginal Variação de receita resultante do aumento da produção em uma unidade.

Na Seção 8.3, explicamos que a receita marginal é uma medida de quanto a receita aumenta quando a produção aumenta em uma unidade.

TABELA 10.1 Receita total, receita marginal e receita média

Preço (P)	Quantidade (Q)	Receita total (R)	Receita marginal (RMg)	Receita média (RMe)
US$ 6	0	US$ 0	—	—
US$ 5	1	US$ 5	US$ 5	US$ 5
US$ 4	2	US$ 8	US$ 3	US$ 4
US$ 3	3	US$ 9	US$ 1	US$ 3
US$ 2	4	US$ 8	US$ –1	US$ 2
US$ 1	5	US$ 5	US$ –3	US$ 1

Quando a curva de demanda é descendente, o preço (receita média) é superior à receita marginal, já que todas as unidades são vendidas ao mesmo preço. Se as vendas aumentarem em 1 unidade, o preço deve diminuir. Nesse caso, todas as unidades vendidas, e não apenas aquela unidade adicional, obtêm uma receita menor. Observe, por exemplo, o que ocorre na Tabela 10.1 quando o nível de produção aumenta de 1 para 2 unidades e o preço é reduzido para US$ 4. A receita marginal é de US$ 3, ou seja, US$ 4 (a receita da venda de uma unidade adicional de produto) menos US$ 1 (a perda de receita decorrente da venda da primeira unidade por US$ 4, em vez de US$ 5). Portanto, a receita marginal (US$ 3) é inferior ao preço (US$ 4).

A Figura 10.1 ilustra a receita média e a receita marginal para os dados contidos na Tabela 10.1. A curva de demanda é uma linha reta e, nesse caso, a curva de receita marginal tem inclinação duas vezes maior do que a curva de demanda (e o mesmo ponto de interseção com o eixo vertical).[2]

---

[2] Se a curva de demanda for expressa de tal modo que o preço seja uma função da quantidade, $P = a - bQ$, a receita total será expressa pela equação $PQ = aQ - bQ^2$. Pelo cálculo diferencial determinamos a receita marginal $d(PQ)/dQ = a - 2bQ$. Nesse exemplo, a demanda é $P = 6 - Q$ e a receita marginal é $RMg = 6 - 2Q$. (Isso é válido apenas para pequenas variações de Q e, portanto, não corresponde exatamente aos valores da Tabela 10.1.)

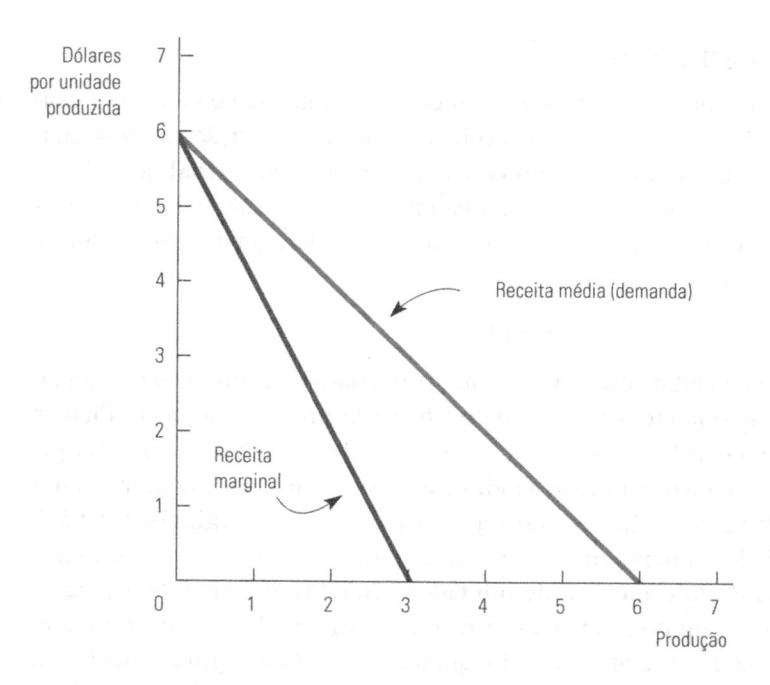

FIGURA 10.1   **RECEITA MÉDIA E RECEITA MARGINAL**

A receita média e a receita marginal são mostradas para a curva de demanda $P = 6 - Q$.

Decisão de produção do monopolista

Qual a quantidade que o monopolista deve produzir? No Capítulo 8, vimos que, para maximizar os lucros, uma empresa precisa determinar o nível de produção de tal forma que a receita marginal seja igual ao custo marginal. Essa é a solução para o problema do monopolista. Na Figura 10.2, a curva de demanda, D, é a curva de receita média do monopolista. Ela especifica o preço unitário a ser recebido pelo monopolista em função do nível de produção. São também apresentadas as curvas correspondentes de receita marginal, RMg, de custo médio, CMe, e de custo marginal, CMg. A receita marginal e o custo marginal são iguais para a quantidade Q^*. Então, da curva de demanda, podemos encontrar o preço P^* que corresponde à quantidade Q^*.

Como ter certeza de que Q^* é a quantidade capaz de maximizar o lucro? Suponhamos que o monopolista produza uma quantidade menor, Q_1, e receba o preço correspondente maior, P_1. Como mostra a Figura 10.2, a receita marginal então excederia o custo marginal. Nesse caso, se o monopolista produzisse um pouco mais do que Q_1, ele poderia auferir um lucro extra (RMg − CMg), aumentando, portanto, o lucro total. De fato, o monopolista poderia continuar aumentando o nível de produção e o lucro até atingir o nível de produção Q^*, ponto em que o lucro incremental obtido por meio da produção de uma unidade adicional de produto seria zero. Portanto, a quantidade mais baixa Q_1 não maximiza o lucro, apesar de permitir que o monopolista cobre um preço mais elevado. Se ele produzisse Q_1 em vez de Q^*, o lucro total seria diminuído em um valor representado pela área sombreada situada abaixo da curva RMg e acima da curva CMg, entre Q_1 e Q^*.

Na Figura 10.2, a quantidade mais alta, Q_2, também não é capaz de maximizar o lucro. Para essa quantidade, o custo marginal excede a receita marginal. Por isso, se o monopolista produzisse um pouco menos do que Q_2, poderia aumentar o lucro total (em um valor igual a CMg − RMg). Ele poderia aumentar o lucro ainda mais se reduzisse o nível de produção até atingir Q^*. O maior lucro obtido pelo nível de produção Q^*, em vez de Q_2, é representado pela área situada abaixo da curva CMg e acima da curva RMg, entre Q^* e Q_2.

> Na Seção 7.1, explicamos que o custo marginal é a mudança no custo variável associada ao aumento de uma unidade de produto.

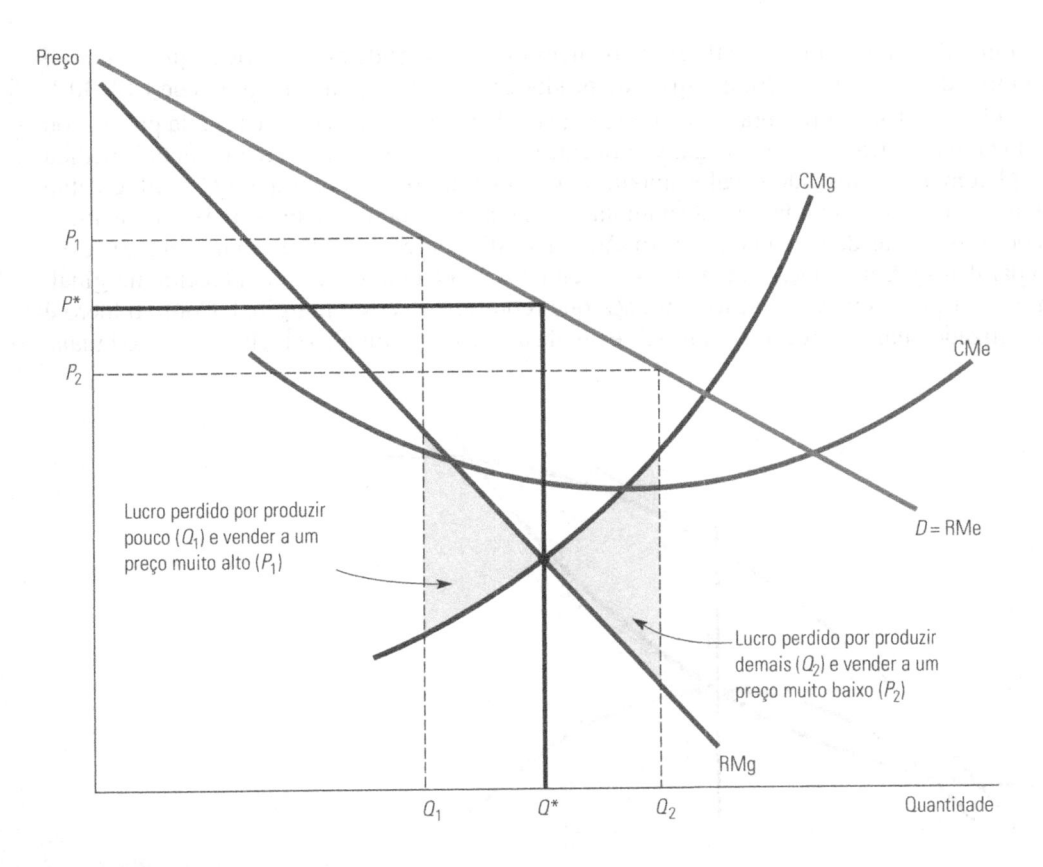

FIGURA 10.2 O LUCRO É MAXIMIZADO QUANDO A RECEITA MARGINAL IGUALA-SE AO CUSTO MARGINAL

Q^* é o nível de produção para o qual RMg = CMg. Se a empresa produzir uma quantidade menor — digamos, Q_1 —, então ela estará sacrificando parte dos lucros, pois a receita extra que poderia ser obtida com a produção e venda de quantidades entre Q_1 e Q^* excederia o custo de produção. De modo semelhante, um aumento no nível de produção de Q^* para Q_2 resultaria em uma redução dos lucros, já que o custo adicional excederia a receita adicional.

Podemos também verificar algebricamente a razão pela qual Q^* é capaz de maximizar o lucro. O lucro, π, é a diferença entre a receita e o custo, ambos dependentes de Q:

$$\pi(Q) = R(Q) - C(Q)$$

À medida que Q aumentar a partir de zero, o lucro se elevará até atingir um valor máximo, após o qual começará a cair. Portanto, a quantidade Q capaz de maximizar o lucro é aquela para a qual o lucro incremental resultante de um pequeno aumento em Q é exatamente igual a zero (isto é, $\Delta\pi/\Delta Q = 0$). Então, temos

$$\Delta\pi/\Delta Q = \Delta R/\Delta Q - \Delta C/\Delta Q = 0$$

Mas $\Delta R/\Delta Q$ é a receita marginal e $\Delta C/\Delta Q$ é o custo marginal. Portanto, a condição para maximizar o lucro é que RMg – CMg = 0, ou seja, RMg = CMg.

Um exemplo

Para entendermos melhor esse resultado, vamos examinar um exemplo. Suponhamos que o custo de produção seja

$$C(Q) = 50 + Q^2$$

Em outras palavras, existe um custo fixo de US$ 50 e o custo variável é Q^2. Suponhamos, também, que a demanda seja expressa pela equação

$$P(Q) = 40 - Q$$

Tomando a receita marginal igual ao custo marginal, podemos verificar que o lucro é maximizado quando $Q = 10$, um nível de produção que corresponde ao preço de US$ 30.[3]

A Figura 10.3(a) apresenta o custo, a receita e o lucro. Quando a empresa nada produz, ou produz muito pouco, o lucro é negativo por causa dos custos fixos. O lucro aumenta à medida que Q aumenta, atingindo o valor máximo de US$ 150 no ponto em que $Q^* = 10$, e então passa a diminuir à medida que Q continua a aumentar; no ponto de lucro máximo, as inclinações das curvas de receita e de custo são iguais. (Observe que as linhas tangentes rr' e cc' são paralelas.) A inclinação da curva de receita é $\Delta R/\Delta Q$, que representa a receita marginal, e a inclinação da curva de custo é $\Delta C/\Delta Q$, que representa o custo marginal. Como o lucro é maximizado quando a receita marginal se iguala ao custo marginal, as inclinações são iguais.

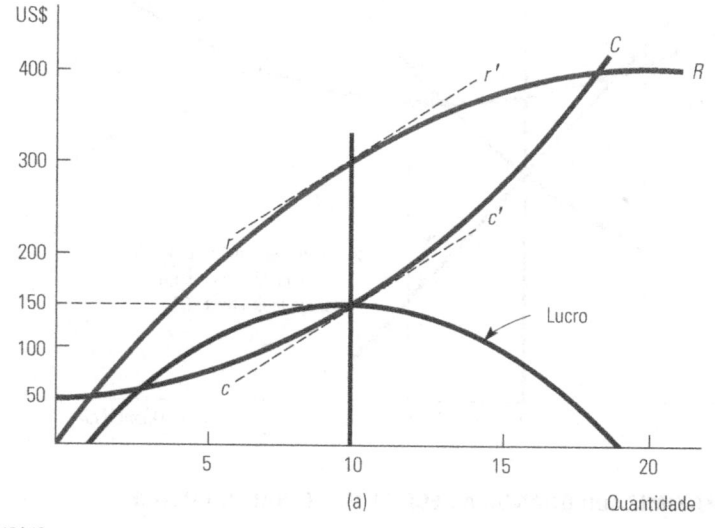

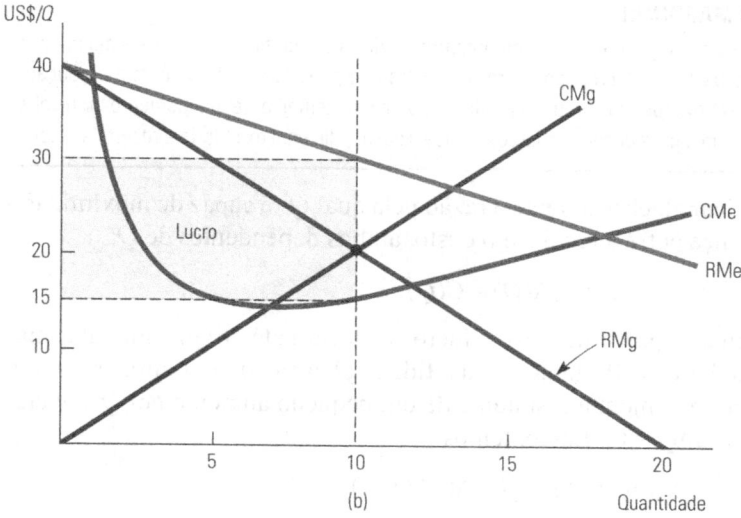

FIGURA 10.3 EXEMPLO DE MAXIMIZAÇÃO DE LUCROS

A parte (a) mostra a receita total, R, o custo total, C, e o lucro, que é a diferença entre R e C. A parte (b) apresenta a receita média, a receita marginal, o custo médio e o custo marginal. A receita marginal é a inclinação da curva de receita total e o custo marginal é a inclinação da curva de custo. O nível de produção capaz de maximizar os lucros é $Q^* = 10$, ponto no qual a receita marginal se iguala ao custo marginal. Nesse nível de produção, a inclinação da curva de lucro é zero e as inclinações da receita total e da curva de custo total são iguais. O lucro unitário é de US$ 15, ou seja, a diferença entre a receita média e o custo médio. Como são produzidas 10 unidades, o lucro total é igual a US$ 150.

---

[3] Observe que o custo médio é $C(Q)/Q = 50/Q + Q$ e o custo marginal é $\Delta C/\Delta Q = 2Q$. A receita é $R(Q) = P(Q)Q = 40Q - Q^2$, portanto, a receita marginal é $RMg = \Delta R/\Delta Q = 40 - 2Q$. Igualando a receita marginal ao custo marginal, temos $40 - 2Q = 2Q$, ou seja, $Q = 10$.

A Figura 10.3(b) mostra as curvas correspondentes de receita média e receita marginal e as curvas de custo médio e custo marginal. As curvas de receita marginal e de custo marginal se cruzam na quantidade $Q^* = 10$. Para essa quantidade, o custo médio é de US$ 15 por unidade e o preço é de US$ 30 por unidade, de tal modo que o lucro médio é US$ 30 – US$ 15 = US$ 15 por unidade. Como são vendidas 10 unidades, o lucro obtido é (10)(US$ 15) = US$ 150, sendo representado pelo retângulo sombreado.

Regra prática para determinação de preços

Sabemos que o preço e a quantidade devem ser escolhidos de tal modo que a receita marginal seja igual ao custo marginal, mas de que forma o administrador de uma empresa pode descobrir na prática os níveis corretos de preço e quantidade? A maioria dos administradores dispõe apenas de um conhecimento limitado das curvas de receita média e receita marginal com que se defrontam as empresas. De modo semelhante, eles podem conhecer o custo marginal da empresa apenas para uma pequena faixa de níveis de produção. Portanto, queremos traduzir a condição de que a receita marginal deve se igualar ao custo marginal em uma regra prática que possa ser mais facilmente utilizada.

Para tanto, primeiro reescrevemos a expressão da receita marginal:

$$\text{RMg} = \frac{\Delta R}{\Delta Q} = \frac{\Delta(PQ)}{\Delta Q}$$

Observe que a receita adicional decorrente de uma unidade incremental, $\Delta(PQ)/\Delta Q$, possui dois componentes.

1. A produção de uma unidade extra e a venda ao preço P geram uma receita igual a $(1)(P) = P$.
2. Mas como a empresa defronta-se com uma curva de demanda com inclinação descendente, a produção e a venda dessa unidade extra resultarão em uma pequena queda no preço $\Delta P/\Delta Q$, a qual reduz a receita de todas as unidades vendidas (isto é, uma variação de receita igual a $Q[\Delta P/\Delta Q]$).

Portanto, temos

$$\text{RMg} = P + \frac{Q \Delta P}{\Delta Q} = P + P\left(\frac{Q}{P}\right)\left(\frac{\Delta P}{\Delta Q}\right)$$

Obtivemos o lado direito da expressão tomando o termo $Q(\Delta P/\Delta Q)$ e multiplicando-o e dividindo-o por P. Lembre-se de que a elasticidade da demanda é definida por $E_d = (P/Q)(\Delta Q/\Delta P)$. Dessa maneira, $(Q/P)(\Delta P/\Delta Q)$ é o valor inverso da elasticidade da demanda, ou seja, $1/E_d$, medido no nível de produção capaz de maximizar lucros, então:

> A elasticidade da demanda foi discutida nas seções 2.4 e 4.3.

$$\text{RMg} = P + P(1/E_d)$$

Agora, como o objetivo da empresa é maximizar lucros, podemos igualar a receita marginal ao custo marginal:

$$P + P(1/E_d) = \text{CMg}$$

e, reordenando os termos da equação anterior, temos

$$\frac{(P - \text{CMg})}{P} = -\left(\frac{1}{E_d}\right) \quad (10.1)$$

Essa relação torna possível uma regra prática para a determinação do preço. O lado esquerdo da equação, $(P - \text{CMg})/P$, é o *markup* sobre o custo marginal apresentado como percentual do preço. A relação informa-nos que esse *markup* deveria ser igual ao negativo do inverso da elasticidade da demanda.[4] (Esse número será *positivo*, pois a elasticidade da

---

[4] Lembre-se de que essa equação de *markup* se aplica ao ponto de lucro máximo. Se a elasticidade da demanda e o custo marginal variarem para as faixas de níveis de produção considerados, você precisará saber quais são as curvas completas de demanda e de custo marginal para determinar o nível ideal de produção. Por outro lado, essa equação pode ser utilizada para verificar se determinado nível de produção e determinado preço são ideais.

demanda é *negativa*.) Da mesma maneira, podemos reordenar os termos dessa equação para que ela possa expressar o preço diretamente como divisão do *markup* sobre o custo marginal:

$$P = \frac{CMg}{[1 + (1/E_d)]} \quad (10.2)$$

Por exemplo, se a elasticidade da demanda for −4 e o custo marginal for US$ 9 por unidade, o preço deve ser US$ 9/(1 − 1/4) = US$ 9/0,75 = US$ 12 por unidade.

De que modo o preço definido pelo monopolista se compara ao preço do mercado competitivo? No Capítulo 8, vimos que, em um mercado perfeitamente competitivo, o preço de mercado torna-se igual ao custo marginal. Um monopolista cobra um preço superior ao custo marginal, *mas o valor superior depende do inverso da elasticidade da demanda*. Como nos mostra a Equação de *markup* 10.1, se a demanda for extremamente elástica, E_d será um grande número negativo e o preço resultante estará muito próximo do custo marginal. Nesse caso, um mercado monopolizado pode se parecer muito com um mercado competitivo. De fato, quando a demanda é muito elástica, não é muito vantajoso ser um monopolista.

Perceba também que um monopolista nunca produzirá uma quantidade que esteja na porção inelástica da curva de demanda — isto é, onde a elasticidade da demanda é inferior a 1 em valor absoluto. Para entender o motivo, suponha que o monopolista esteja produzindo em um ponto da curva de demanda em que a elasticidade seja −0,5. Nesse caso, ele poderia obter maiores lucros produzindo menos e vendendo a um preço mais alto. (Uma redução de 10% na produção, por exemplo, permitiria um aumento de 20% no preço e, assim, um aumento de 10% na renda. Se o custo marginal fosse maior que zero, o aumento no lucro seria ainda maior que 10%, pois a produção mais baixa reduziria os custos da empresa.) À medida que o monopolista reduz a produção e eleva os preços, a curva de demanda vai se deslocando para um ponto em que a elasticidade é maior que 1 em valor absoluto e a regra de lucro da Equação 10.2 é satisfeita.

Suponha, contudo, que o custo marginal seja zero. Nesse caso, não podemos usar a Equação 10.2 diretamente para determinar o preço maximizador dos lucros. No entanto, podemos ver a partir da Equação 10.1 que, a fim de maximizar o lucro, a empresa produzirá no ponto em que a elasticidade da demanda seja exatamente −1. Se o custo marginal for zero, o lucro maximizador é equivalente à receita maximizadora, e a receita é maximizada quando $E_d = -1$.

> Na Seção 8.1, explicamos que uma empresa perfeitamente competitiva faz a escolha da produção de modo que o custo marginal seja igual ao preço.

> Na Seção 4.3 e na Tabela 4.3, explicamos que, quando o preço sobe, o gasto do consumidor — e, portanto, a receita das empresas — sobe se a demanda é inelástica, diminui se a demanda é elástica e permanece igual se a demanda tem elasticidade unitária.

EXEMPLO 10.1 O LABORATÓRIO ASTRA-MERCK ESTABELECE PREÇOS PARA O PRILOSEC

Em 1995, um novo medicamento desenvolvido pelo laboratório Astra-Merck passou a ser disponibilizado para o tratamento de longo prazo de úlceras. O medicamento, chamado Prilosec, representava uma nova geração de remédios contra a úlcera. Outros medicamentos destinados ao tratamento dessa doença já existiam no mercado: Tagamet, que surgiu em 1977; Zantac, em 1983; Pepcid, em 1986; e Axid, em 1988. Os quatro funcionavam na maioria das vezes da mesma maneira para reduzir a secreção de ácido no estômago. O Prilosec, no entanto, baseava-se em um mecanismo bioquímico bastante diferente e era muito mais eficaz do que os outros medicamentos. Por volta de 1996, tornou-se um dos medicamentos mais vendidos no mundo e não tinha nenhum concorrente à altura.[5]

Em 1995, o laboratório Astra-Merck estipulou o preço do Prilosec em torno de US$ 3,50 a dose diária. (Em contraste, os preços do Tagamet e do Zantac estavam em torno de US$ 1,50 a US$ 2,25 a mesma dose.) Essa determinação de preço

---

5 O remédio Prilosec, desenvolvido por meio de uma *joint-venture* da empresa sueca Astra e da norte-americana Merck, surgiu em 1989, mas apenas para tratamento do distúrbio do refluxo gastroesofágico, tendo sido aprovado o tratamento de curto prazo da úlcera em 1991. Foi a aprovação para o tratamento de longo prazo, em 1995, que, no entanto, criou um grande mercado para o medicamento. Em 1998, o laboratório Astra comprou da Merck sua parcela dos direitos de patente do Prilosec. Em 1999, ele comprou a empresa Zeneca, e, agora, chama-se AstraZeneca. Em 2001, a AstraZeneca faturou mais de US$ 4,9 bilhões com as vendas de Prilosec, que seguiu sendo o medicamento prescrito mais bem vendido no mundo. Pouco antes da patente do Prilosec expirar, a empresa lançou o Nexium, um novo (e, segundo a AstraZeneca, melhor) medicamento antiúlcera. Em 2006, o Nexium era o terceiro no ranking dos medicamentos mais vendidos no mundo, com vendas em torno de US$ 5,7 bilhões.

é consistente com a fórmula de *markup* (10.1)? O custo marginal de produção e de embalagem do Prilosec é de apenas US$ 0,30 a US$ 0,40 a dose diária. Esse custo sugere que a elasticidade preço da demanda, E_D, esteja na faixa de −1,0 a −1,2. Com base nos estudos estatísticos da demanda farmacêutica, essa é de fato uma estimativa aceitável para a elasticidade de demanda. Portanto, fixar o preço para o remédio Prilosec com base em um *markup* que excede em 400% o custo marginal é consistente com nossa regra prática para a determinação de preços.

Deslocamentos da demanda

Em um mercado competitivo, existe uma relação nítida entre o preço e a quantidade ofertada. Essa relação é representada pela *curva de oferta*, que, como já vimos no Capítulo 8, representa o custo marginal de produção para a indústria como um todo. A curva de oferta informa-nos qual a quantidade que deve ser produzida para cada preço.

Um mercado monopolista não dispõe de curva de oferta. Em outras palavras, *nele não existe uma relação biunívoca entre preço e quantidade produzida*. Isso ocorre porque a decisão sobre o nível de produção do monopolista depende não só do custo marginal, mas também do formato da curva de demanda. Em consequência, deslocamentos da demanda não dão indicação de uma série de preços e quantidades que correspondem a uma curva de oferta competitiva. Ao contrário, os deslocamentos da demanda podem resultar em variações de preço sem que exista mudança na produção, alterações da produção sem que ocorra variação no preço, ou mudanças tanto de preço como de produção.

Esse princípio é ilustrado na Figura 10.4. Nas duas partes da figura, a curva de demanda é inicialmente D_1, a curva de receita marginal correspondente é RMg_1 e o preço e a quantidade iniciais do monopolista são, respectivamente, P_1 e Q_1. Na Figura 10.4(a), a curva de demanda é deslocada para baixo e sofre um movimento de rotação. As novas curvas de demanda e de receita marginal são, respectivamente, indicadas por D_2 e RMg_2. Observe que RMg_2 cruza com a curva de custo marginal no mesmo ponto que RMg_1. Em consequência, a quantidade produzida permanece inalterada. No entanto, o preço cai para P_2.

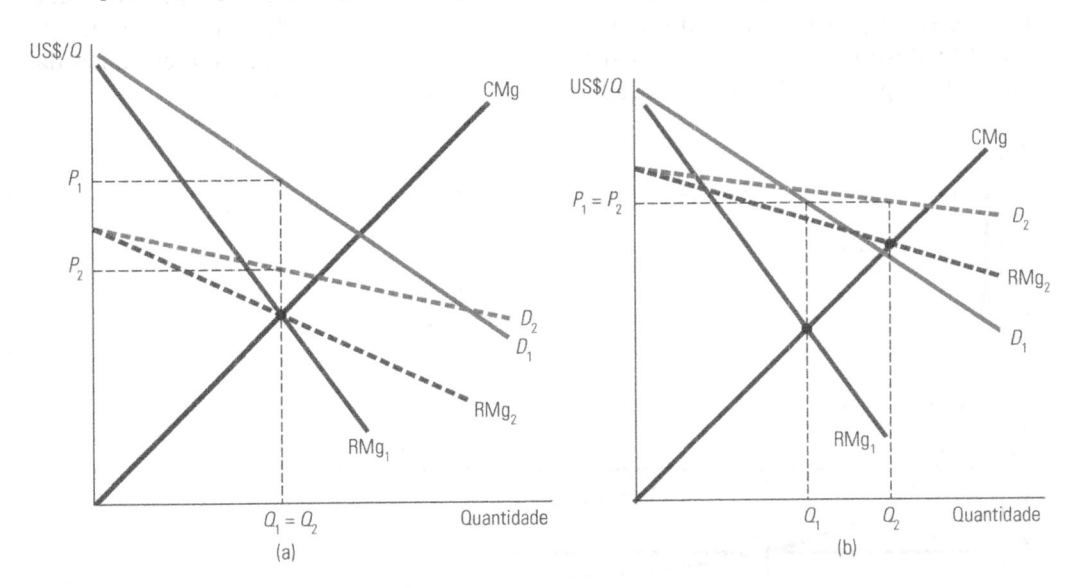

FIGURA 10.4 **DESLOCAMENTOS NA DEMANDA**

O deslocamento da curva de demanda mostra que um mercado monopolístico não possui qualquer curva de oferta — ou seja, não há nenhuma relação "um a um" entre preço e quantidade produzida. Em (a), a curva de demanda, D_1, desloca-se, tornando-se a nova curva de demanda, D_2. Entretanto, a nova curva de receita marginal, RMg_2, cruza a curva de custo marginal no mesmo ponto em que se situava a antiga curva de custo marginal, RMg_1. Portanto, o nível de produção capaz de maximizar lucros permanece inalterado, embora o preço caia de P_1 para P_2. Em (b), a nova curva de receita marginal, RMg_2, cruza a curva de custo marginal em Q_2, um nível de produção mais elevado. No entanto, como a demanda agora é mais elástica, o preço permanece o mesmo.

Na Figura 10.4(b), a curva de demanda é deslocada para cima, sofrendo também um movimento de rotação. A nova curva de receita marginal, RMg_2, cruza a de custo marginal em um nível mais elevado de produção, Q_2, em vez de Q_1. Entretanto, o deslocamento da curva de demanda é tal que o preço cobrado permanece exatamente o mesmo.

Deslocamentos da demanda costumam provocar variações tanto do preço como da quantidade. Mas os casos especiais mostrados na Figura 10.4 ilustram uma distinção importante entre o monopólio e a oferta competitiva. Um setor competitivo oferta uma quantidade específica para cada nível de preço. Não existe uma relação desse tipo para o monopolista, o qual, dependendo do deslocamento da demanda, pode produzir quantidades diferentes ao mesmo preço ou a mesma quantidade a preços diferentes.

Efeito de um imposto

> Na Seção 9.6, explicamos que um imposto específico é a cobrança pelo governo de certa quantia em dinheiro por unidade vendida; mostramos também como ele influi no preço e na quantidade.

Um imposto sobre a produção pode também ter sobre o monopolista um efeito diferente daquele que teria se incidisse em um setor competitivo. No Capítulo 9, vimos que, quando um imposto específico (isto é, por unidade) passa a incidir sobre o produto de um setor competitivo, o preço de mercado eleva-se menos do que o valor do imposto, sendo tal carga fiscal compartilhada por produtores e consumidores. No monopólio, entretanto, o preço às vezes pode apresentar elevação *superior* ao valor do imposto.

A análise do efeito do imposto sobre um monopolista é simples. Suponhamos que um imposto específico de t dólares por unidade passe a ser cobrado, de tal forma que o monopolista tenha de remeter t dólares ao governo para cada unidade vendida por ele. Portanto, o custo marginal da empresa (e também seu custo médio) é elevado em um valor igual ao imposto t. Sendo CMg o custo marginal original da empresa, a decisão do nível de produção ideal será agora expressa por

> Na Seção 8.2, explicamos que uma empresa maximiza o lucro ao escolher um nível de produção no qual a receita marginal é igual ao custo marginal.

$$RMg = CMg + t$$

Graficamente, temos de deslocar a curva de custo marginal para cima por um valor igual a t e então podemos descobrir a nova interseção com a curva de receita marginal. A Figura 10.5 ilustra esse fato. Q_0 e P_0 são, respectivamente, a quantidade e o preço antes da vigência do imposto, e Q_1 e P_1 são a quantidade e o preço após o imposto.

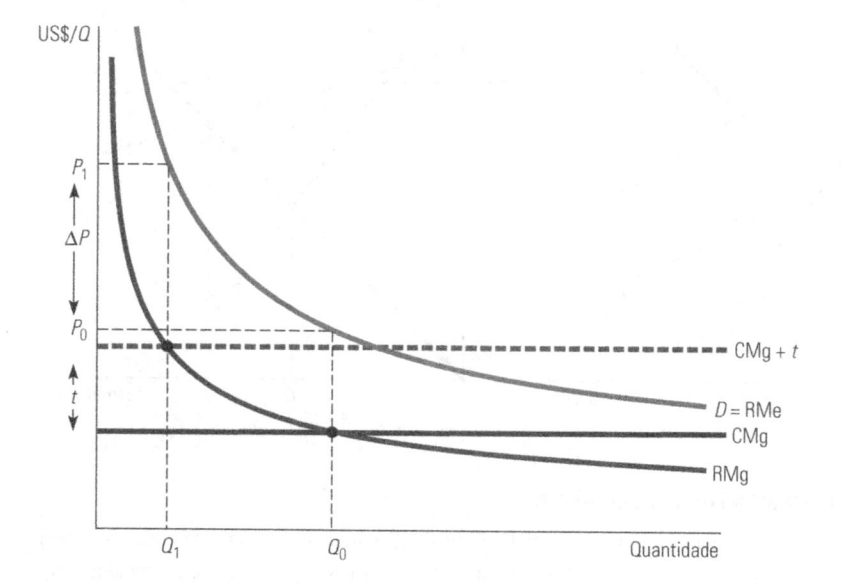

FIGURA 10.5 **EFEITO DE UM IMPOSTO DE CONSUMO SOBRE UM MONOPOLISTA**

Havendo um imposto t por unidade, o custo marginal efetivo da empresa é aumentado no montante de t para CMg + t. Neste exemplo, o aumento de preço, ΔP, é superior ao valor t do imposto.

O deslocamento para cima sofrido pela curva de custo marginal resulta em uma quantidade menor e em um preço mais elevado. Em alguns casos, o preço apresenta elevação inferior ao valor do imposto, mas nem sempre isso ocorre — na Figura 10.5, a elevação do preço é maior do que o valor do imposto. Seria impossível que isso ocorresse em um mercado competitivo, mas pode acontecer com um monopolista, pois a relação entre preço e custo marginal depende da elasticidade da demanda. Suponhamos, por exemplo, que um monopolista se defronte com uma curva de demanda com elasticidade constante, com elasticidade igual a –2, e custo marginal constante CMg. A Equação 10.2, então, informa que o preço será igual ao dobro do custo marginal. Havendo o imposto t, o custo marginal aumentará para CMg + t, de modo que o preço aumentará para 2(CMg + t) = 2CMg + 2t; isso significa que o preço sofrerá aumento igual ao dobro do valor do imposto. (Entretanto, o lucro do monopolista será reduzido após o imposto entrar em vigor.)

*Empresa com múltiplas instalações

Já vimos que uma empresa maximiza os lucros adotando um nível de produção para o qual a receita marginal seja igual ao custo marginal. No caso de muitas empresas, a produção ocorre em duas ou mais fábricas diferentes, cujos custos operacionais podem ser distintos entre si. Entretanto, a lógica utilizada na escolha dos diversos níveis de produção é bastante semelhante àquela que se aplica à empresa que tenha apenas uma fábrica.

Suponhamos que uma empresa possua duas fábricas. Qual deveria ser o nível total de produção e que parcelas desse total cada fábrica deveria produzir? Podemos obter intuitivamente essas respostas em dois passos.

- **Passo 1.** Qualquer que seja o nível de produção, este deve ser repartido entre as duas, de tal modo que *o custo marginal seja o mesmo em cada fábrica*. De outra forma, a empresa poderia reduzir os custos e aumentar os lucros por meio de uma redistribuição da produção. Por exemplo, se o custo marginal na fábrica 1 fosse mais alto do que o da fábrica 2, a empresa poderia obter a mesma produção com um custo total mais baixo, produzindo menos na fábrica 1 e mais na fábrica 2.
- **Passo 2.** Sabemos que a produção total deve satisfazer a exigência de que *a receita marginal seja igual ao custo marginal*. De outra forma, a empresa poderia aumentar os lucros por meio da elevação ou da diminuição do nível de produção total. Por exemplo, suponhamos que os custos marginais fossem iguais nas duas fábricas, mas que a receita marginal excedesse o custo marginal. Nesse caso, seria melhor para a empresa produzir mais em ambas, já que a receita gerada por unidades adicionais produzidas excederia o custo. Uma vez que os custos marginais devem ser iguais nas duas fábricas e a receita marginal deve ser igual ao custo marginal, podemos concluir que o lucro será maximizado quando *a receita marginal for igual ao custo marginal em cada fábrica*.

Podemos também obter algebricamente esse resultado. Suponhamos que Q_1 seja a produção e C_1 seja o custo de produção para a fábrica 1, Q_2 e C_2 sejam, respectivamente, a produção e o custo de produção na fábrica 2 e $Q_T = Q_1 + Q_2$ represente a produção total. Então, o lucro será

$$\pi = PQ_T - C_1(Q_1) - C_2(Q_2)$$

A empresa deve elevar o nível de produção nas duas fábricas até que o lucro incremental da última unidade produzida seja igual a zero. Comece definindo como 0 o lucro incremental para a produção obtida na fábrica 1:

$$\frac{\Delta \pi}{\Delta Q_1} = \frac{\Delta (PQ_T)}{\Delta Q_1} - \frac{\Delta C_1}{\Delta Q_1} = 0$$

Aqui, $\Delta(PQ_T)/\Delta Q_1$ é a receita oriunda da produção e venda de uma unidade adicional, isto é, a *receita marginal*, RMg, para a totalidade da produção da empresa. O próximo termo da equação, $\Delta C_1/\Delta Q_1$, é o *custo marginal* na fábrica 1, CMg_1. Portanto, temos $RMg - CMg_1 = 0$, ou seja

$$RMg = CMg_1$$

Da mesma forma, ao determinarmos o lucro incremental zero para a produção obtida na fábrica 2, temos

$$RMg = CMg_2$$

Reunindo essas relações, podemos ver que a empresa deverá obter a produção de tal maneira que

$$RMg = CMg_1 = CMg_2 \qquad (10.3)$$

A Figura 10.6 ilustra esse princípio para uma empresa que possua duas fábricas. CMg_1 e CMg_2 são as curvas de custo marginal para essas duas fábricas. (Observe que a fábrica 1 tem custo marginal mais elevado do que a fábrica 2.) Há também a curva CMg_T que é a curva de custo marginal total da empresa, obtida pela soma horizontal das curvas CMg_1 e CMg_2. Agora é possível descobrir os níveis de produção Q_1, Q_2 e Q_T para a maximização de lucros. Primeiro, descubra o ponto de interseção de CMg_T com RMg; esse ponto determina o nível de produção total, Q_T. A seguir, desenhe uma linha horizontal a partir desse ponto até o eixo vertical; o ponto RMg* determina a receita marginal da empresa. As interseções da linha da receita marginal com CMg_1 e CMg_2 indicarão os níveis de produção Q_1 e Q_2, para as duas fábricas, conforme mostramos na Equação 10.3.

> Observe a semelhança com o modo pelo qual obtivemos a curva de oferta em um setor competitivo, na Seção 8.5, somando horizontalmente as curvas de custo marginal de cada uma das empresas.

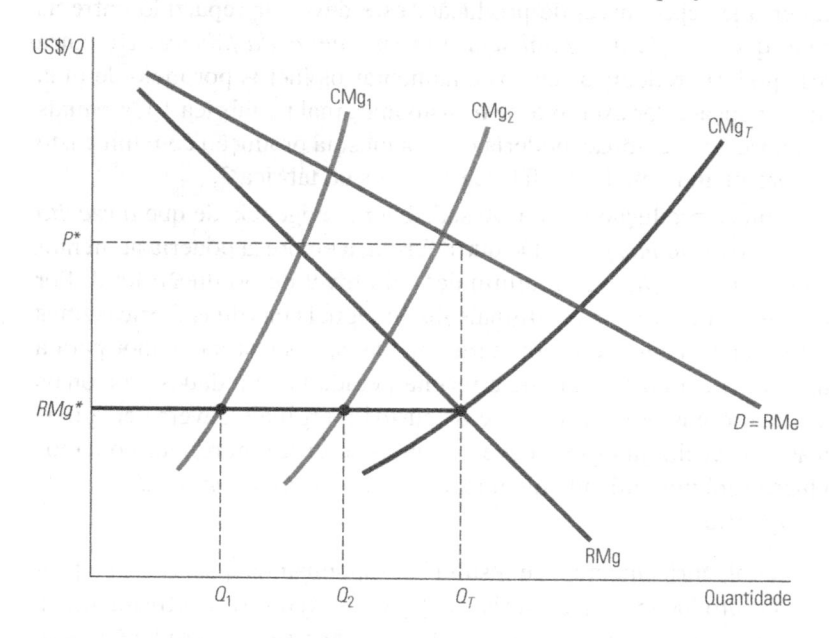

FIGURA 10.6 PRODUÇÃO COM DUAS FÁBRICAS

A empresa que possui duas fábricas maximizará os lucros ao escolher os níveis de produção Q_1 e Q_2 para os quais a receita marginal, RMg (que depende da produção total), seja igual aos custos marginais, CMg_1 e CMg_2, de cada fábrica.

Observe que a produção total, Q_T, determina a receita marginal da empresa (e, portanto, seu preço P^*). No entanto, Q_1 e Q_2 determinam os custos marginais em cada uma das duas fábricas. Como CMg_T foi obtido pela soma horizontal de CMg_1 e CMg^2, sabemos que $Q_1 + Q_2 = Q_T$. Portanto, esses são os níveis de produção que satisfazem a condição $RMg = CMg_1 = CMg_2$.

10.2 Poder de monopólio

O monopólio puro é raro. São muito mais comuns os mercados nos quais diversas empresas competem entre si. Nos capítulos 12 e 13, discutiremos mais a respeito das formas que essa competição pode assumir. No entanto, devemos explicar neste ponto a razão pela qual, em um mercado com diversas empresas, cada qual provavelmente se defrontará com uma curva de demanda com inclinação descendente, e, em consequência, produzirá de modo tal que o preço exceda o custo marginal.

Suponhamos, por exemplo, que quatro empresas produzam escovas de dente e se defrontem com a curva de mercado $Q = 50.000 - 20.000P$, como apresentada na Figura 10.7(a). Suponhamos também que essas quatro empresas estejam produzindo um agregado de 20.000 escovas de dentes por dia (cada uma produz 5.000 diariamente) e vendendo a US$ 1,50 por unidade. Observe que a demanda de mercado é relativamente inelástica; você pode verificar que, para o preço de US$ 1,50, a elasticidade da demanda é $-1,5$.

Agora, suponhamos que a Empresa A esteja decidindo se reduzirá o preço para assim elevar as vendas. Para tomar essa decisão, ela necessita saber de que forma as vendas reagirão a uma variação no preço. Em outras palavras, essa empresa precisa ter alguma ideia da curva de demanda com que *ela* se defronta, ao contrário da curva de demanda *do mercado*. Uma possibilidade razoável é apresentada na Figura 10.7(b), na qual a curva de demanda D_A da Empresa A é muito mais elástica do que a curva de demanda do mercado. (Ao preço de US$ 1,50, a elasticidade é $-6,0$.) Essa empresa pode prever que, se elevar o preço de US$ 1,50 para US$ 1,60, as vendas cairão — digamos, de 5.000 para 3.000 unidades conforme os consumidores passem a adquirir escovas de dentes de outras empresas. (Se *todas* as empresas aumentassem os preços para US$ 1,60, as vendas da Empresa A cairiam apenas para 4.500 unidades.) Por diversas razões, as vendas não serão reduzidas a zero, como ocorreria em um mercado perfeitamente competitivo. Primeiro, se as escovas de dente da Empresa A são um pouco diferentes das escovas dos concorrentes, alguns consumidores estarão dispostos a pagar um pouco mais por elas. Segundo, as outras empresas também podem elevar os preços. De modo semelhante, a Empresa A poderá prever que, mediante a redução do preço de US$ 1,50 para US$ 1,40, ela poderia vender mais escovas de dente, talvez 7.000, em vez das atuais 5.000. Entretanto, ela não estará obtendo a totalidade do mercado. Alguns consumidores podem ainda preferir as escovas dos concorrentes e, além disso, alguns concorrentes podem também reduzir os preços.

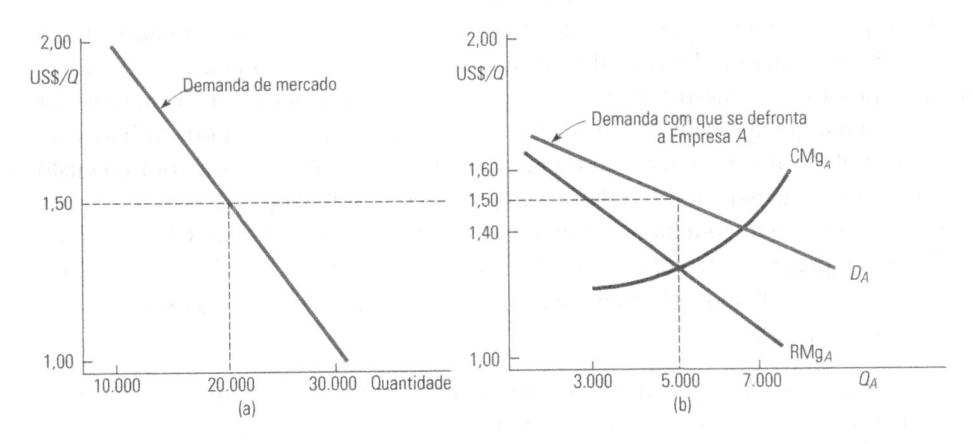

FIGURA 10.7 **DEMANDA DO MERCADO DE ESCOVAS DE DENTES**

A parte (a) mostra a demanda do mercado de escovas de dentes. A parte (b) apresenta a demanda de mercado tal como é vista pela Empresa A. Ao preço de mercado de US$ 1,50, a elasticidade da demanda de mercado é $-1,5$. Entretanto, a Empresa A se defronta com uma curva de demanda D_A muito mais elástica, em virtude da concorrência das demais empresas. Ao preço de US$ 1,50, a elasticidade da demanda da Empresa A é -6. Ainda assim, a Empresa A dispõe de algum poder de monopólio: seu preço capaz de maximizar os lucros é US$ 1,50, superior ao custo marginal.

Dessa maneira, a curva de demanda da Empresa A dependerá do grau de diferenciação do produto em relação aos produtos das empresas concorrentes, bem como da forma de competição existente entre as quatro empresas. Discutiremos diferenciação de produto e competição entre empresas nos capítulos 12 e 13. Mas um ponto deveria ficar claro: *a Empresa A provavelmente se defrontará com uma curva de demanda mais elástica do que a curva de demanda do mercado, que não chega, porém, a ser infinitamente elástica, como é o caso da curva com que se defronta uma empresa que atue em um mercado perfeitamente competitivo.*

EXEMPLO 10.2 ELASTICIDADES DE DEMANDA PARA REFRIGERANTES

Refrigerantes são um bom exemplo da diferença entre uma *elasticidade de demanda do mercado* e uma *elasticidade de demanda de uma empresa*. Além disso, os refrigerantes são importantes porque seu consumo tem estado ligado à obesidade infantil; pode haver benefícios para a saúde com sua taxação.

Uma análise recente de diversos estudos estatísticos descobriu que a elasticidade de demanda do mercado para refrigerantes está entre −0,8 e −1,0.[6] Isso significa que, se *todos* os produtores de refrigerantes aumentassem os preços de todas as suas marcas em 1%, a quantidade de refrigerantes demandada cairia de 0,8 a 1,0%.

Entretanto, a demanda por qualquer refrigerante individual será muito mais elástica, pois os consumidores podem de pronto substituir uma bebida por outra. Embora as elasticidades sejam diferentes entre distintas marcas, os estudos têm mostrado que a elasticidade da demanda por, digamos, Coca-Cola é algo em torno de −5.[7] Em outras palavras, se o preço da Coca fosse aumentado em 1%, mas os preços de todos os outros refrigerantes permanecessem inalterados, a quantidade de Coca demandada cairia em cerca de 5%.

Os estudantes — e empresários — às vezes confundem a elasticidade de demanda do mercado com a elasticidade de demanda da empresa (ou da marca). Procure entender bem a diferença.

Produção, preço e poder de monopólio

Como veremos nos capítulos 12 e 13, a determinação da elasticidade de demanda do produto de uma empresa costuma ser mais difícil do que determinar a elasticidade de demanda do mercado. Apesar disso, as empresas frequentemente utilizam pesquisa de mercado e estudos estatísticos para estimar as elasticidades da demanda para seus produtos, pois o conhecimento dessas elasticidades pode ser essencial para determinar a produção capaz de maximizar os lucros e para as decisões sobre preços.

Vamos retornar à demanda por escovas de dente na Figura 10.7. Suponhamos que a Empresa A na figura tenha um bom conhecimento de sua curva de demanda. Nesse caso, quanto ela deve produzir? O mesmo princípio é aplicável: a quantidade capaz de maximizar os lucros é aquela em que a receita e o custo marginais se igualam. Na Figura 10.7(b), essa quantidade é de 5.000 unidades e o preço correspondente é de US$ 1,50, superior ao custo marginal da Empresa A. Desse modo, embora a empresa não seja monopolista, *ela tem poder de monopólio* — pode cobrar com lucro um preço maior que o custo marginal. Claro, o poder de monopólio da Empresa A é menor do que seria caso ela fosse capaz de eliminar a concorrência e monopolizar o mercado, entretanto, é possível que seu poder seja ainda substancial.

Isso suscita duas questões.

1. Como podemos *medir* o poder de monopólio para comparar as empresas entre si? (Até este ponto, discutimos o poder de monopólio apenas em termos *qualitativos*.)
2. Quais são as *fontes* de poder do monopólio e por que razão algumas empresas têm maior poder de monopólio do que outras?

---

6 T. Andreyeva, M. W. Long e K. D. Brownell, "The Impact of Food Prices on Consumption: A Systematic Review of Research on the Price Elasticity of Demand for Food", *American Journal of Public Health*, 2010, v. 100, p. 216-222.
7 Ver Exemplo 12.1.

Trataremos dessas duas questões na seção seguinte, embora uma resposta mais completa para a segunda questão seja dada nos capítulos 12 e 13.

Medindo o poder de monopólio

Lembre-se da importante diferença que existe entre a empresa perfeitamente competitiva e a empresa com poder de monopólio: *para a empresa competitiva, o preço é igual ao custo marginal; para a empresa com poder de monopólio, o preço é superior ao custo marginal*. Portanto, uma forma natural de medir o poder de monopólio é examinar a medida pela qual o preço que maximiza o lucro excede o custo marginal. Em particular, podemos utilizar a relação de *markup*, ou seja: preço menos custo marginal, dividido pelo preço. Essa relação foi apresentada anteriormente como parte da regra prática para determinação de preços. A regra para medir o poder de monopólio, introduzida pelo economista Abba Lerner em 1934, é denominada **Índice de Lerner de Poder de Monopólio**. Trata-se da diferença entre o preço e o custo marginal, dividida pelo preço. Matematicamente,

$$L = (P - CMg)/P$$

Índice de Lerner de Poder de Monopólio
Medida do poder de monopólio calculada como o excesso do preço sobre o custo marginal como uma fração do preço.

O índice de Lerner tem sempre valor entre zero e um. Para uma empresa perfeitamente competitiva, temos $P = CMg$, portanto, $L = 0$. Quanto maior for L, maior será o grau de poder de monopólio.

Esse índice de poder de monopólio pode também ser expresso pela elasticidade da demanda com que a empresa se defronta. Utilizando a Equação 10.1, sabemos que

$$L = (P - CMg)/P = -1/E_d \qquad (10.4)$$

Entretanto, lembre-se de que E_d agora é a elasticidade da curva de demanda da empresa, e não da curva de demanda do mercado. No mercado de escovas de dente, discutido antes, a elasticidade da demanda da Empresa A era $-6,0$ e o poder de monopólio era $1/6 = 0,167$.[8]

Observe que um considerável poder de monopólio não implica necessariamente a obtenção de altos lucros. Os lucros dependem da relação entre custo *médio* e preço. A Empresa A poderia ter muito mais poder de monopólio do que a Empresa B, porém poderia estar obtendo lucros mais baixos por ter custo médio mais alto.

Regra prática para a determinação de preços

Na seção anterior, vimos que a Equação 10.2 nos permite calcular o preço como um simples *markup* sobre o custo marginal:

$$P = \frac{CMg}{[1 + (1/E_d)]}$$

Essa relação oferece uma regra prática que pode ser empregada para analisar a situação de *qualquer* empresa com poder de monopólio. Devemos nos lembrar, no entanto, de que E_d é a elasticidade da demanda da *empresa*, e não a elasticidade da demanda do *mercado*.

É mais difícil identificar a elasticidade da demanda da empresa do que a do mercado, pois a empresa precisa levar em consideração a maneira pela qual os concorrentes poderão reagir às suas variações de preço. Em essência, o administrador deve fazer uma estimativa de qual será a provável variação percentual das unidades vendidas pela empresa resultante de uma variação de 1% no preço cobrado pela empresa. Essa estimativa pode ser baseada em um modelo formal ou então na intuição e experiência do administrador.

---

[8] Três problemas podem surgir quando o índice de Lerner é aplicado na análise de políticas governamentais para as empresas. Primeiro, como o custo marginal é de difícil mensuração, com frequência é empregado o custo variável médio para fins de cálculo do índice de Lerner. Segundo, se a empresa pratica preços abaixo do preço ideal (talvez para evitar uma penalização legal), seu poder de monopólio em potencial não será detectado pelo índice. Terceiro, o índice ignora os aspectos dinâmicos do preço, como os efeitos da curva de aprendizagem e das mudanças na demanda. Veja Robert S. Pindyck, "The Measurement of Monopoly Power in Dynamic Markets", *Journal of Law and Economics* 28, abr. 1985, p. 193-222.

Dispondo de uma estimativa para a elasticidade da demanda da empresa, o administrador pode calcular o *markup* apropriado. Se a elasticidade da demanda da empresa for grande, o *markup* será pequeno (e então podemos dizer que a empresa tem pouco poder de monopólio). Se a elasticidade da demanda da empresa for pequena, o *markup* poderá ser grande (e a empresa terá um considerável poder de monopólio). As figuras 10.8(a) e 10.8(b) ilustram esses dois extremos.

EXEMPLO 10.3 PREÇO DE *MARKUP*: DE SUPERMERCADOS A JEANS DE MARCA

Três exemplos devem ajudar a esclarecer o uso do *markup* para fixar preços. Considere uma cadeia de supermercados. Embora a elasticidade da demanda do mercado de alimentos seja pequena (cerca de –1), diversos supermercados em geral operam na maioria das regiões, de modo que nenhum deles poderia elevar unilateralmente os preços sem que viesse a perder muitos consumidores para outras lojas. Em consequência, a elasticidade da demanda para um único supermercado em geral atinge o elevado valor de –10. Substituindo E_d por esse número na Equação 10.2, descobrimos que $P = CMg/(1 - 0{,}1) = CMg/(0{,}9) = (1{,}11)CMg$. Em outras palavras, o administrador de um supermercado típico deve determinar os preços cerca de 11% acima do custo marginal. Para uma faixa razoavelmente ampla de níveis de produção (para a qual o tamanho da loja e o número de funcionários permanecem fixos), o custo marginal incluirá o custo da aquisição dos alimentos no atacado, acrescido dos custos de armazenagem, colocação nas prateleiras etc. Para a maioria dos supermercados, o *markup* é realmente de cerca de 10% ou 11%.

Pequenas lojas de conveniência, que permanecem abertas 7 dias por semana e até mesmo durante 24 horas por dia, costumam cobrar preços mais elevados do que os supermercados. Por quê? Isso ocorre porque uma loja de conveniência se defronta com uma curva de demanda menos elástica. Os clientes são geralmente menos sensíveis ao preço. Eles podem necessitar de um litro de leite ou de um pacote de pão de forma à noite ou podem achar inconveniente ir até o supermercado. Como a elasticidade da demanda de uma loja de conveniência é de cerca de –5, a equação do *markup* implica preços em torno de 25% acima do custo marginal, o que em geral ocorre na realidade.

O índice de Lerner, $(P - CMg)/P$, informa-nos que as lojas de conveniência têm maior poder de monopólio, mas será que elas geram lucros maiores? Não. Em decorrência de o volume ser muito menor e os custos fixos serem mais elevados, elas geram lucros muito menores do que um grande supermercado, apesar do *markup* mais alto.

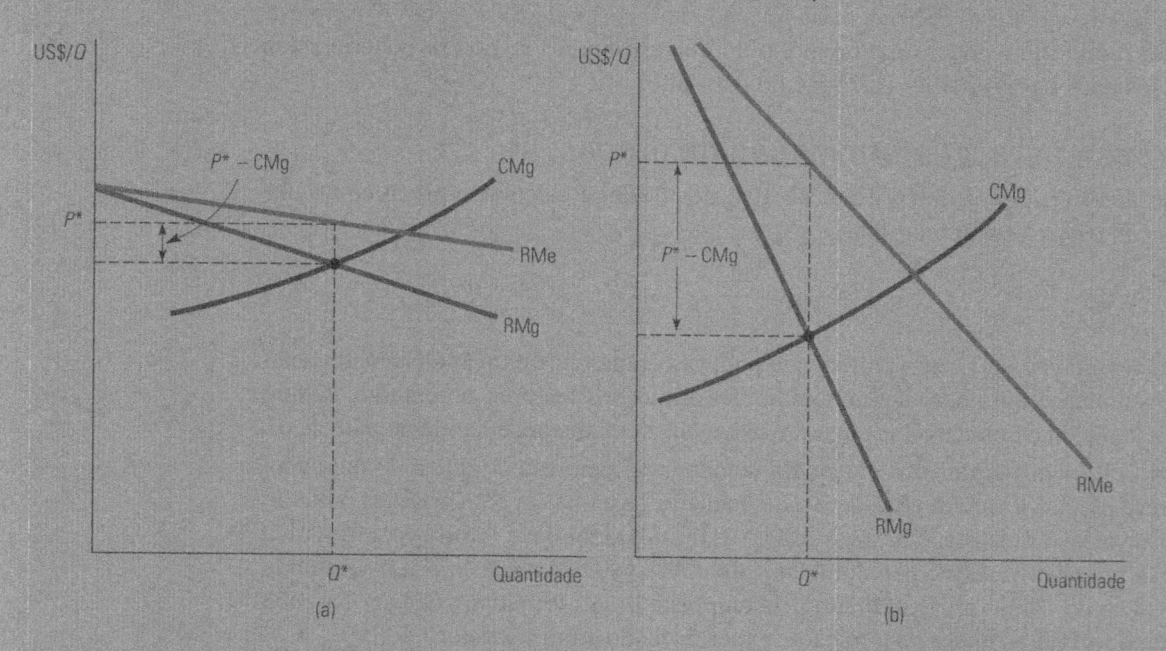

FIGURA 10.8 ELASTICIDADE DA DEMANDA E PREÇO DE *MARKUP*

O *markup* $(P - CMg)/P$ é igual ao negativo do inverso da elasticidade da demanda da empresa. Se a demanda da empresa for elástica, como mostrado em (a), o *markup* será pequeno e a empresa terá pouco poder de monopólio. Se a demanda for relativamente inelástica, ocorrerá o oposto, como mostrado em (b).

Por fim, considere um fabricante de jeans de marca. Embora muitas empresas produzam esse tipo de vestuário, alguns consumidores pagarão mais por um jeans de marca. Que valor a mais eles pagarão, ou, para sermos mais exatos, quanto as vendas poderiam cair em reação a preços mais altos? Essa é uma questão que deve ser considerada com cautela pelo fabricante, pois se trata de um aspecto fundamental na determinação do preço pelo qual o vestuário será vendido (pelos atacadistas aos varejistas que, por sua vez, adicionam outro *markup*). No caso dos jeans de marca, elasticidades da demanda na faixa de −2 a −3 são típicas para as mais famosas. Isso significa que o preço deve ficar 50% a 100% acima do custo marginal. O custo marginal típico encontra-se em uma faixa de US$ 20 a US$ 25 a peça e, dependendo da marca, os preços no atacado variam de US$ 30 a US$ 50. Em contrapartida, no "mercado de massa", o preço do jeans no atacado varia de US$ 18 a US$ 25 a unidade. Por quê? Porque, sem a etiqueta de uma grife, a elasticidade preço é muito maior.

EXEMPLO 10.4 — PREÇOS DE FITAS DE VÍDEO E DVDS

Em meados da década de 1980, o número de famílias que possuíam videocassete apresentou um rápido crescimento, tendo o mesmo ocorrido com os mercados para locação e venda de fitas de vídeo gravadas. Embora naquela época as fitas fossem muito mais alugadas do que vendidas, o mercado para vendas era grande e estava crescendo nos Estados Unidos. Entretanto, os produtores encontraram dificuldades para decidir o preço que deveriam cobrar por suas fitas. Em consequência, em 1985, filmes populares estavam sendo vendidos por preços muito diferentes, como mostram os dados contidos na Tabela 10.2.

TABELA 10.2 Preços no varejo de fitas de vídeo e DVDs

1985		2011	
Título	Preço no varejo (US$)	Título	Preço no varejo (US$)
	VHS		DVD
Purple Rain	US$ 29,98	Enrolados	US$ 20,60
Os caçadores da arca perdida	US$ 24,95	Harry Potter e as relíquias da morte — Parte 1	US$ 20,58
Jane Fonda Workout	US$ 59,95	Megamente	US$ 18,74
O império contra-ataca	US$ 79,98	Meu malvado favorito	US$ 14,99
A força do destino	US$ 24,95	Aposentados e perigosos	US$ 27,14
Jornada nas estrelas: o filme	US$ 24,95	O discurso do rei	US$ 14,99
Guerra nas estrelas	US$ 39,98	Uma história impossível	US$ 20,60

Dados do Nash Information Services, LLC (http://www.thenumbers.com).

Observe que *O império contra-ataca* estava sendo vendido por quase US$ 80, ao passo que *Jornada nas estrelas*, um filme que atraía um público semelhante e era quase igualmente popular, era comercializado por apenas US$ 25. Essas diferenças refletiam a incerteza e a grande divergência existente entre os pontos de vista dos produtores sobre o preço. A questão era se os preços mais baixos induziriam os consumidores a adquirir as fitas, em vez de alugar. Pelo fato de os produtores não terem participação na receita de locação dos varejistas, eles deveriam cobrar um preço baixo pelas fitas, desde que isso fosse capaz de estimular um número suficiente de consumidores a adquiri-las. Como o mercado era novo, os produtores não dispunham de boas estimativas para a elasticidade da demanda; portanto, baseavam os preços em palpites ou na tentativa e erro.[9]

Entretanto, à medida que o mercado amadurecia, informações de vendas e estudos baseados em pesquisas de mercado possibilitavam que as decisões de preço fossem tomadas com base em dados mais consistentes. Esses estudos indicavam com clareza que a demanda era elástica e que o preço capaz de maximizar lucros estava na faixa de US$ 15 a US$ 30. No início da década de 1990, a maioria dos produtores havia reduzido o preço de todos os títulos. Em 1997, quando foram lançados,

---

[9] "Video Producers Debate the Value of Price Cuts", *New York Times*, 19 fev. 1985. Para um estudo sobre os preços do videocassete, veja Carl E. Enomoto e Soumendra N. Ghosh, "Pricing in the Home-video Market" (New Mexico State University, 1992).

os preços dos DVDs mais vendidos eram muitos mais uniformes. Desde essa época, o preço dos DVDs mais populares se manteve basicamente uniforme e continuou a cair. Como mostra a Tabela 10.2, em 2007, os preços giravam em torno dos US$ 20. Como resultado, as vendas de vídeos cresceram regularmente, como mostra a Figura 10.9. Com a chegada dos DVDs de alta definição (HD) em 2006, a venda dos DVDs convencionais caía à medida que os consumidores passavam a adotar o novo formato.

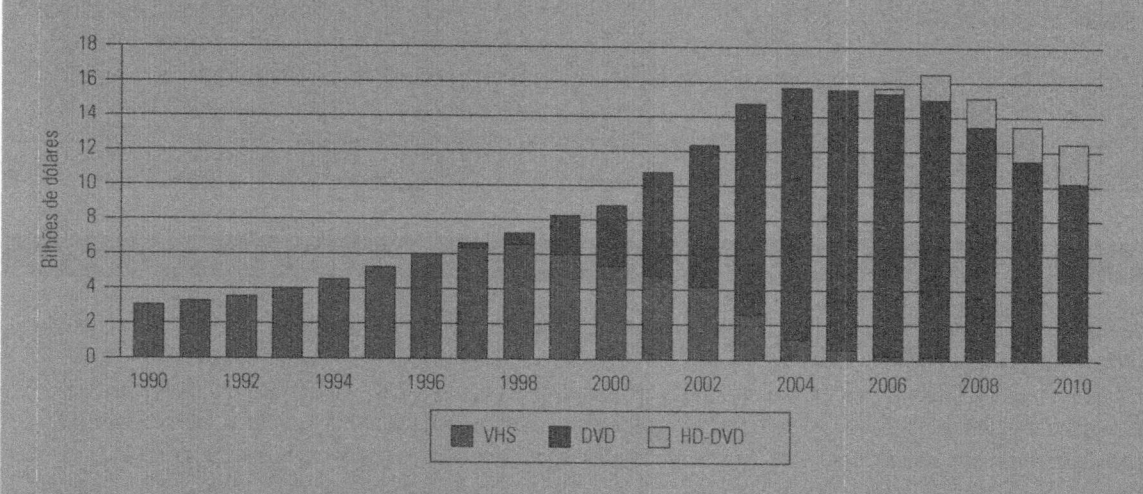

FIGURA 10.9 VENDAS DE FITAS DE VÍDEO E DVDS

Entre 1990 e 1998, preços mais baixos induziram os consumidores a comprar muito mais vídeos. Em 2001, as vendas de DVDs superaram as de fitas de vídeo. Os DVDs de alta definição chegaram ao mercado em 2006 e espera-se que suas vendas superem a dos DVDs convencionais. Todos os DVDs, porém, agora estão sendo substituídos por *streaming* de vídeo.

Observe, na Figura 10.9, que o total de vendas de DVDs (convencionais e HD) chegou a um pico em 2007 e depois começou a cair em uma taxa rápida. O que aconteceu? Filmes completos passaram a estar disponíveis na televisão através de serviços de "vídeo por demanda" dos provedores de TV a cabo e satélite. Muitos filmes estavam disponíveis gratuitamente e, para outros, os espectadores tinham de pagar uma taxa que variava de US$ 4 a US$ 6. Filmes "por demanda", junto com o *streaming* de vídeo na Internet, tornaram-se um substituto cada vez mais atraente e substituíram as vendas de DVD.

10.3 Fontes do poder de monopólio

Por que algumas empresas possuem um considerável poder de monopólio, enquanto outras têm pouco ou nenhum? Lembre-se de que o poder de monopólio é a capacidade de definir o preço acima do custo marginal e que a quantidade em que o preço ultrapassa o custo marginal depende do inverso da elasticidade da demanda com a qual a empresa se defronta. Como nos mostra a Equação 10.4, *quanto menos elástica for a curva de demanda da empresa, maior poder de monopólio ela terá*. O determinante definitivo do poder de monopólio é, portanto, a elasticidade da demanda da empresa. Dessa maneira, devemos reestruturar nossa questão: por que algumas empresas (por exemplo, uma cadeia de supermercados) defrontam-se com uma curva de demanda mais elástica, enquanto outras (por exemplo, um fabricante de roupas de marca) deparam-se com uma curva de demanda menos elástica?

Três fatores determinam a elasticidade da demanda de uma empresa:

1. **A elasticidade da demanda de mercado.** Como a demanda da própria empresa será pelo menos tão elástica quanto a do mercado, a elasticidade da demanda do mercado limita o potencial de poder de monopólio.
2. **O número de empresas atuando no mercado.** Se existirem muitas empresas, será pouco provável que qualquer uma delas tenha possibilidade de influenciar significativamente no preço de mercado.

3. **A interação entre as empresas.** Mesmo que apenas duas ou três empresas estejam atuando no mercado, nenhuma delas terá possibilidade de elevar o preço com lucro caso exista uma agressiva concorrência entre elas, com cada empresa procurando capturar a maior fatia possível de mercado.

Vamos examinar esses três fatores determinantes do poder de monopólio.

A elasticidade da demanda de mercado

Se houver apenas uma empresa — uma monopolista pura —, a curva de demanda será a curva de demanda do mercado. Nesse caso, o grau de poder de monopólio da empresa dependerá completamente da elasticidade da demanda do mercado. O mais frequente, porém, é que diversas empresas encontrem-se concorrendo entre si; nesse caso, a elasticidade da demanda do mercado define o limite inferior para a elasticidade da demanda de cada empresa. Lembre-se de nosso exemplo dos produtores de escovas de dente, ilustrado pela Figura 10.7. A demanda de mercado de escovas de dente pode não ser muito elástica, mas a demanda de cada empresa é mais elástica (na Figura 10.7, a elasticidade da demanda do mercado é –1,5 e a elasticidade da demanda de cada empresa é –6). A elasticidade de uma empresa em particular depende da maneira pela qual as empresas concorrem umas com as outras. Contudo, independentemente da forma de concorrência existente entre as empresas, a elasticidade da demanda de cada empresa jamais poderia ser menor do que –1,5.

Como a demanda de petróleo é razoavelmente inelástica (pelo menos no curto prazo), a OPEP conseguiu aumentar os preços muito acima do custo marginal de produção durante a década de 1970 e princípio da década de 1980. Como a demanda de mercadorias como café, cacau, estanho e cobre é muito mais elástica, as tentativas dos produtores de formar cartéis para esses mercados e elevar preços falharam. Em todos esses casos, a elasticidade da demanda do mercado limita o potencial do poder de monopólio dos produtores individuais.

O número de empresas

O segundo determinante da curva de demanda de uma empresa — e, portanto, do poder de monopólio — é o número de empresas que atuam no mercado. Se outros fatores permanecem inalterados, o poder de monopólio de cada empresa cairá à medida que aumentar o número de empresas que atuam no mercado. Quanto mais empresas competirem entre si, maiores serão as dificuldades encontradas por elas para aumentar preços e evitar a perda de vendas para concorrentes.

Decerto o que interessa não é apenas o número total de empresas, mas o número de "concorrentes importantes" — isto é, empresas que detêm significativas fatias do mercado. Por exemplo, se apenas duas grandes empresas fossem responsáveis por 90% das vendas em determinado mercado, havendo 20 outras respondendo pelos 10% restantes, as duas grandes empresas podem ter considerável poder de monopólio. Quando apenas algumas empresas são responsáveis pela maior parte das vendas que ocorrem em um mercado, dizemos que ele é altamente *concentrado*.[10]

Por vezes, diz-se (nem sempre em tom de brincadeira) que a concorrência é o maior temor das empresas norte-americanas. Isso pode ou não ser verdadeiro. Entretanto, é de se esperar que, quando apenas algumas empresas atuam em determinado mercado, os administradores prefiram que nenhuma nova empresa entre nesse mercado. Um aumento no número de empresas pode apenas reduzir o poder de monopólio de cada uma das atuantes. Um importante aspecto da estratégia competitiva (discutida em detalhes no Capítulo 13) é a identificação de meios para criar **barreiras à entrada** — isto é, condições que desestimulem a entrada de novos concorrentes.

barreiras à entrada

Condição que impede a entrada de novos concorrentes.

---

10 Uma estatística denominada *taxa de concentração*, que mede a fração das vendas realizadas pelas, digamos, quatro maiores empresas, é frequentemente utilizada para descrever o grau de concentração de um mercado. A concentração é um fator determinante do poder de mercado, porém, não é único.

> Na Seção 7.4, explicamos que uma empresa dispõe de economias de escala quando pode duplicar a produção com menos que o dobro de custo.

Algumas vezes, há barreiras naturais à entrada. Por exemplo, uma empresa pode possuir uma *patente* da tecnologia necessária para a produção de determinado produto. Isso torna impossível que outras empresas entrem no mercado pelo menos até que tal patente expire. Outros direitos legalmente amparados funcionam do mesmo modo — o *direito autoral* pode limitar a uma empresa as vendas de um livro, de uma música ou de um software; a necessidade de uma *licença* governamental pode evitar que novas empresas entrem em mercados como o de serviços telefônicos, transmissões de televisão ou transporte rodoviário interestadual. Por fim, as *economias de escala* podem tornar muito custoso que mais do que algumas empresas supram mercados inteiros. Em alguns casos, as economias de escala podem ser tão grandes que se torna mais eficiente que apenas uma empresa — um *monopólio natural* — abasteça o mercado inteiro. Um pouco mais adiante, discutiremos economias de escala e monopólio natural em mais detalhes.

A interação entre as empresas

A forma de interação entre empresas concorrentes é também um importante — às vezes o mais importante — fator determinante do poder de monopólio. Suponhamos que quatro empresas atuem em um mercado. Elas podem competir agressivamente entre si, procurando vender abaixo do valor da concorrência para obter fatias adicionais do mercado; isso deve fazer com que os preços caiam a níveis quase competitivos. Cada empresa terá receio de aumentar os preços, temendo que valores superiores aos da concorrência possam reduzir sua fatia de mercado. Em consequência, isso fará com que a empresa tenha pouco poder de monopólio.

Por outro lado, as empresas podem não estar concorrendo muito entre si e até estar agindo em conluio (violando a legislação antitruste), concordando em limitar os níveis de produção e aumentar preços. Como com o aumento coordenado de preços pelas empresas, em vez de um aumento individual, as empresas terão maiores probabilidades de lucro, o conluio pode gerar um substancial poder de monopólio.

Discutiremos em detalhes a interação entre as empresas nos capítulos 12 e 13. Por enquanto, pretendemos apenas esclarecer que, permanecendo inalterados outros fatores, o poder de monopólio é menor quando as empresas concorrem agressivamente e maior quando cooperam entre si.

Lembre-se de que o poder de monopólio de uma empresa com frequência varia no decorrer do tempo, à medida que ocorrem alterações nas condições operacionais (demanda de mercado e custo), em seu comportamento e no das empresas concorrentes. O poder de monopólio deve ser sempre considerado dentro de um contexto dinâmico. Por exemplo, a curva de demanda do mercado pode ser muito inelástica no curto prazo e mais elástica no longo prazo. (Esse é o caso do petróleo: a OPEP tem um considerável poder de monopólio no curto prazo e menor poder no longo prazo.) Além disso, um poder de monopólio real ou potencial no curto prazo pode tornar o setor mais competitivo no longo prazo. Grandes lucros no curto prazo podem induzir novas empresas a entrar em um setor, reduzindo, dessa maneira, o poder de monopólio no longo prazo.

10.4 Custos sociais do poder de monopólio

Em um mercado competitivo, o preço é igual ao custo marginal. O poder de monopólio, por outro lado, implica que o preço ultrapassa o custo marginal. Uma vez que o poder de monopólio resulta em preços mais altos e menores quantidades produzidas, seria de se esperar que isso piorasse a situação dos consumidores e melhorasse a situação da empresa. Mas vamos supor que seja atribuído o mesmo valor ao bem-estar dos consumidores e ao dos produtores. Será que o poder de monopólio melhora ou piora o bem-estar dos consumidores e produtores em conjunto?

Podemos responder a essa questão efetuando uma comparação entre os excedentes do consumidor e do produtor quando um setor industrial competitivo produz uma mercadoria e quando um monopolista abastece todo o mercado.[11] (Estamos supondo que o mercado competitivo e o monopolista tenham as mesmas curvas de custo.) A Figura 10.10 apresenta as curvas de receita média e de receita marginal e a curva de custo marginal do monopolista. Para maximizar os lucros, a empresa produz no ponto em que a receita marginal se iguala ao custo marginal, de tal modo que o preço e a quantidade são P_m e Q_m. Em um mercado competitivo, o preço deve igualar-se ao custo marginal, portanto, preço e quantidade competitivos, P_c e Q_c, encontram-se no ponto de interseção da curva de receita média (demanda) com a curva de custo marginal. Agora, vamos examinar de que forma o excedente varia quando passamos de preço e quantidade competitivos, P_c e Q_c, para preço e quantidade de monopólio, P_m e Q_m.

> Na Seção 9.1, explicamos que o excedente do consumidor é o benefício total ou valor que os consumidores recebem além do que pagam por uma mercadoria; o excedente do produtor, por sua vez, é uma medida similar para os produtores.

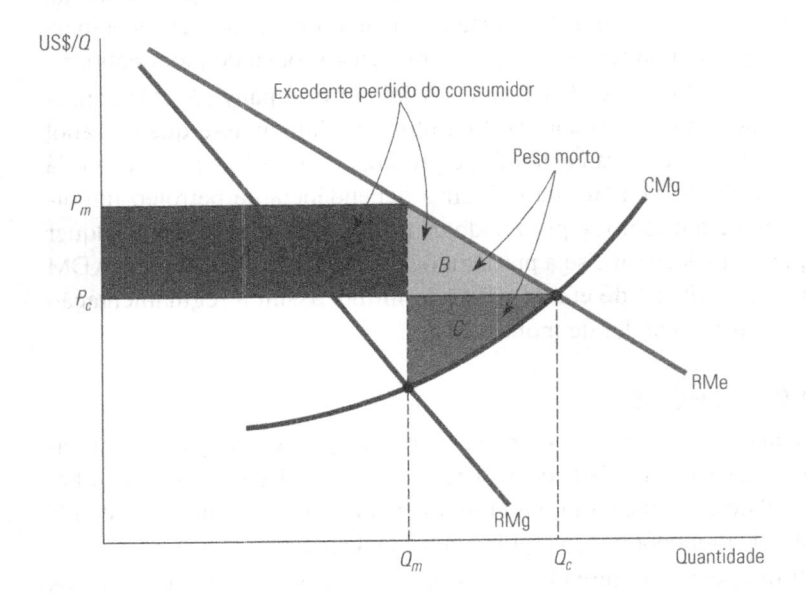

FIGURA 10.10 PESO MORTO DECORRENTE DO PODER DE MONOPÓLIO

O retângulo e os triângulos sombreados mostram as alterações ocorridas nos excedentes do consumidor e do produtor, quando passamos do preço e quantidade competitivos, P_c e Q_c, para o preço e quantidade de monopólio, P_m e Q_m. Em consequência do preço mais alto, os consumidores perdem $A + B$ e o produtor ganha $A - C$. O peso morto é $B + C$.

Sob monopólio, o preço é mais alto e os consumidores compram menos. Por causa do preço mais alto, os consumidores que adquirem a mercadoria perdem parte de seu excedente, conforme o valor representado pelo retângulo A. E os consumidores que não podem adquirir a mercadoria ao preço P_m, mas a comprariam ao preço P_c, também perdem excedente — ou seja, conforme o valor representado pelo triângulo B. A perda total de excedente do consumidor é, portanto, $A + B$. O produtor, entretanto, ganha o retângulo A ao vender por preço mais alto, mas perde o triângulo C, que representa o lucro adicional que teria ganhado vendendo $Q_c - Q_m$ pelo preço P_c. O ganho total de excedente do produtor é, portanto, $A - C$. Subtraindo a perda de excedente do consumidor do ganho de excedente do produtor, encontramos uma perda líquida de excedente, representada por $B + C$. Esse é o *peso morto decorrente do poder de monopólio*. Mesmo que os lucros do monopolista sofressem incidência de impostos, posteriormente distribuídos aos consumidores dos produtos, existiria uma ineficiência, pois o nível de produção seria menor do que sob competição. O peso morto é o custo social dessa ineficiência.

---

[11] Se existissem duas ou mais empresas atuando, cada qual com algum poder de monopólio, a análise seria mais complexa. Entretanto, os resultados seriam basicamente os mesmos.

Captura de renda

captura de renda (*rent seeking*)
Gastos com esforços socialmente improdutivos para obter, manter ou exercer o poder de monopólio.

Na prática, o custo social do poder de monopólio pode exceder o peso morto indicado pelos triângulos B e C da Figura 10.10. A razão é que a empresa se envolve no processo de **captura de renda** (*rent seeking*): despende grandes somas com esforços socialmente improdutivos para adquirir, manter ou exercer o poder de monopólio. Isso pode envolver atividades de *lobby* (e até contribuições de campanha) para obter a criação de leis governamentais que dificultem a entrada de potenciais concorrentes no mercado. Pode incluir a propaganda e esforços legais para evitar a legislação antitruste. Pode significar também a instalação e não utilização de capacidade produtiva adicional com a finalidade de convencer potenciais concorrentes de que não conseguirão vender o suficiente para justificar a entrada no mercado. É de se esperar, portanto, que o incentivo econômico faça com que os custos de captura de renda tenham uma relação direta com os ganhos do poder de monopólio (ou seja, a diferença entre o retângulo A e o triângulo C). Portanto, quanto maior for a transferência dos consumidores para a empresa (retângulo A), maior será o custo social do monopólio.[12]

Aqui está um exemplo: em 1996, a Archer Daniels Midland Company (ADM) conseguiu, por meio de *lobby*, que a administração Bill Clinton regulamentasse que o etanol (álcool etílico) usado no combustível para carros fosse produzido do milho. (O governo já planejava adicionar etanol à gasolina a fim de reduzir a dependência de petróleo importado.) O etanol é quimicamente o mesmo se produzido de milho, batata, grãos ou qualquer outra coisa. Então, por que estabelecer que seja produzido apenas do milho? Porque a ADM tinha quase o monopólio da produção de etanol vinda do milho, assim a regulamentação aumentaria os ganhos gerados pelo poder de monopólio.

Regulamentação de preços

Por causa do custo social do monopólio, existem leis antitruste que evitam que determinadas empresas acumulem excessiva quantidade de poder de monopólio. Falaremos mais sobre legislação antitruste no final do capítulo. Examinaremos agora outro recurso que a sociedade dispõe para limitar o poder de monopólio — a regulamentação de preços.

Vimos no Capítulo 9 que, em um mercado competitivo, a regulamentação de preços sempre resulta em um peso morto. Entretanto, esse não é necessariamente o caso quando uma empresa possui poder de monopólio. Pelo contrário, a regulamentação de preços pode eliminar o peso morto resultante do poder de monopólio.

A Figura 10.11 ilustra os efeitos da regulamentação de preços. P_m e Q_m são, respectivamente, o preço e a quantidade que resultam quando não existe regulamentação — isto é, o ponto em que a receita marginal se iguala ao custo marginal. Agora, suponhamos que o preço seja regulamentado de modo que não possa ultrapassar P_1. Para calcularmos a produção que maximiza os lucros da empresa, precisamos determinar de que maneira as curvas de receita marginal e receita média são afetadas pela regulamentação.

Uma vez que a empresa não pode cobrar mais do que P_1 para níveis de produção até Q_1, a nova curva de receita média será uma linha horizontal passando por P_1. Para níveis de produção superiores a Q_1, a nova curva de receita média é idêntica à antiga curva de receita média. Para tais níveis de produção, a empresa cobrará menos do que P_1 e, portanto, não sofrerá os efeitos da regulamentação.

A nova curva de receita marginal da empresa corresponde à nova curva de receita média e é representada pela linha mais escura na Figura 10.11. Para níveis de produção até Q_1, a receita marginal é igual à receita média. (Lembre-se de que, assim como ocorre no caso de uma empresa competitiva, se a receita média é constante, as receitas média e marginal são iguais.) Para níveis de produção maiores do que Q_1, a nova curva de receita marginal

---

[12] O conceito de captura de renda foi criado por Gordon Tullock. Mais detalhes podem ser encontrados em Gordon Tullock, *Rent Seeking*. Brookfield, VT: Edward Elgar, 1993; ou Robert D. Tollison e Roger D. Congleton, *The Economic Analysis of Rent Seeking*. Brookfield, VT: Edward Elgar, 1995.

é idêntica à curva original. Assim, a curva de receita marginal completa tem agora três segmentos: (1) a linha horizontal em P_1, para quantidades até Q_1; (2) uma linha vertical na quantidade Q_1 conectando as curvas originais de receita marginal e receita média; e (3) a curva original de receita marginal para quantidades maiores que Q_1.

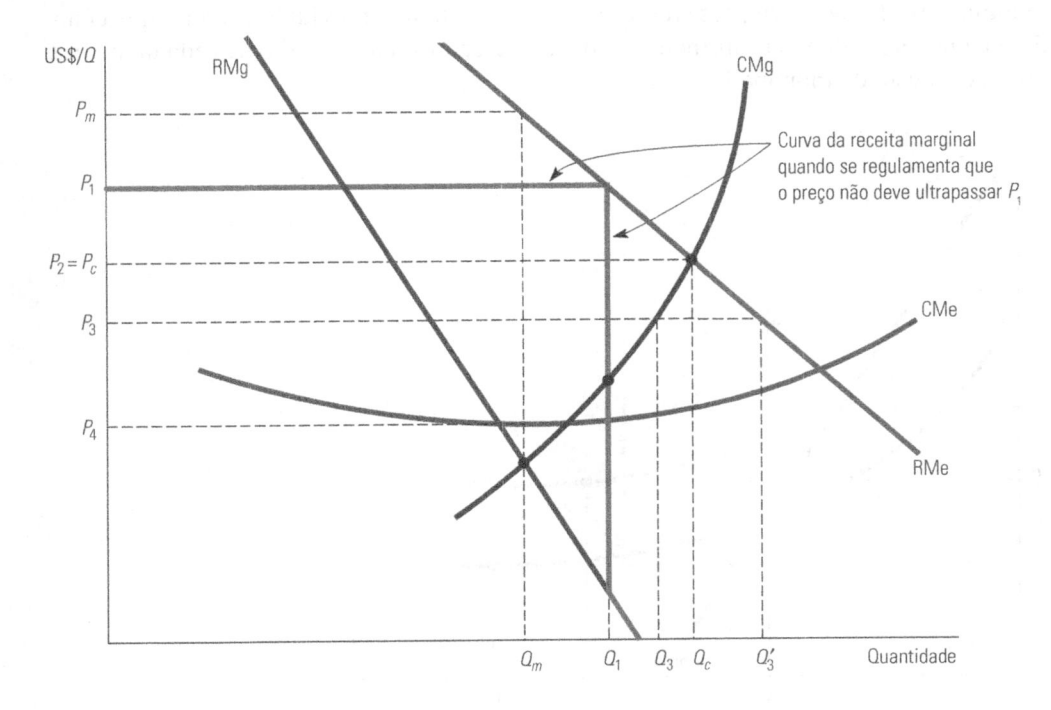

FIGURA 10.11 REGULAMENTAÇÃO DE PREÇOS

Não havendo intervenção governamental, o monopolista produzirá a quantidade Q_m e cobrará o preço P_m. Quando o governo impõe um preço máximo, P_1, as receitas média e marginal são constantes e iguais a P_1 para níveis de produção até Q_1. Para volumes maiores de produção, são válidas as curvas originais de receita média e receita marginal. A nova curva de receita marginal é representada pela linha mais escura que cruza com a curva de custo marginal em Q_1. Quando o preço é reduzido para P_c, no ponto em que a curva de custo marginal cruza com a curva de receita média, o nível de produção eleva-se ao ponto máximo, Q_c. Esse nível de produção seria obtido em um setor competitivo. Uma redução no preço para P_3 resultaria na diminuição do nível de produção para Q_3 e ocasionaria uma escassez igual a $Q'_3 - Q_3$.

Para maximizar o lucro, a empresa deve produzir a quantidade Q_1, pois esse é o ponto no qual a curva de receita marginal cruza com a curva de custo marginal. Você poderá verificar que, ao preço P_1 e quantidade Q_1, o peso morto decorrente do poder de monopólio é reduzido.

À medida que o preço cai ainda mais, a quantidade produzida continua a crescer e o peso morto vai diminuindo. Para o preço P_c, no qual a curva de receita média e a curva de custo marginal se cruzam, a quantidade produzida aumentou até o nível competitivo; o peso morto decorrente do poder de monopólio foi eliminado. Reduzindo o preço ainda mais, digamos até P_3, ocorrerá uma *redução* da quantidade. Tal redução seria equivalente à imposição de um preço máximo em um setor competitivo. Os resultados seriam uma escassez igual a $(Q'_3 - Q_3)$, além do peso morto provocado pela regulamentação. À medida que o preço continua a diminuir, a quantidade produzida continua a cair e a escassez cresce. Por fim, quando o preço é reduzido a níveis inferiores a P_4, que é o custo médio mínimo, a empresa passa a perder dinheiro e muda de negócio.

Monopólio natural

A regulamentação de preços é mais frequentemente posta em prática em relação a *monopólios naturais*, como empresas de serviços públicos. Um **monopólio natural** é uma

monopólio natural

Empresa que pode produzir para todo o mercado a um custo menor ao que existiria caso houvesse várias empresas.

empresa que pode arcar com toda a produção para o mercado com um custo inferior ao que existiria caso houvesse várias empresas. Se uma empresa possui monopólio natural, é mais eficiente deixar que ela sirva ao mercado sozinha do que ter várias empresas competindo.

O monopólio natural surge em geral onde há grandes economias de escala, como mostra a Figura 10.12. Caso a empresa representada na figura fosse dividida em duas que competissem entre si, cada uma suprindo metade do mercado, o custo médio de cada uma seria maior que o custo do monopólio original.

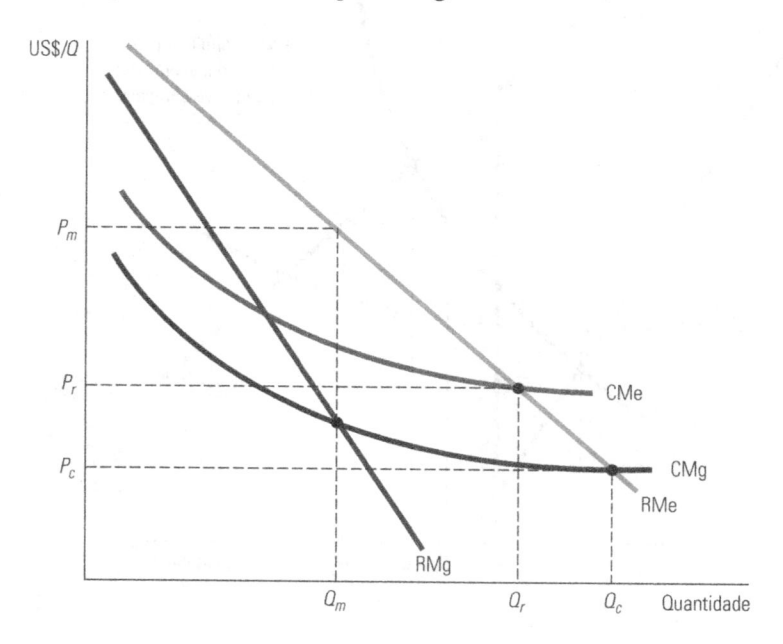

FIGURA 10.12 **REGULAMENTAÇÃO DO PREÇO DO MONOPÓLIO NATURAL**

Uma empresa é um monopólio natural porque apresenta economias de escala (custo médio e custo marginal decrescentes) para toda a produção. Se o preço regulamentado fosse P_c, a empresa perderia dinheiro e encerraria as atividades. O preço P_r possibilita o maior nível de produção possível, coerente com a permanência da empresa no mercado; o lucro excedente é zero.

Observe na Figura 10.12 que, como o custo médio está sempre declinando, o custo marginal encontra-se sempre abaixo do custo médio. Se não estivesse regulamentada, a empresa produziria Q_m e venderia pelo preço P_m. Em termos ideais, o órgão regulamentador estaria disposto a pressionar para baixo o preço da empresa até que atingisse o nível P_c. Contudo, em tal nível, o preço não cobriria mais seu custo médio e ela encerraria suas atividades. A melhor alternativa é, portanto, o preço P_r, no qual ocorre a interseção da curva do custo médio e da curva de receita média. Assim, a empresa não estará obtendo lucro de monopólio e o nível de produção permanecerá o mais alto possível, sem que ela tenha de encerrar suas atividades.

Regulamentação na prática

Lembre-se de que o preço competitivo (P_c na Figura 10.11) encontra-se no ponto em que as curvas de custo marginal e de receita média (demanda) da empresa se cruzam. Da mesma forma, para um monopólio natural, o preço mínimo viável (P_r na Figura 10.12) encontra-se no ponto em que as curvas de custo médio e de demanda se cruzam. Infelizmente, com frequência se torna difícil a determinação exata desses preços na prática, pois as curvas de demanda e de custo da empresa poderão se deslocar à medida que as condições do mercado evoluírem.

Em consequência, a regulamentação de um monopólio, às vezes, se baseia na taxa de retorno sobre o capital investido. O órgão regulamentador determina um preço para o qual a taxa de retorno é de certa forma "competitiva" ou "razoável". Essa prática é denominada **regulamentação da taxa de retorno**: o preço máximo permitido é baseado na taxa de retorno (esperada) que será obtida pela empresa.[13]

Infelizmente, surgem problemas difíceis quando se implementa a regulamentação da taxa de retorno. Primeiro, embora seja um elemento-chave na determinação da taxa de retorno da empresa, o estoque de capital é difícil de ser avaliado. Segundo, enquanto uma taxa de retorno "razoável" deve ser baseada no custo corrente de capital da empresa, este depende, por sua vez, do comportamento da agência reguladora (e das percepções do investidor sobre quais serão as taxas de retorno permitidas no futuro).

As dificuldades na obtenção de acordo sobre um conjunto de números para uso nos cálculos da taxa de retorno quase sempre resultam em atrasos na regulamentação, consequência das variações de custo e de outras condições do mercado (sem falar das longas e dispendiosas audiências relativas à regulamentação). Os maiores beneficiários costumam ser os advogados, os contadores e, às vezes, os consultores econômicos. O resultado é o *atraso na regulamentação* — os atrasos de um ano ou mais são geralmente vinculados à modificação de preços regulamentados.

Outra abordagem de regulamentação consiste em estabelecer um teto para os preços com base nos custos variáveis da empresa, nos preços praticados no passado e na possível inflação e crescimento da produtividade. Um teto para os preços pode permitir mais flexibilidade que uma regulamentação da taxa de retorno. Sob o sistema de teto uma empresa poderia, por exemplo, elevar os preços a cada ano (sem precisar obter aprovação do órgão regulamentador) na proporção da taxa de inflação real, menos o crescimento esperado na produtividade. No setor de telefonia local e de longa distância já se usa uma regulamentação desse tipo para controlar os preços.

Por volta da década de 1990, o ambiente de regulamentação dos Estados Unidos havia sofrido uma grande mudança. Muitas das áreas do setor de telecomunicações haviam sido desregulamentadas, assim como o serviço de energia elétrica de vários estados. Em decorrência da exaustão das economias de escala, não havia mais por que considerar essas empresas como monopólios naturais. Além disso, as mudanças tecnológicas facilitaram a entrada de novas empresas no mercado.

10.5 Monopsônio

Até este ponto, nossa discussão sobre poder de mercado focou inteiramente na realidade do vendedor no mercado. Agora, passaremos a analisar o lado do *comprador*. Veremos que, se não existirem muitos compradores, estes poderão também ter poder de mercado e utilizá-lo de modo lucrativo para influenciar o preço que pagam por um produto.

Primeiro, apresentaremos alguns termos:

- **Monopsônio** refere-se ao mercado que possui um único comprador.
- **Oligopsônio** é um mercado com poucos compradores.
- Um ou apenas alguns compradores poderão ter **poder de monopsônio**: capacidade do comprador de afetar o preço de uma mercadoria. O poder de monopsônio possibilita ao comprador adquirir a mercadoria por valor inferior ao preço que prevaleceria em um mercado competitivo.

Suponhamos que você esteja tentando decidir a quantidade de uma mercadoria a ser adquirida. Para tanto, aplique o princípio marginal básico: mantenha as compras do artigo até

---

13 Com frequência, os órgãos regulamentadores utilizam para a determinação do preço uma fórmula semelhante à que apresentamos a seguir:

$$P = \text{CVMe} + (D + T + sK)/Q$$

em que CVMe é o custo variável médio, Q é a quantidade produzida, s é a taxa de retorno permitida, D é a depreciação, T é o imposto e K, o estoque de capital da empresa.

valor marginal
Benefício adicional derivado da compra de mais uma unidade de um produto.

despesa marginal
Custo adicional da compra de mais uma unidade de um bem.

despesa média
Preço pago por unidade de um bem.

que a última unidade adquirida possibilite a obtenção de um valor adicional (ou utilidade) exatamente igual ao custo da última unidade. Em outras palavras, em termos marginais, o benefício adicional deveria ser capaz de compensar o custo adicional.

Vejamos os detalhes desse benefício e custo adicionais. Utilizamos o termo **valor marginal** para designar o benefício adicional da compra de mais uma unidade de um produto. Como determinar esse valor marginal? Conforme explicamos no Capítulo 4, a curva de demanda individual determina o valor marginal, ou a utilidade marginal, em função da quantidade adquirida. Portanto, sua *curva de valor marginal* é sua curva de *demanda* da mercadoria. Uma curva individual de demanda é descendente porque o valor marginal obtido pela compra de mais uma unidade de um produto diminui à medida que cresce a quantidade total adquirida.

O custo adicional da compra de mais de uma unidade de um bem é chamado **despesa marginal**. Essa despesa dependerá de o consumidor ser um comprador competitivo ou com poder de monopsônio. Suponhamos que você seja um comprador competitivo — em outras palavras, que não seja capaz de influir no preço da mercadoria. Nesse caso, o custo de cada unidade adquirida será sempre o mesmo, não importando a quantidade de unidades que você adquira — ou seja, é o preço de mercado que prevalece. A Figura 10.13(a) ilustra esse princípio. O preço que você paga por unidade refere-se a sua **despesa média** por unidade e é igual para todas elas. Mas qual será sua *despesa marginal* por unidade? Sendo você um comprador competitivo, sua despesa marginal será igual à despesa média, que, por sua vez, será igual ao preço de mercado do produto.

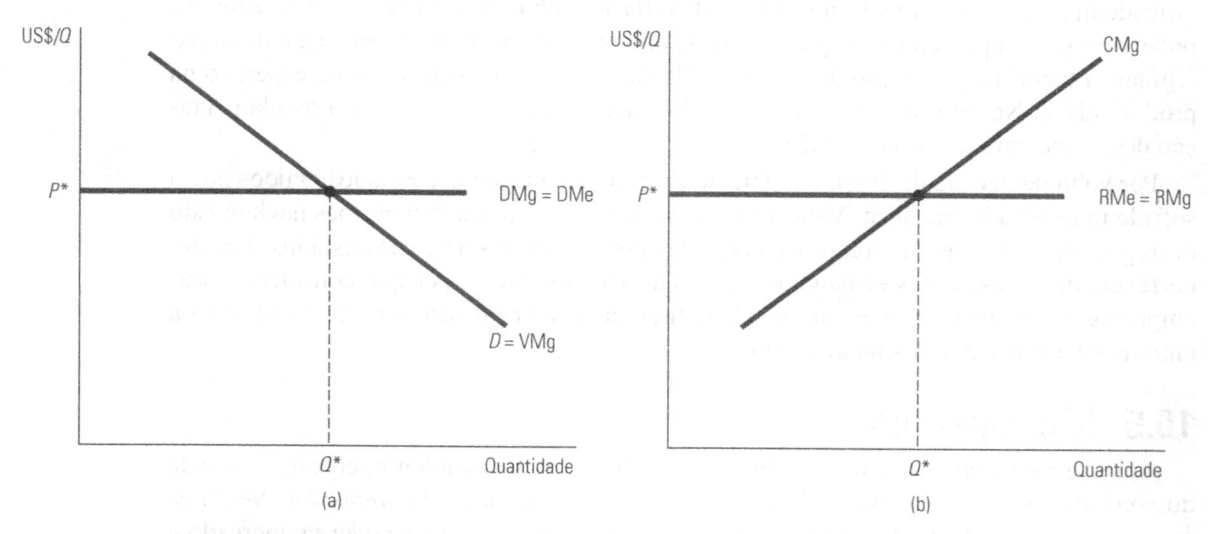

FIGURA 10.13 COMPARAÇÃO ENTRE O COMPRADOR COMPETITIVO E O VENDEDOR COMPETITIVO

Em (a), o comprador competitivo considera o preço de mercado P^* como dado. Portanto, as despesas marginal (DMg) e média (DMe) são constantes e iguais; a quantidade adquirida é determinada igualando-se o preço ao valor marginal (demanda). Em (b), o vendedor competitivo também considera o preço de mercado como dado. As receitas marginal e média são também constantes e iguais; a quantidade vendida é determinada igualando-se o preço ao custo marginal.

A Figura 10.13(a) também apresenta a escala de valor marginal (isto é, sua curva de demanda). Agora, qual será a quantidade que você deverá adquirir? Seria aconselhável que fossem adquiridas unidades da mercadoria até que o valor marginal da última unidade se equiparasse ao valor da despesa marginal correspondente àquela unidade. Portanto, você deveria adquirir uma quantidade Q^* encontrada na interseção entre as curvas de despesa marginal e de demanda.

Apresentamos os conceitos de despesa marginal e de despesa média porque agora eles irão facilitar a compreensão do que ocorre quando os compradores dispõem de poder de monopsônio. No entanto, antes de considerarmos essa situação, vamos examinar a analogia existente entre as condições do comprador competitivo e as condições do vendedor competitivo. A Figura 10.13(b) mostra de que maneira o vendedor competitivo decide quanto vai produzir e vender. Como o vendedor se baseia no preço de mercado, a receita marginal e a receita média são iguais ao preço. A quantidade que maximiza os lucros encontra-se na interseção da curva de receita marginal com a curva de custo marginal.

Suponhamos que você seja o *único* comprador desse bem. De novo, você vai se defrontar com uma curva de oferta de mercado que lhe informa quais quantidades os vendedores estarão dispostos a vender em função do preço que você pagará. Será que a quantidade que você comprou está no ponto onde a sua curva de valor marginal intercepta a curva de oferta de mercado? Não. Se você deseja maximizar o seu benefício líquido em decorrência da aquisição da mercadoria, você deve adquirir uma quantidade menor, que você obterá por um preço mais baixo.

Para determinar a quantidade que deve ser adquirida, iguale o valor marginal da última unidade à despesa marginal correspondente a tal unidade.[14] Observe, no entanto, que a curva de oferta de mercado não é a curva de despesa marginal. A curva de oferta de mercado mostra quanto você deveria pagar *por unidade* em virtude do número total de unidades que adquirir. Em outras palavras, a curva de oferta é a curva de *despesa média*. E, como essa curva tem inclinação ascendente, a curva de despesa marginal dever estar situada acima dela. A decisão de comprar uma unidade adicional eleva o preço que deve ser pago por *todas* as unidades, não apenas o da unidade adicional.[15]

A Figura 10.14 ilustra esse princípio. A quantidade ideal que deve ser adquirida pelo monopsonista, Q_m^*, encontra-se na interseção das curvas de demanda e de despesa marginal. O preço pago por ele é encontrado por meio da curva de oferta, o preço P_m^* que resulta na quantidade Q_m^*. Por fim, observe que a quantidade Q_m^* é menor e o preço P_m^* é mais baixo do que a quantidade e o preço que prevaleceriam em um mercado competitivo, Q_c e P_c.

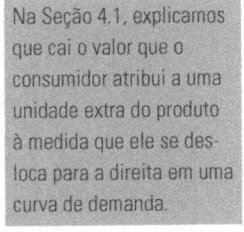

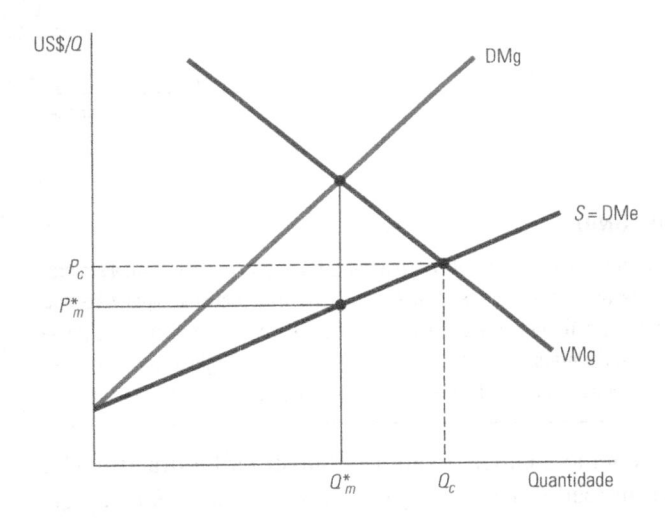

> Na Seção 4.1, explicamos que cai o valor que o consumidor atribui a uma unidade extra do produto à medida que ele se desloca para a direita em uma curva de demanda.

FIGURA 10.14 COMPRADOR MONOPSONISTA

A curva de oferta de mercado é a curva de despesa média, DMe, do monopsonista. Como a curva de despesa média é ascendente, a curva de despesa marginal está situada acima dela. O monopsonista adquire a quantidade Q_m^* encontrada na interseção das curvas de receita marginal e de valor marginal (demanda). O preço unitário pago P_m^* é, então, encontrado pela curva de despesa média (oferta). Em um mercado competitivo, tanto o preço P_c quanto a quantidade Q_c são elevados. Eles se encontram no ponto de interseção entre as curvas de despesa média (oferta) e de valor marginal (demanda).

---

14 Matematicamente, podemos expressar o benefício líquido, BL, da compra como $BL = V - D$, em que V é o valor para o comprador da mercadoria e D é a despesa. O benefício líquido é maximizado quando $\Delta BL/\Delta Q = 0$. Então, temos
$$\Delta BL/\Delta Q = \Delta V/\Delta Q - \Delta D/\Delta Q = VMg - DMg = 0$$
e, portanto, $VMg = DMg$.

15 Para poder obter algebricamente a curva de despesa marginal, faça a curva de oferta com o preço no lado esquerdo da equação: $P = P(Q)$. Então, a despesa total, D, é o preço multiplicado pela quantidade, ou seja, $D = P(Q)Q$, e a despesa marginal é
$$DMg = \Delta D/\Delta Q = P(Q) + Q(\Delta P/\Delta Q)$$
Como a curva de oferta é ascendente, $\Delta P/\Delta Q$ é positivo, e a despesa marginal é maior do que a despesa média.

Comparação entre monopsônio e monopólio

É mais fácil compreender o monopsônio se você o comparar com o monopólio. As figuras 10.15(a) e 10.15(b) apresentam essa comparação. Lembre-se de que o monopolista pode cobrar um preço acima do custo marginal, pois ele se defronta com uma curva de demanda ou uma curva de receita média descendente, de tal modo que a receita marginal é inferior à receita média. Igualando o custo marginal à receita marginal podemos obter a quantidade Q^*, que é inferior àquela que seria produzida em um mercado competitivo, e o preço P^*, que é mais alto do que o preço P_c do mercado competitivo.

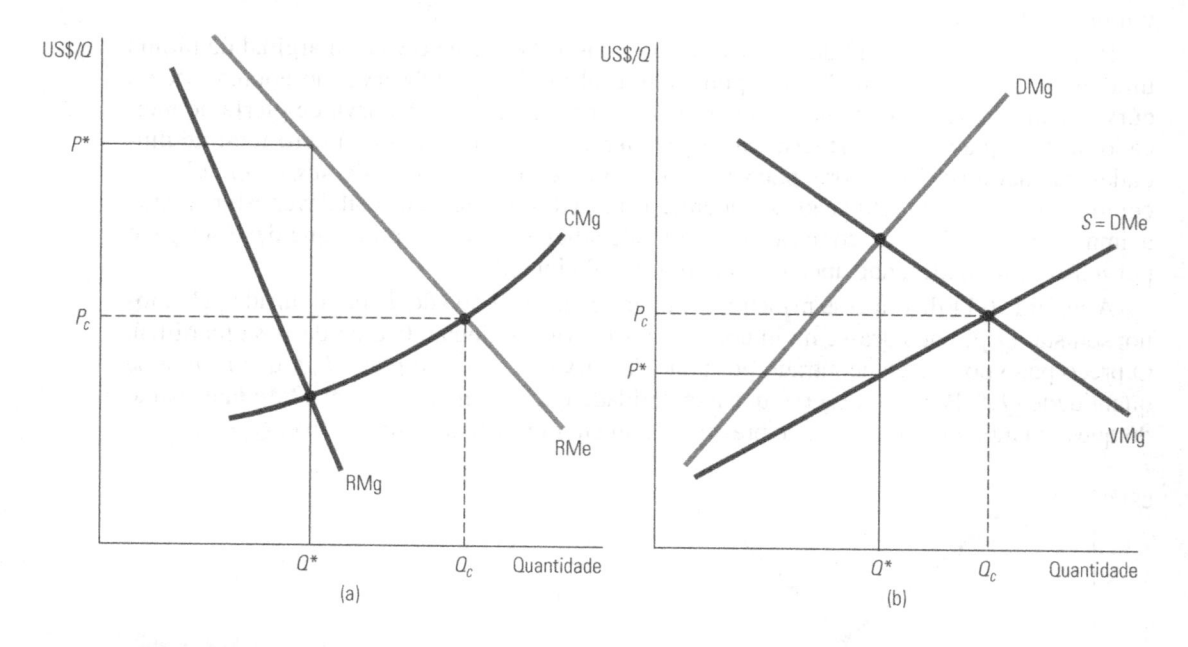

FIGURA 10.15 **MONOPÓLIO E MONOPSÔNIO**

Estes diagramas demonstram a analogia entre o monopólio e o monopsônio. O diagrama (a) mostra que o monopolista produz a quantidade que se encontra no ponto de interseção entre as curvas de receita marginal e de custo marginal. A receita média é mais alta do que a receita marginal, de tal modo que o preço se torna mais alto do que o custo marginal. O diagrama (b) mostra que o monopsonista faz compras no ponto de interseção entre as curvas de despesa marginal e de valor marginal. A despesa marginal é maior do que a despesa média, de tal modo que o valor marginal se torna maior que o preço.

A situação do monopsônio é exatamente análoga. Conforme mostra a Figura 10.15(b), o monopsonista pode adquirir uma mercadoria *por um preço inferior ao valor marginal* porque se defronta com uma curva de oferta ou de despesa média ascendente. Desse modo, para um monopsonista, a despesa marginal se torna maior do que a despesa média. Igualando o valor marginal à despesa marginal, obtemos a quantidade Q^*, menor do que a quantidade que seria adquirida em um mercado competitivo, e o preço P^*, mais baixo do que o preço competitivo P_c.

10.6 Poder de monopsônio

Bem mais comuns do que o monopsônio puro são os mercados com apenas algumas empresas competindo entre si e atuando como compradoras, de tal modo que cada uma delas passe a ter algum poder de monopsônio. Por exemplo, os principais fabricantes norte-americanos de automóveis competem entre si na compra de pneus. Uma vez que cada uma dessas empresas responde por uma grande fatia do mercado total de pneus, elas, individualmente, detêm algum poder de monopsônio nesse mercado. A General Motors, a maior, pode ser capaz de exercer um considerável poder de monopsônio ao assinar contrato com fornecedores de pneus (e de outros componentes automotivos, pelo mesmo motivo).

No mercado competitivo, o preço e o valor marginal são iguais. No entanto, um comprador com poder monopsonista pode adquirir a mercadoria por preço mais baixo do que o valor marginal. A extensão da redução do preço em relação ao valor marginal depende da elasticidade da oferta com a qual o comprador se defronta.[16] Se a oferta for muito elástica (E_s é grande), essa redução será pequena e o comprador terá pouco poder de monopsônio. E, inversamente, se a oferta for muito inelástica, a redução será grande e o comprador terá poder de monopsônio considerável. As figuras 10.16(a) e 10.16(b) ilustram esses dois casos.

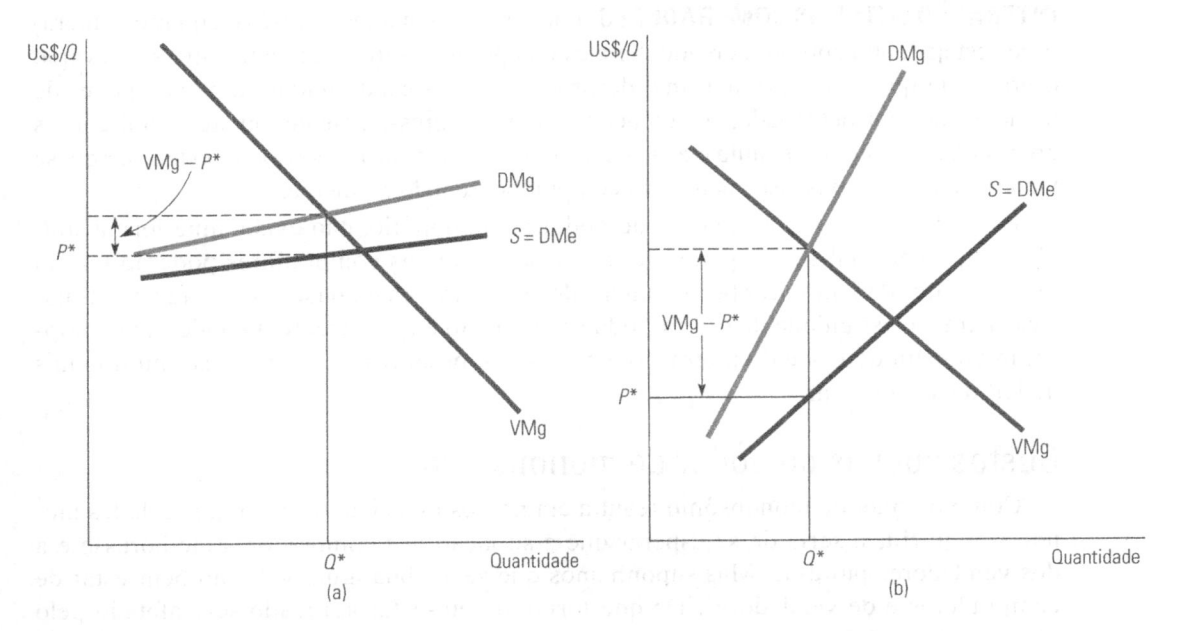

FIGURA 10.16 **PODER DE MONOPSÔNIO: OFERTA ELÁSTICA *VERSUS* OFERTA INELÁSTICA**

O poder de monopsônio depende da elasticidade da oferta. Quando a oferta é elástica, como mostra o diagrama (a), a despesa marginal e a despesa média não apresentam muita diferença, de tal modo que o preço se aproxima daquele que seria praticado em um mercado competitivo. O diagrama (b) apresenta a situação oposta, que ocorre quando a oferta é inelástica.

Fontes do poder de monopsônio

Quais são os determinantes do poder de monopsônio em um mercado? Mais uma vez, podemos fazer analogias com o monopólio e o poder de monopólio. Vimos anteriormente que o poder de monopólio depende de três condições: da elasticidade da demanda, do número de vendedores atuando no mercado e da forma de interação entre esses vendedores. O poder de monopsônio depende de três condições similares: da elasticidade da oferta, do número de compradores atuando no mercado e da forma de interação entre esses compradores.

ELASTICIDADE DA OFERTA DE MERCADO O monopsonista é beneficiado por se defrontar com uma curva de oferta ascendente, o que significa que a despesa marginal é maior do que a despesa média. Quanto menos elástica for a curva de oferta, maior será a diferença entre a despesa marginal e a despesa média e maior o poder de monopsônio do comprador. Se houver apenas um comprador atuando no mercado — um monopsonista puro —, o poder de monopsônio será totalmente determinado pela elasticidade da oferta de mercado. Se a oferta for altamente elástica, o poder de monopsônio será pequeno e haverá pouco benefício em ser o único comprador.

---

16 A exata relação (análoga à Equação 10.1) é apresentada pela equação $(VMg - P)/P = 1/E_s$. Essa equação ocorre porque $VMg = DMg$, sendo $DMg = \Delta(PQ)/\Delta Q = P + Q(\Delta P/\Delta Q)$.

NÚMERO DE COMPRADORES A maioria dos mercados possui mais de um comprador e o número de compradores é um importante fator determinante do poder de monopsônio. Quando o número de compradores é muito grande, nenhum deles tem, individualmente, muita influência sobre o preço. Portanto, cada comprador se defronta com uma curva de oferta elástica ao extremo, de forma que o mercado é quase completamente competitivo. O potencial para o poder de monopsônio surge quando o número de compradores é limitado.

INTERAÇÃO ENTRE OS COMPRADORES Por fim, suponhamos que três ou quatro compradores estejam atuando no mercado. Se eles competirem agressivamente entre si, elevarão o preço até quase o valor marginal do produto, significando que terão pouco poder de monopsônio. Por outro lado, se competirem menos agressivamente, ou até se unirem, os preços não apresentarão muita elevação, e o grau de poder de monopsônio poderá ser quase tão alto quanto se existisse apenas um comprador atuando no mercado.

Portanto, como ocorre no caso do poder de monopólio, não existe uma forma simples de prever qual será o poder de monopsônio que os compradores poderão ter em um mercado. Podemos contar o número de compradores e quase sempre fazer estimativas para a elasticidade da oferta, todavia, isso não é o suficiente. O poder de monopsônio também depende da interação entre os compradores, o que pode ser muito mais difícil de se verificar.

Custos sociais do poder de monopsônio

Como o poder de monopsônio resulta em preços mais baixos e em quantidades menores adquiridas, seria de se esperar que a situação dos compradores melhorasse e a dos vendedores piorasse. Mas suponhamos que se atribua igual valor ao bem-estar de compradores e de vendedores. De que forma o bem-estar agregado será afetado pelo poder de monopsônio?

Podemos responder a essa pergunta fazendo uma comparação entre os excedentes do consumidor e do produtor resultantes de um mercado competitivo e os excedentes do consumidor e do produtor que ocorrem quando um monopsonista é o único comprador. A Figura 10.17 mostra as curvas de despesa média e marginal e de valor marginal para o monopsonista. O benefício líquido do monopsonista é maximizado quando ele adquire uma quantidade Q_m ao preço P_m no qual o valor marginal se iguala à despesa marginal. Em um mercado competitivo, o preço é igual ao valor marginal. Portanto, o preço competitivo e a quantidade competitiva, P_c e Q_c, encontram-se no ponto de interseção entre as curvas de despesa média e do valor marginal. Agora, vejamos de que forma o excedente varia quando passamos do preço competitivo e da quantidade competitiva, P_c e Q_c, para o preço e a quantidade de monopsônio, P_m e Q_m.

Com o monopsônio, o preço é mais baixo e uma quantidade menor é vendida. Por causa do preço mais baixo, os vendedores perdem um valor de excedente representado pelo retângulo A. Além disso, como as vendas são reduzidas, eles perdem o excedente representado pelo triângulo C. Portanto, a perda total de excedente do produtor (vendedor) é representada por $A + C$. Ao comprar por um preço mais baixo, o comprador ganha o excedente representado pelo retângulo A. Entretanto, o comprador adquire menos, ou seja, Q_m em vez de Q_c, e assim perde o excedente, representado pelo triângulo B. Para o comprador, o ganho total de excedente é representado por $A - B$. No conjunto, vemos uma perda líquida de excedentes, representada por $B + C$. Esse é o *peso morto decorrente do poder de monopsônio*. Mesmo que existissem impostos incidindo sobre os ganhos do monopsonista e que a arrecadação de tais impostos fosse distribuída entre os produtores, haveria uma ineficiência, pois o nível de produção seria menor do que em um mercado competitivo. O peso morto é o custo social de tal ineficiência.

Observe a similaridade com o peso morto do poder de monopólio, discutido na Seção 10.4.

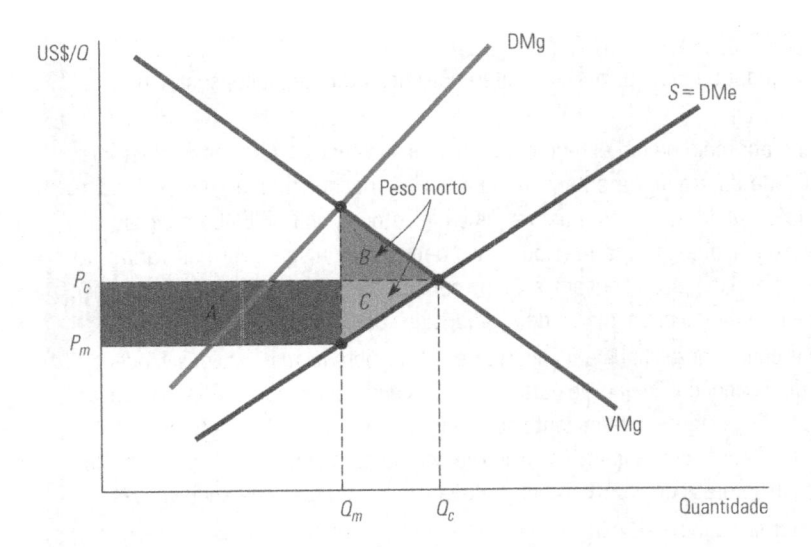

FIGURA 10.17 PESO MORTO DECORRENTE DO PODER DE MONOPSÔNIO

O retângulo e os triângulos sombreados representam as variações dos excedentes do consumidor e do produtor quando se passa do preço competitivo e da quantidade competitiva, P_c e Q_c, para o preço e a quantidade monopsonistas, P_m e Q_m. Em decorrência de tanto o preço como a quantidade serem menores, ocorre um aumento no excedente do comprador (consumidor), representado por $A - B$. A queda do excedente do produtor é representada por $A + C$, e, portanto, ocorre um peso morto representado pelos triângulos B e C.

Monopólio bilateral

O que acontece quando um monopolista encontra um monopsonista? É difícil dizer. Chamamos de **monopólio bilateral** um mercado com apenas um vendedor e apenas um comprador. Se você pensar nesse tipo de mercado, verá que é difícil prever o preço e a quantidade. Tanto o comprador quanto o vendedor estão em situação de barganha. Infelizmente, nenhuma regra simples pode determinar qual deles (se é que algum) receberá a melhor parte da barganha. Uma parte poderia ter mais tempo e paciência, ou poderia ser capaz de convencer a outra de que não fará negócio se o preço for muito baixo ou muito alto.

O monopólio bilateral é raro. Os mercados em que poucos produtores possuem algum poder de monopólio e vendem para alguns poucos compradores que têm algum poder de monopsônio são mais comuns. Embora ainda possa haver barganha, podemos aplicar aqui um princípio aproximado: *poder de monopsônio e poder de monopólio tenderão a se neutralizar.* Em outras palavras, o poder de monopsônio dos compradores reduzirá o poder de monopólio efetivo dos vendedores e vice-versa. Essa tendência não significa que o mercado acabará se tornando perfeitamente competitivo; por exemplo, se o poder de monopólio for grande e o poder de monopsônio pequeno, o poder de monopólio residual ainda seria significativo. Porém, em geral, o poder de monopsônio empurrará o preço para mais perto do custo marginal e o poder de monopólio empurrará o preço para mais perto do valor marginal.

monopólio bilateral
Mercado com apenas um vendedor e um comprador.

EXEMPLO 10.5 PODER DE MONOPSÔNIO NA INDÚSTRIA NORTE-AMERICANA

O poder de monopólio, medido pela margem de preço-custo $(P - CMg)/P$, varia consideravelmente entre os setores industriais nos Estados Unidos. Alguns apresentam relação mais ou menos igual a zero, enquanto em outros as margens chegam a atingir valores como 0,4 ou 0,5. Tais variações se devem em parte às diferenças entre os determinantes do poder de monopólio: em alguns setores, a demanda de mercado é mais elástica do que em outros; alguns setores têm mais vendedores que outros; e existem setores em que os vendedores competem mais agressivamente entre si do que em outros. Mas há outro fator que pode ajudar a explicar essas variações do poder de monopólio — as diferenças de poder de monopsônio entre os clientes das empresas produtoras.

O papel do poder de monopsônio foi investigado por meio de um estudo estatístico envolvendo 327 setores industriais dos Estados Unidos.[17] Esse estudo tinha por finalidade determinar a extensão em que as variações de margens poderiam ser atribuídas às variações do poder de monopsônio exercido pelos compradores de cada setor industrial. Embora o grau de poder de monopsônio dos compradores não pudesse ser diretamente medido, havia dados disponíveis sobre as variáveis que ajudam a determinar o poder de monopsônio — por exemplo, a concentração de compradores (fração das vendas totais absorvida pelas três ou quatro maiores empresas) e o tamanho anual médio dos pedidos dos compradores.

O estudo revelou que o poder de monopsônio dos compradores tinha um importante efeito sobre as margens dos vendedores e poderia reduzir significativamente qualquer poder de monopólio que, de outra forma, os vendedores teriam. Consideremos, por exemplo, a concentração de compradores, que é um importante determinante do poder de monopsônio. Nos setores em que a totalidade ou a quase totalidade das vendas é absorvida por apenas quatro ou cinco compradores, as margens de preço-custo dos vendedores seriam até 10% mais baixas do que em setores comparáveis com centenas de compradores gerando vendas.

Um bom exemplo de poder de monopsônio em setores industriais é o do mercado de autopeças e componentes automotivos, tais como freios e radiadores. Os grandes fabricantes de automóveis nos Estados Unidos adquirem normalmente determinada autopeça de pelo menos três e, frequentemente, de até uma dúzia de fornecedores. Além disso, no caso de produtos padronizados, por exemplo, freios, cada empresa automobilística normalmente produz internamente parte do que precisa, de modo que não seja totalmente dependente de fornecedores. Isso torna possível que a GM e a Ford tenham uma excelente posição de barganha em relação aos fornecedores. Estes precisam competir com cinco ou dez outros fornecedores para poder vender, porém cada um deles pode vender somente a alguns compradores. Para determinadas peças específicas, uma empresa automobilística pode ser a *única* compradora. Em consequência, as empresas automobilísticas possuem considerável poder de monopsônio.

Esse poder de monopsônio torna-se mais evidente quando se observam as condições sob as quais os fornecedores devem operar. Para conseguir obter um contrato de vendas, um fornecedor deve apresentar antecedentes de confiabilidade, tanto em termos da qualidade dos produtos como da capacidade de satisfazer prazos apertados de entrega. Com frequência, os fornecedores também precisam reagir a variações de volume à medida que as vendas de automóveis e os níveis de produção flutuam. Por fim, as negociações de preço são notoriamente difíceis; um fornecedor potencial às vezes perde um contrato de fornecimento porque o preço de cada item de sua proposta é um centavo mais elevado do que o dos concorrentes. Não é surpreendente que os fornecedores de autopeças e componentes automotivos geralmente tenham pouco ou nenhum poder de monopólio.

10.7 Limitando o poder de mercado: a legislação antitruste

Vimos que o poder de mercado — seja ele mantido pelos vendedores ou pelos compradores — prejudica potenciais compradores que poderiam ter adquirido mercadorias a preços competitivos. Além disso, o poder de mercado reduz a produção, o que leva a perdas com o peso morto. O excessivo poder de mercado também ocasiona problemas de equidade e ética: se uma empresa possui um significativo poder de monopólio, estará lucrando à custa dos consumidores. Em teoria, pode haver incidência de impostos sobre o excesso de lucros de uma empresa e o valor arrecadado pode ser redistribuído aos compradores dos produtos; porém, normalmente, tal redistribuição se torna impraticável. É difícil determinar que parcela dos lucros de uma empresa pode ser atribuída ao poder de monopólio e é ainda mais difícil localizar todos os compradores e reembolsá-los proporcionalmente ao valor das aquisições.

Então, de que maneira a sociedade pode limitar o poder de mercado e evitar que seja utilizado de forma anticompetitiva? Para monopólios naturais, como é o caso de empresas fornecedoras de energia elétrica, uma regulamentação direta de preços pode ser a resposta. Entretanto, de forma mais geral, a resposta encontra-se, primeiro, em evitar que

---

17 Esse estudo foi realizado por Steven H. Lustgarten, "The Impact of Buyer Concentration in Manufacturing Industries", *Review of Economics and Statistics* 57, maio 1975, p. 125-132.

as empresas adquiram poder excessivo e limitar o uso do poder quando é adquirido. Nos Estados Unidos, isso é feito por meio da **legislação antitruste**: um conjunto de regras e normas destinadas à promoção de uma economia competitiva por meio da proibição de ações que tenham possibilidade de limitar a concorrência.

As leis antitruste diferem de um país para outro, e vamos focalizar principalmente como essas leis funcionam nos Estados Unidos. Mas é importante enfatizar desde cedo que, nos Estados Unidos e em outros lugares, embora haja limitações (como a conivência com outras empresas), *em geral, não é ilegal ser um monopolista ou ter poder de mercado*. Ao contrário, vimos que *as leis de patente e direito autoral* protegem as posições de monopólio de empresas que desenvolveram inovações exclusivas. Assim, a Microsoft tem um quase monopólio em sistemas operacionais de computador, pois outras empresas são proibidas de copiar o Windows. Mesmo que a Microsoft tivesse monopólio completo em sistemas operacionais (e não tem — os sistemas operacionais Apple e Linux também competem no mercado), isso não seria ilegal. Porém, o que seria ilegal é se a Microsoft usasse seu poder de monopólio em sistemas operacionais de computador pessoal para impedir que outras empresas entrassem com novos sistemas operacionais, ou se aproveitasse do seu poder e reduzisse a concorrência em outros mercados. Como veremos no Exemplo 10.8, essa foi a base dos processos levantados contra a Microsoft pelo Departamento de Justiça dos Estados Unidos e pela Comissão Europeia.

legislação antitruste
Leis e regras proibindo ações que limitem, ou tenham possibilidade de limitar, a concorrência.

Restringindo o que as empresas podem fazer

A inovação impulsiona o crescimento econômico e aprimora o bem-estar do consumidor, de modo que ficamos contentes quando a Apple ganha poder de mercado inventando o iPhone e o iPad, ou quando uma empresa farmacêutica ganha poder de mercado por meio de sua invenção de uma nova droga que pode salvar vidas. Mas há outras maneiras pelas quais as empresas podem ganhar poder de mercado, que não são tão louváveis, e é aí que as leis antitruste entram em ação. Em um nível fundamental, vejamos como funcionam as leis.

A Seção 1 da Lei Sherman (lei aprovada em 1890) proíbe contratos, combinações ou conspirações capazes de restringir o mercado. Um exemplo óbvio de combinação ilegal é o acordo explícito entre produtores para restringir os respectivos níveis de produção e/ou "fixar" o preço acima do nível competitivo. Existem numerosos exemplos dessas combinações ilegais, conforme ilustra o Exemplo 10.7.

A coalizão *implícita* na forma de **conduta paralela** também pode constituir-se em infração da lei. Por exemplo, se a Empresa *B* conscientemente segue os preços da Empresa *A* (fixação paralela de preços) e se a conduta da empresa é oposta à que se poderia esperar quando não está ocorrendo nenhuma coalizão (como subir preços diante de queda na demanda ou excesso de oferta), pode-se inferir que esteja ocorrendo um entendimento implícito.[18]

conduta paralela
Forma implícita de coalizão na qual uma empresa segue consistentemente as atitudes tomadas por outra.

A Seção 2 da Lei Sherman torna ilegal monopolizar ou procurar monopolizar mercados e proíbe conspirações que resultem em monopolização. A Lei Clayton (aprovada em 1914) aponta vários tipos de práticas possivelmente anticompetitivas. Por exemplo, ela torna ilegal para uma empresa com grande participação no mercado exigir que um comprador ou locatário de uma mercadoria não possa fazer aquisições de um concorrente. Ela torna também ilegal o uso do **preço predatório** — prática de preços capaz de eliminar a concorrência e de desestimular a entrada de novos concorrentes no mercado (de maneira que a empresa possa desfrutar de preços mais altos no futuro).

preço predatório
Prática de estabelecer preços que excluem a concorrência e desencorajam novas empresas a entrar no mercado, de tal modo que sejam obtidos maiores lucros futuros.

---

[18] A Lei Sherman é aplicável não apenas a empresas norte-americanas, mas também a empresas estrangeiras (desde que envolvidas em conspirações objetivando restrições comerciais que possam afetar mercados norte-americanos). Entretanto, os governos estrangeiros (ou empresas operando sob o controle de seus governos) não estão sujeitos a essa lei, e, por essa razão, a OPEP não precisaria temer a ira do Departamento de Justiça norte-americano. As empresas também *podem* estabelecer coalizões com respeito às *exportações*. A Lei Webb-Pomerene (aprovada em 1918) permite a fixação de preços e a respectiva coalizão em relação às exportações, *contanto que os mercados internos não sejam afetados por tal coalizão*. Empresas operando dessa maneira precisam formar uma "Associação Webb-Pomerene" e registrá-la com o governo.

O poder de monopólio pode também ser obtido por meio da fusão de empresas, resultando em uma empresa maior e mais dominante, ou então por meio da aquisição do controle acionário de outras empresas. A Lei Clayton proíbe fusões e aquisições quando "reduzem substancialmente a competição" ou "tendem a criar um monopólio".

As leis antitruste também limitam a possível conduta anticompetitiva de outras maneiras. Por exemplo, a Lei Clayton, já dotada da emenda Robinson-Patman (1936), torna ilegal a discriminação por meio da cobrança de preços diferentes entre compradores por produtos que sejam essencialmente os mesmos, se essas diferenças de preços são capazes de prejudicar a competição. Mesmo assim, as empresas não são responsabilizadas se puderem provar que a diferenciação de preços era necessária para acompanhar os concorrentes. (Como poderemos ver no próximo capítulo, a discriminação de preços é uma prática comum e se torna alvo da ação antitruste quando os compradores sofrem danos econômicos e a competição é reduzida.)

Outro importante componente da legislação antitruste é a lei denominada Federal Trade Commission Act (aprovada em 1914 e que recebeu emendas em 1938, 1973 e 1975), responsável pela criação da Comissão Federal do Comércio (Federal Trade Commission ou FTC). Essa lei complementa as leis Sherman e Clayton, encorajando a competição por meio de um amplo conjunto de proibições de práticas desleais e anticompetitivas, tais como propagandas e embalagens enganosas, acordos feitos com varejistas visando à exclusão de produtos concorrentes, dentre outras coisas. Como essas proibições são interpretadas e implementadas por meio de processos administrativos perante a FTC, essa lei antitruste confere poderes amplos e de maior alcance do que as demais.

A legislação antitruste é, na realidade, vaga quanto ao que é ou não permitido. Essas leis têm o objetivo de prover uma estrutura estatutária geral capaz de dar ao Departamento de Justiça, à FTC e aos tribunais ampla capacidade de interpretar e aplicar os termos. É importante saber disso, porque é difícil prever o que pode se configurar em impedimento à competição. Essa ambiguidade cria a necessidade de uma legislação ordinária (isto é, a prática na qual os tribunais interpretam os estatutos), bem como de provisões suplementares e regulamentações (por exemplo, por parte da FTC e do Departamento de Justiça).

Imposição da legislação antitruste

As leis antitruste norte-americanas são impostas de três maneiras:

1. **Por meio da Divisão Antitruste do Departamento de Justiça.** Atuando como uma extensão do poder executivo, as políticas de atuação refletem de modo fiel a visão da administração que está no poder. Em resposta a uma reclamação externa ou a um estudo interno, o departamento pode instaurar um processo criminal, um processo cível ou ambos. A ação criminal pode resultar em multas a pessoas jurídicas e multas ou prisão para pessoas físicas. Por exemplo, indivíduos que conspirem visando a fixar preços ou fraudar a oferta podem ser julgados por delito grave e, se considerados culpados, podem ser sentenciados à prisão — algo a ser lembrado caso você esteja pensando em usar seus conhecimentos de microeconomia para iniciar uma bem-sucedida carreira nos negócios! Se perder uma ação civil, a empresa será obrigada a cessar suas práticas anticompetitivas e, muitas vezes, a pagar compensações.

2. **Por meio de processos administrativos da Comissão Federal do Comércio (FTC).** Novamente, a ação pode ser proveniente de denúncias externas ou da própria iniciativa da FTC. Caso a FTC decida que uma ação se faz necessária, ela pode requerer um acordo voluntário para que se cumpra a lei ou pode optar por pedir uma determinação formal da comissão exigindo o cumprimento.

3. **Por meio de processos privados.** Pessoas físicas ou jurídicas podem mover ações por *danos triplicados* infligidos a seus negócios ou propriedades. A perspectiva de um pagamento por esses danos pode ser um forte desestímulo a potenciais infratores

das leis. Pessoas físicas ou jurídicas têm o direito de solicitar aos tribunais que forcem o infrator a cessar as práticas anticompetitivas.

As leis antitruste dos Estados Unidos são mais estritas e de maior alcance do que as da maioria dos outros países. Na realidade, algumas pessoas afirmam que elas vêm impedindo a indústria norte-americana de competir de forma efetiva em mercados internacionais. As leis certamente restringem as empresas norte-americanas e podem até mesmo tê-las colocado em desvantagem nos mercados internacionais. Contudo, tais fatos devem ser ponderados considerando-se os benefícios decorrentes. As leis antitruste têm sido cruciais para a manutenção da competição, e a competição é essencial para a eficiência, a inovação e o crescimento econômico.

O antitruste na Europa

À medida que a União Europeia foi se ampliando, os métodos antitruste do bloco foram evoluindo. A responsabilidade de aplicá-los, nos casos que envolvam dois ou mais Estados-membros, cabe a uma única entidade — a Comissão Europeia, sediada em Bruxelas. Dentro de cada Estado-membro, autoridades antitruste distintas e independentes cuidam dos assuntos que afetam, em maior parte ou inteiramente, seu país em particular.

À primeira vista, a legislação antitruste da União Europeia é bem parecida com a norte-americana. O artigo 101 do Tratado da Comunidade Europeia discorre sobre as restrições ao comércio, em termos semelhantes aos da Seção 1 do artigo 102 da Lei Sherman. Focado nos abusos do poder de mercado por parte de empresas *dominantes*, o artigo lembra em muitos aspectos a Seção 2 da Lei Sherman. E, por fim, no que diz respeito às fusões, a Lei Europeia de Controle das Fusões tem o mesmo espírito da Seção 7 da Lei Clayton.

Não obstante, as legislações antitruste europeia e norte-americana ainda guardam várias diferenças conceituais e de procedimento. Em geral, o processo de avaliação de fusões ocorre mais rápido na Europa e, na prática, é mais fácil provar na Europa que uma empresa é dominante do que provar, nos Estados Unidos, que uma empresa tem poder de monopólio. Tanto a União Europeia quanto os Estados Unidos vêm ativamente aplicando leis contra a fixação de preços, mas os europeus preveem apenas penalidades civis, enquanto os norte-americanos podem impor multas e até sentenças de prisão.

A imposição antitruste cresceu rapidamente no mundo inteiro durante a última década. Hoje, existem órgãos de imposição ativos em mais de cem países. Embora não haja um órgão de imposição antitruste de âmbito mundial, todos os órgãos de imposição se reúnem pelo menos uma vez por ano com o patrocínio da Rede de Competição Internacional (International Competition Network).

EXEMPLO 10.6 UM TELEFONEMA SOBRE PREÇOS

No final de 1981 e início de 1982, as empresas aéreas American Airlines e Braniff Airways estavam competindo ferozmente entre si por passageiros. Ocorreu, então, uma guerra de preços de passagens aéreas, pois cada uma procurava praticar valores mais baixos do que a outra com a finalidade de obter uma fatia maior do mercado. Em 21 de fevereiro de 1982, Robert Crandall, presidente e CEO da American Airlines, telefonou para Howard Putnam, presidente e principal executivo da Braniff. Posteriormente, o sr. Crandall ficou surpreso ao saber que o telefonema havia sido grampeado. Sucedeu-se o seguinte diálogo:[19]

Crandall: Sabe, acho uma idiotice estarmos sentados aqui nos batendo feito @!#$%&! sem ganhar centavo algum por essa @!#$%&!.

Putnam: Bem...

Crandall: Quero dizer, qual é a @!#$%&! do objetivo disso tudo?

---

[19] De acordo com o *New York Times*, 24 fev. 1983.

Putnam: Mas se você está "cobrindo" cada rota que a Braniff detém com cada uma das rotas da American — eu não posso ficar sentado aqui e deixar você acabar com a gente sem darmos o troco.

Crandall: Claro, mas a Eastern e a Delta fazem a mesma coisa em Atlanta há anos.

Putnam: Você tem alguma sugestão para me dar?

Crandall: Sim, tenho. Aumente em 20% o preço da @!#$%&! das suas passagens que eu aumentarei as minhas no dia seguinte.

Putnam: Robert, nós...

Crandall: Você vai ganhar mais dinheiro e eu também.

Putnam: Nós não podemos conversar a respeito de preços!

Crandall: Ah, @!#$%&!, Howard. Nós podemos conversar a respeito de qualquer @!#$%&! que quisermos.

Crandall estava enganado. Os executivos de empresas não podem conversar sobre qualquer coisa que queiram. Conversar a respeito de preços e concordar em acertá-los constitui uma clara infração à Seção 1 da Lei Sherman. Putnam decerto sabia disso, porque rejeitou de pronto a sugestão feita por Crandall. Após ter conhecimento desse telefonema, o Departamento de Justiça instaurou um processo contra Crandall, acusando-o de infringir a legislação antitruste ao propor um acerto de preços.

No entanto, *propor* um acerto de preços não é suficiente para que se constitua uma infração à Seção 1 da Lei Sherman. Para que se configure a infração, as duas partes devem concordar. Portanto, como Putnam rejeitou a proposta feita por Crandall, não houve infração nos termos da Seção 1. Posteriormente, entretanto, o tribunal sentenciou que uma proposta para acertar preços poderia ser uma tentativa de monopolizar parte do setor aeroviário, infringindo, portanto, os termos da Seção 2 da Lei Sherman. A American Airlines prometeu ao Departamento de Justiça nunca mais se engajar em tal tipo de atividade.

EXEMPLO 10.7 VÁ DIRETO PARA A CADEIA

Executivos de empresa às vezes se esquecem que a fixação de preços é um ato criminoso nos Estados Unidos, que pode levar não apenas a pesadas multas, mas também a uma sentença de prisão. Sentar-se em uma cela de prisão não é nada divertido. O serviço de Internet e telefone celular é terrível, não há TV a cabo e a comida deixa muito a desejar. Assim, se você é um executivo bem-sucedido, pense duas vezes antes de pegar o telefone. E se a sua empresa estiver localizada na Europa ou na Ásia, não pense que isso o deixará fora de uma prisão dos Estados Unidos. Por exemplo:

- Em 1996, a Archer Daniels Midland (ADM) e dois outros produtores de lisina (um complemento alimentar animal) foram acusados de fixação de preço. Em 1999, três executivos da ADM foram sentenciados a prisão pelo prazo de dois a três anos.[20]
- Em 1996, a Archer Daniels Midland (ADM) e dois outros produtores de lisina (um complemento alimentar animal) foram acusados de fixação de preço. Em 1999, três executivos da ADM foram sentenciados a prisão pelo prazo de dois a três anos.
- Em 1999, quatro das maiores empresas de remédios e produtos químicos do mundo — Hoffman-La Roche da Suíça, BASF da Alemanha, Rhone Poulenc da França e Takeda do Japão — foram acusadas de fixar os preços das vitaminas nos Estados Unidos e na Europa. As empresas pagaram cerca de US$ 1,5 bilhão em multas ao Departamento de Justiça (DOJ) norte-americano, US$ 1 bilhão à Comissão Europeia e mais de US$ 4 bilhões para resolver processos civis. Os executivos de cada uma das empresas passaram um tempo na prisão nos Estados Unidos.
- Entre 2002 a 2009, a Horizon Lines promoveu a fixação de preços com a Sea Star Lines (companhias de navios com sede em Porto Rico). Cinco executivos passaram de um a quatro anos na prisão.
- Oito empresas, principalmente na Coreia e no Japão, fixaram preços de memória DRAM de 1998 a 2002. Em 2007, 18 executivos dessas empresas foram sentenciados à prisão nos Estados Unidos.
- Em 2009, cinco empresas foram consideradas culpadas por fixar preços de monitores LCD durante o período de 2001 a 2006. Vinte e dois executivos receberam sentenças de prisão nos Estados Unidos (além de US$ 1 bilhão em multas).
- Em 2011, duas empresas foram condenadas por fixar preços e fraudar licitações para concreto pronto no estado de Iowa. Um executivo foi sentenciado a um ano de prisão e outro a quatro anos.

Entendeu? Não cometa o erro de fazer o que esses empresários fizeram. Ou então você poderá passar um tempo na prisão.

---

[20] Claro, sempre é possível que você seja representado em um filme. Em *O desinformante!*, de 2009, o ator Matt Damon atuou no papel de Mark Whitacre, o executivo da ADM que denunciou a conspiração de fixação de preços e depois foi sentenciado à prisão por peculato.

EXEMPLO 10.8 OS ESTADOS UNIDOS E A UNIÃO EUROPEIA CONTRA A MICROSOFT

Nas duas últimas décadas, a Microsoft Corporation cresceu vertiginosamente e se tornou a maior empresa de software do planeta. Seu sistema operacional Windows para computadores pessoais manteve mais de 90% do mercado mundial de sistemas operacionais de PCs. A Microsoft continuou a dominar o mercado de informática para escritórios com programas que elevam a produtividade. O pacote Office, que inclui o Word (processador de textos), o Excel (planilha eletrônica) e o PowerPoint (programa de apresentações), deteve mais de 95% do mercado por quase uma década.

Esse sucesso inacreditável deveu-se em boa parte à tecnologia criativa e às decisões de mercado da empresa e seu CEO, hoje aposentado, Bill Gates. Será que há algo errado, em termos de economia ou da lei, em ter tanto sucesso ou domínio de mercado? Depende. Do ponto de vista das leis que protegem a concorrência, o esforço das empresas para restringir o mercado ou desenvolver atividades que mantenham irregularmente os monopólios é prática condenável. Mas será que a Microsoft se envolveu em tais práticas?

Em 1998, o governo norte-americano afirmou que sim; a Microsoft discordou. A Divisão Antitruste do Departamento de Justiça norte-americano (DOJ) pôs à prova a postura da Microsoft, afirmando que a empresa teria embutido seu navegador da Internet (o Internet Explorer) no seu sistema operacional com a finalidade de manter o monopólio dominante no ramo de sistema operacional. O DOJ afirmou que a Microsoft considerava o navegador da Netscape (Netscape Navigator) uma ameaça a seu monopólio do mercado de sistemas operacionais de PCs. A ameaça existia porque a empresa Netscape incluía no pacote o software Java, da Sun, que opera programas desenvolvidos para qualquer outro sistema, incluindo os que competem com o Windows.

Após um julgamento de oito meses que foi travado sobre uma série de questões econômicas, a Corte Distrital definiu que a Microsoft exercia poder de monopólio no mercado de sistemas operacionais para PC, que ela tinha mantido ilegalmente em violação da Seção 2 da Lei Sherman. Contudo, a Corte descobriu que certos acordos de exclusão com fabricantes de computadores e provedores de serviços de Internet não lhe pareceram impeditivos da concorrência suficientes para violar a Seção 1 da Lei Sherman. A Corte de Apelação do distrito de Columbia julgou o recurso da Microsoft, confirmando a conclusão da Corte Distrital, embora não decidindo se a inclusão do Internet Explorer no sistema operacional era um ato ilegal por si só.

O caso nos Estados Unidos por fim foi resolvido em 2004. Dentre outras coisas, o acordo exigia que a Microsoft (1) permitisse que os fabricantes de computador oferecessem o sistema operacional sem o Internet Explorer e que ela (2) incluísse outros navegadores quando instalasse o Windows nas máquinas que vende.

Entretanto, os problemas da Microsoft não terminaram com o acordo. Em 2004, a Comissão Europeia ordenou que a empresa pagasse US$ 794 milhões em multas por suas práticas anticompetitivas e produzisse uma versão padrão do Windows sem o Windows Media Player. Em 2008, a Comissão Europeia arrecadou uma multa adicional de US$ 1,44 bilhão, afirmando que a Microsoft não cumpriu a decisão anterior. Ainda mais recentemente, em resposta a um problema relativo à inclusão de navegadores, a Microsoft concordou em oferecer aos clientes algumas opções de navegadores quando reinicializassem seu novo sistema operacional.

Em 2011, o processo europeu contra a Microsoft continuava sob apelação. Há uma forte evidência de que as ações impostas pelos europeus tenham tido pouco impacto sobre o mercado de *media players* ou de navegadores. Porém, a empresa está enfrentando uma ameaça ainda mais forte do que a imposição dos EUA ou da União Europeia, como a competição do poderoso mecanismo de busca da Google e dos sites de rede social, como o Facebook.

RESUMO

1. Poder de mercado é a capacidade de os vendedores ou compradores exercerem influência no preço de uma mercadoria.

2. Há duas modalidades de poder de mercado. Quando os vendedores cobram preço acima do custo marginal dizemos que eles têm poder de monopólio, o qual se mede pela proporção à qual o preço ultrapassa o custo marginal. Quando os compradores podem obter preços abaixo do valor marginal atribuído à mercadoria, afirmamos que eles têm poder de monopsônio, o qual se mede pela proporção à qual o valor marginal ultrapassa o preço.

3. O poder de monopólio é determinado em parte pelo número de empresas que competem no mercado. Caso exista apenas uma empresa — um monopólio puro —, o poder de monopólio dependerá inteiramente da elasticidade da demanda do mercado. Quanto menor for a elasticidade da demanda, maior será o poder de monopólio da empresa. Quando existirem diversas empresas, o poder de monopólio também dependerá de como elas interagem entre si. Quanto mais agressiva for a competição entre elas, menor será o poder de monopólio de cada empresa.

4. O poder de monopsônio é determinado em parte pelo número de compradores que atuam no mercado. Se existir apenas um comprador — um monopsônio puro —, o poder de monopsônio dependerá da elasticidade da oferta do mercado. Quanto menor for a elasticidade da oferta, maior será o poder de monopsônio do comprador. Quando existirem diversos compradores atuando, o poder de monopsônio também dependerá de quão agressivamente os compradores competem entre si pelos suprimentos.

5. O poder de mercado pode impor custos à sociedade. Tanto o poder de monopólio como o poder de monopsônio resultam em níveis de produção abaixo do nível de produção competitivo, havendo, portanto, um peso morto representado pela perda de excedentes do consumidor e do produtor. Pode haver custos sociais adicionais pela captura de renda (*rent seeking*).

6. Há casos em que economias de escala tornam o monopólio puro desejável. Entretanto, o governo ainda estará disposto a regulamentar o preço para poder maximizar o bem-estar social.

7. De forma geral, dependemos da legislação antitruste para evitar que as empresas acumulem excessivo poder de mercado.

QUESTÕES PARA REVISÃO

1. Um monopolista produz em um ponto no qual o custo marginal é maior do que a receita marginal. De que forma ele deve ajustar o nível de produção para poder aumentar os lucros?

2. Expressamos o percentual de *markup* sobre custo marginal na forma $(P - CMg)/P$. Para um monopolista que maximiza os lucros, de que forma esse *markup* dependerá da elasticidade da demanda? Por que ele pode servir como medida do poder de monopólio?

3. Por que não existe curva de oferta em um mercado em condições de monopólio?

4. Por que uma empresa poderia possuir poder de monopólio mesmo não sendo a única produtora do mercado?

5. Quais são os diferentes tipos de barreiras à entrada que fazem surgir o poder de monopólio? Dê um exemplo de cada.

6. Quais fatores determinam o grau de poder de monopólio que uma empresa poderá ter? Explique resumidamente cada fator.

7. Por que existe um custo social para o poder de monopólio? Se os ganhos dos produtores advindos do poder de monopólio pudessem ser redistribuídos aos consumidores, o custo social do monopólio seria eliminado? Explique resumidamente.

8. Qual o motivo do aumento no nível de produção de um monopolista se o governo o obriga a reduzir seu preço? Se o governo desejasse impor um preço máximo capaz de maximizar a produção do monopolista, que preço deveria ser estabelecido?

9. De que forma um monopsonista deverá decidir a quantidade de mercadoria que adquirirá? Ele adquirirá mais ou menos do que um comprador competitivo? Explique resumidamente.

10. O que significa o termo "poder de monopsônio"? Por que uma empresa poderia possuir "poder de monopsônio" mesmo não sendo a única compradora no mercado?

11. Cite algumas fontes do poder de monopsônio. O que determinará o grau de poder de monopsônio que certa empresa poderá possuir?

12. Por que existe um custo social para o poder de monopsônio? Se os ganhos dos compradores decorrentes do poder de monopsônio pudessem ser redistribuídos para os vendedores, o custo social do monopsônio poderia ser eliminado? Explique resumidamente.

13. De que forma a legislação antitruste limita o poder de mercado nos Estados Unidos? Dê exemplos das principais regulamentações da legislação.

14. Explique resumidamente de que forma a legislação antitruste norte-americana é colocada em prática.

EXERCÍCIOS

1. Será que aumentos na demanda de produtos monopolizados sempre resultarão em preços mais elevados? Explique. Um aumento na oferta com que se defronta um monopsonista sempre resultaria em preços mais baixos? Explique.

2. A empresa Caterpillar Tractor é uma das maiores produtoras de máquinas agrícolas do mundo. Ela contrata você para aconselhá-la na política de preços. Uma das coisas que a empresa gostaria de saber é qual seria a provável redução de vendas após um aumento de 5% nos preços. Que dados você precisaria conhecer para ajudar a empresa com esse problema? Explique por que tais fatos são importantes.

3. Uma empresa monopolista defronta-se com uma elasticidade constante de −2,0. A empresa tem um custo marginal constante de US$ 20 por unidade e estabelece um preço para maximizar o lucro. Se o custo marginal subisse 25%, o preço estabelecido pela empresa subiria 25%?

4. Uma empresa defronta-se com a seguinte curva de receita média (demanda):

$$P = 120 - 0{,}02Q$$

sendo Q a produção semanal e P o preço, medido em centavos por unidade. A função de custo da empresa é expressa pela equação $C = 60Q + 25.000$. Supondo que a empresa maximize os lucros:

a. Quais serão, respectivamente, em cada semana, o nível de produção, o preço e o lucro total?

b. Se o governo decide arrecadar um imposto de US$ 0,14 por unidade de determinado produto, quais deverão ser, respectivamente, o novo nível de produção, o novo preço e o novo lucro?

5. A tabela a seguir mostra a curva de demanda com a qual se defronta um monopolista que produz com um custo marginal constante igual a US$ 10.

Preço	Quantidade
18	0
16	4
14	8
12	12
10	16
8	20
6	24
4	28
2	32
0	36

a. Calcule a curva de receita marginal da empresa.

b. Quais são o nível de produção e o preço capazes de maximizar o lucro da empresa? Qual é esse lucro?

c. Quais seriam o preço e a quantidade de equilíbrio em um setor competitivo?

d. Qual seria o ganho social se esse monopolista fosse obrigado a praticar um nível de produção e preço em equilíbrio competitivo? Quem estaria ganhando e quem estaria perdendo em consequência disso?

6. Suponha que um setor possua as seguintes características:

$C = 100 + 2q^2$	função de custo total de cada empresa
$CMg = 4q$	função de custo marginal de cada empresa
$P = 90 - 2Q$	curva de demanda do setor
$RMg = 90 - 4Q$	curva de receita marginal do setor

a. Se houver *apenas uma empresa* no setor, qual será o preço, a quantidade e o nível de lucro desse monopólio?

b. Calcule o preço, a quantidade e o nível de lucro se o setor for competitivo.

c. Ilustre graficamente a curva de demanda, a curva de receita marginal, a curva de custo marginal e a curva de custo médio. Identifique a diferença entre o nível de lucro no monopólio e o nível de lucro no setor competitivo de duas maneiras diferentes. Verifique que as duas são numericamente equivalentes.

7. Suponha que determinado monopolista que maximiza os lucros esteja produzindo 800 unidades e cobrando US$ 40 por unidade.

a. Se a elasticidade da demanda pelo produto é –2, calcule o custo marginal da última unidade produzida.

b. Qual é a porcentagem do *markup* de preço da empresa sobre o custo marginal?

c. Suponha que o custo médio da última unidade produzida seja US$ 15 e o custo fixo da empresa seja US$ 2.000. Calcule o lucro da empresa.

8. Uma empresa tem duas fábricas, cujos custos são expressos pelas equações a seguir:

$$\text{Fábrica 1: } C_1(Q_1) = 10Q_1^2$$
$$\text{Fábrica 2: } C_2(Q_2) = 20Q_2^2$$

A empresa se defronta com a seguinte curva de demanda:

$$P = 700 - 5Q$$

onde Q é a produção total, isto é, $Q = Q_1 + Q_2$.

a. Faça um diagrama desenhando: as curvas de custo marginal para as duas fábricas; as curvas de receita média e de receita marginal; e a curva de custo marginal total (isto é, custo marginal da produção total $Q = Q_1 + Q_2$). Indique o nível de produção que maximiza os lucros para cada fábrica, bem como a produção total e o preço.

b. Calcule os valores de Q_1, Q_2, Q e P que maximizam os lucros.

c. Suponha que o custo da mão de obra aumente na Fábrica 1, mas não na Fábrica 2. De que forma a empresa deve ajustar (isto é, aumentar, reduzir ou deixar inalterada) a produção da Fábrica 1, a da Fábrica 2, a produção total e o preço?

9. Um laboratório fabricante de medicamentos possui monopólio sobre um novo remédio patenteado. O produto pode ser produzido por qualquer uma dentre duas fábricas disponíveis. Os custos de produção para as duas fábricas são: $CMg_1 = 20 + 2Q_1$ e $CMg_2 = 10 + 5Q_2$. A estimativa da demanda do produto é $P = 20 - 3(Q_1 + Q_2)$. Qual é a quantidade que a empresa deve produzir em cada fábrica? A que preço ela deve planejar vender o produto?

10. Um dos casos mais importantes de aplicação da legislação antitruste no século XX foi o que envolveu a empresa Aluminum Company of America (Alcoa), em 1945. Naquela época, a Alcoa controlava cerca de 90% da produção de alumínio primário nos Estados Unidos e foi acusada de monopolizar esse mercado. Em sua defesa, a Alcoa afirmou que, embora realmente controlasse grande parte do mercado de alumínio primário,

o mercado do alumínio secundário (isto é, alumínio produzido da reciclagem de sucata) era responsável por aproximadamente 30% da oferta total de alumínio, e muitas empresas competitivas se encontravam atuando na reciclagem. Em decorrência disso, ela não possuía muito poder de monopólio.

a. Elabore uma argumentação clara *a favor* da posição da Alcoa.

b. Elabore uma argumentação clara *contra* a posição da Alcoa.

c. A sentença proferida em 1945 pelo juiz Learned Hand é considerada "uma das mais célebres opiniões judiciais de nosso tempo". Você saberia dizer qual foi a sentença do juiz Hand?

11. Um monopolista defronta-se com a curva de demanda $P = 11 - Q$, em que P é medido em dólares por unidade e Q é medido em milhares de unidades. O monopolista tem custo médio constante e igual a US$ 6 por unidade.

a. Desenhe as curvas de receita média e marginal e de custo médio e marginal. Quais são, respectivamente, o preço e a quantidade capazes de maximizar os lucros do monopolista? Qual será o lucro resultante? Calcule o grau de poder de monopólio da empresa utilizando o índice de Lerner.

b. Um órgão governamental de regulamentação define um preço máximo de US$ 7 por unidade. Quais serão a quantidade produzida e o lucro da empresa? O que ocorrerá com o grau de poder de monopólio?

c. Qual preço máximo possibilita o nível mais elevado de produção? Qual será o nível de produção? Qual será o grau do poder de monopólio da empresa para tal preço?

12. A empresa Michelle's Monopoly Mutant Turtles (MMMT) tem direito exclusivo de venda das camisetas com imagem das Tartarugas Ninja nos Estados Unidos. A demanda dessas camisetas é expressa pela equação $Q = 10.000/P^2$. O custo total da empresa no curto prazo é expresso pela equação CTCP = $2.000 + 5Q$ e o custo total em longo prazo é expresso pela equação CTLP = $6Q$.

a. Que preço deverá ser cobrado pela MMMT para haver maximização do lucro no curto prazo? Que quantidade será vendida e qual o lucro gerado? Seria melhor encerrar as atividades da empresa no curto prazo?

b. Que preço deverá ser cobrado no longo prazo? Que quantidade será vendida e qual o lucro gerado? Seria melhor encerrar as atividades da empresa no longo prazo?

c. Podemos esperar que o custo marginal da MMMT no curto prazo seja menor do que o custo marginal no longo prazo? Explique.

13. Suponha que você produza pequenos aparelhos que são vendidos em um mercado perfeitamente competitivo por um preço de mercado de US$ 10 por unidade. Esses aparelhos são produzidos em duas fábricas, uma em Massachusetts e outra em Connecticut. Por causa de problemas trabalhistas em Connecticut, você é forçado a subir os salários naquela fábrica, de modo que os custos marginais cresçam na fábrica em questão. Em resposta a isso, você deveria deslocar a produção e produzir mais em sua fábrica de Massachusetts?

14. O emprego de professores assistentes (PAs) pelas universidades poderia ser caracterizado como monopsônio. Suponha que a demanda por PAs seja $W = 30.000 - 125n$, onde W é o salário (base anual) e n, o número de PAs contratados. A oferta de PAs é dada por $W = 1.000 + 75n$.

a. Se as universidades quisessem se beneficiar da posição monopsonista, quantos PAs deveriam contratar? Que salário pagariam?

b. Por outro lado, se as universidades se defrontassem com uma oferta infinita de PAs para um salário anual igual a US$ 10.000, quantos PAs elas contratariam?

*15. A empresa Dayna's Doorstops, Inc. (DD) é monopolista no setor industrial de retentores de portas. O custo é dado por $C = 100 - 5Q + Q^2$ e a demanda é expressa pela equação $P = 55 - 2Q$.

a. Que preço a empresa DD deveria cobrar para maximizar os lucros? Que quantidade seria então produzida? Quais seriam, respectivamente, os lucros e o excedente do consumidor gerados pela DD?

b. Qual seria a quantidade produzida se a DD atuasse como um competidor perfeito, tendo CMg = P? Que lucro e que excedente do consumidor seriam gerados?

c. Qual seria o peso morto decorrente do poder de monopólio no item (a)?

d. Suponha que o governo, preocupado com o alto preço dos retentores de portas, defina um preço máximo de US$ 27 para o produto. De que forma isso afetaria o preço, a quantidade, o excedente do consumidor, o lucro da DD e o peso morto resultante?

e. Agora suponha que o governo defina um preço máximo de US$ 23. De que forma essa decisão afetaria o preço, a quantidade, o excedente do consumidor, o lucro da DD e o peso morto?

f. Por fim, considere um preço máximo de US$ 12. Como esse preço afetaria a quantidade, o excedente do consumidor, o lucro e o peso morto?

*16. Existem 10 famílias na cidade de Lake Wobegon, estado de Minnesota, cada uma apresentando uma demanda de energia elétrica de $Q = 50 - P$. O custo total de produção de energia elétrica da empresa Lake Wobegon Electric (LWE) é CT = 500 + Q.

a. Se os regulamentadores da LWE desejarem se assegurar de que não exista peso morto nesse mercado, qual preço devem forçar a LWE a cobrar? Qual será a produção nesse caso? Calcule o excedente do consumidor e o lucro da LWE para esse preço.

b. Se os regulamentadores desejam se assegurar de que a LWE não tenha prejuízos, qual será o preço mais baixo que poderão impor? Para esse caso, calcule a produção, o excedente do consumidor e o lucro. Será que existirá algum peso morto?

c. Kristina sabe que o peso morto é algo que essa pequena cidade poderia perfeitamente evitar. Ela sugere que seja cobrado de cada família um valor fixo simplesmente pela ligação elétrica e, posteriormente, seja cobrado um preço por unidade de eletricidade fornecida. Então, a LWE poderá equilibrar as finanças cobrando o preço que você calculou no item (a). Qual seria o valor fixo que cada família deveria pagar para que o plano de Kristina pudesse funcionar? Por que você pode ter certeza de que nenhuma família se recusaria a pagar e ficar sem fornecimento de energia elétrica?

17. Uma pequena cidade do meio-oeste dos Estados Unidos obtém toda a energia elétrica de uma única companhia, a Northstar Electric. Embora seja monopolista, a empresa é propriedade dos cidadãos, que dividem os lucros por igual no fim de cada ano. O presidente da empresa alega que, como todos os lucros retornarão aos cidadãos, do ponto de vista econômico faz sentido cobrar um preço de monopólio pela energia. Verdadeiro ou falso? Explique.

18. Um monopolista defronta-se com a seguinte curva de demanda:

$$Q = 144/P^2$$

em que Q é a quantidade demandada e P é o preço. O custo *variável médio* é

$$CVMe = Q^{1/2}$$

e o *custo fixo* é 5.

a. Quais são, respectivamente, o preço e a quantidade que maximizam os lucros? Qual é o lucro resultante?

b. Suponha que o governo regulamente o preço de modo que não possa ultrapassar US$ 4 a unidade. Qual será a quantidade produzida pelo monopolista? E qual será o lucro?

c. Suponha que o governo queira definir um preço máximo que seja capaz de induzir o monopolista a produzir a maior quantidade possível. Qual seria o preço para atingir essa meta?

CAPÍTULO 11

Determinação de preço com poder de mercado

ESTE CAPÍTULO DESTACA

11.1 Captura do excedente do consumidor   394

11.2 Discriminação de preço   395

11.3 Discriminação de preço intertemporal e preço de pico   405

11.4 Tarifa em duas partes   408

*11.5 Venda em pacote   413

*11.6 Propaganda   424

Apêndice: A empresa verticalmente integrada   434

LISTA DE EXEMPLOS

11.1 A economia dos cupons e dos reembolsos   403

11.2 Tarifas aéreas   404

11.3 Como determinar o preço de um romance *best-seller*   408

11.4 Preços dos serviços de telefonia celular   412

11.5 Jantar completo *versus* à *la carte*: o problema da determinação de preço em restaurante   422

11.6 Propaganda na prática   427

Como já vimos no Capítulo 10, o poder de mercado é bastante comum. Muitos setores têm poucos produtores, de tal modo que cada produtor tem algum grau de poder de monopólio. E muitas empresas, como compradoras de matérias-primas, mão de obra ou bens de capital especializados, possuem algum poder de monopsônio nos mercados desses insumos. O problema enfrentado pelos administradores dessas empresas é *como utilizar seu poder de mercado da forma mais eficaz*. Eles devem decidir como os preços serão estabelecidos e determinar a quantidade de fatores de produção e os níveis de produção tanto no curto como no longo prazo visando à maximização dos lucros.

Administradores de empresas que possuem poder de mercado se deparam com um trabalho mais difícil do que aqueles que administram empresas perfeitamente competitivas. Uma empresa perfeitamente competitiva não tem, por definição, influência sobre o preço de mercado. Em consequência, os administradores precisam se preocupar apenas com o custo das operações, optando por níveis de produção de tal forma que o preço se iguale ao custo marginal. Mas os administradores de uma empresa com poder de monopólio devem também se preocupar com as características da demanda. Mesmo que decidam estabelecer um único preço para a produção, devem obter pelo menos uma estimativa aproximada da elasticidade da demanda para poder determinar qual deve ser esse preço (e o correspondente nível de produção). Além disso, as empresas podem muitas vezes obter melhores resultados por meio de uma estratégia de preços mais complexa — por exemplo, cobrando valores diferentes de clientes diferentes. Para conseguir elaborar tal estratégia de preços, os administradores necessitam dispor de habilidade e de informações adicionais a respeito da demanda.

Este capítulo explica de que forma as empresas com poder de mercado determinam preços. Iniciaremos enfocando o objetivo básico de toda estratégia de preços: a captação do excedente do consumidor e sua conversão em lucros adicionais para a empresa. Discutiremos, então, a maneira pela qual essa meta pode ser alcançada com o uso da *discriminação de preço* — cobrando preços diferentes de clientes diferentes, em alguns casos pelo mesmo produto e às vezes por pequenas variações no produto. Como a discriminação de preço é amplamente praticada de uma forma ou de outra, é importante que se compreenda como ela funciona.

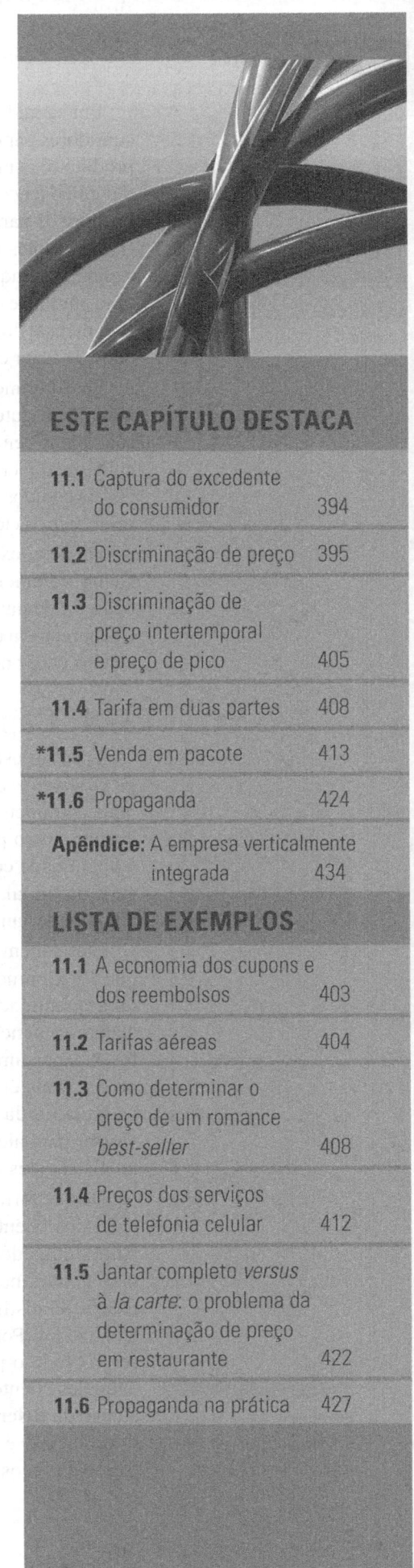

Em seguida, discutiremos a *tarifa em duas partes* — que consiste em exigir que os consumidores paguem com antecedência pelo direito de adquirir posteriormente as unidades de produto (e com um custo adicional). Um exemplo clássico é o parque de diversões, no qual o público paga uma taxa para poder entrar e, depois, uma taxa adicional em cada brinquedo. Embora os parques de diversões possam parecer um mercado especializado, há muitos outros exemplos de tarifa em duas partes: o preço do barbeador Gillette, que oferece a oportunidade de aquisição de lâminas Gillette; um clube de tênis, no qual os associados pagam uma anuidade e depois uma taxa para utilização das dependências ou o custo de uma assinatura mensal dos serviços de telefonia a distância, que proporcionam aos usuários a oportunidade de fazer chamadas interurbanas pagando por minuto à medida que os utilizam.

Discutiremos também as *vendas em pacotes*, uma estratégia de preço que envolve a reunião de produtos e sua venda como um pacote completo. Por exemplo: um computador pessoal que já vem acompanhado de diversos pacotes de software; uma viagem de uma semana cujo preço inclui hospedagem, passagem aérea, translado e locação de um automóvel reunidos e vendidos pelo preço de um único pacote; ou então um automóvel de luxo que tenha teto solar, vidros elétricos e assentos de couro como itens de série.

Por fim, examinaremos o uso da *propaganda* pelas empresas com poder de mercado. Como veremos, a decisão de quanto investir em propaganda requer informações a respeito da demanda e está bastante relacionada com a determinação de preço pela empresa. Chegaremos a uma regra prática simples para o estabelecimento da razão entre propaganda e vendas capaz de maximizar lucros.

11.1 Captura do excedente do consumidor

Todas as estratégias de preço que examinaremos têm uma coisa em comum: *são formas de capturar o excedente do consumidor e transferi-lo para o produtor*. Você pode ver isso mais claramente na Figura 11.1. Suponhamos que a empresa vendesse toda a sua produção por um único preço. Para poder maximizar os lucros, ela deveria estabelecer o preço P^* e a quantidade correspondente, Q^*, na interseção entre as curvas de custo marginal e de receita marginal. Embora a empresa pudesse assim se tornar lucrativa, seus administradores ainda poderiam se perguntar se não seriam capazes de torná-la ainda mais lucrativa.

> O excedente do consumidor é explicado na Seção 4.4 e revisto na Seção 9.1.

Eles sabem que alguns clientes (na região A da curva de demanda) pagariam mais do que P^*. Contudo, um aumento de preço significaria a perda de alguns clientes, a venda de uma quantidade menor e a obtenção de lucros também menores. De igual modo, outros clientes potenciais não estão adquirindo os produtos da empresa porque não estão dispostos a pagar um preço tão alto quanto P^*. Muitos deles, todavia, estão dispostos a pagar preços mais elevados do que o custo marginal da empresa. (Esses clientes encontram-se na região B da curva de demanda.) Por meio de uma redução de preço, a empresa poderia vender para alguns desses consumidores. Infelizmente, obteria uma receita menor de seus atuais clientes e, de novo, os lucros seriam reduzidos.

De que forma a empresa poderá captar o excedente do consumidor (ou pelo menos parte dele) dos clientes da região A, e quem sabe também conseguir efetuar vendas lucrativas para alguns dos potenciais clientes da região B? A cobrança de um único preço decerto não ajudará na solução desse problema. Entretanto, a empresa poderá cobrar diferentes preços de distintos clientes, dependendo da região da curva de demanda em que estejam localizados. Por exemplo, de alguns clientes situados na parte superior da região A poderia ser cobrado o preço P_1, de outros situados na região B poderia ser cobrado o preço P_2 e daqueles clientes situados na região intermediária poderia ser cobrado o preço P^*. Essa é a base da **discriminação de preço**: estabelecer preços diferentes para clientes diferentes. O problema, é claro, consiste na identificação dos diversos clientes e em conseguir que paguem preços distintos. Na próxima seção, veremos como isso pode ser feito.

> **discriminação de preço**
> Prática de cobrança de preços diferentes de clientes diferentes por produtos similares.

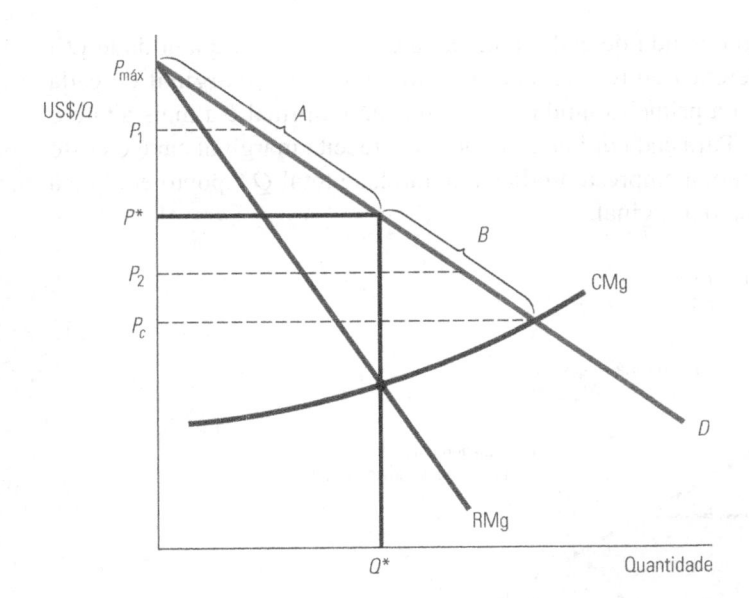

FIGURA 11.1 CAPTURA DO EXCEDENTE DO CONSUMIDOR

Se uma empresa cobrar apenas um preço de todos os clientes, esse preço deverá ser P^*, que corresponde à quantidade Q^*. A empresa gostaria de cobrar mais dos consumidores que estejam dispostos a pagar mais do que P^*, captando assim uma parte do excedente do consumidor situado sob a região A da curva de demanda. A firma gostaria também de vender para os consumidores que estejam dispostos a pagar preços inferiores a P^*, mas somente se isso não acarretar uma redução de preço para os demais clientes. Dessa forma, ela poderia também captar uma parte do excedente do consumidor situado sob a região B da curva de demanda.

As outras técnicas de determinação de preço que serão discutidas neste capítulo — tarifas em duas partes e pacotes — também são capazes de expandir o mercado da empresa, possibilitando o aumento da clientela e a captura de mais excedente do consumidor. Em cada um dos casos, examinaremos em quanto pode ser aumentado o lucro da empresa e qual será o efeito sobre o bem-estar dos consumidores. (Como poderemos constatar, quando há um alto grau de poder de monopólio, essas técnicas de determinação de preço podem ser capazes de ampliar o bem-estar tanto dos consumidores como dos produtores.) Trataremos, primeiro, da discriminação de preço.

11.2 Discriminação de preço

A discriminação de preço pode assumir três formas amplas, que denominaremos de discriminação de preço de primeiro, de segundo e de terceiro graus. Cada uma delas será examinada individualmente.

Discriminação de preço de primeiro grau

Para a empresa, o ideal seria poder cobrar um preço diferente de cada um dos clientes. Se pudesse, ela cobraria de cada consumidor o preço máximo que este estivesse disposto a pagar por unidade adquirida. Damos a esse preço máximo a denominação de **preço de reserva** do cliente. A prática de cobrar de cada cliente o respectivo preço de reserva é denominada **discriminação de preço de primeiro grau** perfeita.[1] Vamos examinar de que forma ela afeta os lucros da empresa.

Primeiro, devemos conhecer o lucro auferido pela empresa quando ela cobra o preço único P^* da Figura 11.2. Para descobrirmos, podemos fazer a soma do lucro incremental

preço de reserva
Preço máximo que um consumidor está disposto a pagar por um produto.

discriminação de preço de primeiro grau
Prática de cobrança do preço de reserva de cada consumidor.

---

[1] Estamos adotando por premissa que cada cliente compra uma unidade do bem. Se um cliente comprasse mais de uma unidade, a empresa teria de cobrar preços diferentes para cada unidade adquirida.

> Na Seção 8.3, explicamos que o produto que maximiza o lucro de uma empresa é encontrado no ponto em que a receita marginal é igual ao custo marginal.

obtido por meio da produção e venda de cada unidade, até atingirmos a quantidade Q^*. O lucro incremental é a diferença entre a receita marginal e o custo marginal de cada unidade. Na Figura 11.2, para a primeira unidade, essa receita marginal é a mais alta e o custo marginal, o mais baixo. Para cada unidade adicional, a receita marginal cai e o custo marginal aumenta. Desse modo, a empresa produz a quantidade total Q^*, ponto em que a receita marginal é igual ao custo marginal.

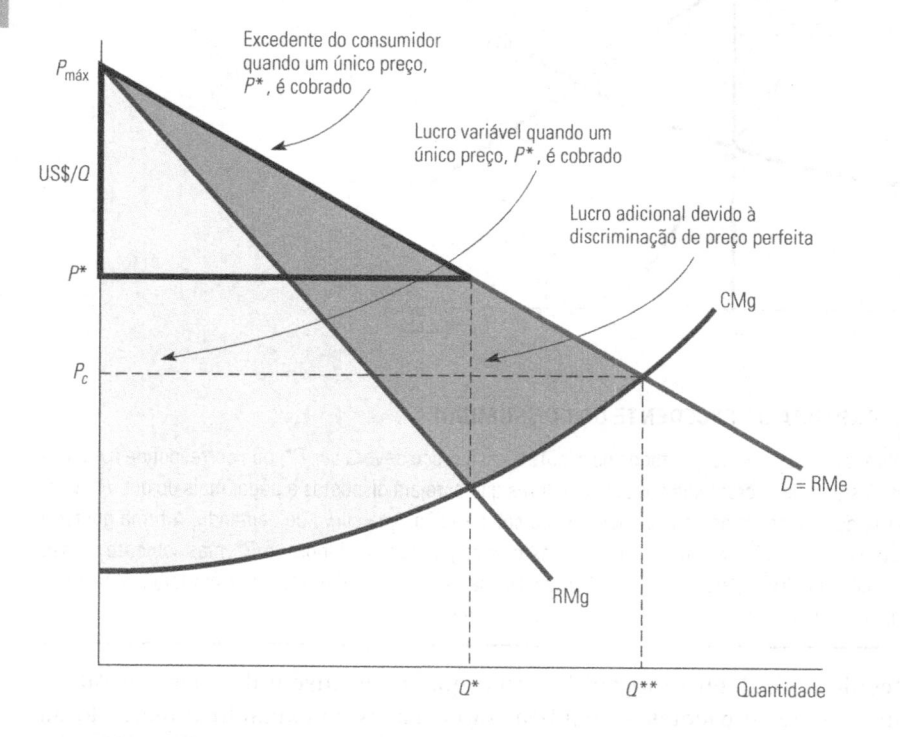

FIGURA 11.2 LUCRO ADICIONAL GERADO POR MEIO DA DISCRIMINAÇÃO DE PREÇO DE PRIMEIRO GRAU PERFEITA

Como a empresa cobra de cada consumidor o respectivo preço de reserva, torna-se lucrativo expandir a produção até Q^{**}. Quando apenas um único preço P^* é cobrado, o lucro variável da empresa é representado pela área situada entre as curvas de receita marginal e de custo marginal. Havendo uma discriminação de preço perfeita, esse lucro será expandido, passando a incorporar a área entre a curva de demanda e a curva de custo marginal.

> **lucro variável**
> Soma dos lucros de cada unidade adicionalmente produzida por uma empresa, isto é, o lucro ignorando o custo fixo.

Se somamos os lucros gerados por unidade incremental produzida, obtemos o **lucro variável** da empresa: o lucro, ignorando os custos fixos. Na Figura 11.2, o lucro variável é representado pela *área cinza-escura* situada entre as curvas de receita marginal e de custo marginal.[2] O excedente do consumidor é representado pelo triângulo contornado por uma linha preta e que está situado entre a curva de receita média e o preço P^* pago pelos consumidores.

DISCRIMINAÇÃO DE PREÇO PERFEITA O que ocorreria se a empresa conseguisse praticar uma discriminação de preço perfeita? Considerando que de cada consumidor seria cobrado exatamente o preço que ele estivesse disposto a pagar, a curva de receita marginal não seria mais relevante para a decisão do nível de produção. Em vez disso, a receita incremental, gerada de cada unidade adicional vendida, simplesmente corresponderia ao preço pago por tal unidade; seria determinada, portanto, pela curva de demanda.

---

2 Conforme explicamos no Capítulo 10, como o lucro total π é a diferença entre a receita total, R, e o custo total, C, o lucro incremental é $\Delta\pi = \Delta R - \Delta C = \text{RMg} - \text{CMg}$. O lucro variável é encontrado ao serem somados todos os incrementos $\Delta\pi$; ele é medido pela área entre as curvas de RMg e CMg. Esse cálculo ignora os custos fixos, que são independentes das decisões da empresa sobre o nível de produção e preços. Portanto, o lucro total é igual ao lucro variável menos o custo fixo.

Uma vez que a discriminação de preço não afetaria a estrutura de custo da empresa, o custo de cada unidade adicional seria mais uma vez determinado pela curva de custo marginal. Portanto, *o lucro adicional gerado pela produção e venda de cada unidade incremental seria igual à diferença entre a demanda e o custo marginal.* Enquanto a demanda fosse maior do que o custo marginal, a empresa poderia expandir o lucro por meio do aumento da produção. Deveria continuar fazendo isso até que a produção total chegasse ao nível Q^{**}. No ponto Q^{**}, a demanda seria igual ao custo marginal, de tal modo que produzir além desse ponto reduziria o lucro.

O lucro variável é agora representado pela área entre as curvas de demanda e de custo marginal.[3] Observe na Figura 11.2 como o lucro da empresa aumentou. (O lucro adicional resultante da discriminação de preço é indicado pela área cinza-clara.) Observe também que de cada cliente está sendo cobrado o valor máximo que ele está disposto a pagar, e todo o excedente do consumidor é então captado pela empresa.

DISCRIMINAÇÃO DE PREÇO IMPERFEITA Na prática, a perfeita discriminação de preço de primeiro grau quase nunca é possível. Primeiro, é quase sempre impraticável cobrar um preço diferente de cada cliente (a menos que haja poucos). Segundo, uma empresa em geral não conhece o preço de reserva de cada cliente. Mesmo que ela pudesse perguntar qual o preço máximo que cada um estaria disposto a pagar, provavelmente não obteria respostas honestas. Afinal, eles têm interesse em afirmar que pagariam muito pouco.

Entretanto, algumas vezes as empresas podem discriminar de maneira imperfeita, por meio da cobrança de alguns preços diferentes, com base em estimativas sobre os preços de reserva dos clientes. Essa prática muitas vezes é utilizada por profissionais como médicos, advogados, contadores ou arquitetos, que conhecem razoavelmente bem os clientes. Nesses casos, a disposição de pagar pode ser avaliada, de tal modo que os preços podem ser definidos de forma compatível. Por exemplo, um médico pode oferecer um preço mais baixo por consulta para pacientes de baixa renda cuja disposição de pagar seja também baixa e pode, entretanto, cobrar um preço superior de pacientes com renda mais alta. O contador, tendo acabado de realizar a declaração de imposto de renda de um cliente, encontra-se em excelente posição para estimar quanto ele pode estar disposto a pagar pelos serviços.

Outro exemplo são os vendedores de automóveis que, nos Estados Unidos, em geral, trabalham com uma margem de lucro de 15%. O vendedor pode dar parte dessa margem para o cliente ao fazer uma "barganha", ou pode insistir para que este pague o preço total de tabela. Um bom vendedor sabe avaliar a disposição dos clientes. O consumidor que parece capaz de procurar o automóvel em outras lojas vai ganhar um belo desconto (do ponto de vista do vendedor, é preferível um pequeno lucro a nenhuma venda e nenhum lucro), mas o cliente apressado receberá um desconto pequeno ou então nenhum. Em outras palavras, *um vendedor de automóveis bem-sucedido sabe praticar a discriminação de preço!*

Outro exemplo é a anuidade de faculdades e universidades. As faculdades não cobram taxas diferentes de alunos que frequentam o mesmo curso. Em vez disso, oferecem ajuda financeira na forma de bolsas de estudo ou empréstimos subsidiados, o que reduz a anuidade *líquida* que o estudante deveria pagar. Ao exigir que aqueles que estejam interessados em ajuda de custo forneçam informações sobre a renda de suas famílias, as faculdades podem relacionar o valor da ajuda concedida com a capacidade econômica do estudante e, portanto, com a sua disposição de pagar. Portanto, os alunos que dispõem de mais recursos pagam mais pela educação, enquanto os estudantes que dispõem de menos recursos pagam menos.

A Figura 11.3 ilustra a discriminação de preço de primeiro grau imperfeita. Se apenas um preço fosse praticado, este seria P^*_4. Mas se, em vez disso, são cobrados seis preços diferentes, o mais baixo deles, P_6, fica logo acima do ponto em que a curva de custo marginal cruza com a curva de demanda. Observe que os clientes que não estariam dispostos a pagar

---

[3] O lucro incremental é novamente $\Delta\pi = \Delta R - \Delta C$, mas ΔR é o preço para cada cliente (isto é, a curva de receita média), portanto, $\Delta\pi = $ RMe $-$ CMg. O lucro variável é a soma desses $\Delta\pi$, sendo representado pela área situada entre as curvas de receita média (RMe) e de custo marginal (CMg).

o preço P^*_4 ou um valor maior são na realidade beneficiados nessa situação — eles agora fazem parte do mercado, podendo desfrutar de pelo menos algum excedente do consumidor. Na verdade, se a discriminação de preço for capaz de incorporar um número suficiente de novos clientes ao mercado, o bem-estar do consumidor pode aumentar até um ponto em que tanto ele quanto os produtores estarão em situação melhor.

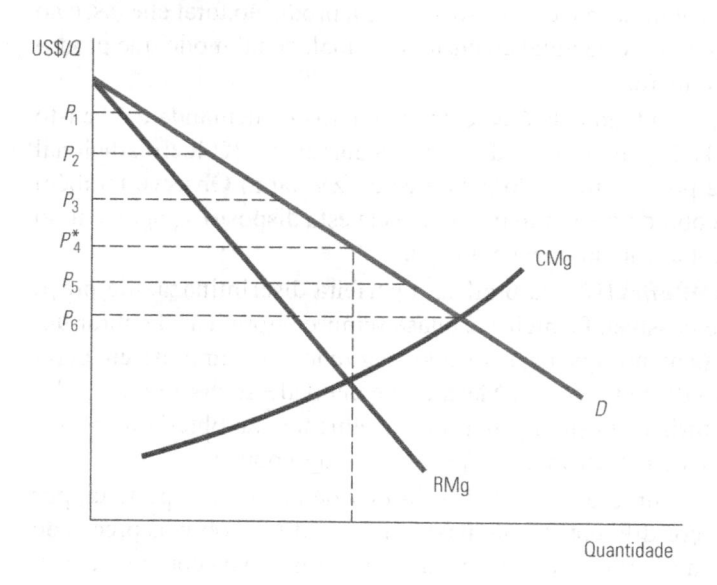

FIGURA 11.3   DISCRIMINAÇÃO DE PREÇO DE PRIMEIRO GRAU NA PRÁTICA

As empresas em geral não sabem qual é o preço de reserva de cada consumidor, mas às vezes tais preços podem ser identificados de forma aproximada. Aqui, seis preços diferentes são praticados. Dessa forma, a empresa aufere lucros maiores, porém alguns consumidores podem também se beneficiar. Com um preço único P^*_4, haverá um número menor de consumidores; os consumidores que agora pagam P_5 ou P_6 obtêm um excedente.

Discriminação de preço de segundo grau

Em alguns mercados, à medida que cada consumidor adquire muitas unidades de uma mercadoria no decorrer de dado período, o preço de reserva declina com o aumento no número de unidades adquiridas. Alguns exemplos são água, o combustível para aquecimento e a eletricidade. Cada consumidor pode adquirir algumas centenas de quilowatts-hora de eletricidade por mês, mas a disposição para pagar diminui à medida que o consumo aumenta. Os primeiros 100 kw/h podem ser de grande valia para o consumidor, já que possibilitam o funcionamento da geladeira e a obtenção de iluminação mínima aceitável. Com as unidades adicionais, economizar energia elétrica se torna mais fácil e pode valer a pena se o preço for alto. Nessa situação, uma empresa pode discriminar de acordo com a quantidade consumida. Isso é denominado **discriminação de preço de segundo grau**, pela qual se cobram preços diferentes para quantidades diferentes do mesmo bem ou serviço.

discriminação de preço de segundo grau
Prática de cobrança de preços diferentes por unidade para quantidades diferentes do mesmo bem ou serviço.

Os descontos para quantidades são um exemplo de discriminação de preços de segundo grau. Uma lâmpada pode custar US$ 5,00, enquanto uma caixa com quatro lâmpadas do mesmo tipo custa US$ 14, perfazendo uma média de US$ 3,50 por lâmpada. Da mesma maneira, o preço por quilo de cereal matinal pode ser menor para uma caixa de 500 g do que para uma de 300 g.

cobrança por "faixas de consumo"
Prática de cobrança de preços diferentes para certas quantidades ou "blocos" de um produto.

Outro exemplo de discriminação de preço de segundo grau é a *cobrança por faixas de consumo* praticada por empresas fornecedoras de energia elétrica, gás natural e água. Com a **cobrança por "faixas de consumo"** (preços por blocos), existe um preço diferente para cada porção ou faixa de fornecimento do produto ao consumidor. Caso as economias de escala façam com que ocorra quedas dos custos médio e marginal, a agência do governo que controla as taxas pode estimular a prática de cobrança por faixas. Essa política gera um aumento na produção e maior economia de escala e pode aumentar o bem-estar do consumidor e os lucros da empresa: embora os preços, em geral, se tornem menores, a economia gerada pelo custo mais baixo por unidade ainda permite que a empresa consiga aumentar seus lucros.

A Figura 11.4 ilustra a discriminação de preço de segundo grau para uma empresa com custos médio e marginal em declínio. Se fosse cobrado um único preço, ele deveria ser igual a P_0 e a quantidade produzida deveria ser Q_0. Entretanto, em vez de um, praticam-se três preços diferentes, com base nas quantidades adquiridas. A primeira faixa vendida tem o preço P_1, a segunda, P_2, e a terceira, P_3.

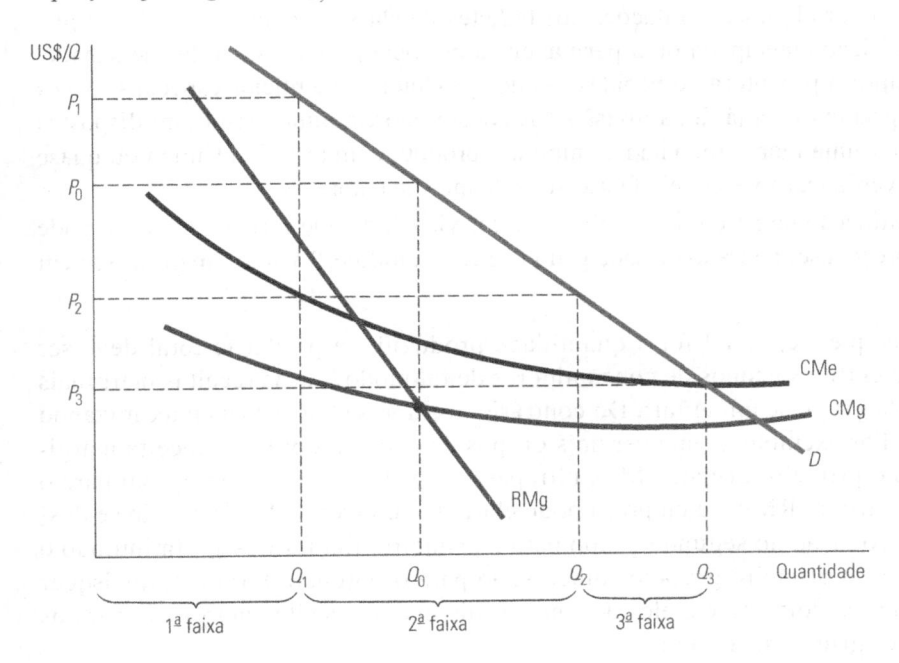

FIGURA 11.4 **DISCRIMINAÇÃO DE PREÇO DE SEGUNDO GRAU**

Preços diferentes são cobrados para quantidades diferentes, ou "faixas", da mesma mercadoria. Neste exemplo, há três faixas com os respectivos preços, P_1, P_2 e P_3. Há também economias de escala e os custos médio e marginal são declinantes. A discriminação de preço de segundo grau pode aumentar o bem-estar dos consumidores à medida que expande a produção e reduz o custo.

Discriminação de preço de terceiro grau

Uma conhecida empresa produtora de bebidas alcoólicas possui um critério de preços que parece um tanto estranho. Ela produz uma vodca que é anunciada como uma das mais suaves e de melhor sabor disponíveis no mercado. A bebida é denominada "Three Star Golden Crown" e é vendida a US$ 16 a garrafa.[4] Entretanto, a empresa também engarrafa uma parte da produção dessa mesma vodca sob a denominação "Old Sloshbucket", que é vendida a US$ 8 a garrafa. Por que ela faz isso? Será que o presidente da empresa tem passado muito tempo perto dos tonéis?

Talvez, mas o fato é que essa empresa está também praticando uma **discriminação de preço de terceiro grau**, e faz isso porque é uma prática lucrativa. Essa forma de discriminação de preços divide os consumidores em dois ou mais grupos, com curvas de demanda separadas para cada grupo. Essa é a forma predominante de discriminação de preço e os exemplos são abundantes: tarifas aéreas de classe econômica *versus* tarifas aéreas de

discriminação de preço de terceiro grau

Prática de dividir os consumidores em dois ou mais grupos com curvas de demanda separadas e cobrar preços diferentes de cada grupo.

---

4 Mudamos os nomes para proteger os envolvidos.

primeira classe; bebidas alcoólicas renomadas *versus* bebidas não renomadas, alimentos enlatados ou vegetais congelados especiais *versus* comuns; descontos para estudantes e idosos; e assim por diante.

CRIAÇÃO DE GRUPOS DE CONSUMIDORES Em cada caso, alguma característica é usada para dividir os consumidores em grupos distintos. Para várias mercadorias, por exemplo, estudantes e idosos estariam geralmente dispostos a pagar, em média, valores menores do que o resto da população (pelo fato de a renda ser mais baixa), e a identificação do consumidor pode ser feita de pronto (mediante apresentação da carteira estudantil ou do documento de identidade). De igual modo, para poder separar turistas de viajantes a negócios (cujas empresas costumam estar dispostas a pagar tarifas mais elevadas), as empresas aéreas podem impor algumas limitações aos bilhetes de classe econômica, por exemplo, exigindo a aquisição antecipada ou a permanência no local de ida nas noites de sábado. No caso da empresa produtora de bebidas, ou dos produtos alimentícios especiais *versus* comuns, a própria etiqueta já faz a divisão dos consumidores; muitos estariam dispostos a pagar mais por uma marca renomada, embora o produto comum seja idêntico ou quase idêntico (e, na verdade, às vezes seja fabricado pela mesma empresa).

Se a discriminação de preço de terceiro grau for viável, de que forma a empresa pode determinar o preço a ser cobrado de cada grupo de consumidores? Vamos analisar isso em duas etapas.

1. Sabemos que, seja qual for a quantidade produzida, a produção total deve ser dividida entre os grupos de consumidores de tal modo que as receitas marginais para cada grupo sejam iguais. Do contrário, a empresa não estaria maximizando o lucro. Por exemplo, se houver dois grupos de consumidores e a receita marginal para o primeiro grupo, RMg_1, ultrapassar o valor da receita marginal para o segundo grupo, RMg_2, a empresa pode claramente fazer melhor negócio se deslocar a produção do segundo grupo para o primeiro. Ela faria isso diminuindo o preço para o primeiro grupo e aumentando para o segundo. Portanto, quaisquer que sejam os dois preços, eles devem ser tais que as receitas marginais para os diferentes grupos sejam iguais.

2. Sabemos que a produção *total* deve ser tal que a receita marginal de cada grupo de consumidores seja igual ao custo marginal de produção. De novo, caso isso não esteja ocorrendo, a empresa pode elevar o lucro aumentando ou diminuindo o volume total de produção (e diminuindo ou aumentando os preços para ambos os grupos). Por exemplo, suponhamos que as receitas marginais sejam as mesmas para cada grupo de consumidores, porém a receita marginal esteja ultrapassando o custo marginal de produção. A empresa poderia, então, auferir lucros maiores por meio da expansão da produção. Em seguida, ela diminuiria os preços para os dois grupos de consumidores, de tal forma que as receitas marginais de cada grupo caíssem (mas ainda fossem iguais entre si), tornando-se mais próximas do custo marginal.

Vamos analisar o problema algebricamente. Sendo P_1 o preço cobrado do primeiro grupo de consumidores, P_2 o preço cobrado do segundo grupo e $C(Q_T)$ o custo total para obter a produção total $Q_T = Q_1 + Q_2$, o lucro total pode ser expresso por

$$\pi = P_1 Q_1 + P_2 Q_2 - C(Q_T)$$

A empresa deve elevar as vendas para cada grupo de consumidores, Q_1 e Q_2, até que o lucro incremental da última unidade vendida seja igual a zero. Primeiro, igualaremos a zero o lucro incremental obtido por meio das vendas para o primeiro grupo de consumidores:

$$\frac{\Delta \pi}{\Delta Q_1} = \frac{\Delta(P_1 Q_1)}{\Delta Q_1} - \frac{\Delta C}{\Delta Q_1} = 0$$

Aqui, $\Delta(P_1Q_1)/\Delta Q_1$ é a receita incremental obtida com a venda de uma unidade adicional para o primeiro grupo de consumidores (isto é, RMg_1). O próximo termo, $\Delta C/\Delta Q_1$, é o custo incremental da produção da unidade extra — isto é, o custo marginal, CMg. Portanto, temos

$$RMg_1 = CMg$$

De modo semelhante, para o segundo grupo de consumidores devemos ter

$$RMg_2 = CMg$$

Reunindo essas relações, podemos ver que os preços e a produção devem ser tais que

$$RMg_1 = RMg_2 = CMg \qquad (11.1)$$

De novo, a receita marginal deve ser igual para os diferentes grupos de consumidores e igual ao custo marginal.

A DETERMINAÇÃO DE PREÇOS RELATIVOS Os administradores podem achar mais fácil pensar em termos de preços relativos que devam ser cobrados de cada grupo de consumidores, relacionando-os com as elasticidades da demanda. Lembre-se de que, conforme visto na Seção 10.1, podemos expressar a receita marginal em termos da elasticidade da demanda:

$$RMg = P(1 + 1/E_d)$$

Então, $RMg_1 = P_1(1 + 1/E_1)$ e $RMg_2 = P_2(1 + 1/E_2)$, em que E_1 e E_2 são as elasticidades da demanda das vendas da empresa para o primeiro e para o segundo mercados, respectivamente. Agora, igualando RMg_1 e RMg_2 como na Equação 11.1, obtemos a relação que deve ser mantida para os preços:

$$\frac{P_1}{P_2} = \frac{(1 + 1/E_2)}{(1 + 1/E_1)} \qquad (11.2)$$

> Em nossa discussão sobre uma regra prática para o estabelecimento de preços na Seção 10.1, explicamos que uma empresa que maximiza os lucros escolhe um nível de produção no qual a receita marginal é igual ao preço do produto mais o quociente do preço pela elasticidade preço da demanda.

Como seria de se esperar, o preço mais elevado será cobrado dos consumidores cuja demanda apresente menor elasticidade. Por exemplo, se a elasticidade da demanda dos consumidores no primeiro grupo for igual a –2 e a elasticidade da demanda dos consumidores do segundo grupo for –4, teremos $P_1/P_2 = (1 - 1/4)/(1 - 1/2) = (3/4)/(1/2) = 1,5$. Em outras palavras, o preço cobrado do primeiro grupo de consumidores deve ser uma vez e meia mais alto do que o preço cobrado do segundo grupo.

A Figura 11.5 ilustra a discriminação de preço de terceiro grau. Observe que a curva de demanda, D_1, do primeiro grupo de consumidores é menos elástica do que a curva do segundo grupo, e também que o preço cobrado do primeiro grupo é mais elevado. A quantidade total produzida, $Q_T = Q_1 + Q_2$, é obtida somando-se horizontalmente as curvas RMg_1 e RMg_2, o que resulta na curva RMg_T, e determinando-se o ponto de interseção com a curva de custo marginal. Como CMg deve ser igual a RMg_1 e RMg_2, podemos traçar uma linha horizontal para a esquerda a partir desse ponto de interseção a fim de determinar as quantidades Q_1 e Q_2.

Nem sempre vale a pena para a empresa vender para mais de um grupo de consumidores. Em particular, se a demanda do outro grupo de consumidores for pequena e o custo marginal apresentar acentuada elevação, o custo mais elevado de produzir e vender para esse outro grupo poderá exceder o aumento de receita obtido. Dessa forma, na Figura 11.6, seria melhor para a empresa ter um único preço P^* e vender apenas para o grupo maior de consumidores, pois o custo adicional de servir o mercado menor ultrapassaria a receita adicional que poderia provir desse mercado.

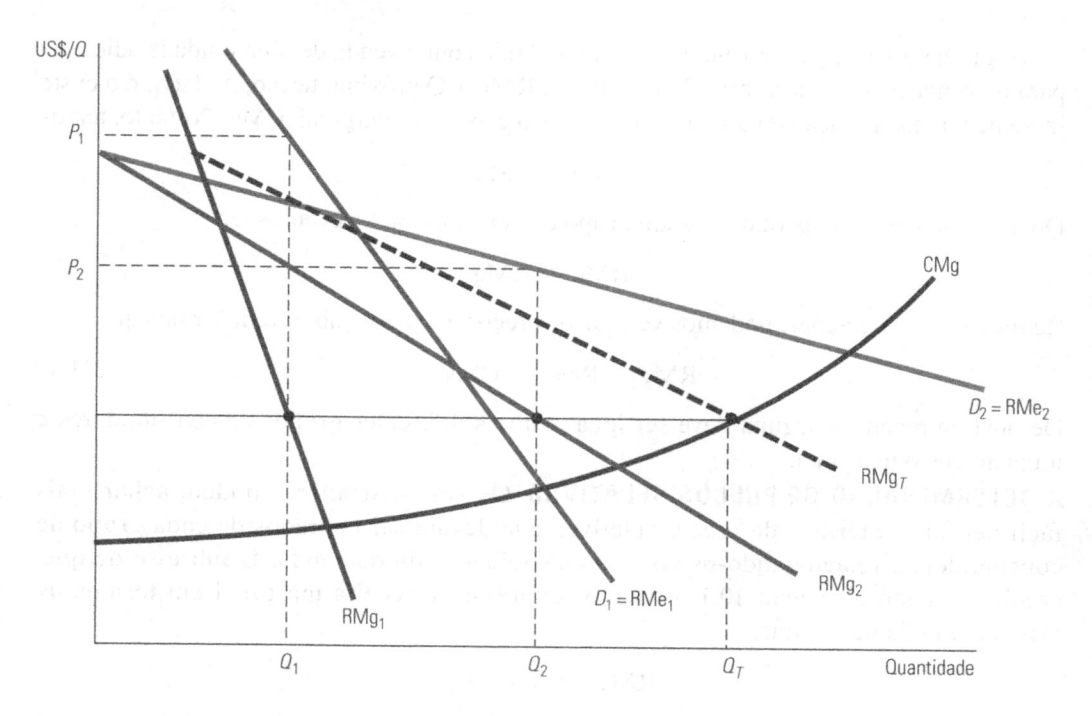

FIGURA 11.5 DISCRIMINAÇÃO DE PREÇO DE TERCEIRO GRAU

Os consumidores foram divididos em dois grupos, com curvas de demanda separadas para cada grupo. Os preços e quantidades ideais são tais que a receita marginal para cada grupo é a mesma, sendo igual ao custo marginal. Assim, cobra-se P_1 do grupo 1, cuja curva de demanda é D_1, e cobra-se o preço mais baixo P_2 do grupo 2, cuja curva de demanda, D_2, é mais elástica. O custo marginal depende da quantidade total produzida, Q_T. Observe que Q_1 e Q_2 são escolhidos de tal forma que $RMg_1 = RMg_2 = CMg$.

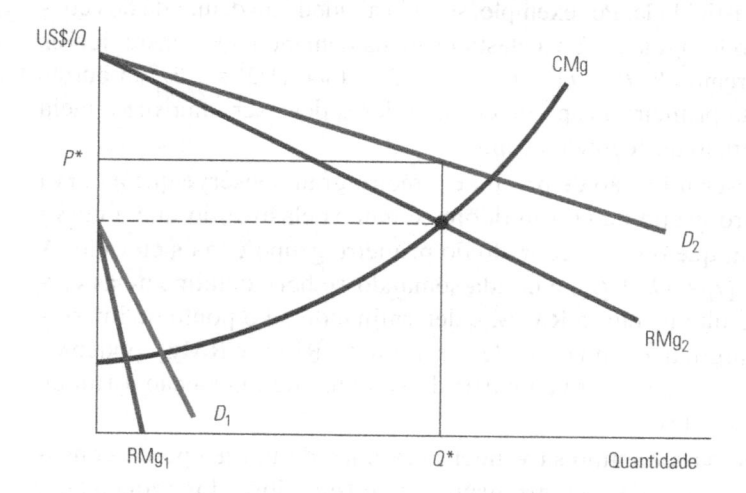

FIGURA 11.6 NENHUMA VENDA NO MERCADO MENOR

Mesmo que uma discriminação de preço de terceiro grau seja possível, nem sempre vale a pena vender a ambos os grupos de consumidores se o custo marginal apresenta elevação. Aqui, o primeiro grupo de consumidores, cuja curva de demanda é D_1, não está disposto a pagar muito pelo produto. Não é lucrativo vender para esse grupo, pois o preço seria muito baixo para compensar o aumento no custo marginal.

EXEMPLO 11.1 A ECONOMIA DOS CUPONS E DOS REEMBOLSOS

Os fabricantes de alimentos industrializados e mercadorias correlatas com frequência emitem cupons que permitem que o consumidor adquira produtos com desconto. Esses cupons são geralmente distribuídos como parte da propaganda do produto. Podem estar em jornais, revistas ou em material promocional enviado por mala direta. Por exemplo, um cupom de determinada marca de cereais matinais poderá valer US$ 0,50 na compra de uma caixa do produto. Por que será que as empresas emitem tais cupons? Por que simplesmente não reduzem o preço do produto, economizando, dessa forma, os custos de impressão e recolhimento dos cupons?

Os cupons oferecem uma possibilidade para a prática da discriminação de preço. Estudos indicam que apenas cerca de 20% a 30% de todos os consumidores têm paciência para recortar, guardar e utilizar os cupons. Esses consumidores tendem a ser mais sensíveis a preços do que aqueles que ignoram os cupons. Eles em geral apresentam curvas de demanda mais elásticas aos preços e menores preços de reserva. Portanto, ao emitir cupons, uma empresa produtora de cereais matinais consegue separar os clientes em dois grupos, podendo cobrar um valor mais baixo dos que são mais sensíveis a preços do que dos demais clientes.

Os programas de reembolso funcionam da mesma forma. Por exemplo, a Hewlett-Packard apresentou um programa por meio do qual um consumidor poderia enviar um formulário pelo correio, anexando um comprovante da aquisição de uma impressora a jato de tinta e receber um reembolso de US$ 10,00. Por que não simplesmente reduzir o preço da impressora em US$ 10,00? Porque apenas aqueles consumidores com demanda relativamente mais sensível a preços se preocupam com o envio do material e em obter o desconto. Novamente, o programa é uma forma de praticar discriminação de preço.

Será que dessa maneira os consumidores podem mesmo ser divididos em dois grupos distintos? A Tabela 11.1 apresenta os resultados de um estudo estatístico no qual foram feitas estimativas das elasticidades preço para usuários e não usuários de cupons de uma variedade de produtos.[5] O estudo confirma que os usuários de cupons tendem a apresentar demandas mais sensíveis a preços. Ele também mostra a extensão da diferença entre as elasticidades dos dois grupos de consumidores e de que forma essa diferença varia de um produto para outro.

TABELA 11.1 Elasticidades preço de cupons de demanda para usuários *versus* não usuários

Produto	Elasticidade preço	
	Não usuários	Usuários
Papel higiênico	−0,60	−0,66
Condimentos	−0,71	−0,96
Xampu	−0,84	−1,04
Óleo de cozinha	−1,22	−1,32
Misturas para refeições	−0,88	−1,09
Misturas para bolo	−0,21	−0,43
Alimentos para gatos	−0,49	−1,13
Pratos congelados	−0,60	−0,95
Gelatina	−0,97	−1,25
Molho para macarrão	−1,65	−1,81
Condicionador de cabelos	−0,82	−1,12
Sopas	−1,05	−1,22
Cachorro-quente	−0,59	−0,77

---

5   O estudo foi feito por Chakravarthi Narasimhan, "A Price Discrimination Theory of Coupons", *Marketing Science*, 1984. Um estudo recente sobre cupons de cereais matinais mostra que, ao contrário do que prevê o modelo de discriminação de preços, os preços de prateleira dos cereais tendem a ser mais baixos em períodos em que os cupons são mais utilizados. Isso pode ocorrer porque a prática de distribuição de cupons acirra a competição entre os fabricantes. Veja Aviv Nevo e Catherine Wolfram, "Prices and Coupons for Breakfast Cereals", *RAND Journal of Economics* 33, 2002, p. 319-339.

Essas estimativas de elasticidade, em si, não informam às empresas os preços e os valores dos descontos que deverão ser oferecidos porque são estimativas que se referem à *demanda do mercado* e não à demanda específica pela marca de determinada empresa. Por exemplo, a Tabela 11.1 indica que a elasticidade da demanda de mistura para bolo é de −0,21 para os não usuários de cupons e de −0,43 para os usuários. Entretanto, a elasticidade da demanda de qualquer uma das principais cinco ou seis marcas de mistura para bolo deve ser muito maior do que qualquer um desses dois números — cinco ou seis vezes maior, como regra prática.[6] Portanto, para qualquer uma das marcas do produto, a elasticidade da demanda dos usuários de cupons pode ser de mais ou menos −2,4, em comparação com cerca de −1,2 para os não usuários. Com base na Equação 11.2, portanto, podemos determinar que o preço para os não usuários de cupons deve ser aproximadamente uma vez e meia mais alto do que o cobrado dos usuários. Em outras palavras, se uma caixa de mistura para bolo é vendida por US$ 3, a empresa deve oferecer cupons dando um desconto de US$ 1.

EXEMPLO 11.2 TARIFAS AÉREAS

Pessoas que viajam ficam com frequência atônitas diante da variedade de tarifas aéreas disponíveis para um voo de ida e volta entre Nova York e Los Angeles. Por exemplo, até pouco tempo atrás, a tarifa de primeira classe custava mais de US$ 2.000; a econômica (irrestrita), aproximadamente US$ 1.000; e as tarifas com descontos especiais (quase sempre exigindo que a compra da passagem fosse feita com diversas semanas de antecedência e/ou permanência de uma noite de sábado) podiam ser adquiridas por até US$ 200. Embora o serviço da primeira classe não seja o mesmo do da classe econômica com exigência de permanência mínima, a diferença não pareceria capaz de justificar o fato de o preço ser tão mais alto. Por que as empresas aéreas determinam tarifas desse modo?

Essas tarifas proporcionam a prática de uma discriminação de preço lucrativa. Os ganhos decorrentes dessa discriminação são grandes, porque tipos diferentes de clientes, com elasticidades de demanda muito distintas, adquirem modalidades distintas de passagem aérea. A Tabela 11.2 mostra estimativas de elasticidade preço (e renda) para as demandas de três categorias de serviço aéreo dentro dos Estados Unidos: primeira classe, classe econômica sem restrição e passagens com desconto (essas últimas em geral têm restrições e podem ser parcialmente não reembolsáveis).

TABELA 11.2	Elasticidades da demanda de passagens aéreas		
Categoria de tarifa			
Elasticidade	Primeira classe	Classe econômica	Passagens com desconto
Preço	−0,3	−0,4	−0,9
Renda	1,2	1,2	1,8

Observe que a demanda de tarifas das passagens com desconto é cerca de duas a três vezes mais elástica aos preços do que a da tarifa de primeira classe ou da classe econômica sem restrição. Por que a diferença? Enquanto as passagens com desconto costumam ser utilizadas por famílias e por outros viajantes a passeio, as de primeira classe e as de classe econômica são mais adquiridas com mais frequência por viajantes a negócios, os quais têm pouca escolha sobre datas de viagens e cujas passagens são pagas pela empresa em que trabalham. Evidentemente, as elasticidades referem-se às demandas de mercado; como há diversas empresas aéreas competindo por clientes, as elasticidades de demanda para uma das empresas serão bem maiores. Entretanto, as grandezas *relativas* de tais elasticidades entre as três categorias de serviço deveriam ser mais ou menos as mesmas. Com as elasticidades de demanda diferindo tanto entre si, não é de se surpreender que as empresas aéreas determinem tarifas tão distintas para categorias diferentes de serviço.

A discriminação de preço de tarifas aéreas vem se tornando cada vez mais sofisticada. Há uma grande variedade de tarifas disponíveis, dependendo da antecedência com que a passagem é adquirida, da porcentagem da tarifa reembolsável caso

---

6 Essa regra prática aplica-se se a competição entre as empresas puder ser descrita pelo modelo de Cournot, que discutiremos no Capítulo 12.

a viagem seja adiada ou cancelada, e de a viagem incluir ou não permanência no fim de semana.[7] O objetivo das empresas aéreas tem sido obter uma discriminação mais apurada entre passageiros com diferentes preços de reserva. Conforme explicou um executivo do setor: "Ninguém quer vender por US$ 69 uma passagem para alguém que estaria disposto a pagar US$ 400".[8] Ao mesmo tempo, as empresas aéreas preferem vender um assento por US$ 69 a deixá-lo vago.

11.3 Discriminação de preço intertemporal e preço de pico

Duas outras formas relacionadas de discriminação de preços são importantes e amplamente praticadas. A primeira delas é a **discriminação de preço intertemporal**: a separação dos consumidores com diferentes funções de demanda feita por meio de cobrança de preços diversos em pontos distintos no tempo. A segunda é o **preço de pico**: cobrança de preços altos durante os períodos de pico em que as restrições da capacidade fazem subir os custos marginais. Ambas as estratégias envolvem a cobrança de preços diferentes em momentos distintos, mas a razão para essas práticas não é a mesma em cada caso. Trataremos de cada uma.

discriminação de preço intertemporal
Prática de separação dos consumidores com diferentes funções de demanda em diferentes grupos, cobrando preços diferentes em momentos diferentes.

preço de pico
Prática de cobrança de preços altos durante os períodos de pico, quando as restrições de capacidade fazem com que os custos marginais estejam elevados.

Discriminação de preço intertemporal

O objetivo da discriminação de preços intertemporal é dividir os consumidores em grupos de alta e baixa demandas por meio da cobrança de preços altos no início e mais baixos depois. Para entender o funcionamento dessa estratégia, imagine como uma empresa fabricante de produtos eletrônicos poderia determinar o preço de um novo equipamento tecnologicamente avançado, por exemplo, câmeras digitais de alto desempenho ou televisores com tela LCD. Na Figura 11.7, D_1 é a curva de demanda (inelástica) de um pequeno grupo de consumidores que dão um grande valor ao produto e não querem esperar para adquiri-lo (por exemplo, aficionados por fotografia, que querem a câmera mais moderna). D_2 é a curva de demanda para um grupo maior de consumidores que não estão dispostos a adquirir o equipamento caso o preço seja alto demais. Portanto, a estratégia é de início oferecer o produto pelo preço mais elevado, P_1, vendendo-o principalmente aos consumidores situados sobre a curva de demanda D_1. Depois que esse primeiro grupo de consumidores já adquiriu o produto, o preço é reduzido para P_2, e as vendas são feitas para o grupo maior de consumidores, situados sobre a curva de demanda D_2.[9]

Há outros casos de discriminação de preço intertemporal. Um deles envolve a cobrança de uma quantia alta pelo ingresso de um filme inédito, com posterior diminuição quando o filme completa um ano em cartaz. Outro exemplo, praticado de forma quase universal pelas editoras, é a cobrança de um preço alto por um livro de edição com capa dura, liberando cerca de um ano depois a versão em brochura a um preço muito mais baixo. Muitas pessoas pensam que o valor mais baixo da brochura se deve ao custo mais baixo da produção, mas isso não é verdade. Uma vez composto e impresso, o custo marginal da edição de uma cópia adicional, seja capa dura ou não, é razoavelmente baixo, talvez em torno de aproximadamente um dólar. A brochura é

---

7 As empresas aéreas também alocam o número de assentos em cada voo que estarão disponíveis em cada categoria de tarifa. A alocação baseia-se na demanda total e na combinação de passageiros que se espera para cada voo, e pode mudar à medida que se aproxima a data e que as estimativas de demanda e a combinação de passageiros se modificam.

8 "The Art of Devising Air Fares", *New York Times*, 4 mar. 1987.

9 Os preços dos novos produtos eletrônicos também apresentam declínio ao longo do tempo, à medida que os fabricantes conseguem obter maiores economias de escala e vão percorrendo a curva de aprendizagem. Mas, mesmo que os custos não caíssem, os produtores poderiam ganhar mais dinheiro determinando preços iniciais mais elevados e reduzindo-os com o decorrer do tempo, praticando dessa maneira uma discriminação de preço e capturando o excedente do consumidor.

vendida por muito menos, não porque a impressão seja muito mais barata, mas porque os consumidores de alta demanda já adquiriram a edição de capa dura. Os remanescentes (compradores de brochuras) apresentam em geral demandas mais elásticas.

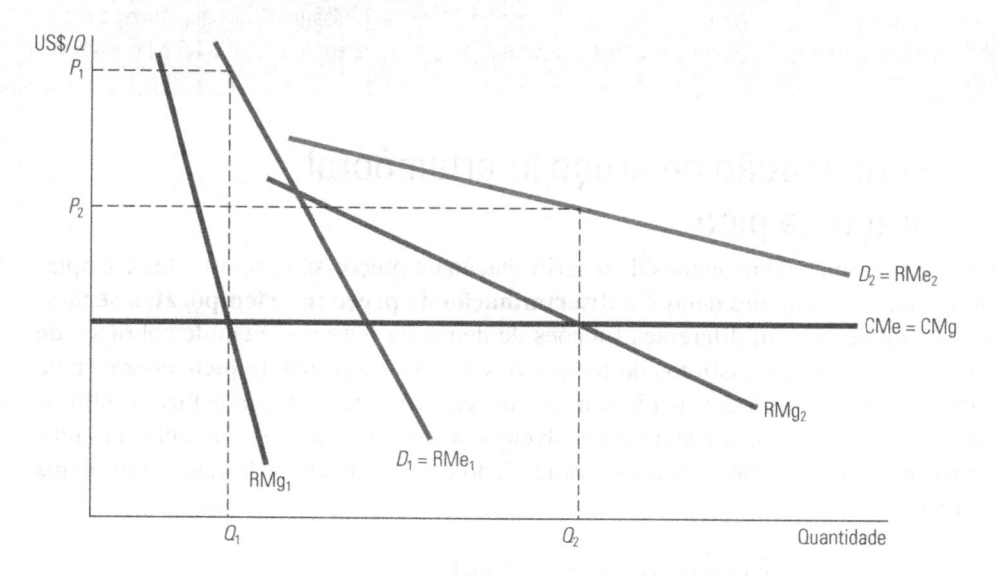

FIGURA 11.7 DISCRIMINAÇÃO DE PREÇO INTERTEMPORAL

Os consumidores são divididos em grupos e a discriminação é praticada por meio da modificação do preço ao longo do tempo. No início, o preço é elevado. A empresa capta o excedente dos consumidores que apresentam elevada demanda pela mercadoria e que não estão dispostos a esperar para adquiri-la. Posteriormente, o preço é reduzido para atrair o consumo em massa.

Preço de pico

O preço de pico também envolve a cobrança de preços diferentes em momentos diferentes. No entanto, em vez de captar o excedente do consumidor, o objetivo é aumentar a eficiência econômica cobrando dos consumidores um preço próximo do custo marginal.

Para alguns bens e serviços, a demanda atinge o pico em determinadas horas — por exemplo, as estradas e túneis no horário de grande movimento, a energia elétrica no início da noite e as estações de esqui e parques de diversões durante os fins de semana. O custo marginal é também mais alto nos períodos de pico, por causa das restrições de capacidade. Em consequência, os preços deveriam ser mais elevados nesses períodos.

Tal fato é ilustrado pela Figura 11.8, na qual D_1 é a curva de demanda para o período de pico e D_2 é a curva de demanda para o período que não é de pico. A empresa equipara a receita marginal ao custo marginal em cada período, obtendo assim o preço alto P_1 para o período de pico e o preço mais baixo P_2 para o período que não é de pico, com suas correspondentes quantidades, Q_1 e Q_2. Essa estratégia faz com que os lucros da empresa sejam mais elevados do que seriam caso ela cobrasse apenas um mesmo preço para todos os períodos. Também é mais eficiente. A soma dos excedentes do consumidor e do produtor é maior porque os preços estão mais próximos do custo marginal.

O ganho de eficiência proporcionado pelo preço de pico é importante. Se a empresa é um monopolista que opera sob regulamentação (por exemplo, uma empresa de fornecimento de energia elétrica), o órgão regulamentador deve fixar os preços P_1 e P_2 nos pontos de interseção das curvas de *demanda*, D_1 e D_2, com a curva de custo marginal, em vez de

> Na Seção 9.2, explicamos que eficiência econômica significa que os excedentes agregados dos consumidores e dos produtores são maximizados.

no ponto de interseção das curvas de receita marginal com o custo marginal. Nesse caso, os consumidores obtêm todo o ganho de eficiência.

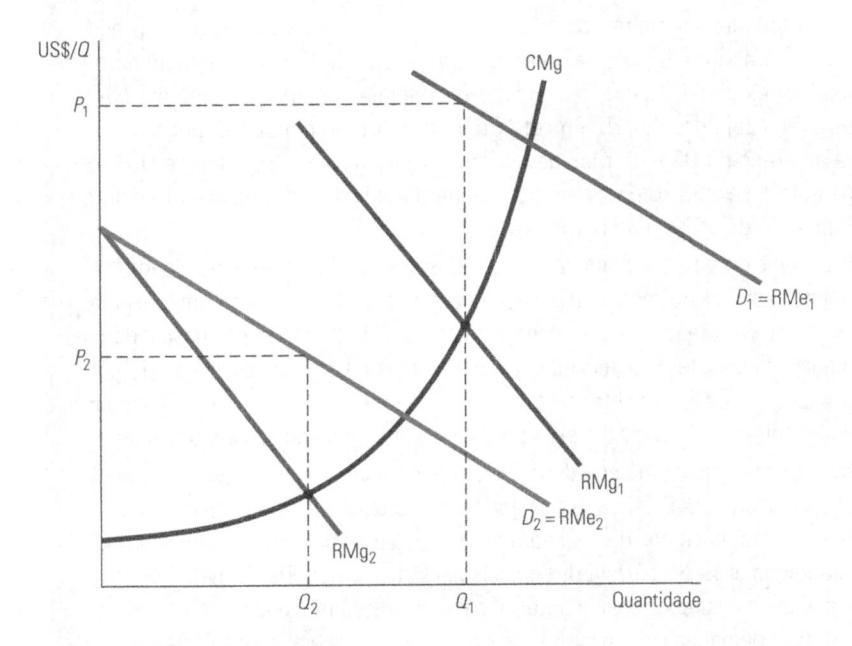

FIGURA 11.8 PREÇO DE PICO

A demanda por alguns bens e serviços aumenta de modo acentuado durante determinados períodos do dia ou do ano. A cobrança de um preço mais alto, P_1, nos períodos de pico é mais lucrativa para a empresa do que a cobrança de um único preço durante todo o tempo. Há também maior eficiência, porque o custo marginal é mais elevado nos períodos de pico.

Observe que há diferença entre preço de pico e discriminação de preço de terceiro grau. No caso da discriminação de terceiro grau, a receita marginal deve ser igual para cada grupo de consumidores e ser semelhante ao custo marginal. Por quê? Isso ocorre porque os custos da prestação de serviços a grupos diferentes não são independentes entre si. Por exemplo, no caso das tarifas aéreas sem restrição e das tarifas aéreas com desconto, o aumento no número de lugares vendidos com desconto afeta o custo da venda de passagens sem restrição — o custo marginal aumenta rapidamente à medida que o avião vai ficando lotado. Entretanto, isso não ocorre na mesma proporção com o preço de pico (nem com a maioria dos exemplos de discriminação de preço intertemporal). A venda de um número maior de ingressos durante a semana para os teleféricos de estações de esqui ou nos parques de diversões não aumenta significativamente o custo da venda dos bilhetes durante o fim de semana. De modo semelhante, o consumo de mais energia elétrica nos períodos que não são de pico não aumentará significativamente o custo do consumo nos períodos de pico. Em consequência, os preços e as quantidades vendidas em cada período poderão ser determinados de maneira independente, igualando-se o custo marginal à receita marginal de cada período.

As salas de cinema, que cobram mais pelas sessões noturnas do que pelas vespertinas, são outro exemplo. Para a maioria delas, o custo marginal de atender clientes durante a tarde não depende do custo marginal referente ao atendimento noturno. O proprietário de uma sala de cinema pode determinar os preços ideais para horários noturnos e vespertinos independentemente, usando estimativas da demanda e do custo marginal em cada período.

> **EXEMPLO 11.3   COMO DETERMINAR O PREÇO DE UM ROMANCE *BEST-SELLER***
>
> A publicação de edições em capa dura e em brochura permite aos editores praticar uma discriminação de preço. Como acontece com os consumidores em relação à maioria das outras mercadorias, eles diferem consideravelmente em relação à disposição de pagar pelos livros. Por exemplo, alguns consumidores desejam adquirir um romance *best-seller* logo após o lançamento, mesmo que o preço seja de US$ 25. Entretanto, outros preferem esperar por um ano, até que o livro esteja disponível em brochura ao preço de US$ 10. Mas de que forma a editora pode decidir se US$ 25 é o preço correto para a nova edição em capa dura e se US$ 10 é o preço correto para a edição em brochura? E quanto tempo a editora deveria aguardar antes de lançar a edição em brochura?
>
> A solução está em dividir os consumidores em dois grupos, de tal modo que aqueles que estejam dispostos a pagar um preço mais elevado o façam imediatamente e apenas aqueles que não estejam aguardem para adquirir a edição em brochura. Isso significa que deve transcorrer um tempo significativo até que seja lançada a edição em brochura. Se os consumidores souberem que ela estará disponível dentro de poucos meses, terão pouco estímulo para adquirir a edição de capa dura.[10] Por outro lado, se o editor esperar muito tempo para lançar a edição em brochura, o interesse do público diminuirá e o mercado desaparecerá. Sendo assim, os editores costumam aguardar de 12 a 18 meses para o lançamento da edição em brochura.
>
> E como fica o preço? É difícil definir o preço de uma edição de capa dura. Exceto por alguns autores cujos livros parecem vender sempre, os editores dispõem de poucos dados para estimar a demanda de uma obra que esteja em vias de ser publicada. Com frequência, podem fazer estimativas com base nos dados sobre as vendas de livros semelhantes ocorridas no passado. Mas, normalmente, apenas dados agregados se encontram disponíveis para cada categoria de livro. Portanto, a maioria dos novos romances, por exemplo, é lançada com preços semelhantes. É natural, entretanto, que os consumidores dispostos a esperar o lançamento da brochura tenham demandas muito mais elásticas do que a dos bibliófilos. Portanto, não é de se surpreender que as edições em brochura sejam vendidas por preços bem inferiores às de livros em capa dura.[11]

11.4 Tarifa em duas partes

tarifa em duas partes
Forma de precificação na qual se cobra dos consumidores uma taxa de entrada e uma taxa de utilização.

A **tarifa em duas partes** está relacionada com a discriminação de preço e representa mais um recurso para a captação de excedente do consumidor. Ela exige que os consumidores paguem uma taxa inicial para ter o direito de adquirir um produto. A partir daí, eles pagam uma taxa adicional para cada unidade de produto que pretendam consumir. O exemplo clássico de utilização dessa estratégia é o parque de diversões.[12] Você paga uma taxa para entrar e também certa quantia para a utilização de cada brinquedo. O proprietário do parque tem de decidir se cobrará uma taxa alta pela entrada e preços baixos pelo ingresso para os brinquedos ou, alternativamente, não cobrará a entrada, mas estabelecerá preços altos para cada brinquedo.

A tarifa em duas partes é empregada em muitas situações: em clubes de golfe e de tênis (nos quais se paga uma anuidade para se tornar sócio e mais uma taxa para cada utilização das quadras ou por partida de golfe); na locação de computadores *mainframe* (uma mensalidade fixa e mais uma taxa para cada unidade de tempo de processamento consumida); nos serviços telefônicos (uma assinatura mensal e mais uma taxa para cada minuto utilizado). A estratégia também se aplica à venda de produtos como certos aparelhos de barbear (paga-se ao adquirir o barbeador, ficando-se condicionado a consumir lâminas que servem apenas para o modelo adquirido).

---

10 Alguns consumidores comprariam a edição de capa dura mesmo que a edição em brochura já estivesse disponível, pois ela é mais resistente e mais atraente em uma estante. Isso deve ser levado em conta quando os preços forem determinados, porém torna-se de importância secundária quando comparado com a discriminação intertemporal de preço.

11 Edições em capa dura e em brochura muitas vezes são publicadas por editoras diferentes. O agente do autor leiloa os direitos das duas edições; o contrato para a edição em brochura, entretanto, especifica que o lançamento deve ser feito depois de determinado período, visando à proteção das vendas da edição em capa dura. O princípio, todavia, permanece em vigor; a duração do intervalo entre os lançamentos e os preços das duas edições é escolhida visando a uma discriminação de preços intertemporal.

12 Essa estratégia de preço foi primeiro analisada por Walter Oi, "A Disneyland Dilemma: Two-Part Tariffs for a Mickey Mouse Monopoly", *Quarterly Journal of Economics*, fev. 1971, p. 77-96.

O problema para a empresa é como definir a *taxa de entrada* (representada por T) e a *taxa de utilização* (representada por P). Supondo que a empresa tenha algum poder de mercado, ela deveria cobrar uma taxa elevada de entrada e taxas baixas de utilização, ou vice-versa? Para entendermos como a empresa pode resolver esse tipo de problema, é preciso compreender os princípios básicos envolvidos.

CONSUMIDOR ÚNICO Começaremos com o caso fictício, porém simples, ilustrado na Figura 11.9. Suponhamos que haja apenas um consumidor no mercado (ou então muitos consumidores com curvas de demanda idênticas). Suponhamos também que a empresa conheça a curva de demanda desse consumidor. Agora, lembre-se de que ela deseja captar o máximo possível de excedente do consumidor. Nesse caso, a solução é direta: iguale a taxa de utilização, P, ao custo marginal e iguale a taxa de entrada, T, ao excedente do consumidor para cada um deles. Assim, o consumidor paga T^* (ou um pouco menos) para utilizar o produto e $P^* = $ CMg por unidade utilizada. Tendo assim definido a política de preços, a empresa estará captando *todo* o excedente do consumidor e transformando-o em lucros.

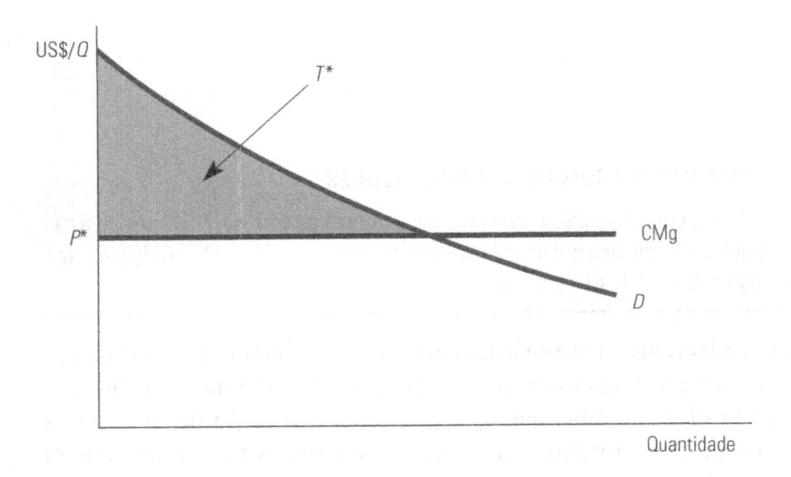

FIGURA 11.9 TARIFA EM DUAS PARTES COM CONSUMIDOR ÚNICO

O consumidor possui a curva de demanda D. A empresa maximiza o lucro fixando a taxa de utilização P igual ao custo marginal e tornando a taxa de entrada T^* igual à totalidade do excedente do consumidor.

DOIS CONSUMIDORES Agora suponhamos que haja dois consumidores diferentes (ou dois grupos de consumidores idênticos). A empresa, entretanto, pode determinar apenas *uma* taxa de entrada e uma taxa de utilização. Em consequência, ela não vai querer estabelecer uma taxa de utilização igual ao custo marginal. Se assim o fizer, não poderá fixar a taxa de entrada acima do excedente do consumidor de menor demanda (caso em que a empresa o perderia), pois isso não lhe proporcionará lucro máximo. Em vez disso, a empresa deve fixar a taxa de utilização *acima* do custo marginal, igualando, então, a taxa de entrada ao excedente do consumidor remanescente, correspondente àquele de menor demanda.

A Figura 11.10 ilustra isso. Com uma taxa ideal de utilização P^* maior do que CMg, o lucro da empresa será igual a $2T^* + (P^* - \text{CMg})(Q_1 + Q_2)$. (Há dois consumidores, cada um pagando T^*.) Você pode verificar que esse lucro ultrapassa em mais de duas vezes a área do triângulo ABC, que representa o excedente do consumidor para o consumidor de menor demanda quando $P = $ CMg. Para determinar os valores exatos de P^* e T^*, a empresa precisaria conhecer (além de seu custo marginal) as curvas de demanda D_1 e D_2. Nesse caso, podemos expressar seu lucro em função de P e T, assim como escolher os dois preços que sejam capazes de maximizar essa função. (Veja o Exercício 10, que exemplifica esse cálculo.)

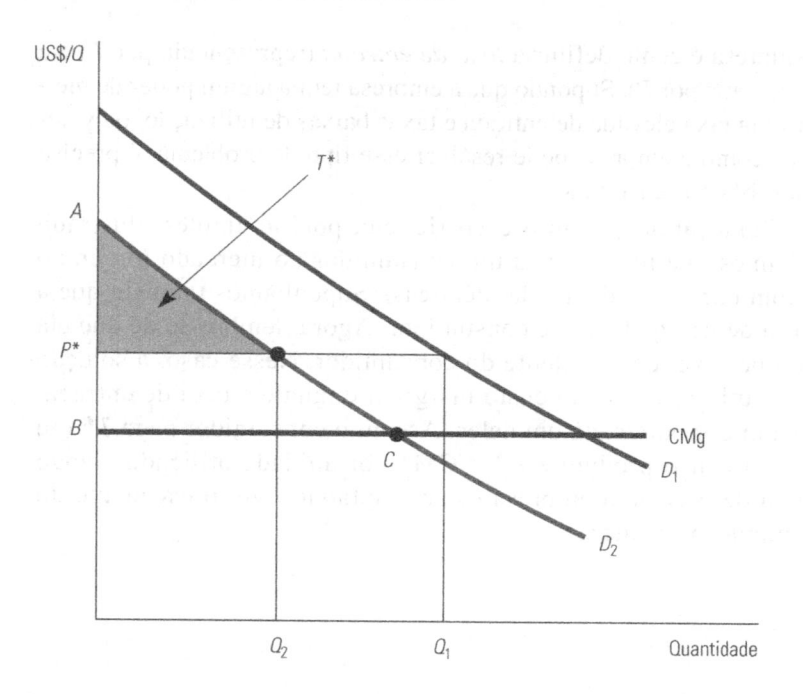

FIGURA 11.10 — TARIFA EM DUAS PARTES COM DOIS CONSUMIDORES

A taxa de utilização P^*, que maximiza o lucro, ultrapassa o custo marginal. A taxa de entrada T^* é igual ao excedente do consumidor para aqueles que possuem menor demanda. O lucro resultante é $2T^* + (P^* - CMg)(Q_1 + Q_2)$. Observe que o lucro é maior que o dobro da área do triângulo ABC.

VÁRIOS CONSUMIDORES Entretanto, a maioria das empresas se defronta com uma variedade de consumidores com demandas diferentes. Infelizmente, não há uma fórmula simples para calcular a tarifa ideal de duas partes nesse caso; a fixação de uma tarifa desse tipo geralmente envolve experimentos de tentativa e erro. No entanto, haverá sempre uma troca: uma taxa de entrada mais baixa atrairá um público maior, levando à obtenção de um lucro também maior decorrente das vendas desse componente. Por outro lado, à medida que a taxa de entrada se tornar menor e o número de frequentadores, maior, o lucro obtido com a taxa de entrada diminuirá. Sendo assim, o problema consiste em determinar uma taxa de entrada que resulte no número ideal de frequentadores, ou seja, uma taxa que possibilite obter um lucro máximo. Em princípio, isso pode ser feito partindo-se de um preço de vendas para o componente P, descobrindo-se, depois, a taxa ideal de entrada T e estimando-se o lucro resultante. Modifica-se, em seguida, o preço P e calcula-se a nova taxa de entrada correspondente, assim como o novo nível de lucro. Prosseguindo nesse processo interativo, é possível obter o cálculo aproximado da tarifa ideal em duas partes.

A Figura 11.11 ilustra esse princípio. O lucro da empresa, π, está dividido em dois componentes, cada qual traçado em função da taxa de entrada, T, dado um preço fixo de vendas, P. O primeiro componente, π_a, é o lucro gerado pela cobrança da taxa de entrada, o qual é igual à receita, $n(T)T$, onde $n(T)$ é o número de frequentadores. (Observe que um T muito elevado implica um n pequeno.) De início, à medida que T aumenta a partir do ponto zero, a receita, $n(T)T$, sobe. Entretanto, inevitavelmente mais acréscimos em T tornarão n tão pequeno que $n(T)T$ diminuirá. O segundo componente, π_s, é o lucro gerado pelas vendas do próprio item ao preço P e que é igual a $(P - CMg)Q$, onde Q é a taxa de aquisição desse item. Q será mais elevado quanto maior for o número de frequentadores n. Portanto, π_s cai quando T aumenta, pois T mais elevado reduz n.

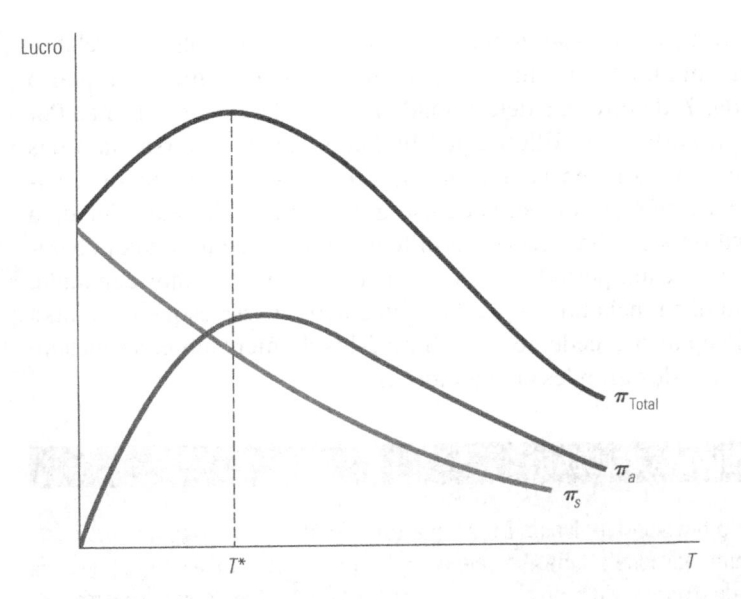

FIGURA 11.11 TARIFA EM DUAS PARTES COM MUITOS CONSUMIDORES DIFERENTES

O lucro total, π, é a soma do lucro obtido com a taxa de entrada, π_a, e o lucro obtido com a venda dos bilhetes, π_s. Tanto π_a como π_s dependem da taxa de entrada, T. Portanto,

$$\pi = \pi_a + \pi_s = n(T)T + (P - CMg)Q(n)$$

em que n é o número de pessoas que entram, o qual depende da taxa de entrada, T, e Q é a taxa de vendas, que será maior quanto maior for n. Aqui, T^* é a taxa de entrada capaz de maximizar lucros, com base em P. Para calcular os valores ideais de P e T, pode-se iniciar atribuindo um valor para P, determinando então o T ideal, assim como fazendo a estimativa do lucro resultante. P é então modificado e o T correspondente é recalculado, fazendo-se assim uma nova estimativa do nível de lucro.

Iniciando com determinado valor para P, podemos determinar o T^* ideal (capaz de maximizar lucros). Então, modificamos P, determinamos um novo T^* e examinamos se o novo lucro é maior ou menor do que o anterior. Esse procedimento é repetido até que o lucro seja maximizado.

É claro que são necessários mais dados para a elaboração de uma tarifa em duas partes do que para a determinação de um preço único. Não é suficiente conhecer as curvas de custo marginal e de demanda agregada. É impossível (na maioria dos casos) determinar a curva de demanda de cada consumidor, ainda que seja desejável conhecer quanto as demandas individuais diferem entre si. Se as demandas dos consumidores por seu produto forem bastante semelhantes entre si, você pode cobrar um preço P que seja mais próximo do custo marginal, fixando uma taxa de entrada, T, mais alta. Essa é a situação ideal do ponto de vista da empresa, porque dessa forma pode-se captar a maior parte do excedente do consumidor. Por outro lado, se os consumidores apresentarem diferentes demandas por seu produto, você pode tornar P bem mais elevado do que o custo marginal, cobrando uma taxa de entrada, T, mais baixa. Nesse caso, porém, a tarifa em duas partes será uma forma menos eficaz de captação do excedente do consumidor; utilizar um único preço pode ter quase o mesmo efeito.

Na Disneylândia, localizada na Califórnia, e no Walt Disney World, situado na Flórida, a estratégia é cobrar uma alta taxa de entrada e nenhuma taxa de utilização dos brinquedos. A política faz sentido, porque os consumidores têm demandas semelhantes para passeios nesses parques. A maior parte das pessoas que visitam parques planeja gastos diários (que incluem comida e bebida) que, na maioria dos casos, não variam muito.

As empresas estão sempre buscando estratégias inovadoras de preço; algumas elaboraram e passaram a utilizar uma tarifa em duas partes "modificada", segundo a qual o pagamento da taxa de entrada, T, dá direito a determinado número de unidades grátis. Por exemplo, se você adquire um barbeador Gillette, geralmente receberá diversas lâminas inclusas na mesma embalagem. A taxa mensal de locação de um grande computador *mainframe* quase sempre inclui certo número de horas de uso grátis, antes que seja iniciada a cobrança da taxa de utilização. Essa modificação permite a cobrança de uma taxa de entrada, T, mais elevada, sem que sejam perdidos muitos consumidores de menor demanda. Como estes pagam pouco, ou nada, pela utilização do equipamento nesse esquema, a taxa de entrada mais elevada vai captar o excedente sem eliminá-los do mercado e, ao mesmo tempo, captar mais do excedente dos grandes consumidores.

EXEMPLO 11.4 PREÇOS DOS SERVIÇOS DE TELEFONIA CELULAR

A maioria dos serviços de telefonia cobra uma tarifa dividida em duas partes: uma taxa de acesso mensal, que pode oferecer alguns minutos grátis, e uma cobrança por minuto adicional. O mesmo vale para o serviço de telefonia celular, que cresceu rapidamente nos Estados Unidos e no restante do planeta. No caso do serviço de celulares, as operadoras transformaram a tarifa em duas partes em uma forma de arte.

Na maior parte dos Estados Unidos, o consumidor pode escolher entre quatro operadoras nacionais — a Verizon, a T-Mobile, a AT&T e a Sprint. Elas competem entre si pelos consumidores, mas cada uma possui certo poder de mercado. Esse poder provém, em parte, de preços oligopolistas e de decisões de produção, o que explicaremos nos capítulos 12 e 13. O poder de mercado também cresce porque os consumidores enfrentam o *custo da migração*. Ao se associarem a um plano, em geral se comprometem a mantê-lo por pelo menos um ano. E quebrar o contrato sai bem caro. A maioria das operadoras estabelece uma penalidade superior a US$ 200 para a rescisão antecipada.

Graças ao poder de mercado, as operadoras devem considerar cuidadosamente as estratégias de preços para a maximização de lucros. A tarifa em duas partes é uma excelente maneira de capturar o excedente dos consumidores e transformá-lo em lucro.

A Tabela 11.3 mostra dois planos de tarifas de celulares (de 2011) oferecidos pela Verizon Wireless, a Sprint e a AT&T, além da Orange (uma subsidiária da France Telecom que opera em diversos países) e a China Mobile. Observe que todas essas operadoras dão aos consumidores uma opção de escolher tarifas de duas partes alternativas e os planos são estruturados de maneira semelhante.

Vamos nos concentrar nos planos da Verizon. O plano mais barato dessa empresa cobra uma mensalidade de US$ 39,99 e inclui 450 minutos que podem ser utilizados em qualquer hora do dia ou da noite. O plano inclui ainda uma quantidade ilimitada de minutos para conversas durante a noite e nos fins de semana (períodos nos quais a demanda costuma ser bastante inferior). Um assinante que utilize mais do que os 450 minutos previstos no plano deve pagar US$ 0,45 por minuto adicional. Um cliente que utilize com maior frequência o celular pode assinar um plano mais caro, ou seja, que custa US$ 59,99 por mês e inclui 900 minutos para qualquer horário e cobre US$ 0,40 por minuto adicional. E se você, leitor, utiliza seu telefone celular constantemente (e ainda tem tempo para outras coisas), pode assinar um plano que inclua minutos ilimitados a qualquer hora, a um custo mensal de US$ 69,99.

TABELA 11.3 Plano de taxas de telefones celulares (2011)

Minutos para serem usados a qualquer hora	Taxa mensal de acesso	Minutos à noite e nos fins de semana	Taxa cobrada por minutos adicionais
A. Verizon: Plano Básico			
450	US$ 39,99	Ilimitado	US$ 0,45
900	US$ 59,99	Ilimitado	US$ 0,40
Ilimitado	US$ 69,99	Ilimitado	Incluída
B. Sprint: Planos Básicos de Voz			
200	US$ 29,99	Ilimitado	US$ 0,45
450	US$ 39,99	Ilimitado	US$ 0,45

900	US$ 59,99	Ilimitado	US$ 0,40
C. AT&T: Planos Individuais			
450	US$ 39,99	5.000	US$ 0,45
900	US$ 59,99	Ilimitado	US$ 0,40
Ilimitado	US$ 69,99	Ilimitado	Incluída
D. Orange (UK)			
100	£ 10,00	Nenhum	25 pence
200	£ 15,00	Nenhum	25 pence
300	£ 20,00	Nenhum	25 pence
E. Orange (Israel)			
Nenhum	28,00 NIS	Nenhum	0,59 NIS
100	38,00 NIS	Nenhum	0,59 NIS
400	61,90 NIS	Nenhum	0,59 NIS
F. China Mobile			
150	58 RMB	Nenhum	0,40 RMB
450	158 RMB	Nenhum	0,35 RMB
800	258 RMB	Nenhum	0,32 RMB
1.200	358 RMB	Nenhum	0,30 RMB
1.800	458 RMB	Nenhum	0,25 RMB

Para converter os preços internacionais para dólares dos EUA (referentes a agosto de 2011), use os seguintes fatores de conversão: £ 1 = US$ 1,60, 1 NIS = US$ 0,30 e 1 RMB = US$ 0,13.
Dados de diversos provedores de celular.

Mas por que essas operadoras oferecem vários planos, cada um com uma série de opções? Por que não oferecem simplesmente uma tarifa em duas partes com uma taxa mensal de acesso e uma taxa de utilização por minuto? Oferecer vários planos e opções permite a essas empresas combinar a discriminação de preços de terceiro grau com a tarifa em duas partes. Os planos são estruturados para que os consumidores se dividam em grupos com base em suas escolhas. Aplica-se, então, uma tarifa em duas partes diferentes para cada grupo.

Para entendermos como a estratégia funciona, considere as opções de plano de diferentes consumidores. As pessoas que utilizam o celular ocasionalmente vão querer gastar o menos possível com o serviço e escolherão o plano mais barato (com a menor quantidade de minutos "a qualquer hora"). Os planos mais caros são direcionados aos clientes que utilizam muito o aparelho (talvez um vendedor que viaje com frequência e faça chamadas o dia todo) e queiram minimizar o custo por minuto. Há ainda planos direcionados aos clientes que fazem uso moderado do telefone celular.

Ao escolher o plano mais adequado às suas necessidades, os consumidores se dividem em grupos e são relativamente homogêneos nas exigências quanto ao serviço de telefonia. A tarifa em duas partes funciona melhor quando os consumidores têm exigências idênticas ou muito similares. (Conforme mostra a Figura 11.9, com consumidores semelhantes, a tarifa em duas partes pode ser utilizada para capturar *todo* o excedente do consumidor.) Criar uma situação em que os consumidores se dividam em grupos dessa maneira é, portanto, a melhor forma de utilizar a tarifa em duas partes.

*11.5 Venda em pacote

Você provavelmente já assistiu ao filme *E o vento levou*, de 1939. Trata-se de um clássico que continua quase tão popular hoje quanto naquela época.[13] Por outro lado, temos um palpite de que você não assistiu ao filme *A liga de Gertie*, um total fracasso, distribuído pela mesma companhia (a MGM, uma divisão da Loews) também em 1939. Arriscaríamos

---

[13] De acordo com números ajustados pela inflação, *E o vento levou* foi o maior campeão de bilheteria de todos os tempos. *Titanic*, lançado em 1997, gerou um faturamento de US$ 601 milhões. *E o vento levou* gerou US$ 81,5 milhões em dólares de 1939, o equivalente a US$ 941 milhões em dólares de 1997.

venda em pacote

Prática de venda de dois ou mais produtos em conjunto (como um pacote).

ainda um palpite de que você não sabe que esses dois filmes tiveram seus preços determinados de uma forma pouco comum e inovadora para aquela época.[14]

As salas de cinema que alugaram o filme *E o vento levou* tiveram de alugar também o filme *A liga de Gertie*. (As salas de cinema pagam às empresas cinematográficas, ou aos distribuidores, uma taxa diária ou semanal pelos filmes que alugam.) Em outras palavras, dois filmes foram "empacotados", isto é, foi feita uma **venda em pacote**.[15] Por que razão a produtora adotou essa medida?

Você pode pensar que a resposta é óbvia: *E o vento levou* era um grande filme e o outro, um filme medíocre, de tal modo que o pacote poderia forçar as salas de cinema a alugar o filme *A liga de Gertie*. Entretanto, essa resposta não teria sentido econômico. Suponhamos que o preço de reserva de uma sala de cinema (o preço máximo que ela estaria disposta a pagar) para o filme *E o vento levou* fosse de US$ 12.000 por semana, e o preço de reserva para *A liga de Gertie* fosse de US$ 3.000 por semana. Sendo assim, o máximo que ela pagaria pelos *dois* filmes seria US$ 15.000, independentemente de alugá-los em separado ou na forma de um pacote.

Vendas em pacote fazem sentido quando *os clientes têm demandas heterogêneas* e quando a empresa não pode praticar discriminação de preço. No caso de filmes, diferentes salas de cinema atendem a distintos grupos de clientes e, portanto, podem possuir demandas diferentes para cada filme. Por exemplo, a sala de cinema pode atrair grupos de diferentes faixas etárias, os quais, por sua vez, têm preferências por filmes diferentes.

Para ver de que forma uma empresa produtora de filmes pode utilizar tal heterogeneidade em seu benefício, suponhamos que haja *duas* salas de cinema e que seus respectivos preços de reserva para os dois filmes citados sejam os seguintes:

	E o vento levou	A liga de Gertie
Sala de Cinema A	US$ 12.000	US$ 3.000
Sala de Cinema B	US$ 10.000	US$ 4.000

Se os filmes forem alugados separadamente, o preço máximo que poderá ser cobrado por *E o vento levou* é US$ 10.000, porque a cobrança de valores superiores resultaria na exclusão da Sala B. De igual modo, o preço máximo a ser cobrado por *A liga de Gertie* é US$ 3.000. A cobrança desses dois preços resultaria no recebimento de US$ 13.000 de cada sala de cinema, gerando uma receita total de US$ 26.000. Entretanto, vamos supor que os filmes sejam alugados *em pacote*. A Sala *A* atribui aos dois filmes um valor total de US$ 15.000 (US$ 12.000 + US$ 3.000) e a Sala *B* atribui um valor de US$ 14.000 (US$ 10.000 + US$ 4.000). Portanto, podemos cobrar US$ 14.000 de cada sala de cinema, obtendo, assim, uma receita de US$ 28.000. Evidentemente, podemos obter uma receita maior (US$ 2.000 a mais) com o pacote desses dois filmes.

Avaliações relativas

Por que o pacote é mais lucrativo do que o aluguel de filmes separadamente? Porque, no exemplo, as *avaliações relativas* dos dois filmes são opostas. Em outras palavras, embora ambas as salas estejam dispostas a pagar mais por *E o vento levou* do que por *A liga de Gertie*, a Sala *A* está disposta a pagar mais do que a Sala *B* pelo filme *E o vento levou*

---

[14] Para os leitores que afirmam ter conhecimento de todos esses fatos, fica aqui nossa pergunta final: quem fez o papel de Gertie no filme *A liga de Gertie*?

[15] Os principais estúdios de Hollywood foram forçados a parar de vender seus filmes em pacote em 1948, quando a Suprema Corte decidiu que os estúdios estavam atuando em violação às leis antitruste, forçando as salas de cinema a comprar suas produções com base no tudo ou nada. Além disso, os estúdios foram obrigados a vender suas cadeias de cinema, encerrando décadas de integração vertical monopolista que criou as potências econômicas dos estúdios.

(US$ 12.000 *versus* US$ 10.000), ao passo que a Sala *B* estava disposta a pagar mais do que a Sala *A* pelo filme *A liga de Gertie* (US$ 4.000 *versus* US$ 3.000). Tecnicamente falando, dizemos que as demandas estão *negativamente correlacionadas* — isto é, o cliente que está disposto a pagar mais por *E o vento levou* quer pagar menos por *A liga de Gertie*. Para entender o quanto isso é importante, suponha que as demandas fossem *positivamente correlacionadas*, isto é, a Sala *A* estará disposta a pagar mais por *ambos* os filmes:

	E o vento levou	A liga de Gertie
Sala de Cinema A	US$ 12.000	US$ 4.000
Sala de Cinema B	US$ 10.000	US$ 3.000

O máximo que a Sala *A* está disposta a pagar pelos dois filmes agora é US$ 16.000, mas o máximo que a Sala *B* pagaria é apenas US$ 13.000. Sendo assim, se os filmes forem alugados em pacote, o preço máximo que poderá ser cobrado é de US$ 13.000, gerando uma receita total de US$ 26.000, ou seja, a mesma obtida se a produtora alugasse os filmes em separado.

Agora, suponha que uma empresa esteja vendendo duas mercadorias a muitos consumidores. Para analisar as possíveis vantagens da venda em pacote, usaremos um diagrama simples para descrever as preferências dos consumidores em termos dos respectivos preços de reserva e das decisões de consumo dados os preços cobrados. Na Figura 11.12, o eixo horizontal é r_1, que representa o preço de reserva de um consumidor para a mercadoria 1, e o eixo vertical é r_2, representando o preço de reserva para a mercadoria 2. A figura apresenta os preços de reserva para três consumidores. O consumidor *A*, que poderia pagar até US$ 3,25 pela mercadoria 1 e até US$ 6 pela mercadoria 2; o consumidor *B*, que estaria disposto a pagar até US$ 8,25 pela mercadoria 1 e até US$ 3,25 pela mercadoria 2; e o consumidor *C*, que pagaria até US$ 10 por cada uma das mercadorias. De forma geral, os preços de reserva para qualquer número de consumidores podem ser representados graficamente desse modo.

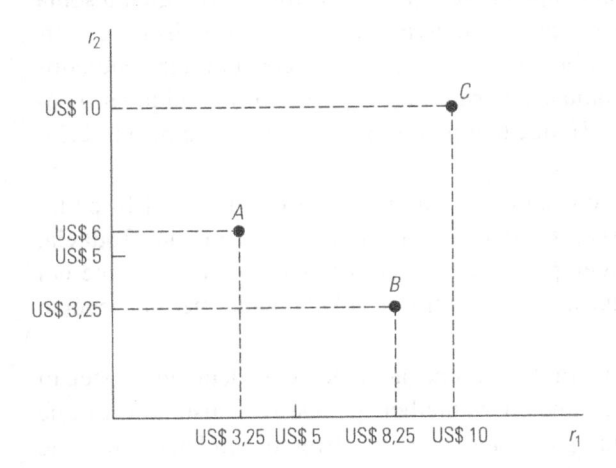

FIGURA 11.12 PREÇOS DE RESERVA

São mostrados os preços de reserva r_1 e r_2 de duas mercadorias para três consumidores, identificados como *A*, *B* e *C*. O consumidor *A* está disposto a pagar até US$ 3,25 pela mercadoria 1 e até US$ 6 pela mercadoria 2.

Suponhamos que haja muitos consumidores e que os produtos sejam vendidos em separado, pelos preços P_1 e P_2, respectivamente. A Figura 11.13 indica de que forma os consumidores podem ser divididos em grupos. Os consumidores situados na região I do gráfico têm preços de reserva acima dos cobrados pelos dois produtos, portanto, eles vão adquirir ambos.

Os da região II têm preço de reserva maior do que P_2 para a mercadoria 2, mas preço de reserva menor do que P_1 para a mercadoria 1; eles vão comprar apenas a mercadoria 2. De modo semelhante, os consumidores situados na região IV vão adquirir apenas a mercadoria 1. Por fim, os situados na região III têm preços de reserva abaixo dos que estão sendo cobrados pelas duas mercadorias e, portanto, não vão comprar nenhuma delas.

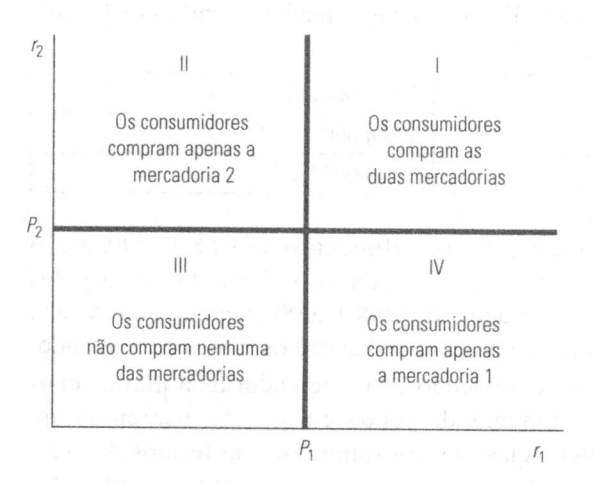

FIGURA 11.13 **DECISÕES DE CONSUMO QUANDO OS PRODUTOS SÃO VENDIDOS SEPARADAMENTE**

Como os preços de reserva dos consumidores situados na região I ultrapassam os preços P_1 e P_2 que estão sendo cobrados pelas duas mercadorias, eles adquirem ambas. Os consumidores situados nas regiões II e IV adquirem apenas uma das duas mercadorias e os situados na região III não adquirem nenhuma delas.

Agora, suponhamos que as mercadorias sejam vendidas somente em pacote, pelo preço total P_B. Poderemos então dividir o gráfico em duas regiões, como mostra a Figura 11.14. Qualquer consumidor vai adquirir o pacote apenas se o preço for inferior ou igual à soma dos preços de reserva do consumidor para as duas mercadorias. A linha divisória é, portanto, expressa pela equação $P_B = r_1 + r_2$, ou então $r_2 = P_B - r_1$. Os consumidores situados na região I têm preços de reserva cuja soma é superior a P_B e, portanto, vão adquirir o pacote. Os consumidores situados na região II, que têm preços de reserva cuja soma é inferior a P_B, não vão comprar o pacote.

Dependendo dos preços, alguns dos consumidores na região II da Figura 11.14 poderiam adquirir uma das mercadorias caso elas estivessem à venda separadamente. Todavia, esses consumidores serão perdidos pela empresa quando ela vender os itens somente em pacote. Portanto, a empresa terá de determinar se estará ou não fazendo melhor negócio com a venda por pacote.

Em geral, a eficácia do pacote dependerá de quão negativamente as demandas estejam correlacionadas. Em outras palavras, ele funcionará melhor quando os consumidores que tenham um preço de reserva mais elevado para a mercadoria 1 tiverem um baixo preço de reserva para a mercadoria 2 e vice-versa. A Figura 11.15 mostra dois casos extremos. Na parte (a), cada ponto representa os dois preços de reserva de um consumidor. Observe que as demandas das duas mercadorias apresentam uma correlação positiva perfeita — os consumidores com elevado preço de reserva para o produto 1 também apresentam elevado preço de reserva para a mercadoria 2. Se a empresa praticar o pacote e cobrar um preço $P_B = P_1 + P_2$, obterá o mesmo lucro que poderia auferir ao vender as mercadorias separadas pelos preços P_1 e P_2. Por outro lado, na Figura 11.15(b), as demandas apresentam uma correlação negativa perfeita — o preço de reserva mais elevado para a mercadoria 2 implica um preço de reserva proporcionalmente mais baixo para o produto 1. Nesse caso, a prática do pacote é a estratégia ideal. Ao cobrar o preço P_B, a empresa pode captar *todo* o excedente do consumidor.

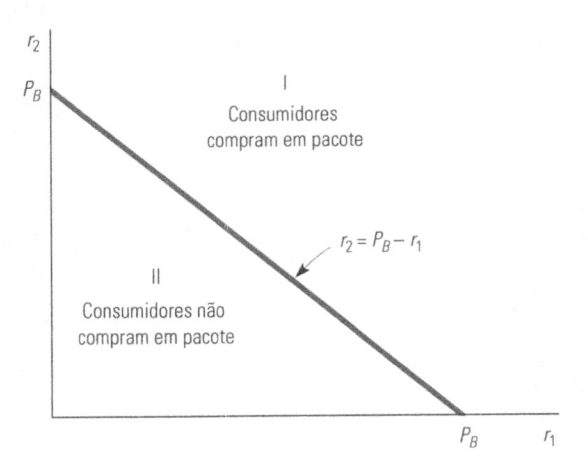

FIGURA 11.14 DECISÕES DE CONSUMO QUANDO OS PRODUTOS SÃO VENDIDOS EM PACOTE

Os consumidores comparam a *soma* dos preços de reserva, $r_1 + r_2$, com o preço do pacote P_B. Eles adquirem o pacote somente se $r_1 + r_2$ for pelo menos igual a P_B.

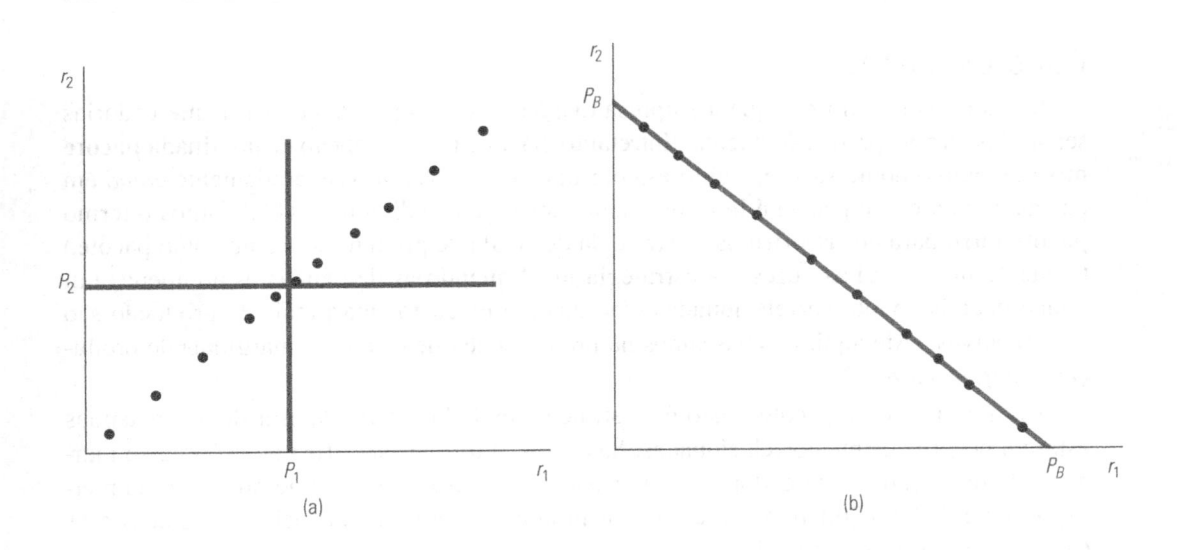

FIGURA 11.15 PREÇOS DE RESERVA

Em (a), como as demandas apresentam correlação positiva perfeita, a empresa não obterá ganhos com o uso do pacote; ela obteria o mesmo lucro vendendo em separado as mercadorias. Em (b), as demandas apresentam correlação negativa perfeita. Nesse caso, o emprego do pacote é a estratégia ideal — todo o excedente do consumidor poderá ser captado.

A Figura 11.16, que apresenta o exemplo dos filmes que mencionamos logo no início desta seção, ilustra de que forma as demandas das duas salas de cinema estão negativamente correlacionadas. (A Sala A paga relativamente mais pelo filme *E o vento levou*, entretanto, a Sala B paga relativamente mais pelo filme *A liga de Gertie*.) Isso faz a locação dos dois filmes se tornar mais lucrativa por meio do pacote ao preço de US$ 14.000.

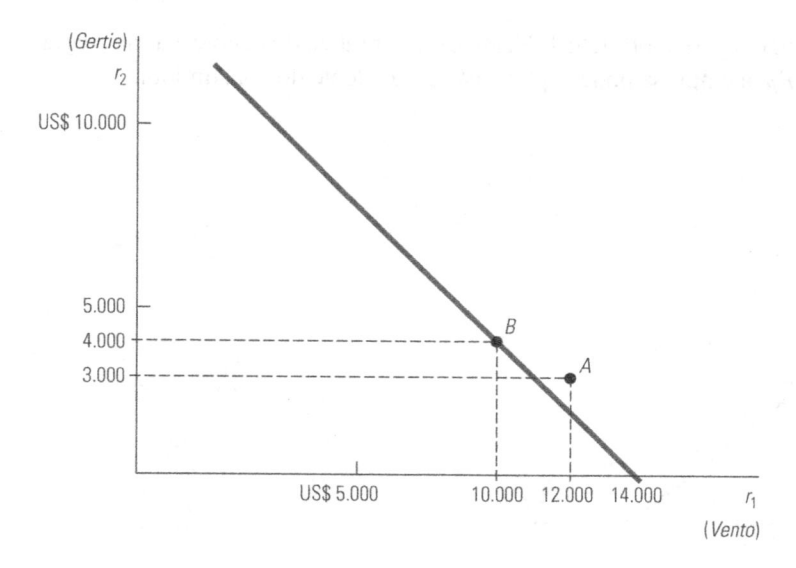

FIGURA 11.16 EXEMPLOS DE FILMES

Os consumidores A e B são as duas salas de cinema. O diagrama mostra os preços de reserva para os filmes *E o vento levou* e *A liga de Gertie*. Como as demandas estão negativamente correlacionadas, vale a pena utilizar a prática do pacote.

Pacotes mistos

pacote misto
Prática de venda de dois ou mais produtos, tanto em pacote como individualmente.

pacote puro
Prática de venda de produtos somente em pacote.

Até aqui, consideramos que a empresa dispõe de duas opções: vender as mercadorias separadas ou pela prática do pacote. Entretanto, há uma terceira opção, denominada **pacote misto**. Como o nome sugere, a empresa oferta os produtos *tanto* separadamente *como* em pacote, e o preço do pacote é inferior à soma dos preços individuais. (Utilizamos o termo **pacote puro** para nos referirmos à estratégia de venda de produtos *somente* como pacote.) O pacote misto muitas vezes é a estratégia ideal quando as demandas estão apenas um pouco negativamente correlacionadas e/ou quando os custos marginais de produção são significativos. (Até aqui, nos baseamos na premissa de que os custos marginais de produção são iguais a zero.)

Na Figura 11.17, o pacote misto é a estratégia mais lucrativa. Apesar de as demandas estarem negativamente correlacionadas, há custos marginais significativos. (O custo marginal de produção da mercadoria 1 é de US$ 20 e o custo marginal de produção da mercadoria 2 é de US$ 30.) Temos quatro consumidores, representados pelas letras de A a D. Comparemos as três estratégias:

1. Vender as mercadorias separadamente pelos preços $P_1 =$ US$ 50 e $P_2 =$ US$ 90.
2. Vender as mercadorias somente em um pacote ao preço de US$ 100.
3. Adotar o pacote misto, em que as mercadorias são vendidas separadamente ao preço $P_1 = P_2 =$ US$ 89,95, ou então juntas em um pacote pelo preço de US$ 100.

A Tabela 11.4 mostra essas três estratégias e os respectivos lucros. (Você pode adotar outros preços para P_1, P_2 e P_B para verificar que aqueles apresentados na tabela maximizam o lucro em cada estratégia.) Quando as mercadorias são vendidas separadamente, apenas os consumidores B, C e D adquirem a mercadoria 1, e somente o consumidor A adquire a mercadoria 2; o lucro total é 3(US$ 50 − US$ 20) + 1(US$ 90 − US$ 30) = US$ 150. No caso do pacote puro, os quatro consumidores adquirem o pacote por US$ 100, de tal forma que o lucro total é 4(US$ 100 − US$ 20 − US$ 30) = US$ 200. Como poderíamos esperar, a prática do pacote puro é uma alternativa melhor do que a venda das mercadorias em separado, pois as demandas dos consumidores estão negativamente correlacionadas. Mas como fica a prática do pacote misto? O consumidor D adquire a mercadoria 1 por US$ 89,95, o consumidor A compra a mercadoria 2 também por US$ 89,95 e os consumidores B e C adquirem o pacote por US$ 100. O lucro total é então (US$ 89,95 − US$ 20) + (US$ 89,95 − US$ 30) + 2(US$ 100 − US$ 20 − US$ 30) = US$ 229,90.[16]

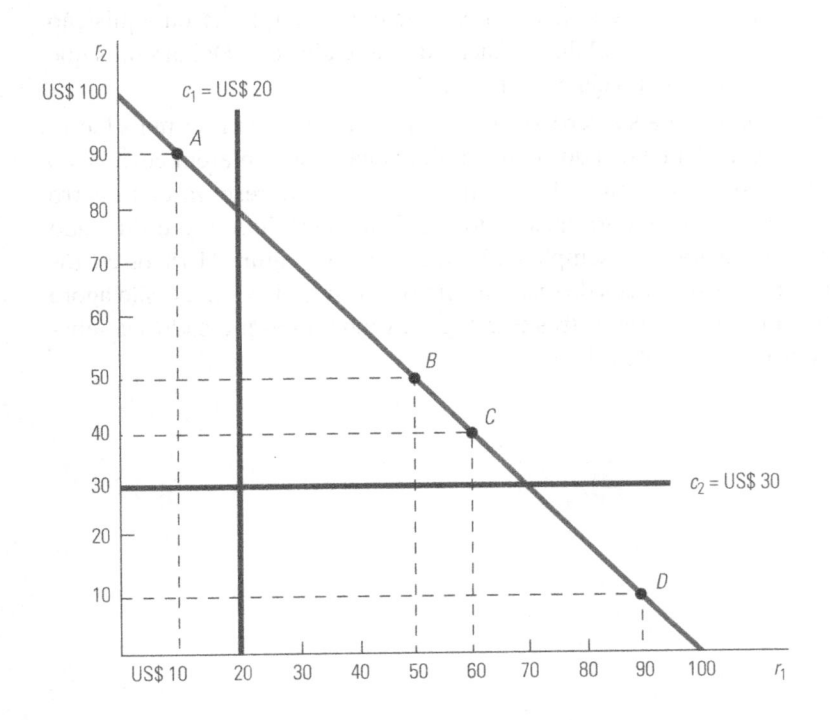

FIGURA 11.17 PACOTE MISTO *VERSUS* PACOTE PURO

Havendo custos marginais positivos, o pacote misto pode mostrar-se mais lucrativo do que o pacote puro. É o que ocorre neste exemplo. O consumidor A tem um preço de reserva para a mercadoria 1 inferior ao custo marginal c_1, e o consumidor D tem um preço de reserva para a mercadoria 2 inferior ao custo marginal c_2. Com o pacote misto, o consumidor A é induzido a adquirir apenas a mercadoria 2 e o consumidor D é induzido a adquirir apenas a mercadoria 1, o que resulta em uma redução nos custos da empresa.

TABELA 11.4 Exemplo de pacote

	P_1	P_2	P_B	Lucro
Vendido separadamente	US$ 50	US$ 90	—	US$ 150
Pacote puro	—	—	US$ 100	US$ 200
Pacote misto	US$ 89,95	US$ 89,95	US$ 100	US$ 229,90

Nesse caso, o pacote misto é a estratégia mais lucrativa, embora as demandas apresentem correlação negativa perfeita (isto é, os quatro consumidores têm preços de reserva situados sobre a reta $r_2 = 100 - r_1$). Por quê? Para cada mercadoria, o custo marginal de produção ultrapassa o preço de reserva de um consumidor. Por exemplo, o consumidor A tem um preço de reserva de US$ 90 para a mercadoria 2, porém de apenas US$ 10 para a mercadoria 1. Uma vez que o custo de produção de uma unidade da mercadoria 1 é US$ 20,

---

16 Observe que, na estratégia de pacote misto, o preço das mercadorias 1 e 2 é US$ 89,95 e não US$ 90. Se o preço fosse US$ 90, os consumidores A e D ficariam indiferentes entre comprar uma única mercadoria ou comprar o pacote e caso optassem pelo pacote o lucro total seria mais baixo.

a empresa preferirá que o consumidor A adquira apenas a mercadoria 2 e não o pacote. Ela poderá conseguir essa meta oferecendo separadamente a mercadoria 2 por um preço situado abaixo do preço de reserva do consumidor A, ao mesmo tempo em que oferece aos consumidores B e C o pacote por um preço aceitável.

O pacote misto *não* seria a estratégia preferida neste exemplo se os custos marginais fossem zero: nesse caso, não haveria benefício em excluir o consumidor A da aquisição da mercadoria 1 e excluir o consumidor D da aquisição da mercadoria 2. Deixaremos que você faça a demonstração desses fatos (veja o Exercício 12).[17]

Se os custos marginais forem iguais a zero, o pacote misto ainda poderá ser mais lucrativo do que o pacote puro se as demandas dos consumidores não apresentarem correlação negativa perfeita. (Lembre-se da Figura 11.17, na qual os preços de reserva dos quatro consumidores estavam negativamente correlacionados de forma perfeita.) Isso é ilustrado na Figura 11.18, em que modificamos o exemplo da Figura 11.17. Na Figura 11.18, os custos marginais são iguais a zero, mas os preços de reserva para os consumidores B e C são agora maiores. Mais uma vez, vamos comparar as três estratégias: vender duas mercadorias separadamente, em pacote puro e em pacote misto.

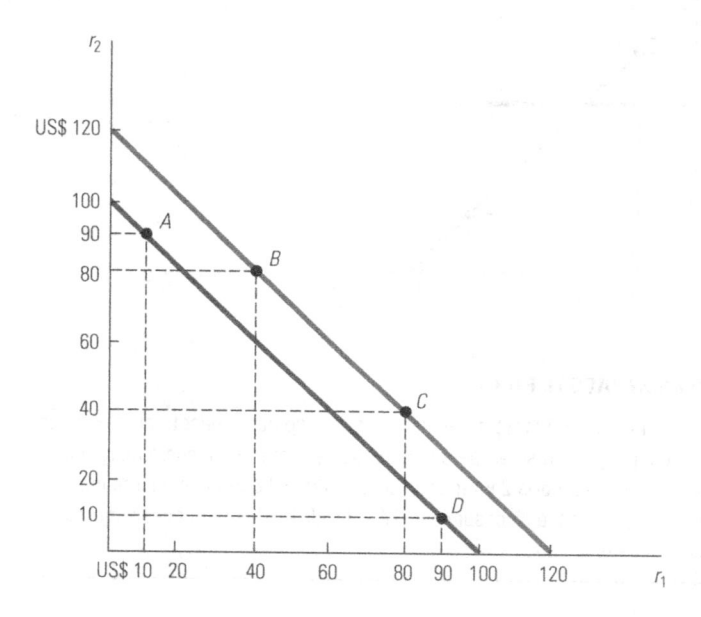

FIGURA 11.18 **PACOTE MISTO COM CUSTO MARGINAL IGUAL A ZERO**

Se os custos marginais são iguais a zero, e se as demandas dos consumidores não são negativamente correlacionadas de forma perfeita, o pacote misto é ainda mais lucrativo que o pacote puro. Neste exemplo, os consumidores B e C estão dispostos a pagar US$ 20 a mais pelo pacote do que os consumidores A e D. No caso do pacote puro, seu preço é US$ 100. No caso do pacote misto, seu preço pode aumentar para US$ 120, e ainda podem ser cobrados US$ 90 dos consumidores A e D por uma única mercadoria.

A Tabela 11.5 mostra os preços ideais e os lucros resultantes para cada estratégia. (Mais uma vez, você deve adotar outros preços para P_1, P_2 e P_B, a fim de verificar se aqueles apresentados na tabela maximizam os lucros em cada uma das estratégias.) Quando os bens são vendidos em separado, apenas os consumidores C e D compram a mercadoria 1 e somente os consumidores A e B compram a mercadoria 2; o lucro total é então de US$ 320.

---

[17] Às vezes, uma empresa com poder de monopólio pode achar lucrativa a prática do pacote do próprio produto com o de outra empresa; veja o artigo de Richard L. Schmalensee, "Commodity Bundling by Single-Product Monopolies", *Journal of Law and Economics* 25, abr. 1982, p. 67-71. O pacote também pode ser lucrativo quando os produtos são substitutos ou complementares. Veja o artigo de Arthur Lewbel, "Bundling of Substitutes or Complements", *International Journal of Industrial Organization* 3, 1985, p. 101-107.

Com o pacote puro, os quatro consumidores compram o pacote por US$ 100 e o lucro total é de US$ 400. Como esperávamos, adotar o pacote puro é melhor do que vender as mercadorias em separado, porque as demandas dos consumidores estão negativamente correlacionadas. Mas o pacote misto é melhor ainda. Com ele, o consumidor *A* compra apenas a mercadoria 2, o consumidor *D* compra apenas a 1 e os consumidores *B* e *C* compram o pacote pelo preço de US$ 120. Agora, o lucro total é de US$ 420.

TABELA 11.5 Pacotes mistos com custo marginal igual a zero				
	P_1	P_2	P_B	Lucro
Vendido separadamente	US$ 80	US$ 80	—	US$ 320
Pacote puro	—	—	US$ 100	US$ 400
Pacote misto	US$ 90	US$ 90	US$ 120	US$ 420

Por que o pacote misto é mais lucrativo do que o puro, mesmo quando o custo marginal é igual a zero? Porque as demandas não estão negativamente correlacionadas de forma perfeita. Os dois consumidores que têm elevadas demandas por ambas as mercadorias (*B* e *C*) estão dispostos a pagar mais pelo pacote do que os consumidores *A* e *D*. Em consequência, com o pacote misto podemos aumentar o preço do pacote (de US$ 100 para US$ 120), vendê-lo para os dois consumidores e cobrar US$ 90 por unidade dos demais.

Venda em pacotes na prática

A venda em pacotes é amplamente utilizada como estratégia de preços. Quando você compra um carro novo, por exemplo, pode adquirir opcionais como vidros elétricos, bancos elétricos ou teto solar separadamente, ou comprar uma versão de luxo na qual esses opcionais são vendidos em pacote. Fabricantes de carros de luxo (como Lexus, BMW ou Infiniti) tendem a incluir tais "opcionais" como equipamento-padrão, o que é considerado uma prática de pacote puro. Entretanto, para carros com preços mais moderados, esses itens são opcionais, ainda que muitas vezes sejam também oferecidos como parte de um pacote. As empresas automobilísticas precisam decidir quais itens incluir em tais pacotes e como determinar o preço.

Outro exemplo são as viagens de férias. Se você planeja passar as férias na Europa, você pode fazer a própria reserva de hotel, comprar a passagem aérea e alugar um carro. Alternativamente, você pode comprar um pacote de viagem no qual a passagem aérea, o transporte terrestre, o hotel e mesmo as refeições estejam incluídos.

Outro exemplo é a televisão a cabo. As operadoras de TV a cabo costumam oferecer um serviço básico por uma tarifa mensal baixa e canais especiais individuais, como Cinemax, HBO e Disney Channel, os quais são oferecidos individualmente por uma tarifa mensal adicional. Entretanto, elas também oferecem pacotes nos quais dois ou mais canais especiais são vendidos em conjunto. A venda em pacote de canais a cabo é lucrativa porque as demandas estão negativamente correlacionadas. Como sabemos disso? Pelo fato de haver apenas 24 horas no dia, o tempo gasto pelo consumidor assistindo à HBO não pode ser gasto assistindo ao Disney Channel. Desse modo, os consumidores com altos preços de reserva para alguns canais terão preços de reserva relativamente baixos para outros.

Como a empresa decide se oferece seus produtos em pacote e como determina o preço que maximiza os lucros? A maioria das empresas não sabe o preço de reserva dos clientes. Entretanto, fazendo pesquisas de mercado, elas podem ser capazes de estimar a distribuição dos preços de reserva e então usar a informação para planejar a estratégia de fixação de preço.

A Figura 11.19 ilustra esse fato. Os pontos são estimativas de preços de reserva para uma amostragem representativa dos clientes (obtida, digamos, por meio de um estudo de mercado).

A empresa pode primeiro escolher um preço para a venda em pacote, P_B, tal que a diagonal conectando os preços passe mais ou menos no meio dos pontos na figura. Pode, então, estimar os preços individuais, P_1 e P_2. Conhecendo P_1, P_2 e P_B, podemos separar os consumidores em quatro regiões, como mostrado na figura. Os consumidores na Região I não compram nada (porque $r_1 < P_1$, $r_2 < P_2$ e $r_1 + r_2 < P_B$). Os consumidores na Região II compram o pacote (porque $r_1 + r_2 > P_B$). Os consumidores na Região III compram apenas a mercadoria 2 (porque $r_2 > P_2$, mas $r_1 < P_B - P_2$). De maneira semelhante, os consumidores na Região IV compram apenas a mercadoria 1. Conhecendo essa distribuição, podemos calcular os lucros resultantes. Podemos subir ou baixar P_1, P_2 e P_B e observar se isso leva a lucros maiores. Isso pode ser feito repetidamente (em um computador) até que se encontrem preços que maximizem aproximadamente os lucros.

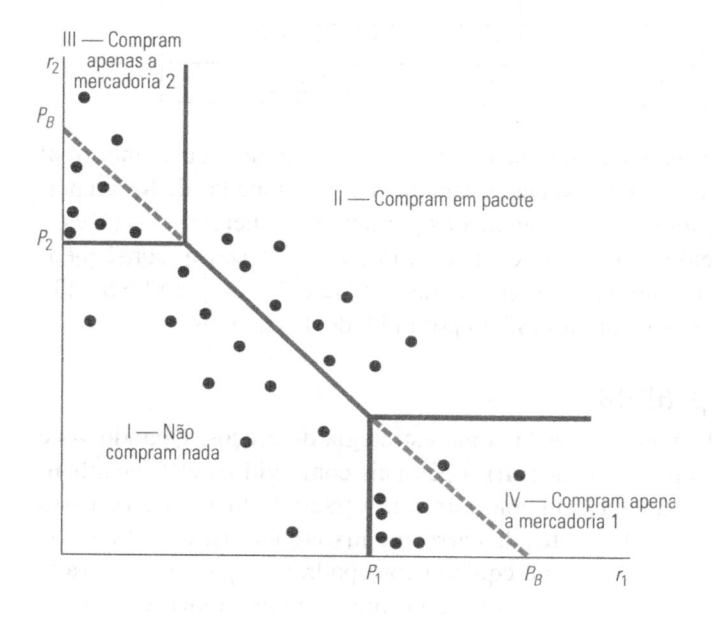

FIGURA 11.19 PACOTE MISTO NA PRÁTICA

Os pontos nesta figura representam as estimativas dos preços de reserva para uma amostragem representativa de consumidores. Uma empresa pode primeiro fixar o preço para o pacote, P_B, de tal modo que uma linha diagonal conectando esses preços passe aproximadamente no meio dos pontos. A companhia consegue então estimar preços individuais para P_1 e P_2. Uma vez conhecidos P_1, P_2 e P_B, os lucros podem ser calculados para essa amostragem de consumidores. Os administradores podem então subir ou baixar P_1, P_2 e P_B e observar se os novos preços levam ao aumento de lucros. Esse procedimento é repetido até o lucro total ser (aproximadamente) maximizado.

EXEMPLO 11.5 JANTAR COMPLETO *VERSUS* À *LA CARTE*: O PROBLEMA DA DETERMINAÇÃO DE PREÇO EM RESTAURANTE

Muitos restaurantes oferecem tanto o jantar completo quanto um cardápio à *la carte*. Qual seria a razão? A maioria dos clientes, quando vão a um restaurante, já sabe mais ou menos quanto estão dispostos a pagar pelo jantar (já escolheram o restaurante de acordo com essa disposição). Mas há preferências diferentes para jantares. Por exemplo, alguns dão mais valor aos aperitivos, mas poderiam deixar de lado a sobremesa. Outros atribuem pouco valor às bebidas alcoólicas, mas consideram as sobremesas essenciais. Por fim, há aqueles que atribuem valores moderados tanto aos aperitivos quanto à sobremesa. Qual estratégia de preço possibilitaria ao restaurante captar o máximo excedente do consumidor de tais clientes heterogêneos? Evidentemente, a resposta é a prática do pacote misto.

Para um restaurante, o pacote misto significa oferecer tanto o jantar completo (aperitivos, prato principal e sobremesa) como um cardápio à la carte (o cliente compra o aperitivo, o prato principal e a sobremesa separadamente). Essa estratégia permite que o cardápio à la carte seja precificado de forma a captar o excedente do consumidor dos clientes que dão valor mais alto a determinados pratos do que a outros. (Tais clientes corresponderiam aos consumidores *A* e *D* na Figura 11.17.) Ao mesmo tempo, o jantar completo seria capaz de reter aqueles clientes que apresentam menores variações em seus preços de reserva para pratos diferentes (por exemplo, clientes que atribuem valor moderado tanto aos aperitivos quanto à sobremesa).

Por exemplo, se o restaurante espera atrair clientes que estejam dispostos a gastar US$ 20 com o jantar, poderá cobrar cerca de US$ 5 pelos aperitivos, US$ 14 por um prato principal comum e em torno de US$ 4 pela sobremesa. Esse restaurante poderá também oferecer por US$ 20 um jantar completo, incluindo aperitivos, prato principal e sobremesa. Dessa forma, o cliente que aprecia sobremesa, mas não tem o menor interesse por aperitivos, pediria apenas o prato principal e a sobremesa, gastando com isso US$ 18 (e o restaurante economizaria o custo do preparo dos aperitivos). Ao mesmo tempo, outro cliente que dá um valor moderado (digamos, US$ 3 ou US$ 3,50) a ambos, aperitivos e sobremesa, adquirirá o jantar completo.

Não é necessário ir a um caro restaurante francês para conhecer o pacote misto. A Tabela 11.6 mostra os preços de itens individuais em uma unidade do McDonald's na área de Boston e os preços das refeições que incluem itens como carne ou peixe, uma porção grande de batatas fritas e um refrigerante grande. Observe que pode-se comprar um Big Mac, uma porção grande de batatas e um refrigerante grande separados por US$ 9,27 ou em um pacote por US$ 6,99. Alguém que não deseja as batatas pode comprar o Big Mac e o refrigerante grande separados por US$ 6,68, o que equivale a US$ 0,31 a menos que o preço do pacote.

Infelizmente para os consumidores, talvez a determinação criativa de preços seja, às vezes, mais importante do que a criatividade culinária para o sucesso financeiro de um restaurante. Os proprietários bem-sucedidos de restaurantes conhecem as características da demanda dos clientes e utilizam tal conhecimento na elaboração de estratégias de preço capazes de captar o máximo possível de excedente do consumidor.

TABELA 11.6	Pacotes mistos no McDonald's (2011)				
Item individual	Preço	Refeição (inclui refrigerante e batatas fritas)	Preço dos itens separados	Preço do pacote	Economia
McChicken	US$ 5,49	McChicken	US$ 10,07	US$ 7,89	US$ 2,18
McFish	US$ 4,39	McFish	US$ 8,97	US$ 6,79	US$ 2,18
Big Mac	US$ 4,69	Big Mac	US$ 9,27	US$ 6,99	US$ 2,28
Quarteirão com queijo	US$ 4,69	Quarteirão com queijo	US$ 9,27	US$ 7,19	US$ 2,08
Quarteirão duplo com queijo	US$ 6,09	Quarteirão duplo com queijo	US$ 10,67	US$ 8,39	US$ 2,28
Chicken McNuggets (10 unidades)	US$ 5,19	Chicken McNuggets (10 unidades)	US$ 9,77	US$ 7,59	US$ 2,18
Batatas fritas (porção grande)	US$ 2,59				
Refrigerante (copo grande)	US$ 1,99				

Fonte: Dados do cardápio da rede McDonald's

Venda casada

Venda casada é um termo genérico que se refere a qualquer exigência de que um produto seja adquirido ou vendido em alguma combinação determinada. O pacote puro é uma forma comum de venda casada, mas esta também pode assumir outras formas. Por exemplo, suponhamos que uma empresa venda um produto (digamos, uma máquina copiadora) que requeira o consumo de um produto secundário (digamos, o papel). Assim, o consumidor que compra o primeiro produto é obrigado a adquirir da mesma empresa o produto secundário. Tal exigência é imposta em geral por meio de um contrato. Observe que isso difere dos exemplos de pacote discutidos antes. Naqueles, o consumidor poderia se satisfazer comprando apenas um dos produtos; entretanto, neste caso, o primeiro produto não terá utilidade se não houver acesso ao produto secundário.

> **venda casada**
> Prática que exige que o consumidor adquira um produto para poder comprar outro.

O que levaria as empresas a praticar esse tipo de determinação de preço? Um dos principais benefícios da venda casada é que ela frequentemente permite que uma empresa *meça a demanda* e, dessa forma, pratique com mais eficácia a discriminação de preço. Durante a década de 1950, por exemplo, quando a Xerox tinha o monopólio das máquinas copiadoras, mas não do papel, os clientes que alugavam uma copiadora tinham também de adquirir papel Xerox. Isso permitia que a empresa medisse o consumo (clientes que utilizavam mais o equipamento compravam maior quantidade de papel), podendo, desse modo, aplicar uma tarifa em duas partes na determinação do preço das máquinas. Ainda durante a década de 1950, a IBM exigia que os clientes que alugavam seus computadores *mainframe* também utilizassem cartões para esse tipo de computador produzidos apenas pela IBM. Ao colocar o preço desses cartões bem acima do custo marginal, a IBM estava efetivamente cobrando preços mais elevados pela utilização de seus computadores aos clientes com maior demanda.[18]

A venda casada também pode ser utilizada para ampliar o poder de uma empresa no mercado. Conforme foi discutido no Exemplo 10.8, em 1998, o Departamento de Justiça abriu um processo contra a Microsoft acusando-a de haver casado a venda do navegador Internet Explorer à venda do sistema operacional Windows 98 para manter o poder de monopólio no mercado de sistemas operacionais de PCs.

A venda casada também pode ter outras aplicações. Uma delas, e muito importante, é proteger o conceito positivo que o consumidor tem de uma marca conhecida. É por isso que com frequência é exigido que as franquias adquiram os insumos do franqueador. Por exemplo, a Mobil Oil exige que seus postos de serviço vendam apenas lubrificantes Mobil, baterias Mobil e assim por diante. Da mesma forma, até recentemente, cada franquia do McDonald's tinha de adquirir todos os materiais e suprimentos — de hambúrgueres a copos de papel — do McDonald's, como forma de assegurar a uniformidade do produto e proteger a marca.[19]

*11.6 Propaganda

Já vimos de que forma as empresas podem utilizar o poder de mercado quando estabelecem preços. A determinação de preços é uma decisão importante a ser tomada pela empresa; a maioria das empresas com poder de mercado, entretanto, tem também outra importante decisão a tomar: quanto gastar com propaganda. Nesta seção, veremos de que modo as empresas com poder de mercado podem tomar decisões a respeito de propagandas capazes de maximizar lucros e de que forma tais decisões dependem das características da demanda do produto da empresa.[20]

Para simplificar, vamos supor que a empresa determine apenas um preço para seu produto. Presumiremos também que, depois de ter pesquisado suficientemente o mercado, ela saiba de que forma a quantidade demandada do produto depende do preço P fixado e do gasto A com propaganda; isto é, a empresa conhece a função $Q(P,A)$. A Figura 11.20 apresenta as curvas de demanda e de custo da empresa com e sem propaganda. RMe e RMg são as curvas de receita média e de receita marginal da empresa quando ela não faz propaganda, e CMe e CMg são as curvas de custo médio e de custo marginal. Ela produz uma quantidade Q_0, onde RMg = CMg, e recebe o preço P_0. O lucro unitário é a diferença entre P_0 e o custo médio, de tal forma que o lucro total π_0 é representado pelo retângulo cinza-claro.

---

18 Em última instância, ações movidas com base na legislação antitruste obrigaram a IBM a interromper tal política de preços.
19 Em alguns casos, os tribunais determinaram que a venda casada não é necessária para proteger o conceito que o cliente tem da marca, sendo uma prática anticompetitiva. Por essa razão, as franquias do McDonald's agora podem adquirir os suprimentos de quaisquer fornecedores previamente aprovados pela empresa. Para ver uma discussão de alguns dos aspectos da legislação antitruste envolvidos na prática da venda casada para a franquia, consulte o artigo de Benjamin Klein e Lester F. Saft, "The Law and Economics of Franchise Tying Contracts", *Journal of Law and Economics* 28, maio 1985, p. 345-361.
20 Uma empresa perfeitamente competitiva tem poucas razões para investir em propaganda: por definição, ela pode tanto vender quanto produzir pelo preço de mercado. Por essa razão, seria incomum encontrar produtores de milho ou de soja fazendo propaganda.

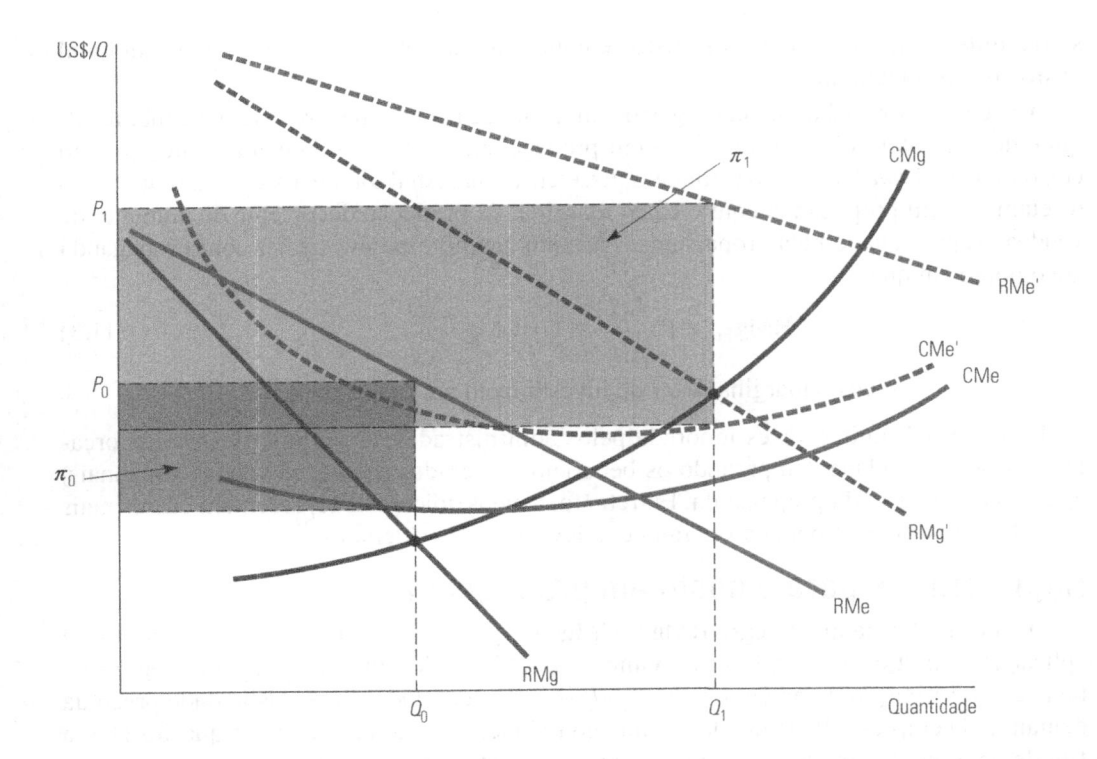

FIGURA 11.20 **EFEITOS DA PROPAGANDA**

RMe e RMg são as receitas média e marginal obtidas quando a empresa não faz propaganda e CMe e CMg são os custos médio e marginal. A empresa produz Q_0 e recebe um preço P_0. O lucro total π_0 é representado pelo retângulo cinza-claro. Se a empresa fizer propaganda, as curvas de receita média e marginal serão deslocadas para a direita; o custo médio será elevado (para CMe'), porém o custo marginal permanecerá inalterado. A empresa agora produzirá Q_1 (em que RMg' = CMg) e receberá um preço P_1. O lucro total, π_1, é agora maior.

Na Seção 7.1, o custo marginal (o aumento no custo que resulta da produção de uma unidade extra) foi distinguido do custo médio (o custo por unidade produzida).

Agora, suponhamos que a empresa invista em propaganda. Isso faz com que a curva de demanda se desloque para cima e para a direita; as novas curvas de receita média e de receita marginal são indicadas por RMe' e RMg'. A propaganda é um custo fixo, portanto, a curva de custo médio da empresa é deslocada para cima (para CMe'). O custo marginal, entretanto, permanece o mesmo. Havendo propaganda, a quantidade produzida pela empresa é Q_1 (onde RMg' = CMg), que recebe um preço P_1. Seu lucro total, π_1, representado pelo retângulo cinza-escuro, é agora muito maior.

Embora a empresa da Figura 11.20 esteja nitidamente em melhor situação quando investe em propaganda, a ilustração não nos permite determinar a *quantidade* de propaganda que deve ser feita pela empresa. Para maximizar o lucro, nossa empresa poderia optar pelo preço P e pelo gasto A com propaganda, conforme a expressão:

$$\pi = PQ(P,A) - C(Q) - A$$

Para determinado preço, um maior investimento em propaganda resultará em vendas adicionais, e, assim, em uma receita maior. Entretanto, qual será o gasto com propaganda capaz de maximizar os lucros da empresa? Você pode estar tentado a afirmar que a empresa deveria aumentar os gastos com publicidade até que o último dólar despendido gerasse apenas um dólar adicional de receita, ou seja, até que a receita marginal decorrente da propaganda, $\Delta(PQ)/\Delta A$, fosse exatamente igual a 1. Mas, como mostra a Figura 11.20, esse raciocínio omite um elemento importante. Lembre-se de que *a propaganda resulta em um nível mais alto de produção* (na ilustração, o nível de produção subiu de Q_0 para Q_1). Mas um nível mais elevado de produção representa custos de produção também mais elevados, e isso deve ser levado em consideração quando se faz uma comparação entre os custos e benefícios decorrentes de um dólar adicional gasto com propaganda.

A decisão correta é aumentar o gasto com propaganda até que a receita marginal resultante de um dólar adicional investido em propaganda, RMg_{Pro}, seja exatamente igual ao custo marginal *total* de tal investimento. Esse custo marginal total é a soma do dólar gasto diretamente em propaganda com o custo marginal de produção decorrente do aumento de vendas proporcionado pela propaganda. Portanto, a empresa deve gastar com propaganda até o ponto em que

$$RMg_{Pro} = P\frac{\Delta Q}{\Delta A} = 1 + CMg\frac{\Delta Q}{\Delta A} \quad (11.3)$$

= custo marginal *total* do investimento em propaganda

Essa regra é muitas vezes ignorada pelos administradores, que justificam seus orçamentos de publicidade comparando os benefícios esperados (isto é, as vendas adicionais) apenas com o custo da propaganda. Entretanto, vendas adicionais representam custos mais altos de produção, que por sua vez também devem ser considerados.[21]

Regra prática para o gasto em propaganda

Da mesma forma que a regra RMg = CMg, a Equação 11.3 torna-se às vezes de difícil aplicação na prática. No Capítulo 10, vimos que RMg = CMg implica a seguinte regra prática de determinação de preço: $(P - CMg)/P = -1/E_D$, em que E_D é a elasticidade preço da demanda da empresa. Podemos fazer uma combinação dessa regra com a Equação 11.3, a fim de obter uma regra prática para determinar o gasto em propaganda.

Primeiro, devemos reescrever a Equação 11.3 da seguinte forma:

$$(P - CMg)\frac{\Delta Q}{\Delta A} = 1$$

Agora devemos multiplicar os dois lados dessa equação por A/PQ, que é a **razão propaganda-vendas**:

$$\frac{P - CMg}{P}\left[\frac{A}{Q}\frac{\Delta Q}{\Delta A}\right] = \frac{A}{PQ}$$

O termo entre colchetes, $(A/Q)(\Delta Q/\Delta A)$, é a **elasticidade da demanda à propaganda**, isto é, a variação percentual da quantidade demandada resultante do acréscimo de 1% nas despesas com propaganda. Indicaremos essa elasticidade por E_A. Uma vez que $(P - CMg)/P$ deve ser igual a $-1/E_D$, podemos reescrever essa equação do seguinte modo:

$$A/PQ = -(E_A/E_D) \quad (11.4)$$

A Equação 11.4 é uma regra prática para o gasto em propaganda. Ela diz que, para maximizar lucros, a razão entre a propaganda e as vendas da empresa deve ser igual ao negativo da razão entre a elasticidade da demanda à propaganda e a elasticidade preço da demanda. Havendo informações disponíveis sobre essas duas elasticidades (por exemplo, de estudos baseados em pesquisa de mercado), a empresa pode utilizar essa regra para verificar se o orçamento de propaganda não é muito pequeno ou muito grande.

Para termos uma perspectiva dessa regra, suponha que uma empresa esteja gerando uma receita de vendas de US$ 1 milhão por ano, ao mesmo tempo em que investe apenas US$ 10.000 (1% da receita) em propaganda. A firma sabe que a elasticidade da demanda à propaganda é 0,2, de tal forma que, ao dobrar o orçamento de propaganda de US$ 10.000 para US$ 20.000, as vendas devem aumentar em 20%. Ela também sabe que a elasticidade

---

[21] Para obter essa equação por meio do cálculo integral, deve-se calcular o diferencial de $\pi(Q, A)$ em relação a A e igualar as derivadas a zero:

$$\partial\pi/\partial A = P(\partial Q/\partial A) - CMg(\partial Q/\partial A) - 1 = 0$$

Reordenando-se os termos, chega-se à Equação 11.3.

Nota lateral:

Na Equação 10.1, oferecemos uma regra prática de fixação de preços para uma empresa que maximiza lucros: a margem de lucro ou *markup* sobre o custo marginal como uma porcentagem do preço deve ser igual ao negativo do inverso da elasticidade preço da demanda.

razão propaganda-vendas
Razão entre as despesas de propaganda de uma empresa e suas vendas.

elasticidade da demanda à propaganda
Porcentagem de variação da quantidade demandada resultante do acréscimo de 1% nas despesas com propaganda.

preço da demanda de seu produto é −4. A empresa deveria aumentar o orçamento de propaganda, sabendo que com uma elasticidade preço da demanda igual a −4 seu *markup* de preço sobre o custo marginal é grande? A resposta é sim; a Equação 11.4 nos informa que a razão entre o gasto em propaganda e as vendas da empresa deveria ser −(0,2/−4) = 5%, portanto, a empresa deveria aumentar o orçamento de US$ 10.000 para US$ 50.000.

Essa regra faz sentido. Ela indica que a empresa deveria investir muito em propaganda quando (i) a demanda é muito sensível à propaganda (E_A é grande) ou quando (ii) a demanda não é muito elástica ao preço (E_D é pequeno). Sendo (i) evidente, por que as empresas deveriam investir muito em propaganda quando a elasticidade preço da demanda é pequena? Uma elasticidade pequena de demanda implica um elevado *markup* de preço sobre o custo marginal e, portanto, torna-se alto o lucro marginal gerado pela venda de cada unidade adicional. Nesse caso, se a propaganda puder ajudar a vender algumas unidades a mais, isso poderá justificar o custo.[22]

EXEMPLO 11.6 PROPAGANDA NA PRÁTICA

No Exemplo 10.2, examinamos a utilização do *markup* por supermercados, lojas de conveniência e fabricantes de jeans. Vimos de que modo, em cada um dos casos, o *markup* sobre o custo marginal dependia da elasticidade preço da demanda da empresa. Agora examinaremos a razão pela qual essas empresas, assim como produtores de outras mercadorias, fazem muita (ou pouca) propaganda.

Primeiro, analisaremos os supermercados. Dissemos que a elasticidade preço da demanda de um supermercado típico é de cerca de −10. Para determinarmos a razão entre o gasto em propaganda e as vendas, necessitamos também conhecer a elasticidade de sua demanda à propaganda. Esse número pode variar consideravelmente, dependendo da região do país onde o supermercado está situado e se ele está em uma região central, em um subúrbio ou em uma área rural. Uma faixa razoável, porém, seria de 0,1 a 0,3. Substituindo esses números na Equação 11.4, descobriremos que o administrador de um supermercado típico deve ter um orçamento de propaganda na faixa de 1% a 3% das vendas — o que é, de fato, aquilo que muitos supermercados gastam com publicidade.

Lojas de conveniência têm elasticidades preço mais baixas (em torno de −5), mas a razão entre o gasto em propaganda e as vendas costuma ser inferior à dos supermercados (muitas vezes chegando a ser igual a zero). Qual seria a razão? Isso ocorre porque essas lojas na maioria das vezes servem a clientes que moram nas proximidades e que podem necessitar de certos itens já tarde da noite ou que apenas não estão dispostos a ir até o supermercado. Esses clientes já conhecem a loja de conveniência e, provavelmente, não modificarão os hábitos de compra motivados pela eventual propaganda do estabelecimento. Portanto, E_A é muito pequeno, e o investimento em publicidade não será compensador.

A propaganda é muito importante para os fabricantes de jeans de marca, que têm razões entre gasto em propaganda e receita de vendas de até 10% ou 20%. A propaganda é importante para que os consumidores tomem conhecimento de uma marca e dá a ela certa aura e imagem. Dissemos que as elasticidades preço da demanda em uma faixa de −3 a −4 são típicas para as principais marcas e as elasticidades da demanda à propaganda podem variar de 0,3 a 1. Portanto, tais níveis de propaganda parecem fazer sentido.

Os sabões em pó possuem as mais altas razões entre gastos em propaganda e receitas de vendas, por vezes chegando a ultrapassar 30%, mesmo quando a demanda de qualquer uma das marcas é quase tão elástica quanto a demanda por jeans. O que seria capaz de justificar tanta propaganda? Uma elevadíssima elasticidade dos sabões em pó à propaganda. A demanda de qualquer marca depende crucialmente da propaganda; sem ela, os consumidores disporiam de pouca base para poder escolher entre os fabricantes disponíveis.[23]

---

[22] A propaganda com frequência afeta a elasticidade preço da demanda, e tal fato deve ser levado em conta pela empresa. No caso de alguns produtos, a publicidade amplia o mercado, atraindo uma grande gama de consumidores ou então criando um efeito cumulativo de consumo. Isso provavelmente fará com que a demanda se torne mais elástica ao preço do que ela normalmente seria. (Mas E_A com certeza será grande, o que fará a publicidade ainda ser compensadora.) Às vezes, a propaganda é usada para diferenciar um produto dos demais (por meio da criação de imagem, fascínio ou identificação de marca), visando a tornar a demanda menos elástica ao preço do que ela normalmente seria.

[23] Para ter uma visão geral de abordagens estatísticas relacionadas com estimativas feitas para a elasticidade da demanda à propaganda, veja Ernst R. Berndt, *The Practice of Econometrics*. Reading, MA: Addison-Wesley, 1991, Capítulo 8.

Por fim, a Tabela 11.7 mostra as vendas, os investimentos em propaganda e a razão entre os dois para marcas líderes no mercado norte-americano de medicamentos que dispensam receita médica. Como um todo, as taxas são bem altas. Assim como no caso do sabão em pó, a elasticidade da demanda à propaganda para marcas específicas de medicamentos é bastante alta. Alka-Seltzer, Mylanta e Tums, por exemplo, são antiácidos que têm efeitos bem semelhantes. As vendas dependem da identificação do consumidor com determinada marca, o que requer propaganda.

TABELA 11.7	Vendas e investimentos em propaganda de medicamentos que dispensam receita médica (em milhões de dólares)		
	Vendas	Propaganda	Razão (%)
Analgésicos			
Tylenol	855	143,8	17
Advil	360	91,7	26
Bayer	170	43,8	26
Excedrin	130	26,7	21
Antiácidos			
Alka-Seltzer	160	52,2	33
Mylanta	135	32,8	24
Tums	135	27,6	20
Remédios para gripe (descongestionantes)			
Benadryl	130	30,9	24
Sudafed	115	28,6	25
Xaropes			
Vicks	350	26,6	8
Robitussin	205	37,7	19
Halls	130	17,4	13

Dados de Milt Freudenheim, "Rearranging Drugstore Shelves", *The New York Times*, 27 set. 1994.

RESUMO

1. As empresas com poder de mercado encontram-se em uma posição invejável, pois têm potencial para obter grandes lucros. A obtenção de tais lucros, no entanto, pode depender crucialmente da estratégia de preços. Mesmo que as empresas fixem um preço único, elas necessitam de uma estimativa da elasticidade da demanda por sua produção. As estratégias mais complexas, que podem envolver a determinação de diversos preços, exigem ainda mais informações sobre a demanda.

2. Uma estratégia de preços tem por objetivo ampliar a base de clientes para os quais a empresa pode vender e captar o máximo possível de excedente do consumidor. Há diversas formas de atingir esses objetivos, os quais geralmente envolvem a determinação de mais que um único preço.

3. Para a empresa, o ideal seria poder praticar uma discriminação perfeita de preço — isto é, cobrando de cada cliente seu respectivo preço de reserva. Na prática, isso é quase sempre impossível. Por outro lado, diversas formas de discriminação imperfeita de preço são frequentemente utilizadas para a obtenção de lucros mais elevados.

4. A tarifa em duas partes é outra forma de captação de excedente do consumidor. Os consumidores precisam pagar uma taxa de "entrada" que lhes permite adquirir a mercadoria desejada a um preço por unidade. A tarifa em duas partes é eficaz principalmente quando as demandas dos consumidores são relativamente homogêneas.

5. Quando as demandas são heterogêneas e estão negativamente correlacionadas, a prática do pacote pode ser uma técnica eficaz para a fixação de preços. No pacote puro, duas ou mais mercadorias são vendidas somente juntas; já no pacote misto, o cliente pode adquirir as mercadorias individualmente ou em um pacote. O pacote misto pode ser mais lucrativo que o pacote puro se os custos marginais são significativos ou se as demandas não apresentam correlação negativa perfeita.

6. O pacote é um tipo especial de venda casada, ou seja, é uma exigência de que produtos sejam adquiridos ou vendidos em determinada combinação. A venda casada pode ser utilizada para medir a demanda ou então para proteger a reputação que os clientes têm de determinada marca.

7. Investir em publicidade pode aumentar ainda mais os lucros. Contudo, a razão entre os gastos em propaganda e as receitas das vendas capazes de maximizar os lucros deve ser igual em magnitude à razão entre a elasticidade da demanda à propaganda e a elasticidade preço da demanda.

QUESTÕES PARA REVISÃO

1. Suponha que uma empresa possa praticar uma discriminação de preços de primeiro grau perfeita. Qual será o menor preço que ela cobrará e qual será sua produção total?

2. De que forma um vendedor de automóveis pratica a discriminação de preços? De que maneira sua habilidade para discriminar corretamente os preços afeta seus ganhos?

3. As empresas fornecedoras de energia elétrica frequentemente praticam a discriminação de preços de segundo grau. Por que isso pode melhorar o bem-estar do consumidor?

4. Dê alguns exemplos de discriminação de preços de terceiro grau. Esse tipo de discriminação pode ser eficaz quando diferentes grupos de consumidores possuem diferentes níveis de demanda, mas elasticidades preço iguais?

5. Mostre por que uma discriminação de preço ideal de terceiro grau exige que a receita marginal de cada grupo de consumidores seja igual ao custo marginal. Utilize essa condição para explicar como uma empresa deveria alterar os preços e a produção total se a curva de demanda de um grupo de consumidores sofresse um deslocamento para a direita, o que faria a receita marginal para tal grupo aumentar.

6. Quando determinam o preço dos carros, as empresas automobilísticas norte-americanas, em geral, cobram um percentual de *markup* muito mais alto por itens "opcionais de luxo" (como bancos de couro etc.) do que pelo carro em si ou por opcionais básicos, como direção hidráulica ou câmbio automático. Explique por quê.

7. Por que o preço de pico é uma forma de discriminação de preço? Ele pode aumentar o bem-estar dos consumidores? Dê um exemplo.

8. Como uma empresa pode determinar a tarifa ideal em duas partes quando possui dois clientes com diferentes curvas de demanda? (Suponha que a empresa conheça as curvas de demanda.)

9. Por que o preço de um barbeador Gillette é uma forma de tarifa em duas partes? Será que a Gillette precisa ser um produtor monopolista tanto dos barbeadores como das lâminas? Suponha que você esteja assessorando a Gillette a encontrar a melhor forma de determinar as duas partes da tarifa. Qual procedimento você sugeriria?

10. Na cidade de Woodland, na Califórnia, existem muitos dentistas, mas somente um oftalmologista. É mais provável que os idosos recebam descontos por consultas odontológicas ou pelas oftalmológicas? Por quê?

11. Por que a MGM fez um pacote com os filmes *E o vento levou* e *A liga de Gertie*? Quais as características da demanda necessárias para que a venda em pacote seja capaz de aumentar os lucros?

12. De que forma o pacote misto difere do pacote puro? Em quais condições o pacote misto é preferível ao puro? Por que razão muitos restaurantes praticam o pacote misto (oferecendo tanto refeições completas como o cardápio à la carte) em vez do pacote puro?

13. Como a venda casada difere do pacote? O que poderia levar uma empresa a querer praticar a venda casada?

14. Por que seria incorreto investir em publicidade até o ponto em que o último dólar gasto gerasse exatamente um dólar a mais de vendas? Qual é a regra correta em relação ao dólar adicional gasto com propaganda?

15. De que forma uma empresa pode verificar se a razão entre o gasto em propaganda e as receitas das vendas é muito elevada ou muito baixa? De que informações ela necessita?

EXERCÍCIOS

1. A discriminação de preços exige habilidade para diferenciar os clientes e para evitar a ocorrência de arbitragem. Explique de que forma as situações apresentadas a seguir podem envolver esquemas de discriminação de preços e discuta tanto a diferenciação dos clientes como a arbitragem:

   a. Exigir que passageiros de empresas aéreas passem pelo menos uma noite de sábado longe de casa para poder obter uma tarifa mais barata.

   b. Insistir em fazer a entrega do cimento aos clientes, fixando os preços em função da localização dos compradores.

c. Vender processadores de alimentos junto com cupons que podem ser enviados ao fabricante para obter um reembolso de US$ 10.

d. Oferecer descontos temporários para papel higiênico.

e. Cobrar um preço mais elevado por cirurgias plásticas de pacientes de alta renda do que de pacientes de baixa renda.

2. Se a demanda por cinemas *drive-in* é mais elástica para casais do que para pessoas desacompanhadas, seria conveniente para as empresas cinematográficas cobrar uma taxa de entrada para o motorista e uma taxa extra para cada passageiro. Verdadeiro ou falso? Explique.

3. No Exemplo 11.1, vimos como os produtores de alimentos industrializados e outros bens de consumo usam cupons como forma de discriminação de preços. Embora os cupons sejam bastante utilizados nos Estados Unidos, isso não ocorre em outros países. Na Alemanha, os cupons são ilegais.

   a. Com a proibição do uso de cupons na Alemanha, os *consumidores* estão em melhor ou pior situação?

   b. Com a proibição do uso de cupons na Alemanha, os *produtores* estão em melhor ou pior situação?

4. Suponha que a BMW possa produzir qualquer quantidade de automóveis com um custo marginal constante igual a US$ 20.000 e um custo fixo de US$ 10 bilhões. Você é convidado a assessorar o CEO da empresa em relação aos preços e quantidades que deverão ser praticados na Europa e nos Estados Unidos. A demanda dos automóveis BMW em cada um dos mercados é, respectivamente, expressa por

$$Q_E = 4.000.000 - 100 P_E$$

e

$$Q_U = 1.000.000 - 20 P_U$$

em que E representa a Europa e U os Estados Unidos. Suponha que a BMW possa limitar as vendas nos Estados Unidos apenas a distribuidores autorizados.

   a. Que quantidade de automóveis deve ser vendida pela empresa em cada um dos mercados e qual deve ser o preço em cada mercado? Qual será o lucro total?

   b. Se a BMW fosse obrigada a cobrar o mesmo preço em cada mercado, qual seria a quantidade vendida em cada um deles, o preço de equilíbrio e o lucro da empresa?

5. Um monopolista está decidindo de que forma distribuirá sua produção entre dois mercados geograficamente distantes (Costa Leste e Meio-oeste). A demanda e a receita marginal para os dois mercados são:

$$P_1 = 15 - Q_1 \quad RMg_1 = 15 - 2Q_1$$
$$P_2 = 25 - 2Q_2 \quad RMg_2 = 25 - 4Q_2$$

O custo total do monopolista é $C = 5 + 3(Q_1 + Q_2)$. Quais são o preço, a produção, os lucros, as receitas marginais e o peso morto quando: (i) o monopolista pode praticar discriminação de preço; (ii) a lei proíbe a cobrança de preços diferentes nas duas regiões?

*6. A empresa Elizabeth Airlines (EA) atende a apenas uma rota: Chicago-Honolulu. A demanda de cada voo nessa rota é expressa pela equação $Q = 500 - P$. O custo operacional de cada voo é de US$ 30.000 mais US$ 100 por passageiro.

   a. Qual preço capaz de maximizar os lucros deverá ser cobrado pela EA? Quantos passageiros estarão em cada voo? Qual será o lucro da EA em cada voo?

   b. A EA descobre que os custos fixos por voo são na realidade de US$ 41.000 em vez de US$ 30.000. A empresa pode permanecer em atividade por muito tempo? Ilustre sua explicação por meio de um gráfico apresentando a curva de demanda com a qual se defronta a empresa e a curva de custo médio quando os custos fixos são de US$ 30.000 e de US$ 41.000.

   c. Espere! A EA descobriu que há duas categorias diferentes de passageiros que voam para Honolulu. A categoria A consiste de pessoas que viajam a negócios com demanda $Q_A = 260 - 0{,}4P$. A categoria B consiste de estudantes cuja demanda total é $Q_B = 240 - 0{,}6P$. Como os estudantes são facilmente identificáveis, a EA decide cobrar preços diferentes dos clientes. Faça um gráfico mostrando as curvas de demanda, bem como a soma horizontal das duas curvas. Qual preço a EA deveria cobrar dos estudantes? E dos demais passageiros? Quantos passageiros de cada categoria se encontram presentes em cada voo?

   d. Qual seria o lucro da EA em cada voo? Será que ela poderá permanecer em atividade? Calcule o excedente do consumidor para cada grupo de passageiros. Qual é o total do excedente do consumidor?

   e. Antes de a EA começar a praticar a discriminação de preço, qual era o excedente do consumidor que a demanda da categoria A obtinha com as viagens para Honolulu? E no caso da categoria B? Por que o total de excedente do consumidor diminuiu com a prática da discriminação de preço, embora a quantidade total de passagens vendidas tenha permanecido inalterada?

7. Muitas videolocadoras oferecem aos clientes dois planos alternativos:

   • **Uma tarifa em duas partes:** paga-se uma taxa anual de associado (por exemplo, US$ 40) e uma taxa diária menor para a locação de cada filme (por exemplo, uma diária de US$ 2 por filme).

- **Uma única taxa de locação:** não se paga taxa anual de associado, mas paga-se uma taxa diária mais elevada (por exemplo, uma diária de US$ 4 por filme).

Qual é a lógica por trás da tarifa em duas partes nesse caso? Por que oferecer ao cliente a opção entre os dois planos, em vez de simplesmente cobrar uma tarifa em duas partes?

8. A empresa Sal de satélites faz transmissões de TV para assinantes localizados em Los Angeles e em Nova York. As funções de demanda para cada um desses dois grupos são

$$Q_{NY} = 60 - 0{,}25P_{NY}$$
$$Q_{LA} = 100 - 0{,}50P_{LA}$$

sendo Q medido em milhares de assinaturas por ano e P o preço anual da assinatura. O custo do fornecimento de Q unidades de serviço é expresso pela equação:

$$C = 1.000 + 40Q$$

sendo $Q = Q_{NY} + Q_{LA}$

a. Quais são os preços e as quantidades capazes de maximizar os lucros para os mercados de Nova York e Los Angeles?

b. Em consequência do recente lançamento de um novo satélite pelo Pentágono, as pessoas em Los Angeles estão recebendo as transmissões da Sal destinadas a Nova York, e as situadas em Nova York estão recebendo as transmissões destinadas a Los Angeles. Em consequência, qualquer pessoa em Nova York ou em Los Angeles poderá receber as transmissões da Sal fazendo a assinatura de qualquer uma das duas cidades. Por conseguinte, a empresa passou a cobrar apenas um preço. Qual preço deverá ser cobrado e quais quantidades serão vendidas em Nova York e Los Angeles?

c. Em qual das situações descritas, (a) ou (b), a Sal estaria fazendo melhor negócio? Em termos de excedente do consumidor, qual das duas seria preferida pelos habitantes de Nova York e qual seria preferida pelos habitantes de Los Angeles? Por quê?

*9. Você é um executivo da Super Computer Inc. (SC), que aluga supercomputadores. A SC cobra uma taxa fixa por período de tempo, a qual dá direito ao uso dos equipamentos por tempo ilimitado a uma taxa de P centavos por segundo. Ela tem dois tipos de clientes potenciais — dez empresas e dez instituições de ensino. Cada cliente empresarial tem uma função de demanda dada por $Q = 10 - P$, onde Q é medido em milhões de segundos por mês; cada instituição de ensino tem uma função de demanda representada por $Q = 8 - P$. O custo marginal da SC para utilização adicional do computador é de US$ 0,02 por segundo, independentemente do volume.

a. Suponha que você pudesse separar os clientes empresariais e as instituições de ensino. Quais seriam as taxas de locação e de utilização que você deveria cobrar de cada grupo? Quais seriam seus lucros?

b. Imagine que você não tivesse meios de discriminar os dois tipos de consumidores e passasse a cobrar uma taxa de locação igual a zero. Qual taxa de utilização maximizaria seus lucros? Quais seriam esses lucros?

c. Suponha que você fixasse uma tarifa em duas partes — ou seja, uma taxa de locação e uma taxa de utilização, tanto para os clientes empresariais como para as instituições de ensino. Qual taxa de locação e qual taxa de utilização você estabeleceria? Qual seria seu lucro? Explique por que o preço não seria igual ao custo marginal.

10. Na qualidade de proprietário do único clube de tênis em uma comunidade isolada de alto padrão social, você precisa decidir quais serão os valores da taxa de anuidade e as de utilização das quadras. Há dois tipos de jogadores de tênis: os assíduos, que têm a demanda

$$Q_1 = 10 - P$$

em que Q_1 é o número de horas de quadra por semana e P é a taxa por hora cobrada de cada jogador; e os jogadores ocasionais, cuja demanda é

$$Q_2 = 4 - 0{,}25P$$

Suponha que haja 1.000 jogadores de cada tipo. Você possui muitas quadras, de tal forma que o custo marginal do tempo de quadra é igual a zero e os custos fixos são de US$ 10.000 por semana. Como não é possível diferenciar os jogadores assíduos dos ocasionais, você precisa cobrar um único preço de todos.

a. Considere que, para manter uma atmosfera "profissional", você esteja disposto a limitar a frequência, mantendo apenas os jogadores assíduos. Quais deverão ser os valores cobrados como taxa *anual* de associados e como taxa de utilização de quadra (suponha que cada ano tenha 52 semanas) para maximizar os lucros, tendo em mente a limitação de que apenas os jogadores assíduos decidiram se associar? Qual será o lucro semanal?

b. Um amigo lhe diz que você poderia obter lucros mais altos se estimulasse os dois tipos de jogadores a se tornarem sócios. Será que seu amigo está certo? Quais valores de anuidade e de taxa de utilização maximizariam os lucros semanais? Qual seria seu lucro?

c. Suponha que, ao longo dos anos, jovens profissionais que estejam progredindo na carreira se mudem para seu bairro, sendo todos eles jogadores assíduos. Você acredita que agora haja 3.000 jogadores assíduos e 1.000 ocasionais. Será que ainda seria lucrativo atender aos jogadores ocasionais? Quais deveriam ser, respectivamente, os valores da taxa anual e da taxa de utilização capazes de maximizar os lucros? Qual seria o lucro semanal?

11. A Figura 11.12 mostra os preços de reserva de três consumidores para duas mercadorias. Supondo que o custo marginal de produção seja igual a zero para ambas, de que forma o produtor poderia ganhar mais dinheiro: vendendo separadamente os produtos, utilizando o pacote puro ou utilizando o pacote misto? Quais preços deveriam ser cobrados?

12. Retorne ao exemplo ilustrado pela Figura 11.17. Suponha que os custos marginais c_1 e c_2 fossem ambos iguais a zero. Mostre que, nesse caso, o pacote puro seria a estratégia de preço mais lucrativa, em vez do pacote misto. Qual preço deveria ser cobrado pelo pacote e qual seria o lucro da empresa?

13. Há alguns anos, foi publicado um artigo no *New York Times* a respeito da política de preços empregada pela IBM. No dia anterior, a IBM havia anunciado grandes reduções de preço para a maioria dos computadores de pequeno e médio portes. O artigo dizia:

    A IBM provavelmente não tem alternativa a não ser reduzir os preços periodicamente para fazer com que seus clientes adquiram mais e aluguem menos. Se ela tiver sucesso, isso poderá tornar mais difícil a vida de seus principais concorrentes. São necessárias vendas imediatas de computadores para que a empresa possa obter receita e lucros cada vez maiores, diz Ulric Weil, da Morgan Stanley, em seu novo livro *Information Systems in the 80's*. Ele afirma que a IBM não poderá voltar a dar ênfase à atividade de locação.

    a. Elabore um argumento breve, porém claro, *apoiando* as declarações de que a IBM deve tentar fazer com que "os clientes adquiram mais e aluguem menos".
    b. Elabore um argumento breve, porém claro, *contradizendo* tal declaração.
    c. Quais fatores determinarão se a locação ou a venda são preferíveis para uma empresa como a IBM? Explique de modo sucinto.

14. Você está vendendo duas mercadorias, 1 e 2, a um mercado que consiste em três consumidores com os preços de reserva apresentados a seguir.

PREÇO DE RESERVA (US$)		
Consumidor	Para a mercadoria 1	Para a mercadoria 2
A	20	100
B	60	60
C	100	20

    O custo unitário de cada produto é US$ 30.

    a. Calcule os preços ideais e os lucros nas seguintes condições: (i) venda das mercadorias separadamente; (ii) pacote puro; e (iii) pacote misto.
    b. Com qual estratégia se obteria lucro mais elevado? Por quê?

15. Sua empresa fabrica dois produtos, sendo as demandas independentes entre si. Ambos os produtos são produzidos com custo marginal igual a zero. Você se defronta com quatro consumidores (ou grupos de consumidores) com os seguintes preços de reserva:

Consumidor	Mercadoria 1 (US$)	Mercadoria 2 (US$)
A	25	100
B	40	80
C	80	40
D	100	25

    a. Considere três estratégias de preço: (i) vender as mercadorias separadamente; (ii) pacote puro; e (iii) pacote misto. Para *cada estratégia*, determine qual é o preço ideal e qual o lucro resultante. Qual delas seria a melhor?
    b. Agora suponha que, para a produção de cada mercadoria, haja um custo marginal de US$ 30. De que forma essa informação modificará as respostas para o item (a)? Por que agora a estratégia ideal é diferente?

16. Uma empresa de TV a cabo oferece, além do serviço básico, dois produtos: o Canal de Esportes (Produto 1) e o Canal de Filmes (Produto 2). Os assinantes do serviço básico podem assinar esses serviços adicionalmente aos preços P_1 e P_2, respectivamente, ou comprar os dois em um pacote pelo preço P_B em que $P_B < P_1 + P_2$. Eles também podem apenas abster-se dos serviços adicionais e comprar apenas os serviços básicos. O custo marginal da empresa para esses serviços adicionais é zero. Por meio de uma pesquisa de mercado, a empresa estimou os preços de reserva desses dois serviços para um grupo de consumidores representativos na sua área de serviço. Esses preços de reserva estão representados (como x) na Figura 11.21, assim como os preços P_1, P_2 e P_B que a empresa de TV a cabo cobra atualmente. O gráfico está dividido em quatro regiões: I, II, III e IV.

    a. Quais produtos, se for o caso, serão comprados pelos consumidores na região I? Na região II? Na região III? Na região IV? Explique de forma sucinta.
    b. Observe que, conforme desenhado na figura, os preços de reserva para o Canal de Esportes e para o Canal de Filmes são negativamente correlacionados. Por que você esperaria, ou não, que os preços

de reserva para canais de TV a cabo estivessem negativamente correlacionados?

c. O vice-presidente da empresa declarou: "Como o custo marginal para oferecer um canal adicional é zero, a venda em pacote misto não oferece nenhuma vantagem sobre a venda em pacote puro. Nosso lucro seria tão alto quanto se oferecêssemos o Canal de Esportes e o Canal de Filmes juntos como um pacote, e apenas como um pacote". Você concorda ou discorda? Explique a razão.

d. Suponha que a empresa de TV a cabo continue a usar o pacote misto para vender os serviços. Baseado na distribuição dos preços de reserva mostrados na Figura 11.21, você acredita que a empresa de TV a cabo deveria alterar algum dos preços que cobra agora? Se sim, como?

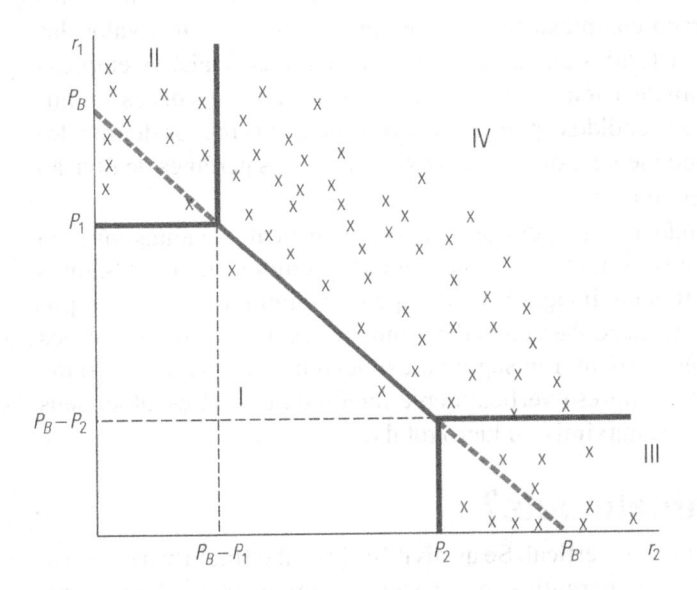

*17. Considere uma empresa com poder de monopólio e que se defronta com a seguinte curva de demanda:

$$P = 100 - 3Q + 4A^{1/2}$$

e que possua a seguinte função de custo total:

$$C = 4Q^2 + 10Q + A$$

em que A é o gasto com propaganda, e P e Q são, respectivamente, o preço e a quantidade produzida.

a. Determine os valores de A, Q e P que sejam capazes de maximizar os lucros dessa empresa.

b. Calcule o índice de Lerner, $L = (P - CMg)/P$, dessa empresa para os níveis de A, Q e P capazes de maximizar os lucros.

FIGURA 11.21 **FIGURA PARA O EXERCÍCIO 16**

Apêndice do Capítulo 11 — A empresa verticalmente integrada

integração horizontal

Forma organizacional em que várias fábricas produzem o mesmo produto ou produtos relacionados para uma empresa.

integração vertical

Forma organizacional em que uma empresa contém várias divisões, com algumas produzindo peças e componentes que outras utilizam para produzir produtos acabados.

preços de transferência

Preços internos pelos quais as peças e componentes oriundos das divisões iniciais são "vendidos" para as divisões finais dentro de uma empresa.

Muitas empresas são *integradas* — elas consistem em diversas divisões, cada qual com seus próprios administradores. Algumas são **horizontalmente integradas**: há várias divisões que produzem os mesmos produtos ou produtos estreitamente relacionados. Vimos um exemplo disso quando discutimos a empresa com múltiplas fábricas na Seção 10.1. Algumas empresas são **verticalmente integradas**: são compostas de várias divisões, com algumas produzindo peças e componentes utilizados por outras divisões na produção do produto acabado. Por exemplo, cada uma das principais empresas automobilísticas dos Estados Unidos possui divisões "iniciais" responsáveis pela produção de motores, freios, radiadores e outros componentes que as divisões "finais" utilizam na produção dos produtos acabados. (Algumas empresas são vertical e horizontalmente integradas.)

Este apêndice explica as questões econômicas decorrentes de uma empresa verticalmente integrada. Como veremos, a integração vertical tem benefícios importantes, mas também introduz decisões de preço complexas: como a empresa deve definir o valor das peças e componentes que são transferidos das divisões iniciais para as finais? A empresa precisa estabelecer **preços de transferência**, os preços internos aos quais as peças e componentes das divisões iniciais são "vendidos" para as divisões finais. Os preços de transferência devem ser escolhidos corretamente, pois eles são os sinais que os gerentes de divisão usam para determinar níveis de produção.

Iniciaremos a análise explicando as vantagens da integração vertical — vantagens para a empresa e também para os consumidores que compram os produtos finais. Algumas empresas, porém, não são verticalmente integradas; elas apenas compram peças e componentes de outras empresas independentes. Para entender o motivo, explicaremos alguns dos problemas associados à integração vertical. Em seguida, explicaremos os preços de transferência e mostraremos como uma empresa verticalmente integrada deverá escolher seus preços de transferência de modo que maximize o lucro total da empresa.

Por que integrar verticalmente?

Há diversas vantagens na integração vertical. Se as divisões inicial e final fizerem parte da mesma empresa, pode ser mais fácil garantir que as partes e componentes sejam produzidos e entregues em tempo, conforme as especificações requeridas pela divisão final. (Por outro lado, um contrato escrito com cuidado e imposto entre as empresas independentes inicial e final normalmente pode conseguir o mesmo resultado.) Contudo, a maior vantagem da integração vertical é que ela evita o problema da "dupla imposição de margem", isto é, evita um *markup* duplo.

Poder de mercado e dupla imposição de margem

Muitas vezes, uma ou mais empresas vendendo uma para outra ao longo de uma cadeia vertical terão poder de mercado. Por exemplo, a United Technologies e a General Electric têm poder de monopólio na produção de motores para jatos, que elas vendem para a Boeing e a Airbus, que por sua vez têm poder de monopólio no mercado de aeronaves comerciais. Como as empresas ao longo de uma cadeia vertical exercem esse poder de monopólio, e como são afetados os preços e a produção? As empresas se beneficiariam com uma fusão vertical que integre um negócio inicial e outro final relacionado? E os consumidores?

Para responder a essas perguntas, considere o exemplo a seguir. Suponha que um fabricante de motores tenha poder de monopólio no mercado de motores, e um fabricante de automóveis que compre esses motores tenha poder de monopólio no mercado para seus carros.

Esse poder de mercado faria com que essas duas firmas se beneficiassem de alguma maneira se houvesse uma fusão? Os consumidores do produto final — automóveis — estariam em uma situação melhor ou pior se as duas empresas realizassem a fusão? Muitas pessoas (que não leram este livro) responderiam "talvez" à primeira pergunta e "pior" à segunda. Acontece, porém, que quando há poder de mercado desse tipo, uma fusão vertical pode ser benéfica para as duas empresas *e também para os consumidores*.

EMPRESAS SEPARADAS Para entender isso, considere o exemplo simples a seguir. Suponha que um produtor monopolista de motores especiais produza esses motores a um custo marginal constante c_M e venda os motores a um preço P_M. Os motores são comprados por um produtor monopolista de carros esportivos, que vende os carros ao preço P. A demanda pelos carros é dada por

$$Q = A - P \tag{A11.1}$$

com a constante $A > c_M$. Para simplificar este exemplo ao máximo, vamos supor que o fabricante de automóveis não tenha custos adicionais além do custo do motor. (Como um exercício, você pode repetir este exemplo considerando que haja um custo marginal constante c_A para montar os carros.)

Se as duas empresas forem independentes, o fabricante de automóveis tomará o preço dos motores como dados e escolherá um preço para seus carros que maximize seus lucros:

$$\pi_A = (P - P_M)(A - P) \tag{A11.2}$$

Você pode verificar que, dado P_M, o preço dos carros que maximiza os lucros é[24]

$$P^* = \frac{1}{2}(A + P_M) \tag{A11.3}$$

Então, o número de carros vendidos e o lucro da empresa de automóveis são[25]

$$Q = \frac{1}{2}(A - P_M) \tag{A11.4}$$

e

$$\pi_A = \frac{1}{4}(A - P_M)^2 \tag{A11.5}$$

E o fabricante de motores? Ele escolhe o preço dos motores, P_M, que maximiza seus lucros:

$$\pi_M = (P_M - c_M)Q(P_M) = (P_M - c_M)\frac{1}{2}(A - P_M) \tag{A11.6}$$

Você pode confirmar que o preço dos motores que maximiza os lucros é[26]

$$P_M^* = \frac{1}{2}(A + c_M) \tag{A11.7}$$

O lucro para o fabricante de motores é, então, igual a

$$\pi_M^* = \frac{1}{8}(A - c_M)^2 \tag{A11.8}$$

Agora, volte à Equação A11.5 para o lucro do fabricante de automóveis e substitua na Equação A11.7 para o preço dos motores. Você verá que o lucro do fabricante de automóveis é, então:

$$\pi_A^* = \frac{1}{16}(A - c_M)^2 \tag{A11.9}$$

Logo, o lucro total para as duas empresas é

$$\pi_{TOT}^* = \pi_A^* + \pi_M^* = \frac{3}{16}(A - c_M)^2 \tag{A11.10}$$

Além disso, o preço dos carros pago pelo consumidor é

$$P^* = \frac{1}{4}(3A + c_M) \tag{A11.11}$$

---

24 Calcule a derivada de π_A com relação a P e defina-a como sendo igual a zero.
25 Substitua a Equação A11.3 para P^* nas equações A11.1 para Q e A11.2 para π_A.
26 Agora, tome a derivada de π_M com relação a P_M e defina-a como sendo igual a zero.

INTEGRAÇÃO VERTICAL Agora suponha que as empresas fabricantes de motores e de automóveis se fundam para formar uma empresa verticalmente integrada. A administração dessa empresa escolheria um preço de automóvel que maximize o lucro da empresa:

$$\pi = (P - c_M)(A - P) \qquad (A11.12)$$

O preço dos carros que maximiza os lucros é, agora,

$$P^* = (A + c_M)/2 \qquad (A11.13)$$

que gera um lucro de

$$\pi^* = \frac{1}{4}(A - c_M)^2 \qquad (A11.14)$$

Observe que o lucro para a empresa integrada é *maior* do que o lucro total para as duas firmas individuais que operam independentemente. Além do mais, o preço para os consumidores de automóveis é *mais baixo*. (Para confirmar que isso de fato acontece, compare A11.11 com A11.13 e lembre-se de que $A > c_M$.) Portanto, neste caso, a integração vertical beneficia não apenas as empresas que se fundiram, mas também os consumidores.

DUPLA IMPOSIÇÃO DE MARGEM Por que uma fusão vertical melhora a situação das empresas e dos consumidores? O motivo é que a integração vertical evita o problema da **dupla imposição de margem**. Quando as duas empresas operam de forma independente, cada uma exerce poder de monopólio aumentando seu preço acima do seu custo marginal. Mas, para fazer isso, cada firma precisa contrair sua produção. O produtor de motores diminui sua produção para aumentar seu preço acima do custo marginal, e depois o fabricante de automóveis faz a mesma coisa. Essa "dupla imposição de margem" empurra o preço acima da "margem única" ou *markup* simples sobre o preço da empresa integrada.

> **dupla imposição de margem**
>
> Quando cada empresa em uma cadeia vertical aumenta seu preço acima do seu custo marginal, elevando assim o preço do produto final.

Este exemplo de dupla imposição de margem é ilustrado graficamente na Figura A11.1, que mostra a curva de demanda (curva de receita média, RMe) para carros e a curva de receita marginal (RMg) correspondente. Para a empresa de automóveis, a curva de receita marginal para carros é a curva de demanda para motores (efetivamente, a receita marginal líquida para motores). Ela descreve o número de motores que o fabricante de automóveis comprará como uma função do preço. Do ponto de vista da empresa de motores, ela é a curva de receita média para motores (ou seja, a curva de demanda para motores com a qual a empresa de motores se depara). Correspondente a essa curva de demanda é a curva de receita marginal da empresa de motores para os motores, rotulada com RMg_M na figura. Se a empresa de motores e a de automóveis são entidades distintas, a fábrica de motores produzirá uma quantidade de motores no ponto onde sua curva de receita marginal cruza sua curva de custo marginal. Essa quantidade é rotulada com Q'_M. O fabricante de automóveis comprará esses motores e produzirá um número igual de carros. Logo, o preço dos automóveis será P'_A.

O que acontece se as duas empresas se fundirem? A empresa integrada terá a curva de demanda RMe_{CARROS} e a curva de receita marginal correspondente RMg_{CARROS}. Ela produzirá uma série de motores e um número igual de carros no ponto onde a curva de receita marginal para carros cruza o custo marginal da produção de carros, que neste exemplo é simplesmente o custo marginal dos motores. Como podemos ver na figura, haverá uma quantidade maior de motores e carros produzidos a um preço correspondentemente mais baixo.

ALTERNATIVAS À INTEGRAÇÃO VERTICAL O que as empresas podem fazer para reduzir o problema da dupla imposição de margem se uma fusão vertical não for uma opção válida? Uma solução é que a empresa inicial tente tornar o mercado final o mais competitivo possível, reduzindo assim qualquer dupla marginalização. Assim, a Intel, que tem poder de monopólio nos processadores, gostaria de fazer tudo o que puder para garantir que o mercado de computadores pessoais permaneça o mais competitivo possível, podendo até mesmo prestar ajuda a empresas de computador que estejam na iminência de sair do negócio.

Um segundo método para lidar com a dupla imposição de margem é denominado **quantidade forçada**. A ideia é impor uma quota de vendas ou outra restrição às empresas finais de modo que elas não possam reduzir sua produção em uma tentativa de fixar seu *markup*. Por exemplo, as companhias automobilísticas criarão incentivos financeiros para impulsionar as revendas (que têm algum poder de monopólio) a vender o máximo de carros possível.

> **quantidade forçada**
> Uso da quota de vendas ou outros incentivos para fazer as empresas finais venderem o máximo possível.

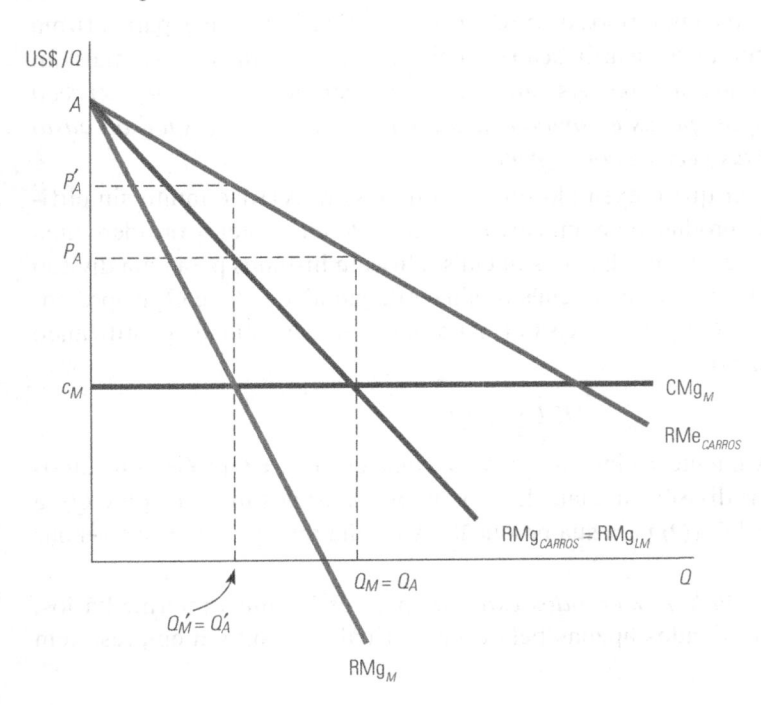

FIGURA A11.1 **EXEMPLO DE DUPLA IMPOSIÇÃO DE MARGEM**

Para a empresa de automóveis, a curva de receita marginal para carros é a curva de demanda para motores (a receita marginal líquida para motores). Correspondendo a essa curva de demanda está a curva de receita marginal da empresa de motores, RMg_M. Se a empresa de motores e a de automóveis são entidades separadas, a empresa de motores produzirá uma quantidade de motores Q_M no ponto onde sua curva de receita marginal cruza sua curva de custo marginal. O fabricante de automóveis comprará esses motores e produzirá um número igual de carros. Logo, o preço dos carros será P'_A. Mas, se as empresas se fundirem, a empresa integrada terá a curva de demanda RMe_{CARROS} e a curva de receita marginal RMg_{CARROS}. Ela produz uma série de motores e um número igual de carros no ponto onde RMg_{CARROS} é igual aos custos marginais da produção de carros, que é CMg_{CARROS}. Assim, mais motores e carros são produzidos e o preço dos carros é mais baixo.

Preços de transferência na empresa integrada

Agora, vamos passar para a firma integrada verticalmente, que maximiza seus lucros, e ver como ela deverá escolher seus preços de transferência e níveis de produção divisionais. Começamos com o caso mais simples: não há mercado externo para a produção da divisão inicial; ou seja, a divisão inicial produz um bem que não é produzido nem usado por qualquer outra firma. Mais adiante, vamos considerar o que acontece quando há um mercado externo para a produção da divisão inicial.

Preços de transferência quando não há mercado externo

Analise novamente a Figura A11.1. Vimos que, se a empresa for integrada, a quantidade de motores e carros que ela produzirá para maximizar seus lucros é $Q_M = Q_A$, no ponto onde RMg_{CARROS} é igual ao custo marginal da produção de carros, que é CMg_M.

Agora, suponha que a divisão de automóveis final tivesse que "pagar" à divisão inicial de motores um preço de transferência para cada motor que utilizasse. Qual deverá ser esse preço de transferência? Ele deverá ser igual ao custo marginal da produção de motores, ou seja, CMg_M. Por quê? Porque aí então a divisão de automóveis terá um custo marginal de produção de carros igual a CMg_M, de modo que, mesmo que precise maximizar seu próprio lucro divisional, ela fabricará o número correto de carros.

Outra maneira de ver isso é em termos de *custo de oportunidade*. O que é, para a firma integrada, o custo de oportunidade da utilização de mais um motor (para produzir mais um carro)? É o custo marginal dos motores. Assim, temos uma regra simples: *defina o preço de transferência de quaisquer peças e componentes iniciais como sendo igual ao custo marginal da produção dessas peças e componentes.*

Você poderia argumentar que o exemplo ilustrado na Figura A11.1 é muito simplificado, pois o único custo de produção de um carro é o custo de um motor. Considere uma empresa que tenha três divisões: duas divisões iniciais fabricam insumos para uma divisão final que os processa. As duas divisões iniciais produzem quantidades Q_1 e Q_2 e apresentam os custos totais $C_1(Q_1)$ e $C_2(Q_2)$. A divisão final produz uma quantidade Q utilizando a seguinte função de produção:

$$Q = f(K, L, Q_1, Q_2)$$

em que K e L são, respectivamente, os insumos capital e mão de obra, e Q_1 e Q_2 os insumos intermediários oriundos das divisões iniciais. Excluindo os custos dos insumos Q_1 e Q_2, a divisão final tem custo total $C_d(Q)$ para sua produção. A receita total gerada pelas vendas do produto final é $R(Q)$.

Estamos supondo que *não haja mercados externos* para os insumos intermediários, Q_1 e Q_2; eles podem ser utilizados apenas pela divisão final. Portanto, a empresa tem dois problemas:

1. Quais são as quantidades Q_1, Q_2 e Q capazes de maximizar o lucro?
2. Existe um esquema de incentivos que permita a descentralização de sua administração? Em particular, há um conjunto de preços de transferência P_1 e P_2, de tal forma que, *se cada divisão maximizar o próprio lucro, o lucro total da empresa também será maximizado?*

> Na Seção 10.1, explicamos que uma empresa maximiza os lucros no nível de produção no qual a receita marginal é igual ao custo marginal.

Para resolver esses problemas, observe que o lucro total da empresa é

$$\pi(Q) = R(Q) - C_d(Q) - C_1(Q_1) - C_2(Q_2) \quad (A11.15)$$

Qual é o nível de Q_1 capaz de maximizar esse lucro? É o nível para o qual *o custo da última unidade de Q_1 é exatamente igual à receita adicional gerada para a empresa*. O custo de produzir uma unidade adicional de Q_1 é o custo marginal $\Delta C_1 / \Delta Q_1 = CMg_1$. Qual é a receita adicional gerada por essa unidade extra? Uma unidade adicional de Q_1 permite que a empresa produza um produto final Q mais alto equivalente à quantidade $\Delta Q / \Delta Q_1 = PMg_1$, que é o produto marginal de Q_1. Uma unidade adicional de produto final resulta em uma receita adicional $\Delta R / \Delta Q = RMg$, mas também em um custo adicional para a divisão final igual a $\Delta C_d / \Delta Q = CMg_d$. Portanto, a *receita marginal líquida* $RMgL_1$, que a empresa obtém com uma unidade adicional de Q_1, é $(RMg - CMg_d)PMg_1$. Igualando essa expressão ao custo marginal para uma unidade, podemos obter a seguinte regra de maximização de lucro:[27]

$$RMgL_1 = (RMg - CMg_d)PMg_1 = CMg_1 \quad (A11.16)$$

---

[27] Utilizando o cálculo integral, podemos obter essa equação calculando o diferencial da Equação A11.15 em relação a Q_1:

$$d\pi/dQ_1 = (dR/dQ)(\partial Q/\partial Q_1) - (dC_d/dQ)(\partial Q/\partial Q_1) - dC_1/dQ_1$$
$$= (RMg - CMg_d)PMg_1 - CMg_1$$

Ao determinarmos $d\pi/dQ = 0$ para maximizar o lucro, obteremos a Equação A11.4.

Repetindo os mesmos passos para o segundo insumo intermediário, teremos:

$$\text{RMgL}_2 = (\text{RMg} - \text{CMg}_d)\text{PMg}_2 = \text{CMg}_2 \tag{A11.17}$$

Observe, com base nas equações A11.16 e A11.17, que é *incorreto* fazer a determinação do nível de produção total, Q, igualando-se a receita marginal ao custo marginal para a divisão final, isto é, fazendo com que, por exemplo, $\text{RMg} = \text{CMg}_d$. Fazê-lo significa ignorar o custo de produção do insumo intermediário. (RMg é maior do que CMg_d, pois esse custo é positivo.) Observe também que as equações A11.16 e A11.17 são condições-padrão da análise marginal: a produção de cada divisão inicial deve ser tal que o custo marginal seja igual à contribuição marginal para o lucro de toda a empresa.

Agora, quais preços de transferência P_1 e P_2 devem ser "cobrados" da divisão final pela utilização dos insumos intermediários? Lembre-se de que, se cada uma das três divisões utilizar esses preços de transferência para maximizar o próprio lucro, o lucro total da empresa deve ser maximizado. As duas divisões iniciais maximizarão seus lucros de divisão, π_1 e π_2, por meio das equações

$$\pi_1 = P_1 Q_1 - C_1(Q_1)$$

e

$$\pi_2 = P_2 Q_2 - C_2(Q_2)$$

Uma vez que as divisões iniciais tenham por base os preços P_1 e P_2, elas escolherão Q_1 e Q_2, de forma que $P_1 = \text{CMg}_1$ e $P_2 = \text{CMg}_2$. De modo semelhante, a divisão final maximizará o lucro:

$$\pi(Q) = R(Q) - C_d(Q) - P_1 Q_1 - P_2 Q_2$$

Considerando que a divisão final também terá por base P_1 e P_2, ela escolherá Q_1 e Q_2 de tal forma que

$$(\text{RMg} - \text{CMg}_d)\text{PMg}_1 = \text{RMgL}_1 = P_1 \tag{A11.18}$$

e

$$(\text{RMg} - \text{CMg}_d)\text{PMg}_2 = \text{RMgL}_2 = P_2 \tag{A11.19}$$

Observe que, ao se fixarem preços de transferência iguais aos respectivos custos marginais ($P_1 = \text{CMg}_1$ e $P_2 = \text{CMg}_2$), as condições de maximização do lucro exigidas pelas equações A11.16 e A11.17 estarão sendo satisfeitas. Temos, portanto, uma solução simples para o problema do preço de transferência: *fazer com que cada preço de transferência seja igual ao custo marginal da respectiva divisão inicial*. Assim, quando cada divisão tiver de maximizar o próprio lucro, as quantidades Q_1 e Q_2 que a divisão inicial desejar produzir serão iguais às quantidades que a divisão final desejará "comprar", e em conjunto maximizarão o lucro total da empresa.

Para ilustrar esse fato graficamente, suponha que a empresa Race Car Motors, Inc. tenha duas divisões: uma inicial, denominada Engine Division, que fabrica os motores, e uma final, denominada Assembly Division, que executa a montagem dos automóveis, utilizando um motor (e algumas outras peças) em cada automóvel. Na Figura A11.2, a curva de receita média, RMe, é a curva de demanda por automóveis da Race Car Motors. (Observe que a empresa tem poder de monopólio no mercado de automóveis.) CMg_A é o custo marginal da montagem dos automóveis, *dado o custo dos motores* (isto é, CMg_A não inclui o custo dos motores). Considerando-se que o automóvel precisa de motor, o produto marginal dos motores é um. Portanto, a curva $\text{RMg} - \text{CMg}_A$ é também a curva de receita marginal líquida para os motores:

$$\text{RMgL}_M = (\text{RMg} - \text{CMg}_A)\text{PMg}_M = \text{RMg} - \text{CMg}_A$$

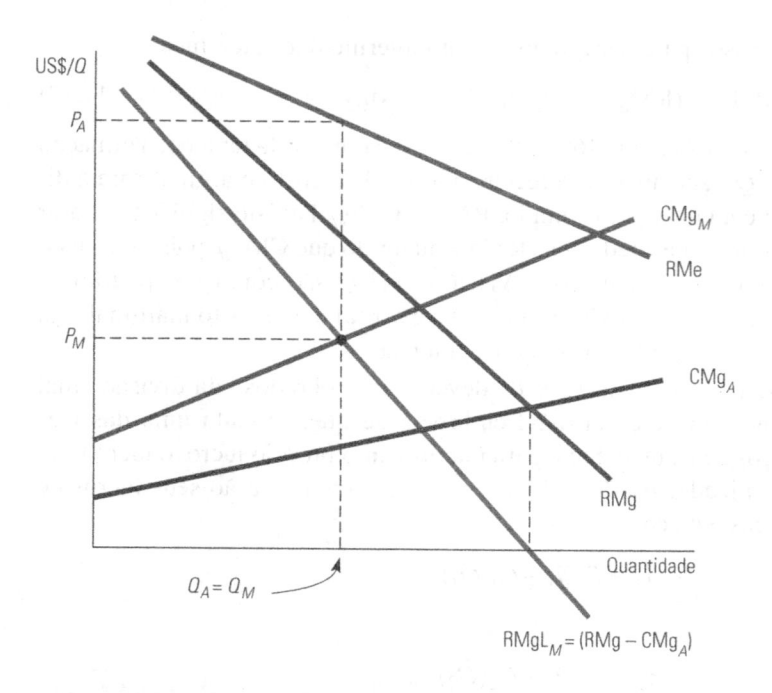

FIGURA A11.2 RACE CAR MOTORS, INC.

A divisão inicial da empresa deve produzir uma quantidade Q_M de motores que iguale o custo marginal de motores, CMg_M, à receita marginal líquida de motores, $RMgL_M$, a divisão final. Considerando-se que a empresa utiliza um motor em cada automóvel, $RMgL_M$ é a diferença entre a receita marginal obtida com a venda dos automóveis e o custo marginal de montá-los, isto é, $RMg - CMg_A$. O preço de transferência ideal P_M dos motores deve ser igual ao custo marginal de sua produção. Os automóveis prontos são vendidos pelo preço P_A.

A quantidade de motores (e o número de automóveis) que maximiza os lucros é encontrada no ponto de interseção entre a curva de receita marginal líquida, $RMgL_M$, e a de custo marginal dos motores, CMg_M. Tendo determinado o número de automóveis que produzirá e conhecendo as funções de custo para cada divisão, a administração da Race Car Motors pode agora determinar o preço de transferência P_M capaz de dar o valor correto aos motores utilizados na produção dos automóveis. Esse é o preço de transferência que deve ser utilizado para calcular o lucro de cada divisão (e também para calcular o valor da gratificação anual dos administradores de cada divisão).

Preços de transferência com mercado externo competitivo

Agora suponhamos que haja um mercado externo *competitivo* para a mercadoria intermediária produzida por uma divisão inicial. Sendo esse mercado competitivo, há um único preço de mercado pelo qual alguém poderá comprar ou vender a mercadoria. Portanto, *o custo marginal da mercadoria intermediária é simplesmente o preço de mercado*. Como o preço de transferência ideal tem de ser igual ao custo marginal, ele também deve ser igual ao preço do mercado competitivo.

Para esclarecermos esse ponto, vamos voltar ao exemplo da Race Car Motors. Suponhamos que haja um mercado competitivo para os motores que ela fabrica e utiliza em seus automóveis. Se o preço de mercado for baixo, a empresa talvez queira adquirir uma parte ou a totalidade de seus motores no mercado exterior a ela; se, ao contrário, for alto, ela talvez queira vender no mercado os motores que produz. A Figura A11.3 ilustra o primeiro caso. Para quantidades inferiores a $Q_{M,1}$, o custo marginal CMg_M da divisão inicial que produz os motores é mais baixo do que o preço de mercado $P_{M,ME}$; para quantidades acima de $Q_{M,1}$ ele é mais alto do que o preço de mercado. A empresa deveria obter os motores pelo menor custo, portanto, o custo marginal dos motores CMg_M^* representa o custo marginal da divisão inicial para quantidades até $Q_{M,1}$, passando a ser igual ao preço de mercado para quantidades acima de $Q_{M,1}$. Observe que a Race Car Motors utiliza mais motores e produz mais automóveis do que o faria caso não houvesse um mercado externo de motores. A divisão final agora passa a adquirir $Q_{M,2}$ motores e produz um igual número de automóveis. Entretanto, ela "compra" apenas a quantidade $Q_{M,1}$ desses motores de sua divisão inicial e o restante no mercado competitivo.

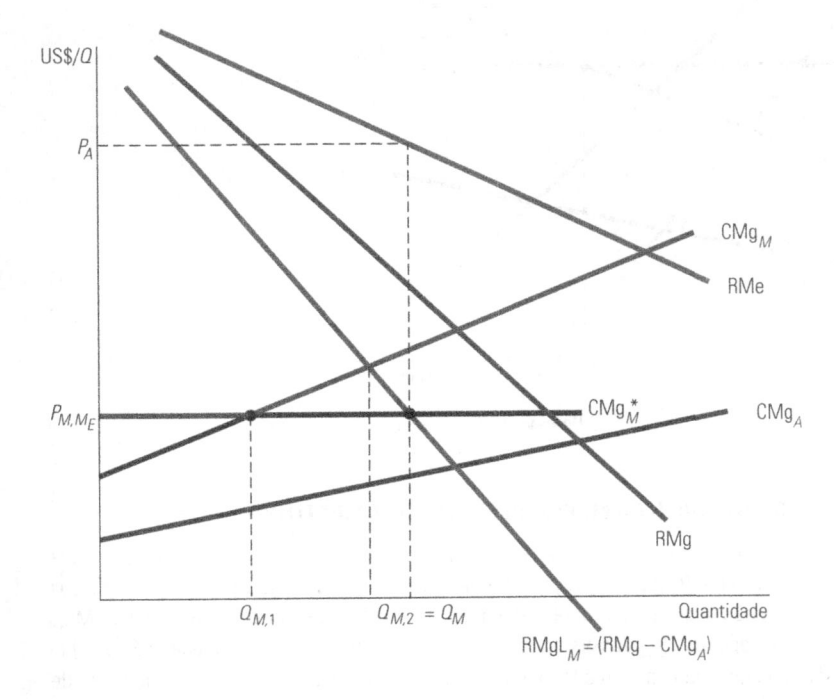

FIGURA A11.3 **A AQUISIÇÃO DE MOTORES EM UM MERCADO COMPETITIVO EXTERNO À EMPRESA**

O custo marginal dos motores da Race Car Motors, CMg^*_M, é representado pelo custo marginal da divisão inicial para quantidades até $Q_{M,1}$, passando a ser o preço de mercado, $P_{M,ME}$, para quantidades acima de $Q_{M,1}$. A divisão final deveria utilizar o total de $Q_{M,2}$ motores para produzir um igual número de automóveis; nesse caso, o custo marginal dos motores seria igual à receita marginal líquida. A quantidade $Q_{M,2} - Q_{M,1}$ desses motores é adquirida no mercado externo à empresa. A divisão final "paga" à divisão inicial o preço de transferência $P_{M,ME}$ pelos $Q_{M,1}$ motores restantes.

Pode parecer estranho que a Race Car Motors tenha de adquirir motores no mercado competitivo quando é capaz de produzi-los. Entretanto, se ela produzisse todos os motores, o custo marginal para produzi-los seria mais elevado do que o preço do mercado competitivo. Embora o lucro da divisão inicial fosse mais alto, *o lucro total da empresa seria mais baixo.*

A Figura A11.4 apresenta o caso em que a Race Car Motors passa a *vender* motores no mercado externo. Agora, o preço $P_{M,ME}$ do mercado competitivo está situado acima do preço de transferência que a empresa teria estabelecido caso não houvesse um mercado externo a ela. Dessa forma, apesar de a divisão inicial Engine Division produzir a quantidade $Q_{M,1}$ de motores, apenas $Q_{M,2}$ motores são utilizados pela divisão final na produção de automóveis. O restante é vendido no mercado externo ao preço $P_{M,ME}$.

Observe que, em comparação com a situação em que não há tal mercado, a Race Car Motors está produzindo uma quantidade maior de motores, mas um menor número de automóveis. No entanto, por que não utilizar esse número maior de motores para produzir com todos eles uma quantidade maior de automóveis? Porque os motores são agora muito valiosos. Em termos de margem, a receita líquida que pode ser gerada pela venda desses motores no mercado externo é mais elevada do que a receita líquida que seria obtida usando-se todos eles para montar uma quantidade adicional de automóveis.

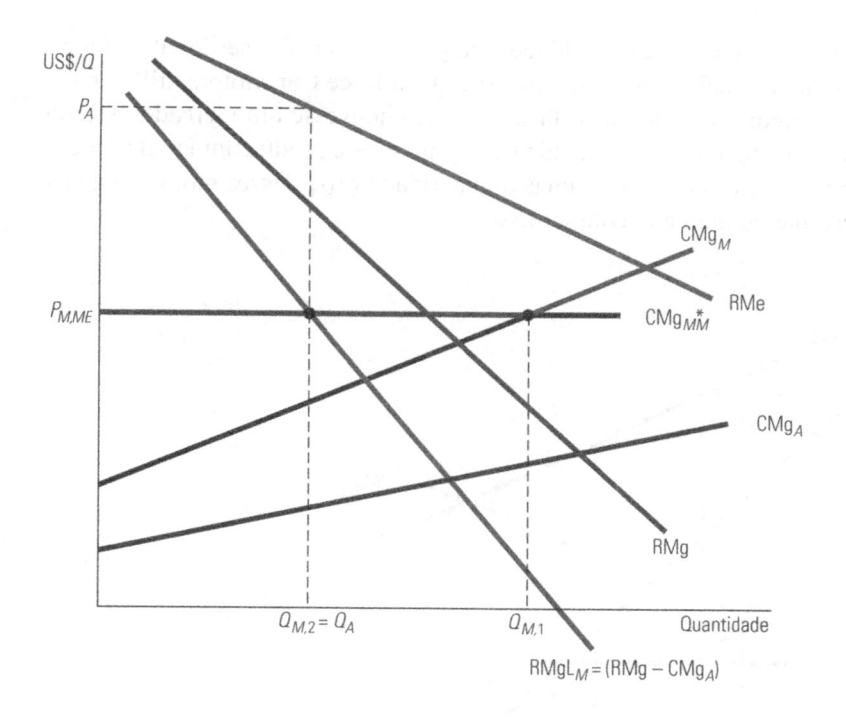

FIGURA A11.4   **A VENDA DE MOTORES AO MERCADO EXTERNO COMPETITIVO**

O preço de transferência ideal para a Race Car Motors será de novo o preço de mercado, $P_{M,ME}$. Esse preço se situa acima do ponto no qual CMg_M cruza com $RMgL_M$, de tal forma que a divisão inicial pode vender alguns de seus motores no mercado externo. A divisão inicial produz uma quantidade $Q_{M,1}$ de motores, quantidade na qual CMg_M é igual a $P_{M,ME}$. A divisão final usa apenas $Q_{M,2}$ desses motores, quantidade na qual $RMgL_M$ é igual a $P_{M,ME}$. Em comparação com a Figura A11.2, na qual não há mercado externo, neste caso produz-se uma quantidade maior de motores e uma quantidade menor de automóveis.

Preços de transferência com mercado externo não competitivo

Suponha agora que haja um mercado externo para a produção da divisão inicial; porém, esse mercado não é competitivo. Suponhamos que o motor produzido pela divisão inicial Engine Division seja um modelo especial que apenas a Race Car Motors possa fabricar, de modo que a Race Car Motors pode atuar como *fornecedor monopolista* para esse mercado produzindo também motores para uso próprio. Não mostraremos os detalhes desse caso, mas você poderá ver que o preço de transferência pago à Engine Division estará *abaixo* do preço que os motores são comprados no mercado externo. Por que "pagar" à Engine Division um preço menor do que o que é pago no mercado externo? O motivo é que o custo de oportunidade da utilização de um motor internamente é apenas o custo marginal da fabricação do motor, enquanto o custo de oportunidade de sua venda para fora é mais alto, pois inclui um *markup* de monopólio.

Às vezes, uma empresa integrada verticalmente pode comprar componentes no mercado externo, no qual ela tem poder de *monopsônio*. Por exemplo, suponhamos que a Race Car Motors possa obter motores de sua divisão inicial Engine Division ou consiga comprá-los no mercado externo *como um monopsonista*. Embora não tenhamos ilustrado esse caso graficamente, você deve ser capaz de observar que nesse caso o preço de transferência pago à Engine Division estará *acima* do preço pago pelos motores no mercado externo. Por que "pagar" à divisão inicial um preço mais alto do que o praticado no mercado externo? Com poder de monopsônio, comprar um motor adicional no mercado externo significa incorrer em uma *despesa marginal* maior que o preço efetivo pago por motor naquele mercado. (A despesa marginal é maior porque a compra de uma unidade adicional eleva a despesa média *para todas* as unidades compradas no mercado externo.) A despesa marginal é o custo de oportunidade da compra de um motor no mercado externo, e portanto deverá ser igual ao preço de transferência pago à Engine Division, de modo que o preço de transferência será maior que o preço pago externamente.

Impostos e preços de transferência

Até aqui, ignoramos os impostos em nossa discussão sobre preços de transferência. Mas, na verdade, impostos podem desempenhar um papel importante para determinar os preços de transferência quando o objetivo é maximizar os lucros *após o pagamento dos impostos* da empresa integrada. Especialmente, esse é o caso em que as divisões inicial e final da empresa operam em diferentes países.

Para ver isso, suponha que a Engine Division inicial da Race Car Motors esteja localizada em um país asiático, com uma baixa taxa de impostos corporativos sobre o lucro, enquanto a divisão final Assembly Division esteja nos Estados Unidos, com uma taxa de imposto mais alta. Suponha que, na ausência de impostos, o custo marginal e, portanto, o preço de transferência ideal para um motor seja US$ 5.000. Como esse preço de transferência seria afetado pelos impostos?

Em nosso exemplo, a diferença nas taxas de impostos fará com que o custo de oportunidade do uso de um motor na saída supere US$ 5.000. Por quê? Porque o lucro na divisão final gerado pelo uso do motor sofrerá incidência de uma taxa de imposto relativamente alta. Assim, levando em conta os impostos, a empresa desejará definir um preço de transferência mais alto, talvez US$ 7.000. Isso reduzirá os lucros na divisão final nos Estados Unidos (de modo que a empresa pagará menos em impostos) e aumentará os lucros da divisão inicial, sobre a qual incide uma taxa de imposto mais baixa.

> Na Seção 10.5, explicamos que, quando um comprador possui poder de monopsônio, sua curva de despesa marginal encontra-se acima da curva de despesa média, pois a decisão de comprar uma unidade extra do produto aumenta o preço a ser pago por todas elas.

Um exemplo numérico

Suponhamos que a Race Car Motors tenha a seguinte demanda para seus automóveis:

$$P = 20.000 - Q$$

A receita marginal é, então

$$RMg = 20.000 - 2Q$$

O custo da montagem dos automóveis pela divisão final é

$$C_A(Q) = 8.000Q$$

de maneira que o custo marginal dessa divisão é $CMg_A = 8.000$. O custo de produção de motores pela divisão inicial é

$$C_M(Q_M) = 2Q_M^2$$

O custo marginal dessa divisão é, então, $CMg_M(Q_M) = 4Q_M$.

Primeiro, suponhamos que *não haja mercado* externo para os motores. Quantos motores e automóveis deveriam ser produzidos pela empresa? Qual deveria ser o preço de transferência dos motores? Para solucionarmos esse problema, igualaremos a receita marginal líquida gerada pelos motores e o custo marginal da produção destes. Considerando que cada automóvel tem um motor, $Q_M = Q$, a receita marginal líquida dos motores é então

$$RMgL_M = RMg - CMg_A = 12.000 - 2Q_M$$

Agora, igualando $RMgL_M$ e CMg_M, temos

$$12.000 - 2Q_M = 4Q_M$$

Portanto, $6Q_M = 12.000$ e $Q_M = 2.000$. Por conseguinte, a empresa deveria produzir 2.000 motores e 2.000 automóveis. O preço ideal de transferência é o custo marginal desses 2.000 motores:

$$P_M = 4Q_M = US\$ 8.000$$

Segundo, suponhamos que haja um *mercado externo competitivo* no qual os motores possam ser comprados ou vendidos por US$ 6.000. Como esse valor é inferior aos US$ 8.000 do preço de transferência ideal quando não há mercado externo, a empresa deveria adquirir alguns de seus motores no mercado externo. O custo marginal para os motores e o preço ideal de transferência são agora de US$ 6.000. Igualando esse custo marginal à receita marginal líquida gerada pelos motores, temos

$$6.000 = \text{RMgL}_M = 12.000 - 2Q_M$$

Portanto, a quantidade total de motores e automóveis é agora igual a 3.000. Observe que a empresa está, dessa forma, produzindo mais automóveis (podendo vendê-los por preço mais baixo), pois o custo dos motores é menor. Observe também que, como o preço de transferência dos motores passou a ser US$ 6.000, a divisão inicial Engine Division agora está fornecendo apenas 1.500 motores (pois $\text{CMg}_M(1.500) = US\$ 6.000$). Os 1.500 motores restantes são adquiridos no mercado externo.

EXERCÍCIOS

1. Suponha que a Boeing se defronte com a seguinte curva de demanda para as vendas mensais de sua aeronave 787:

   $$Q = 120 - 0,5P$$

   sendo Q a quantidade de aeronaves vendidas por mês e P o preço em milhões de dólares. A aeronave usa um grupo de motores fabricados pela General Electric, e a Boeing paga à GE um preço P_M (em milhões de dólares) para cada grupo de motores. O custo marginal para a GE da produção de um grupo de motores é de 20 (milhões de dólares). Além de pagar pelos motores, a Boeing incorre em um custo marginal de 100 (milhões de dólares) por aeronave.

   a. Qual é o preço de aeronave que maximiza os lucros da Boeing, dado um preço P_M para os motores? Qual preço maximiza os lucros que a GE cobrará por grupo de motores? Com esse preço de motores, que preço a Boeing cobrará por suas aeronaves?

   b. Suponha que a Boeing tivesse de adquirir a divisão de motores da GE, de modo que agora os motores e aeronaves são fabricados por uma única empresa. Agora, que preço será cobrado pela empresa por suas aeronaves?

2. Revise o exemplo numérico sobre a Race Car Motors. Calcule o lucro obtido pelas divisões inicial, final e por toda a empresa em cada um dos três casos examinados: (a) não há mercado externo para os motores; (b) existe um mercado competitivo para motores no qual o preço é de US$ 6.000; e (c) a empresa é um fornecedor monopolista de motores para um mercado externo. Em qual das três situações a Race Car Motors gera mais lucros? Em qual caso a divisão inicial gera o maior lucro? Em qual deles a divisão final obtém o maior lucro?

3. A Ajax Computer fabrica um computador para controle climático em edifícios de escritório. A empresa o fabrica utilizando um microprocessador produzido por sua divisão inicial, junto com outras peças adquiridas em mercados externos competitivos. O microprocessador é produzido com um custo marginal constante de US$ 500, e o custo marginal da montagem (incluindo o custo das outras peças) realizada pela divisão final é constante e igual a US$ 700. A empresa tem vendido o computador por US$ 2.000 e até agora não surgiu mercado externo para seu microprocessador.

   a. Suponha que surja um mercado externo para os microprocessadores e a Ajax tenha poder de monopólio nesse mercado, vendendo os microprocessadores por US$ 1.000 cada um. Presumindo que a demanda do microprocessador não tenha relação com a demanda do computador Ajax, qual preço de transferência deveria ser aplicado pela empresa ao microprocessador para sua "venda" à divisão final? Será que a produção de computadores seria aumentada, reduzida ou permaneceria inalterada? Explique de modo sucinto.

   b. De que forma sua resposta para o item (a) seria modificada se as demandas do computador e do microprocessador fossem competitivas, isto é, se algumas das pessoas que adquirem os microprocessadores utilizam-nos na elaboração de sistemas de controle de climatização feitos por elas próprias?

4. A Reebok produz e vende tênis de corrida. Ela se defronta com a curva de demanda de mercado $P = 11 - 1{,}5Q_t$, onde Q_t é o número de pares vendidos (medido em milhares) e P é o preço em dólares por milhares de pares. A produção de cada par exige uma jarda quadrada de couro. Este é cortado em moldes pela Form Division da Reebok. A função de custo do couro é

$$CT_C = 1 + Q_C + 0{,}5Q_C^2$$

sendo Q_C a quantidade produzida de couro (em milhares de jardas quadradas). Excluindo-se o couro, a função de custo dos tênis para corrida é

$$CT_t = 2Q_t$$

a. Qual o preço ideal de transferência?
b. O couro pode ser comprado e vendido em mercado competitivo ao preço $P_F = 1{,}5$. Nesse caso, qual a quantidade de couro que a Form Division deveria fornecer internamente? E ao mercado externo? Será que a Reebok adquirirá alguma quantidade de couro no mercado externo? Identifique o preço ideal de transferência.
c. Agora, imagine que esse couro seja especial e de altíssima qualidade. Portanto, a Form Division poderia atuar como fornecedora monopolista no mercado externo e continuar a fornecer para a divisão final. Suponha que a demanda externa do couro seja $P = 32 - Q_C$. Qual preço ideal de transferência deve ser utilizado para vender couro à divisão final? Por qual preço (caso haja) o couro deve ser vendido no mercado externo? Qual quantidade deve ser vendida no mercado externo?

CAPÍTULO 12

Competição monopolística e oligopólio

ESTE CAPÍTULO DESTACA

12.1 Competição monopolística 448

12.2 Oligopólio 453

12.3 Concorrência de preços 460

12.4 Concorrência *versus* coalizão: o dilema dos prisioneiros 465

12.5 Implicações do dilema dos prisioneiros para a determinação de preços oligopolistas 468

12.6 Cartéis 473

LISTA DE EXEMPLOS

12.1 Competição monopolística nos mercados de refrigerantes e de pó de café 452

12.2 Um problema de preço para a Procter & Gamble 464

12.3 A Procter & Gamble e o dilema dos prisioneiros 467

12.4 Liderança de preço e rigidez de preço nos bancos comerciais 471

12.5 O preço dos livros universitários 472

12.6 A cartelização do esporte interuniversitário norte-americano 476

12.7 O cartel do leite 477

Nos dois últimos capítulos, vimos que empresas com poder de monopólio podem escolher preços e níveis de produção para maximizar os lucros. Vimos também que o poder de monopólio não exige que a empresa seja monopolista pura. Em muitos setores, ainda que diversas empresas estejam competindo, cada uma tem pelo menos algum poder de monopólio: possui controle sobre o preço e pode, de maneira lucrativa, cobrar um valor superior ao custo marginal.

Neste capítulo, examinaremos estruturas de mercado que não o monopólio puro que podem fazer surgir o poder de monopólio. Começaremos com a **competição monopolística**, expressão que, a princípio, combina palavras de sentidos opostos, que parecem se excluir mutuamente. Um mercado monopolisticamente competitivo é semelhante ao perfeitamente competitivo em dois aspectos-chave: há muitas empresas, e a entrada de novas empresas não é restrita. Contudo, ele difere da competição perfeita pelo fato de os produtos serem *diferenciados*: cada empresa vende uma marca ou versão de um produto que difere em termos de qualidade, aparência ou reputação, e cada empresa é a única produtora de sua própria marca. O grau de poder de monopólio que a empresa exerce depende de seu sucesso na diferenciação de seu produto em relação aos das demais empresas. Há muitos exemplos de setores industriais monopolisticamente competitivos: creme dental, sabão em pó e café empacotado são apenas alguns deles.

A segunda forma de estrutura de mercado que examinaremos é o **oligopólio**: um mercado no qual apenas algumas empresas competem entre si e a entrada de novas é impedida. A mercadoria que produzem pode ser diferenciada, como é o caso dos automóveis, ou não, como no caso do aço. O poder de monopólio e a lucratividade dos setores oligopolistas dependem, em parte, do modo pelo qual as empresas interagem entre si. Por exemplo, se a interação tende a ser mais cooperativa do que competitiva, elas podem cobrar preços muito acima do custo marginal, obtendo grandes lucros.

Em alguns setores oligopolistas ocorre cooperação entre as empresas, porém em outros elas concorrem agressivamente, mesmo que isso signifique lucros menores. Para entendermos a razão disso, é preciso levar em conta o modo pelo qual as empresas oligopolistas decidem os níveis de produção e os preços. Essas decisões são complexas, pois cada empresa

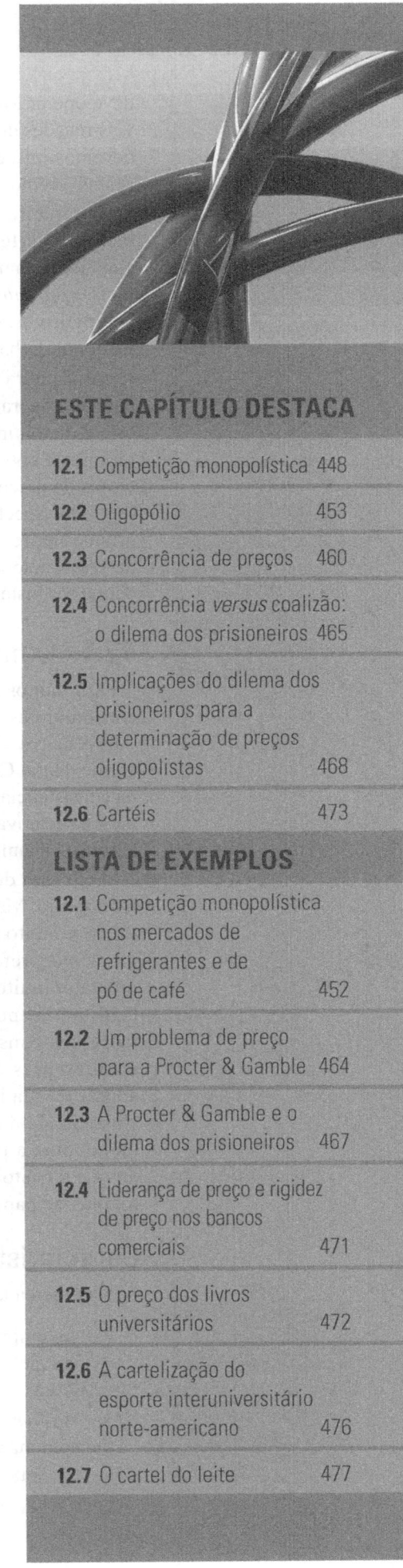

competição monopolística

Mercado no qual as empresas podem entrar livremente, cada uma produzindo sua própria marca ou uma versão de um produto diferenciado.

oligopólio

Mercado no qual apenas algumas empresas competem entre si e há impedimento para a entrada de novas empresas.

cartel

Mercado no qual algumas ou todas as empresas fazem coalizões explicitamente e coordenam preços e níveis de produção para maximizar os lucros conjuntamente.

deve operar *estrategicamente* — ao tomar uma decisão, ela deve ponderar sobre as prováveis reações dos concorrentes. Portanto, para compreendermos os mercados oligopolistas, devemos introduzir alguns conceitos básicos sobre estratégia e jogos. No Capítulo 13, desenvolveremos esses conceitos de modo mais amplo.

A terceira forma de estrutura de mercado que examinaremos é o **cartel**. Em um mercado cartelizado, algumas ou todas as empresas, explicitamente, fazem *coalizões*: elas coordenam os preços e níveis de produção de maneira que possam maximizar o lucro *conjuntamente*. Os cartéis podem surgir em mercados que poderiam talvez ser competitivos, como o cartel de petróleo da OPEP, ou oligopolistas, como o cartel internacional da bauxita.

À primeira vista, um cartel pode se assemelhar ao monopólio puro. Afinal, as empresas parecem operar como se fizessem parte de uma grande companhia. Entretanto, um cartel difere de um monopólio em dois aspectos importantes. O primeiro é que, como os cartéis raramente controlam todo o mercado, eles necessitam considerar de que maneira suas decisões de preço afetarão os níveis de produção das empresas não pertencentes ao cartel. O segundo aspecto é que, como os membros de um cartel *não* fazem realmente parte de uma grande empresa, eles podem ficar tentados a "enganar" os parceiros, promovendo reduções de preço e apoderando-se de fatias maiores do mercado. Desse modo, muitos cartéis tendem a ser instáveis e de curta duração.

12.1 Competição monopolística

Em muitos setores, os produtos são diferenciados entre si. Por uma razão ou outra, os consumidores veem a marca de cada empresa como algo diferente, distinguindo-se das outras marcas. Nota-se que o creme dental Crest, por exemplo, é considerado diferente do creme dental Colgate, do Aim e de vários outros. A diferença está parcialmente no aroma, na consistência e na reputação — por exemplo, a imagem que o consumidor tem (correta ou não) da relativa eficácia do creme dental Crest na prevenção de cáries. Em consequência, alguns consumidores (mas não todos) estão dispostos a pagar mais por ele.

Pelo fato de a Procter & Gamble ser a única produtora do Crest, ela tem poder de monopólio. Mas seu poder é limitado, pois os consumidores poderão facilmente substituir o produto por outras marcas, caso o preço do Crest aumente. Embora os consumidores que preferem Crest estejam dispostos a pagar mais por ele, a maioria não pagará um valor muito maior. O típico usuário dessa marca poderia pagar US$ 0,25 ou até US$ 0,50 a mais por tubo, mas provavelmente não gastaria um dólar a mais. Para grande parte dos consumidores, creme dental é creme dental, de tal modo que são pequenas as diferenças entre as marcas. Portanto, a curva de demanda do creme dental Crest, apesar de sua inclinação descendente, é bastante elástica. (Uma estimativa razoável da elasticidade da demanda desse creme dental é –5.) Em razão de seu limitado poder de monopólio, a Procter & Gamble cobrará um preço mais alto, mas não muito mais alto, do que o custo marginal. Situação semelhante ocorre com o detergente Tide ou com as toalhas de papel Scott.

Características da competição monopolística

Um mercado monopolisticamente competitivo tem duas características-chave:

Na Seção 10.2 explicamos que o vendedor de determinado produto tem certo poder de monopólio se puder cobrar um preço maior que o custo marginal e obtiver lucro.

1. As empresas competem vendendo produtos diferenciados, altamente substituíveis uns pelos outros, mas que não são, entretanto, substitutos perfeitos. Em outras palavras, as elasticidades preço da demanda cruzada são grandes, mas não infinitas.

2. Há *livre entrada e livre saída*: é relativamente fácil a entrada de novas empresas com marcas próprias e a saída de empresas que já atuam no mercado, caso os produtos deixem de ser lucrativos.

Para entendermos por que a livre entrada é um requisito importante, faremos uma comparação entre os mercados de creme dental e de automóveis. O primeiro é monopolisticamente competitivo, mas o segundo seria mais bem caracterizado como um oligopólio. É bastante simples para outras empresas lançar novas marcas de cremes dentais, o que limita a lucratividade da produção do Crest ou do Colgate. Se os lucros fossem grandes, outras empresas investiriam a quantia necessária (em desenvolvimento, produção, propaganda e promoção) no lançamento de novas marcas (delas próprias), o que resultaria em uma redução das fatias de mercado e da lucratividade do Crest e do Colgate.

O mercado automobilístico também é caracterizado por diferenciação de produtos. Entretanto, as economias de escala envolvidas na produção de automóveis tornam difícil a entrada de outras empresas no mercado. Por esse motivo, até meados da década de 1970, quando os produtores japoneses se tornaram importantes concorrentes, as três principais empresas automobilísticas dos Estados Unidos detinham praticamente todo o mercado.

Há diversos outros exemplos de competição monopolística além daquilo que ocorre no mercado de creme dental. Sabonetes, xampus, desodorantes, cremes de barbear, medicamentos para gripe e muitos outros itens que podem ser encontrados em uma farmácia são vendidos em mercados monopolisticamente competitivos. Os diversos mercados de artigos esportivos são também monopolisticamente competitivos, assim como a maior parte do comércio varejista, uma vez que as mercadorias são comercializadas em diversas lojas, diferentes, as quais competem entre si, diferenciando os serviços de acordo com o local, disponibilidade e habilidade dos vendedores, condições de crédito etc. A entrada nesse mercado também é relativamente fácil e, dessa forma, se os lucros forem elevados em determinada área pelo fato de haver poucas lojas, novas lojas entrarão na região.

Equilíbrio no curto e no longo prazos

Como ocorre com o monopólio, na competição monopolística as empresas se defrontam com curvas de demanda descendentes. Por isso, elas têm algum poder de monopólio. Mas isso não significa que empresas monopolisticamente competitivas tenham possibilidade de obter altos lucros. A competição monopolística também se assemelha à competição perfeita: como há livre entrada, a possibilidade de obter lucros atrairá novas empresas com marcas competitivas, o que tenderá a reduzir os lucros econômicos a zero.

Para tornar isso claro, examinaremos o preço e o nível de produção de equilíbrio para uma empresa monopolisticamente competitiva no curto e no longo prazos. A Figura 12.1(a) apresenta o equilíbrio no curto prazo. Como o produto dessa empresa difere dos produtos dos concorrentes, sua curva de demanda D_{CP} é descendente. (Essa é a curva de demanda da *empresa*, e não a curva de demanda do mercado, que apresenta inclinação muito mais acentuada.) A quantidade capaz de maximizar lucros Q_{CP} encontra-se no ponto de interseção entre as curvas de receita marginal e de custo marginal. Como o preço correspondente, P_{CP}, é maior do que o custo médio, a empresa obtém lucro, o qual é representado pelo retângulo sombreado na ilustração.

No longo prazo, o lucro induzirá a entrada de novas empresas. À medida que elas introduzirem marcas concorrentes, essa empresa perderá vendas e participação no mercado; a curva de demanda será deslocada para baixo, como mostra a Figura 12.1(b). (No longo prazo, as curvas de custo médio e de custo marginal também poderão sofrer um deslocamento. Para simplificar, estamos supondo que os custos permanecerão inalterados.) A curva de demanda no longo prazo, D_{LP}, será tangente à curva de custo médio da empresa. Aqui, a maximização do lucro implica produção da quantidade Q_{LP} ao preço P_{LP}. Também implica *lucro zero*, porque o preço é igual ao custo médio. Nossa empresa ainda tem poder de monopólio: a curva de demanda no longo prazo tem inclinação descendente, porque sua marca específica é ainda a única no mercado. Mas a entrada e a concorrência de novas empresas fizeram com que o lucro se tornasse igual a zero.

Na Seção 10.1, explicamos que um monopolista maximiza o lucro ao escolher um nível de produção no qual a receita marginal é igual ao custo marginal.

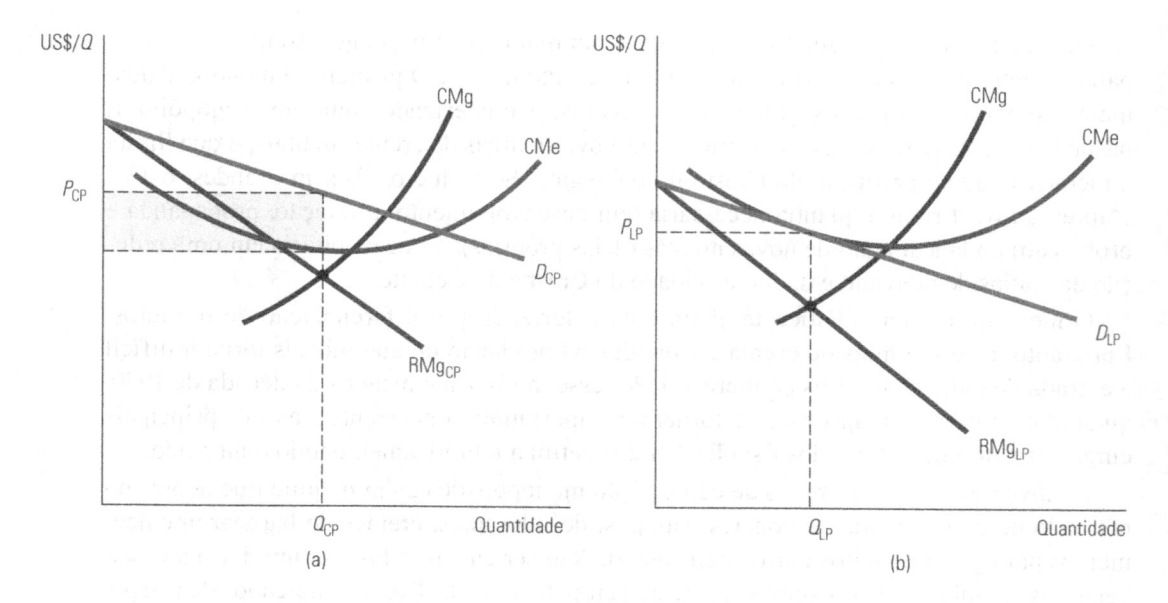

FIGURA 12.1 **UMA EMPRESA MONOPOLISTICAMENTE COMPETITIVA NO CURTO E NO LONGO PRAZOS**

Como esta empresa é a única produtora de sua marca, ela se defronta com uma curva de demanda descendente: o preço excede o custo marginal e ela detém poder de monopólio. No curto prazo, apresentado em (a), o preço também ultrapassa o custo médio e a empresa obtém lucros, representados pelo retângulo sombreado. No longo prazo, os lucros atraem para o setor novas empresas com marcas concorrentes. A firma perde participação no mercado e a curva de demanda sofre um deslocamento para baixo. No equilíbrio de longo prazo, apresentado em (b), o preço torna-se igual ao custo médio, de tal modo que a empresa passa a ter lucro zero, embora continue com poder de monopólio.

Mostramos na Seção 8.7 que, havendo a possibilidade de entrada e de saída, as empresas obtêm lucro econômico igual a zero no equilíbrio de longo prazo.

De modo geral, as empresas possuem custos diferentes e algumas marcas se sobressaem às outras. Nesse caso, elas podem cobrar preços ligeiramente diferentes e algumas podem obter pequenos lucros.

Competição monopolística e eficiência econômica

Na Seção 9.2 explicamos que os mercados competitivos são eficientes porque maximizam a soma dos excedentes do consumidor e do produtor.

Os mercados perfeitamente competitivos são desejáveis porque se mostram economicamente eficientes: desde que não haja externalidades e nada impeça o funcionamento do mercado, a soma total dos excedentes do consumidor e do produtor será a maior possível. Se a competição monopolística se assemelha à competição perfeita em alguns aspectos, será que apresenta também uma estrutura de mercado igualmente eficiente? Para respondermos a essa pergunta, vamos comparar o equilíbrio de longo prazo de um setor monopolisticamente competitivo com o equilíbrio de longo prazo de um setor perfeitamente competitivo.

A Figura 12.2 mostra que há duas fontes de ineficiência em um setor monopolisticamente competitivo:

Na Seção 10.4 discutimos o peso morto gerado pelo poder de monopólio.

1. Ao contrário do que ocorre na competição perfeita, com a competição monopolística o preço de equilíbrio é mais alto do que o custo marginal. Isso significa que o valor atribuído pelos consumidores a unidades adicionais do produto é maior do que o custo de produção dessas mesmas unidades. Se a quantidade produzida fosse ampliada até o ponto de interseção da curva de demanda com a curva de custo marginal, o excedente total poderia ser aumentado em um valor igual à área sombreada da Figura 12.2(b). Esse fato não deveria surpreender. Vimos no Capítulo 10 que o poder de monopólio cria um peso morto e que há poder de monopólio nos mercados monopolisticamente competitivos.

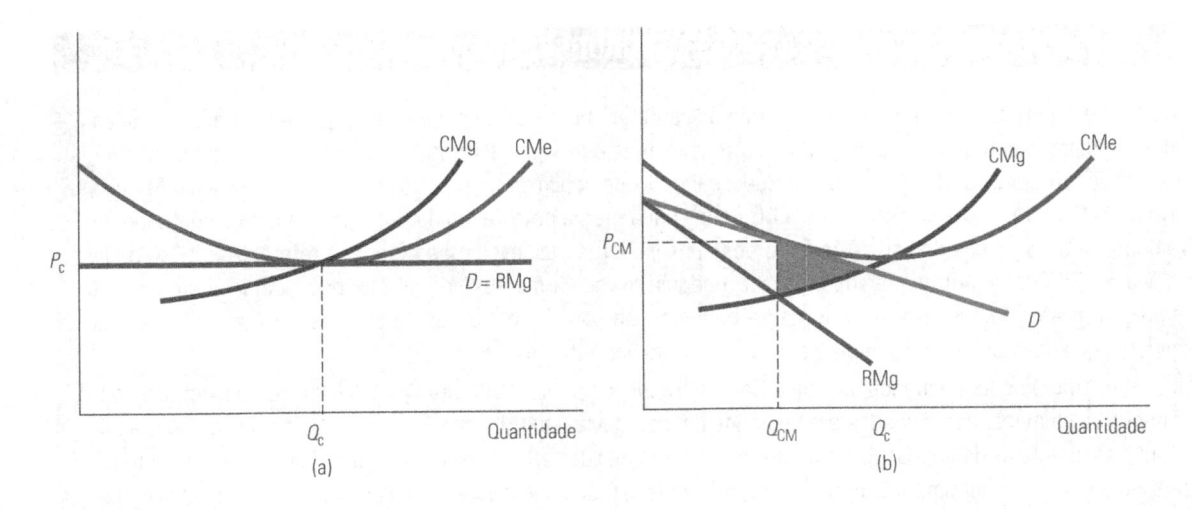

| FIGURA 12.2 | COMPARAÇÃO DO EQUILÍBRIO EM COMPETIÇÃO MONOPOLÍSTICA E DO EQUILÍBRIO EM COMPETIÇÃO PERFEITA |

Na competição perfeita, como mostra o diagrama (a), o preço é igual ao custo marginal; porém, na competição monopolística, o preço ultrapassa o custo marginal. Gera-se, assim, um peso morto, representado pela área sombreada no diagrama (b). Nos dois tipos de mercado, a entrada de novas empresas ocorre até que os lucros tenham sido reduzidos a zero. Na competição perfeita, a curva de demanda com que a empresa se defronta é horizontal, de tal modo que o ponto de lucro zero ocorre no ponto de custo médio mínimo. Na competição monopolística, a curva de demanda é descendente e o ponto de lucro zero localiza-se à esquerda do ponto de custo médio mínimo. Para avaliar a competição monopolística, tais ineficiências devem ser confrontadas com os ganhos dos consumidores decorrentes da diversidade de produtos.

---

2. Observe na Figura 12.2(b) que, para a empresa monopolisticamente competitiva, o nível de produção é menor do que o nível capaz de minimizar seu custo médio. A entrada de novas empresas faz com que os lucros da empresa caiam a zero tanto nos mercados perfeitamente competitivos quanto nos monopolisticamente competitivos. Em um mercado perfeitamente competitivo, cada empresa se defronta com uma curva de demanda horizontal, de tal modo que o ponto de lucro zero ocorre no custo médio mínimo, como mostra a Figura 12.2(a). Em um mercado monopolisticamente competitivo, entretanto, a curva de demanda é descendente, de tal modo que o ponto de lucro zero ocorrerá à esquerda do custo médio mínimo. O excesso de capacidade é ineficiente porque os custos médios poderiam ser menores caso houvesse menos empresas atuando.

Essas ineficiências pioram a situação dos consumidores. Então, a competição monopolística seria uma estrutura indesejável de mercado que deveria ser regulamentada? A resposta é provavelmente não, por dois motivos:

1. Na maioria dos mercados monopolísticos, o poder de mercado é pequeno. Em geral, há um número grande o bastante de empresas concorrendo, cada qual detentora de marcas satisfatoriamente substituíveis entre si, de modo que nenhuma delas tenha substancial poder de monopólio. Sendo assim, qualquer peso morto resultante será pequeno. Como as curvas de demanda das empresas são bastante elásticas, o custo médio deverá estar perto do mínimo.
2. Qualquer ineficiência deve ser confrontada com um importante benefício que a competição monopolística oferece: *a diversidade de produtos*. A maioria dos consumidores valoriza o fato de poder escolher entre uma ampla variedade de produtos concorrentes e marcas que diferem de várias formas entre si. Os ganhos decorrentes da diversidade de produtos podem ser grandes, podendo facilmente superar os custos da ineficiência resultantes de curvas de demanda descendentes.

EXEMPLO 12.1 COMPETIÇÃO MONOPOLÍSTICA NOS MERCADOS DE REFRIGERANTES E DE PÓ DE CAFÉ

Os mercados de refrigerantes e de pó de café ilustram as características da competição monopolística. Cada um deles possui uma série de marcas que apresentam ligeiras diferenças, mas que são substitutas próximas umas das outras. Por exemplo, as marcas de refrigerantes do tipo "cola" possuem sabores que pouco diferem entre si. (Você reconhece a diferença entre a Coca-Cola e a Pepsi? E entre a Coca-Cola e a RC Cola?) Cada marca de café moído tem sabor, aroma e conteúdo de cafeína ligeiramente diferentes das demais. A maioria dos consumidores desenvolve as próprias preferências; você pode preferir o café Maxwell House a outras marcas e passar a adquiri-lo regularmente. No entanto, essa lealdade em geral é limitada. Se o preço do café Maxwell House se tornasse bem mais alto do que o das demais marcas, você e a maioria dos outros consumidores que o adquirem provavelmente o substituiriam por outra marca.

Qual seria exatamente o poder de monopólio que a General Foods, empresa produtora do café Maxwell House, tem com essa marca? Em outras palavras, quão elástica é a demanda da marca Maxwell House? A maioria das empresas de grande porte estuda minuciosamente as demandas dos produtos como parte de suas atividades de pesquisa de mercado. As estimativas feitas pelas empresas são geralmente confidenciais, mas dois estudos publicados envolvendo as demandas das várias marcas de refrigerantes do tipo "cola" e de pó de café utilizaram um experimento de compra simulada para determinar de que maneira as fatias de mercado de cada marca poderiam variar em resposta a determinadas mudanças de preço. A Tabela 12.1 resume os resultados obtidos, mostrando as elasticidades das demandas de diversas marcas.[1]

TABELA 12.1 Elasticidades da demanda de diversas marcas de refrigerantes do tipo "cola" e de pó de café

	Marca	Elasticidade da demanda
Refrigerantes do tipo "cola"	RC Cola	−2,4
	Coca-Cola	−5,2 a −5,7
Pó de café	Folgers	−6,4
	Maxwell House	−8,2
	Chock Full o' Nuts	−3,6

Primeiro, observe que, entre os refrigerantes do tipo "cola", a marca RC Cola é muito menos elástica ao preço do que a Coca. Embora possua uma fatia menor do mercado desses refrigerantes, o sabor é mais característico do que o de marcas como a Coca, Pepsi e outras, de tal modo que os consumidores que a adquirem são mais fiéis à sua marca. Mas, ainda que a RC Cola tenha maior poder de monopólio do que a Coca-Cola, ela não é necessariamente mais lucrativa. O lucro depende dos custos fixos e do volume de produção, assim como do preço. Mesmo que o lucro médio seja menor, a Coca-Cola gerará lucros maiores, pois possui uma fatia de mercado muito maior.

Segundo, note que as marcas de café, como um grupo, são muito mais elásticas ao preço do que os refrigerantes do tipo "cola". Há menos lealdade à marca entre consumidores de café do que entre compradores de refrigerantes do tipo "cola", uma vez que diferenças entre cafés são menos perceptíveis que aquelas entre refrigerantes. Observe que a demanda pelo Chock Full o' Nuts é menos elástica ao preço que a dos concorrentes. Por quê? Porque o Chock Full o' Nuts, assim como a RC Cola, tem um sabor mais diferenciado que o Folgers ou o Maxwell House e, desse modo, os consumidores que o compram tendem a permanecer fiéis. Poucos consumidores percebem ou se preocupam com as diferenças entre o pó de café Folgers e o Maxwell House.

Com exceção da RC Cola e do Chock Full o' Nuts, todas as marcas de refrigerantes do tipo "cola" e de pó de café são bastante elásticas ao preço. Possuindo elasticidades da ordem de −4 a −8, cada uma das marcas tem apenas um limitado poder de monopólio. Isso é típico da competição monopolística.

---

1 As estimativas de elasticidade constantes da Tabela 12.1 foram extraídas de John R. Nevin, "Laboratory Experiments for Estimating Consumer Demand: A Validation Study", *Journal of Marketing Research* 11, ago. 1974, p. 261-268; e Lakshman Krishnamurthi e S. P. Raj, "A Model of Brand Choice and Purchase Quantity Price Sensitivies", *Marketing Science*, 1991. Durante simulações de compras, solicitava-se aos consumidores que escolhessem as marcas preferidas dentre uma variedade com preços previamente etiquetados. Tais testes foram repetidos diversas vezes, com preços diferentes a cada vez.

12.2 Oligopólio

Em mercados oligopolistas, os produtos podem ou não ser diferenciados. O importante é que apenas algumas empresas são responsáveis pela maior parte ou por toda a produção. Em alguns desses mercados, algumas ou todas as empresas obtêm lucros substanciais no longo prazo, já que *barreiras à entrada* tornam difícil ou impossível que novas empresas entrem no mercado. O oligopólio é um tipo de estrutura de mercado predominante. Exemplos de setores oligopolistas incluem os de automóveis, aço, alumínio, petroquímica, equipamentos elétricos e computadores.

Por que razão surgem as barreiras à entrada? Já discutimos algumas das razões no Capítulo 10. As economias de escala podem tornar o mercado não lucrativo, a não ser para algumas empresas; as patentes ou o acesso à tecnologia podem servir para excluir potenciais concorrentes; e a necessidade de despender dinheiro para tornar uma marca conhecida e obter reputação pode obstruir a entrada de novas empresas. Essas são barreiras "naturais" à entrada — elas são básicas para a estrutura de cada mercado em particular. Além disso, as empresas já atuantes podem adotar *ações estratégicas* para desestimular a entrada de novas empresas. Por exemplo, podem ameaçar inundar o mercado com seus produtos e fazer com que os preços caiam caso uma nova firma entre no mercado e, para tornar a ameaça crível, elas podem instalar um excesso de capacidade produtiva.

A administração de uma empresa oligopolista é complexa porque as decisões relativas a preço, nível de produção, propaganda e investimentos envolvem importantes considerações estratégicas. Pelo fato de haver poucas empresas concorrendo, cada uma deve considerar cautelosamente como suas ações afetarão empresas rivais, bem como as possíveis reações que as concorrentes terão.

Suponhamos que, por causa de uma redução nas vendas, a Ford esteja considerando a possibilidade de conceder um desconto de 10% para estimular a demanda. Ela necessita ponderar com cautela as possíveis reações que os outros fabricantes de automóveis terão. Estes podem não apresentar reação alguma ou então conceder descontos menores, de tal modo que a Ford tenha condições de desfrutar de um aumento substancial nas vendas, principalmente à custa de suas concorrentes. Ou então, eles podem conceder descontos iguais aos da Ford, situação na qual todas as empresas automobilísticas venderiam mais automóveis, mas obteriam lucros menores em razão dos preços mais baixos. Outra possibilidade é que alguns fabricantes concedam descontos *ainda maiores* que os da Ford, a fim de puni-la pelas alterações que causou no mercado; tal reação, por sua vez, pode resultar em uma guerra de preços e, em consequência, em uma drástica redução nos lucros do setor inteiro. A Ford precisa ponderar com cautela todas as possibilidades. Na realidade, no caso de quaisquer decisões econômicas importantes de uma empresa — determinação de preço e de níveis de produção, realização de uma grande campanha de promoção dos produtos ou de investimentos em capacidade produtiva adicional —, ela deve procurar determinar quais serão as reações mais prováveis dos seus concorrentes.

Essas considerações estratégicas podem ser complexas. Durante a tomada de decisões, cada empresa deve considerar as reações dos concorrentes, ciente do fato de que estes também considerariam *suas* reações em relação às decisões *deles*. Além disso, as decisões, as reações, as reações às reações e assim por diante, são dinâmicas, evoluem ao longo do tempo. Ao avaliar as potenciais consequências de suas decisões, os administradores de uma empresa devem supor que os concorrentes são igualmente racionais e inteligentes. Dessa maneira, poderão colocar-se no lugar dos seus concorrentes e considerar as possíveis reações que eles poderiam ter.

Equilíbrio no mercado oligopolista

Quando estudamos um mercado, em geral desejamos determinar o preço e a quantidade que nele prevaleçam na situação de equilíbrio. Por exemplo, vimos que em um mercado perfeitamente competitivo o preço de equilíbrio torna iguais entre si as quantidades ofertadas e demandadas. Vimos depois que, no caso do monopólio, o equilíbrio ocorre quando a receita marginal se torna igual ao custo marginal. Por fim, quando estudamos a competição monopolística, vimos que o equilíbrio de longo prazo ocorre à medida que novas empresas entram no mercado, fazendo com que os lucros cheguem a zero.

Nesses mercados, cada empresa pode tomar como dado o preço ou a demanda do mercado e não se preocupar muito com os concorrentes. No mercado oligopolista, entretanto, uma firma determina o preço ou o volume com base, pelo menos em parte, em considerações estratégicas relativas ao comportamento dos concorrentes. Ao mesmo tempo, as decisões dos concorrentes dependerão das decisões tomadas pela própria empresa. De que maneira, então, poderemos descobrir quais serão o preço e a quantidade para o mercado em equilíbrio, ou mesmo se há possibilidade de haver um equilíbrio? Para respondermos a essas perguntas, necessitamos de um princípio subjacente para descrever o equilíbrio quando as empresas tomam decisões que explicitamente levam em conta o comportamento das outras empresas.

Lembre-se de como descrevemos equilíbrio nos mercados competitivo e monopolístico: *quando um mercado se encontra em equilíbrio, as empresas estão fazendo o melhor que podem e não têm nenhuma razão para modificar os preços ou níveis de produção.* Dessa maneira, um mercado competitivo está em equilíbrio quando a quantidade ofertada se iguala à quantidade demandada: cada empresa está fazendo o melhor que pode — está vendendo tudo aquilo que produz e maximizando os lucros. Do mesmo modo, um monopolista está em equilíbrio quando a receita marginal se iguala ao custo marginal, porque assim ele também está fazendo o melhor que pode, além de maximizar os lucros.

EQUILÍBRIO DE NASH Com algumas modificações, podemos aplicar o mesmo princípio a um mercado oligopolista. Entretanto, agora cada empresa desejará fazer o melhor que pode *em função do que os concorrentes estão fazendo*. O que a empresa deverá supor que os concorrentes estão fazendo? Uma vez que a empresa estará fazendo o melhor que pode, em função do que os concorrentes estejam fazendo, *é natural que se suponha que os concorrentes farão o melhor que podem em função do que a própria empresa esteja fazendo*. Cada firma, então, leva em conta o que estão fazendo os concorrentes e pressupõe que eles façam o mesmo.

De início, isso pode parecer abstrato; trata-se, porém, de algo lógico que nos oferece, como poderemos ver, uma base para determinar o equilíbrio em um mercado oligopolista. Esse conceito foi explicado claramente pela primeira vez em 1951 pelo matemático John Nash, de tal modo que denominamos o equilíbrio por ele descrito como **equilíbrio de Nash**. Trata-se de um importante conceito que utilizaremos repetidas vezes:

> *Equilíbrio de Nash*: cada empresa está fazendo o melhor que pode em função daquilo que os concorrentes estão fazendo.

Discutiremos o conceito de equilíbrio com mais detalhes no Capítulo 13, no qual mostraremos como ele pode ser aplicado a uma ampla variedade de problemas estratégicos. Neste capítulo, aplicaremos o conceito apenas à análise de mercados oligopolistas.

Para esclarecer melhor, este capítulo dará ênfase ao mercado em que apenas duas empresas competem entre si. Esse mercado é chamado **duopólio**. Dessa maneira, cada empresa tem de levar apenas um concorrente em consideração ao tomar decisões. Embora o enfoque esteja no duopólio, nossos resultados também se aplicam a mercados com mais de duas empresas.

Modelo de Cournot

Vamos começar com um modelo simples de duopólio que foi utilizado pela primeira vez pelo economista francês Augustin Cournot em 1838. Suponhamos que as empresas produzam uma mercadoria homogênea e conheçam a curva de demanda do mercado. *Cada empresa decidirá quanto deve produzir e as duas empresas deverão tomar suas decisões simultaneamente.* Ao tomar sua decisão de produção, cada uma estará levando em conta a concorrente. Ela sabe que a concorrente também estará tomando decisão sobre a quantidade que produzirá, e o preço de mercado dependerá, pois, da *quantidade total produzida* por ambas as empresas.

A essência do **modelo de Cournot** é que, ao decidir quanto produzir, *cada empresa considera fixo o nível de produção de sua concorrente*. Para compreendê-lo, consideremos a decisão de produção da Empresa 1. Suponhamos que a Empresa 1 acredite que a Empresa 2 nada produzirá. Nesse caso, a curva de demanda da Empresa 1 será a curva de demanda do mercado. Na Figura 12.3, ela é representada por $D_1(0)$, que mostra a curva de demanda da Empresa 1, supondo que seja zero a produção da Empresa 2. A figura mostra também a curva de receita marginal correspondente, $RMg_1(0)$. Estamos presumindo que o custo marginal CMg_1 da Empresa 1 seja constante. Como podemos ver na ilustração, o nível de produção capaz de maximizar lucros para a Empresa 1 é de 50 unidades, sendo este o ponto de interseção de $RMg_1(0)$ e CMg_1. Portanto, se a Empresa 2 estiver produzindo zero, a Empresa 1 deverá produzir 50 unidades.

Na Seção 8.8 mostramos que, quando as empresas produzem mercadorias homogêneas ou similares, os consumidores consideram somente o preço ao tomar decisões de compra.

modelo de Cournot

Modelo de oligopólio no qual as empresas produzem um bem homogêneo, cada uma considera fixo o nível de produção da concorrente e todas decidem simultaneamente a quantidade a ser produzida.

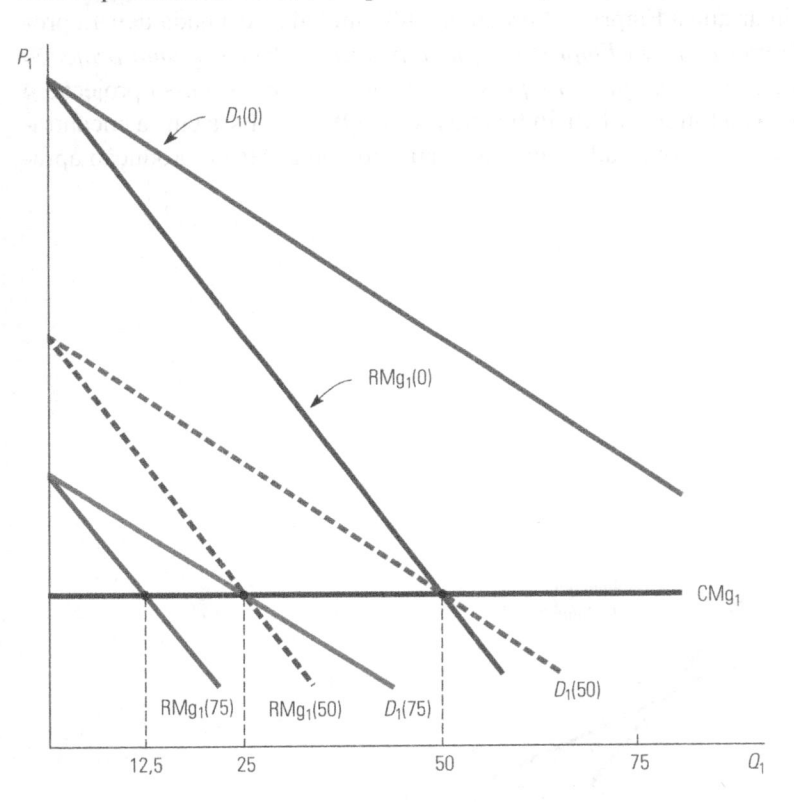

FIGURA 12.3 **DECISÃO DE PRODUÇÃO DA EMPRESA 1**

A decisão de produção capaz de maximizar os lucros da Empresa 1 dependerá de quanto ela estima que a Empresa 2 produzirá. Se ela estimar que a Empresa 2 nada produzirá, a curva de demanda $D_1(0)$ será a própria curva de demanda do mercado. A curva de receita marginal correspondente é indicada por $RMg_1(0)$, a qual cruza com a curva de custo marginal CMg_1 no ponto em que o volume de produção é igual a 50 unidades. Se a Empresa 1 estimar que a Empresa 2 produzirá 50 unidades, a curva de demanda, $D_1(50)$, sofrerá um deslocamento para a esquerda nesse montante. A maximização do lucro então implicará uma produção de 25 unidades. Por fim, se a Empresa 1 estimar que a Empresa 2 produzirá 75 unidades, acabará produzindo apenas 12,5 unidades.

Por outro lado, suponhamos que a Empresa 1 acredite que a Empresa 2 produzirá 50 unidades. Sendo assim, a curva de demanda da Empresa 1 será a curva de demanda do mercado com um deslocamento de 50 unidades para a esquerda. Na Figura 12.3, isso é indicado por $D_1(50)$, de tal modo que a curva de receita marginal correspondente é indicada por $RMg_1(50)$. O nível de produção capaz de maximizar o lucro da Empresa 1 passa agora a ser de 25 unidades, no ponto em que $RMg_1(50) = CMg_1$. Agora, suponhamos que a Empresa 1 estime que a Empresa 2 produzirá 75 unidades. Então, a curva de demanda da Empresa 1 é a curva de demanda do mercado com um deslocamento de 75 unidades para a esquerda. Ela é indicada por $D_1(75)$ na Figura 12.3, e a curva de receita marginal correspondente é indicada por $RMg_1(75)$. O nível de produção capaz de maximizar lucros para a Empresa 1 é agora de 12,5 unidades, o ponto em que $RMg_1(75) = CMg_1$. Por fim, suponhamos que a Empresa 1 estime que a Empresa 2 produzirá 100 unidades. Nesse caso, as curvas de demanda e de receita marginal da Empresa 1 (não apresentadas nessa figura) cruzariam com a curva de custo marginal sobre o eixo vertical; ou seja, se a Empresa 1 estima que a Empresa 2 produzirá 100 unidades ou mais, ela não deverá produzir nada.

CURVAS DE REAÇÃO Resumindo: se a Empresa 1 estimar que a Empresa 2 não produzirá nada, ela produzirá 50 unidades; se estimar que a Empresa 2 produzirá 50 unidades, ela produzirá 25 unidades; se estimar que a Empresa 2 produzirá 75 unidades, ela produzirá 12,5 unidades; e se estimar que a Empresa 2 produzirá 100 unidades, ela nada deverá produzir. *A quantidade de produção da Empresa 1 que maximiza os lucros é uma projeção decrescente de quanto ela acredita que a Empresa 2 produzirá*. Damos a essa projeção o nome de **curva de reação** da Empresa 1 e a indicamos como $Q^*_1(Q_2)$. Essa curva encontra-se ilustrada na Figura 12.4, em que cada uma das quatro combinações de produção apresentadas é indicada por um ×.

curva de reação
Relação entre o nível de produção que maximiza os lucros de uma empresa e a quantidade que ela imagina que os concorrentes produzirão.

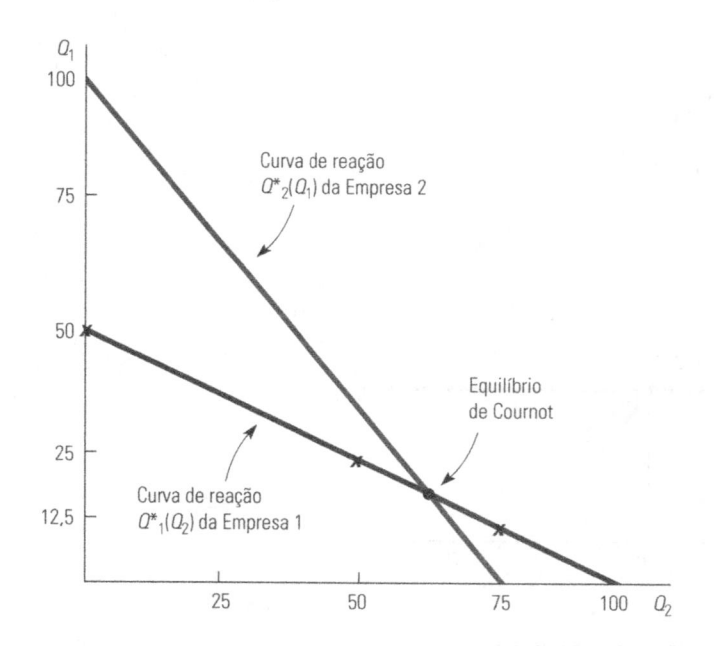

FIGURA 12.4 **CURVAS DE REAÇÃO E EQUILÍBRIO DE COURNOT**

A curva de reação da Empresa 1 mostra a quantidade que ela produzirá em função da estimativa sobre a quantidade que será produzida pela Empresa 2. (Os pontos ×, indicando $Q_2 = 0$, 50 e 75, correspondem aos exemplos mostrados na Figura 12.3.) A curva de reação da Empresa 2 mostra a quantidade que ela produzirá em função de sua estimativa sobre a quantidade que será produzida pela Empresa 1. No equilíbrio de Cournot, cada empresa estima corretamente a quantidade que sua concorrente produzirá e, então, maximiza os próprios lucros. Portanto, nenhuma das empresas se afastará desse equilíbrio.

Poderíamos efetuar o mesmo tipo de análise para a Empresa 2, ou seja, determinando as quantidades que maximizam o lucro da Empresa 2 em função de suas estimativas a respeito das quantidades que a Empresa 1 produzirá. O resultado obtido será uma curva de reação da Empresa 2, isto é, uma relação $Q^*_2(Q_1)$ entre sua quantidade produzida e a quantidade que ela estima que a Empresa 1 produzirá. Se as curvas de custo marginal da Empresa 2 e da Empresa 1 forem diferentes, então suas respectivas curvas de reação terão formatos diferentes. Por exemplo, a curva de reação da Empresa 2 poderia ter o aspecto ilustrado na Figura 12.4.

EQUILÍBRIO DE COURNOT Qual a quantidade que cada empresa produzirá? A curva de reação de cada empresa lhe informará o quanto deve produzir em função da quantidade produzida por sua concorrente. Em equilíbrio, cada empresa determina o nível de produção conforme a própria curva de reação; os níveis de produção são, por isso, encontrados no ponto de *interseção* entre as duas curvas de reação. Chamamos de **equilíbrio de Cournot** os níveis de produção que daí resultam. Nesse ponto de equilíbrio, cada empresa estima corretamente a quantidade que a concorrente produzirá, maximizando os lucros adequadamente.

> **equilíbrio de Cournot**
> Equilíbrio no modelo de Cournot no qual cada empresa estima quanto seu concorrente produzirá e define sua produção segundo essa estimativa.

Observe que o equilíbrio de Cournot é um exemplo de equilíbrio de Nash (por isso, às vezes, é chamado de *equilíbrio de Cournot-Nash*). Lembre-se de que, em um equilíbrio de Nash, cada empresa se encontra fazendo o melhor que pode em função do que realizam os concorrentes. Em consequência, nenhuma empresa considerada individualmente se sentirá estimulada a modificar o próprio comportamento. No equilíbrio de Cournot, cada um dos duopolistas produz uma quantidade que maximiza os lucros *em função da quantidade que está sendo produzida pelo concorrente*, de tal maneira que nenhum dos duopolistas tem qualquer estímulo para modificar o nível de produção.

Suponhamos que as duas empresas estejam de início produzindo níveis que sejam diferentes do equilíbrio de Cournot. Será que elas alterarão seus respectivos níveis de produção até que seja alcançado o equilíbrio de Cournot? Infelizmente, esse modelo nada diz a respeito da dinâmica do processo de ajuste. Na verdade, durante qualquer processo de ajuste, a suposição fundamental de que cada empresa pode presumir que a produção de sua concorrente é fixa não se sustentaria. Como ambas as empresas estariam ajustando os respectivos níveis de produção, nenhuma das produções seria fixa. Necessitamos de modelos diferentes para poder compreender o ajustamento dinâmico, alguns dos quais examinaremos no Capítulo 13.

Em que situação é racional para uma empresa supor que a quantidade produzida por sua concorrente é fixa? É racional quando as duas podem escolher apenas uma vez seus respectivos níveis de produção, porque assim esses níveis não poderão variar. Também é racional fazê-lo quando ambas já tiverem alcançado o equilíbrio de Cournot, porque então nenhuma das duas terá estímulo para variar o nível de produção. Portanto, quando estivermos utilizando o modelo de Cournot, devemos nos limitar a comportamentos de empresas em equilíbrio.

A curva de demanda linear — um exemplo

Examinaremos um exemplo em que duas empresas idênticas se defrontam com uma curva de demanda linear de mercado. Isso ajudará a esclarecer o significado do equilíbrio de Cournot e possibilitará que o comparemos com o equilíbrio competitivo e com o equilíbrio que resultaria se as empresas entrassem em acordo e escolhessem cooperativamente seus respectivos níveis de produção.

Suponhamos que nossos duopolistas se deparem com a seguinte curva de demanda de mercado:

$$P = 30 - Q$$

em que Q é a produção *total* das duas empresas (isto é, $Q = Q_1 + Q_2$). Suponhamos também que ambas as empresas tenham custo marginal igual a zero:

$$CMg_1 = CMg_2 = 0$$

Podemos determinar a curva de reação para a Empresa 1 da maneira apresentada a seguir. Para maximizar os lucros, a empresa iguala a receita marginal ao custo marginal. A receita total, R_1, é dada por

$$R_1 = PQ_1 = (30 - Q)Q_1$$
$$= 30Q_1 - (Q_1 + Q_2)Q_1$$
$$= 30Q_1 - Q_1^2 - Q_2Q_1$$

A receita marginal RMg_1 é exatamente a receita incremental ΔR_1 que resulta de uma variação incremental da produção, ΔQ_1:

$$RMg_1 = \Delta R_1/\Delta Q_1 = 30 - 2Q_1 - Q_2$$

Agora, igualando RMg_1 (que é o custo marginal da empresa) a zero e resolvendo a equação para encontrarmos o valor de Q_1, teremos

$$\text{Curva de reação da Empresa 1: } Q_1 = 15 - \frac{1}{2}Q_2 \qquad (12.1)$$

O mesmo cálculo se aplica à Empresa 2:

$$\text{Curva de reação da Empresa 2: } Q_2 = 15 - \frac{1}{2}Q_1 \qquad (12.2)$$

Os níveis de produção de equilíbrio são os valores de Q_1 e Q_2 na interseção entre as duas curvas de reação, isto é, em níveis que solucionam as equações 12.1 e 12.2. A substituição de Q_2 na Equação 12.1 pela expressão do lado direito da Equação 12.2 permite verificar que os níveis de produção de equilíbrio são

$$\text{Equilíbrio de Cournot: } Q_1 = Q_2 = 10$$

Portanto, a quantidade total produzida é $Q = Q_1 + Q_2 = 20$; dessa forma, o preço de mercado no equilíbrio é $P = 30 - Q = 10$, e cada empresa obtém um lucro de 100.

A Figura 12.5 ilustra as curvas de reação de Cournot e o equilíbrio de Cournot. Observe que a curva de reação da Empresa 1 mostra o nível de produção Q_1 em termos da produção Q_2 da Empresa 2. Do mesmo modo, a curva de reação da Empresa 2 mostra o nível de produção Q_2 em termos da produção Q_1. (Como as firmas são idênticas, as duas curvas de reação têm o mesmo formato. Elas parecem diferentes apenas porque uma apresenta Q_1 em termos de Q_2, enquanto a outra apresenta Q_2 em termos de Q_1.) O equilíbrio de Cournot é a interseção das duas curvas. Nesse ponto, cada empresa está maximizando o próprio lucro em função da quantidade produzida pela concorrente.

Estamos supondo que duas empresas concorrem entre si. Suponhamos, porém, que as leis antitruste fossem amenizadas e as duas empresas pudessem fazer uma coalizão. Elas determinariam os níveis de produção de forma a maximizar o *lucro total* e, presumivelmente, repartiriam o lucro por igual entre si. O lucro total é maximizado por meio da escolha da quantidade total de produção Q para a qual a receita marginal é igual ao custo marginal, que nesse exemplo é igual a zero. A receita total das duas empresas é

$$R = PQ = (30 - Q)Q = 30Q - Q^2$$

Portanto, a receita marginal é

$$RMg = \Delta R/\Delta Q = 30 - 2Q$$

Igualando RMg a zero, veremos que o lucro total é maximizado quando $Q = 15$.

Qualquer combinação de quantidades produzidas, Q_1 e Q_2, que totalize 15 estará maximizando o lucro total. A curva $Q_1 + Q_2 = 15$, denominada *curva de coalizão*, fornece, portanto, todos os pares de quantidades de produção Q_1 e Q_2 que maximizam o lucro total. Essa curva também é apresentada na Figura 12.5. Se as empresas entrarem em acordo para dividir o lucro em partes iguais, cada uma produzirá metade da quantidade total produzida:

$$Q_1 = Q_2 = 7,5$$

Como seria esperado, ambas as empresas estão agora produzindo menos — e cada uma delas está obtendo lucros mais altos (112,50) — do que no equilíbrio de Cournot.

A Figura 12.5 mostra o equilíbrio obtido mediante coalizão e os níveis de produção *competitivos* que podem ser alcançados igualando-se o preço ao custo marginal. (Você pode verificar que eles são $Q_1 = Q_2 = 15$, o que implica que cada uma das empresas está obtendo lucro zero.) Observe que o resultado obtido por meio do equilíbrio de Cournot é muito melhor (para as empresas) do que a competição perfeita, mas não tão bom quanto o resultado alcançado por meio da coalizão.

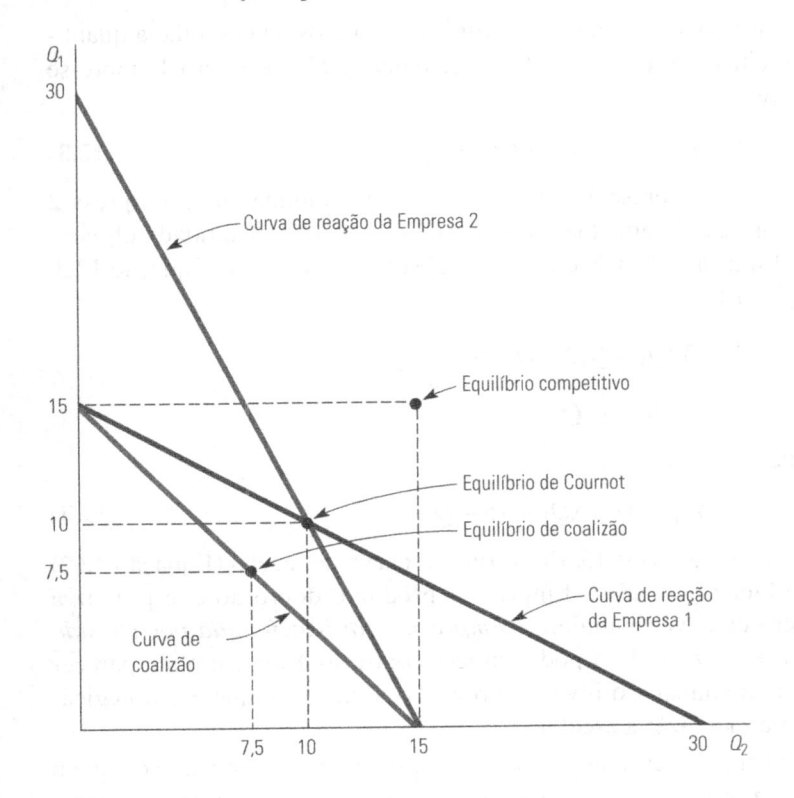

FIGURA 12.5 EXEMPLO DE DUOPÓLIO

A curva de demanda é $P = 30 - Q$, e ambas as empresas têm custo marginal igual a zero. No equilíbrio de Cournot, cada uma delas estará produzindo 10. A curva de coalizão mostra as combinações Q_1 e Q_2 capazes de maximizar os lucros totais. Se as empresas fizerem uma coalizão e repartirem os lucros igualmente entre si, cada uma produzirá 7,5. Também é mostrado o equilíbrio competitivo, no qual o preço é igual ao custo marginal e o lucro é igual a zero.

Vantagem de ser o primeiro — o modelo de Stackelberg

Até o momento, presumimos que nossos dois duopolistas tomam suas decisões de produção simultaneamente. Agora, veremos o que ocorrerá se uma das empresas puder determinar seu nível de produção antes que a outra o faça. Nesse caso, haverá duas questões importantes. Primeiro, será vantajoso para a empresa ser a primeira? Segundo, quais quantidades cada empresa produzirá?

Continuando com nosso exemplo, vamos imaginar que ambas as empresas tenham custo marginal igual a zero e que a curva de demanda de mercado seja obtida por meio de $P = 30 - Q$, onde Q é a produção total. *Suponhamos que a Empresa 1 seja a primeira a determinar seu volume de produção e que, posteriormente, após observar a produção da Empresa 1, a Empresa 2 decida que quantidade produzirá.* Portanto, ao determinar seu nível de produção, *a Empresa 1 deverá considerar de que forma a Empresa 2 reagirá*. Esse **modelo de Stackelberg** de duopólio difere do modelo de Cournot, no qual nenhuma das empresas tem oportunidade de reagir.

modelo de Stackelberg

Modelo de oligopólio no qual uma empresa determina o nível de produção antes que outras empresas o façam.

Vamos começar com a Empresa 2. Pelo fato de tomar sua decisão *após* a Empresa 1, ela considera como fixa a produção da Empresa 1. Portanto, a quantidade produzida capaz de maximizar os lucros da Empresa 2 é obtida pela curva de reação de Cournot, que expressamos a seguir na Equação 12.2:

$$\text{Curva de reação da Empresa 2: } Q_2 = 15 - \frac{1}{2} Q_1 \quad (12.2)$$

O que ocorre com a Empresa 1? Visando a maximizar os lucros, ela escolhe a quantidade Q_1, de modo que a receita marginal se iguala ao custo marginal, que é zero. Lembre-se da curva de receita da Empresa 1:

$$R_1 = PQ_1 = 30Q_1 - Q_1^2 - Q_2Q_1 \quad (12.3)$$

Como R_1 depende de Q_2, a Empresa 1 precisa prever a quantidade que a Empresa 2 produzirá. Entretanto, a Empresa 1 sabe que a Empresa 2 escolherá a quantidade Q_2 conforme a curva de reação (Equação 12.2). Efetuando a substituição de Q_2 na Equação 12.3, obtemos a receita da Empresa 1:

$$R_1 = 30Q_1 - Q_1^2 - Q_1(15 - \frac{1}{2} Q_1)$$
$$= 15Q_1 - \frac{1}{2} Q_1^2$$

Portanto, a receita marginal é

$$\text{RMg}_1 = \Delta R_1/\Delta Q_1 = 15 - Q_1 \quad (12.4)$$

Considerando $\text{RMg}_1 = 0$, temos $Q_1 = 15$. Com base na curva de reação (Equação 12.2) da Empresa 2 podemos obter $Q_2 = 7,5$. A Empresa 1 produz o dobro do que produz a Empresa 2 e gera um lucro duas vezes maior. *A Empresa 1 foi beneficiada por ter sido a primeira a escolher sua produção.* Isso pode parecer contrário à lógica: pode parecer desvantajoso ser a primeira a anunciar o nível de produção. Então, por que é estrategicamente vantajoso ser a primeira a fazer a escolha?

Porque fazer o anúncio primeiro cria um *fato consumado*: independentemente do que o concorrente venha a fazer, a produção da primeira será maior. Para maximizar os lucros, o concorrente deve tomar por base o nível de produção anunciado pela primeira empresa, devendo optar por um nível mais baixo de produção. Se o concorrente produzisse uma quantidade muito elevada, tal fato ocasionaria uma queda de preço e as duas empresas teriam prejuízos. Portanto, a menos que o concorrente acredite ser mais importante "acertar as contas" do que gerar lucros, seria irracional que ele viesse a produzir uma grande quantidade. Como será visto no Capítulo 13, esse tipo de vantagem de ser o primeiro ocorre em muitas situações estratégicas.

Os modelos de Cournot e Stackelberg são representações alternativas de comportamentos oligopolistas. A determinação de qual deles é o mais apropriado dependerá muito do setor em questão. Para um setor composto por empresas bastante semelhantes, no qual nenhuma possua grande vantagem operacional ou posição de liderança, o modelo de Cournot provavelmente será o mais apropriado. Por outro lado, alguns setores são dominados por uma grande empresa que costuma liderar o lançamento de novos produtos ou a determinação de preço. O mercado de computadores *mainframe* é um exemplo, tendo a IBM na liderança. Nesses casos, o modelo de Stackelberg pode ser mais realista.

12.3 Concorrência de preços

Presumimos até aqui que nossas empresas oligopolistas concorrem por meio da determinação de suas respectivas quantidades. Entretanto, em muitos setores oligopolistas, a concorrência se dá em termos de preços. Os fabricantes de automóveis, por exemplo, veem o preço como uma variável estratégica crucial, de tal modo que cada um escolhe seu preço tendo os concorrentes em mente. Nesta seção, utilizaremos o conceito de equilíbrio de Nash para estudar a concorrência de preços, primeiro em um setor que produza uma mercadoria homogênea e em seguida em um setor com algum grau de diferenciação entre os produtos.

Concorrência de preços com produtos homogêneos — modelo de Bertrand

O **modelo de Bertrand** foi desenvolvido em 1883 por Joseph Bertrand, outro economista francês. Como no modelo de Cournot, ele se aplica às empresas que produzem a mesma mercadoria homogênea e tomam decisões ao mesmo tempo. Nesse caso, no entanto, as empresas determinam seus *preços* em vez das quantidades. Como veremos, essa mudança pode afetar drasticamente os resultados no mercado.

modelo de Bertrand
Modelo de oligopólio no qual as empresas produzem um bem homogêneo, cada uma delas considera fixo o preço de suas concorrentes e todas decidem simultaneamente qual preço será cobrado.

Vamos voltar ao exemplo de duopólio da última seção, no qual a curva de demanda do mercado é

$$P = 30 - Q$$

sendo $Q = Q_1 + Q_2$ novamente a produção total de uma mercadoria homogênea. Desta vez, vamos supor que ambas as empresas tenham custo marginal igual a US$ 3:

$$CMg_1 = CMg_2 = US\$ \ 3$$

Como um exercício, você pode mostrar que o equilíbrio de Cournot para esse duopólio, quando ambas as empresas escolhem simultaneamente os *níveis de produção*, ocorre quando $Q_1 = Q_2 = 9$. Você pode também verificar que nesse equilíbrio de Cournot o preço de mercado é US$ 12, de modo que cada empresa pode obter um lucro de US$ 81.

Agora, suponhamos que esses dois duopolistas concorram escolhendo simultaneamente o *preço* em vez da quantidade. Qual será o preço que cada empresa escolherá e qual o lucro que cada uma delas obterá? Para responder a essas questões, observe que, como a mercadoria é homogênea, os consumidores vão adquiri-la apenas do vendedor com menor preço. Dessa maneira, se as duas empresas cobrarem preços diferentes, a empresa com preço menor abastecerá todo o mercado e aquela com preço mais alto nada venderá. Se as duas cobrarem o mesmo preço, para os consumidores será indiferente adquirir a mercadoria de uma ou de outra, e cada uma abastecerá metade do mercado.

Qual será o equilíbrio de Nash nesse caso? Se você refletir um pouco sobre o problema, verá que, em virtude do incentivo à redução de preços, esse equilíbrio corresponde ao da situação competitiva, isto é, o preço determinado por ambas as empresas é igual ao custo marginal: $P_1 = P_2 = US\$ \ 3$. A quantidade produzida pelo setor é, então, 27 unidades, e cada uma das empresas produz 13,5 unidades. Como o preço é igual ao custo marginal, ambas obtêm lucro zero. Para verificar se realmente se trata de um equilíbrio de Nash, pergunte-se qual das duas empresas teria algum estímulo para modificar o preço. Suponhamos que a Empresa 1 aumentasse o preço. Ela então perderia todas as vendas para a Empresa 2 e, portanto, isso não seria um bom negócio. Por outro lado, se a Empresa 1 diminuísse o preço, ela obteria a totalidade do mercado, mas teria prejuízos com cada unidade produzida; mais uma vez, não estaria fazendo um bom negócio. Por isso, a Empresa 1 (e de igual modo a Empresa 2) não tem nenhum estímulo para modificar o preço: ela já está fazendo o melhor que pode para maximizar o lucro, em função daquilo que sua concorrente está fazendo.

Por que não poderia haver um equilíbrio de Nash no qual as empresas cobrassem o mesmo preço, mas em nível mais alto (digamos, US$ 5), de modo que cada uma pudesse obter algum lucro? Porque, se qualquer uma das empresas reduzisse seu preço apenas um pouco, poderia obter a totalidade do mercado e quase duplicar seus lucros. Portanto, cada uma das empresas estaria interessada em reduzir seu preço e torná-lo mais baixo que o do concorrente. Essas reduções prosseguiriam até que o preço caísse ao nível de US$ 3.

Ao mudar a variável de escolha estratégica de quantidade para preço obteremos um resultado totalmente diferente. No modelo de Cournot, como cada empresa produz apenas 9 unidades, o preço de mercado é US$ 12. Agora o preço de mercado é US$ 3. No modelo de Cournot, cada empresa obtém lucro; no modelo de Bertrand, as empresas igualam o preço ao custo marginal e não obtêm lucro.

O modelo de Bertrand tem recebido críticas por diversos motivos. Primeiro, quando as empresas produzem uma mercadoria homogênea, é mais natural que a concorrência ocorra por meio da determinação de quantidades em vez de preços. Segundo, mesmo que elas fixem preços *e* optem pelo mesmo preço (como prevê o modelo), qual fatia das vendas totais caberá a cada uma? *Supusemos* que as vendas seriam igualmente divididas entre as empresas, mas não há razão alguma para que isso ocorra. Mas, apesar desses defeitos, o modelo de Bertrand é útil porque nos mostra de que forma o equilíbrio resultante em um oligopólio pode depender de modo crucial da escolha feita pelas empresas sobre qual deverá ser a variável estratégica.[2]

Concorrência de preços com produtos diferenciados

Os mercados oligopolistas com frequência apresentam pelo menos algum grau de diferenciação.[3] As fatias de mercados são determinadas não apenas por meio de preços, mas também mediante diferenças de design, desempenho e durabilidade do produto de cada empresa. Nesse caso, é natural que as empresas concorram por meio da escolha de preços, e não por quantidades.

Para entendermos o funcionamento da concorrência de preços com produtos diferenciados, examinaremos o seguinte exemplo, bastante simples. Suponhamos que dois duopolistas apresentem custos fixos de US$ 20 cada, mas custos variáveis iguais a zero, e se defrontem com as mesmas curvas de demanda:

$$\text{Demanda da Empresa 1: } Q_1 = 12 - 2P_1 + P_2 \qquad (12.5a)$$

$$\text{Demanda da Empresa 2: } Q_2 = 12 - 2P_2 + P_1 \qquad (12.5b)$$

em que P_1 e P_2 são os preços praticados, respectivamente, pelas Empresas 1 e 2, e Q_1 e Q_2 são as quantidades resultantes vendidas por elas. Observe que a quantidade que cada empresa vende diminui quando a empresa aumenta o próprio preço, porém cresce quando sua concorrente sobe o preço.

ESCOLHA DE PREÇOS Vamos supor que as duas empresas fixem os preços simultaneamente e que cada uma considere fixo o preço da concorrente. Podemos, assim, utilizar o conceito de equilíbrio de Nash para determinar os preços resultantes. Comecemos pela Empresa 1. O lucro, π_1, é a receita, $P_1 Q_1$, menos o custo fixo de US$ 20. Efetuando a substituição de Q_1 na Equação da curva de demanda 12.5(a), teremos

$$\pi_1 = P_1 Q_1 - 20 = 12 P_1 - 2 P_1^2 + P_1 P_2 - 20$$

Para qual preço P_1 esse lucro é maximizado? A resposta depende de P_2, que a Empresa 1 pressupõe que seja fixo. Entretanto, qualquer que seja o preço cobrado pela Empresa 2, o lucro da Empresa 1 é maximizado quando o lucro incremental decorrente de um aumento muito pequeno em seu próprio preço é igual a zero. Considerando que P_2 seja fixo, o preço que maximiza o lucro para a Empresa 1 é, portanto, obtido por meio de

$$\Delta \pi_1 / \Delta P_1 = 12 - 4 P_1 + P_2 = 0$$

---

[2] Também tem sido demonstrado que, se as empresas produzirem mercadorias homogêneas e concorrerem determinando primeiro as *capacidades* produtivas e depois o preço, mais uma vez ocorrerá o equilíbrio de Cournot para as quantidades. Veja David Kreps e Jose Scheinkman, "Quantity Precommitment and Bertrand Competition Yield Cournot Outcomes", *Bell Journal of Economics* 14, 1983, p. 326-338.

[3] A diferenciação entre produtos pode ocorrer até mesmo entre itens aparentemente homogêneos. Por exemplo, considere a gasolina. Embora ela, em si, seja uma mercadoria homogênea, os postos de gasolina diferem em termos de localização e serviços oferecidos. Em consequência, os preços podem diferir de um posto para outro.

Essa equação pode ser reescrita de modo que ofereça a seguinte regra de determinação de preço ou *curva de reação* da Empresa 1:

$$\text{Curva de reação da Empresa 1: } P_1 = 3 + \frac{1}{4} P_2$$

Essa equação diz à Empresa 1 qual preço ela deve determinar em função do preço P_2 que a Empresa 2 está definindo. Poderemos, de modo semelhante, encontrar a seguinte regra de determinação de preço para a Empresa 2:

$$\text{Curva de reação da Empresa 2: } P_2 = 3 + \frac{1}{4} P_1$$

Essas curvas de reação encontram-se ilustradas na Figura 12.6. O equilíbrio de Nash está no ponto no qual as duas curvas de reação se cruzam; você pode verificar que cada empresa está então cobrando um preço de US$ 4 e obtendo um lucro de US$ 12. *Considerando que cada empresa esteja fazendo o melhor que pode em função do preço da concorrente, neste ponto nenhuma delas tem qualquer estímulo para alterar o preço.*

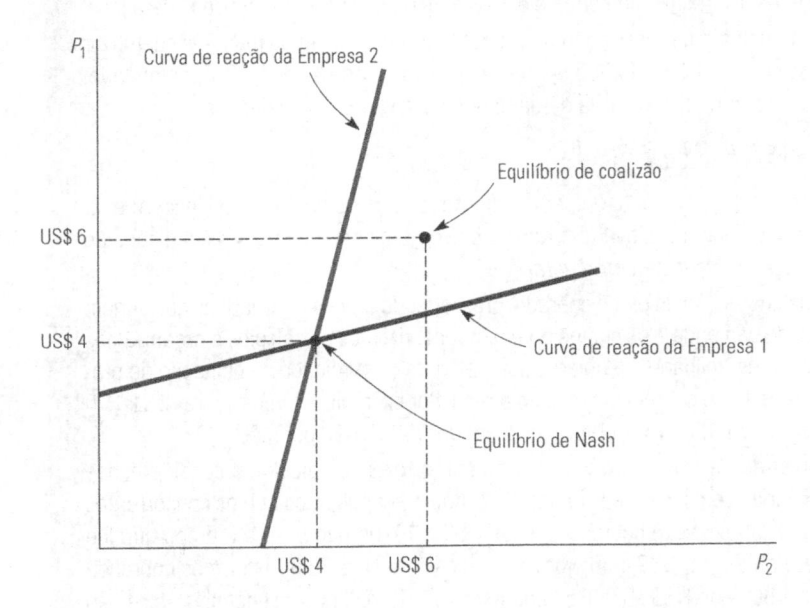

FIGURA 12.6 EQUILÍBRIO DE NASH EM PREÇOS

Aqui, duas empresas vendem um produto diferenciado e a demanda de cada uma delas depende do próprio preço e do preço do concorrente. As duas escolhem simultaneamente os preços, cada uma considerando que o preço do concorrente seja dado. A curva de reação da Empresa 1 apresenta o preço que maximiza os lucros em função do preço determinado pela Empresa 2. O equilíbrio de Nash é encontrado no ponto de interseção entre as duas curvas de reação; quando cada empresa cobra o preço de US$ 4, ela está fazendo o melhor que pode em função do preço que é cobrado pelo concorrente e não tem nenhum estímulo para alterar o preço. A ilustração apresenta também o equilíbrio obtido mediante coalizão: se as firmas determinarem os preços cooperativamente, elas optarão pelo preço de US$ 6.

Agora, suponhamos que as duas empresas façam uma coalizão: em vez de escolher seus preços independentemente, ambas optarão por cobrar um mesmo preço, que seja capaz de maximizar os lucros das duas. Você pode verificar que elas cobrariam, então, US$ 6, e que estariam em melhor situação se fizessem uma coalizão porque cada uma passaria a obter lucros de US$ 16.[4] A Figura 12.6 mostra o equilíbrio obtido por meio da coalizão.

---

4   As empresas têm os mesmos custos e, portanto, cobrarão o mesmo preço P. O lucro total será obtido por meio de
$$\pi_T = \pi_1 + \pi_2 = 24P - 4P^2 + 2P^2 - 40 = 24P - 2P^2 - 40.$$
Essa equação é maximizada quando $\Delta \pi_T / \Delta P = 0$. $\Delta \pi_T / \Delta P = 24 - 4P$, logo o preço que maximiza os lucros é igual a $P = $ US$ 6. Portanto, o lucro de cada empresa é
$$\pi_1 = \pi_2 = 12P - P^2 - 20 = 72 - 36 - 20 = \text{US\$ } 16$$

Por fim, suponhamos que a Empresa 1 seja a primeira a fixar seu preço e, após observar a Empresa 1, a Empresa 2 tome sua decisão de preço. Diferentemente do que ocorre no modelo de Stackelberg, em que as empresas fixam as quantidades, nesse caso a Empresa 1 estará em clara *desvantagem* por mover-se primeiro. (Para verificar isso, calcule o preço que maximiza o lucro da Empresa 1 *levando em conta a curva de reação da Empresa 2*.) Por que se mover primeiro é uma desvantagem agora? Porque dá a oportunidade de a empresa que se move depois reduzir levemente o preço e, em consequência, capturar uma parcela maior do mercado. (Veja o Exercício 11 no final deste capítulo.)

EXEMPLO 12.2 UM PROBLEMA DE PREÇO PARA A PROCTER & GAMBLE

Quando a Procter & Gamble (P&G) planejou entrar no mercado japonês com o produto Gypsy Moth Tape, ela conhecia seus custos de produção e a curva de demanda do mercado, mas teve dificuldades para determinar o preço correto a ser cobrado, porque duas outras empresas — a Kao, Ltd. e a Unilever, Ltd. — também estavam planejando entrar no mercado. As três estariam escolhendo seus respectivos preços mais ou menos no mesmo momento, e a P&G teve de levar tal fato em consideração.[5]

Como as três companhias utilizavam a mesma tecnologia na fabricação do produto, apresentavam os mesmos custos de produção. Cada empresa se defrontava com um custo fixo de US$ 480.000 por mês e um custo variável de US$ 1 por unidade. Após uma pesquisa de mercado, a P&G pôde se assegurar de que a curva de demanda para vendas mensais era

$$Q = 3.375 P^{-3,5}(P_U)^{0,25}(P_K)^{0,25}$$

em que Q é a venda mensal em milhares de unidades e P, P_U e P_K são, respectivamente, os preços da P&G, da Unilever e da Kao. Agora, coloque-se na posição da P&G. Pressupondo que a Unilever e a Kao se defrontem com as mesmas condições de demanda, *com qual preço você entraria no mercado e qual lucro esperaria gerar?*

Você pode começar calculando o lucro que obteria em função do preço cobrado, pressupondo preços alternativos que seriam cobrados pela Unilever e pela Kao. Utilizando a curva de demanda e os custos apresentados, fizemos os cálculos e organizamos os resultados na Tabela 12.2. Cada linha fornece o lucro em milhares de dólares por mês para determinada combinação de preços (embora pressuponha em cada caso que a Unilever e a Kao cobrem um mesmo preço). Por exemplo, se você cobrar US$ 1,30 e a Unilever e a Kao ambas estabelecerem um preço de US$ 1,50, você obterá um lucro de US$ 15.000 por mês.

Mas lembre-se: é muito provável que os administradores da Unilever e da Kao estão fazendo cálculos e considerações semelhantes aos seus e, possivelmente, têm suas próprias versões para a Tabela 12.2. Agora suponhamos que os concorrentes possam cobrar US$ 1,50 ou mais. Como nos mostra a tabela, você cobraria apenas US$ 1,40, porque esse é o preço que lhe possibilita obter o maior lucro. (Por exemplo, se eles cobrassem US$ 1,50, você teria lucros de US$ 29.000 por mês cobrando US$ 1,40, mas de apenas US$ 20.000 cobrando US$ 1,50, e de US$ 15.000 se cobrasse US$ 1,30.) Em consequência, você não cobraria US$ 1,50 (ou mais). Presumindo que os concorrentes tenham seguido o mesmo raciocínio, você não deve esperar que eles cobrem US$ 1,50 (ou mais).

TABELA 12.2	Lucros da P&G (em US$ 1.000 por mês)							
	Preços dos concorrentes (iguais entre si) (US$)							
Preço da P&G (US$)	1,10	1,20	1,30	1,40	1,50	1,60	1,70	1,80
1,10	−226	−215	−204	−194	−183	−174	−165	−155
1,20	−106	−89	−73	−58	−43	−28	−15	−2
1,30	−56	−37	−19	2	15	31	47	62
1,40	−44	−25	−6	12	29	46	62	78
1,50	−52	−32	−15	3	20	36	52	68
1,60	−70	−51	−34	−18	−1	14	30	44
1,70	−93	−76	−59	−44	−28	−13	1	15
1,80	−118	−102	−87	−72	−57	−44	−30	−17

---

5 Esse exemplo se baseia em um material acadêmico desenvolvido pelo professor John Hauser, do MIT. Visando à proteção dos direitos de propriedade da P&G, alguns dos fatos relativos a produto e mercado foram alterados. Entretanto, a descrição do problema é precisa.

Mas e se os concorrentes cobrarem US$ 1,30? Nesse caso, você terá prejuízo, mas o prejuízo será menor (US$ 6.000 por mês) se cobrar US$ 1,40. Portanto, os concorrentes não esperariam que você cobrasse US$ 1,30 e, pelo mesmo raciocínio, você não deve esperar que eles cobrem um preço tão baixo. Qual valor lhe permite fazer o melhor negócio em função dos preços dos concorrentes? A resposta é US$ 1,40. Esse é também o preço com o qual os concorrentes fazem o melhor que *eles* podem, portanto, é um equilíbrio de Nash.[6] Como mostra a tabela, nesse equilíbrio você e os concorrentes geram cada qual US$ 12.000 de lucro por mês.

Se você pudesse fazer uma *coalizão* com os concorrentes, poderia obter lucros maiores. Nesse caso, todos concordariam em estabelecer um preço de US$ 1,50, com cada qual obtendo lucros de US$ 20.000. No entanto, esse acordo seria de difícil execução e manutenção: você poderia aumentar ainda mais os lucros à custa dos concorrentes, tornando seu preço menor do que o deles e, certamente, os concorrentes poderiam pensar em fazer o mesmo.

12.4 Concorrência *versus* coalizão: o dilema dos prisioneiros

O equilíbrio de Nash é um equilíbrio *não cooperativo*: cada empresa toma as decisões visando à obtenção do maior lucro possível, dadas as ações dos concorrentes. Como já tivemos a oportunidade de ver, o lucro resultante para cada uma das empresas é mais alto do que seria em condições de competição perfeita, apresentando-se, contudo, mais baixo do que seria caso as empresas fizessem uma coalizão (acordo).

Entretanto, a coalizão é ilegal, e a maioria dos administradores prefere permanecer longe das grades. Mas, se a cooperação pode conduzir a lucros mais elevados, por que as empresas não poderiam cooperar entre si sem firmar um acordo explícito? Em particular, se uma empresa e seu concorrente fossem capazes de fazer uma estimativa do preço que maximiza os lucros com o qual estariam de acordo se fizessem uma coalizão, *por que não determinar esse preço e esperar que o concorrente faça o mesmo*? Se o concorrente *fizer* o mesmo, as duas empresas poderão ter mais lucros.

O problema é que o concorrente *provavelmente não* optaria por fixar seu preço em um nível compatível com o acordo. Por que não? *Porque o concorrente estaria fazendo um melhor negócio ao optar por um preço mais baixo, mesmo se soubesse que a outra empresa praticaria o preço de coalizão.*

Para compreendermos isso, voltemos ao exemplo de concorrência de preços apresentado na seção anterior. Naquele exemplo, as empresas tinham custo fixo de US$ 20, custo variável zero e se defrontavam com as seguintes curvas de demanda:

$$\text{Curva de demanda da Empresa 1: } Q_1 = 12 - 2P_1 + P_2$$

$$\text{Curva de demanda da Empresa 2: } Q_2 = 12 - 2P_2 + P_1$$

Descobrimos que, no equilíbrio de Nash, cada empresa estaria cobrando o preço de US$ 4 e obtendo lucros de US$ 12, enquanto, se entrassem em acordo, poderiam cobrar um preço de US$ 6 e obter um lucro de US$ 16. Agora, suponhamos que elas não entrassem em acordo, mas a Empresa 1 passasse a cobrar um preço de US$ 6, esperando que a Empresa 2 fizesse o mesmo. Se a Empresa 2 *fizesse* o mesmo, ela poderia obter lucros de US$ 16. Mas o que ocorreria se ela optasse por cobrar um preço de US$ 4 em vez de US$ 6? Nesse caso, a Empresa 2 poderia obter lucros de

$$\pi_2 = P_2 Q_2 - 20 = (4)[12 - (2)(4) + 6] - 20 = \text{US\$ } 20$$

Por outro lado, a Empresa 1 obteria lucros de apenas

---

6 Esse equilíbrio de Nash pode também ser obtido algebricamente com os dados relativos à demanda e o custo apresentados antes. Deixaremos que você mesmo faça os cálculos como um exercício.

$$\pi_1 = P_1Q_1 - 20 = (6)[12 - (2)(6) + 4] - 20 = US\$\ 4$$

Portanto, se a Empresa 1 cobrar US$ 6, mas a Empresa 2 apenas US$ 4, o lucro da Empresa 2 aumentará para US$ 20. Ela fará isso à custa do lucro da Empresa 1, que cairá para US$ 4. A Empresa 2 fará nitidamente melhor negócio ao cobrar apenas US$ 4. Do mesmo modo, a Empresa 1 estará fazendo o melhor que pode ao cobrar apenas US$ 4. Se a Empresa 2 cobrar US$ 6 e a Empresa 1 cobrar US$ 4, a Empresa 1 obterá lucros de US$ 20 e a Empresa 2, de apenas US$ 4.

MATRIZ DE *PAYOFF* A Tabela 12.3 resume os resultados dessas alternativas de preços. Durante o processo de tomada de decisão sobre o preço a ser cobrado, as duas empresas estarão praticando um **jogo não cooperativo**: cada uma, independentemente, estará fazendo o melhor que pode para si, levando em conta estratégias do concorrente. A Tabela 12.3 é denominada **matriz de *payoff*** para esse jogo, pois mostra o lucro (ou *payoff*) que cada empresa obterá em função de sua decisão e da decisão do concorrente. Por exemplo, o canto superior esquerdo da matriz de *payoff* informa-nos que, se ambas as empresas cobrarem US$ 4, cada uma obterá lucros de US$ 12. O canto superior direito indica-nos que, se a Empresa 1 cobrar US$ 4 e a Empresa 2 cobrar US$ 6, a Empresa 1 alcançará lucros de US$ 20 e a Empresa 2, lucros de US$ 4.

> **jogo não cooperativo**
> Jogo no qual a negociação e a obrigação de cumprimento de contratos vinculativos não são possíveis.

> **matriz de *payoff***
> Tabela que mostra o lucro (*payoff*) que cada empresa obterá em função de sua decisão e da decisão de sua concorrente.

TABELA 12.3 Matriz de *payoff* do jogo de determinação de preços

		Empresa 2	
		Cobra US$ 4	Cobra US$ 6
Empresa 1	Cobra US$ 4	US$ 12, US$ 12	US$ 20, US$ 4
	Cobra US$ 6	US$ 4, US$ 20	US$ 16, US$ 16

Essa matriz de *payoff* pode responder a nossa pergunta original: por que as empresas não se comportam cooperativamente, podendo assim obter lucros mais altos, mesmo sem entrar em um acordo explícito? Nesse caso, a cooperação significaria que *ambas* as empresas estariam cobrando US$ 6 em vez de US$ 4, obtendo, portanto, lucros de US$ 16 em vez de US$ 12. O problema é que cada uma delas sempre fará melhor negócio ao vender por US$ 4, *não importando o que fizer o concorrente*. Como mostra a matriz de *payoff*, se a Empresa 2 cobrar US$ 4, a Empresa 1 estará melhor cobrando US$ 4. Se a Empresa 2 cobrar US$ 6, a Empresa 1 ainda estará melhor cobrando US$ 4. De igual modo, a Empresa 2 sempre estará melhor ao cobrar US$ 4, não importando o que faça a Empresa 1. Em consequência, a menos que ambas as empresas possam assinar um contrato que as obrigue a fixar o preço de US$ 6, nenhuma das duas pode esperar que o concorrente assim proceda, de tal modo que ambas cobrarão US$ 4.

O DILEMA DOS PRISIONEIROS Um exemplo clássico na teoria dos jogos, denominado **dilema dos prisioneiros**, ilustra o problema com que se defrontam as empresas oligopolistas. A descrição é a seguinte: dois prisioneiros foram acusados de ter colaborado na prática de um crime. Eles foram colocados em celas separadas e não podem se comunicar um com o outro. Solicitou-se a cada um que confessasse. Se ambos os prisioneiros confessarem, cada um será condenado a cinco anos de prisão. Se nenhum dos dois confessar, o julgamento do processo será dificultado, de tal maneira que eles poderão entrar com um recurso, recebendo então uma condenação de dois anos. Por outro lado, se um dos prisioneiros confessar o crime, mas o outro não, aquele que confessou será condenado a apenas um ano de prisão, enquanto o outro será condenado a dez anos de prisão. Se você fosse um desses prisioneiros, qual seria sua opção: confessar ou não confessar?

> **dilema dos prisioneiros**
> Exemplo na teoria dos jogos no qual dois prisioneiros devem decidir separadamente se confessam o crime; se um deles confessar, receberá uma sentença mais leve e seu cúmplice uma mais pesada, mas, se nenhum deles confessar, as sentenças serão mais leves do que se ambos tivessem confessado.

A matriz de *payoff* apresentada na Tabela 12.4 resume todos os possíveis resultados. (Observe que os *payoffs* são negativos; assim, por exemplo, a informação contida no canto inferior direito representa uma condenação de dois anos para cada prisioneiro.) Como nos mostra a tabela, nossos prisioneiros se defrontam com um dilema. Se os dois pudessem simplesmente entrar em acordo para não confessar (de forma que nenhum deles pudesse deixar de cumprir tal acordo), cada um permaneceria na prisão por apenas dois anos. Entretanto, eles estão impossibilitados de se comunicar e, mesmo que o pudessem fazer, será que poderiam confiar um no outro? Se o Prisioneiro A não confessar, estará correndo o risco de beneficiar seu antigo cúmplice à custa da própria liberdade. Afinal, *não importando o que possa fazer o Prisioneiro A, o Prisioneiro B fará o melhor para si confessando*. Do mesmo modo, como também o Prisioneiro A estará fazendo o melhor para si ao confessar, o Prisioneiro B precisa se preocupar com o fato de que, se não confessar, poderá ser prejudicado. Sendo assim, ambos os prisioneiros provavelmente confessarão, sendo então condenados a cinco anos de prisão.

TABELA 12.4 Matriz de *payoff* do dilema dos prisioneiros

		Prisioneiro B	
		Confessa	Não confessa
Prisioneiro A	Confessa	−5, −5	−1, −10
	Não confessa	−10, −1	−2, −2

As empresas oligopolistas com frequência se encontram em situação semelhante à do dilema dos prisioneiros. Elas precisam decidir se concorrerão de modo agressivo, procurando obter uma fatia maior do mercado à custa do concorrente, ou se optarão por "cooperar" e competir de modo mais passivo, coexistindo com os concorrentes e aceitando manter inalterada a atual fatia de mercado e talvez até fazendo uma coalizão implícita. Se as empresas competirem passivamente, determinando preços elevados e limitando os respectivos níveis de produção, poderão obter lucros mais elevados do que se competirem agressivamente.

Entretanto, da mesma forma que os prisioneiros, cada empresa poder sentir-se estimulada a "furar" o acordo tácito e vender por menos do que a concorrência, e cada uma delas sabe que o concorrente tem incentivo semelhante. Por mais desejável que a cooperação seja, cada empresa estará preocupada — e com bons motivos — com a possibilidade de que, ao praticar a competição passiva, o concorrente decida competir agressivamente e obtenha assim uma fatia muito maior do mercado. No problema de determinação de preços ilustrado na Tabela 12.3, ambas as empresas estariam fazendo melhor negócio se atuassem "cooperativamente" e cobrassem um preço mais alto. Entretanto, elas se encontram em um dilema dos prisioneiros, de tal modo que nenhuma pode confiar que a concorrente escolherá um preço alto.

EXEMPLO 12.3 A PROCTER & GAMBLE E O DILEMA DOS PRISIONEIROS

No Exemplo 12.2, examinamos o problema surgido quando a P&G, a Unilever e a Kao Soap planejavam entrar na mesma ocasião no mercado japonês para o produto Gypsy Moth Tape. Todas se defrontavam com as mesmas condições de custo e de demanda, e cada empresa precisava tomar sua decisão de preço levando em conta os concorrentes. Na Tabela 12.2, fizemos uma tabulação dos lucros da P&G correspondentes às alternativas de preços que ela e os concorrentes poderiam praticar. Discutimos que a P&G deveria esperar que as outras duas empresas viessem a cobrar US$ 1,40, devendo ela própria adotar o mesmo preço.[7]

A P&G estaria fazendo melhor negócio se ela *e os concorrentes* cobrassem um preço de US$ 1,50. Isso se torna evidente na matriz de *payoff* apresentada na Tabela 12.5. Essa matriz de *payoff* é a parte da Tabela 12.2 correspondente aos preços de US$ 1,40 e US$ 1,50, tendo também sido tabulados os *payoffs* das concorrentes da P&G.[8] Se todas as empresas cobrassem US$ 1,50, cada uma teria o lucro de US$ 20.000 por mês, em vez dos US$ 12.000 que obteriam ao praticar o preço de US$ 1,40. Então, por que não cobram US$ 1,50?

---

7 Da mesma forma que no Exemplo 12.2, alguns dos fatos relativos ao produto e ao mercado foram alterados para resguardar os interesses da P&G.

8 Essa matriz de *payoff* pressupõe que a Unilever e a Kao estejam ambas cobrando o mesmo preço. As informações apresentadas correspondem a lucros em milhares de dólares por mês.

TABELA 12.5	Matriz de *payoff* para o problema da determinação de preços		
		Unilever e KAO	
		Cobra US$ 1,40	Cobra US$ 1,50
P&G	Cobra US$ 1,40	US$ 12, US$ 12	US$ 29, US$ 11
	Cobra US$ 1,50	US$ 3, US$ 21	US$ 20, US$ 20

A razão é que essas empresas se encontram em um dilema dos prisioneiros. Independentemente do que a Unilever e a Kao Soap façam, a P&G obterá mais lucros ao cobrar US$ 1,40. Por exemplo, se a Unilever e a Kao cobrarem US$ 1,50, a P&G poderá obter lucros de US$ 29.000 por mês cobrando US$ 1,40, em vez de US$ 20.000 cobrando US$ 1,50. A Unilever e a Kao estão no mesmo barco. Por exemplo, se a P&G cobrar US$ 1,50 e tanto a Unilever quanto a Kao cobrarem US$ 1,40, as concorrentes da P&G poderão obter US$ 21.000 cada uma, em vez de US$ 20.000.[9] Em consequência, a P&G sabe que, se cobrar o preço de US$ 1,50, suas concorrentes terão ambas um forte estímulo para reduzir seus preços, vendendo a US$ 1,40, e a P&G então ficará apenas com uma pequena fatia do mercado e obterá lucros de apenas US$ 3.000 por mês. Será que a P&G deve correr o risco de cobrar US$ 1,50? O que você faria caso estivesse diante do mesmo problema?

12.5 Implicações do dilema dos prisioneiros para a determinação de preços oligopolistas

Será que o dilema dos prisioneiros estaria condenando as empresas oligopolistas à prática da concorrência agressiva e a baixos lucros? Não necessariamente. Embora nossos prisioneiros imaginários tenham apenas uma oportunidade de confissão, a maioria das empresas faz a determinação de seus preços e níveis de produção por muitas e muitas vezes, observando continuamente como se comportam os concorrentes e efetuando os ajustes necessários. Isso permite que construam uma reputação da qual poderá surgir confiança entre a empresas. Em consequência, coordenação e cooperação oligopolistas podem às vezes prevalecer.

Consideremos, por exemplo, o caso de um setor formado por apenas três ou quatro empresas que já coexistam há um longo tempo. No decorrer dos anos, os administradores podem ter se cansado de perder dinheiro por causa da guerra de preços, e pode ter surgido um entendimento implícito por meio do qual todas as empresas passaram a manter os preços elevados e nenhuma tentou subtrair a fatia de mercado dos concorrentes. Embora cada empresa possa se sentir tentada a vender por menos do que os concorrentes, os administradores sabem que os ganhos decorrentes desse procedimento terão curta duração: as concorrentes retaliarão e o resultado serão novas batalhas e lucros mais baixos no longo prazo.

Essa solução para o dilema dos prisioneiros ocorre em alguns setores, mas não em outros. Algumas vezes, os administradores não se satisfazem com os altos lucros decorrentes de acordo implícito, preferindo passar a competir agressivamente para tentar obter uma parte maior do mercado. Às vezes, os entendimentos implícitos são muito difíceis de ser alcançados. Por exemplo, empresas com custos diferentes e estimativas diferentes da demanda do mercado podem discordar quanto ao preço "correto". A Empresa *A* talvez ache que o preço "correto" é US$ 10, enquanto a Empresa *B* pode decidir pelo preço de US$ 9. Quando, então, ela passa a praticar o preço de US$ 9, a Empresa *A* pode encarar esse fato como uma tentativa de vender mais barato e partir para uma retaliação por meio de uma redução de preço para US$ 8. Assim, iniciaria uma guerra de preços.

No entanto, em muitos setores o acordo implícito tem curta duração. Com frequência, prevalece um clima básico de desconfiança, de tal forma que batalhas são iniciadas sempre

---

[9] Se a P&G e a Kao cobrassem ambas US$ 1,50 e *apenas* a Unilever "furasse" e passasse a cobrar o preço mais baixo de US$ 1,40, a Unilever obteria lucros de US$ 29.000 por mês. Torna-se particularmente lucrativo o fato de uma empresa poder ser a única a cobrar o preço mais baixo.

que os concorrentes pressentem que uma das empresas está perturbando o equilíbrio por meio de alterações de preço ou aumento de propaganda.

Rigidez de preços

Como o acordo implícito tende a ser frágil, as empresas oligopolistas quase sempre apresentam um forte desejo de manter a estabilidade dos preços. Por esse motivo, a **rigidez de preços** pode se tornar uma característica dos setores oligopolistas. Mesmo que os custos ou a demanda sofram alterações, as empresas se mostram relutantes em modificar os preços. Se os custos caem ou a demanda de mercado apresenta declínio, as empresas temem que preços mais baixos possam enviar uma mensagem errada aos concorrentes e, assim, dar início a uma guerra de preços. Quando, ao contrário, os custos ou a demanda apresentam elevação, as empresas também relutam em aumentar os preços porque temem que os concorrentes possam eventualmente não fazer o mesmo.

Essa rigidez de preços é a base do **modelo da "curva de demanda quebrada"** para o oligopólio. De acordo com esse modelo, cada empresa estaria diante de uma curva de demanda quebrada no preço P^* que prevalece atualmente. (Veja a Figura 12.7.) Para preços acima de P^*, a curva de demanda é bastante elástica. Isso ocorre porque a empresa crê que, se ela aumentar o preço além de P^*, as outras não a acompanharão e, assim, ela poderá perder vendas e uma boa fatia do mercado. Por outro lado, a empresa acredita que, caso torne o preço menor do que P^*, as demais a acompanharão porque não desejam ver reduzidas *suas* respectivas fatias de mercado. Nesse caso, as vendas aumentarão apenas à medida que o preço de mercado mais baixo elevar a demanda total de mercado.

rigidez de preços
Característica dos mercados oligopolistas pela qual as empresas se mostram relutantes em modificar os preços mesmo que os custos ou a demanda sofram alterações.

modelo da "curva de demanda quebrada"
Modelo de oligopólio no qual cada empresa se defronta com uma curva de demanda quebrada no preço que prevalece atualmente: para preços superiores, a demanda é bastante elástica, enquanto para preços inferiores ela é inelástica.

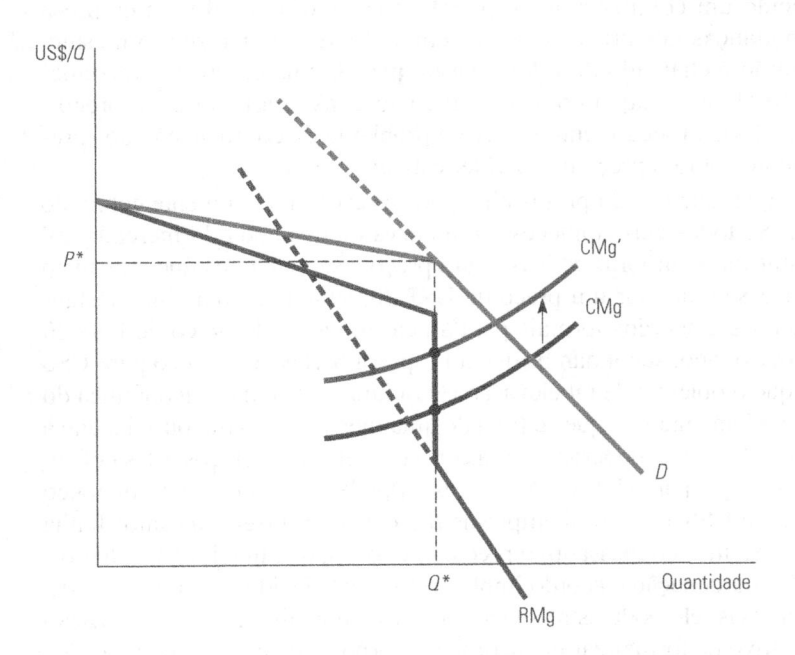

FIGURA 12.7 A CURVA DE DEMANDA QUEBRADA

Cada uma das empresas crê que, se aumentar seu preço além do preço P^* em vigor, nenhuma de suas concorrentes a acompanhará e, portanto, ela poderá perder a maior parte de suas vendas. Cada empresa acredita também que, se tornar seu preço menor do que P^*, todas as demais podem acompanhá-la e suas vendas somente aumentarão à medida que a demanda do mercado crescer. Em consequência, a curva de demanda da empresa, D, é quebrada no ponto correspondente ao preço P^* e sua curva de receita marginal, RMg, é descontínua em tal ponto. Se o custo marginal aumentar, passando de CMg para CMg', a empresa ainda assim continuará produzindo a quantidade Q^* e cobrando o preço P^*.

Como a curva de demanda da empresa é quebrada, a curva de receita marginal não é contínua. (A parte inferior da curva de receita marginal corresponde à parte menos elástica da curva de demanda, conforme mostram os trechos de linha cheia de cada curva.) Em consequência, os custos da empresa podem variar sem que ocorram correspondentes variações no preço. Como mostra a Figura 12.7, o custo marginal pode apresentar uma elevação, mas ainda assim ele será igual à receita marginal para um mesmo nível de produção, de modo que o preço permanecerá inalterado.

Embora o modelo da curva de demanda quebrada seja atraente pela simplicidade, não chega a explicar de fato a determinação oligopolista de preços. Primeiro, ele nada diz sobre como as empresas teriam chegado ao nível de preço P^*, tampouco por que não chegaram a outro preço diferente. Ele é útil principalmente como *descrição* da rigidez de preços, e não como uma *explicação* dela. É possível explicar a rigidez de preços pelo dilema dos prisioneiros e pelo desejo das empresas de evitar concorrências de preço mutuamente destrutivas.

Sinalização de preços e liderança de preços

Um grande obstáculo à prática de coalizão implícita para os preços é a dificuldade de as empresas concordarem (sem que conversem umas com as outras) a respeito de qual seria o preço a ser praticado. A coordenação fica particularmente difícil quando as condições de custo e de demanda — e da mesma maneira o preço "correto" — apresentam mudanças. A **sinalização de preço** é uma forma de acordo implícito que às vezes possibilita que esse problema seja contornado. Por exemplo, uma empresa pode anunciar que aumentou o preço (talvez por meio de uma nota à imprensa) e esperar que os concorrentes captem esse anúncio como um sinal de que eles também deveriam elevar os preços. Se as empresas concorrentes seguirem essa indicação, todas elas poderiam obter lucros maiores.

Às vezes, é estabelecido um comportamento padrão por meio do qual uma empresa anuncia regularmente mudanças nos preços e outras empresas do setor fazem o mesmo. Esse comportamento padrão é chamado de **liderança de preço**: uma empresa é reconhecida implicitamente como "líder", enquanto as demais, isto é, as "seguidoras de preço", acompanham seus preços. Esse procedimento resolve o problema de coordenação dos preços: cada uma simplesmente cobra o preço que a líder estiver cobrando.

Suponhamos, por exemplo, que três empresas oligopolistas estejam atualmente cobrando US$ 10 por seu produto. (Se todas elas conhecessem a curva de demanda do mercado, tal situação poderia configurar um equilíbrio de Nash para preço.) Suponhamos que, por meio de uma coalizão, elas pudessem acertar um preço de US$ 20, aumentando assim substancialmente os lucros. Reuniões e acordos formais para a determinação do preço de US$ 20 seriam ilegais. Mas, por outro lado, suponhamos que a Empresa *A* eleve seu preço para US$ 15 e anuncie à imprensa que o objetivo de tal elevação é restaurar a vitalidade econômica do setor. As empresas *B* e *C* podem entender que se trata de uma mensagem clara, ou seja, que a Empresa *A* está procurando obter sua cooperação para conseguir elevar os preços. Elas podem então elevar os respectivos preços para US$ 15. A Empresa *A* pode assim aumentar um pouco mais o preço — ou seja, para US$ 18 — e as empresas *B* e *C* podem fazer o mesmo. Tenha ou não sido alcançado (ou mesmo ultrapassado) o preço de US$ 20, que maximiza os lucros, o fato é que um padrão de coordenação e acordo implícito foi estabelecido, de tal forma que, do ponto de vista das empresas, ele pode estar sendo tão eficaz quanto a própria realização de uma reunião com o objetivo de formalizar um acordo em torno de determinado preço.[10]

Esse é um exemplo extremo de sinalização e liderança de preço e pode resultar em uma ação judicial antitruste. No entanto, em alguns setores, uma empresa de grande porte pode naturalmente despontar como líder, com as demais decidindo que, para elas, o melhor é igualar seus respectivos preços aos da empresa maior em vez de tentar vender por um valor inferior ao estabelecido por ela ou pelos demais concorrentes. Um exemplo disso seria o setor automobilístico dos Estados Unidos, no qual a General Motors tem tradicionalmente atuado como líder de preços.

---

sinalização de preço

Forma de acordo implícito na qual uma empresa anuncia um aumento de preço e espera que as outras sigam o exemplo.

liderança de preço

Padrão de formação de preço no qual uma empresa anuncia regularmente mudanças de preços que outras empresas seguirão.

---

[10] A título de exemplo de como uma liderança de preço por meio de um modelo formal pode facilitar o acordo, veja Julio J. Rotemberg e Garth Saloner, "Collusive Price Leadership", *Journal of Industrial Economics*, 1990, p. 93-111.

A liderança de preços tem condições também de contribuir para que empresas oligopolistas enfrentem a própria relutância em alterar os preços, relutância essa que advém do temor de iniciar uma guerra de preços ou de estar "balançando o barco". À medida que as condições de demanda e custo variam, as empresas podem concluir que é cada vez mais necessário modificar preços que já tenham permanecido constantes por algum tempo. Nesse caso, elas podem estar à procura de um líder de preços capaz de sinalizar quando e em quanto os valores devem variar. Às vezes, uma empresa de grande porte pode atuar naturalmente como líder; às vezes, diferentes empresas serão líderes de tempos em tempos. O exemplo a seguir ilustra esse fato.

EXEMPLO 12.4 LIDERANÇA DE PREÇO E RIGIDEZ DE PREÇO NOS BANCOS COMERCIAIS

Os bancos comerciais tomam dinheiro emprestado de pessoas e empresas que fazem depósitos em contas correntes, poupança e certificados de depósito bancário. A seguir, utilizam esse dinheiro na realização de empréstimos a famílias e empresas. Ao emprestarem a taxas de juros mais altas do que aquelas pagas a seus depositantes, eles obtêm lucro.

Os maiores bancos comerciais dos Estados Unidos concorrem entre si para fazer empréstimos a grandes clientes empresariais. A principal forma de concorrência é em termos de preço, nesse caso trata-se da taxa de juros cobrada pelos empréstimos feitos a esses clientes empresariais. Se a competição se torna agressiva, as taxas de juros cobradas pelos bancos apresentam queda, da mesma maneira que os lucros. O incentivo para evitar a concorrência agressiva leva à rigidez de preços e a uma forma de liderança de preço.

A taxa de juros que os bancos cobram das grandes empresas é denominada *prime rate*. Como é amplamente citada nos jornais, ela se constitui em um ponto focal para a liderança de preço. A maioria dos bancos de grande porte cobra a mesma ou quase a mesma *prime rate*; eles evitam fazer alterações frequentes que possam resultar em uma desestabilização e, por conseguinte, em uma guerra de preços. A *prime rate* é alterada apenas quando as condições do mercado de capitais fazem outras taxas de juros aumentar ou diminuir substancialmente. Quando isso ocorre, um dos principais bancos faz o anúncio de uma mudança em sua *prime rate* e os demais o acompanham rapidamente. De tempos em tempos, diferentes bancos atuam como líder, mas, quando um anuncia a alteração, os outros o acompanham dentro de dois ou três dias.

A Figura 12.8 compara a *prime rate* com a taxa de juros de menor risco (AAA) de títulos empresariais. Observe que, embora as taxas dos títulos empresariais tenham flutuado continuamente, houve longos períodos durante os quais não ocorreu alteração na *prime rate*. Esse é um exemplo de rigidez de preço — os bancos relutam em alterar a taxa de empréstimo por medo de sofrer cortes e perder oportunidades de negócios para os concorrentes.

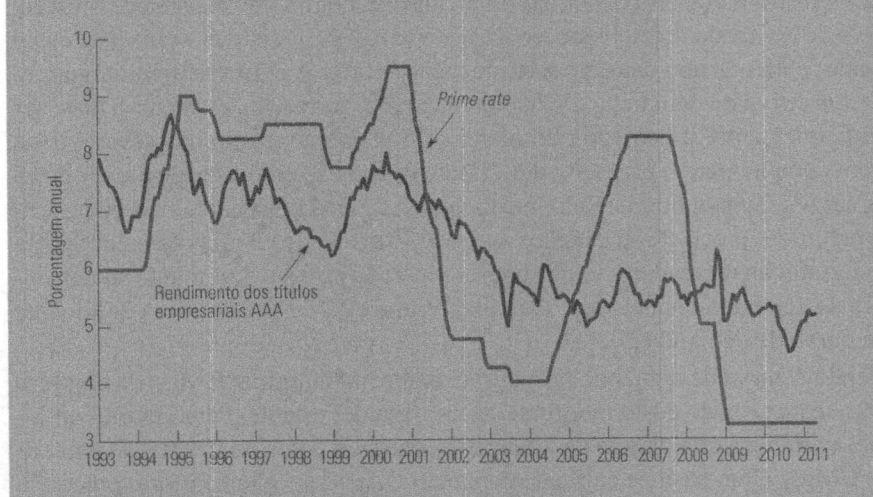

FIGURA 12.8 *PRIME RATE VERSUS* TAXA DE TÍTULOS EMPRESARIAIS

A *prime rate* é a taxa que os principais bancos cobram de seus maiores clientes empresariais para empréstimos de curto prazo. Ela varia com pouca frequência, pois os bancos evitam praticar guerra de preços entre si. Quando ocorre uma alteração na *prime rate*, ela tem início com um banco e os demais o acompanham rapidamente. A taxa dos títulos empresariais é uma taxa de retorno de longo prazo. Como tais títulos são amplamente negociados, essa taxa apresenta flutuação em função das condições de mercado.

EXEMPLO 12.5 — O PREÇO DOS LIVROS UNIVERSITÁRIOS

Se você comprou este livro novo em uma livraria de faculdade nos Estados Unidos, provavelmente pagou algo em torno de US$ 200 por ele. Não há dúvida alguma — este é um livro fantástico! Mas US$ 200? Por que tanto assim?[11]

Uma rápida visita à livraria provará que o preço deste livro não é tão incomum. A maioria dos livros-texto vendidos nos Estados Unidos possui preços de varejo na faixa dos US$ 200. Na verdade, até mesmo outros livros de microeconomia — que são claramente inferiores a este — são vendidos por algo em torno de US$ 200. As editoras definem os preços de seus livros; portanto, devemos esperar que a concorrência entre as editoras diminua os preços?

Em parte por causa de fusões e aquisições durante as últimas décadas, a edição de livros didáticos é um oligopólio. (Pearson, a editora deste livro, é a maior editora de livros universitários, seguida por Cengage Learning e McGraw-Hill.) Essas editoras têm um incentivo para evitar uma guerra de preços que pudesse reduzir os preços. A melhor maneira de evitá-la é evitar descontos e aumentar os preços de forma inflexível e regular.

O setor de livrarias no varejo também é altamente concentrado, e o *markup* no varejo para livros-texto fica em torno dos 30%. Assim, um preço de revenda de US$ 200 significa que a editora está recebendo um preço líquido (atacado) de cerca de US$ 150. A elasticidade da demanda é baixa, pois o professor escolhe o livro-texto, em geral desconsiderando o preço. Por outro lado, se o preço for muito alto, alguns alunos comprarão um exemplar usado ou decidirão que nem mesmo comprarão o livro. Na verdade, pode ser que as editoras ganhem mais dinheiro *reduzindo* os preços dos livros. Mas por que elas não fazem isso? Primeiro, isso pode levar a uma guerra de preços terrível. Segundo, os editores podem não ter lido este livro!

Modelo da empresa dominante

empresa dominante
Empresa que possui uma parcela substancial das vendas totais e estabelece os preços para maximizar lucros, levando em conta a reação da oferta de empresas menores.

Em alguns mercados oligopolistas, uma empresa de grande porte possui uma fatia substancial das vendas totais, enquanto um grupo de empresas menores abastece o restante do mercado. A empresa de grande porte poderia estar atuando como **empresa dominante**, escolhendo o preço capaz de maximizar os próprios lucros. As demais, que individualmente poderiam exercer apenas uma pequena influência sobre o preço, estariam atuando, então, como competidores perfeitos. Elas tomam como dado o preço fixado pela empresa dominante e produzem de acordo com ele. Mas qual é o preço que a empresa dominante deve determinar? Para maximizar os próprios lucros, ela deve levar em conta o modo pelo qual a quantidade produzida pelas demais empresas dependerá do preço por ela fixado.

A Figura 12.9 mostra a maneira pela qual uma empresa dominante estabelece o preço. Aqui, D é a curva de demanda do mercado e S_G é a curva de oferta (isto é, a curva de custo marginal agregado) para o grupo das empresas de menor porte. A empresa dominante precisa determinar *sua* curva de demanda, D_D. Como mostra a ilustração, essa curva deve ser exatamente a diferença entre a demanda do mercado e oferta do grupo das empresas de menor porte. Por exemplo, para o preço P_1, a oferta do grupo das empresas de menor porte é exatamente igual à demanda do mercado, portanto, a empresa dominante não pode vender nada a esse preço. Ao preço P_2 ou a preços menores, o grupo das firmas de menor porte não fará oferta alguma da mercadoria e, por conseguinte, a empresa dominante se defrontará com a curva de demanda do mercado. Para preços entre P_1 e P_2, a empresa dominante estará diante da curva de demanda D_D.

Correspondendo à curva de demanda há a curva de receita marginal RMg_D da empresa dominante. CMg_D é a curva de custo marginal da empresa dominante. Para maximizar lucros, essa empresa produz a quantidade Q_D, que se encontra no ponto de interseção entre as curvas RMg_D e CMg_D. Com base na curva de demanda D_D podemos encontrar o preço P^*. A esse preço, o grupo das empresas de menor porte venderá a quantidade Q_G; desse modo, a quantidade total vendida será $Q_T = Q_D + Q_G$.

---

[11] Você pode ter economizado um pouco comprando o livro pela Internet. Se você comprou o livro usado, ou se alugou uma edição eletrônica, provavelmente pagou metade do preço de varejo nos Estados Unidos. E se comprou a Edição Internacional para o Estudante do livro, que é brochura e vendida somente fora dos Estados Unidos, provavelmente pagou muito menos. Para obter uma lista atualizada dos preços de livros intermediários sobre microeconomia, consulte http://theory.economics.utoronto.ca/poet/.

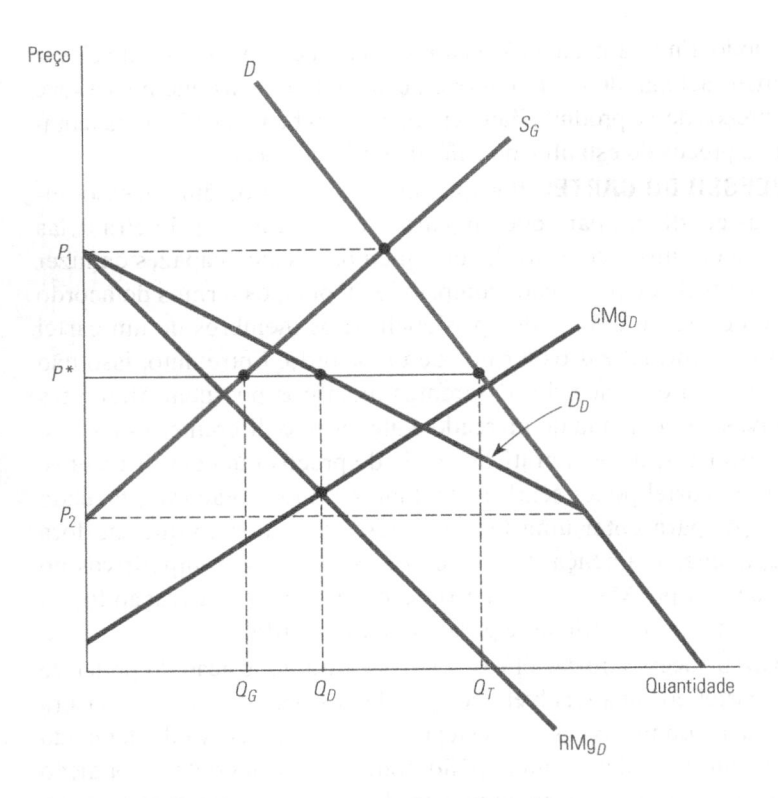

FIGURA 12.9 **FIXAÇÃO DE PREÇO POR UMA EMPRESA DOMINANTE**

A empresa dominante determina o preço e todas as demais empresas vendem as quantidades que desejam a tal preço. A curva de demanda da empresa dominante, D_D, é a diferença entre a demanda de mercado, D, e a oferta do grupo de empresas de menor porte S_G. A empresa dominante produz a quantidade Q_D no ponto em que a receita marginal, RMg_D, se iguala ao custo marginal, CMg_D. P^* é o preço que corresponde a tal quantidade. A esse preço, o grupo de empresas de menor porte venderá a quantidade Q_G e, portanto, a quantidade total será Q_T.

12.6 Cartéis

Em um *cartel*, os produtores concordam explicitamente em agir em conjunto na determinação de preços e níveis de produção. Nem todos os produtores de um setor necessitam fazer parte do cartel e a maioria dos cartéis envolve apenas um subconjunto de produtores. Mas, se uma quantidade grande o bastante de produtores optar por aderir aos termos do acordo do cartel e se a demanda do mercado for suficientemente inelástica, o cartel poderá conseguir elevar os preços bem acima dos níveis competitivos.

Em geral, os cartéis são internacionais. Embora a legislação antitruste dos Estados Unidos proíba que empresas norte-americanas façam coalizões, as leis de outros países são muito menos rigorosas ou, às vezes, implementadas de forma pouco efetiva. Além disso, nada pode evitar que países ou empresas pertencentes ou controladas por governos estrangeiros formem cartéis. Por exemplo, o cartel da OPEP é um acordo internacional entre nações produtoras de petróleo que vem obtendo sucesso na elevação dos preços mundiais do petróleo acima dos níveis competitivos.

Outros cartéis internacionais também têm obtido sucesso em aumentar preços. Por exemplo, em meados da década de 1970, a International Bauxite Association (IBA) conseguiu quadruplicar o preço da bauxita; um cartel sigiloso e internacional de urânio também conseguiu elevar os preços desse produto. Alguns cartéis tiveram êxito mais duradouro: de 1928 até princípios da década de 1970, o cartel Mercurio Europeo manteve os preços do mercúrio próximos a níveis monopolistas; e de 1878 a 1939 um cartel internacional monopolizou o comércio internacional do iodo. Entretanto, a maioria dos cartéis não tem conseguido elevar os preços. Há um cartel internacional do cobre em operação até hoje, mas que nunca teve impacto significativo nos preços desse produto. Também não foram bem-sucedidas as tentativas dos cartéis de elevar os preços do estanho, do café, do chá e do cacau.[12]

CONDIÇÕES PARA O SUCESSO DO CARTEL Por que alguns cartéis obtêm sucesso enquanto outros não? Há duas condições para que um cartel tenha êxito. A primeira delas é que venha a se formar uma organização estável, cujos membros sejam capazes de fazer acordos relativos a preços e níveis de produção, cumprindo, depois, os termos do acordo feito. Ao contrário do que ocorre no dilema dos prisioneiros, os membros de um cartel podem conversar entre si para formalizar os termos de um acordo. Entretanto, isso não significa que seja fácil chegar a esse acordo. Diferentes membros possuem diferentes custos, diferentes estimativas da demanda do mercado e até mesmo diferentes objetivos, de tal modo que poderão estar dispostos a praticar níveis de preços também diferentes. Além disso, cada membro do cartel poder sentir-se tentado a "furar" o acordo, fazendo pequenas reduções de preços para obter uma fatia de mercado maior do que lhe fora alocada. Frequentemente, apenas a ameaça de um retorno aos preços competitivos no longo prazo evita "furos" desse tipo. Mas, se os lucros decorrentes da cartelização forem bastante grandes, tal ameaça pode ser suficiente para manter o acordo.

> Na Seção 10.2 vimos que o poder de monopólio refere-se ao poder de mercado detido por um vendedor — a capacidade de uma empresa de fixar o preço de seu produto acima do custo marginal de produção.

A segunda condição para o sucesso do cartel é o potencial para imposição do poder de monopólio. Mesmo que o cartel consiga resolver seus problemas organizacionais, haverá pouca possibilidade de elevação do preço caso ele esteja diante de uma curva de demanda altamente elástica. O potencial do poder de monopólio pode ser considerada a condição mais importante para a obtenção de sucesso; se forem grandes os ganhos potenciais decorrentes da cooperação, os membros do cartel terão maior estímulo para resolver os problemas organizacionais.

Análise dos preços determinados por cartéis

É muito raro que *todos* os produtores de uma mercadoria consigam se juntar para formar um cartel. Um cartel costuma ser responsável por apenas uma parte da produção total e deve levar em conta a reação da oferta dos produtores concorrentes (que não fazem parte do cartel) ao estabelecer seu preço. Portanto, a determinação de preço feita pelo cartel pode ser analisada por meio do modelo da empresa dominante já discutido anteriormente. Aplicaremos esse modelo à análise de dois cartéis: o da OPEP, do petróleo, e o do CIPEC, do cobre.[13] Esse estudo nos ajudará a compreender por que a OPEP obteve tanto sucesso na elevação do preço, enquanto o CIPEC não foi bem-sucedido.

ANÁLISE DA OPEP A Figura 12.10 ilustra o caso da OPEP. A demanda total DT é a demanda mundial de petróleo e S_c é a curva de oferta competitiva (não OPEP). A demanda de petróleo da OPEP, D_{OPEP}, é a diferença entre a demanda total e a oferta competitiva, e RMg_{OPEP} é a curva de receita marginal correspondente. CMg_{OPEP} é a curva de custo marginal desse cartel; como se pode perceber, ele possui custos menores de produção do que os produtores não OPEP. Q_{OPEP} é a quantidade que a OPEP produzirá, obtida igualando-se a receita marginal e o custo marginal. Observando a curva de demanda da OPEP, podemos ver que o preço deverá ser P^*, no qual a oferta competitiva será Q_c.

Suponhamos que as nações exportadoras de petróleo não tivessem formado um cartel, mas, em vez disso, tivessem optado pela produção competitiva. Nesse caso, o preço seria igualado ao custo marginal. Podemos, portanto, determinar o preço competitivo com base no ponto de interseção da curva de demanda da OPEP com a curva de custo marginal. Esse preço, denominado P_c, é muito mais baixo do que o preço P^* gerado pela existência do cartel.

---

12 Veja Jeffrey K. MacKie-Mason e Robert S. Pindyck, "Cartel Theory and Cartel Experience in International Minerals Markets", em *Energy: Markets and Regulation*, Cambridge, MA: MIT Press, 1986.
13 CIPEC é a sigla (em francês) de Conselho Internacional dos Países Exportadores de Cobre.

Como a demanda total e a oferta não OPEP são inelásticas, a demanda por petróleo da OPEP também é bastante inelástica; esse cartel dispõe, portanto, de um substancial poder de monopólio. Na década de 1970, esse poder foi utilizado para elevar os preços bem acima dos níveis competitivos.

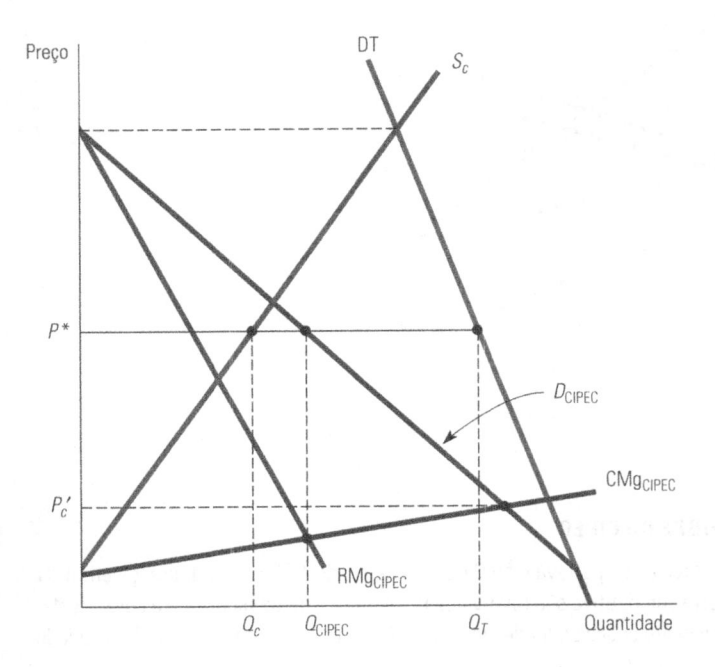

FIGURA 12.10   **O CARTEL DE PETRÓLEO DA OPEP**

DT é a curva de demanda mundial total do petróleo e S_c é a curva de oferta competitiva (não OPEP). A demanda da OPEP, D_{OPEP}, é a diferença entre DT e S_c. Como a demanda total e a oferta competitiva são inelásticas, a demanda da OPEP também é inelástica. A quantidade Q_{OPEP} maximizadora de lucros da OPEP é encontrada no ponto de interseção entre as curvas de receita marginal e de custo marginal; para essa quantidade, a OPEP cobra o preço P^*. Se os produtores da OPEP não tivessem formado um cartel, o preço seria P_c, no qual as curvas de demanda e de custo marginal se cruzam.

No Capítulo 2, destacamos a importância de fazer uma distinção entre a oferta e a demanda no curto e no longo prazos. Essa distinção também é importante nesse caso. As curvas de demanda total e de oferta não OPEP da Figura 12.10 se aplicam a uma análise de curto prazo ou de prazo intermediário. No longo prazo, tanto a demanda como a oferta serão muito mais elásticas, o que significa que a curva de demanda da OPEP também será muito mais elástica. Dessa maneira, seria provável que, no longo prazo, a OPEP não fosse capaz de manter os preços tão acima do nível competitivo. De fato, durante o período de 1982 a 1989, os preços do petróleo apresentaram uma queda em termos reais, principalmente por causa dos ajustes de longo prazo na demanda e na oferta não OPEP.

ANÁLISE DO CIPEC   A Figura 12.11 apresenta uma análise semelhante para o CIPEC, um cartel composto por quatro nações produtoras de cobre: Chile, Peru, Zâmbia e Congo (antigo Zaire), as quais, em conjunto, são responsáveis por menos da metade da produção mundial de cobre. Nesses países, os custos de produção são muito mais baixos do que para os produtores não CIPEC, com exceção do Chile, onde os custos não são tão mais baixos. Na Figura 12.11, a curva de custo marginal do CIPEC situa-se apenas um pouco abaixo da curva de oferta não CIPEC. A curva de demanda do CIPEC, D_{CIPEC}, é a diferença entre a demanda total, DT, e a oferta não CIPEC, S_c. As curvas de custo marginal e de receita marginal do cartel se cruzam na quantidade Q_{CIPEC}, com o correspondente preço P^*. De novo, o preço competitivo, P_c, é encontrado no ponto de interseção da curva de demanda do CIPEC com a curva de custo marginal. Observe que esse preço é bastante próximo do preço P^* do cartel.

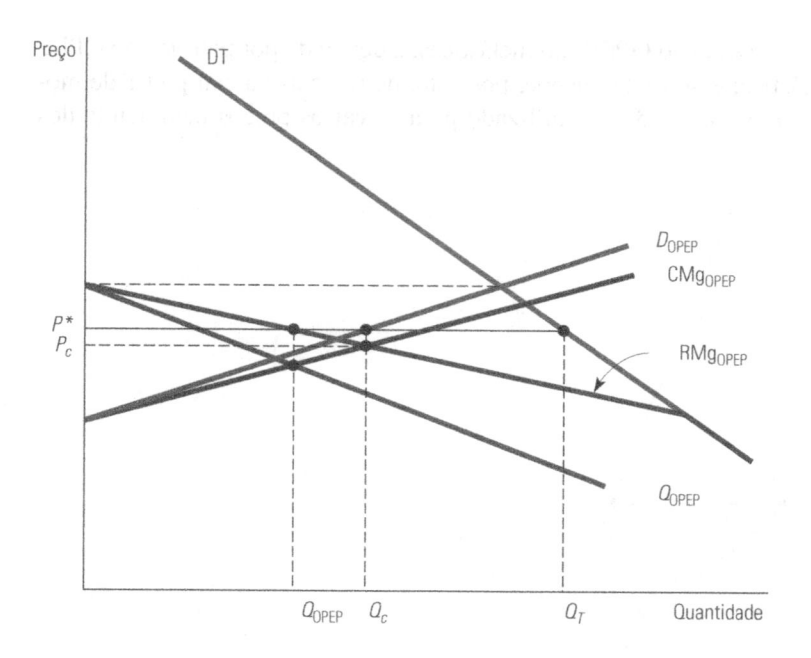

FIGURA 12.11 O CARTEL DO COBRE DO CIPEC

DT é a demanda total do cobre e Sc é a oferta competitiva (não CIPEC). A demanda DCIPEC é a diferença entre DT e Sc. Tanto a demanda total como a oferta competitiva são relativamente elásticas, de tal modo que a curva de demanda do CIPEC é elástica e o CIPEC tem muito pouco poder de monopólio. Observe que o preço ótimo, P^*, desejado pelo CIPEC está próximo do preço competitivo, Pc.

Por que o CIPEC não consegue elevar muito o preço do cobre? Como mostra a Figura 12.11, a demanda total de cobre é mais elástica do que a do petróleo. (Outros materiais, como o alumínio, podem facilmente substituir o cobre.) Além disso, a oferta competitiva também é muito mais elástica. Mesmo no curto prazo, os produtores não CIPEC podem facilmente expandir sua oferta caso os preços aumentem (em parte pela disponibilidade de metal reciclado). Portanto, o poder de monopólio do CIPEC é pequeno.

Como ilustrado pelos exemplos da OPEP e do CIPEC, a cartelização bem-sucedida exige dois requisitos. Primeiro, é necessário que a demanda total da mercadoria não seja muito elástica ao preço. Segundo, o cartel precisa ser capaz de controlar praticamente toda a produção mundial ou, caso isso não ocorra, a oferta dos produtores que não fazem parte do cartel não pode ser elástica ao preço. A maioria dos cartéis internacionais de mercadorias não tem obtido sucesso, pois poucos mercados mundiais satisfazem essas duas condições.

EXEMPLO 12.6   A CARTELIZAÇÃO DO ESPORTE INTERUNIVERSITÁRIO NORTE-AMERICANO

Muitos imaginam que o esporte interuniversitário norte-americano seja apenas uma atividade extracurricular de estudantes e também uma diversão para os fãs. Essas pessoas supõem que as universidades estejam avidamente apoiando atividades esportivas com o objetivo de dar aos atletas amadores não só uma oportunidade para desenvolver suas habilidades e se apresentar diante de grandes plateias, como também proporcionar entretenimento e promover o espírito escolar, dando apoio aos grêmios estudantis. Embora alcance tais objetivos, o esporte interuniversitário é também um setor grande e extremamente lucrativo.

Como ocorre com qualquer outro setor, o esporte interuniversitário possui empresas e consumidores. As "empresas" são as universidades que apoiam e financiam as equipes. Os insumos de produção são os técnicos, os atletas estudantes e o capital na forma de estádios e quadras. Os consumidores são os fãs, muitos dos quais são ou foram estudantes universitários, que adquirem os ingressos para os jogos e as redes de rádio e televisão que pagam para poder transmitir tais eventos. Há muitas empresas e consumidores, o que sugere que esse setor seja competitivo. Entretanto, os altos níveis de lucratividade continuamente mantidos nesse setor são incoerentes com um mercado competitivo — uma grande universidade estadual pode obter com regularidade mais de US$ 6 milhões por ano em lucros decorrentes apenas dos jogos de futebol americano.[14] A lucratividade é resultante do poder de monopólio obtido por meio da cartelização.

A organização representante do cartel é a National Collegiate Athletic Association (NCAA). A NCAA limita a concorrência de muitas maneiras. Para reduzir o poder de negociação dos estudantes, a NCAA cria e impõe regulamentos relativos à qualificação e aos termos de remuneração; e, para reduzir a concorrência entre universidades, ela limita o número de jogos que podem ser realizados em cada temporada, bem como o número de equipes participantes de cada uma das divisões. Para diminuir a concorrência de preços, a NCAA se mantinha como única negociadora dos contratos de transmissão de todas as partidas de futebol americano, monopolizando, dessa forma, uma das principais fontes de renda do setor. A NCAA foi forçada a encerrar essa prática em 1984.

Será que a NCAA é um cartel bem-sucedido? Do mesmo modo que a maioria dos cartéis, seus membros às vezes desrespeitam normas e regulamentos. Mas, até 1984, ela havia conseguido elevar o poder de monopólio desse setor até muito além do que teria sido possível de outra maneira. Entretanto, em 1984, a Suprema Corte dos Estados Unidos proferiu uma sentença declarando ser ilegal a monopolização exercida pela NCAA nos contratos de transmissão dos jogos de futebol americano, de tal modo que, a partir de então, cada uma das universidades pôde negociar os próprios contratos. A concorrência resultante levou a uma diminuição nas remunerações contratuais. Em consequência, hoje mais jogos universitários de futebol americano são apresentados na televisão, mas, por causa das baixas remunerações, as rendas obtidas pelas universidades apresentaram certa queda. No fim das contas, embora a sentença proferida pela Suprema Corte tenha reduzido o poder de monopólio da NCAA, ela não o eliminou. Apesar de não deter mais os direitos exclusivos de negociar os contratos televisivos do futebol americano, a NCAA ainda cobra taxas pela transmissão de outros esportes universitários. Em 2010, a CBS assinou um acordo de US$ 10,8 bilhões com a NCAA para cobrir o campeonato de basquete masculino da primeira divisão durante 14 anos. Ao mesmo tempo, a Associação manteve um acordo de 2001 com a ESPN para cobertura de 11 esportes não lucrativos (tais como o campeonato de basquete feminino da primeira divisão, o futebol, o hóquei no gelo masculino e o campeonato mundial de beisebol universitário). O acordo original exigia que a ESPN pagasse US$ 200 milhões à NCAA durante 11 anos.

Desde então, as práticas anticompetitivas da NCAA foram atacadas diversas vezes. Em 2005, o National Invitation Tournament (NIT), um torneio universitário de basquete organizado pelo Metropolitan Intercollegiate Basketball Committee, desafiou a regra da NCAA que forçava as escolas participantes de seu torneio a boicotarem o NIT que, por sua vez, reclamou que essa prática era anticompetitiva e configurava prática ilegal do poder da NCAA. As partes acabaram chegando a um acordo no valor de US$ 60 milhões. Em 2007, a NCAA foi processada por 11.500 jogadores de futebol e basquete da primeira divisão, que alegavam que a organização fixou ilegalmente o valor da bolsa de estudos esportiva abaixo do custo da educação universitária. Segundo os atletas, a NCAA deixou de lhes pagar, em média, US$ 2.500 por ano por conta da arbitrária limitação do valor das bolsas.

EXEMPLO 12.7 O CARTEL DO LEITE

O governo norte-americano tem praticado políticas de sustentação de preço do leite desde a Grande Depressão e continua a fazê-lo até hoje. No entanto, reduziu esse apoio durante a década de 1990 e, como resultado, os preços no atacado têm flutuado mais acentuadamente. Isso, claro, não agradou em nada aos fazendeiros.

Em resposta às reclamações, em 1996 o governo norte-americano permitiu que os produtores de leite dos seis estados da Nova Inglaterra formassem um cartel. Com o nome de Northeast Interstate Dairy Compact, o cartel pôde estabelecer um preço mínimo de atacado para o leite e não precisou se preocupar com a legislação antitruste. Resultado: os consumidores da Nova Inglaterra pagavam mais por um galão de leite que os de outras partes do país.

Em 1999, o Congresso respondeu ao *lobby* dos fazendeiros de outros estados para expandir o cartel. Criaram-se novas leis para permitir que fazendeiros de Nova York, Nova Jersey, Maryland, Delaware e Pensilvânia se unissem aos dos estados da

---

14 Veja "In Big-Time College Athletics, the Real Score Is in Dollars", *New York Times*, 1 mar. 1987.

Nova Inglaterra, formando um cartel que passou a abranger grande parte do nordeste dos Estados Unidos.[15] Para não ficar de fora, os produtores de leite do sul também fizeram *lobby* no Congresso em busca de preços mais altos. Em consequência, uma lei aprovada em 1999 autorizou 16 estados sulistas, incluindo o Texas, a Flórida e a Geórgia, a criar seu próprio cartel regional.

Estudos sugeriram que o cartel original (abrangendo somente os estados da Nova Inglaterra) causou um aumento de apenas alguns centavos por galão de leite no varejo. Por que tão pouco? Porque aquele cartel estava cercado por produtores que não participavam dele, ou seja, os fazendeiros de Nova York, Nova Jersey e de outros estados. Entretanto, a expansão do cartel teria reduzido o nível de competição e, assim, dado a ele maior influência sobre o preço do leite.

Reconhecendo os problemas políticos e os conflitos regionais causados por essas tentativas de cartelização, em outubro de 2001 o Congresso norte-americano deu fim ao Northeast Interstate Dairy Compact. Embora seja provável que os defensores do Compact tentem reavivá-lo, a oposição no Congresso tem sido intensa, como em 2011, quando foi recusada a lei que permitiria a reintrodução do cartel. Apesar disso, a produção de leite continua a se beneficiar da política de sustentação de preços do governo.

RESUMO

1. Em um mercado monopolisticamente competitivo, as empresas concorrem por meio da venda de produtos diferenciados, que são altamente substituíveis uns pelos outros. Novas firmas podem entrar ou sair com facilidade. Nele, as companhias possuem apenas um reduzido poder de monopólio. No longo prazo, a entrada de novas empresas ocorre até que os lucros sejam reduzidos a zero. As firmas estarão então produzindo com excesso de capacidade (isto é, com produção abaixo dos níveis que minimizam o custo médio).

2. Em um mercado oligopolista, apenas algumas empresas são responsáveis pela maior parte ou pela totalidade da produção. As barreiras à entrada nesse mercado permitem que algumas firmas obtenham lucros substanciais, mesmo no longo prazo. As decisões econômicas envolvem considerações estratégicas — cada empresa deve considerar de que forma suas atuações influenciarão as rivais e quais serão as prováveis reações.

3. No modelo de oligopólio de Cournot, as empresas tomam suas decisões, ao mesmo tempo, sobre a quantidade que produzirão e cada qual assume como fixa a produção da outra. Em equilíbrio, cada empresa maximiza os lucros em função do nível de produção do concorrente, de tal modo que nenhuma delas terá nenhum estímulo para alterar a produção. As empresas estão, portanto, em um equilíbrio de Nash. O lucro de cada uma é mais alto do que na competição perfeita, porém é menor do que o lucro que poderia ser obtido por meio de coalizão.

4. No modelo de Stackelberg, uma empresa é a primeira a determinar o nível de produção. Ela assume uma vantagem estratégica e obtém lucros mais altos do que a concorrência. Sabe que pode optar por um nível elevado de produção e que os concorrentes terão de optar por quantidades menores caso pretendam maximizar os lucros.

5. O equilíbrio de Nash também pode ser aplicado a mercados em que as empresas produzem bens substitutos e competem por meio de preços. Em equilíbrio, cada uma delas maximiza os lucros, em função dos preços dos concorrentes, e desse modo não têm qualquer estímulo para alterar o preço.

6. As empresas poderiam obter lucros mais altos mediante coalizões visando à elevação de preços, contudo a legislação antitruste costuma proibir essa prática. Todavia, há a possibilidade de que preços mais elevados sejam acertados sem que haja coalizão, ou seja, quando cada empresa eleva o preço e espera que os concorrentes façam o mesmo. Porém, elas se encontram em um dilema dos prisioneiros e isso faz com que a tal fixação de preços seja improvável. Cada uma das empresas sente-se tentada a burlar o acordo, reduzindo o preço e obtendo uma fatia de mercado dos concorrentes.

7. O dilema dos prisioneiros proporciona estabilidade de preços nos mercados oligopolistas. As empresas relutam em alterar os preços, pois temem que com isso possam dar início a uma guerra de preços.

8. A liderança de preço é uma forma implícita de acordo que, às vezes, consegue contornar o dilema dos prisioneiros. Uma empresa fixa o preço e as demais a acompanham, estabelecendo o mesmo preço.

9. Em um cartel, os produtores estão em uma coalizão explícita, determinando preços e níveis de produção. Para obter êxito, a cartelização exige que a demanda total da mercadoria não seja muito elástica ao preço e que o cartel possa controlar a maior parte da oferta, ou então que a oferta dos produtores que não fazem parte do cartel seja inelástica.

---

15 "Congress Weighs an Expanded Milk Cartel That Would Aid Farmers by Raising Prices", *New York Times*, 2 maio 1999. Para obter informações mais atualizadas, consulte o seguinte site: www.dairycompact.org.

QUESTÕES PARA REVISÃO

1. Quais são as características de um mercado monopolisticamente competitivo? O que ocorre com o preço e a quantidade de equilíbrio em tal mercado quando uma empresa lança um produto novo e melhor?

2. Por que a curva de demanda da empresa é mais plana do que a curva de demanda total do mercado em uma competição monopolística? Suponha que uma empresa monopolisticamente competitiva esteja obtendo lucros no curto prazo. O que poderá ocorrer com a curva de demanda no longo prazo?

3. Alguns especialistas têm argumentado que no mercado há um número grande demais de marcas de cereais matinais. Apresente um argumento favorável a esse ponto de vista. Apresente um argumento contrário a esse ponto de vista.

4. Por que o equilíbrio de Cournot é estável (isto é, por que as empresas não teriam estímulo algum para alterar os respectivos níveis de produção após alcançarem o equilíbrio)? Mesmo que não possam fazer uma coalizão, por que as empresas não adotam níveis de produção capazes de maximizar os lucros em conjunto (isto é, o nível de produção pelo qual optariam caso pudessem fazer uma coalizão)?

5. No modelo de Stackelberg, a empresa que determina sua produção primeiro possui uma vantagem. Explique a razão.

6. O que os modelos de Cournot e de Bertrand têm em comum? E em que diferem?

7. Explique o significado do equilíbrio de Nash quando as empresas se encontram competindo em termos de preço. Por que o equilíbrio é estável? Por que as empresas não elevam os preços ao nível capaz de maximizar os lucros em conjunto?

8. A curva de demanda quebrada descreve a estabilidade de preços. Explique o funcionamento do modelo. Quais são suas limitações? Por que ocorre a rigidez de preços nos mercados oligopolistas?

9. Por que a liderança de preços às vezes ocorre nos mercados oligopolistas? Explique como uma empresa com liderança de preço determina aquele que maximizará os lucros.

10. Por que o cartel da OPEP (do petróleo) teve sucesso na elevação substancial dos preços, enquanto o cartel do CIPEC (do cobre) não conseguiu êxito? Quais condições são necessárias para que a cartelização seja bem-sucedida? Quais os problemas organizacionais que um cartel precisa ser capaz de superar?

EXERCÍCIOS

1. Suponha que, após uma fusão, todas as empresas de um setor monopolisticamente competitivo se tornem parte de uma mesma grande corporação. Será que a nova empresa continuaria a produzir as mesmas marcas diferentes já existentes? Será que ela produziria apenas uma marca? Explique.

2. Considere duas empresas que se defrontam com a curva de demanda $P = 50 - 5Q$, onde $Q = Q_1 + Q_2$. As funções de custo da empresa são $C_1(Q_1) = 20 + 10Q_1$ e $C_2(Q_2) = 10 + 12Q_2$.

   a. Suponha que as duas empresas tenham entrado no setor. Qual será o nível de produção conjunta capaz de maximizar os lucros? Qual quantidade cada uma produzirá? De que forma sua resposta mudaria se as empresas não tivessem entrado no setor?

   b. Qual será a quantidade de produção de equilíbrio para cada empresa se elas atuarem de forma não cooperativa? Utilize o modelo de Cournot. Desenhe as curvas de reação das empresas e mostre o equilíbrio.

   c. Qual valor a Empresa 1 deveria estar disposta a pagar pela aquisição da Empresa 2 se a coalizão for ilegal, mas não a aquisição do controle acionário?

3. Um monopolista pode produzir a um custo médio (e marginal) constante de CMe = CMg = US$ 5. A empresa defronta-se com a curva de demanda $Q = 53 - P$.

   a. Calcule o preço e a quantidade capazes de maximizar os lucros desse monopolista. Calcule também seus lucros.

   b. Suponha que uma segunda empresa entre no mercado, que Q_1 seja a quantidade produzida pela primeira empresa e Q_2 a da segunda. A demanda de mercado é dada por:

   $$Q_1 + Q_2 = 53 - P$$

   Supondo que a segunda empresa tenha custos iguais aos da primeira, escreva a expressão para obtenção dos lucros de cada uma delas como funções de Q_1 e Q_2.

   c. Suponha (como no modelo de Cournot) que cada empresa escolha seu nível de produção que maximiza os lucros, presumindo que a produção do concorrente seja fixa. Descubra a "curva de reação" de cada empresa (ou seja, a regra que indica a produção desejada em termos da produção do concorrente).

   d. Calcule o equilíbrio de Cournot (isto é, os valores de Q_1 e Q_2 para os quais cada empresa esteja fazendo o melhor que pode em função da quantidade produzida pelo concorrente). Quais são o preço e a quantidade resultantes, bem como os lucros, de cada uma das empresas?

*e. Suponha que haja N empresas no setor e que todas possuam o mesmo custo marginal constante, CMg = US$ 5. Descubra o equilíbrio de Cournot. Qual quantidade cada empresa produzirá, qual será o preço de mercado e qual o lucro obtido por empresa? Além disso, mostre que, à medida que N se torna grande, o preço de mercado se aproxima do preço que prevaleceria na competição perfeita.

4. Este exercício é uma continuação do anterior. Voltemos às duas empresas que possuem os mesmos custos médio e marginal constantes, CMe = CMg = 5, e se defrontam com a curva de demanda do mercado $Q_1 + Q_2 = 53 - P$. Agora utilizaremos o modelo de Stackelberg para analisar o que ocorrerá caso uma delas tome a decisão de produção antes da outra.

   a. Suponha que a Empresa 1 tenha a liderança de Stackelberg (isto é, tome a decisão de produção antes da Empresa 2). Identifique as curvas de reação que informam a cada empresa quanto deve produzir em função da produção do concorrente.

   b. Qual quantidade cada empresa produzirá e quais serão os respectivos lucros?

5. Duas empresas competem pela venda de aparelhos idênticos. Elas escolhem suas quantidades produzidas Q_1 e Q_2 simultaneamente e se defrontam com esta curva de demanda:

$$P = 30 - Q$$

sendo $Q = Q_1 + Q_2$. Até recentemente, ambas tinham *custo marginal igual a zero*. Restrições ambientais recentes aumentaram o custo marginal da Empresa 2 para US$ 15. O custo marginal da Empresa 1 continua a ser zero. Como resultado, o preço de mercado vai subir para o nível de *monopólio*. Verdadeiro ou falso?

6. Suponha que duas empresas idênticas produzam aparelhos e que elas sejam as únicas empresas no mercado. Os custos são dados por $C_1 = 60Q_1$ e $C_2 = 60Q_2$, em que Q_1 é a quantidade produzida pela Empresa 1 e Q_2 a quantidade produzida pela Empresa 2. O preço é determinado pela seguinte curva de demanda:

$$P = 300 - Q$$

sendo $Q = Q_1 + Q_2$.

   a. Descubra o equilíbrio de Cournot-Nash. Calcule o lucro de cada uma das empresas nesse equilíbrio.

   b. Suponha que as duas empresas formem um cartel para a maximização dos lucros de ambas. Quantos aparelhos serão produzidos? Calcule o lucro de cada empresa.

   c. Imagine que a Empresa 1 seja a única empresa no setor. De que forma a produção do mercado e o lucro da Empresa 1 difeririam dos valores encontrados no item (b)?

   d. Voltando ao duopólio do item (b), suponha que a Empresa 1 respeite o acordo, mas a Empresa 2 burle-o e aumente a produção. Quantos aparelhos serão produzidos pela Empresa 2? Quais serão os lucros de cada empresa?

7. Suponha que duas empresas concorrentes, A e B, produzam uma mercadoria homogênea. Ambas têm um custo marginal CMg = US$ 50. Descreva o que aconteceria com a produção e com o preço em cada uma das seguintes situações se as empresas estiverem em (i) equilíbrio de Cournot, (ii) equilíbrio de coalizão e (iii) equilíbrio de Bertrand.

   a. Como a Empresa A precisa aumentar os salários, o CMg aumenta para US$ 80.

   b. O custo marginal de ambas as empresas aumenta.

   c. A curva de demanda desloca-se para a direita.

8. Imagine que o setor aéreo consista em apenas duas empresas: American e Texas Air Corp. Suponha que ambas possuam funções de custo idênticas, sendo $C(q) = 40q$. Suponha também que a curva de demanda do setor seja $P = 100 - Q$ e que cada empresa espere que a outra se comporte conforme um concorrente de Cournot.

   a. Calcule o equilíbrio de Cournot-Nash para cada empresa, supondo que cada uma opte pelo nível de produção que maximiza os lucros quando considera fixa a quantidade produzida pela empresa rival. Quais serão os lucros de cada empresa?

   b. Qual seria a quantidade de equilíbrio se a Texas Air possuísse custos médio e marginal constantes e iguais a US$ 25 e a American tivesse custos médio e marginal constantes e iguais a US$ 40?

   c. Supondo que ambas as empresas tenham a função de custo original, $C(q) = 40q$, qual valor a Texas Air estaria disposta a investir para reduzir o custo marginal de 40 para 25, imaginando que a American não faria o mesmo? Qual valor a American estaria disposta a despender para reduzir o custo marginal para 25, supondo que a Texas Air continue com custo marginal igual a 25 independentemente das ações da American?

*9. A demanda de lâmpadas pode ser representada por $Q = 100 - P$, onde Q é medido em milhões de caixas vendidas e P é o preço de cada caixa. Há dois produtores de lâmpadas, as empresas Everglow e Dimlit. Elas possuem funções de custo idênticas:

$$C_i = 10Q_i + \frac{1}{2} Q_i^2 \ (i = E, D)$$
$$Q = Q_E + Q_D$$

a. Incapazes de reconhecer o potencial existente para a coalizão, as duas empresas atuam como fortes concorrentes no curto prazo. Quais são os valores de equilíbrio para Q_E, Q_D e P? Quais são os lucros de cada empresa?

b. A alta administração de ambas as empresas foi substituída. Cada um dos novos administradores reconhece, independentemente, a natureza oligopolista do setor de lâmpadas e se comporta conforme o modelo de Cournot. Quais são os valores de equilíbrio para Q_E, Q_D e P? Quais são os lucros de cada empresa?

c. Suponha que o administrador da Everglow imagine, corretamente, que a Dimlit esteja se comportando conforme o modelo de Cournot e, portanto, a Everglow comporte-se segundo o modelo de Stackelberg. Quais são os valores de equilíbrio para Q_E, Q_D e P? Quais são os lucros de cada empresa?

d. Se os administradores das duas empresas decidirem entrar em acordo, quais serão os valores de equilíbrio para Q_E, Q_D e P? Quais serão os lucros de cada empresa?

10. Duas empresas produzem estofamentos de pele de carneiro para bancos de automóveis: Western Where (WW) e B.B.B. Sheep (BBBS). A função de custo de produção de cada empresa é dada por

$$C(q) = 30q + 1{,}5q^2$$

A demanda de mercado para esses estofamentos é representada pela equação de demanda inversa:

$$P = 300 - 3Q$$

sendo $Q = q_1 + q_2$, a quantidade total produzida.

a. Se cada empresa age para maximizar os lucros e estima que a produção do concorrente esteja determinada (isto é, que as empresas se comportam como oligopolistas de Cournot), quais são as quantidades de equilíbrio que cada uma seleciona? Qual é a quantidade total produzida e qual é o preço de mercado? Quais são os lucros de cada empresa?

b. Os administradores da WW e da BBBS acreditam que podem melhorar os resultados fazendo um acordo. Se as duas empresas fizerem um acordo, qual será a quantidade total produzida que maximizará o lucro? Qual será o preço do setor? Qual será a quantidade produzida e o lucro para cada uma das empresas?

c. Os administradores das empresas percebem que acordos explícitos são ilegais. Cada uma precisa decidir por conta própria se produz a quantidade de Cournot ou a quantidade que um cartel produziria. Para ajudar na tomada de decisão, o administrador da WW construiu uma matriz de *payoff* como a apresentada a seguir. Preencha cada quadro com o lucro da WW e o lucro da BBBS. Com base nessa matriz de *payoff*, quais as quantidades que cada empresa está inclinada a produzir?

Matriz de payoff para os lucros (lucro da WW, lucro da BBBS)		BBBS	
		Produz q de Cournot	Produz q de cartel
WW	Produz q de Cournot		
	Produz q de cartel		

d. Suponha que a WW possa determinar o nível de produção *antes* que a BBBS o faça. Quanto a WW produzirá? Qual o preço de mercado e qual o lucro de cada empresa? A WW estará obtendo melhores resultados por determinar a produção primeiro? Explique a razão.

*11. Duas empresas concorrem escolhendo o preço. Suas funções de demanda são

$$Q_1 = 20 - P_1 + P_2$$

e

$$Q_2 = 20 + P_1 - P_2$$

em que P_1 e P_2 são, respectivamente, os preços que cada empresa cobra, e Q_1 e Q_2 as demandas resultantes. Observe que a demanda de cada mercadoria depende apenas da diferença entre os preços; se as duas empresas entrarem em acordo e determinarem o mesmo preço, poderão torná-lo tão alto quanto desejarem e, assim, obter lucros infinitamente grandes. Os custos marginais são zero.

a. Suponha que as duas empresas determinem seus preços *simultaneamente*. Descubra o equilíbrio de Nash. Para cada empresa, quais serão, respectivamente, o preço, a quantidade vendida e os lucros? (*Dica*: faça a maximização do lucro de cada uma em relação ao preço.)

b. Suponha que a Empresa 1 determine seu preço *primeiro* e somente depois a Empresa 2 estabeleça o seu. Qual preço cada uma das empresas utilizará? Qual quantidade cada empresa venderá? Qual será o lucro de cada?

c. Suponha que você seja uma dessas empresas e que haja três maneiras possíveis de jogar essa partida: (i) ambas as empresas determinam os preços simultaneamente; (ii) você determina o preço primeiro; (iii) o concorrente determina o preço primeiro. Se você pudesse escolher entre essas alternativas, qual seria sua opção? Justifique.

*12. O modelo da empresa dominante pode nos ajudar a compreender o comportamento de alguns cartéis. Vamos aplicar esse modelo ao cartel de petróleo da OPEP. Utilizaremos curvas isoelásticas para descrever a demanda mundial, W, e a oferta competitiva (não proveniente do cartel), S. Estimativas razoáveis para as elasticidades preço da demanda mundial e da oferta não proveniente do cartel são, respectivamente, –1/2 e 1/2. Então, expressando W e S em termos de milhões de barris por dia (mb/d), podemos escrever

$$W = 160P^{-1/2}$$

e

$$S = (3\ 1/3)P^{1/2}$$

Observe que a demanda líquida da OPEP é obtida por meio de $D = W - S$.

a. Desenhe as curvas de demanda mundial, W, da oferta não OPEP, S, da demanda líquida da OPEP, D, e a curva de receita marginal da OPEP. Para fins de aproximação, suponha que o custo de produção da OPEP seja zero. Indique no diagrama o preço ideal da OPEP, seu nível de produção ideal e a produção não OPEP. Depois, mostre no diagrama de que forma serão deslocadas as diversas curvas e de que maneira o preço ideal da OPEP será alterado se a oferta não OPEP se tornar mais cara devido ao esgotamento das reservas de petróleo.

b. Calcule o preço ideal da OPEP (que maximiza os lucros). (*Dica:* como o custo de produção da OPEP é zero, apenas escreva a expressão da receita da OPEP e depois descubra o preço capaz de maximizá-la.)

c. Suponha que os países consumidores de petróleo estejam dispostos a se unir, formando um cartel de "compradores", com vistas a obter poder de monopsônio. O que poderíamos afirmar, e o que não poderíamos afirmar, a respeito do impacto que tal fato teria sobre os preços?

13. Suponha que o mercado para tênis conte com uma empresa dominante e cinco menores. A demanda de mercado é $Q = 400 - 2P$. A empresa dominante tem um custo marginal constante de 20. Cada uma das empresas menores tem um custo marginal $CMg = 20 + 5q$.

a. Confirme se a curva de oferta total para as cinco empresas menores é $Q_C = P - 20$.

b. Calcule a curva de demanda da empresa dominante.

c. Calcule a quantidade e o preço que maximizam os lucros para a empresa dominante, bem como a quantidade produzida e o preço cobrado pelas empresas menores.

d. Suponha que haja dez empresas menores, em vez de cinco. Como isso altera os resultados?

e. Suponha que ainda haja cinco empresas menores, mas que cada uma consiga reduzir o custo marginal para $CMg = 20 + 2q$. Como isso altera os resultados?

*14. Um cartel de plantadores de limão consiste em quatro plantações. As funções de custo total são expressas por meio das seguintes equações:

$$CT_1 = 20 + 5Q_1^2$$
$$CT_2 = 25 + 3Q_2^2$$
$$CT_3 = 15 + 4Q_3^2$$
$$CT_4 = 20 + 6Q_4^2$$

CT é medido em milhares de dólares e Q é medido em caixas colhidas e despachadas.

a. Faça uma tabulação com os custos total, médio e marginal para cada empresa, com níveis de produção variando entre 1 e 5 caixas por mês (isto é, para as quantidades de 1, 2, 3, 4 e 5 caixas).

b. Se o cartel decidisse despachar 10 caixas por mês e determinasse um preço de US$ 25 por caixa, de que forma tal produção poderia ser alocada entre as empresas?

c. A esse nível de produção, qual das empresas poderia ficar mais tentada a burlar o acordo? Entre elas haveria alguma que *não* teria estímulos para burlar o acordo?

CAPÍTULO 13

Teoria dos jogos e estratégia competitiva

ESTE CAPÍTULO DESTACA

13.1	Jogos e decisões estratégicas	483
13.2	Estratégias dominantes	486
13.3	Equilíbrio de Nash retomado	488
13.4	Jogos repetitivos	494
13.5	Jogos sequenciais	498
13.6	Ameaças, compromissos e credibilidade	500
13.7	Desencorajamento à entrada	506
***13.8**	Leilões	512

LISTA DE EXEMPLOS

13.1	A aquisição de uma empresa	486
13.2	Cooperação oligopolista na indústria de medidores de água	497
13.3	Concorrência e coalizão no setor aeroviário	497
13.4	Estratégia de investimento preemptivo da Wal-Mart	505
13.5	A DuPont desencoraja a entrada na indústria de dióxido de titânio	510
13.6	Batalhas das fraldas descartáveis	511
13.7	Leilão de serviços jurídicos	517
13.8	Leilões pela Internet	517

No Capítulo 12, começamos a explorar algumas das decisões estratégicas que as empresas frequentemente precisam tomar relativas a preços e produção. Observamos como uma empresa pode levar em conta as prováveis reações dos concorrentes quando toma essas decisões. Entretanto, há muitas questões referentes à estrutura de mercado e ao comportamento empresarial que ainda não abordamos. Por exemplo, por que as empresas tendem a fazer coalizões em alguns mercados enquanto competem agressivamente em outros? Quais as formas utilizadas por algumas delas para desencorajar a entrada no mercado de potenciais concorrentes? De que modo as empresas devem tomar as decisões de preço quando as condições de demanda ou de custo se alteram ou novos concorrentes entram no mercado?

Para responder a essas questões e expandir nossa análise do processo de tomada de decisões estratégicas pelas empresas, utilizaremos a teoria dos jogos. A aplicação da teoria dos jogos tem sido uma área importante de desenvolvimento na microeconomia. Este capítulo explica alguns aspectos-chave dessa teoria e mostra como ela pode ser usada na compreensão de como os mercados evoluem e operam e de como os administradores deveriam pensar sobre as decisões estratégicas com que continuamente se defrontam. Por exemplo, veremos o que ocorre quando empresas oligopolistas têm estrategicamente de determinar e ajustar preços ao longo do tempo, de tal maneira que o dilema dos prisioneiros, já discutido no Capítulo 12, é repetido de modo incessante. Mostraremos a maneira pela qual as empresas fazem movimentos estratégicos que lhes dão vantagem sobre os concorrentes ou a melhor posição durante situações de negociação e como elas podem fazer uso de ameaças, promessas ou atos mais concretos para impedir a entrada de potenciais concorrentes no mercado. Por fim, veremos como a teoria dos jogos pode ser aplicada na hora de planejar leilões e elaborar estratégias de lances.

13.1 Jogos e decisões estratégicas

Primeiro, esclareceremos a finalidade dos jogos e do processo de decisões estratégicas. **Jogo** é qualquer situação na qual jogadores (os participantes) tomam decisões estratégicas, ou seja, decisões que levam em

jogo

Situação na qual jogadores (participantes) tomam decisões estratégicas que levam em conta as atitudes e respostas uns dos outros.

payoffs

Valores associados a um resultado possível.

estratégia ótima

Estratégia que maximiza o *payoff* esperado do jogador.

estratégia

Plano de ação ou regra para participar de um jogo.

conta as atitudes e respostas dos outros. Exemplos de jogos incluem empresas que competem ao estabelecer preços ou um grupo de consumidores competindo no oferecimento de lances para arrematar uma obra de arte em um leilão. Decisões estratégicas resultam em *payoffs* para os jogadores: resultados que acarretam recompensas ou benefícios. Para as empresas que estabelecem preços, os *payoffs* são os lucros; para aqueles que oferecem lances em um leilão, consistem no excedente do consumidor, isto é, no valor que eles atribuem à obra de arte menos o valor a ser pago.

Um objetivo crucial da teoria dos jogos é determinar a **estratégia ótima** para cada jogador. **Estratégia** é uma regra ou plano de ação para o jogo. Para nossas empresas que estabelecem preços, um exemplo de estratégia seria: "Manter o preço alto enquanto os concorrentes fizerem o mesmo, mas, caso um deles reduza o preço, baixar o nosso ainda mais". Para um apostador em um leilão, uma estratégia seria: oferecer um lance inicial de US$ 2.000 para convencer os outros de que existe a séria intenção de vencer, mas desistir caso os lances ultrapassem US$ 5.000. A estratégia ótima para um jogador é aquela que maximiza o *payoff* esperado.

Vamos nos concentrar nos jogos que envolvem jogadores *racionais*, ou seja, jogadores que ponderam as consequências de suas ações. Na essência, trataremos da seguinte questão: *se cremos que nossos concorrentes são racionais e atuam visando à maximização de seus payoffs, de que modo devemos levar o comportamento deles em consideração ao tomar nossas próprias decisões?* Na vida real, obviamente é possível encontrar competidores irracionais ou com menos capacidade de avaliar as consequências de suas ações. No entanto, a melhor forma de começarmos é partindo do princípio de que todos os competidores são tão racionais e inteligentes quanto nós.[1] Como poderemos ver, levar em conta o comportamento dos competidores não é tão simples quanto parece. Determinar a estratégia ótima pode ser difícil mesmo em condições de perfeita simetria e de perfeita informação (isto é, quando todos os concorrentes têm a mesma estrutura de custos e estão plenamente informados sobre os custos uns dos outros, sobre a demanda etc.). Além disso, estaremos preocupados com situações mais complexas, nas quais as empresas tenham diferentes custos, diferentes tipos de informações e vários graus e formas de "vantagem" e "desvantagem" competitiva.

Jogos não cooperativos *versus* jogos cooperativos

Os jogos econômicos praticados pelas empresas podem ser *cooperativos* ou *não cooperativos*. Um **jogo cooperativo** ocorre quando os participantes podem negociar contratos vinculativos de cumprimento obrigatório entre si, o que lhes permite planejar estratégias em conjunto. Um **jogo não cooperativo** ocorre quando não é possível a negociação e não há mecanismos para obrigar o cumprimento de contratos entre os participantes.

jogo cooperativo

Aquele no qual os participantes podem negociar contratos vinculativos de cumprimento obrigatório que lhes permitam planejar estratégias em conjunto.

jogo não cooperativo

Jogo no qual a negociação e a existência de mecanismos que obriguem o cumprimento de contratos não são possíveis.

Um exemplo de jogo cooperativo é a negociação entre um comprador e um vendedor em torno do preço de um tapete. Se o tapete custa US$ 100 para ser produzido e o comprador lhe atribui o valor de US$ 200, torna-se possível uma solução cooperativa para o jogo, pois um acordo de venda por qualquer preço entre US$ 101 e US$ 199 maximizará a soma do excedente do consumidor com o lucro do vendedor e será benéfica para ambas as partes. Outro jogo cooperativo pode envolver duas empresas de determinado setor que estejam negociando um investimento em conjunto para desenvolver uma nova tecnologia (considerando-se que nenhuma das duas teria *know-how* suficiente para obter sucesso sozinha). Se elas podem assinar um contrato entre si, dividindo os lucros decorrentes do investimento conjunto, torna-se possível um resultado cooperativo que beneficiará ambas as partes.[2]

---

1 Quando entrevistados, 80% de nossos alunos afirmaram ser mais inteligentes e capazes do que a maioria dos colegas. Imaginamos, pois, que não seja difícil se imaginar competindo com pessoas tão inteligentes e capazes quanto você.

2 A negociação do tapete é chamada de jogo de *soma constante*, pois, independentemente do preço de venda, a soma do excedente do consumidor e do lucro do vendedor será a mesma. Negociar um empreendimento em conjunto é um jogo de *soma não constante*: o lucro total decorrente do empreendimento dependerá do resultado das negociações (por exemplo, dos recursos que cada empresa investir no empreendimento).

Um exemplo de jogo não cooperativo é a situação na qual duas empresas concorrentes levam em conta os prováveis comportamentos uma da outra e determinam independentemente uma estratégia de preço. Ambas sabem que, estabelecendo preços menores que a outra, podem obter uma fatia maior do mercado. Mas também sabem que, ao fazê-lo, correm o risco de iniciar uma guerra de preços. Outro jogo não cooperativo é o leilão mencionado antes: cada licitante deve considerar o comportamento dos outros ao determinar uma estratégia ótima para oferecer lances.

Observe que a diferença fundamental entre os jogos cooperativos e os não cooperativos está na *possibilidade de negociar e implementar contratos*. Nos jogos cooperativos, os contratos vinculativos são possíveis; nos jogos não cooperativos, não.

Consideraremos aqui principalmente os jogos não cooperativos. Em qualquer jogo, entretanto, tenha em mente o seguinte ponto-chave acerca do planejamento da estratégia de tomada de decisões:

> *É essencial compreender o ponto de vista do oponente e deduzir as prováveis respostas dele às suas ações.*

Isso pode parecer óbvio, pois é claro que cada um deve compreender o ponto de vista de seu oponente. Entretanto, mesmo em situações simples de jogos, as pessoas com frequência ignoram ou interpretam mal as posições dos oponentes, assim como as respostas racionais que delas decorrem.

COMO COMPRAR UMA NOTA DE UM DÓLAR Considere o seguinte jogo, criado por Martin Shubik.[3] Uma nota de um dólar é leiloada, mas de forma pouco comum. O responsável pelo lance mais alto recebe o dólar em troca do valor do lance. Entretanto, o responsável pelo segundo lance mais alto também deverá pagar o valor de seu lance e nada receber em troca. *Se você estivesse participando desse jogo, qual seria seu lance?*

Experiências em salas de aula mostraram que os estudantes quase sempre acabam fazendo lances superiores a um dólar pela nota. Em um cenário típico, um participante faz um lance de US$ 0,20 e o próximo, um lance de US$ 0,30. Dessa forma, aquele que fez o lance menor deverá agora perder US$ 0,20, mas ele imagina que poderia ganhar o dólar e assim faz um novo lance, desta vez no valor de US$ 0,40. A escalada de lances continua até que os dois jogadores chegam ao lance de US$ 0,90 pelo dólar. Agora, aquele que fez o lance de US$ 0,90 deverá decidir entre fazer um lance de US$ 1,10 pelo dólar ou pagar US$ 0,90 para nada receber em troca. Em geral, ele eleva seu lance e a escalada continua. Em alguns dos experimentos, o "vencedor" acabou pagando mais de $ 3 pela nota de um dólar!

Por que estudantes inteligentes se comportam dessa maneira? Por não terem pensado na provável reação dos demais jogadores e na sequência de eventos que ela acarreta.

No restante deste capítulo, examinaremos jogos simples que envolvem determinação de preços, propaganda e decisões de investimento. Os jogos são simples no sentido de que, *dadas algumas suposições comportamentais*, poderemos determinar a melhor estratégia para cada empresa. No entanto, mesmo nesses jogos simples, descobriremos que as suposições comportamentais nem sempre são fáceis de se fazer; muitas vezes elas dependerão de como transcorre o jogo (por exemplo, o tempo que as empresas permanecem em atividade, sua reputação etc.). Portanto, ao avançar por este capítulo, você deve procurar compreender as questões básicas envolvidas no processo de tomada de decisões. Você deve ter sempre em mente a importância da avaliação do posicionamento de seu oponente e da reação racional dele relativamente a suas ações, como ilustra o Exemplo 13.1.

---

3 Martin Shubik. *Game Theory in the Social Sciences*. Cambridge, MA: MIT Press, 1982.

EXEMPLO 13.1 A AQUISIÇÃO DE UMA EMPRESA

Você representa a Empresa A (que faz a aquisição), a qual está considerando a possibilidade de adquirir a Empresa T (a empresa-alvo).[4] Você planeja pagar em dinheiro por todas as ações da Empresa T, mas não tem certeza do preço que deverá oferecer. A dificuldade é a seguinte: o valor da Empresa T — na verdade, sua viabilidade — depende do resultado obtido por um importante projeto de exploração de petróleo. Se o projeto não obtiver sucesso, a Empresa T sob a atual administração nada valerá. Mas, caso seja bem-sucedido, poderá valer até US$ 100/ação. Todos os valores de ação entre US$ 0 e US$ 100 são considerados igualmente prováveis.

Entretanto, é de conhecimento geral o fato de que a Empresa T poderia ter um valor consideravelmente maior sob a administração progressista da Empresa A do que sob a atual administração. Na verdade, qualquer que seja seu valor sob a atual administração, *a Empresa T teria um valor 50% mais alto sob a administração da Empresa A*. Se seu projeto fracassar, a Empresa T valerá US$ 0/ação sob qualquer uma das duas administrações. Se o projeto fizer com que seu valor se torne US$ 50/ação sob a atual administração, seu valor sob a administração da Empresa A será de US$ 75/ação. De igual modo, um valor de US$ 100/ação sob a administração da Empresa T implicaria um valor de US$ 150/ação sob a administração da Empresa A, e assim por diante.

Você precisa determinar qual preço a Empresa A deve oferecer pelas ações da Empresa T. Essa oferta deve ser feita *agora* — *antes* que seja conhecido o resultado do projeto de exploração. Tudo indica que a Empresa T estaria disposta a ser adquirida pela Empresa A *por um preço correto*. Você acredita que a Empresa T adiará sua decisão sobre a proposta que você fará até que ela conheça os resultados da exploração, e, então, ela aceitará ou rejeitará sua oferta antes que a notícia referente aos resultados da perfuração chegue à imprensa.

Portanto, *você (Empresa A) não conhecerá os resultados do projeto de exploração quando estiver fazendo a proposta, mas a Empresa T já conhecerá os resultados quando estiver decidindo se aceita ou não a oferta. A Empresa T também aceitará qualquer oferta feita pela Empresa A que seja maior do que o valor (por ação) da empresa sob a atual administração*. Na qualidade de representante da Empresa A, você está considerando a possibilidade de fazer propostas na faixa de US$ 0/ação (isto é, não fazer proposta alguma) a US$ 150/ação. *Qual preço por ação você deveria oferecer pelas ações da Empresa T?*

Observação: a resposta típica — isto é, oferecer entre US$ 50 e US$ 75 por ação — está errada. A resposta correta para o problema encontra-se no final deste capítulo, porém recomendamos que você tente encontrá-la sozinho.

13.2 Estratégias dominantes

De que forma podemos decidir qual a melhor estratégia para participar de um jogo? De que maneira podemos determinar o resultado mais provável de um jogo? Necessitamos de algo que nos ajude a definir de que modo o comportamento racional de cada jogador levará a uma solução de equilíbrio. Algumas estratégias podem ser bem-sucedidas se os concorrentes fizerem determinadas opções, mas serão malsucedidas se eles fizerem escolhas diferentes. Outras estratégias, entretanto, poderão ser bem-sucedidas quaisquer que sejam as atitudes dos participantes. Iniciaremos apresentando o conceito de **estratégia dominante** — *aquela que é ótima independentemente do que o oponente venha a fazer*.

estratégia dominante
Estratégia que é ótima, não importando o que o oponente faça.

O seguinte exemplo ilustra tal fato em um cenário duopolista. Suponhamos que as empresas A e B vendam produtos concorrentes e estejam decidindo se empreenderão ou não campanhas de propaganda. Cada empresa, contudo, será afetada pela decisão do concorrente. Os possíveis resultados encontram-se ilustrados pela matriz de *payoff* apresentada na Tabela 13.1. (Lembre-se de que a matriz de *payoff* resume os possíveis resultados do jogo; o primeiro número em cada célula é o *payoff* da Empresa A e o segundo número é o *payoff* da Empresa B.) Observe que, se ambas as empresas decidirem fazer propaganda, a Empresa A terá um lucro de 10 e a Empresa B terá um lucro de 5. Se a Empresa A fizer propaganda e a Empresa B, não, a Empresa A lucrará 15 e a Empresa B terá lucro zero. A tabela mostra também os resultados das outras duas possibilidades.

Na Seção 12.4, explicamos que uma matriz de *payoff* é uma tabela que mostra os *payoffs* de cada participante para cada uma de suas decisões, dada cada uma das decisões do concorrente.

---

[4] Esta é uma versão revisada de um exemplo elaborado por Max Bazerman para um curso no MIT.

TABELA 13.1 Matriz de *payoff* para o jogo da propaganda

		Empresa B	
		Faz propaganda	Não faz propaganda
Empresa A	Faz propaganda	10, 5	15, 0
	Não faz propaganda	6, 8	10, 2

Qual estratégia cada empresa deve escolher? Primeiro, consideremos a Empresa *A*. Decerto ela deve investir em propaganda, porque, independentemente do que possa fazer a Empresa *B*, a Empresa *A* realizará um melhor negócio ao investir em propaganda. Se a Empresa *B* fizer propaganda, a Empresa *A* lucrará 10 se fizer propaganda, mas lucrará apenas 6 caso não faça. Se a Empresa *B* não investir em propaganda, a Empresa *A* lucrará 15 caso faça propaganda, mas lucrará apenas 10 se não fizer. Portanto, investir em propaganda é uma estratégia dominante para a Empresa *A*. O mesmo é verdadeiro para a Empresa *B*; isto é, pouco importa o que faça a Empresa *A*, a Empresa *B* realizará um melhor negócio se investir em propaganda. Portanto, supondo que ambas sejam racionais, sabemos que o resultado do jogo será ambas *as empresas investirão em propaganda*. Esse resultado é fácil de ser determinado, porque as duas possuem estratégias dominantes.

Quando cada jogador tem uma estratégia dominante, chamamos o resultado do jogo de **equilíbrio em estratégias dominantes**. Esses jogos podem ser analisados objetivamente, pois a estratégia ótima para cada jogador pode ser determinada sem a preocupação com as ações dos outros.

Infelizmente, nem todos os jogos apresentam estratégias dominantes para cada um dos jogadores. Para entendermos esse processo, vamos alterar de leve nosso exemplo de propaganda. A matriz de *payoff* da Tabela 13.2 é a mesma da Tabela 13.1, exceto o canto inferior direito, pois, se nenhuma das empresas investir em propaganda, a Empresa *B* novamente lucrará 2, mas a Empresa *A* lucrará 20. (Talvez os anúncios da Empresa *A* sejam altamente defensivos, visando a desmentir as afirmações da Empresa *B*, e dispendiosos; portanto, ao não fazer propaganda, a Empresa *A* consegue reduzir de modo considerável as despesas.)

equilíbrio em estratégias dominantes
Resultado de um jogo em que cada empresa faz o melhor que pode independentemente do que fazem os concorrentes.

TABELA 13.2 Jogo da propaganda modificado

		Empresa B	
		Faz propaganda	Não faz propaganda
Empresa A	Faz propaganda	10, 5	15, 0
	Não faz propaganda	6, 8	20, 2

Agora a Empresa *A* não possui uma estratégia dominante. *Sua decisão ótima dependerá da ação da Empresa B*. Se esta fizer propaganda, a Empresa *A* realizará um melhor negócio se também investir em propaganda; entretanto, se a Empresa *B* não fizer propaganda, a Empresa *A* também realizará um melhor negócio se não investir em propaganda. Agora suponhamos que as duas empresas devam tomar suas decisões simultaneamente. O que a Empresa *A* deve fazer?

Para poder responder à pergunta, a Empresa *A* terá de se colocar na posição da Empresa *B*. Qual seria a melhor decisão do ponto de vista da Empresa *B* e qual seria sua provável reação? A resposta é clara: a Empresa *B* tem uma estratégia dominante que consiste em fazer propaganda, não importando o que a Empresa *A* possa vir a fazer. (Se a Empresa *A* investir em propaganda, a Empresa *B* lucrará 5 se também fizer propaganda e lucrará zero se não fizer. Se a Empresa *A* não fizer propaganda, a Empresa *B* lucrará 8 caso faça propaganda e lucrará 2 se não fizer.) Portanto, a Empresa *A* pode concluir que a Empresa *B* investirá em propaganda. Isso significa que a Empresa *A* deveria fazer o mesmo (podendo assim obter lucro de 10 em vez de 6). O equilíbrio será alcançado quando ambas as empresas investirem em propaganda. Esse é o resultado lógico do jogo, porque a Empresa *A* faz o melhor que pode em função da decisão da Empresa *B*; e a Empresa *B* também faz o melhor que pode em função da decisão da Empresa *A*.

13.3 Equilíbrio de Nash retomado

Para determinar o provável resultado de um jogo, procuramos estratégias "autoimplementáveis" ou "estáveis". As estratégias dominantes são estáveis, mas em muitos jogos um ou mais jogadores não possuem uma estratégia dominante. Por essa razão, precisamos de um conceito mais geral de equilíbrio. No Capítulo 12, introduzimos o conceito do *equilíbrio de Nash*; vimos que ele tem ampla aplicação e é intuitivamente atraente.[5]

Lembre-se de que o equilíbrio de Nash é um conjunto de estratégias (ou ações) no qual *cada jogador faz o melhor que pode em função das ações de seus oponentes*. Uma vez que cada jogador não possui estímulos para se desviar de seu equilíbrio de Nash, as estratégias são estáveis. No exemplo apresentado na Tabela 13.2, o equilíbrio de Nash consiste em ambas as empresas investirem em propaganda; trata-se de um equilíbrio de Nash porque, em função da decisão do concorrente, cada empresa estará satisfeita por ter tomado a melhor decisão possível e não terá estímulo para alterá-la.

No Capítulo 12, utilizamos o equilíbrio de Nash para estudar a determinação de níveis de produção e preços por empresas oligopolistas. No modelo de Cournot, por exemplo, cada empresa determina o próprio nível de produção, considerando fixas as quantidades produzidas pelos concorrentes. Vimos que, no equilíbrio de Cournot, nenhuma empresa possui estímulo para alterar unilateralmente o nível de produção, pois cada uma delas faz o melhor que pode em função das decisões dos concorrentes. Portanto, o equilíbrio de Cournot é um equilíbrio de Nash.[6] Também examinamos modelos nos quais as empresas definem o preço considerando fixos os preços dos concorrentes. De novo, em um equilíbrio de Nash, cada empresa obtém o maior lucro possível em função dos preços praticados pelos concorrentes e, portanto, não tem nenhum incentivo para alterar o próprio preço.

Explicamos na Seção 12.2 que o equilíbrio de Cournot é um equilíbrio de Nash em que cada empresa estima corretamente quanto os concorrentes vão produzir.

Será útil compararmos o conceito de um equilíbrio de Nash com o do equilíbrio em estratégias dominantes:

Estratégias dominantes:	Eu estou fazendo o melhor que posso, *não importa o que você esteja fazendo*. Você está fazendo o melhor que pode, *não importa o que eu esteja fazendo*.
Equilíbrio de Nash:	Eu estou fazendo o melhor que posso, *em função daquilo que você está fazendo*. Você está fazendo o melhor que pode, *em função daquilo que eu estou fazendo*.

---

[5] Nossa discussão sobre o equilíbrio de Nash e sobre a teoria dos jogos em geral está em nível introdutório. Para discussões mais profundas sobre a teoria e suas aplicações veja James W. Friedman, *Game Theory with Applications to Economics*. Nova York: Oxford University Press, 1990; Drew Fudenberg e Jean Tirole, *Game Theory*. Cambridge, MA: MIT Press, 1991; e Avinash Dixit, David Reiley, Jr. e Susan Skeath, *Games of Strategy*, 3. ed. Nova York: Norton, 1999.

[6] Um *equilíbrio de Stackelberg* é também um equilíbrio de Nash. Mas no modelo de Stackelberg as regras são diferentes: uma empresa toma sua decisão sobre o nível de produção antes dos concorrentes. Seguindo essas regras, cada empresa faz o melhor que pode em função da decisão tomada pelo concorrente.

Observe que o equilíbrio em estratégia dominante é um caso especial do equilíbrio de Nash.

No jogo da propaganda, apresentado na Tabela 13.2, há apenas um equilíbrio de Nash — ambas as empresas investem em propaganda. Em geral, um jogo não precisa ter apenas um único equilíbrio de Nash. Algumas vezes não há equilíbrio de Nash e, em outras, há diversos (isto é, há diversos conjuntos de estratégias que são estáveis e autoimplementáveis). Outros exemplos poderão ajudar a esclarecer esse fato.

O PROBLEMA DA ESCOLHA DE PRODUTO Consideremos o seguinte problema de "escolha de produto". Duas empresas produtoras de cereais matinais defrontam-se com um mercado no qual duas novas variedades de cereais poderão ser lançadas com sucesso, desde que cada variedade seja introduzida apenas por uma empresa. Há mercado para um novo cereal "crocante" e para um novo cereal "açucarado", mas cada uma das empresas dispõe de recursos para lançar apenas um produto novo. Portanto, a matriz de *payoff* para as duas empresas pode ser semelhante à da Tabela 13.3.

TABELA 13.3	Problema da escolha do produto		
		Empresa 2	
		Crocante	Açucarado
Empresa 1	Crocante	−5, −5	10, 10
	Açucarado	10, 10	−5, −5

Nesse jogo, desde que não lance o mesmo produto que o concorrente, nenhuma das empresas tem preferência quanto a qual item fabricar. Se fosse possível fazer uma coordenação, as empresas provavelmente concordariam em dividir o mercado. Mas o que pode ocorrer se precisarem se comportar *não cooperativamente*? Suponhamos que, de alguma forma, talvez por intermédio de notícias ou outro meio de comunicação, a Empresa 1 revele estar prestes a lançar o novo cereal açucarado e a Empresa 2 (após saber disso) anuncie planos de lançar o cereal crocante. Em função da ação que acredita estar sendo praticada por sua concorrente, nenhuma das empresas terá estímulo para se desviar da ação proposta. Se a empresa realizar a ação proposta, o lucro será de 10, mas, se ela se desviar e a ação do concorrente permanecer inalterada, o lucro será de −5. Portanto, o conjunto de estratégias contido no canto inferior esquerdo da matriz de *payoff* é estável e se constitui em um equilíbrio de Nash: em função da estratégia do oponente, cada empresa está fazendo o melhor que pode e não possui estímulo para se desviar desse equilíbrio.

Observe que o canto superior direito da matriz de *payoff* também contém um equilíbrio de Nash, que poderia ocorrer se a Empresa 1 revelasse que iniciaria a produção do cereal crocante. Cada um dos equilíbrios de Nash é estável porque, *uma vez escolhidas as estratégias*, nenhum dos jogadores se desviará unilateralmente delas. Entretanto, sem informações adicionais, não teremos meios de saber *qual* equilíbrio (crocante/açucarado *versus* açucarado/crocante) provavelmente resultará — ou se *algum deles* vai de fato ocorrer. Decerto, ambas as empresas terão fortes estímulos para alcançar *um* dos dois equilíbrios de Nash — caso ambas venham a produzir o mesmo tipo de cereal, as duas sofrerão prejuízos. O fato de as duas empresas não estarem autorizadas a entrar em acordo não significa que elas não possam alcançar um equilíbrio de Nash. À medida que um setor se desenvolve, em geral se desenvolvem formas de entendimento, quando as empresas sinalizam umas para as outras a respeito dos caminhos que o setor deverá trilhar.

O JOGO DE LOCALIZAÇÃO NA PRAIA Como outro exemplo de equilíbrio de Nash, suponhamos que você (*V*) e um concorrente (*C*) estejam planejando vender refrigerantes em uma praia neste verão. A praia tem 200 metros de comprimento e os banhistas estão espalhados igualmente ao longo dela. Você e seu concorrente vendem os mesmos refrigerantes ao mesmo preço, de modo que os clientes vão optar pelo vendedor que estiver mais perto. Onde você se posicionará na praia e onde você supõe que seu concorrente se posicionará?

Se você refletir por um instante, vai ver que o único equilíbrio de Nash é aquele em que você e seu concorrente se localizam no mesmo ponto no centro da praia (veja a Figura 13.1). Para entender por que, suponha que seu concorrente se localize em algum outro ponto (A), que na figura está a 3/4 do caminho para o fim da praia. Nesse caso, você não desejaria mais ficar posicionado no centro da praia; você se colocaria ao lado de seu concorrente, apenas um pouco para a esquerda. Desse modo, você capturaria 3/4 do total das vendas, enquanto seu concorrente ficaria com o 1/4 restante. Esse resultado não é um equilíbrio, porque seu concorrente então desejaria se mover para o centro da praia e você faria o mesmo.

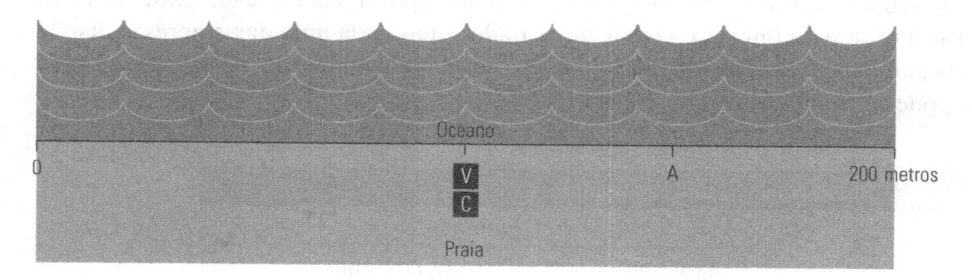

FIGURA 13.1 JOGO DE LOCALIZAÇÃO NA PRAIA

Você (V) e um concorrente (C) planejam vender refrigerantes na praia. Se os banhistas estão igualmente espalhados ao longo da praia e andarem até o vendedor que estiver mais perto, vocês dois se localizarão no centro da praia. Esse é o único equilíbrio de Nash. Se o concorrente se posicionasse no ponto A, você desejaria se mover para um ponto logo à esquerda dele, onde poderia capturar 3/4 das vendas. Mas o concorrente se moveria de volta para o centro e você faria o mesmo.

O "jogo de localização na praia" pode nos ajudar a entender diversos fenômenos. Alguma vez você já notou, ao longo de um trecho de três ou quatro quilômetros, como dois ou três postos de gasolina ou várias agências de automóveis estão próximos um do outro? De modo semelhante, quando a eleição presidencial dos Estados Unidos se aproxima, os candidatos democratas e republicanos costumam se mover para perto do centro ao definir suas posições políticas.

Estratégias maximin

O conceito de equilíbrio de Nash apoia-se muito na racionalidade individual. Cada estratégia escolhida pelo jogador dependerá não só da própria racionalidade como também da racionalidade do oponente. Isso pode se tornar uma limitação, como mostra o exemplo da Tabela 13.4.

TABELA 13.4 Estratégia maximin

		Empresa 2	
		Não investe	Investe
Empresa 1	Não investe	0, 0	−10, 10
	Investe	−100, 0	20, 10

Nesse jogo, duas empresas competem pelas vendas de software de criptografia de arquivos. Como ambas utilizam o mesmo padrão de criptografia, os arquivos de uma podem ser lidos pelos da outra — uma vantagem para o consumidor. No entanto, a Empresa 1 possui uma fatia muito maior do mercado (ingressou antes e seu software possui uma interface melhor). As duas consideram agora a possibilidade de investir em um novo padrão de criptografia.

Note que o investimento é a estratégia dominante para a Empresa 2, porque por meio dele ela obterá o melhor resultado, independentemente do que a Empresa 1 fizer. Portanto, a Empresa 1 deve esperar que a Empresa 2 invista. Nesse caso, a Empresa 1 fará melhor negócio se investir (lucrando US$ 20 milhões) do que não investir (perdendo US$ 10 milhões). O resultado (investir, investir) é nitidamente um equilíbrio de Nash para esse jogo, e você poderá verificar que se trata do único equilíbrio de Nash. Observe, porém, que os administradores da Empresa 1 devem se assegurar de que os administradores da Empresa 2 tenham compreendido o jogo e sejam racionais. Caso a Empresa 2 cometesse um erro e deixasse de investir, isso seria extremamente prejudicial para a Empresa 1. (O consumidor ficaria confuso a respeito da incompatibilidade dos padrões e a Empresa 1, com sua fatia dominante, perderia US$ 100 milhões.)

O que você faria se fosse a Empresa 1? Se você tende a agir com cautela — e está preocupado com o fato de que os administradores da Empresa 2 possam não estar plenamente informados ou não sejam racionais —, pode optar por não investir. Nesse caso, a pior hipótese seria perder US$ 10 milhões; não há mais a chance de você perder US$ 100 milhões. Tal estratégia é denominada **estratégia maximin** porque *maximiza o ganho mínimo que pode ser obtido*. Se ambas as empresas utilizarem estratégias maximin, o resultado será que a Empresa 1 não investirá e a Empresa 2, sim. Uma estratégia maximin é sempre conservadora, porém não é maximizadora de lucros (considerando que a Empresa 1, por exemplo, perde US$ 10 milhões em vez de ganhar US$ 20 milhões). Observe que, se a Empresa 1 *tivesse certeza* de que a Empresa 2 estava utilizando uma estratégia maximin, preferiria investir (e lucrar US$ 20 milhões) em vez de dar continuidade à estratégia maximin de não investir.

estratégia maximin
Estratégia que maximiza a obtenção de um determinado nível mínimo de ganho.

MAXIMIZAÇÃO DO *PAYOFF* ESPERADO Se a Empresa 1 não tem certeza do que a Empresa 2 fará, mas é capaz de associar probabilidades a cada uma das possíveis ações dela, pode utilizar uma estratégia que *maximize o* payoff *esperado*. Por exemplo, suponhamos que a Empresa 1 imagine que há 10% de chance de a Empresa 2 não investir. Nesse caso, o *payoff* esperado da Empresa 1 no investimento será (0,1)(–100) + (0,9)(20) = US$ 8 milhões. O *payoff* esperado, caso não invista, será (0,1)(0) + (0,9)(–10) = –US$ 9 milhões. Nesse caso, a Empresa 1 deve investir.

Por outro lado, suponhamos que a Empresa 1 pense que a probabilidade de a Empresa 2 não investir seja de 30%. Então, o *payoff* esperado do investimento será (0,3)(–100) + (0,7)(20) = –US$ 16 milhões, e o do não investimento, (0,3)(0) + (0,7)(–10) = –US$ 7 milhões. Nesse caso, a Empresa 1 escolherá não investir.

Pode-se perceber que a estratégia da Empresa 1 depende muito de sua avaliação das probabilidades das diferentes atitudes da Empresa 2. Determinar tais probabilidades pode ser bastante difícil. No entanto, as empresas geralmente enfrentam incerteza (sobre as condições do mercado, os custos futuros e o comportamento dos concorrentes) e têm de tomar as melhores decisões possíveis com base em avaliações de probabilidades e valores esperados.

Para rever o cálculo do valor esperado, consulte a Seção 5.1, onde este é definido como uma média ponderada dos *payoffs* associados a todos os resultados possíveis, utilizando-se como pesos as probabilidades de cada resultado.

O DILEMA DOS PRISIONEIROS Qual é o equilíbrio de Nash para o dilema dos prisioneiros discutido no Capítulo 12? A Tabela 13.5 mostra a matriz de *payoff* para o dilema dos prisioneiros. Lembre-se de que o resultado ótimo é aquele no qual nenhum dos dois confesse, de tal forma que ambos sejam condenados a dois anos de prisão. Confessar, entretanto, é uma *estratégia dominante* para cada um dos prisioneiros — é a que resulta no maior *payoff*, independentemente da que é utilizada pelo outro prisioneiro. As estratégias dominantes também são estratégias maximin. Portanto, o resultado em que ambos os prisioneiros confessam constitui, ao mesmo tempo, um equilíbrio de Nash e uma solução maximin. Então, no sentido mais estrito do termo, o mais racional é que cada prisioneiro confesse.

TABELA 13.5	Dilema dos prisioneiros		
		\multicolumn{2}{c}{Prisioneiro B}
		Confessa	Não confessa
Prisioneiro A	Confessa	−5, −5	−1, −10
	Não confessa	−10, −1	−2, −2

*Estratégias mistas

estratégia pura
Estratégia em que um jogador faz uma escolha específica ou toma uma ação específica.

Em todos os jogos que examinamos até aqui, consideramos estratégias nas quais os jogadores fazem uma escolha específica ou decidem agir de determinada forma: fazer ou não fazer propaganda, determinar um preço de US$ 4 ou de US$ 6, e assim por diante. Estratégias dessa natureza são denominadas **estratégias puras**. Entretanto, há jogos nos quais as estratégias puras não são a melhor forma de jogar.

O JOGO DAS MOEDAS Um exemplo de estratégia mista é encontrado no "jogo das moedas". Nesse jogo, cada participante escolhe se mostrará cara ou coroa e ambos exibem as moedas simultaneamente. Se as moedas estiverem com lados iguais (isto é, ambos os jogadores mostrarem cara ou ambos mostrarem coroa), o Jogador A ganhará e receberá um dólar do Jogador B. Se as moedas estiverem com lados diferentes, o Jogador B receberá um dólar do Jogador A. A matriz de *payoff* para esse jogo é apresentada na Tabela 13.6.

TABELA 13.6	Jogo das moedas		
		\multicolumn{2}{c}{Jogador B}
		Cara	Coroa
Jogador A	Cara	1, −1	−1, 1
	Coroa	−1, 1	1, −1

Observe que não há equilíbrio de Nash em estratégias puras para esse jogo. Por exemplo, suponhamos que o Jogador A escolha a estratégia de mostrar cara. Então, o Jogador B mostrará coroa. Mas, se o Jogador B mostrasse coroa, o Jogador A também estaria disposto a mostrar coroa. Não haveria combinação de cara ou coroa que pudesse satisfazer a ambos os participantes — um dos dois estaria sempre disposto a alterar a estratégia.

estratégias mistas
Estratégias nas quais os jogadores fazem escolhas aleatórias entre duas ou mais ações possíveis, com base em um conjunto de probabilidades escolhidas.

Embora não ocorra equilíbrio de Nash nas estratégias puras, ele ocorre nas **estratégias mistas**: *estratégias nas quais os jogadores fazem escolhas aleatórias entre duas ou mais ações possíveis, com base em um conjunto de probabilidades escolhidas*. No jogo das moedas, por exemplo, o Jogador A simplesmente lança a moeda ao ar e assim joga cara com probabilidade 1/2 e coroa com probabilidade 1/2. De fato, se o Jogador A seguir essa estratégia e o Jogador B fizer o mesmo, teremos um equilíbrio de Nash; ambos os participantes estarão fazendo o melhor que podem em função daquilo que o oponente está fazendo. Observe que, embora o resultado do jogo seja aleatório, o payoff *esperado* de cada jogador é zero.

Pode parecer estranho participar de um jogo escolhendo as ações aleatoriamente. Mas coloque-se na posição do Jogador A e imagine o que poderia ocorrer caso optasse por uma estratégia *diferente* de simplesmente lançar a moeda ao ar. Suponha, por exemplo, que você decidisse mostrar cara. Se o Jogador B soubesse disso, ele poderia mostrar coroa, e você decerto perderia. Mesmo que o Jogador B não conhecesse sua estratégia, se o jogo fosse feito repetidas vezes, ele poderia talvez descobri-la, escolhendo, então, uma estratégia capaz de se contrapor à sua. Nesse caso, você certamente alteraria sua estratégia, e é por essa razão que ela não seria capaz de produzir um equilíbrio de Nash. Apenas quando você e seu oponente escolhessem cara ou coroa de forma aleatória, com probabilidade 1/2, é que nenhum dos dois teria estímulo algum para alterar as estratégias adotadas. (Você pode verificar que o uso de diferentes probabilidades, como 3/4 para cara e 1/4 para coroa, não gera um equilíbrio de Nash.)

Uma razão para considerar a utilização de estratégias mistas é que em alguns jogos (por exemplo, o jogo das moedas) não ocorre nenhum equilíbrio de Nash em estratégias puras. Pode ser mostrado, entretanto, que, desde que seja permitido o uso de estratégias mistas, *todo jogo* tem pelo menos um equilíbrio de Nash.[7] Portanto, as estratégias mistas possibilitam soluções para jogos mesmo quando as puras falham. Claro que as soluções envolvendo estratégias mistas serão consideradas razoáveis dependendo do jogo específico ou dos jogadores. Elas têm probabilidade de se tornar muito razoáveis para o jogo das moedas, para o de pôquer e para outros jogos do gênero. Uma empresa, por outro lado, talvez não ache razoável acreditar que o concorrente venha a determinar os preços de modo aleatório.

A GUERRA DOS SEXOS Alguns jogos apresentam equilíbrios de Nash tanto com estratégias puras como com as mistas. Um exemplo disso é "a guerra dos sexos", um jogo que talvez lhe pareça familiar. Ele transcorre da seguinte maneira: Jim e Joan gostariam de passar o sábado à noite juntos, mas têm gostos diferentes para entretenimentos. Jim gostaria de ir à ópera, mas Joan prefere assistir a uma luta livre na lama. Como nos mostra a matriz de *payoff* da Tabela 13.7, o que Jim mais gostaria de fazer seria ir à ópera com Joan, porém prefere assistir a uma luta livre na lama com ela a ir sozinho à ópera, e o inverso vale para Joan.

TABELA 13.7	A guerra dos sexos	Jim	
		Luta	Ópera
Joan	Luta	2, 1	0, 0
	Ópera	0, 0	1, 2

Primeiro, observe que há dois equilíbrios de Nash em estratégias puras para esse jogo — aquele no qual Jim e Joan preferem assistir a uma luta livre na lama e aquele no qual ambos preferem ir à ópera. É claro que Joan preferiria o primeiro desses dois resultados, e Jim, o segundo, mas ambos os resultados são de equilíbrio, pois nem Jim nem Joan estariam dispostos a alterar suas respectivas opções em função da decisão tomada pelo outro.

Esse jogo também possui um equilíbrio em estratégias mistas: Joan escolhe a luta livre com 2/3 de probabilidade e a ópera com 1/3 de probabilidade, e Jim escolhe a luta livre com 1/3 de probabilidade e a ópera com 2/3 de probabilidade. Você pode verificar que, se Jim empregar essa estratégia, Joan não estará fazendo melhor com nenhuma outra estratégia, e vice-versa.[8] O resultado será aleatório, e Jim e Joan terão cada um o *payoff* esperado de 2/3.

Será que deveríamos esperar que Jim e Joan empregassem essas estratégias mistas? Provavelmente não, a menos que apreciassem muito correr riscos ou fossem um casal um tanto diferente. Ao concordar com qualquer um dos tipos de entretenimento, cada um teria um resultado de pelo menos 1, o que ultrapassaria o *payoff* esperado de 2/3 para o resultado aleatório. Nesse jogo, da mesma forma que em muitos outros, as estratégias mistas possibilitam outra solução, embora não muito realista. Portanto, durante o restante deste capítulo, trataremos apenas de estratégias puras.

---

[7] Mais precisamente, jogos com um número finito de jogadores e um número finito de ações têm pelo menos um equilíbrio de Nash. Para uma demonstração disso, veja David M. Kreps, *A Course in Microeconomic Theory*. Princeton, NJ: Princeton University Press, 1990, p. 409.

[8] Suponha que Joan aja aleatoriamente, sendo p a probabilidade de assistir à luta e $(1 - p)$ a de ir à ópera. Como Jim utiliza probabilidades de 1/3 para a luta e 2/3 para a ópera, a probabilidade de que ambos escolham a luta é de $(1/3)p$ e de que ambos escolham a ópera é de $(2/3)(1 - p)$. Portanto, o *payoff* esperado de Joan é $2(1/3)p + 1(2/3)(1 - p) = (2/3)p + 2/3 - (2/3)p = 2/3$. Isso independe de p, e, portanto, Joan não tem melhor escolha em termos de *payoff* esperado não importa o que ela decida.

13.4 Jogos repetitivos

Vimos no Capítulo 12 que, nos mercados oligopolistas, as empresas com frequência se encontram no dilema dos prisioneiros durante o processo de tomada de decisão sobre níveis de produção ou preços. Será que elas poderiam encontrar uma maneira de sair desse dilema, de tal forma que a coordenação e a cooperação oligopolistas (explícita ou implícita) pudessem prevalecer?

jogos repetitivos
Jogos nos quais as ações são tomadas e os decorrentes *payoffs* são recebidos várias vezes, de modo consecutivo.

Para respondermos a essa pergunta, devemos reconhecer que o dilema dos prisioneiros, da forma já descrita, é limitado: embora alguns prisioneiros possam ter apenas uma oportunidade na vida de confessar ou não, para a maioria das empresas as determinações de quantidade e preço se repetem continuamente. Na vida real, as empresas **praticam jogos repetitivos**: ações são realizadas e os *payoffs* recebidos várias vezes. Em jogos repetitivos, as estratégias podem se tornar mais complexas. Por exemplo, a cada repetição do dilema, cada organização poderá desenvolver uma reputação a respeito de seu próprio comportamento e estudar o dos concorrentes.

De que forma a repetição modifica o provável resultado do jogo? Suponhamos que você seja a Empresa 1 no dilema dos prisioneiros ilustrado pela matriz de *payoff* da Tabela 13.8. Se você e seu concorrente cobrarem um preço alto, ambos poderão obter lucros mais elevados do que se os dois cobrassem um preço mais baixo. Entretanto, você teme cobrar um preço mais alto, pois, se seu concorrente vender por menos, você poderá perder muito dinheiro e, para piorar as coisas, o concorrente poderá ficar rico. Mas suponhamos que esse jogo seja repetido muitas e muitas vezes — você e seu concorrente, por exemplo, anunciam simultaneamente os respectivos preços no primeiro dia de cada mês. Será que você deveria modificar sua forma de atuação nesse jogo, talvez alterando seu preço ao longo do tempo, em reação ao comportamento de seu concorrente?

TABELA 13.8	Problema da determinação de preços		
		Empresa 2	
		Preço baixo	Preço alto
Empresa 1	Preço baixo	10, 10	100, −50
	Preço alto	−50, 100	50, 50

Em um interessante estudo, Robert Axelrod solicitou a especialistas em teoria dos jogos que elaborassem a melhor estratégia possível para poder praticar esse jogo de uma forma repetitiva.[9] (Uma possível estratégia poderia ser: "Começarei com um preço alto para depois reduzi-lo. Mas, se meu concorrente reduzir o preço, aumentarei o meu durante algum tempo, antes de começar a baixá-lo novamente etc.") Então, em uma simulação feita em computador, Axelrod colocou tais estratégias para competir umas contra as outras, para ver qual delas funcionava melhor.

estratégia "olho por olho, dente por dente"
Estratégia de repetição na qual o jogador responde de forma igual às jogadas do oponente, cooperando com os oponentes que cooperam e retaliando os que não o fazem.

ESTRATÉGIA "OLHO POR OLHO, DENTE POR DENTE" Como esperado, verificou-se que qualquer estratégia específica funciona melhor contra algumas estratégias do que contra outras. O objetivo, entretanto, era encontrar a mais forte, isto é, aquela que em média funcionasse melhor contra *todas*, ou quase todas, as demais. O resultado foi surpreendente. A que melhor funcionou foi uma simplíssima, denominada **estratégia "olho por olho, dente por dente"**: começarei com um preço alto, que manterei enquanto você continuar a cooperar, cobrando também um preço elevado. Entretanto, assim que você reduzir seu preço, eu o acompanharei e também baixarei o meu. Caso mais tarde você decida colaborar, aumentando seu preço de novo, imediatamente aumentarei o meu.

---
[9] Veja Robert Axelrod, *The Evolution of Cooperation*. Nova York: Basic Books, 1984.

Por que razão a estratégia "olho por olho, dente por dente" funciona melhor? Em particular, será que poderíamos esperar que, utilizando essa estratégia, conseguiríamos induzir nosso concorrente a se comportar cooperativamente (e a cobrar um preço alto)?

JOGO REPETIDO INFINITAS VEZES Suponhamos que o jogo seja *repetido infinitas vezes*. Em outras palavras, meu concorrente e eu repetiremos a determinação de preços mês após mês, *para sempre*. O comportamento cooperativo (ou seja, a cobrança de um preço alto) torna-se então a resposta racional à estratégia "olho por olho, dente por dente". (Isso pressupõe que meu concorrente saiba, ou possa deduzir, que estou utilizando uma estratégia desse tipo.) Para compreendermos o motivo dessa afirmação, suponhamos que em um mês meu concorrente pratique um preço mais baixo do que o meu. Durante esse período, ele com certeza conseguirá obter lucros maiores. Mas ele sabe que, no próximo mês, reduzirei o preço, de maneira que seus lucros cairão e permanecerão baixos enquanto ambos estivermos cobrando preços baixos. Como esse jogo será repetido infinitas vezes, a perda acumulada de lucros que ocorrerá será necessariamente maior do que qualquer lucro de curto prazo que possa ser acumulado durante o primeiro mês de vendas a preços baixos. Portanto, não seria racional reduzir os preços.

Na verdade, no caso de um jogo repetido infinitas vezes, meu concorrente não terá nem mesmo que se assegurar de que eu esteja escolhendo a estratégia "olho por olho, dente por dente" para compreender que a cooperação é a estratégia racional a ser seguida. Mesmo que ele acredite haver apenas uma *pequena* probabilidade de que eu esteja empregando a estratégia, ainda julgará ser racional começar a cobrar um preço alto e mantê-lo enquanto eu o faça. Por quê? Com a repetição infinita do jogo, o ganho *esperado* decorrente da cooperação ultrapassa em muito o ganho que poderia ser obtido por meio de uma guerra de preços. Isso será verdadeiro mesmo que a probabilidade de eu estar empregando a estratégia "olho por olho, dente por dente" (e, portanto, de eu continuar a cooperar) seja pequena.

NÚMERO FINITO DE REPETIÇÕES Agora, suponhamos que o jogo seja repetido um número *finito* de vezes — digamos, por N meses. (N poderá ser grande, desde que seja finito.) Se meu concorrente (Empresa 2) for racional *e acreditar que eu sou racional*, ele raciocinará da seguinte maneira: "Como a Empresa 1 estará praticando a estratégia 'olho por olho, dente por dente', eu (Empresa 2) não poderei vender por menos, *no mínimo até o último mês*. Eu *devo* vender por menos no último mês, porque então poderei obter altos lucros nesse período; nesse momento, o jogo já terá terminado e a Empresa 1 não poderá fazer retaliações. Portanto, cobrarei o preço alto até a chegada do último mês e então passarei a vender por menos".

Entretanto, considerando que também já terei (Empresa 1) pensado o mesmo, também baixarei o preço no último mês. Claro, a Empresa 2 pode já imaginar isso e, portanto, *sabe* que cobrarei menos no último mês. Então, como ficaria o penúltimo mês? Como, de qualquer forma, não haverá cooperação no último mês, a Empresa 2 julga que deve vender por menos no penúltimo. Mas é claro que eu já pensei nisso, portanto, *também* planejo cobrar menos no penúltimo mês. Como o mesmo raciocínio se aplica a cada mês precedente, a única saída racional seria ambos cobrarmos um preço baixo todo mês.

A ESTRATÉGIA "OLHO POR OLHO, DENTE POR DENTE" NA PRÁTICA Considerando que a maioria das pessoas não espera viver para sempre, o argumento solucionador da estratégia "olho por olho, dente por dente" parece então ser de pouco valor; mais uma vez estamos empacados no dilema dos prisioneiros. Na prática, entretanto, tal estratégia pode às vezes funcionar e a cooperação pode acabar prevalecendo. Existem duas razões principais.

Primeiro, a maioria dos administradores não sabe por quanto tempo estará concorrendo com seus rivais, e isso também serve para tornar o comportamento cooperativo uma boa estratégia. Se não se conhece o final do jogo repetitivo, o argumento antes mencionado que se inicia com uma clara expectativa de reduções de preços no último mês já não é mais aplicável. Pois, no caso de um jogo repetido infinitas vezes, a utilização da estratégia "olho por olho, dente por dente" é mais racional.

Segundo, o meu concorrente pode ter dúvidas sobre o grau da minha racionalidade. Suponhamos que meu concorrente imagine (e ele não precisaria ter certeza) que eu esteja jogando "olho por olho, dente por dente". Ele também pensa que *talvez* eu esteja praticando "cegamente" essa estratégia, ou com racionalidade limitada, no sentido de que eu poderia não ter pensado nas implicações lógicas de um período finito, como já discutido antes. Por exemplo, meu concorrente poderia achar que talvez eu não tenha imaginado que ele fosse vender por menos no último mês e que eu também não venderia por menos no último mês e que, dessa forma, ele deveria cobrar um preço baixo no último mês e assim por diante. "*Talvez*", poderia pensar meu concorrente, "a Empresa 1 empregue cegamente a estratégia 'olho por olho, dente por dente', cobrando então um preço alto enquanto eu assim o fizer". Então (se o período for longo o suficiente), será racional que ele mantenha o preço alto até o último mês (quando então venderá por menos do que eu).

Observe que demos ênfase à palavra *talvez*. Meu concorrente não precisaria ter certeza de que eu estou jogando "olho por olho, dente por dente" cegamente, ou até mesmo que eu esteja empregando tal estratégia. Apenas a *possibilidade* já tornaria o comportamento cooperativo uma boa estratégia (até a proximidade do fim) se o período fosse suficientemente longo. Embora meu concorrente possa fazer conjecturas de que a forma pela qual estou jogando pode estar errada, o comportamento cooperativo será lucrativo *em termos de valor esperado*. Com um período suficientemente longo, a soma dos lucros atuais e futuros, ponderada segundo a probabilidade de que tais conjecturas estejam corretas, poderá ultrapassar a soma dos lucros decorrentes de uma guerra de preços, mesmo que o concorrente seja o primeiro a vender por menos. Afinal, se eu estiver errado e meu concorrente cobrar um preço baixo, posso alterar minha estratégia ao custo do lucro de um único período — um custo mínimo se comparado ao lucro substancial que posso obter caso ambos optemos por definir um preço alto.

Portanto, nos jogos repetitivos, o dilema dos prisioneiros poderá ter um resultado cooperativo. Na realidade, na maioria dos mercados, o jogo é repetido no decorrer de um longo e indefinido período e os administradores alimentam certas dúvidas sobre quão "perfeitamente racional" seria a forma de operação deles próprios e dos concorrentes. Em consequência, em alguns setores, particularmente naqueles em que apenas algumas empresas se encontram competindo entre si durante longos períodos e em condições estáveis de demanda e custo, a cooperação prevalecerá, mesmo que não sejam realizados arranjos contratuais entre os participantes. (A indústria de medidores de água, tema discutido a seguir, é um exemplo disso.) Em muitos outros setores, porém, o comportamento cooperativo é pouco significativo ou até mesmo inexistente.

Às vezes, a cooperação cessa ou jamais tem início, porque há muitas empresas no setor. Mais comum, a não existência de cooperação resulta da rapidez das variações das condições de demanda e custos. Incertezas a respeito de demanda e custos dificultam para as empresas de um setor o entendimento implícito do que uma cooperação pode representar. (Lembre-se de que um entendimento *explícito*, alcançado por meio de reuniões e discussões, poderia resultar em uma violação dos termos da legislação antitruste.) Por exemplo, suponhamos que diferenças de custo ou diferenças de conhecimento da demanda levem uma empresa a concluir que cooperação significa cobrar US$ 50, enquanto uma segunda empresa acredita que signifiquem cobrar US$ 40. Se a segunda empresa cobrar US$ 40, a primeira pode encarar tal fato como uma tentativa de aumento de fatia de mercado e pode reagir conforme a estratégia "olho por olho, dente por dente", cobrando US$ 35. Assim, poderia ocorrer uma guerra de preços.

EXEMPLO 13.2 COOPERAÇÃO OLIGOPOLISTA NA INDÚSTRIA DE MEDIDORES DE ÁGUA

Há cerca de quatro décadas, quase todos os medidores de água vendidos nos Estados Unidos são produzidos por quatro empresas norte-americanas: Rockwell International, Badger Meter, Neptune Water Meter Company e Hersey Products.[10] A maioria dos compradores de medidores de água é constituída por empresas municipais fornecedoras de água, as quais instalam elas próprias os equipamentos nas residências e estabelecimentos comerciais para medir o consumo de água e cobrar devidamente dos consumidores. Uma vez que o custo dos medidores representa uma pequena parte do custo total do fornecimento de água, as empresas municipais preocupam-se principalmente com a precisão e a confiabilidade do produto. O preço dos medidores não é um assunto fundamental e sua demanda é muito inelástica. Além disso, sua demanda é muito estável; como cada moradia ou estabelecimento comercial precisa ter um medidor de água, a demanda cresce lentamente, acompanhando o crescimento da população.

Além disso, as empresas de utilidade pública tendem a ter relacionamentos duradouros com os fornecedores e relutam em mudar de um para outro. Como novas empresas teriam dificuldade em tomar os clientes das já estabelecidas no mercado, é criada uma barreira à entrada. A existência de substanciais economias de escala torna-se uma segunda barreira à entrada de novas empresas: para obter uma fatia significativa do mercado, a nova empresa terá de investir em uma fábrica grande. Tais exigências praticamente eliminam a possibilidade de entrada de novas empresas.

Havendo uma demanda inelástica e estável e uma ameaça pequena de entrada de novos concorrentes, as quatro empresas existentes podem obter substanciais lucros de monopólio se determinarem os preços cooperativamente. Por outro lado, se competirem agressivamente entre si, com cada uma delas reduzindo os preços para aumentar as respectivas fatias de mercado, os lucros podem cair até os níveis competitivos. As empresas encontram-se, então, em um dilema dos prisioneiros. Será que a cooperação poderá prevalecer?

Ela pode e *tem* prevalecido. Lembre-se de que as mesmas quatro empresas participam de um *jogo repetitivo* há décadas. A demanda tem sido estável e previsível e, ao longo dos anos, as empresas vêm conseguindo avaliar tanto os próprios custos como os de cada uma das outras. Em uma situação como essa, a estratégia "olho por olho, dente por dente" funciona bem: vale a pena para cada uma delas atuar cooperativamente, desde que os concorrentes estejam cooperando.

Como resultado, as quatro empresas operam como se fossem membros de um clube de campo. Raramente ocorre uma tentativa de redução de preços, e cada uma delas parece estar satisfeita com a respectiva fatia de mercado. Embora possa parecer monótono, esse negócio é certamente lucrativo. Assim, as quatro empresas têm obtido lucros sobre os investimentos que ultrapassam, em muito, aqueles de setores competitivos.

EXEMPLO 13.3 CONCORRÊNCIA E COALIZÃO NO SETOR AEROVIÁRIO

Em março de 1983, a American Airlines propôs que todas as empresas aéreas adotassem uma tabela uniforme de tarifas baseada em milhagem. A taxa por milha dependeria da distância da viagem: a mais baixa seria de US$ 0,15 (por milha) para voos com percursos acima de 2.500 milhas; haveria taxas maiores para os trajetos mais curtos; e a taxa mais alta seria de US$ 0,53 (por milha) para viagens com percursos inferiores a 250 milhas. Por exemplo, uma passagem só de ida em classe econômica de Boston para Chicago, cujo percurso é de 932 milhas, custaria US$ 233 (com base em uma taxa de US$ 0,25 por milha para viagens com percursos entre 751 e 1.000 milhas).

Essa proposta eliminaria a diferenciação entre as tarifas cobradas (algumas com grandes descontos) disponíveis naquela época. O custo de uma passagem de uma cidade para outra passaria a depender apenas da quantidade de milhas entre essas cidades. Como expressou um vice-presidente sênior da American Airlines: "A nova e mais apropriada estrutura de tarifas poderá ajudar a diminuir a confusão entre elas". A maioria das outras grandes empresas aéreas reagiu de modo favorável ao

---

10 Este exemplo baseia-se em parte em Nancy Taubenslag, "Rockwell International", *Harvard Business School Case* No. 9-383-019, jul. 1983. No fim da década de 1980, a Rockwell foi dividida e vendeu sua divisão de medidores de água para a British Tyre & Rubber, que mais tarde fez parte da Invensys, uma companhia multinacional que comercializa medidores de água nos Estados Unidos sob a marca Foxboro. A Hersey tornou-se uma subsidiária da Mueller Products em 1999, mas ainda vende medidores sob o nome Hersey. A Badger e a Neptune continuam a operar como empresas independentes.

plano e começou a implementá-lo. Um vice-presidente da TWA afirmou: "Trata-se de uma boa medida. É bastante sistemática". A United Airlines logo anunciou que adotaria esse plano nas rotas em que concorria com a American, o que incluía a maior parte de suas rotas, e a TWA e a Continental disseram que iriam adotá-lo para todas suas rotas.[11]

Por que será que a American Airlines propôs essa estrutura de tarifas e o que a tornava tão atraente às demais empresas aéreas? Será que seu objetivo era realmente "ajudar a diminuir a confusão entre as tarifas"? Não. O intuito era reduzir a concorrência de preços e alcançar um arranjo de preços entre as empresas. Estes haviam sido derrubados em virtude de guerras de preços ocorridas enquanto as empresas aéreas competiam para aumentar suas fatias de mercado. Como Robert Crandall já havia aprendido pouco menos de um ano antes, acertar preços por telefone é ilegal. Em vez disso, as empresas implicitamente acertariam os preços por meio de um acordo em torno da utilização da mesma fórmula para determinar as tarifas.

O plano não obteve sucesso, vítima do dilema dos prisioneiros. Apenas duas semanas depois de ele ter sido anunciado e adotado pela maioria das empresas, a Pan Am baixou os preços, por estar insatisfeita com sua pequena participação no mercado norte-americano. As empresas American, United e TWA logo baixaram também os preços para equipará-los aos da Pan Am, temendo uma diminuição de suas respectivas fatias de mercado. A guerra de preços teve continuidade e, felizmente para os consumidores, o plano acabou rápido.

Em abril de 1992, a American Airlines introduziu outra estrutura simplificada de tarifas para fileiras com quatro assentos, a qual foi rapidamente adotada pela maioria das grandes companhias aéreas. Mas essa também logo foi derrubada pelos descontos competitivos. Em maio de 1992, a Northwest Airlines anunciou o programa "crianças voam de graça" e a American respondeu com descontos de 50% durante o verão, que outras companhias acompanharam. Como resultado, o setor aéreo perdeu bilhões de dólares.

Por que o preço das tarifas aéreas é tão competitivo? As empresas planejam a capacidade de suas rotas com dois ou mais anos de antecedência, mas as decisões sobre preços são tomadas em prazos mais curtos, mensal ou mesmo semanalmente. Da mesma forma, o custo marginal da adição de passageiros em um voo é bastante baixo, restrito basicamente a um refrigerante e a um saquinho de amendoins. Portanto, cada empresa é incentivada a baixar os preços das tarifas para tirar passageiros dos concorrentes. Além disso, a demanda por viagens aéreas flutua de maneira imprevisível. Tais fatores interferem na cooperação implícita de preços.

Assim, a competição agressiva continua a ser a regra no setor aéreo. Na verdade, a política de preços tem se tornado ainda mais competitiva nos últimos anos. Primeiro, as companhias mais baratas — como a Southwest e a JetBlue — têm atraído milhões de consumidores preocupados com o fator preço e, ao mesmo tempo, forçado as empresas maiores a baixar as tarifas. Segundo, durante os períodos de pouca demanda, as empresas aéreas são compelidas a reduzir preços para atrair clientes. Por fim, os serviços de Internet, como o Expedia, o Orbitz e o Travelocity, têm promovido a "compra justa" por parte de clientes on-line e incentivado o estabelecimento de preços mais competitivos. Todos esses fatos vêm levando várias das principais companhias aéreas à falência e resultando em perdas recordes no setor.

13.5 Jogos sequenciais

jogos sequenciais
Aqueles em que os jogadores se movem (um após o outro) em resposta a ações e reações do oponente.

Na maioria dos jogos que discutimos até aqui, ambos os participantes fazem os movimentos ao mesmo tempo. No modelo de Cournot de duopólio, por exemplo, as duas empresas determinam os níveis de produção ao mesmo tempo. Já nos **jogos sequenciais**, os jogadores fazem os movimentos um após o outro. O modelo de Stackelberg, discutido no Capítulo 12, é um exemplo de jogo sequencial; uma empresa determina o nível de produção antes que a outra o faça. Há muitos outros exemplos: a decisão de uma empresa de investir em propaganda e a consequente reação do concorrente; o investimento de uma empresa já estabelecida para desestimular a entrada de novos concorrentes e a decisão sobre entrar ou não em tal mercado por parte de um potencial concorrente; ou então uma nova política de regulamentação governamental e a reação das empresas regulamentadas em termos de investimento e quantidade produzida.

Examinaremos diversos jogos sequenciais no restante deste capítulo. Como poderemos ver, com frequência eles são mais fáceis de analisar do que aqueles nos quais os participantes fazem movimentos ao mesmo tempo. Em um jogo sequencial, a solução é ponderar sobre as possíveis ações e reações racionais de cada jogador.

---

11 "American to Base Fares on Mileage", *New York Times*, 15 mar. 1983; "Most Big Airlines Back American's Fare Plan, *New York Times*, 17 mar. 1983.

Para usarmos um exemplo simples, vamos voltar ao problema da escolha do produto que discutimos na Seção 13.3. Esse problema envolve duas empresas que se defrontam com um mercado no qual podem ser lançadas com sucesso duas variedades de cereais matinais, desde que cada uma delas opte por apenas uma variedade. Contudo, vamos fazer uma ligeira modificação na matriz de *payoff*. Como é mostrado na Tabela 13.9, o novo cereal açucarado será inevitavelmente um produto mais vendido do que o novo cereal crocante e vai gerar um lucro de 20 em vez de 10 (talvez pelo fato de os consumidores preferirem alimentos açucarados a alimentos crocantes). Entretanto, os dois novos cereais continuam sendo lucrativos desde que cada um seja introduzido por apenas uma empresa. (Compare a Tabela 13.9 com a Tabela 13.3.)

TABELA 13.9	Problema modificado da escolha de produtos		
		Empresa 2	
		Crocante	Açucarado
Empresa 1	Crocante	–5, –5	10, 20
	Açucarado	20, 10	–5, –5

Suponha que ambas as empresas, ignorando as intenções do concorrente, devam anunciar suas decisões independente e simultaneamente. Nesse caso, as duas provavelmente anunciarão o lançamento do cereal açucarado — e ambas terão prejuízos.

Agora imagine que a Empresa 1 possa iniciar mais rapidamente a produção e lançar primeiro seu cereal. Em consequência disso, teremos um jogo sequencial: a Empresa 1 faz o lançamento de um novo cereal e, *posteriormente*, a Empresa 2 fará o seu. Qual deverá ser o resultado desse jogo? Durante o processo de tomada de decisão, a Empresa 1 deverá considerar a reação racional do concorrente. Ela sabe que, qualquer que seja o cereal que venha a introduzir no mercado, a Empresa 2 introduzirá a outra variedade. Portanto, ela introduzirá o cereal açucarado, sabendo que a Empresa 2 reagirá lançando o crocante.

Forma extensiva de um jogo

Embora esse resultado possa ser deduzido com base na matriz de *payoff* da Tabela 13.9, os jogos sequenciais se tornam mais fáceis de serem visualizados se os movimentos possíveis forem representados em forma de uma árvore de tomada de decisão. Essa representação é denominada **forma extensiva de um jogo** e é mostrada na Figura 13.2. A figura mostra as possíveis opções da Empresa 1 (introduzir o cereal crocante ou o cereal açucarado) e as possíveis reações da Empresa 2 para cada uma das opções. Os *payoffs* resultantes encontram-se apresentados ao final de cada ramo da árvore. Por exemplo, se a Empresa 1 produzir o cereal crocante e a Empresa 2 reagir produzindo o mesmo cereal, cada uma terá um lucro de –5.

forma extensiva de um jogo
Representação de possíveis movimentos de um jogo no formato de uma árvore de decisões.

Para descobrir a solução do jogo com base na forma extensiva, trabalhe a partir do fim. Para a Empresa 1, a melhor sequência de movimentos é aquela em que ela lucra 20 e a Empresa 2 lucra 10. Portanto, a Empresa 1 pode deduzir que deveria produzir o cereal açucarado, pois a melhor reação da Empresa 2 seria a produção do cereal crocante.

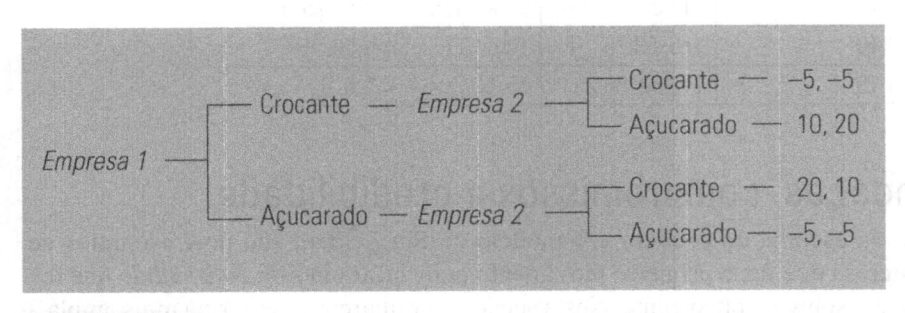

```
                    ┌─ Crocante  ── –5, –5
        ┌─ Crocante ── Empresa 2 ─┤
        │                         └─ Açucarado ── 10, 20
Empresa 1 ┤
        │                         ┌─ Crocante  ── 20, 10
        └─ Açucarado ── Empresa 2 ┤
                                  └─ Açucarado ── –5, –5
```

FIGURA 13.2 FORMA EXTENSIVA DO JOGO DA ESCOLHA DO PRODUTO

Vantagem em ser o primeiro

Na Seção 12.2, explicamos que o modelo de Stackelberg é um modelo de oligopólio no qual uma empresa estabelece o nível de produção antes das outras.

Nesse jogo de escolha do produto há uma clara vantagem em ser o primeiro a tomar a decisão: ao introduzir o cereal açucarado, a Empresa 1 cria um fato consumado que deixa a Empresa 2 com praticamente nenhuma escolha, a não ser o lançamento do cereal crocante. Essa vantagem se assemelha muito àquela que já vimos no modelo de Stackelberg no Capítulo 12. Nele, a empresa que toma a decisão primeiro pode optar por um nível alto de produção, deixando, portanto, o concorrente com quase nenhuma escolha a não ser optar por um nível mais baixo.

Para esclarecer a natureza dessa vantagem de ser o primeiro, seria útil revisar o modelo de Stackelberg e compará-lo ao de Cournot, no qual ambas as empresas fazem simultaneamente suas escolhas de nível de produção. Como no Capítulo 12, utilizaremos o exemplo no qual duas empresas duopolistas se defrontam com a seguinte curva de demanda de mercado:

$$P = 30 - Q$$

Na Seção 12.2, explicamos que, no modelo de Cournot, cada empresa trata a produção do concorrente como fixa e todas as empresas decidem simultaneamente quanto produzirão.

sendo Q a produção total, isto é, $Q = Q_1 + Q_2$. Como antes, estaremos também supondo que as duas empresas possuam um custo marginal igual a zero. Lembre-se de que o equilíbrio de Cournot é representado por $Q_1 = Q_2 = 10$, de tal modo que $P = 10$ e cada empresa lucra 100. Lembre-se também de que, se as duas empresas fizessem um acordo, elas produziriam $Q_1 = Q_2 = 7,5$, de tal forma que $P = 15$ e cada uma delas obteria lucros de 112,50. Por fim, lembre-se de que, conforme dissemos na Seção 12.3, no modelo de Stackelberg, no qual a Empresa 1 faz o primeiro movimento, as quantidades resultantes serão $Q_1 = 15$ e $Q_2 = 7,5$, de modo que $P = 7,50$, e os lucros das empresas serão, respectivamente, 112,50 e 56,25.

Esses e alguns outros possíveis resultados encontram-se resumidos na matriz de *payoff* da Tabela 13.10. Se ambas as empresas fizerem movimentos simultaneamente, a única solução para o jogo será elas produzirem 10 e gerarem lucros de 100. Nesse equilíbrio de Cournot, cada empresa estaria fazendo o melhor possível em função daquilo que o concorrente realiza. Entretanto, se a Empresa 1 fizer o primeiro movimento, saberá que sua decisão estará limitando as opções da Empresa 2. Observe na matriz de *payoff* que, se a Empresa 1 determinar que $Q_1 = 7,5$, a melhor opção para a Empresa 2 será determinar que $Q_2 = 10$. Isso resultaria em um lucro de 93,75 para a Empresa 1 e em um lucro de 125 para a Empresa 2. Se a Empresa 1 determinar que $Q_1 = 10$, a Empresa 2 determinará que $Q_2 = 10$ e ambas as empresas obterão lucros de 100. Mas, se a Empresa 1 determinar que $Q_1 = 15$, a Empresa 2 determinará que $Q_2 = 7,5$ e, dessa forma, a Empresa 1 lucrará 112,50 e a Empresa 2, 56,25. Portanto, o máximo que a Empresa 1 poderá lucrar é 112,50, e ela obterá isso determinando que $Q_1 = 15$. Comparando essa situação com o resultado de Cournot, ao efetuar o primeiro movimento a Empresa 1 realizará um melhor negócio e a Empresa 2 fará um negócio muito pior.

TABELA 13.10	Escolhendo a produção			
		\multicolumn{3}{c}{Empresa 2}		
		7,5	10	15
Empresa 1	7,5	112,50, 112,50	93,75, 125	56,25, 112,50
	10	125, 93,75	100, 100	50, 75
	15	112,50, 56,25	75, 50	0, 0

13.6 Ameaças, compromissos e credibilidade

A questão da escolha do produto e o modelo de Stackelberg são dois exemplos de como uma empresa que faz o primeiro movimento pode criar um *fato consumado* que lhe dá uma vantagem sobre o concorrente. Nesta seção, examinaremos de forma mais ampla a vantagem que uma empresa pode ter ao se mover primeiro, considerando também o fator que determina *qual* empresa o fará. Daremos enfoque à seguinte pergunta: *quais ações poderiam ser tomadas por uma empresa para que consiga estar em posição vantajosa no mercado?* Por exemplo, de que forma uma empresa poderia desencorajar a entrada de potenciais concorrentes no mercado ou então de que maneira poderia induzir os concorrentes a elevar os preços, reduzir a produção ou abandonar totalmente o mercado?

Lembre-se de que no modelo de Stackelberg, a primeira empresa a se movimentar ganhou vantagem porque *se comprometeu com um nível de produção elevado*. O comprometimento é crucial, pois restringirá seu comportamento futuro. Para compreender melhor esse fato, imagine que a primeira empresa a se movimentar (Empresa 1) resolve mudar sua postura em reação a um comportamento da Empresa 2. O que aconteceria? A Empresa 2 decerto produziria muito. Por quê? Porque sabe que a Empresa 1 responderá com a diminuição da produção previamente anunciada. A única maneira de a Empresa 1 ganhar com o movimento inicial é por meio do comprometimento. Na verdade, *a Empresa 1 limita o comportamento da Empresa 2 quando restringe seu próprio comportamento*.

A ideia de limitar o próprio comportamento para ganhar vantagem competitiva pode parecer paradoxal; no entanto, mais adiante, veremos que não é assim. Examinemos alguns exemplos que poderão esclarecer isso.

Primeiro, voltemos mais uma vez à questão da escolha do produto, mostrada na Tabela 13.9. A empresa que lançar primeiro o novo cereal matinal estará mais bem posicionada. *Mas qual delas o lançará primeiro?* Mesmo que ambas as empresas necessitem dispor de tempos iguais para engrenar as respectivas produções, cada uma delas terá estímulo para *assumir o compromisso consigo própria de lançar o cereal açucarado primeiro.* A palavra-chave é *compromisso*. Se a Empresa 1 apenas anunciar que produzirá o cereal açucarado, a Empresa 2 terá pouco motivo para acreditar em tal aviso. Afinal, a Empresa 2, conhecendo as vantagens de produzir o cereal açucarado, poderá fazer o mesmo anúncio em tom mais alto e mais convincente. A Empresa 1 terá de restringir seu próprio comportamento de um modo que convença a Empresa 2 de que a Empresa 1 *não tem outra escolha* a não ser produzir o cereal açucarado. A Empresa 1 poderia lançar uma dispendiosa campanha publicitária, promovendo o novo cereal açucarado bem antes de seu lançamento, portanto colocando em jogo sua reputação. Ela poderia também providenciar a encomenda de uma grande quantidade de açúcar (tornando pública tal encomenda ou pelo menos enviando uma cópia dela para a Empresa 2). A ideia é que a Empresa 1 *se comprometa* a produzir o cereal açucarado. Comprometimento é um movimento estratégico que induzirá a Empresa 2 a tomar a decisão que a Empresa 1 quer que ela tome, isto é, produzir o cereal crocante.

Por que a Empresa 1 não poderia apenas *ameaçar* a Empresa 2, prometendo que produzirá o cereal açucarado mesmo que a Empresa 2 decida fazer o mesmo? Porque a Empresa 2 tem poucos motivos para crer em ameaças e ela própria poderia fazer o mesmo. Uma ameaça é útil apenas quando se pode acreditar nela. O exemplo apresentado a seguir deverá ajudar a esclarecer esse ponto.

Ameaças vazias

Suponhamos que a Empresa 1 esteja produzindo computadores pessoais que possam ser utilizados tanto para processamento de textos como para outras tarefas. A Empresa 2 produz apenas computadores dedicados ao processamento de textos. Como podemos ver na matriz de *payoff* da Tabela 13.11, enquanto a Empresa 1 estiver cobrando um preço alto pelos computadores, as duas empresas poderão obter bons lucros. Mesmo que a Empresa 2 cobre um preço mais baixo pelos processadores de textos, muitas pessoas ainda comprarão os computadores da Empresa 1 (porque eles podem também executar uma grande diversidade de outras tarefas), embora alguns consumidores possam ser induzidos, em virtude da diferença entre os preços, a adquirir o computador dedicado apenas ao processamento de textos. Entretanto, se a Empresa 1 passar a cobrar um preço baixo por seu computador, a Empresa 2 também terá de fazê-lo (ou então terá lucro zero) e os lucros de ambas serão reduzidos significativamente.

TABELA 13.11	Determinação do preço de computadores e processadores de textos		
		\multicolumn{2}{c}{Empresa 2}
		Preço alto	Preço baixo
Empresa 1	Preço alto	100, 80	80, 100
	Preço baixo	20, 0	10, 20

A Empresa 1 preferiria o resultado apresentado no canto superior esquerdo da matriz. Entretanto, para a Empresa 2, a cobrança do preço mais baixo é nitidamente uma estratégia dominante. Portanto, o resultado contido no canto superior direito prevalecerá (pouco importa qual seja a empresa a determinar o preço primeiro).

A Empresa 1 provavelmente seria vista como a dominante, pois as determinações de preço teriam impacto maior sobre os lucros de todo o setor. Será que a Empresa 1 seria capaz de induzir a Empresa 2 a cobrar um alto preço *por meio de uma ameaça* de que ela própria cobraria um preço baixo caso a Empresa 2 fizesse isso? Não, como podemos ver claramente na matriz de *payoff* da Tabela 13.11: *qualquer que seja* a atuação da Empresa 2, a Empresa 1 teria muito mais a perder se cobrasse um preço baixo. Em consequência, sua ameaça não teria credibilidade.

Compromisso e credibilidade

Algumas vezes, as empresas podem tornar suas ameaças dignas de crédito. Para entendermos de que modo isso ocorre, consideremos o exemplo apresentado a seguir. A empresa Race Car Motors, Inc. fabrica automóveis e a empresa Far Out Engines, Ltd. fabrica motores especiais de automóveis. A Far Out Engines vende a maior parte dos motores para a Race Car Motors, e alguns deles para um limitado mercado. Portanto, ela depende muito da Race Car Motors e toma, por isso, as decisões de produção em função dos planos de produção dessa empresa.

Portanto, temos aqui um jogo sequencial no qual a Race Car é a "líder". Ela decidirá que tipos de automóvel fabricar e só então a Far Out Engines poderá determinar que tipos de motor produzir. A matriz de *payoff* da Tabela 13.12(a) apresenta os possíveis resultados desse jogo. (Os lucros estão expressos em milhões de dólares.) Observe que a Race Car fará melhor negócio se decidir fabricar automóveis pequenos. Ela sabe que, em função disso, a Far Out Engines fabricará também motores pequenos, a maior parte dos quais será adquirida por ela para os novos automóveis. Em consequência, a Far Out lucrará US$ 3 milhões e a Race Car US$ 6 milhões.

TABELA 13.12(a)	Problema de escolha da produção		
		\multicolumn{2}{c}{Race Car Motors}
		Carros pequenos	Carros grandes
Far Out Engines	Motores pequenos	3, 6	3, 0
	Motores grandes	1, 1	8, 3

Entretanto, a Far Out preferiria o resultado contido no canto inferior direito da matriz de *payoff*. Se ela pudesse fabricar motores grandes *e* se a Race Car fabricasse automóveis grandes e comprasse esses motores, os lucros gerados atingiriam US$ 8 milhões. (Entretanto, a Race Car teria lucros de apenas US$ 3 milhões.) Será que a Far Out poderia induzir a Race Car a fabricar automóveis grandes em vez de pequenos?

Suponhamos que a Far Out *ameace* fabricar motores grandes, pouco importa o que a Race Car faça; suponhamos também que nenhum outro fabricante de motores consiga satisfazer facilmente as necessidades da Race Car. Se a Race Car acreditasse na ameaça da

Far Out, ela estaria disposta a fabricar automóveis grandes. Do contrário, teria problemas em encontrar motores para os automóveis pequenos e estaria lucrando apenas US$ 1 milhão em vez de US$ 3 milhões. Todavia, a ameaça não merece crédito: uma vez que a Race Car responda anunciando que fabricará automóveis pequenos, a Far Out não terá estímulo para levar adiante sua ameaça.

A Far Out poderia tornar sua ameaça digna de crédito, reduzindo de modo visível e irreversível alguns dos próprios *payoffs* na matriz e, assim, limitando suas escolhas. Em particular, a Far Out deveria reduzir os lucros com os motores pequenos (os lucros contidos na linha de cima da matriz). Ela poderia fazer isso *encerrando ou inutilizando uma parte de sua capacidade produtiva para motores pequenos*. Isso resultaria na matriz de *payoff* mostrada na Tabela 13.12(b). Agora, a Race Car *sabe* que, independentemente do tipo de automóvel que venha a fabricar, a Far Out fabricará motores grandes. Se a Race Car decidisse fabricar automóveis pequenos, a Far Out venderia motores grandes da melhor forma possível aos demais fabricantes de automóveis, obtendo o lucro de apenas US$ 1 milhão. Mas isso é melhor do que não ter lucro algum fabricando motores pequenos. Como a Race Car tem de procurar motores em outro fornecedor, seus lucros também sofrerão redução (US$ 1 milhão). Assim, a fabricação de automóveis grandes torna-se nitidamente de interesse da Race Car. Dessa forma, fazendo um movimento estratégico que *aparentemente a coloca em posição desvantajosa*, a Far Out consegue melhorar o resultado do jogo.

TABELA 13.12 (b)	Problema de escolha da produção modificado		
		Race Car Motors	
		Carros pequenos	Carros grandes
Far Out Engines	Motores pequenos	0, 6	0, 0
	Motores grandes	1, 1	8, 3

Embora compromissos estratégicos dessa natureza possam ser eficazes, são arriscados e dependerão muito da exatidão do conhecimento da matriz de *payoff* e do setor. Por exemplo, suponhamos que a Far Out assuma um compromisso consigo de fabricar motores grandes, mas seja surpreendida ao descobrir que outra empresa consegue fabricar motores pequenos com custos baixos. O compromisso poderá então levar a Far Out à falência, em vez de permitir que ela continue obtendo altos lucros.

O PAPEL DA REPUTAÇÃO O desenvolvimento do tipo certo de *reputação* poderá também proporcionar uma vantagem estratégica. De novo, vamos considerar o desejo da Far Out Engines de fabricar motores grandes para os automóveis grandes da Race Car Motors. Suponha que os administradores da Far Out Engines tenham adquirido a fama de serem irracionais — talvez até malucos. Eles então ameaçam produzir motores grandes, independentemente do que faça a Race Car Motors (veja a Tabela 13.12(a)). Agora a ameaça pode ser digna de crédito sem que seja necessária qualquer outra ação; afinal, não se pode ter certeza de que um administrador irracional esteja sempre disposto a tomar decisões que maximizem os lucros. Nas situações de jogo, a parte que é vista como (ou que se supõe que seja) meio maluca pode possuir uma vantagem significativa.

Desenvolver certa reputação pode ser uma estratégia especialmente importante em um jogo repetitivo. Uma empresa pode considerar vantajoso atuar de forma irracional durante várias rodadas do jogo. Isso poderia lhe dar uma reputação que lhe permitiria aumentar substancialmente seus lucros no longo prazo.

Estratégia de negociação

O que dissemos sobre compromisso e credibilidade também se aplica aos problemas de negociação. O resultado poderá depender da habilidade de cada lado em fazer um movimento estratégico que seja capaz de alterar sua posição relativa à negociação.

Por exemplo, consideremos duas empresas que estejam planejando lançar um dentre dois produtos que sejam bens complementares entre si. Como mostra a matriz de *payoff* da Tabela 13.13, a Empresa 1 possui uma vantagem de custo sobre a Empresa 2 na produção de A. Portanto, se as duas vierem a produzir A, a Empresa 1 poderá manter um preço baixo e obter lucros mais altos. Da mesma forma, a Empresa 2 possui uma vantagem de custo sobre a Empresa 1 na produção de B. Se as duas pudessem fazer um acordo sobre qual delas produziria qual produto, o resultado racional poderia ser aquele representado no canto superior direito: a Empresa 1 produz A, a Empresa 2 produz B e ambas auferem lucros de 50. De fato, *mesmo que não haja cooperação*, esse resultado ocorrerá, quer uma das duas empresas faça o movimento primeiro, quer ambas o façam simultaneamente. Por quê? Porque a produção de B é uma estratégia dominante para a Empresa 2 e, portanto, (A, B) é o único equilíbrio de Nash.

A Empresa 1, claro, preferiria o resultado no canto inferior esquerdo da matriz de *payoff*. Mas, no contexto desse limitado conjunto de decisões, ela não poderá alcançá-lo. Suponhamos, entretanto, que as empresas 1 e 2 estejam também negociando em relação a um segundo assunto — aderirem ou não a um consórcio de pesquisa que uma terceira empresa está procurando formar. A Tabela 13.14 apresenta a matriz de *payoff* para esse problema de decisão. Para ambas as empresas, a participação nesse consórcio é nitidamente uma estratégia dominante, porque permitirá que elevem seus lucros para 40.

Agora, suponhamos que a Empresa 1 *faça uma interligação dos dois problemas de negociação* e anuncie que participará do consórcio *somente* se a Empresa 2 concordar em produzir o produto A. Nesse caso, será realmente interessante para a Empresa 2 concordar em produzir o produto A (com a Empresa 1 produzindo o produto B) em troca de uma participação da Empresa 1 no consórcio. Esse exemplo ilustra de que forma um movimento estratégico pode ser utilizado na negociação e a razão pela qual a combinação dos temas em uma mesma negociação pode, às vezes, beneficiar um lado à custa de outro.

Outro exemplo pode ser a negociação do preço de uma casa. Vamos supor que eu, como potencial comprador, não esteja disposto a pagar mais do que US$ 200.000 por uma casa que na realidade tenha para mim um valor de US$ 250.000. O vendedor, em última análise, estará disposto a abrir mão da casa por qualquer quantia acima de US$ 180.000, porém gostaria de receber o mais alto valor possível. Se eu for o único interessado na casa, de que forma poderei fazer o vendedor pensar que abandonarei as negociações se tiver de pagar qualquer valor acima de US$ 200.000?

Posso declarar que jamais pagarei valor superior a US$ 200.000 pela casa. Mas tal promessa é digna de crédito? Pode ser, caso o vendedor conheça minha fama de durão e saiba que jamais quebrei uma promessa desse gênero. Mas suponhamos que eu não tenha tal reputação. Então, o vendedor saberá que tenho total estímulo para fazer a promessa (não custa nada prometer), mas pouco estímulo em mantê-la (provavelmente, esse será o único negócio que faremos um com o outro). Assim, essa promessa, por si só, dificilmente melhorará minha posição na negociação.

TABELA 13.13	Decisão de produção		
		Empresa 2	
		Produz A	Produz B
Empresa 1	Produz A	40, 5	50, 50
	Produz B	60, 40	5, 45

TABELA 13.14	Decisão de participar do consórcio		
		Empresa 2	
		Operar sozinha	Participar do consórcio
Empresa 1	Operar sozinha	10, 10	10, 20
	Participar do consórcio	20, 10	40, 40

Entretanto, ela poderá funcionar se estiver associada a um movimento estratégico que lhe dê credibilidade. Tal movimento terá de reduzir minha flexibilidade, ou seja, limitar minhas opções, de tal forma que eu não tenha outra saída a não ser manter minha palavra. Um possível movimento estratégico poderia ser uma aposta para valer feita com uma terceira pessoa, nos seguintes termos, por exemplo: "Se eu pagar mais do que US$ 200.000 por essa casa, darei US$ 60.000 a você". Outra ideia: se eu estiver adquirindo a casa em nome de minha empresa, esta pode exigir aprovação da diretoria para qualquer valor acima de US$ 200.000 e informar que a próxima reunião da diretoria somente ocorrerá daqui a alguns meses. Nos dois casos, minha promessa se tornaria digna de crédito, pois eu teria eliminado a possibilidade de quebrá-la. O resultado final seria menor flexibilidade e maior poder de negociação.

EXEMPLO 13.4 ESTRATÉGIA DE INVESTIMENTO PREEMPTIVO DA WAL-MART

A Wal-Mart Stores, Inc. é uma muitíssimo bem-sucedida cadeia de lojas de varejo e descontos fundada por Sam Walton em 1969.[12] Seu sucesso não era nada comum nesse setor. Durante as décadas de 1960 e 1970, a rápida expansão das empresas já estabelecidas no setor, bem como a entrada de novas empresas, havia tornado o setor de varejo e descontos cada vez mais competitivo. Nas décadas de 1970 e 1980, os lucros do setor caíram e grandes cadeias de lojas — inclusive empresas gigantescas como King's, Korvette's, Mammoth Mart, W. T. Grant e Woolco — foram à falência. Entretanto, a Wal-Mart Stores manteve seu crescimento e se tornou ainda mais lucrativa. Ao final de 1985, Sam Walton já era considerado uma das pessoas mais ricas dos Estados Unidos.

Como será que a Wal-Mart se saiu bem no que outras empresas falharam? A resposta encontra-se na estratégia de expansão da rede. Para poder cobrar menos do que as lojas de departamento comuns e do que os pequenos estabelecimentos de varejo, as grandes lojas de descontos fazem uma opção por tamanho, ausência de supérfluos e alto giro dos estoques. Durante a década de 1960, a sabedoria convencional informava que uma loja de descontos poderia obter sucesso apenas se estivesse localizada em cidades com população igual ou maior do que cem mil habitantes. Sam Walton discordou e decidiu abrir lojas de descontos em pequenas cidades do sudoeste dos Estados Unidos; em 1970, já havia 30 lojas Wal-Mart em pequenas cidades dos estados de Arkansas, Missouri e Oklahoma. As lojas tiveram sucesso porque a Wal-Mart conseguiu criar 30 "monopólios locais". As lojas de descontos que tinham sido abertas nas cidades maiores competiam com outras lojas de descontos, o que resultou na redução dos preços e das margens de lucro. Entretanto, nas pequenas cidades só havia espaço para a operação de uma única loja. Nelas, a Wal-Mart podia vender por menos do que as lojas que não eram de descontos, mas não precisava se preocupar que outro estabelecimento pudesse ser aberto, passando a ser seu concorrente.

Em meados da década de 1970, outras lojas de descontos perceberam que a Wal-Mart possuía uma estratégia lucrativa: abrir o estabelecimento em uma pequena cidade que pudesse comportar apenas uma loja de descontos e desfrutar de um monopólio local. Há muitas pequenas cidades nos Estados Unidos e, portanto, a questão passou a ser quem conseguiria chegar primeiro a cada cidade. A Wal-Mart então se encontrava em meio a uma rodada de *jogo preemptivo* do tipo ilustrado pela matriz de *payoff* da Tabela 13.15. Como pode ser visto na matriz, se a Wal-Mart se estabelecer em uma cidade e a Empresa X, não, a Wal-Mart lucrará 20 e a Empresa X, 0. De modo semelhante, se a Wal-Mart não se estabelecer na cidade e a Empresa X, sim, a Wal-Mart terá lucro 0 e a Empresa X, 20. Contudo, se *ambas* entrarem na cidade, *cada uma estará perdendo 10*.

Esse jogo possui dois equilíbrios de Nash: o canto inferior esquerdo e o canto superior direito. O equilíbrio resultante dependerá de *quem faz o primeiro movimento*. Se a Wal-Mart se mover primeiro, poderá entrar na cidade sabendo que a reação lógica da Empresa X será não entrar, de tal modo que poderá certamente lucrar 20. *O truque está, portanto, em atuar*

---

[12] Este exemplo baseia-se em parte nas informações de Pankaj Ghemawat, "Wal-Mart Store's Discount Operations", *Harvard Business School*, 1986.

preemptivamente, isto é, abrir rapidamente lojas em outras pequenas cidades antes que a Empresa X (ou a Empresa Y ou a Z) possa fazê-lo. Isso é exatamente o que a Wal-Mart fez. Em 1986, a rede já possuía 1.009 lojas em operação e obtinha lucros anuais de US$ 450 milhões. Enquanto as demais lojas de descontos afundavam, a Wal-Mart continuava a crescer. Em 1999, a Wal-Mart tornou-se a maior varejista do mundo, com 2.454 lojas nos Estados Unidos e outras 729 no resto do mundo, com um faturamento anual de US$ 138 bilhões.

Nos últimos anos, a Wal-Mart tem continuado a se antecipar a outros varejistas abrindo, no mundo todo, novas lojas de descontos, clubes de compras (tais como o Sam's Club) e lojas que combinam o perfil de descontos com supermercado (os Supercentros Wal-Mart). A empresa é especialmente agressiva na aplicação de sua estratégia preemptiva em outros países. Em 2010, a Wal-Mart tinha cerca de 4.413 lojas nos Estados Unidos e outras 4.557 espalhadas pela Europa, América Latina e Ásia. A rede também se tornou o maior empregador privado do mundo, com cerca de 2,1 milhões de funcionários ao redor do mundo.

TABELA 13.15 O jogo preemptivo das lojas de desconto

		Empresa X	
		Entra na cidade	Não entra na cidade
Wal-Mart	Entra na cidade	−10, −10	20, 0
	Não entra na cidade	0, 20	0, 0

13.7 Desencorajamento à entrada

As barreiras à entrada, que constituem uma importante fonte de poder de monopólio e de lucros, podem surgir naturalmente em alguns casos. Por exemplo, economias de escala, patentes e licenças ou o acesso a insumos essenciais podem criar barreiras à entrada. Entretanto, as próprias empresas podem, às vezes, desencorajar a entrada de potenciais concorrentes.

Para desencorajar a entrada de um concorrente, *a empresa estabelecida deve ser capaz de convencer qualquer potencial concorrente de que sua entrada não será lucrativa*. Para entender como isso acontece, coloque-se na posição de um monopolista estabelecido que se defronta com a provável entrada da Empresa X. Suponha que, para entrar no setor, a Empresa X tenha de investir US$ 80 milhões (de custos irreversíveis) na construção de uma fábrica. Você, é claro, gostaria de induzi-la a permanecer fora do setor. Se a Empresa X permanecer fora, você pode continuar a cobrar um preço alto e a desfrutar dos benefícios do monopólio. Como mostra o canto superior direito da matriz de *payoff* da Tabela 13.16(a), você obteria lucros de US$ 200 milhões.

> Na Seção 7.1 explicamos que um custo irreversível é um gasto que foi realizado e que não pode ser recuperado.

TABELA 13.16 (a) Possibilidades de entrada

		Entrante potencial	
		Entra	Não entra
Empresa estabelecida	Preço alto (acomodação)	100, 20	200, 0
	Preço baixo (guerra)	70, −10	130, 0

Se a Empresa X entrar no mercado, você terá de tomar uma decisão. Ou seja, pode "se acomodar", mantendo um preço alto e esperando que a Empresa X faça o mesmo. Desse modo, obterá lucros de apenas US$ 100 milhões, porque terá de dividir o mercado. A nova Empresa X obterá um lucro *líquido* de US$ 20 milhões: US$ 100 milhões menos o custo de US$ 80 milhões da construção de uma fábrica. (Esse resultado encontra-se no canto superior esquerdo da matriz de *payoff*.) Como alternativa, você pode aumentar a capacidade produtiva, produzir mais e baixar os preços. Preços mais baixos lhe darão uma fatia maior do mercado e um aumento de receita de US$ 20 milhões. Entretanto, o aumento da capacidade de produção custará US$ 50 milhões, reduzindo seus lucros líquidos para US$ 70 milhões. Como a guerra de preços vai também reduzir a receita da empresa entrante em US$ 30 milhões, ela terá uma perda líquida de US$ 10 milhões. (Esse resultado é mostrado no canto inferior esquerdo da matriz de *payoff*.) Por fim, se a Empresa X ficar de fora, mas você expandir a capacidade e baixar os preços, o lucro líquido cairá em US$ 70 milhões (de US$ 200 para US$ 130 milhões): o custo de US$ 50 milhões da capacidade extra e a redução de US$ 20 milhões na receita em razão do preço mais baixo sem aumento da fatia de mercado. Obviamente, tal escolha, mostrada no canto inferior direito da matriz, não faria sentido.

Se a Empresa X acreditar que você está propenso a uma acomodação, mantendo o preço alto após sua entrada, concluirá que a entrada pode ser lucrativa e entrará. Suponhamos que você ameace expandir a produção e esteja disposto a iniciar uma guerra de preços para manter a Empresa X afastada. Se ela acreditar em sua ameaça, não entrará no mercado, porque esperaria ter um prejuízo de US$ 10 milhões. Tal ameaça, entretanto, não é crível. Como podemos ver na Tabela 13.16(a) (e como também é do conhecimento do potencial concorrente), *uma vez que a entrada já tenha ocorrido, você estará propenso a uma acomodação, mantendo o preço alto*. A Empresa X sabe disso e seu movimento racional será entrar no mercado; esse resultado aparece no canto superior esquerdo da matriz de *payoff*.

Mas e se você puder assumir um compromisso irrevogável que modificará seu comportamento caso a entrada ocorra — um compromisso que não lhe dará outra escolha a não ser cobrar o preço baixo após a entrada? Em particular, suponhamos que você investisse US$ 50 milhões *agora*, e não mais tarde, em capacidade produtiva extra necessária para iniciar uma competição agressiva caso ocorra a entrada do concorrente. Certamente, mesmo que você, depois, mantivesse um preço alto (com ou sem a entrada da Empresa X), esse custo adicional reduziria seus lucros.

Sendo assim, teremos uma nova matriz de *payoff*, como mostra a Tabela 13.16(b). Como resultado de sua decisão de investir em capacidade adicional, sua ameaça de se engajar em uma guerra de preços passa a ser *totalmente digna de crédito*. Pelo fato de você já possuir capacidade adicional, estará mais bem posicionado para isso do que estaria se mantivesse um preço alto. Como o concorrente em potencial agora sabe que sua entrada resultará em guerra, é racional que ele permaneça fora do mercado. Portanto, ao desencorajar a entrada, você poderá manter o preço alto e estará auferindo lucros de US$ 150 milhões.

TABELA 13.16 (b)	Desencorajamento à entrada		
		Entrante potencial	
		Entra	Não entra
Empresa estabelecida	Preço alto (acomodação)	50, 20	150, 0
	Preço baixo (guerra)	70, −10	130, 0

Um monopolista estabelecido conseguiria desencorajar a entrada sem ter de fazer o dispendioso movimento estratégico de instalar capacidade produtiva adicional? Dissemos antes que a reputação de irracionalidade poderia proporcionar uma vantagem estratégica. Suponhamos que a empresa estabelecida tenha tal tipo de reputação. Suponhamos também que, no passado, por meio da prática de sucessivas reduções de preço, essa empresa tenha conseguido desencorajar todas as novas empresas em potencial, mesmo tendo sofrido prejuízos em decorrência de tais ações. Então, sua ameaça poderia ser crível. Nesse caso, a irracionalidade da empresa estabelecida no mercado sugere ao potencial concorrente que talvez seja melhor ficar de fora.

É claro que se o jogo descrito tivesse de ser *indefinidamente repetido*, a empresa estabelecida poderia ter um estímulo *racional* para travar uma guerra de preços sempre que uma entrada realmente ocorresse. Por quê? Porque as perdas no curto prazo decorrentes de uma guerra de preços poderiam ser contrabalançadas pelos ganhos de longo prazo gerados pelo fato de a entrada ter sido impedida. Compreendendo isso, o potencial concorrente, ao examinar as possibilidades, poderá chegar à conclusão de que a ameaça da empresa estabelecida merece crédito e, dessa forma, decidirá permanecer de fora. Agora, a empresa estabelecida conta com a reputação de ser empresa racional — e de ter visão de longo prazo —, o que lhe dá a credibilidade necessária para desencorajar as tentativas de entrada. O sucesso da estratégia depende da perspectiva de tempo e dos ganhos e perdas relativos, que estarão, respectivamente, associados à acomodação e à guerra.

Já vimos que a atratividade da entrada dependerá muito da forma pela qual se espera que as empresas estabelecidas reajam. Em geral, uma vez que a entrada tenha ocorrido, não se pode esperar que as empresas estabelecidas mantenham a produção no nível pré-entrada. Elas poderão recuar e reduzir os níveis de produção, elevando assim o preço até um novo nível capaz de maximizar o lucro conjunto. Como os potenciais concorrentes sabem disso, as empresas estabelecidas deverão criar uma ameaça digna de crédito; uma reputação de irracionalidade poderia ajudar. De fato, isso parece constituir a base de grande parte do comportamento para desencorajar a entrada que tem ocorrido nos mercados atuais. A nova empresa em potencial deverá considerar que a disciplina *racional* do setor pode ser interrompida após sua entrada. Ao promover uma imagem de irracionalidade e agressividade, uma empresa estabelecida em um mercado pode convencer os potenciais concorrentes de que o risco de guerra é muito alto.[13]

Política de comércio estratégico e concorrência internacional

Já vimos de que forma um investimento preemptivo pode dar vantagem a uma empresa ao possibilitar que seja feita uma ameaça digna de crédito a potenciais concorrentes. Em algumas situações, um investimento preemptivo — subsidiado ou estimulado de outra forma pelo governo — pode dar a um *país* uma vantagem nos mercados internacionais e pode se tornar então um importante instrumento de política comercial.

Esse conceito seria conflitante com aquilo que você aprendeu sobre os benefícios do livre comércio? Por exemplo, no Capítulo 9 vimos de que forma as restrições de comércio, tais como tarifas, geravam peso morto. No Capítulo 16, iremos mais adiante e mostraremos de que forma, em geral, o livre comércio entre as pessoas (ou entre as nações) pode ser mutuamente benéfico. Considerando-se as vantagens do livre comércio, de que maneira uma intervenção do governo pode ser justificada no comércio internacional? Uma nova literatura sobre teoria de comércio internacional sugere que, em determinadas situações, uma nação poderá ser beneficiada ao adotar políticas que dão a seus setores domésticos vantagens competitivas.

Para compreendermos como isso poderia ocorrer, consideremos um setor caracterizado por substanciais economias de escala — um setor em que poucas empresas de grande porte consigam produzir muito mais eficientemente do que várias pequenas empresas. Suponhamos que, ao conceder subsídios ou isenções fiscais, o governo consiga estimular empresas nacionais a se expandir mais rapidamente. Essa medida poderia evitar que empresas de outros países entrassem no mercado mundial, de tal forma que a indústria nacional desfrutaria de preços mais altos e vendas mais elevadas. Tal política funciona

---

13 Há aqui uma analogia com a *dissuasão nuclear*. Consideremos o emprego da ameaça nuclear como forma de impedir a antiga União Soviética de invadir a Europa Ocidental durante a Guerra Fria. Se ela invadisse, será que os Estados Unidos reagiriam mesmo de imediato com armas nucleares, sabendo que os soviéticos responderiam da mesma forma? Não seria racional que os Estados Unidos reagissem desse modo e, em consequência, a ameaça nuclear poderia não merecer crédito. No entanto, isso denota que todos são racionais; haveria, entretanto, uma razão para temer uma resposta *irracional* dos Estados Unidos. Uma resposta irracional, mesmo que vista como altamente improvável, poderia desencorajar um ataque em face do alto preço de um eventual erro. Os Estados Unidos poderiam ser beneficiados ao promover a ideia de que haveria a possibilidade de uma reação irracional ou de que as coisas poderiam fugir ao controle caso uma invasão ocorresse. Essa é a "racionalidade da irracionalidade". Veja Thomas Schelling, *The Strategy of Conflict*. Harvard University Press, 1980.

ao possibilitar que sejam criadas ameaças críveis para os potenciais ingressantes. As empresas nacionais de grande porte, beneficiando-se de suas economias de escala, poderiam estar aptas a satisfazer a demanda mundial a um baixo preço, de tal maneira que, se outras empresas entrassem, seu preço poderia ser reduzido a um nível inferior àquele que seria necessário para que tais empresas conseguissem gerar lucros.

O MERCADO DE AERONAVES COMERCIAIS Como um exemplo, consideremos o mercado internacional de aeronaves comerciais. O desenvolvimento e a produção de uma nova linha de aeronaves estão sujeitos a substanciais economias de escala; não valeria a pena construir um novo avião a menos que se estivesse esperando vender muitos deles. Suponhamos que a Boeing e a Airbus (um consórcio europeu que inclui a França, a Alemanha, a Inglaterra e a Espanha) estejam, cada uma, dispostas a desenvolver uma nova aeronave. O lucro final de cada empresa depende em parte do que fizer a outra empresa. Suponhamos que seja econômico apenas uma empresa produzir a nova aeronave. Então, os lucros podem se assemelhar aos apresentados na Tabela 13.17(a).[14]

TABELA 13.17 (a) O desenvolvimento de uma nova aeronave

		Airbus	
		Produz	Não produz
Boeing	Produz	−10, −10	100, 0
	Não produz	0, 100	0, 0

Se a Boeing iniciar antes o desenvolvimento, o jogo terá o resultado contido no canto superior direito da matriz de *payoff*. A Boeing produzirá uma nova aeronave e a Airbus, ao descobrir que perderá dinheiro caso faça o mesmo, não o fará. A Boeing então pode auferir um lucro de 100.

Decerto, os governos europeus prefeririam que a Airbus produzisse a nova aeronave. Será que eles poderiam alterar o resultado desse jogo? Suponhamos que assumam o compromisso de subsidiar a Airbus antes que a Boeing se comprometa a produzir a nova aeronave. Se os governos europeus se comprometerem a destinar um subsídio de 20 para a Airbus caso ela venha a produzir a aeronave *independentemente do que a Boeing faça*, a matriz de *payoff* será modificada e passará a ser aquela apresentada na Tabela 13.17(b).

TABELA 13.17 (b) O desenvolvimento da nova aeronave após o subsídio

		Airbus	
		Produz	Não produz
Boeing	Produz	−10, 10	100, 0
	Não produz	0, 120	0, 0

Agora a Airbus pode ter lucros com a nova aeronave independentemente da decisão de produção tomada pela Boeing. Esta está consciente de que, mesmo assumindo o compromisso de produzir o novo avião, a Airbus também vai produzi-lo, e ela, a Boeing, perderá dinheiro. Então, a Boeing optará por não produzir, e o resultado será aquele do canto inferior esquerdo da Tabela 13.17(b). Um subsídio de 20, então, modifica o resultado em que a Airbus não produz e lucra zero para um resultado no qual ela produz e lucra 120. Desses lucros, 100 correspondem a uma transferência de lucros dos Estados Unidos para a Europa. Do ponto de vista europeu, o subsídio à Airbus traz um alto retorno.

---

[14] Exemplo extraído de Paul R. Krugman, "Is Free Trade Passé?", *Journal of Economic Perspectives* 1, 1987, p. 131-144.

Os governos europeus assumiram *de fato* o compromisso de subsidiar a Airbus e, durante a década de 1980, a empresa teve sucesso no lançamento de diversas aeronaves. Entretanto, o resultado não foi exatamente aquele apresentado em nosso exemplo estilizado. A Boeing também lançou novos aviões (os modelos 757 e 767), todos bastante lucrativos. À medida que o tráfego aéreo comercial cresceu, tornou-se claro que ambas as empresas poderiam ter lucros no desenvolvimento e na venda de novas aeronaves. Todavia, a fatia de mercado da Boeing teria sido muito maior sem os subsídios europeus concedidos à Airbus. Um estudo apresentou uma estimativa de que tais subsídios totalizaram US$ 25,9 bilhões durante a década de 1980 e revelou que a Airbus não poderia ter entrado no mercado sem eles.[15]

Esse exemplo mostra de que forma a política de comércio estratégico pode transferir lucros de um país para outro. Mas é preciso ter em mente que um país que utiliza tal política pode provocar retaliação por parte de seus parceiros comerciais. Se uma guerra comercial acontecer, todos os países envolvidos poderão terminar piores ainda. A possibilidade de que tal resultado ocorra deverá ser considerada antes que uma nação tome uma decisão relativa à política de comércio estratégico.

EXEMPLO 13.5 A DUPONT DESENCORAJA A ENTRADA NA INDÚSTRIA DE DIÓXIDO DE TITÂNIO

O dióxido de titânio é um pigmento branco utilizado em tintas, papel e outros produtos. No início da década de 1970, a DuPont e a National Lead possuíam, cada uma, cerca de um terço das vendas de dióxido de titânio nos Estados Unidos, e outras sete empresas produziam o restante. Em 1972, a DuPont considerava a possibilidade de expandir sua capacidade. O setor estava sofrendo modificações e, por meio de uma estratégia correta, tais modificações poderiam tornar a DuPont capaz de obter uma fatia adicional do mercado e passar a dominar esse setor industrial.[16]

Três fatores tinham de ser levados em conta. Primeiro, embora a demanda futura para o dióxido de titânio fosse incerta, era esperado que viesse a apresentar um crescimento substancial. Segundo, o governo havia anunciado que novas regulamentações ambientais seriam implementadas. Por último, os preços das matérias-primas utilizadas na produção do dióxido de titânio estavam aumentando. As novas regulamentações e os preços mais elevados teriam um significativo impacto sobre os custos de produção e possibilitariam que a DuPont passasse a ter uma vantagem de custo, tanto pelo fato de sua tecnologia de produção ser menos sensível às variações nos preços das matérias-primas como pelo fato de suas fábricas estarem instaladas em locais que tornavam o despejo dos efluentes corrosivos muito menos problemático do que para as concorrentes. Devido às alterações nos custos, a DuPont previu que a National Lead e alguns dos outros produtores teriam que deixar de utilizar parte de suas capacidades produtivas. As empresas concorrentes da DuPont, na realidade, teriam de "reentrar" no mercado por meio da construção de novas fábricas. Será que a DuPont conseguiria desencorajá-las a fazer isso?

A DuPont considerou a possibilidade de empregar a seguinte estratégia: investir cerca de US$ 400 milhões em aumento da capacidade produtiva para tentar obter 64% do mercado até 1985. A nova capacidade produtiva seria muito maior do que a realmente necessária. A ideia era *desencorajar os investimentos das concorrentes*. As economias de escala e o movimento ao longo da curva de aprendizagem possibilitariam que a DuPont tivesse uma vantagem de custos. Isso não só tornaria mais difícil a concorrência para as demais empresas, como tornaria merecedora de crédito a ameaça implícita de que no futuro a DuPont poderia iniciar uma guerra de preços, em vez de se acomodar.

Essa estratégia fazia sentido e pareceu funcionar por alguns anos. Entretanto, em 1975, as coisas começaram a ficar difíceis. Primeiro, porque a demanda aumentou muito menos do que o esperado; havia excesso de capacidade por todo o setor. Segundo, pelo fato de as regulamentações ambientais terem sido impostas suavemente, os concorrentes da DuPont não precisaram fechar suas instalações produtivas, conforme se esperava. Por fim, a estratégia da empresa resultou em um processo movido pelo Federal Trade Commission, em 1978, contra a DuPont com base na legislação antitruste. O FTC alegou que a DuPont estava tentando monopolizar o mercado. A DuPont ganhou a causa, mas o declínio da demanda tornou a vitória discutível.

---

15 "Aid to Airbus Called Unfair in U.S. Study", *New York Times*, 8 set. 1990.
16 Este exemplo é baseado em Pankaj Ghemawat, "Capacity Expansion in the Titanium Dioxide Industry", *Journal of Industrial Economics* 33, dez. 1984, p. 145-163; e P. Ghemawat, "DuPont in Titanium Dioxide", *Harvard Business School*, Case No. 9-385-140, jun. 1986.

EXEMPLO 13.6 — BATALHAS DAS FRALDAS DESCARTÁVEIS

Há mais de uma década, o setor de fraldas descartáveis nos Estados Unidos é dominado por duas empresas: a Procter & Gamble, com cerca de 50% de participação no mercado, e a Kimberly-Clark, com 30% a 40%.[17] De que forma essas duas empresas concorrem? Por que outras empresas não têm conseguido entrar e obter uma fatia significativa desse mercado de US$ 5 bilhões por ano?

Embora haja apenas duas grandes empresas no mercado, a concorrência tem sido intensa. Essa concorrência é feita principalmente em termos de *inovações redutoras de custos*. A chave para o sucesso é aperfeiçoar o processo de produção, de tal forma que a empresa possa fabricar grandes quantidades de fraldas com baixo custo. Isso não é tão simples como pode parecer. Para forrar a felpa de celulose, acrescentar um material elástico para o ajuste e fechar, dobrar e embalar as fraldas — ao ritmo de mais ou menos 3.000 fraldas por minuto e ao custo de cerca de US$ 0,10 por unidade — é necessário um processo inovador, cuidadosamente planejado e ajustado com precisão. Além disso, pequenos avanços tecnológicos no processo produtivo podem resultar em significativa vantagem competitiva. Se uma empresa puder minimizar os custos de produção, mesmo que apenas ligeiramente, ela conseguirá reduzir o preço e obter uma fatia maior do mercado. Em consequência, ambas as empresas se veem forçadas a despender muito com pesquisa e desenvolvimento (P&D) em uma corrida para reduzir custos.

A matriz de *payoff* da Tabela 13.18 ilustra tal fato. Se as duas empresas investirem agressivamente em P&D, elas podem esperar manter suas atuais fatias de mercado. A P&G então lucrará 40 e a Kimberly-Clark (com uma fatia menor do mercado) lucrará 20. Se nenhuma delas investir em P&D, os custos e preços permanecerão constantes e o dinheiro gasto em P&D se tornará parte dos lucros. Os lucros da P&G aumentarão para 60 e os da Kimberly, para 40. Entretanto, se uma das duas continuar investindo em P&D e a outra não, a empresa inovadora acabará obtendo a maior parte da fatia do concorrente. Por exemplo, se a Kimberly investir em P&D, mas a P&G não, a P&G terá prejuízos de 20, enquanto o lucro da Kimberly aumentará para 60. Portanto, as duas empresas estão em um dilema dos prisioneiros: o investimento em P&D é uma estratégia dominante para ambas.

TABELA 13.18 Concorrendo por meio de pesquisa e desenvolvimento (P&D)

		Kimberly-Clark	
		Com P&D	Sem P&D
P&G	Com P&D	40, 20	80, –20
	Sem P&D	–20, 60	60, 40

Por que não se desenvolveu um comportamento cooperativo entre as duas empresas? Afinal, elas concorrem nesse mercado há anos e a demanda por fraldas é relativamente estável. Por diversos motivos, o dilema dos prisioneiros que envolve P&D é particularmente difícil de ser resolvido. Primeiro, é complicado para uma empresa monitorar as atividades de P&D do concorrente, da mesma forma que monitorar os preços. Segundo, podem ser necessários vários anos para que seja completado um programa de P&D capaz de resultar em significativos melhoramentos no produto. Em consequência, torna-se menos provável que funcionem as estratégias "olho por olho, dente por dente", nas quais ambas as empresas colaboram até que uma delas "trapaceie". Uma empresa pode descobrir que o concorrente está investindo secretamente em P&D apenas quando ela anuncia o lançamento de um produto novo e melhor. Então, pode ser muito tarde para implementar um programa próprio de P&D.

Os investimentos em P&D feitos pela P&G e pela Kimberly-Clark também servem para desencorajar a entrada de novos concorrentes. Além do reconhecimento das marcas, as duas empresas puderam acumular tanto *know-how* tecnológico e competência no processo produtivo que elas teriam substancial vantagem de custo sobre qualquer empresa que estivesse entrando nesse mercado. Além de ter de construir novas fábricas, uma empresa nova precisaria investir uma considerável soma em P&D, mesmo que fosse para obter uma pequena fatia desse mercado. Depois de ter iniciado a produção, a nova empresa teria de continuar investindo pesadamente em P&D para reduzir os custos ao longo do tempo. Uma entrada poderia ser lucrativa apenas se a P&G e a Kimberly-Clark parassem de investir em P&D, de tal modo que a nova empresa tivesse a possibilidade de alcançar e, um dia, conseguir uma vantagem de custo. Mas, como podemos ver, nenhuma empresa racional esperaria que isso viesse a ocorrer.[18]

---

17 A Procter & Gamble produz as fraldas Pampers, Ultra Pampers e Luvs. A Kimberly-Clark produz somente uma grande marca, a Huggies.

18 O Exemplo 15.4 do Capítulo 15 examina com mais detalhes a lucratividade do investimento de capital por uma empresa entrante no mercado de fraldas descartáveis.

*13.8 Leilões

mercados de leilões
Mercados em que os produtos são comprados e vendidos por meio de processos formais de lances.

Nesta seção, examinaremos os **mercados de leilões**, ou seja, mercados em que os produtos são vendidos e comprados por meio de processos formais de lances.[19] Há leilões de todos os tamanhos e formas. Eles costumam ser utilizados para produtos diferenciados, especialmente relativos a arte, antiguidades e direitos de extração de petróleo em uma região. Nos últimos anos, por exemplo, o Tesouro norte-americano promoveu leilões para vender Títulos do Tesouro, a Comissão Federal de Comunicações (Federal Communications Commission) dos EUA utilizou-os para a venda de faixas do espectro eletromagnético para serviços de telefonia celular, o Comitê Olímpico Internacional leiloou direitos televisivos e o Departamento de Defesa dos Estados Unidos também os empregou para adquirir equipamento militar. Esses leilões apresentam importantes vantagens: consomem menos tempo que a negociação individual e incentivam a competição entre os compradores, aumentando a receita de quem vende.

Por que os leilões se tornaram tão populares e bem-sucedidos? O baixo custo da transação é apenas parte da resposta. Ao contrário das vendas em lojas de varejo, os leilões são inerentemente interativos, com muitos compradores competindo para obter um artigo de interesse. Essa interação pode ser de especial valia para a venda de artigos tais como obras de arte e itens esportivos de colecionador que sejam peças únicas e, assim, não tenham valor de mercado estabelecido. Também pode ser útil para vender artigos que não sejam únicos, mas cujo valor flutue ao longo do tempo.

leilão inglês (ou oral)
Leilão em que o vendedor solicita ativamente lances mais altos de um grupo de potenciais compradores.

Um exemplo é o leilão diário de atum fresco no mercado de peixes de Tóquio.[20] Cada animal é único em termos de tamanho, forma, qualidade e, em consequência, valor. Se a cada transação fossem necessárias várias rodadas de pechincha e negociação com os compradores potenciais, o processo levaria muito tempo. Em vez disso, as vendas ocorrem toda manhã por meio de um leilão, no qual cada atum é vendido a quem oferece o maior lance. Essa prática propicia grandes economias em custos de transação e, assim, aumenta a eficiência do mercado.

leilão holandês
Leilão em que um vendedor inicia oferecendo o item a um preço relativamente alto que depois é reduzido em montantes fixos até que ocorra a venda.

O formato de um leilão, que envolve a escolha das regras sob as quais ele opera, afeta consideravelmente seu resultado. O vendedor em geral deseja um tipo de leilão que maximize a receita da venda do produto. Por outro lado, o comprador, pesquisando ofertas de um grupo de potenciais vendedores, prefere um leilão que minimize os custos esperados do produto.

Tipos de leilão

Veremos que a escolha do tipo de leilão pode afetar a receita do vendedor. Há diversos tipos normalmente utilizados:

leilão de lances fechados
Leilão em que todos os lances são feitos simultaneamente em envelopes lacrados e o vencedor é aquele que oferece maior valor.

1. **Leilão inglês (ou oral):** o vendedor solicita ativamente lances mais altos de um grupo de potenciais compradores. Em cada etapa, todos os participantes sabem qual é o lance mais alto. O leilão termina quando ninguém oferece um valor maior. Então, o item é vendido ao participante que ofereceu o lance mais alto.

2. **Leilão holandês:** o vendedor começa oferecendo o item a um preço relativamente alto. Caso nenhum comprador potencial concorde com o valor, o vendedor o reduz em montantes fixos. O primeiro participante que aceitar o preço oferecido pode comprar o item por essa quantia.

leilão de primeiro preço
Leilão em que o preço de venda é igual ao lance mais alto.

leilão de segundo preço
Leilão em que o preço de venda é igual ao segundo lance mais alto.

3. **Leilão de lances fechados:** todos os lances são feitos simultaneamente em envelopes lacrados e o vencedor é aquele que oferece o maior valor de lance. No entanto, o preço pago pelo vencedor pode variar dependendo das regras do leilão. Em um **leilão de primeiro preço**, o valor de venda é equivalente ao lance mais alto. Em um **leilão de segundo preço**, o valor de venda equivale ao segundo lance mais alto.

---

19 Há uma vasta literatura a respeito de leilões. Veja, por exemplo, Paul Milgrom, "Auctions and Bidding: A Primer", *Journal of Economic Perspectives*, 1989, p. 3-22; Avinash Dixit e Susan Skeath, *Games of Strategy*, 2. ed. Nova York: Norton, 2004; e Preston McAfee, *Competitive Solutions: The Strategist's Toolkit*. Princeton University Press, 2002, Capítulo 12.

20 John McMillian, *Reinventing the Bazaar: A Natural History of Markets*. Nova York: Norton, 2002.

Avaliação e informação

Imagine que você deseja vender um produto valioso e distinto como uma pintura ou uma moeda rara. Que tipo de leilão é melhor para você? A resposta depende das preferências dos possíveis compradores e das informações disponíveis para eles. Consideremos dois casos:

1. Em **leilões de valor privado**, cada comprador sabe qual é sua avaliação individual ou *preço de reserva* e as avaliações variam de um comprador para outro. Além disso, um não sabe qual valor foi estabelecido pelo outro. Por exemplo: posso oferecer um preço alto por uma bola de beisebol autografada por um jogador famoso sem saber que você ofereceu um valor bem menor por ela.

2. Em **leilões de valor comum**, todos os compradores atribuem aproximadamente o mesmo valor ao item a ser leiloado. No entanto, eles não sabem com precisão qual é esse valor — podem fazer no máximo estimativas, as quais variarão entre si. Por exemplo, em um leilão de uma reserva marítima de petróleo, o valor da reserva é o preço do petróleo menos o custo da extração vezes a quantidade de petróleo na reserva. Por conseguinte, o valor deveria ser o mesmo para todos os potenciais compradores. No entanto, estes não sabem qual a quantidade real de petróleo ou o custo de extração exato; terão de fazer estimativas. Como estas devem variar, eles oferecerão diferentes valores para obter a reserva.

Na prática, os leilões podem ter elementos tanto de valor privado quanto de valor comum. Em um leilão de reservas petrolíferas, por exemplo, pode haver elementos de valor privado porque reservas diferentes podem implicar diferentes custos de extração. No entanto, para simplificar o assunto, vamos distinguir os dois tipos. Iniciaremos nossa discussão com leilões de valor privado e passaremos depois aos de valor comum.

Leilões de valor privado

Em leilões de valor privado, os compradores têm preços de reserva diferentes para o item oferecido. Suponhamos, por exemplo, que no leilão de uma bola de beisebol autografada por um famoso jogador os preços de reserva individual variem de US$ 1 (alguém que não goste de beisebol, mas que esteja fazendo lances por diversão) a US$ 600 (um fã incondicional). É claro que, se você estiver fazendo lances pela bola, você não saberá com quantas pessoas está competindo e quais são os lances delas.

Qualquer que seja o tipo do leilão, cada comprador deve ter uma estratégia. Em um leilão inglês, a estratégia é a escolha do valor em que se deixará de oferecer lances. Em um leilão holandês, a estratégia é esperar o preço alcançar o nível que os indivíduos consideram adequado para fazer o único lance. Em um leilão de lances fechados, a estratégia é a escolha do lance a ser colocado no envelope.

Quais são os *payoffs* nesse jogo de lances? O *payoff* do vencedor é a diferença entre o preço de reserva e o preço pago; o de perda é zero. Dados esses *payoffs*, examinemos as estratégias e os resultados para diferentes tipos de leilões.

Começaremos mostrando que os leilões orais ingleses e os de segundo maior preço por envelope fechado geram resultados aproximadamente iguais. Analisemos o leilão de segundo maior preço por envelopes fechados. Nesse caso, oferecer lances honestos é uma *estratégia dominante* — não há vantagem em dar um lance abaixo do preço de reserva. Por qual razão? Porque o preço que se paga baseia-se na avaliação do *segundo maior lance*, e não em sua própria avaliação. Suponhamos que seu preço de reserva seja US$ 100. Se você fizer um lance abaixo de seu preço de reserva (digamos, US$ 80), você se arrisca a perder para o segundo maior arrematador, que oferece US$ 85, e se você vencer (a, digamos, US$ 87), teria um *payoff* positivo. Caso ofereça um lance acima de seu preço de reserva (digamos que de US$ 105), você se arrisca a vencer, mas recebendo um *payoff* negativo.

---

leilões de valor privado
Leilões em que cada potencial comprador sabe qual é sua avaliação individual do objeto leiloado e as avaliações diferem de um comprador para outro.

leilões de valor comum
Leilões em que o item a ser leiloado tem o mesmo valor para todos os potenciais compradores, mas estes não sabem exatamente qual é o valor e, por isso, suas estimativas variam.

Lembrando o que foi mencionado na Seção 11.2, o preço de reserva é o valor máximo em dinheiro que alguém estaria disposto a pagar por um produto.

De maneira semelhante, em um leilão inglês a estratégia dominante é continuar oferecendo lances até que a segunda pessoa não esteja mais disposta a fazer um lance. Nesse momento, o lance vencedor será mais ou menos igual ao preço de reserva dessa segunda pessoa. Em qualquer caso, você deve parar de dar lances *quando eles atingirem o seu preço de reserva*. Por quê? Caso deixe de oferecer lances em um ponto abaixo de seu preço de reserva, você se arriscará a perder um *payoff* positivo. Se continuar além de seu preço de reserva, estará garantindo um *payoff* negativo. Qual valor os lances atingirão? Continuarão até que o lance vencedor seja mais ou menos igual ao preço de reserva do comprador com o segundo lance mais alto. Da mesma forma, no leilão de lance fechado, o lance vencedor será igual ao preço de reserva do comprador com o segundo maior lance. Nesse caso, ambos os tipos de leilão geram resultados aproximadamente idênticos (variam, em teoria, em um ou dois dólares). A título de ilustração, suponhamos que haja três compradores potenciais, os quais atribuem ao bem o valor de US$ 50, US$ 40 e US$ 30, respectivamente, e que tanto o vendedor quanto os três compradores tenham informações completas sobre essa valoração. Em um leilão inglês, se sua avaliação do bem fosse US$ 50, você ofereceria um lance vencedor de US$ 40,01 para ganhar na disputa contra a pessoa cujo preço de reserva era de US$ 40,00. Você poderia dar um lance idêntico em um leilão de lances fechados.

Mesmo em um universo de informações incompletas, podemos esperar resultados semelhantes. Na verdade, o vendedor sabe que não há diferença entre um leilão oral inglês e um leilão de lances fechados de segundo preço, pois os compradores têm valores privados em ambos os casos. Suponhamos que você esteja planejando vender um item em um leilão fechado. O que escolheria: o de primeiro ou de segundo preço? Pode-se imaginar que o leilão de primeiro preço seja melhor porque o preço é definido pelo lance mais alto, e não pelo segundo preço. No entanto, os compradores sabem disso e consequentemente alterarão suas estratégias: oferecerão menos em antecipação ao pagamento do lance vencedor caso obtenham sucesso.

O leilão de segundo preço gera receita igual à do segundo maior preço de reserva. No entanto, as implicações relativas à receita de um leilão fechado de primeiro preço para o vendedor são mais complicadas pelo fato de a estratégia ótima dos compradores ser mais complexa. A melhor estratégia é escolher um lance que deverá ser igual ou estar um pouco acima do preço de reserva do indivíduo com o segundo maior preço de reserva.[21] Por quê? O vencedor terá de pagar seu lance, e não compensa pagar mais do que o segundo maior preço de reserva. Vemos, então, que os leilões de primeiro preço e de segundo maior preço por envelope fechado geram a mesma receita esperada.

Leilões de valor comum

Suponhamos que você e outras quatro pessoas estejam participando de um leilão oral para comprar um pote de moedas, que irá para o vencedor a um preço igual ao lance mais alto. Cada potencial comprador pode examinar o pote, mas não pode abri-lo para contar as moedas. Depois de estimar o número de moedas no pote, qual será sua decisão de lances mais favorável? Trata-se de um clássico leilão de valor comum, pois o pote tem o mesmo valor para todos os potenciais compradores. O problema para você e para os demais compradores é o fato desse valor ser desconhecido.

Você pode ficar tentado a fazer como muitos novatos nesse caso: oferecer um lance até o valor de sua estimativa de número de moedas, não mais. Mas essa não seria a melhor estratégia. Lembre-se de que nem você nem os outros compradores sabem o número exato de moedas. Todos fizeram estimativas independentes que estão sujeitas a erro — algumas serão muito altas e outras muito baixas. Quem, então, terá o lance vencedor? Se cada comprador

---

21 Para ser mais exato, a melhor estratégia é escolher um lance que você acredita que será igual ou ligeiramente superior ao segundo preço de reserva esperado mais alto *considerando que seu valor de reserva é o mais alto*.

oferecer um lance no limite de sua estimativa, *o lance vencedor provavelmente será o da pessoa com o maior erro positivo*, ou seja, aquela que mais superestimou o número de moedas.

A MALDIÇÃO DO VENCEDOR Para verificarmos essa possibilidade, suponhamos que haja 620 moedas (de US$ 0,01) dentro do pote e que os arrematadores tenham estimado 540, 590, 615, 650 e 690. Suponhamos também que sua estimativa tenha sido de 690 e que você tenha sido o vencedor com um lance de US$ 6,80. Você deveria ficar feliz com a conquista? Não, pois terá pago US$ 6,80 por um pote de moedas no valor de US$ 6,20. Você foi vítima da **maldição do vencedor**. O vencedor de um leilão de valor comum normalmente obtém um resultado pior que os outros, pois foi otimista demais e, em consequência, ofereceu um lance maior do que o valor real do item.

> **maldição do vencedor**
> Situação em que o vencedor de um leilão de valor comum obtém um resultado ruim por haver superestimado o valor do item e oferecido um lance maior.

A maldição do vencedor pode ocorrer em qualquer leilão de valor comum e os potenciais compradores em geral não levam isso em conta. Suponhamos que sua casa precise ser pintada. Você pede orçamento a cinco empresas, esclarecendo que aceitará o menor. Quem será o vencedor? Provavelmente o pintor que estimar o menor valor do trabalho envolvido. No início, ele ficará satisfeito em ganhar a concorrência, só percebendo mais tarde que havia muito mais trabalho do que imaginava. O mesmo problema pode ocorrer com empresas exploradoras de petróleo ao fazer lances para reservas quando o tamanho delas e o custo da extração não estão definidos (nem o valor da reserva). A menos que levem em conta a maldição do vencedor, as empresas podem vencer ao superestimar o valor da reserva e, em consequência, pagar mais do que ela vale.

Como é possível levar em conta a maldição do vencedor ao fazer lances para um item em um leilão de valor comum? Deve-se não somente estimar o valor do item, mas também considerar que sua estimativa, assim como a dos outros compradores, está sujeita a erro. Para evitar a maldição, deve-se reduzir o lance máximo abaixo do valor estimado, em um montante igual ao erro esperado do lance vencedor. Quanto mais precisa a estimativa, menor a necessidade de redução do lance. Caso não se possa calcular o valor da estimativa diretamente, deve-se estimar a variação das estimativas dos outros compradores. Se houver uma grande disparidade entre os lances, é provável que sua estimativa também seja imprecisa. Para medir a variação dos lances, pode-se utilizar o desvio padrão das estimativas, que pode ser calculado por meio de métodos estatísticos.

As empresas de exploração de petróleo têm larga experiência em arrematar reservas e, por isso, calculam com facilidade o desvio padrão. Portanto, elas levam em conta a maldição, reduzindo os lances máximos abaixo das estimativas de valor, em uma quantia igual à do erro esperado para o lance vencedor. Como resultado, raramente cometem erros ao vencer um leilão. Já os pintores de paredes são menos sofisticados em suas decisões e acabam enfrentando a maldição do vencedor.

É mais provável que a maldição do vencedor represente um problema em um leilão de lances fechados do que em um leilão inglês tradicional. Neste, se você é o único comprador que é otimista demais, ainda pode vencer o leilão oferecendo um lance apenas ligeiramente superior à segunda maior oferta. Logo, para que a maldição do vencedor se torne um problema, pelo menos dois compradores potenciais precisam ser otimistas demais. Em contrapartida, em um leilão de lances fechados, o seu otimismo pode levá-lo a ultrapassar qualquer outro lance por uma margem considerável.

Maximização da receita do leilão

Vamos voltar à questão do tipo de leilão do ponto de vista do vendedor. Eis algumas dicas úteis para a escolha do melhor tipo:

1. Em um leilão de valor privado, incentive o maior número possível de compradores a participar. Um número maior deles aumenta o lance esperado do vencedor e também da avaliação esperada do participante com a segunda maior oferta.

2. Em um leilão de valor comum, (a) utilize um leilão aberto em vez de um de lances fechados, pois, como regra geral, um leilão inglês (aberto) de valor comum gera maior receita esperada do que um de lances fechados; e (b) revele informações sobre o valor real do objeto em leilão para reduzir a preocupação com a maldição do vencedor e, em consequência, incentivar mais lances.
3. Em um leilão de valor privado, estabeleça um lance mínimo igual, ou até mesmo um pouco superior, ao valor que o faria guardar o bem para uma venda futura. Isso vai protegê-lo contra perdas se os compradores potenciais forem relativamente poucos e não atribuírem grande valor ao bem. Além disso, poderia aumentar o tamanho dos lances, ao sinalizar aos compradores que o objeto é valioso. Claro que ter a oportunidade de tentar outra vez vender o bem se não houver um lance mínimo é uma vantagem; no entanto, também pode ser uma desvantagem se os compradores encararem o fato de o bem não ter sido vendido da primeira vez como sinal de baixa qualidade.

Por que utilizar um leilão aberto? Lembremos que, para evitar a maldição do vencedor, cada comprador de um leilão de valor comum oferecerá lances abaixo de sua avaliação individual. Quanto maior a incerteza a respeito do valor real do objeto, maior a chance de haver um lance alto demais e, portanto, maior o incentivo para que o comprador reduza o lance. (Se o comprador é avesso ao risco, esse efeito será ampliado.) No entanto, o comprador se defronta com menos incertezas em um leilão inglês do que no de lances fechados, pois pode observar os preços que causam a saída de outros compradores — uma vantagem que fornece informações sobre suas avaliações. Em suma, quando se oferecem mais informações aos compradores, aqueles que são avessos a riscos serão encorajados a fazer mais lances, pois estarão mais confiantes de que podem prever a possibilidade da maldição do vencedor.

Lances e coalizões

Acabamos de ver que, nos leilões, os vendedores podem conquistar uma parcela significativa de ganhos se incentivarem a competição entre os compradores. Logo, os compradores também podem aumentar o poder de barganha ao reduzirem o número de participantes no leilão ou a frequência de lances. Em alguns casos, isso pode ser conseguido legalmente por meio da formação de grupos de compradores; mas a manobra também pode ser feita ilegalmente, graças a acordos de coalizão que violam a legislação antitruste. A coalizão entre compradores não é fácil, pois, mesmo que se chegue a um "acordo", cada comprador ficará tentado a trapacear, aumentando os lances no último minuto para obter o item desejado. No caso de leilões frequentes, porém, os participantes podem penalizar quem quebra o acordo, superando o lance do "trapaceiro" repetidas vezes. A coalizão de compradores é mais problemática nos leilões de lance aberto do que nos de lance fechado, pois nos abertos os compradores podem detectar e punir os trapaceiros mais facilmente.

Um caso bem conhecido de coalizão de compradores foi o acordo que, no meio da década de 1980, os times de beisebol fizeram para limitar a procura pelos jogadores com passe livre. Como tal procura era repetida e aberta, os dirigentes podiam retaliar aqueles que dessem lances muito frequentes ou agressivos. A coalizão não é, porém, exclusividade dos compradores. Em 2001, duas das mais bem-sucedidas casas de leilão do mundo, a Sotheby's e a Christie's, foram acusadas de entrar em acordo para fixar o preço das comissões oferecidas aos vendedores de artigos leiloados. Um ex-presidente da Sotheby's, Alfred Taubman, foi sentenciado a um ano de prisão pelo envolvimento no esquema.

EXEMPLO 13.7 LEILÃO DE SERVIÇOS JURÍDICOS

Nos Estados Unidos, alguns advogados costumam aceitar casos em que eles representam classes de indivíduos que supostamente foram prejudicados pelas ações dos réus que afetaram negativamente a saúde humana ou seu bem-estar. Os advogados são pagos em geral com base em uma taxa de contingência, que significa que não recebem nada se perderem o caso, porém, se vencerem, eles recebem uma porcentagem do valor recuperado, normalmente em torno de 30%.

Em diversas ocasiões, casos de ação de uma classe de pessoas se seguiram a investigações e processos bem-sucedidos por órgãos do governo. Por exemplo, depois que o governo dos Estados Unidos conseguiu processar a Microsoft e descobriu que ela tinha monopolizado o mercado de sistemas operacionais para PC, os advogados representando os consumidores que haviam comprado PCs moveram processos para reparação dos danos causados por pagamentos em excesso. Por causa do processo do governo, os advogados dos pleiteadores da ação da classe já tinham um ponto de partida que simplificou bastante seu trabalho. Muitos dos documentos fundamentais já haviam sido descobertos e eles não tiveram que provar que a Microsoft detinha um monopólio no mercado de sistemas operacionais para PC.

Como resultado de casos como esse, o percentual cobrado como prêmio no caso de sucesso começou a ser visto como grande demais em relação aos esforços feitos pelos advogados. O que poderia ser feito sobre isso? Diversos juízes federais encontraram uma solução: realizar leilões em que os advogados faziam lances pelo direito de representar a classe de potenciais pleiteadores. Em um desses leilões típicos, os advogados ofereciam uma taxa percentual como parte do processo de lance fechado. Em um leilão incomum após um veredicto criminal contra as casas de leilão Sotheby's e Christie's, o juiz Lewis Kaplan do Distrito do Sul de Nova York permitiu que os escritórios de advocacia oferecessem como lances do leilão uma variedade maior de formas de pagamento no caso de sucesso. O resultado foi que o lance vencedor foi a firma Boies, Schiller & Flexner, que fez o lance de um pagamento de 25% do prêmio sobre o valor recuperado que excedesse US$ 425 milhões. Meses após assumir o caso, David Boies fez um acordo com a defesa por US$ 512 milhões, rendendo aos advogados um valor de US$ 26,75 milhões (25% do excedente de US$ 107 milhões sobre o mínimo de US$ 425 milhões) e proporcionando um ganho de pouco mais de US$ 475 milhões para os membros da classe.

EXEMPLO 13.8 LEILÕES PELA INTERNET

A popularidade dos leilões aumentou muito nos últimos anos com o crescimento da Internet. De fato, a rede mundial vem diminuindo tanto os custos de transação que, agora, pessoas em qualquer lugar do mundo podem negociar artigos de valor relativamente baixo sem deixar o conforto do lar. Muitos sites estão voltados para leilões em que os participantes podem comprar e vender uma grande variedade de itens. Vejamos como esse tipo de site funciona.[22]

O mais popular leilão da Internet é o www.ebay.com, que oferece vários leilões por dia, nos quais os objetos variam de antiguidades e automóveis a bonecas e moedas raras. Fundado em 1995 por Pierre Omidyar em uma tentativa de vender um laser pointer quebrado, o eBay domina o setor de leilões on-line entre pessoas físicas. Recentemente, ele registrava milhões de produtos à venda, inclusive artigos tão inusitados quanto uma ilha no Caribe, 154 acres em uma estância turística norte-americana e uma cidade fantasma em Nevada. Em 2011, o eBay respondeu por 85% de todas as vendas por leilão on-line, totalizando mais de US$ 60 bilhões de mercadorias vendidas. Em média, mais de 14 milhões de artigos estão à venda a qualquer momento.

Como o eBay conseguiu dominar o mercado de leilões pela Internet? Por que outros sites de leilão (como o do Yahoo ou o da Amazon) não conseguiram avançar sobre a fatia de mercado do eBay? A resposta é que os leilões pela Internet estão sujeitos a *externalidades de rede* muito fortes. Se você quisesse leiloar algumas moedas ou selos raros, qual site escolheria? Aquele que tivesse o maior número de compradores potenciais. Da mesma maneira, se estivesse atrás de moedas ou selos raros, você escolheria o site com o maior número de vendedores. Assim, tanto vendedores quanto compradores são atraídos para o site de leilão com a maior fatia de mercado. Como foi o primeiro grande site de leilão na Internet, o eBay já começou com a maior fatia de mercado, e ela cresceu graças à externalidade de rede.

Na Seção 4.5, explicamos como as externalidades de rede afetam as vendas de um produto.

---

22 Para obter mais informações sobre leilões pela Internet, veja Patrick Bajari e Ali Hortaçsu, "Economic Insights from Internet Auctions", *Journal of Economic Literature* 42, jun. 2004, p. 457-486.

Para entender o papel crítico dos efeitos da rede, veja o que aconteceu quando o eBay tentou se expandir internacionalmente. Na China, ele teve de competir com o Taobao, cujos administradores sabiam como era importante ganhar desde cedo a vantagem de ter a maior fatia de mercado. Assim, o Taobao decidiu não cobrar dos vendedores qualquer comissão, de modo que a maioria de suas receitas vinha da propaganda. Embora sua receita fosse limitada por essa estratégia, o Taobao logo se tornou o site de leilão dominante na China, com uma fatia de mercado superior a 80% em 2010.[23] E o eBay, da mesma forma, perdeu no Japão, dessa vez para o Yahoo! Japan Auctions, que obteve agressivamente uma liderança inicial em fatia de mercado. O forte efeito de rede, então, quase impossibilitou que o eBay (ou qualquer outro) desafiasse o domínio do Yahoo! no Japão.

Voltando aos Estados Unidos, vejamos como operam os leilões do eBay. Para itens isolados, o eBay usa um leilão de lances crescentes que funciona da seguinte forma: os lances devem ser aumentados com incrementos mínimos. O comprador de lance mais alto no fechamento vence e paga ao vendedor um preço igual ao do segundo maior lance mais o incremento mínimo pelo qual os lances são feitos (digamos, US$ 0,25). Assim, se você oferecer US$ 20 por determinado DVD e estiver tentando vencer, pagará o segundo lance mais alto — digamos, US$ 19 —, mais o incremento mínimo de US$ 0,29). O leilão de preços crescentes do eBay não corresponde exatamente aos formatos de leilão descritos, pois há um horário de término fixo e conhecido, o que pode levar os compradores a fazerem apostas estrategicamente ao final do leilão.

Muitos leilões pela Internet têm, na maioria das vezes, itens de valor privado. (Entretanto, como qualquer pessoa pode colocar itens à venda, há questões de valor comum: o vendedor é confiável? Será possível revender a mercadoria?) A ênfase desses leilões no valor privado é especialmente verdadeira quando se trata de antiguidades que podem ter valor considerável para compradores particulares. Com leilões de valor privado, não há tanta preocupação com o histórico do lance. Os lances dos outros compradores demonstram suas preferências, mas o valor dado a um objeto é pessoal. Apesar de haver o desejo de vencer pagando o preço mais abaixo da avaliação possível, a maldição do vencedor não é necessariamente um problema: não se pode ficar desapontado se o valor que se atribui ao objeto é maior do que o valor que se pagou.

Nos Estados Unidos, o vendedor paga ao comprador quando um item é comprado. O lucro do eBay obtido com a maioria dos leilões vem das taxas pagas pelo vendedor. Na maioria dos leilões, o vendedor paga uma taxa quando o item é colocado à venda e uma taxa adicional quando e se o item for vendido. Naturalmente, a questão de quem de fato paga essas taxas é complexa. Para ilustrar, suponha que o produto à venda na Internet seja um item de valor comum, disponível com facilidade em outros lugares (por exemplo, um CD de música, um DVD ou um livro). Então, a taxa é como um imposto (mas coletado pelo eBay, e não pelo governo). Assim como um imposto, o peso das taxas será repartido por compradores e vendedores e, como explicamos na Seção 9.6, dependerá das elasticidades relativas da oferta e da demanda.

Na Seção 9.6, explicamos que o peso de um imposto recai parcialmente sobre os compradores e parte sobre os vendedores, dependendo das elasticidades relativas da demanda e da oferta.

Para finalizar, algumas advertências devem ser feitas sobre a compra de objetos em leilões via Internet. Ao contrário das tradicionais casas de leilões, sites como o eBay oferecem somente um fórum para compradores e vendedores interagirem. Não há controle de qualidade. Apesar de muitos sites, incluindo o eBay, deixarem informações sobre os vendedores disponíveis para os compradores, essa é em geral a única evidência que se pode obter de quão confiável um vendedor é. Nos últimos anos, o eBay estabeleceu um programa de proteção ao comprador, mas o processo de reclamação pode ser muito longo. Além disso, a possibilidade de manipulação de lances também parece grande nesses leilões. Dada a relativa facilidade para obter um endereço de e-mail, os vendedores podem utilizar lances falsos a fim de manipular o processo. Assim, *caveat emptor* (cuidado de comprador) é uma boa filosofia quando se compra itens na Internet.

---

23 De acordo com a *Forbes*, 3 maio 2011.

RESUMO

1. Um jogo é cooperativo quando os participantes podem se comunicar uns com os outros e fazer acordos que tenham de ser cumpridos; caso contrário, seria não cooperativo. Entretanto, ao participar de qualquer um dos dois tipos de jogos, o aspecto mais importante da estratégia elaborada é compreender a posição do oponente (caso ela seja racional), assim como procurar deduzir corretamente a provável resposta dele às suas ações. A falta de compreensão da posição do oponente é um erro comum, como ilustramos no Exemplo 13.1, "A aquisição de uma empresa".[24]

2. O equilíbrio de Nash é uma combinação de estratégias em que cada jogador faz o melhor que pode em função das estratégias dos demais jogadores. O equilíbrio em estratégias dominantes é um caso especial de equilíbrio de Nash; uma estratégia dominante é ótima independentemente do que possam fazer os demais jogadores. O equilíbrio de Nash baseia-se na racionalidade de cada jogador. A estratégia maximin é mais conservadora, pois maximiza o resultado mínimo possível.

3. Alguns jogos não apresentam equilíbrios de Nash com estratégias puras, mas possuem um ou mais equilíbrios quando são utilizadas estratégias mistas. A estratégia mista é aquela em que cada jogador faz uma opção aleatória entre duas ou mais ações possíveis, com base em um conjunto de probabilidades escolhidas.

4. Estratégias que não são ótimas para jogos de apenas um lance podem ser ideais para jogos repetitivos. Dependendo do número de repetições, a estratégia "olho por olho, dente por dente", na qual um jogador age cooperativamente enquanto seu concorrente também estiver agindo assim, pode ser ideal para casos em que haja repetição do dilema dos prisioneiros.

5. Em um jogo sequencial, os participantes se movimentam um de cada vez; em alguns casos, o jogador que faz o primeiro movimento tem uma vantagem. Os participantes podem então estar predispostos a tentar fazer determinadas jogadas antes que seus concorrentes façam o mesmo.

6. Uma ameaça vazia é assim denominada porque aquele que a faz tem pouco interesse em executá-la. Se os concorrentes forem racionais, ameaças vazias não têm valor algum. Para tornar uma ameaça merecedora de crédito, é necessário, em algumas ocasiões, fazer um movimento estratégico para limitar o próprio comportamento futuro, criando, desse modo, um incentivo para levar a ameaça adiante.

7. Situações de negociação são exemplos de jogos cooperativos. Como ocorre com os jogos não cooperativos, durante as negociações uma das partes pode obter uma vantagem estratégica ao limitar sua própria flexibilidade.

8. Para desencorajar a entrada, uma empresa estabelecida deve ser capaz de convencer qualquer concorrente em potencial de que sua entrada não seria lucrativa. Isso pode ser feito por meio de investimentos, os quais, nesse caso, visam a dar credibilidade à ameaça de que uma entrada será recebida com uma guerra de preços. As políticas de comércio estratégico exercidas pelos governos podem algumas vezes ajudar a atingir esse objetivo.

9. Há vários tipos de leilão, incluindo o inglês (leilão oral de lances crescentes), o holandês (oral com lances decrescentes) e o de lances fechados. A probabilidade de o vendedor aumentar sua receita e de o comprador adquirir um objeto por um preço razoável depende do tipo de leilão e dos itens leiloados terem o mesmo valor para todos os potenciais compradores (como no leilão de valor comum) ou valores diferentes para compradores diferentes (leilão de valor privado).

QUESTÕES PARA REVISÃO

1. Qual é a diferença entre um jogo cooperativo e um não cooperativo? Dê um exemplo de cada.

2. O que é uma estratégia dominante? Por que um equilíbrio é estável em estratégias dominantes?

3. Explique o significado de um equilíbrio de Nash. De que forma ele difere do equilíbrio em estratégias dominantes?

4. De que maneira um equilíbrio de Nash difere de uma solução maximin em um jogo? Em quais situações uma

---

[24] Aqui está a solução para o problema da Empresa A: *ela não deve fazer nenhuma oferta para as ações da Empresa T*. Para entender a razão, lembre-se de que a Empresa T estaria disposta a aceitar uma oferta apenas se esta superasse o valor de cada ação sob a atual administração. Suponhamos que você oferecesse US\$ 50; a Empresa T só aceitaria a oferta se o resultado do projeto de exploração fosse um valor de US\$ 50 ou menos para cada ação. Quaisquer valores entre US\$ 0 e US\$ 100 são igualmente prováveis. Portanto, o *valor esperado* para as ações da Empresa T, *caso ela aceite a oferta* — isto é, caso o resultado do projeto de exploração faça o valor para cada ação se tornar inferior a US\$ 50 —, é de US\$ 25. Logo, na administração da Empresa A, o valor seria (1,5)(US\$ 25) = US\$ 37,5, que é inferior a US\$ 50. De fato, para qualquer preço P, caso sua oferta fosse aceita, a Empresa A poderia esperar obter um valor de apenas $(3/4)P$.

solução maximin se torna mais provável do que um equilíbrio de Nash?

5. O que é uma estratégia "olho por olho, dente por dente"? Por que motivo essa estratégia é racional em um dilema dos prisioneiros repetido infinitas vezes?

6. Considere um jogo no qual o dilema dos prisioneiros seja repetido dez vezes e ambos os jogadores sejam racionais e plenamente informados. Será que a estratégia "olho por olho, dente por dente" seria ótima para esse caso? Em quais condições ela poderia ser ótima?

7. Suponha que você e seu concorrente estejam participando de um jogo de determinação de preços, como mostra a Tabela 13.8. Ambos deverão anunciar os preços ao mesmo tempo. Será que você conseguiria melhorar seu resultado prometendo a seu concorrente que anunciará um preço elevado?

8. Qual o significado do termo "vantagem de ser o primeiro"? Dê um exemplo de uma situação de jogo na qual haja tal vantagem.

9. O que é um "movimento estratégico"? De que forma a aquisição de determinada reputação poderia se constituir em um movimento estratégico?

10. Será que uma ameaça de guerra de preços basta para desencorajar a entrada de potenciais concorrentes no mercado? Quais movimentos estratégicos uma empresa poderá fazer para tornar tal ameaça merecedora de crédito?

11. Um movimento estratégico limita a flexibilidade daquele que o faz e, mesmo assim, lhe dá uma vantagem. Por quê? De que forma um movimento estratégico pode dar a quem o faz uma vantagem durante as negociações?

12. Por que a maldição do vencedor é um problema potencial para um comprador em um leilão de valor comum, mas não em um leilão de valor privado?

EXERCÍCIOS

1. Em muitos setores oligopolistas, as mesmas empresas concorrem entre si durante muito tempo, determinando preços e observando mutuamente seus comportamentos repetidas vezes. Dado o grande número de repetições, por que não se formam coalizões?

2. Muitos setores sofrem, com frequência, de excesso de capacidade produtiva; simultaneamente, as empresas investem em expansão da capacidade de produção, de tal forma que ela acaba excedendo em muito a demanda. Isso não ocorre apenas em setores nos quais a demanda é altamente volátil e imprevisível, mas também naqueles com demanda razoavelmente estável. Quais fatores conduzem ao excesso de capacidade? Explique de modo breve.

3. Duas empresas fabricantes de computadores, A e B, estão planejando comercializar sistemas de rede para processamento de informações administrativas. Ambas podem desenvolver tanto um sistema rápido e de alta qualidade (Alto) como um sistema mais lento e de baixa qualidade (Baixo). Uma pesquisa de mercado indicou que os lucros resultantes para cada uma delas, conforme as respectivas alternativas de estratégia, são aqueles que se encontram na seguinte matriz de *payoff*:

		Empresa B	
		Alto	Baixo
Empresa A	Alto	50, 40	60, 45
	Baixo	55, 55	15, 20

a. Se ambas as empresas tomarem simultaneamente suas decisões e seguirem estratégias *maximin* (isto é, de baixo risco), qual deverá ser o resultado?

b. Suponha que as duas estejam procurando maximizar os lucros, mas que a Empresa A tenha iniciado antes o planejamento e tenha condições de se comprometer primeiro. Qual passaria a ser o resultado mais provável? Qual seria o resultado se a Empresa B tivesse iniciado o planejamento antes e tivesse condições de se comprometer primeiro?

c. Começar o planejamento primeiro custa dinheiro (pois é preciso organizar uma grande equipe de engenharia). Considere agora um jogo *em duas etapas* no qual, *primeiro*, cada uma das empresas terá de decidir qual valor estará disposta a investir para acelerar seu planejamento e, *segundo*, cada uma delas terá de anunciar qual produto (*alto* ou *baixo*) produzirá. Qual das duas empresas investirá mais para acelerar seu planejamento? Quanto ela vai investir? Será que a outra empresa deve fazer *algum* investimento para acelerar seu planejamento? Explique.

4. Duas empresas operam no mercado de chocolate, podendo optar entre produzir um chocolate de alta qualidade ou um chocolate de baixa qualidade. Os lucros resultantes de cada estratégia encontram-se apresentados na matriz de *payoff* a seguir:

		Empresa 2	
		Baixo	Alto
Empresa 1	Baixo	−20, −30	900, 600
	Alto	100, 800	50, 50

a. Quais resultados são equilíbrios de Nash (caso haja algum nessa matriz)?

b. Se os administradores de ambas as empresas forem pessoas conservadoras e ambos empregarem estratégias maximin, qual será o resultado?

c. Qual é o resultado cooperativo?

d. Qual das duas empresas se beneficia mais com um resultado cooperativo? Quanto essa empresa precisa oferecer à outra para persuadi-la a fazer uma coalizão?

5. Duas importantes emissoras estão concorrendo para obter índices de audiência no horário entre 20 e 21 h e entre 21 e 22 h em determinada noite da semana. Cada uma, preparando-se para a disputa, conta com dois programas para preencher esse horário. Elas poderão veicular seu programa principal no primeiro horário ou então no segundo, das 21 às 22 h. As possíveis combinações de decisões levam aos seguintes resultados de pontos de audiência:

		Emissora 2	
		Primeiro	Segundo
Emissora 1	Primeiro	20, 30	18, 18
	Segundo	15, 15	30, 10

a. Descubra o equilíbrio de Nash para esse jogo supondo que ambas as emissoras tomem suas decisões simultaneamente.

b. Se as duas emissoras forem avessas ao risco e decidirem empregar uma estratégia maximin, qual será o equilíbrio resultante?

c. Qual o tipo de equilíbrio alcançado se a Emissora 1 fizer sua escolha primeiro? E se a Emissora 2 fizer sua escolha primeiro?

d. Suponha que os administradores das duas emissoras se reúnam para coordenar a programação e a Emissora 1 prometa apresentar seu show principal primeiro. Será que essa promessa merece crédito? Qual seria o resultado provável?

6. Duas empresas concorrentes estão planejando individualmente introduzir um novo produto. Cada empresa vai decidir se fabrica o produto A, o produto B ou o produto C. Elas vão tomar suas decisões ao mesmo tempo. A matriz de *payoff* resultante é apresentada a seguir:

		Empresa 2		
		A	B	C
Empresa 1	A	−10, −10	0, 10	10, 20
	B	10, 0	−20, −20	−5, 15
	C	20, 10	15, -5	−30, −30

a. Há equilíbrios de Nash em estratégias puras? Se houver, quais são eles?

b. Se ambas as empresas usarem estratégias maximin, qual será o resultado?

c. Se a Empresa 1 usa a estratégia maximin e a Empresa 2 sabe disso, o que a Empresa 2 fará?

7. Vamos imaginar que as políticas de comércio dos Estados Unidos e do Japão estejam diante de um dilema dos prisioneiros. Os dois países consideram a possibilidade de empregar medidas econômicas que abram ou fechem seus respectivos mercados à importação. Suponha que a matriz de *payoff* seja a seguinte:

		Japão	
		Abre	Fecha
EUA	Abre	10, 10	5, 5
	Fecha	−100, 5	1, 1

a. Imaginemos que cada país conheça essa matriz de *payoff* e acredite que o outro atuará conforme os próprios interesses. Será que algum dos dois países terá uma estratégia dominante? Quais serão as políticas de equilíbrio se cada um dos países agir racionalmente, visando a maximizar seu próprio bem-estar?

b. Agora suponha que o Japão não esteja seguro de que os Estados Unidos agirão racionalmente. Em particular, o Japão está preocupado com a possibilidade de que políticos norte-americanos possam querer penalizá-lo, mesmo que isso não maximize o bem-estar dos Estados Unidos. De que forma isso poderia influenciar a escolha de estratégia por parte do Japão? De que maneira tal fato poderia alterar o equilíbrio?

8. Você é um produtor duopolista de uma mercadoria homogênea. Tanto você quanto seu concorrente possuem custo marginal igual a zero. A curva de demanda do mercado é

$$P = 30 - Q$$

sendo $Q = Q_1 + Q_2$. Q_1 é sua produção e Q_2, a produção de seu concorrente. Seu concorrente também leu este livro.

a. Suponha que você jogue essa partida apenas uma vez. Se você e seu concorrente tivessem de anunciar simultaneamente os respectivos níveis de produção, quanto você optaria por produzir? Quanto você esperaria obter de lucro? Explique.

b. Suponha que você tenha sido informado de que terá de anunciar seu nível de produção antes de seu concorrente. Nesse caso, quanto optará por produzir e quanto pensa que seu concorrente produzirá? Qual lucro espera obter? Será que anunciar a produção primeiro é uma vantagem ou uma desvantagem? Explique de forma sucinta. Quanto você estaria disposto a pagar para poder fazer seu anúncio em primeiro lugar ou depois do seu concorrente?

c. Por outro lado, suponha agora que você jogará a primeira de uma série de dez partidas (contra o mesmo concorrente). Em cada partida, você e ele precisam anunciar simultaneamente os respectivos níveis de produção. Você quer maximizar o total de seus lucros nessas dez partidas. Quanto produziria na primeira partida? Quanto espera produzir na décima partida? E na nona? Explique de modo sucinto.

d. Uma vez mais, você jogará uma série de dez partidas. No entanto, agora em cada partida seu concorrente anunciará a produção dele antes da sua. De que forma suas respostas para o item (c) mudariam nesse caso?

9. Você participa do seguinte jogo de negociação. O Jogador A executa o primeiro movimento, fazendo uma oferta ao Jogador B para a divisão de US$ 100. (Por exemplo, o Jogador A poderia sugerir que ele ficasse com US$ 60 e o Jogador B levasse US$ 40.) O Jogador B pode aceitar ou rejeitar a oferta. Se ele rejeitar, o montante de dinheiro disponível cairá para US$ 90; ele, então, fará uma oferta para a divisão do dinheiro. Se o Jogador A rejeitar essa oferta, o montante de dinheiro cairá para US$ 80, seguindo-se uma nova oferta do Jogador A para a divisão. Se o Jogador B rejeitar essa oferta, o montante de dinheiro cairá para zero. Ambos os jogadores são racionais, totalmente informados e querem maximizar os lucros. Qual jogador se sairá melhor nesse jogo?

*10. A empresa Defendo decidiu lançar um videogame revolucionário. Sendo a primeira empresa do mercado, terá uma posição de monopólio de tal jogo pelo menos por algum tempo. Durante a decisão do tipo de fábrica que construirá, ela precisa optar entre duas tecnologias. A Tecnologia A já é de domínio público e resulta em custos anuais de

$$C^A(q) = 10 + 8q$$

A Tecnologia B é de propriedade da empresa Defendo, e foi desenvolvida em seus próprios laboratórios de pesquisa. Ela envolve custos fixos de produção mais elevados, porém possui custos marginais mais baixos:

$$C^B(q) = 60 + 2q$$

A Defendo deve decidir qual tecnologia adotar. A demanda de mercado para o novo produto é $P = 20 - Q$, sendo Q a produção total do setor.

a. Suponha que a Defendo esteja segura de que conseguirá manter sua posição de monopólio no mercado durante o ciclo de vida do novo produto (cerca de cinco anos), sem ameaças de entrada de concorrentes. Qual tecnologia você aconselharia que a empresa adotasse? Qual seria o lucro da Defendo para essa opção?

b. Presuma que a Defendo espera que sua maior rival, a empresa Offendo, esteja considerando a possibilidade de entrar no mercado logo depois que a Defendo fizer o lançamento de seu novo produto. A Offendo terá acesso apenas à Tecnologia A. Se ela realmente entrar no mercado, as duas participarão de um jogo de Cournot (em quantidades) e chegarão a um equilíbrio de Cournot-Nash.

   i. Se a Defendo adotar a Tecnologia A e a Offendo entrar no mercado, quais serão os lucros de cada empresa? Será que a Offendo optaria por entrar no mercado considerando esses lucros?

   ii. Se a Defendo adotar a Tecnologia B e a Offendo entrar no mercado, qual será o lucro de cada empresa? Será que a Offendo optaria por entrar no mercado considerando esses lucros?

   iii. Qual tecnologia você recomendaria que a Defendo adotasse, levando em conta a ameaça da possível entrada? Qual seria o lucro da Defendo para tal opção? Qual seria o excedente do consumidor no caso dessa escolha?

c. O que aconteceria com o bem-estar social (isto é, a soma do excedente do consumidor com o excedente do produtor) em consequência da ameaça de entrada nesse mercado? O que ocorreria com o preço de equilíbrio? Quais as implicações disso em termos do papel da concorrência potencial em limitar o poder de mercado?

11. Três concorrentes, A, B e C, possuem um balão e uma pistola cada um. De posições fixas, eles atirarão nos balões uns dos outros. Quando um balão for atingido, seu dono será obrigado a se retirar e o jogo prosseguirá até sobrar apenas um balão intacto. O dono desse balão será o vencedor e receberá um prêmio de US$ 1.000. No início, os jogadores decidirão por meio de um sorteio a sequência na qual atirarão e cada participante poderá escolher como alvo qualquer um dos balões ainda em jogo. Todos sabem que A é o melhor atirador e nunca erra o alvo, que B tem probabilidade 0,9 de acertar o alvo e que C tem probabilidade 0,8 de acertar o alvo. Qual jogador terá maior probabilidade de ganhar o prêmio de US$ 1.000? Explique o motivo.

12. Uma comerciante de antiguidades compra com regularidade objetos em leilões de sua cidade cujos compradores consistem apenas em outros comerciantes. A maior parte de seus lances bem-sucedidos é financeiramente compensadora, pois ela pode revender os objetos com lucro. Em certas ocasiões, entretanto, ela viaja para uma

cidade próxima para participar de um leilão aberto ao público. Nas raras vezes em que consegue fazer lances bem-sucedidos, desaponta-se, pois as antiguidades não podem ser vendidas com lucro. Explique a diferença dos negócios da comerciante nas duas circunstâncias.

13. Você está à procura de uma nova casa e decidiu fazer um lance em um leilão. Você acredita que o valor do imóvel está entre US$ 125.000 e US$ 150.000, mas não sabe o valor exato. Sabe, no entanto, que o vendedor se reservou o direito de retirar a casa do mercado se o lance vencedor não for satisfatório.

   a. Você deve participar do leilão ou não? Por quê?
   b. Suponha que você seja um empreiteiro de obras. Você planeja reformar a casa e revendê-la com lucro. Como isso afeta sua resposta ao item anterior? Isso depende de quão hábil você é para reformar e melhorar essa casa em particular?

CAPÍTULO 14

Mercados para fatores de produção

ESTE CAPÍTULO DESTACA

14.1 Mercados de fatores competitivos   525

14.2 Equilíbrio em um mercado competitivo de fatores   538

14.3 Mercado de fatores com poder de monopsônio   542

14.4 Mercado de fatores com poder de monopólio   546

LISTA DE EXEMPLOS

14.1 A demanda por combustível de aeronaves   532

14.2 Oferta de trabalho de famílias com um e com dois assalariados   537

14.3 O soldo dos militares   541

14.4 Poder de monopsônio no mercado de jogadores de beisebol   544

14.5 O mercado de trabalho para adolescentes e o salário mínimo   545

14.6 Declínio do sindicalismo no setor privado   549

14.7 Desigualdade de salários   550

Até este ponto, concentramo-nos em *mercados de produtos finais*: mercados de bens e serviços que as empresas comercializam e os consumidores adquirem. Neste capítulo, discutiremos *mercados de fatores*: mercados de mão de obra, de matérias-primas e de outros insumos da produção. Muito do material já será familiar, porque as mesmas forças que determinam a oferta e a demanda dos mercados de produtos também influenciam os mercados de fatores.

Já vimos que alguns mercados de produtos são totalmente ou quase perfeitamente competitivos, enquanto em outros os produtores têm poder de mercado. O mesmo ocorre com os mercados de fatores. Examinaremos três diferentes estruturas de mercados de fatores:

1. Mercados de fatores perfeitamente competitivos;
2. Mercados nos quais os compradores de fatores possuem poder de monopsônio;
3. Mercados nos quais os vendedores de fatores possuem poder de monopólio.

Apresentaremos também exemplos nos quais o equilíbrio do mercado de fatores depende de quanto poder há nos mercados de *produtos finais*.

14.1 Mercados de fatores competitivos

Um *mercado de fatores* competitivo é aquele em que há um grande número de vendedores e de compradores de um fator de produção, como trabalho ou matéria-prima. Como nenhum vendedor ou comprador em particular pode influenciar o preço de determinado fator, cada um deles se constitui em um tomador de preços. Por exemplo, quando as empresas individualmente adquirem madeira para construção de casas, comprando pequenas frações da quantidade total da madeira disponível no mercado, a decisão não terá nenhum impacto sobre o preço do produto. De igual modo, se os fornecedores isoladamente controlarem uma pequena fração do mercado, as decisões isoladas não influenciarão o preço da madeira que eles vendem. Em vez disso, o preço da madeira (e a quantidade total produzida) será determinado pela oferta e demanda agregada por madeira.

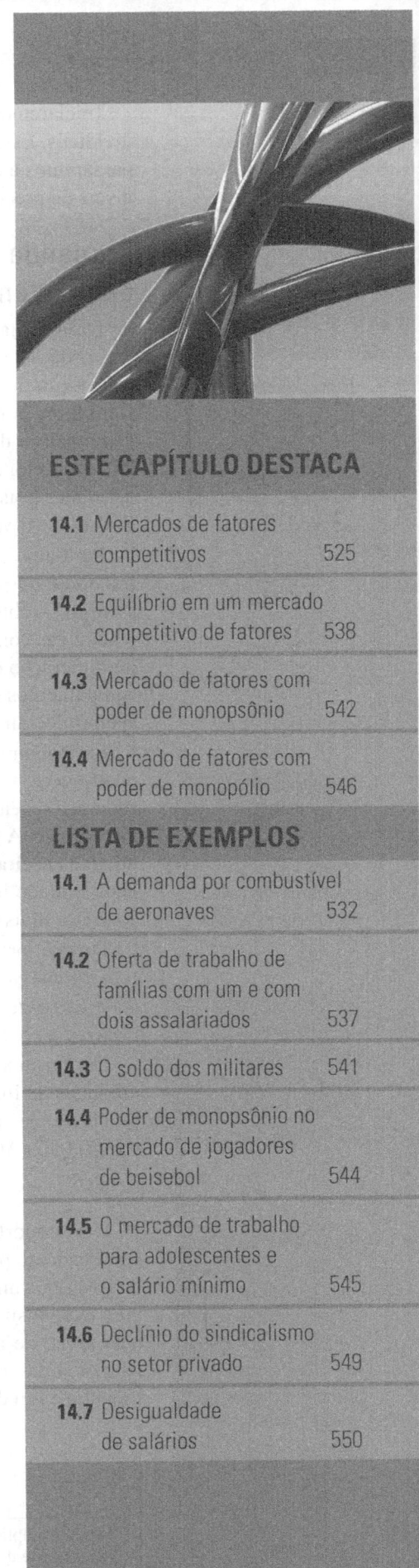

Iniciaremos o estudo deste tópico analisando as demandas de um fator por empresas individuais. Essas demandas são somadas para a obtenção da demanda do mercado. Depois, passaremos a examinar o lado da oferta e mostraremos de que forma são determinados os níveis de preço e de quantidades de mercado.

Demanda por um fator de produção quando apenas um fator é variável

Da mesma maneira que as curvas de demanda dos produtos acabados, resultantes dos processos produtivos, as curvas de demanda por fatores de produção apresentam inclinação descendente. Entretanto, ao contrário do que ocorre com a demanda dos consumidores por bens e serviços, as demandas por fatores são **demandas derivadas**, pois dependem e derivam do nível de produção de uma empresa e dos custos dos insumos. Por exemplo, a demanda da Microsoft Corporation por programadores é uma demanda derivada, pois é função não só dos atuais salários dos programadores, mas também de quantos softwares a Microsoft espera vender.

> **demanda derivada**
> Demanda por um insumo que depende e é derivada simultaneamente do nível de produção da empresa e dos custos dos insumos.

Para analisarmos a demanda de fatores, utilizaremos o material do Capítulo 7, mostrando de que forma uma empresa determina os insumos de produção. Assumiremos que a empresa obtém a produção utilizando dois insumos, o capital, K, e o trabalho, L, que podem ser contratados, respectivamente, pelos preços r (custo de aluguel do capital) e w (remuneração do trabalho).[1] Estaremos também supondo que a empresa já tem a fábrica e equipamentos devidamente instalados (como em uma análise de curto prazo) e necessita apenas decidir que quantidade de mão de obra deverá contratar.

Suponhamos que a empresa tenha contratado determinado número de trabalhadores e queira saber se seria lucrativo contratar um empregado adicional. Tal contratação é justificada se a receita adicional decorrente da produção desse trabalhador adicional for maior do que o custo. A receita adicional resultante de uma unidade incremental de trabalho é denominada **receita marginal do produto do trabalho**, sendo indicada por $RMgP_L$. O custo de uma unidade incremental de trabalho é a remuneração do trabalho, w. Assim, é lucrativo contratar mais mão de obra se $RMgP_L$ for pelo menos igual à remuneração, w.

> **receita marginal do produto**
> Receita adicional resultante da venda da produção criada pelo uso de uma unidade adicional de um insumo.

De que forma podemos medir a $RMgP_L$? Ora, a $RMgP_L$ é a *produção adicional obtida com a unidade adicional de mão de obra, multiplicada pela receita adicional de uma unidade extra de produto*. A produção adicional é dada pelo produto marginal do trabalho, PMg_L, e a receita adicional pela receita marginal, RMg.

> Na Seção 8.3, vimos que a receita marginal é definida como o aumento da receita que resulta do acréscimo de uma unidade na produção.

Em termos formais, o produto da receita marginal é $\Delta R/\Delta L$, onde L é o número de unidades de insumo trabalho e R é a receita. A produção adicional por unidade de trabalho, PMg_L, é dada por $\Delta Q/\Delta L$, e a receita marginal, RMg, é igual a $\Delta R/\Delta Q$. Como $\Delta R/\Delta L = (\Delta R)/(\Delta Q)(\Delta Q/\Delta L)$, o que ocorre é

$$RMgP_L = (RMg)(PMg_L) \qquad (14.1)$$

Esse importante resultado é válido para qualquer mercado competitivo de fatores, seja o mercado do produto competitivo ou não. Entretanto, para examinarmos as características da $RMgP_L$, vamos começar com o caso de um mercado perfeitamente competitivo de produto (e de insumo). Em um mercado competitivo de produto, a empresa venderá o produto pelo preço de mercado P. A receita marginal obtida por meio da venda de uma unidade adicional de produto será então igual a P. Nesse caso, a receita marginal do produto do trabalho é igual ao produto marginal do trabalho vezes o preço do produto:

> Na Seção 8.2, explicamos que, como a demanda de cada empresa em um mercado competitivo é perfeitamente elástica, cada uma delas venderá sua produção por um preço igual à receita média e à receita marginal.

$$RMgP_L = (PMg_L)(P) \qquad (14.2)$$

---

[1] Estamos implicitamente supondo que todos os insumos da produção tenham idêntica qualidade. As diferenças entre destrezas e habilidades dos trabalhadores serão discutidas no Capítulo 17.

A mais alta das duas curvas na Figura 14.1 representa a curva RMgP$_L$ para uma empresa em um mercado competitivo de produtos finais. Observe que, em decorrência da existência de rendimentos decrescentes, o produto marginal do trabalho cai à medida que a quantidade de trabalho vai aumentando. A curva de receita do produto marginal, portanto, tem inclinação descendente, mesmo que o preço do produto seja constante.

> Na Seção 6.2, explicamos a lei dos rendimentos marginais decrescentes — isto é, à medida que o uso de um fator produtivo cresce com os outros fatores mantidos constantes, os incrementos resultantes na produção irão diminuir.

FIGURA 14.1 RECEITA MARGINAL DO PRODUTO

Em um mercado competitivo de fatores, no qual o produtor é tomador de preço, a demanda do comprador por aquele insumo será obtida da curva de receita do produto marginal. A curva RMgP é inclinada para baixo, pois o produto marginal do trabalho vai caindo à medida que as horas trabalhadas vão aumentando. Quando o fabricante possui poder de monopólio, a demanda do insumo também será obtida por meio da curva RMgP. No entanto, nesse caso, a curva se desloca para baixo, porque tanto a curva de produto marginal do trabalho como a curva de receita marginal caem.

A curva mais baixa na Figura 14.1 é a curva RMgP$_L$, que ocorre quando a empresa tem poder de monopólio no mercado de produto. Quando isso acontece, as empresas enfrentam uma curva de demanda descendente e, por esse motivo, devem reduzir o preço de todas as unidades de produto para poder vender maior quantidade dele. Em consequência, a receita marginal é sempre menor do que o preço (RMg < P). Isso explica por que a curva monopolista está abaixo da competitiva e por que a receita marginal cai à medida que a produção aumenta. Portanto, a curva de produto marginal tem inclinação descendente nesse caso, uma vez que *tanto* a curva de receita marginal *quanto* a curva de produto marginal possuem esse tipo de inclinação.

Observe que a receita marginal do produto nos informa quanto a empresa está disposta a pagar pela contratação de uma unidade adicional de trabalho. Enquanto a RMgP$_L$ for maior do que a remuneração do trabalho, a empresa deverá contratar unidades adicionais de trabalho. Se a receita marginal do produto for inferior à remuneração, a empresa deverá reduzir o número de trabalhadores. Somente quando a receita marginal do produto for igual à remuneração é que a empresa terá enfim contratado a quantidade de trabalho capaz de maximizar os lucros. A condição de maximização de lucros, portanto, é

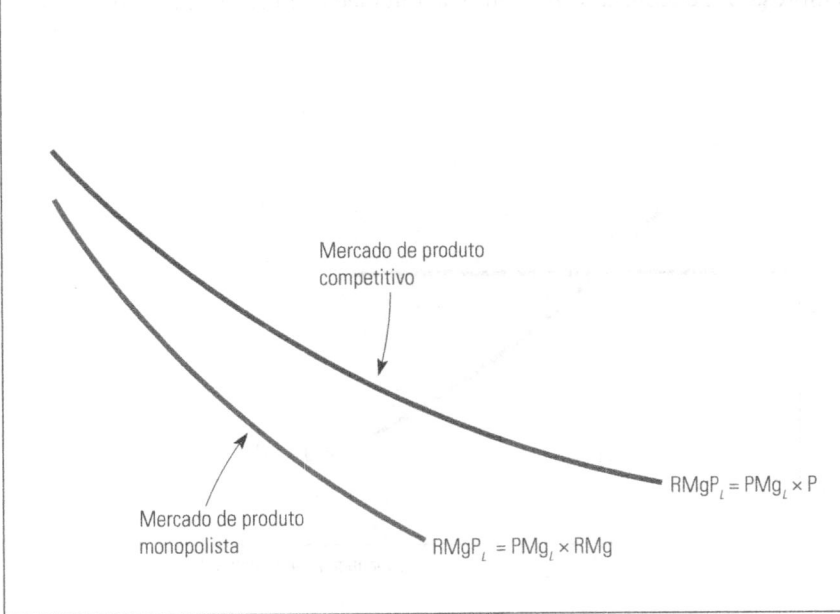

$$\text{RMgP}_L = w \qquad (14.3)$$

A Figura 14.2 ilustra essa condição. A curva de demanda de mão de obra, D_L, é a $RMgP_L$. Observe que a quantidade demandada de trabalho vai aumentando à medida que a remuneração cai. Como o mercado de mão de obra é perfeitamente competitivo, a empresa pode contratar tantos trabalhadores quantos desejar pelo salário de mercado w^* sem afetar o salário de mercado. A curva de oferta de mão de obra, S_L, com a qual a empresa se defronta é, portanto, uma linha horizontal. A quantidade de mão de obra capaz de maximizar os lucros da empresa, L^*, encontra-se no ponto de interseção entre as curvas de oferta e de demanda.

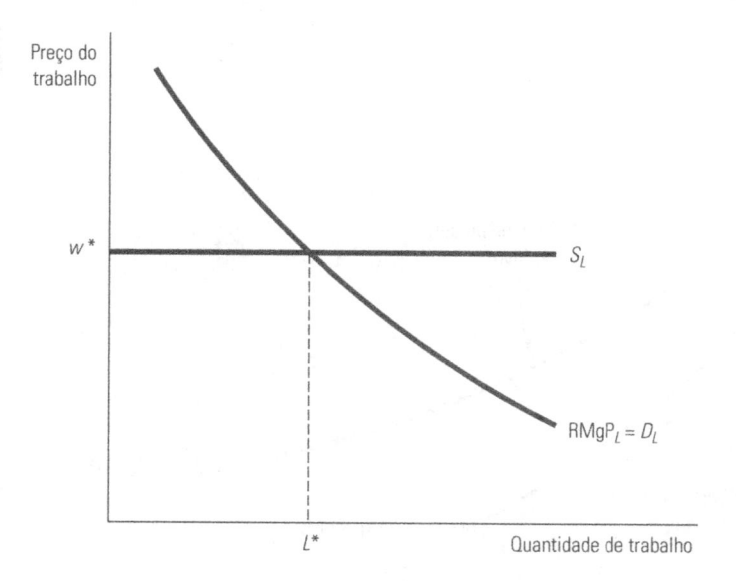

FIGURA 14.2 **CONTRATAÇÕES DA EMPRESA NO MERCADO DE MÃO DE OBRA (COM CAPITAL FIXO)**

No mercado competitivo de mão de obra, uma empresa se defronta com uma oferta infinitamente elástica de trabalho S_L e poderá contratar tantos trabalhadores quantos desejar, pagando o salário w^*. A demanda da empresa por mão de obra, D_L, é obtida por meio da receita do produto marginal do trabalho, $RMgP_L$. A empresa que maximiza lucros contratará L^* unidades de trabalho no ponto em que a receita do produto marginal for igual à remuneração.

> Na Seção 8.3, explicamos que uma empresa maximiza o lucro ao escolher um nível de produção em que a receita marginal seja igual ao custo marginal.

A Figura 14.3 apresenta de que forma a quantidade demandada de trabalho varia quando ocorre uma queda no salário de mercado, passando de w_1 para w_2. A remuneração poderia diminuir se uma parte considerável das pessoas entrando no mercado de trabalho estivesse procurando emprego pela primeira vez (como ocorreu quando a geração dos *baby boomers* atingiu a maioridade). A quantidade de mão de obra inicialmente demandada pela empresa, L_1, encontra-se no ponto de interseção entre $RMgP_L$ e S_1. Entretanto, quando a curva de demanda de trabalho se desloca de S_1 para S_2, a remuneração cai de w_1 para w_2 e a quantidade de trabalho demandada aumenta de L_1 para L_2.

Diversos aspectos dos mercados de fatores e de produto são semelhantes. Por exemplo, a condição de maximização de lucros do mercado de fatores de que a receita do produto marginal do trabalho seja igual à remuneração é análoga à condição do mercado de produto de que a receita marginal deve ser igual ao custo marginal. Para entender essa afirmação, lembre-se de que $RMgP_L = (PMg_L)(RMg)$. Ao dividirmos os dois lados da Equação 14.3 pelo produto marginal do trabalho, teremos

$$RMg = w/PMg_L \qquad (14.4)$$

Como a PMg_L mede a produção adicional por unidade de insumo, o lado direito da Equação 14.4 mede o custo de uma unidade adicional de produto (o salário multiplicado pela quantidade de trabalho necessária para produzir uma unidade de produção). A Equação 14.4 mostra que *tanto a escolha da quantidade contratada de mão de obra como a escolha da quantidade produzida seguem a mesma regra: insumos ou quantidades produzidas são escolhidos de tal modo que a receita marginal (obtida pela venda do produto) seja igual ao custo marginal (decorrente da aquisição dos insumos).* Esse princípio é válido tanto em mercados competitivos como em mercados não competitivos.

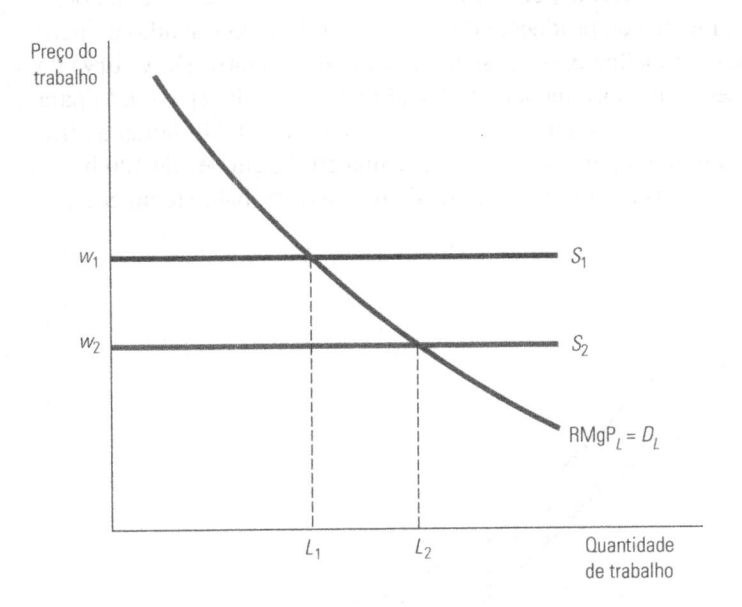

FIGURA 14.3 UM DESLOCAMENTO NA OFERTA DE TRABALHO

Quando a oferta de trabalho com a qual se defronta a empresa é S_1, a empresa contrata L_1 unidades de trabalho pela remuneração w_1. Mas, quando o salário de mercado diminui e a oferta de trabalho se desloca para S_2, a empresa maximiza os lucros movendo-se ao longo da curva de trabalho até que a nova remuneração w_2 seja igual à receita do produto marginal de trabalho. Como consequência, L_2 unidades de trabalho são contratadas pela empresa.

A demanda por um fator de produção quando diversos insumos são variáveis

Quando uma empresa escolhe simultaneamente as quantidades de dois ou mais insumos variáveis, o problema da contratação de mão de obra torna-se mais difícil, porque uma variação no preço de um insumo alterará a demanda dos demais. Suponhamos, por exemplo, que tanto o trabalho quanto os equipamentos de uma linha de montagem sejam insumos variáveis da produção de máquinas de uso agrícola e desejemos determinar a curva de demanda de trabalho da empresa. À medida que a remuneração vai sendo reduzida, mais trabalho é demandado, mesmo que permaneça inalterado o investimento em equipamentos para produção. Mas, quando o trabalho se torna mais barato, cai o custo marginal da produção de máquinas de uso agrícola. Em consequência, torna-se mais lucrativo que a empresa aumente o nível de produção. Nesse caso, ela provavelmente investirá em mais equipamentos para expandir a capacidade de produção. A expansão do uso dos equipamentos faz a curva de receita do produto marginal do trabalho se deslocar para a direita, o que, por sua vez, faz com que a quantidade de trabalho demandada aumente.

A Figura 14.4 ilustra tal fato. Suponhamos que a remuneração fosse de US$ 20 por hora e a empresa tivesse contratado 100 homens-horas, como indica o ponto A da curva $RMgP_{L1}$. Agora, consideremos o que ocorre quando a remuneração cai para US$ 15 por hora. Como a receita do produto marginal do trabalho é maior do que a remuneração, a empresa demandará mais mão de obra. Mas a curva RMgP$_{L1}$ descreve a demanda de trabalhadores quando o uso do equipamento de produção permanece fixo. Na realidade, uma quantidade maior de trabalho faz com que o produto marginal do *capital* aumente, o que encoraja a empresa a adquirir mais equipamentos de produção, bem como a contratar um maior número de trabalhadores. Pelo fato de haver mais equipamentos de produção, o produto marginal do trabalho aumentará (com mais equipamentos, os trabalhadores conseguem ser mais produtivos). A curva de receita marginal do produto será em consequência deslocada para a direita (passando para RMgP$_{L2}$). Portanto, quando a remuneração cai, a empresa passa a utilizar 140 horas de trabalho. Isso é demonstrado em um novo ponto da curva de demanda, C, em vez de 120 horas como indica o ponto B. A e C são dois pontos da curva de demanda de trabalho (com equipamentos variáveis), D_L; B não é.

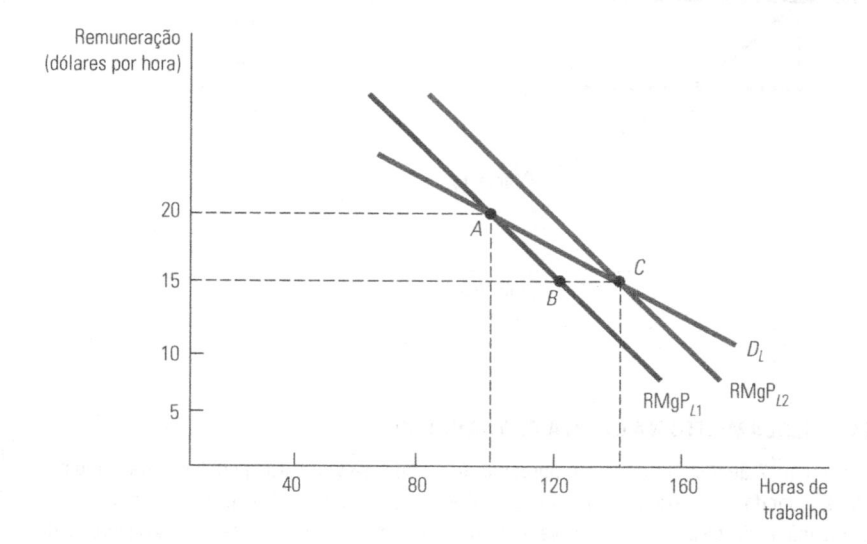

FIGURA 14.4 CURVA DE DEMANDA DE TRABALHO DE UMA EMPRESA (COM VARIAÇÃO DE CAPITAL)

Quando dois ou mais fatores de produção são variáveis, a demanda da empresa por um fator de produção dependerá da curva de receita do produto marginal de ambos os fatores. Quando o salário é US$ 20, A vem a ser um ponto da curva de demanda de trabalho da empresa. Quando a remuneração cai para US$ 15, o produto marginal do capital aumenta, encorajando a empresa a adquirir mais equipamentos de produção e a contratar um maior número de trabalhadores. Por conseguinte, a curva RMgP desloca-se de RMgP$_{L1}$ para RMgP$_{L2}$, gerando um novo ponto C na curva de demanda de trabalho. Sendo assim, A e C são dois pontos na curva de demanda de trabalho, mas B não.

Observe que, da forma como foi construída, a curva de demanda do trabalho é mais elástica do que qualquer uma das duas curvas de produto marginal (as quais pressupõem ausência de variação na quantidade de equipamentos de produção). Portanto, a maior elasticidade na demanda de trabalho se deve ao fato das empresas poderem substituir capital por trabalho no processo produtivo, uma vez que os insumos de capital variam no longo prazo.

A curva de demanda do mercado

Quando agregamos as curvas de demanda individual dos consumidores para obter a curva de demanda do mercado de um produto, estávamos preocupados com um único setor. Entretanto, um fator de produção como a mão de obra especializada é demandado por empresas de vários setores diferentes. Além disso, à medida que passamos de um setor para outro, é provável que encontremos diferenças substanciais na demanda das empresas por trabalho (a qual deriva em parte do nível de produção dessas empresas). Assim, para obtermos a curva de demanda total de trabalho devemos primeiro obter as curvas em cada setor para depois somá-las horizontalmente. O segundo passo é direto. Somar as curvas de demanda setorial de trabalho é exatamente o mesmo que somar as curvas de demanda individual do produto para obter a curva de demanda do mercado para aquele produto. Portanto, vamos concentrar nossas atenções no passo mais difícil, o primeiro.

DETERMINAÇÃO DA DEMANDA SETORIAL O primeiro passo — determinação da demanda setorial — leva em conta o fato de que tanto o nível de produção obtido pela empresa como o preço para o produto sofrem alterações à medida que ocorrem variações nos valores dos insumos de produção. É mais fácil determinar a demanda de mercado quando há apenas um único produtor. Nesse caso, a curva de receita marginal do produto é a própria curva de demanda do insumo pelo setor. Quando há muitas empresas, entretanto, a análise torna-se mais complexa por causa das possíveis interações entre elas. Como exemplo, consideremos a demanda por trabalho quando os mercados de produto são perfeitamente competitivos. Nesse caso, a receita do produto marginal do trabalho resulta do preço da mercadoria multiplicado pelo produto marginal do trabalho (veja a Equação 14.2), conforme mostra a curva $RMgP_{L1}$ na Figura 14.5(a).

> Como dissemos na Seção 4.3, a curva de demanda de mercado de um produto mostra a quantidade que os consumidores desejarão adquirir desse produto à medida que o preço se altera.

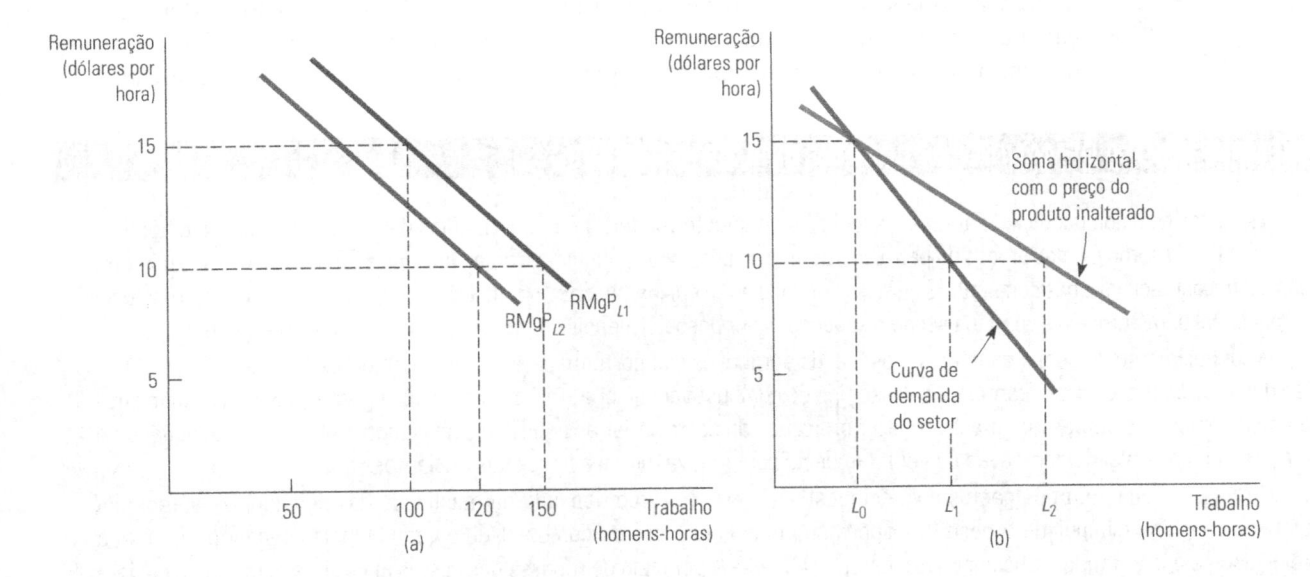

FIGURA 14.5 A DEMANDA DO SETOR POR TRABALHO

A curva de demanda por trabalho de uma empresa competitiva, $RMgP_{L1}$, apresentada em (a), considera que o preço do produto permanece inalterado. Entretanto, à medida que a remuneração da mão de obra cai de US$ 15 para US$ 10 por hora, o preço do produto também apresenta diminuição. A curva de demanda da empresa é então deslocada para baixo, passando a ser $RMgP_{L2}$. Em consequência, a curva de demanda do setor, mostrada em (b), é mais inelástica do que a curva de demanda que seria obtida caso o preço do produto permanecesse inalterado.

De início, suponhamos que a remuneração seja de US$ 15 por hora e que a empresa demande 100 homens-horas de trabalho. Agora suponhamos que o salário pago pela empresa caia para US$ 10 por hora. Se nenhuma outra empresa puder contratar empregados por valores menores, então essa firma contratará 150 homens-horas de trabalho (apenas encontrando o ponto da curva $RMgP_{L1}$ que corresponde à remuneração de US$ 10 por hora). Mas se a remuneração diminuir para todas as empresas, todo o setor contratará mais mão de obra. Isso ocasionará um maior nível de produção no setor, um deslocamento da curva de oferta para a direita e um preço de mercado mais baixo para o produto.

Na Figura 14.5(a), quando o preço do produto cai, a curva original de receita marginal do produto é deslocada para a esquerda, passando de $RMgP_{L1}$ para $RMgP_{L2}$. Isso resulta em uma menor demanda de trabalho por parte da empresa — 120 horas em vez de 150. Em consequência, a demanda de trabalho no setor será mais baixa do que se apenas uma empresa pudesse contratar trabalhadores pela remuneração mais baixa. A Figura 14.5(b) ilustra esse fato. A linha mais clara mostra o resultado da soma horizontal das demandas do trabalho de cada uma das empresas, caso o preço do produto permanecesse inalterado quando o salário apresentasse redução. A linha mais escura mostra a curva de demanda de trabalho do setor, que leva em conta o fato de que o preço do produto diminuirá à medida que todas as empresas expandirem os níveis de produção em reação ao nível de remuneração mais baixo. Quando a remuneração é de US$ 15 por hora, a demanda de mão de obra do setor é de L_0 homens-horas. Quando a remuneração cai para US$ 10 por hora, a demanda do setor aumenta para L_1. Note que se trata de uma elevação menor do que L_2, que ocorreria se o preço do produto fosse fixo. A agregação das curvas de demanda setorial à curva de demanda do mercado por trabalho é o passo final: para completá-lo, simplesmente somaremos o trabalho demandado por todos os setores.

> Na Seção 2.4, definimos a elasticidade preço da demanda como a porcentagem de mudança na quantidade demandada resultante de uma alteração de 1% no preço do produto.

A obtenção da curva de demanda do mercado por trabalho (ou por qualquer outro insumo) é essencialmente a mesma quando o mercado do produto não é competitivo. A única diferença é que se torna mais difícil prever uma modificação no preço do produto em reação a uma variação da remuneração, pois cada empresa do mercado provavelmente estará determinando os preços de forma estratégica, em vez de aceitar um preço de mercado.

EXEMPLO 14.1 A DEMANDA POR COMBUSTÍVEL DE AERONAVES

Os custos com combustível de aeronaves têm sido altamente voláteis durante as últimas décadas, em geral aumentando e diminuindo de acordo com os preços do petróleo. Quando os preços de combustível eram altos, eles eram responsáveis por 30% dos custos operacionais das companhias aéreas e, quando eram baixos, chegavam a 10% a 15% dos custos. Em geral, o custo do combustível para aeronaves continua sendo a segunda maior despesa (depois do trabalho) para as companhias aéreas.

O conhecimento da demanda por combustível de aeronaves é importante para os administradores de refinarias de petróleo que precisam decidir as quantidades desse tipo de combustível que produzirão. Também é importante para os administradores de empresas aéreas que precisam fazer projeções de como variar as aquisições de combustível e os custos quando o preço do combustível de aeronaves aumentar, e decidir sobre investir em aviões mais eficientes.[2]

O efeito do aumento dos gastos com combustível no setor aéreo depende da habilidade das companhias aéreas em cortar o consumo diminuindo o peso (transportando menos excesso de combustível) e voando mais devagar (reduzindo a velocidade e aumentando a eficiência dos motores) ou, então, por meio do repasse dos custos mais altos para os consumidores. Portanto, a elasticidade preço da demanda de combustível para aeronaves depende tanto da habilidade em economizar combustível como das elasticidades da oferta e da demanda das viagens aéreas.

Para medirmos a elasticidade da demanda do combustível para aeronaves no curto prazo utilizaremos como quantidade demandada o número de galões consumidos por uma companhia aérea em todos os mercados dentro da malha de rotas domésticas. O preço do combustível é medido em dólares por galão. Uma análise estatística da demanda deverá levar em conta outros fatores além do preço que possam explicar por que algumas empresas demandam mais combustível do que outras. Algumas companhias aéreas, por exemplo, empregam aviões que são mais eficientes no consumo de combustível do que outras. Um segundo fator poderia ser a distância percorrida durante os voos. Quanto mais curto o voo, mais combustível será consumido por milha de viagem. Esses dois fatores foram incluídos em uma análise estatística relacionando a quantidade demandada de combustível de aeronaves com seu preço. A Tabela 14.1 mostra algumas elasticidades preço no curto prazo. (Não se leva em conta o lançamento de novos tipos de aviões.)

TABELA 14.1	Elasticidades preço da demanda por combustível para aeronaves no curto prazo		
Empresa	Elasticidade	Empresa	Elasticidade
American	−0,06	Delta	−0,15
Continental	−0,09	United	−0,10

---

2 Esse exemplo foi extraído em parte de Joseph M. Cigliano, "The Demand for Jet Fuel by the U.S. Domestic Trunk Airlines", *Business Economics*, set. 1982, p. 32-36.

As elasticidades preço do combustível para as empresas aéreas variam de −0,06 (no caso da American) a −0,15 (no caso da Delta). Em conjunto, esses resultados mostram que a demanda de combustível como insumo na produção de milhas por voo é muito inelástica. Esse fato não é surpreendente: no curto prazo não há um bom substituto para o combustível de aviões. Entretanto, a elasticidade da demanda é mais alta no longo prazo, já que as empresas aéreas podem eventualmente passar a utilizar aeronaves mais econômicas.

A Figura 14.6 mostra as demandas por combustível de aeronaves no curto e no longo prazos. A curva de demanda no curto prazo, $RMgP_{CP}$, é muito menos elástica do que no longo prazo, porque quando o preço do combustível sobe é necessário algum tempo para substituir os aviões por outros mais novos e eficientes.

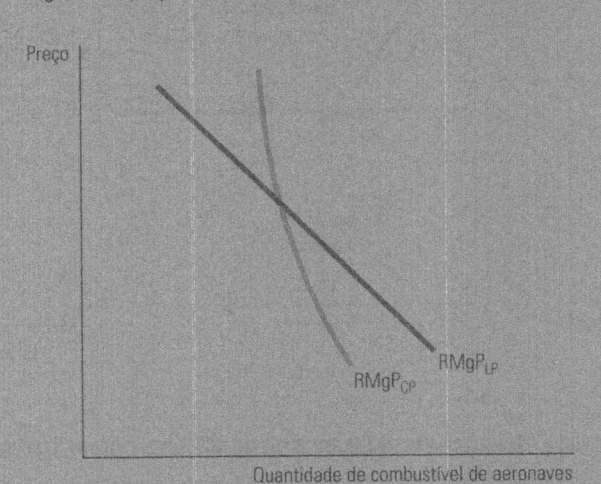

FIGURA 14.6 A DEMANDA POR COMBUSTÍVEL DE AERONAVES NO CURTO E NO LONGO PRAZOS

A demanda por combustível para aeronaves no curto prazo, $RMgP_{CP}$, é mais inelástica do que a demanda no longo prazo, $RMgP_{LP}$. No curto prazo, as empresas aéreas não podem reduzir muito o consumo de combustível quando ocorre uma elevação no preço deste. Entretanto, no longo prazo, elas podem optar por rotas mais longas e com um consumo de combustível mais eficiente, assim como colocar aviões mais econômicos em serviço.

Oferta de insumos para uma empresa

Quando o mercado de um insumo é perfeitamente competitivo, uma empresa pode adquirir a quantidade que desejar daquele insumo por um preço fixo, o qual é determinado pela interseção das curvas de demanda e oferta de mercado, como mostra a Figura 14.7(a). A curva de oferta de insumo com a qual uma empresa se defronta é, então, perfeitamente elástica. Na Figura 14.7(b), uma empresa está adquirindo tecido a US$ 10 por metro para confeccionar roupas. Pelo fato de a empresa se constituir em apenas uma pequena parte do mercado de tecido, ela poderá adquirir a quantidade que desejar sem influenciar o preço.

Como explicado na Seção 10.5, a curva de oferta AE com a qual a empresa se defronta na Figura 14.7(b) é a **curva de despesa média** (assim como a curva de demanda com a qual uma empresa se defronta é a *curva de receita média*), porque representa a despesa da empresa com cada unidade de produto por ela adquirida. Por outro lado, a **curva de despesa marginal** representa a despesa da empresa com uma *unidade adicional* que ela adquire. (A curva de despesa marginal em um mercado de fatores é semelhante à curva de receita marginal em um mercado de produto.) A despesa marginal depende do fato de a empresa ser uma compradora competitiva ou uma compradora com poder de monopsônio. Se você é uma compradora competitiva, o custo de cada unidade é o mesmo, não importa quantas unidades sejam adquiridas; o que vale é o preço de mercado do bem. O preço pago é a despesa média por unidade, e a despesa marginal é igual à média. Em consequência, quando

curva de despesa média
Curva de oferta que representa o preço por unidade que uma empresa paga por certo bem.

curva de despesa marginal
Curva que descreve os custos adicionais da compra de uma unidade adicional de um bem.

o mercado de fatores é competitivo, as curvas de despesa média e de despesa marginal são linhas horizontais e idênticas, da mesma forma que as curvas de receita marginal e de receita média de uma empresa competitiva em um mercado de produto.

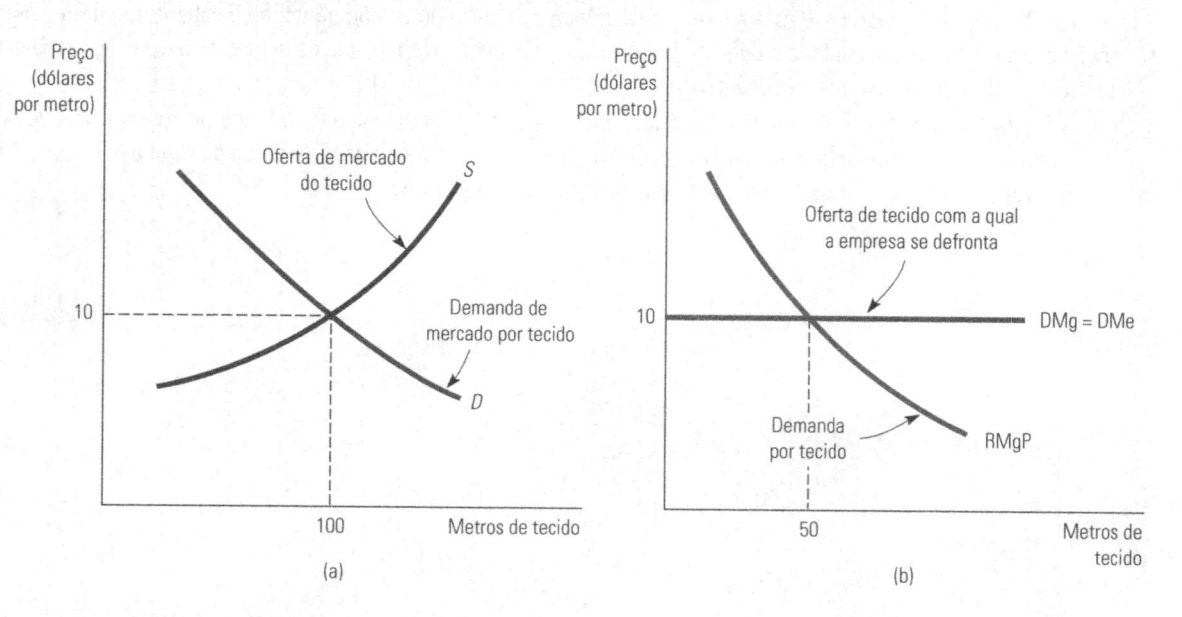

FIGURA 14.7 A OFERTA DE INSUMO DE UMA EMPRESA EM UM MERCADO DE FATORES COMPETITIVO

Em um mercado de fatores competitivo, uma empresa poderá adquirir qualquer quantidade que desejar do insumo sem afetar o preço dele. Portanto, a empresa se defronta com uma curva de oferta perfeitamente elástica para esse insumo. Em consequência, a quantidade de insumo adquirida pelo fabricante do produto é determinada pela interseção das curvas de demanda e de oferta do insumo. Em (a), a quantidade demandada pelo setor e a quantidade ofertada de tecido tornam-se iguais ao preço de US$ 10 por metro. Em (b), a empresa se defronta com uma curva de despesa marginal horizontal ao preço de US$ 10 por metro de tecido, optando pela aquisição de 50 metros.

Quanto insumo uma empresa que se defronta com um mercado competitivo de fatores deveria adquirir? Enquanto a curva de receita do produto marginal estiver acima da curva de despesa marginal, o lucro poderá ser aumentado pela aquisição de mais insumo, pois o benefício de uma unidade adicional (RMgP) ultrapassa o custo (DMg). Entretanto, quando a curva de receita do produto marginal estiver abaixo da curva de despesa marginal, algumas unidades resultarão em benefício inferior ao custo. Portanto, a maximização de lucros requer que a *receita marginal do produto seja igual à despesa marginal*:

$$DMg = RMgP \qquad (14.5)$$

Quando consideramos o caso especial de um mercado competitivo de produto, vimos que a empresa teria de adquirir insumos, por exemplo, o trabalho, até o ponto em que a receita marginal do produto se igualasse ao preço do insumo, w, como na Equação 14.3. No caso competitivo, portanto, a condição de maximização de lucro é a de que o preço do insumo seja igual à despesa marginal:

$$DMg = w \qquad (14.6)$$

Em nosso exemplo, o preço do tecido (US$ 10 por metro) é determinado no mercado competitivo de tecidos, como mostra a Figura 14.7(a), no ponto de interseção entre as curvas de demanda e de oferta. A Figura 14.7(b) indica a quantidade de tecido adquirida por uma empresa no ponto de interseção entre as curvas de despesa marginal e de receita do produto marginal. Quando são adquiridos 50 metros de tecido, a despesa marginal de US$ 10 é igual à receita marginal obtida na venda de roupas produzidas utilizando a quantidade adicional de tecido no processo produtivo. Caso uma quantidade inferior a 50 metros fosse adquirida, a empresa estaria deixando de aproveitar uma oportunidade de gerar lucros adicionais com a venda de roupas. Se uma quantidade maior do que 50 metros fosse adquirida, o custo do tecido seria maior do que a receita adicional que a empresa receberia ao vender a quantidade extra de roupas.

O mercado de oferta de insumos

A curva de oferta de mercado de um fator de produção em geral possui inclinação ascendente. Vimos no Capítulo 8 que a oferta de mercado de um produto em um mercado competitivo geralmente possui tal inclinação porque o custo marginal da produção do item costuma ser crescente. Esse também é o caso do tecido e de outros insumos que sejam matéria-prima.

Entretanto, quando o insumo for o trabalho, serão as pessoas e não as empresas que decidirão quanto ofertar. Nesse caso, a maximização da utilidade pelos funcionários é que determina a oferta, em vez de ser a maximização do lucro pelas empresas. Na discussão que será apresentada a seguir utilizaremos o efeito substituição e o efeito renda, discutidos no Capítulo 4, para mostrar que, apesar de a curva de oferta de trabalho possuir em geral uma inclinação ascendente, poderá ter também, como mostra a Figura 14.8, uma *curvatura para trás*. Em outras palavras, uma remuneração mais elevada poderá resultar em menor quantidade de trabalho sendo ofertada.

> Na Seção 8.6, explicamos que a curva de oferta no curto prazo mostra a quantidade de bens que será produzida pelas empresas no mercado para todos os preços possíveis.

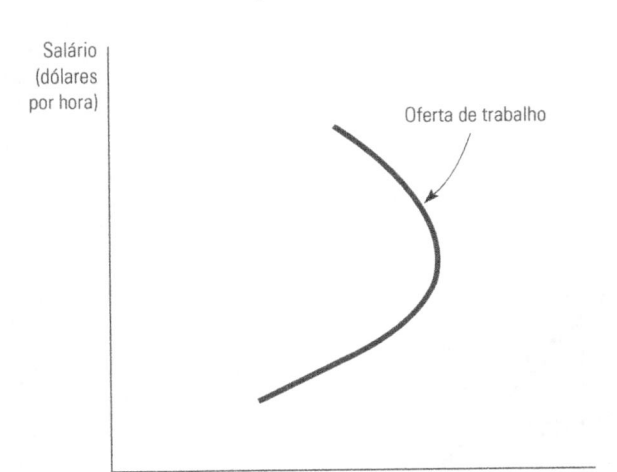

FIGURA 14.8 OFERTA DE TRABALHO COM CURVATURA PARA TRÁS

Quando a taxa de salários aumenta, as horas de trabalho ofertadas apresentam de início uma elevação, mas podem começar a diminuir à medida que as pessoas optarem por mais lazer e menos trabalho. A parte da curva de oferta da mão de obra que possui curvatura para trás surge quando o efeito renda associado à remuneração mais elevada (que encoraja mais lazer) é maior do que o efeito substituição (que encoraja mais trabalho).

Para entendermos por que a curva de oferta de trabalho pode estar virada para trás, dividiremos o dia em horas de trabalho e em horas de lazer. *Lazer* é um termo que descreve todas as atividades prazerosas não relacionadas ao trabalho, inclusive dormir e comer. O *trabalho* beneficia o trabalhador apenas mediante a remuneração que gera. Suponhamos também que um trabalhador possa escolher o número de horas que trabalhará por dia.

A taxa de salários (remuneração) mede o valor que o trabalhador atribui ao tempo de lazer, pois mede a quantidade de dinheiro que o trabalhador deixa de receber para desfrutar de lazer. À medida que a remuneração vai aumentando, portanto, o preço do lazer também aumenta. Essa variação do preço resulta tanto de um efeito substituição (uma mudança

> Na Seção 4.2, explicamos que um aumento no preço de um produto tem dois efeitos: o poder real de compra de cada consumidor cai (efeito renda) e o produto se torna relativamente mais caro (efeito substituição).

no preço relativo, com a utilidade permanecendo inalterada) como de um efeito renda (uma mudança na utilidade, com os preços relativos permanecendo inalterados). Ocorre um efeito substituição porque o preço mais elevado do lazer encorajará os trabalhadores a substituir o lazer por trabalho. Ocorre um efeito renda porque a remuneração mais alta aumenta o poder de compra do trabalhador. Dispondo de uma renda real mais elevada, o trabalhador pode adquirir maior quantidade de muitas mercadorias, dentre elas o lazer. Se mais desse último foi escolhido, isso se deve ao fato de o efeito renda estar estimulando o indivíduo a trabalhar menos horas. O efeito renda pode assumir grandes proporções, pois o salário é o componente básico da renda da maioria das pessoas. Quando o efeito renda supera o efeito substituição, o resultado é uma curva de oferta de trabalho virada para trás.

A Figura 14.9 mostra como uma curva de oferta de trabalho com curvatura para trás pode resultar da decisão de lazer-trabalho para um dia de semana típico. O eixo horizontal indica as horas de lazer em cada dia e o eixo vertical a renda gerada pelo trabalho. (Estamos supondo que não haja outras fontes de renda.) Inicialmente, a remuneração é de US$ 10 por hora e a linha de orçamento é indicada por PQ. O ponto P, por exemplo, mostra que se a pessoa trabalhasse 24 horas por dia obteria rendimentos no valor de US$ 240.

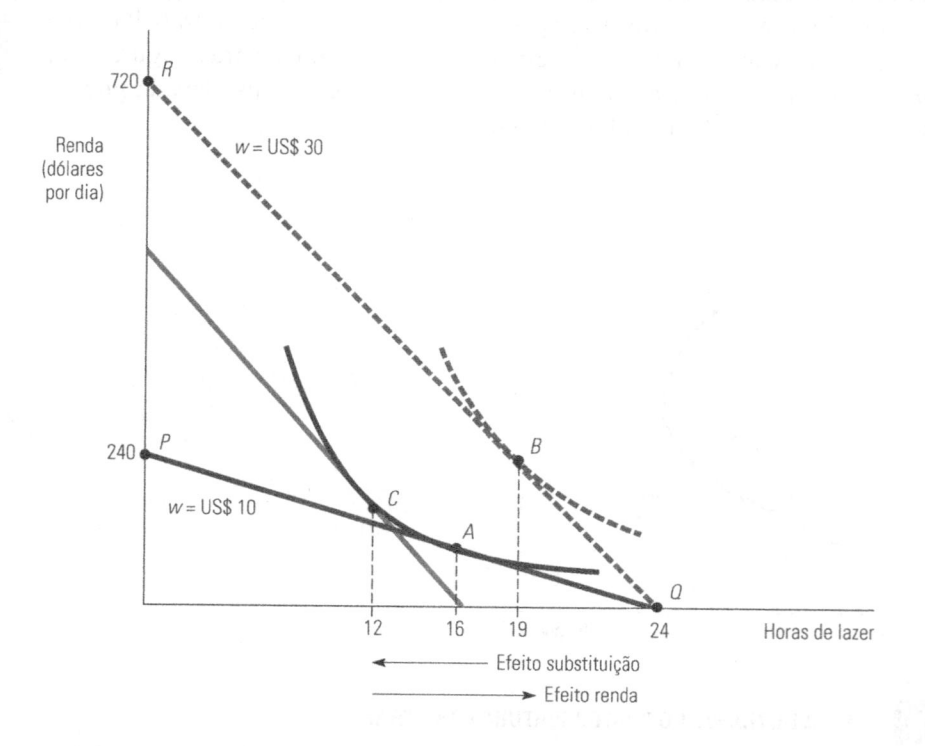

FIGURA 14.9 EFEITO SUBSTITUIÇÃO E EFEITO RENDA DE UM AUMENTO DE SALÁRIO

Quando a remuneração aumenta de US$ 10 para US$ 30 por hora, a linha de orçamento do trabalhador é deslocada de PQ para RQ. A reação do trabalhador é passar do ponto A para o ponto B enquanto reduz as horas trabalhadas de 8 para 5 por dia. A redução das horas trabalhadas ocorre porque o efeito renda supera o efeito substituição. Nesse caso, a curva de oferta de trabalho passa a apresentar curvatura para trás.

O trabalhador maximiza a utilidade escolhendo o ponto A e, assim, desfrutando 16 horas de lazer por dia (contra 8 horas de trabalho) e recebendo rendimentos de US$ 80. Quando a remuneração aumenta para US$ 30 por hora, a linha de orçamento sofre um movimento de rotação em torno do ponto de interseção entre a linha RQ e o eixo horizontal. (Apenas 24 horas de lazer são possíveis.) Agora o trabalhador passa a maximizar a utilidade no ponto B ao escolher 19 horas de lazer por dia (contra 5 horas de trabalho), recebendo, desse modo, rendimentos de US$ 150. Se houvesse apenas o efeito substituição, a remuneração mais elevada encorajaria o trabalhador a trabalhar 12 horas por dia (no ponto C) em vez de 8 horas por dia. Entretanto, o efeito renda atua no sentido oposto. Ele supera o efeito substituição e ocasiona uma redução de 8 para 5 horas trabalhadas por dia.

Na vida real, uma curva de oferta com curvatura para trás poderia se aplicar a um universitário que trabalhe durante as férias de verão para custear as despesas escolares anuais. Assim que atinge o nível almejado de rendimentos, ele deixa de trabalhar e dedica mais horas ao lazer. Um aumento na remuneração resultaria em um número menor de horas trabalhadas, pois permitiria que o estudante atingisse mais rápido o nível desejado de rendimentos. A curva de oferta de trabalho virada para trás também se aplica a motoristas de táxi. Como vimos no Exemplo 5.9, para taxistas que têm uma meta diária de rendimentos, um aumento na remuneração horária reduzirá o número de horas que eles trabalham.

EXEMPLO 14.2 OFERTA DE TRABALHO DE FAMÍLIAS COM UM E COM DOIS ASSALARIADOS

Uma das mais significativas modificações ocorridas no mercado de trabalho no século XX foi o aumento da participação feminina na força de trabalho. Enquanto somente 34% das mulheres participavam do mercado de trabalho em 1950, esse número havia subido para pouco menos de 60% em 2010. As mulheres casadas representam parte substancial desse aumento. O papel crescente da mulher no mercado de trabalho também tem tido um importante impacto no mercado imobiliário: a questão de saber onde morar e trabalhar tem exigido cada vez mais uma decisão conjunta, envolvendo tanto o marido como a mulher.

A natureza complexa da escolha do trabalho foi estudada em uma investigação comparativa que analisou as decisões de trabalho tomadas por 94 mulheres solteiras e por chefes de família e as respectivas mulheres em 397 famílias.[3] Uma maneira de descrever as decisões de trabalho tomadas pelos diversos grupos de famílias envolve o cálculo das elasticidades da oferta de trabalho. Cada uma delas relaciona o número de horas trabalhadas não somente à remuneração do chefe da família, mas também à do outro membro assalariado. A Tabela 14.2 resume os resultados obtidos.

TABELA 14.2 Elasticidades da oferta de mão de obra (horas trabalhadas)			
Grupo	Horas trabalhadas pelo chefe da família em relação à remuneração	Horas trabalhadas pelo outro cônjuge em relação à remuneração	Horas trabalhadas pelo chefe da família em relação à remuneração do outro cônjuge
Homens solteiros (sem filhos)	0,026		
Mulheres solteiras (com filhos)	0,106		
Mulheres solteiras (sem filhos)	0,011		
Famílias com um assalariado (com filhos)	−0,078		
Famílias com um assalariado (sem filhos)	0,007		
Famílias com dois assalariados (com filhos)	−0,002	−0,086	−0,004
Famílias com dois assalariados (sem filhos)	−0,107	−0,028	−0,059

Quando uma remuneração mais elevada se associa a menos horas trabalhadas, a curva de oferta de mão de obra tem curvatura para trás: isso indica que o efeito renda, o qual estimula o aumento das horas de lazer, supera o efeito substituição.

---

3 Veja Janet E. Kohlhase, "Labor Supply and Housing Demand for One- and Two-Earner Households", *Review of Economics and Statistics* 68, 1986, p. 48-56; e Ray C. Fair e Diane J. Macunovich, "Explaining the Labor Force Participation of Women 20–24", não publicado, fev. 1997.

que estimula o aumento das horas trabalhadas. A elasticidade da oferta de mão de obra é então negativa. A Tabela 14.2 mostra que, tanto no caso das famílias com filhos e que possuem apenas um membro assalariado como no das famílias (com ou sem filhos) que possuem dois membros assalariados, todas as curvas de oferta de trabalho apresentam curvatura para trás, com elasticidades variando entre −0,002 e −0,078. A maioria das famílias com apenas um membro assalariado encontra-se na parte da curva com inclinação para cima, e a elasticidade mais alta, de 0,106, está associada a mulheres solteiras com filhos. Mulheres casadas (listadas como cônjuges de chefes de família) situam-se também na parte da curva de oferta do trabalho com curvatura para trás, possuindo elasticidades entre −0,028 e −0,086.

14.2 Equilíbrio em um mercado competitivo de fatores

Um mercado competitivo de fatores está em equilíbrio quando o preço do insumo possibilita que a quantidade demandada seja igual à ofertada. A Figura 14.10(a) mostra esse equilíbrio para um mercado de trabalho. No ponto A, a remuneração de equilíbrio é w_C e a quantidade ofertada é L_C. Por estarem bem informados, todos os trabalhadores recebem salários idênticos e geram idênticas receitas marginais de produto do trabalho onde quer que estejam empregados. Caso qualquer um dos funcionários tivesse uma remuneração inferior ao seu produto marginal, as empresas achariam mais lucrativo oferecer-lhe uma remuneração mais alta.

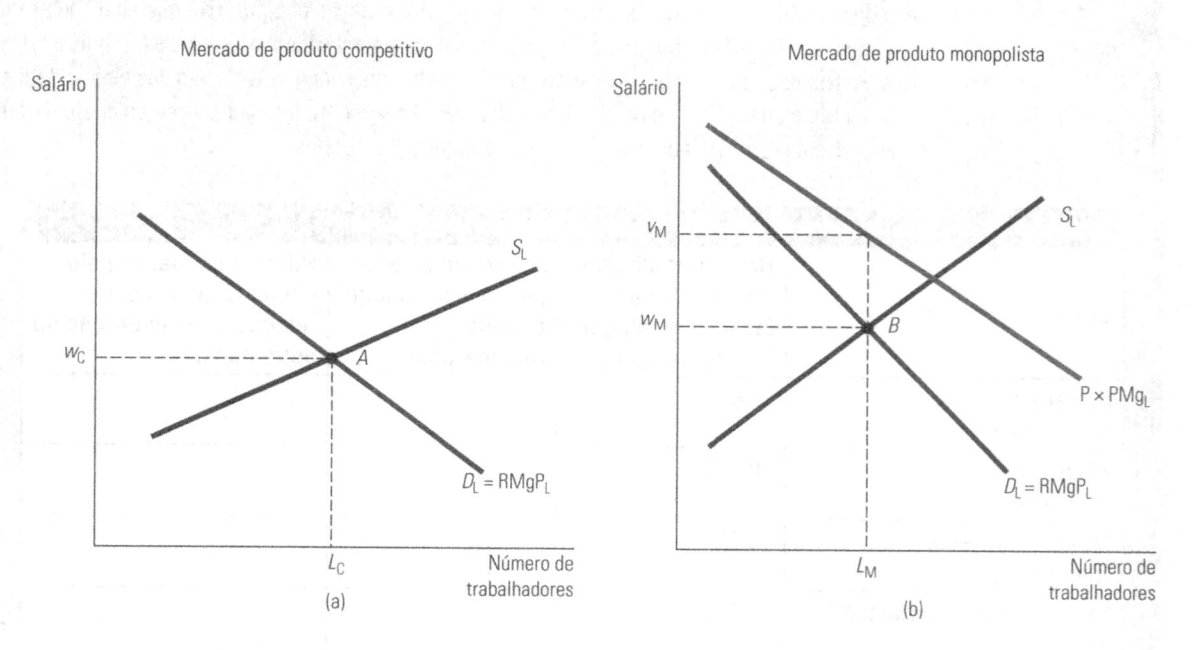

FIGURA 14.10 **EQUILÍBRIO DO MERCADO DE TRABALHO**

Em um mercado de trabalho competitivo, quando o mercado de produto também é competitivo, a remuneração de equilíbrio, w_C, é obtida no ponto de interseção entre a curva de demanda de trabalho (curva de receita do produto marginal) e a curva de oferta de trabalho. Esse é o ponto A na parte (a) desta figura. A parte (b) mostra que, quando o fabricante do produto tem poder de monopólio, o valor marginal, v_M, de um trabalhador é maior do que a remuneração, w_M. Por isso, poucos trabalhadores são empregados. (O ponto B determina a quantidade de trabalho que a empresa contrata, bem como a remuneração paga.)

Se o mercado de produto também fosse perfeitamente competitivo, a curva de demanda de um produto mediria o benefício que os consumidores do produto atribuiriam ao uso adicional de insumo no processo de produção. A remuneração também reflete o custo para a empresa e para a sociedade da utilização de uma unidade adicional de insumo. Portanto, no ponto A da Figura 14.10(a), o benefício marginal de uma hora de trabalho (a receita do produto marginal, $RMgP_L$) é igual ao custo marginal (a taxa de salário w).

Quando os mercados de produto e de insumo são perfeitamente competitivos, os recursos são utilizados de modo eficiente, pois é maximizada a diferença entre benefícios totais e custos totais. A eficiência exige que a receita adicional recebida pela empresa em decorrência de ter contratado uma unidade adicional de trabalho (a receita do produto marginal da mão de obra $RMgP_L$) seja igual ao benefício para os consumidores do produto adicional que a unidade adicional de trabalho produz, dado pelo preço do produto vezes o produto marginal do trabalho, $(P)(PMg_L)$.

Quando o mercado de produto não é perfeitamente competitivo, a condição $RMgP_L = (P)(PMg_L)$ não se mantém. Observe na Figura 14.10(b) que a curva representando o preço do produto multiplicado pelo produto marginal do trabalho $[(P)(PMg_L)]$ está situada acima da curva de receita do produto marginal $[(RMg)(PMg_L)]$. O ponto B indica a remuneração de equilíbrio, w_M, e a oferta de mão de obra de equilíbrio, L_M. Mas, como o preço do produto é a medida do valor para os consumidores de cada unidade adicional da produção que adquirem, $(P)(PMg_L)$ é o valor que os consumidores atribuem às unidades adicionais do insumo trabalho. Portanto, quando L_M trabalhadores estiverem empregados, o custo marginal w_M para a empresa será menor do que o benefício marginal para os consumidores v_M. Apesar de a empresa estar maximizando os lucros, o nível de produção é menor do que o nível eficiente de produção, e a utilização de insumo pela empresa também está em um nível mais baixo do que o nível eficiente. A eficiência econômica aumentaria se mais trabalhadores fossem contratados e, em consequência, a produção aumentasse. (Os ganhos dos consumidores superariam o lucro perdido da empresa.)

Renda econômica

O conceito de renda econômica ajuda a explicar o funcionamento dos mercados de fatores. No Capítulo 8, quando discutimos os mercados de produto no longo prazo, definimos renda econômica como aqueles pagamentos recebidos por uma empresa além e acima do custo mínimo de fabricação do produto. Para um mercado de fatores, *renda econômica é a diferença entre os pagamentos destinados a um fator de produção e o valor mínimo que teria de ser despendido para poder contratar o uso de tal fator.* A Figura 14.11 ilustra o conceito de renda econômica na forma em que ele se aplica ao mercado competitivo de mão de obra. O preço de equilíbrio do trabalho é w^* e a quantidade de trabalho ofertada é L^*. A curva de oferta de trabalho tem inclinação ascendente e a curva de demanda de trabalho é a curva de receita marginal do produto, que possui inclinação descendente. Pelo fato de a curva de oferta nos informar a quantidade de trabalho que deverá ser ofertada em cada nível de remuneração, a despesa mínima necessária para contratar L^* unidades de trabalho é indicada pela região de coloração cinza-escura, AL^*0B, abaixo da curva de oferta e à esquerda da quantidade de equilíbrio de trabalho ofertada, L^*.

Em mercados perfeitamente competitivos, todos os trabalhadores recebem o salário w^*. Tal salário é necessário para que o último trabalhador empregado (trabalhador "marginal") oferte sua mão de obra. Mas todos os demais trabalhadores auferem renda econômica porque o salário recebido por eles é maior que o salário que eles necessitam receber para estarem dispostos a trabalhar. Como o total de remunerações pagas corresponde à área $0w^*AL^*$, a renda econômica recebida pelo trabalho é representada pela área ABw^*.

Observe que, se a curva de oferta fosse perfeitamente elástica, a renda econômica seria igual a zero. Só há renda quando a oferta é relativamente inelástica. De fato, quando a oferta é perfeitamente inelástica, todos os pagamentos destinados a determinado fator de produção se constituem em renda econômica, já que tal fator seria ofertado pouco importa o preço pago.

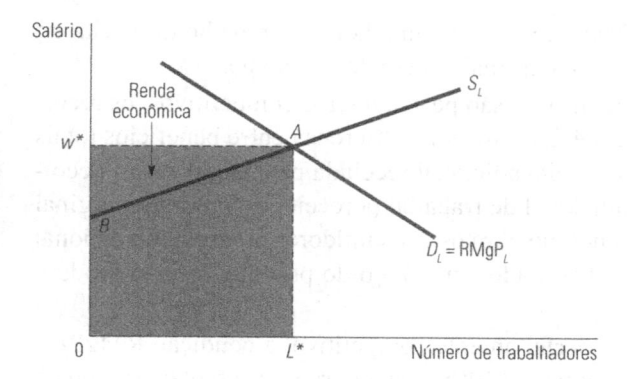

FIGURA 14.11 RENDA ECONÔMICA

A renda econômica associada ao emprego do trabalho é o excedente de salário pago acima do valor mínimo necessário para a contratação de trabalhadores. O salário de equilíbrio é indicado pelo ponto A, situado na interseção das curvas de oferta e de demanda de trabalho. Pelo fato de a curva de oferta possuir inclinação ascendente, alguns trabalhadores poderiam ter aceitado empregos recebendo remuneração menor do que w^*. A região de coloração cinza-clara, ABw^*, é a renda econômica recebida por todos os trabalhadores.

Como mostra a Figura 14.12, as terras são um exemplo de insumo com oferta inelástica. A curva de oferta é perfeitamente inelástica, porque a quantidade de terras disponíveis para a construção de moradias (ou para agricultura) é fixa, pelo menos no curto prazo. Com as terras sendo ofertadas de forma inelástica, o preço é totalmente determinado pela demanda. A demanda por terras é indicada por D_1 e o preço unitário é s_1. A renda total das terras é representada pelo retângulo de coloração cinza-escura. Contudo, quando a demanda das terras aumenta para D_2, o valor unitário do arrendamento sobe para s_2; nesse caso, a renda total passa a incluir também a área de coloração cinza-clara. Portanto, um aumento na demanda das terras (um deslocamento da curva de demanda para o lado direito) resulta tanto em um valor por acre mais alto quanto em uma renda econômica mais elevada.

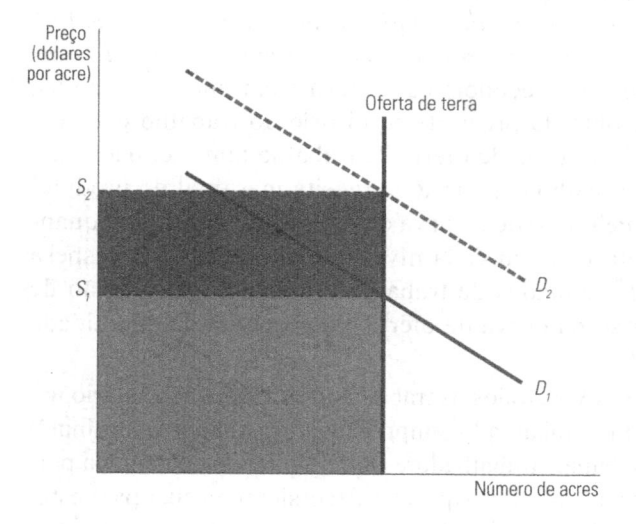

FIGURA 14.12 RENDA DA TERRA

Quando a oferta de terras é perfeitamente inelástica, o preço de mercado é determinado pelo ponto de interseção com a curva de demanda. A totalidade do valor das terras corresponde então a uma renda econômica. Quando a demanda é dada por D_1, a renda econômica por acre é indicada por s_1, e quando a demanda aumenta para D_2, a renda econômica por acre aumenta para s_2.

EXEMPLO 14.3 — O SOLDO DOS MILITARES

O exército dos Estados Unidos tem enfrentado um grande problema com os recursos humanos há muitos anos. Durante a Guerra Civil, praticamente 90% das forças armadas envolvidas nos combates em terra constituíam-se de trabalhadores não especializados. Desde então, a natureza das guerras tem evoluído. As infantarias constituem hoje apenas 20% das forças armadas norte-americanas. Nesse ínterim, os avanços tecnológicos levaram a uma grande escassez de técnicos especializados, pilotos treinados, analistas de sistemas, mecânicos e outros profissionais necessários à operação de sofisticados equipamentos militares. De que maneira os militares reagiram a essa escassez? A economia pode fornecer algumas respostas.

Os vencimentos dos militares são baseados principalmente nos anos de serviço prestado. Em consequência, oficiais de diferentes níveis de especialização e com competências diversas acabam recebendo salários semelhantes. Além disso, alguns profissionais especializados recebem relativamente menos do que poderiam receber no setor privado. A Figura 14.13 mostra a ineficiência que resulta da política salarial militar. O salário de equilíbrio w^* é a remuneração para a qual a demanda e a oferta de trabalho são iguais. Entretanto, em virtude da inflexibilidade da estrutura salarial, as Forças Armadas pagam uma remuneração w_0, que se situa abaixo do salário de equilíbrio. Para w_0, a demanda é maior do que a oferta e há escassez de mão de obra especializada.

Durante a última década, os militares mudaram suas estruturas de remuneração para manter uma força de combate mais efetiva. Primeiro, um aumento de 2,7% nos soldos entrou em vigor em 2007, seguido por um aumento de 3,9% em 2009 e um aumento de 3,4% em 2010. Ainda assim, o soldo dos militares permanece baixo. Em 2011, um primeiro soldado raso recebia US$ 20.470 um sargento, US$ 24.736 um capitão, US$ 43.927 e um major, US$ 49.964.[4] Contudo, os militares foram um passo adiante, aumentando o número e o tamanho de seus bônus de realistamento. Os bônus de realistamento seletivo visaram cargos especializados, onde havia escassez. Os militares também tiraram proveito das altas taxas de desemprego existentes nos Estados Unidos de 2008 a 2011, enfatizando o treinamento técnico substancial oferecido, junto com habitação, alimentação, saúde e educação gratuitas ou subsidiadas. O resultado dessas políticas foi a mudança do mercado de mão de obra especializada no setor militar em direção ao equilíbrio, alcançando o nível de remuneração de mercado w^*, representado na Figura 14.13.

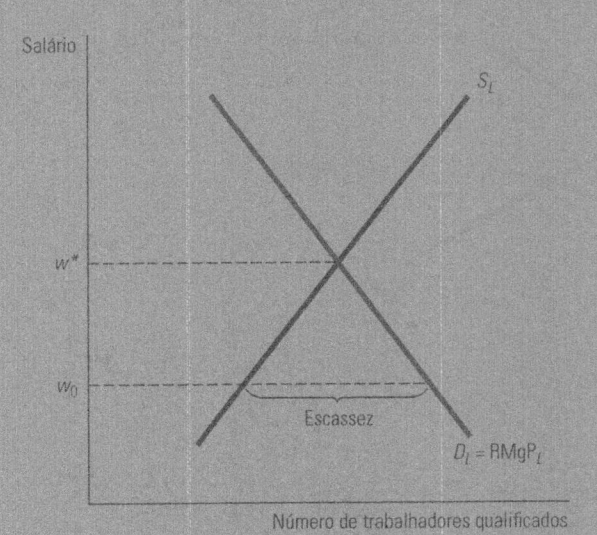

FIGURA 14.13 — A ESCASSEZ DE PESSOAL MILITAR ESPECIALIZADO

Quando o salário w^* é pago ao pessoal militar, o mercado de mão de obra está em equilíbrio. Entretanto, quando a remuneração é mantida abaixo de w^*, por exemplo, em w_0, ocorre escassez de pessoal, pois a quantidade de trabalho demandada é maior do que a quantidade de trabalho ofertada.

---

[4] http://militarypay.defense.gov/pay.

14.3 Mercado de fatores com poder de monopsônio

Em alguns mercados de fatores, certos compradores individuais possuem *poder de compra*, o que lhes permite interferir no preço que pagam. Em geral, isso acontece quando uma empresa é monopsonista ou quando há poucos compradores. Nesse último caso, cada empresa tem algum poder de monopsônio. Por exemplo, vimos no Capítulo 10 que as empresas norte-americanas fabricantes de automóveis possuem considerável poder de monopsônio como compradores de autopeças e componentes. A GM e a Toyota adquirem grandes quantidades de freios, radiadores, pneus e outras peças, negociando preços mais baixos do que aqueles cobrados de compradores de menor porte. Em outros casos, pode haver somente dois ou três vendedores de um produto e dezenas de compradores. Mas, mesmo assim, cada comprador tem *poder de negociação*, o que significa que pode negociar preços mais baixos por conta do volume e das frequências das compras e fazer com que os fornecedores concorram entre si.

> Na Seção 10.5, explicamos que o comprador possui poder de monopsônio quando a decisão de compra pode afetar o preço do produto.

Em toda esta seção consideraremos que o mercado de produto seja perfeitamente competitivo. Além disso, limitaremos nossa atenção ao monopsônio puro, pois é mais fácil entender o tema com um único comprador do que com diversos, cada um com certo poder de monopsônio.

Poder de monopsônio: despesas marginal e média

Quando se decidem quais quantidades de um bem serão adquiridas, vai-se aumentando o número de unidades até que o valor adicional da última compra (o *valor marginal*) seja igual ao custo (*despesa marginal*). Em situação de competição perfeita, o preço que se paga pelo bem (*despesa média*) é igual à despesa marginal. No entanto, quando se tem poder de monopsônio, a despesa marginal é superior à despesa média, como mostra a Figura 14.14.

> Na Seção 10.5, explicamos que a despesa marginal é o custo de uma unidade adicional e a despesa média é o preço médio pago por unidade.

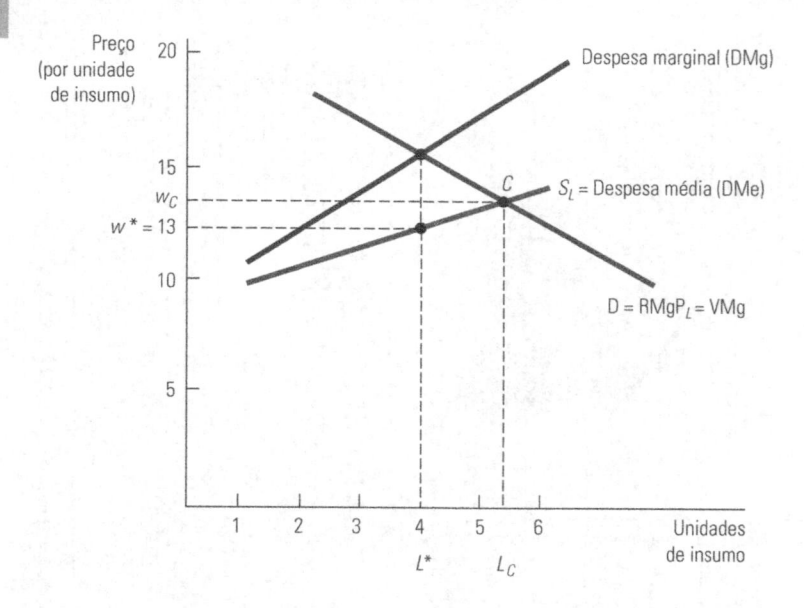

FIGURA 14.14 DESPESA MÉDIA E DESPESA MARGINAL

Quando o comprador de um insumo tem poder de monopsônio, a curva de despesa marginal está acima da curva de despesa média, porque a decisão de comprar uma unidade extra aumenta o preço a ser pago por todas as unidades, não apenas pela última. O número de unidades adquiridas é dado por L^*, na intersecção da curva de receita do produto marginal com a curva de despesa marginal. A remuneração correspondente, w^*, é menor que a remuneração competitiva, w_C.

A curva de oferta de fatores com que se defronta o monopsonista é a curva de oferta do mercado, a qual mostra as quantidades de insumo que os fornecedores estão dispostos a vender à medida que o preço vai aumentando. Como um monopsonista paga o mesmo preço a cada unidade, a curva de oferta é a *curva de despesa média*. Essa curva possui inclinação ascendente, porque a decisão de comprar unidades adicionais aumenta o preço a ser pago por todas elas, não apenas pela última. Entretanto, para a maximização de lucros da empresa, a *curva de despesa marginal* é relevante para a tomada de decisão sobre a quantidade a ser adquirida. A curva de despesa marginal fica acima da curva de despesa média: quando a empresa aumenta o preço do fator para contratar mais unidades, ela tem de pagar esse preço mais alto por *todas* as unidades e não apenas pela última.

Decisão de aquisição com poder de monopsônio

Quanto de insumo a empresa deveria adquirir? Como já foi visto, ela deveria adquirir a quantidade determinada pelo ponto em que a despesa marginal se iguala à receita do produto marginal. Nele, o benefício decorrente da última unidade adquirida (RMgP) é exatamente igual ao custo (DMg). A Figura 14.14 ilustra esse princípio para um mercado de mão de obra. Observe que o monopsonista contrata L^* unidades de trabalho; nesse ponto, DMg = $RMgP_L$. A remuneração w^* que os trabalhadores recebem é obtida encontrando-se o ponto sobre a curva de despesa média ou curva de oferta com L^* unidades de trabalho.

Como já mostramos no Capítulo 10, um comprador com poder de monopsônio maximiza o benefício líquido (utilidade menos despesas) em uma compra adquirindo insumo até o ponto em que o valor marginal (VMg) seja igual à despesa marginal (DMg):

$$VMg = DMg$$

Para uma empresa que adquire um fator de produção, VMg representa exatamente a receita marginal do produto do fator, RMgP. Portanto, temos (assim como no caso de um mercado de fatores competitivo).

$$DMg = RMgP \qquad (14.7)$$

Observe na Figura 14.14 que o monopsonista contrata menos trabalho do que uma empresa ou grupo de empresas sem poder de monopsônio. Em um mercado competitivo, seriam contratados L_C trabalhadores. Nesse nível, a quantidade de demanda de trabalho (obtida na curva de receita de produto marginal) é igual à quantidade de trabalho ofertada (obtida na curva de despesa média). Observe também que a empresa monopsonista pagará aos trabalhadores uma remuneração w^*, que é inferior à remuneração w_C paga em um mercado de fatores competitivo.

O poder de monopsônio pode surgir por razões diferentes. Uma delas poderia ser a natureza especializada do setor em que a empresa se encontra. Se ela adquire um componente que nenhuma outra compra, ela tem a possibilidade de atuar de forma monopsonista no mercado desse componente. Outra fonte poderia ser a localização da empresa — talvez esta seja a única grande empregadora em determinada região. O poder de monopsônio também pode surgir quando os compradores de determinado fator formam um cartel para limitar as aquisições desse fator, a fim de comprá-lo por um preço inferior ao competitivo. (No entanto, como foi explicado no Capítulo 10, isso violaria a legislação antitruste.)

Poucas empresas na economia norte-americana são monopsonistas puras. Todavia, muitas empresas (ou pessoas) dispõem de algum poder de monopsônio, pois suas compras representam uma grande fatia do mercado. O governo é monopsonista quando recruta voluntários para o serviço militar ou adquire mísseis, aeronaves e outros equipamentos militares especializados. Uma empresa mineradora ou outra empresa que seja a principal empregadora em determinada região também dispõe de poder de monopsônio sobre o mercado local de mão de obra. Entretanto, mesmo nesses casos, o poder de monopsônio pode ser limitado, pois, de certa forma, o governo compete com outras empresas que oferecem empregos semelhantes. Da mesma maneira, a empresa mineradora compete, em algum grau, com outras empresas situadas nas proximidades.

Poder de negociação

Em alguns mercados, há poucos fornecedores e poucos compradores. Nesse caso, o preço é negociado pelas partes e pode ser alto ou baixo, dependendo de quem tem maior poder de barganha.

A força do poder de negociação é determinada, em parte, pelo número de fornecedores e compradores concorrentes, mas pode ser definida também pela natureza da compra em si. Se cada comprador efetua compras grandes e esporádicas, pode ser que ele consiga criar uma competição entre os fornecedores durante a negociação dos preços e, assim, aumentar o poder de negociação.

Um exemplo pode ser visto no mercado de aeronaves comerciais. Os aviões são insumos essenciais para as companhias aéreas, que querem comprá-los pelo menor preço possível. Entretanto, há dezenas de companhias aéreas e somente dois produtores importantes de aviões comerciais — Boeing e Airbus. Pode-se pensar que esses dois fornecedores teriam grande vantagem na negociação de preços, mas acontece o oposto. É importante entender o motivo disso.

As companhias aéreas não compram aviões todos os dias e tampouco costumam comprar uma unidade por vez. Uma empresa como a American Airlines, por exemplo, costuma comprar novas aeronaves a cada três ou quatro anos, e pode encomendar de 20 a 30 unidades de uma vez ao custo de muitos bilhões de dólares. Por maior que sejam a Boeing e a Airbus, esse não é um pedido pequeno e os fornecedores farão tudo o que for possível para conseguir a encomenda. A American Airlines sabe disso e pode usar esse conhecimento a seu favor. Se, por exemplo, ela estiver escolhendo entre 20 novas aeronaves Boeing 787 ou 20 novas Airbus A380 (que são semelhantes), pode fazer os dois fabricantes concorrerem entre si durante a negociação do melhor preço. Assim, se a Boeing oferece um preço de, digamos, US$ 300 milhões por aeronave, a American Airlines pode procurar a Airbus e pedir que lhe façam uma melhor oferta. Seja lá qual for a oferta da Airbus, a American vai voltar à Boeing e solicitar um desconto ainda maior, alegando (com sinceridade ou não) que a Airbus ofereceu um melhor preço. Depois, novamente volta à Airbus, à Boeing, e assim por diante, até que consiga obter um desconto significativo de um dos fornecedores.

EXEMPLO 14.4 PODER DE MONOPSÔNIO NO MERCADO DE JOGADORES DE BEISEBOL

Nos Estados Unidos, a mais importante divisão de beisebol está fora do alcance da legislação antitruste, já que, de acordo com uma decisão da Suprema Corte e a política do Congresso, essa legislação não se aplica a problemas relacionados ao mercado de trabalho.[5] Essa isenção permitiu que os proprietários das equipes de beisebol (antes de 1975) operassem um cartel monopsonista. Como ocorre com todos os cartéis, esse também dependia de um acordo entre os membros. O acordo envolvia um sistema de recrutamento anual de jogadores e uma *cláusula de restrição* que na prática dava a determinada equipe exclusividade sobre um jogador por toda a vida, eliminando, portanto, a maior parte da disputa por jogadores entre as equipes. Quando um jogador era recrutado por um time, ele ficava impedido de jogar em outro, a menos que os direitos sobre o passe fossem vendidos para essa outra equipe. Em consequência, os proprietários de equipes de beisebol tinham poder de monopsônio nas negociações de novos contratos com os jogadores. A única alternativa para os atletas que não estavam dispostos a assinar contratos nesses times era abandonar a carreira ou jogar fora dos Estados Unidos.

Durante a década de 1960 e princípio da de 1970, os salários dos jogadores de beisebol estavam muito abaixo do valor de mercado dos seus produtos marginais (em parte determinados pela atenção adicional gerada por um melhor desempenho nos arremessos e nas tacadas). Se o mercado de jogadores fosse perfeitamente competitivo, os atletas que recebiam um salário, por exemplo, de cerca de US$ 42.000 em 1969 teriam, em vez disso, recebido um salário de US$ 300.000 em dólares de 1969 (o que representaria US$ 1,7 milhão em dólares de 2007).

Felizmente para os jogadores e infelizmente para os proprietários das equipes, a situação mudou depois da greve de 1972, a qual foi seguida de um processo judicial movido por um jogador (Curt Flood, do St. Louis Cardinals) e de um acordo

---

[5] Esse exemplo baseia-se em uma análise da estrutura dos salários dos jogadores de beisebol feita por Roger Noll, que gentilmente nos cedeu os dados relevantes.

arbitrado entre empregados e empregadores. O processo levou a um novo contrato feito em 1975, por meio do qual os jogadores se tornariam livres para negociar os respectivos passes após o cumprimento de um período contratual de seis anos com a equipe. A cláusula de restrição deixou de valer e esse mercado de trabalhadores, que era altamente monopsonista, passou a ser muito mais competitivo.

O resultado foi um interessante experimento econômico no mercado de trabalhadores. Entre 1975 e 1980, o mercado de jogadores de beisebol ajustou-se a um novo equilíbrio, posterior à validade da cláusula de restrição. Antes de 1975, as despesas com contratos de jogadores perfaziam em torno de 25% do total das despesas de todas as equipes. Em 1980, essas mesmas despesas haviam aumentado para 40%. Além disso, o salário dos jogadores médios dobrou em termos reais. Em 1992, um jogador médio estava recebendo US$ 1.014.942 — um grande aumento em relação aos salários monopsonistas da década de 1960. Em 1969, por exemplo, o salário médio no beisebol era de mais ou menos US$ 42.000, o que correspondia, ajustado pela inflação, a cerca de US$ 236.000 em dólares de 2007.

Os salários dos jogadores continuaram a aumentar. Se em 1990 o salário médio era pouco inferior a US$ 600.000, em 2000 ele havia subido para US$ 1.998.000 e para US$ 3.305.393 em 2011, e vários jogadores ganhavam muito mais. Como equipe, o grupo do New York Yankees ganhou uma média de US$ 8.947.937 em 2011.

EXEMPLO 14.5 O MERCADO DE TRABALHO PARA ADOLESCENTES E O SALÁRIO MÍNIMO

Os aumentos do salário mínimo nos Estados Unidos (que era de US$ 4,50 por hora no início de 1996 e US$ 7,20 em 2011) geraram controvérsia, levantando a questão de saber se o custo de algum desemprego que pudesse ser gerado seria superado pelo benefício dos rendimentos maiores daqueles cujos salários foram aumentados.[6] Um estudo recente sobre os efeitos do salário mínimo nos empregos em restaurantes de *fast-food* em Nova Jersey criou ainda mais controvérsia.[7]

Alguns estados norte-americanos têm salários mínimos acima do nível fixado pelo governo federal. Em abril de 1992, o salário mínimo de Nova Jersey subiu de US$ 4,25 para US$ 5,05 por hora. Usando um levantamento feito em 410 restaurantes de *fast-food*, David Card e Alan Krueger descobriram que a taxa de emprego de fato *aumentou* em 13% depois que o salário mínimo aumentou. Qual a explicação para esse resultado surpreendente? Uma possibilidade é de que os restaurantes tenham respondido aos salários maiores reduzindo outros benefícios indiretos, os quais em geral têm a forma de refeições com desconto ou gratuitas. Outra explicação relacionada é que os empregadores responderam oferecendo menos treinamento no trabalho e diminuindo os salários dos empregados com experiência que já recebiam mais do que o novo salário mínimo.

Uma explicação alternativa para o crescimento da taxa de emprego aí ocorrido é que o mercado de trabalho para trabalhadores não qualificados adolescentes (assim como para outros) não é altamente competitivo. Nesse caso, a análise do Capítulo 9 não se aplica. Se o mercado de trabalho de *fast-food* fosse monopsonista, por exemplo, esperaríamos um efeito diferente em consequência de um aumento no salário mínimo. Suponhamos que US$ 4,25 seja o salário que os proprietários de restaurantes de *fast-food* com poder de monopsônio ofereceriam aos funcionários mesmo que não houvesse salário mínimo. Suponhamos também que US$ 5,10 seja o salário que os trabalhadores gostariam de ganhar se o mercado fosse perfeitamente competitivo. Como mostra a Figura 14.14, o aumento do salário mínimo não aumentaria apenas o salário, mas também o nível de emprego (de L^* para L_C).

O estudo dos restaurantes de *fast-food* mostra que os empregadores têm poder de monopsônio no mercado de trabalho? As evidências sugerem que não. Se as empresas têm poder de monopsônio, mas o mercado de *fast-food* é competitivo, então o aumento do salário mínimo não deveria ter efeito algum sobre os preços cobrados nos restaurantes *fast-food*. Como o mercado

---

6 Veja o Exemplo 1.4 para encontrar uma discussão inicial sobre o salário mínimo e a Seção 9.3 para obter uma análise dos efeitos do desemprego.
7 David Card e Alan Krueger, "Minimum Wages and Employment: A Case Study of the Fast-Food Industry in New Jersey and Pennsylvania", *American Economic Review* 84, set. 1994. Veja também David Card e Alan B. Krueger, "A Reanalysis of the Effect of the New Jersey Minimum Wage on the Fast-Food Industry with Representative Payroll Data", Working Paper n. 16.386, Cambridge, MA: National Bureau of Economic Research, 1998; e Madeline Zavodny, "Why Minimum Wage Hikes May Not Reduce Employment", Federal Reserve Bank of Atlanta, *Economic Review*, segundo trimestre de 1998.

de *fast-food* é muito competitivo, se as empresas pagassem salários mínimos maiores, seriam forçadas a absorver os custos do aumento de salários. O estudo sugere, entretanto, que os preços aumentaram depois do aumento do salário mínimo.

A análise de Card e Krueger do salário mínimo continua sendo acaloradamente debatida. Alguns autores afirmam que o estudo de Nova Jersey foi atípico. Outros questionam a credibilidade dos dados, argumentando que um salário mínimo maior reduz o emprego (veja nossa discussão no Capítulo 9).[8] Em resposta, Card e Krueger repetiram o estudo, usando um conjunto de dados mais abrangente e acurado. Obtiveram os mesmos resultados. Aonde isso nos leva? Talvez uma caracterização mais precisa desse mercado de trabalho de salários baixos requeira uma teoria mais sofisticada (como a teoria do salário de eficiência que será discutida no Capítulo 17). De qualquer forma, novas análises empíricas devem trazer esclarecimentos adicionais sobre o efeito do salário mínimo.

14.4 Mercado de fatores com poder de monopólio

Na Seção 9.3, explicamos que estabelecer um salário mínimo em um mercado perfeitamente competitivo pode gerar desemprego e peso morto.

Na Seção 10.2, explicamos que o vendedor de um produto tem certo poder de monopólio se consegue cobrar, com lucro, um preço maior que o custo marginal.

Assim como os compradores de insumos podem ter poder de monopsônio, os vendedores de insumos podem ter poder de monopólio. Em um caso extremo, o vendedor de determinado insumo pode ser um monopolista, como ocorre quando uma empresa tem uma patente para produzir um chip para computadores que não pode ser copiado por nenhuma outra empresa. Como o exemplo mais importante do poder de monopólio em mercados de fatores envolve os sindicatos de trabalhadores, é aí que concentraremos nossa atenção. Nas subseções seguintes mostraremos a forma pela qual um sindicato, que é um monopolista na venda de serviços de mão de obra, pode aumentar o bem-estar de seus membros, afetando substancialmente as condições de trabalho dos trabalhadores não sindicalizados.

Poder de monopólio sobre o nível de salários

A Figura 14.15 mostra uma curva de demanda de trabalho em um mercado no qual não há poder de monopsônio: ela agrega as curvas de receita do produto marginal de empresas que concorrem para adquirir mão de obra. A curva de oferta de trabalho descreve a forma pela qual os trabalhadores sindicalizados ofertariam trabalho *se* o sindicato não exercesse nenhum poder de monopólio. Nesse caso, o mercado de trabalho seria competitivo e L^* trabalhadores seriam contratados com a remuneração w^*, em que a demanda D_L é equivalente à oferta S_L.

Entretanto, em face do poder de monopólio de que dispõe, o sindicato pode escolher qualquer nível de remuneração e a correspondente quantidade de trabalho ofertada, exatamente como faz o monopolista de um produto ao escolher o preço e determinar a correspondente quantidade a ser produzida. Se o sindicato estiver interessado em maximizar o número de trabalhadores contratados, ele optará pela solução do mercado competitivo, o ponto A. Entretanto, se tiver interesse em obter um nível de remuneração superior ao competitivo, o sindicato pode limitar o número de membros a L_1 trabalhadores. Em consequência, a empresa pagará um salário w_1. Embora os trabalhadores sindicalizados que possuem emprego fiquem em melhor situação, as pessoas que não conseguem um emprego estarão em pior situação.

Será que uma política sindical visando à limitação do número de membros poderia dar bons resultados? Se o interesse sindical for maximizar a renda econômica recebida pelos trabalhadores sindicalizados, a resposta é sim. Ao restringir o número de membros, o sindicato estaria atuando como um monopolista que limita a produção para poder maximizar

---

[8] Para ver um exemplo, consulte Donald Deere, Kevin M. Murply e Finis Welch, "Employment and the 1990–1991 Minimum Wage Hike", *American Economic Review, Papers and Proceedings* 85, maio 1995, p. 232-237; e David Neumark e William Wascher, "Minimum Wages and Employment: A Case Study of the Fast-Food Industry in New Jersey and Pennsylvania: Comment", *American Economic Review* 90, 2000, p. 1.362-1.396.

os lucros. Para uma empresa, o lucro é a diferença entre a receita recebida e os custos de oportunidade. Para um sindicato de trabalhadores, a renda representa a remuneração que os membros recebem como grupo menos os custos de oportunidade. Para poder maximizar a renda, o sindicato deve escolher o número de trabalhadores contratados de tal modo que a receita marginal do sindicato (as remunerações adicionais) seja igual ao custo adicional de persuadir os trabalhadores a trabalhar. Esse custo é uma oportunidade *marginal*, pois é uma forma de medir o que o empregador tem a oferecer a um funcionário adicional para que este trabalhe na empresa. Contudo, o salário que é necessário para encorajar mais trabalhadores a aceitar os empregos é dado pela curva de oferta de mão de obra, S_L.

> Na Seção 7.1, explicamos que custo de oportunidade é aquele associado às oportunidades perdidas por não alocar os recursos da empresa à melhor alternativa de uso.

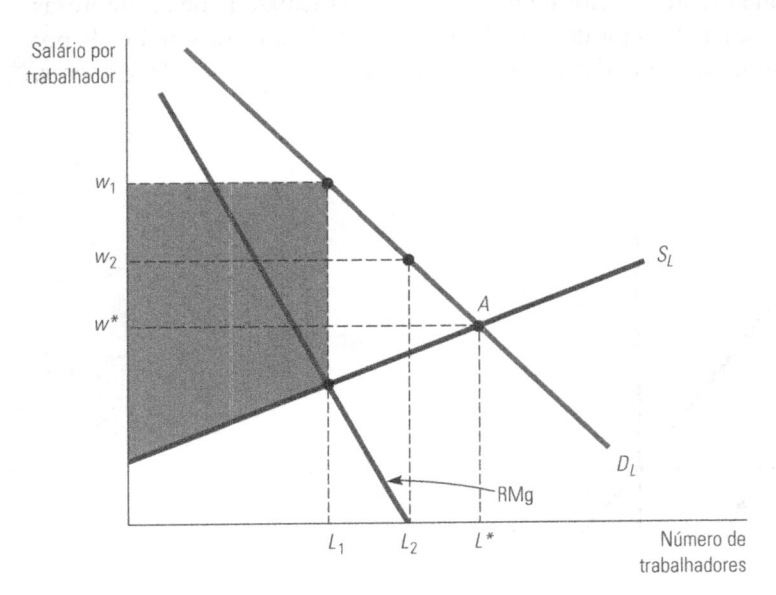

FIGURA 14.15 **PODER DE MONOPÓLIO DOS FORNECEDORES DE TRABALHO**

Quando um sindicato de trabalhadores é um monopolista, ele escolhe entre os pontos da curva de demanda dos compradores de trabalho, D_L. O vendedor poderá maximizar o número de trabalhadores contratados, L^*, ao concordar que os trabalhadores aceitem a remuneração w^*. A quantidade de trabalho L_1 que maximiza a renda que os trabalhadores empregados recebem é determinada pela interseção entre as curvas de receita marginal e de oferta de trabalho; os membros do sindicato estarão então recebendo a remuneração w_1. Por fim, se o sindicato estiver interessado em maximizar o valor total dos salários pagos aos trabalhadores, ele deve permitir que um número L_2 de trabalhadores sindicalizados aceite empregos pela remuneração w_2. Nesse ponto, a receita marginal dos trabalhadores sindicalizados será igual a zero.

A combinação entre taxa de salários e número de funcionários que maximiza a renda é dada pela interseção entre as curvas RMg e S_L. Escolhemos a combinação de salário e quantidade de mão de obra, w_1 e L_1, tendo a premissa de maximização da renda em mente. A área acinzentada situada abaixo da curva de demanda, acima da curva de oferta de mão de obra e à esquerda de L_1 representa a renda econômica que todos os trabalhadores recebem.

Uma política que maximiza a renda poderia beneficiar os trabalhadores não sindicalizados se eles conseguissem encontrar trabalho fora da área de atuação do sindicato. Entretanto, se tal tipo de trabalho não estiver disponível, a maximização da renda poderia criar uma distinção acentuada demais entre ganhadores e perdedores. Um objetivo alternativo seria maximizar os salários agregados recebidos por todos os membros do sindicato. Veja novamente o exemplo da Figura 14.15. Para que esse objetivo fosse alcançado, o número de trabalhadores contratados deveria ser aumentado de L_1 para o número em que a receita marginal para o sindicato fosse igual a zero. Como qualquer contratação adicional reduz o total de salários pagos, os salários agregados são maximizados quando a remuneração for igual a w_2 e o número de trabalhadores for igual a L_2.

Trabalhadores sindicalizados e não sindicalizados

Quando o sindicato usa seu poder de monopólio para aumentar a remuneração de seus membros, um número menor de trabalhadores sindicalizados é contratado. Como esses trabalhadores têm de passar para o setor não sindicalizado ou têm de optar inicialmente por não se sindicalizar, é importante compreender o que ocorre fora da área da economia controlada pelo sindicato.

Suponhamos que a oferta total de trabalhadores sindicalizados e não sindicalizados seja fixa. Na Figura 14.16, a oferta do mercado de mão de obra de ambos os setores é indicada por S_L. A demanda total do setor de mão de obra sindicalizada pelas empresas é indicada por D_U e a demanda do setor de mão de obra não sindicalizada é indicada por D_{NU}. A demanda total do mercado é a soma horizontal das demandas dos dois setores, sendo indicada por D_L.

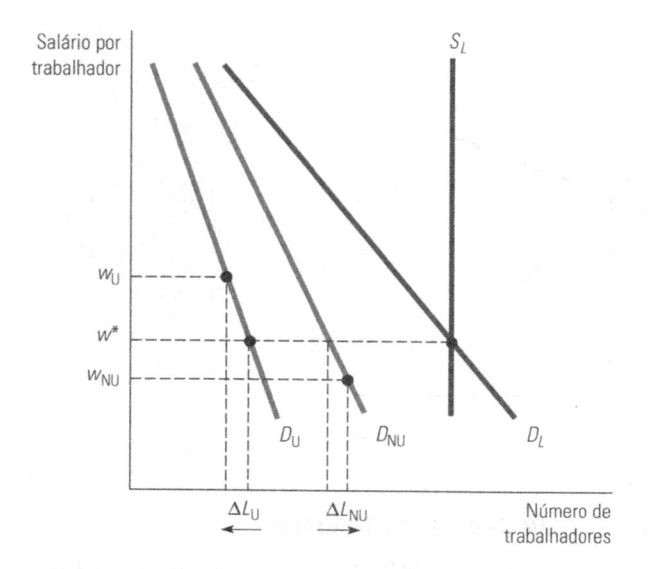

FIGURA 14.16 DISCRIMINAÇÃO DAS REMUNERAÇÕES NOS SETORES SINDICALIZADOS E NÃO SINDICALIZADOS

Quando um sindicato monopolista aumenta a remuneração no setor sindicalizado da economia, passando de w^* para w_U, o nível de emprego desse setor é reduzido, como mostra o movimento feito ao longo da curva de demanda D_U. Para que a oferta total de trabalho, indicada por S_L, possa permanecer inalterada, a remuneração do setor não sindicalizado deverá diminuir de w^* para w_{NU}, como mostra o movimento feito ao longo da curva de demanda D_{NU}.

Suponhamos que o sindicato opte por aumentar a remuneração dos trabalhadores que são seus membros de w^* para o nível w_U. Para alcançar o nível w_U de remuneração, o número de trabalhadores contratados no setor sindicalizado apresentará uma redução ΔL_U, como é mostrado no eixo horizontal. À medida que esses trabalhadores vão conseguindo encontrar emprego no setor não sindicalizado, o nível de remuneração nesse setor vai se ajustando até que o mercado de trabalho se encontre em equilíbrio. No novo nível de remuneração do setor não sindicalizado, w_{NU}, o número adicional de trabalhadores contratados nesse setor, ΔL_{NU}, é igual ao número de trabalhadores que deixou de pertencer ao setor sindicalizado.

A Figura 14.16 mostra uma consequência adversa da estratégia sindical direcionada para o aumento dos salários dos trabalhadores sindicalizados: os salários dos trabalhadores não sindicalizados se reduz. A sindicalização pode melhorar as condições de trabalho e fornecer informações úteis aos trabalhadores e aos administradores de empresas. Mas quando a demanda por mão de obra não é perfeitamente inelástica, os trabalhadores sindicalizados são beneficiados à custa dos não sindicalizados.

EXEMPLO 14.6 DECLÍNIO DO SINDICALISMO NO SETOR PRIVADO

Há várias décadas, tanto o número de membros quanto o poder de negociação dos sindicatos vêm apresentando declínio. A Figura 14.17 mostra o declínio na sindicalização durante os últimos trinta anos. O declínio tem sido relativamente constante, mas, ao entrarmos no século XXI, a taxa de declínio começa a diminuir e se estabilizar nos anos recentes em cerca de 12%. É interessante que essa média de 12% mascara imensas diferenças entre o setor público, no qual a sindicalização foi de 36,2% em 2010, e o setor privado, no qual a sindicalização foi de apenas 6,9%.

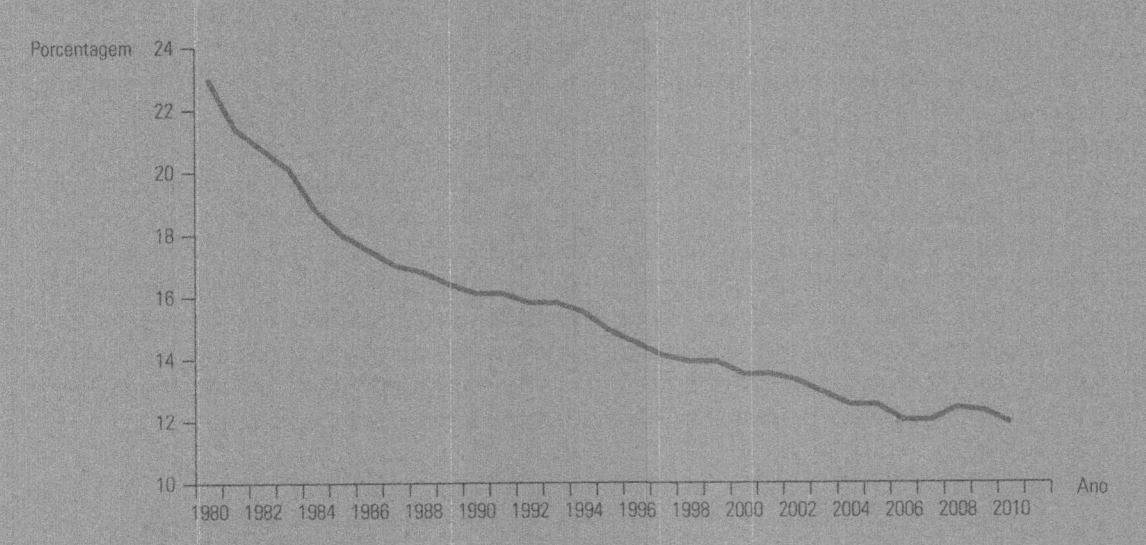

FIGURA 14.17 TRABALHADORES SINDICALIZADOS COMO PORCENTAGEM DO TOTAL

Nos Estados Unidos, a porcentagem de trabalhadores sindicalizados diminuiu constantemente nos últimos 30 anos. (*Fonte:* U.S. Bureau of Labor Statistics.)

Como os sindicatos reagiram a essa importante dinâmica? Poderíamos esperar que o declínio no poder de negociação do sindicato pudesse ocasionar respostas diferentes pelos negociadores do sindicato, e isso realmente aconteceu. Historicamente, os salários dos sindicalizados têm sido mais altos que os de seus equivalentes não sindicalizados. Durante a década de 1970, o diferencial entre os salários de sindicalizados e não sindicalizados diminuiu substancialmente à medida que os sindicatos focalizavam mais o emprego que os salários. Na década de 1980, em resposta às demandas dos sindicatos, o padrão evoluiu ainda mais à medida que os empregadores estabeleceram os salários em dois níveis, em que os salários de trabalhadores experientes eram mantidos altos, mas os membros sindicalizados mais novos passaram a receber em uma escala de salários inferior.

Durante as duas últimas décadas, diversas forças econômicas levaram a um estreitamento ainda maior da diferença salarial entre sindicalizados e não sindicalizados, a qual permaneceu constante pelos últimos dez anos.[9] Por que o diferencial de salários declinou com o tempo? Por um lado, a demanda por empregados sindicalizados tornou-se cada vez mais elástica com o tempo, à medida que as empresas descobriram que é mais fácil substituir capital por trabalho especializado no processo de produção. Por outro, a globalização significou que muitas empresas eram capazes de organizar seus processos de produção de modo a contratar mão de obra não sindicalizada, seja dentro ou fora dos Estados Unidos. Diante de uma demanda elástica por seus serviços, os sindicatos teriam pouca escolha além de fazer concessões relativamente aos salários a fim de manter os níveis de emprego. Sob uma substancial pressão competitiva, eles concordaram em manter uma estrutura de salário e benefícios em dois níveis.

---

[9] De acordo com o Bureau of Labor Statistics, em 2010, o trabalhador sindicalizado médio no setor privado ganhava US$ 23,19 por hora, enquanto o trabalhador não sindicalizado médio recebia US$ 19,28 por hora.

EXEMPLO 14.7   DESIGUALDADE DE SALÁRIOS

No Exemplo 2.2, explicamos como o rápido crescimento da demanda por trabalho qualificado em relação ao não qualificado foi em parte responsável pelo aumento da disparidade na distribuição de renda nos Estados Unidos. Conforme explicamos, embora a demanda por mão de obra qualificada tenha aumentado constantemente, a oferta de mão de obra qualificada não cresceu muito. Qual é a fonte dessas mudanças na demanda e oferta relativas? Serão o declínio dos sindicatos do setor privado e o insucesso dos aumentos do salário mínimo em se equiparar com a inflação? Ou é o papel cada vez mais importante da educação, junto com o papel que os computadores desempenham no mercado de trabalho? Um estudo recente, que compara o salário de pessoas com grau universitário com o daquelas que têm apenas o diploma do ensino médio, fornece algumas respostas.[10]

De 1980 até o presente, o salário relativo dos profissionais com curso superior aumentou. Esse padrão não é coerente com o que se poderia esperar caso o declínio do sindicalismo (e/ou mudanças no salário mínimo) fosse a razão principal para o crescimento da disparidade. Em 1963, o salário por hora de um recém-formado na universidade era 1,5 vez maior do que de um recém-formado no nível médio. Por volta de 2009, essa razão tinha aumentado para 1,95. Em 2010, o salário semanal médio daqueles que possuem curso superior (mas nenhuma outra formação) era de US$ 1.038, enquanto aqueles com nível médio ganhavam apenas US$ 626. Passar do bacharelado para um curso superior de grau profissional mais avançado levava a um salário médio de US$ 1.610.[11] A importância da educação é resumida na Figura 14.18, que mostra (para 2010) os rendimentos semanais médios — bem como as taxas de desemprego — para diferentes níveis de educação. A educação certamente tem retorno. Os trabalhadores com mais educação não apenas recebem salários mais altos, mas também têm muito menos probabilidade de perderem seus empregos e se tornarem desempregados em uma retração econômica. Por exemplo, em 2010, a taxa de desemprego média foi de 5,4% para aqueles com diploma de bacharelado e 14,9% para os que apenas completaram o ensino médio.

Taxa de desemprego em 2010 (%)	Nível de educação	Rendimentos semanais médios em 2010 (US$)
1,9	Grau de doutorado	1.550
2,4	Grau profissional	1.610
4,0	Grau de mestrado	1.272
5,4	Grau de bacharelado	1.038
7,0	Grau de associado	767
9,2	Curso superior incompleto	712
10,3	Diploma de ensino médio	626
—	Sem diploma de ensino médio	444
Média: 8,2%		Média: US$ 782

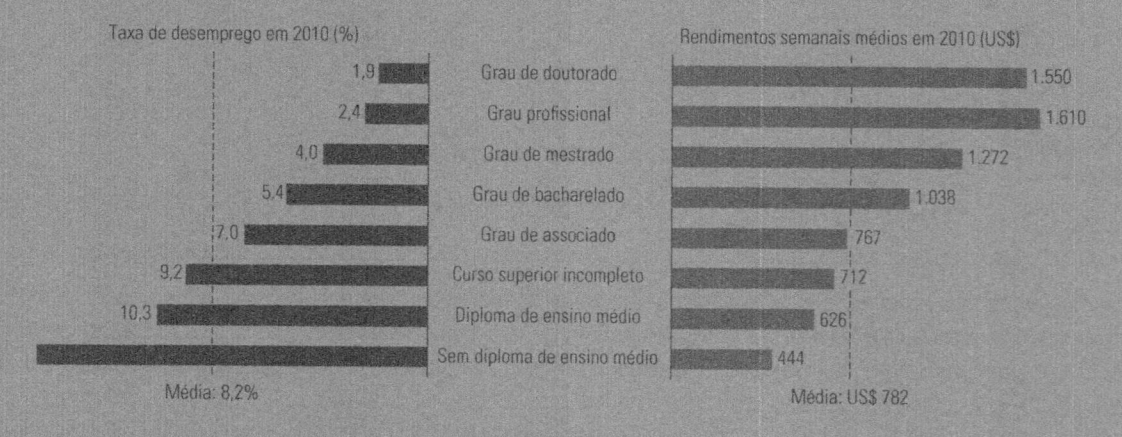

FIGURA 14.18   EDUCAÇÃO, RENDIMENTOS E EMPREGO

Os rendimentos semanais médios (em 2010) eram muito mais altos e as taxas médias de desemprego eram muito mais baixas para trabalhadores com graus de escolaridade mais altos. (Fonte: U.S. Bureau of Labor Statistics, Current Population Survey.)

Pode-se tentar compreender o que ocorreu observando o aumento drástico no uso de computadores pelos empregados. Em 1984, 25% do total de trabalhadores utilizavam computadores. Esse número agora está próximo de 60% e, para gerentes e profissionais especializados, é mais de 80%.[12] A educação e a utilização dos computadores contribuíram igualmente para o aumento da demanda por mão de obra qualificada. Uma análise estatística mostra que, no total, a disseminação da informática é responsável por cerca de metade do aumento dos salários relativos durante esse período. Além disso, o crescimento da demanda por mão de obra qualificada ocorreu principalmente em setores nos quais os computadores são mais utilizados.

Esses dados, junto com os números mostrados na Figura 14.18, deverão motivá-lo a continuar a faculdade e os estudos de graduação — especialmente seu estudo de microeconomia.

---

10 David Autor, "The Polarization of Job Opportunities in the U.S. Labor Market", Center for American Progress: The Hamilton Project, abr. 2010. Veja também David H. Autor, Lawrence Katz e Alan B. Krueger, "Computing Inequality: Have Computers Changed the Labor Market?", *Quarterly Journal of Economic* 113, nov. 1998, p. 1.169-1.213.

11 Bureau of Labor Statistics, Current Population Survey 2010.

12 National Center for Educational Statistics, Digest of Educational Statistics, Tabela 432.

RESUMO

1. Em um mercado competitivo de fatores de produção, a demanda por um insumo é determinada pela receita do produto marginal, pelo produto da receita marginal da empresa e pelo produto marginal do insumo.

2. Uma empresa em um mercado competitivo de mão de obra contratará trabalhadores até o ponto em que a receita do produto marginal do trabalho for igual à remuneração paga. Esse princípio é análogo à condição de maximização de lucros de que a produção deve ser aumentada até o ponto em que a receita marginal for igual ao custo marginal.

3. A demanda de mercado por determinado insumo é a soma horizontal das curvas de demanda desse insumo em todos os setores industriais. Entretanto, a demanda de um setor por determinado insumo não é a soma horizontal das demandas desse insumo por todas as empresas do setor. Para a determinação apropriada da demanda de um setor, deve-se lembrar que o preço de mercado do produto sofre variação em resposta às variações do preço de um insumo.

4. Quando os mercados de fatores são competitivos, o comprador de um insumo presume que suas aquisições não terão influência sobre o preço. Em consequência, tanto a curva de despesa marginal quanto a de despesa média da empresa são perfeitamente elásticas.

5. A oferta de mercado de um insumo como o trabalho não necessariamente tem inclinação ascendente. A curva de oferta de mão de obra pode ter inclinação voltada para trás se o efeito renda, associado a um nível mais alto de remuneração (isto é, mais demanda por lazer, pois o lazer é um bem normal), for maior do que o efeito substituição (isto é, menor demanda por lazer, pelo fato de o preço do lazer ter se tornado mais elevado).

6. Renda econômica é a diferença entre os pagamentos destinados aos fatores de produção e o pagamento mínimo que teria de ser feito para poder utilizá-los. Em um mercado de trabalho, tal renda é medida pela área situada abaixo do nível de salário e acima da curva de despesa marginal.

7. Quando o comprador de um insumo tem poder de monopsônio, a curva de despesa marginal está situada acima da curva de despesa média, o que reflete o fato de o monopsonista ter de pagar um preço mais alto para conseguir adquirir maior quantidade de determinado insumo.

8. Quando o fornecedor de um insumo é um monopolista, como é o caso dos sindicatos de trabalhadores, ele escolhe o ponto que satisfaz seus objetivos na curva de receita do produto marginal. A maximização do nível de emprego, a renda econômica e os salários constituem três objetivos plausíveis dos sindicatos de trabalhadores.

QUESTÕES PARA REVISÃO

1. Por que razão, quando uma empresa possui poder de monopólio no mercado de produto, sua curva de demanda de trabalho é mais inelástica do que quando ela produz competitivamente?

2. Por que uma curva de demanda de trabalho poderia apresentar curvatura para trás?

3. De que forma a demanda por programadores, por parte de uma empresa fabricante de computadores, poderia ser considerada uma demanda derivada?

4. Compare as opções de contratação de trabalhadores por parte de um empregador monopsonista com as opções de contratação por parte de um empregador competitivo. Qual deles conseguiria contratar um número maior de trabalhadores e qual deles pagaria a remuneração mais alta? Explique.

5. Os músicos de rock às vezes ganham milhões de dólares por ano. Você poderia explicar esse enorme rendimento em termos de renda econômica?

6. O que ocorre com a demanda de determinado insumo quando aumenta o uso de um insumo complementar?

7. Para um monopsonista, qual é a relação entre a oferta de um insumo e a despesa marginal deste?

8. Atualmente, a National Football League possui um sistema de recrutamento de jogadores universitários por meio do qual cada jogador é contratado apenas por um time. O jogador deve assinar um contrato com o time ou ficará impedido de participar dos jogos organizados por essa liga. O que ocorreria com os salários dos jogadores recém-contratados e dos mais experientes se o sistema vigente de recrutamento fosse abolido e se todos os times pudessem disputar os jogadores universitários?

9. O governo quer incentivar a contratação de trabalhadores inscritos em programas sociais. Dois possíveis programas de incentivo estão em cogitação:

    a. Dar às empresas US$ 2 por hora a cada trabalhador contratado.

    b. Pagar a cada empresa que contrate um ou mais trabalhadores inscritos em programas sociais US$ 1.000 por ano, independentemente do número de contratações.

    Em que medida cada um desses programas pode ser capaz de aumentar as oportunidades de emprego para os trabalhadores inscritos em programas sociais?

10. Uma pequena empresa de biscoitos especiais, cujo único fator variável é o trabalho, conclui que um trabalhador médio pode produzir 50 biscoitos por dia, o custo do trabalhador médio é de US$ 64 por dia e o preço de um biscoito é US$ 1. A empresa está maximizando os lucros? Explique.

11. Determinada empresa emprega trabalho e máquinas em sua produção. Explique por que um aumento na remuneração média causa tanto um movimento ao longo da curva de demanda por trabalho quanto uma mudança da curva.

EXERCÍCIOS

1. Suponha que a remuneração seja de US$ 16 por hora e o preço do produto seja US$ 2. Os valores para a produção e o trabalho estão em unidades por hora.

q	L
0	0
20	1
35	2
47	3
57	4
65	5
70	6

    a. Calcule a quantidade de trabalho que maximiza o lucro.

    b. Suponha que o preço do produto permaneça em US$ 2, mas que a remuneração suba para US$ 21. Calcule o novo nível de L maximizador de lucros.

    c. Suponha que o preço do produto suba para US$ 3 e a remuneração permaneça em US$ 16 por hora. Calcule o novo L maximizador de lucros.

    d. Suponha que o preço do produto permaneça em US$ 2 e a remuneração em US$ 16, mas que haja uma revolução tecnológica que aumente a produção em 25% para qualquer nível de trabalho dado. Calcule o novo L maximizador de lucros.

2. Assuma que os trabalhadores cuja renda é inferior a US$ 10.000 estejam isentos do pagamento de imposto de renda para o governo federal. Suponha que um novo programa governamental passe a garantir a cada trabalhador a quantia de US$ 5.000, esteja tal trabalhador recebendo ou não alguma renda. Para toda a renda obtida até US$ 10.000, o trabalhador passará a pagar uma taxa de 50% ao governo. Desenhe a linha de orçamento com que se defronta o trabalhador sob esse novo programa governamental. De que forma o programa provavelmente influenciará a curva de oferta de mão de obra?

3. Utilizando seus conhecimentos de receita marginal do produto, explique o seguinte:

    a. Um famoso jogador de tênis recebe US$ 200.000 para participar de um comercial de TV de 30 segundos. O ator que faz o papel de seu parceiro em uma partida de duplas recebe apenas US$ 500.

    b. O presidente de uma problemática empresa do setor de crédito e poupança recebe salários para *não* permanecer no trabalho pelos últimos dois anos de seu contrato.

    c. Uma aeronave jumbo com capacidade para 400 passageiros tem um preço mais alto do que outro modelo com capacidade para 250 passageiros, embora ambos tenham igual custo de fabricação.

4. As demandas pelos fatores de produção relacionados a seguir têm apresentado elevação. O que você pode concluir a respeito das variações na demanda de bens de consumo correlatos? Se elas permanecem inalteradas, que outras explicações poderia haver para um aumento na demanda derivada desses itens?

    a. Chips de memória de computador.

    b. Combustível para aeronaves de passageiros.

    c. Papel utilizado para impressão de jornais.

    d. Alumínio utilizado em latas de bebida.

5. Suponha que haja dois grupos de trabalhadores, os sindicalizados e os não sindicalizados. O Congresso aprova uma lei exigindo que todos os trabalhadores se sindicalizem. O que você acha que ocorreria com os níveis de remuneração dos antigos trabalhadores não sindicalizados? E com os dos trabalhadores que já o eram? O que você está presumindo a respeito do comportamento do sindicato?

6. Suponha que a função de produção de uma empresa seja expressa pela equação $Q = 12L - L^2$, para L com valor variando de 0 a 6, sendo L o insumo trabalho por dia e Q, a quantidade produzida diariamente. Determine e desenhe a curva de demanda de trabalho da empresa se o produto for vendido por US$ 10 em um mercado competitivo. Quantos trabalhadores serão contratados quando a remuneração for de US$ 30 por dia? E quando for de US$ 60 por dia? (*Dica:* o produto marginal do trabalho é $12 - 2L$.)

7. O único empregador legal de militares nos Estados Unidos é o governo federal. Se o governo utilizar sua posição privilegiada monopsonista, quais critérios empregará quando estiver determinando o número de

soldados a recrutar? O que ocorreria se fosse implementado um sistema de recrutamento obrigatório pelo governo?

8. A demanda por mão de obra em um setor industrial é obtida por meio da curva $L = 1.200 - 10w$, sendo L a quantidade de trabalho demandada por dia e w a remuneração. A curva de oferta é obtida por meio de $L = 20w$. Qual será a remuneração de equilíbrio e a quantidade de trabalho contratada? Qual será a renda econômica obtida pelos trabalhadores?

9. Utilizando as mesmas informações do Exercício 8, suponha agora que a única mão de obra disponível seja controlada por um sindicato trabalhista monopolista disposto a maximizar a renda obtida por seus membros. Qual será a quantidade de trabalho contratada e qual sua remuneração? De que forma você poderia comparar essa resposta com a do Exercício 8? Comente. (*Dica:* a curva de receita marginal do sindicato é obtida por meio da equação $RMg = 120 - 0,2L$.)

*10. Uma empresa usa um único fator, trabalho, para gerar a produção q, de acordo com a função de produção $q = 8\sqrt{L}$. A mercadoria é vendida por US$ 150 a unidade e a remuneração é de US$ 75 por hora.

a. Calcule a quantidade de L que maximiza os lucros.
b. Calcule a quantidade de q que maximiza os lucros.
c. Qual é o lucro máximo?
d. Suponha agora que a empresa tenha de pagar um imposto de US$ 30 por unidade de produto e que a remuneração seja subsidiada a uma taxa de US$ 15 por hora. Pressuponha que a empresa seja uma tomadora de preço e, portanto, que o preço do produto permaneça em US$ 150. Calcule os novos níveis de L, q e lucro que maximizam os lucros.
e. Suponha agora que a empresa tenha de pagar um imposto de 20% sobre o lucro. Calcule os novos níveis de L, q e lucro que maximizam os lucros.

CAPÍTULO 15

Investimento, tempo e mercados de capitais

ESTE CAPÍTULO DESTACA

- 15.1 Estoques *versus* fluxos — 556
- 15.2 Valor presente descontado — 557
- 15.3 Valor de um título — 560
- 15.4 Critério do valor presente líquido para decisões de investimento de capital — 563
- 15.5 Ajustes para riscos — 567
- 15.6 Decisões de investimento dos consumidores — 571
- 15.7 Investimentos em capital humano — 573
- *15.8 Decisões de produção intertemporal — recursos esgotáveis — 576
- 15.9 Como são determinadas as taxas de juros? — 580

LISTA DE EXEMPLOS

- 15.1 Valor dos rendimentos perdidos — 559
- 15.2 Rendimento de títulos de empresas — 562
- 15.3 O valor de uma licença de táxi em Nova York — 567
- 15.4 Investimento de capital na indústria de fraldas descartáveis — 570
- 15.5 Escolhendo um ar-condicionado e um automóvel novo — 572
- 15.6 Será que o MBA vale a pena? — 575
- 15.7 Quão esgotáveis são os recursos não renováveis? — 579

No Capítulo 14 vimos que, nos mercados competitivos, as empresas decidem quanto comprar a cada mês por meio da comparação entre a receita do produto marginal de cada fator produtivo com seu custo. As decisões de todas as empresas determinarão a demanda de mercado para cada fator, e o preço de mercado do fator é aquele que torna iguais as quantidades demandada e ofertada. Para fatores como trabalho e matérias-primas, esse cenário está razoavelmente completo, mas não para o capital. A razão é que o capital é *durável*: ele pode subsistir e contribuir para a produção por muitos anos após sua aquisição.

As empresas, algumas vezes, alugam capitais de forma muito semelhante à que utilizam para contratar trabalhadores. Por exemplo, uma empresa pode alugar um conjunto de escritórios mediante pagamentos mensais, exatamente da mesma forma que contrata um trabalhador mediante uma remuneração mensal. Entretanto, mais frequentemente, as despesas de capital envolvem aquisições de fábricas e equipamentos que, espera-se, durem anos. Assim, é introduzido o elemento *tempo*. Quando uma empresa está decidindo sobre a construção de uma fábrica ou sobre a aquisição de equipamentos, ela deve comparar os gastos com os quais teria de arcar *agora* com o lucro adicional que o novo capital gerará *no futuro*. Para realizar essa comparação, a empresa precisa examinar a seguinte questão: *qual é o valor dos lucros futuros hoje?* Esse problema não surge quando é efetuada a contratação de trabalhadores ou quando se adquirem matérias-primas. Para fazer tais escolhas, a empresa precisa apenas comparar a despesa *corrente* com determinado fator — por exemplo, os salários ou o preço do aço — e a receita marginal *corrente* do produto.

Neste capítulo, aprenderemos a calcular o valor dos fluxos monetários futuros. Essa é a base para nosso estudo sobre as decisões de investimento da empresa. A maioria delas envolve comparações entre um gasto que se tem hoje e os lucros que virão no futuro; veremos de que modo as empresas podem efetuar essa comparação e determinar se o gasto é justificado. Com frequência, os lucros futuros que resultam de um investimento são mais altos ou mais baixos do que o originalmente previsto. Veremos de que forma as empresas podem levar em conta esse tipo de incerteza.

Examinaremos também como as pessoas podem tomar decisões envolvendo custos e benefícios que ocorrem em diferentes pontos do tempo. Veremos, por exemplo, como um consumidor que está escolhendo um novo ar-condicionado pode determinar se faz sentido, do ponto de vista econômico, comparar um modelo mais eficiente em termos de energia e que custa mais, mas que resultará em contas de luz mais baixas no futuro. Discutiremos, também, investimentos em *capital humano*. Faz sentido, do ponto de vista econômico, cursar uma faculdade ou uma pós-graduação em vez de arrumar um emprego e começar a auferir renda desde já?

Examinaremos também outras decisões intertemporais com as quais as empresas por vezes se defrontam. Por exemplo, produzir um recurso esgotável, como gás ou petróleo, significa que menos desse recurso estará disponível para produção no futuro. De que forma um produtor deve levar em conta esse fato? Por quanto tempo uma madeireira deve deixar as árvores crescerem antes de cortá-las para a produção de madeira?

As respostas para essas decisões de investimento e de produção dependem em parte da *taxa de juros* que é paga ou recebida quando se tomam empréstimos ou quando se concedem empréstimos em dinheiro. Discutiremos os fatores que determinam as taxas de juros e explicaremos por que as taxas de juros dos títulos do governo, dos títulos de empresas e das contas de poupança diferem.

15.1 Estoques *versus* fluxos

Antes de continuarmos, devemos esclarecer de que forma medimos o capital e os demais fatores produtivos que são adquiridos pelas empresas. O capital é medido como *estoque*, isto é, como a quantidade de instalações e equipamentos dos quais a empresa é proprietária. Por exemplo, se a empresa for proprietária de uma fábrica de motores elétricos no valor de US$ 10 milhões, dizemos que ela possui um *estoque de capital* no valor de US$ 10 milhões. Por outro lado, os insumos trabalho e matérias-primas são medidos em termos de *fluxos*, da mesma forma que a produção da empresa. Por exemplo, essa mesma empresa poderia utilizar 20.000 homens-horas de trabalho e 20.000 libras de cobre *por mês* para produzir 8.000 motores elétricos *por mês*. (A escolha da unidade mensal é arbitrária; poderíamos, da mesma forma, ter expressado essas quantidades em termos semanais ou anuais — por exemplo, 240.000 homens-horas de trabalho por ano, 240.000 libras de cobre por ano e 96.000 motores elétricos por ano.)

Vamos examinar mais detalhadamente a situação desse produtor de motores elétricos. Tanto o custo variável como a produção são fluxos. Suponhamos que a remuneração do trabalho seja US$ 15 por hora e que o preço do cobre seja US$ 2,00 por libra. Então, o custo variável total será (20.000)(US$ 15) + (20.000)(US$ 2,00) = US$ 340.000 *por mês*. Por outro lado, o custo variável médio é um custo *por unidade*:

$$\frac{\text{US\$ 340.000 por mês}}{\text{8.000 unidades por mês}} = \text{US\$ 42,50 por unidade}$$

Suponhamos que a empresa venda os motores por US$ 52,50 cada um. Então, o lucro médio será US$ 52,50 – US$ 42,50 = US$ 10 por unidade e o lucro total será de US$ 80.000 *por mês*. (Observe que o lucro total também é um fluxo.) Entretanto, para fabricar e vender esses motores, a empresa necessita dispor de capital, ou seja, a fábrica que ela construiu com US$ 10 milhões. *Portanto, o estoque de capital de US$ 10 milhões dessa empresa permite que ela gere um fluxo de lucros de US$ 80.000 por mês.*

Foi boa a decisão de investir US$ 10 milhões nessa fábrica? Para responder a essa pergunta temos de traduzir o fluxo de lucros de US$ 80.000 por mês em um número que possa ser comparado com o custo de US$ 10 milhões da fábrica. Suponhamos que se espere que a fábrica dure 20 anos. Nesse caso, expondo de uma maneira simples, o problema é o seguinte: qual é o valor hoje de US$ 80.000 por mês durante os próximos 20 anos? Se esse valor for maior do que US$ 10 milhões, o investimento terá sido bom.

O lucro de US$ 80.000 por mês em 20 anos perfaz (US$ 80.000)(20)(12) = US$ 19,2 milhões. Isso pode dar a impressão de que a fábrica seria um excelente investimento. Mas será que US$ 80.000 daqui a cinco anos — ou a 20 anos — valerão os mesmos US$ 80.000 de hoje? Não, pois o dinheiro hoje poderia ser investido em uma conta de poupança, em um título ou em outros ativos que produzam juros — de modo que rendesse mais dinheiro no futuro. Em consequência, os US$ 19,2 milhões que serão recebidos durante os próximos 20 anos valem *menos* do que os US$ 19,2 milhões hoje.

15.2 Valor presente descontado

Retornaremos à fábrica de motores elétricos no valor de US$ 10 milhões na Seção 15.4, mas antes temos de tratar de um problema básico: *quanto vale hoje US$ 1 pago no futuro?* A resposta depende da **taxa de juros**: a taxa pela qual se podem tomar ou conceder empréstimos em dinheiro.

taxa de juros
Taxa pela qual se podem tomar ou conceder empréstimos em dinheiro.

Suponhamos que a taxa de juros anual seja R. (Não se preocupe com qual seja essa taxa de juros; mais adiante discutiremos os diversos tipos de taxa.) Podemos, então, investir US$ 1 hoje para que renda $(1 + R)$ dólares por ano a partir de agora. Portanto, $1 + R$ dólares é o *valor futuro* de US$ 1 hoje. E qual é o valor *hoje*, isto é o **valor presente descontado (VPD)**, de US$ 1 pago daqui a um ano a partir de agora? A resposta é fácil: como $1 + R$ dólares daqui a um ano terão o valor igual a $(1 + R)/(1 + R)$ = US$ 1 hoje, US$ 1, *daqui a um ano, tem o valor de* US$ $1/(1 + R)$ hoje. Essa é a quantia em dinheiro que US$ 1 valeria se fosse investido por um ano à taxa de juros R.

valor presente descontado (VPD)
O valor corrente de um fluxo de caixa futuro esperado.

Qual é o valor hoje de US$ 1 pago daqui a *dois* anos? Se US$ 1 fosse investido hoje à taxa de juros R, valeria $1 + R$ dólares daqui a um ano e $(1 + R)(1 + R) = (1 + R)^2$ daqui a dois anos. Como $(1 + R)^2$ dólares daqui a dois anos têm hoje o valor de US$ 1, então US$ 1 daqui a dois anos tem o valor hoje de US$ $1/(1 + R)^2$. De igual modo, US$ 1 pago daqui a três anos tem hoje um valor de US$ $1/(1 + R)^3$ e US$ 1 pago daqui a n anos tem um valor de US$ $1/(1 + R)^n$ hoje.[1]

Podemos resumir isso da seguinte forma:

$$\text{VPD de US\$ 1 pago após 1 ano} = \text{US\$ } 1/(1 + R)$$

$$\text{VPD de US\$ 1 pago após 2 anos} = \text{US\$ } 1/(1 + R)^2$$

$$\text{VPD de US\$ 1 pago após 3 anos} = \text{US\$ } 1/(1 + R)^3$$

$$\vdots$$

$$\text{VPD de US\$ 1 pago após } n \text{ anos} = \text{US\$ } 1/(1 + R)^n$$

A Tabela 15.1 mostra, para diferentes taxas de juros, o valor presente de US$ 1 pago após 1, 2, 5, 10, 20 e 30 anos. Observe que, para taxas de juros com valores acima de 6% ou 7%, US$ 1 pago daqui a 20 ou 30 anos valeria muito pouco hoje. Mas não é esse o caso para taxas de juros baixas. Por exemplo, se a taxa de juros R for igual a 3%, o VPD de US$ 1 pago daqui a 20 anos é de aproximadamente US$ 0,55. Em outras palavras, se US$ 0,55 fossem investidos hoje, à taxa de 3%, ele valeria cerca de US$ 1 após 20 anos.

---

[1] Estamos supondo que a taxa anual de juros R seja constante de ano para ano. Suponhamos que se esperasse variação na taxa de juros, de tal forma que R_1 fosse a taxa no ano 1, R_2 a taxa no ano 2 e assim por diante. Após dois anos, US$ 1 investido hoje estaria valendo $(1 + R_1)(1 + R_2)$, de tal maneira que o VPD de US$ 1 recebido daqui a dois anos é igual a US$ $1/(1 + R_1)(1 + R_2)$. De igual modo, o VPD de US$ 1 pago daqui a n anos é de US$ $1/(1 + R_1)(1 + R_2)(1 + R_3) \ldots (1 + R_n)$.

TABELA 15.1	VPD de US$ 1 pago no futuro					
Taxa de juros	1 ano	2 anos	5 anos	10 anos	20 anos	30 anos
0,01	US$ 0,990	US$ 0,980	US$ 0,951	US$ 0,905	US$ 0,820	US$ 0,742
0,02	0,980	0,961	0,906	0,820	0,673	0,552
0,03	0,971	0,943	0,863	0,744	0,554	0,412
0,04	0,962	0,925	0,822	0,676	0,456	0,308
0,05	0,952	0,907	0,784	0,614	0,377	0,231
0,06	0,943	0,890	0,747	0,558	0,312	0,174
0,07	0,935	0,873	0,713	0,508	0,258	0,131
0,08	0,926	0,857	0,681	0,463	0,215	0,099
0,09	0,917	0,842	0,650	0,422	0,178	0,075
0,10	0,909	0,826	0,621	0,386	0,149	0,057
0,15	0,870	0,756	0,497	0,247	0,061	0,015
0,20	0,833	0,694	0,402	0,162	0,026	0,004

Avaliação de fluxos de pagamentos

Podemos agora determinar o valor presente de um fluxo de pagamentos ao longo do tempo. Por exemplo, consideremos os dois fluxos de pagamentos apresentados na Tabela 15.2. O fluxo A é de US$ 200, ou seja, US$ 100 pagos agora e US$ 100 pagos daqui a um ano. O fluxo B é de US$ 220; US$ 20 pagos agora, US$ 100 pagos daqui a um ano e US$ 100 pagos daqui a dois anos. Qual desses dois fluxos de pagamentos você preferiria receber? A resposta dependerá da taxa de juros utilizada.

TABELA 15.2	Dois fluxos de pagamentos		
	Hoje	Daqui a 1 ano	Daqui a 2 anos
Fluxo de pagamentos A:	US$ 100	US$ 100	US$ 0
Fluxo de pagamentos B:	US$ 20	US$ 100	US$ 100

Para calcularmos o valor presente descontado desses dois fluxos de pagamento, calculamos e somamos os valores presentes de cada um dos pagamentos anuais:

$$\text{VPD do Fluxo } A = \text{US\$ } 100 + \frac{\text{US\$ } 100}{(1 + R)}$$

$$\text{VPD do Fluxo } B = \text{US\$ } 20 + \frac{\text{US\$ } 100}{(1 + R)} + \frac{\text{US\$ } 100}{(1 + R)^2}$$

A Tabela 15.3 mostra os valores presentes dos dois fluxos de pagamentos, utilizando taxas de juros de 5%, 10%, 15% e 20%. Como mostra a tabela, a preferência entre os fluxos dependerá da taxa de juros. Para taxas de juros de 10% ou menores, o Fluxo B tem maior valor; para taxas de juros de 15% ou maiores, o Fluxo A passa a ter maior valor. Por quê? Porque o valor total pago no Fluxo A é menor, porém é liquidado antes.

TABELA 15.3	VPD de fluxos de pagamentos			
	$R = 0,05$	$R = 0,10$	$R = 0,15$	$R = 0,20$
VPD do Fluxo A:	US$ 195,24	US$ 190,91	US$ 186,96	US$ 183,33
VPD do Fluxo B:	US$ 205,94	US$ 193,55	US$ 182,57	US$ 172,78

Esse exemplo simples apresentado nas tabelas 15.2 e 15.3 ilustra um princípio importante. O valor presente de um fluxo de pagamentos depende de três fatores: (1) o montante de cada pagamento, (2) o prazo dos pagamentos e (3) a taxa de juros usada para descontar pagamentos feitos no futuro. Como podemos verificar, esse princípio aplica-se a uma ampla variedade de problemas.

EXEMPLO 15.1 VALOR DOS RENDIMENTOS PERDIDOS

Em processos judiciais envolvendo acidentes, as vítimas ou seus herdeiros (caso a vítima tenha falecido) acionam a parte responsável pelo ocorrido (ou então uma companhia seguradora) para obter uma indenização. Além do pagamento por danos morais, essa indenização inclui a renda futura que a pessoa acidentada ou falecida teria obtido caso o acidente não tivesse ocorrido. Para entendermos de que forma é efetuado o cálculo do valor presente desses rendimentos perdidos, examinaremos o caso real de um acidente ocorrido em 1996. (Os nomes e alguns dados foram modificados para assegurar o anonimato.)

Harold Jennings faleceu em um acidente automobilístico em 1º de janeiro de 1996, aos 53 anos. Sua família processou o motorista do outro automóvel por negligência. A maior parte da indenização reivindicada referia-se ao valor presente dos rendimentos que Jennings teria obtido em seu trabalho como piloto de empresa aérea, caso não tivesse falecido. O cálculo efetuado para o valor presente é semelhante ao de outros casos de mesma natureza.

Se Jennings tivesse trabalhado em 1996, seu salário teria sido de US$ 85.000. A idade normal de aposentadoria para um piloto da aviação comercial é 60 anos. Para calcularmos o valor presente dos rendimentos perdidos de Jennings, devemos levar em conta diversos fatores. Primeiro, seu salário provavelmente teria aumentado ao longo dos anos. Segundo, não poderíamos ter certeza de que Jennings estaria vivo até a idade em que poderia se aposentar, caso o acidente não tivesse ocorrido; ele poderia ter falecido por alguma outra causa. Portanto, o VPD de seus rendimentos perdidos até sua aposentadoria, ao final de 2003, é

$$VPD = W_0 + \frac{W_0(1 + g)(1 - m_1)}{(1 + R)} + \frac{W_0(1 + g)^2(1 - m_2)}{(1 + R)^2}$$

$$+ \ldots + \frac{W_0(1 + g)^7(1 - m_7)}{(1 + R)^7}$$

em que W_0 é seu salário em 1996, g, a taxa percentual anual pela qual provavelmente o salário teria aumentado (de tal modo que seu salário em 1997 teria sido $W_0(1 + g)$, em 1998 $W_0(1 + g)^2$ e assim por diante) e $m_1, m_2, \ldots, m_7$ são as *taxas de mortalidade*, isto é as probabilidades de que ele falecesse em função de alguma outra causa em 1997, 1998, ..., 2003.

Para calcularmos esse VPD, precisamos conhecer as taxas de mortalidade, $m_1, m_2, \ldots, m_7$, a taxa de crescimento esperado do salário de Jennings, g, e a taxa de juros, R. Os dados sobre a taxa de mortalidade encontram-se disponíveis nas tabelas seguradoras, as quais contêm as taxas de mortalidade correspondentes a homens da mesma idade e da mesma etnia.[2] Quanto ao valor para g, poderemos utilizar 8%, que tem sido a taxa média de aumento no salário de pilotos comerciais ao longo de 1985-1995. Por fim, no que se refere às taxas de juros, poderemos empregar a taxa utilizada nos títulos do governo federal, que era de cerca de 9%. (Nas seções 15.4 e 15.5, discutiremos mais sobre como se deve escolher a taxa de juros correta para o desconto de fluxos de pagamentos futuros.) A Tabela 15.4 mostra os detalhes do cálculo do valor presente.

TABELA 15.4 Cálculo dos rendimentos perdidos

ANO	$W_0(1 + g)^t$	$(1 - m_t)$	$1/(1 + R)^t$	$W_0(1 + g)^t(1 - m_t)/(1 + R)^t$
1996	US$ 85.000	0,991	1,000	US$ 84.235
1997	91.800	0,990	0,917	83.339
1998	99.144	0,989	0,842	82.561
1999	107.076	0,988	0,772	81.671
2000	115.642	0,987	0,708	80.810
2001	124.893	0,986	0,650	80.044
2002	134.884	0,985	0,596	79.185
2003	145.675	0,984	0,547	78.409

Somando a última coluna obtemos o VPD de US$ 650.254. Se a família de Jennings fosse bem-sucedida na comprovação da culpa do acusado e se não houvesse outros danos envolvidos no caso, seria possível recuperar essa quantia como compensação.[3]

---

[2] Os dados de mortalidade podem ser encontrados em *Statistical Abstract of the United States* (Tabela 105 na edição de 2011).

[3] Na realidade, essa soma deveria ainda sofrer uma redução correspondente à parte dos rendimentos de Jennings gasta para consumo próprio e que, portanto, não teria beneficiado sua esposa ou seus filhos.

15.3 Valor de um título

título

Contrato por meio do qual um tomador de empréstimo concorda em pagar àquele que mantém o título (o emprestador) um fluxo monetário.

Título é um contrato por meio do qual um tomador de empréstimo concorda em pagar ao portador do título (aquele que concede o empréstimo) um fluxo monetário. Por exemplo, um título corporativo (aquele que é emitido por uma empresa) pode significar o pagamento de um cupom de US$ 100 ao ano durante os próximos 10 anos e mais o pagamento do principal no valor de US$ 1.000 ao final do período de 10 anos.[4] Quanto você deveria pagar por tal título? Para efetuarmos o cálculo do valor de um título, basta calcular o valor presente do fluxo de pagamentos:

$$\text{VPD} = \frac{\text{US\$ }100}{(1+R)} + \frac{\text{US\$ }100}{(1+R)^2} + \ldots + \frac{\text{US\$ }100}{(1+R)^{10}} + \frac{\text{US\$ }1000}{(1+R)^{10}} \qquad (15.1)$$

Novamente, o valor presente depende da taxa de juros. A Figura 15.1 apresenta o valor do título — o valor presente do fluxo de pagamentos — para taxas de juros de até 20%. Observe que, quanto mais alta é a taxa de juros, menor é o valor do título. Para uma taxa de juros de 5%, o título vale cerca de US$ 1.386, porém, para uma taxa de 15%, seu valor é de apenas US$ 749.

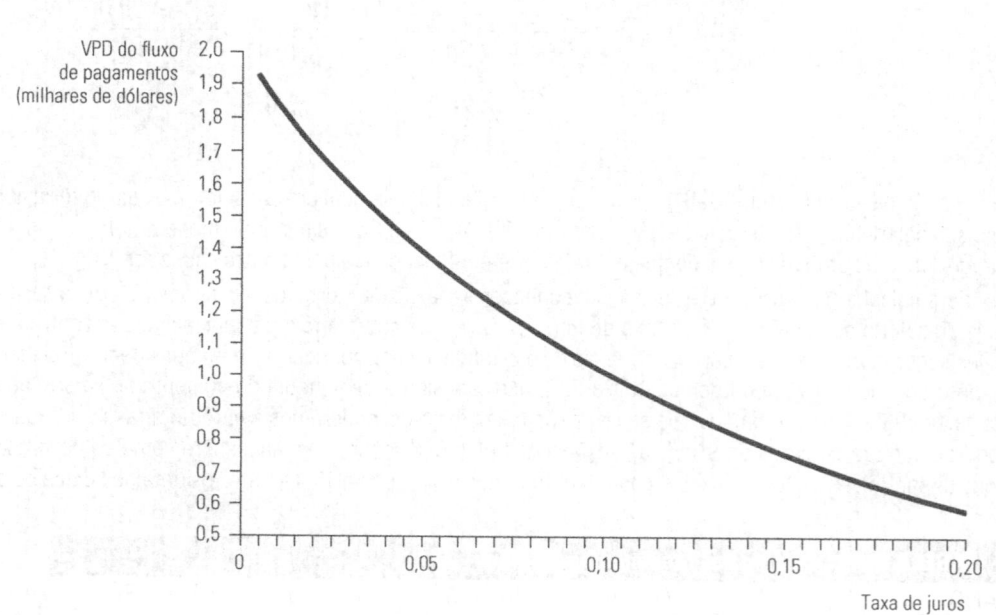

FIGURA 15.1 VALOR PRESENTE DO FLUXO DE PAGAMENTOS DE UM TÍTULO

Como a maioria dos pagamentos de um título ocorre em datas futuras, o valor presente descontado diminui à medida que a taxa de juros aumenta. Por exemplo, quando a taxa de juros é de 5%, o VPD de um título de 10 anos que pague US$ 100 ao ano sobre o principal de US$ 1.000 é de US$ 1.386. Com taxa de juros de 15%, o VPD é US$ 749.

Perpetuidades

perpetuidade

Um tipo de título que a cada ano paga uma quantia fixa em dinheiro, para sempre.

Perpetuidade é um tipo de título que a cada ano paga uma quantia fixa em dinheiro, *para sempre*. Qual o valor de uma perpetuidade que paga US$ 100 por ano? O valor presente do fluxo de pagamentos é obtido por meio de

$$\text{VPD} = \frac{\text{US\$ }100}{(1+R)} + \frac{\text{US\$ }100}{(1+R)^2} + \frac{\text{US\$ }100}{(1+R)^3} + \frac{\text{US\$ }1000}{(1+R)^4}$$

---

[4] Nos Estados Unidos, os pagamentos de cupons são feitos semestralmente para a maioria dos títulos de empresas. Para manter nossa aritmética em um nível simples, vamos supor que tais pagamentos sejam feitos anualmente.

Felizmente, não é necessário calcular e somar todas essas parcelas para encontrar o valor da perpetuidade; a soma pode ser expressa em termos de uma fórmula simples:[5]

$$\text{VPD} = \text{US\$ } 100/R \qquad (15.2)$$

Dessa forma, se a taxa de juros for de 5%, o valor da perpetuidade será de US$ 100/(0,05) = US$ 2.000; entretanto, se a taxa de juros for de 20%, a perpetuidade valerá apenas US$ 500.

Rendimento efetivo de um título

Em sua grande maioria, os títulos de empresas e do governo são negociados no *mercado de títulos*. O valor de um título negociado poderá ser determinado diretamente; para isso, basta conhecer o preço de mercado — o valor que compradores e vendedores lhe atribuem.[6] Portanto, em geral sabemos o valor de um título, mas, para comparar um título com outras oportunidades de investimento, temos de determinar a taxa de juros consistente com esse valor.

RENDIMENTO EFETIVO As equações 15.1 e 15.2 mostram de que forma os valores de dois títulos diferentes dependem da taxa de juros utilizada no desconto dos pagamentos futuros. Essas equações podem ser invertidas de modo que relacionem a taxa de juros com o valor do título. Isso é particularmente fácil de ser feito no caso da perpetuidade. Suponhamos que o preço de mercado — e, portanto, o valor — de uma perpetuidade seja P. Então, a partir da Equação 15.2, temos $P = \text{US\$ } 100/R$ e $R = \text{US\$ } 100/P$. Assim, se o preço da perpetuidade for US$ 1.000, sabemos que a taxa de juros é $R = \text{US\$ } 100/\text{US\$ } 1.000 = 0{,}10$, ou seja, 10%. Essa taxa de juros é denominada **rendimento efetivo ou taxa de retorno** — isto é, o retorno percentual que se recebe ao investir em um título que, no caso, é uma perpetuidade.

rendimento efetivo ou taxa de retorno
Porcentagem de retorno que se recebe ao investir em um título.

Para o título de 10 anos com cupom da Equação 15.1, o cálculo do rendimento efetivo torna-se um pouco mais complexo. Se o preço do título é P, escrevemos a Equação 15.1 da seguinte forma:

$$P = \frac{\text{US\$ } 100}{(1+R)} + \frac{\text{US\$ } 100}{(1+R)^2} + \frac{\text{US\$ } 100}{(1+R)^3} + \ldots + \frac{\text{US\$ } 100}{(1+R)^{10}} + \frac{\text{US\$ } 1000}{(1+R)^{10}}$$

Dado o preço P, essa equação poderá ser resolvida para a obtenção de R. Embora nesse caso nenhuma fórmula simples expresse R em função de P, há métodos (às vezes disponíveis em calculadoras ou planilhas eletrônicas, como o Excel) para calcular R numericamente. A Figura 15.2, que reapresenta a curva da Figura 15.1, mostra como R depende de P para esse título de 10 anos. Observe que, se o preço do título for de US$ 1.000, o rendimento efetivo será de 10%. Se o preço aumentar para US$ 1.300, o rendimento efetivo cairá para cerca de 6%. Se o preço cair para US$ 700, o rendimento efetivo ficará acima de 16%.

Os rendimentos podem diferir consideravelmente entre diversos títulos. Os títulos de empresas em geral apresentam rendimentos mais elevados do que os do governo, e, como mostra o Exemplo 15.2, os títulos de algumas empresas rendem muito mais do que os de outras. Uma das razões mais importante para isso é que títulos diferentes apresentam riscos diferentes. Seria menos provável que o governo dos Estados Unidos apresentasse um *default* (isto é, deixasse de cumprir os pagamentos de juros e do principal) para seus títulos do que uma empresa privada. Além disso, algumas empresas são financeiramente mais fortes e, portanto, apresentam menor risco de inadimplência para seus títulos do que outras. Como já vimos no Capítulo 5, quanto maior for o grau de risco de um investimento, maior será o retorno desejado pelo investidor. Em consequência, os títulos de maior risco têm retornos mais altos.

---

[5] Sendo x o VPD de uma perpetuidade de US$ 1 por ano, temos $x = 1/(1+R) + 1/(1+R)^2 + \ldots$. Portanto, $x(1+R) = 1 + 1/(1+R) + 1/(1+R)^2 + \ldots$, de tal forma que $x(1+R) = 1 + x$, $xR = 1$ e $x = 1/R$.

[6] Os preços dos títulos mais negociados, tanto de empresas como do governo, são publicados em sites de mercados financeiros, como www.yahoo.com, www.bloomberg.com e www.schwab.com.

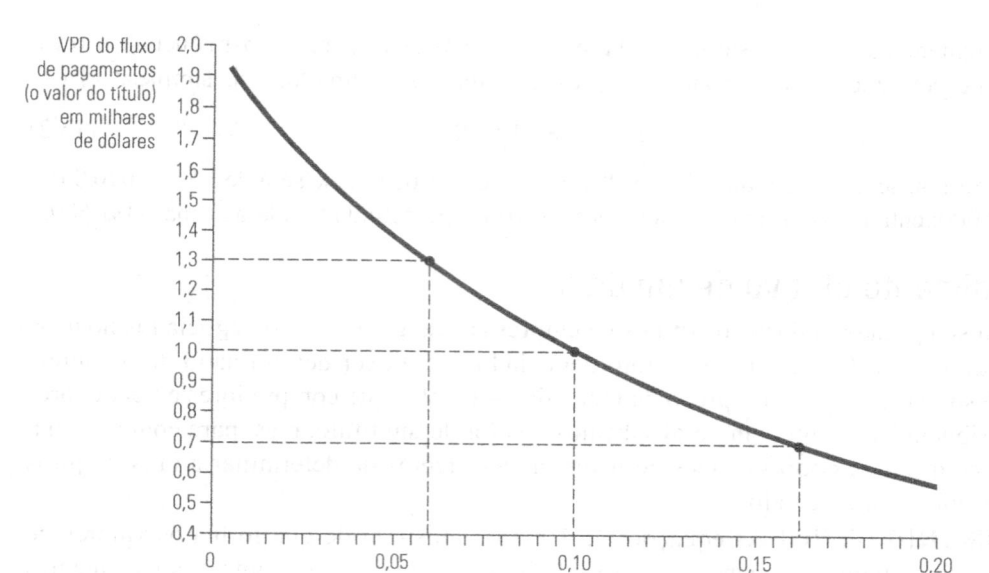

FIGURA 15.2 RENDIMENTO EFETIVO DE UM TÍTULO

O rendimento efetivo é a taxa de juros capaz de igualar o valor presente do fluxo de pagamentos do título e o preço de mercado. A ilustração mostra o valor presente do fluxo de pagamentos em função da taxa de juros. Sendo assim, o rendimento efetivo pode ser obtido traçando-se uma linha horizontal exatamente no nível de preço do título. Por exemplo, se o preço desse título fosse US$ 1.000, o rendimento efetivo seria de aproximadamente 10%. Se o preço fosse US$ 1.300, o rendimento efetivo seria de aproximadamente 6%; se o preço fosse US$ 700, o rendimento efetivo seria de 16,2%.

EXEMPLO 15.2 RENDIMENTO DE TÍTULOS DE EMPRESAS

Para entendermos de que modo são calculados os rendimentos de títulos e como eles podem diferir de uma empresa para outra, examinaremos os rendimentos de dois títulos com cupom: um emitido pela Microsoft e outro emitido pela cadeia de drogarias Rite Aid. Cada um deles possui um *valor de face* de US$ 100, o que significa que, por ocasião do vencimento do título, seu portador receberá o pagamento de um principal nesse valor. Cada título faz pagamento de um cupom (isto é, de juros) a cada seis meses.[7]

Calcularemos os rendimentos desses títulos utilizando os preços de fechamento de 1º de agosto de 2011. As seguintes informações foram obtidas no site financeiro do Yahoo!:

	Microsoft	Rite Aid
Preço (US$)	106,60	93,00
Cupom (US$)	5,300	9,500
Data de vencimento	8 fev. 2041	15 jun. 2017
Rendimento até o vencimento (%)	4,877	11,099
Rendimento atual (%)	4,972	10,215
Classificação	AAA	CCC

O que significam esses números? Para a Microsoft, o valor US$ 106,60 representa o preço de fechamento em 1º de agosto de 2011, com base no valor nominal para o título de US$ 100. O cupom de US$ 5,30 significa que, a cada seis meses,

---

[7] Esses títulos, na realidade, têm valor de face de US$ 1.000 e não de US$ 100. Os preços e os cupons de pagamento são listados como se o valor de face fosse US$ 100 simplesmente para economizar espaço. Para obter os reais preços e pagamentos de cupom, basta multiplicar por dez os números que aparecem no jornal ou em sites financeiros na Web.

US$ 2,65 são pagos ao proprietário do título. A data de vencimento representa o prazo máximo para o título, data na qual o proprietário recebe US$ 100 do valor nominal. O percentual de rendimento de 4,877% até o vencimento, discutido mais adiante, é a rentabilidade efetiva (ou seja, a taxa de retorno) sobre o título. O rendimento atual nada mais é do que o valor do cupom dividido pelo preço: 5,300/106,60 = 4,972%. (O rendimento atual não é tão relevante, já que não nos informa a taxa real de retorno sobre o título.) Por fim, o título da Microsoft é classificado como AAA, a mais alta classificação que o título de uma empresa pode receber, e nos indica que a possibilidade de inadimplência é muito baixa.

Como determinar a rentabilidade efetiva desse título (isto é, a taxa de retorno ou rendimento até o vencimento)? Para simplificar, determinaremos que os pagamentos de cupom são feitos anualmente, em vez de a cada seis meses. (O erro que isso provoca é muito pequeno.) Como o título da Microsoft vence em 2041, os pagamentos de cupom serão feitos em 2041 − 2011 = 30 anos. O rendimento é então obtido por meio da seguinte equação:

$$US\$\ 106{,}60 = \frac{5{,}3}{(1+R)} + \frac{5{,}3}{(1+R)^2} + \frac{5{,}3}{(1+R)^3} + \cdots + \frac{5{,}3}{(1+R)^{29}} + \frac{5{,}3}{(1+R)^{30}}$$

Para encontrar o rendimento efetivo, essa equação deve ser resolvida para a obtenção de R.[9] Você pode verificar (efetuando a substituição e averiguando se realmente a equação é satisfeita) que o resultado é mais ou menos $R^* = 4{,}877\%$.

O rendimento efetivo do título da Rite Aid é calculado da mesma forma. O título no valor de US$ 93,00 faz pagamentos de cupom de US$ 9,50 por ano e tem 2017 − 2011 = 6 anos para vencer. Assim, a equação para o seu rendimento é

$$US\$\ 93{,}00 = \frac{9{,}5}{(1+R)} + \frac{9{,}5}{(1+R)^2} + \frac{9{,}5}{(1+R)^3} + \frac{9{,}5}{(1+R)^4} + \frac{9{,}5}{(1+R)^5} + \frac{9{,}5}{(1+R)^6}$$

A solução para essa equação é $R^* = 11{,}099\%$.

Por que o rendimento do título da Rite Aid é tão mais elevado do que o da Microsoft? Porque o título da Rite Aid apresenta maior risco. Em 2011, a cadeia de drogarias estava sofrendo grandes perdas por causa da concorrência crescente de cadeias maiores, como Wal-Mart, que podiam usar sua escala para reduzir preços em tudo, desde cosméticos até medicamentos vendidos com receita. Entre 2007 e 2011, a Rite Aid foi lucrativa somente por um trimestre, levando muitos analistas a preverem sua falência. Por conseguinte, seu título foi avaliado como CCC (a classificação mais baixa). Como os investidores sabiam que era grande a probabilidade de a Rite Aid não arcar com o pagamento de seus títulos, se prepararam para comprar os títulos apenas se a rentabilidade efetiva fosse alta o bastante para compensar os riscos.

15.4 Critério do valor presente líquido para decisões de investimento de capital

Uma das mais comuns e importantes decisões que as empresas tomam refere-se a novos investimentos de capital. Milhões de dólares podem ser investidos em uma fábrica ou em máquinas que durarão — e afetarão os lucros — por muitos anos. Os fluxos de caixa futuros que o investimento irá gerar frequentemente são incertos. Uma vez que a fábrica já tenha sido construída, a empresa em geral não tem meios de desmontá-la e revendê-la para poder recuperar o investimento, pois ele se torna um custo irreversível.

Na Seção 7.1, explicamos que um custo irreversível é uma despesa que foi realizada e não pode ser recuperada.

De que forma uma empresa deveria decidir se determinado investimento de capital vale a pena ser feito? Ela deveria efetuar o cálculo do valor presente dos fluxos de caixa futuros que espera receber pelo investimento feito, para então fazer uma comparação entre tal valor presente e o custo dos investimentos. Esse método é conhecido como **critério do valor presente líquido (VPL)**:

critério do valor presente líquido (VPL)
Regra segundo a qual devemos fazer um investimento se o valor presente esperado do fluxo de caixa futuro for maior do que o custo do investimento.

> Critério do VPL: o investimento deve ser realizado se o valor dos fluxos de caixa futuros esperados do investimento for maior do que o custo do investimento.

Suponhamos que um investimento de capital custe C e que se espera que gere lucros durante os próximos 10 anos nos valores $\pi_1, \pi_2, \ldots, \pi_{10}$. Então, o valor presente desses lucros pode ser expresso por

---

[8] A solução dessa equação para R pode ser feita no Excel usando o Solver.

$$\text{VPL} = -C + \frac{\pi_1}{(1+R)} + \frac{\pi_2}{(1+R)^2} + \ldots + \frac{\pi_{10}}{(1+R)^{10}} \quad (15.3)$$

taxa de desconto

Taxa usada para determinar o valor corrente de um dólar recebido no futuro.

em que R é a **taxa de desconto** que utilizamos para descontar o fluxo de lucros futuros. (R poderia ser uma taxa de juros de mercado ou outra taxa qualquer; um pouco mais adiante trataremos da escolha da taxa.) A Equação 15.3 descreve o benefício líquido obtido pela empresa em decorrência de seu investimento. A empresa deve fazer o investimento apenas quando o benefício líquido for positivo — isto é, *apenas se VPL > 0*.

DETERMINAÇÃO DA TAXA DE DESCONTO Qual taxa de desconto deve ser utilizada pela empresa? A resposta depende das formas alternativas que a firma poderia utilizar seu dinheiro. Por exemplo, em vez desse investimento, ela poderia fazer outro investimento de capital que fosse capaz de gerar um fluxo de lucros diferente. Ou então, poderia ainda investir em um título com rendimento diferente. Em consequência, podemos pensar que R é o **custo de oportunidade do capital** da empresa. Se a empresa não tivesse investido nesse projeto, poderia ter obtido um retorno investindo em alguma outra coisa. *Portanto, o valor correto de R é o retorno que a empresa poderia obter em um investimento "semelhante".*

custo de oportunidade do capital

Taxa de retorno que se pode obter investindo em um projeto alternativo com risco semelhante.

Investimento "semelhante" significa investimento que apresenta igual *risco*. Como já tivemos a oportunidade de ver no Capítulo 5, quanto mais risco houver em um investimento, maior será o retorno. Portanto, o custo de oportunidade do investimento nesse projeto é o retorno que se poderia obter de outro projeto ou ativo com risco semelhante.

Na próxima seção, veremos como avaliar o grau de risco de um investimento. Nesse momento, vamos supor que esse projeto *não tenha risco* (isto é, a empresa está segura de que haverá os fluxos de lucros futuros π_1, π_2 etc.). Nesse caso, o custo de oportunidade do investimento é o *retorno sem risco*, ou seja, o retorno que se poderá obter dos títulos do governo. Se é esperado que o projeto dure dez anos, a empresa pode utilizar os juros anuais de um título do governo com vencimento em dez anos para efetuar o cálculo do VPL do projeto, como na Equação 15.3.[9] Se o VPL for igual a zero, o benefício proporcionado pelo investimento seria exatamente igual ao custo de oportunidade e, portanto, para a empresa deveria ser indiferente fazer ou não tal investimento. Se o VPL for maior do que zero, o benefício ultrapassa o custo de oportunidade, portanto, o investimento deveria ser feito.[10]

A fábrica de motores elétricos

Na Seção 15.1 discutimos uma decisão relativa ao investimento de US$ 10 milhões em uma fábrica para produzir motores elétricos. Essa fábrica tornaria possível a utilização de mão de obra e cobre na produção de 8.000 motores elétricos por mês, durante 20 anos, ao custo de US$ 42,50 cada um. Os motores poderiam ser vendidos por US$ 52,50 cada, gerando um lucro de US$ 10 por unidade, ou seja, US$ 80.000 por mês. Estamos supondo que, após 20 anos, as instalações da fábrica estarão obsoletas, mas poderiam ainda ser vendidas como sucata por US$ 1 milhão. Seria esse um bom investimento? Para descobrirmos, devemos efetuar o cálculo de seu valor presente líquido.

Vamos supor, por enquanto, que o custo de produção de US$ 42,50 e o preço de venda de US$ 52,50 dos motores sejam garantidos, de tal forma que a empresa está segura de que receberá US$ 80.000 por mês, ou seja, US$ 960.000 por ano em lucros. Suponhamos também que seja garantido o valor de US$ 1 milhão da venda das instalações como sucata. Portanto, a empresa deveria utilizar uma taxa de juros sem risco no desconto de seu fluxo de lucros futuros. Expressando os fluxos de caixa em milhões de dólares, temos o seguinte VPL:

---

9 Esse processo de cálculo é uma aproximação. Para ser mais exata, a empresa deveria utilizar a taxa de um título de um ano para fazer o desconto de π_1, a taxa de um título de dois anos para fazer o desconto de π_2, e assim por diante.

10 Essa regra para o VPL é incorreta quando o investimento é irreversível, sujeito a incertezas, e pode sofrer atrasos relativamente a seu cronograma inicial. Para uma análise do investimento irreversível, veja Avinash Dixit e Robert Pindyck, *Investment under Uncertainty*. Princeton, NJ: Princeton University Press, 1994.

$$\text{VPL} = -10 + \frac{0{,}96}{(1+R)} + \frac{0{,}96}{(1+R)^2} + \frac{0{,}96}{(1+R)^3} \qquad (15.4)$$

$$+ \ldots + \frac{0{,}96}{(1+R)^{20}} + \frac{0{,}96}{(1+R)^{20}}$$

A Figura 15.3 mostra o VPL em função da taxa de desconto R. Observe que com a taxa R^*, que é de mais ou menos 7,5%, o VPL é igual a zero. (A taxa R^*, às vezes, é chamada de *taxa interna de retorno* de um investimento.) Para taxas de desconto inferiores a 7,5%, o VPL é positivo e, portanto, a empresa deveria investir na fábrica. Para taxas de desconto acima de 7,5%, o VPL é negativo e, portanto, a empresa não deveria investir.

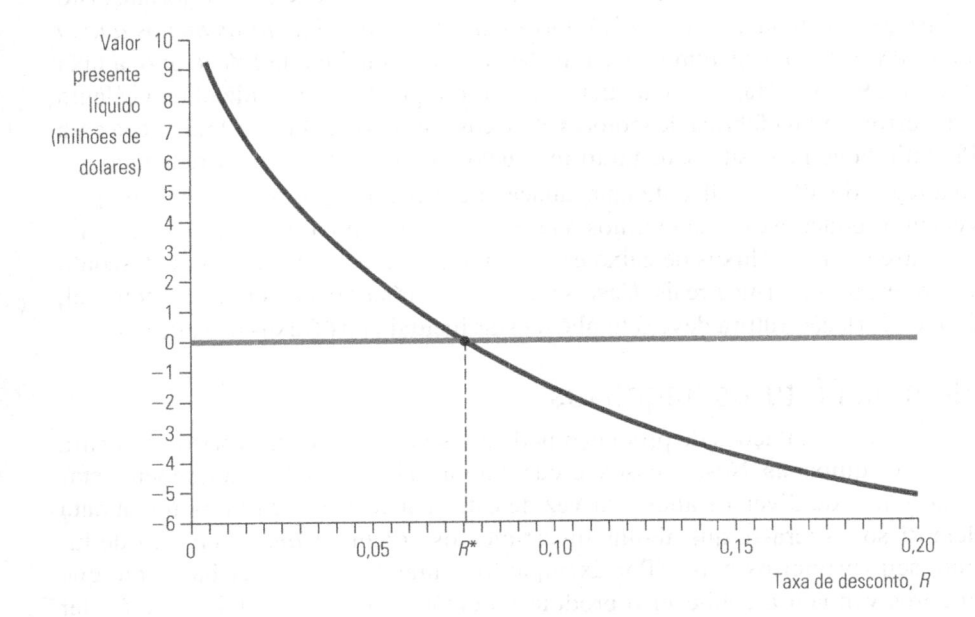

FIGURA 15.3 **VALOR PRESENTE LÍQUIDO DE UMA FÁBRICA**

O VPL de uma fábrica é o valor presente descontado de todos os fluxos de caixa envolvidos em sua construção e em seu funcionamento. Nesse caso, é o VPD do fluxo de lucros futuros menos o custo corrente de construção da fábrica. O VPL diminui à medida que a taxa de desconto aumenta. Para a taxa de desconto R^*, o VPL é igual a zero.

Taxas de desconto nominais *versus* reais

No exemplo anterior, consideramos que os fluxos de caixa futuros eram garantidos, de tal forma que a taxa de desconto R poderia ser uma taxa de juros sem risco, como aquela dos títulos do governo dos Estados Unidos. Suponhamos que essa taxa fosse de 9%. Será que isso significaria que o VPL seria negativo e que a empresa não deveria fazer o investimento?

Para respondermos a essa pergunta, devemos fazer uma distinção entre taxas de desconto reais e nominais, bem como entre fluxos de caixa reais e nominais. Vamos começar com os fluxos de caixa. No Capítulo 1, discutimos preços reais *versus* preços nominais. Explicamos que no preço real é *descontada a inflação*, enquanto o preço nominal inclui a taxa inflacionária. Em nosso exemplo, supusemos que os motores elétricos produzidos por nossa fábrica poderiam ser vendidos por US$ 52,50 cada um durante os próximos 20 anos. Entretanto, nada dissemos sobre o efeito da inflação. Será que os US$ 52,50 seriam o preço real com a inflação já descontada ou estariam incluindo a inflação? Como teremos a oportunidade de ver, a resposta para essa pergunta pode ser fundamental.

Vamos supor que o preço de US$ 52,50 e que o custo de produção de US$ 42,50 estejam expressos em termos reais. Isso significa que, se estivermos esperando que ocorra uma

> Na Seção 7.1, discutimos custo de oportunidade.

taxa de inflação de 5% ao ano, o preço nominal dos motores de US$ 52,50 no primeiro ano teria aumentado para (1,05)(52,50) = US$ 55,13 no segundo ano, depois para (1,05)(55,13) = US$ 57,88 no terceiro ano e assim por diante. Portanto, nosso lucro de US$ 960.000 por ano estaria também expresso em termos reais.

Agora vamos examinar a taxa de desconto. *Se os fluxos de caixa estiverem expressos em termos reais, a taxa de desconto também deve ser expressa em termos reais.* Por quê? Porque a taxa de desconto representa o custo de oportunidade do investimento. Se a inflação não estiver incluída nos fluxos de caixa do investimento, ela também não deverá estar incluída em seu custo de oportunidade.

Portanto, em nosso exemplo, a taxa de desconto deveria ser a taxa real de juros dos títulos do governo. A taxa nominal de juros (9%) é a que vemos publicada nos jornais, isto é, já com a inflação incluída. *A taxa real de juros é a taxa nominal de juros menos a taxa de inflação esperada.*[11] Se esperamos que a inflação seja em média de 5% ao ano, a taxa real de juros seria 9 − 5 = 4%. Essa é a taxa de desconto que deve ser utilizada no cálculo do VPL do investimento na fábrica de motores elétricos. Observe na Figura 15.3 que, a essa taxa, o VPL é nitidamente positivo, de tal forma que o investimento deve ser realizado.

Quando a regra do VPL é utilizada na avaliação de investimentos, os números empregados nos cálculos poderão estar em termos reais ou em termos nominais, desde que sejam consistentes entre si. Se os fluxos de caixa estiverem em termos reais, a taxa de desconto também deverá estar em termos reais. Caso seja utilizada uma taxa de desconto nominal, então o efeito da inflação futura deverá também estar incluído nos fluxos de caixa.

Fluxos de caixa futuros negativos

Fábricas e outras instalações de produção podem, às vezes, demorar vários anos para ser construídas e equipadas. Nesses casos, o custo do investimento deverá também estar distribuído ao longo de diversos anos, em vez de estar concentrado em uma única data inicial. Além disso, espera-se que alguns investimentos gerem *prejuízos*, em vez de lucros, durante seus primeiros anos. (Por exemplo, a demanda poderá ser baixa até que os consumidores venham a conhecer o produto ou então os custos iniciais poderão ser mais elevados, passando a diminuir apenas quando os administradores e os funcionários puderem já ter feito algum percurso ao longo da curva de aprendizagem.) Os fluxos de caixa futuros negativos não criam problemas para a regra do VPL; tais fluxos são descontados exatamente do mesmo modo que os fluxos de caixa positivos.

Por exemplo, suponhamos que nossa fábrica de motores elétricos demore um ano para ser construída: US$ 5 milhões são investidos imediatamente e outros US$ 5 milhões são investidos no ano seguinte. Além disso, suponhamos que se espere que a fábrica tenha *prejuízos* de US$ 1 milhão em seu primeiro ano de funcionamento e de US$ 0,5 milhão no seu segundo ano. Em seguida, ela passar a obter lucros de US$ 0,96 milhão ao ano até o vigésimo ano de existência, quando então será vendida como sucata por US$ 1 milhão, da mesma forma que no caso anterior. (Todos esses fluxos de caixa estão em termos reais.) Nessas condições, o VPL é:

$$VPL = -5 - \frac{5}{(1+R)} - \frac{1}{(1+R)^2} - \frac{0,5}{(1+R)^3} + \frac{0,96}{(1+R)^4} + \frac{0,96}{(1+R)^5} \quad (15.5)$$

$$+ \ldots + \frac{0,96}{(1+R)^{20}} + \frac{1}{(1+R)^{20}}$$

Suponhamos que a taxa real de juros seja de 4%. Será que a empresa deve construir essa fábrica? Pode-se confirmar que o VPL é negativo, portanto, esse não é um bom projeto de investimento.

---

[11] As pessoas possuem diferentes pontos de vista acerca da inflação futura e, portanto, podem ter diferentes estimativas para a taxa real de juros.

> **EXEMPLO 15.3**   O VALOR DE UMA LICENÇA DE TÁXI EM NOVA YORK
>
> Vimos, no Exemplo 9.5, que em 2011 o número de licenças de táxi em Nova York era mais ou menos o mesmo que em 1937, de modo que o preço de uma licença era de US$ 880.000. (Lembre-se de que uma licença é uma permissão autorizando que um automóvel seja usado para transportar passageiros.) As licenças pertencem às companhias de táxis, que pressionaram com sucesso a prefeitura para limitar o número de táxis em circulação, mantendo assim o preço alto — ao custo de dificultar o uso de táxis pelos cidadãos da cidade.
>
> Uma licença de táxi permite que seu proprietário alugue um automóvel para um motorista e, assim, receba um lucro pela operação do táxi. Esse lucro é alto o suficiente para justificar um valor de US$ 880.000 para cada licença? Para descobrir, vamos calcular o fluxo que uma companhia de táxis pode esperar alugando uma licença a um ou mais motoristas.
>
> A companhia de táxis cobra do motorista uma taxa fixa pelo uso da licença, mas essa taxa é definida pela cidade. Em 2011, a taxa era de US$ 110 por turno de 12 horas, ou US$ 220 por dia. Supondo que o táxi seja dirigido 7 dias por semana e 50 semanas por ano, a companhia de táxis ganharia (7)(50)(US$ 220) = US$ 77.000 por ano com a licença. Há muito pouco risco envolvido (há uma escassez de táxis, de modo que é fácil achar motoristas que queiram alugar a licença), e a taxa tem aumentado de acordo com a inflação. Portanto, uma taxa de desconto de 5% provavelmente seria apropriada para descontar fluxos de receita futuros. Considerando um horizonte de tempo de 20 anos, o valor presente desse fluxo de receita é, portanto,
>
> $$VP = \frac{70.000}{1,05} + \frac{70.000}{1,05^2} + \frac{70.000}{1,05^3} + \ldots + \frac{70.000}{1,05^{20}} = US\$\ 872.355$$
>
> Assim, um preço de licença na faixa de US$ 880.000 é coerente com o fluxo de receita que a licença gerará à companhia de táxis.

15.5 Ajustes para riscos

Já vimos que a taxa de juros sem risco é uma taxa de desconto apropriada para fluxos de caixa futuros que são garantidos. Entretanto, na maior parte dos projetos, o fluxo de caixa futuro está longe de ser garantido. Por exemplo, no caso de nossa fábrica de motores elétricos, poderíamos esperar que houvesse incerteza em relação aos futuros preços do cobre, à sua demanda futura e aos futuros preços dos motores e mesmo em relação às futuras remunerações da mão de obra. Dessa forma, a empresa não poderá saber quais serão os lucros durante os próximos 20 anos. A melhor estimativa poderia ser de US$ 960.000 por ano, mas os lucros realmente gerados poderão ser mais altos ou mais baixos. De que forma a empresa poderia levar em conta essa incerteza ao efetuar os cálculos do valor presente líquido de seu projeto?

Uma prática bastante comum é a de aumentar a taxa de desconto, adicionando um **prêmio de risco** à taxa sem risco. Estamos supondo que os proprietários da empresa possam ser avessos a riscos, o que faz os fluxos de caixa futuros que apresentam risco passarem a valer menos do que aqueles que sejam garantidos. Ao se aumentar a taxa de desconto, leva-se em conta tal fato reduzindo-se o valor daqueles fluxos de caixa futuros que possuem risco. Mas quão grande deve ser o prêmio de risco? Como veremos, a resposta depende da natureza do risco.

prêmio de risco
Quantidade de dinheiro que um indivíduo avesso ao risco pagará para evitar correr um risco.

Riscos diversificáveis *versus* riscos não diversificáveis

A adição do prêmio de risco à taxa de desconto deve ser feita com cautela. Se os administradores da empresa estão agindo em nome dos interesses dos acionistas, eles devem ser capazes de fazer uma distinção entre dois tipos de risco: o *diversificável* e o *não diversificável*.[12] O **risco diversificável** pode ser eliminado por meio de investimento

risco diversificável
Risco que pode ser eliminado por meio do investimento em muitos projetos ou mantendo ações de muitas empresas.

---
12 O risco diversificável é também denominado risco *não sistemático*, e o risco não diversificável é chamado de risco *sistemático*. A simples adição de um prêmio de risco a uma taxa de desconto pode não ser sempre a maneira correta de tratar o risco. Veja, por exemplo, Richard Brealey e Stewart Myers, *Principles of Corporate Finance*. Nova York: McGraw-Hill, 2011.

risco não diversificável

Risco que não pode ser eliminado por meio do investimento em muitos projetos ou em ações de muitas empresas.

em muitos projetos ou por meio de investimento em ações de muitas empresas. O **risco não diversificável** não pode ser eliminado dessa forma. *Apenas os riscos não diversificáveis afetam o custo de oportunidade do capital e, portanto, devem entrar no prêmio de risco.*

RISCO DIVERSIFICÁVEL Para compreender isso, lembre-se do Capítulo 5, no qual vimos que a diversificação pode eliminar muitos riscos. Por exemplo, não sei se o resultado ao jogar uma moeda será cara ou coroa. Mas poderei estar razoavelmente seguro de que, dentre mil jogadas, mais ou menos a metade será cara. De semelhante modo, uma companhia seguradora que me vende um seguro de vida não pode saber quantos anos viverei. Mas, ao vender o seguro para milhares de pessoas, poderá ter razoável certeza sobre a porcentagem das que falecerão a cada ano.

Praticamente o mesmo ocorre com as decisões de investimento de capital. Embora os fluxos de lucros gerados por um único investimento possam ser muito arriscados, se a empresa investir em dezenas de projetos (como faz a maioria das grandes firmas), seu risco global será muito menor. Além disso, mesmo que a empresa invista em apenas um projeto, os acionistas poderão facilmente diversificar o risco ao investir em ações de uma dúzia de empresas diferentes ou, então, por meio de um fundo mútuo que tenha investimentos em ações de diversas empresas. Portanto, os acionistas — os proprietários da empresa — poderão eliminar o risco diversificável.

Como os investidores podem eliminar o risco diversificável, eles não podem esperar obter um retorno mais alto do que a taxa sem risco apenas por assumi-lo: ninguém lhes pagaria para assumir um risco que não fosse necessário assumir. De fato, aqueles ativos que apenas apresentam risco diversificável tendem em média a gerar taxas de retorno próximas às taxas sem risco. Agora, lembre-se de que a taxa de desconto para um projeto representa o custo de oportunidade *do investimento em tal projeto, em vez de em algum outro empreendimento ou ativo com características semelhantes de risco.* Portanto, se o único risco de um projeto for do tipo diversificável, o custo de oportunidade será a taxa sem risco. *Nenhum prêmio de risco deveria ser adicionado à sua taxa de desconto.*

RISCO NÃO DIVERSIFICÁVEL O que fazer quando o risco é não diversificável? Primeiro, seremos claros a respeito de como tal risco pode surgir. Para uma companhia que trabalha com seguros de vida, a possibilidade de uma grande guerra significa um risco não diversificável. Como uma guerra pode aumentar de maneira acentuada a taxa de mortalidade, a companhia seguradora não tem condições de esperar que um número "médio" de seus clientes venha a falecer a cada ano, independentemente do número de clientes que ela tenha. Como resultado, a maioria das apólices de seguro, seja de vida, de saúde ou de imóvel, não dá cobertura a prejuízos decorrentes de atos de guerra.

No caso de investimentos de capital, o risco não diversificável surge pelo fato de que os lucros das empresas e os lucros gerados por projetos específicos tendem a depender do comportamento da economia como um todo. Quando o crescimento econômico é vigoroso, os lucros das empresas tendem a ser mais altos. (No caso de nossa fábrica de motores elétricos, a demanda se tornaria maior, de modo que os lucros aumentariam.) Por outro lado, os lucros tendem a cair quando ocorre uma recessão. Como o crescimento econômico futuro é incerto, a diversificação não consegue eliminar todo o risco. Os investidores devem (e de fato podem) obter retornos mais altos ao assumir esse risco.

Uma vez que o projeto possua risco não diversificável, o custo de oportunidade do investimento em tal empreendimento é mais alto do que a taxa sem risco. Assim, um prêmio de risco deverá ser incluído em sua taxa de desconto. Vejamos como é possível determinar a magnitude desse prêmio de risco.

Modelo de Formação de Preço para Ativos de Capital (CAPM)

Modelo em que o prêmio de risco para um investimento de capital depende da correlação entre o retorno do investimento e o retorno do mercado acionário como um todo.

Modelo de Formação de Preço para Ativos de Capital

O **Modelo de Formação de Preço para Ativos de Capital (CAPM)** (Capital Asset Pricing Model) mede o prêmio de risco para determinado investimento de capital por meio de uma comparação do retorno esperado de tal investimento com o retorno esperado de todo o mercado acionário. Para compreendermos o modelo, suponhamos, primeiro, que você invista na totalidade do mercado acionário (digamos, mediante um fundo mútuo). Nesse caso, seu investimento estaria completamente diversificado e você não teria risco diversificável. Entretanto, estaria operando com um risco não diversificável, pois o mercado acionário tende a acompanhar a situação econômica como um todo. (O mercado acionário reflete a expectativa dos lucros futuros, a qual depende em parte da situação da economia.) Em consequência, o retorno esperado do mercado acionário é mais elevado do que a taxa associada a um investimento sem risco. Se indicarmos por r_m o retorno esperado do mercado acionário e por r_f a taxa sem risco, o prêmio de risco de operar no mercado é $r_m - r_f$. Essa é a taxa de retorno adicional desejada que se deverá obter ao assumir o risco não diversificável associado ao mercado acionário.

Agora, consideremos o risco não diversificável associado a um ativo, por exemplo, as ações de uma empresa. Podemos medir tal risco verificando até que ponto o retorno desse ativo tende a estar *correlacionado* (isto é, move-se na mesma direção) com o retorno do mercado acionário como um todo. Por exemplo, as ações de determinada empresa poderiam não ter praticamente nenhuma correlação com o mercado como um todo. Na média, o preço de tal ação poderia mover-se independentemente das variações do mercado, de tal forma que ela tivesse pouco ou nenhum risco não diversificável. Portanto, o retorno dessa ação deveria ser mais ou menos o mesmo da taxa sem risco. Por outro lado, outra ação poderia estar altamente correlacionada com o mercado. Suas variações de preço poderiam até mesmo ser mais acentuadas do que as variações do mercado acionário como um todo. Essa ação teria um substancial risco não diversificável, talvez superior ao do mercado acionário como um todo. Sendo assim, na média, seu retorno ultrapassaria o retorno de mercado, r_m.

O CAPM resume essa relação entre os retornos esperados e o prêmio de risco pela seguinte equação:

$$r_i - r_J = \beta(r_m - r_f) \tag{15.6}$$

em que r_i é o retorno esperado de um determinado ativo. A equação informa que o prêmio de risco do ativo (isto é, a diferença entre a taxa de retorno esperado e a taxa sem risco) é proporcional ao prêmio de risco do mercado. A constante de proporcionalidade β é denominada **beta do ativo**. Ela mede a suscetibilidade do retorno do ativo às variações do mercado e, portanto, o risco não diversificável de tal ativo. Se uma elevação de 1% no mercado tende a ocasionar um aumento de 2% no preço do ativo, seu beta é igual a 2. Se uma elevação de 1% no mercado tende a ocasionar um aumento de 1% no preço do ativo, seu beta é 1. E, se uma elevação de 1% no mercado não ocasiona nenhuma alteração no preço do ativo, seu beta é zero. A Equação 15.6 demonstra que, quanto maior for o beta do ativo, maior será o retorno esperado desse ativo. Por quê? Porque seu risco não diversificável será mais elevado.

beta do ativo
Uma constante que mede a sensibilidade do retorno de um ativo às variações do mercado e, portanto, o risco não diversificável do ativo.

A TAXA DE DESCONTO AJUSTADA AO RISCO Conhecendo-se o beta do ativo, poderemos determinar a taxa de desconto correta que deverá ser utilizada no cálculo do valor presente líquido do ativo. Essa taxa de desconto é o retorno esperado desse ativo ou de algum outro que apresente o mesmo risco; ela é, portanto, igual à soma de determinado prêmio de risco à taxa sem risco, que reflete seu risco não diversificável:

$$\text{Taxa de desconto} = r_f + \beta(r_m - r_f) \tag{15.7}$$

Durante os últimos 60 anos, o prêmio de risco do mercado acionário, $(r_m - r_f)$, tem sido, em média, de 8%. Se a taxa real sem risco fosse de 4% e o beta do ativo fosse igual a 0,6, então a taxa de desconto correta seria $0,04 + 0,6(0,08) = 0,09$, ou seja, 9%.

Se o ativo for determinada ação, seu beta geralmente poderá ser estimado estatisticamente.[13] Entretanto, quando o ativo é uma nova fábrica, a determinação do beta do ativo torna-se mais difícil. Portanto, muitas empresas utilizam o custo de capital da empresa como taxa (nominal) de desconto. O **custo de capital da empresa** é a média ponderada entre o retorno esperado das ações (que depende do beta de tais ações) e a taxa de juros que a empresa paga sobre sua dívida. Esse enfoque está correto desde que o investimento de capital em questão seja característico da empresa como um todo. Entretanto, pode haver indução a erro caso o investimento de capital tenha um risco não diversificável muito maior ou muito menor do que o risco não diversificável da empresa como um todo. Nesse caso, pode ser melhor fazer uma estimativa baseada em um julgamento racional que pondere em que proporção as receitas geradas pelo investimento provavelmente dependerão do desempenho da economia como um todo.

custo de capital da empresa

Média ponderada entre o retorno esperado das ações da empresa e a taxa de juros que a empresa paga por sua dívida.

EXEMPLO 15.4 INVESTIMENTO DE CAPITAL NA INDÚSTRIA DE FRALDAS DESCARTÁVEIS

No Exemplo 13.6, discutimos o setor industrial das fraldas descartáveis, que tem sido dominado pelas empresas Procter & Gamble e Kimberly-Clark. Explicamos que os constantes investimentos realizados na área de pesquisa e desenvolvimento (P&D) têm proporcionado a essas empresas uma vantagem de custo que desencoraja a entrada de outras companhias no setor. Agora, examinaremos a decisão de investimento de uma empresa potencialmente entrante nesse setor.

Suponhamos que você esteja considerando a possibilidade de participar desse setor industrial. Para poder se beneficiar das economias de escala, tanto em termos de produção como em termos de propaganda e distribuição, seria necessário que você construísse três fábricas, que custariam US$ 60 milhões cada uma, com os custos distribuídos por três anos. Quando as fábricas estivessem operando com plena capacidade, produziriam um total de 2,5 bilhões de fraldas descartáveis por ano. Essas fraldas seriam vendidas no atacado pelo preço aproximado de US$ 0,16 cada uma, gerando vendas de cerca de US$ 400 milhões por ano. Você pode esperar que os custos variáveis de produção sejam de mais ou menos US$ 290 milhões por ano e que a renda líquida esteja em torno de US$ 110 milhões por ano.

Você terá, entretanto, outras despesas. Utilizando a experiência da P&G e da Kimberly-Clark como ponto de referência, pode esperar despesas da ordem de US$ 60 milhões com pesquisa e desenvolvimento (P&D) antes do início da operação, para poder projetar um processo eficiente de produção, e outros US$ 20 milhões com P&D durante cada ano de produção, para poder manter e aprimorar tal processo. Por fim, a partir do momento em que você estiver operando com plena capacidade, poderá esperar despesas anuais da ordem de US$ 50 milhões com vendas, propaganda e marketing. Seu lucro operacional líquido será de US$ 40 milhões por ano. As fábricas deverão funcionar por aproximadamente 15 anos e depois estarão obsoletas.

Esse investimento é uma boa ideia? Para descobrirmos, efetuaremos o cálculo de seu valor presente líquido. A Tabela 15.5 mostra os números relevantes. Estaremos supondo que a produção comece com 33% de sua capacidade quando as instalações estiverem completas em 2015, demore dois anos para atingir a capacidade total de produção e prossiga com esse nível de produção até 2030. Dados os fluxos de caixa disponíveis, o VPL é calculado como se segue:

$$VPL = -120 - \frac{93,4}{(1+R)} - \frac{56,6}{(1+R)^2} + \frac{40}{(1+R)^3}$$
$$+ \frac{40}{(1+R)^4} + \ldots + \frac{40}{(1+R)^{15}}$$

---

13 Podemos efetuar a estimativa do beta da ação fazendo uma regressão linear do retorno da ação em relação ao que ultrapassa o retorno no mercado, $r_m - r_f$. Ou então podemos consultar um site financeiro na Web, como o Yahoo! Finance ou o E*Trade, que dão informações detalhadas sobre ações individuais. Em agosto de 2011, o Yahoo! Finance listou um beta de 1,07 para a Intel Corporation e 1,46 para a Eastman Kodak.

A Tabela 15.5 mostra o VPL para taxas de desconto de 5%, 10% e 15%.

TABELA 15.5 Dados para o cálculo do VPL (US$ milhões)

	Antes de 2015	2015	2016	2017	...	2030
Vendas		133,3	266,7	400,0	...	400,0
MENOS						
Custo variável		96,7	193,3	290,0	...	290,0
P&D em andamento		20,0	20,0	20,0	...	20,0
Despesas de venda, propaganda e promoção		50,0	50,0	50,0	...	50,0
Lucro operacional		−33,4	3,4	40,0	...	40,0
MENOS						
Custo de construção	60,0	60,0	60,0			
P&D inicial	60,0					
FLUXO DE CAIXA LÍQUIDO	−120,0	−93,4	−56,6	40,0	...	40,0
	Taxa de desconto:	0,05	0,10	0,15		
	VPL:	80,5	−16,9	−75,1		

Observe que o VPL é positivo para uma taxa de desconto de 5%, mas é negativo para taxas de desconto de 10% ou 15%. Qual será a taxa de desconto correta? Primeiro, estamos ignorando a inflação, portanto, a taxa de desconto deve estar em termos *reais*. Segundo, os fluxos de caixa possuem riscos — não sabemos quão eficientes serão nossas fábricas, quão efetivas serão nossa propaganda e nossas promoções ou mesmo qual será a demanda futura das fraldas descartáveis. Uma parte desse risco não é diversificável. Para calcular o prêmio de risco, utilizaremos um beta igual a 1, que é típico de fabricantes de bens de consumo desse gênero. Utilizando uma taxa sem risco de 4% e o prêmio de risco do mercado acionário de 8%, nossa taxa de desconto deve ser

$$R = 0{,}04 + 1(0{,}08) = 0{,}12$$

Com essa taxa de desconto, o VPL é nitidamente negativo e, portanto, o investimento não faz sentido. Não haverá entrada nesse setor industrial: a P&G e a Kimberly-Clark podem respirar aliviadas. Não se surpreenda, porém, com o fato de essas empresas conseguirem ter lucros no mercado, enquanto você não consegue. A experiência das duas empresas, os anos de pesquisa e desenvolvimento (as duas não precisariam despender US$ 60 milhões com P&D antes de construir novas fábricas) e o reconhecimento de suas respectivas marcas dão a elas uma vantagem competitiva que uma nova empresa teria dificuldades para superar.

15.6 Decisões de investimento dos consumidores

Já vimos de que modo as empresas avaliam seus fluxos de caixa futuros e a partir daí tomam suas decisões de fazer investimentos em capital de longa duração. Os consumidores também se defrontam com decisões dessa natureza sempre que fazem aquisições de bens duráveis, como um automóvel ou um eletrodoméstico. Ao contrário da decisão relativa à aquisição de alimento, entretenimento ou vestuário, a decisão de comprar um bem durável envolve a comparação do fluxo de benefícios *futuros* com o custo *corrente* da aquisição.

Suponhamos que você esteja decidindo sobre a aquisição de um automóvel novo. Você poderia estar planejando mantê-lo por seis ou sete anos, caso em que a maioria dos benefícios (e custos operacionais) ocorreria no futuro. Portanto, é necessário comparar o fluxo futuro de benefícios líquidos de possuir o automóvel (o benefício de ter um transporte menos o custo do seguro, da manutenção e da gasolina) com seu preço de aquisição. O mesmo tipo de comparação se aplica a outros bens duráveis. Por exemplo, ao decidir sobre a compra de um ar-condicionado, você precisa comparar o preço da unidade de ar-condicionado com o valor presente do fluxo de benefícios líquidos (o prazer de uma sala com temperatura agradável menos o custo da eletricidade necessária à utilização do aparelho).

Esses problemas são análogos ao de uma empresa que, ao tomar uma decisão de investimento de capital, deve comparar um fluxo de lucros futuros com o custo corrente da fábrica e dos equipamentos. Portanto, poderemos analisar essas questões exatamente da mesma forma que efetuamos a análise do problema de investimento da empresa. Façamos isso considerando a aquisição de um automóvel por um consumidor.

O principal benefício de possuir um automóvel é o fluxo de serviços de transporte que ele produz. O valor desses serviços difere de consumidor para consumidor. Vamos imaginar que nosso consumidor atribua um valor de S dólares por ano a esse serviço. Vamos supor também que a despesa operacional total (seguro, manutenção e combustível) seja de E dólares por ano, que o preço desse automóvel seja de US$ 20.000 e que após seis anos seu valor de revenda será de US$ 4.000. A decisão de compra do automóvel poderá então ser enquadrada nos termos do valor presente líquido:

$$\text{VPL} = -20.000 + (S - E) + \frac{(S - E)}{(1 + R)} + \frac{(S - E)}{(1 + R)^2} \\ + \ldots + \frac{(S - E)}{(1 + R)^6} + \frac{4.000}{(1 + R)^6} \quad (15.8)$$

Qual taxa de desconto R o consumidor deverá utilizar? O consumidor necessitaria empregar o mesmo princípio utilizado pela empresa: a taxa de desconto é o custo de oportunidade do dinheiro. Se o consumidor já possui US$ 20.000 e não necessita tomar um empréstimo, a taxa de desconto correta será o retorno que poderia ser obtido ao investir em outro ativo, digamos, uma conta de poupança ou um título do governo. Por outro lado, se o consumidor possui dívidas, a taxa de desconto será a taxa do empréstimo contraído que ele já esteja pagando. Como essa taxa provavelmente será muito mais elevada do que a taxa de juros de um título do governo ou da conta de poupança, o VPL do investimento será menor.

Os consumidores muitas vezes precisam escolher entre um pagamento antecipado e pagamentos futuros. Um exemplo é a decisão entre comprar ou arrendar um carro novo. Suponhamos que você possa comprar um Toyota Corolla novo por US$ 15.000 e que poderá vendê-lo por US$ 6.000 após seis anos. Alternativamente, você poderia arrendar esse carro por US$ 300 por mês, durante três anos, e, ao fim desse período, devolver o carro. O que é melhor — comprar ou arrendar? A resposta depende da taxa de juros. Se a taxa de juros for muito baixa, é preferível comprar o carro, porque o valor presente dos futuros pagamentos do arrendamento é mais alto. Se a taxa de juros for alta, é preferível arrendar, porque o valor presente dos futuros pagamentos do arrendamento é baixo.

EXEMPLO 15.5 ESCOLHENDO UM AR-CONDICIONADO E UM AUTOMÓVEL NOVO

A aquisição de um aparelho de ar-condicionado envolve um dilema. Alguns aparelhos custam menos, porém são menos eficientes — consomem muita eletricidade em comparação com a capacidade de refrigeração. Outros custam mais caro, porém são mais eficientes. Será que você deveria adquirir um ar-condicionado que custe menos agora, mas que custará mais no futuro para ser utilizado, ou um mais eficiente que custe mais agora, mas cujo uso será menos dispendioso?

Vamos supor que você esteja fazendo uma comparação entre ares-condicionados com capacidades equivalentes de refrigeração, de tal forma que sejam capazes de produzir o mesmo fluxo de benefícios. Poderemos, então, comparar os valores presentes descontados de seus custos. Estipulando uma vida útil de oito anos para o aparelho e um valor zero de revenda, o VPD associado aos custos de adquirir e utilizar o ar-condicionado i é

$$\text{VPD} = C_i + OC_i + \frac{OC_i}{(1 + R)} + \frac{OC_i}{(1 + R)^2} + \ldots + \frac{OC_i}{(1 + R)^8}$$

sendo C_i o preço de aquisição do ar-condicionado i e OC_i seu custo operacional médio anual.

O ar-condicionado preferido dependerá de sua taxa de desconto. Se você dispusesse de pouco dinheiro e necessitasse tomar um empréstimo, provavelmente utilizaria uma taxa de desconto elevada. Como isso tornaria menor o valor presente dos custos operacionais futuros, você talvez optasse pelo aparelho menos dispendioso, mas relativamente ineficiente. Se você dispusesse de uma boa quantia, de tal modo que o custo de oportunidade do dinheiro (e, portanto, a respectiva taxa de desconto) fosse baixo, provavelmente optaria pela compra de um aparelho mais caro.

Um estudo econométrico sobre aquisições de aparelhos de ar-condicionado por famílias revelou que os consumidores tendem a fazer uma troca de custos de capital por custos operacionais futuros exatamente dessa forma, embora as taxas de desconto utilizadas sejam altas, isto é, em torno de 20% para a população como um todo.[14] (Os consumidores norte-americanos parecem ser míopes ao empregar taxas de desconto elevadas demais sobre suas futuras economias.) O estudo também mostra que as taxas de desconto dos consumidores variam inversamente a suas rendas. Por exemplo, pessoas com renda acima da média utilizaram taxas de desconto de cerca de 9%, enquanto as que faziam parte do um quarto inferior na distribuição de renda utilizaram taxas de desconto de 39% ou mais. Esse resultado era esperado, pois as pessoas de renda mais alta provavelmente podem dispor de mais dinheiro e, portanto, têm um custo de oportunidade mais baixo para o dinheiro.

A compra de um automóvel envolve um dilema semelhante. Um automóvel pode custar menos do que outro, mas consumir mais combustível e exigir mais manutenção e consertos, de modo que os custos operacionais futuros esperados são mais altos. Como acontece com os ares-condicionados, o consumidor pode comparar dois ou mais automóveis calculando e comparando os VPDs dos preços de compra e os custos operacionais anuais médios esperados para cada um. Um estudo econométrico das compras de automóveis descobriu que os consumidores, na realidade, fazem a comparação entre o preço de compra e os custos operacionais esperados dessa maneira.[15] Concluiu também que a taxa média de desconto para todos os consumidores estava na faixa de 11% a 17%. Essas estimativas para as taxas de desconto são mais baixas do que as dos ares-condicionados e, provavelmente, refletem a ampla oferta de empréstimos para compra de automóveis.

15.7 Investimentos em capital humano

Até aqui, discutimos como as empresas e os consumidores podem decidir se investem em *capital físico* — imóveis e equipamentos, no caso de empresas, e bens duráveis como carros e eletrodomésticos, no caso dos consumidores. Vimos como aplicar a regra do valor presente líquido a essas decisões: deve-se investir quando o valor presente dos ganhos proporcionados pelo investimento exceder o valor presente dos custos.

Algumas decisões de investimento muito importantes não envolvem capital físico, e sim *capital humano*. Se está lendo este livro agora, você está, neste exato momento, fazendo um investimento em seu próprio capital humano.[16] Estudando microeconomia, talvez como parte de um programa de graduação ou pós-graduação, você está obtendo conhecimentos e habilidades valiosos que o farão mais produtivo no futuro.

Capital humano é, pois, *o conhecimento, as habilidades e a experiência que tornam um indivíduo mais produtivo e, assim, capaz de auferir rendas maiores durante a vida*. Se você cursa a faculdade ou uma pós-graduação, faz cursos de especialização, ou se inscreve em um programa de treinamento profissional especializado, está investindo em capital humano. É bem provável que o dinheiro, o tempo e o esforço que você investe em aumentar seu capital humano vão lhe render retornos (*payoffs*), na forma de mais recompensas ou de oportunidades de emprego com maiores salários.

capital humano

Conhecimento, habilidades e experiência que fazem um indivíduo mais produtivo e, assim, capaz de auferir rendas maiores durante a vida.

---

14 Veja o artigo de Jerry A. Hausman, "Individual Discount Rates and the Purchase and Utilization of Energy-Using Durables", *Bell Journal of Economics* 10, 1979, p. 33-54.

15 Veja Mark K. Dreyfus e W. Kip Viscusi, "Rates of Time Preference and Consumer Valuations of Automobile Safety and Fuel Efficiency", *Journal of Law and Economics* 38, abr. 1995, p. 79-105.

16 Por outro lado, se acha este livro mais interessante que um bom romance, talvez você o esteja lendo por pura diversão.

Como um indivíduo deve decidir se investe ou não em capital humano? Para responder a essa pergunta, podemos usar a mesma regra do valor presente líquido que aplicamos aos investimentos em capital físico.

Suponhamos, por exemplo, que, após completar o ensino médio, você esteja decidindo se cursa uma faculdade durante quatro anos ou se deixa esse projeto de lado e vai trabalhar. Para manter as coisas no nível mais simples possível, vamos analisar essa decisão em uma base puramente financeira e ignorar qualquer prazer (assim como festas e partidas de futebol) ou dor (assim como exames e monografias) que a faculdade pode implicar. Vamos calcular o VPL dos custos e benefícios de obter um diploma universitário.

O VPL DO ENSINO SUPERIOR Existem dois custos principais associados com a faculdade. Primeiro, como estará estudando e não trabalhando, você incorrerá no custo de oportunidade dos salários perdidos que receberia caso tivesse arrumado um emprego. Para um típico jovem que acabou de concluir o ensino médio nos Estados Unidos, uma estimativa razoável desses salários perdidos ficaria em cerca de US$ 20.000 por ano. O segundo custo principal diz respeito às mensalidades, alojamento, alimentação e outras despesas (tais como o custo deste livro). Os três primeiros itens podem variar muito: o aluno pode estar cursando uma faculdade pública ou privada, pode estar vivendo em casa ou no *campus*, ou, ainda, pode estar recebendo uma bolsa de estudos. Como uma média aproximada, vamos usar US$ 20.000 por ano. (O custo da maioria das universidades públicas é menor que esse, mas o de muitas universidades e faculdades particulares é maior.) Assim, vamos imaginar que o custo econômico total de frequentar a faculdade seja de US$ 40.000 por ano durante quatro anos.

Um importante benefício que a faculdade traz é a capacidade de receber um salário mais alto durante a vida produtiva. Nos Estados Unidos, um profissional com nível superior recebe, em média, cerca de US$ 20.000 por ano a mais que um colega que só tenha o ensino médio. Na prática, a diferença salarial é maior durante os primeiros 5 a 10 anos seguintes à graduação, diminuindo depois. Para simplificar, porém, vamos partir do pressuposto de que essa diferença salarial de US$ 20.000 persista durante 20 anos. Nesse caso, o VPL (em milhares de dólares) de investir no ensino superior será

$$VPL = -40 - \frac{40}{(1+R)} - \frac{40}{(1+R)^2} - \frac{40}{(1+R)^3} + \frac{20}{(1+R)^4} + \ldots + \frac{20}{(1+R)^{23}}$$

Que taxa de desconto, R, devemos usar para calcular esse VPL? Como mantivemos os custos e benefícios fixos ao longo do tempo, estamos implicitamente ignorando a inflação. Assim, devemos usar uma taxa de desconto *real*. Nesse caso, uma taxa de desconto real razoável ficaria em torno de 5%. Essa taxa reflete o custo de oportunidade do dinheiro para muitas famílias — o retorno que elas poderiam obter caso investissem em outros ativos que não o capital humano. Você pode confirmar que, dessa maneira, o VPL fica em torno de US$ 66.000. Com uma taxa de desconto de 5%, investir no ensino superior é uma boa ideia, pelo menos de uma perspectiva puramente financeira.

Embora seja um número positivo, o VPL da educação universitária não é muito alto. Por que o retorno financeiro de frequentar a faculdade não é tão alto? Porque, nos Estados Unidos, o ensino superior se tornou acessível para a maioria dos estudantes que concluem o ensino médio.[17] Em outras palavras, o ensino superior é praticamente um investimento de livre entrada. Como vimos no Capítulo 8, nos mercados de livre entrada deve-se esperar um lucro econômico nulo, o que implica que os investimentos renderão um retorno competitivo. Claro, um retorno econômico baixo não significa que você não deve completar o curso universitário — o ensino superior proporciona muitos benefícios que vão além de acréscimos nos vencimentos futuros.

---

17 Isso não significa que todos aqueles que concluíram o ensino médio conseguem entrar na faculdade de sua escolha. Algumas instituições são exigentes e só admitem candidatos com notas altas e altas pontuações nos exames seletivos. Mas o grande número de faculdades e universidades nos Estados Unidos torna possível a realização de um curso de graduação para a maioria dos estudantes egressos do ensino médio.

EXEMPLO 15.6 SERÁ QUE O MBA VALE A PENA?

Muitos leitores deste livro estão pensando em frequentar um curso de administração e obter um diploma de MBA, ou, então, já estão matriculados em cursos desse tipo. Aqueles entre vocês que estão pensando nisso (ou que já estão matriculados) podem estar se perguntando se um MBA compensa o investimento. Vejamos se podemos ajudá-los em sua inquietação.

Para a maioria das pessoas, conseguir um MBA significa um aumento — muitas vezes um grande aumento no salário. A Tabela 15.6 mostra estimativas de salários médios antes e depois do MBA para 32 escolas de negócios, 24 nos Estados Unidos e 8 em outros países.[18] Como você pode ver, os aumentos salariais são impressionantes. Tenha em mente, porém, que nem todos os cursos de MBA foram incluídos na Tabela 15.6. Na verdade, como a lista inclui muitos dos melhores cursos — e como os salários foram informados pelos próprios profissionais —, é provável que os dados superestimem a média salarial de todos os diplomados. Para os Estados Unidos como um todo, uma estimativa aproximada do salário médio dos alunos prestes a entrar no curso de MBA fica em torno de US$ 45.000 por ano, e o *aumento* médio no salário após a obtenção do diploma fica por volta de US$ 30.000 por ano. Para uma análise simples, vamos partir do pressuposto de que esse ganho de US$ 30.000 por ano no salário perdure por 20 anos.

TABELA 15.6 Salários antes e depois do MBA

Universidade	Salário antes do MBA	Salário médio 3 anos após MBA
Stanford University	US$ 84.998	US$ 182.746
University of Pennsylvania: Wharton	US$ 78.544	US$ 175.153
Harvard Business School	US$ 79.082	US$ 170.817
Columbia Business School	US$ 77.127	US$ 167.366
MIT Sloan School of Management	US$ 71.653	US$ 158.353
Dartmouth College: Tuck	US$ 73.114	US$ 155.732
University of Chicago	US$ 72.904	US$ 152.370
Yale School of Management	US$ 65.000	US$ 151.451
Northwestern University: Kellogg	US$ 71.889	US$ 143.777
Cornell University: Johnson	US$ 67.852	US$ 140.454
New York University: Stern	US$ 63.195	US$ 138.398
UCLA: Anderson	US$ 66.459	US$ 136.906
Duke University: Fuqua	US$ 65.820	US$ 136.248
University of Michigan	US$ 65.788	US$ 134.208
University of Virginia	US$ 64.397	US$ 130.082
Carnegie Mellon	US$ 63.509	US$ 127.018
Georgetown University	US$ 60.817	US$ 126.500
University of Texas Austin	US$ 61.359	US$ 118.422
University of Southern California	US$ 62.701	US$ 116.624
Vanderbilt University: Owen	US$ 55.886	US$ 114.567
Indiana University: Kelley	US$ 60.497	US$ 112.524
University of Rochester: Simon	US$ 52.965	US$ 111.226
Pennsylvania State University	US$ 58.556	US$ 110.085
Purdue University: Krannert	US$ 51.676	US$ 100.252

---

18 Os dados mostram o salário médio de 2011 dos alunos que obtiveram MBA em 2007 e foram extraídos das avaliações de MBA do *Financial Times* para as 100 maiores escolas (http://rankings.ft.com/businessschoolrankings/global-mba-rankings-2011).

Instituições fora dos Estados Unidos		
Indian Institute of Management, Ahmedabad (Índia)	US$ 69.222	US$ 174.440
Insead (França/Singapura)	US$ 71.141	US$ 147.974
London Business School	US$ 63.074	US$ 146.332
International Institute for Management Development (IMD) (Suíça)	US$ 77.005	US$ 145.539
University of Cambridge: Judge (RU)	US$ 67.400	US$ 135.475
Hong Kong UST Business School (China)	US$ 55.097	US$ 133.334
HEC Paris (França)	US$ 59.848	US$ 123.287
Incae Business School (Costa Rica)	US$ 43.307	US$ 89.212

Fonte: The Financial Times, Ltd., Global MBA Rankings 2011 (http://rankings.ft.com/businessschoolrankings/global-mba-rankings-2011).

O curso típico de MBA nos Estados Unidos leva dois anos e exige mensalidades e despesas no valor anual de US$ 45.000. (São muito poucos os alunos que conseguem bolsas de estudo.) Além das mensalidades e despesas, é importante incluir o custo de oportunidade do salário anterior ao curso, ou seja, outros US$ 45.000 anuais. Assim, o custo econômico total de obter um MBA é US$ 90.000 por ano, para cada um dos dois anos. O VPL desse investimento é, portanto,

$$VPL = -90 - \frac{90}{(1+R)} + \frac{90}{(1+R)^2} + \ldots + \frac{30}{(1+R)^{21}}$$

Você pode confirmar que, se usarmos uma taxa de desconto real de 5%, o VPL será de US$ 180.000.

Por que o *payoff* de um MBA nas universidades como as da Tabela 15.6 é tão superior ao *payoff* de um curso universitário de quatro anos? Porque entrar em muitos cursos de MBA (e especialmente nos cursos listados na tabela anterior) é um processo seletivo e difícil. (O mesmo vale para certos cursos superiores, como direito e medicina.) Como há muito mais candidatos que vagas nos cursos de MBA, o retorno obtido com o diploma permanece alto.

Vale a pena fazer o MBA? Como acabamos de ver, a parte financeira da decisão é fácil: embora o custo seja substancial, o retorno do investimento é muito alto. Claro, outros fatores influenciam a decisão. Alguns alunos, por exemplo, consideram os cursos na área de negócios (especialmente economia) muito interessantes. Outros acham a experiência tão divertida quanto um tratamento de canal. Além disso, o candidato precisa considerar se suas notas na faculdade e a pontuação nos exames seletivos são altas o suficiente; caso contrário, esse investimento em capital humano sequer será uma opção para ele. Por fim — e o mais importante —, o candidato pode achar outra escolha profissional mais compensadora, tenha ela possibilidade de se tornar mais lucrativa ou não. Deixamos a cada um de vocês a tarefa de calcular os retornos dos investimentos educacionais em artes, direito ou educação em si (magistério).

*15.8 Decisões de produção intertemporal — recursos esgotáveis

As decisões de produção das empresas frequentemente apresentam aspectos *intertemporais* — a produção feita hoje afeta as vendas ou os custos futuros. A curva de aprendizagem, que discutimos no Capítulo 7, é um exemplo disso. Ao produzir hoje, a empresa ganha experiência para reduzir seus custos futuros. Nesse caso, a produção atual é em parte um investimento em futuras reduções de custo, e o valor disso deve ser levado em conta quando forem feitas comparações entre custos e benefícios. Outro exemplo é a produção de um recurso esgotável. Quando o proprietário de um poço de petróleo realiza um bombeamento hoje, menos petróleo fica disponível para a produção futura. Isso deve ser levado em conta ao decidir que quantidade produzir.

As decisões de produção em casos como esse envolvem comparações entre custos e benefícios hoje e no futuro. Podemos fazer essas comparações utilizando o conceito de valor presente descontado. Examinaremos em detalhes o caso do recurso esgotável, embora os mesmos princípios sejam aplicáveis a outras decisões de produção intertemporal.

Conforme dissemos na Seção 7.6, uma curva de aprendizagem indica que o custo de produção da empresa decresce com o tempo, à medida que os gerentes e trabalhadores ganham mais experiência e ficam mais eficientes na utilização da instalação industrial e do equipamento existentes.

Decisão de produção de um produtor de recurso esgotável único

Suponhamos que um tio rico o tenha presenteado com um poço de petróleo. Esse poço contém 1.000 barris de petróleo que podem ser produzidos a um custo constante médio e marginal de US$ 10 por barril. Será que você deveria produzir todo esse petróleo hoje ou deveria economizá-lo para o futuro?[19]

Você talvez pense que a resposta depende do lucro que obteria se pudesse retirar todo o petróleo do solo. Afinal, por que não retirar todo o petróleo se seu preço de venda é mais alto do que seu custo de extração? Entretanto, essa forma de pensar ignoraria o custo de oportunidade de esgotar hoje o petróleo de forma que ele não estaria disponível no futuro.

Sendo assim, a resposta correta depende não do atual nível de lucros, mas sim de quão rapidamente você espera que o preço do petróleo aumente. O petróleo no solo é como dinheiro no banco; deve-se mantê-lo no solo apenas se estiver tendo um retorno pelo menos tão alto quanto a taxa de juros do mercado. Se você espera que o preço do petróleo permaneça constante ou que suba muito devagar, seria melhor extraí-lo e vendê-lo todo agora, com o fim de investir os lucros obtidos. Entretanto, se você espera que o preço aumente rapidamente, seria mais apropriado deixá-lo onde está.

Quão rápido o preço do petróleo deveria subir para que você optasse por mantê-lo onde está? O valor de cada barril no poço é igual ao preço do petróleo menos os US$ 10 de custo para sua extração. (Esse é o lucro que você pode obter ao extrair e vender cada barril.) Seu valor deve subir pelo menos tão rapidamente quanto a taxa de juros para que você possa optar por manter o petróleo no poço. Portanto, a regra para sua decisão de produção é *mantenha todo o petróleo no poço se você espera que o preço, menos o custo de extração, vá subir mais rapidamente do que a taxa de juros. Extraia e venda todo o petróleo se você espera que o preço menos o custo de extração vá subir mais devagar do que a taxa de juros.* E se sua expectativa for de que o preço do petróleo menos o custo de extração suba exatamente de acordo com a taxa de juros? Nesse caso, para você será indiferente extrair ou deixar o petróleo no poço. Indicando por P_t o preço do petróleo neste ano, por P_{t+1} o preço no próximo ano e por c o custo de extração, podemos escrever essa regra de produção da seguinte forma:

Se $(P_{t+1} - c) > (1 + R)(P_t - c)$, mantenha o petróleo no poço.

Se $(P_{t+1} - c) < (1 + R)(P_t - c)$, venda todo o petróleo agora.

Se $(P_{t+1} - c) = (1 + R)(P_t - c)$, tanto faz mantê-lo ou vendê-lo.

Considerando nossa expectativa em relação ao aumento dos preços do petróleo, poderemos utilizar essa regra para determinar a produção. Mas quão rapidamente devemos esperar que o preço de mercado desse combustível suba?

Comportamento do preço de mercado

Suponhamos que o cartel da OPEP não existisse e que o mercado do petróleo consistisse em muitos produtores competitivos com poços semelhantes aos nossos. Poderíamos, então, ao considerar as decisões de produção dos demais produtores, determinar com que rapidez os preços provavelmente aumentariam. Se os demais produtores estiverem interessados em obter o máximo retorno possível, eles seguirão a regra de produção que apresentamos anteriormente. Isso significa que o *preço menos o custo marginal deve subir exatamente conforme a taxa de juros.*[20] Para entendermos a razão disso, suponhamos que

---

[19] Para a maioria dos verdadeiros poços de petróleo, os custos marginal e médio não são constantes, e se tornaria extremamente dispendiosa a extração de todo o petróleo em um curto período de tempo. Ignoraremos essa complicação.

[20] Esse resultado é denominado *regra de Hotelling*, porque foi primeiro demonstrado por Harold Hotelling, em "The Economics of Exhaustible Resources", *Journal of Political Economy* 39, abr. 1931, p. 137-175.

o preço menos o custo marginal esteja subindo mais depressa do que a taxa de juros. Nesse caso, ninguém estaria disposto a vender petróleo algum. Inevitavelmente, tal fato faria o preço corrente do petróleo se tornar mais elevado. Por outro lado, se o preço menos o custo marginal estivesse subindo mais devagar do que a taxa de juros, todos estariam dispostos a vender imediatamente o petróleo que tivessem, o que faria reduzir o preço corrente.

A Figura 15.4 ilustra de que forma o preço de mercado deve subir. O custo marginal da extração é c e o preço e a quantidade produzida são de início P_0 e Q_0. A Figura 15.4(a) apresenta o preço líquido, $P - c$, subindo de acordo com a taxa de juros. A Figura 15.4(b) mostra que, à medida que o preço sobe, a quantidade demandada diminui. Isso continua a ocorrer até o momento T, quando todo o petróleo terá se esgotado e o preço P_T será tal que a demanda será exatamente igual a zero.

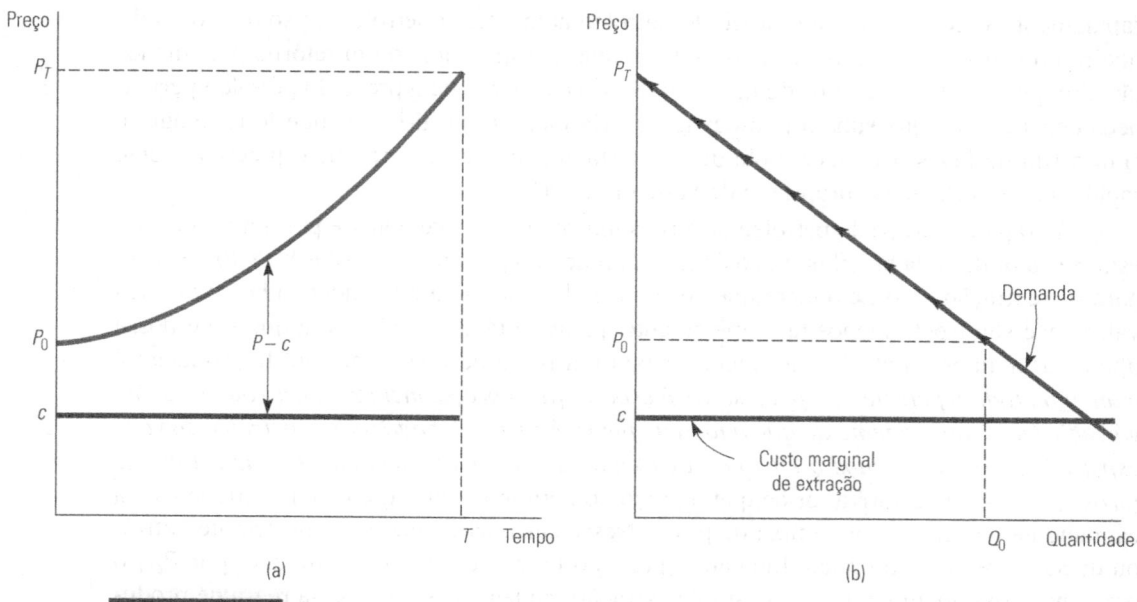

FIGURA 15.4 PREÇO DE UM RECURSO ESGOTÁVEL

O gráfico 15.4(a) mostra o preço subindo com o decorrer do tempo. As unidades de um recurso no solo deverão obter um retorno proporcional ao de outros ativos. Portanto, em um mercado competitivo, o preço menos o custo marginal da extração subirá de acordo com a taxa de juros. O gráfico 15.4(b) mostra o movimento para cima ao longo da curva de demanda conforme o preço sobe.

Custo de uso

Vimos no Capítulo 8 que uma empresa competitiva sempre produz até o ponto em que o preço é igual ao custo marginal. Entretanto, em um mercado competitivo de um recurso esgotável, o preço *ultrapassa* o custo marginal (e a diferença entre o preço e o custo marginal sobe com o tempo). Isso é conflitante com o que aprendemos no Capítulo 8?

Não, desde que reconheçamos que o custo marginal *total* de produção para um recurso esgotável é mais alto do que o custo marginal de sua extração do solo. Há um custo adicional de oportunidade, pois a produção e a venda de uma unidade atualmente tornam tal unidade indisponível para produção e venda no futuro. Denominamos esse custo de oportunidade de **custo de uso da produção**. Na Figura 15.4, o custo de uso é a diferença entre o preço e o custo marginal de produção. Ele sobe com o tempo, porque, à medida que o recurso remanescente no solo se torna mais escasso, ele se torna também mais valioso, de tal modo que o custo de oportunidade de esgotar uma unidade adicional se torna mais alto.

custo de uso da produção

Custo de oportunidade de produzir e vender uma unidade hoje, tornando, assim, essa unidade indisponível para produção e venda no futuro.

Produção de recursos por um monopolista

A situação seria diferente se o recurso fosse produzido por um *monopolista* e não por um setor competitivo? Será que o preço menos o custo marginal ainda estaria subindo conforme a taxa de juros?

Suponhamos que um monopolista esteja decidindo entre manter uma unidade incremental de determinado recurso no solo ou extraí-la e vendê-la. O valor de tal unidade é a *receita marginal* menos o custo marginal. A unidade deve ser deixada no solo caso se espere que seu valor suba mais rápido do que a taxa de juros; ela deve ser extraída e vendida caso se espere que seu valor suba mais *lentamente* do que a taxa de juros. Como o monopolista controla toda a produção, ele produzirá até que a receita marginal menos o custo marginal, isto é, o valor de uma unidade incremental do recurso extraído, suba exatamente conforme a taxa de juros:

> Na Seção 10.1, explicamos que um monopolista maximiza seu lucro ao escolher uma produção para a qual a receita marginal é igual ao custo marginal.

$$(RMg_{t+1} - c) = (1 + R)(RMg_t - c)$$

Observe que essa regra também se mantém válida para uma empresa competitiva. Contudo, para tal empresa, a receita marginal se torna igual ao preço de mercado p.

Para um monopolista que se defronta com uma curva de demanda com inclinação descendente, o preço será mais alto do que a receita marginal. Por conseguinte, se a receita marginal menos o custo marginal subir conforme a taxa de juros, o *preço* menos o custo marginal subirá mais lentamente do que a taxa de juros. Teremos, portanto, um interessante resultado, segundo o qual um setor monopolista é *mais conservador* do que um setor competitivo. Ao exercer o poder de monopólio, o monopolista começará cobrando um preço mais elevado e, portanto, esgotará mais lentamente o recurso.

EXEMPLO 15.7 QUÃO ESGOTÁVEIS SÃO OS RECURSOS NÃO RENOVÁVEIS?

Recursos naturais como petróleo, gás natural, carvão, urânio, cobre, ferro, chumbo, zinco, níquel e hélio são todos esgotáveis: como há uma quantidade finita de cada um deles na crosta terrestre, a produção e o consumo acabarão cessando. Entretanto, alguns recursos naturais são mais esgotáveis do que outros.

Nos casos do petróleo, do gás natural e do hélio, as reservas subterrâneas conhecidas e potencialmente localizáveis resistirão a apenas 50 ou 100 anos de consumo aos níveis atuais. Para esses recursos naturais, o custo de uso da produção associado a seu esgotamento poderá se tornar um componente significativo do preço de mercado. Entretanto, nos casos de outros recursos naturais, como o carvão e o ferro, há reservas comprovadas e potenciais equivalentes a várias centenas ou até mesmo milhares de anos de consumo aos níveis atuais. Sendo assim, o custo de uso é muito pequeno.

O custo de uso de determinado recurso pode ser estimado por meio de informações geológicas a respeito de reservas existentes ou potencialmente localizáveis e do conhecimento da curva de demanda e da taxa provável de deslocamento dessa curva ao longo dos anos, em consequência do crescimento econômico. Se o mercado for competitivo, o custo de uso pode ser determinado com base na renda econômica obtida pelos proprietários das terras em que se encontram os recursos naturais.

A Tabela 15.7 apresenta estimativas do custo de uso como uma fração do preço competitivo do petróleo cru, do gás natural, do urânio, do cobre, da bauxita, do níquel, do minério de ferro e do ouro.[21] Observe que apenas nos casos do petróleo cru e do gás natural é que o custo de uso se torna um componente substancial do preço. Para os demais recursos naturais, esse custo

---

21 Os números baseiam-se em Michael J. Mueller, "Scarcity and Ricardian Rents for Crude Oil", *Economic Inquiry* 23, 1985, p. 703-724; Kenneth R. Stollery, "Mineral Depletion with Cost as the Extraction Limit: A Model Applied to the Behavior of Prices in the Nickel Industry", *Journal of Environmental Economics and Management* 10, 1983, p. 151-165; Robert S. Pindyck, "On Monopoly Power in Extractive Resource Markets", *Journal of Environmental Economics and Management* 14, 1987, p. 128-142; Martin L. Weitzman, "Pricing the Limits to Growth from Mineral Depletion", *Quarterly Journal of Economics* 114, maio 1999, p. 691-706; e Gregory M. Ellis e Robert Halvorsen, "Estimation of Market Power in a Nonrenewable Resource Industry", *Journal of Political Economy* 110, ago. 2002, p. 883-899.

é pequeno, sendo até desprezível em algumas circunstâncias. Além disso, embora a maior parte desses recursos naturais tenha passado por grandes flutuações de preço no mercado norte-americano, o custo de uso não teve quase nenhuma participação em tais flutuações. Por exemplo, os preços do petróleo sofreram variações por causa da OPEP e das complicações políticas do Golfo Pérsico; os preços do gás natural variaram em decorrência de mudanças na demanda de energia; o urânio e a bauxita tiveram os preços alterados em consequência da cartelização ocorrida durante a década de 1970; e o cobre sofreu variações de preço em função de greves e alterações na demanda.

TABELA 15.7	Custo de uso como fração do preço competitivo
Recurso	Custo de uso/preço competitivo
Petróleo cru	0,4 a 0,5
Gás natural	0,4 a 0,5
Urânio	0,1 a 0,2
Cobre	0,2 a 0,3
Bauxita	0,05 a 0,2
Níquel	0,1 a 0,3
Minério de ferro	0,1 a 0,2
Ouro	0,05 a 0,1

Logo, o esgotamento dos recursos naturais não foi o principal determinante dos preços desses recursos ao longo das últimas décadas. Determinantes muito mais importantes são a estrutura do mercado e as variações ocorridas nas demandas de mercado. Todavia, o papel do esgotamento não deve ser ignorado. No longo prazo, ele deverá ser o determinante final da variação no preço dos recursos naturais.

15.9 Como são determinadas as taxas de juros?

Já vimos de que forma as taxas de juros de mercado são utilizadas na tomada de decisões de investimentos de capital e de produções intertemporais. Mas o que determina os níveis das taxas de juros? Por que elas flutuam ao longo do tempo? Para respondermos a essas perguntas, devemos nos lembrar de que uma taxa de juros é o preço que quem toma dinheiro emprestado paga àquele que lhe empresta para poder utilizar os fundos deste. Da mesma forma que em qualquer outro mercado, taxas de juros são determinadas pela oferta e demanda, nesse caso, a oferta e a demanda por fundos disponíveis para empréstimos.

A *oferta de fundos disponíveis para empréstimos* é originada nas famílias que têm interesse em economizar parte de sua renda para poder consumir mais no futuro (ou para poder deixar um legado a seus herdeiros). Por exemplo, algumas famílias possuem atualmente altos rendimentos, mas preveem que terão uma renda menor após se aposentarem. A poupança permite que elas distribuam de uma forma mais equilibrada o consumo ao longo do tempo. Além disso, como recebem juros sobre os fundos que emprestam, conseguirão consumir mais no futuro em troca de um menor consumo no presente. Em consequência, quanto maior a taxa de juros, maior será o estímulo para poupar. A curva de oferta de fundos disponíveis para empréstimos é, portanto, uma curva com inclinação ascendente, que está indicada por *S* na Figura 15.5.

A *demanda por fundos disponíveis para empréstimos* possui dois componentes. Primeiro, algumas famílias têm interesse em consumir mais do que permitiriam seus atuais rendimentos, seja pelo fato de serem baixos, apesar de que se espera que venham a crescer, seja em razão de desejarem realizar alguma compra de valor elevado (por exemplo, uma casa) que terá de ser paga por meio de rendimentos obtidos no futuro. Essas famílias estariam dispostas a pagar juros em troca de não ter de esperar para poder consumir. Todavia, quanto mais alta for a taxa de juros, maior será o custo do consumo, portanto, as famílias estarão menos propensas a tomar empréstimos. A demanda das famílias por fundos disponíveis para empréstimos é, portanto, uma função declinante da taxa de juros. Na Figura 15.5, essa função é indicada por D_H.

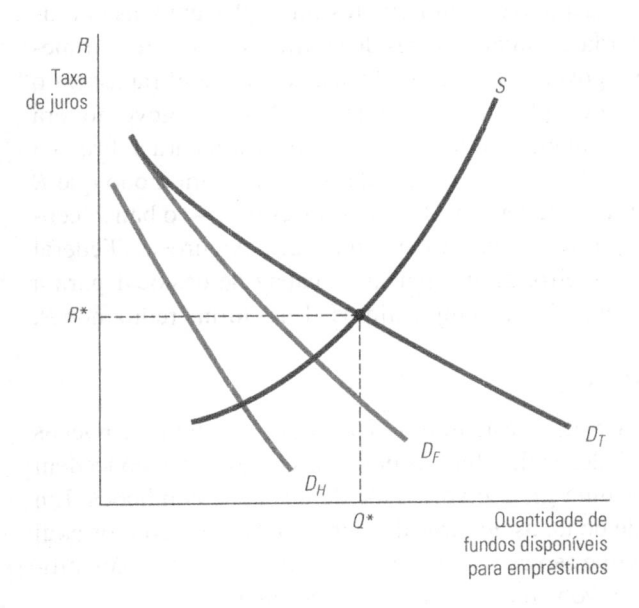

FIGURA 15.5 OFERTA E DEMANDA DE FUNDOS DISPONÍVEIS PARA EMPRÉSTIMOS

As taxas de juros de mercado são determinadas pela demanda e oferta de fundos disponíveis para empréstimos. As famílias ofertam fundos com o objetivo de consumir mais no futuro; quanto mais altas forem as taxas de juros, mais fundos serão ofertados pelas famílias. Tanto as pessoas físicas como as jurídicas buscam os fundos, porém suas respectivas demandas diminuem à medida que as taxas de juros aumentam. As variações nas taxas são ocasionadas por deslocamentos nas curvas de demanda e na oferta de fundos disponíveis para empréstimos.

O segundo componente da demanda por fundos disponíveis para empréstimos são as empresas que querem fazer investimentos de capital. Lembre-se de que elas estarão investindo em projetos cujos VPLs sejam positivos, pois VPLs positivos significam que os retornos esperados de tais projetos devem ultrapassar o custo de oportunidade dos fundos. Esse custo de oportunidade — a taxa de desconto empregada no cálculo do VPL — é a taxa de juros, eventualmente já ajustada para o risco. Muitas vezes, as empresas solicitam empréstimos para fazer investimentos, pois os fluxos de lucros gerados por tais aplicações de capital virão no futuro, ao passo que seus custos devem ser pagos no momento presente. Dessa forma, a disposição das empresas para efetuar investimentos constitui um importante componente da demanda de fundos disponíveis para empréstimos.

Como já vimos antes, quanto maior for a taxa de juros, menor será o VPL de um empreendimento. Quando as taxas de juros sobem, alguns projetos de investimento que apresentavam VPLs positivos passam a ter VPLs negativos e, portanto, serão cancelados. De uma forma mais ampla, como as empresas ficam menos dispostas a fazer investimentos quando aumentam as taxas de juros, sua demanda por fundos disponíveis para empréstimos diminui. Portanto, a demanda por fundos disponíveis para empréstimos por parte das empresas é uma curva com inclinação descendente; na Figura 15.5, essa curva está indicada por D_F.

A demanda total por fundos disponíveis para empréstimos é a soma da demanda das famílias e da demanda das empresas; na Figura 15.5, essa curva está indicada por D_T. Juntas, a demanda total e a curva de oferta determinam a taxa de juros de equilíbrio; na Figura 15.5, essa taxa de juros é indicada por R^*.

A Figura 15.5 também pode nos ajudar a compreender por que ocorre variação nas taxas de juros. Suponhamos que a economia entre em recessão. As empresas estarão esperando redução nas vendas e nos lucros futuros gerados por novos investimentos de capital. Os VPLs dos projetos deverão cair e as empresas estarão menos dispostas a investir, diminuindo assim sua demanda por fundos disponíveis para empréstimos. Portanto, as curvas D_F e D_T serão deslocadas para a esquerda e a taxa de juros de equilíbrio vai se tornar menor. Por outro lado, suponhamos que o governo federal tenha despesas que ultrapassem o valor arrecadado em impostos, isto é, que tenha um grande déficit. Assim, o governo terá de tomar empréstimos para conseguir financiar tal déficit, o que deslocará para a direita a curva da demanda total, D_T, por fundos disponíveis para empréstimos, de tal modo que R aumenta. Nos Estados Unidos, as políticas monetárias do Federal Reserve — o banco central desse país — constituem outro importante determinante das taxas de juros. O Federal Reserve tem poderes para imprimir dinheiro, sendo, portanto, capaz de deslocar para a direita a curva da oferta de fundos disponíveis para empréstimos, dessa forma reduzindo R.

A variedade de taxas de juros

A Figura 15.5 agrega as demandas e as ofertas individuais como se houvesse apenas uma taxa de juros de mercado. Na verdade, as famílias, as empresas e o governo concedem e tomam empréstimos de acordo com uma grande variedade de termos e condições. Em consequência, há uma ampla variedade de taxas de juros de mercado. Descreveremos aqui apenas algumas das mais importantes que são citadas nos jornais e que, às vezes, são utilizadas durante as tomadas de decisões envolvendo investimentos de capital.

- **Taxa da letra do Tesouro** *(Treasury Bill Rate)*: a letra do Tesouro norte-americano é um título de curto prazo (um ano ou menos) emitido pelo governo dos Estados Unidos. Trata-se de um *título baseado em desconto* que não possui pagamentos de cupons; em vez disso, é vendido por um preço inferior ao valor de seu resgate no vencimento. Por exemplo, uma letra do Tesouro de três meses poderia ser vendida por US$ 98. Dentro de três meses, ela poderá ser resgatada por US$ 100; portanto, tem um rendimento trimestral efetivo de aproximadamente 2% e um rendimento anual efetivo de aproximadamente 8%.[22] A letra do Tesouro pode ser vista como um título de curto prazo e sem taxa de risco.

- **Taxa de título do Tesouro** *(Treasury Bond Rate)*: também emitido pelo governo dos Estados Unidos, o título do Tesouro norte-americano é um título com um prazo mais longo, superior a um ano, em geral de 10 a 30 anos. As taxas variam, dependendo da data de vencimento do título.

- **Taxa de redesconto** *(Discount Rate)*: nos Estados Unidos, os bancos comerciais às vezes tomam empréstimos de curto prazo do Federal Reserve. Esses empréstimos são denominados *redescontos*, e a taxa que o Federal Reserve cobra sobre eles é a taxa de redesconto.

- **Taxa de fundos federais** *(Federal Funds Rate)*: é a taxa de juros que os bancos cobram uns dos outros pelos empréstimos *overnight* de fundos federais. Os fundos federais compõem-se de moeda em circulação e de depósitos mantidos pelo banco central (Federal Reserve Bank). Para cumprir as exigências de reserva, os bancos comerciais mantêm fundos no banco central. Os bancos com excesso de reservas podem emprestar tais fundos àqueles com falta de reservas, usando para isso a taxa de fundos federais. Tal taxa é um instrumento-chave da política monetária praticada pelo Federal Reserve.

- **Taxa de títulos comerciais** *(Commercial Paper Rate)*: o título comercial refere-se aos títulos de curto prazo (seis meses ou menos) emitidos por empresas de alta qualidade de risco que tomam empréstimos. Como o risco associado a esses títulos é

---

[22] Para sermos exatos, o rendimento em três meses é de $(100/98) - 1 = 0{,}0204$ e a taxa anual é de $(100/98)^4 - 1 = 0{,}0842$, ou seja, 8,42%.

apenas levemente superior ao de uma letra do Tesouro, a taxa é geralmente 1% mais alta do que a taxa da letra do Tesouro.
- **Taxa básica** *(Prime Rate)*: é a taxa (às vezes denominada *taxa de referência*) que os grandes bancos utilizam como ponto de referência para empréstimos de curto prazo concedidos a seus maiores clientes empresariais. Como vimos no Exemplo 12.4, essa taxa não flutua de um dia para outro, como ocorre com as demais.
- **Taxa de título corporativo** *(Corporate Bond Rate)*: os jornais e as publicações do governo listam as taxas anuais médias de longo prazo (normalmente, 20 anos) de títulos corporativos conforme categorias diferentes de risco (por exemplo, baixo risco, médio risco etc.). Essas taxas médias indicam quanto as empresas estão pagando por suas dívidas de longo prazo. Entretanto, como já pudemos ver no Exemplo 15.2, as taxas dos títulos de empresas podem variar consideravelmente, dependendo da solidez financeira da empresa e do prazo de vencimento do título.

RESUMO

1. A quantidade de capital que uma empresa detém é medida em termos de estoque, mas os insumos de trabalho e matérias-primas são medidos em termos de fluxos. O estoque de capital de uma empresa permite-lhe obter um fluxo de lucros ao longo do tempo.

2. Quando uma empresa faz um investimento, ela despende dinheiro no momento presente para obter um fluxo de lucros no futuro. Para decidir se determinado investimento se justifica, a empresa deve determinar o valor presente dos lucros futuros; para tanto, deve descontá-los.

3. O valor presente descontado (VPD) de US$ 1 pago daqui a um ano é US$ $1/(1 + R)$, sendo R a taxa de juros. O VPD de US$ 1 pago daqui a n anos é US$ $1/(1 + R)^n$.

4. Um título é um contrato por meio do qual quem faz um empréstimo concorda em pagar a seu portador determinado fluxo monetário. O valor do título é o VPD de tal fluxo monetário. O rendimento efetivo de um título é a taxa de juros que torna iguais o valor do título e o preço de mercado do mesmo título. Os rendimentos de diferentes títulos variam em função de suas diferenças de risco e prazo de vencimento.

5. As empresas podem decidir se determinado investimento de capital deve ou não ser feito empregando o critério do valor presente líquido (VPL): o investimento deverá ser efetuado se o valor presente dos fluxos de lucros futuros for maior do que o custo do investimento.

6. A taxa de desconto que uma empresa utiliza para calcular o VPL de determinado investimento deve ser o custo de oportunidade do capital, isto é, o retorno que a empresa poderia obter em um investimento semelhante.

7. Durante o cálculo dos VPLs, se os fluxos de caixa estiverem em termos nominais (isto é, incluindo a inflação), a taxa de desconto também deverá ser nominal; se os fluxos de caixa estiverem em termos reais (isto é, excluindo a inflação), uma taxa real de desconto deverá ser utilizada.

8. Pode-se fazer um ajuste para a existência do risco acrescentando-se um prêmio à taxa de desconto. Entretanto, esse prêmio de risco deve refletir apenas o risco que não for diversificável. Quando se utiliza o Modelo de Formação de Preço para Ativos de Capital (Capital Asset Pricing Model — CAPM), o prêmio de risco é o "beta" do projeto multiplicado pelo prêmio de risco do mercado acionário como um todo. O "beta" mede a sensibilidade do retorno do projeto às variações do mercado.

9. Os consumidores também se defrontam com decisões de investimento que requerem o mesmo tipo de análise realizado pelas empresas. Ao tomar a decisão de compra de um bem durável, como um automóvel ou um eletrodoméstico, o consumidor deve considerar o valor presente de seus respectivos custos operacionais futuros.

10. Investimentos em capital humano — os conhecimentos, habilidades e experiências que tornam um indivíduo mais produtivo e, assim, capaz de auferir maiores rendas no futuro — podem ser avaliados por métodos muito semelhantes aos empregados para avaliar outros investimentos. Investir em educação, por exemplo, fará sentido do ponto de vista econômico se o valor presente dos aumentos futuros esperados na renda excederem o valor presente dos custos.

11. Um recurso esgotável que ainda está no solo é como dinheiro em uma conta de poupança no banco e deverá gerar um retorno comparável. Portanto, se o mercado for competitivo, seu preço menos os custos marginais de sua extração crescerá conforme a taxa de juros. A diferença entre preço e custo marginal é denominada *custo de uso*, o qual é o custo de oportunidade do esgotamento de uma unidade do recurso natural.

12. As taxas de juros de mercado são determinadas pela demanda e oferta de fundos disponíveis para empréstimos. As famílias geram tais fundos, para que possam ter um nível mais alto de consumo no futuro. As famílias, as empresas e o governo demandam fundos disponíveis para empréstimos. Variações na demanda ou na oferta desses fundos ocasionam modificações nas taxas de juros.

QUESTÕES PARA REVISÃO

1. Uma empresa utiliza tecido e mão de obra na produção de camisas em uma fábrica que foi adquirida por US$ 10 milhões. Quais dos insumos de produção são medidos como fluxos e quais são medidos como estoques? De que forma sua resposta seria modificada caso a empresa tivesse alugado uma fábrica em vez de tê-la adquirido? A produção seria medida em termos de fluxo ou em termos de estoque? E os lucros?

2. De que forma é feito o cálculo do valor presente líquido de um título? Se a taxa de juros for de 5%, qual será o valor presente de uma perpetuidade que paga US$ 1.000 por ano para sempre?

3. O que é *rendimento efetivo* de um título? De que forma pode ser calculado esse rendimento? Por que alguns títulos de empresas têm rendimentos mais elevados do que outros?

4. Qual é o critério do valor presente líquido (VPL) para decisões de investimento? Como podemos calcular o VPL de um projeto de investimento? Se todos os fluxos de caixa do empreendimento forem garantidos, qual taxa de desconto deverá ser utilizada para calcular o VPL?

5. Você está prestes a se aposentar e tem duas opções: ter seus direitos pagos de uma só vez pela empresa, ou aceitar uma quantia anual menor que será paga pelo resto de sua vida. Como você escolheria a melhor opção? De que informações você precisaria?

6. Você observou que os preços dos títulos têm subido nos últimos meses. Tudo o mais mantido constante, o que deve estar acontecendo com as taxas de juros? Explique.

7. Qual é a diferença entre uma taxa real de desconto e uma taxa nominal de desconto? Quando a taxa real e a taxa nominal de desconto devem ser utilizadas em cálculos de VPL?

8. De que forma o prêmio de risco é utilizado para levar em conta a incerteza nos cálculos de VPL? Qual é a diferença entre o risco diversificável e o risco não diversificável? Por que apenas o risco não diversificável deveria ser incluído no prêmio de risco?

9. Qual o significado de "retorno de mercado" no Modelo de Formação de Preço para Ativos de Capital (Capital Asset Pricing Model — CAPM)? Qual a razão de o retorno de mercado ser maior do que a taxa de juros sem risco? No CAPM, o que mede o beta de um ativo? Por que ativos com betas elevados possuem retornos esperados mais altos do que os ativos com betas mais baixos?

10. Suponha que você esteja decidindo sobre a possibilidade de investir US$ 100 milhões em uma usina de aço. Você conhece os fluxos de caixa esperados para esse projeto, mas eles apresentam risco, pois os preços do aço podem cair ou aumentar no futuro. De que forma o CAPM poderia ajudá-lo a escolher uma taxa de desconto apropriada para o cálculo de seu VPL?

11. De que maneira um consumidor faz uma escolha entre custo corrente e custos futuros ao escolher um ar-condicionado ou outros eletrodomésticos? Como um cálculo de VPL poderia ajudar em tal escolha?

12. Qual o significado de "custo de uso" para a produção de um recurso natural esgotável? Por que razão o preço menos o custo de extração sobe de acordo com a taxa de juros no mercado competitivo de um recurso esgotável?

13. O que determina a oferta de fundos disponíveis para empréstimos? O que determina a demanda por tais fundos? O que poderia causar uma variação na oferta ou na demanda de fundos disponíveis para empréstimos? De que forma tal variação poderia afetar as taxas de juros?

EXERCÍCIOS

1. Suponha que a taxa de juros seja de 10%. Caso se invista US$ 100 a essa taxa hoje, quanto eles valerão daqui a um ano? E daqui a dois anos? E daqui a cinco anos? Qual é o valor hoje de US$ 100 pagos daqui a um ano? E daqui a dois anos? E em cinco anos?

2. Você pode escolher entre dois fluxos de pagamento: (a) US$ 150 pagos daqui a um ano e US$ 150 pagos daqui a dois anos; (b) US$ 130 pagos daqui a um ano e US$ 160 pagos daqui a dois anos. Qual fluxo de pagamento você preferiria se a taxa de juros fosse de 5%? E se fosse de 15%?

3. Suponha que a taxa de juros seja de 10%. Qual é o valor de um título com cupom que paga US$ 80 por ano, durante cada um dos próximos cinco anos, e que, ao fim do sexto ano, reembolsa o valor de US$ 1.000 pagos hoje? Repita o cálculo para uma taxa de juros de 15%.

4. Um título vencerá daqui a dois anos. Ele paga um cupom de US$ 100 após um ano e, ao fim do segundo ano, além do pagamento de mais um cupom de US$ 100, há o pagamento do valor de face do título de US$ 1.000. Esse título está sendo vendido no mercado por US$ 966. Qual é o seu rendimento efetivo?

5. A Equação 15.5 mostra o valor presente líquido de um investimento em uma fábrica de motores elétricos. Metade do investimento de US$ 10 milhões é paga no momento inicial e a segunda metade após um ano. Prevê-se que a fábrica terá prejuízos durante os dois primeiros anos de funcionamento. Se a taxa de desconto for de 4%, qual será o VPL? Esse investimento é um bom negócio?

6. A taxa de juros de mercado é de 5% e prevê-se que ela permanecerá inalterada indefinidamente. A essa taxa, os consumidores podem tomar e conceder empréstimos conforme desejarem. Justifique sua escolha em cada uma das seguintes situações:

   a. Você preferiria receber uma doação de US$ 500 hoje ou uma doação de US$ 540 daqui a um ano?

   b. Você preferiria receber uma doação de US$ 100 hoje ou um empréstimo de US$ 500 sem juros para ser pago daqui a quatro anos?

   c. Você preferiria ter um desconto de US$ 350 na aquisição de um automóvel de US$ 8.000 ou um ano de financiamento com taxa de juros de 0% para pagar o preço total do carro daqui a um ano?

   d. Suponha que você tenha ganhado US$ 1 milhão na loteria e que receberá US$ 50.000 por ano durante os próximos 20 anos. Quanto isso valeria hoje?

   e. Você ganhou US$ 1 milhão em um cassino. Pode receber US$ 1 milhão hoje ou então US$ 60.000 por ano eternamente (esse direito pode ser repassado a seus herdeiros). Qual das duas alternativas preferiria?

   f. Até pouco tempo, um filho adulto tinha de pagar impostos sobre doações acima de US$ 10.000 recebidas dos pais, porém, era permitido que os pais fizessem empréstimos sem juros aos filhos. Por que algumas pessoas alegaram que essas práticas eram injustas? Para quem elas eram injustas?

7. Ralph está tentando decidir sobre sua entrada na faculdade. Se ele ficar dois anos na faculdade ao custo de US$ 15.000 por ano, poderá obter um emprego que lhe pagará US$ 60.000 pelo resto de sua vida profissional. Se ele não for à faculdade, ingressará imediatamente no mercado de trabalho. Dessa forma, ganhará US$ 30.000 por ano durante os próximos três anos, US$ 45.000 por ano durante os três anos seguintes e US$ 60.000 por ano daí em diante. Se a taxa de juros for de 10%, entrar na faculdade será um bom investimento financeiro?

8. Suponha que um tio tenha lhe dado um poço de petróleo como aquele descrito na Seção 15.8. (O custo marginal da produção é constante e igual a US$ 50.) O preço do petróleo é atualmente US$ 80, sendo, todavia, controlado por um cartel responsável por uma grande parcela da produção total. Você deveria produzir e vender agora todo o seu petróleo ou deveria esperar para produzir? Justifique a resposta.

9. Suponha que você esteja planejando investir em vinhos finos. Cada caixa custa US$ 100, e você sabe, por experiência, que o valor de uma caixa de garrafas de vinho mantido por um período de t anos é $100t^{1/2}$. Uma centena de caixas de vinho encontra-se disponível para venda e a taxa de juros é de 10%.

   a. Quantas caixas você deve adquirir, quanto tempo deve esperar para vendê-las e quanto dinheiro receberá no momento em que as vender?

   b. Suponha que, no momento da aquisição, alguém lhe ofereça imediatamente a quantia de US$ 130 por caixa. Será que você deveria aceitar essa oferta?

   c. De que forma suas respostas mudariam se a taxa de juros fosse de apenas 5%?

10. Reexamine a decisão de investimento de capital no caso da indústria de fraldas descartáveis (Exemplo 15.4), partindo agora do ponto de vista de uma empresa já atuante no mercado. Se a P&G ou a Kimberly-Clark estivesse considerando a possibilidade de expandir a capacidade produtiva por meio da construção de três novas fábricas, ela não necessitaria despender US$ 60 milhões em pesquisa e desenvolvimento (P&D) antes do início da operação das novas fábricas. De que forma isso influenciaria os cálculos de VPL na Tabela 15.5? Esse investimento seria lucrativo com uma taxa de desconto de 12%?

11. Suponha que você possa comprar um Toyota Corolla novo por US$ 20.000 e vendê-lo por US$ 12.000 seis anos mais tarde. Como alternativa, você pode arrendar o carro por US$ 300 por mês durante três anos e devolvê-lo ao final deles. Para simplificarmos, suponha que as prestações do arrendamento sejam anuais em vez de mensais — isto é, que perfaçam US$ 3.600 por ano para cada um dos três anos.

    a. Se a taxa de juros, r, for 4%, será melhor arrendar ou comprar o carro?

    b. O que será melhor se a taxa de juros for de 12%?

    c. A que taxa de juros seria indiferente para você comprar ou arrendar o carro?

12. Uma consumidora depara-se com a seguinte decisão: ela pode comprar um computador por US$ 1.000 e pagar US$ 10 por mês para ter acesso à Internet durante três anos ou pode receber um abatimento de US$ 400 sobre o preço do computador (de modo que ele custará US$ 600), mas, nesse caso, pagará US$ 25 por mês durante três anos pelo acesso à Internet. Para simplificar, suponha que a consumidora pague a taxa de acesso anualmente (isto é, US$ 10 por mês = US$ 120 por ano).

    a. Como a consumidora deveria agir se a taxa de juros fosse de 3%?

    b. E se a taxa de juros fosse de 17%?

    c. A que taxa de juros seria indiferente para ela optar por qualquer uma das duas alternativas?

PARTE QUATRO

Informação, falhas de mercado e o papel do governo

A Parte Quatro mostra como os mercados às vezes podem falhar e explica como a intervenção do governo pode ser usada para alcançar a eficiência econômica.

Grande parte da análise contida nas três primeiras partes deste livro enfoca questões positivas — como se comportam os consumidores e as empresas e de que forma tal comportamento influencia diferentes estruturas de mercado. A Parte IV adotará um enfoque de caráter mais normativo. Nela descreveremos o objetivo da eficiência econômica, demonstraremos quando os mercados geram resultados positivos e esclareceremos quando eles falham e necessitam de intervenção governamental.

O Capítulo 16 aborda a análise de equilíbrio geral, na qual as interações entre mercados relacionados entre si são levadas em conta. Esse capítulo também analisa as condições necessárias para que a economia seja eficiente e mostra quando e por que um mercado perfeitamente competitivo é eficiente. O Capítulo 17 examina uma importante causa de falha de mercado — informações incompletas. Nele mostramos que, quando alguns agentes econômicos dispõem de melhores informações do que os demais, os mercados podem não alocar eficientemente as mercadorias ou podem até mesmo não existir. Mostramos também de que modo os vendedores podem evitar problemas de informação assimétrica dando sinais da qualidade dos produtos para potenciais compradores. Por fim, o Capítulo 18 discute duas causas adicionais para a falha de mercado: as externalidades e os bens públicos. Mostramos que, embora essas falhas possam, às vezes, ser resolvidas por meio de negociação no setor privado, outras vezes exigem intervenção governamental. Também discutimos muitas soluções para essas falhas, como taxas por poluição e licenças negociáveis para a emissão de poluentes.

CAPÍTULOS

16 Equilíbrio geral e eficiência econômica 589

17 Mercados com informação assimétrica 623

18 Externalidades e bens públicos 653

CAPÍTULO 16

Equilíbrio geral e eficiência econômica

Na maior parte de nosso trabalho, estudamos determinados mercados isoladamente. Entretanto, os mercados são com frequência interdependentes: as condições de um podem influir nos preços e níveis de produção de outros, seja pelo fato de uma mercadoria ser um insumo de produção de outra mercadoria, seja pelo fato de duas mercadorias serem bens substitutos ou complementares. Neste capítulo, veremos de que forma a *análise de equilíbrio geral* pode ser utilizada para levar em conta tais inter-relações.

Também expandiremos o conceito de eficiência econômica introduzido no Capítulo 9 e discutiremos os benefícios de uma economia de mercado competitivo. Para alcançarmos esse objetivo, analisaremos primeiro a eficiência econômica, começando com a troca de mercadorias entre pessoas ou entre países. Depois, utilizaremos a análise das trocas para discutir se os resultados gerados por determinada economia são equitativos. Uma vez que tais resultados sejam considerados não equitativos, o governo pode ajudar a redistribuir a renda.

Então, continuaremos a descrever as condições que uma economia deve satisfazer caso pretenda produzir e distribuir mercadorias com eficiência. Explicaremos por que um sistema de mercado perfeitamente competitivo satisfaz tais condições. Também mostraremos por que o livre-comércio internacional pode expandir as possibilidades de produção de um país e aumentar o bem-estar dos consumidores. Entretanto, a maioria dos mercados não é totalmente competitiva e muitos se desviam substancialmente do que seria o ideal. Na seção final deste capítulo (e como uma prévia de nossa discussão detalhada sobre falhas de mercado apresentada nos capítulos 17 e 18), abordaremos alguns motivos principais por que os mercados falham em funcionar com eficiência.

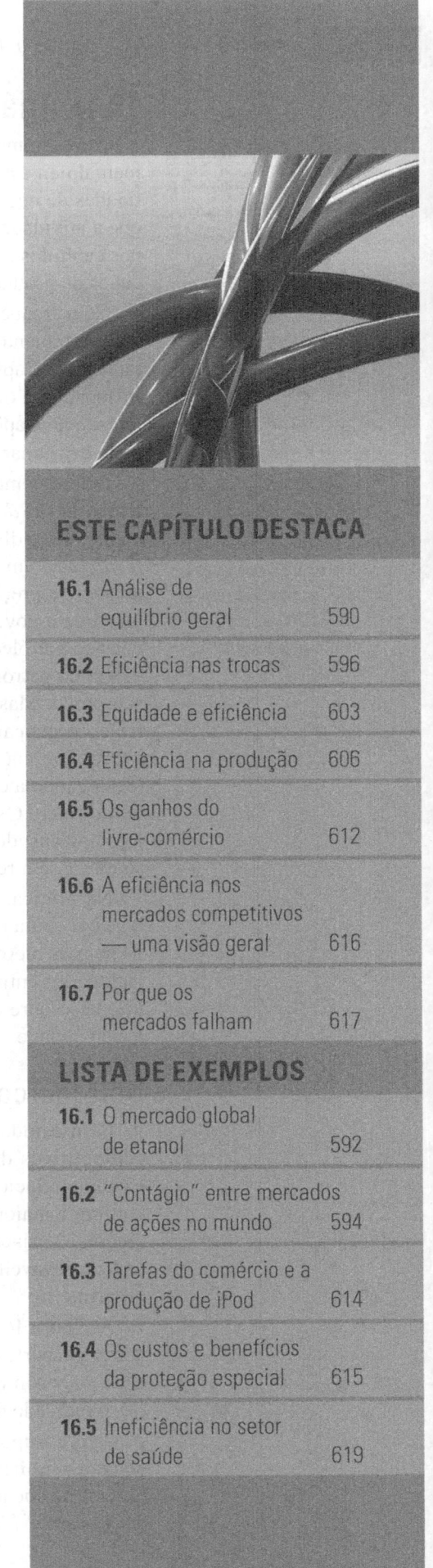

ESTE CAPÍTULO DESTACA

16.1	Análise de equilíbrio geral	590
16.2	Eficiência nas trocas	596
16.3	Equidade e eficiência	603
16.4	Eficiência na produção	606
16.5	Os ganhos do livre-comércio	612
16.6	A eficiência nos mercados competitivos — uma visão geral	616
16.7	Por que os mercados falham	617

LISTA DE EXEMPLOS

16.1	O mercado global de etanol	592
16.2	"Contágio" entre mercados de ações no mundo	594
16.3	Tarefas do comércio e a produção de iPod	614
16.4	Os custos e benefícios da proteção especial	615
16.5	Ineficiência no setor de saúde	619

16.1 Análise de equilíbrio geral

análise de equilíbrio parcial
Determinação dos preços e quantidades de equilíbrio em um mercado, independentemente dos efeitos causados por outros mercados.

Até o momento, as discussões sobre o comportamento de mercado se basearam fundamentalmente na **análise de equilíbrio parcial**. Quando determinamos os preços e as quantidades de equilíbrio em um mercado usando a análise de equilíbrio parcial, presumimos que a atividade em um mercado causa pouco ou nenhum efeito sobre outros. Por exemplo, nos capítulos 2 e 9, presumimos que o mercado de trigo era bastante independente dos mercados de produtos correlatos, como milho e soja.

Com frequência, uma análise de equilíbrio parcial é suficiente para a compreensão do comportamento de mercado. Entretanto, as inter-relações dos mercados podem ser importantes. No Capítulo 2, por exemplo, vimos de que modo o preço de uma mercadoria pode influenciar a demanda de outra, caso se trate de bens substitutos ou de bens complementares, e no Capítulo 8 vimos que um aumento na demanda de um produto de uma empresa pode ocasionar elevações no preço do insumo e do produto.

análise de equilíbrio geral
Determinação simultânea de preços e quantidades em todos os mercados relevantes, levando em conta os efeitos de realimentação (ou feedback).

Diferentemente do que ocorre com a análise de equilíbrio parcial, a **análise de equilíbrio geral** *determina os preços e as quantidades em todos os mercados simultaneamente*; além disso, ela explicitamente leva em conta os efeitos de feedback. Um *efeito de feedback* é um ajuste de preço ou de quantidade em determinado mercado causado pelos ajustes de preços ou de quantidades em mercados relacionados. Por exemplo, suponhamos que o governo dos Estados Unidos passasse a cobrar um imposto sobre as importações de petróleo do país. Tal política ocasionaria de pronto um deslocamento da curva de oferta de petróleo para a esquerda (tornando mais caro o petróleo importado) e elevaria seu preço. Mas os efeitos do imposto não terminariam aí. O preço mais elevado do petróleo provocaria um aumento na demanda de gás natural e, por conseguinte, em seu preço. Por sua vez, o preço mais alto do gás natural aumentaria a demanda de petróleo (deslocando a curva de demanda para a direita), o que faria aumentar ainda mais o preço do petróleo. Os mercados de petróleo e de gás natural continuariam a interagir até que fosse alcançado um equilíbrio no qual a quantidade demandada e a quantidade ofertada se tornassem respectivamente iguais em cada um dos dois mercados.

Na prática, não é viável desenvolver uma análise completa de equilíbrio geral que leve em conta os efeitos de uma mudança ocorrida em determinado mercado sobre *todos* os demais mercados. Em vez disso, vamos nos restringir a alguns mercados bastante relacionados entre si. Por exemplo, quando estivermos examinando o efeito de um eventual imposto sobre o petróleo, vamos também examinar os mercados de gás natural, carvão e eletricidade.

Dois mercados interdependentes — rumo ao equilíbrio geral

Para estudarmos a interdependência dos mercados, vamos examinar os mercados competitivos de locação de DVDs e ingressos de cinema. Esses dois mercados estão bastante relacionados, pois um grande número de pessoas tem aparelhos de DVD, o que confere à maioria dos consumidores a opção de assistir a filmes tanto em casa como no cinema. Variações nas políticas de determinação de preços que afetem um desses mercados provavelmente influenciarão também o outro, o que por sua vez produzirá efeitos no primeiro.

A Figura 16.1 mostra as curvas de oferta e de demanda de DVDs e de ingressos de cinema. Na parte (a), o preço dos ingressos de cinema é inicialmente de US$ 6,00 e esse mercado se encontra em equilíbrio no ponto de interseção entre as curvas D_C e S_C. Na parte (b), o mercado de DVDs também se encontra em equilíbrio ao preço de US$ 3,00.

Agora, suponhamos que o governo crie um imposto de US$ 1 sobre cada ingresso de cinema adquirido. O efeito do imposto é determinado com base em análise de equilíbrio parcial deslocando-se para cima, em US$ 1, a curva de oferta de ingressos, que passa de S_C para S^*_C na Figura 16.1(a). De início, esse deslocamento faz o preço dos ingressos aumentar para US$ 6,35, de tal modo que a quantidade vendida cai de Q_C para Q'_C. Esse é o limite que poderíamos alcançar usando uma análise de equilíbrio parcial. Mas podemos ir mais adiante por meio de uma análise de equilíbrio geral fazendo duas coisas: (1) examinando os efeitos do imposto sobre os ingressos no mercado de DVDs e (2) verificando a ocorrência de eventuais efeitos de feedback do mercado de DVDs sobre o mercado de ingressos de cinema.

O imposto sobre os ingressos de cinema afeta o mercado de DVDs porque cinema e DVD são bens *substitutos*. Um preço mais elevado para os ingressos desloca a demanda de DVDs de D_V para D'_V na Figura 16.1(b). Esse deslocamento, por sua vez, ocasiona um aumento no preço da locação dos DVDs, que passa de US$ 3,00 para US$ 3,50. Observe que um imposto sobre um produto pode afetar os preços e as vendas de outros — e isso é algo que deveria ser lembrado pelos responsáveis por políticas econômicas ao elaborar políticas fiscais.

> Na Seção 2.1, explicamos que dois bens são substitutos se a elevação do preço de um deles leva ao aumento da quantidade demandada do outro.

Como ficaria o mercado dos ingressos de cinema? A curva original de demanda dos ingressos tinha como pressuposto que o preço dos DVDs havia permanecido inalterado em US$ 3. No entanto, como o preço é agora de US$ 3,50, a curva de demanda dos ingressos se desloca para cima, passando de D_C para D'_C na Figura 16.1(a). O novo preço de equilíbrio dos ingressos (no ponto de interseção entre as curvas S^*_C e D'_C) passa para US$ 6,75, em vez de US$ 6,35, e a quantidade adquirida de ingressos aumenta de Q'_C para Q''_C. Portanto, uma análise de equilíbrio parcial teria subestimado o efeito do imposto sobre os ingressos. O mercado de DVDs está tão proximamente relacionado com o mercado de ingressos que, para a determinação do efeito total de um imposto, é necessária uma análise de equilíbrio geral.

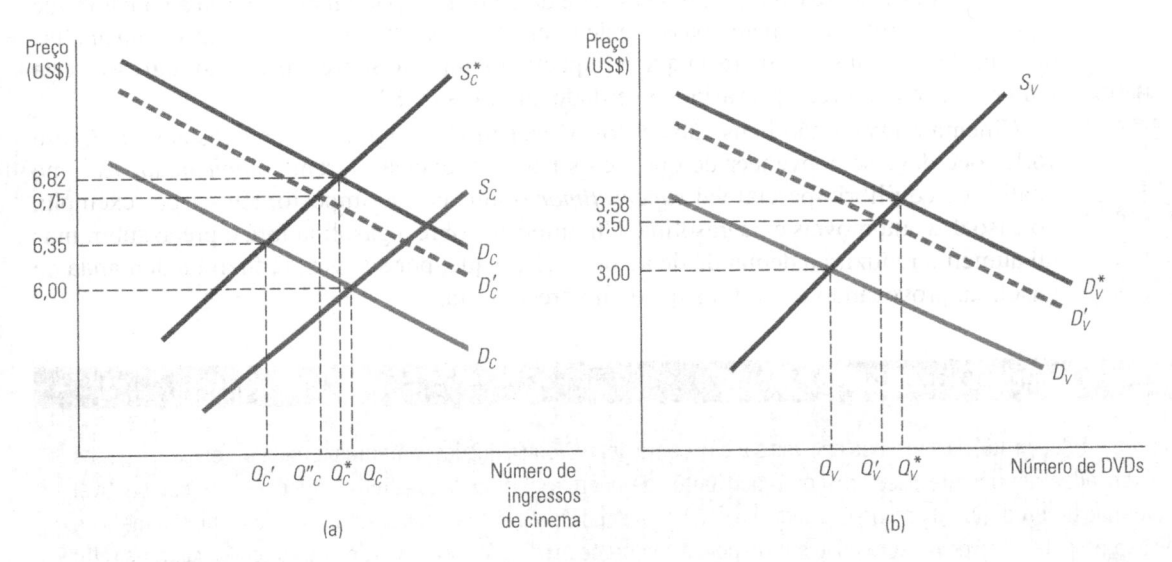

FIGURA 16.1 — **DOIS MERCADOS INTERDEPENDENTES: (A) INGRESSOS DE CINEMA E (B) ALUGUEL DE DVDS**

Quando os mercados são interdependentes, os preços de todos os produtos devem ser determinados simultaneamente. Aqui, um imposto sobre os ingressos de cinema desloca a curva de oferta de ingressos de cinema para cima, de S_C para S^*_C, como mostrado em (a). O preço mais alto dos ingressos de cinema (US$ 6,35, em vez de US$ 6,00) inicialmente desloca a demanda de DVDs para cima (de D_V para D'_V), provocando um aumento no preço dos DVDs (de US$ 3,00 para US$ 3,50), como mostrado em (b). O preço mais alto dos DVDs se reflete no mercado de ingressos de cinema, fazendo com que a demanda se desloque de D_C para D'_C e o preço dos ingressos aumente de US$ 6,35 para US$ 6,75. Esses movimentos continuam até que um equilíbrio geral seja alcançado, como mostra a interseção de D^*_C com S^*_C em (a), com o preço do ingresso de cinema a US$ 6,82, e a interseção de D^*_V e S_V em (b), com um preço para os DVDs de US$ 3,58.

A obtenção do equilíbrio geral

Nossa análise ainda não está completa. A mudança no preço de mercado dos ingressos vai gerar um efeito de feedback sobre o preço dos DVDs; este, por sua vez, vai afetar os preços dos ingressos, e assim por diante. No final, será necessário que façamos *simultaneamente* a determinação dos preços e das quantidades de equilíbrio *tanto* para o mercado de ingressos *como* para o mercado de DVDs. O preço de equilíbrio de US$ 6,82 para os ingressos de cinema é mostrado na Figura 16.1(a), no ponto de interseção entre as curvas de oferta e de demanda de equilíbrio de ingressos (S^*_C e D^*_C). O preço de equilíbrio dos DVDs de US$ 3,58 é mostrado na Figura 16.1(b) no ponto de interseção entre as curvas de oferta e de demanda de equilíbrio dos DVDs (S_V e D^*_V). Esses são os preços corretos de equilíbrio geral, pois as curvas de oferta e de demanda do mercado de DVDs foram desenhadas *pressupondo-se que o preço dos ingressos de cinema seja de US$ 6,82*. Da mesma forma, as curvas de oferta e de demanda do mercado de ingressos de cinema foram desenhadas *pressupondo-se que o preço dos DVDs seja de US$ 3,58*. Em outras palavras, ambos os conjuntos de curvas são coerentes com os preços dos mercados correlatos e não temos razões para esperar que as curvas de oferta e de demanda possam ainda sofrer outros deslocamentos. Na prática, para determinarmos os preços (e quantidades) de equilíbrio geral, devemos determinar simultaneamente dois preços que sejam capazes de igualar as quantidades demandadas e as quantidades ofertadas em todos os mercados relacionados. Para nossos dois mercados, isso significaria encontrar a solução para quatro equações (oferta de ingressos de cinema, demanda de ingressos de cinema, oferta de DVDs e demanda de DVDs).

Observe que, mesmo que estivéssemos interessados apenas no mercado de ingressos de cinema, ao avaliarmos o impacto de um imposto, seria importante levar em conta o mercado de DVDs. Nesse exemplo, uma análise de equilíbrio parcial nos levaria a concluir que o preço do ingresso de cinema passaria de US$ 6,00 para US$ 6,35. Entretanto, uma análise de equilíbrio geral nos mostraria que o impacto do imposto sobre o preço do ingresso seria maior — isto é, o preço passaria, na verdade, para US$ 6,82.

Na Seção 2.1, explicamos que dois bens são complementares se a elevação do preço de um deles leva a uma diminuição da quantidade demandada do outro.

Cinema e DVDs são bens substitutos. Construindo diagramas análogos aos da Figura 16.1, você deve se convencer de que, se os bens em questão forem *complementares*, uma análise de equilíbrio parcial vai *superestimar* o impacto do imposto. Pense, por exemplo, no caso dos automóveis e da gasolina. Um imposto sobre a gasolina fará o preço subir, mas tal aumento reduzirá a demanda de automóveis, o que, por sua vez, reduzirá a demanda de gasolina, provocando então uma queda no preço desta.

EXEMPLO 16.1 O MERCADO GLOBAL DE ETANOL

Os preços do petróleo bruto, as emissões nocivas e a crescente dependência dos inconstantes fornecedores estrangeiros de petróleo desencadearam um interesse crescente por fontes de energia alternativas, como o etanol — um combustível puro de alta octanagem produzido de recursos renováveis, como a cana-de-açúcar e o milho, e aclamado como um meio de reduzir a emissão de poluentes pelos automóveis e responder às preocupações com o aquecimento global. Existe um alto grau de interdependência entre a produção e a venda do etanol brasileiro (produzido da cana-de-açúcar) e do etanol americano (produzido do milho). Veremos que as regulamentações americanas com relação ao mercado de etanol tiveram um impacto significativo sobre o mercado brasileiro que, por sua vez, também afetou o mercado dos Estados Unidos. Embora essa interdependência tenha sido positiva para os produtores americanos, ela teve consequências adversas para os consumidores americanos, para os produtores brasileiros e, talvez, para os consumidores brasileiros.

O mercado mundial de etanol é dominado pelo Brasil e pelos Estados Unidos, países responsáveis por mais de 90% da produção mundial em 2005.[1] O etanol não é novo; o governo brasileiro começou a promover sua produção em meados de 1970, em resposta ao aumento do preço do petróleo e à queda dos preços do açúcar, e o programa rendeu bons frutos. Em 2007, cerca de 40% dos automóveis brasileiros eram movidos a etanol, o que está relacionado à acelerada demanda por

---

[1] O exemplo está baseado em Amani Elobeid e Simla Tokgoz, "Removal of U.S. Ethanol Domestic and Trade Distortions: Impact on U.S. and Brazilian Ethanol Markets", *Working paper*, 2006.

carros flex (que funcionam com qualquer mistura de etanol e gasolina). A primeira legislação a encorajar a produção americana de etanol foi o Energy Tax Act de 1978, que oferecia isenção de impostos para as misturas de etanol e gasolina. Mais recentemente, o Energy Policy Act de 2005 exigiu que a produção americana de combustível incluísse uma quantidade anual mínima de combustível renovável — o que acabou definindo o limite mínimo para a produção de etanol.

Os mercados brasileiro e americano de etanol estão intimamente ligados. Por conseguinte, regulamentações no mercado americano de etanol podem acabar afetando de forma significativa o mercado brasileiro. Essa interdependência global tornou-se clara em 1979 quando, por meio do Energy Security Act, os Estados Unidos ofereceram um subsídio fiscal de US$ 0,51 por galão[2] de etanol para promover alternativas à gasolina. Além disso, para evitar que os fornecedores estrangeiros de etanol tirassem proveito da taxa, o governo americano fixou em US$ 0,54 a taxa por galão de etanol importado. Tal política foi altamente eficiente: os Estados Unidos aumentaram cada vez mais o uso das colheitas de milho para a produção de etanol e as importações do Brasil (que produz o combustível da cana-de-açúcar) caíram. Embora a situação tenha beneficiado os produtores de milho, ela não atendeu aos interesses dos consumidores americanos. Estima-se que, enquanto o Brasil consegue exportar etanol por menos de US$ 0,90 por galão, são necessários US$ 1,10 para que se produza o combustível com milho de Iowa. Os consumidores americanos seriam beneficiados caso a taxa e os subsídios fossem retirados — uma manobra que aumentaria as importações do etanol brasileiro à base de cana-de-açúcar, mais barato.

A Figura 16.2 mostra as mudanças previstas para o mercado de etanol caso as tarifas americanas fossem totalmente removidas em 2006. A linha superior mais clara na Figura 16.2(a) estima as exportações brasileiras de etanol sem as tarifas americanas. A linha superior mais escura demonstra as exportações com a existência das tarifas. A Figura 16.2(b) mostra o preço do etanol nos Estados Unidos com e sem as tarifas. Como se pode ver, a exportação brasileira de etanol aumentaria acentuadamente se as tarifas fossem removidas, e os consumidores americanos acabariam por se beneficiar. Esse cenário também seria favorável aos produtores e consumidores brasileiros.

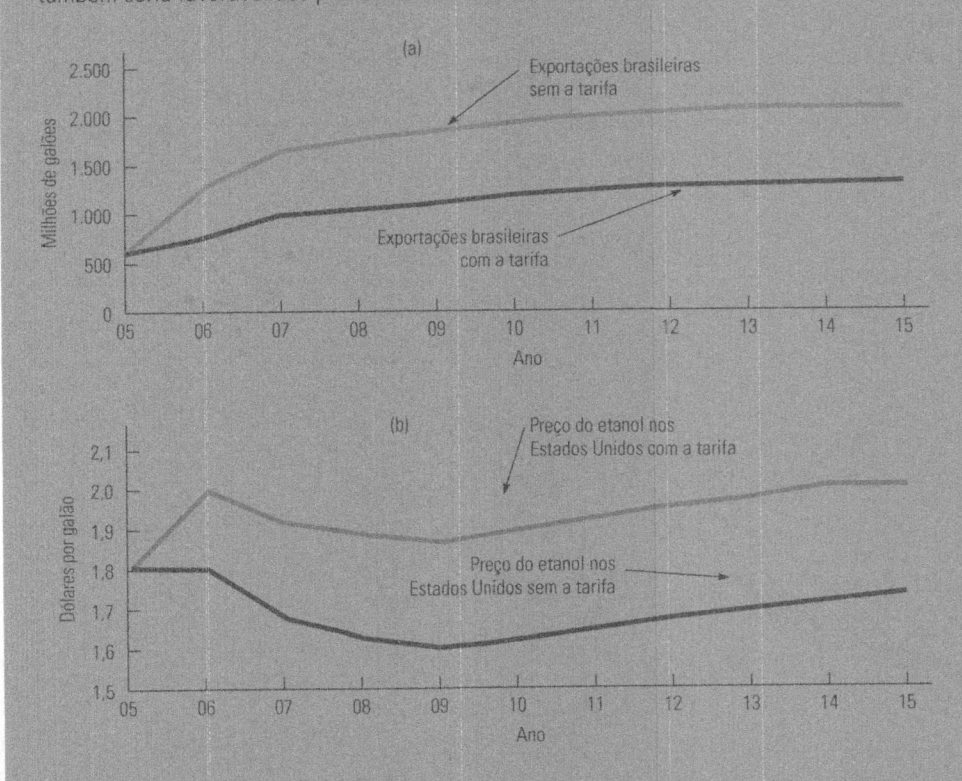

FIGURA 16.2 REMOÇÃO DA TARIFA SOBRE AS EXPORTAÇÕES BRASILEIRAS DE ETANOL

Se as tarifas americanas sobre o etanol estrangeiro fossem retiradas, o Brasil exportaria muito mais desse combustível para os Estados Unidos, desbancando o etanol produzido à base de milho, que é mais caro. Como resultado, o preço do etanol nos Estados Unidos cairia e os consumidores americanos se beneficiariam.

---

2   1 galão = 3,785 litros (Nota do R.T.).

O incentivo contrário criado pelas tarifas americanas não conta toda a história sobre o etanol e os mercados interdependentes. Em 1984, o Congresso aprovou a Iniciativa da Bacia do Caribe (Caribbean Basin Initiative — CBI), uma legislação tributária criada para incentivar o desenvolvimento econômico dos países caribenhos. Sob essa legislação, para o etanol produzido nesses países, até o limite de 60 milhões de galões por ano, não há nenhum imposto. Como resposta, o Brasil investiu em diversas indústrias de desidratação de etanol no Caribe de forma a exportar para os Estados Unidos o etanol produzido da cana-de-açúcar sem pagar a taxa de 54 centavos por galão.

O governo dos Estados Unidos continuou a impor tarifas sobre o etanol importado, apesar das ineficiências econômicas resultantes. Além disso, o Congresso norte-americano aumentou os subsídios aos produtores de milho dos Estados Unidos, aumentando o subsídio fiscal sobre o etanol. Em 2011, esses subsídios custaram US$ 20 bilhões aos contribuintes norte-americanos. Por que essa generosidade aos produtores de milho dos Estados Unidos? Porque esses produtores de milho, principalmente no Iowa, usaram contribuições de campanha e muito *lobby* para proteger seus interesses. Essas políticas ajudaram a tornar os Estados Unidos o maior fornecedor de etanol do mundo, apesar do custo aos contribuintes e consumidores do país e do fato de que o Brasil produz etanol por menos da metade do preço de custo da produção dos Estados Unidos.

EXEMPLO 16.2 "CONTÁGIO" ENTRE MERCADOS DE AÇÕES NO MUNDO

Mercados de ações do mundo inteiro costumam acompanhar uns aos outros, um fenômeno que às vezes é chamado de "contágio". Por exemplo, a crise financeira de 2008 gerou grandes quedas no mercado de ações dos Estados Unidos, que por sua vez se espalharam por quedas nos mercados da Europa, América Latina e Ásia. Essa tendência na qual os mercados de ações do mundo inteiro andam juntos é ilustrada na Figura 16.3, que mostra os três principais índices do mercado de ações nos Estados Unidos (o S&P 500), no Reino Unido (o FTSE) e na Alemanha (o DAX). O S&P inclui as 500 empresas dos EUA com maior valor de mercado, listadas na Bolsa de Valores de Nova York e na NASDAQ. O FTSE (descrito carinhosamente como o "footsie") tem 100 das maiores empresas do Reino Unido na Bolsa de Valores de Londres e o DAX tem as 30 maiores empresas alemãs na Bolsa de Valores de Frankfurt. (O índice de cada mercado de ações foi definido como 100 em 1984.) Você pode ver que o padrão geral dos movimentos de preço de ações foi o mesmo em todos os três países. Por que os mercados de ações costumam se mover juntos?

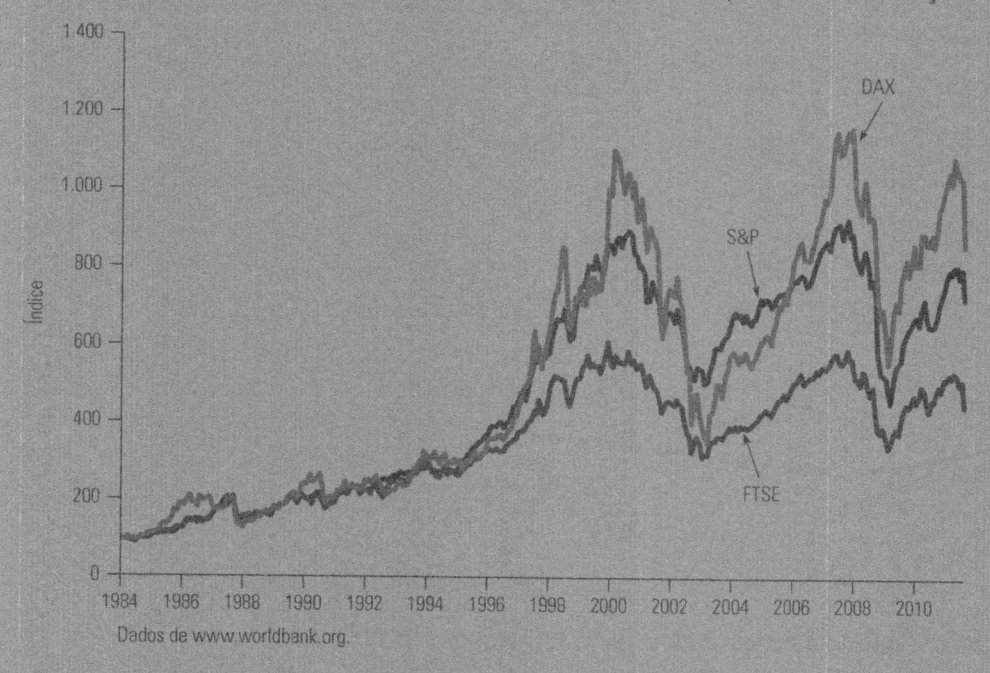

FIGURA 16.3 PREÇOS DE AÇÕES NOS ESTADOS UNIDOS E NA EUROPA

Três índices do mercado de ações — o S&P 500 nos Estados Unidos, o FTSE no Reino Unido e o DAX na Alemanha — são representados juntos, em uma escala de modo que cada um começa com 100 em 1984. Os índices costumam se mover juntos, aumentando e diminuindo praticamente ao mesmo tempo.

Existem dois motivos fundamentais para isso, ambos manifestações do equilíbrio geral. Primeiro, os mercados de ações (e de títulos) do mundo inteiro se tornaram altamente integrados. Alguém nos Estados Unidos, por exemplo, pode comprar ou vender com facilidade ações que são negociadas em Londres, Frankfurt ou em qualquer outro lugar do mundo. Da mesma forma, as pessoas na Europa e na Ásia podem comprar e vender ações para praticamente qualquer lugar do mundo. Como resultado, se os preços de ações nos EUA caírem de modo brusco e se tornarem relativamente baratos em comparação com as ações europeias e asiáticas, os investidores desses locais venderão algumas de suas ações e comprarão ações norte-americanas, empurrando para baixo os preços de ações na Europa e na Ásia. Assim, quaisquer choques externos que afetem os preços de ações em um país provocarão efeito na mesma direção sobre os preços em outros países.

O segundo motivo é que as condições econômicas do mundo inteiro tendem a estar correlacionadas, e as condições econômicas são um determinante importante para os preços das ações. (Durante uma recessão, os lucros das empresas caem, fazendo os preços das ações também caírem.) Suponha que os Estados Unidos entrem em uma profunda recessão (como aconteceu em 2008). Então, os americanos consumirão menos e as importações dos EUA cairão. Mas as importações dos EUA são as exportações de outros países, de modo que essas exportações cairão, reduzindo a produção e o emprego nesses países. Assim, uma recessão nos Estados Unidos pode levar a uma recessão na Europa, e vice-versa. Esse é outro efeito do equilíbrio geral que causa "contágio" entre os mercados de ações.

Eficiência econômica

No Capítulo 9, vimos que um mercado competitivo é economicamente eficiente porque maximiza os excedentes agregados do consumidor e do produtor. É isso que em geral queremos dizer com o conceito de *eficiência econômica*. Mas como esse importante conceito de eficiência econômica se aplica quando levamos em conta os inter-relacionamentos entre mercados, sejam eles abertos ao livre-comércio ou restritos, orientados para o mercado ou planejados, altamente regulamentados ou não? Felizmente, há um conceito de eficiência econômica que se aplica quando não há mercado algum, mas as pessoas apenas negociam umas com as outras. O restante deste capítulo e, até certo ponto, os capítulos restantes deste livro enfatizam essas questões sobre eficiência econômica e avaliam suas implicações.

Na Seção 6.1, dissemos que as funções de produção descrevem a eficiência técnica que é alcançada quando uma empresa usa cada combinação de insumos da forma mais eficiente possível.

A análise a seguir é um pouco mais complexa do que aquilo visto até agora; agora, vamos focalizar a inter-relação de múltiplos mercados com múltiplas entidades competindo umas com as outras ou negociando umas com as outras. Além do mais, há implicações importantes na equidade, que fluem a partir do funcionamento dos mercados competitivos em equilíbrio geral, e precisamos considerar essas questões de equidade. Para evitar perder muitos de nossos leitores no caminho, nossa estratégia é construir a análise teórica lentamente e passo a passo.

Vamos focalizar dois, em vez de muitos países (cada um representado por um consumidor ou produtor individual diferente), e dois, em vez de muitos bens e serviços. Além do mais, vamos começar, na Seção 16.2, com um modelo de troca em que não há produção. (A produção será apresentada mais adiante.) Também vamos supor inicialmente que os dois indivíduos (representando dois países) tenham alguma dotação de bens (digamos, alimento e vestuário), que eles negociam entre si. Essas trocas são resultantes de negociação, em vez de resultados do mercado competitivo, e ocorrem porque a troca é benéfica para os dois indivíduos. Definiremos um novo conceito de eficiência que é particularmente útil na análise desse tipo de troca. Mais adiante (na Seção 16.4), apresentaremos a produção, e ao fazer isso retornaremos a outro conceito de eficiência, a *eficiência técnica*. Você deverá se lembrar que discutimos sobre a eficiência técnica inicialmente no Capítulo 6, quando apresentamos o conceito de uma função de produção. Por fim, prosseguiremos analisando o funcionamento dos mercados competitivos (Seção 16.6). Nesse caminho, vamos fazer uma pausa para tratar de questões importantes relacionadas à equidade (Seção 16.3) e comércio internacional (Seção 16.5). Às vezes, os modelos que apresentamos podem parecer muito simplistas para informar nossas experiências do mundo real, mas acredite que eles podem ser generalizados, e suas implicações são amplas e profundas.

16.2 Eficiência nas trocas

economia de trocas
Mercado em que dois ou mais consumidores trocam duas mercadorias entre si.

Vamos começar com uma **economia de trocas**, analisando o comportamento de dois consumidores que podem negociar livremente duas mercadorias entre si. (Essa análise também se aplica ao comércio entre dois países.) Suponhamos que duas mercadorias estejam no início alocadas de tal forma que ambos os consumidores possam ter um aumento de bem-estar se fizerem trocas entre si. Isso significa que a distribuição inicial das mercadorias é economicamente *ineficiente*.

alocação eficiente de Pareto
Alocação de bens em que ninguém consegue aumentar o próprio bem-estar sem que seja reduzido o bem-estar de outra pessoa.

Em uma alocação de bens caracterizada como **alocação eficiente de Pareto**, *ninguém consegue aumentar o próprio bem-estar sem reduzir o bem-estar de outra pessoa*. Usa-se às vezes como sinônimo a expressão *eficiência de Pareto*, em homenagem ao economista italiano Vilfredo Pareto, que desenvolveu o conceito da eficiência nas trocas. Note, porém, que a eficiência de Pareto não é o mesmo que a eficiência econômica definida no Capítulo 9. Com a eficiência de Pareto, sabemos que não há como melhorar o bem-estar de ambos os indivíduos (se melhorarmos um, será à custa do outro), mas não podemos ter certeza de que esse arranjo maximizará o bem-estar conjunto de ambos os indivíduos.

Observe que há uma implicação de *equidade* da eficiência de Pareto. Pode ser possível realocar as mercadorias de modo que aumente o bem-estar *total* dos dois indivíduos, mas deixando um indivíduo em pior situação. Se pudermos realocar mercadorias de modo que um indivíduo fique apenas um pouco pior, mas o outro fique muito melhor, isso não seria uma coisa boa de se fazer, embora não sendo eficiente de Pareto? Não há uma resposta simples para essa pergunta. Alguns leitores poderiam dizer que sim, que seria uma coisa boa, enquanto outros poderiam dizer que não, que não seria justo. Sua resposta a essa pergunta dependerá daquilo que você pensa que é ou não é justo.

As vantagens do comércio

Como regra, trocas voluntárias entre duas pessoas ou dois países são mutuamente benéficas.[3] Para compreendermos de que forma a troca aumenta o bem-estar, examinaremos em detalhe possíveis trocas entre duas pessoas, partindo do pressuposto de que a troca em si não tem custo.

Na Seção 3.1, explicamos que a taxa marginal de substituição é a quantidade máxima de um bem da qual o consumidor está disposto a abrir mão para obter uma unidade de outro bem.

Suponhamos que James e Karen juntos tenham 10 unidades de alimento e 6 unidades de vestuário. A Tabela 16.1 revela que, inicialmente, James possui 7 unidades de alimento e 1 de vestuário e que Karen possui, respectivamente, 3 e 5 unidades desses mesmos bens. Para decidirmos se seria vantajosa uma troca de mercadorias entre James e Karen, precisamos conhecer suas preferências. Suponhamos que, pelo fato de Karen ter muitas unidades de vestuário e poucas de alimento, sua taxa marginal de substituição (TMS) de vestuário por alimento seja 3 (ou seja, para obter 1 unidade de alimento, ela abriria mão de 3 de vestuário). Entretanto, a TMS de James de vestuário por alimento é de apenas 1/2 (ou seja, ele abriria mão de apenas 1/2 unidade de vestuário para obter em troca 1 unidade de alimento).

TABELA 16.1	As vantagens do comércio		
Indivíduo	Alocação inicial	Troca	Alocação final
James	7A, 1V	−1A, +1V	6A, 2V
Karen	3A, 5V	+1A, −1V	4A, 4V

Portanto, há condições para que ocorra uma troca mutuamente vantajosa, pois James dá mais valor a vestuário do que Karen, enquanto esta dá mais valor a alimento do que ele.

---

[3] Há diversas situações nas quais a troca pode não apresentar vantagens. Primeiro, informações limitadas podem levar as pessoas a crer que as trocas melhorarão seu bem-estar quando na realidade isso não ocorrerá. Segundo, as pessoas podem estar sendo coagidas a fazer trocas, seja por ameaças físicas, seja por ameaça de represálias econômicas futuras. Terceiro, como já vimos no Capítulo 13, as barreiras ao livre-comércio podem, às vezes, proporcionar uma vantagem estratégica para determinado país.

Para obter mais uma unidade de alimento, Karen estaria disposta a trocar até 3 unidades do outro bem. James, porém, estaria disposto a trocar 1 unidade de alimento por 1/2 unidade de vestuário. Os termos finais da troca dependerão do processo de negociação. Entre os resultados possíveis estaria o da troca de 1 unidade de alimento (de James) por qualquer quantidade entre 1/2 e 3 unidades de vestuário (de Karen).

Suponhamos que Karen ofereça a James 1 unidade de vestuário em troca de 1 unidade de alimento. Ambos fariam um bom negócio. James teria mais vestuário, que para ele tem valor superior a alimento, e Karen teria mais alimento, que ela valoriza mais do que vestuário. Sempre que as TMSs de dois consumidores forem diferentes, há possibilidade de comércio mutuamente benéfico, pois elas mostram que a distribuição dos recursos é ineficiente: a negociação fará com que ambos os consumidores melhorem seu bem-estar. Por outro lado, para que possa ser alcançada a eficiência econômica, é necessário que sejam igualadas as TMSs dos dois consumidores.

Esse importante resultado também é válido quando há muitas mercadorias e muitos consumidores: *uma distribuição de mercadorias é eficiente apenas quando elas são alocadas de tal forma que a taxa marginal de substituição entre qualquer par de mercadorias seja a mesma para todos os consumidores.*

Diagrama da caixa de Edgeworth

Se as trocas são benéficas, quais podem ocorrer? Quais dessas trocas distribuirão com eficiência as mercadorias entre os consumidores? Em quanto melhorará a situação de cada um deles? Podemos responder a essas perguntas (no caso de duas pessoas e duas mercadorias) utilizando um diagrama denominado **caixa de Edgeworth**.

A Figura 16.4 mostra uma caixa de Edgeworth na qual o eixo horizontal descreve o número de unidades de alimento e o eixo vertical o número de unidades de vestuário. O comprimento da caixa é de 10 unidades de alimentos, o que representa a quantidade total de alimento disponível, e a altura é de 6 unidades de vestuário, o que representa a quantidade total de vestuário disponível.

caixa de Edgeworth
Diagrama que mostra todas as possíveis alocações de quaisquer duas mercadorias entre duas pessoas ou de quaisquer dois insumos entre dois processos de produção.

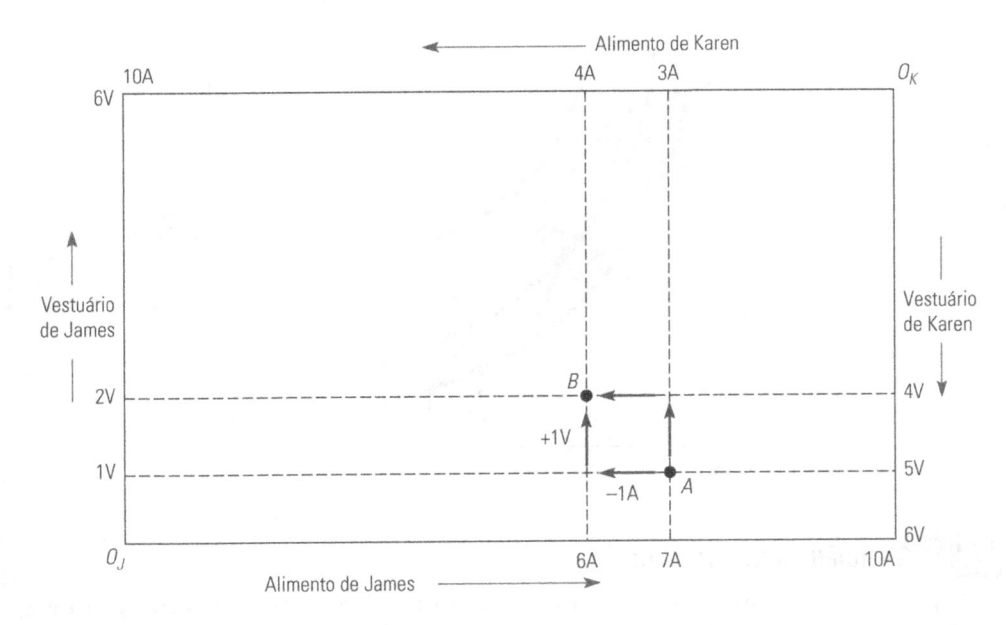

FIGURA 16.4 TROCAS EM UMA CAIXA DE EDGEWORTH

Cada ponto na caixa de Edgeworth representa, simultaneamente, as cestas de vestuário e de alimento de James e de Karen. No ponto A, por exemplo, James tem 7 unidades de alimento (7A) e 1 unidade de vestuário (1V) e Karen tem 3 unidades de alimento e 5 unidades de vestuário (3A e 5V), respectivamente.

Na caixa de Edgeworth, cada ponto mostra as cestas de mercado de *ambos* os consumidores. As unidades pertencentes a James são vistas do ponto de origem O_J e as de Karen são indicadas na direção inversa, do ponto de origem O_K. Por exemplo, o ponto A representa a alocação inicial de alimento e vestuário. Ao observarmos o eixo horizontal da esquerda para a direita, na parte inferior da caixa, podemos ver que James possui 7 unidades de alimento e, ao examinarmos o eixo vertical à esquerda do diagrama, de baixo para cima, podemos ver que ele possui 1 unidade de vestuário. Portanto, para James, o ponto A representa 7A e 1V; sobram então 3A e 5V para Karen. A quantidade de alimento destinada a Karen (3A) é vista da direita para a esquerda na parte de cima do diagrama, começando no ponto de origem O_K, e a alocação de vestuário (5V) é lida de cima para baixo do lado direito do diagrama da caixa.

Podemos também ver o efeito da troca efetuada por Karen e James. James abre mão de 1A em troca de 1V, passando do ponto A para o ponto B. Karen abre mão de 1V em troca de 1A, deslocando-se também do ponto A para o ponto B. Portanto, o ponto B passa a representar as cestas de mercado de James e de Karen depois de ter sido efetuada uma troca mutuamente benéfica.

Alocações eficientes

A troca de A para B melhorou a situação de Karen e de James. Mas será que o ponto B representa uma alocação *eficiente*? A resposta depende de saber se as TMSs de James e de Karen são iguais no ponto B, o que, por sua vez, depende do formato das respectivas curvas de indiferença. A Figura 16.5 mostra diversas curvas de indiferença tanto para James como para Karen. As de James estão desenhadas da forma usual, pois as alocações são medidas do ponto de origem O_J. Mas para Karen efetuamos uma rotação de 180 graus nas curvas de indiferença, de tal forma que o ponto de origem O_K está situado no canto superior direito da caixa. As curvas de indiferença de Karen são convexas, exatamente como as de James; apenas são visualizadas sob uma perspectiva diferente.

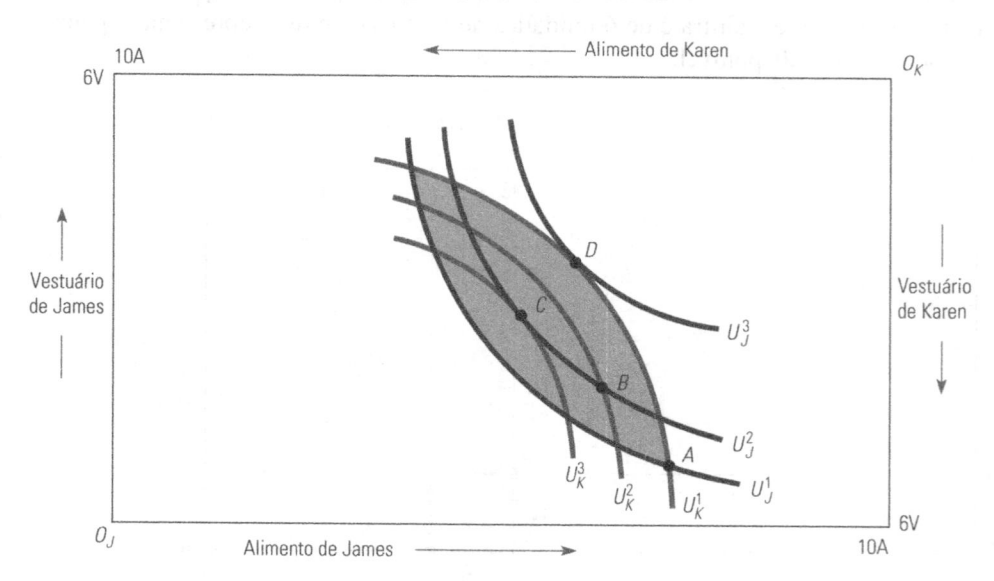

FIGURA 16.5 EFICIÊNCIA NAS TROCAS

A caixa de Edgeworth ilustra as possibilidades de ambos os consumidores aumentarem a satisfação por meio da troca de bens. Se A representa a alocação inicial de recursos, a área sombreada descreve todas as trocas mutuamente vantajosas.

Agora que estamos familiarizados com os dois conjuntos de curvas de indiferença, vamos examinar quais das curvas de James e de Karen, denominadas respectivamente U_J^1 e

U_K^1, passam pelo ponto de alocação inicial A. As TMSs de James e de Karen fornecem as tangentes das curvas de indiferença passando pelo ponto A. A TMS de James é igual a 1/2 e a TMS de Karen é igual a 3. A região sombreada entre essas duas curvas representa todas as possíveis alocações de alimento e de vestuário que seriam capazes de tornar o bem-estar de Karen e de James maior do que no ponto A. Em outras palavras, representa todas as possíveis trocas mutuamente vantajosas.

A partir do ponto A, qualquer troca que deslocasse a alocação de mercadorias para fora da região sombreada pioraria a situação de um dos dois consumidores e, por isso, não deveria ocorrer. Vimos que a passagem do ponto A para o ponto B foi mutuamente vantajosa. Mas, na Figura 16.5, B não é um ponto eficiente porque as curvas de indiferença U_J^2 e U_K^2 se cruzam, informando dessa maneira que as TMSs de Karen e de James não são as mesmas e a alocação de mercadorias não é eficiente. Começando em B, James preferiria abrir mão de alguma quantidade de alimento para obter mais vestuário. Ele está disposto a fazer alguma troca que não deixe ele em pior situação e que lhe proporcione alguma utilidade adicional, e existem muitas trocas que podem propiciar isso. Karen, por outro lado, está disposta a abrir mão de alguma quantidade de vestuário para obter mais alimento, e existem muitas trocas que possibilitariam a ela ficar em uma situação melhor. Essa situação ilustra um ponto importante: *mesmo que a troca realizada a partir de uma alocação ineficiente seja vantajosa para ambas as pessoas, a nova alocação de mercadorias não será necessariamente eficiente.*

Suponhamos que, partindo do ponto B, seja feita uma nova troca, na qual James abriria mão de mais uma unidade de alimento para obter uma unidade adicional de vestuário e Karen abriria mão de uma unidade de vestuário em troca de uma unidade de alimento. O ponto C da Figura 16.5 apresenta essa nova alocação; nele, as TMSs de ambas as pessoas são iguais, pois as curvas de indiferença são tangentes nesse ponto. Negociar alimentação por vestuário e, dessa forma, mover do ponto B para o ponto C, permitiu que James e Karen conseguissem um resultado eficiente de Pareto, e ambos estarão melhores assim. Quando as curvas de indiferença são tangentes, as TMSs são as mesmas, de tal modo que uma pessoa não conseguiria elevar o próprio bem-estar sem reduzir o bem-estar da outra; em consequência, o ponto C representa uma alocação eficiente.

Claro, o ponto C não é o único resultado eficiente possível na negociação entre James e Karen. Por exemplo, se James for um negociador eficiente, conseguirá modificar a alocação de bens, passando do ponto A para o ponto D, onde a curva de indiferença U_J^3 é tangente à curva de indiferença U_K^1. Isso não faria Karen passar a ter um nível de bem-estar inferior ao que tinha no ponto A, mas aumentaria muito o de James. Pelo fato de não haver possibilidade de continuar o processo de trocas, D é um ponto de alocação eficiente. Mas, embora James prefira o ponto D ao ponto C e Karen prefira o ponto C ao ponto D, ambos representam alocações eficientes. Em geral, é difícil prever a alocação final que será alcançada durante uma negociação, pois o resultado dependerá da habilidade de negociação das pessoas envolvidas.

A curva de contrato

Vimos que, de uma alocação inicial, podem ser alcançadas muitas alocações eficientes por meio de uma negociação mutuamente vantajosa. Para descobrir *todas as possíveis alocações eficientes de alimento e de vestuário* entre Karen e James, teríamos de procurar *todos os pontos de tangência entre cada uma das respectivas curvas de indiferença*. A Figura 16.6 mostra a curva que passa por todos os pontos de alocações eficientes, denominada **curva de contrato**.

A curva de contrato apresenta todas as alocações a partir das quais não há mais troca que seja mutuamente vantajosa. *Essas alocações são eficientes porque os bens não podem ser realocados para tornar maior o bem-estar de uma pessoa sem que haja diminuição no*

curva de contrato

Curva que mostra todas as alocações eficientes de bens entre dois consumidores ou de dois insumos entre duas funções de produção.

bem-estar de outra. Na Figura 16.6, as três trocas indicadas pelos pontos *E*, *F* e *G* são alocações eficientes de Pareto, embora cada uma envolva uma diferente distribuição dos dois bens, pois uma pessoa não pode aumentar seu bem-estar sem que esteja diminuindo o da outra.

Diversas propriedades da curva de contrato podem nos ajudar a compreender o conceito da eficiência de troca. Uma vez que tenha sido escolhido um ponto dessa curva, como o ponto *E*, não há nenhuma forma de se passar para outro ponto da curva de contrato, por exemplo, o ponto *F*, sem diminuir o bem-estar de uma das pessoas (Karen, nesse caso). Ela está em situação pior porque tem menos alimento e menos vestuário em *F* do que tinha em *E*. Sem fazer mais comparações entre as preferências de James e de Karen, não é possível dizer mais nada sobre as alocações representadas pelos pontos *E* e *F*. Apenas sabemos que ambos os pontos são eficientes. Nesse sentido, a obtenção da eficiência de Pareto é um objetivo modesto: ela nos informa todas as trocas mutuamente vantajosas, porém não indica quais são as melhores. A eficiência de Pareto, entretanto, pode ser um conceito poderoso: se uma mudança vai aumentar a eficiência, é do interesse de *todos* apoiá-la.

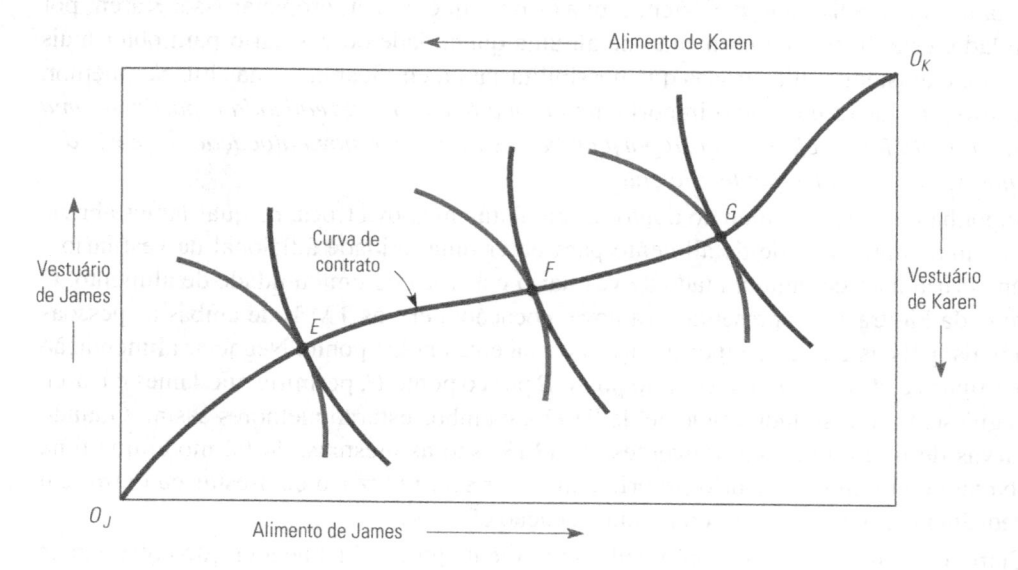

FIGURA 16.6 CURVA DE CONTRATO

A curva de contrato contém todas as alocações em que as curvas de indiferença dos consumidores são tangentes. Cada ponto sobre a curva é eficiente porque uma pessoa não pode aumentar o próprio bem-estar sem reduzir o da outra.

Com frequência, conseguimos elevar a eficiência mesmo quando algum efeito de uma mudança proposta diminui o bem-estar de alguém. É preciso apenas que consideremos uma segunda modificação, de tal forma que o conjunto *combinado* das alterações seja capaz de aumentar o bem-estar de todos, sem piorar o de ninguém. Por exemplo, suponhamos que seja eliminada a quota de importação de automóveis nos Estados Unidos. Os consumidores norte-americanos poderiam então desfrutar de preços mais baixos, bem como de mais opções de automóveis. Entretanto, alguns trabalhadores norte-americanos perderiam o emprego. Mas e se a eliminação da quota fosse acompanhada de isenções fiscais do governo federal e subsídios para a recolocação dos metalúrgicos no mercado de trabalho? Nesse caso, a situação dos consumidores melhoraria (após considerar os custos dos subsídios ao emprego) e a situação dos trabalhadores não pioraria. O resultado seria um aumento da eficiência.

Equilíbrio do consumidor em um mercado competitivo

Em uma troca entre duas pessoas, o resultado poderá depender da capacidade de negociação das duas partes. Entretanto, os mercados competitivos têm muitos compradores e vendedores efetivos ou potenciais. Em consequência, cada comprador e cada vendedor considera os preços dos bens como fixos e decidem quanto adquirirão ou venderão por esses preços. Podemos mostrar por meio da caixa de Edgeworth de que forma os mercados competitivos levam a trocas eficientes. Suponhamos, por exemplo, que haja muitos James e muitas Karens. Isso permite que imaginemos cada um deles como um tomador de preço, embora estejamos trabalhando com um diagrama de caixa apenas com duas pessoas.

A Figura 16.7 mostra as oportunidades de troca vindas da alocação determinada pelo ponto A, quando os preços tanto para alimento quanto para o vestuário são iguais a 1. (Os preços reais não importam; o que interessa é o preço do alimento em relação ao do vestuário.) No momento em que os preços do alimento e do vestuário se tornam iguais, cada unidade do primeiro pode ser trocada por uma unidade do segundo. Em consequência, a linha de preço PP' do diagrama, que possui uma inclinação de -1, descreve todas as possíveis alocações para a troca.

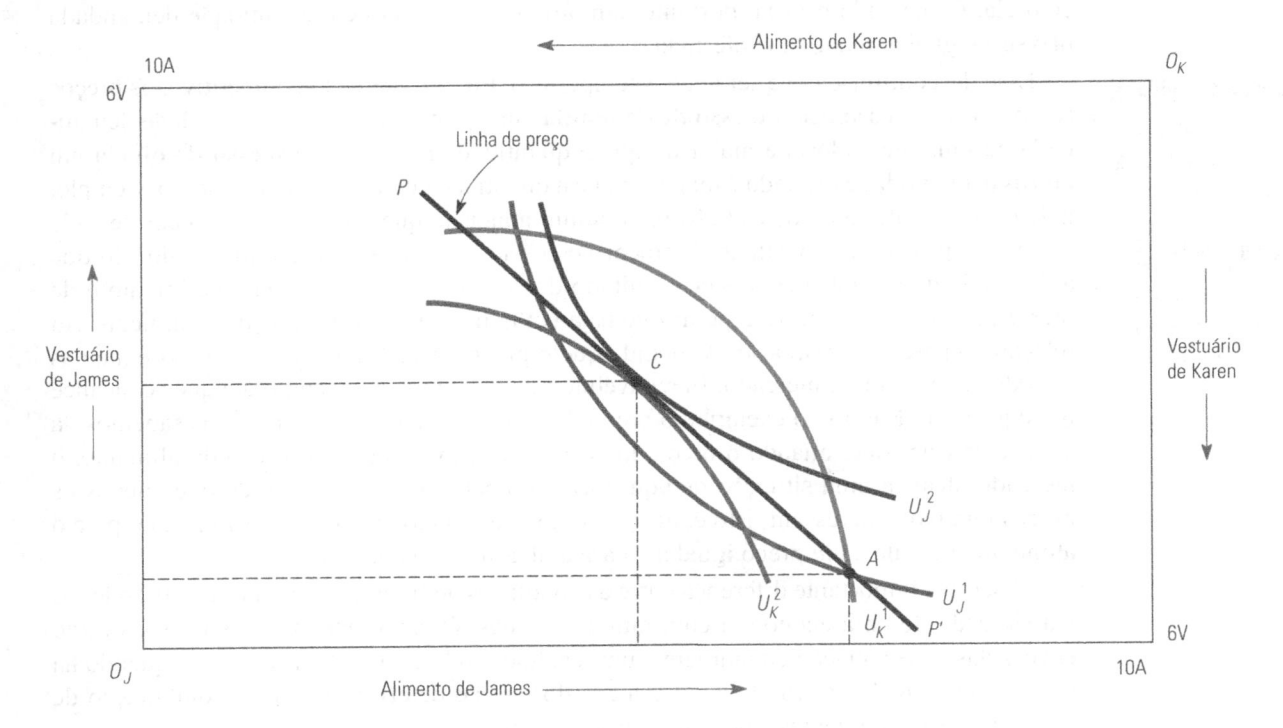

FIGURA 16.7 EQUILÍBRIO COMPETITIVO

Em um mercado competitivo, os preços dos dois bens determinam os termos de troca entre os consumidores. Se A é a alocação inicial dos bens e a linha de preço PP' representa a razão dos preços, o mercado competitivo levará a um equilíbrio em C, o ponto de tangência entre as curvas de indiferença. Como resultado, o equilíbrio competitivo é eficiente.

Suponhamos que James decida comprar 2 unidades de vestuário e vender 2 de alimento em troca. Tal fato, representado por um movimento de cada James de A para C, aumenta o grau de satisfação desses consumidores, que passam da curva de indiferença U_J^1 para a curva U_J^2. Enquanto isso, cada Karen estará adquirindo 2 unidades de alimento em troca de 2 de vestuário, de tal modo que cada uma delas também muda do ponto A para o ponto C, aumentando a satisfação, passando da curva de indiferença U_K^1 para a curva U_K^2.

Determinamos preços para as duas mercadorias de modo que a quantidade de alimento demandada por cada Karen seja igual à quantidade do mesmo bem que cada James está disposto a vender, e a quantidade de vestuário demandada por cada James seja igual à

> Na Seção 8.7, explicamos que no equilíbrio competitivo as empresas tomadoras de preço maximizam o lucro e que o preço do produto é tal que a quantidade demandada é igual à quantidade ofertada.

quantidade do mesmo bem que cada Karen está disposta a vender. Como resultado, os mercados para alimento e vestuário estão em equilíbrio. Um *equilíbrio é um conjunto de preços nos quais a quantidade demandada iguala a quantidade ofertada em cada um dos mercados*. Nesse caso, temos também um *equilíbrio competitivo*, pois todos os vendedores e compradores são tomadores de preço.

Nem todos os preços são consistentes com um equilíbrio. Por exemplo, se o preço do alimento for 1 e do vestuário for 3, o primeiro bem teria de ser trocado pelo segundo na base de 3 para 1, ou seja, 3 unidades de vestuário devem ser trocadas por 1 unidade de alimento. Mas, dessa forma, cada James não estaria disposto a abrir mão de nenhuma quantidade de alimento para obter vestuário adicional, pois sua TMS de vestuário por alimento é de apenas 1/2, isto é, ele estaria disposto a deixar de consumir apenas 2 unidades de vestuário por 1 de alimento. Por outro lado, cada Karen estaria feliz em poder vender vestuário para poder obter mais alimento, mas não encontraria ninguém disposto a negociar com ela. O mercado estaria, portanto, em *desequilíbrio*, já que a quantidade demandada não seria igual à quantidade ofertada.

> **excesso de demanda**
> Quando a quantidade demandada de um bem excede a quantidade ofertada.

> **excesso de oferta**
> Quando a quantidade ofertada de um bem excede a quantidade demandada.

Esse desequilíbrio deve ser apenas temporário. Em um mercado competitivo, os preços serão ajustados caso haja **excesso de demanda** em alguns mercados (a quantidade demandada de uma mercadoria é maior do que a quantidade ofertada) e **excesso de oferta** em outros (a quantidade ofertada é maior do que a quantidade demandada). Em nosso exemplo, a demanda de alimento de cada Karen é muito maior do que a vontade de vender de cada James, ao passo que a vontade de trocar vestuário de cada Karen é muito maior do que a demanda de cada James. Como resultado desse excesso de demanda de alimento e de oferta de vestuário, é de se esperar que haja então um aumento no preço do alimento em relação ao preço do vestuário. À medida que o preço varia, também variam as demandas de todos que estão no mercado. Inevitavelmente, os preços se ajustarão até que se alcance um equilíbrio. Em nosso exemplo, o preço de ambos os bens pode ser 2. Nós sabemos da análise anterior que, quando o preço do vestuário se torna igual ao preço do alimento, o mercado alcança uma situação de equilíbrio competitivo. (Lembre-se de que apenas os preços relativos interessam; isto é, um preço igual a 2 tanto para o vestuário quanto para o alimento equivale a um preço igual a 1 para ambas as mercadorias.)

Observe a importante diferença entre as condições de troca com apenas dois indivíduos e a situação de uma economia com muitas pessoas. Quando apenas duas pessoas estão envolvidas, a negociação dá margem a um resultado indeterminado. Entretanto, quando há muita gente envolvida, os preços das mercadorias são determinados pela combinação de escolhas dos demandantes e dos ofertantes de bens.

A eficiência econômica em mercados competitivos

Entendemos agora um dos resultados fundamentais da análise microeconômica. Podemos observar por meio do ponto C da Figura 16.7 que *a alocação de mercadorias em um equilíbrio competitivo é Pareto eficiente*. A principal razão é que o ponto C deve estar no ponto de tangência de duas curvas de indiferença. Se isso não ocorrer, um dos James ou uma das Karens não obterá satisfação máxima e desejará continuar a troca para alcançar um nível mais alto de utilidade.

Esse resultado é válido tanto em uma estrutura de trocas como em um contexto de equilíbrio geral no qual todos os mercados são perfeitamente competitivos. Trata-se da forma mais direta de ilustrar o modo de funcionamento da famosa *mão invisível* de Adam Smith, pois, de acordo com ela, a economia automaticamente alocará recursos de forma a alcançar a eficiência de Pareto sem a necessidade de um controle regulamentador. É a ação independente dos consumidores e dos produtores, que aceitam os preços como dados, o que permite aos mercados funcionarem de uma maneira economicamente eficiente. Não é surpresa, portanto, que a mão invisível costume ser usada como a norma com a qual são comparados os modos de funcionamento de determinados mercados no mundo real. Para alguns, ela reforça a defesa normativa de menor intervenção governamental; eles argumentam que os mercados são altamente competitivos. Para outros, a mão invisível apoia o aumento da intervenção governamental; eles afirmam que esta é necessária para tornar os mercados mais competitivos.

Seja qual for a visão que tenham a respeito da intervenção governamental, a maioria dos economistas considera o resultado da mão invisível importante. Na verdade, o resultado de que o equilíbrio competitivo corresponde à eficiência de Pareto é descrito com frequência como o primeiro teorema da **economia do bem-estar**, a qual envolve uma avaliação normativa dos mercados e da política econômica. Formalmente, o primeiro teorema afirma o seguinte:

economia do bem-estar
Avaliação normativa do desempenho dos mercados e da política econômica.

> Se todos fizerem transações em um mercado competitivo, todas as transações mutuamente vantajosas serão realizadas e o resultante equilíbrio na alocação dos recursos será Pareto eficiente.

Vamos resumir o que sabemos a respeito do equilíbrio competitivo do ponto de vista do consumidor:

1. Como as curvas de indiferença são tangentes, todas as taxas marginais de substituição entre os consumidores são iguais.
2. Como cada curva de indiferença é tangente à linha de preço, a TMS de vestuário ou de alimento para cada pessoa é igual à razão entre os preços das duas mercadorias. Para sermos mais claros, vamos utilizar a notação TMS_{AV} para representar a TMS *de alimento por vestuário*. Assim sendo, se P_V e P_A representarem os dois preços, teremos

$$TMS_{AV}^J = P_A/P_V = TMS_{AV}^K \quad (16.1)$$

Não é fácil obter uma alocação eficiente de Pareto de mercadorias quando há muitos consumidores (e muitos produtores). Ela pode ser alcançada se todos os mercados são perfeitamente competitivos. Contudo, resultados eficientes também podem ser obtidos por outros meios — por exemplo, mediante um sistema centralizado no qual o governo aloca todos os bens e serviços. Em geral, prefere-se a solução competitiva porque ela aloca os recursos com um mínimo de informações. Todos os consumidores devem conhecer as próprias preferências e os preços que têm diante de si, mas não necessitam saber o que está sendo produzido ou quais são as demandas dos demais consumidores. Outros métodos de alocação requerem mais informações e, por isso, tornam-se difíceis e custosos demais para serem administrados.

16.3 Equidade e eficiência

Mostramos que diferentes alocações eficientes de mercadorias podem ser alcançadas e, também, como uma economia totalmente competitiva consegue gerá-las. Mas algumas alocações tendem a ser mais equilibradas do que outras. Como determinamos qual é a alocação mais *equitativa*? Essa é uma questão de difícil resposta — economistas e outros estudiosos discordam tanto a respeito de como a *equidade* deve ser definida como a respeito de como ela deve ser quantificada. Qualquer perspectiva nesse sentido envolveria comparações subjetivas de utilidade e mesmo pessoas de bom-senso poderiam discordar sobre a forma pela qual tais comparações deveriam ser feitas. Nesta seção, discutiremos esse ponto geral e o ilustraremos com um caso específico mostrando que não há razão para crer que uma alocação associada a um equilíbrio competitivo seja necessariamente equitativa.

Fronteira de possibilidades da utilidade

Lembre-se de que cada ponto da curva de contrato na economia de trocas entre duas pessoas mostra os níveis de utilidade que James e Karen podem obter. A Figura 16.8 apresenta as informações da caixa de Edgeworth de uma forma diferente. A utilidade de James será medida no eixo horizontal e a de Karen, no eixo vertical. Qualquer ponto da caixa de Edgeworth corresponde a um ponto da Figura 16.7, pois cada alocação gera utilidade para ambas as pessoas. Cada movimento para a direita na Figura 16.8 representa um aumento na utilidade de James e cada movimento para cima representa um aumento na utilidade de Karen.

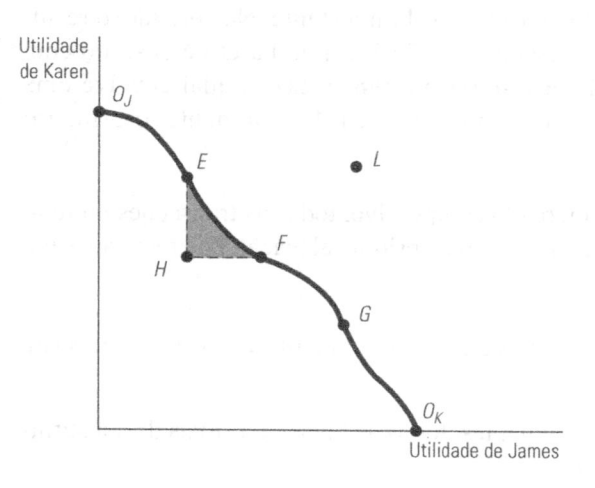

FIGURA 16.8 **FRONTEIRA DE POSSIBILIDADES DA UTILIDADE**

A fronteira de possibilidades da utilidade mostra os níveis de satisfação que duas pessoas alcançam quando realizam trocas até chegar a um resultado eficiente sobre a curva de contrato. Os pontos E, F e G correspondem aos pontos sobre a curva de contrato e são eficientes. O ponto H é ineficiente, porque qualquer troca no interior da área sombreada beneficiará uma ou ambas as pessoas envolvidas.

fronteira de possibilidades da utilidade

Curva que mostra todas as alocações eficientes de recursos medidas pelo nível de utilidade de dois indivíduos.

A **fronteira de possibilidades da utilidade** *representa todas as alocações que são eficientes de Pareto*. Ela demonstra os níveis de satisfação que são alcançados quando dois indivíduos atingem a curva de contrato. O ponto O_J é um extremo no qual James não possui mercadoria alguma, tendo, portanto, utilidade zero, ao passo que o ponto O_K é o extremo oposto, no qual Karen não possui nenhuma mercadoria. Como todos os demais pontos da fronteira, como E, F e G, correspondem a pontos na curva de contrato, uma pessoa não pode aumentar o nível de satisfação sem que haja uma diminuição no nível de satisfação da outra. Entretanto, o ponto H representa uma alocação ineficiente, pois qualquer troca de mercadorias que ocorra dentro da região sombreada torna maior a satisfação de uma ou de ambas as pessoas. No ponto L, os dois participantes estariam mais satisfeitos, mas esse ponto não é atingível, pois não há quantidade suficiente das duas mercadorias para que possam ser gerados os níveis de utilidade que o ponto representa.

Poderia parecer razoável concluir que uma alocação deve ser eficiente de Pareto para ser considerada equitativa. Compare o ponto H com o ponto F e com o ponto E. Tanto F como E são eficientes e (em relação a H) cada um deles torna uma das pessoas mais satisfeita sem tornar a outra menos satisfeita. Portanto, poderíamos concordar que seria não equitativo para James ou Karen, ou para ambos, que uma economia fizesse uma alocação no ponto H, e não no F ou no E.

Mas suponhamos que H e G fossem as únicas alocações possíveis. G seria mais equitativo do que H? Não necessariamente. Em comparação com o ponto H, G tem mais utilidade para James e menos para Karen. Algumas pessoas podem achar que G é mais equitativo do que H, enquanto outras podem achar o oposto. Podemos, portanto, concluir que *uma alocação ineficiente de Pareto dos recursos pode ser mais equitativa do que uma alocação eficiente.*

O problema é como definir o que é uma alocação equitativa. Mesmo que nos limitemos a todos os pontos situados sobre a fronteira de possibilidades da utilidade, ainda assim é possível perguntar qual deles seria o mais equitativo. *A resposta depende do que se acredita que a equidade representa* e, portanto, depende das comparações interpessoais de utilidade que se esteja disposto a fazer.

FUNÇÕES DE BEM-ESTAR SOCIAL Em economia, frequentemente utilizamos uma **função de bem-estar social** para descrever o bem-estar da sociedade como um todo em relação às utilidades dos membros individuais. Uma função de bem-estar é útil quando desejamos avaliar políticas que afetam de forma diferenciada os distintos membros da sociedade.

> **função de bem-estar social**
> Função social que descreve o bem-estar da sociedade como um todo em termos das utilidades dos membros individuais.

Esse tipo de função, a *utilitarista*, dá pesos iguais à utilidade de cada pessoa e, em consequência, propõe que se deve maximizar a utilidade total de todos os membros da sociedade. As diferentes funções de bem-estar social podem ser associadas a pontos de vista específicos a respeito do que é equidade. Entretanto, há pontos de vista que não ponderam explicitamente as utilidades de cada pessoa e, portanto, rejeitam que se possa construir uma função de bem-estar social. Por exemplo, uma visão orientada para o mercado argumenta que o resultado alcançado pelo processo de mercado é equitativo, pois recompensa os mais capazes e os que trabalham com maior afinco. Se, por exemplo, E representar a alocação do equilíbrio competitivo, deve ser considerado mais equitativo do que F, embora as mercadorias sejam alocadas de forma mais desigual nesse ponto.

Quando mais de duas pessoas estão envolvidas, o significado da palavra *equidade* se torna ainda mais complexo. A visão *rawlsiana*[4] imagina um mundo no qual os indivíduos não sabem qual será sua dotação de fatores. Rawls argumenta que, diante de um mundo no qual não sabemos qual será nosso próprio "destino", optaríamos por um sistema que assegurasse um tratamento razoável para o indivíduo de menor poder aquisitivo da sociedade. Especificamente, de acordo com Rawls, *a alocação mais equitativa maximiza a utilidade do indivíduo de menor poder aquisitivo da sociedade*. A perspectiva rawlsiana pode ser *igualitária* — envolvendo o mesmo nível de alocação de bens entre todos os membros da sociedade. Mas isso não é regra. Suponhamos que, ao recompensar mais as pessoas mais produtivas, fosse possível conseguir que elas trabalhassem com maior afinco. Isso poderia resultar na produção de um número maior de bens e serviços, alguns dos quais poderiam ser realocados para melhorar o bem-estar dos membros mais pobres da sociedade.

As quatro visões sobre equidade apresentadas na Tabela 16.2 estão hierarquizadas, da mais para a menos igualitária. Enquanto a visão igualitária explicitamente requer igualdade de alocações, a rawlsiana enfatiza a igualdade (pois, de outra forma, algumas pessoas estariam em situação bem pior do que outras). A visão utilitarista tende a implicar alguma diferença entre os membros mais ricos e os mais pobres de uma sociedade. Por fim, a última visão, a orientada para o mercado, pode levar a uma substancial desigualdade na alocação de bens e serviços.

TABELA 16.2	Quatro visões da equidade
1. Igualitária — todos os membros da sociedade recebem iguais quantidades de mercadorias	
2. Rawlsiana — maximiza a utilidade da pessoa de menor posse	
3. Utilitária — maximiza a utilidade total de todos os membros da sociedade	
4. Orientada para o mercado — o resultado alcançado pelo mercado é considerado o mais equitativo	

Equidade e competição perfeita

O equilíbrio competitivo leva a uma eficiência de Pareto que pode ou não ser equitativa. De fato, um equilíbrio competitivo poderia ocorrer em qualquer ponto da curva de contrato, dependendo da alocação inicial. Imagine, por exemplo, que a alocação inicial concedesse todo o alimento e todo o vestuário a Karen. Isso corresponderia ao ponto O_J

---

[4] Veja John Rawls, *A Theory of Justice*. Nova York: Oxford University Press, 1971.

da Figura 16.8, de tal modo que ela não teria razões para fazer trocas. O ponto O_J seria, portanto, um ponto de equilíbrio competitivo, da mesma forma que o ponto O_K e todos os pontos intermediários situados na curva de contrato.

Como as alocações eficientes não são necessariamente equitativas, a sociedade precisa se apoiar de certa forma no governo para redistribuir renda ou mercadorias entre as famílias, de modo que se alcancem os objetivos de equidade. Isso pode ser feito por meio do sistema fiscal. Por exemplo, um imposto progressivo sobre a renda cujos fundos arrecadados fossem usados em programas que beneficiassem as famílias na proporção da renda redistribuiria os rendimentos dos ricos para os pobres. O governo pode também oferecer serviços públicos, como atendimento médico para os pobres, ou pode transferir fundos por meio de programas de distribuição de alimentos.

A conclusão de que o equilíbrio competitivo pode se manter em todos os pontos da curva de contrato é fundamental em microeconomia. Isso é importante porque sugere uma resposta para uma pergunta normativa básica: há *trade-off* entre equidade e eficiência? Em outras palavras, uma sociedade que quer alcançar uma distribuição de recursos mais equitativa deve necessariamente operar de uma maneira que seja eficiente de Pareto? A resposta, que é dada pelo *segundo teorema da economia do bem-estar*, diz que a redistribuição não precisa entrar em conflito com a eficiência econômica. Formalmente, o segundo teorema afirma o seguinte:

> Se as preferências individuais são convexas, então cada alocação eficiente de Pareto (cada ponto na curva de contrato) é um equilíbrio competitivo para alguma alocação inicial de recursos.

Na Seção 3.1, vimos que a curva de indiferença é convexa se a TMS diminui conforme nos deslocamos para baixo na curva.

Literalmente, esse teorema nos diz que qualquer equilíbrio tido como equitativo pode ser alcançado por meio de uma possível distribuição de recursos entre os indivíduos e que tal distribuição não gerará necessariamente ineficiências. Infelizmente, todos os programas que redistribuem renda na sociedade são dispendiosos. Impostos podem estimular as pessoas a trabalhar menos ou então fazer as empresas investirem recursos para evitar pagar impostos, em vez de investi-los na produção. Portanto, em termos práticos, há *trade-offs* entre os objetivos de equidade e de eficiência, de tal modo que se enfrentam escolhas difíceis. A economia do bem-estar, que se baseia no primeiro e segundo teoremas, proporciona uma estrutura útil para debater as questões normativas que envolvem aspectos de equidade-eficiência no que tange à política pública.

16.4 Eficiência na produção

Tendo descrito as condições necessárias para alcançar uma alocação eficiente nas trocas entre duas mercadorias, consideraremos agora o uso eficiente dos insumos no processo produtivo. Supomos que haja quantidades ofertadas totais fixas dos insumos trabalho e capital, necessários para produzir alimento e vestuário. Entretanto, em lugar de duas pessoas, vamos agora supor que muitos consumidores possuam os insumos de produção (inclusive o trabalho) e recebam rendimentos ao vendê-los. A renda resultante, por sua vez, é alocada entre as duas mercadorias.

Essa estrutura interliga os vários elementos da oferta e da demanda da economia. As pessoas fornecem os insumos necessários à produção e então utilizam a renda assim obtida para gerar demanda e consumir bens e serviços. Quando o preço de determinado insumo aumenta, as pessoas que fornecem grandes quantidades daquele insumo ampliam os rendimentos e consomem mais das duas mercadorias. Em consequência, isso aumenta a demanda de insumos necessários à produção de cada bem, ocasionando um efeito de retroalimentação no preço desses insumos. Apenas uma análise de equilíbrio geral poderia encontrar os preços que igualem a oferta e a demanda em cada um dos mercados.

Eficiência nos insumos

Para entendermos de que forma os insumos podem ser combinados de modo eficiente, devemos descobrir as diversas combinações de insumos que podem ser utilizadas para produzir cada um dos dois produtos. Uma determinada alocação de insumos para o processo produtivo é considerada **tecnicamente eficiente** se a produção de uma mercadoria não puder ser aumentada sem que ocorra uma diminuição na quantidade produzida da outra mercadoria. A eficiência na produção não é um conceito novo; no Capítulo 6, tivemos a oportunidade de ver que uma função de produção representa a produção máxima que pode ser obtida com determinado conjunto de insumos. Aqui, expandimos esse conceito para a produção de duas mercadorias, em vez de apenas uma.

eficiência técnica
Condição na qual as empresas combinam insumos para alcançar certo nível de produto do modo menos dispendioso possível.

Se os mercados de insumos são competitivos, um ponto de produção eficiente será alcançado. Veremos a razão disso. Se os mercados de capital e de trabalho são perfeitamente competitivos, então a remuneração do trabalho w será a mesma em todos os setores. De igual modo, a taxa de locação do capital r será também a mesma, independentemente de o capital ser utilizado na produção de alimento ou de vestuário. Sabemos, de acordo com o Capítulo 7, que, se os produtores desses dois bens minimizam os custos de produção, utilizam combinações de trabalho e capital de tal modo que a relação entre os produtos marginais dos dois insumos é igual à razão entre os preços:

Na Seção 7.3, explicamos que a taxa de locação é o custo anual de arrendar uma unidade de capital.

$$PMg_L/PMg_K = w/r$$

Mas mostramos também que a relação entre os produtos marginais dos dois insumos é igual à taxa marginal de substituição técnica do trabalho pelo capital, $TMST_{LK}$. Em consequência,

$$TMST_{LK} = w/r \qquad (16.2)$$

Como a TMST é a inclinação da isoquanta da empresa, ocorrerá um equilíbrio competitivo no mercado de insumos somente quando cada produtor utilizar trabalho e capital de tal forma que as inclinações das isoquantas sejam iguais entre si e iguais à razão entre os preços dos dois insumos. Em consequência, *o equilíbrio competitivo é eficiente na produção*.

Na Seção 6.3, explicamos que a taxa marginal de substituição técnica de trabalho por capital é a quantidade de insumos de capital que se pode reduzir quando se usa uma unidade extra de trabalho, de modo que a produção permaneça constante.

A fronteira de possibilidades de produção

A **fronteira de possibilidades de produção** mostra as diversas combinações de alimento e vestuário que podem ser produzidas com uma quantidade fixa de insumos trabalho e capital, mantendo-se a tecnologia constante. A fronteira apresentada na Figura 16.9 foi obtida da curva de contrato da produção. Cada ponto, tanto da curva de contrato como da fronteira de possibilidades de produção, apresenta quantidades eficientemente produzidas de alimento e de vestuário.

fronteira de possibilidades de produção
Curva que mostra as combinações de dois bens que podem ser produzidos com quantidades fixas de insumos.

O ponto O_A representa um extremo no qual apenas se produz vestuário e O_V representa outro extremo no qual apenas se produz alimento. Os pontos B, C e D correspondem aos pontos nos quais tanto a produção de alimento quanto de vestuário são realizadas de forma eficiente.

O ponto A, que representa uma alocação ineficiente, situa-se dentro da fronteira de possibilidades de produção. Todos os pontos contidos no triângulo ABC envolvem a completa utilização de capital e trabalho no processo produtivo. No entanto, uma distorção no mercado de trabalho, decorrente, talvez, de um sindicato voltado à maximização da renda, fez com que a economia como um todo seja produtivamente ineficiente.

O ponto onde paramos na fronteira de possibilidades de produção depende da demanda do consumidor pelos dois produtos. Imagine, por exemplo, que os consumidores tendam a preferir alimentos a vestuário. Um possível equilíbrio competitivo ocorre em D, como se vê na Figura 16.9. Por outro lado, se os consumidores preferirem vestuário a alimentos, o equilíbrio competitivo ocorrerá em um ponto na fronteira de possibilidades de produção próximo a O_A.

Como dissemos na Seção 14.4, um sindicato voltado à maximização da renda tenta maximizar os salários que seus associados recebem acima do seu custo de oportunidade.

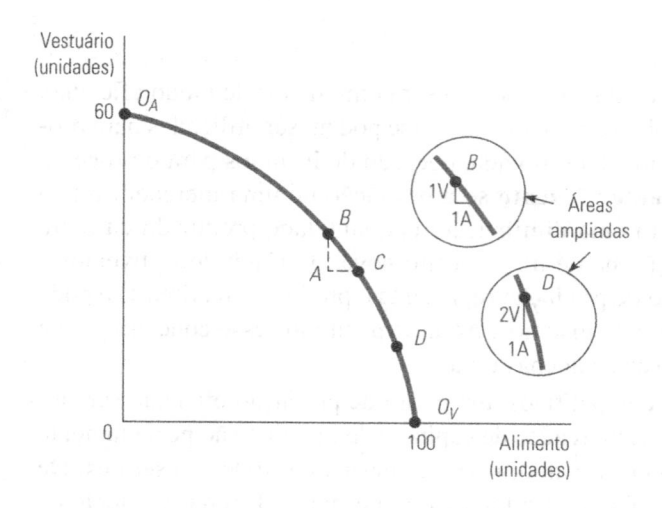

FIGURA 16.9 FRONTEIRA DE POSSIBILIDADES DE PRODUÇÃO

A fronteira de possibilidades de produção mostra todas as combinações eficientes de produtos. A curva de fronteira de possibilidades de produção é côncava porque a inclinação (a taxa marginal de transformação) aumenta à medida que o nível de produção de alimentos aumenta.

Por que a fronteira de possibilidades de produção possui uma inclinação descendente? Para produzir mais alimento eficientemente é necessário retirar alguns insumos da produção de vestuário, o que diminui seu nível de produção. Como todos os pontos situados dentro da fronteira são ineficientes, eles não se encontram na curva de contrato de produção.

TAXA MARGINAL DE TRANSFORMAÇÃO A fronteira de possibilidades de produção é côncava (curvada para dentro) — isto é, a inclinação aumenta em magnitude à medida que se produz mais alimento. Para descrevermos esse fato, definimos a **taxa marginal de transformação** (TMT) de alimento por vestuário como a magnitude da inclinação da fronteira em cada um dos pontos. *A TMT mede a quantidade de vestuário de que se deve abrir mão para produzir uma unidade adicional de alimento.* Por exemplo, as áreas ampliadas na Figura 16.9 mostram que, no ponto B, situado na fronteira, a TMT é igual a 1, pois é necessário abrir mão de 1 unidade de vestuário para obter 1 unidade adicional de alimento. Entretanto, no ponto D, a TMT é 2, pois é necessário abrir mão de 2 unidades de vestuário para obter 1 unidade adicional de alimento.

Observe que, à medida que elevamos a produção de alimento, percorrendo a fronteira de possibilidades de produção, a TMT aumenta.[5] Esse aumento ocorre porque a produtividade do trabalho e a do capital são diferentes quando tais insumos são utilizados para produzir alimento ou vestuário. Suponhamos que iniciemos no ponto O_A, onde apenas se produz vestuário. Agora retiramos uma parte do trabalho e do capital da produção desse bem, cujos produtos marginais são relativamente baixos, e passamos a utilizá-los na produção de alimento, cujos respectivos produtos marginais são mais altos. Nessas circunstâncias, para obter a primeira unidade de alimento, perde-se muito pouca produção de vestuário (isto é, a TMT é muito menor do que 1). Mas, à medida que percorremos a fronteira de possibilidades de produção e passamos a produzir menos vestuário, aumentam as produtividades do trabalho e do capital na produção desse bem e diminuem as produtividades do trabalho e do capital na produção de alimento. No ponto B, as produtividades são iguais e a TMT é 1. Continuando a percorrer a fronteira de possibilidades de produção, podemos observar que,

taxa marginal de transformação
Quantidade de um bem que se deve deixar de produzir para produzir uma unidade adicional de um outro.

---

5 A fronteira de possibilidades de produção não precisa necessariamente ter uma TMT continuamente crescente. Por exemplo, suponhamos que haja substanciais rendimentos decrescentes de escala na produção de alimento. Dessa forma, à medida que os insumos forem deslocados da produção de vestuário para a de alimento, a quantidade de vestuário que se deixará de produzir para obter uma unidade a mais de alimento vai diminuir.

como as produtividades dos insumos da produção de vestuário sobem mais e as dos insumos de alimento decrescem, a TMT se torna maior que 1.

Podemos também descrever o formato da fronteira de possibilidades de produção em relação aos custos de produção. No ponto O_A, em que se abre mão de muito pouca produção de vestuário para produzir quantidades adicionais de alimento, o custo marginal da produção é muito baixo: uma grande quantidade de mercadoria é obtida com uma pequena quantidade de insumos. Inversamente, o custo marginal da produção de vestuário é muito elevado: é necessária uma grande quantidade de ambos os insumos para produzir mais uma unidade de vestuário. Portanto, quando a TMT for baixa, a relação entre o custo marginal da produção de alimento, CMg_A, e o custo marginal da produção de vestuário, CMg_V, também será baixa. De fato, a *inclinação da fronteira de possibilidades de produção mede o custo marginal da produção de determinada mercadoria em relação ao custo marginal da produção da outra mercadoria.* A curvatura da fronteira de possibilidades de produção está diretamente ligada ao fato de que o custo marginal de produção de alimento em relação ao custo marginal de produção de vestuário está crescendo. Em particular, a seguinte relação permanece válida ao longo de toda a fronteira de possibilidades de produção:

$$TMT = CMg_A/CMg_V \qquad (16.3)$$

No ponto B, por exemplo, a TMT é igual a 1. Nesse ponto, quando os insumos são deslocados da produção de vestuário para a de alimento, 1 unidade de produto é perdida e 1 é ganha. Se os insumos necessários para a produção de uma unidade de qualquer um dos dois produtos custarem US$ 100, a relação entre os custos marginais será de US$ 100/US$ 100, ou seja, igual a 1. A Equação 16.3 também é válida para o ponto D (bem como para qualquer outro ponto da fronteira de possibilidades de produção). Suponhamos que os insumos necessários para produzir 1 unidade de alimento custem US$ 160. Então, o custo marginal do alimento seria de US$ 160, mas o custo marginal do vestuário seria de apenas US$ 80 (US$ 160/2 unidades de vestuário). Em consequência, a relação entre os custos marginais, 2, seria igual à TMT.

Eficiência na produção

Para que uma economia seja eficiente, não basta que se produzam mercadorias ao custo mínimo; *deve-se também produzir combinações de mercadorias pelas quais as pessoas estejam dispostas a pagar.* Para compreender esse princípio, lembre-se de que, conforme dissemos no Capítulo 3, a taxa marginal de substituição (TMS) de vestuário por alimento mede a disposição que o consumidor tem de adquirir menos vestuário para adquirir uma unidade adicional de alimento. A taxa marginal de transformação, por sua vez, mede o custo de uma unidade adicional de alimento em termos da menor produção de vestuário. Uma economia estará produzindo eficientemente apenas se, para cada consumidor,

$$TMS = TMT \qquad (16.4)$$

Para entendermos por que essa condição é necessária para a eficiência, vamos supor que a TMT seja igual a 1, mas que a TMS seja igual a 2. Nesse caso, os consumidores estariam dispostos a abrir mão de 2 unidades de vestuário para obter 1 unidade de alimento. Contudo, o custo adicional de produção de 1 unidade de alimento é de apenas 1 unidade de vestuário não produzida. De modo claro, vemos que pouco alimento está sendo produzido. Para que se possa alcançar a eficiência, a produção de alimento deve ser aumentada até que a TMS diminua, a TMT aumente e, por fim, as duas se tornem iguais. O resultado é eficiente apenas quando TMS = TMT para todos os pares de mercadorias.

A Figura 16.10 mostra graficamente essa importante condição de eficiência. Fizemos aqui uma superposição das curvas de indiferença do consumidor sobre a fronteira de possibilidades de produção da Figura 16.9. Observe que C é o único ponto da fronteira de possibilidades de produção que maximiza a satisfação do consumidor. Embora todos os pontos dessa fronteira sejam tecnicamente eficientes, da perspectiva do consumidor nem todos envolvem a produção mais eficiente de mercadorias. No ponto de tangência entre a curva de indiferença e a fronteira de possibilidades de produção, a TMS (ou seja, a inclinação da curva de indiferença) e a TMT (a inclinação da fronteira de possibilidades de produção) são iguais entre si.

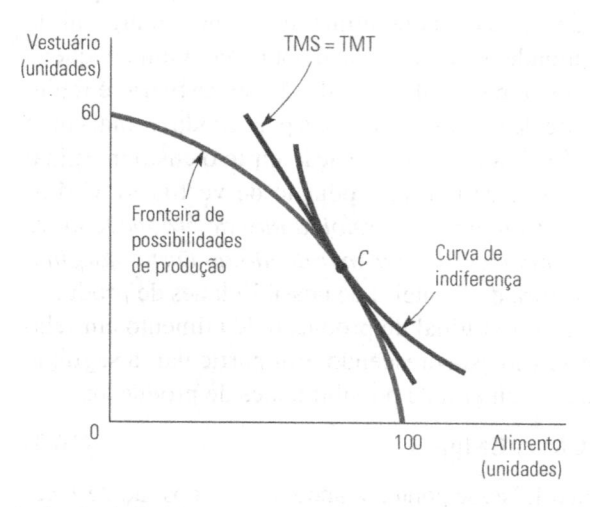

FIGURA 16.10 EFICIÊNCIA NA PRODUÇÃO

A combinação eficiente de produtos é alcançada quando a taxa marginal de transformação entre dois bens (que mede o custo de produção de um bem em relação ao outro) é igual à taxa marginal de substituição do consumidor (que mede o benefício marginal de consumir um bem em relação ao outro).

Se você fosse o responsável pela administração de uma economia, estaria diante de um problema difícil. Para alcançar a eficiência na produção, você deveria ser capaz de igualar a taxa marginal de transformação com a taxa marginal de substituição do consumidor. Todavia, se os consumidores tivessem preferências diferentes em relação a alimento e vestuário, de que forma você decidiria quais níveis de alimento e de vestuário deveriam ser produzidos e qual quantidade de cada um deveria ser fornecida a cada consumidor, de tal forma que todos tivessem TMSs idênticas? Os custos com informação e logística seriam enormes. Essa é uma das razões pelas quais as economias com planejamento centralizado, como a da antiga União Soviética, apresentaram desempenhos tão baixos. Felizmente, um sistema de mercado competitivo e com bom funcionamento consegue atingir o mesmo resultado eficiente que uma economia idealmente administrada.

Eficiência nos mercados produtivos

Quando os mercados produtivos são perfeitamente competitivos, todos os consumidores alocam os seus orçamentos de forma que as taxas marginais de substituição entre duas mercadorias sejam iguais à relação entre seus preços. No caso de nossas duas mercadorias, alimento e vestuário, temos

$$\text{TMS} = P_A/P_V$$

Ao mesmo tempo, cada empresa que maximiza os lucros produzirá até o ponto em que o preço for igual ao custo marginal. Assim, mais uma vez no caso de nossas duas mercadorias, temos

$$P_A = \text{CMg}_A \quad \text{e} \quad P_V = \text{CMg}_V$$

Como a taxa marginal de transformação é igual à razão entre os custos marginais de produção, segue-se que

$$\text{TMT} = \text{CMg}_A/\text{CMg}_V = P_A/P_V = \text{TMS} \tag{16.5}$$

Quando tanto o mercado de produção como o de insumos são competitivos, a produção será eficiente, pois a TMT é igual à TMS. Essa condição é apenas mais uma versão da regra envolvendo benefício marginal e custo marginal, já discutida no Capítulo 4. Naquele momento, vimos que os consumidores adquirem unidades adicionais de uma mercadoria até o ponto em que o benefício marginal do consumo é igual ao custo marginal. Aqui, notamos que a produção de alimento e vestuário é escolhida de tal forma que o benefício marginal de consumir uma unidade adicional de alimento é igual ao custo marginal de produzir a unidade adicional; o mesmo é válido para o consumo e a produção de vestuário.

> Na Seção 3.3, explicamos que a maximização da utilidade é alcançada quando o benefício marginal de se consumir uma unidade adicional de cada produto é igual ao custo marginal.

A Figura 16.11 mostra que mercados de produção competitivos e eficientes são obtidos quando as escolhas de produção e consumo são feitas em separado. Suponhamos que o mercado gere uma relação de preços P_A^1/P_V^1. Se os produtores estiverem utilizando os insumos eficientemente, produzirão alimento e vestuário no ponto A, em que a relação entre os preços é igual à TMT, ou seja, é igual à inclinação da fronteira de possibilidades da produção. Quando se deparam com sua restrição orçamentária, contudo, os consumidores desejarão o consumo indicado pelo ponto B, onde eles maximizam sua satisfação na curva de indiferença U_2. Todavia, dada a relação de preços P_A^1/P_V^1, os produtores não produzirão a combinação de alimento e vestuário do ponto B. Como o produtor está disposto a produzir A_1 unidades de alimento e os consumidores a adquirir A_2 unidades, haverá um excesso de demanda desse bem. De modo semelhante, como os consumidores estão dispostos a adquirir V_2 unidades de vestuário e os produtores a vender V_1 unidades, haverá um excesso de oferta do outro bem. Ocorrerá então um ajuste de preços no mercado — o preço do alimento subirá e o do vestuário cairá. À medida que a relação de preços P_A/P_V aumentar, a linha de preço se moverá ao longo da fronteira de possibilidades da produção.

Um equilíbrio será alcançado quando a relação de preços for P^*_A/P^*_V, no ponto C. No equilíbrio, não há como melhorar o bem-estar do consumidor sem piorar a situação de outro consumidor. Portanto, esse equilíbrio é eficiente de Pareto. Nesse ponto, os produtores estarão dispostos a vender A^* unidades de alimento e V^* unidades de vestuário, e os consumidores, a adquirir essas mesmas quantidades. Nesse ponto de equilíbrio, a TMT e a TMS mais uma vez são iguais entre si; assim, o equilíbrio competitivo apresenta-se eficiente.

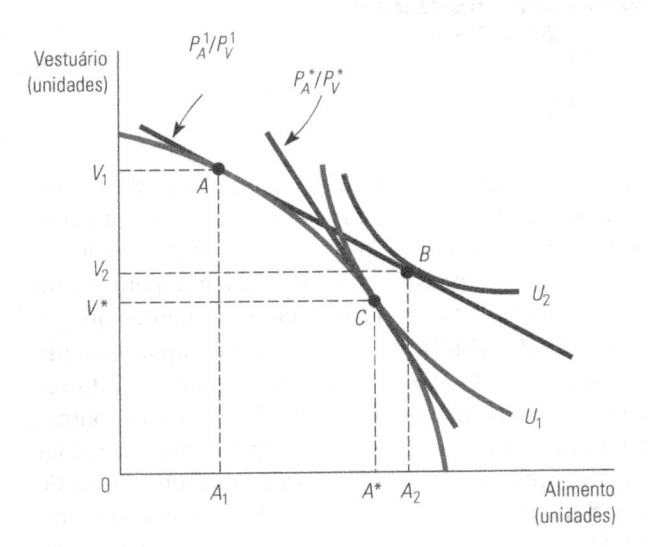

FIGURA 16.11 COMPETIÇÃO E EFICIÊNCIA NA PRODUÇÃO

Em um mercado de produção competitivo, as pessoas consomem até o ponto no qual a taxa marginal de substituição se iguale à relação entre os preços dos bens. Os produtores determinam os níveis de produção de forma a igualar a taxa marginal de transformação à relação entre os preços. Dado que a TMS é igual à TMT, o mercado de produção competitivo é eficiente. Qualquer outra relação de preços levará a um excesso de demanda por um bem e um excesso de oferta do outro.

16.5 Os ganhos do livre-comércio

É evidente que há ganhos decorrentes do comércio internacional em uma economia de trocas. Já tivemos a oportunidade de ver que duas pessoas ou dois países podem ser beneficiados ao alcançar um nível de trocas que corresponda a um ponto da curva de contrato. Entretanto, há ganhos adicionais decorrentes do comércio quando as economias de duas nações diferem de tal modo que um dos países possui uma *vantagem comparativa* na produção de determinado bem, enquanto o outro possui uma vantagem comparativa na produção de outra mercadoria.

Vantagem comparativa

vantagem comparativa
Situação na qual o país 1 tem uma vantagem sobre o país 2 na produção de um bem porque o custo de produção do bem no país, em relação ao custo de produzir outros bens em 1, é menor que o custo de produção do bem no país 2, em relação ao custo de produção de outros bens em 2.

vantagem absoluta
Situação na qual o país 1 tem uma vantagem sobre o país 2 na produção de um bem porque o custo de produção do bem em 1 é menor que o custo de produção em 2.

O país 1 possui uma **vantagem comparativa** *sobre o país 2 na produção de um bem quando o custo de produção de tal bem, em relação ao custo de produção de outros bens no país 1, é mais baixo do que o custo de produção desse bem no país 2, relativamente ao custo de produção de outros bens em 2.*[6] Observe que vantagem comparativa não é o mesmo que vantagem *absoluta*. Uma nação possui uma **vantagem absoluta** na produção de um bem quando o custo é mais baixo do que o custo de produção desse mesmo bem em outro país. Por outro lado, uma vantagem comparativa implica o fato de que o custo em um país, *em relação aos custos dos outros bens nele produzidos*, é mais baixo do que o de outros países.

Quando cada um dos dois países tem uma vantagem comparativa, eles realizam um melhor negócio produzindo o que sabem fazer melhor e adquirindo as mercadorias restantes. A título de verificação, suponhamos que o primeiro país, a Holanda, possua uma vantagem *absoluta* na produção de queijo e de vinho. Um trabalhador consegue produzir uma libra de queijo em uma hora e um galão de vinho em duas horas. Por outro lado, na Itália, um trabalhador necessita de seis horas para produzir uma libra de queijo e três horas para produzir um galão de vinho. Essas relações de produção encontram-se resumidas na Tabela 16.3.[7]

TABELA 16.3	Horas de trabalho necessárias para produzir queijo e vinho	
	Queijo (1 lb)	Vinho (1 galão)
Holanda	1	2
Itália	6	3

A Holanda desfruta de uma vantagem *comparativa* sobre a Itália na produção de queijo: o custo da produção da Holanda (em termos de horas consumidas de trabalho) é metade do custo da produção de vinho, enquanto o custo da produção de queijo da Itália é o dobro do custo da de vinho. De modo semelhante, a Itália possui uma vantagem comparativa na produção de vinho, pois consegue produzi-lo pela metade do custo da fabricação do queijo.

O QUE ACONTECE QUANDO OS PAÍSES FAZEM COMÉRCIO A vantagem comparativa que cada país possui determina o que acontece quando eles fazem comércio entre si. O resultado exato depende do preço de cada uma das mercadorias em relação ao das outras quando ocorrerem as trocas. Para entendermos como isso acontece, suponhamos que, com o comércio, um galão de vinho possa ser vendido pelo mesmo preço que uma libra de queijo, tanto na Holanda como na Itália. Suponhamos também que, como existe pleno emprego nos dois países, a única maneira de aumentar a produção de vinho é retirar força de trabalho da produção de queijo, e vice-versa.

Não havendo comércio, com 24 horas de insumo trabalho, a Holanda poderia produzir 24 libras de queijo, 12 galões de vinho ou alguma combinação das duas mercadorias como, por exemplo, 18 libras de queijo e 3 galões de vinho. No entanto, tem condições de fazer melhor.

---

[6] Formalmente, se há dois produtos, x e y, e dois países, i e j, dizemos que o país i tem uma vantagem comparativa na produção de x se $\dfrac{a_x^i}{a_y^i} < \dfrac{a_x^j}{a_y^j}$, onde a_x^i é o custo da produção de x no país i.

[7] Esse exemplo baseia-se no artigo "World Trade: Jousting for Advantage", *The Economist*, 22 set. 1990, p. 5-40.

Para cada hora de trabalho, ela consegue produzir 1 libra de queijo, que pode trocar por 1 galão de vinho; se o vinho fosse produzido no próprio país, seriam necessárias 2 horas de trabalho. Portanto, é de interesse da Holanda especializar-se na produção de queijo, que pode ser exportado para a Itália em troca de vinho. Por exemplo, se a Holanda produzisse 24 libras de queijo e trocasse 6 delas, poderia consumir 18 libras de queijo e 6 galões de vinho — uma situação definitivamente melhor do que a anterior, em que haveria disponibilidade de 18 libras de queijo e 3 galões de vinho se não houvesse comércio.

A Itália também se beneficia desse tipo de comércio. Observe que, na ausência dele, com as mesmas 24 horas de insumo trabalho, o país pode produzir 4 libras de queijo, 8 galões de vinho ou alguma combinação das duas mercadorias, por exemplo, 3 libras de queijo e 2 galões de vinho. Por outro lado, com cada hora de trabalho, a Itália consegue fabricar 1/3 de um galão de vinho, que pode trocar por 1/3 de libra de queijo. Se o queijo fosse produzido no próprio país, seria necessário gastar o dobro do tempo. Portanto, seria vantajoso que a Itália se tornasse especializada na produção de vinho. Suponhamos que a Itália produzisse 8 galões de vinho e trocasse 6 deles; nesse caso, poderia consumir 6 libras de queijo e 2 galões de vinho, o que seria melhor do que consumir as 3 libras de queijo e os 2 galões de vinho disponíveis na ausência de comércio.

Uma fronteira expandida das possibilidades de produção

Quando há vantagem comparativa, o comércio internacional permite que determinada nação consuma além da própria fronteira de possibilidades de produção. Isso pode ser visualizado graficamente na Figura 16.12, que apresenta essa fronteira para a Holanda. Suponhamos inicialmente que esse país tenha sido impedido de comercializar com a Itália por causa de uma barreira protecionista. Qual é o resultado do processo competitivo na Holanda? A produção é representada pelo ponto A, situado na curva de indiferença U_1, em que a TMT e o preço do vinho anterior ao comércio é duas vezes o preço do queijo. Se a Holanda pudesse fazer comércio, estaria disposta a exportar 2 libras de queijo em troca de 1 galão de vinho.

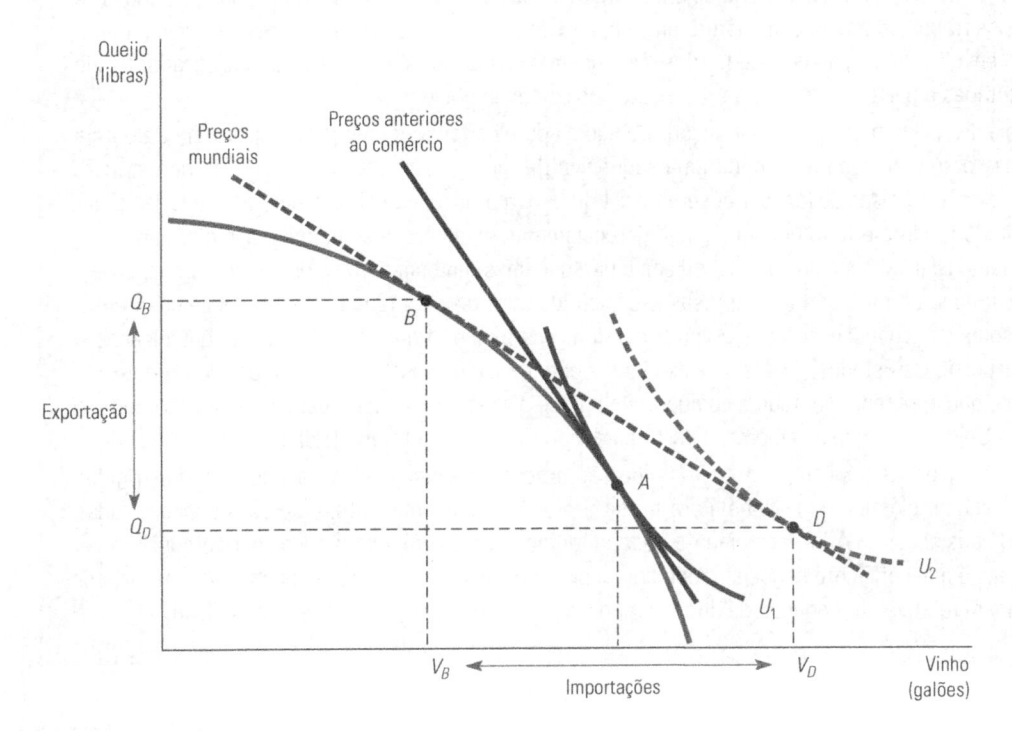

FIGURA 16.12 OS GANHOS PROPORCIONADOS PELO COMÉRCIO

Sem comércio, a produção e o consumo se realizam no ponto A, onde o preço do vinho é duas vezes o do queijo. Com o comércio ocorrendo ao preço relativo de 1, a produção interna está agora sobre B, enquanto o consumo interno ocorre em D. O livre-comércio permite que a utilidade aumente de U_1 para U_2.

Suponhamos agora que a barreira fosse eliminada e que os dois países pudessem realizar trocas. E que, em consequência das diferenças de demanda e de custos nos dois países, as trocas ocorressem na base de um para um. A Holanda acharia vantajoso produzir conforme o ponto B, que é o ponto de tangência entre a linha de preço 1/1 e sua fronteira de possibilidades de produção.

Entretanto, esse ainda não é o final da história. O ponto B representa a decisão de produção da Holanda (esta passa a produzir menores quantidades de vinho e maiores quantidades de queijo quando as barreiras são eliminadas). No entanto, com a realização das trocas, o consumo alcançará o ponto D, no qual a curva de indiferença mais elevada U_2 é tangente à linha do preço de troca. Dessa forma, a realização de trocas expande as opções de consumo da Holanda para além da fronteira de possibilidades de produção. O país importará $V_D - V_B$ unidades de vinho e exportará $Q_B - Q_D$ unidades de queijo.

Com o comércio, cada país passa por diversos ajustes importantes. À medida que a Holanda importa vinho, a produção diminui, devendo ocorrer também uma redução no volume de empregos no setor vinicultor. Entretanto, a produção de queijo aumenta, devendo elevar-se o número de empregos nesse setor de produção. Os trabalhadores especializados poderão ter dificuldades para mudar de emprego. Sendo assim, nem todos sairão ganhando com o livre-comércio. Embora os consumidores estejam evidentemente sendo beneficiados, os produtores e trabalhadores do setor vinicultor provavelmente serão prejudicados, pelo menos temporariamente.

EXEMPLO 16.3 TAREFAS DO COMÉRCIO E A PRODUÇÃO DE IPOD

A maioria das pessoas acredita que as atividades do comércio exterior se resumem a importação ou exportação de produtos manufaturados. Entretanto, o comércio costuma envolver muitas etapas que transformam matéria-prima em produtos acabados. Em cada uma delas, bens intermediários se combinam ao trabalho ou às máquinas para produzir parte ou todos os produtos finais. Por exemplo, os trabalhadores podem montar um conjunto de chips e outros componentes para computadores. Assim, um produto típico envolve uma sequência de tarefas que podem, por sua vez, ser também comercializadas. Onde e como tais tarefas são executadas é parte importante da produção e do comércio eficientes.[8]

Considere o iPod, da Apple. Na parte de trás há informações de que o aparelho foi projetado pela empresa na Califórnia e montado na China. Mas isso é só o começo e o fim de uma sequência de tarefas necessárias à produção de um iPod, conforme vemos na Tabela 16.4.[9] Três coisas devem ser observadas. Primeiro, a produção de iPod é uma empreitada verdadeiramente global. O desenho do produto é feito em um lugar, o gerenciamento da empresa se dá em outro e a montagem em si em uma terceira localidade. Isso vale não só para o iPod como um todo, mas também para os principais componentes. A "fragmentação" da produção, que permite que as empresas usufruam das diversas vantagens oferecidas pelos diferentes países nos distintos estágios da produção, tornou-se viável por conta da melhoria nas tecnologias de comunicação e da queda nos custos de transporte. Os Estados Unidos, por exemplo, podem ter uma vantagem no projeto do produto. Os projetos são enviados à China, que apresenta vantagem comparativa no que diz respeito à montagem. Uma vez montado, o produto volta para os Estados Unidos para que as empresas norte-americanas cuidem da tarefa de distribuição e revenda.

Segundo, observe que a maior parte dos componentes do iPod são produtos semiacabados, tais como discos rígidos ou telas, e não matéria-prima, como plástico ou silicone. Para tornar a produção mais eficiente, empresas especializadas projetam e produzem a maioria das peças. A Apple certamente poderia ter montado as próprias fábricas para produzir todas as peças das quais precisa, mas é mais eficiente negociar e adquirir os produtos de outras empresas do país. A Toshiba, por exemplo, pode ter uma vantagem relativa na produção de discos rígidos por conta da alta capacidade de produção.

---

8   Gene M. Grossman e Esteban Rossi-Hansberg, "The Rise of Offshoring: It's Not Wine for Cloth Anymore", *Working paper*, Princeton University, 2006.
9   Esse exemplo é baseado em Greg Linden, Kenneth L. Kraemer e Jason Dedrick, "Who Captures Value in a Global Innovation System? The Case of Apple's iPod", *PCIC UC-Irvine*, jun. 2007.

Por fim, observe que as partes físicas são responsáveis por menos da metade do preço de compra de um iPod. Como na maioria dos produtos, uma enorme gama de outros serviços são necessários no projeto, desenvolvimento e distribuição de iPods. As empresas responsáveis por esses serviços — inclusive a Apple — também acabam ficando com uma considerável parcela do preço final de venda.

TABELA 16.4 Diferentes tarefas na produção de iPods

Componente	Empresa	Local de produção	Preço (US$)	% do valor final
Concepção/desenho do produto	Apple (EUA)	Estados Unidos	79,85	26,7
Disco rígido (30GB)	Toshiba (Japão)	China	73,39	24,6
Tela	Matsushita & Toshiba	Japão	20,39	6,8
Processador de vídeo	Broadcom (EUA)	Taiwan ou Singapura	8,36	2,8
Processador central	PortalPlayer (EUA)	Estados Unidos ou Taiwan	4,94	1,7
Unidade de montagem	Inventec (Taiwan)	China	3,70	1,2
Todas as outras peças (cerca de 450)	—	—	33,62	11,2
Todas as peças	—	—	144,40	48,3
Distribuição e venda	—	Estados Unidos	74,75	25,0
Preço final de venda			299,00	100,0

EXEMPLO 16.4 OS CUSTOS E BENEFÍCIOS DA PROTEÇÃO ESPECIAL

As demandas por políticas protecionistas aumentaram gradualmente durante as décadas de 1980 e 1990. Hoje elas continuam sendo objeto de debate, seja com relação ao comércio com vários países asiáticos ou em relação ao Acordo de Livre Comércio da América do Norte (Nafta). O protecionismo pode assumir muitas formas, incluindo impostos de importação e quotas (do tipo que analisamos no Capítulo 9), obstáculos baseados em regulamentações, subsídios a produtores internos e controles cambiais. A Tabela 16.5 aponta os resultados de um estudo recente sobre as restrições comerciais impostas pelos Estados Unidos.[10]

Como um dos maiores objetivos do protecionismo é a preservação de empregos em determinados setores, não é de se surpreender que essas políticas criem ganhos para os produtores. Entretanto, os custos de tais políticas envolvem prejuízos para os consumidores e uma substancial redução da eficiência econômica. Essas perdas de eficiência são a soma total da perda de excedente do produtor resultante do excesso de produção interna ineficiente e da perda de excedente do consumidor resultante de preços internos mais altos com um nível mais baixo da quantidade consumida.

Como mostra a Tabela 16.5, o setor da indústria têxtil e de confecções apresenta-se como a maior fonte de perdas de eficiência. Enquanto ganhos substanciais são obtidos pelos produtores locais, as perdas dos consumidores são ainda maiores em cada um dos casos. Além disso, as perdas decorrentes de produção interna (ineficiente) em excesso de produtos têxteis também foram grandes — isto é, em torno de US$ 9,89 bilhões. A segunda maior fonte de ineficiência foi o setor de laticínios, no qual as perdas totalizaram US$ 2,79 bilhões.

> Na Seção 9.1, explicamos que o excedente do consumidor é o benefício ou valor total que os consumidores recebem que ultrapassa o que pagam por uma mercadoria; o excedente do produtor é o benefício análogo obtido pelos produtores.

---

10 Esse exemplo baseia-se no artigo de Cletus Coughlin, K. Alec Chrystal e Geoffrey E. Wood, "Protectionist Trade Policies: A Survey of Theory, Evidence, and Rationale", *Federal Reserve Bank of St. Louis*, jan./fev. 1988, p. 12-30. Os dados contidos na tabela foram tirados do artigo de Gary Clyde Hufbauer, Diane T. Berliner e Kimberly Ann Elliott, "Trade Protection in the United States, 31 Case Studies", *Institute for International Economics*, 1986. Os valores em dólares foram estendidos para 2011 usando o IPC. Os dados do açúcar são os da Figura 9.15.

TABELA 16.5	Quantificando os custos do protecionismo		
Setor	Ganhos do produtor[a] (US$ milhões)	Perdas do consumidor[b] (US$ milhões)	Perda de eficiência[c] (US$ milhões)
Produção de livros	622	1.020	59
Suco de laranja	796	1.071	265
Têxtil e confecções	44.883	55.084	9.895
Aço-carbono	7.753	13.873	673
Televisores coloridos	388	857	14
Laticínios	10.201	11.221	2.795
Carne	3.264	3.672	296
Açúcar	1.431	2.882	614

[a] Os ganhos neste caso de tarifa são definidos como a área trapezoidal A na Figura 9.15.
[b] As perdas do consumidor são a soma das áreas A, B, C e D na Figura 9.15.
[c] Estes são representados pelos triângulos B e C na Figura 9.15.

Por fim, observe que o custo de eficiência da ajuda concedida aos produtores internos varia consideravelmente entre os diversos setores. No setor têxtil, a proporção do custo de eficiência em relação ao ganho dos produtores é de 22%, e no caso do setor de laticínios essa proporção é de 27%; apenas no caso do setor de suco de laranja ela é mais alta (33,3%). Entretanto, proporções muito mais baixas se aplicam aos setores de televisores coloridos (3,7%), aço-carbono (8,7%) e produção de livros (9,5%).

16.6 A eficiência nos mercados competitivos — uma visão geral

Nossa análise de equilíbrio geral e de eficiência econômica agora está completa. No processo, obtivemos dois resultados marcantes. Primeiro, mostramos que, para qualquer alocação inicial de recursos, um sistema competitivo de trocas entre os indivíduos, tanto no mercado de bens finais, quanto no mercado de insumos ou no mercado de produção, levará a um resultado economicamente eficiente. O primeiro teorema da economia do bem-estar nos diz que um sistema competitivo, baseado nos próprios interesses de consumidores e produtores, bem como na capacidade que os preços de mercado têm para transmitir informações a ambas as partes, conseguirá uma alocação eficiente de recursos.

Segundo, mostramos que, com curvas de indiferença convexas, qualquer alocação eficiente de recursos pode ser alcançada por meio de um processo competitivo com uma redistribuição viável desses recursos. O segundo teorema da economia do bem-estar afirma que, em certas condições (obviamente ideais), temas como equidade e eficiência podem ser tratados de forma distinta entre si.

Ambos os teoremas da economia do bem-estar dependem crucialmente da suposição de que os mercados sejam competitivos. Infelizmente, nenhum desses resultados necessariamente se mantém quando, por alguma razão, os mercados deixam de ser competitivos. Nos próximos dois capítulos discutiremos as razões da ocorrência de falhas de mercado e o que os governos podem fazer a respeito. Entretanto, antes é preciso repassar o que sabemos sobre o funcionamento do processo competitivo. Sendo assim, apresentamos uma lista das condições necessárias para a eficiência econômica nas trocas, no mercado de insumos e no mercado de produtos. Essas condições são importantes; em cada um desses três casos você deve rever as explicações dadas neste capítulo e os fundamentos apresentados nos capítulos anteriores.

1. *Eficiência nas trocas:* todas as alocações devem estar situadas na curva de contrato, de tal forma que a taxa marginal de substituição de alimento por vestuário de todos os consumidores seja a mesma:

$$TMS_{AV}^J = TMS_{AV}^K$$

Um mercado competitivo alcança esse resultado eficiente porque, para os consumidores, a tangência entre a linha de orçamento e a curva de indiferença mais alta possível assegura que

$$TMS_{AV}^J = P_A/P_V = TMS_{AV}^K$$

> Conforme dissemos na Seção 3.3, a satisfação do consumidor é maximizada quando a taxa marginal de substituição de alimento por vestuário é igual à razão entre o preço do alimento e o do vestuário.

2. *Eficiência na utilização de insumos na produção:* a taxa marginal de substituição técnica de trabalho por capital de todos os produtores é igual na produção de ambas as mercadorias:

$$TMST_{LK}^A = TMS_{LK}^V$$

Um mercado competitivo alcança esse resultado eficiente porque cada produtor maximiza lucros, determinando as quantidades dos insumos trabalho e capital até o ponto em que a relação entre os preços dos insumos seja igual à taxa marginal de substituição técnica no processo produtivo:

$$TMST_{LK}^A = w/r = TMST_{LK}^V$$

> Na Seção 7.3 dissemos que a maximização de lucro exige que a taxa marginal de substituição técnica do trabalho pelo capital seja igual à razão entre o salário e o custo do capital.

3. *Eficiência no mercado de produção:* a composição dos insumos deve ser escolhida de tal forma que a taxa marginal de transformação entre os produtos seja igual à taxa marginal de substituição dos consumidores:

$$TMT_{AV} = TMS_{AV} \text{ (para todos os consumidores)}$$

Um mercado competitivo alcança esse resultado eficiente porque os produtores que maximizam os lucros aumentam os níveis de produção até o ponto em que o custo marginal é igual ao preço:

$$P_A = CMg_A, P_V = CMg_V$$

Em consequência,

$$TMT_{AV} = CMg_A/CMg_V = P_A/P_V$$

> Na Seção 8.3, explicamos que, como uma empresa competitiva se defronta com uma curva de demanda horizontal escolhendo um nível de produção tal que o custo marginal seja igual ao preço, ela está maximizando os lucros.

No entanto, os consumidores maximizam sua satisfação nos mercados competitivos apenas quando:

$$P_A/P_V = TMS_{AV} \text{ (para todos os consumidores)}$$

Portanto,

$$TMS_{AV} = TMT_{AV}$$

e, assim, as condições de eficiência no mercado de produção são satisfeitas. Portanto, eficiência requer que os bens sejam produzidos segundo combinações e custos que correspondam ao que as pessoas estão dispostas a pagar por eles.

16.7 Por que os mercados falham

Há duas interpretações diferentes das condições exigidas para que haja eficiência. A primeira enfatiza que os mercados competitivos funcionam. E nos diz também que é necessário assegurar que os requisitos de competição vigorem, de tal modo que os recursos possam ser eficientemente alocados. A segunda enfatiza que os pré-requisitos para a competição provavelmente não se sustentarão. Ela nos informa que é preciso se concentrar nas maneiras de tratar as falhas do mercado. Até aqui, enfocamos a primeira interpretação. Na parte restante deste livro, vamos nos concentrar na segunda.

Os mercados competitivos apresentam falhas devido a quatro razões básicas: *poder de mercado*, *informações incompletas*, *externalidades* e *bens públicos*. Analisaremos agora cada uma delas.

Poder de mercado

> Na Seção 10.2, explicamos que o vendedor de determinado produto tem poder de monopólio se pode cobrar lucrativamente um preço mais alto do que seu custo marginal; de maneira semelhante, na Seção 10.5 explicamos que um comprador tem poder de monopsônio quando sua decisão de compra pode afetar o preço de uma mercadoria.

Já vimos que a ineficiência surge quando um fabricante ou um fornecedor de algum fator de produção possui poder de mercado. Suponhamos, por exemplo, que o fabricante de produtos alimentícios do diagrama da caixa de Edgeworth tenha poder de monopólio. Portanto, ele determina a quantidade produzida igualando a receita marginal (em vez do preço) ao custo marginal e vende uma quantidade menor por um preço mais elevado do que aquele que seria praticado em um mercado competitivo. Esse nível mais baixo de produto representa um custo marginal mais baixo na produção de alimentos. Enquanto isso, os insumos não utilizados serão alocados na produção de vestuário, cujo custo marginal aumenta. Em consequência, a taxa marginal de transformação diminui, porque $TMT_{AV} = CMg_A/CMg_V$. A alocação poderia terminar, por exemplo, no ponto A da fronteira de possibilidades de produção da Figura 16.9. A produção de uma quantidade muito pequena de alimento e de quantidades excessivas de vestuário significa uma ineficiência produtiva que surge porque as empresas com poder de mercado utilizam em suas decisões de produção preços diferentes dos utilizados pelos consumidores em suas decisões de consumo.

Um argumento semelhante seria aplicável ao poder de mercado no mercado de insumos. Suponhamos, por exemplo, que os sindicatos dessem aos trabalhadores poder de mercado sobre a oferta de trabalho para a produção de alimento. Sendo assim, uma quantidade muito pequena de trabalho seria ofertada por uma remuneração bastante alta (w_A) para esse setor, e uma quantidade muito grande de trabalho seria ofertada no setor de vestuário por uma remuneração muito baixa (w_V). No setor de vestuário, as condições de eficiência dos insumos seriam satisfeitas, porque $TMST_{LK}^V = w_V/r$. Todavia, no setor de alimento, a remuneração paga seria mais alta do que no setor de vestuário. Portanto, $TMST_{LK}^A = w_A/r > w_V/r = TMST_{LK}^V$. O resultado seria uma ineficiência no mercado de insumo, pois a eficiência exige que as taxas marginais de substituição técnica sejam iguais para a produção de todas as mercadorias.

Informações incompletas

Se os consumidores não tiverem informações exatas a respeito dos preços de mercado ou da qualidade do produto, o sistema de mercado não pode operar de modo eficiente. A falta de informações pode estimular os produtores a ofertar quantidades excessivas de determinados produtos e quantidades insuficientes de outros. Em outros casos, enquanto alguns consumidores podem não adquirir um produto, mesmo que se beneficiassem da compra, outros vão adquirir produtos que lhes causam prejuízos. Por exemplo, os consumidores podem adquirir remédio para emagrecer e descobrir que eles não possuem valor medicinal algum. Por fim, a falta de informações pode impedir que determinados mercados sequer se desenvolvam. Por exemplo, pode ser impossível a aquisição de certos tipos de apólice de seguro pelo fato de os fornecedores não possuírem informações adequadas a respeito de clientes sujeitos a determinados tipos de risco.

Cada um desses problemas de informações pode resultar na ineficiência do mercado competitivo. Descreveremos a natureza das ineficiências de informações com mais detalhes no Capítulo 17, quando veremos se a intervenção governamental pode ajudar a reduzir esse problema.

Externalidades

O sistema de preços funciona de modo eficiente porque os preços de mercado transmitem informações tanto a produtores como a consumidores. Entretanto, às vezes os preços de mercado não refletem o que de fato acontece entre produtores ou entre consumidores. Uma *externalidade* ocorre quando alguma atividade de produção ou de consumo tem um efeito indireto sobre outras atividades de consumo ou de produção, que não se reflete diretamente nos preços de mercado. Como já explicamos na Seção 9.2, o termo *externalidade* é empregado porque os efeitos sobre outros (tanto de custos como de benefícios) são externos ao mercado.

Suponhamos, por exemplo, que uma usina de aço despeje os efluentes em um rio, tornando um local de recreação situado rio abaixo inadequado para atividades como natação ou pesca. Se isso ocorre, há uma externalidade, pois o fabricante de aço não está pagando o verdadeiro custo gerado por seus efluentes; ele está poluindo uma grande quantidade de água com a produção de aço. Isso é um uso ineficiente de insumo. Se essa externalidade prevalecer em todo o setor produtor de aço, o preço do produto (que é igual ao custo marginal da produção) será mais baixo do que se ele refletisse também o custo do efluente. Dessa forma, pode estar sendo produzida uma quantidade excessivamente alta de aço e havendo ineficiência de produção.

Discutiremos as externalidades e as formas de tratá-las no Capítulo 18.

Bens públicos

A última fonte de falha no mercado surge quando este não consegue ofertar certas mercadorias valorizadas por muitos consumidores. Um **bem público** é uma mercadoria que pode ser disponibilizada a baixo custo para muitos consumidores, mas, assim que ela é ofertada para alguns, torna-se muito difícil evitar que outros também a consumam. Por exemplo, suponhamos que uma empresa esteja considerando a possibilidade de empreender uma pesquisa sobre uma nova tecnologia para a qual não consegue obter patente. Logo após a invenção tornar-se pública, outros podem copiá-la. Por ser difícil impedir que outras empresas produzam e vendam o produto, a pesquisa não será lucrativa.

bem público
Bem não exclusivo e de consumo não rival que pode ser disponibilizado a baixo custo para muitos consumidores, mas que, uma vez disponibilizado, é difícil impedir seu consumo por outros.

Portanto, os mercados ofertam quantidades insuficientes de bens públicos. Veremos no Capítulo 18 que, em alguns casos, o governo pode resolver esse problema por meio do fornecimento direto de tal bem ou por meio de estímulos para que empresas privadas se disponham a produzi-lo.

EXEMPLO 16.5 INEFICIÊNCIA NO SETOR DE SAÚDE

Os Estados Unidos gastam mais do seu PIB em saúde do que acontece com a maioria dos outros países. Isso significa que o sistema de saúde norte-americano é menos "eficiente" do que outros sistemas de saúde? Essa é uma questão importante de política pública, que podemos esclarecer tirando proveito da análise apresentada neste capítulo. Neste caso, existem duas questões importantes relacionadas à eficiência. Primeiro, o sistema de saúde norte-americano é *tecnicamente eficiente* na produção, no sentido de utilizar a melhor combinação de insumos como leitos de hospital, médicos, enfermeiros e medicamentos para obter os melhores resultados para a saúde? Segundo, o país é *produtivamente eficiente* na oferta de saúde, ou seja, os benefícios para a saúde advindos do valor marginal em dólares gasto com a saúde são maiores do que o custo de oportunidade de outros bens e serviços que poderiam ser fornecidos em seu lugar?

O Capítulo 6 discutiu a questão da *eficiência técnica*. Como vimos no Exemplo 6.1, à medida que mais e mais saúde é produzida, há retornos decrescentes, de modo que mesmo se estivermos na fronteira de produção, serão necessários cada vez mais recursos para obter com dificuldade pequenos ganhos nos resultados com a saúde (por exemplo, aumentos na expectativa de vida). Mas vimos que há um motivo para crer que o setor de saúde está operando abaixo da fronteira, de modo que, se os insumos fossem usados com mais eficiência, poderiam ser obtidos melhores resultados na saúde com pouco ou nenhum aumento de recursos. Por exemplo, para cada médico de consultório nos Estados Unidos, existem 2,2 trabalhadores administrativos. Isso é 25% mais alto do que o número equivalente no Reino Unido, 165% a mais do que na Holanda e 215% a mais do que na Alemanha. Parece que muito mais tempo e custo são dedicados a navegar pelos complexos requisitos de credenciamento, aprovação do serviço reivindicado, verificação e cobrança de várias seguradoras nos Estados Unidos em relação a outros países desenvolvidos. Além disso, diversos tratamentos de baixo custo, altamente eficazes, parecem estar sendo pouco indicados nos Estados Unidos. Betabloqueadores, por exemplo, custam apenas alguns centavos por dose e acredita-se que reduzam a mortalidade por ataque cardíaco em 25%, embora em algumas partes do país eles raramente sejam indicados.

E que tal a *eficiência produtiva*? Sugere-se que a crescente fração de receita dedicada a gastos com saúde nos Estados Unidos seja evidência de ineficiência. Porém, como vimos no Exemplo 3.4, isso poderia apenas refletir uma forte preferência pela saúde por parte da população do país, cujos rendimentos em geral têm aumentado. O estudo por trás desse exemplo calculou a taxa marginal de substituição entre bens relacionados à saúde e não relacionados a ela, e descobriu que, à medida que o consumo aumenta, a utilidade marginal do consumo para bens não relacionados à saúde diminui rapidamente. Conforme já explicamos, isso não deverá ser surpresa; à medida que os indivíduos envelhecem e suas receitas aumentam, uma expectativa de um ano de vida a mais torna-se muito mais valiosa do que um carro novo ou uma segunda casa. Assim, uma fatia cada vez maior da renda dedicada à saúde é totalmente coerente com a eficiência produtiva.

RESUMO

1. A análise de equilíbrio parcial assume como pressuposto que os mercados correlacionados não se influenciam mutuamente. A análise de equilíbrio geral examina todos os mercados simultaneamente, levando em conta os efeitos de feedback de outros mercados sobre aquele que está sendo estudado.

2. Uma alocação eficiente ocorre quando nenhum consumidor pode aumentar a própria satisfação por meio de trocas sem prejudicar algum outro consumidor. Quando todos os consumidores fazem todas as trocas possíveis que sejam mutuamente vantajosas, o resultado é eficiente de Pareto e se situa na curva de contrato.

3. Um equilíbrio competitivo consiste em um conjunto de preços e quantidades: quando cada consumidor escolhe a alocação preferida, a quantidade demandada é igual à ofertada em todos os mercados. Todas as alocações de equilíbrio competitivo estão situadas na curva de contrato de trocas e são eficientes de Pareto.

4. A fronteira de possibilidades de utilidade apresenta todas as alocações eficientes em termos dos níveis de utilidade que cada pessoa obtém. Embora todos os indivíduos prefiram determinadas alocações a uma que seja ineficiente, nem *todas* as alocações eficientes são preferíveis. Portanto, uma alocação ineficiente pode ser mais equitativa do que uma que seja eficiente.

5. Como o equilíbrio competitivo não é necessariamente equitativo, o governo pode estar disposto a atuar na redistribuição de renda dos ricos para os pobres. Pelo fato de tal redistribuição ter custos, há algum conflito entre equidade e eficiência.

6. Uma alocação de insumos é tecnicamente eficiente se a produção de determinada mercadoria não pode ser aumentada sem que ocorra diminuição na produção de alguma outra.

7. O equilíbrio competitivo em mercados de insumos ocorre quando a taxa marginal de substituição técnica entre pares de insumos se iguala às razões entre os preços deles.

8. A fronteira de possibilidades de produção apresenta todas as alocações eficientes em termos dos níveis de produção que podem ser obtidos com determinada combinação de insumos. A taxa marginal de transformação do bem 1 pelo bem 2 aumenta à medida que se produz mais do bem 1 e menos do bem 2. A taxa marginal de transformação é igual à razão entre o custo marginal da produção do bem 1 e o custo marginal da produção do bem 2.

9. A eficiência na alocação de mercadorias entre os consumidores é alcançada apenas quando a taxa marginal de substituição de uma mercadoria por outra no consumo (sendo tal taxa a mesma para todos os consumidores) é igual à taxa marginal de transformação de uma mercadoria por outra na produção.

10. Quando os mercados de produtos e de insumos são perfeitamente competitivos, a taxa marginal de substituição (que é igual à razão entre os preços das mercadorias) é igual à taxa marginal de transformação (que é igual à razão entre os custos marginais da produção de cada uma das mercadorias).

11. O livre-comércio internacional expande a fronteira de possibilidades de produção de cada país. Em consequência, todos os consumidores são beneficiados.

12. Mercados competitivos podem ser ineficientes por quatro razões. A primeira é que as empresas ou consumidores podem ter poder de mercado em mercados de produção ou de insumos. A segunda é que os consumidores ou produtores podem ter informações incompletas e, portanto, cometer erros nas decisões de consumo ou de produção. A terceira é que pode haver a presença de externalidades. E a quarta, que alguns bens públicos socialmente desejáveis podem não estar sendo produzidos.

QUESTÕES PARA REVISÃO

1. Por que razão os efeitos de feedback tornam a análise de equilíbrio geral substancialmente diferente da análise de equilíbrio parcial?
2. Explique, no diagrama da caixa de Edgeworth, de que forma determinado ponto pode simultaneamente representar as cestas de mercado de dois consumidores.
3. Em uma análise de trocas utilizando um diagrama da caixa de Edgeworth, explique por que a taxa marginal de substituição dos dois consumidores é igual em todos os pontos da curva de contrato.
4. "Uma vez que todos os pontos de uma curva de contrato são eficientes, tais pontos são igualmente desejáveis do ponto de vista social." Você concorda com essa afirmação? Justifique.
5. De que forma a fronteira de possibilidades da utilidade se relaciona com a curva de contrato?
6. Em um diagrama de produção da caixa de Edgeworth, quais condições devem ser satisfeitas para que determinada alocação esteja situada na curva de contrato de produção? Por que os equilíbrios competitivos estão situados na curva de contrato?
7. De que forma a fronteira de possibilidades de produção se relaciona com a curva de contrato da produção?
8. O que é a taxa marginal de transformação (TMT)? Explique por que a TMT de uma mercadoria por outra é igual à razão entre os custos marginais de produção dessas mercadorias.
9. Explique por que as mercadorias não podem ser distribuídas com eficiência entre os consumidores se a TMT não for igual à taxa marginal de substituição desses consumidores.
10. Por que o livre-comércio entre dois países pode beneficiar os consumidores de ambos?
11. Se o país A tem uma vantagem absoluta na produção de duas mercadorias em comparação com o país B, não vale a pena para ele fazer comércio com o país B. Verdadeiro ou falso? Explique.
12. Você concorda com as afirmações a seguir? Explique.
    a. Se é possível trocar 3 libras de queijo por 2 garrafas de vinho, o preço do queijo equivale a 2/3 do preço do vinho.
    b. Um país somente sairá ganhando com o comércio se puder produzir uma mercadoria a um custo absoluto mais baixo que o custo do parceiro comercial.
    c. Se os custos de produção médio e marginal forem constantes, valerá a pena para determinado país se especializar totalmente na produção de algumas mercadorias e importar as demais.
    d. Partindo do pressuposto de que o trabalho é o único insumo, se o custo de oportunidade de produzir um metro de tecido é de 3 bushels de trigo por metro, o trigo exige 3 vezes mais trabalho por unidade produzida que o tecido.
13. Quais são as quatro principais fontes de falha de mercado? Explique resumidamente por que cada uma delas impede o mercado competitivo de operar com eficiência.

EXERCÍCIOS

1. Suponha que o ouro (O) e a prata (P) sejam substitutos um do outro pelo fato de ambos servirem como garantia contra a inflação. Suponha também que a oferta de ambos seja fixa no curto prazo ($Q_O = 75$ e $Q_P = 300$) e que as demandas de ouro e prata sejam obtidas por meio das seguintes equações:

    $P_O = 975 - Q_O + 0,5P_P$ e $P_P = 600 - Q_P + 0,5P_O$

    a. Quais são os preços de equilíbrio do ouro e da prata?
    b. O que aconteceria se uma nova descoberta de ouro dobrasse a quantidade ofertada para 150? De que forma tal descoberta influenciaria os preços do ouro e da prata?
2. Usando a análise de equilíbrio geral e levando em conta os efeitos de feedback, analise as seguintes situações:
    a. Os prováveis efeitos da deflagração de uma doença que atingisse as aves sobre os mercados de frango e carne de porco.
    b. Os efeitos de um aumento de impostos nos bilhetes aéreos para destinos turísticos importantes, como Flórida e Califórnia, e sobre as vagas de hotel nesses destinos.
3. Jane possui 3 litros de refrigerante e 9 sanduíches. Bob possui 8 litros de refrigerante e 4 sanduíches. Com essas dotações, a taxa marginal de substituição (TMS) de Jane de sanduíches por refrigerantes é 4, e a de Bob é 2. Desenhe um diagrama da caixa de Edgeworth para mostrar se essa alocação de recursos é eficiente. Em caso positivo, explique a razão. Em caso negativo, diga quais trocas poderiam ser vantajosas para ambos.
4. Jennifer e Drew consomem suco de laranja e café. A TMS de Jennifer de café por suco é 1, e a de Drew é 3. Se o preço do suco é US$ 2 e o do café é US$ 3, qual mercado está com excesso de demanda? O que acontecerá com o preço dos dois bens?

5. Complete as tabelas a seguir com as informações que faltam. Para cada uma, use as informações fornecidas para identificar uma possível troca. Em seguida, identifique a alocação final e um valor para a TMS na solução eficiente. (*Observação:* há mais de uma resposta correta.) Ilustre os resultados com diagramas da caixa de Edgeworth.

   a. A TMS de Norman de alimento por vestuário é 1 e a de Gina é 4.

Indivíduo	Alocação inicial	Comércio	Alocação final
Norman	6A, 2V		
Gina	1A, 8V		

   b. A TMS de Michael de alimento por vestuário é 1/2 e a de Kelly é 3.

Indivíduo	Alocação inicial	Comércio	Alocação final
Michael	10A, 3V		
Kelly	5A, 15V		

6. Em uma análise de trocas entre duas pessoas, suponha que ambas possuam preferências idênticas. A curva de contrato seria uma linha reta? Explique. Você poderia pensar em algum contraexemplo?

7. Dê um exemplo de condições nas quais a fronteira de possibilidades de produção poderia não ter formato côncavo.

8. Um monopsonista adquire mão de obra por menos do que a remuneração competitiva. Qual o tipo de ineficiência causado pelo uso de poder de monopsônio? De que forma seria alterada a resposta caso o monopsonista no mercado de trabalho fosse também um monopolista no mercado de produção?

9. A empresa Acme Corporation produz x e y unidades das mercadorias Alfa e Beta, respectivamente.

   a. Use uma fronteira de possibilidades de produção para explicar por que a disposição de produzir maiores ou menores quantidades de Alfa depende da taxa marginal de transformação de Alfa ou Beta.

   b. Considere os dois casos extremos de produção: (i) inicialmente, a Acme produz zero unidades do produto Alfa; ou (ii) inicialmente, a Acme produz zero unidades do produto Beta. Se a empresa procura sempre permanecer na fronteira de possibilidades de produção, descreva as posições iniciais nos casos (i) e (ii). O que ocorreria se a Acme Corporation começasse a produzir *ambas* as mercadorias?

10. No contexto da análise da caixa de produção de Edgeworth, suponha que uma nova invenção faça determinado processo produtivo de alimento, antes com rendimentos constantes de escala, passar a apresentar rendimentos acentuadamente crescentes de escala. De que forma a modificação influenciaria a curva de contrato da produção?

11. Suponha que o país A e o país B produzam vinho e queijo. O país A tem 800 unidades de trabalho disponíveis, enquanto o país B tem 600 unidades. Antes do comércio, o país A consumia 40 libras de queijo e 8 garrafas de vinho e o país B consumia 30 libras de queijo e 10 garrafas de vinho.

	País A	País B
Trabalho por libra de queijo	10	10
Trabalho por garrafa de vinho	50	30

    a. Qual país tem uma vantagem comparativa na produção de cada bem? Explique.

    b. Determine, tanto gráfica quanto algebricamente, a curva de possibilidades de produção para cada país. (Identifique o ponto de produção anterior ao comércio, *AC*, e o ponto de produção posterior ao comércio, *P*.)

    c. Considerando que 36 libras de queijo e 9 garrafas de vinho foram negociadas, identifique o ponto de consumo posterior ao comércio, *C*.

    d. Prove que os dois países saíram ganhando com o comércio.

    e. Qual é a inclinação da linha de preço à qual o comércio se dá?

12. Suponha que uma padaria tenha 16 funcionários para serem designados como padeiros (*P*) e confeiteiros (*C*), de modo que $P + C = 16$. Desenhe a fronteira de possibilidades de produção para pães (y) e doces (x) para as seguintes funções de produção:

    a. $y = 2P^{0,5}$ e $x = C^{0,5}$

    b. $y = P$ e $x = 2C^{0,5}$

CAPÍTULO 17

Mercados com informação assimétrica

Na maior parte deste livro, assumimos que os consumidores e os produtores possuem informações completas a respeito das variáveis econômicas relevantes para as escolhas com que se defrontam. Agora, veremos o que ocorre quando algumas partes possuem mais informações do que outras — isto é, quando há **informação assimétrica**.

A informação assimétrica é bastante comum. Com frequência, o vendedor de determinado produto conhece mais a respeito de sua qualidade do que o comprador. Os trabalhadores geralmente conhecem melhor sua própria destreza e habilidade do que seus empregadores. E os administradores de empresas sabem mais a respeito dos custos, da posição competitiva e das oportunidades de investimento da empresa do que os proprietários.

A informação assimétrica também explica a razão de muitos arranjos institucionais que ocorrem em nossa sociedade. Elas nos ajudam a compreender por que as empresas automobilísticas oferecem garantias para peças e serviços de automóveis novos, por que empresas e funcionários assinam contratos que incluem incentivos e recompensas e por que os acionistas devem monitorar o comportamento dos administradores de empresas.

Vamos começar examinando uma situação na qual os vendedores de determinado produto possuem melhores informações sobre sua qualidade do que os compradores. Veremos de que modo esse tipo de informação assimétrica pode ocasionar um desvio da eficiência de mercado. Na segunda seção, mostraremos de que maneira os vendedores podem evitar alguns dos problemas associados à informação assimétrica, enviando sinais aos potenciais compradores a respeito da qualidade de seus produtos. As garantias de produtos oferecem um tipo de seguro que pode ser útil quando os compradores dispõem de menos informações do que os vendedores. Mas, como poderemos ver na terceira seção, a aquisição do seguro acarreta certas dificuldades quando os compradores possuem melhores informações do que os vendedores.

Na quarta seção, mostraremos que, quando se torna dispendioso para os proprietários de empresas privadas monitorarem o comportamento de seus administradores, estes podem passar a buscar objetivos diferentes da maximização de lucros. Em outras palavras, os administradores têm melhores informações do que os proprietários. Mostraremos também de que

ESTE CAPÍTULO DESTACA

17.1 Incerteza sobre a qualidade e o mercado de limões   624

17.2 Sinalização de mercado   631

17.3 Risco moral   636

17.4 O problema da relação agente-principal   638

*17.5 Incentivos aos administradores de uma empresa integrada   644

17.6 Informação assimétrica no mercado de trabalho: teoria do salário de eficiência   647

LISTA DE EXEMPLOS

17.1 O programa Medicare   629

17.2 Limões na liga principal de beisebol   630

17.3 Trabalhando noite adentro   635

17.4 Reduzindo o risco moral — garantias de saúde animal   637

17.5 Os salários dos CEOs   640

17.6 Administradores de hospitais sem fins lucrativos como agentes   641

17.7 Salários de eficiência na Ford   649

informação assimétrica
Situação na qual o comprador e o vendedor possuem informações diferentes sobre uma transação.

maneira as empresas podem estimular seus administradores a maximizar lucros, mesmo quando o monitoramento do comportamento deles é dispendioso. Por fim, mostraremos que os mercados de trabalho podem operar de modo ineficiente quando os funcionários dispõem de melhores informações sobre sua produtividade do que seus empregadores.

17.1 Incerteza sobre a qualidade e o mercado de limões[1]

Suponhamos que você tenha adquirido um automóvel novo por US$ 20.000, tenha rodado com ele por 100 quilômetros e, então, percebeu que não desejava tê-lo. Não havia nada de errado com o carro, pois ele funcionou maravilhosamente e atendeu a todas as suas expectativas. No entanto, você apenas sentiu que poderia estar igualmente bem sem ele e que seria melhor economizar o dinheiro para outras compras. Sendo assim, você decide vender o automóvel. Quanto poderia esperar obter por ele? Provavelmente, não mais do que US$ 16.000, mesmo que o carro seja novo, tenha rodado apenas 100 quilômetros e ainda possua uma garantia transferível para um novo proprietário. Caso você fosse um potencial comprador, é provável também que não desse muito mais do que US$ 16.000 por ele.

Por que razão o mero fato de o automóvel ser de segunda mão reduz tanto o valor? Para poder responder a essa pergunta, pense a respeito de suas próprias preocupações se fosse um potencial comprador. Você gostaria de saber: por que esse carro está à venda? Será que o proprietário mudou mesmo de ideia a respeito do automóvel ou haveria alguma coisa errada com ele? Esse carro é um "limão"?

Os automóveis usados são vendidos por muito menos do que os automóveis novos porque *existe informação assimétrica a respeito de sua qualidade*: o vendedor de um automóvel usado sabe muito mais a respeito do veículo do que seu potencial comprador. Este poderia contratar um mecânico para verificar o automóvel, mas o vendedor possui experiência com o automóvel e, portanto, ainda assim saberia mais a respeito dele. Além disso, o simples fato de o automóvel estar à venda indica que ele poderia realmente ser um "limão": afinal, por que alguém colocaria à venda um automóvel confiável? Em consequência, o potencial comprador de carros usados sempre suspeita da qualidade do veículo e por boas razões.

As implicações das informações assimétricas a respeito da qualidade de um produto foram originalmente analisadas por George Akerlof e vão muito além do mercado de automóveis usados.[2] Os mercados de seguro, crédito financeiro e até mesmo de empregos são também caracterizados por informações assimétricas sobre a qualidade dos produtos. Para compreendermos as implicações das informações assimétricas, estudaremos inicialmente o mercado de automóveis usados e, então, veremos de que maneira os mesmos princípios se aplicam a outros mercados.

O mercado de automóveis usados

Suponhamos que dois tipos de automóveis se encontrem disponíveis para compra — carros de alta qualidade e carros de baixa qualidade. Além disso, *suponhamos que tanto os vendedores como os compradores sejam capazes de reconhecer de qual tipo é o automóvel*. Haverá, então, dois mercados, conforme ilustra a Figura 17.1. Na parte (a), S_A é a curva de oferta dos automóveis de alta qualidade e D_A representa a curva de demanda pelos

---

[1] A expressão "limões" tem aqui a conotação de "produto com qualidade duvidosa" e se consagrou na literatura econômica a partir do artigo clássico de George A. Akerlof, "The Market for 'Lemons': Quality Uncertainty and the Market Mechanism", publicado em 1970, no qual analisa o mercado de automóveis usados. Em termos genéricos, a expressão "lemons" para os norte-americanos corresponderia ao nosso "abacaxi", no sentido de indicar produtos cuja qualidade é altamente questionável, fonte de problemas constantes para seu comprador. Nesse sentido, optamos por manter a palavra "limões", acompanhando o texto original (Nota dos revisores técnicos).

[2] George A. Akerlof, "The Market for 'Lemons': Quality Uncertainty and the Market Mechanism", *Quarterly Journal of Economics*, ago. 1970, p. 488-500.

carros de alta qualidade. De modo semelhante, S_B e D_B na parte (b) são, respectivamente, a curva de oferta e a curva de demanda dos carros de baixa qualidade. Observe que, para qualquer nível de preço, S_A é mais elevada do que S_B, porque os proprietários dos automóveis de alta qualidade se mostram mais relutantes em vendê-los, e para que isso ocorra é necessário que seja pago um preço mais elevado. Do mesmo modo, D_A vem a ser mais elevada do que D_B, pois os compradores estão dispostos a pagar mais por um automóvel de alta qualidade. Como mostra a ilustração, o preço de mercado dos carros de alta qualidade é US$ 10.000, e o dos de baixa qualidade, US$ 5.000, sendo vendidas 50.000 unidades de cada um dos dois tipos.

(a) Automóveis de alta qualidade

(b) Automóveis de baixa qualidade

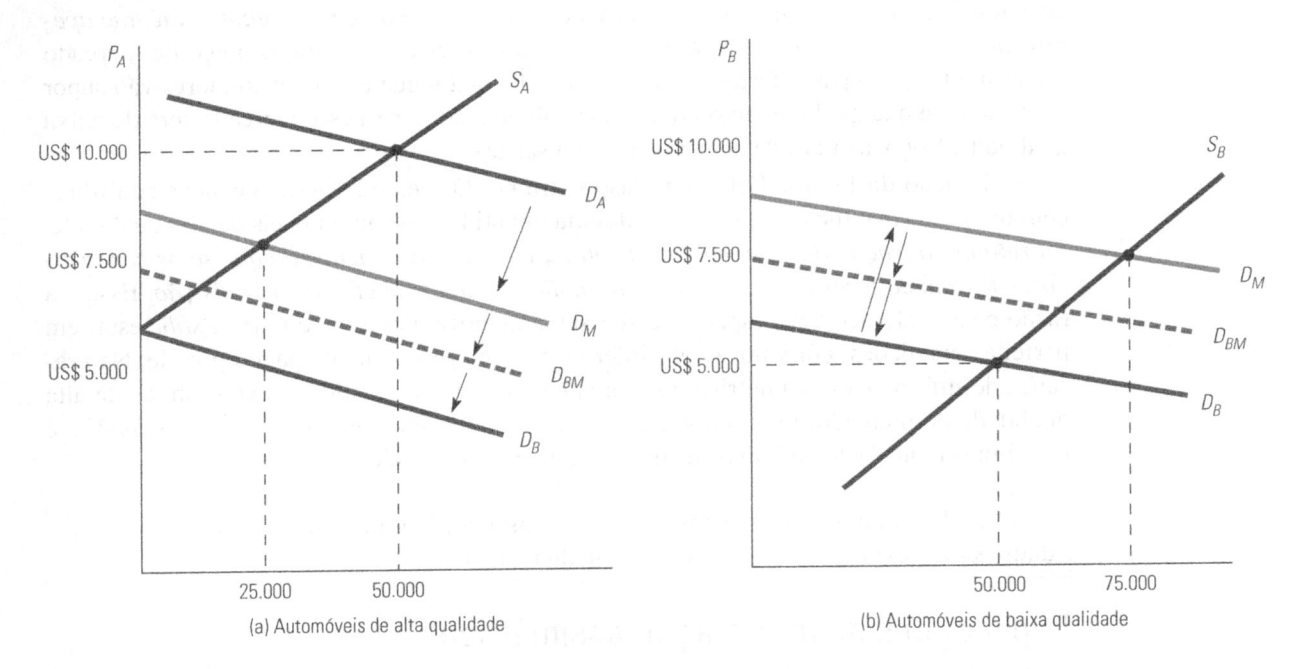

FIGURA 17.1 O MERCADO DE AUTOMÓVEIS USADOS

Quando os vendedores de produtos têm melhor informação do que os compradores, o "problema dos limões" pode surgir de forma que os produtos de qualidade inferior expulsam os produtos de melhor qualidade. Em (a), a curva de demanda por automóveis de melhor qualidade é D_A. Entretanto, à medida que os compradores reduzem suas expectativas a respeito da qualidade média dos carros no mercado, a curva de demanda percebida se desloca para D_M. Do mesmo modo, em (b), a curva de demanda percebida para carros de baixa qualidade se desloca de D_B para D_M. Como resultado, a quantidade de automóveis de alta qualidade vendidos cai de 50.000 para 25.000 e a quantidade de carros de baixa qualidade vendidos aumenta de 50.000 para 75.000. No fim, apenas os de baixa qualidade serão vendidos.

Na realidade, o vendedor de um carro usado sabe muito mais a respeito de sua qualidade do que o comprador. (Os compradores descobrirão a qualidade apenas depois de terem adquirido o automóvel e o dirigido por algum tempo.) O que ocorre, então, quando os vendedores conhecem a qualidade do carro, mas os compradores não? Inicialmente, os compradores podem pensar que as chances de um automóvel ser de alta qualidade sejam de 50%. Por quê? Porque quando vendedores *e* compradores conhecem a qualidade, são vendidas 50.000 unidades de cada tipo (alta qualidade e baixa qualidade). Portanto, ao fazer uma aquisição, os compradores estimam que todos os automóveis tenham "qualidade média", no sentido de que existe probabilidade igual de comprar um automóvel de alta qualidade ou um de baixa qualidade. (Claro que, após adquirir o automóvel e dirigi-lo por um tempo, eles passarão a conhecer a verdadeira qualidade.) A demanda por automóveis de qualidade média, indicada por D_M na Figura 17.1, encontra-se abaixo de D_A, mas acima de D_B. Como mostra a ilustração, esses carros de qualidade média serão vendidos por cerca de

US$ 7.500 cada. Entretanto, *será vendida uma quantidade menor (25.000) de automóveis de alta qualidade e uma quantidade maior (75.000) de automóveis de baixa qualidade.*

À medida que os consumidores começam a perceber que a maioria dos automóveis vendidos (cerca de três quartos do total) é de baixa qualidade, a demanda deles é deslocada. Como mostra a Figura 17.1, a nova curva de demanda passa a ser D_{BM}, o que significa que, na média, os automóveis possuem qualidade entre baixa e média. Entretanto, a combinação de automóveis vendidos passa a conter maior proporção de automóveis de baixa qualidade. Em consequência, a curva de demanda percebida é deslocada ainda mais para a esquerda, fazendo com que a combinação de automóveis passe a conter uma proporção ainda maior de automóveis de baixa qualidade. *Essa sucessão de deslocamentos continua até que apenas automóveis de baixa qualidade sejam vendidos.* A essa altura, o preço de mercado estará muito baixo para ofertar automóveis de alta qualidade e os consumidores vão supor corretamente que qualquer automóvel que venham a adquirir nesse mercado será de baixa qualidade. Logo, a curva de demanda passa a ser D_B.

A situação da Figura 17.1 é um caso extremo. O mercado pode alcançar equilíbrio com um preço que inclua pelo menos alguma quantidade de automóveis de alta qualidade. *Entretanto, a fração dos automóveis de alta qualidade será menor do que se os consumidores fossem capazes de identificar sua qualidade antes de efetuar a aquisição.* Essa é a razão pela qual você deve esperar vender seu automóvel novinho, que *você sabe* estar em perfeitas condições, por valor muito inferior ao que originalmente pagou por ele. Na presença de informação assimétrica, as mercadorias de baixa qualidade expulsam as de alta qualidade do mercado. Esse fenômeno, às vezes conhecido como *problema dos limões*, é uma importante fonte de falhas de mercado. A propósito, vale a pena enfatizar:

> O problema dos limões: com informação assimétrica, mercadorias de baixa qualidade podem expulsar as de alta qualidade do mercado.

Implicações da informação assimétrica

No exemplo com automóveis usados, fica claro como as informações assimétricas podem resultar em falha de mercado. Em um mundo ideal, com mercados em pleno funcionamento, os consumidores teriam a possibilidade de escolher entre automóveis de baixa qualidade e de alta qualidade. Enquanto alguns escolherão os automóveis de baixa qualidade por custarem menos, outros preferirão pagar mais e obter automóveis de alta qualidade. Infelizmente, no mundo real, os consumidores não podem determinar facilmente a qualidade de um automóvel usado antes que o tenham adquirido. Em consequência, o preço dos automóveis usados cai e os automóveis de alta qualidade são expulsos do mercado.

A falha de mercado ocorre, portanto, porque há donos de automóveis de alta qualidade que os avaliam por um preço maior do que o fazem seus compradores potenciais. Ambas as partes poderiam sair ganhando com essa troca, mas, infelizmente, a falta de informações por parte dos compradores impede que ocorra uma troca mutuamente vantajosa.

SELEÇÃO ADVERSA Nosso exemplo dos automóveis usados é apenas uma ilustração simplificada de um importante problema que pode ser encontrado em muitos mercados — o problema de seleção adversa. A **seleção adversa** surge quando produtos de qualidades distintas são vendidos ao mesmo preço, porque compradores e vendedores não estão informados o suficiente para determinar a qualidade real do produto no momento da compra. Como resultado, muitos produtos de baixa qualidade e poucos de alta são vendidos no mercado. Examinaremos agora alguns outros exemplos de informação assimétrica e seleção adversa. Com isso, veremos também de que maneira o governo ou as empresas privadas podem enfrentar o problema.

O MERCADO DE SEGUROS Por que as pessoas com mais de 65 anos têm dificuldades para adquirir seguro-saúde, seja a preços altos ou baixos? Os indivíduos mais velhos realmente

seleção adversa
Forma de falha de mercado que ocorre quando, por causa de informação assimétrica, produtos de diferentes qualidades são vendidos a um preço único; dessa maneira, vendem-se inúmeros produtos de baixa qualidade e pouquíssimos de alta qualidade.

apresentam riscos muito mais elevados de vir a ter doenças sérias, mas por que o preço do seguro-saúde não poderia ser aumentado de modo que refletisse tais riscos mais altos? Mais uma vez, a razão é a informação assimétrica. As pessoas que adquirem esse tipo de seguro sabem muito mais a respeito de seu próprio estado geral de saúde do que qualquer companhia seguradora poderia ter esperança de saber, mesmo que insistisse na realização de exames médicos. Em consequência, surge uma seleção adversa, muito semelhante à que acontece no mercado de automóveis usados. Pelo fato de pessoas com problemas médicos estarem mais propensas a adquirir o seguro-saúde, a proporção de indivíduos desse tipo aumenta no grupo de indivíduos segurados. Esse fato faz o preço desse tipo de seguro aumentar, induzindo as pessoas mais sadias, conscientes de seus riscos baixos, a não adquiri-lo. Isso aumenta ainda mais a proporção de pessoas com problemas de saúde entre os segurados, o que obriga o preço do seguro-saúde a aumentar mais. Esse processo continua até que a maioria dos indivíduos que estejam dispostos a adquiri-lo esteja de fato doente. Nesse ponto, o seguro se torna muito caro, ou — em última instância — as seguradoras deixam de oferecê-lo.

A seleção adversa pode ainda tornar problemáticas as operações nos mercados de seguro de outras maneiras. Suponhamos que uma companhia seguradora esteja interessada em oferecer uma apólice para determinada ocorrência, como acidente automobilístico, que resulte em danos à propriedade. Ela escolhe o público-alvo — por exemplo, homens com idade inferior a 25 anos — ao qual pretende vender a apólice e, para tanto, estima que a probabilidade de acidentes dentro desse grupo é 0,01. Contudo, para alguns desses indivíduos, a probabilidade de estar envolvido em um acidente é muito inferior a 0,01; para outros, muito superior a 0,01. Se a companhia seguradora não conseguir distinguir entre os homens de alto e de baixo riscos, ela fixará o valor do prêmio do seguro para todos os homens conforme a probabilidade média de acidentes de 0,01. O que vai acontecer? Algumas pessoas (aquelas com baixa probabilidade de se acidentarem) optarão por não adquirir esse seguro, ao passo que outras (aquelas com alta probabilidade de estarem envolvidas em acidentes) decidirão pela aquisição. Por sua vez, esse fato fará com que a probabilidade de acidentes entre os que optaram pelo seguro passe a ser superior a 0,01, obrigando a companhia seguradora a aumentar o valor do prêmio. Em um caso extremo, apenas os indivíduos com elevada probabilidade de estarem envolvidos em acidentes optarão pela aquisição do seguro, o que tornará impraticável a venda dessa modalidade de apólice.

Uma solução para o problema da seleção adversa é *agrupar riscos.* No caso do seguro-saúde, o governo pode fazer seu papel, oferecendo programas de assistência médica a idosos ou incapacitados, nos moldes do programa norte-americano Medicare, por exemplo. Ao oferecer seguro para *todas* as pessoas acima de 65 anos, o governo elimina o problema da seleção adversa. De maneira semelhante, as seguradoras tentam evitar, ou pelo menos reduzir, o problema da seleção adversa oferecendo seguros-saúde em grupo para funcionários de empresas. Ao cobrir todos os trabalhadores de uma empresa, saudáveis ou não, a seguradora distribui os riscos e, assim, reduz a probabilidade de que muitos indivíduos com alto risco adquiram o seguro.[3]

O MERCADO DE CRÉDITO Ao usar um cartão de crédito, tomamos empréstimos sem a apresentação de nenhuma garantia. A maioria dos cartões permite que o portador fique devendo vários milhares de dólares e muitos indivíduos utilizam diversos cartões de crédito. As administradoras de cartões ganham dinheiro cobrando juros sobre os saldos devedores. Mas de que maneira uma administradora de cartões de crédito pode conseguir distinguir entre devedores de alta qualidade (aqueles que pagam suas dívidas) e

---

3   Alguns argumentam que o agrupamento de riscos não é a principal justificativa do programa Medicare, pois o histórico médico da maioria das pessoas está bem definido aos 65 anos, o que tornaria possível, para as seguradoras, distinguir entre os indivíduos de alto e baixo riscos. Outra justificativa para o Medicare seria a distribuição de renda. Após os 65 anos, até as pessoas relativamente saudáveis tendem a requerer mais assistência médica, o que tornaria o seguro caro mesmo na ausência de informações assimétricas — com isso, muitos idosos não teriam rendimento suficiente para adquiri-lo.

devedores de baixa qualidade (os que não pagam)? Decerto os próprios devedores estão mais bem informados — isto é, sabem mais sobre suas possibilidades de pagar — do que a empresa de cartões de crédito. De novo, surge o problema dos limões. Em comparação com os tomadores de empréstimo de alta qualidade, os de baixa qualidade estão mais propensos a querer obter crédito, o que acaba elevando a taxa de juros, o que aumenta o número de tomadores de empréstimo de baixa qualidade, o que mais uma vez força um aumento da taxa de juros, e assim por diante.

Na verdade, as administradoras de cartões de crédito e os bancos *podem*, dentro de determinados limites, fazer uso de históricos de crédito computadorizados, que eles frequentemente compartilham entre si, para distinguir devedores de alta qualidade dos de baixa qualidade. Muita gente, no entanto, acredita que os históricos de crédito são uma invasão de sua privacidade. Devemos permitir que as empresas mantenham esses históricos e os compartilhem entre si? Não temos como responder a essa pergunta, mas podemos observar que os históricos de crédito preenchem uma importante função: eles eliminam, ou pelo menos reduzem bastante, o problema de informação assimétrica e de seleção adversa, que de outra maneira poderiam impedir a operação das administradoras de cartões de crédito. Sem esses históricos, até os pagadores mais pontuais encontrariam sérias dificuldades na hora de pedir um empréstimo.

Importância da reputação e da padronização

A informação assimétrica está também presente em muitos outros mercados. Aqui estão apenas alguns exemplos:

- **Lojas de varejo:** será que a loja consertará ou permitirá que você devolva um produto defeituoso? A loja sabe mais a respeito da própria política do que você.
- **Lojas de raridades como selos, moedas, livros e pinturas:** será que os itens são originais ou falsificados? O comerciante sabe muito mais a respeito da autenticidade desses objetos do que você.
- **Pedreiros, encanadores e eletricistas:** quando um pedreiro faz um conserto ou reforma o telhado de sua casa, você sabe para verificar a qualidade do trabalho?
- **Restaurantes:** com que frequência você vai à cozinha do restaurante para verificar se o *chef* utiliza ingredientes frescos e segue as normas sanitárias?

Em todos esses casos, o vendedor sabe muito mais a respeito da qualidade do produto do que o comprador. A menos que os vendedores possam oferecer informações sobre qualidade para seus clientes, as mercadorias e os serviços de baixa qualidade acabarão expulsando as mercadorias e os serviços de alta qualidade do mercado, o que vem a ser uma falha de mercado. Os vendedores de mercadorias e serviços de alta qualidade possuem, pois, um grande estímulo para tentar convencer os consumidores de que sua qualidade é mesmo alta. Nos exemplos mencionados, isso é feito principalmente por meio da criação de uma *reputação*. Você faz compras em determinada loja porque ela possui reputação de dar assistência aos compradores de seus produtos; você contrata determinado pedreiro ou encanador porque ele tem reputação de executar bons serviços; você frequenta determinado restaurante porque ele possui reputação de utilizar ingredientes frescos e porque ninguém que conheça ficou doente após ter comido lá. A Amazon e outros sites de vendas on-line utilizam outro modelo para manter sua reputação. Eles permitem que consumidores classifiquem e comentem sobre os produtos. A classificação e os comentários reduzem o problema dos limões ao oferecer mais informações aos consumidores e motivar vendedores a manter sua parte do acordo.

Às vezes, no entanto, torna-se impossível para uma empresa adquirir reputação. Por exemplo, visto que a maioria dos clientes de um restaurante ou hotel em uma estrada frequenta esses locais apenas uma vez, ou com pouca frequência, os empresários desses setores não têm possibilidade de desenvolver reputação. Como esses estabelecimentos podem lidar com o problema dos limões? Uma maneira seria a *padronização*. Em sua cidade natal, talvez você não queira comer regularmente em um McDonald's. No entanto, um McDonald's pode parecer mais atraente quando você estiver dirigindo em uma estrada e sentir vontade de comer um lanche. Por quê? Porque o McDonald's oferece um produto padronizado: os mesmos ingredientes são utilizados e os mesmos lanches são servidos em todos os McDonald's de qualquer lugar do país. O restaurante do Joe pode servir uma refeição até melhor, mas no McDonald's você *sabe* exatamente o que está adquirindo.

EXEMPLO 17.1 O PROGRAMA MEDICARE

A reforma da saúde tem estado em primeiro plano nos debates políticos nos Estados Unidos e no mundo inteiro há anos. Uma questão fundamental nos Estados Unidos é se todos deveriam ter seguro-saúde e se a participação em algum tipo de programa de seguro público ou privado deveria ser obrigatória. Para entender o argumento favorável à participação obrigatória, dê uma olhada no programa Medicare.

O Medicare foi criado em 1965 como um programa público que oferece seguro-saúde a todos os indivíduos com idade acima de 65 e aqueles com idade inferior, mas que possuam certas deficiências. O Medicare tem sido financiado por impostos sobre salários, pagos em parte pelos empregados e em parte pelos empregadores. (Em 2011, 1,45% era retido dos pagamentos dos empregados e outro 1,45% era pago pelos empregadores.) A característica central do Medicare é que a participação é obrigatória — basicamente, todos os trabalhadores fazem parte do programa. Na realidade, a participação compulsória é o que faz o Medicare funcionar e o que o distingue de outros programas de saúde, públicos e privados.

Para entender por que a participação compulsória é essencial, imagine uma alternativa em que as seguradoras privadas oferecem políticas de seguro aos mais idosos a um custo de US$ 5.000 por ano. Lembre-se de que há informação assimétrica: as pessoas conhecem muito mais sobre sua saúde, seus estilos de vida e suas prováveis necessidades de cuidados médicos no futuro do que as companhias de seguro possivelmente conseguissem saber. Agora pense em quem escolherá comprar o seguro e quem escolherá abrir mão da despesa anual de US$ 5.000. Os mais idosos, que possuem doenças crônicas ou que por outros motivos esperam que seus custos com saúde ultrapassem os US$ 5.000, têm muito mais chances de comprar o seguro do que aqueles que estão com saúde excelente e, portanto, esperam gastar muito menos. Isso cria um problema de seleção adversa: principalmente pessoas doentes comprarão o seguro, o que significa que a companhia de seguro estará perdendo dinheiro e precisará aumentar o preço da cobertura para, digamos, US$ 7.000. Mas esse não é um resultado estável, pois somente as pessoas com saúde relativamente debilitada, que esperam que os custos com saúde estejam acima dos US$ 7.000, comprarão o seguro, e mais uma vez a companhia de seguros ficará no vermelho. Toda vez que a seguradora aumenta seu preço, alguns dos clientes restantes mais saudáveis desistirão, até que por fim somente as pessoas muito doentes desejarão comprar o seguro. (Essa foi na essência a situação anterior a 1965.) E o que acontece quando algumas das pessoas não seguradas adoecem? Algumas podem ter condições suficientes para pagar seus custos médicos com dinheiro próprio. Mas a maior parte não é tão rica e acabará na sala de emergência de um hospital público, que a lei obriga a tratá-las. Como resultado, o custo da saúde para os mais idosos será pago pela sociedade como um todo, em parte através dos subsídios concedidos aos atendimentos de emergência.

O programa Medicare resolve esse problema de seleção adversa. *Todas* as pessoas acima de 65 anos participam do Medicare — aqueles que esperam ter custos baixos e também as que esperam ter custos altos. Logicamente, os participantes com baixo custo estão subsidiando aqueles com altos custos. Mas, como a seleção adversa não é um problema com um programa compulsório, o custo geral do programa é mais baixo do que o da maioria dos planos de saúde privados. Na verdade, o programa Medicare obteve a reputação de ser um dos programas públicos mais bem-sucedidos e eficientes nos Estados Unidos.

EXEMPLO 17.2 LIMÕES NA LIGA PRINCIPAL DE BEISEBOL

Como podemos saber se estamos diante de um mercado de limões? Uma maneira é comparar o desempenho dos produtos que costumam ser revendidos com o de produtos similares que raramente voltam ao mercado. Em um mercado de limões, como os compradores de artigos de segunda mão têm informações limitadas, os produtos revendidos devem ter qualidade menor do que os produtos que raramente surgem no mercado. Um desses mercados de "segunda mão" foi criado há alguns anos nos Estados Unidos em virtude de uma alteração na legislação que regulamenta contratos de jogadores de equipes da primeira divisão de beisebol no país.[4]

Antes de 1976, as equipes de beisebol da primeira divisão possuíam direitos exclusivos para a renovação dos contratos de seus jogadores. Depois de uma sentença proferida em 1976, declarando ilegal tal exclusividade, criou-se um novo marco legal para as contratações. Após cumprirem seis anos de serviço nas equipes da primeira divisão, os jogadores podem assinar novos contratos com sua equipe original ou se tornarem donos do próprio passe para assinar com outros times. A existência de muitos jogadores donos do próprio passe criou um mercado de segunda mão para jogadores de beisebol.

As informações assimétricas estão fortemente presentes nesse mercado. A equipe original do jogador, um dos potenciais compradores, possui melhores informações a respeito das habilidades dele do que os demais times. Se fosse o caso de automóveis usados, poderíamos confirmar a existência de informações assimétricas comparando seus respectivos históricos de consertos. No caso do beisebol, podemos comparar os registros de contusões dos jogadores. Se o atleta estiver trabalhando com afinco e seguindo programas rigorosos de preparo físico, é bem provável que haja uma pequena chance de ele estar contundido e é alta a probabilidade de que venha a atuar mesmo que esteja. Em outras palavras, os jogadores mais motivados permanecerão menos tempo sem jogar em decorrência de contusões. Se um mercado de limões existe, é de se esperar que os jogadores donos do próprio passe tenham registros mais frequentes de contusões do que aqueles com contratos regularmente renovados com seu time. Os jogadores podem também apresentar condições físicas que são do conhecimento de sua equipe original, as quais os tornam candidatos menos desejáveis para uma possível renovação de contrato. Pelo fato de uma proporção maior de esses jogadores se tornarem donos do próprio passe, é bem provável que os donos do próprio passe tenham uma possibilidade mais elevada de não jogar por motivos de saúde.

A Tabela 17.1, que apresenta o desempenho pós-contratual de todos os jogadores que assinaram contrato por vários anos, revela dois pontos: primeiro, tanto os jogadores que se tornaram donos do próprio passe como os atletas com contrato renovado apresentam maiores taxas de contusão após a assinatura do contrato. Os dias perdidos por temporada (por causa de contusões) aumentam de uma média de 4,73 para 12,55. Segundo, as taxas de contusão pós-contratuais para jogadores com contrato renovado e não renovado são significativamente diferentes entre si. Na média, os jogadores com contrato renovado perdem 9,68 dias, enquanto os jogadores donos do próprio passe perdem 17,23 dias.

TABELA 17.1 Dias perdidos de jogadores			
	Dias perdidos com contusões por temporada		
	Pré-contrato	Pós-contrato	Variação %
Todos os jogadores	4,73	12,55	165,4
Jogadores com contrato renovado	4,76	9,68	103,4
Jogadores donos do próprio passe	4,67	17,23	268,9

Essas duas constatações sugerem que o mercado de jogadores donos do próprio passe se constitui como um mercado de limões porque os times de beisebol conhecem melhor os próprios jogadores do que os outros times com os quais competem.

---

[4] Este exemplo se baseia no estudo de Kenneth Lehn do mercado de jogadores donos do próprio passe. Veja "Information Asymmetries in Baseball's Free Agent Market", *Economic Inquiry*, 1984, p. 37-44.

17.2 Sinalização de mercado

Já vimos que as informações assimétricas podem, às vezes, levar a um problema de limões: pelo fato de os vendedores saberem mais do que os compradores a respeito da qualidade de determinada mercadoria, os compradores podem presumir que sua qualidade seja baixa, o que causa uma redução nos preços e apenas os artigos de baixa qualidade passam a ser vendidos. Vimos também que a intervenção governamental (por exemplo, no mercado de seguro-saúde) ou o desenvolvimento de uma reputação (por exemplo, no setor de serviços) pode ajudar a aliviar esse tipo de problema. Agora examinaremos outro importante processo por meio do qual os vendedores e os compradores procuram lidar com o problema de informação assimétrica: **sinalização de mercado**. O conceito de sinalização de mercado foi originalmente desenvolvido por Michael Spence, que mostrou que, em alguns mercados, os vendedores enviam *sinais* aos compradores, transmitindo informações a respeito da qualidade de determinado produto.[5]

sinalização de mercado
Processo pelo qual os vendedores enviam sinais aos compradores, transmitindo informações sobre a qualidade do produto.

Para entendermos de que modo a sinalização de mercado funciona, examinaremos o *mercado de trabalho*, que constitui um bom exemplo de mercado com informações assimétricas. Suponhamos que uma empresa esteja considerando a possibilidade de contratar alguns funcionários. Os novos funcionários (os "vendedores" de mão de obra) conhecem muito mais a respeito da qualidade do trabalho que podem oferecer do que a empresa (a compradora de mão de obra). Por exemplo, os vendedores sabem com que afinco tendem a trabalhar, quão responsáveis são, quais são suas habilidades e assim por diante. A empresa só descobrirá isso depois que eles tiverem sido contratados e tenham trabalhado por algum tempo.

Por que as empresas simplesmente não contratam trabalhadores, observam os respectivos desempenhos e, então, demitem os que apresentam baixa produtividade? Porque essa política se torna, na maioria das vezes, muito dispendiosa. Primeiro, em muitos países, e em muitas empresas nos Estados Unidos, é difícil demitir alguém que já tenha trabalhado por mais do que apenas alguns meses. (A empresa pode ter de provar que foi por justa causa ou então ter de pagar as despesas relativas ao desligamento do funcionário.) Além disso, em muitos empregos os trabalhadores não se tornam plenamente produtivos antes de pelo menos seis meses. Durante esse período, pode ser necessário um considerável treinamento interno, no qual a empresa tem de investir recursos substanciais. Portanto, a empresa pode não conhecer o grau de competência dos novos funcionários antes de um período de seis meses a um ano. Certamente, as empresas fariam um melhor negócio se pudessem saber quão produtivos são os potenciais funcionários *antes* que fossem admitidos.

Quais características uma empresa pode investigar para obter dados relativos à produtividade dos indivíduos antes que sejam contratados? Os potenciais funcionários podem transmitir informações importantes a respeito de sua própria produtividade? Vestir-se bem para a entrevista inicial pode fornecer certas informações interessantes, entretanto, os indivíduos pouco produtivos também podem se vestir bem. Dessa maneira, vestir-se bem é um *sinal fraco* — ele não ajuda muito a distinguir os indivíduos de alta produtividade dos de baixa produtividade. *Para ser forte, um sinal deve ser mais facilmente transmitido por pessoas de alta produtividade do que por indivíduos de baixa produtividade, de tal modo que possa ser encontrado com mais frequência entre os indivíduos de alta produtividade.*

Por exemplo, a *educação* é um sinal forte no mercado de trabalho. O grau de instrução de um indivíduo pode ser medido de diversas maneiras — pelo número de anos de escolaridade, pelos títulos alcançados, pela reputação da universidade ou faculdade na qual os títulos foram obtidos, pela média de notas e assim por diante. Claro que a educação pode melhorar direta e indiretamente a produtividade de uma pessoa ao lhe proporcionar informações, habilidades e conhecimentos gerais que sejam úteis no trabalho. Mas, mesmo que a educação *não* melhorasse a produtividade de alguém, ela ainda seria um *sinal* útil de produtividade, pois os indivíduos mais produtivos têm mais facilidade para alcançar níveis

---

[5] Michael Spence, *Market Signaling*. Cambridge, MA: Harvard University Press, 1974.

elevados de educação. Não é surpreendente que os indivíduos produtivos tendem a ser mais inteligentes, mais motivados, mais disciplinados e mais enérgicos e trabalhadores — características que também são úteis na escola. Portanto, é mais provável que os indivíduos produtivos consigam alcançar um nível mais elevado de educação, *a fim de sinalizar sua produtividade para as empresas de modo que obtenham cargos mais bem remunerados*. Por isso, as empresas estão corretas em considerar a educação um sinal de produtividade.

Um modelo simples de sinalização no mercado de trabalho

Para compreendermos o modo de funcionamento da sinalização, será útil discutir um modelo simples.[6] Vamos supor que haja apenas trabalhadores de baixa produtividade (Grupo I), cujos produtos médio e marginal sejam iguais a 1, e trabalhadores de alta produtividade (Grupo II), cujos produtos médio e marginal sejam iguais a 2. Esses trabalhadores serão contratados por empresas competitivas cujos produtos são vendidos por US$ 10.000 e que esperam uma média de 10 anos de trabalho de cada funcionário. Estaremos também supondo que metade dos trabalhadores da população pertença ao Grupo I e a outra, ao Grupo II, de tal forma que a produtividade *média* de todos os funcionários seja igual a 1,5. Observe que a receita que se espera que seja gerada pelos trabalhadores do Grupo I é de US$ 100.000 (US$ 10.000/ano × 10 anos) e pelos trabalhadores do Grupo II é de US$ 200.000 (US$ 20.000/ano × 10 anos).

Se as empresas pudessem identificar os indivíduos segundo sua respectiva produtividade, elas ofereceriam a todos uma remuneração igual à receita do produto marginal. Os indivíduos do Grupo I receberiam US$ 10.000 por ano e os do Grupo II, US$ 20.000. Por outro lado, se as empresas não pudessem identificar a produtividade dos candidatos antes de contratá-los, pagariam a todos uma mesma remuneração anual igual à produtividade média (ou seja, US$ 15.000). Nesse caso, os trabalhadores do Grupo I estariam recebendo mais (US$ 15.000 em vez de US$ 10.000) à custa dos trabalhadores do Grupo II (que estariam recebendo US$ 15.000 em vez de US$ 20.000).

Agora vamos considerar o que poderia ocorrer com uma sinalização por meio da educação. Suponhamos que todos os atributos relacionados à educação (títulos obtidos, média de notas etc.) possam ser resumidos por meio de um único índice, y, que representa os anos de educação superior. Toda formação educacional envolve um custo e, quanto mais elevado o nível de escolaridade y, maior o custo. Ele inclui as anuidades escolares e os livros, o custo de oportunidade de salários abandonados e o custo psíquico de ter de se empenhar para obter notas altas. O importante é que *o custo da educação é maior para o grupo de baixa produtividade do que para o de alta produtividade*. Esse fato pode se dar por duas razões. Primeiro, os trabalhadores de baixa produtividade poderiam simplesmente ser menos estudiosos. Segundo, os trabalhadores de baixa produtividade poderiam ter progresso mais lento nos estudos para a obtenção dos títulos que visam a alcançar. Em particular, suponhamos que, para os indivíduos do Grupo I, o custo de obtenção do nível educacional y seja expresso por

$$C_I(y) = US\$\ 40.000y$$

e para os indivíduos do Grupo II o custo seja

$$C_{II}(y) = US\$\ 20.000y$$

Agora, suponhamos que (para simplificar as coisas e enfatizar a importância da sinalização) *a educação não contribua para aumentar a produtividade dos indivíduos e que seu único valor seja o de servir como sinal*. Vamos ver se conseguimos encontrar um equilíbrio de mercado no qual indivíduos diferentes obtenham diferentes níveis de educação e as empresas vejam a educação como sinal de produtividade.

---

6 Esse é essencialmente o modelo desenvolvido na obra de Spence, *Market Signaling*.

EQUILÍBRIO Consideremos o seguinte equilíbrio possível. Suponhamos que as empresas utilizem essa regra para tomada de decisão: *qualquer pessoa com um nível de educação y^* ou superior pertence ao Grupo II, sendo a ela oferecida uma remuneração de US$ 20.000, enquanto qualquer pessoa com um nível de educação menor do que y^* faz parte do Grupo I, sendo a ela oferecida uma remuneração de US$ 10.000.* O nível específico y^* que as empresas escolherão é arbitrário, mas, para que essa regra de tomada de decisão possa ocasionar um equilíbrio, as empresas devem identificar corretamente os indivíduos. De outro modo, as empresas vão querer alterá-la. Será que essa regra pode funcionar?

Para respondermos a essa pergunta, é preciso que façamos a determinação da quantidade de educação que os indivíduos de cada nível obterão, *considerando que as empresas estarão utilizando essa regra para tomada de decisão*. Para tanto, lembre-se de que a educação permite que uma pessoa obtenha um cargo mais bem remunerado. O benefício da educação $B(y)$ é o *aumento* de remuneração associado ao nível de educação, conforme mostra a Figura 17.2. Observe que $B(y)$ é inicialmente 0, o que representa os US$ 100.000 de rendimentos referentes a um período de 10 anos, supondo a inexistência de qualquer educação universitária. Para um nível de educação abaixo de y^*, $B(y)$ permanece 0, porque 10 anos de rendimentos permanecem no nível básico estimado em US$ 100.000. Entretanto, quando o nível de educação alcança valor igual ou superior a y^*, 10 anos de rendimentos aumentam para US$ 200.000, o que eleva $B(y)$ para US$ 100.000.

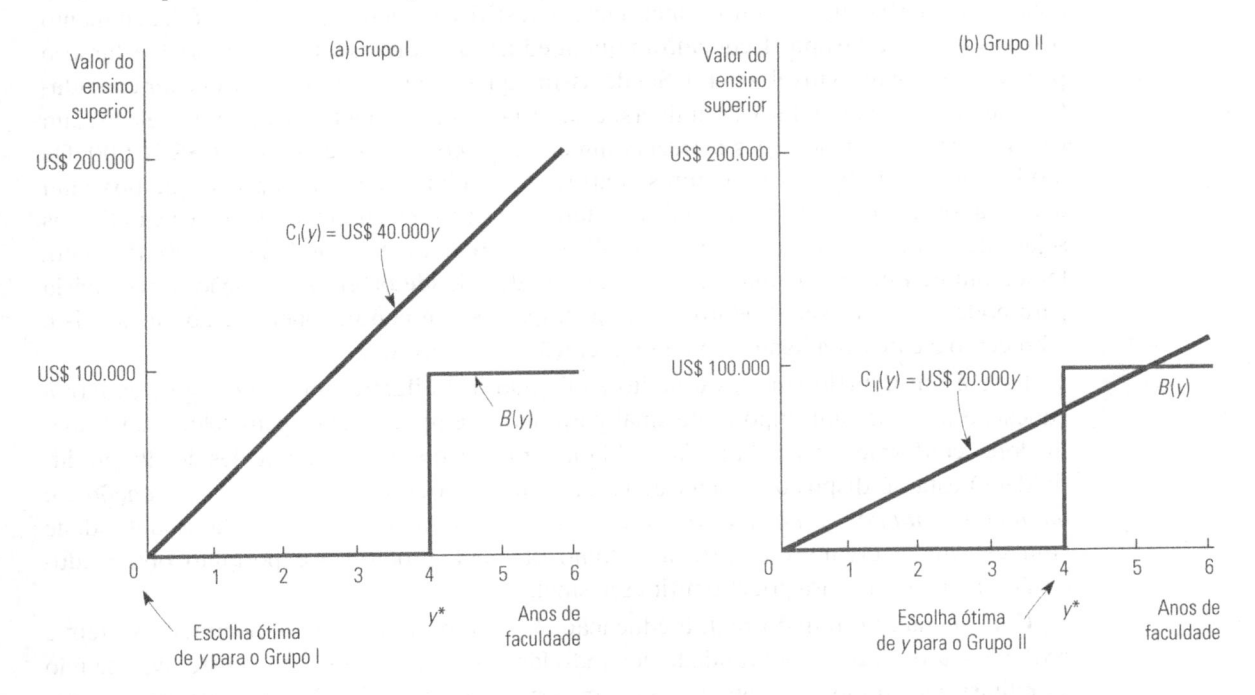

FIGURA 17.2 SINALIZAÇÃO

A educação pode ser um sinal útil da alta produtividade de certo grupo de trabalhadores se for mais fácil de ser obtida por esse grupo do que por um grupo de baixa produtividade. Em (a), o grupo de baixa produtividade escolherá um nível educacional $y = 0$ porque o custo da educação é maior que o aumento de rendimentos resultantes da educação. Entretanto, em (b), o grupo de alta produtividade escolherá o nível $y^* = 4$ porque o aumento nos rendimentos é maior do que o custo.

Qual nível de educação os indivíduos deveriam obter? É evidente que a escolha estará entre nenhuma educação (isto é, $y = 0$) e um nível de educação igual a y^*. Por quê? Qualquer nível de educação inferior a y^* resultará no mesmo rendimento básico de US$ 100.000. Portanto, não haverá benefício na obtenção de um nível de educação superior a 0, mas inferior a y^*. De modo semelhante, não haverá nenhum benefício em obter um nível de educação acima de y^*, porque y^* é suficiente para permitir que uma pessoa obtenha a remuneração mais elevada de US$ 200.000.

COMPARAÇÃO CUSTO-BENEFÍCIO Na tomada de decisão sobre o nível de educação a ser obtido, os indivíduos comparam o benefício da educação (uma remuneração mais elevada) com o respectivo custo. As pessoas em cada grupo podem decidir o nível de educação que obterão fazendo os seguintes cálculos de custo-benefício: *obtenha o nível de educação y^* se o benefício (isto é, o aumento de remuneração) for pelo menos tão grande quanto o custo da educação*. Para ambos os grupos, o benefício (o aumento de remuneração) é de US$ 100.000. Entretanto, os custos diferem para os dois grupos. Para o Grupo I, o custo é de US$ 40.000y, mas, para o Grupo II, é de apenas US$ 20.000y. Portanto, os indivíduos do Grupo I *não* obterão educação universitária se

$$US\$\ 100.000 < US\$\ 40.000 y^* \text{ ou } y^* > 2{,}5$$

e as pessoas do Grupo II obterão educação universitária de nível y^* se

$$US\$\ 100.000 > US\$\ 20.000 y^* \text{ ou } y^* < 5$$

Esses resultados levarão ao equilíbrio *contanto que y^* esteja entre 2,5 e 5*. Suponhamos, por exemplo, que $y^* = 4{,}0$, como mostra a Figura 17.2. Nesse caso, as pessoas do Grupo I concluirão que a educação universitária não se justifica e optarão por não obtê-la, enquanto os indivíduos do Grupo II concluirão que a educação universitária se justifica e farão o possível para obter o nível $y = 4{,}0$. Sendo assim, quando uma empresa entrevistar candidatos que não possuem educação universitária, estará corretamente supondo que eles sejam de baixa produtividade e lhes oferecerá um emprego com remuneração de US$ 10.000. De modo semelhante, quando a empresa entrevista candidatos a um emprego que possuam quatro anos de educação universitária, estará corretamente supondo que esses candidatos sejam de alta produtividade, garantindo-lhes uma remuneração de US$ 20.000. Portanto, temos um equilíbrio. Os indivíduos de alta produtividade obterão educação universitária para poder sinalizar sua produtividade; as empresas, em consequência, lerão tais sinais e oferecerão a esses candidatos uma remuneração mais elevada.

Esse é um modelo simples e muito estilizado, mas ilustra um ponto significativo: a educação pode ser um importante sinal para que as empresas consigam selecionar trabalhadores conforme sua produtividade. Alguns trabalhadores (isto é, aqueles de alta produtividade) estarão dispostos a obter educação universitária, *mesmo que essa educação em nada contribua para aumentar sua produtividade*. Os trabalhadores de alta produtividade simplesmente querem ser identificados como altamente produtivos e, portanto, obtêm educação universitária para poder emitir esse sinal.

Certamente, no mundo real, a educação *de fato*, proporciona conhecimentos úteis e *realmente aumenta* a produtividade dos indivíduos (não teríamos escrito este livro se não acreditássemos nisso). No entanto, também serve de sinalização. Por exemplo, muitas empresas acreditam que um administrador potencial deve possuir MBA, pois quem tem esse título estuda economia, finanças e outras matérias úteis. Mas há um segundo motivo: para poder completar o programa de MBA são necessários inteligência, disciplina e empenho, e as pessoas com essas qualidades tendem a ser muito produtivas.

Certificados e garantias

Já enfatizamos o papel da sinalização nos mercados de trabalho, mas ela também pode ter uma função importante em outros mercados nos quais haja informação assimétrica. Consideremos os mercados de bens duráveis, como televisores, aparelhos de som, máquinas fotográficas e refrigeradores. Muitas empresas produzem esses bens, mas algumas marcas são mais confiáveis que outras. Se os consumidores não pudessem distinguir quais são as marcas mais confiáveis, os melhores produtos não poderiam ser vendidos por preços mais elevados. As empresas que fabricam artigos mais confiáveis e de qualidade superior devem, por isso, informar os consumidores dessa diferença. Mas como isso poderia ser feito de uma maneira convincente? A resposta é: por meio de *certificados e garantias*.

Os certificados e as garantias sinalizam de forma eficaz a qualidade do produto, já que uma garantia ampla é mais dispendiosa para o fabricante de itens de baixa qualidade do que para o fabricante de itens de alta qualidade. É maior a probabilidade de um item de baixa qualidade necessitar de serviços de assistência técnica durante o período de garantia, os quais terão de ser pagos pelo fabricante. Em consequência, atendendo aos próprios interesses, os fabricantes de itens de baixa qualidade não oferecerão garantias amplas. Dessa maneira, os consumidores poderão, corretamente, tomar a garantia ampla como um sinal de alta qualidade, estando dispostos a pagar mais pelos produtos que as oferecem.

EXEMPLO 17.3 TRABALHANDO NOITE ADENTRO

A sinalização no mercado de trabalho não termina com a contratação do funcionário. Mesmo após alguns anos na empresa, o empregado ainda conhece melhor as próprias habilidades que o empregador. Isso ocorre mais especificamente com aqueles que trabalham em áreas que requerem conhecimentos técnicos especializados como engenharia, programação de computadores, finanças, direito, administração e consultoria. Mesmo que um programador extremamente competente, por exemplo, tenha mais habilidade que seus colegas para desenvolver programas eficientes e sem falhas, a empresa pode levar anos para reconhecer completamente esse seu talento. Considerando essa informação assimétrica, qual política os empregadores devem utilizar para determinar aumentos de salário e promoções? Os funcionários talentosos e excepcionalmente produtivos podem sinalizar essas qualidades, recebendo, em consequência disso, promoções mais rápidas e salários mais altos?

Os funcionários podem sinalizar que têm talento e produtividade *trabalhando mais horas e com mais afinco*. Por terem mais satisfação e prazer ao realizar seu trabalho, torna-se menos custoso para eles enviar esse tipo de sinal para os empregadores. Tal sinal é bastante forte: transmite informações. Como resultado, os empregadores podem confiar (e confiam) nesse sinal, baseando-se nele para tomar decisões a respeito de salários e promoções.

Esse processo de sinalização vem afetando a maneira de trabalhar de muitas pessoas. Em vez de um salário por hora, funcionários que trabalham em áreas que requerem conhecimentos técnicos especializados têm um salário fixo por semana (referente a 35 ou 40 horas de trabalho) e não recebem por horas extras. Ainda assim, costumam trabalhar muitas horas além de sua carga contratual por semana. Pesquisas do Departamento do Trabalho norte-americano (U.S. Labor Department), por exemplo, descobriram que a porcentagem das pessoas que trabalham 49 horas ou mais por semana aumentou de 13%, em 1976, para 16% em 2011.[7] Muitos advogados, contadores, consultores, agentes financeiros e programadores jovens costumam trabalhar à noite e durante os fins de semana, perfazendo um total de 60 ou 70 horas semanais. É surpreendente que trabalhem tanto? Nem um pouco. Estão apenas tentando enviar sinais que podem influir bastante em suas carreiras.

Os empregadores estão realmente confiando cada vez mais no valor do sinal "longas horas de trabalho", pois as rápidas mudanças tecnológicas diminuem as possibilidades de avaliar as habilidades e a produtividade dos funcionários. Um estudo sobre os engenheiros de software da Xerox Corporation, por exemplo, mostrou que muitos trabalham à noite por medo de que seus chefes tenham deles a imagem de pessoas negligentes, que escolhem as tarefas mais fáceis. Como deixam claro os chefes, esse medo é justificado: "Não temos como avaliar um funcionário que emprega conhecimento técnico especializado no trabalho com as novas tecnologias", disse um gerente da Xerox, "e por isso valorizamos aqueles que trabalham à noite".

À medida que as empresas se tornam mais relutantes em oferecer estabilidade de emprego e que se intensifica a competição por promoções, os assalariados sofrem cada vez maior pressão para trabalhar horas a mais. Alguém que trabalhe 60 ou 70 horas por semana pode ver seu trabalho de um ângulo otimista: está enviando fortes sinais à empresa.[8]

---

[7] "At the Desk, Off the Clock and Below Statistical Radar", *New York Times*, 18 jul. 1999. Os dados sobre horas trabalhadas estão disponíveis no Current Population Survey (CPS), Bureau of Labor Statistics (BLS), em http://www.bls.gov/cps/#charemp; *Persons at Work in Agriculture and Nonagricultural Industries by Hours of Work*.

[8] Para um interessante estudo sobre a "fadiga temporal", consulte Daniel Hamermesh e Jungmin Lee, "Stressed Out on Four Continents: Time Crunch or Yuppie Kvetch?", *Review of Economics and Statistics*, maio 2007, p. 89, 374-383.

17.3 Risco moral

Quando uma pessoa ou empresa encontra-se plenamente segurada e não pode ser meticulosamente monitorada por uma companhia de seguros, já que esta só dispõe de informações limitadas, a parte segurada pode agir de um modo que aumente a probabilidade de um acidente ou dano ocorrer. Por exemplo, se minha casa está segurada contra furto, posso me descuidar de trancar as portas ao sair; posso, também, optar por não instalar um sistema de alarme. A possibilidade de que o comportamento individual possa ser alterado após a contratação do seguro é um exemplo de um problema conhecido como *risco moral*.

O conceito de risco moral se aplica não apenas ao problema dos seguros, mas também ao problema criado pelos trabalhadores que têm desempenho abaixo de suas potencialidades, quando os empregadores não podem monitorar seu comportamento ("fugindo do trabalho"). Em geral, o **risco moral** ocorre quando as ações de uma parte, que não podem ser observadas por outra, influem na probabilidade ou magnitude de um pagamento. Por exemplo, se possuo total cobertura de seguro-saúde, poderei passar a visitar o médico com maior frequência do que faria caso minha cobertura fosse limitada. Se a companhia seguradora conseguir monitorar o comportamento de seus segurados, poderá cobrar taxas mais elevadas dos segurados que demandam um atendimento mais amplo. Mas, se não puder fazê-lo, provavelmente perceberá que seus pagamentos estão sendo mais elevados do que o previsto. Dada a existência do risco moral, as companhias seguradoras podem se ver forçadas a aumentar o prêmio que cobram de todos seus clientes ou até mesmo a deixar de oferecer determinada modalidade de seguro.

Por exemplo, consideremos as decisões com que se defrontam os proprietários de um armazém avaliado em US$ 100.000 por sua companhia seguradora. Suponhamos que, se eles custearem um programa de prevenção contra incêndios para os funcionários no valor de US$ 50, a probabilidade de que ocorra um incêndio será de 0,005. Sem esse programa de prevenção, a probabilidade aumenta para 0,01. Ao saber disso, a companhia de seguros enfrenta um dilema caso não possa monitorar a decisão da empresa na condução do programa de prevenção. A apólice que ela oferece não tem condições de incluir uma cláusula declarando que seu pagamento será realizado somente se for instituído um programa de prevenção contra incêndios na empresa. Se tal programa estivesse em funcionamento, a companhia seguradora poderia efetuar o seguro do armazém mediante um prêmio referente às perdas sofridas em decorrência de um incêndio — uma perda estimada igual a 0,005 × US$ 100.000 = US$ 500. Entretanto, após a aquisição da apólice de seguro, os proprietários do armazém não terão estímulo para manter em vigor o programa de prevenção contra incêndios. Caso um sinistro como esse ocorra, as perdas serão plenamente cobertas. Portanto, se a companhia seguradora tiver vendido sua apólice por US$ 500, ela terá prejuízos, pois a perda esperada decorrente de incêndio será de US$ 1.000 (0,01 × US$ 100.000).

Risco moral não é apenas um problema de companhias seguradoras. Ele também altera a capacidade de os mercados alocarem recursos eficientemente. Na Figura 17.3, por exemplo, a curva D indica a demanda pela utilização de automóveis em milhas por semana. A curva de demanda, que expressa o benefício marginal da utilização de um automóvel, possui inclinação descendente porque muitas famílias mudam para tipos alternativos de transporte à medida que o custo de utilização do automóvel vai aumentando. Suponhamos, inicialmente, que o custo de transporte inclua o custo do seguro correspondente e que as companhias seguradoras possam monitorar com precisão a quantidade de milhas rodadas pelos carros. Nesse caso, não há risco moral e o custo marginal de utilização do automóvel é dado por CMg. Os motoristas sabem que uma maior utilização do veículo aumenta o respectivo prêmio de seguro e, dessa maneira, eleva também seu custo total de transporte (estamos supondo que o custo por milha seja constante). Por exemplo, se o custo do transporte for de US$ 1,50 por milha (do qual US$ 0,50 se refere ao custo do seguro), o usuário do veículo optará por dirigir 100 milhas por semana.

risco moral
Ocorrência relacionada com as ações da parte segurada que não podem ser observadas pela parte seguradora, mas que podem afetar a probabilidade ou a magnitude de um pagamento associado a um evento.

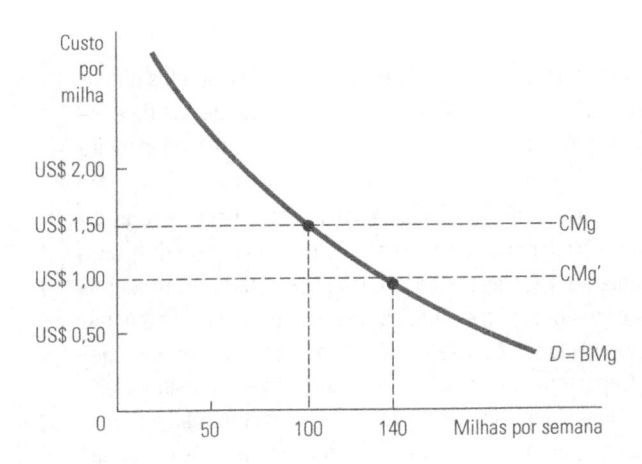

CAPÍTULO 17 MERCADOS COM INFORMAÇÃO ASSIMÉTRICA **637**

FIGURA 17.3 OS EFEITOS DO RISCO MORAL

O risco moral altera a capacidade de os mercados alocarem recursos eficientemente. A curva D representa a demanda por utilização de automóveis. Sem o risco moral, o custo marginal de transporte, CMg, é de US$ 1,50 por milha; o motorista dirige 100 milhas, o que representa uma quantidade eficiente. Com risco moral, o custo marginal por milha percebido pelo motorista é CMg' = US$ 1,00 e ele dirige 140 milhas.

O problema do risco moral surge quando as companhias seguradoras não conseguem monitorar os hábitos individuais de utilização do automóvel, de modo que o prêmio do seguro não depende do total de milhas percorridas. Nesse caso, os usuários de automóveis estarão supondo que os custos de quaisquer acidentes que possam sofrer serão distribuídos entre um grande grupo, e que apenas uma fração insignificante afetará individualmente cada um deles. Como seu prêmio de seguro não varia em função da quantidade de milhas percorridas, uma milha adicional de transporte custará US$ 1,00, como mostra a curva de custo marginal CMg', em vez de US$ 1,50. O número de milhas percorridas aumentará de 100 para o nível socialmente ineficiente de 140.

O risco moral não apenas altera o comportamento dos indivíduos, mas também cria ineficiência econômica. A ineficiência surge porque, com o seguro, a percepção individual tanto do custo como do benefício da atividade difere do custo e do benefício reais para a sociedade. Por exemplo, na Figura 17.3, o nível da ineficiência da utilização do automóvel é dado pela interseção da curva de benefício marginal (BMg) com a de custo marginal (CMg). Com risco moral, no entanto, o custo marginal percebido (CMg') é menor do que o custo real, e o número de milhas percorrido por semana (140) é maior do que o nível eficiente, no qual o custo marginal é igual ao benefício marginal (100).

EXEMPLO 17.4 REDUZINDO O RISCO MORAL — GARANTIAS DE SAÚDE ANIMAL

Compradores de gado consideram muito importantes as informações a respeito da saúde dos animais.[9] Animais com pouca saúde ganham peso mais devagar e apresentam menor probabilidade de reprodução do que animais sadios. Pelo fato de haver informação assimétrica no mercado de gado (isto é, os vendedores conhecem melhor a saúde do animal do que os compradores), a maior parte dos estados norte-americanos exige certificado para a realização de vendas no mercado pecuarista. De acordo com essas leis, os vendedores não só garantem (certificam) que os animais não têm doenças ocultas, como também são responsáveis por todos os custos decorrentes de qualquer animal doente.

Embora os certificados resolvam o problema relacionado com o fato de o vendedor possuir melhores informações do que o comprador, eles criam um tipo de risco moral. A garantia de reembolso ao comprador de todos os custos decorrentes

---

[9] Este exemplo se baseia no artigo de Terence J. Centner e Michael E. Wetzstein, "Reducing Moral Hazard Associated with Implied Warranties of Animal Health", *American Journal of Agricultural Economics* 69, 1987, p. 143-150.

de doenças dos animais significa, na realidade, que as taxas de seguros não estão vinculadas aos níveis de cuidados que os compradores ou seus agentes deveriam ter para proteger os animais contra as doenças em geral. Em consequência da existência desses certificados, os compradores de gado evitam solicitar diagnósticos precoces para animais doentes, de maneira que os prejuízos aumentam.

Em resposta ao problema do risco moral, muitos estados introduziram modificações nas leis que regulamentam os certificados, passando então a exigir que os vendedores informem aos compradores se o gado está ou não doente no momento da venda. Alguns estados também exigem que os vendedores cumpram os requisitos das legislações estaduais e federais referentes à saúde animal, reduzindo assim as doenças. Além dessas medidas, entretanto, os certificados de que os animais não tenham doenças ocultas devem constituir uma garantia explícita adicional, escrita ou verbal, que precisa ser dada aos compradores. Após um surto da Doença da Vaca Louca em 2003, o Departamento de Agricultura norte-americano introduziu o Sistema Nacional de Identificação de Animais (NAIS — National Animal Identification System) como uma forma de reduzir ainda mais o risco moral. O NAIS foi elaborado para tornar a cadeia de suprimentos inteira mais transparente, de modo que os surtos de doença possam ser rastreados até a parte responsável.

17.4 O problema da relação agente-principal

Se o monitoramento da produtividade dos trabalhadores não envolvesse custos, os proprietários de uma empresa poderiam estar seguros de que seus administradores e funcionários estariam trabalhando da forma mais efetiva possível. Entretanto, na maioria das empresas, os proprietários não têm condições de acompanhar tudo o que seus funcionários fazem — estes estão mais bem informados do que os proprietários. Essa assimetria de informação cria o **problema da relação agente-principal**.

problema da relação agente-principal
Problema que surge quando os agentes (os administradores de uma empresa, por exemplo) perseguem suas próprias metas ao invés das metas desejadas pelos principais (os proprietários da empresa, por exemplo).

agente
Indivíduo empregado por um principal para atingir os objetivos deste.

principal
Indivíduo que emprega um ou mais agentes para atingir um objetivo.

Dizemos que existe uma *relação de agência* sempre que há um arranjo entre pessoas no qual o bem-estar de um dos participantes depende do que é feito por uma outra pessoa. O **agente** representa a pessoa atuante e o **principal**, a parte afetada pela ação do agente. *O problema da relação agente-principal surge quando os agentes perseguem seus próprios objetivos, e não os do principal.* Em nosso exemplo, o administrador e os funcionários são os agentes e os proprietários, os principais. Nesse caso, o problema da relação agente-principal surge do fato de que os administradores podem perseguir os próprios objetivos, mesmo que isso acarrete lucros menores para os proprietários.

As relações de agência estão disseminadas em nossa sociedade. Por exemplo, médicos trabalham para hospitais como agentes e, assim, podem selecionar os pacientes e adotar procedimentos que, mesmo coerentes com suas preferências pessoais, não são necessariamente coerentes com os objetivos do hospital. De modo semelhante, administradores de imóveis residenciais que trabalham como agentes para proprietários podem não estar efetuando a manutenção dos imóveis da forma que os proprietários gostariam. E algumas vezes, as partes seguradas podem ser consideradas agentes e as companhias de seguro, os principais.

De que maneira as informações incompletas e a monitoração dispendiosa influenciam o modo de ação dos agentes? Quais mecanismos podem dar aos administradores o estímulo para que operem em sintonia com os interesses do proprietário? Essas perguntas são fundamentais em qualquer análise da relação agente-principal. Nesta seção, estudaremos essa questão de diversas perspectivas. Primeiro, examinaremos o problema da relação entre proprietário e administrador dentro de empresas privadas e públicas. Em seguida, abordaremos os meios pelos quais os proprietários podem utilizar acertos contratuais com seus funcionários para enfrentar os problemas da relação agente-principal.

O problema da relação agente-principal em empresas privadas

A maioria das empresas de grande porte é controlada por administradores. Os acionistas individuais, que não fazem parte da administração da empresa, geralmente possuem apenas uma pequena porcentagem do capital acionário dessas empresas e detêm pouco ou nenhum poder para demitir administradores cujo desempenho seja insatisfatório. De fato, é difícil ou até mesmo impossível para os acionistas informar-se acerca do que os administradores estão fazendo e como está o desempenho deles. Monitorar os administradores é custoso e pode ser muito caro reunir as informações. O resultado é que os administradores de empresas privadas podem, com frequência, procurar atingir seus próprios objetivos, em vez de focar no objetivo dos acionistas, que é maximizar o valor da empresa.[10]

Mas quais são os objetivos dos administradores? Há um ponto de vista segundo o qual eles poderiam estar mais preocupados com o crescimento da empresa do que com o lucro propriamente dito: quanto mais rápida a expansão da empresa e maior a fatia de mercado, maior o fluxo de caixa, o que por sua vez permite aos administradores obterem maiores benefícios. Outro ponto de vista enfatiza a utilidade que os administradores obtêm com seus cargos, não apenas em termos de lucro, mas também em relação ao respeito por parte de seus colegas de empresa, ao poder de controle sobre a organização, aos benefícios adicionais e outras compensações e a uma permanência mais longa no emprego.

Entretanto, há limitações com relação à capacidade dos administradores de se desviarem dos objetivos dos proprietários. Primeiro, os acionistas podem reclamar com veemência ao sentir que os administradores estão se comportando de maneira inadequada e, em casos excepcionais, podem até demitir a administração existente (talvez com a ajuda do conselho de diretores, cuja função é acompanhar o comportamento dos administradores). Segundo, um forte mercado para o controle acionário pode se desenvolver. Se as chances de ocorrer uma oferta para obter o controle acionário são maiores quando a empresa estiver sendo mal dirigida, seus administradores passarão a ter um forte estímulo para procurar alcançar o objetivo de maximização de lucros. Terceiro, pode haver um mercado altamente desenvolvido para administradores. Se houver uma grande demanda por gestores capazes de maximizar os lucros, eles poderão receber altas remunerações, o que por sua vez proporciona a outros administradores um estímulo para alcançar o mesmo objetivo.

Infelizmente, os meios de que dispõem os acionistas para controlar o comportamento dos administradores são limitados e imperfeitos. Por exemplo, a aquisição do controle acionário de empresas pode ser motivada pelo poder pessoal e econômico em vez de pela eficiência econômica. O mercado de trabalho dos administradores pode também funcionar de forma imperfeita, já que, muitas vezes, os principais executivos já se encontram próximos da aposentadoria e ainda possuem contratos de longa duração. O problema do controle limitado por parte dos acionistas se torna mais grave no caso da remuneração dos executivos, que cresceu de maneira muito rápida nas últimas décadas. Em 2002, um levantamento da revista *Business Week* entre as 365 maiores empresas norte-americanas mostrou que os CEOs receberam, em média, US$ 13,1 milhões no ano 2000, e os salários continuaram a aumentar a uma taxa de dois dígitos. Ainda mais perturbador é o fato de que, para as dez empresas de capital aberto dirigidas pelos CEOs mais bem pagos, havia uma correlação *negativa* entre a remuneração do CEO e o desempenho da empresa.

Fica claro que os acionistas não têm sido capazes de controlar adequadamente o comportamento dos administradores. O que pode ser feito para enfrentar esse problema? Em teoria, a resposta é simples: precisamos encontrar mecanismos que alinhem melhor os interesses de administradores e acionistas. Na prática, porém, isso parece difícil. Entre as sugestões recentemente postas em prática pela Securities and Exchange Commission (SEC), que regulamenta as empresas de capital aberto nos Estados Unidos, há reformas que conferem mais autoridade a diretores externos independentes. Outras reformas possíveis poderiam vincular a remuneração dos executivos mais diretamente ao desempenho de longo prazo da empresa. Programas de recompensa com foco na lucratividade em um período de 5 a 10 anos têm mais chance de motivar os administradores de maneira eficiente do que os de horizonte mais curto. Na próxima seção, abordaremos algumas outras soluções para esse importante problema da relação agente-principal.

---

[10] Veja Merritt B. Fox, *Finance and Industrial Performance in a Dynamic Economy.* Nova York: Columbia University Press, 1987.

EXEMPLO 17.5 — OS SALÁRIOS DOS CEOS

A Washington Mutual, uma empresa de poupança e empréstimo então recém-chegada, experimentou um incrível crescimento durante a década de 1990 e início da década de 2000. Havia uma crescente demanda imobiliária, e o banco, liderado pelo CEO Kerry Killinger, procurou oferecer novas hipotecas de forma agressiva. Em 2007, porém, o Washington Mutual passou por dificuldades. Quando o mercado imobiliário sucumbiu e os valores de imóveis caíram, ficou claro que o banco tinha um número perigoso de hipotecas com taxas preferenciais baixas em seus registros. No outono de 2008, os ativos da Washington Mutual foram confiscados pelo FDIC e vendidos ao concorrente JP Morgan Chase pelo preço irrisório de US$ 1,9 bilhão, para evitar o que na época teria sido a maior falência bancária na história dos Estados Unidos. Menos de três semanas antes dessa venda, o conselho de diretores da Washington Mutual demitiu Killinger. Ainda assim, ele recebeu uma indenização de mais de US$ 15,3 milhões.[11] O sucessor de Killinger, Alan Fishman, liderou o banco por apenas 17 dias, mas recebeu US$ 11,6 milhões de indenização, além de um bônus de assinatura de US$ 7,5 milhões.[12] Os acionistas da Washington Mutual foram arruinados na venda.

Killinger e Fishman não foram os únicos banqueiros, ou mesmo os únicos CEOs, a receber pacotes de indenização extremamente generosos, independentemente de seus desempenhos e da saúde das empresas que dirigiram. A remuneração dos CEOs tem subido em ritmo acelerado nas últimas três décadas. O salário médio anual dos trabalhadores da produção nos Estados Unidos passou de US$ 18.187, em 1990, para US$ 32.093 em 2009. Porém, em termos de dólares constantes, o salário médio de 2009 era de apenas US$ 19.552 (em dólares de 1990), o que representa um aumento de apenas 7,5%. No mesmo período, a remuneração anual média dos CEOs passou de US$ 2,9 milhões para US$ 8,5 milhões, ou cerca de US$ 5,2 milhões de 1990.[13] Em outras palavras, enquanto os trabalhadores da produção viram um aumento de 7,5% em seus salários reais durante as duas últimas décadas, a remuneração real dos CEOs subiu quase 80%. Por quê? Será que os altos executivos se tornaram mais produtivos, ou será que os CEOs simplesmente tornaram-se mais eficientes em extrair renda econômica de suas empresas? A resposta reside no problema da relação agente-principal, que está no centro da determinação do salário para esse tipo de profissional.

Durante anos, muitos economistas acreditaram que a remuneração dos executivos refletia a recompensa apropriada por seu talento. Os indícios recentes, porém, sugerem que os administradores conseguiram aumentar seu poder sobre os conselhos diretivos e vêm usando esse poder para obter pacotes de remuneração que não condizem com seu desempenho e com sua contribuição para o crescimento de suas empresas. Basicamente, os administradores vêm aumentando, a passos largos, a capacidade de obter renda econômica. Como isso aconteceu?

Primeiro, a maioria dos conselhos diretivos não dispõe das informações necessárias nem de independência para negociar de maneira efetiva com os administradores. Muitas vezes, os diretores não são capazes de monitorar adequadamente o desempenho dos executivos e, assim, não podem negociar a remuneração deles de maneira a vinculá-la de forma estreita com seu desempenho. Além disso, a diretoria consiste em uma mistura de membros internos, que são ou representam os principais executivos, e membros externos, que são escolhidos e em geral estão bem próximos dos principais executivos.[14] Portanto, os diretores têm um forte incentivo para apoiar os executivos para que sejam renomeados no conselho ou recompensados de alguma outra forma.

A pesquisa mostrou que os altos níveis de pagamento de CEO são *negativamente* relacionados ao valor contábil e lucratividade da empresa.[15] Em outras palavras, quanto mais alto o salário do CEO, mais baixa provavelmente é a lucratividade da empresa. Além disso, os CEOs com salário excepcionalmente alto têm mais probabilidade de permanecer em uma empresa, apesar de resultados econômicos fracos. Esses efeitos são intensificados em empresas nas quais o quadro de diretores é mais antigo e os direitos dos acionistas são limitados.

---

11 http://seattletimes.nwsource.com/html/businesstechnology/2011590001_wamuside13.html.

12 http://www.nytimes.com/2008/09/26/business/26wamu.html.

13 Fonte: Bureau of Labor Statistics, Institute for Policy Studies — United for a Fair Economy (2006). O salário médio pago a um CEO teve um pico de US$ 11 milhões em 2005, diminuindo apenas na recessão de 2007 a 2009. Depois de 2009, ele começou a subir novamente.

14 Killinger foi presidente do conselho da Washington Mutual até que foi obrigado a sair dois meses antes da falência do banco.

15 Em 2007, Killinger, que também foi presidente do conselho de diretores da Washington Mutual, recebeu US$ 18,1 milhões, fazendo dele o CEO mais bem pago de qualquer empresa de capital aberto (http://www.equilar.com/NewsArticles/062407_pay.pdf). Isso foi verdade especialmente quando o CEO recebeu o equivalente a quase todo o pagamento correspondente aos cinco maiores executivos da empresa. Para obter uma discussão mais detalhada e uma análise do caso, consulte Lucian A. Bebchuk, Martjin Cremers e Urs Peyer, "The CEO Pay Slice", *Journal of Financial Economics*, 2012.

"Paraquedas dourados", pacotes de indenização generosos que os CEOs podem negociar com seus diretores, também estão sendo questionados recentemente. Alguns argumentam que essas garantias liberam os CEOs do conselho e da pressão dos acionistas de focar no crescimento no curto prazo, permitindo que eles se concentrem no crescimento de suas empresas em longo prazo. Porém, demonstrou-se que os CEOs com indenizações generosas têm menos probabilidade de se preocupar com o crescimento no longo prazo e — ao negociar a venda de sua empresa para outra — provavelmente concordarão com termos de aquisição que prejudicam os acionistas.[16]

O problema da relação agente-principal em empresas públicas

A análise da relação agente-principal pode também ajudar a estudar o comportamento de administradores de órgãos públicos. Esses administradores podem estar interessados em poder e em gratificações, objetivos que podem ser alcançados expandindo-se o órgão para além de seu nível "eficiente". Devido ao alto custo do monitoramento do comportamento dos administradores públicos, não há garantias de que eles atingirão níveis eficientes de produção. Investigações realizadas pelo Legislativo sobre determinado órgão do governo provavelmente não serão eficazes, uma vez que o órgão possui um número maior de informações a respeito de seus próprios custos do que dispõe o Legislativo.

Embora o setor público não esteja submetido às forças de mercado que mantêm os administradores de empresas privadas sob controle, ainda assim os órgãos do governo podem ser monitorados com eficácia. Primeiro, os administradores desses órgãos se preocupam com muitos aspectos além do tamanho das agências governamentais que dirigem. De fato, muitos deles optaram por cargos públicos de baixa remuneração por se preocupar com o "interesse público". Segundo, os administradores públicos estão sujeitos aos rigores de seu mercado de trabalho de modo muito semelhante aos profissionais de empresas privadas. Se for constatado que determinados administradores públicos estão procurando alcançar objetivos impróprios, a possibilidade de obter altos salários no futuro pode diminuir. Terceiro, as legislaturas e outros órgãos governamentais executam uma função de supervisão. Nos Estados Unidos, por exemplo, o Government Accounting Office e o Office of Management and Budget utilizam uma parte substancial de sua capacidade de trabalho no monitoramento de outros órgãos governamentais norte-americanos.

Os administradores públicos estão sujeitos a um grau de controle local ainda maior do que o federal. Por exemplo, suponhamos que o departamento de transporte de um município tenha expandido os serviços de transporte coletivo além do nível eficiente. Os cidadãos podem se mobilizar para destituir esses administradores de seus cargos, ou, se tudo o mais falhar, utilizar transportes alternativos (ou até mesmo deixar a cidade). A competição entre órgãos públicos pode ser tão efetiva quanto a competição entre empresas privadas para controlar o comportamento dos administradores.

EXEMPLO 17.6 ADMINISTRADORES DE HOSPITAIS SEM FINS LUCRATIVOS COMO AGENTES

Será que os administradores de organizações sem fins lucrativos têm os mesmos objetivos que os de organizações com fins lucrativos? As empresas sem fins lucrativos são mais ou menos eficientes do que as empresas com fins lucrativos? Podemos ter uma noção desse assunto examinando a área de saúde. Em um estudo abrangendo 725 hospitais pertencentes a 14 grandes redes, pesquisadores compararam o retorno dos investimentos e os custos médios de organizações sem fins lucrativos e de organizações com fins lucrativos para determinar se seus respectivos desempenhos apresentavam diferenças.[17]

---

16. Lucian A. Bebchuk, Alma Cohen e Charles C. Y. Wang, "Golden Parachutes and the Wealth of Shareholders", *Harvard Law School Olin Discussion* Paper n. 683, dez. 2010.
17. Regina E. Herzlinger e William S. Krasker, "Who Profits from Nonprofits?" *Harvard Business Review* 65, jan.-fev. 1987, p. 93-106.

O estudo revelou que o retorno dos investimentos havia de fato sido diferente. Em um ano, os hospitais com fins lucrativos apresentaram uma taxa de retorno de 11,6%, enquanto para os hospitais sem fins lucrativos a taxa foi de apenas 8,8%. Quatro anos depois, os hospitais com fins lucrativos apresentaram taxa de retorno de 12,7% e, no caso dos hospitais sem fins lucrativos, a taxa foi de apenas 7,4%. Entretanto, não é apropriada uma comparação direta entre as taxas de retorno e os custos desses dois tipos de hospitais, dado que eles têm funções diferentes. Por exemplo, 24% dos hospitais sem fins lucrativos oferecem programas de residência médica, em comparação com apenas 6% dos hospitais com fins lucrativos. Diferenças semelhantes podem ser encontradas no fornecimento de tratamentos especializados, em que 10% dos hospitais sem fins lucrativos possuem centros de cirurgia cardiológica, em comparação com apenas 5% dos hospitais com fins lucrativos. Além disso, 43% dos hospitais sem fins lucrativos possuem unidades para atendimento de bebês prematuros, e entre os hospitais com fins lucrativos essa taxa é de 29%.

Utilizando uma análise de regressão linear, que leva em conta as distinções entre os diferentes serviços prestados, é possível determinar se essas diferenças podem ser responsáveis por custos mais elevados. O estudo revelou que, após os ajustes entre as diferenças de serviço, o custo médio diário por paciente nos hospitais sem fins lucrativos era 8% mais alto do que nas instituições com fins lucrativos. Essa diferença implica que a preocupação com o lucro afeta o desempenho do hospital, conforme previsto pela teoria da relação agente-principal: não estando diante de forças competitivas, como ocorre com os hospitais com fins lucrativos, as instituições de saúde sem fins lucrativos podem se preocupar menos com seus custos e, portanto, apresentar menor probabilidade de servir apropriadamente como agentes de seus principais — isto é, a sociedade como um todo.

Claro que os hospitais sem fins lucrativos oferecem serviços que a sociedade pode estar disposta a subsidiar. Entretanto, o custo adicional de funcionamento de um hospital sem fins lucrativos deveria ser levado em conta ao se determinar se ele deve ou não ficar isento do pagamento de impostos.

Incentivos no sistema agente-principal

Já vimos por que os objetivos de administradores e proprietários provavelmente serão diferentes em um sistema baseado na relação agente-principal. Sendo assim, de que maneira podem ser elaborados sistemas de recompensa de tal forma que administradores e funcionários possam se aproximar ao máximo dos objetivos do proprietário da empresa? Para responder a essa questão, vamos analisar um problema específico.

Uma pequena empresa utiliza trabalho e capital para produzir relógios. Os proprietários têm interesse em maximizar os lucros. Eles precisam confiar em um técnico de máquinas cujo empenho influirá na probabilidade de que as máquinas quebrem e, portanto, afetará o nível de lucros da empresa. Esse nível também depende de outros fatores aleatórios, como a qualidade das peças e a confiabilidade de outros trabalhadores. Em consequência do alto custo de monitoramento, os proprietários não podem mensurar diretamente o empenho do encarregado da manutenção nem podem se assegurar de que o mesmo empenho sempre gere o mesmo nível de lucros. A Tabela 17.2 descreve essas circunstâncias.

TABELA 17.2 Retorno no mercado de relógios		
	Azar	Sorte
Baixo empenho ($a = 0$)	US$ 10.000	US$ 20.000
Alto empenho ($a = 1$)	US$ 20.000	US$ 40.000

Ela mostra que o encarregado da manutenção pode ter um empenho alto ou baixo. Um baixo empenho ($a = 0$) resulta em receitas de US$ 10.000 ou de US$ 20.000 (ambos com iguais probabilidades de ocorrência), dependendo dos fatores aleatórios antes mencionados. Demos a denominação de "azar" ao nível mais baixo de receitas e a denominação de "sorte" ao mais alto. Quando o encarregado da manutenção se empenha mais ($a = 1$), a receita pode ser de US$ 20.000 (havendo azar) ou de US$ 40.000 (havendo sorte).

Esses números evidenciam o problema da informação incompleta: quando a receita da empresa for de US$ 20.000, os proprietários não poderão saber se o encarregado da manutenção teve mais ou menos empenho.

Agora suponhamos que o objetivo do encarregado da manutenção seja maximizar sua remuneração, menos o custo (em termos das horas de lazer que deixou de desfrutar e do trabalho desagradável que tem de fazer) de seu empenho. Para simplificarmos, estamos supondo que o custo do baixo empenho seja 0 e que o custo do alto empenho seja US$ 10.000 (formalmente, $c =$ US$ $10.000a$).

A partir daí, poderemos enunciar o problema da relação agente-principal da perspectiva do proprietário. O objetivo do proprietário é maximizar o lucro esperado levando em conta a existência de incerteza sobre os resultados e considerando que o comportamento do encarregado da manutenção não pode ser monitorado. Os proprietários podem fazer um contrato para remunerar o trabalho do encarregado da manutenção, mas esse contrato deve estar baseado inteiramente no resultado mensurável (isto é, no lucro) do processo produtivo e não no grau de empenho do encarregado da manutenção. Para caracterizarmos essa ligação, descreveremos o esquema de pagamento como $w(R)$, dando ênfase ao fato de que os pagamentos serão feitos apenas em virtude da receita medida.

Qual é o melhor esquema de remuneração? Será que tal esquema pode ser tão eficaz quanto algum outro que se baseasse no grau de empenho e não na produção? O melhor esquema de remuneração depende da natureza da produção, do grau de incerteza e dos objetivos tanto de proprietários como de administradores. O arranjo escolhido nem sempre será tão efetivo quanto um esquema ideal que esteja diretamente ligado ao grau de empenho. A falta de informações pode reduzir a eficiência econômica porque há possibilidade de que tanto a receita dos proprietários como a remuneração do encarregado da manutenção sejam reduzidas ao mesmo tempo.

Vejamos de que forma poderia ser elaborado um esquema de remuneração caso o funcionário encarregado da manutenção estivesse disposto a maximizar sua remuneração líquida, ou seja, com a redução dos custos de seu empenho.[18] Primeiro, suponhamos que os proprietários ofereçam uma remuneração fixa para o encarregado da manutenção. Qualquer uma serviria, mas torna-se mais fácil estabelecer uma remuneração igual a zero. (Aqui, zero poderia representar um salário que não fosse mais alto do que aquele normalmente pago para cargos compatíveis.) Estando diante de uma remuneração zero, o encarregado da manutenção não teria qualquer estímulo para ter um empenho maior. A razão é simples: ele não estaria compartilhando dos ganhos que os proprietários obteriam com o maior empenho. Conclui-se, portanto, que uma remuneração fixa proporcionaria um resultado ineficiente. Quando $a = 0$ e $w = 0$, o proprietário obtém uma receita esperada de US$ 15.000 e a remuneração líquida do encarregado da manutenção é zero.

Seria vantajoso tanto para os proprietários como para o encarregado da manutenção que fosse utilizado um esquema de remuneração que recompensasse o funcionário por seu empenho produtivo. Suponhamos, por exemplo, que os proprietários ofereçam ao encarregado da manutenção o seguinte esquema de remuneração:

$$\text{Se } R = \text{US\$ } 10.000 \text{ ou US\$ } 20.000, \text{ então } w = 0$$
$$\text{Se } R = \text{US\$ } 40.000, \text{ então } w = \text{US\$ } 24.000 \tag{17.1}$$

Nesse arranjo de gratificação, um baixo empenho resulta em nenhuma remuneração. Entretanto, um alto empenho gera uma remuneração esperada de US$ 12.000 e uma remuneração esperada menos o custo do empenho equivalente a US$ 12.000 – US$ 10.000 = US$ 2.000. Nesse esquema, o encarregado da manutenção optará por um alto nível de

---

[18] Presumimos que, como o encarregado da manutenção é neutro em relação a riscos, não ocorre nenhuma perda de eficiência. Entretanto, se ele fosse avesso a riscos, haveria perda de eficiência.

empenho. Esse esquema é mais vantajoso do que o anterior para os proprietários, porque eles têm uma receita esperada de US$ 30.000 e um lucro esperado de US$ 18.000.

Entretanto, esse não é o único esquema de remuneração que pode ser utilizado pelos proprietários. Suponhamos que eles tivessem acertado um contrato em que o trabalhador estivesse envolvido em um acordo de participação nos lucros, como apresentado a seguir. Quando a receita for maior do que US$ 18.000,

$$w = R - US\$ 18.000 \tag{17.2}$$

(Caso contrário, a remuneração é igual a zero.) Nesse caso, se o encarregado da manutenção trabalhar com baixo empenho, ele obterá um ganho esperado de US$ 1.000. Mas, se trabalhar com um alto nível de empenho, a remuneração esperada será de US$ 12.000 e a remuneração esperada menos o custo de seu empenho, que é de US$ 10.000, será de US$ 2.000. (O lucro líquido do proprietário seria de US$ 18.000, da mesma forma que antes.)

Portanto, nesse nosso exemplo, um acordo de participação nas receitas gera o mesmo resultado que o sistema de remuneração com bônus. Em situações mais complexas, serão diferentes os estímulos proporcionados por esses dois tipos de acordo. Entretanto, a ideia básica aqui ilustrada aplica-se a todos os problemas que envolvem a relação agente-principal. Quando se torna impossível a medição direta do empenho pessoal, uma estrutura de incentivos que seja capaz de recompensar o resultado obtido por altos níveis de empenho pode induzir os agentes a procurar alcançar os objetivos estabelecidos pelos proprietários.

*17.5 Incentivos aos administradores de uma empresa integrada

Já vimos que proprietários e administradores de empresas podem possuir informações assimétricas sobre demanda, custo e outras variáveis. Já vimos também de que maneira os proprietários podem elaborar estruturas de remuneração para estimular os administradores a oferecer um grau apropriado de empenho pessoal. Agora enfocaremos as empresas *integradas* — ou seja, aquelas que têm diversas divisões, cada uma das quais com seus próprios administradores. Algumas empresas apresentam **integração horizontal**: diversas fábricas produzem o mesmo produto ou produtos correlatos. Há também as que apresentam **integração vertical**: divisões iniciais produzem materiais, peças e componentes para serem utilizados pelas divisões finais na montagem dos produtos finais. A integração cria problemas organizacionais; já abordamos alguns deles no apêndice do Capítulo 11, em que discutimos a determinação dos *preços de transferência* na empresa verticalmente integrada — ou seja, o modo pelo qual a empresa estabelece os preços de peças e componentes que as divisões iniciais fornecem às divisões finais. Aqui, vamos examinar os problemas originados pelas informações assimétricas.

integração horizontal
Forma organizacional na qual várias fábricas produzem o mesmo produto ou produtos correlatos.

integração vertical
Forma organizacional na qual uma empresa possui diversas divisões e algumas delas produzem peças e componentes que outras utilizam para a montagem dos produtos finais.

Informações assimétricas e incentivos na empresa integrada

Em uma empresa integrada, os administradores das divisões provavelmente dispõem de informações mais completas do que a administração central sobre seus custos operacionais diferenciados e potencial de produção. Essa informação assimétrica causa dois problemas.

1. De que maneira uma administração central pode obter informações adequadas com os administradores de cada divisão a respeito dos custos operacionais e de seu potencial de produção? Essas informações são importantes pelos seguintes motivos: os produtos de algumas divisões podem ser insumos para outras, as entregas devem ser programadas com os clientes e os preços não podem ser determinados sem que sejam conhecidos a capacidade e o custo total da produção.

2. Que estrutura de recompensa ou de incentivo deve ser utilizada pela administração central para estimular os administradores das divisões a produzir da maneira mais

eficiente possível? Eles devem receber gratificações baseadas em seus respectivos níveis de produção? Em caso afirmativo, de que modo essa estrutura de remuneração poderia ser organizada?

Para compreender esses problemas, considere uma empresa que possua diversas fábricas, todas produtoras da mesma mercadoria. Cada um de seus administradores dispõe de um número maior de informações a respeito da capacidade de produção de sua divisão do que a administração central. Por sua vez, para evitar pontos de estrangulamento e para que as entregas possam ser planejadas de modo confiável, a administração central da empresa está interessada em saber mais a respeito da capacidade de produção de cada uma das fábricas. Ela também deseja que cada uma produza o máximo possível. Vamos examinar de que maneiras ela pode obter as informações que deseja e como pode estimular os administradores a operar suas respectivas unidades da forma mais eficiente possível.

Uma maneira seria dar aos administradores das fábricas determinada gratificação com base na produção total de suas unidades ou em seu lucro operacional. Embora essa abordagem pudesse estimular os administradores a maximizar o produto, ela puniria os administradores cujas fábricas apresentassem custos mais altos e menor capacidade de produção. Mesmo que essas fábricas viessem a produzir eficientemente, seus respectivos níveis de produção e lucro operacional — e, portanto, a gratificação — seriam menores do que os das fábricas com custos mais baixos e maior capacidade de produção. Esses administradores também não teriam nenhum incentivo para obter e revelar informações precisas a respeito de custo e capacidade.

Uma segunda maneira seria perguntar aos administradores das fábricas a respeito de seus respectivos custos e capacidades e *depois* realizar um cálculo da gratificação de cada um deles em relação à exatidão de suas respostas. Por exemplo, poderia ser perguntado a cada administrador qual quantidade sua fábrica pode produzir por ano. Posteriormente, no fim do ano, cada administrador receberia uma gratificação baseada em quão perto dessa meta chegou a produção de sua fábrica. Por exemplo, se a estimativa de nível de produção possível feita pelo administrador fosse Q_p, a gratificação anual em dólares, B, poderia ser

$$B = 10.000 - 0,5(Q_p - Q) \tag{17.3}$$

em que Q é a produção atual da fábrica, 10.000 é a gratificação quando a produção atinge a capacidade possível prevista e 0,5 é um fator escolhido para reduzir o valor da gratificação caso Q venha a ser menor do que Q_p.

Entretanto, com esse esquema, os administradores teriam um estímulo para *subestimar* a capacidade de produção de suas fábricas. Ao declarar uma capacidade de produção menor do que aquela que sabem ser a verdadeira, eles teriam mais facilidade para receber uma grande gratificação, mesmo que não estivessem operando eficientemente. Por exemplo, se um administrador estimasse a capacidade de sua fábrica em 18.000 em vez de 20.000, e na realidade ela produzisse apenas 16.000, sua gratificação aumentaria de US$ 8.000 para US$ 9.000. Portanto, esse esquema não conseguiria fornecer informações exatas a respeito da capacidade produtiva e não poderia assegurar que as fábricas estivessem sendo operadas da maneira mais eficiente possível.

Agora vamos modificar esse esquema. Continuaremos com a pergunta feita aos administradores das fábricas sobre qual seria a capacidade possível de produção, atrelando suas gratificações a essas estimativas. Entretanto, utilizaremos uma fórmula ligeiramente mais complexa do que a Equação 17.3 para o cálculo das gratificações:

$$\begin{aligned} \text{Se } Q > Q_p,\ & B = 0,3Q_p + 0,2(Q - Q_p) \\ \text{Se } Q \leq Q_p,\ & B = 0,3Q_p - 0,5(Q_p - Q) \end{aligned} \tag{17.4}$$

Os parâmetros (0,3, 0,2 e 0,5) foram escolhidos de modo que cada administrador tenha um incentivo para revelar seu *verdadeiro* nível possível de produção *e* para tornar Q, a produção real de sua fábrica, a mais elevada possível.

Para ver como esse esquema funciona, examine a Figura 17.4. Suponhamos que o verdadeiro limite de produção seja $Q^* = 20.000$ unidades por ano. A gratificação que o administrador receberá, caso declare a verdadeira produção possível, é indicada pela linha $Q_p = 20.000$. Essa linha vai além do limite de produção de 20.000 para ilustrar a natureza desse esquema de gratificação, mas essa continuação é feita em linha tracejada, para mostrar a impossibilidade desses níveis de produção. Observe que a gratificação do administrador é maximizada quando a empresa produz seu limite de 20.000 unidades; a gratificação é, então, de US$ 6.000.

Entretanto, suponhamos que o administrador declare uma capacidade possível de apenas 10.000 unidades. Desse modo, sua gratificação é indicada pela linha $Q_p = 10.000$. Agora a gratificação máxima é de US$ 5.000, obtida com uma produção de 20.000 unidades. No entanto, observe que esse valor é inferior à gratificação que o administrador receberia se tivesse dado a informação correta de que sua capacidade possível era de 20.000 unidades.

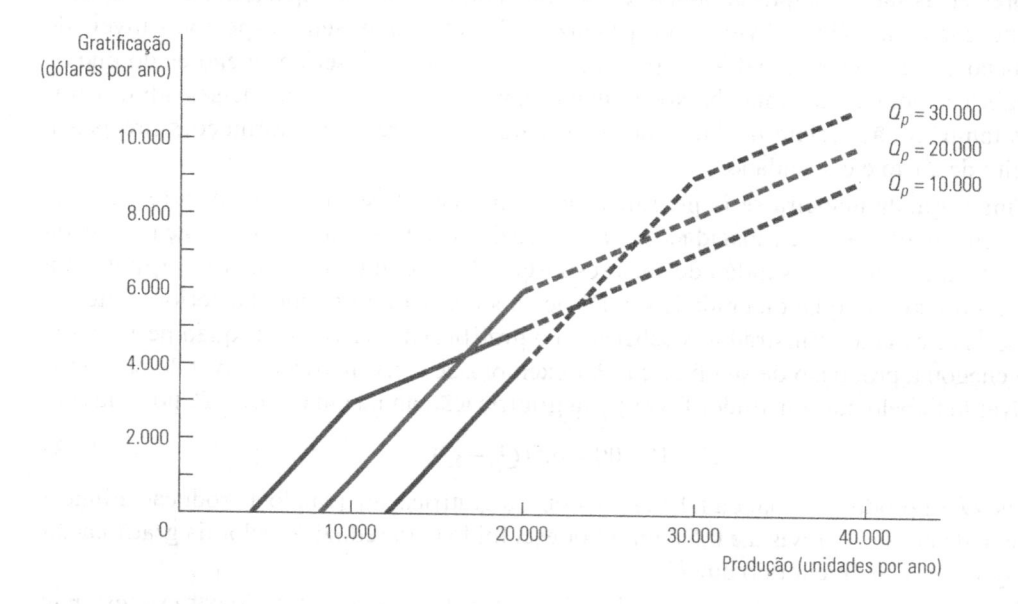

FIGURA 17.4 CONCEPÇÃO DE INCENTIVOS EM UMA EMPRESA INTEGRADA

Um esquema de gratificação pode ser formulado de modo que proporcione ao administrador o incentivo para estimar precisamente a capacidade de sua fábrica. Se o administrador declara que a capacidade possível é de 20.000 unidades por ano, igual à capacidade real, a gratificação recebida é maximizada (em US$ 6.000).

A mesma linha de raciocínio se aplica quando o administrador exagera a capacidade possível. Suponhamos que ele informe que sua capacidade possível é de 30.000 unidades por ano. A respectiva gratificação é indicada pela linha $Q_p = 30.000$. Sendo assim, a gratificação máxima de US$ 4.000, recebida com uma produção de 20.000 unidades, é menor do que a que ele poderia ter recebido caso tivesse informado corretamente a capacidade possível.[19]

---

[19] Qualquer gratificação na forma $B = \beta Q_P + \alpha(Q - Q_P)$ para $Q > Q_P$ e $B = \beta Q_P - \gamma(Q_P - Q)$ para $Q \leq Q_P$, com $\gamma > \beta > \alpha > 0$ funciona bem. Veja Martin L. Weitzman, "The New Soviet Incentive Model", *Bell Journal of Economics* 7, 1976, p. 251-256. No entanto, há um problema dinâmico com esse esquema que estamos ignorando: os administradores devem ponderar o recebimento de uma grande gratificação no ano corrente contra o recebimento de metas mais ambiciosas no futuro. Esse assunto é discutido no artigo de Martin Weitzman, "The 'Ratchet Principle' and Performance Incentives", *Bell Journal of Economics* 11, 1980, p. 302-308.

Aplicações

Como o problema de informação assimétrica e da elaboração de sistemas de incentivos ocorre com frequência no ambiente administrativo, esquemas como aquele que apresentamos anteriormente poderão ser necessários em muitos contextos. Por exemplo, de que maneira os administradores podem estimular os vendedores a estabelecer e a revelar metas realistas de vendas e, depois, trabalhar da melhor maneira possível para poder alcançá-las?

Em sua maioria, os vendedores são responsáveis por determinados territórios. Um vendedor responsável pela cobertura de um território urbano e densamente povoado geralmente pode vender mais unidades de produtos do que um que seja responsável por um território de baixa densidade demográfica. Entretanto, a empresa quer recompensar de forma justa todos os vendedores. Ela também quer estimulá-los a trabalhar da melhor maneira possível e a apresentar metas realistas de vendas, de tal modo que ela possa planejar sua produção e sua programação de entregas. As empresas sempre fazem uso de gratificações e comissões para recompensar seus vendedores, mas em geral tais esquemas de incentivos são muito mal elaborados. Normalmente, as comissões dos vendedores são proporcionais às vendas. Esse procedimento não garante a obtenção de informações precisas sobre metas de vendas nem sobre desempenho máximo.

Hoje as empresas estão aprendendo que os esquemas de gratificação do tipo descrito pela Equação 17.4 dão resultados muito melhores. Pode-se dar ao vendedor uma matriz de números que mostre a gratificação em função tanto da meta de vendas (escolhida pelo próprio vendedor) como do nível real de vendas. (Essa matriz de números poderia ser calculada a partir da Equação 17.4 ou de alguma fórmula semelhante.) Os vendedores logo perceberão que a melhor alternativa é informar metas de venda possíveis e, então, trabalhar da melhor maneira para alcançá-las.[20]

17.6 Informação assimétrica no mercado de trabalho: teoria do salário de eficiência

Quando o mercado de trabalho é competitivo, todos aqueles que desejam fazer parte dele encontrarão empregos com remuneração igual a seu produto marginal. Embora muitas pessoas procurem emprego ativamente, a maioria dos países possui níveis de desemprego substanciais. Muitos dos que não conseguem encontrar ocupação presumivelmente até aceitariam trabalhar por remunerações mais baixas do que as que são pagas aos profissionais que se encontram empregados. Por que não vemos as empresas reduzindo as remunerações e aumentando os níveis de emprego para, dessa maneira, aumentar os lucros? Os modelos de equilíbrio competitivo são capazes de explicar o desemprego persistente?

Nesta seção, mostraremos de que maneira a **teoria do salário de eficiência** pode explicar a presença do desemprego e da discriminação de salário.[21] Até aqui, determinamos a produtividade da mão de obra em função das habilidades dos trabalhadores e em decorrência de investimentos de capital efetuados pelas empresas. Os modelos de salário de eficiência reconhecem que a produtividade da mão de obra também depende do salário. Há diversas explicações para essa relação. Nos países em desenvolvimento, os economistas têm sugerido que a produtividade dos trabalhadores depende do nível de salário por razões nutricionais: os trabalhadores mais bem pagos podem adquirir mais e melhores alimentos e, portanto, são mais saudáveis e podem trabalhar de maneira mais produtiva.

> Conforme discutimos na Seção 14.1, em um mercado de trabalho perfeitamente competitivo, as empresas contratam pessoal até o ponto em que o salário real (valor do salário dividido pelo preço do produto) é igual ao produto marginal do trabalho.

> **teoria do salário de eficiência**
>
> Explicação para a presença de desemprego involuntário e de discriminação de salários que reconhece que a produtividade da mão de obra pode ser afetada pelo nível do salário.

---
20 Veja Jacob Gonik, "Tie Salesmen's Bonuses to Their Forecasts", *Harvard Business Review*, maio-jun. 1978, p. 116-123.
21 Veja Janet L. Yellen, "Efficiency Wage Models of Unemployment", *American Economic Review* 74, maio 1984, p. 200-205. A análise é baseada no artigo de Joseph E. Stiglitz, "The Causes and Consequences of the Dependence of Quality on Price", *Journal of Economic Literature* 25, mar. 1987, p. 1-48.

modelo de "displicência"

Princípio segundo o qual os empregados têm incentivos para ser displicentes caso a empresa lhe pague um salário igual àquele que equilibra o mercado, pois aqueles que forem demitidos podem ser contratados por outras empresas recebendo o mesmo salário.

salário de eficiência

Salário que uma empresa paga a um funcionário como incentivo para que ele não se torne displicente.

No caso dos Estados Unidos, o **modelo de "displicência"** seria uma explicação melhor. Pelo fato de ser dispendioso ou até mesmo impossível monitorar trabalhadores, as empresas dispõem de informações imperfeitas a respeito da produtividade de seus funcionários, de tal maneira que se configura um problema de relação agente-principal. Em sua forma mais simples, o modelo de displicência pressupõe mercados perfeitamente competitivos, nos quais todos os trabalhadores são igualmente produtivos e podem obter a mesma remuneração. Depois de serem contratados, os funcionários podem trabalhar produtivamente ou então atuar de forma displicente. Entretanto, como as informações sobre seu desempenho são limitadas, eles podem não ser demitidos, mesmo apresentando uma conduta negligente.

Esse modelo funciona da seguinte maneira: se uma empresa paga a seus trabalhadores o salário de equilíbrio de mercado w^*, eles têm estímulo para atuar de forma displicente. Mesmo que sejam descobertos e demitidos (o que pode não ocorrer), eles podem logo ser contratados por outra empresa pela mesma remuneração. Uma vez que a ameaça de demissão não impõe um custo aos trabalhadores, eles não encontram incentivo para ser produtivos. Como estímulo para que a negligência não ocorra, a empresa deve oferecer uma remuneração mais alta a seus trabalhadores. Com um nível mais alto de remuneração, os profissionais que forem demitidos por negligência terão de se defrontar com uma redução de salário, caso sejam contratados por outra empresa pelo salário w^*. Se a diferença entre os salários for grande o suficiente, os trabalhadores serão induzidos a uma maior produtividade e a empresa não se defrontará com o problema da negligência. O nível de remuneração em que a displicência deixa de ocorrer se chama **salário de eficiência**.

Até aqui, examinamos apenas uma empresa, porém todas as outras se defrontam com esse problema. Por isso, todas as empresas oferecerão salários maiores do que o salário de equilíbrio de mercado w^* — por exemplo, w_e (salário de eficiência). Será que essa medida eliminaria o incentivo para os trabalhadores não serem negligentes, uma vez que eles poderiam ser contratados por salários mais altos em outras empresas, caso viessem a ser demitidos? Não, pois como todas as empresas estariam oferecendo salários maiores do que w^*, a demanda de mão de obra seria menor do que a quantidade de equilíbrio de mercado e haveria desemprego. Em consequência, os trabalhadores demitidos em virtude da negligência se defrontariam com um período de desemprego antes de conseguir um trabalho pelo salário w_e em alguma outra empresa.

A Figura 17.5 apresenta a displicência no mercado de trabalho. A demanda de mão de obra, D_L, possui inclinação descendente devido às razões tradicionais. Caso a conduta negligente não ocorresse, o ponto de interseção entre D_L e a curva de oferta de mão de obra (S_L) estaria determinando a remuneração de mercado no nível w^* e o resultado seria o nível de pleno emprego (L^*). Entretanto, com a existência da displicência, as empresas individualmente não estão dispostas a pagar w^*. Em vez disso, para cada nível de desemprego no mercado, as empresas devem pagar alguma remuneração maior do que w^* para induzir seus trabalhadores a serem produtivos. Esse salário é apresentado na *curva de restrição de ausência de negligência (RAN)*. Essa curva mostra o menor salário, a cada nível de desemprego, que é necessário pagar aos trabalhadores para que não ocorra a negligência. Observe que, quanto maior for o nível de desemprego, menor será a diferença entre o salário de eficiência e w^*. Por que isso ocorre? Porque, para altos níveis de desemprego, os trabalhadores negligentes correm o risco de permanecer desempregados por longos períodos e, portanto, não necessitam de muito estímulo para serem produtivos.

Na Figura 17.5, o salário de equilíbrio encontra-se no ponto de interseção entre as curvas RAN e D_L, quando um número L_e de trabalhadores está recebendo a remuneração w_e. Esse equilíbrio ocorre porque a curva RAN indica o menor salário que as empresas podem pagar, e, ainda assim, desestimular a negligência. Dessa maneira, elas não precisam pagar um valor acima dessa remuneração para obter o número de trabalhadores de que necessitam em seus quadros e não pagarão menos porque uma remuneração mais baixa estimularia a negligência. Observe que a curva de restrição RAN nunca intercepta a curva de oferta de mão de obra. Isso significa que sempre haverá algum desemprego no equilíbrio.

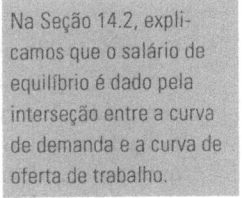

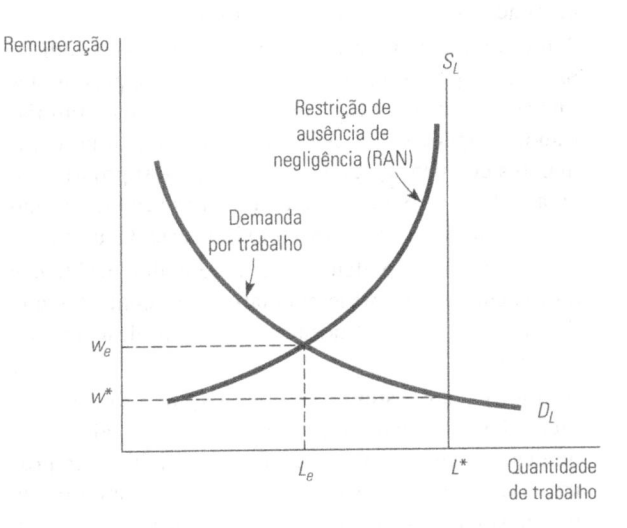

> Na Seção 14.2, explicamos que o salário de equilíbrio é dado pela interseção entre a curva de demanda e a curva de oferta de trabalho.

FIGURA 17.5 — DESEMPREGO EM UM MODELO DE DISPLICÊNCIA

O desemprego pode surgir em mercados competitivos quando os empregadores não conseguem monitorar precisamente os trabalhadores. Aqui a curva de "restrição de ausência de negligência" (RAN) aponta o salário necessário para que os trabalhadores não atuem de forma displicente. A empresa emprega L_e trabalhadores (a um salário de eficiência w_e mais alto que o salário de equilíbrio de mercado w^*), criando $L^* - L_e$ de desemprego.

EXEMPLO 17.7 — SALÁRIOS DE EFICIÊNCIA NA FORD

Um dos exemplos mais antigos de pagamento de salário de eficiência pode ser encontrado na história da Ford Motor Company. Antes de 1913, a produção de automóveis dependia intensamente de mão de obra especializada. No entanto, a introdução da linha de montagem modificou radicalmente o ambiente de trabalho. Desse momento em diante, os cargos começaram a exigir muito menos especialização e a produção passou a depender cada vez mais da manutenção dos equipamentos da linha de montagem. Mas, à medida que as fábricas se modificaram, os trabalhadores ficaram cada vez mais frustrados. Em 1913, a rotatividade de mão de obra na Ford chegou a 380%. No ano seguinte, atingiu 1.000%, e sua margem de lucro apresentou uma acentuada redução.

A Ford necessitava manter sua equipe de trabalho estável; Henry Ford (e seu sócio James Couzens) tomou providências para que isso ocorresse. Em 1914, quando o salário diário no setor industrial estava na faixa entre US$ 2 e US$ 3, a Ford introduziu uma política de salários de US$ 5 por dia para seus trabalhadores. Essa política era motivada pela busca de mão de obra mais eficiente e não por generosidade. O objetivo era atrair melhores trabalhadores que permanecessem no emprego e, assim, aumentar os lucros.

Embora Henry Ford tenha sido criticado por causa dessa política, ela foi um sucesso. Sua equipe de trabalho realmente tornou-se mais estável e a publicidade em torno do assunto ajudou a aumentar as vendas da companhia. Além disso, como havia selecionado os funcionários, Henry Ford pôde contratar um grupo cuja produtividade estava acima da média. Ford afirmou que, na realidade, o aumento de remuneração aumentou a lealdade e a eficiência pessoal de seus funcionários, e as estimativas quantitativas realizadas confirmaram suas afirmações. De acordo com os cálculos feitos pelo chefe de recursos humanos da Ford, a produtividade aumentou em 51%. Outro estudo concluiu ainda que as faltas haviam caído pela metade e que as demissões por justa causa haviam também apresentado um acentuado declínio. Dessa maneira, o aumento de eficiência mais do que compensou o aumento de salários. Em consequência, a lucratividade da Ford aumentou substancialmente: passou de US$ 30 milhões em 1914 para US$ 60 milhões em 1916.

RESUMO

1. O vendedor de um produto geralmente possui melhores informações a respeito de sua qualidade do que o comprador. Informação assimétrica desse tipo cria uma falha de mercado de tal forma que os produtos de baixa qualidade tendem a eliminar do mercado os de alta qualidade. Essas falhas de mercado podem ser eliminadas se os vendedores oferecerem produtos padronizados, fornecerem certificados e garantias ou encontrarem outras formas de manter uma boa reputação para seus produtos.

2. Os mercados de seguros costumam envolver informação assimétrica, porque aquele que adquire o seguro possui melhores informações a respeito do risco envolvido do que a companhia seguradora. Isso pode ocasionar seleção adversa, na qual pessoas envolvidas com riscos mais altos optam pela aquisição do seguro e as com riscos mais baixos optam por não adquiri-lo. Outro problema para os mercados de seguro é o risco moral, no qual a parte segurada passa a ter menos cuidado de evitar perdas após a aquisição do seguro.

3. Os vendedores podem solucionar o problema de informação assimétrica enviando sinais aos compradores sobre a qualidade de seus produtos. Por exemplo, os trabalhadores podem sinalizar sua alta produtividade obtendo níveis de educação superiores.

4. A informação assimétrica pode tornar mais dispendiosa para os proprietários de empresas (os principais) a monitoração exata do comportamento de seus administradores (agentes). Esses profissionais podem procurar maiores compensações e benefícios para si próprios ou então adotar o objetivo de maximizar as vendas, mesmo que os acionistas prefiram a maximização de lucros.

5. Os proprietários podem evitar alguns dos problemas da relação agente-principal elaborando contratos que deem a seus agentes incentivos para um desempenho produtivo.

6. A informação assimétrica pode explicar por que os mercados de trabalho apresentam substanciais níveis de desemprego mesmo quando há trabalhadores procurando emprego ativamente. De acordo com a teoria do salário de eficiência, uma remuneração mais alta (o salário de eficiência) do que a do mercado competitivo aumenta a produtividade dos trabalhadores ao desencorajar a displicência no desempenho de suas funções.

QUESTÕES PARA REVISÃO

1. Por que a informação assimétrica entre compradores e vendedores pode ocasionar falhas de mercado que de outra forma poderia ser totalmente competitivo?

2. Se o mercado de automóveis usados é um mercado de "limões", que resultado você esperaria encontrar na comparação entre o histórico dos consertos dos automóveis usados que foram vendidos com o dos veículos usados que não foram vendidos?

3. Explique a diferença entre a seleção adversa e o risco moral no mercado de seguros. Será que a seleção adversa e o risco moral podem existir um sem o outro?

4. Descreva diversas maneiras pelas quais vendedores podem convencer compradores de que seus produtos são de alta qualidade. Quais métodos podem ser utilizados no caso dos seguintes produtos: máquinas de lavar da marca Maytag, hambúrgueres do Burger King e diamantes grandes.

5. Por que determinado vendedor poderia achar vantajoso sinalizar a qualidade de um produto? De que modo as garantias e os certificados atuam como sinalização de mercado?

6. Joe recebeu boas notas durante os quatro anos da faculdade. Para seu futuro empregador, essa conquista é um forte sinal de que ele será um profissional altamente produtivo? Por quê?

7. Por que os administradores de empresas podem ter outros objetivos que não a maximização dos lucros, que é a meta dos acionistas?

8. De que modo o modelo agente-principal pode ser utilizado para explicar por que empresas públicas, por exemplo, os Correios, podem passar a buscar objetivos diferentes da maximização de lucros?

9. Por que as políticas de gratificação e participação nos lucros têm a possibilidade de resolver o problema da relação agente-principal, enquanto um esquema de remuneração fixa provavelmente não o resolveria?

10. O que é o salário de eficiência? Por que é lucrativo para a empresa pagar um salário de eficiência em situações nas quais os trabalhadores possuem informações mais completas a respeito de sua produtividade do que ela?

EXERCÍCIOS

1. Muitos consumidores veem a fama de uma marca como um sinal de qualidade e, por isso, estão dispostos a pagar um preço mais alto por um produto já estabelecido no mercado (por exemplo, aspirina da Bayer em vez de uma aspirina genérica, ou arroz de uma marca conhecida em vez da marca do próprio supermercado). A fama de uma marca conhecida pode se constituir em uma forma de sinalização útil? Por quê?

2. Gary terminou há pouco o curso universitário. Após seis meses em seu novo emprego, conseguiu enfim poupar o suficiente para a aquisição de seu primeiro automóvel.
   a. Gary sabe muito pouco sobre as diferenças entre marcas e modelos de veículos. De que maneira ele poderia se valer das sinalizações de mercado, como reputação ou padronização, para fazer comparações entre automóveis?
   b. Suponha que você seja um funcionário do setor de empréstimos de um banco. Depois de ter escolhido seu automóvel, Gary vai até o banco em busca de um empréstimo. Como ele terminou a faculdade recentemente, não possui ainda um longo histórico de crédito. No entanto, sua instituição tem uma longa experiência em financiamento de automóveis para recém-formados. Será que isso pode ser útil no caso de Gary? Em caso afirmativo, de que modo?

3. Uma importante universidade proíbe que os professores deem notas D ou E. Ela justifica sua ação afirmando que os estudantes tendem a ter desempenho acima da média quando estão livres da pressão representada pela possibilidade de não passar nos exames. A universidade afirma ainda que gostaria que todos os seus estudantes tirassem notas A ou B. Se o objetivo da instituição for o de aumentar de modo geral o número de notas para B ou mais, será que essa nova política pode ser considerada boa? Discuta essa questão levando em consideração o problema do risco moral.

4. O professor Jones acabou de ser contratado pelo departamento de economia de uma importante universidade. O presidente do conselho dirigente declarou que a universidade está empenhada em dar uma educação de alta qualidade a seus alunos. Jones faltou a suas aulas durante dois meses neste semestre. Há indicações de que ele estaria dedicando todo o seu tempo a pesquisas em vez de se dedicar ao ensino. Por outro lado, Jones argumenta que sua pesquisa trará prestígio ao departamento de economia e à universidade. A instituição deve permitir que ele continue a se dedicar exclusivamente à pesquisa? Discuta com base no problema da relação agente-principal.

5. Ao se defrontar com uma reputação de fabricar automóveis com históricos ruins de manutenção, diversas empresas norte-americanas passaram a oferecer amplas garantias aos compradores de seus veículos (por exemplo, garantia de sete anos para todas as peças e consertos relacionados com problemas mecânicos).
   a. Com base em seu conhecimento do mercado de limões, explique por que essa nova política é razoável.
   b. Essa nova política pode criar um problema de risco moral? Explique.

6. Para promover a competição e o bem-estar, o órgão responsável pela regulamentação do comércio no país passa a exigir que as empresas façam propaganda com informações fidedignas. De que forma a verdade na propaganda promove a competição no mercado? Por que determinado mercado pode vir a ser menos competitivo caso as empresas façam propaganda enganosa?

7. Uma companhia seguradora está considerando a possibilidade de passar a vender três tipos de apólices de seguro: (i) seguro total; (ii) seguro total com franquia de US$ 10.000; e (iii) seguro com cobertura de 90% dos prejuízos totais. Qual dessas três apólices apresenta maiores possibilidades de criar problemas de risco moral?

8. Vimos de que maneira as informações assimétricas podem reduzir a qualidade média dos produtos vendidos em determinado mercado à medida que as mercadorias de baixa qualidade vão eliminando as de alta qualidade. Nos mercados nos quais prevalecem informação assimétrica, você concordaria ou discordaria das afirmações a seguir? Explique de modo resumido.
   a. O governo deveria subsidiar uma publicação denominada *Informativo do Consumidor*.
   b. O governo deveria implementar padrões de qualidade; por exemplo, não deveria ser permitido que as empresas vendessem produtos de baixa qualidade.
   c. O produtor de uma mercadoria de alta qualidade provavelmente estaria disposto a oferecer uma ampla garantia para seu produto.
   d. O governo deveria exigir que *todas* as empresas passassem a oferecer amplas garantias para seus produtos.

9. Duas agências de automóveis usados competem lado a lado em uma avenida importante. A primeira, Harry's Cars, sempre vende automóveis de alta qualidade cuidadosamente inspecionados e, caso seja necessário, realiza reparos. Cada automóvel que a Harry's vende lhe custa em média US$ 8.000, somando-se o preço de compra e os reparos. A segunda agência, Lew's Motors, vende

apenas automóveis de baixa qualidade, que lhe custam em média US$ 5.000. Se os consumidores conhecessem a qualidade dos automóveis que compram, pagariam US$ 10.000 em média por um carro da Harry's e apenas US$ 7.000 em média por um carro da Lew's.

Sem acesso a informações adicionais, os consumidores não conhecem a qualidade dos automóveis de cada agência. Nessas circunstâncias, eles imaginam que têm 50% de chance de comprar um automóvel de alta qualidade e, assim, estão dispostos a pagar US$ 8.500 por um carro.

O dono da Harry's tem uma ideia: oferecer uma garantia para cada automóvel que vender. Ele sabe que uma garantia por Y anos custa US$ 500Y em média e também sabe que, se a Lew's tentar oferecer a mesma garantia, isso custará a ela US$ 1.000Y em média.

a. Suponha que a Harry's ofereça garantia de um ano para cada automóvel que vender.

   i. Qual será o lucro da Lew's se ela não oferecer garantia de um ano? E se ela oferecer?

   ii. Qual será o lucro da Harry's se a Lew's não oferecer garantia de um ano? E se ela oferecer?

   iii. Será que a Lew's vai imitar a Harry's e oferecer a garantia?

   iv. Para a Harry's, é uma boa ideia oferecer garantia de um ano?

b. O que acontecerá se a Harry's oferecer uma garantia de dois anos para cada unidade? Essa atitude gerará um sinal confiável de qualidade? E se for uma garantia de três anos?

c. Se você fosse consultor da Harry's, qual tempo de garantia sugeriria? Explique sua resposta.

*10. Como presidente das Indústrias ASP, você estima que seu lucro anual é dado pela tabela a seguir. O lucro (π) depende da demanda de mercado e do empenho de seu novo CEO. As probabilidades de cada condição de demanda ocorrer também são mostradas na tabela.

Demanda de mercado	Demanda baixa	Demanda média	Demanda alta
Probabilidades de mercado	0,30	0,40	0,30
Baixo empenho	π = US$ 5 milhões	π = US$ 10 milhões	π = US$ 15 milhões
Alto empenho	π = US$ 10 milhões	π = US$ 15 milhões	π = US$ 17 milhões

Você precisa delinear um pacote de remuneração para o CEO que maximize o lucro esperado da empresa. Embora a empresa seja neutra ao risco, o CEO é avesso ao risco. A função de utilidade do CEO é

Utilidade = $W^{0,5}$ quando ele se empenha pouco

Utilidade = $W^{0,5}$ – 100 quando ele se empenha muito

em que W é a renda do CEO (–100 é o "custo de utilidade" em que o CEO incorre ao se empenhar muito). Você conhece a função de utilidade do CEO e tanto você quanto ele têm acesso a todas as informações da tabela apresentada. Você *não* sabe o nível de empenho do CEO no momento da remuneração ou o estado exato da demanda. Você sabe, porém, qual é o lucro da empresa.

Como presidente das Indústrias ASP, qual das três alternativas de pacotes de remuneração a seguir você prefere? Por quê?

Pacote 1: pagar ao CEO um salário-base de US$ 575.000 por ano.

Pacote 2: pagar ao CEO uma porcentagem fixa de 6% sobre os lucros anuais da empresa.

Pacote 3: pagar ao CEO um salário-base de US$ 500.000 por ano e, além disso, 50% sobre qualquer lucro *acima* de US$ 15 milhões.

11. A receita de curto prazo de uma empresa é dada por $R = 10e - e^2$, em que e é o nível de esforço de um trabalhador típico (presumindo-se que todos os trabalhadores sejam idênticos). Um trabalhador escolhe seu nível de esforço a fim de maximizar seu salário menos esforço $w - e$ (com o custo por unidade de esforço sendo igual a 1). Determine o nível de esforço e o nível de lucro (receita menos salário pago) para cada uma das condições a seguir. Explique por que essas diferentes relações agente-principal geram resultados distintos.

a. $w = 2$ para $e \geq 1$; caso contrário, $w = 0$.

b. $w = R/2$.

c. $w = R - 12,5$.

12. A UNIVERSAL SAVINGS & LOAN tem US$ 1.000 para emprestar. Empréstimos sem risco serão pagos integralmente no próximo ano com uma taxa de juros de 4%. Empréstimos com risco têm 20% de chance de calote (pagamento zero) e 80% de chance de pagamento completo com 30% de juros.

a. Quanto de lucro a instituição que empresta espera obter? Mostre que os lucros esperados são os mesmos, não importa se a instituição realiza empréstimos com ou sem risco.

b. Agora, suponha que a instituição saiba que o governo "subsidiará" a UNIVERSAL se houver um calote (pagando a ela os US$ 1.000 que o cliente deixou de pagar). Que tipo de empréstimos a instituição escolherá fazer? Qual é o custo esperado para o governo?

c. Suponha que a instituição não saiba com certeza se haverá um subsídio, mas ele ocorrerá com probabilidade P. Para que valores de P a instituição financeira fará empréstimos de risco?

CAPÍTULO 18

Externalidades e bens públicos

ESTE CAPÍTULO DESTACA

18.1	Externalidades	653
18.2	Formas de corrigir falhas de mercado	659
18.3	Externalidades de estoque	671
18.4	Externalidades e direitos de propriedade	676
18.5	Recursos de propriedade comum	679
18.6	Bens públicos	682
18.7	Preferências privadas por bens públicos	686

LISTA DE EXEMPLOS

18.1	Custos e benefícios da redução na emissão de dióxido de enxofre	657
18.2	Reduzindo as emissões de dióxido de enxofre em Pequim	665
18.3	A permuta de emissões e o ar puro	666
18.4	Regulamentação do lixo sólido municipal	670
18.5	Aquecimento global	674
18.6	O teorema de Coase na prática	679
18.7	A pesca de lagostins na Louisiana	680
18.8	A demanda por ar puro	685

Neste capítulo estudaremos as *externalidades*, isto é os efeitos das atividades de produção e consumo que não se refletem diretamente no mercado, e os *bens públicos*, isto é, bens que podem beneficiar todos os consumidores, mas cuja oferta no mercado é insuficiente ou totalmente inexistente. As externalidades e os bens públicos constituem importantes causas de falhas de mercado e, portanto, dão origem a sérias questões de política pública. Por exemplo: qual quantidade de efluentes (se alguma) as empresas deveriam ser autorizadas a despejar em rios e ribeirões? Quão restritivas deveriam ser as normas e os regulamentos referentes à emissão de poluentes de automóveis? Qual deveria ser o gasto do governo com a defesa do país, com educação, com pesquisa básica e com televisão aberta?

Quando as externalidades se encontram presentes, o preço de um bem não reflete necessariamente seu valor social. Em consequência, as empresas poderão vir a produzir quantidades excessivas ou insuficientes, de tal maneira que o resultado do mercado venha a ser ineficiente. De início, descreveremos as externalidades e mostraremos de que modo elas criam ineficiências de mercado. Depois, avaliaremos algumas soluções para essas ineficiências. Enquanto algumas delas envolvem regulamentações governamentais, outras dependem basicamente de negociações entre as partes ou do direito legal da parte prejudicada de mover uma ação judicial contra os responsáveis pela externalidade.

Em seguida, analisaremos os bens públicos. O custo marginal da oferta de um bem público a um consumidor adicional é zero, e as pessoas não podem ser impedidas de consumi-lo. Dessa maneira, fazemos distinção entre os bens que dificilmente seriam ofertados pelo setor privado e aqueles que poderiam ser oferecidos pelo mercado. Concluiremos descrevendo o problema com que se defrontam os responsáveis pela elaboração de políticas públicas quando tentam decidir que quantidade de determinado bem público deve ser ofertada.

18.1 Externalidades

As **externalidades** podem surgir entre produtores, entre consumidores ou entre consumidores e produtores. Há externalidades *negativas* — quando a ação de uma das partes impõe custos à outra — e *positivas* — quando a ação de uma das partes beneficia a outra.

externalidade

Ação de um produtor ou consumidor que afeta outros produtores ou consumidores, mas que não é considerada no preço de mercado.

Por exemplo, uma *externalidade negativa* ocorre quando uma usina de aço despeja seus efluentes em um rio do qual os pescadores dependem para sua pesca diária. Quanto mais efluentes forem despejados no rio pela usina de aço, menos peixes haverá. Não há nada, porém, que motive a usina de aço a se responsabilizar pelos custos externos que impõe aos pescadores quando toma sua decisão de produção. Além disso, não existe um mercado no qual esses custos externos possam ser estimados e incorporados no preço do aço. Uma *externalidade positiva* ocorre quando um proprietário de uma casa resolve pintá-la e construir um lindo jardim. Todos os vizinhos se beneficiam dessa atividade, embora a decisão do proprietário de pintar a casa e fazer o jardim provavelmente não tenha levado em conta esses benefícios.

Externalidades negativas e ineficiência

Como as externalidades não estão refletidas nos preços de mercado, elas podem se tornar uma causa de ineficiência econômica. Quando a empresa não considera os danos associados às externalidades negativas, o resultado é uma produção excessiva e custos sociais desnecessários. Para entendermos isso, examinaremos o exemplo da usina de aço que lança efluentes em um rio. A Figura 18.1(a) apresenta a decisão de produção da usina de aço em um mercado competitivo e a 18.1(b) mostra as curvas de demanda e de oferta de mercado, supondo que todas as usinas geram externalidades semelhantes. Estamos considerando que, como possui uma função de produção de proporções fixas, a usina de aço não pode alterar suas combinações de insumos; a quantidade de resíduos e outros efluentes pode ser reduzida apenas por meio de uma diminuição no volume de produção. (Sem essa premissa, as empresas estariam escolhendo conjuntamente entre uma variedade de combinações de produção e redução de poluição.) Analisaremos a natureza dessa externalidade em duas circunstâncias: a primeira quando apenas uma usina de aço polui o meio ambiente e a segunda quando todas as usinas de aço poluem o meio ambiente da mesma maneira.

> Na Seção 6.3, explicamos que não há substituição entre os insumos em uma função de produção de proporções fixas, porque cada nível de produção necessita de uma combinação específica de trabalho e capital.

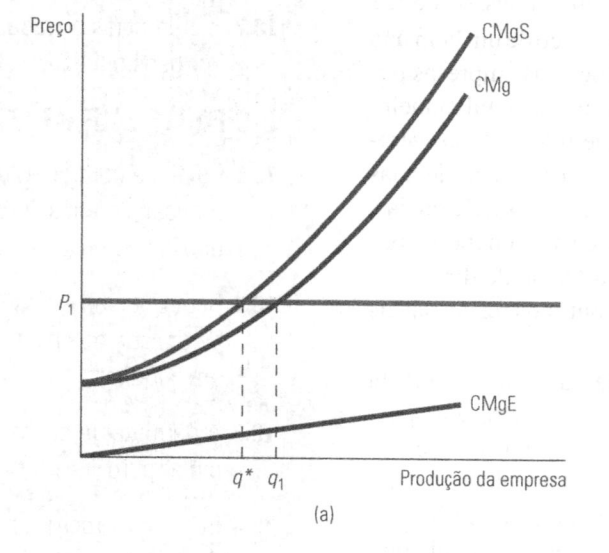

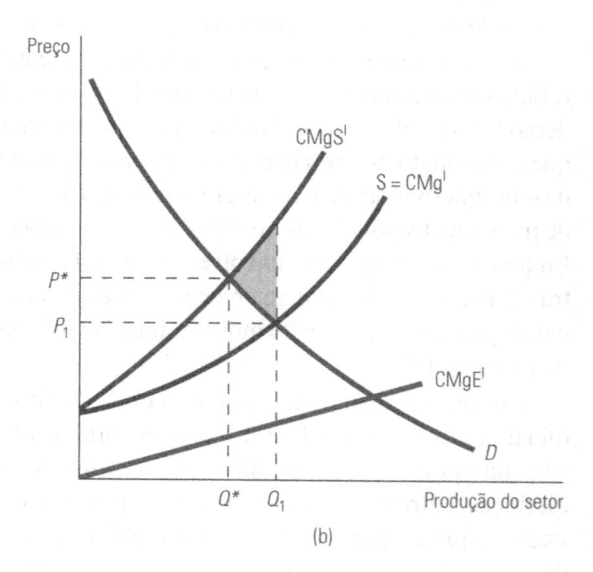

FIGURA 18.1 CUSTO EXTERNO

Quando há externalidades negativas, o custo marginal social, CMgS, é maior do que o custo marginal, CMg. A diferença é o custo marginal externo, CMgE. Em (a), a empresa que maximiza os lucros produz a quantidade q_1, em que o preço é igual ao custo marginal. A produção eficiente ocorre com a quantidade q^*, em que o preço é igual ao CMgS. Em (b), o produto competitivo do setor é Q_1 na interseção entre a oferta de mercado CMg^I e a demanda D. No entanto, o produto eficiente Q^* é menor na interseção da demanda com o custo marginal social $CMgS^I$.

O preço do aço é P_1, que se encontra na interseção entre as curvas de oferta e de demanda da Figura 18.1(b). A curva CMg no diagrama (a) apresenta um típico custo marginal de produção para uma usina de aço. A empresa maximiza o lucro ao produzir a quantidade q_1, na qual o custo marginal é igual ao preço (que por sua vez é igual à receita marginal, pois a empresa adota o preço como dado). Entretanto, à medida que o nível de produção da empresa varia, o custo externo imposto sobre os pescadores também varia. Esse custo é apresentado pela curva de **custo marginal externo** (CMgE) na Figura 18.1(a). É intuitivamente claro porque o custo total externo aumenta com a produção — há mais poluição. Entretanto, nossa análise se volta ao custo *marginal* externo, que mede o custo adicional da externalidade associada a cada unidade *adicional* produzida. Na prática, a curva de CMgE possui inclinação ascendente para a maioria dos tipos de poluição: à medida que a empresa produz quantidades adicionais de aço e despeja quantidades adicionais de efluentes no rio, o prejuízo incremental para o setor de pesca aumenta.

custo marginal externo
Aumento no custo imposto externamente quando uma ou mais empresas elevam o volume de produção em uma unidade.

Do ponto de vista social, a empresa produz uma quantidade excessiva. O nível de produção eficiente é aquele para o qual o preço do produto é igual ao **custo marginal social** da produção, que é igual à *soma* do custo marginal de produção com o custo marginal externo do despejo de efluentes. Na Figura 18.1(a), o custo marginal social é obtido pela soma do custo marginal com o custo marginal externo para cada nível de produção (isto é, CMgS = CMg + CMgE). A curva de custo marginal social CMgS cruza com a linha de preço na quantidade produzida q^*. Como apenas uma empresa despeja seus efluentes no rio, permanece inalterado o preço de mercado do produto. Entretanto, a empresa está produzindo uma quantidade muito alta (q_1 em vez de q^*) e está lançando efluentes demais no rio.

custo marginal social
Soma do custo marginal de produção com o custo marginal externo.

Vamos pensar, agora, no que ocorreria se todas as usinas de aço despejassem seus efluentes nos rios. Na Figura 18.1(b), a curva CMg^I representa a curva de oferta do setor. A curva de custo social marginal associada ao nível de produção do setor, $CMgE^I$, é obtida pela soma do custo marginal de cada pessoa prejudicada em cada nível de produção. A curva $CMgS^I$ representa a soma do custo marginal de produção e do custo marginal externo *para todas as empresas produtoras de aço*. Em consequência, $CMgS^I = CMg^I + CMgE^I$.

Na Seção 8.3, mostramos que, como uma empresa competitiva se defronta com uma curva de demanda horizontal, escolhendo um nível de produção em que o custo marginal se iguala ao preço ela maximiza o lucro.

A produção do setor é eficiente quando há externalidades? Como mostra a Figura 18.1(b), o nível eficiente de produção do setor é aquele para o qual o benefício marginal obtido mediante a produção de uma unidade adicional de produto é igual ao custo marginal social. Como a curva de demanda mede o benefício marginal dos consumidores, o nível de produção eficiente se encontra em Q^*, situado na interseção entre a curva de custo social marginal $CMgS^I$ e a curva de demanda D. Entretanto, o nível de produção competitivo do setor encontra-se em Q_1, no ponto de interseção entre a curva de demanda D e a curva de oferta CMg^I. Podemos ver claramente que o nível de produção do setor é muito alto.

Na Seção 9.2, explicamos que um mercado competitivo, na ausência de falhas de mercado, atinge o nível de produção economicamente eficiente.

Nesse exemplo, cada unidade de produção resulta no despejo de certa quantidade de efluente. Portanto, quer estejamos examinando a poluição de apenas uma empresa, quer de todo o setor industrial, a ineficiência econômica é o excesso de produção que faz uma quantidade demasiadamente grande de efluentes ser despejada no rio. A origem da ineficiência é o preço incorreto do produto. O preço de mercado P_1 da Figura 18.1(b) é muito baixo, pois se trata de um valor que reflete apenas o custo marginal privado da produção das empresas, e não o custo marginal *social*. Apenas com o preço mais elevado P^* as empresas produtoras de aço obterão um nível de produção eficiente.

Qual é o custo dessa ineficiência para a sociedade? Para quaisquer níveis de produção maiores do que Q^*, o custo social é obtido por meio da diferença entre o custo marginal social e o benefício marginal (a curva de demanda). Como resultado, o custo social agregado é mostrado na Figura 18.1(b) como o triângulo sombreado entre $CMgS^I$, D e a produção Q_1. Quando deixamos de lado a maximização dos lucros e nos concentramos na eficiência social, a situação das empresas fica ainda pior: os lucros são reduzidos e os compradores de aço também sofrem por causa do aumento no preço do produto. Contudo, essas perdas são menores do que os ganhos para aqueles que sofreram com o efeito adverso do despejo de efluentes no rio.

As externalidades geram ineficiências tanto no longo como no curto prazo. No Capítulo 8, vimos que as empresas entram em um setor competitivo sempre que o preço do produto está acima do *custo médio* de produção e saem sempre que o preço está abaixo do custo médio. No equilíbrio de longo prazo, o preço é igual ao custo médio (de longo prazo). Quando há externalidades negativas, o custo médio privado da produção é inferior ao custo médio social. Como resultado, algumas empresas permanecem no setor mesmo que sua saída seja mais eficiente. Portanto, as externalidades negativas estimulam a permanência de empresas demais no setor.

Externalidades positivas e ineficiência

As externalidades também podem resultar em níveis insuficientes de produção, como no exemplo do proprietário que reforma sua casa e faz um jardim. Na Figura 18.2, o eixo horizontal mede o investimento do dono da casa (em dólares) feito em reparos e no jardim. A curva de custo marginal desses dois itens mostra o custo dos reparos e do jardim feitos na casa; essa curva é horizontal, pois o custo não é afetado pela quantidade desses serviços. A curva de demanda, D, mede o benefício marginal privado dos reparos e do jardim para o dono da residência. Ele escolherá por investir q_1 nos dois itens, estando esse ponto situado na interseção de suas curvas de demanda e de custo marginal. Contudo, os reparos resultam em benefícios externos para os vizinhos, representados pela curva de **benefício marginal externo**, BMgE, da figura. Essa curva tem inclinação descendente nesse exemplo, já que o benefício marginal é grande para uma pequena quantidade desses serviços, mas passa a cair à medida que eles se tornam mais amplos.

benefício marginal externo

Aumento de benefício para as outras partes envolvidas quando uma empresa aumenta a produção em uma unidade.

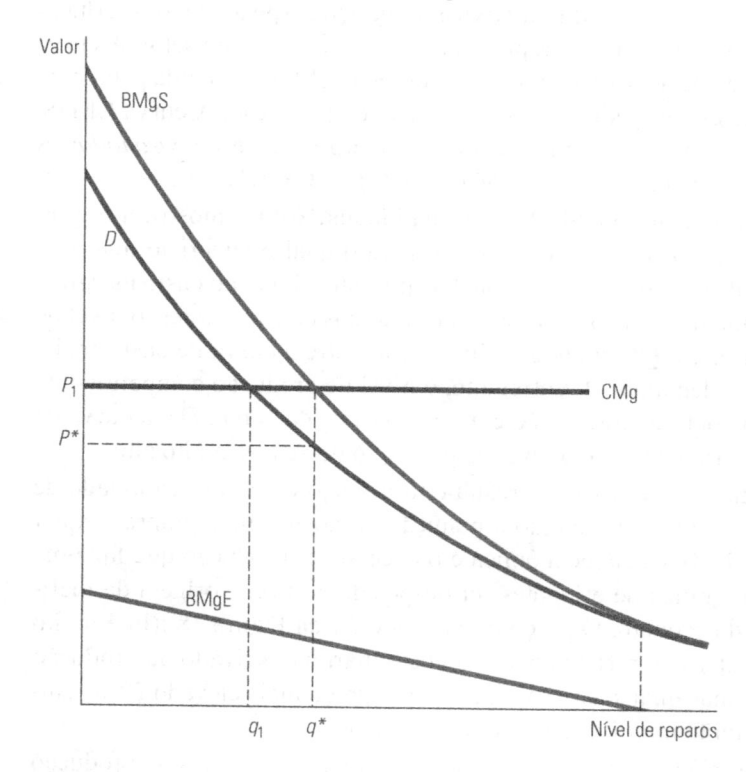

FIGURA 18.2 **BENEFÍCIOS EXTERNOS**

Quando há externalidades positivas, o benefício marginal social, BMgS, é maior do que o benefício marginal privado, D. A diferença é o benefício marginal externo, BMgE. Um proprietário interessado em seu próprio benefício investe q_1 em reparos, valor este determinado pela interseção da curva de benefício marginal, D, e da curva de custo marginal, CMg. O nível eficiente de reparos q^* é mais alto e é dado pela interseção da curva de benefício marginal social com a curva de custo marginal.

CAPÍTULO 18 EXTERNALIDADES E BENS PÚBLICOS

A curva de **benefício marginal social**, BMgS, é calculada pela soma do benefício marginal privado com o benefício marginal externo para cada nível de produção. Resumindo, BMgS = D + BMgE. O nível eficiente de produção q^*, em que o benefício marginal social dos reparos adicionais é igual ao custo marginal desses reparos, é encontrado no ponto de interseção entre as curvas BMgS e CMg. A ineficiência surge porque o proprietário da residência não recebe todos os benefícios do investimento feito no melhoramento externo de sua residência. Em consequência, o preço P_1 torna-se muito elevado para estimulá-lo a investir no nível socialmente desejável. O preço mais baixo, P^*, é necessário para estimular o nível eficiente de oferta, q^*.

> **benefício marginal social**
> Soma do benefício marginal privado com o benefício marginal externo.

Outro exemplo de externalidade positiva é o investimento que as empresas fazem em pesquisa e desenvolvimento (P&D). É frequente que as inovações resultantes desses investimentos não possam ser protegidas de outras empresas. Por exemplo, suponha que os trabalhos de pesquisa de uma firma resultem em um novo design para determinado produto. Se tal design puder ser patenteado, a empresa poderá obter grandes lucros na produção e comercialização do produto. Mas, se o novo design puder ser imitado por outras firmas, estas poderão produzir e comercializar produtos similares, obtendo parte do lucro que seria da empresa que realizou o desenvolvimento. Como há pouca recompensa para a realização de atividades de P&D, o mercado provavelmente fará investimentos insuficientes nesse campo.

O conceito de externalidade não é novidade para nós: quando discutimos a demanda no Capítulo 4, explicamos que externalidades de rede positivas e negativas podem surgir se a quantidade que determinado consumidor demanda de um bem aumenta ou diminui conforme crescem as aquisições feitas por outros consumidores. As externalidades de rede também podem levar a falhas de mercado. Suponha, por exemplo, que certas pessoas gostem de fazer amizades em estações de esqui lotadas, onde haja muitos outros esquiadores. Para os esquiadores que preferem filas curtas a aprazíveis encontros sociais, a aglomeração resultante poderia se tornar desagradável.

> Na Seção 4.5, explicamos que, quando existe externalidade de rede, a demanda de cada consumidor depende das aquisições feitas por outros consumidores.

EXEMPLO 18.1 CUSTOS E BENEFÍCIOS DA REDUÇÃO NA EMISSÃO DE DIÓXIDO DE ENXOFRE

Embora o gás dióxido de enxofre possa ser produzido naturalmente por vulcões, quase dois terços de toda a emissão desse tipo de gás nos Estados Unidos vem da geração de energia elétrica oriunda da queima de combustíveis fósseis como carvão e petróleo. O efeito da poluição do dióxido de enxofre no meio ambiente preocupou os políticos norte-americanos durante muitos anos, mas essa preocupação ganhou uma nova perspectiva na década de 1990, com uma série de emendas à legislação sobre despoluição do ar (Clean Air Act), criada em virtude dos potenciais efeitos adversos da chuva ácida. A chuva ácida é formada pela queima de combustíveis fósseis que liberam dióxido de enxofre e óxido de nitrogênio, ameaça as propriedades e a saúde nas regiões centro-oeste e noroeste dos Estados Unidos.[1]

A chuva ácida pode afetar de forma adversa a saúde humana e seus efeitos podem vir diretamente da atmosfera ou do solo onde são plantados nossos alimentos. Já foi comprovado que esse tipo de chuva aumenta a possibilidade de doenças cardíacas e pulmonares, como asma e bronquite, e pode estar relacionada com a morte prematura de adultos e crianças. Segundo uma estimativa, se as emissões de dióxido de enxofre tivessem sido reduzidas em 50% dos níveis dos anos de 1980 — época em que a emissão nos Estados Unidos era altíssima —, teria sido possível evitar mais de 17 mil mortes por ano.

Além da saúde humana, a chuva ácida prejudica também a água, as florestas e as estruturas construídas pelo homem. Um estudo mostra que uma redução de 50% nos níveis de emissão nos anos 1980 teria representado um valor anual de US$ 24 milhões em melhorias na pesca recreativa, de US$ 800 milhões para o setor comercial de madeira e de US$ 700 milhões para os produtores de grãos.[2] Além disso, já foi comprovado que as emissões de dióxido de enxofre causam danos à pintura, ao aço, ao calcário e ao mármore pela erosão crescente da superfície. Embora seja difícil quantificar os danos às estruturas construídas pelo homem, os fabricantes de automóveis agora oferecem uma opção de pintura resistente ao ácido que sai por US$ 5 por unidade, o que totaliza US$ 61 milhões para todos os carros e caminhões novos vendidos nos Estados Unidos.

---

1 Mais informações sobre o dióxido de enxofre e a chuva ácida podem ser encontradas em http://www.epa.gov.
2 Spencer Banzhaf et al., "Valuation of Natural Resource Improvements in the Adirondacks", Washington: Resources for the Future, set. 2004.

E como ficam os custos para se alcançar a redução das emissões de dióxido de enxofre? Para que se alcance tal objetivo, as empresas precisam instalar equipamentos de controle de emissão. É possível que seja baixo o custo incremental para que alguns níveis de redução sejam alcançados, mas esse custo aumenta à medida que são necessários novos investimentos em equipamentos capazes de reduzir ainda mais os níveis de emissão.

A Figura 18.3 apresenta um exemplo dos custos e benefícios da redução das emissões poluentes com base em um estudo da redução da poluição na Filadélfia.[3] É mais fácil ler o gráfico da direita para a esquerda, já que estamos avaliando o quanto é socialmente desejável reduzir as emissões de dióxido de enxofre a partir do nível de 0,08 partículas por milhão. A curva de custo marginal de redução aumenta (da direita para a esquerda) e o salto ocorre sempre que são necessários novos equipamentos intensivos em capital para melhoria na eficiência de utilização dos combustíveis.

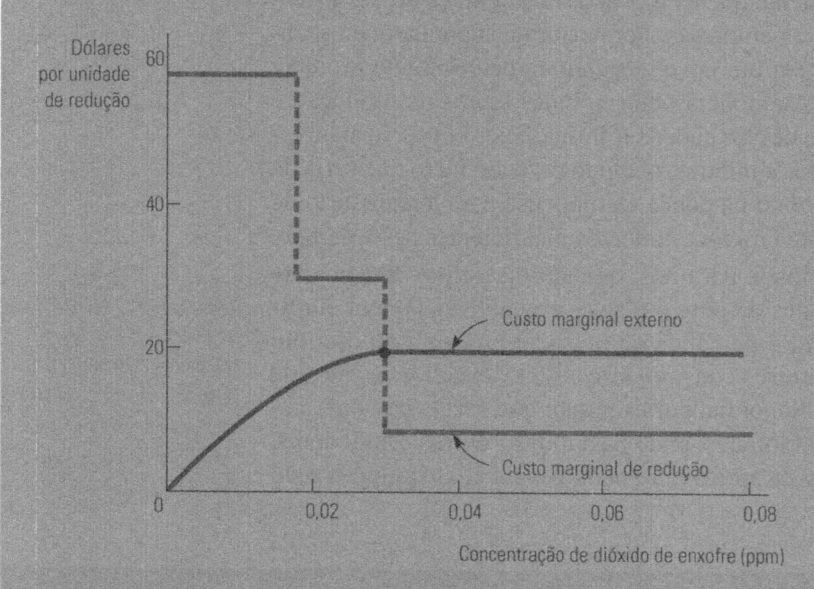

FIGURA 18.3 REDUÇÕES NA EMISSÃO DE DIÓXIDO DE ENXOFRE

A concentração eficiente de dióxido de enxofre iguala o custo marginal da redução das emissões ao custo marginal externo. Aqui a curva de custo marginal da redução é uma série de degraus, cada um representando o uso de uma tecnologia de redução diferente.

Continuando a ler da direita para a esquerda, a curva de custo marginal externo reflete a redução incremental nos danos causados pela chuva ácida. Para concentrações moderadas, estudos de doenças respiratórias, corrosão de materiais e perda de visibilidade sugerem que os custos marginais sociais são mais altos e relativamente constantes. Entretanto, para concentrações bem baixas, o custo marginal externo cai e são pequenos os efeitos adversos à saúde, aos materiais e às estruturas.

O nível eficiente de redução nas emissões de dióxido de enxofre é indicado pelo número de partes por milhão (ppm) de dióxido de enxofre, no qual o custo marginal da redução de emissões é igual ao custo marginal externo. Podemos ver na Figura 18.3 que esse nível é de cerca de 0,0275 ppm.

Para concluir, existem benefícios substanciais óbvios na redução das emissões de dióxido de enxofre. O que aconteceria se as políticas fossem implementadas de modo a alcançar níveis eficientes de redução? Voltaremos a esse ponto depois de avaliarmos uma série de alternativas para o tratamento de externalidades na Seção 18.2.

---

3 O estudo foi feito por Thomas R. Irvin, "A Cost-Benefit Analysis of Sulfur Dioxide Abatement Regulations in Philadelphia", *Business Economics*, set. 1977, p. 12-20.

18.2 Formas de corrigir falhas de mercado

De que modo pode ser reparada a ineficiência resultante de uma externalidade? Se a empresa que a gera possui uma tecnologia de proporções fixas, a externalidade pode ser diminuída apenas mediante o encorajamento para que a empresa reduza seu nível de produção. Como vimos no Capítulo 8, esse objetivo pode ser alcançado por meio de uma taxa sobre o produto. Felizmente, a maioria das firmas consegue fazer substituições entre os insumos em seus processos produtivos mudando suas opções tecnológicas. Por exemplo, um fabricante pode colocar um depurador de fumaça em sua chaminé de maneira que reduza a emissão de poluentes.

> Mostramos na Seção 7.3 que, em resposta a uma taxa sobre efluentes, uma empresa pode substituir insumos mudando as tecnologias.

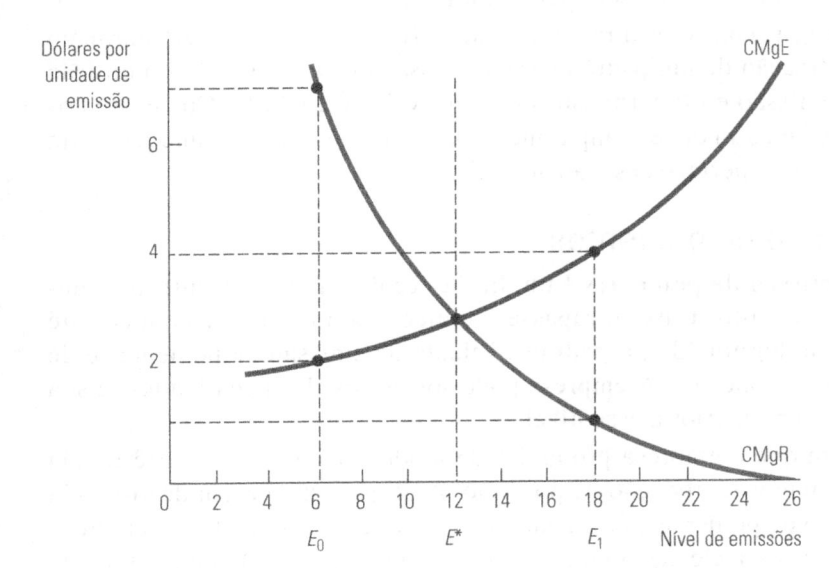

Consideremos o caso de uma empresa poluidora que venda sua produção em um mercado competitivo. Ela pode reduzir as emissões de poluentes que prejudicam a qualidade do ar na região, mas essa medida tem um custo. A Figura 18.4 ilustra esse fato. O eixo horizontal representa o nível de emissão de poluentes pela fábrica e o eixo vertical o custo por unidade de emissão. Para simplificar, presumimos que a decisão de produção e a decisão relativa às emissões são independentes e que a empresa já escolheu seu nível de produção que maximiza os lucros. Ela está, portanto, pronta para escolher o nível de emissões que prefere. A curva indicada por CMgE representa o *custo marginal externo das emissões de poluentes*. Essa curva de custo social indica o aumento do prejuízo associado às emissões de poluentes. Usaremos os termos *custo marginal externo* e *custo marginal social* para indicar a mesma coisa na discussão que se segue. (Lembre-se de que assumimos que a produção da empresa é fixa, de modo que os custos privados de produção — em comparação com a redução da poluição — não se alteram.) A inclinação da curva CMgE é ascendente porque o custo *marginal* da externalidade se torna maior à medida que ela aumenta. (As evidências obtidas por meio de estudos sobre os efeitos da poluição do ar e das águas sugerem que pequenas quantidades de poluentes ocasionam pequenos prejuízos. Entretanto, os prejuízos aumentam substancialmente à medida que o nível de poluição cresce.)

FIGURA 18.4   O NÍVEL EFICIENTE DE EMISSÕES

O nível eficiente de emissões industriais é o nível que iguala o custo marginal externo das emissões, CMgE, ao benefício associado ao custo mais baixo de redução de poluição, CMgR. O nível eficiente é E^*, isto é, 12 unidades.

Como estamos enfatizando a redução das emissões com base nos níveis existentes, vai ser útil ler o gráfico da direita para a esquerda. Nessa perspectiva, vemos que o CMgE associado a uma pequena redução nos níveis de uma produção de 26 unidades, que reflete o benefício incremental da emissões menores, é maior do que US$ 6 por unidade. Contudo, as emissões diminuem cada vez mais e o custo marginal externo pode chegar a menos de US$ 2 por unidade. Em determinado momento, o benefício incremental com a redução das emissões torna-se menor do que US$ 2.

A curva denominada CMgR é o *custo marginal da redução da poluição*. Ela mede o custo adicional da empresa para instalar equipamentos de controle de poluição. A curva CMgR é descendente porque o custo marginal da redução de poluentes é baixo quando a quantidade de poluição a ser reduzida é pequena, mas se torna alto quando a quantidade de poluição a ser reduzida é substancial. (Uma pequena redução de poluição é pouco dispendiosa — a empresa pode reprogramar sua produção de maneira que a maior parte das emissões de poluentes ocorra à noite, quando poucas pessoas estão fora de casa. Entretanto, reduções substanciais de emissão de poluentes exigem modificações dispendiosas no processo produtivo.) Assim como na curva de CMgE, a leitura do CMgR da direita para a esquerda ajudará na nossa intuição. Nessa direção, o custo marginal da redução aumenta à medida que buscamos diminuir ainda mais as emissões.

Sem *nenhum* empenho para reduzir as emissões, o nível de produção que maximiza os lucros da empresa é 26, nível em que o custo marginal de redução é zero. O nível eficiente de emissão de poluentes — ou seja, 12 unidades — encontra-se no ponto E^*, no qual o custo marginal externo das emissões, US$ 3, é igual ao custo marginal de redução dessas emissões. Observe que, se as emissões forem menores do que E^* — por exemplo, E_0 —, o custo marginal de redução das emissões, de US$ 7, será maior do que o custo marginal externo, de US$ 2. Por isso, as emissões serão muito baixas em relação ao ótimo social. Entretanto, se o nível de emissões for E_1, o custo marginal externo de emissão, de US$ 4, será maior do que o custo marginal de redução, de US$ 1. Portanto, as emissões serão muito elevadas.

Podemos incentivar as empresas a reduzirem seu nível de emissões a E^* por meio de três medidas: (1) fixação de um padrão para a emissão de poluentes, (2) imposição de taxas sobre essa emissão e (3) permissões transferíveis de emissão. Começaremos discutindo os padrões e as taxas e comparando suas vantagens e desvantagens. Em seguida, examinaremos as permissões transferíveis.

Padrão de emissão de poluentes

padrão de emissão de poluentes
Limite legal da quantidade de poluentes que uma empresa está autorizada a emitir.

Um **padrão de emissão de poluentes** é um limite legal de poluentes que uma empresa está autorizada a emitir. Caso ultrapasse o índice, ela pode sofrer multas e até outras penalidades. Na Figura 18.5, o padrão eficiente de emissão de poluentes é de 12 unidades, situado no ponto E^*. A empresa pode sofrer pesadas penalidades se sua emissão de poluentes for superior a esse nível.

O padrão assegura que a empresa produzirá de modo eficiente. Para fazê-lo, ela deve instalar equipamentos de redução de poluição. A despesa maior, em decorrência da redução da emissão de poluentes, fará com que a curva de custo médio da empresa se eleve (sendo o valor dessa elevação igual ao custo médio da redução de emissão de poluentes). As empresas considerarão lucrativa a entrada no setor somente se o preço do produto for maior do que a soma do custo médio de produção com o custo de redução da poluição, que é a condição de eficiência para o setor.[4]

---

4 Essa análise pressupõe que os custos sociais da emissão não variem ao longo do tempo. Caso haja alteração, o padrão eficiente também variará.

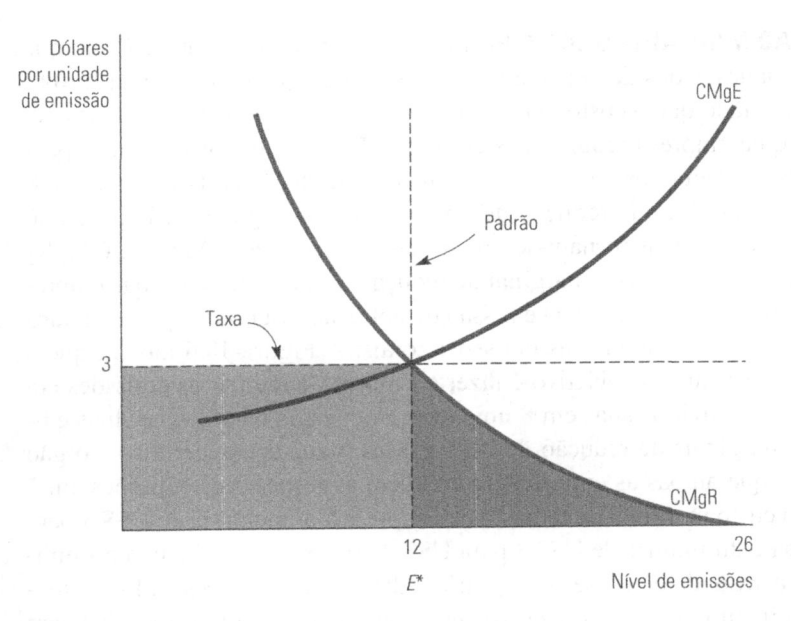

FIGURA 18.5 **PADRÃO DE EMISSÃO E TAXAS**

O nível eficiente de emissões em E^* pode ser alcançado por meio de uma taxa sobre emissões ou pela fixação de um padrão de emissões. Se houver uma taxa de US$ 3 por unidade de emissões, a empresa reduzirá suas emissões até o ponto em que o custo do imposto seja igual ao custo marginal de redução. O mesmo nível de redução de emissões pode ser alcançado com a fixação de um padrão de emissão de poluentes que as limite a 12 unidades.

Taxa sobre a emissão de poluentes

A **taxa sobre a emissão de poluentes** é arrecadada sobre cada unidade de poluente emitido por uma empresa. Como mostra a Figura 18.5, uma taxa de US$ 3 resultará em um comportamento eficiente por parte da fábrica analisada. Diante dessa taxa, a empresa minimizará os custos ao reduzir as emissões de 26 para 12 unidades. Para entender por que, observe que a primeira unidade de emissão pode ser reduzida (de 26 para 25 unidades) a um custo muito pequeno (o custo marginal de redução adicional está próximo de zero). Portanto, por um custo muito baixo, a empresa pode evitar pagar a taxa de US$ 3. De fato, para todos os níveis de emissão acima de 12 unidades, o custo marginal da redução é menor do que a taxa para a emissão. Dessa maneira, isso justifica a redução das emissões. Entretanto, abaixo de 12 unidades, o custo marginal de redução da emissão é maior do que a taxa e, portanto, a empresa prefere pagá-la a reduzir ainda mais as emissões. Assim, a empresa pagará o imposto total, representado pelo retângulo cinza-claro, e incorrerá em um custo de redução total representado pelo triângulo cinza-escuro, situado sob a curva CMgR e à direita de $E^* = 12$. Esse custo é menor do que a taxa que a empresa teria de pagar caso não tivesse efetuado nenhuma redução em suas emissões de poluentes.

taxa sobre a emissão de poluentes Cobrança imposta sobre cada unidade de poluentes emitidos por uma empresa.

Padrões de emissões *versus* taxas

Em alguns países, como os Estados Unidos, os governos têm empregado padrões em vez de taxas para regulamentar as emissões de poluentes. Entretanto, outros países, como a Alemanha, têm utilizado com sucesso as taxas para emissões. Qual método é melhor? As vantagens e desvantagens de cada sistema dependem do volume de informações disponíveis aos responsáveis pela formulação de políticas, bem como do custo real para controlar as emissões. Para compreendermos essas diferenças, vamos supor que, em virtude de custos administrativos, o órgão regulamentador de emissões necessite cobrar a mesma taxa ou impor o mesmo padrão para todas as empresas.

QUANDO AS TAXAS SÃO MAIS ADEQUADAS Primeiro, examinaremos a situação em que as taxas são mais apropriadas. Consideremos duas empresas que estejam localizadas próximas uma da outra, de tal modo que o custo marginal social de suas emissões seja o mesmo, independentemente de qual empresa reduza suas emissões. Entretanto, como as duas possuem diferentes processos produtivos e custos distintos de redução de emissões, suas respectivas curvas de custo marginal de redução de poluição não são iguais. A Figura 18.6 mostra por que, nesse caso, as taxas tornam-se preferíveis aos padrões. $CMgR_1$ e $CMgR_2$ são, respectivamente, as curvas de custo marginal de redução de emissões das duas empresas. Cada firma gera no início 14 unidades de emissão de poluentes. Suponha que estejamos interessados em reduzir em 14 unidades as emissões totais. A Figura 18.6 mostra que a maneira mais barata de alcançar esse objetivo é fazer a Empresa 1 reduzir as emissões em 6 unidades e a Empresa 2 reduzir as suas em 8 unidades. Com essas medidas, as duas empresas possuem custos marginais de redução de US$ 3. Mas o que aconteceria se o órgão regulamentador exigisse que ambas as empresas reduzissem as respectivas emissões em 7 unidades? Nesse caso, o custo marginal de redução da Empresa 1 aumentaria de US$ 3 para US$ 3,75 e o da Empresa 2 diminuiria de US$ 3 para US$ 2,50. Isso não seria uma minimização de custos porque a segunda empresa conseguiria reduzir suas emissões de forma menos dispendiosa que a primeira. Somente quando o custo marginal de redução for igual para as duas empresas é que as emissões serão reduzidas em 14 unidades com o mínimo custo.

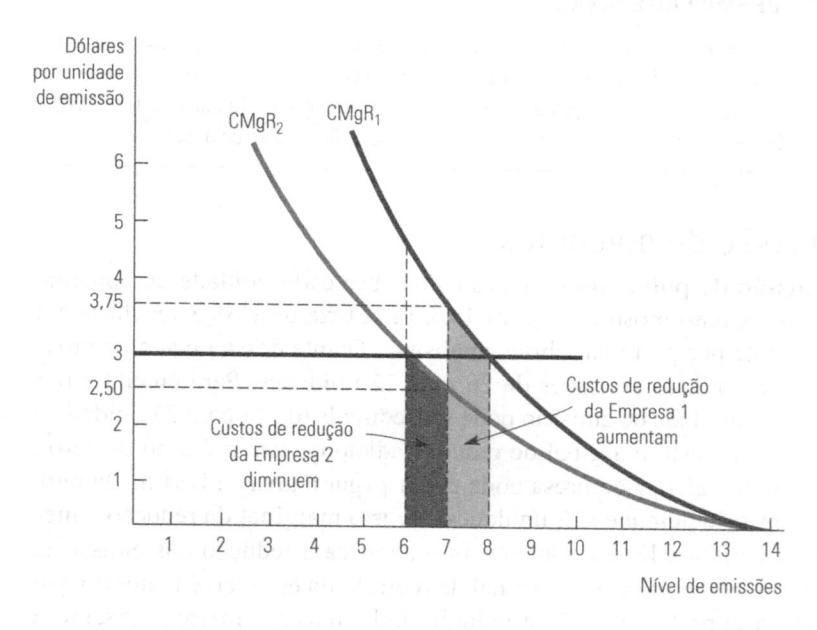

FIGURA 18.6 QUANDO AS TAXAS SÃO MAIS ADEQUADAS

Com informações limitadas, o órgão regulamentador pode ter de escolher entre uma taxa única para as emissões e um padrão único de emissões para todas as empresas. A taxa de US$ 3 alcança o nível total de emissões de 14 unidades de forma mais barata do que um padrão de emissões de 7 unidades por empresa. Com a taxa, a empresa com curva de custo de redução mais baixa (Empresa 2) reduz mais as emissões do que a com a curva de custo de redução mais elevada (Empresa 1).

Agora podemos entender por que uma taxa (de US$ 3) para as emissões seria preferível a um padrão (de 7 unidades) de poluição. Diante da taxa de US$ 3, a Empresa 1 reduziria suas emissões em 6 unidades e a Empresa 2, em 8 unidades — um resultado eficiente. Por outro lado, com o padrão de emissões, a Empresa 1 incorreria em custos adicionais de redução, representados pela área cinza-escura situada entre 7 e 8 unidades. No entanto, a Empresa 2 teria custos de redução menores, representados pela área cinza-clara entre 6 e 7 unidades. Fica claro que o acréscimo nos custos de redução de emissão da Empresa 1 é maior do que a diminuição nos custos da Empresa 2. Portanto, a taxa para a emissão de poluentes alcança o mesmo nível de emissões por um custo mais baixo do que um padrão de emissão igual para todas as empresas.

Em geral, as taxas são preferíveis aos padrões por diversos motivos. O primeiro deles é que, enquanto os padrões precisam ser fixados de modo igual para todas as empresas, as taxas alcançam a mesma redução de emissões com custos mais baixos. A segunda razão é que as taxas estimulam fortemente as empresas a instalar novos equipamentos que permitam reduzir *ainda mais* os níveis de poluição. Suponhamos que um padrão exija que cada empresa reduza suas emissões em 6 unidades, passando de 14 para 8. A Empresa 1 está considerando a instalação de novos equipamentos para redução de emissões capazes de diminuir o custo marginal de $CMgR_1$ para $CMgR_2$. Se os equipamentos forem relativamente baratos, a empresa vai instalá-los porque reduzirão o custo que terá para cumprir o padrão. Entretanto, uma taxa para as emissões de poluentes de US$ 3 seria um estímulo ainda maior para que ela reduzisse suas emissões. Com a taxa, além do fato de que o custo de redução seria menor para as primeiras 6 unidades reduzidas, também custaria menos diminuir as emissões em mais 2 unidades: a taxa para as emissões seria maior do que o custo marginal da redução de emissões entre 6 e 8 unidades.

QUANDO OS PADRÕES SÃO MAIS ADEQUADOS Agora vamos examinar a situação em que os padrões são mais apropriados, utilizando a Figura 18.7. Enquanto a curva de custo marginal externo é bem inclinada, a curva de custo marginal da redução de emissões é relativamente plana, de tal modo que a taxa eficiente é US$ 8. Contudo, suponha que por causa de informações limitadas seja decidido cobrar uma taxa de US$ 7 (o que corresponde a 12,5% de redução). Como a curva CMgR é plana, as emissões da empresa aumentarão de 8 para 11 unidades. Esse aumento diminui de alguma maneira os custos de redução de emissões da empresa, mas, como a curva CMgE tem inclinação muito acentuada, haverá substanciais custos sociais adicionais. A diferença entre o aumento dos custos sociais e os custos de redução de emissões é representada por toda a área do triângulo *ABC*.

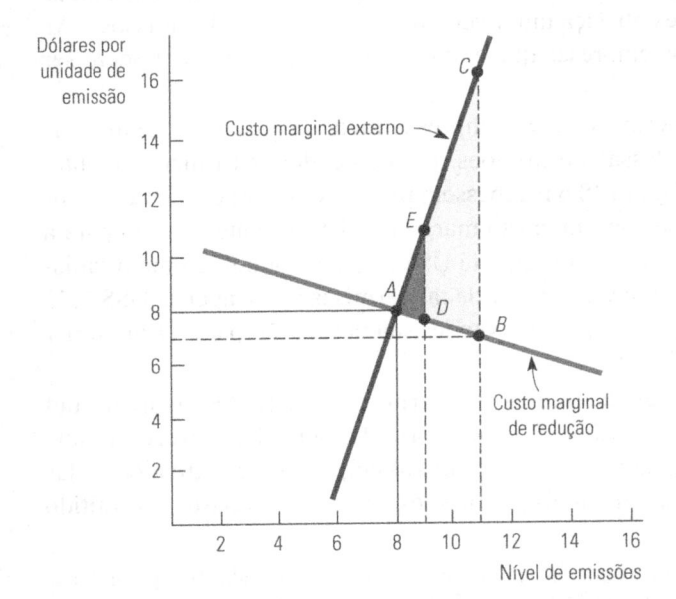

FIGURA 18.7 QUANDO OS PADRÕES SÃO MAIS ADEQUADOS

Quando o governo possui informações limitadas sobre os custos e benefícios da redução de poluentes, tanto um padrão de emissões quanto uma taxa podem ser preferíveis. O padrão é preferível quando a curva de custo marginal externo é bastante inclinada e a curva de custo marginal da redução é relativamente plana. Na figura, um erro de 12,5% no estabelecimento dos padrões leva a um custo social extra representado pelo triângulo *ADE*. O mesmo percentual de erro no estabelecimento de uma taxa resultaria em um excesso de custo social representado pelo triângulo *ABC*.

O que aconteceria se um erro comparável ocorresse na determinação de um padrão? O padrão eficiente é de 8 unidades emitidas. Entretanto, suponhamos que ele fosse ampliado em 12,5%, passando de 8 para 9 unidades. Da mesma maneira que antes, essa mudança resultaria em um aumento substancial dos custos sociais, bem como em um decréscimo nos custos de redução. Todavia, o aumento líquido dos custos sociais, representado pelo triângulo *ADE*, é substancialmente menor do que antes.

Esse exemplo ilustra a diferença entre padrões e taxas. Quando a curva de custo marginal externo for relativamente inclinada e a curva de custo marginal de redução, relativamente plana, o custo da não redução das emissões é elevado. Nesses casos, um padrão é preferível a uma taxa. Com informações incompletas, os padrões oferecem maior grau de certeza a respeito dos níveis de emissão de poluentes, porém apresentam um maior grau de incerteza em relação aos custos da redução. Por outro lado, as taxas oferecem certeza a respeito dos custos da redução, todavia deixam incerteza em relação aos níveis de redução de emissão de poluentes que serão obtidos. Portanto, a preferência entre as duas políticas dependerá da natureza da incerteza e dos formatos das curvas de custos.[5]

Permissões transferíveis para emissões

Se soubéssemos os custos e os benefícios da redução de emissões e se o custo de todas as empresas fosse idêntico, poderíamos aplicar um padrão. Por outro lado, se o custo de redução variasse de uma empresa para outra, uma taxa sobre emissões funcionaria melhor. Mas, quando o custo das empresas varia e não sabemos quais os custos e benefícios, nem o padrão nem as taxas vão gerar um resultado eficiente.

> **permissões transferíveis para emissões**
>
> Sistema de permissões negociáveis no mercado, que são distribuídas entre as empresas especificando o nível máximo de emissões que podem ser geradas.

Para reduzir as emissões de maneira eficiente, podemos lançar mão de **permissões transferíveis para emissões**. Nesse sistema, cada empresa deve receber uma permissão para emitir poluentes. Cada permissão especifica com exatidão a quantidade de poluentes que a empresa pode emitir. Qualquer empresa que faça emissões de poluentes e não possua a permissão adequada se torna sujeita a multas pesadas. As permissões são distribuídas entre as empresas de modo que se estabeleça um nível máximo específico de emissões. As permissões são negociadas entre as empresas que emitem poluentes — isto é, podem ser compradas e vendidas.

De acordo com o sistema de permissões, as empresas menos capazes de reduzir as emissões se tornam compradoras dessas permissões. Para entender seu funcionamento, suponha que as duas empresas da Figura 18.6 recebessem permissões para emitir até 7 unidades. A Empresa 1, defrontando-se com um custo marginal relativamente elevado para a redução de suas emissões, estaria disposta a pagar até US$ 3,75 para adquirir uma permissão para uma unidade de emissão. Todavia, o valor de tal permissão é de apenas US$ 2,50 para a Empresa 2. Portanto, a Empresa 2 poderia vender sua permissão para a Empresa 1 por um preço entre US$ 2,50 e US$ 3,75.

Se houver quantidades suficientes de empresas e permissões, será desenvolvido um mercado competitivo para essas permissões. Em equilíbrio de mercado, o preço de uma permissão é igual ao custo marginal de redução para todas as empresas; de outro modo, elas poderiam achar mais conveniente adquirir mais permissões. O nível de emissões permitido

---

[5] Nossa análise pressupõe que a taxa para a emissão de poluentes venha a ser um valor fixo por unidade de emissão. Se o imposto é fixado em um nível baixo demais por causa da limitação de informações, a empresa gerará uma quantidade excedente substancial de emissões. Suponha, no entanto, que o valor fixo seja substituído por uma tabela progressiva estabelecida de tal modo que, quanto mais alto o nível de emissão, maior a taxa por unidade. Nesse caso, se a tabela da taxa for fixada em níveis baixos demais, a taxa crescente desestimulará a empresa a gerar uma quantidade excedente substancial de emissões. Em geral, uma taxa variável é preferível a uma taxa fixa padronizada, caso a tabela seja capaz de acompanhar o dano ambiental causado pelas emissões. Nesse caso, as empresas sabem que o pagamento feito será mais ou menos igual ao dano causado e *internalizarão* esse dano ao tomar suas decisões sobre a produção. Veja Louis Kaplow e Steven Shavell, "On the Superiority of Corrective Taxes to Quantity Regulation", *American Law and Economics Review* 4, 2002, p. 1-17.

pelo governo será atingido ao mínimo custo. As empresas com curvas relativamente baixas de custo marginal de redução procurarão reduzir ao máximo suas respectivas emissões, enquanto aquelas com curvas de custo marginal de redução relativamente altas procurarão adquirir mais permissões e reduzirão menos suas emissões de poluentes.

As permissões negociáveis criam um mercado para as externalidades, pois combinam os benefícios associados a certas características de um sistema de padrões com as vantagens em termos de custo de um sistema de taxas. O órgão governamental que administra o sistema determina o número total de permissões que são concedidas, estabelecendo, portanto, a quantidade total das emissões, exatamente como ocorreria em um sistema de padrões. No entanto, a negociabilidade das permissões permite que a redução da poluição seja obtida com um custo mínimo.[6]

EXEMPLO 18.2 — REDUZINDO AS EMISSÕES DE DIÓXIDO DE ENXOFRE EM PEQUIM

Juntos, as emissões de dióxido de enxofre oriundas da queima de carvão para uso na geração de energia elétrica e o vasto uso de fogões a lenha têm causado um enorme problema em Pequim e em outras cidades chinesas. As emissões não só criaram o problema da chuva ácida como também se combinaram à emissão dos gases veiculares para fazer de Pequim uma das cidades mais poluídas não apenas da China, mas do mundo. Em 1995, por exemplo, o nível de dióxido de enxofre na cidade era de 90 miligramas por metro cúbico, um índice muito ruim se comparado a Berlim (18 mg/m^3), Copenhagen (7 mg/m^3), Londres (25 mg/m^3), Nova York (26 mg/m^3), Tóquio (18 mg/m^3) e Cidade do México (74 mg/m^3). Dentre as principais cidades do mundo, apenas Moscou apresentava níveis superiores (109 mg/m^3) de dióxido de enxofre.

No longo prazo, a chave para resolver os problemas de Pequim é substituir o carvão por combustíveis limpos, encorajar o uso de transporte público e, quando necessário, introduzir veículos híbridos que utilizem combustíveis de forma eficiente. Mas, tendo em vista as Olimpíadas de 2008, Pequim tinha um problema urgente a resolver. Como a cidade poderia reduzir as emissões de dióxido de enxofre de forma a oferecer um ar mais limpo para os atletas olímpicos e para o público que iria assistir à Olimpíada?

Pequim resolveu então fechar um grande número de fábricas movidas a carvão. A qualidade do ar melhorou 30% em 2008 para as Olimpíadas, a um custo aproximado de US$ 10 bilhões. Porém, um ano após os Jogos, quando muitas das regulamentações ambientais não estavam mais em vigor, cerca de 60% da melhoria havia se perdido. O fechamento de fábricas foi a escolha política mais eficiente? Nosso estudo sobre estratégias de redução da poluição sugere que não. Lembre-se do Exemplo 18.1, quando comentamos que experimentamos o uso de padrões para regulamentar as emissões de dióxido de enxofre na Filadélfia. Em 1968, a cidade de Filadélfia implementou uma regulamentação de qualidade de ar que limitou a 1% o conteúdo máximo permitido de enxofre no óleo combustível. Essa norma diminuiu substancialmente os níveis de dióxido de enxofre no ar, os quais passaram de 0,10 ppm (parte por milhão) em 1968 para menos de 0,030 ppm em 1973. A melhor qualidade do ar resultou em benefícios à saúde, menores danos a certos materiais e maior valorização de imóveis. O Exemplo 18.1 mostra que a imposição de padrões teve impacto positivo na relação custo-benefício.

Será que a implantação de um sistema de taxas de emissão — ou, melhor ainda, um sistema de permissões transferíveis para emissões — traria ainda mais benefícios para Pequim? Um estudo sobre a regulamentação de permissões transferíveis para emissões de dióxido de enxofre por concessionárias de energia elétrica mostra que, nos Estados Unidos, as permissões negociáveis podem reduzir pela metade os custos de adequação a um padrão regulamentador.[7] Ganhos semelhantes podem ser alcançados em Pequim? A resposta depende do funcionamento eficiente do mercado para emissões negociáveis e da forma das curvas de custo marginal de redução e de custo marginal externo. Como mostrou nossa discussão anterior, a utilização das taxas de emissão (e das permissões negociáveis) é mais eficiente quando (1) as empresas apresentam variações substanciais em seus custos marginais de redução e (2) quando a curva de custo marginal externo de emissões é relativamente inclinada e a curva de custo marginal de redução é relativamente plana.

---

6 Com informações limitadas e monitoramento dispendioso, um sistema de permissões negociáveis nem sempre é ideal. Por exemplo, se o número total de permissões for escolhido incorretamente e o custo marginal da redução subir acentuadamente para algumas empresas, um sistema de permissões poderá tirar essas empresas do negócio ao impor altos custos de redução. (Isso também pode ser um problema no caso das taxas.)

7 Don Fullerton, Shaun P. McDermott e Jonathan P. Caulkins, "Sulfur Dioxide Compliance of a Regulated Utility", *NBER Working* paper n. 5.542, abr. 1996.

EXEMPLO 18.3 A PERMUTA DE EMISSÕES E O AR PURO

Durante os anos 1980, controlar as emissões custou às empresas norte-americanas cerca de US$ 18 bilhões e esse custo aumentou ainda mais na primeira metade da década de 1990.[8] Um efetivo sistema de comércio de emissões poderia reduzir substancialmente esses custos nas décadas seguintes. Os programas denominados "bolha" (*bubble*) e "compensação" (*offset*), criados pela Environmental Protection Agency (EPA), foram uma modesta tentativa de utilizar um sistema de permutas visando a uma redução nos custos de despoluição.

Uma bolha permite que uma empresa individual faça o ajuste de seus controles de emissões para cada uma de suas causas específicas de poluição, desde que o *limite total de poluição* estabelecido para a empresa não seja ultrapassado. Teoricamente, o sistema bolha poderia ser utilizado para estabelecer os limites de poluição para muitas empresas ou até para determinadas regiões geográficas; entretanto, vem sendo aplicado apenas em empresas isoladas. Na prática, o resultado de sua aplicação tem sido a negociação de "permissões" dentro da própria empresa: se são reduzidas as emissões de determinada unidade, outra unidade da mesma empresa pode aumentar suas emissões. As economias de custo de redução de emissões obtidas pelo programa da EPA com 42 "bolhas" alcançaram cerca de US$ 300 milhões por ano desde 1979.

O programa denominado "compensação", por sua vez, permite que novas fontes de emissões sejam instaladas em regiões geográficas nas quais a qualidade do ar ainda esteja acima do padrão, mas desde que as novas emissões de poluição sejam no mínimo compensadas por uma redução nas fontes de emissão já existentes. As compensações podem ser obtidas mediante negociações internas na mesma empresa. Entretanto, acordos externos entre diferentes empresas também são permitidos. Desde 1976, ocorreram no total mais de 2.000 transações de compensação.

Por suas limitações, os programas "bolha" e "compensação" subestimam substancialmente os ganhos potenciais de um programa mais amplo de permutas de emissões. Certo estudo realizou uma estimativa do custo de obtenção de uma redução de 85% nas emissões de hidrocarbonetos em todas as fábricas da DuPont situadas nos Estados Unidos, conforme três alternativas diferentes de programas: (1) todas as fontes de emissão de cada fábrica deveriam reduzir as respectivas emissões em 85%; (2) cada fábrica deveria reduzir as emissões totais em 85%, sendo permitidas apenas permutas internas; e (3) as emissões totais de cada fábrica deveriam ser reduzidas em 85%, sendo permitidas negociações internas e externas.[9] Quando nenhuma permuta era permitida, o custo da redução das emissões foi avaliado em US$ 105,7 milhões. Por outro lado, as permutas internas fizeram o custo da redução das emissões cair para US$ 42,6 milhões. Já a autorização para que pudessem ser feitas negociações internas e externas diminuiu ainda mais o custo das reduções de emissões, que caiu para US$ 14,6 milhões.

Fica claro que o potencial para economias de custo decorrentes de um sistema efetivo de permissões transferíveis para emissão de poluentes pode ser substancial. Isso pode explicar por que, no Clean Air Act de 1990, o Congresso dos Estados Unidos elegeu o sistema de permissões transferíveis como uma das formas para tratar as chamadas "chuvas ácidas". A chuva ácida pode ser extremamente prejudicial às pessoas, aos animais, à vegetação e aos imóveis. Inicialmente, o governo norte-americano autorizou a utilização do sistema de permissões transferíveis para reduzir as emissões anuais de dióxido de enxofre em 10 milhões de toneladas e as de óxido de nitrogênio em 2,5 milhões de toneladas até 2000. Até hoje esse programa continua em vigor.

Com esse plano, cada permissão transferível admite no máximo uma tonelada de dióxido de enxofre expelida na atmosfera. Para cada empresa poluidora são alocadas permissões na proporção de seu nível corrente de emissões. As empresas podem fazer os investimentos de capital necessários para reduzir as emissões com a ajuda da venda de seus excessos de permissões ou podem comprar permissões e, assim, evitar os custosos investimentos para a redução das emissões.

No início da década de 1990, economistas esperavam que essas permissões fossem negociadas por cerca de US$ 300 cada. Na verdade, como mostra a Figura 18.8, entre 1993 e 2003, os preços flutuaram entre US$ 100 e US$ 200. Por quê? Porque a redução das emissões de dióxido de enxofre revelou ter custos menores e ocorreu antes do que havia sido previsto (tornou-se mais barato extrair carvão com baixo teor sulfúrico) e muitas empresas fornecedoras de eletricidade tiraram

---

8 Veja o artigo de Robert W. Hahn e Gordon L. Hester, "The Market for Bads: EPA's Experience with Emissions Trading", *Regulation*, 1987, p. 48-53; Brian J. McKean, "Evolution of Marketable Permits: The U.S. Experience with Sulfur-Dioxide Allowance Trading", U.S. Environmental Protection Agency, dez. 1996.

9 M. T. Maloney e Bruce Yandle, "Bubbles and Efficiency: Cleaner Air at Lower Cost", *Regulation*, maio--jun. 1980, p. 49-52.

vantagem desse desenvolvimento para reduzir as emissões. Durante os anos de 2005 e 2006, entretanto, o preço das permutas subiu acentuadamente, chegando quase a US$ 1.600, seu valor mais alto, em dezembro de 2005. Isso se deu por causa de um aumento no preço do carvão com menor índice de enxofre e, mais importante ainda, por conta da crescente demanda por permissões causada pela exigência de que as usinas de energia elétrica se adequassem a estritos padrões de emissões.[10]

A partir de 2007, porém, o preço de mercado das permissões de emissão começou a cair, em parte porque a EPA perdeu um processo levantado por um grupo de empresas de serviços públicos. A Justiça determinou que a EPA tinha excedido sua autoridade expandindo o mercado de permissões de emissão de enxofre para além do seu escopo inicial. A Justiça determinou que o mercado de permissões não poderia ser expandido, mas a EPA precisava reescrever suas regras para cumprir as regulamentações do Clean Air Act. Os preços das permissões caíram bastante após a sentença e o mercado finalmente se estabilizou em 2010, quando a EPA emitiu novas regras que exigem que a maioria das reduções de emissão venha de mudanças nas fábricas individuais e que limitam o uso de concessões de permissão. Em 2011, você podia comprar uma permissão (talvez como um presente para um amigo próximo) por até US$ 2 por tonelada.

Os preços de permissões para emissão continuarão tão baixos a ponto que o programa inteiro seja desmantelado? A resposta depende da quantidade de emissões de dióxido de enxofre que os Estados Unidos estão dispostos a permitir no país. Se os limites de emissão forem apertados, os preços de permissão por fim poderão subir.

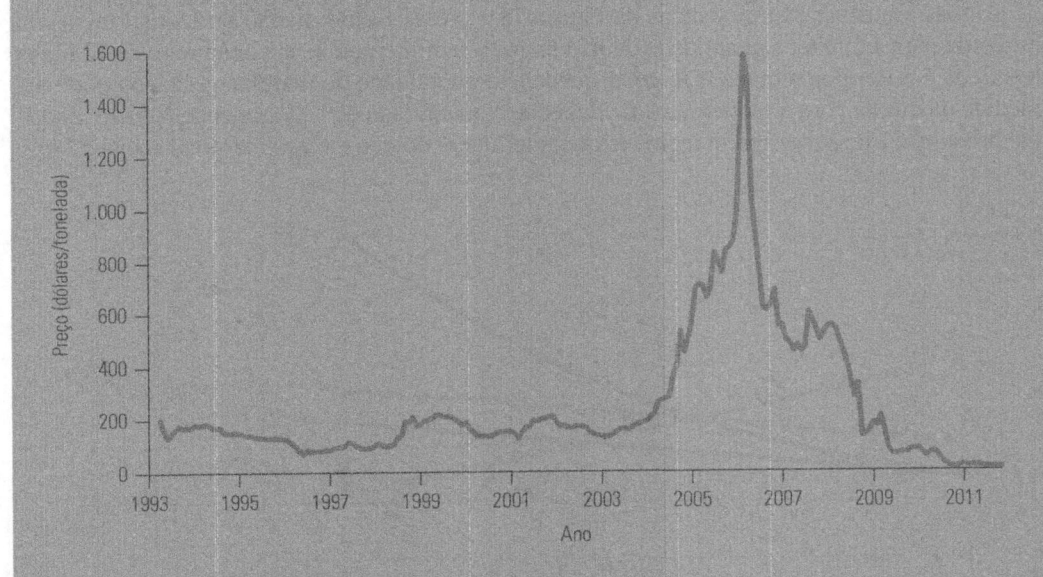

FIGURA 18.8 PREÇO DAS PERMISSÕES TRANSFERÍVEIS DE EMISSÕES

O preço das permissões transferíveis de dióxido de enxofre flutuou entre US$ 100 e US$ 200 no período entre 1993 e 2003, e subiu acentuadamente durante 2005 e 2006 em resposta à procura crescente pelas permissões. Nos anos seguintes, o preço flutuou entre US$ 400 e US$ 500 por tonelada, antes que o mercado desmoronasse em 2008, depois que a EPA foi forçada a revisar o programa de permissões.

Reciclagem

Considerando que o despejo de lixo envolve custos privados nulos ou pequenos, seja para os produtores, seja para os consumidores, a sociedade produzirá excesso de lixo. A utilização excessiva de novos materiais e a subutilização de material reciclado resultará em uma falha de mercado que pode exigir intervenção governamental. Felizmente, uma

---

10 Agradecemos a Elizabeth Bailey, Denny Ellerman e Paul Joskow por terem fornecido os dados sobre as permissões para emissões e por seus comentários, de grande auxílio. Para explicação mais detalhada sobre os preços das permissões, veja A. D. Ellerman, P. L. Joskow, R. Schmalensee, J. P. Montero e E. M. Bailey, *Markets for Clean Air: The U.S. Acid Rain Program*. Boston: MIT Center for Energy and Environmental Policy Research, 1999. Para mais informações sobre as permissões transferíveis em geral, visite o site www.epa.gov.

vez criado o incentivo apropriado para a reciclagem de produtos, essa falha de mercado pode ser corrigida.[11]

Para vermos como o incentivo à reciclagem pode ocorrer, consideremos uma decisão típica de uma família: jogar garrafas de vidro no lixo. Em muitas comunidades é cobrada, de cada domicílio, uma quantia anual fixa de imposto sobre o volume global de lixo gerado. Como resultado, as famílias podem jogar no lixo garrafas de vidro e outros materiais a um custo muito baixo, representado pelo tempo e esforço de colocar o material na lata de lixo.

O custo baixo do lixo cria uma divergência entre o custo privado e o custo social. O custo marginal privado do lixo, que é o custo das famílias ao jogar fora as garrafas, tende a ser constante (independentemente do montante de lixo) para níveis baixos ou moderados de lixo e aumenta para grandes quantidades, envolvendo custos consideráveis de transporte. Em contrapartida, o custo social do lixo inclui os danos ao meio ambiente e também eventuais ferimentos causados por materiais como cacos de vidro. O custo marginal social tende a crescer, em parte porque o custo marginal social está crescendo e em parte porque os custos referentes a danos ao meio ambiente e à paisagem tendem a crescer acentuadamente à medida que o nível de lixo aumenta.

Ambas as curvas são mostradas na Figura 18.9. Nessa figura, o eixo horizontal mede, da esquerda para a direita, a quantidade de lixo m que a família produz, até o máximo de 12 libras (cerca de 5,5 kg) por semana. Em consequência, a quantidade de material reciclado pode ser medida da direita para a esquerda. À medida que a quantidade de lixo aumenta, o custo marginal privado, CMg, sobe, porém a uma taxa muito menor do que o custo marginal social CMgS.

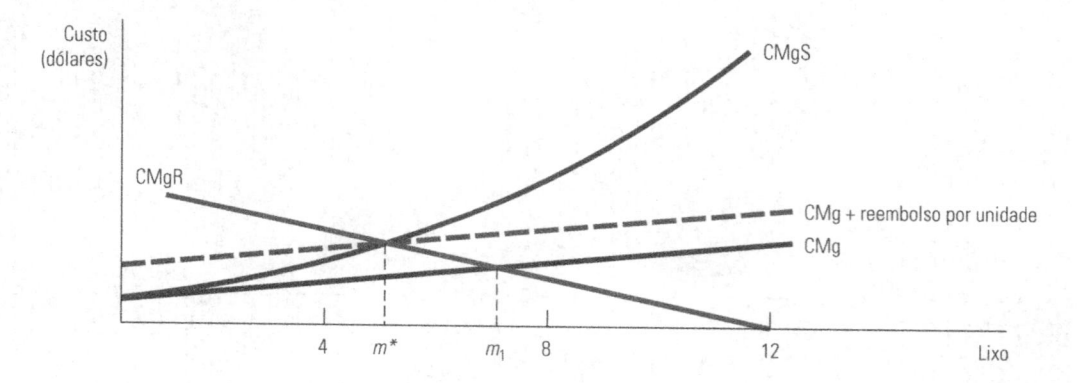

FIGURA 18.9   O VOLUME EFICIENTE DE RECICLAGEM

O volume eficiente de lixo reciclado é o montante que iguala o custo marginal social do lixo, CMgS, ao custo marginal da reciclagem, CMgR. O volume eficiente de lixo m^* é menor do que o volume que surgiria em um mercado privado, m_1.

A reciclagem de vasilhames pode ser realizada pela administração municipal ou por uma empresa privada que se responsabilize pela coleta, consolidação e processamento dos materiais. O custo marginal da reciclagem tende a crescer à medida que a reciclagem aumenta, em parte porque os custos de coleta, separação e limpeza aumentam a uma taxa crescente. A curva de custo marginal de reciclagem, CMgR, na Figura 18.9 é mais bem lida da direita para a esquerda. Quando há 12 libras de lixo, não há reciclagem e o custo marginal é zero. À medida que a quantidade de lixo diminui, o montante de reciclagem e o custo marginal de reciclagem aumentam.

O volume eficiente de reciclagem ocorre no ponto em que o custo marginal de reciclagem, CMgR, é igual ao custo marginal *social* do lixo, CMgS. Como a Figura 18.9 mostra, o volume eficiente de lixo m^* é menor do que o volume que surgiria em um mercado privado, m_1.

---

[11] Mesmo sem intervenção no mercado, alguma reciclagem ocorrerá se os preços dos materiais novos forem excessivamente altos. Por exemplo, conforme dissemos no Capítulo 2, quando o preço do cobre é alto, o índice de reciclagem do material é maior.

Por que não aplicar um imposto sobre o lixo, uma quantidade padrão ou até permissões transferíveis para a produção de lixo para resolver essa externalidade? Em teoria, qualquer uma dessas políticas pode ajudar, mas não é fácil implementá-las na prática e, por isso, raramente são usadas. Por exemplo, um imposto diferencial sobre a produção de lixo é de difícil implementação porque seria muito difícil para uma comunidade examinar o lixo a fim de separar e coletar os materiais recicláveis. Estimar e cobrar com base no montante de lixo também seria caro, porque o peso e a composição dos materiais afetariam o custo social do lixo e, portanto, o preço apropriado a ser cobrado.

DEPÓSITO REEMBOLSÁVEL Uma solução política que tem sido adotada com algum sucesso para estimular a reciclagem é o *depósito reembolsável*.[12] Em um sistema de depósitos reembolsáveis, uma quantia inicial é paga ao dono da loja quando o vasilhame de vidro é adquirido. Esta será obtida de volta se e quando o vasilhame for devolvido à loja ou a um centro de reciclagem. Os depósitos reembolsáveis criam um incentivo desejável: o reembolso por unidade pode ser escolhido de maneira que as famílias (ou empresas) reciclem mais os materiais que empregam.

De um ponto de vista individual, os depósitos reembolsáveis criam um custo adicional para a geração de lixo: o custo de oportunidade de falhar na obtenção do reembolso. Conforme mostra a Figura 18.9, com o custo mais alto para a geração de lixo, os indivíduos reduzirão o volume de lixo gerado e aumentarão a reciclagem até o nível social ótimo m^*.

Uma análise similar aplica-se ao mercado de vidro como um todo. A Figura 18.10 mostra a curva de demanda de mercado por vasilhames de vidro, D. A oferta de vasilhames de vidro novos é dada por S_v e a oferta de vidro reciclado é dada por S_r. A curva de oferta de mercado S é a soma horizontal dessas duas curvas. Como resultado, o preço de mercado para o vidro é P e a oferta de equilíbrio de vidro reciclado é M_1.

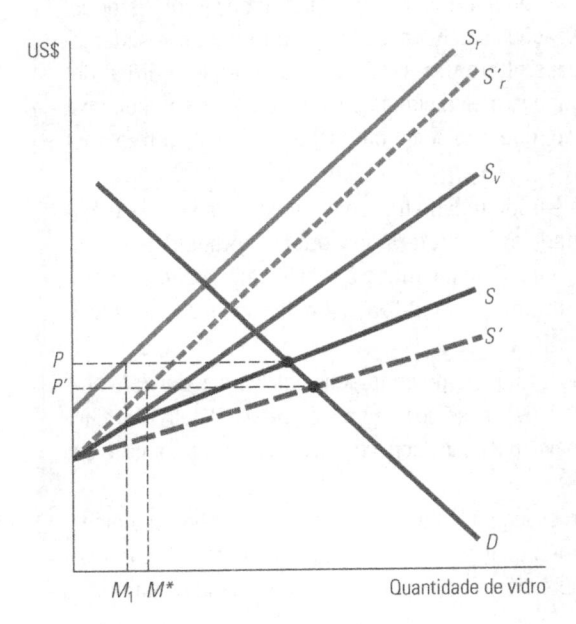

FIGURA 18.10 **DEPÓSITOS REEMBOLSÁVEIS**

A oferta de vasilhames de vidros novos é dada por S_v e o fornecimento de vidros reciclados por S_r. A oferta de mercado S é a soma horizontal dessas duas curvas. O equilíbrio inicial no mercado de vidros envolve um preço P e uma oferta de vidro reciclável M_1. Os depósitos reembolsáveis, ao aumentarem o custo relativo do lixo e incentivarem a reciclagem, aumentam a oferta de vidro reciclável de S_r para S'_r e a oferta agregada de vidro de S para S'. O preço do vidro então cai para P', a quantidade de vidro reciclável aumenta para M^* e o volume de vidro descartado diminui.

---

12 Para uma discussão geral sobre reciclagem, veja Frank Ackerman, *Why Do We Recycle: Markets, Values, and Public Policy*. Washington: Island Press, 1997.

Ao aumentar o custo relativo do lixo e incentivar a reciclagem, os depósitos reembolsáveis aumentam a oferta de vidro reciclado de S_r para S'_r, a oferta agregada aumenta de S para S' e o preço do vidro cai para P'. Como resultado, a quantidade de vidro reciclado aumenta para M^*, o que representa uma diminuição no montante de vidro descartado.

O esquema de depósitos reembolsáveis possui outra vantagem: a criação de um mercado para produtos reciclados. Em muitas comunidades, tanto empresas públicas ou privadas como indivíduos se acostumam a coletar e encaminhar os materiais recicláveis. À medida que esses mercados se tornam maiores e mais eficientes, a demanda por materiais reciclados, em vez de novos, cresce, o que aumenta o benefício ao meio ambiente.

EXEMPLO 18.4 REGULAMENTAÇÃO DO LIXO SÓLIDO MUNICIPAL

Em 1990, o morador típico de Los Angeles gerava por volta de 6,4 libras de lixo sólido por dia, e os habitantes de outras cidades norte-americanas não geravam muito menos. Em contrapartida, os moradores de Tóquio, Paris, Hong Kong e Roma geravam 3, 2,4, 1,9 e 1,5 libras, respectivamente.[13] Algumas dessas diferenças devem-se a variações nos níveis de consumo, mas a maioria decorre dos esforços que muitos países têm feito para estimular a reciclagem. Nos Estados Unidos, apenas cerca de 25% do alumínio, 23% do papel e 8,5% do vidro são reciclados.

Várias políticas têm sido implementadas a fim de estimular a reciclagem entre os norte-americanos. A primeira é o depósito reembolsável descrito anteriormente. A segunda é uma *cobrança restritiva*, sistema em que comunidades cobram dos indivíduos um imposto pelo lixo gerado proporcional ao peso (ou ao volume) desse lixo. A fim de estimular a separação de materiais recicláveis, a coleta de vidros é gratuita. A cobrança restritiva incentiva à reciclagem, mas não consegue desestimular o consumo de produtos que necessitam ser reciclados.

Uma terceira alternativa é a de estabelecer uma *separação obrigatória* de materiais recicláveis, como vidro. Vistorias aleatórias e penalidades substanciais para o não cumprimento das obrigações são necessárias para tornar esse sistema efetivo. A separação obrigatória talvez seja a menos desejável das três alternativas, não apenas porque é difícil de implementar, mas também porque, se o preço da separação for alto demais, os indivíduos podem se sentir estimulados a preferir vasilhames feitos com materiais alternativos, como o plástico, que provocam danos ao meio ambiente e não podem ser facilmente reciclados.

O potencial de efetividade dessas três políticas é ilustrado por um estudo focado nas combinações de vidro e plástico. Presume-se que os consumidores têm preferências variáveis, metade deles preferindo vidros e metade preferindo plásticos para produtos que possuem preço, quantidade e qualidade iguais. Sem incentivo à reciclagem, a divisão será entre 50% de vidro e 50% de plástico. De uma perspectiva social, no entanto, uma utilização maior de vidro reciclável seria preferível.

A separação obrigatória falha nesse caso: o custo da separação é tão alto que o percentual de vasilhames de vidro adquiridos cai na prática para 40%. A cobrança restritiva é muito melhor: ela eleva o uso de vidro reciclável em 72,5%. Por fim, um sistema de depósitos reembolsáveis tem desempenho ainda melhor, pois 78,9% dos consumidores passam a comprar os vasilhames recicláveis de vidro.

Um caso recente em Perkasie, Pensilvânia, mostra que programas de reciclagem podem ser efetivos. Antes da implementação de um programa que combinava as três alternativas anteriores, o total de lixo sólido atingia 2.573 toneladas por ano. Quando o programa foi posto em prática, esse volume caiu para 1.038 toneladas — uma redução de 59%. Como resultado, a cidade economizou US$ 90.000 por ano em custos de eliminação de lixo.

Os esforços de reciclagem se expandiram na década passada. Em 2009, 50,7% do alumínio, 74,2% do papel de escritório e 31,1% dos recipientes de vidro foram reciclados. No total, os americanos criaram 4,34 libras de lixo sólido por pessoa por dia. Desse volume total, 1,46 libra foi reciclada ou decomposta.

---

13 Este exemplo baseia-se no artigo de Peter S. Menell, "Beyond the Throwaway Society: An Incentive Approach to Regulating Municipal Solid Waste", *Ecology Law Quarterly*, 1990, p. 655-739. Veja também Marie Lynn Miranda et al., "Unit Pricing for Residential Municipal Solid Waste: An Assessment of the Literature", U.S. Environmental Protection Agency, mar. 1996.

18.3 Externalidades de estoque

Estudamos as externalidades negativas decorrentes dos *fluxos* de poluição. Vimos, por exemplo, como as emissões de dióxido de enxofre oriundas das concessionárias de energia podem afetar de forma adversa o ar que as pessoas respiram, e, por conta disso, acabarem demandando intervenções governamentais por meio de taxas ou padrões de emissão. Relembre que, para determinar o nível socialmente adequado de emissões, comparamos o custo marginal de redução do *fluxo* de emissões ao benefício marginal.

Algumas vezes, entretanto, os danos causados à sociedade não vêm diretamente do fluxo da emissão, mas do *estoque acumulado* do poluente. O aquecimento global é um bom exemplo, pois se acredita que ele é o resultado do acúmulo de dióxido de carbono e outros gases do efeito estufa (GEE) na atmosfera. (À medida que aumenta a concentração dos GEE, mais raios solares passam a ser absorvidos pela atmosfera, em vez de serem refletidos de volta, causando um aumento na temperatura.) As emissões de GEE não causam os mesmos danos imediatos que a emissão de dióxido de enxofre. É o *estoque de GEE acumulado na atmosfera* que acaba fazendo mal. Além disso, a *taxa de dissipação* dos GEE é muito baixa: uma vez que sua concentração na atmosfera tenha aumentado de forma significativa, ela se manterá alta por muitos anos mesmo quando futuras emissões forem reduzidas a zero. É por isso que existe a preocupação com a redução imediata da emissão de GEE, para que não esperemos que a concentração (e a temperatura) esteja ainda mais alta em 50 anos.

As **externalidades de estoque** (assim como as de fluxo), também podem ser positivas. Um exemplo disso seria o estoque de "conhecimento" que se forma como resultado de investimentos em P&D. Ao longo do tempo, há a descoberta de novas ideias, novos produtos, técnicas de produção mais eficientes e outras inovações benéficas para a sociedade como um todo, e não somente para os que conduziram a pesquisa. Por conta dessa externalidade positiva, existe um forte argumento para que o governo subsidie P&D. Lembre-se, entretanto, de que é o *estoque* de conhecimento e inovações que produz benefícios para a sociedade, e não o fluxo de P&D que cria o estoque.

Examinamos a distinção entre um estoque e um fluxo no Capítulo 15. Como explicamos na Seção 15.1, o capital do qual uma empresa dispõe é medido pelo *estoque*, ou seja, pela quantidade de plantas produtivas e equipamentos pertencentes à empresa. É possível aumentar o estoque de capital por meio da aquisição de novas instalações e equipamentos, ou seja, gerando um *fluxo* de gastos com investimento. (Lembre-se que insumos de trabalho e matérias-primas também são medidos como *fluxos*, assim como a produção da empresa.) Vimos que essa distinção é importante porque ajuda a empresa a decidir se vai investir em uma nova fábrica, em um equipamento ou em outro tipo de bem de capital. Pela comparação do *valor presente descontado (VPD)* dos lucros adicionais que podem surgir com o custo dos investimentos, ou seja, calculando o *valor presente líquido (VPL)*, a empresa pode decidir se o investimento é ou não economicamente justificável.

O mesmo conceito de valor presente líquido se aplica quando desejamos analisar de que forma o governo deveria responder a uma externalidade de estoque — embora aqui tenhamos uma complicação adicional. Para o caso da poluição, devemos determinar como o nível atual de emissão conduz ao aumento do estoque do poluente e precisamos calcular o dano econômico que irá resultar de um estoque muito alto. Só então será possível comparar o VPL dos custos contínuos de uma redução anual das emissões com o VPL dos benefícios econômicos resultantes de um futuro estoque reduzido de poluente.

Aumento do estoque e seus impactos

Vamos nos concentrar na poluição para ver como o estoque do poluente muda ao longo do tempo. Com emissões contínuas, o estoque vai acumular, mas parte dele, δ, se dissipará a cada ano. Assim sendo, supondo que o estoque inicial é zero, no primeiro ano o estoque do poluente (S) será somente o montante acumulado com as emissões (E) daquele ano:

---

externalidade de estoque

Resultado acumulado da ação de um produtor ou consumidor que, embora não contabilizado no preço de mercado, afeta outros produtores ou consumidores.

Na Seção 15.1, mostramos que o capital de uma empresa é medido como estoque, enquanto o investimento que cria o capital é um fluxo. A produção da empresa também é medida como fluxo.

Na Seção 15.2, vimos que o valor presente descontado (VPD) de uma série de fluxos de caixa esperados é a soma desses fluxos descontados pela taxa de juros apropriada. Além disso, na Seção 15.4 observamos que, segundo a regra do valor presente líquido (VPL), a empresa deve investir se o VPD do fluxo de caixa esperado for maior que o custo.

$$S_1 = E_1$$

No segundo ano, o estoque do poluente será igual às emissões daquele ano somadas ao estoque não dissipado do primeiro ano,

$$S_2 = E_2 + (1 - \delta)S_1$$

e assim sucessivamente. Em geral, o estoque em um dado ano t é dado pelas emissões geradas naquele ano mais o estoque não dissipado do ano anterior:

$$S_t = E_t + (1 - \delta)S_{t-1}$$

Se as emissões tiverem uma taxa anual constante E, o estoque do poluente depois de N anos será:[14]

$$S_N = E[1 + (1 - \delta) + (1 - \delta)^2 + ... + (1 - \delta)^{N-1}]$$

À medida que N se torna infinitamente grande, o estoque alcançará o nível de equilíbrio no longo prazo E/δ.

O impacto da poluição é resultado do estoque acumulado. No início, quando o estoque é baixo, o impacto econômico é pequeno; mas ele cresce quando o estoque aumenta. Com o aquecimento global, por exemplo, as altas temperaturas são resultado de concentrações mais altas de GEE e, por isso, nos preocupamos se as emissões de GEE continuam nos níveis atuais, pois o estoque atmosférico desses gases vai acabar se tornando grande o suficiente para causar aumentos substanciais de temperatura. Esses aumentos, por sua vez, podem ter efeitos adversos sobre os padrões meteorológicos, a agricultura e as condições de vida. Dependendo dos custos da redução das emissões de GEE e dos benefícios trazidos pela conscientização com relação ao aumento da temperatura, pode fazer sentido que o governo adote de imediato políticas de redução de emissões, em vez de esperar que o estoque atmosférico de GEE se torne muito maior.

EXEMPLO NUMÉRICO Podemos tornar esse exemplo mais concreto com um exemplo simples. Imagine que, sem a intervenção governamental, 100 unidades de um poluente sejam lançadas anualmente na atmosfera durante os próximos 100 anos. A taxa de dissipação do estoque, δ, é de 2% ao ano, e o estoque inicial do poluente é zero. A Tabela 18.1 mostra como o estoque aumenta ao longo do tempo. Observe que, depois de 100 anos, o estoque irá atingir a marca de 4.337 unidades. (Se esse nível continuasse para sempre, o estoque acabaria se aproximando de $E/\delta = 100/0{,}02 = 5.000$ unidades.)

TABELA 18.1	Aumento no estoque do poluente				
Ano	E	S_t	Dano (US$ bilhão)	Custo de $E = 0$ (US$ bilhão)	Benefício líquido (US$ bilhão)
2010	100	100	0,100	1,5	−1,400
2011	100	198	0,198	1,5	−1,302
2012	100	296	0,296	1,5	−1,204
...	...	...	...	...	...
2110	100	4.337	4,337	1,5	2,837
...	...	...	...	...	...
∞	100	5.000	5,000	1,5	3,500

Imagine que o estoque do poluente crie danos econômicos (em termos de gastos com saúde, produtividade reduzida etc.) no valor de US$ 1 milhão por unidade. Assim, se o estoque total do poluente fosse, digamos, de 1.000 unidades, o dano econômico resultante

---

[14] Para compreender esse fato, observe que, depois de 1 ano, o estoque do poluente é $S_1 = E$; no segundo, é $S_2 = E + (1 - \delta)S_1 = E + (1 - \delta)E$; no terceiro, $S_3 = E + (1 - \delta)S_2 = E + (1 - \delta)E + (1 - \delta)^2 E$, e assim por diante. À medida que N se torna infinitamente grande, o estoque se aproxima de E/δ.

para aquele ano seria US$ 1 bilhão. Suponha ainda que o custo anual para redução das emissões fosse US$ 15 milhões por unidade reduzida. Assim, para reduzir a zero as emissões de 100 unidades por ano, seria necessário gastar 100 × US$ 15 milhões = US$ 1,5 bilhão por ano. Faria sentido, nesse caso, iniciar imediatamente a redução a zero?

Para responder essa pergunta, precisamos comparar o valor presente do custo anual de US$ 1,5 bilhão ao valor presente do benefício anual resultante da redução do estoque. É claro que se começássemos imediatamente a redução das emissões a zero, o estoque dos próximos 100 anos também seria zero. O benefício da política seria, então, a economia com os gastos sociais associados ao crescimento do estoque do poluente. A Tabela 18.1 mostra o custo anual da redução de 100 unidades para zero unidade, o benefício anual com a prevenção dos danos e o benefício anual *líquido* em relação ao custo de eliminação das emissões. Como já poderíamos esperar, o benefício anual líquido é negativo nos primeiros anos porque o estoque é baixo. Somente depois do crescimento do estoque é que ele se torna positivo.

Para saber se uma política de emissão zero faz sentido, devemos calcular o VPL de tal política, que aqui é o valor presente descontado dos benefícios anuais líquidos mostrado na Tabela 18.1. Considerando que R é a taxa de desconto, o VPL é

$$VPL = (-1,5 + 0,1) + \frac{(-1,5 + 0,198)}{1 + R} + \frac{(-1,5 + 0,296)}{(1 + R)^2} + \ldots + \frac{(-1,5 + 4,337)}{(1 + R)^{99}}$$

Lembre-se de que na Seção 15.1 vimos que o VPL diminui à medida que a taxa de desconto aumenta. A Figura 15.3 mostra o *VPL* para uma fábrica de motores elétricos; veja a semelhança com nosso problema de política ambiental.

Esse VPL é positivo ou negativo? A resposta depende da taxa de desconto, R. A Tabela 18.2 mostra o VPL como função da taxa de desconto. (A linha central da Tabela 18.2, na qual a taxa de dissipação δ é de 2%, corresponde à Tabela 18.1. A Tabela 18.2 também apresenta os VPLs para taxas de dissipação de 1 a 4%.) Para as taxas de desconto de até 4%, o VPL é claramente positivo. Se a taxa de desconto for maior, entretanto, o VPL será negativo.

TABELA 18.2	VPL da política de "emissão zero"					
		Taxa de desconto, R				
		0,01	0,02	0,04	0,06	0,08
Taxa de dissipação, δ	0,01	108,81	54,07	12,20	−0,03	−4,08
	0,02	65,93	31,20	4,49	−3,25	−5,69
	0,04	15,48	3,26	-5,70	−7,82	−8,11

Nota: Os valores da tabela são VPLs expressos em US$ bilhões. Os dados para δ = 0,02 correspondem aos números do benefício líquido da Tabela 18.1.

A Tabela 18.2 mostra como o VPL de uma política de emissão zero depende da taxa de dissipação, δ. Se δ for baixa, o estoque acumulado do poluente irá alcançar níveis mais altos e causar danos maiores; o que, por sua vez, fará com que os benefícios futuros das reduções sejam maiores. Observe na Tabela 18.2 que, para qualquer taxa de desconto, o VPL para eliminação das emissões é muito maior se δ = 0,01 e muito menor se δ = 0,04. Como veremos, uma das razões pelas quais existe tanta preocupação em torno do aquecimento global é o fato de os GEE se dissiparem muito lentamente — com δ de aproximadamente 0,005.

Diante de externalidades de estoque, a formulação de políticas ambientais apresenta mais um fator complicador: que taxa de desconto deve ser empregada? Como os custos e benefícios de uma política se aplicam à sociedade como um todo, a taxa de desconto deve refletir o custo de oportunidade para a sociedade de receber um benefício econômico futuro em vez de usufruir dele hoje. Tal custo, que deve ser usado para calcular o VPL dos projetos governamentais, é chamado de **taxa social de desconto**. Como veremos no Exemplo 18.5, entretanto, existe pouco consenso entre os economistas com relação ao número apropriado a ser utilizado como taxa social de desconto.

Em princípio, a taxa social de desconto depende de três fatores: (1) a taxa esperada de crescimento econômico real; (2) a extensão da aversão ao risco para a sociedade como um todo;

taxa social de desconto
Custo de oportunidade, para a sociedade como um todo, de receber um benefício econômico no futuro ao invés de usufruir dele hoje.

e (3) a "taxa de preferência temporal" para a sociedade como um todo. Com o crescimento econômico acelerado, as gerações futuras terão rendas mais altas do que as atuais e, se a utilidade marginal da renda dessas gerações for decrescente (ou seja, se elas forem avessas ao risco), sua utilidade para US$ 1 extra de renda será mais baixa do que a utilidade de alguém nos dias de hoje. É por isso que os benefícios futuros oferecem menor utilidade e devem ser descontados. Além disso, mesmo que não esperemos crescimento econômico algum, as pessoas podem preferir obter um benefício hoje a esperar pelo futuro (taxa de preferência temporal). Dependendo da crença que se tenha em relação ao crescimento econômico futuro real, da extensão da aversão ao risco para a sociedade como um todo e da taxa de preferência temporal, pode-se concluir que a taxa social de desconto poderia ser alta como 6% — ou pequena como 1%. É aqui que está a dificuldade. Com uma taxa de desconto de 6%, é difícil justificar quase todas as políticas governamentais que imponham custos no presente, mas apenas gerem benefícios em 50 ou 100 anos (uma política para lidar com o aquecimento global, por exemplo). Não será assim, entretanto, se a taxa de desconto estiver entre 1% e 2%.[15] Portanto, para problemas que envolvam um horizonte de longo prazo, o debate sobre a política frequentemente se resume ao debate da taxa de desconto adequada.

EXEMPLO 18.5 AQUECIMENTO GLOBAL

As emissões de dióxido de carbono e outros gases do efeito estufa aumentaram drasticamente ao longo do último século à medida que o crescimento econômico veio acompanhado pelo uso intensivo de combustíveis fósseis que, por sua vez, levou ao aumento na concentração atmosférica de GEE. Mesmo que se estabilizassem nos níveis atuais as emissões de GEE ao redor do mundo, o nível das concentrações atmosféricas desses gases continuaria a crescer ao longo do próximo século. Armazenando a luz solar, essas crescentes concentrações de GEE podem acabar causando um aumento significativo na temperatura média global nos próximos 50 anos e ter consequências ambientais gravíssimas — inundações de áreas de baixa elevação à medida que as calotas de gelo polar forem derretendo, aumento no volume de água do mar, padrões meteorológicos mais extremos, destruição de ecossistemas e redução da produção agrícola. É possível reduzir os níveis atuais de emissão de GEE — os governos, por exemplo, poderiam impor tarifas elevadas sobre o uso da gasolina e outros combustíveis fósseis —, mas essa solução tem um custo muito alto. O problema é que os custos com a redução das emissões de GEE ocorreriam hoje, mas seus benefícios seriam percebidos somente em cerca de 50 anos ou mais. Será que os países industrializados deveriam concordar com a implementação de políticas de redução de emissões de GEE, ou o valor presente descontado dos possíveis benefícios de tais políticas é muito pequeno?

Muitos climatologistas e economistas já realizaram estudos sobre o crescimento das concentrações de GEE e o aumento que isso acarretaria nas temperaturas globais caso nada for feito. Embora haja muita incerteza sobre o impacto econômico exato de temperaturas mais altas, existe ao menos um consenso com relação ao fato de o impacto ser significativo; o que mostra que existiria um benefício futuro caso iniciássemos hoje a redução de emissões.[16] O custo das reduções de emissões (ou de processos que impedissem que os níveis atuais aumentassem) também podem ser avaliados, embora, novamente, não exista uma opinião comum com relação aos números específicos.

A Tabela 18.3 traz as emissões de GEE e a mudança nas temperaturas médias globais para dois cenários distintos. No primeiro, o foco está nos negócios e vemos os níveis de emissões mais que dobrar de valor ao longo do próximo século. A concentração média de GEE sobe e, em 2110, a temperatura média estará cerca de 4 °C acima do nível atual. O prejuízo resultante desse aumento de temperatura é estimado em 1,3% do PIB mundial por ano para cada 1 °C de aumento na temperatura. Espera-se que o GEE mundial suba 2,5% por ano em termos reais a partir do valor de US$ 65 trilhões em 2010,

---

15 Por exemplo, com uma taxa de desconto de 6%, US$ 100 recebidos daqui a 100 anos correspondem a apenas US$ 0,29 hoje. Com uma taxa de desconto de 1%, os mesmos US$ 100 valem US$ 36,97 hoje, isto é, 127 vezes mais.
16 Veja, por exemplo, o de 2007 *Assessment Report of the Intergovernmental Panel on Climate Change*, Cambridge University Press, ou consulte on-line em http://www.ipcc.ch.

chegando a US$ 768 trilhões em 2110. Assim, os danos com o aquecimento global chegam a (0,01)(4)(768) = US$ 40 trilhões por ano em 2110.

O segundo cenário mostrado na Tabela 18.3 é aquele no qual a concentração de GEE se estabiliza em 550 ppm, de modo que o aumento da temperatura se limita a 2 °C, alcançado em 2060. Para isso, as emissões de GEE precisariam ser reduzidas em 1% ao ano, a partir de 2010. O custo anual dessa política de redução está estimado em 1% do PIB mundial.[17] (Espera-se que esse custo anual aumente, uma vez que também há a previsão de aumento anual do PIB mundial.) A Tabela 18.3 também traz o benefício anual líquido trazido pela implementação da política, que é igual aos danos causados pelo primeiro cenário menos o (menor) dano quando as emissões são reduzidas menos o custo da redução.

TABELA 18.3	Redução das emissões de GEE								
"Foco nos negócios"				Redução anual de emissões de 1%					
Ano	E_t	S_t	ΔT_t	Dano	E_t	S_t	ΔT_t	Dano	Custo	Benefício líquido
2010	50	430	0°	0	50	430	0°	0	0,65	−0,65
2020	55	460	0,5°	0,54	45	460	0,5°	0,43	0,83	−0,72
2030	62	490	1°	1,38	41	485	1°	1,11	1,07	−0,79
2040	73	520	1,5°	2,66	37	510	1,4°	2,13	1,36	−0,83
2050	85	550	2°	4,54	33	530	1,8°	3,63	1,75	−0,84
2060	90	580	2,3°	6,77	30	550	2°	5,81	2,23	−1,27
2070	95	610	2,7°	9,91	27	550	2°	7,44	2,86	−0,38
2080	100	640	3°	14,28	25	550	2°	9,52	3,66	1,10
2090	105	670	3,3°	20,31	22	550	2°	12,18	4,69	3,44
2100	110	700	3,7°	28,59	20	550	2°	15,60	6,00	7,00
2110	115	730	4°	39,93	18	550	2°	19,97	7,68	12,28

Notas: E_t é medido em gigatoneladas (bilhões de toneladas cúbicas) de CO_2 equivalente (CO_2e). S_t é medido em partes por milhão (ppm) de CO_2e atmosférico. ΔT_t é a variação na temperatura, medida em graus Celsius. Os custos, danos e benefícios líquidos são medidos em trilhões de dólares de 2007. Estima-se que o custo de redução da emissão de gases seja 1% do PIB mundial, projetado para crescer 2,5% por ano em termos reais a partir do nível de US$ 65 trilhões em 2010. Estima-se que o prejuízo com o aquecimento seja de 1,3% do PIB ao ano para cada 1 °C de aumento na temperatura.

Faz sentido implementar a política de redução de emissões? Para responder essa pergunta, precisamos calcular o valor presente do fluxo dos benefícios líquidos, que depende criticamente da taxa de desconto. Um estudo realizado no Reino Unido recomenda que a taxa social de desconto seja de 1,3%. Com esse valor, o VPL da política é de US$ 21,3 trilhões, o que mostra que o processo de redução é com certeza vantajoso economicamente. O VPL é pequeno, mas ainda positivo (US$ 1,63 trilhão), quando utilizamos uma taxa de desconto de 2%. Com uma taxa de 3%, entretanto, o VPL é −US$ 9,7 trilhões; com 5% de desconto, o VPL é −US$ 12,7 trilhões.

Examinamos uma política em particular — bastante restrita, por sinal — para redução das emissões de GEE. Se essa ou qualquer outra política que vise à redução dos gases se justifica economicamente depende claramente da taxa utilizada para descontar custos e benefícios futuros. Esteja atento, entretanto, ao fato de que os economistas discordam sobre qual taxa usar e, como resultado, discordam sobre o que fazer com o aquecimento global.[18]

---

17 Essa é a política recomendada pela Stern Review, realizada pelo governo do Reino Unido e disponibilizada on-line em http://www.hm-treasury.gov.uk/stern_review_report.htm. A estimativa de custo de 1% do PIB também é do mesmo estudo e provavelmente é muito otimista. A estimativa para os danos causados pelo aumento nas temperaturas (1,3% do PIB a cada 1 °C de aumento) é uma combinação das estimativas da Stern Review e do IPCC Report.

18 Essa discordância sobre a taxa de desconto e o papel crucial que a mesma exerce na avaliação das políticas de redução das emissões de GEE é muito bem explicada em Martin Weitzman, "The Stern Review of the Economics of Climate Change", *Journal of Economic Literature*, set. 2007. Existem também muitas incertezas com relação aos possíveis aumentos futuros nas temperaturas e seu impacto econômico e social. Essas incertezas podem afetar as políticas, mas foram ignoradas neste exemplo. Veja, por exemplo, R. S. Pindyck, "Uncertainty in Environmental Economics", *Journal of Environmental Economics and Policy*, 2007; R. S. Pindyck, "Uncertain Outcomes and Climate Change Policy", *Journal of Environmental Economics and Management*, 2012.

18.4 Externalidades e direitos de propriedade

Já vimos como a regulamentação governamental pode tratar das ineficiências decorrentes de externalidades. As taxas para emissões e as permissões transferíveis funcionam bem porque alteram os estímulos das empresas, fazendo com que passem a levar em conta os custos externos que provocam. Mas a regulamentação governamental não é a única maneira de lidar com externalidades. Nesta seção, mostraremos que, em algumas circunstâncias, as ineficiências podem ser eliminadas por meio de negociações particulares entre as partes envolvidas ou por meio do sistema judiciário, no qual as partes prejudicadas podem mover ações judiciais para recuperar os danos sofridos.

Direitos de propriedade

Os **direitos de propriedade** são o conjunto de leis que descreve o que as pessoas e as empresas podem fazer com suas respectivas propriedades. Por exemplo, quando os indivíduos possuem direitos sobre um terreno, eles podem construir nele ou podem vendê-lo, estando protegidos contra possíveis interferências alheias.

Para compreendermos a importância do direito de propriedade, vamos voltar a nosso exemplo sobre a empresa que despeja seus efluentes em um rio. Havíamos presumido que ela tinha o direito de utilizar o rio para o despejo de seus efluentes e que os pescadores não tinham direito de pescar em um rio "sem efluentes". Como resultado, a empresa não tinha estímulo para incluir o custo dos efluentes nos cálculos do custo de produção. Em outras palavras, ela simplesmente *externalizava* os custos gerados por seus efluentes. Mas suponha que os pescadores tivessem o direito de propriedade sobre a água limpa. Nesse caso, eles poderiam exigir que a empresa lhes pagasse pelo direito de despejar efluentes no rio; ela teria de cessar sua produção ou então pagar os custos relacionados com seus efluentes. Esses custos seriam então *internalizados*, e, assim, seria alcançada uma alocação de recursos eficiente.

> **direitos de propriedade**
> Conjunto de leis que estabelece o que as pessoas ou as empresas podem fazer com suas respectivas propriedades.

Negociação e eficiência econômica

A eficiência econômica pode ser obtida sem intervenção governamental quando a externalidade envolve relativamente poucas pessoas e quando o direito de propriedade é bem especificado. Para entender como, vamos considerar uma versão quantificada do exemplo dos efluentes despejados no rio. Suponha que os efluentes da usina de aço provoquem uma redução nos lucros dos pescadores. Como mostra a Tabela 18.4, a empresa pode instalar um sistema de filtros para reduzir os efluentes ou então os pescadores podem pagar pela instalação de uma estação de tratamento de água.[19]

TABELA 18.4 Lucros (diários) com formas alternativas de emissões de poluentes			
	Lucro da fábrica (US$)	Lucro dos pescadores (US$)	Lucro total (US$)
Sem filtro, sem tratamento de água	500	100	600
Com filtro, sem tratamento de água	300	500	800
Sem filtro, com tratamento de água	500	200	700
Com filtro, com tratamento de água	300	300	600

---

19 Para uma discussão mais ampla de uma variante desse exemplo, veja Robert Cooter e Thomas Ulen, *Law and Economics*. Prentice Hall, 2012, Capítulo 4.

A solução eficiente maximiza o lucro conjunto da fábrica e dos pescadores. Isso ocorre quando a empresa instala um filtro e os pescadores não constroem uma estação de tratamento de água. Vejamos de que modo as alternativas do direito de propriedade levam essas duas partes a negociar diferentes soluções.

Suponha que a fábrica tenha direito de propriedade para despejar os efluentes no rio. De início, o lucro dos pescadores é de US$ 100 e o da fábrica é de US$ 500. Instalando uma estação de tratamento de água, os pescadores podem aumentar seus lucros para US$ 200, situação na qual o lucro conjunto, não havendo cooperação, será de US$ 700 (US$ 500 + US$ 200). Além disso, os pescadores se dispõem a pagar até US$ 300 para que a usina instale um filtro — a diferença entre o lucro de US$ 500 com um filtro e o lucro de US$ 200 sem cooperação. Como a fábrica perde apenas US$ 200 de lucros ao instalar um filtro, ela estaria disposta a fazê-lo, porque isso mais que compensaria sua perda. Nesse caso, o ganho obtido por ambas as partes, havendo cooperação, é igual a US$ 100: ganhos de US$ 300 para os pescadores menos o custo de US$ 200 referente ao filtro.

Suponha que a fábrica e os pescadores concordem em dividir igualmente o ganho: os pescadores pagarão US$ 250 para que a usina instale o filtro. Como mostra a Tabela 18.5, essa solução negociada alcança o resultado eficiente. Na coluna "Direito de despejar efluentes", podemos ver que, sem cooperação, os pescadores obtêm lucros de US$ 200 e a fábrica, de US$ 500. Havendo cooperação, o lucro de cada parte aumenta em US$ 50.

TABELA 18.5 Negociação com direitos de propriedade alternativos		
Sem cooperação	Direito de despejar efluentes (US$)	Direito à água limpa (US$)
Lucro da fábrica	500	300
Lucro dos pescadores	200	500
Com cooperação		
Lucro da fábrica	550	300
Lucro dos pescadores	250	500

Agora suponha que fosse dado aos pescadores o direito de propriedade da água limpa, o que tornaria necessária a instalação dos filtros por parte da fábrica. A fábrica obteria lucros de US$ 300 e os pescadores, de US$ 500. Como nenhuma das partes poderia se beneficiar das negociações, a instalação do filtro por parte da fábrica seria uma solução eficiente.

Essa análise se aplica a todas as situações em que o direito de propriedade é bem especificado. *Quando as partes puderem negociar sem custo e com possibilidade de obter benefícios para todos os envolvidos, o resultado das transações será eficiente, independentemente de como estejam especificados os direitos de propriedade.* Essa proposição é denominada **teorema de Coase**, em homenagem a Ronald Coase, que se empenhou muito para desenvolvê-lo.[20]

teorema de Coase Princípio segundo o qual, quando as partes envolvidas puderem negociar sem custo e visando ao benefício mútuo, o resultado será eficiente, independentemente de como estejam alocados os direitos de propriedade.

Negociação dispendiosa — o papel do comportamento estratégico

As negociações podem ser dispendiosas e demoradas, em especial quando o direito de propriedade não está especificado de modo claro. Nesse caso, nenhum dos envolvidos saberá quão difíceis serão as transações enquanto não se chega a um acordo com a outra parte. Em nosso exemplo, ambos os envolvidos sabiam de antemão que o processo de negociação deveria resultar em um pagamento entre US$ 200 e US$ 300. Entretanto, se as partes não estivessem seguras de seus respectivos direitos, os pescadores poderiam estar dispostos a pagar apenas US$ 100 e o processo seria interrompido sem que se chegasse a um acordo.

---
20 Ronald Coase, "The Problem of Social Cost", *Journal of Law and Economics* 3, 1960, p. 1-44.

Se ambas as partes acreditarem que podem obter lucros maiores, o processo de negociação pode ser interrompido mesmo quando a comunicação e o monitoramento não apresentarem custo algum. Isso pode acontecer se, por exemplo, uma das partes faz uma reivindicação por uma parcela maior e se recusa a negociar, acreditando incorretamente que a outra acabará cedendo. Outro problema surge quando muitas partes estão envolvidas. Suponha, por exemplo, que as emissões de uma fábrica estejam prejudicando centenas ou milhares de famílias que vivem rio abaixo. Nesse caso, os custos de negociação tornarão muito difícil para as partes chegarem a um acordo.

Solução legal — ação de indenização por danos

Em muitas situações envolvendo externalidades, a parte prejudicada (a vítima) tem o direito legal de mover um processo judicial contra a outra. Caso seja bem-sucedida, ela pode recuperar totalmente os prejuízos sofridos. Uma ação de indenização difere da taxa sobre as emissões de poluentes ou sobre o despejo de efluentes porque é a vítima quem recebe o pagamento e não o governo.

Para avaliarmos o potencial de um processo judicial resultar em uma solução eficiente, voltaremos ao nosso exemplo da fábrica e dos pescadores. Suponha, primeiro, que os pescadores tenham recebido o direito de ter águas limpas. A fábrica, em outras palavras, será responsável pelos danos causados aos pescadores *caso* não instale o filtro. Nesse caso, o dano causado aos pescadores tem o valor de US$ 400: a diferença entre o lucro que eles obtêm quando não há despejo de efluentes no rio (US$ 500) e o lucro que obtêm quando há despejo (US$ 100). A fábrica tem as seguintes opções:

1. Não instalar o filtro e pagar os prejuízos: Lucro = US$ 100 (US$ 500 – US$ 400)
2. Instalar o filtro e evitar os prejuízos: Lucro = US$ 300 (US$ 500 – US$ 200)

A fábrica perceberá que é melhor instalar o filtro, pois isso lhe sairá bem mais barato do que arcar com os prejuízos e, assim, a solução eficiente será alcançada.

Uma solução eficiente (com uma divisão diferente dos lucros) também será atingida se a fábrica tiver o direito de propriedade para despejar efluentes no rio. De acordo com os termos da lei, os pescadores teriam o direito de exigir que ela instalasse o filtro, mas teriam de lhe ressarcir pelo lucro perdido de US$ 200 (mas não pelo custo do filtro). Nesse caso, os pescadores teriam diante de si as três alternativas seguintes:

1. Instalar uma estação de tratamento de água:
 Lucro = US$ 200
2. Conseguir que a fábrica instale o filtro, mas pagar uma compensação:
 Lucro = US$ 300 (US$ 500 – US$ 200)
3. Não fazer a construção da estação de tratamento de água nem exigir a instalação do filtro:
 Lucro = US$ 100

Os pescadores obterão um lucro mais alto se optarem pela segunda alternativa. Por isso, exigirão que a fábrica faça a instalação do filtro, mas compensarão a empresa pelos lucros perdidos de US$ 200. Exatamente como na situação em que os pescadores tinham direito a ter água limpa, esse resultado é eficiente porque o filtro foi instalado. Entretanto, observe que o lucro de US$ 300 é muito menor que o de US$ 500 obtido pelos pescadores quando têm o direito a ter água limpa.

Esse exemplo mostra que uma ação indenizatória elimina a necessidade de negociação, pois especifica as consequências das opções que cada parte pode escolher. O direito que a parte prejudicada tem de receber uma compensação da parte responsável pelos danos assegura um resultado eficiente. (Quando as informações não são perfeitas, no entanto, a ação indenizatória pode levar a resultados ineficientes.)

EXEMPLO 18.6 — O TEOREMA DE COASE NA PRÁTICA

Como ilustra um acordo cooperativo feito em setembro de 1987 entre a cidade de Nova York e o Estado de Nova Jersey, o teorema de Coase aplica-se tanto aos cidadãos como às organizações e ao governo.

Durante muitos anos, o escoamento de resíduos dos depósitos de lixo localizados ao longo da costa da cidade de Nova York afetou a qualidade da água da costa do Estado de Nova Jersey, chegando inclusive a sujar suas praias. Um dos piores casos ocorreu em agosto de 1987, quando mais de 200 toneladas de resíduos formaram uma mancha de 50 milhas em toda a extensão das praias de Nova Jersey.

O Estado de Nova Jersey tinha o direito de ter suas praias limpas e poderia processar a cidade de Nova York para receber uma compensação pelos danos sofridos em função do escoamento de resíduos. Nova Jersey podia também entrar com um pedido de liminar para que Nova York interrompesse o uso de seus depósitos de lixo até que o problema fosse solucionado.

Entretanto, o Estado de Nova Jersey queria ter suas praias mais limpas e não apenas receber uma indenização pelos danos sofridos. E a cidade de Nova York desejava poder operar seus depósitos de lixo. Em consequência, havia espaço para negociações capazes de beneficiar ambas as partes; após duas semanas de negociações, elas conseguiram chegar a um acordo. O Estado de Nova Jersey concordou em não mover um processo judicial contra a cidade de Nova York. Esta concordou em utilizar barcos especiais e outros elementos flutuantes para conter os eventuais escoamentos que pudessem ocorrer em Staten Island e no Brooklyn. Nova York também concordou em criar uma equipe encarregada de monitorar e supervisionar todos os depósitos de lixo, fechando aqueles que não tivessem condições de cumprir os regulamentos. Ao mesmo tempo, os representantes do Estado de Nova Jersey receberam permissão de acesso ilimitado aos depósitos de lixo da cidade de Nova York para inspecionar a eficácia do programa.

18.5 Recursos de propriedade comum

Às vezes surgem externalidades quando podem ser utilizados recursos sem a necessidade de seu pagamento. Os **recursos de propriedade comum** são aqueles aos quais qualquer pessoa tem livre acesso. Em consequência, esses recursos tendem a ser utilizados em excesso. Ar e água são os dois exemplos mais comuns. Também se encaixam nessa categoria a flora, a fauna e a exploração e extração mineral, entre outros. Vamos examinar algumas das ineficiências que ocorrem quando os recursos são de propriedade comum, e não de propriedade privada.

> **recurso de propriedade comum**
> Recurso ao qual qualquer pessoa tem livre acesso.

Consideremos um grande lago com trutas, ao qual um número ilimitado de pescadores tem acesso. Cada um deles pesca até o ponto em que a receita marginal da pescaria (ou o valor marginal, caso tal pescaria seja esportiva em vez de ter finalidade lucrativa) seja igual ao custo. No entanto, o lago é um recurso de propriedade comum e nenhum pescador tem estímulo para levar em conta o quanto sua própria atividade de pesca estaria afetando a oportunidade dos demais. Em consequência, o custo privado de determinado pescador não reflete o custo real para a sociedade, pois o aumento de sua atividade pessoal de pesca reduz o número de peixes disponíveis no lago para os outros pescadores. Isso leva a uma ineficiência, pois uma quantidade excessiva de peixes estaria sendo pescada.

A Figura 18.11 ilustra essa situação. Suponha que, como a quantidade capturada de trutas é suficientemente pequena em relação à demanda, os pescadores tomem o preço do peixe como dado. Suponha também que alguém possa controlar o número de pescadores que se dirigem ao lago. O nível eficiente F^* de peixes pescados por mês é determinado no ponto em que o benefício marginal da pescaria se torna igual a seu custo marginal social. O benefício marginal é o preço obtido na curva de demanda. O custo marginal social indicado no diagrama inclui não só os custos operacionais privados, mas também o custo social do esgotamento do estoque de peixes.

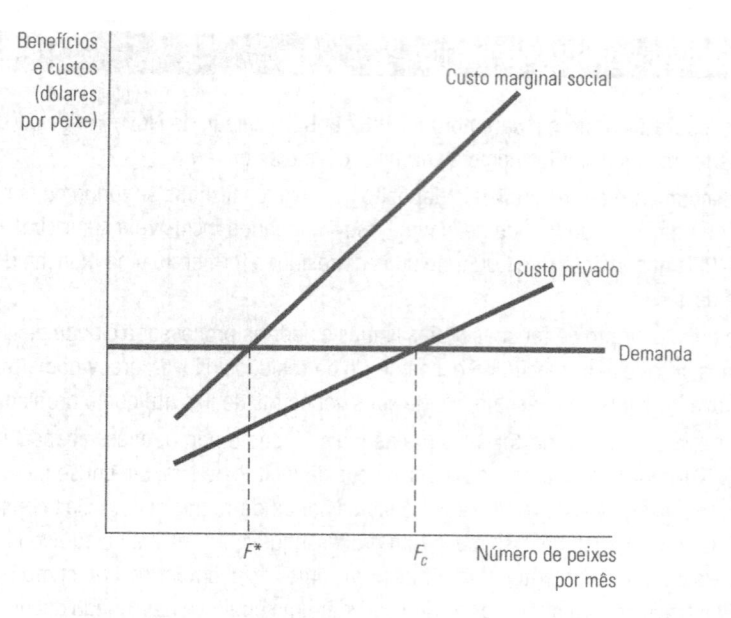

FIGURA 18.11 — RECURSOS DE PROPRIEDADE COMUM

Quando um recurso de propriedade comum, como a pesca, é acessível a todos, o recurso é usado até o ponto F_c, em que o custo privado é igual ao retorno adicional gerado. Esse uso excede o nível eficiente F^*, no qual o custo marginal social de usar o recurso é igual ao benefício marginal (como mostrado pela curva de demanda).

Agora, compare o resultado eficiente com o que acontece quando o lago é uma propriedade comum. Nesse caso, os custos marginais externos não são levados em conta e cada pescador pode pescar até que não haja mais peixes e nenhum lucro possa ser gerado. Quando apenas F^* peixes são pescados, a receita gerada pela atividade pesqueira é maior do que seu custo e, dessa maneira, há um lucro que pode ser obtido por meio da continuação da atividade. A entrada de novos pescadores ocorrerá até o ponto em que o preço seja igual ao custo marginal, que corresponde ao ponto F_c na Figura 18.11. Mas, nesse ponto, estará sendo pescada uma quantidade excessiva de peixes.

Há uma solução relativamente simples para o problema do recurso de propriedade comum — deixar que um único proprietário administre tal recurso. Este estabelecerá um preço para a utilização do recurso que seja igual ao custo marginal do esgotamento do estoque de peixes. Ao se defrontar com esse preço, os pescadores que compõem o grupo não considerarão lucrativa a pesca de quantidades superiores a F^*. Infelizmente, como a propriedade única nem sempre é uma solução prática, a maior parte dos recursos de uso comum não tem essa restrição. Durante as últimas décadas, a vigilância do governo tem fornecido uma solução parcial para o problema. Em muitas áreas de pesca nos Estados Unidos, o governo determina a quantidade permitida total de pesca e a aloca a pescadores por meio de quotas de pesca anuais individuais, determinadas por um leilão ou outro processo de alocação.[21]

EXEMPLO 18.7 — A PESCA DE LAGOSTINS NA LOUISIANA

Nos últimos anos, o lagostim se tornou um prato popular nos restaurantes. Por exemplo, em 1950, a pesca anual desse crustáceo na bacia do rio Atchafalaya, no estado da Louisiana, chegou a pouco mais de 1 milhão de libras e, em 1995, era de cerca de 30 milhões de libras. Como a maior parte dos lagostins se desenvolve em lagoas, às quais os pescadores têm

---

[21] Para obter detalhes, consulte o relatório do Environmental Defense Fund, "Sustaining America's Fisheries and Fishing Communities: An Evaluation of Incentive-Based Management", de autoria de Lawrence J. White, 2007.

acesso ilimitado, surgiu um problema de recurso de propriedade comum: lagostins demais foram pescados, de tal forma que a população desse crustáceo caiu muito abaixo do nível eficiente.[22]

Qual a gravidade desse problema? Mais especificamente, qual é o custo social do acesso ilimitado dos pescadores? A resposta pode ser encontrada fazendo-se estimativas do custo privado da pesca, do custo marginal social e da demanda de lagostins. A Figura 18.12 apresenta as partes relevantes dessas curvas. A curva de custo privado possui inclinação ascendente: à medida que a pesca aumenta, também aumenta o grau de esforço necessário para obter lagostins. A curva de demanda possui inclinação descendente, mas é elástica pelo fato de outros crustáceos servirem de substitutos próximos para o lagostim.

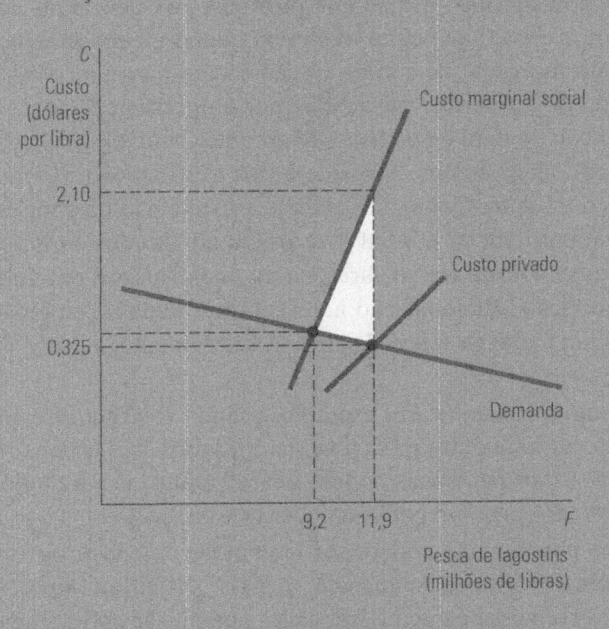

FIGURA 18.12 O LAGOSTIM COMO RECURSO DE PROPRIEDADE COMUM

Como se desenvolve em lagoas às quais os pescadores têm acesso ilimitado, o lagostim é um recurso de propriedade comum. O nível eficiente de pesca ocorre quando o benefício marginal é igual ao custo marginal social. Entretanto, o nível efetivo de pesca ocorre no ponto em que o preço do lagostim é igual ao custo privado da pesca. A área mais clara representa o custo social do recurso de propriedade comum.

Podemos determinar gráfica e algebricamente o nível eficiente de pesca para o lagostim. Indicaremos por F a quantidade de lagostins capturada, medida em milhões de libras por ano (mostrada no eixo horizontal), e por C o custo em dólares por libra (mostrado no eixo vertical). Na região em que as várias curvas se cruzam, as três curvas desse gráfico apresentam as seguintes equações:

$$\text{Demanda:} \quad C = 0{,}401 - 0{,}0064F$$

$$\text{Custo marginal social:} \quad C = -5{,}645 + 0{,}6509F$$

$$\text{Custo privado:} \quad C = -0{,}357 + 0{,}0573F$$

O nível eficiente de 9,2 milhões de libras para a pesca do lagostim, que torna iguais a demanda e o custo marginal social, é mostrado no ponto de interseção entre essas duas curvas. O nível efetivo de pesca de 11,9 milhões de libras é determinado igualando-se a demanda ao custo privado, sendo indicado no ponto de interseção dessas duas curvas. A área mais clara na figura representa a medida do custo social do livre acesso. Isso representa o excesso de custo social em relação ao custo privado da pesca, somado a partir do nível eficiente (em que a demanda se torna igual ao custo marginal social) até o nível efetivo de pescaria (em que a demanda se torna igual ao custo privado). Nesse caso, o custo social é representado pela área de um triângulo com uma base de 2,7 milhões de libras (11,9 – 9,2) e uma altura de US$ 1,775 (US$ 2,10 – US$ 0,325), ou seja, US$ 2.396.000. Observe que, com a regulamentação das lagoas — limitando o acesso a elas ou restringindo o volume pescado —, esse custo social poderia ser evitado.

---

[22] Este exemplo baseia-se no artigo de Frederick W. Bell, "Mitigating the Tragedy of the Commons", *Southern Economic Journal* 52, 1986, p. 653-664.

18.6 Bens públicos

bens públicos
Bens não exclusivos e não rivais: o custo marginal de prové-los para um consumidor adicional é zero, e as pessoas não podem ser excluídas de seu consumo.

bem não rival
Bem cujo custo marginal de produção é zero para um consumidor adicional.

Já verificamos que as externalidades, inclusive os recursos de propriedade comum, criam ineficiências de mercado que, às vezes, justificam a introdução de uma regulamentação governamental. Quando os governos devem substituir as empresas privadas na produção de bens e serviços, caso essa seja uma alternativa possível? Nesta seção, descreveremos um conjunto de condições nas quais o mercado privado pode não oferecer determinado bem ou então pode não cobrar por ele o preço apropriado quando este já estiver disponível para venda.

BENS NÃO RIVAIS Como foi visto no Capítulo 16, os **bens públicos** possuem duas características: são *não rivais* e *não exclusivos*. Um bem é **não rival** quando, para qualquer nível específico de produção, o custo marginal de sua produção é zero para um consumidor adicional. No caso da maioria dos produtos oferecidos por empresas privadas, o custo marginal do aumento de produção do bem é positivo. No entanto, para alguns bens, os consumidores adicionais não ocasionam custos. Consideremos a utilização de uma estrada durante um período de pouco trânsito. Como a estrada já existe e não há congestionamentos, o custo adicional de sua utilização é igual a zero. Ou então consideremos a utilização de um farol por um navio. Desde que o farol esteja construído e em funcionamento, seu uso por uma embarcação adicional não acrescentaria nada a seu custo operacional. Por fim, consideremos um canal de televisão aberta. Claramente, o custo de um espectador adicional é zero.

A maioria dos bens privados é rival no consumo. Por exemplo, quando você adquire um móvel, elimina a possibilidade de que alguma outra pessoa venha a adquiri-lo. Os bens rivais devem ser alocados entre as pessoas; os não rivais podem ficar disponíveis para todos sem que seja afetada sua oportunidade de consumo para qualquer pessoa.

bem não exclusivo
Bens que as pessoas não podem ser impedidas de consumir, de modo que é difícil ou impossível cobrar por sua utilização.

BENS NÃO EXCLUSIVOS Quando as pessoas não podem ser impedidas de consumir um bem, ele é chamado de **bem não exclusivo**. Em consequência, torna-se difícil ou impossível cobrar pela utilização de produtos com essa característica; eles podem ser obtidos sem a necessidade de pagamento direto. Um exemplo de bem não exclusivo é a defesa nacional. Uma vez que o país tenha providenciado tal defesa, todos os cidadãos desfrutam seus benefícios. Um farol marítimo e um canal de televisão aberta são também bens não exclusivos.

Os bens não exclusivos não são necessariamente de natureza nacional. Se um estado ou um município erradicar uma peste agrícola, todos os fazendeiros e consumidores se beneficiarão. Seria praticamente impossível impedir determinado fazendeiro de desfrutar os benefícios decorrentes do programa. Os automóveis são exclusivos (e também rivais). Se um revendedor vende um automóvel novo a determinado consumidor, ele exclui as demais pessoas da possibilidade de adquirir esse automóvel específico.

Alguns bens são exclusivos, mas não rivais. Por exemplo, durante os períodos de tráfego menos intenso, a travessia de determinada ponte é não rival, já que um automóvel adicional que passe pela ponte não causa uma alteração na velocidade dos demais veículos que estejam fazendo a mesma travessia. No entanto, a travessia da ponte é exclusiva, pois as autoridades têm o poder de impedir que as pessoas a utilizem. Quando um sinal é transmitido por uma emissora, o custo marginal dessa transmissão para um usuário adicional é zero; logo, trata-se de um bem não rival. Entretanto, a empresa pode tornar sua transmissão de sinais exclusiva por meio da codificação dos referidos sinais e da cobrança referente ao uso de um aparelho que permita sua decodificação.

Alguns bens podem ser não exclusivos, porém rivais. O mar ou um grande lago são não exclusivos, todavia a pesca é um bem rival, porque impõe custos a outras pessoas: quanto maior o número de peixes capturados, menor será a quantidade disponível para outros pescadores. O ar é um artigo não exclusivo e muitas vezes não rival, mas pode tornar-se rival quando as emissões de poluentes de determinada empresa passam a prejudicar sua qualidade e a possibilidade de outras pessoas de desfrutarem seu uso.

Os bens públicos, que são ao mesmo tempo não rivais e não exclusivos, oferecem benefícios às pessoas a um custo marginal zero, e ninguém pode ser excluído da possibilidade de desfrutá-los. O exemplo clássico de um bem público é a defesa nacional. Já vimos que ela é não exclusiva e também não rival, pois o custo marginal de fornecer esse serviço a uma pessoa adicional é zero. O farol marítimo é também um bem público, porque é ao mesmo tempo não exclusivo e não rival; em outras palavras, seria difícil cobrar dos navios o benefício que desfrutam pela utilização do farol.[23]

A lista de bens públicos é muito menor do que a de bens oferecidos pelo governo. Muitos bens ofertados pelo poder público podem ser rivais em termos de consumo, exclusivos ou ainda as duas coisas. Por exemplo, a educação de nível secundário é um bem rival em termos de consumo. Há um custo marginal positivo para o fornecimento desse serviço a um aluno adicional, pois outros estudantes recebem menor atenção à medida que aumenta o tamanho da turma. Do mesmo modo, a cobrança de uma anuidade escolar pode excluir algumas crianças da possibilidade de usufruir a educação. A educação pública é fornecida pelos governos locais porque acarreta externalidades positivas, não porque seja um bem público.

Por fim, consideremos a administração de um parque nacional. Parte do público pode ser excluída no momento em que sejam cobradas entradas e taxas de acampamento. Sua utilização também é um bem rival: devido a condições de superlotação, a entrada de um automóvel adicional no parque pode reduzir os benefícios que outros já estejam usufruindo.

Eficiência e bens públicos

O nível eficiente de provisão de uma mercadoria privada é determinado fazendo-se uma comparação entre o benefício marginal de uma unidade adicional com o custo marginal de produção da mesma unidade. A eficiência é alcançada quando o benefício marginal e o custo marginal são iguais entre si. O mesmo princípio aplica-se a bens públicos, mas sua análise é diferente. No caso dos bens privados, o benefício marginal é medido por meio do benefício recebido pelo consumidor. Quanto aos bens públicos, devemos perguntar qual valor cada pessoa atribui a cada unidade adicional produzida. O benefício marginal é obtido somando-se esses valores para *todos* os usuários que usufruem desse bem. Para determinarmos o nível eficiente de oferta do bem público, devemos igualar a soma desses benefícios marginais ao custo marginal de sua produção.

A Figura 18.13 ilustra o nível eficiente de produção de um bem público. D_1 representa a demanda do bem público por parte de um consumidor e D_2, a demanda por parte de um segundo consumidor. Cada curva de demanda nos informa o benefício marginal que o consumidor recebe a partir do consumo de cada nível de produção. Por exemplo, quando há apenas 2 unidades de um bem público, o primeiro consumidor está disposto a pagar US$ 1,50 pelo bem e, assim, US$ 1,50 é o benefício marginal. De igual modo, o segundo consumidor tem um benefício marginal de US$ 4.

Para calcularmos a soma dos benefícios marginais das *duas* pessoas, devemos somar *verticalmente* cada uma dessas curvas de demanda. Por exemplo, quando a produção for de 2 unidades, somaremos o benefício marginal de US$ 1,50 com o benefício marginal de US$ 4 para obtermos o benefício marginal social de US$ 5,50. Quando essa soma é calculada para cada nível de produção do bem público, obtemos a curva de demanda agregada D para esse bem público.

A quantidade eficiente produzida é aquela para a qual o benefício marginal da sociedade é igual ao custo marginal. Isso ocorre no ponto de interseção entre a curva de demanda e a curva de custo marginal. Em nosso exemplo, como o custo marginal de produção é US$ 5,50, o nível eficiente de produção é 2.

> Na Seção 4.3, mostramos que a curva de demanda do mercado pode ser obtida somando-se horizontalmente as curvas de demanda individuais.

---

23 O serviço de faróis não precisa ser necessariamente fornecido pelo governo. Para uma descrição de como os faróis marítimos foram de propriedade privada na Inglaterra durante o século XIX, veja o artigo de Ronald Coase, "The Lighthouse in Economics", *Journal of Law and Economics* 17, 1974, p. 357-376.

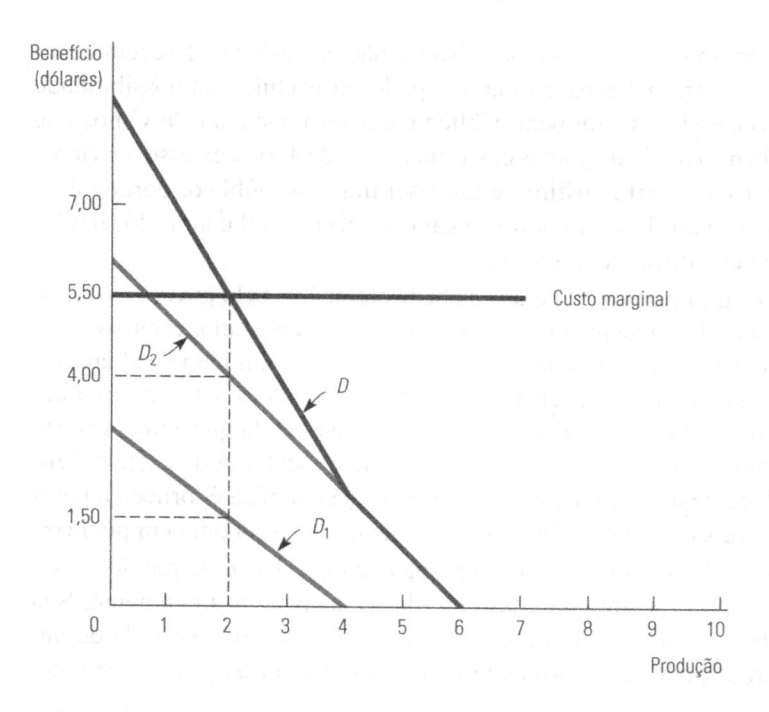

FIGURA 18.13 — PROVISÃO EFICIENTE DE BENS PÚBLICOS

Quando um bem é não rival, o benefício marginal social de seu consumo, dado pela curva de demanda D, é determinado pela soma vertical das curvas de demanda individuais do bem, D_1 e D_2. No ponto de produção de nível eficiente, as curvas de demanda e de custo marginal se cruzam.

Para entendermos por que 2 é o nível eficiente, devemos observar o que ocorreria se apenas 1 unidade fosse produzida: embora o custo marginal continuasse sendo de US$ 5,50, o benefício marginal seria de cerca de US$ 7. Como o benefício marginal seria maior do que o custo marginal, uma quantidade muito pequena do bem seria ofertada. Do mesmo modo, suponha que fossem produzidas 3 unidades desse bem público. Nesse caso, o benefício marginal de mais ou menos US$ 4 seria menor do que o custo marginal de US$ 5,50 e, portanto, uma quantidade excessiva desse bem público estaria sendo ofertada. Apenas quando o benefício marginal social é igual ao custo marginal é que o bem público é ofertado eficientemente.[24]

Bens públicos e falhas de mercado

Suponha que você esteja considerando a possibilidade de fornecer um serviço de combate a pernilongos em sua comunidade. Você sabe que o programa tem para a comunidade um valor superior a seu custo, que é de US$ 50.000. Será que você poderá lucrar se ofertar esse programa de forma privada? Você já estaria atingindo seu ponto de equilíbrio se cobrasse US$ 5 de cada uma das 10.000 famílias que moram em sua comunidade. Entretanto, não poderia obrigá-las a pagar esse preço e muito menos poderia inventar um sistema por meio do qual as famílias que atribuíssem maior valor ao programa pagassem preços mais altos.

Infelizmente, o programa de combate aos pernilongos é não exclusivo: não há maneira de oferecer esse serviço sem que todos sejam beneficiados por ele. Em consequência, as famílias não se sentem estimuladas a pagar o valor que o programa realmente tem para elas. O indivíduo pode atuar como **carona**, subestimando o valor do programa de tal forma que possa usufruí-lo sem pagar por isso.

carona
Consumidor ou produtor que não paga por um bem não exclusivo na expectativa de que outros o façam.

---

[24] Já mostramos que bens não exclusivos e não rivais são ofertados de maneira ineficiente. Um argumento semelhante poderia ser aplicado a bens não rivais, mas exclusivos.

No caso dos bens públicos, a presença de caronas torna difícil ou até mesmo impossível que os mercados ofertem os produtos eficientemente. Talvez, se poucas pessoas estivessem envolvidas e o programa fosse relativamente barato, todas as famílias poderiam voluntariamente concordar em repartir os custos. Entretanto, quando muitas pessoas estão envolvidas, arranjos voluntários privados em geral tornam-se ineficazes. Por isso, o bem público acaba tendo de ser subsidiado ou fornecido pelo governo, caso tenha de ser produzido de maneira eficiente.[25]

EXEMPLO 18.8 A DEMANDA POR AR PURO

No Exemplo 4.6, utilizamos a curva de demanda por ar puro para calcular os benefícios de um meio ambiente menos poluído. Vamos agora examinar as características de bem público do ar puro. Muitos fatores contribuem para a determinação da qualidade do ar em determinada região. Qualquer esforço para tornar o ar menos poluído costuma resultar na melhoria da qualidade do ar em toda a região. Em consequência, o ar puro vem a ser um bem não exclusivo: é difícil impedir qualquer pessoa de desfrutá-lo. Ele é também um bem não rival: o proveito que uma pessoa obtém não inviabiliza o de outra.

Pelo fato de o ar puro ser um bem público, não há mercado para ele e, portanto, não há preços observáveis pelos quais as pessoas estariam dispostas a trocar ar puro por outros bens. Felizmente, podemos obter estimativas da disposição das pessoas em pagar por meio do mercado imobiliário — as pessoas pagarão mais por um imóvel localizado em uma área com boa qualidade de ar do que por um imóvel idêntico situado em uma região com baixa qualidade de ar.

Examinaremos as estimativas feitas para a demanda de ar puro obtidas a partir de uma análise estatística de dados referentes a imóveis situados na região metropolitana de Boston.[25] A análise estatística estabeleceu uma correlação entre os preços das moradias, a qualidade do ar e outras características dos imóveis e da área em que eles estão localizados. A Figura 18.14 apresenta três curvas de demanda nas quais o valor que as pessoas atribuem ao ar puro depende da concentração de óxido de nitrogênio e de sua renda. O eixo horizontal mede o nível de poluição em termos de partes por cem milhões (ppcm) de óxido de nitrogênio no ar. O eixo vertical mede a disposição de cada família em pagar por uma redução de uma parte por cem milhões de óxido de nitrogênio no ar.

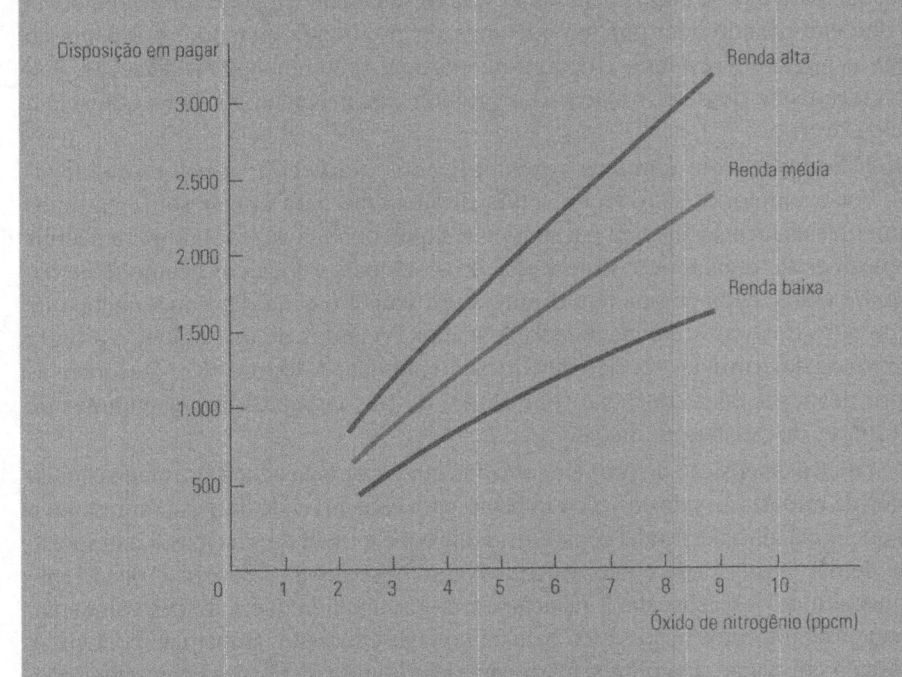

FIGURA 18.14 A DEMANDA POR AR PURO

As três curvas descrevem a disposição em pagar por ar puro (uma redução nos níveis de óxido de nitrogênio) para cada um dos três tipos de família (rendas baixa, média e alta). Em geral, as famílias de renda mais alta possuem demandas maiores por ar puro do que as famílias de renda mais baixa. Além disso, cada família possui menos disposição em pagar por ar puro à medida que a qualidade do ar aumenta.

---

25 Veja o artigo de David Harrison Jr. e Daniel L. Rubinfeld, "Hedonic Housing Prices and the Demand for Clean Air", *Journal of Environmental Economics and Management* 5, 1978, p. 81-102.

As curvas de demanda possuem inclinação ascendente porque, no eixo horizontal, estamos medindo o nível de poluição e não o ar puro. Como seria de se esperar, quanto mais limpo estiver o ar, menor será a disposição das famílias em pagar mais por esse bem. Essas diferenças de disposição variam substancialmente. Por exemplo, em Boston, os níveis de óxido de nitrogênio variavam de 3 a 9 ppcm. Uma família de renda média estaria disposta a pagar US$ 800 por uma redução de 1 ppcm quando o nível de concentração existente fosse de 3 ppcm. Contudo, esse valor saltaria para US$ 2.200 quando o nível de concentração existente fosse de 9 ppcm.

Observe que as famílias de renda mais alta se dispõem a pagar mais pela obtenção de pequenas melhorias na qualidade do ar do que as de renda mais baixa. Para níveis baixos de concentração de óxido de nitrogênio (3 ppcm), a diferença entre as famílias de baixa e média rendas é de apenas US$ 200, mas para níveis mais elevados (9 ppcm) essa diferença aumenta para aproximadamente US$ 700.

Com as informações quantitativas a respeito da demanda por ar puro e estimativas separadas para os custos do melhoramento da qualidade do ar, podemos determinar se os benefícios da regulamentação ambiental ultrapassam os custos. Um estudo feito pela Academia Nacional de Ciências dos Estados Unidos (National Academy of Sciences) a respeito das regulamentações de emissões de poluentes por automóveis fez exatamente isso. O estudo revelou que os controles de emissões por automóveis seriam capazes de reduzir em cerca de 10% o nível de poluentes, como o óxido de nitrogênio. O benefício para todos os habitantes dos Estados Unidos dessa melhoria de 10% na qualidade do ar foi estimado em mais ou menos US$ 2 bilhões. Esse estudo também estimou que custaria um pouco menos do que US$ 2 bilhões a instalação de um equipamento de controle de poluição nos automóveis, de modo que os tornassem capazes de satisfazer os padrões de emissões estabelecidos. A conclusão desse estudo foi de que os benefícios dessa regulamentação seriam superiores a seus custos.

18.7 Preferências privadas por bens públicos

A produção de um bem público pelo governo é vantajosa porque este pode estabelecer impostos ou tarifas para que se pague pelo bem. Mas de que maneira pode ser estabelecida a *quantidade* de determinado bem público que deve ser produzida quando o problema do carona estimula as pessoas a revelarem incorretamente suas preferências? Nesta seção, discutiremos um mecanismo de determinação das preferências privadas por bens que sejam produzidos pelo governo.

Nos Estados Unidos, o voto é muitas vezes utilizado para decidir questões de alocação de verbas. Por exemplo, os indivíduos votam diretamente para opinar sobre algumas questões orçamentárias locais e elegem parlamentares que, por sua vez, votam para decidir sobre outras questões de orçamento. Muitas eleições estaduais e locais baseiam-se na *regra da maioria de votos*: cada pessoa tem direito a um voto e o candidato ou a opção que receber mais de 50% dos votos é considerado vencedor. Vejamos de que maneira a regra da maioria dos votos determina o serviço de educação pública. A Figura 18.15 descreve as preferências por despesas com educação (por aluno) de três cidadãos, representantes de três grupos similares de pessoas do distrito escolar.

A curva W_1 indica a disposição do primeiro cidadão em pagar pela educação, menos quaisquer pagamentos de impostos. A disposição em pagar para cada nível de despesa representa o valor máximo que o cidadão despenderia para usufruir aquele nível de serviços, contraposto à possibilidade de não gastar nada e não usufruir nada.[26] Em geral, o benefício decorrente de um nível mais alto de despesas com educação eleva-se à medida que a despesa aumenta. Mas os pagamentos de impostos necessários para tal nível de educação também aumentam. A curva de disposição em pagar, que representa o benefício líquido da despesa com educação, inicialmente possui inclinação ascendente, pois o cidadão atribui grande valor a níveis relativamente baixos de despesas. Entretanto, quando a despesa ultrapassa US$ 600 por aluno, o valor que a família atribui à educação aumenta cada vez menos. Por isso, na realidade, ocorre um declínio do benefício líquido. O nível de despesas torna-se tão alto (US$ 2.400 por aluno) que o cidadão fica indiferente entre esse nível de dispêndio e a ausência total de gastos.

---

[26] Em outras palavras, a disposição em pagar mede o excedente do consumidor que o cidadão usufrui quando determinado nível de despesa é escolhido.

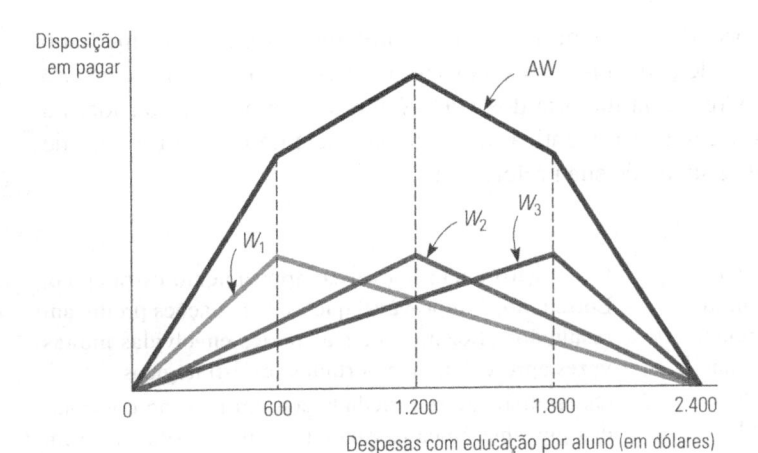

FIGURA 18.15 DETERMINANDO O NÍVEL DE GASTO COM EDUCAÇÃO

O nível eficiente de gastos com educação é determinado pela soma da disposição em pagar por educação (sem impostos) de cada um dos três cidadãos. As curvas W_1, W_2 e W_3 representam as respectivas disposições em pagar, e a curva AW representa a disposição agregada de pagar. O nível eficiente de despesa é de US$ 1.200 por aluno. O nível de gastos em que de fato se incorre é o nível demandado pelo eleitor mediano. Nesse caso particular, a preferência do eleitor mediano (dada pelo pico da curva W_2) é também o nível eficiente.

A curva W_2, que representa a disposição em pagar do segundo cidadão (sem impostos), apresenta formato semelhante, porém alcança o ponto máximo no nível de gasto de US$ 1.200 por estudante. Por fim, a curva W_3 representa a disposição em pagar do terceiro cidadão, que atinge seu pico no valor de US$ 1.800 por aluno.

A linha cheia, AW, revela a disposição agregada de pagar pela educação; ela corresponde à soma vertical das curvas W_1, W_2 e W_3. A curva AW indica o valor máximo que os três cidadãos estariam dispostos a pagar de modo que pudessem usufruir os respectivos níveis de gastos. Como mostra a Figura 18.15, a disposição agregada é maximizada quando o gasto é de US$ 1.200 por aluno. Como a curva AW mede o benefício do gasto líquido dos pagamentos de impostos necessários ao custeio de tais gastos, o ponto máximo de US$ 1.200 indica também o nível eficiente de gastos.

Será que a regra da maioria de votos é capaz de alcançar o resultado eficiente nesse caso? Suponha que o público deva votar entre as opções de gastos de US$ 1.200 e de US$ 600 por aluno. O primeiro cidadão vota pelos US$ 600, mas os outros dois optam por US$ 1.200, opção que teria então sido escolhida pela maioria dos votos. De fato, o nível de US$ 1.200 vencerá qualquer alternativa que seja submetida à regra da maioria de votos. Portanto, US$ 1.200 representa a alternativa preferida do *eleitor mediano*, ou seja, o cidadão de preferência mediana ou o do meio. (O primeiro cidadão decide por US$ 600 e o terceiro, por US$ 1.800.) *Na regra da maioria dos votos, o nível preferido do eleitor mediano sempre vence uma eleição contra qualquer alternativa.*

Mas será que a preferência do eleitor mediano deve ser igual ao nível eficiente de gasto? Nesse caso, sim, porque US$ 1.200 é o nível eficiente. Contudo, a preferência do eleitor mediano com frequência *não* representa o nível eficiente de gasto. Suponha que as preferências do terceiro cidadão fossem iguais às do segundo. Nesse caso, embora a escolha do eleitor mediano ainda fosse de US$ 1.200 por aluno, o nível eficiente de gasto seria mais baixo do que US$ 1.200 (pois o nível eficiente corresponde à média das preferências dos três cidadãos). Nesse caso, a regra da maioria dos votos resultaria em um gasto excessivo com educação. Se invertêssemos esse exemplo, de tal modo que o primeiro e o segundo cidadãos passassem a ter idênticas preferências, a regra da maioria dos votos resultaria em um nível muito baixo de gastos com educação.

Portanto, a regra da maioria dos votos permite que as preferências do eleitor mediano determinem os resultados das eleições, mas estes não serão necessariamente eficientes do ponto de vista econômico. A regra da maioria dos votos é ineficiente porque considera a preferência de cada cidadão de maneira idêntica: o resultado eficiente pondera o voto de cada cidadão conforme a intensidade de sua preferência.

RESUMO

1. Uma externalidade ocorre quando um produtor ou consumidor afeta as atividades de produção ou de consumo de outros de uma maneira que não esteja diretamente refletida no mercado. As externalidades ocasionam ineficiências de mercado porque inibem a capacidade de os preços refletirem de modo exato as informações relativas à quantidade que deve ser produzida e comprada.

2. A poluição é um exemplo comum de externalidade que resulta em falha de mercado. Ela pode ser corrigida por meio da fixação de padrões máximos de emissões de poluentes, de taxas sobre as emissões de poluentes, por meio de permissões transferíveis de emissões ou pelo encorajamento à reciclagem. Quando há incerteza a respeito dos custos e benefícios, qualquer uma dessas alternativas pode ser preferível, dependendo apenas dos formatos das curvas de custo marginal social e de benefício marginal.

3. Às vezes, é o estoque acumulado de um poluente que causa danos, e não seus níveis de emissão atuais. Um exemplo disso é o aumento dos gases do efeito estufa, que podem levar ao aquecimento global.

4. As ineficiências decorrentes de falhas de mercado podem ser eliminadas por negociações privadas entre as partes envolvidas. Conforme afirma o teorema de Coase, a solução negociada será sempre eficiente quando o direito de propriedade das partes envolvidas estiver bem especificado, os custos das transações forem zero e não houver comportamento estratégico. Entretanto, é improvável que as negociações produzam resultados eficientes, pois as partes envolvidas muitas vezes apresentam comportamentos estratégicos.

5. Os recursos de propriedade comum não são controlados por uma única pessoa e podem ser utilizados sem que preço algum seja pago. Em decorrência da livre utilização, é criada uma externalidade na qual o excesso de usufruto do recurso prejudica aqueles que poderiam utilizá-lo no futuro.

6. Bens que os mercados privados provavelmente não produzem de modo eficiente são não rivais ou não exclusivos. Um bem é não rival quando, para qualquer nível de sua produção, o custo marginal de fornecê-lo para um consumidor adicional é zero. Um bem é considerado não exclusivo caso seja dispendioso ou impossível impedir que as pessoas o consumam. Os bens públicos possuem essas duas características.

7. Um bem público é ofertado eficientemente quando a soma vertical das demandas individuais é igual ao custo marginal de sua produção.

8. A regra da maioria de votos é um recurso que os cidadãos possuem para exprimir suas preferências em relação a bens públicos. Por essa regra, o nível de gasto oferecido será aquele que for preferido pelo eleitor mediano. Entretanto, esse não será necessariamente o resultado eficiente.

QUESTÕES PARA REVISÃO

1. Qual das seguintes frases descreve uma externalidade e qual não o faz? Explique a diferença.
   a. Uma política de restrição a exportações de café no Brasil faz seu preço subir nos Estados Unidos, o que por sua vez acarreta um aumento no preço do chá.
   b. A propaganda feita por meio de luminosos nas estradas distrai os motoristas, provocando acidentes.

2. Compare e confronte os três seguintes mecanismos de tratamento das externalidades decorrentes da poluição, quando forem incertos os custos e os benefícios da redução das emissões de poluentes: (a) uma taxa sobre emissões; (b) um padrão de emissões; e (c) um sistema de permissões transferíveis.

3. Em que situações as externalidades passam a exigir intervenção governamental? Quando essa intervenção provavelmente seria desnecessária?

4. Imagine um mercado em que certa empresa detenha poder de monopólio. Suponha, ainda, que essa empresa produza na presença de uma externalidade, a qual pode ser positiva ou negativa. Essa externalidade necessariamente levará a uma alocação pior dos recursos?

5. As externalidades só surgem porque os indivíduos não têm consciência das consequências de suas ações. Você concorda com essa afirmação? Explique.

6. Para incentivar determinado setor a produzir em um nível socialmente ótimo, o governo deveria estabelecer uma taxa sobre cada unidade produzida, em valor igual ao custo marginal de produção. Verdadeiro ou falso? Explique.

7. George e Stan são vizinhos de porta. George gosta de plantar flores no jardim, mas, sempre que o faz, o cachorro do vizinho pisoteia e escava os canteiros. O cão de Stan é que está causando o dano, portanto,

em nome da eficiência econômica, Stan precisa providenciar uma cerca em volta do seu jardim para confinar o animal. Você concorda com essa afirmação? Explique.

8. Uma taxa sobre emissões é paga ao governo; por outro lado, quando alguém que causou danos é processado e condenado, precisa indenizar diretamente a parte prejudicada pelos danos causados pelas externalidades. Que diferenças provavelmente ocorreriam no comportamento das vítimas nessas duas situações?

9. Por que o livre acesso a um recurso de propriedade comum gera um resultado ineficiente?

10. Os bens públicos são ao mesmo tempo não rivais e não exclusivos. Explique cada um desses termos e mostre claramente de que maneira eles são diferentes entre si.

11. Perto de certa vila, existe um pasto de primeira categoria com 1.000 acres de extensão. Hoje, a vila é proprietária do pasto e permite a todos os habitantes que pastoreiem seu gado gratuitamente. Alguns membros do conselho da vila têm sugerido que o pasto está ficando exaurido. Isso pode ser verdade? Segundo esses mesmos membros, a vila deveria exigir que os pecuaristas comprassem uma permissão anual para usar o pasto, ou vender-lhes a terra. Alguma dessas ideias lhe parece boa?

12. A televisão aberta é custeada em parte por donativos do setor privado, embora qualquer pessoa que tenha um televisor possa assistir à sua programação sem pagar por isso. Você seria capaz de explicar esse fenômeno, levando em consideração a questão do carona?

13. Explique por que o resultado preferido pelo eleitor mediano não é necessariamente eficiente, do ponto de vista econômico, quando se utiliza a regra da maioria dos votos para determinar o nível de gasto público.

14. Você consideraria a Wikipédia um bem público? Ela oferece alguma externalidade positiva ou negativa?

EXERCÍCIOS

1. Diversas empresas se instalaram na região oeste de uma cidade depois que a parte leste se tornou predominantemente residencial. Todas fabricam o mesmo produto e os processos produtivos causam emissões de fumaças poluentes que prejudicam a população.
   a. Por que há uma externalidade criada pelas empresas?
   b. Você crê que negociações entre as partes podem resolver o problema? Explique.
   c. Como a comunidade pode determinar um nível eficiente para a qualidade do ar?

2. Um programador de computador faz *lobby* contra a legislação de direitos autorais de software, sob o argumento de que todos deveriam se beneficiar dos programas inovadores desenvolvidos para computadores pessoais e de que a exposição a uma ampla variedade de programas poderia inspirar jovens programadores a criar softwares ainda mais revolucionários. Considerando os benefícios marginais sociais que poderiam ser obtidos por essa proposta, você concorda com a posição desse profissional?

3. Suponha que estudos científicos lhe forneçam as seguintes informações sobre os benefícios e os custos da emissão de dióxido de enxofre:

   Benefícios da redução da emissão: $BMg = 500 - 20A$
   Custos da redução da emissão: $CMg = 200 + 5A$

   em que A é a quantidade reduzida em milhões de toneladas e os benefícios e os custos são dados em dólares por tonelada.
   a. Qual o nível socialmente eficiente de redução das emissões?
   b. Quais são os benefícios e os custos marginais das reduções nos níveis socialmente eficientes?
   c. O que ocorre com os benefícios sociais líquidos (benefícios menos custos) quando se reduz um milhão a mais de toneladas além do nível eficiente? E um milhão a menos?
   d. Por que é socialmente eficiente estabelecer benefícios marginais iguais aos custos marginais em vez de reduzi-los até que o benefício total se iguale aos custos totais?

4. Quatro empresas situadas em diferentes pontos ao longo da margem de determinado rio despejam nele diferentes quantidades de efluentes. Esses efluentes prejudicam a qualidade da água, afetando os moradores que nadam no rio. Eles podem construir piscinas para não ter de nadar no rio, mas, por outro lado, as empresas podem instalar filtros capazes de eliminar os produtos químicos prejudiciais despejados no rio. Na qualidade de consultor de uma organização de planejamento regional, de que forma você faria uma comparação e diferenciação entre as seguintes opções para tratar o assunto:
   a. Imposição de uma taxa sobre efluentes idêntica para as quatro empresas localizadas às margens do rio.
   b. Imposição de padrões iguais para todas as empresas, determinando o nível de efluentes que cada uma delas pode despejar no rio.
   c. Implementação de um sistema de permissões transferíveis de despejo de efluentes no rio, segundo o qual a quantidade agregada de poluentes é fixa e todas as empresas recebem permissões idênticas.

5. Pesquisas médicas mostram os prejuízos da fumaça à saúde dos fumantes "passivos". Recentes tendências sociais indicam que há uma crescente intolerância em relação a fumar em locais públicos. Se você fosse um fumante e desejasse continuar com seu hábito a despeito das leis cada vez mais difundidas contra o fumo, descreva o efeito que os projetos de lei a seguir teriam sobre seu comportamento pessoal. Em consequência desses programas, será que você, na qualidade de fumante individual, estaria sendo beneficiado? A sociedade estaria sendo beneficiada?

   a. Um projeto de lei propõe a diminuição dos níveis de alcatrão e de nicotina em todos os cigarros.

   b. Um projeto de lei propõe que seja cobrado um imposto sobre todos os maços de cigarro.

   c. Um projeto de lei propõe que seja cobrado um imposto sobre todos os maços de cigarro vendidos.

   d. Um projeto de lei propõe que seja exigido que todos os fumantes sempre tenham consigo uma autorização do governo para poder fumar a qualquer momento.

6. Em determinada região dos Estados Unidos, o mercado de papéis caracteriza-se pelas seguintes curvas de oferta de demanda:

   $Q_D = 160.000 - 2.000P$ e $Q_S = 40.000 + 2.000P$

   sendo Q_D a quantidade demandada em lotes de 100 libras, Q_S a quantidade ofertada em lotes de 100 libras e P o preço por lote de 100 libras. Atualmente, não há nenhum esforço para regulamentar o lançamento, pelas fábricas de papel, de efluentes nos rios e outros cursos d'água. Dessa maneira, os dejetos são lançados em abundância. O custo marginal externo (CMgE) associado com a produção de papel é dado pela curva CMgE = $0,0006Q_S$.

   a. Calcule a produção e o preço do papel em condições competitivas, caso nenhum esforço seja feito para monitorar ou regulamentar o lançamento de efluentes.

   b. Determine o preço e a produção socialmente eficientes.

   c. Explique por que as respostas que você calculou nas partes (a) e (b) diferem.

7. Em certo mercado de lavagem a seco, a função de demanda inversa do mercado é dada por $P = 100 - Q$ e o custo marginal (privado) de produção para o conjunto de todas as empresas de lavagem a seco é dado por CMg = $10 + Q$. Por fim, a poluição gerada pelo processo de lavagem a seco cria danos externos dados pela curva de custo marginal externo CMgE = Q.

   a. Calcule a produção e o preço da lavagem a seco em condições competitivas e sem regulamentação.

   b. Determine o preço e a produção socialmente eficientes.

   c. Com qual valor de imposto teríamos um mercado competitivo produzindo em um nível socialmente eficiente?

   d. Calcule a produção e o preço sob condições monopolistas e sem regulamentação.

   e. Com qual valor de imposto teríamos um mercado monopolista produzindo em um nível socialmente eficiente?

   f. Partindo do pressuposto de que nenhum esforço seja feito para monitorar ou regulamentar a poluição, que estrutura de mercado levaria ao maior bem-estar social? Discuta.

8. Volte ao Exemplo 18.5 sobre o aquecimento global. A Tabela 18.3 mostra os benefícios anuais líquidos de uma política de redução das emissões de GEE em 1% por ano. A que taxa de desconto o VPL dessa política se iguala a zero?

9. Um apicultor mora nas proximidades de uma plantação de maçãs. O dono da plantação beneficia-se da presença das abelhas, pois cada colmeia possibilita a polinização das macieiras no espaço de um acre. Entretanto, ele nada paga ao dono do apiário pelo serviço prestado pelas abelhas, que se dirigem à sua plantação sem que ele precise fazer coisa alguma. Como não há abelhas em quantidade suficiente para polinizar toda a plantação de maçãs, o dono da plantação tem de completar o processo artificialmente, ao custo de US$ 10 por acre de árvores.

   A apicultura tem um custo marginal CMg = $10 + 5Q$, onde Q é o número de colmeias. Cada colmeia produz US$ 40 de mel.

   a. Quantas colmeias o apicultor estará disposto a manter?

   b. Esse seria o número economicamente eficiente de colmeias?

   c. Quais modificações poderiam resultar em maior eficiência da operação?

10. Há três grupos em uma comunidade. Suas respectivas curvas de demanda por televisão aberta em horas de programação, T, correspondem às seguintes equações:

    $W_1 = US\$ 200 - T$
    $W_2 = US\$ 240 - 2T$
    $W_3 = US\$ 320 - 2T$

    Suponha que a televisão aberta seja um bem público puro que possa ser produzido com um custo marginal constante igual a US$ 200 por hora.

    a. Qual seria o número de horas eficiente de transmissão da televisão aberta?

b. Qual o número de horas de programação da televisão aberta que um mercado competitivo privado produziria?

11. Reconsidere o problema do recurso comum apresentado no Exemplo 18.7. Suponha que a popularidade do lagostim continue a aumentar e que a curva de demanda seja deslocada de $C = 0,401 - 0,0064F$ para $C = 0,50 - 0,0064F$. De que forma esse deslocamento da demanda modificaria o atual nível de pesca de lagostins, o nível eficiente de pesca e o custo social do acesso comum? (*Dica:* utilize as curvas de custo marginal social e de custo privado apresentadas no exemplo.)

12. Georges Bank, uma área de pesca altamente produtiva situada na costa da Nova Inglaterra, pode ser dividida em duas zonas segundo a quantidade de peixes. A Zona 1 tem uma quantidade maior de peixes por milha quadrada, mas está sujeita a rendimentos acentuadamente decrescentes em relação ao esforço de pesca. A quantidade pescada diariamente na Zona 1 é de

$$F_1 = 200(X_1) - 2(X_1)^2$$

em que X_1 representa o número de barcos de pesca em atividade nessa zona. Na Zona 2 há menos peixes por milha quadrada, mas ela é maior e o problema dos rendimentos decrescentes é menor. A quantidade pescada lá diariamente é de

$$F_2 = 100(X_2) - (X_2)^2$$

em que X_2 é o número de barcos de pesca em atividade na zona. A quantidade marginal pescada, QMgP, em cada zona é expressa pelas equações:

$$QMgP_1 = 200 - 4(X_1)$$
$$QMgP_2 = 100 - 2(X_2)$$

Há 100 barcos autorizados pelo governo dos Estados Unidos a pescar nessas duas zonas. Os peixes são vendidos a US$ 100 por tonelada. O custo total (de capital e operacional) por barco é constante e igual a US$ 1.000 por dia. Responda às seguintes perguntas sobre essa situação:

a. Se os barcos fossem autorizados a pescar onde quisessem, não havendo nenhuma restrição governamental, quantas embarcações estariam pescando em cada uma das zonas? Qual seria o valor bruto da pesca?

b. Se o governo dos Estados Unidos estivesse disposto a restringir o número e a distribuição dos barcos, quantos deveriam ser alocados para cada zona? Qual passaria a ser o valor bruto da pesca? Suponha que o número total de barcos permaneça 100.

c. Caso outros pescadores estejam dispostos a adquirir barcos e aumentar a frota pesqueira atual, será que um governo que estivesse interessado em maximizar o valor líquido da pesca obtida estaria disposto a conceder autorizações para eles? Por quê?

Apêndice

Os fundamentos da regressão

Este apêndice explica os fundamentos da **análise de regressão múltipla**, utilizando um exemplo para ilustrar sua aplicação em economia.[1] A regressão múltipla é um procedimento estatístico para quantificar relações econômicas e testar hipóteses a respeito delas.

Em uma **regressão linear**, essas relações apresentam a seguinte forma:

$$Y = b_0 + b_1 X_1 + b_2 X_2 + \cdots + b_k X_k + e \qquad (A.1)$$

A Equação A.1 relaciona uma variável *dependente* Y a diversas variáveis *independentes* (ou *explicativas*) $X_1, X_2, \ldots$ Por exemplo, em uma equação com duas variáveis independentes, Y poderia ser a demanda de determinada mercadoria, X_1 seu preço, e X_2, a renda. A equação inclui ainda um *termo de erro*, e, o qual representa a influência coletiva de quaisquer variáveis omitidas no modelo que também possam afetar Y (por exemplo, os preços de outras mercadorias, o clima, as modificações inexplicáveis ocorridas nos gostos dos consumidores etc.). No caso, os dados estão disponíveis para os valores de Y e X, mas o termo de erro é considerado não observável.

Observe que a Equação A.1 deve ser linear em seus *parâmetros*, mas não necessariamente em suas variáveis. Por exemplo, se a Equação A.1 representasse uma função de demanda, então Y poderia ser o logaritmo da quantidade (log Q), X_1 o logaritmo do preço (log P) e X_2 o logaritmo da renda (log R):

$$\log Q = b_0 + b_1 \log P + b_2 \log R + e \qquad (A.2)$$

Nosso objetivo é obter *estimativas* para os parâmetros $b_0, b_1, \ldots, b_k$ que melhor "se ajustem" aos dados disponíveis. A seguir, explicaremos de que forma isso é feito.

Um exemplo

Suponhamos que estejamos interessados em explicar as vendas trimestrais de automóveis nos Estados Unidos e, posteriormente, fazer uma previsão delas. Iniciaremos com um caso simplificado no qual as vendas, V (em

análise de regressão múltipla
Procedimento estatístico que permite quantificar relações econômicas e testar hipóteses a respeito dessas relações.

regressão linear
Modelo que estabelece uma relação linear entre uma variável dependente e diversas variáveis independentes (ou explicativas) e um termo de erro.

---

[1] Ao considerar um livro-texto de econometria aplicada, é difícil pensar em uma referência melhor que R. S. Pindyck e D. L. Rubinfeld, *Econometric Models and Economic Forecasts*, 4. ed. Nova York: McGraw-Hill, 1998.

bilhões de dólares), constituem a variável dependente que será explicada. A única variável *explanatória* é o preço dos automóveis novos, P (medido pelo índice de preços de automóveis novos cuja escala é tal que 1967 = 100). Poderíamos escrever esse modelo simples na forma

$$V = b_0 + b_1 P + e \tag{A.3}$$

Na Equação A.3, b_0 e b_1 são os parâmetros que serão determinados a partir dos dados e e indica o termo de erro aleatório. O parâmetro b_0 é o ponto de interseção da reta com o eixo vertical, enquanto b_1 representa a inclinação: ele mede o efeito de uma variação no índice de preço dos automóveis novos sobre as vendas de veículos.

Se não houver termo de erro, a relação entre V e P será representada por uma linha reta que descreve a relação sistemática entre as duas variáveis. Entretanto, como nem todas as observações realmente efetuadas estão situadas sobre a linha, o termo de erro e é necessário para considerar os efeitos dos fatores omitidos.

Estimativa

método dos mínimos quadrados

Critério de "melhor ajuste" usado para escolher os valores dos parâmetros da regressão, geralmente minimizando a soma dos quadrados dos resíduos, ou seja, das diferenças entre os valores reais das variáveis dependentes e os valores ajustados.

Para atribuir valores aos parâmetros da regressão, precisamos de um critério que garanta o "melhor ajuste". O critério utilizado com mais frequência é o de *minimizar a soma dos quadrados residuais* entre os valores reais de Y e os valores ajustados de Y obtidos depois de a Equação A.1 ter sido estimada. Esse critério é denominado **método dos mínimos quadrados**. Se indicarmos os parâmetros estimados (ou *coeficientes*) para o modelo na Equação A.1 por $\hat{b}_0, \hat{b}_1, \ldots, \hat{b}_k$, os valores *ajustados* de Y serão expressos pela equação:

$$\hat{Y} = \hat{b}_0 + \hat{b}_1 X_1 + \cdots + \hat{b}_k X_k \tag{A.4}$$

A Figura A.1 ilustra esse fato para nosso exemplo, em que há uma única variável independente. Os dados são apresentados como uma distribuição de pontos com as vendas efetuadas no eixo vertical e os preços no eixo horizontal. A linha ajustada pela regressão passa através da distribuição de pontos de dados; o valor encontrado para as vendas associadas a qualquer valor específico para os preços P_i é obtido por meio da equação $\hat{V}_i = \hat{b}_0 + \hat{b}_1 P_i$ (no ponto B).

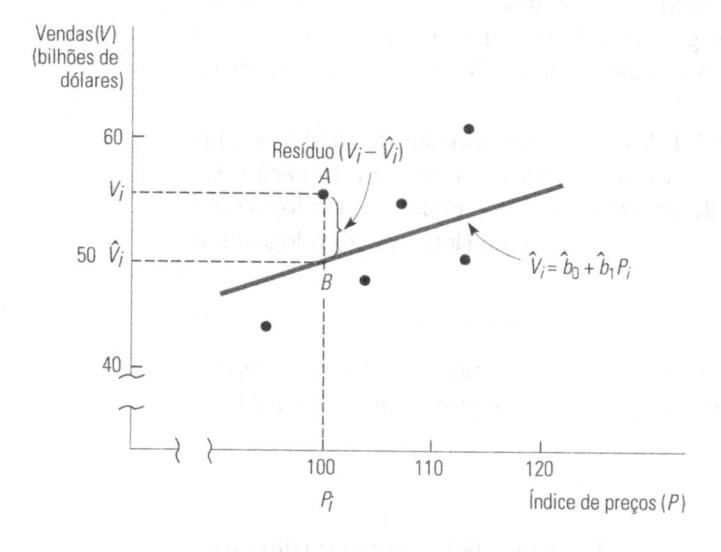

FIGURA A.1 **MÍNIMOS QUADRADOS**

A curva de regressão é escolhida de forma que minimize a soma dos quadrados residuais. O resíduo associado ao preço P_i é dado pela linha AB.

Para cada ponto de dados, o *resíduo* da regressão corresponde à diferença entre o valor real e o valor encontrado da variável dependente. O resíduo, $\hat{e}_i$, associado ao ponto A de dados na figura, é representado por $\hat{e}_i = V_i - \hat{V}_i$. Os valores dos parâmetros são escolhidos de modo que, quando todos os resíduos são elevados ao quadrado e somados, a soma resultante é minimizada. Dessa maneira, erros positivos e negativos são tratados simetricamente; aos erros maiores dá-se um peso mais do que proporcional.

Como poderemos observar mais adiante, esse critério permite-nos fazer alguns testes estatísticos que ajudam na interpretação da regressão.

Como exemplo de uma estimativa, vamos voltar ao modelo de duas variáveis de vendas de automóveis, obtido por meio da Equação A.3. Após ajustar essa equação pelo critério dos mínimos quadrados, temos

$$\hat{V} = -225{,}5 + 0{,}57P \tag{A.5}$$

Na Equação A.5, o ponto de interseção da reta com o eixo vertical (–225,5) indica que, se o índice de preço for zero, as vendas serão de –US$ 225,5 bilhões. O parâmetro de inclinação informa que o acréscimo de 1 unidade no índice de preços de automóveis novos ocasiona um aumento de US$ 0,57 bilhão no valor das vendas de automóveis novos. Esse resultado, de certo modo surpreendente — uma curva de demanda com inclinação ascendente —, é incoerente com a teoria econômica e, portanto, devemos questionar a validade desse nosso modelo.

Vamos expandir o modelo para considerar os possíveis efeitos de duas variáveis explanatórias adicionais: a renda pessoal R (em bilhões de dólares) e a taxa de juros J (dada pela taxa de juros das letras do Tesouro norte-americano com prazo de três meses). A regressão estimada quando há essas três variáveis explicativas é

$$\hat{V} = 51{,}1 - 0{,}42P + 0{,}046R - 0{,}84J \tag{A.6}$$

A importância da inclusão de todas as variáveis relevantes no modelo é sugerida pela modificação obtida nos resultados da regressão após a inclusão das variáveis de renda e das taxas de juros. Observe que o coeficiente da variável P foi substancialmente modificado, passando de 0,57 para –0,42. Esse coeficiente mede o efeito de um aumento no preço sobre as vendas, *mantendo-se constantes os efeitos da taxa de juros e da renda*. O coeficiente negativo do preço é coerente com uma curva de demanda com inclinação descendente. Fica claro que a não consideração dos efeitos da taxa de juros e da renda leva à falsa conclusão de que as vendas e o preço estão positivamente relacionados.

O coeficiente de renda (0,046) informa-nos que, para cada aumento de US$ 1 bilhão em renda pessoal nos Estados Unidos, as vendas de automóveis provavelmente aumentariam em US$ 46 milhões (ou US$ 0,046 bilhão). O coeficiente da taxa de juros reflete o fato de que, para cada aumento de 1 ponto percentual na taxa de juros, as vendas de automóveis tendem a sofrer uma queda de US$ 840 milhões. Torna-se claro que as vendas de automóveis nos Estados Unidos são muito sensíveis ao custo do financiamento.

Testes estatísticos

Nossas estimativas para os verdadeiros (porém desconhecidos) parâmetros são números que dependem do conjunto de observações com que iniciamos — ou seja, dependem de nossa **amostra**. Com amostras diferentes obtemos estimativas diferentes.[2] Se continuarmos a coletar uma amostra cada vez maior e fizermos mais estimativas, as avaliações de cada parâmetro seguirão uma distribuição de probabilidades. Essa distribuição pode ser resumida por meio de uma *média* e de uma medida da dispersão em torno de tal média, isto é, um desvio padrão que denominamos *erro padrão do coeficiente*.

amostra
Conjunto de observações empregadas em um estudo, obtido de um universo maior.

---

2 A fórmula de mínimos quadrados que gera essas estimativas é chamada de *estimador de mínimos quadrados* e seu valor varia de amostra para amostra.

O método dos mínimos quadrados possui diversas características desejáveis. Primeiro, suas estimativas são *não viesadas*. Intuitivamente, isso significa que, se pudéssemos efetuar nossa regressão muitas e muitas vezes com amostras diferentes, a média alcançada por intermédio das várias estimativas obtidas para cada coeficiente seria igual ao parâmetro verdadeiro. Segundo, o critério dos mínimos quadrados é *consistente*. Em outras palavras, se nossa amostragem fosse muito grande, obteríamos estimativas muito próximas dos parâmetros verdadeiros.

Em econometria, costumamos assumir que o termo de erro e, portanto, os parâmetros estimados, são normalmente distribuídos. A distribuição normal tem a propriedade de que a área correspondente a 1,96 erro padrão, a partir de seu ponto médio, é igual a 95% da área total. Com base nessa informação, podemos fazer a seguinte pergunta: podemos construir um intervalo em torno de $\hat{b}$, de modo que haja 95% de probabilidade de que o parâmetro verdadeiro esteja situado nesse intervalo? A resposta é sim, e esse *intervalo de confiança* de 95% é dado por

$$\hat{b} \pm 1,96 \text{ (erro padrão de } \hat{b}) \qquad (A.7)$$

Portanto, quando trabalhamos com uma equação de regressão estimada, não devemos apenas atentar para as estimativas *pontuais*, mas também examinar os erros padrão dos coeficientes para determinar os limites dos verdadeiros parâmetros.[3]

Se um intervalo de confiança de 95% contém o número 0, o parâmetro verdadeiro b pode na realidade ser zero (mesmo que nossa estimativa não o seja). Esse resultado sugere que a correspondente variável independente pode de fato *não* ter nenhuma influência sobre a variável dependente, mesmo que antes achássemos que tinha. Podemos testar a hipótese de que o verdadeiro parâmetro na realidade é igual a 0 observando sua *estatística-t*, definida como

$$t = \frac{\hat{b}}{\text{Erro padrão de } \hat{b}} \qquad (A.8)$$

Caso a estatística-t seja menor do que 1,96 em magnitude, o intervalo de confiança de 95% em torno de $\hat{b}$ deve incluir 0. Isso significa que não podemos rejeitar a hipótese de que o parâmetro b seja igual a 0. Por isso, dizemos que nossa estimativa *não é estatisticamente significativa*. Por outro lado, se a *estatística-t* tiver valor absoluto maior do que 1,96, rejeitamos a hipótese de que $b = 0$ e consideramos nossa estimativa *estatisticamente significativa*.

A Equação A.9 mostra a regressão múltipla para nosso modelo de vendas de automóveis (Equação A.6) com um conjunto adicional de desvios padrão e estatísticas-t:

$$\begin{aligned}
\hat{V} &= 51,1 \quad -0,42P \quad +0,046R \quad -0,84J \\
&(9,4) \quad (0,13) \quad (0,006) \quad (0,32) \\
t &= 5,44 \quad -3,23 \quad 7,67 \quad -2,63
\end{aligned} \qquad (A.9)$$

O desvio padrão de cada parâmetro estimado está apresentado entre parênteses exatamente abaixo do próprio parâmetro e sua correspondente estatística-t aparece abaixo do desvio padrão.

Vamos começar levando em consideração a variável preço. O desvio padrão de 0,13 é pequeno em relação ao coeficiente de –0,42. Sendo assim, podemos estar 95% seguros de que o *verdadeiro* valor do coeficiente de preço seja de –0,42 mais ou menos 1,96 desvio padrão (isto é, –0,42 mais ou menos [1,96][0,13] = –0,42 ± 0,25). Isso coloca o valor verdadeiro do coeficiente entre –0,17 e –0,67. Pelo fato de essa faixa não incluir zero, o efeito do preço é, ao mesmo tempo, significativamente diferente de zero e negativo. Podemos também chegar a esse resultado por meio da estatística-t. O t de –3,23, apresentado na

---

3 Quando há menos de 100 observações, multiplicamos o erro padrão por um número um pouco maior que 1,96.

Equação A.9 como variável preço, é igual a –0,42 dividido por 0,13. Como essa estatística-t ultrapassa 1,96 em valor absoluto, podemos concluir que o preço é um determinante significativo das vendas de automóveis.

Observe que as variáveis renda e taxa de juros também são significativamente diferentes de zero. O resultado dessa regressão nos indica que um aumento da renda terá um provável efeito positivo estatisticamente significativo sobre as vendas de automóveis, enquanto um aumento na taxa de juros terá um efeito negativo estatisticamente significativo.

A qualidade do ajuste

Resultados obtidos para regressões costumam conter informações que nos dizem quão perfeitamente a linha da regressão se ajusta aos dados. Uma estatística, denominada **desvio padrão da regressão (DPR)**, é uma estimativa do desvio padrão do termo de erro da regressão, e. Um DPR igual a zero ocorre quando todos os pontos de dados se situam exatamente sobre a linha de regressão. Outros fatores permanecendo inalterados, quanto maior for o desvio padrão da regressão, pior será a precisão dos dados em relação à curva de regressão. Para determinarmos se o DPR é grande ou pequeno, faremos uma comparação de sua magnitude com a magnitude da média do valor da variável dependente. Essa comparação oferece uma medida do tamanho *relativo* do DPR — uma estatística mais significativa do que seu valor absoluto.

desvio padrão da regressão (DPR)
Estimativa do desvio padrão do termo de erro da regressão.

O **R-quadrado (R^2)** mede o percentual de variação da variável dependente atribuído a todas as variáveis explicativas. Portanto, R^2 mede a qualidade do ajuste global da equação de regressão múltipla.[4] Seu valor varia entre 0 e 1. Um $R^2 = 0$ significa que as variáveis independentes nada explicam da variação ocorrida na variável dependente; um $R^2 = 1$ significa que as variáveis independentes descrevem perfeitamente a variação ocorrida na variável dependente. O R^2, no caso da equação das vendas A.9, é igual a 0,94. Isso nos informa que as três variáveis independentes explicam 94% da variação ocorrida nas vendas.

R-quadrado (R^2)
Estatística que mede o percentual de variação da variável dependente atribuído a todas as variáveis explicativas.

Observe que um R^2 elevado não representa por si só que as variáveis realmente incluídas no modelo sejam as mais apropriadas. Primeiro, R^2 varia com os tipos de dados que estejam em estudo. Dados de séries temporais dotados de substancial crescimento ascendente quase sempre geram valores muito mais elevados para R^2 do que dados em *cross section*. Segundo, a teoria econômica subjacente oferece uma prova vital. Se uma regressão de vendas de automóveis em relação ao preço do trigo apresentar um R^2 elevado, devemos questionar a confiabilidade do modelo utilizado. Por quê? Porque nossa teoria nos diz que as mudanças no preço do trigo têm pouco ou nenhum efeito na venda de automóveis.

A confiabilidade global do resultado de uma regressão depende da formulação do modelo. Durante o estudo de uma regressão estimada, devemos considerar fatores que podem tornar os resultados obtidos suspeitos. Primeiro, será que variáveis que deveriam estar presentes na equação estão sendo omitidas? Ou seja, a *especificação* da equação está errada? Segundo, a forma funcional da equação está correta? Por exemplo, será que as variáveis deveriam ser logarítmicas? Terceiro, há alguma outra relação que ligue uma das variáveis explicativas (por exemplo, X) à variável dependente Y? Em caso afirmativo, X e Y serão conjuntamente determinados e estaremos diante de um modelo com duas equações simultâneas em vez de um modelo com apenas uma. Por fim, será que o acréscimo ou a eliminação de um ou dois dados pode resultar em uma significativa variação dos coeficientes estimados — ou seja, a equação é *robusta*? Se não for, devemos ser muito cautelosos para não superestimar a importância ou a confiabilidade dos resultados.

---

[4] A variação de Y é a soma dos quadrados dos desvios de Y em relação à sua média. R^2 e DPR fornecem informações semelhantes sobre a exatidão da equação, porque $R^2 = 1 - DPR^2/\text{Variância}(Y)$.

Previsões econômicas

Uma previsão é um prognóstico sobre valores de variáveis dependentes, uma vez dadas as informações sobre as variáveis explicativas. Com frequência, utilizamos modelos de regressão para gerar *previsões ex ante*, nas quais fazemos prognósticos sobre os valores das variáveis dependentes além do período de tempo para o qual o modelo foi estimado. Se conhecemos os valores das variáveis explicativas, a previsão é *incondicional*; caso as variáveis explicativas também tenham de ser previstas, ela é *condicional* às previsões feitas para as variáveis explicativas. Algumas vezes podem ser úteis as previsões *ex post*, nas quais fazemos prognósticos para os valores que as variáveis dependentes poderiam ter caso os valores das variáveis independentes fossem diferentes. Uma previsão *ex post* exige um período de previsão tal que todos os valores das variáveis dependentes e explicaticas sejam conhecidos. Portanto, essas previsões *ex post* podem ser verificadas por meio de um confronto com os dados existentes, constituindo-se assim em uma maneira direta de avaliar um modelo.

Por exemplo, vamos considerar de novo a regressão sobre vendas de automóveis discutida antes. Em geral, o valor previsto para as vendas de automóveis é expresso por

$$\hat{V} = \hat{b}_0 + \hat{b}_1 P + \hat{b}_2 R + \hat{b}_3 J + \hat{e} \qquad (A.10)$$

sendo $\hat{e}$ nossa previsão para o termo de erro. Não havendo informação adicional, normalmente consideramos $\hat{e}$ igual a zero.

Então, para calcular a previsão, utilizaremos a equação da estimativa de vendas:

$$\hat{V} = 51,1 - 0,42P + 0,046R - 0,84J \qquad (A.11)$$

Podemos utilizar A.11 para fazer a previsão das vendas quando, por exemplo, $P = 100$, $R =$ US\$ 1 trilhão e $J = 8\%$. Nesse caso, teríamos

$$\hat{V} = 51,1 - 0,42(100) + 0,046(1 \text{ trilhão}) - 0,84(8\%) = \text{US\$ } 48,4 \text{ bilhões}$$

Observe que US\$ 48,4 bilhões é uma previsão *ex post* para um tempo no qual $P = 100$, $R =$ US\$ 1 trilhão e $J = 8\%$.

Para determinarmos a confiabilidade das previsões *ex ante* e *ex post*, utilizamos um recurso estatístico denominado *desvio padrão do erro da previsão (DPP)*. O DPP mede o desvio padrão do erro da previsão no âmbito de uma amostra na qual as variáveis explicativas são conhecidas com certeza. Duas causas de erro estão implícitas no DPP. A primeira está no próprio termo de erro, porque $\hat{e}$ pode não ser igual a 0 durante o período coberto pela previsão realizada. A segunda causa tem origem no fato de que os parâmetros estimados para o modelo de regressão podem não ser exatamente iguais aos verdadeiros parâmetros da regressão.

Como um exemplo prático, considere o DPP de US\$ 7,0 bilhões associado à Equação A.11. Se o tamanho da amostra for grande o suficiente, é de cerca de 95% a probabilidade de que as vendas previstas estejam dentro de uma faixa de 1,96 desvio padrão a partir do valor previsto. Nesse caso, o intervalo de confiança de 95% corresponde a US\$ 48,4 bilhões ± US\$ 14,0 bilhões, isto é, em uma faixa entre US\$ 34,4 bilhões e US\$ 62,4 bilhões.

Agora, suponhamos que estejamos interessados em calcular uma previsão para as vendas de automóveis em alguma data futura. Para efetuá-la, a previsão deve ser condicional, pois necessitamos prever valores para as variáveis independentes antes de calcularmos a previsão propriamente dita. Suponhamos, também, que nossas previsões para as variáveis independentes sejam as seguintes: $\hat{P} = 200$, $\hat{R} =$ US\$ 5 trilhões e $\hat{J} = 10\%$. Então, nossa previsão de vendas seria obtida por meio de: $\hat{P} = 51,1 - 0,42(200) + 0,046(5 \text{ trilhões}) - 0,84(10\%) =$ US\$ 188,7 bilhões. Nesse caso, US\$ 188,7 bilhões é uma previsão condicional *ex ante*.

Por estarmos prevendo o futuro e como as variáveis explicativas não estão próximas das médias das variáveis durante nosso período de estudo, o DPP é igual a US\$ 8,2 bilhões, um pouco maior do que o DPP anteriormente calculado.[5] O intervalo de confiança de 95% atribuído a essa nossa previsão corresponde à faixa de vendas situada entre US$ 172,3 bilhões e US$ 205,1 bilhões.

EXEMPLO A.1 — A DEMANDA POR CARVÃO

Suponha que estejamos interessados em fazer uma estimativa para a demanda de carvão betuminoso (dada pelas vendas em toneladas por ano, CARVÃO) e, então, utilizar essa relação para fazer uma previsão de suas vendas futuras. Naturalmente, esperamos que a quantidade demandada dependa do preço do carvão (obtido por meio do Índice de Preço ao Produtor para o carvão, PCARVÃO) e do preço de um substituto próximo do carvão (obtido por meio do Índice de Preço ao Produtor para o gás natural, PGÁS). Pelo fato de o carvão ser utilizado na produção de aço e na geração de energia elétrica, seria também plausível esperar que o nível de produção de aço (obtido, nos Estados Unidos, por meio do Federal Reserve Board Index, referente à produção de ferro e aço, FIS) e a geração de energia elétrica (obtida, no mesmo país, por meio do Federal Reserve Board Index, referente à produção de energia elétrica, FEU) sejam importantes determinantes da demanda do carvão.

Portanto, nosso modelo para a demanda do carvão é expresso pela seguinte equação:

$$CARVÃO = b_0 + b_1 \text{ PCARVÃO} + b_2 \text{ PGÁS} + b_3 \text{ FIS} + b_4 \text{ FEU} + e$$

Com base nessa teoria, esperaríamos que o parâmetro b_1 fosse negativo, pois a curva de demanda do carvão tem inclinação descendente. Esperaríamos também que b_2 fosse positivo, já que um preço mais alto para o gás natural deveria fazer as empresas consumidoras de energia elétrica passarem a procurar substituir o gás natural por carvão. Por fim, também esperaríamos que b_3 e b_4 fossem ambos positivos, porque, quanto maior for a produção de aço e a geração de energia elétrica, maior deverá ser a demanda de carvão.

Esse modelo foi estimado com base nos dados de séries temporais mensais abrangendo um período de oito anos. Os resultados (com as respectivas *estatísticas-t* entre parênteses) são

$$CARVÃO = 12.262 + 92{,}34 \text{ FIS} + 118{,}57 \text{ FEU} - 48{,}90 \text{ PCARVÃO} + 118{,}91 \text{ PGÁS}$$
$$(3{,}51) \quad (6{,}46) \quad (7{,}14) \quad (-3{,}82) \quad (3{,}18)$$
$$R^2 = 0{,}692 \quad DPR = 120.000$$

Observe que todos os coeficientes estimados têm os sinais que seriam previstos pela teoria econométrica. Além disso, cada coeficiente é também significativa e estatisticamente diferente de zero, pois todas as *estatísticas-t* têm valor absoluto superior a 1,96. O R^2 de 0,692 informa que nosso modelo descreve mais de dois terços da variação das vendas de carvão; o desvio padrão da regressão DPR é igual a 120.000 toneladas. Como o nível médio de produção de carvão foi de 3,9 milhões de toneladas, o DPR representa cerca de 3% do valor médio da variável dependente. Isso sugere que esse modelo apresenta um ajuste razoavelmente bom.

Agora, suponhamos que queiramos utilizar a equação da estimativa da demanda de carvão para efetuar uma previsão das vendas para o próximo ano. Para tanto, temos de substituir os valores de cada variável explicativa para o período de previsão de 12 meses na equação estimada. Também estimamos o valor do desvio padrão da previsão (o valor estimado é de 0,17 milhão de toneladas) e o utilizamos para calcular os intervalos de 95% de confiança para os valores previstos para a demanda do carvão. Algumas previsões representativas são apresentadas na Tabela A.1.

TABELA A.1	Previsão de demanda de carvão	
	Previsão	Intervalo de confiança
1 mês (ton.)	5,2 milhões	4,9–5,5 milhões
6 meses (ton.)	4,7 milhões	4,4–5,0 milhões
12 meses (ton.)	5,0 milhões	4,7–5,3 milhões

---

5 Para saber mais sobre o DPP, veja Pindyck e Rubinfeld, *Econometric Models and Economic Forecasts*, Capítulo 8.

RESUMO

1. A regressão múltipla é um procedimento estatístico para quantificar as relações econômicas e testar hipóteses sobre elas.
2. O modelo de regressão linear, que relaciona uma variável dependente com uma ou mais variáveis independentes, é em geral estimado determinando-se os parâmetros referentes ao ponto de interseção com o eixo vertical e à inclinação que minimizam a soma dos quadrados das distâncias residuais entre os valores reais e os valores previstos para a variável dependente.
3. Em um modelo de regressão múltipla, cada coeficiente de inclinação mede o efeito de uma modificação ocorrida na variável independente sobre a variável dependente, mantendo-se constantes os efeitos de todas as demais variáveis independentes.
4. Pode ser utilizado um teste-t para verificar a hipótese de que determinado coeficiente de inclinação seja diferente de zero.
5. O ajuste global da equação de regressão pode ser avaliado utilizando-se o desvio padrão da regressão (DPR) (um valor próximo a zero representa um bom ajuste) ou, então, o R^2 (um valor próximo a 1 representa um bom ajuste).
6. Os modelos de regressão podem ser utilizados para prever valores futuros da variável dependente. O desvio padrão da previsão (DPP) mede a precisão da previsão efetuada.

GLOSSÁRIO

A

agente *(página 638)* Indivíduo empregado por um principal para atingir os objetivos deste.

alocação eficiente de Pareto *(página 596)* Alocação de bens em que ninguém consegue aumentar o próprio bem-estar sem que seja reduzido o bem-estar de outra pessoa.

amante do risco *(página 159)* Condição de preferência por uma renda incerta em relação a uma renda certa quando ambas têm o mesmo valor esperado.

amortização *(página 225)* Política de tratamento de um gasto único como um custo anual dividido ao longo de alguns anos.

amostra *(página 695)* Conjunto de observações empregadas em um estudo, obtido de um universo maior.

análise de equilíbrio geral *(página 590)* Determinação simultânea de preços e quantidades em todos os mercados relevantes, levando em conta os efeitos de realimentação (ou feedback).

análise de equilíbrio parcial *(página 590)* Determinação dos preços e quantidades de equilíbrio em um mercado, independentemente dos efeitos causados por outros mercados.

análise de regressão múltipla *(página 693)* Procedimento estatístico que permite quantificar relações econômicas e testar hipóteses a respeito dessas relações.

análise normativa *(página 7)* Análise que examina as questões relativas ao que se supõe seja o adequado.

análise positiva *(página 6)* Análise que descreve as relações de causa e efeito.

ancoragem *(página 185)* Tendência a confiar demais em uma informação previamente conhecida (sugerida) durante a tomada de decisões.

arbitragem *(página 8)* Prática de comprar a um preço mais baixo em certa localidade para vender a um preço maior em outra.

ativo *(página 168)* Aquilo capaz de proporcionar um fluxo de dinheiro ou de serviços para o proprietário.

ativo de risco *(página 169)* Ativo que proporciona um fluxo incerto de dinheiro ou de serviços para o proprietário.

ativo sem risco (ou isento de risco) *(página 169)* Ativo que proporciona um fluxo de dinheiro ou de serviços que é conhecido com certeza.

atuarialmente justo *(página 165)* Situação em que o prêmio do seguro é igual ao pagamento esperado em caso de sinistro.

aversão à perda *(página 181)* Tendência dos indivíduos a preferir evitar as perdas a obter ganhos.

aversão a riscos *(página 159)* Condição de preferência por uma renda certa em relação a uma renda incerta com o mesmo valor esperado.

B

barreiras à entrada *(página 369)* Condição que impede a entrada de novos concorrentes.

bem inferior *(página 117)* Um bem que tem um efeito renda negativo.

bem não rival *(página 682)* Bem cujo custo marginal de produção é zero para um consumidor adicional.

bem não exclusivo *(página 682)* Bem que as pessoas não podem ser impedidas de consumir, de modo que é difícil ou impossível cobrar por sua utilização.

bem público *(páginas 619, 684)* Bem não exclusivo e de consumo não rival: o custo marginal de produção para um consumidor adicional é zero e as pessoas não podem ser excluídas de consumi-lo.

benefício marginal *(página 85)* Benefício propiciado pelo consumo de uma unidade adicional de um bem.

benefício marginal externo *(página 656)* Aumento de benefício para as outras partes envolvidas quando uma empresa aumenta a produção em uma unidade.

benefício marginal social *(página 657)* Soma do benefício marginal privado com o benefício marginal externo.

bens de Giffen *(página 118)* Bem cuja curva de demanda tem inclinação ascendente devido ao fato do efeito renda (negativo) ser maior do que o efeito substituição.

bens nocivos *(página 75)* Mercadorias que os consumidores preferem em menor quantidade em vez de maior quantidade.

beta do ativo *(página 569)* Uma constante que mede a sensibilidade do retorno de um ativo às variações do mercado e, portanto, o risco não diversificável do ativo.

bolha *(página 176)* Um aumento no preço de um bem com base não nos fundamentos da demanda ou do valor, mas em uma crença de que o preço continuará subindo.

C

caixa de Edgeworth *(página 597)* Diagrama que mostra todas as possíveis alocações de quaisquer duas mercadorias entre duas pessoas ou de quaisquer dois insumos entre dois processos de produção.

caminho de expansão *(página 239)* Curva que passa pelos pontos de tangência entre as linhas de isocustos e as isoquantas de uma empresa.

capital humano *(página 573)* Conhecimento, habilidades e experiência que fazem um indivíduo mais produtivo e, assim, capaz de auferir rendas maiores durante a vida.

captura de renda *(página 372)* Gastos com esforços socialmente improdutivos para obter, manter ou exercer o poder de monopólio.

carona *(página 684)* Consumidor ou produtor que não paga por um bem não exclusivo na expectativa de que outros o façam.

cartel *(página 448)* Mercado no qual algumas ou todas as empresas fazem coalizões explicitamente e coordenam preços e níveis de produção para maximizar os lucros em conjunto.

cascata de informações *(página 178)* Uma avaliação (por exemplo, de uma oportunidade de investimento) baseada em parte nas ações de outros, que por sua vez foram baseadas em ações de outros.

cesta de mercado *(página 67)* Lista com quantidades específicas de um ou mais bens.

cobrança por "faixas de consumo" *(página 398)* Prática de cobrança de preços diferentes para certas quantidades ou "blocos" de um produto.

competição monopolística *(página 448)* Mercado no qual as empresas podem entrar livremente, cada uma produzindo sua própria marca ou uma versão de um produto diferenciado.

complementares *(página 25)* Dois bens são complementares quando um aumento no preço de um deles leva a um decréscimo na quantidade demandada do outro.

complementos perfeitos *(página 75)* Dois bens são complementos perfeitos quando a taxa marginal de substituição entre eles for infinita; nesse caso, as curvas de indiferença são ângulos retos.

condomínio *(página 275)* Uma unidade habitacional que é particular, mas fornece acesso a instalações comuns que são pagas e controladas em conjunto por uma associação de condôminos.

conduta paralela *(página 383)* Forma implícita de coalizão na qual uma empresa segue consistentemente as atitudes tomadas por outra.

cooperativa *(página 275)* Associação de negócios ou pessoas cuja propriedade e gerenciamento se dão de forma conjunta pelos membros visando ao benefício mútuo.

critério do valor presente líquido (VPL) *(página 563)* Regra segundo a qual devemos fazer um investimento se o valor presente esperado do fluxo de caixa futuro for maior do que o custo do investimento.

curto prazo *(página 195)* Período em que a quantidade de um ou mais fatores de produção não pode ser modificada.

curva de demanda *(página 23)* Relação entre a quantidade de um bem que os consumidores desejam adquirir e o preço dele.

curva de demanda de mercado *(página 120)* Curva que relaciona a quantidade de um bem que todos os consumidores em um mercado vão comprar a um dado preço.

curva de demanda individual *(página 109)* Curva que relaciona a quantidade de um bem que determinado consumidor comprará com o preço desse bem.

curva de demanda isoelástica *(página 122)* Curva de demanda com elasticidade preço constante.

curva de demanda linear *(página 34)* Curva de demanda que tem a forma de uma linha reta.

curva de despesa marginal *(página 533)* Curva que descreve os custos adicionais da compra de uma unidade adicional de um bem.

curva de despesa média *(página 533)* Curva de oferta que representa o preço por unidade que uma empresa paga por certo bem.

curva de oferta *(página 22)* Relação entre a quantidade de uma mercadoria que os produtores desejam vender e o preço dessa mercadoria.

curva de aprendizagem *(página 251)* Curva que relaciona as quantidades de insumos necessários para produzir uma unidade de produto à medida que aumenta a produção acumulada da empresa.

curva de contrato *(página 599)* Curva que mostra todas as alocações eficientes de bens entre dois consumidores ou de dois insumos entre duas funções de produção.

curva de custo marginal no longo prazo (CMgLP) *(página 244)* Curva que fornece a variação no custo total no longo prazo quando o produto aumenta em uma unidade.

curva de custo médio no curto prazo (CMeCP) *(página 244)* Curva que fornece o custo médio de produção para cada nível de produto quando o nível do capital é fixo.

curva de custo médio no longo prazo (CMeLP) *(página 244)* Curva que fornece o custo médio de produção para cada nível de produto quando todos os insumos, incluindo capital, são variáveis.

curvas de Engel *(página 112)* Curvas que relacionam a quantidade consumida de uma mercadoria com a renda.

curva de indiferença *(página 69)* Curva que representa todas as combinações de cestas de mercado que fornecem o mesmo nível de satisfação para um consumidor.

curva de preço-consumo *(página 109)* Curva que apresenta as combinações de dois bens que são maximizadoras de utilidade conforme o preço de um deles se modifica.

curva de reação *(página 456)* Relação entre a quantidade de produção que maximiza os lucros de uma empresa e a quantidade que ela imagina que os concorrentes produzirão.

curva de renda-consumo *(página 110)* Curva que apresenta as combinações de dois bens que maximizam a utilidade de um consumidor, conforme muda a sua renda.

curva de transformação de produto *(página 248)* Curva que mostra as várias combinações possíveis de dois diferentes produtos que podem ser produzidos com dado conjunto de insumos.

custo de capital da empresa *(página 576)* Média ponderada entre o retorno esperado das ações e a taxa de juros que a empresa paga por sua dívida.

custo de oportunidade *(página 220)* Custo associado às oportunidades perdidas quando os recursos de uma empresa não são utilizados da melhor forma.

custo de oportunidade do capital *(página 564)* Taxa de retorno que se pode obter investindo em um projeto alternativo com risco semelhante.

custo de uso da produção *(página 578)* Custo de oportunidade de produzir e vender uma unidade hoje, tornando, assim, essa unidade indisponível para produção e venda no futuro.

custo de uso do capital *(página 233)* Custo que se tem por possuir e usar um ativo de capital, o qual é igual ao custo de depreciação mais os juros não recebidos.

custo fixo médio (CFMe) *(página 227)* Custo fixo dividido pelo nível de produção.

custo marginal (CMg) *(páginas 85, 227)* Custo de uma unidade adicional de determinada mercadoria.

custo marginal externo (CMgE) *(página 655)* Aumento no custo determinado externamente à empresa conforme uma ou mais empresas elevam o volume de produção em uma unidade.

custo marginal social (CMgS) *(página 655)* Soma do custo marginal de produção com o custo marginal externo.

custo total (CT ou C) *(página 223)* Custo econômico total da produção, consistindo em custos fixos e variáveis.

custo total médio (CTMe) *(página 227)* Custo total da empresa dividido pelo seu nível de produção.

custo variável (CV) *(página 223)* Custo que varia quando o nível de produção varia.

custo variável médio (CVMe) *(página 227)* Custo variável dividido pelo nível de produção.

custos contábeis *(página 220)* Despesas correntes mais as despesas ocasionadas pela depreciação dos equipamentos de capital.

custos econômicos *(página 220)* Custos que uma empresa tem para utilizar os recursos econômicos na produção.

custos fixos (CF) *(página 223)* Custos que não variam com o nível de produção e só podem ser eliminados se a empresa deixa de operar.

custos irreversíveis *(página 222)* Despesas realizadas que não podem ser recuperadas.

D

definição do mercado *(página 8)* Identificação dos compradores, vendedores e da gama de produtos que deve ser incluída em um determinado mercado.

demanda completamente inelástica *(página 35)* Princípio de que os consumidores comprarão uma quantidade fixa de uma mercadoria, independentemente do seu preço.

demanda derivada *(página 526)* Demanda por um insumo que depende e é derivada simultaneamente do nível de produção da empresa e dos custos dos insumos.

demanda especulativa *(página 125)* Demanda orientada não por benefícios diretos obtidos por possuir ou consumir um bem, mas sim por uma expectativa de que o preço do bem aumentará.

demanda infinitamente elástica *(página 35)* Princípio de que os consumidores comprarão a quantidade que puderem a determinado preço, mas, para qualquer preço superior, a quantidade demandada cai a zero; da mesma forma, para quaisquer reduções no preço, a quantidade demandada aumenta sem limites.

deseconomias de escala *(página 246)* Situação em que, para se dobrar a produção, é necessário que os custos mais do que dobrem.

deseconomias de escopo *(página 249)* Situação em que a produção conjunta de uma única empresa é menor do que aquilo que poderia ser produzido por duas empresas que geram produtos únicos.

despesa marginal *(página 376)* Custo adicional da compra de mais uma unidade de um produto.

despesa média *(página 376)* Preço pago por unidade de um produto.

desvio *(página 154)* Diferença entre valores de *payoff* esperados e efetivos.

desvio padrão *(página 154)* Raiz quadrada da média ponderada dos quadrados dos desvios dos *payoffs* associados a cada resultado a partir de seus valores esperados.

desvio padrão da regressão (DPR) *(página 697)* Estimativa do desvio padrão do erro da regressão.

dilema dos prisioneiros *(página 466)* Exemplo na teoria dos jogos no qual dois prisioneiros devem decidir separadamente se confessam o crime; se um deles confessar, receberá uma sentença mais leve e seu cúmplice, uma mais pesada, mas, se nenhum deles confessar, as sentenças serão mais leves do que se ambos tivessem confessado.

direito de propriedade *(página 676)* Conjunto de leis que estabelece o que as pessoas ou as empresas podem fazer com suas respectivas propriedades.

discriminação de preço *(página 394)* Prática de cobrança de preços diferentes de clientes diferentes por produtos similares.

discriminação de preço de primeiro grau *(página 395)* Prática de cobrança do preço de reserva de cada consumidor.

discriminação de preço de segundo grau *(página 398)* Prática de cobrança de preços diferentes por unidade para quantidades diferentes da mesma mercadoria ou do mesmo serviço.

discriminação de preço de terceiro grau *(página 399)* Prática de dividir os consumidores em dois ou mais grupos com curvas de demanda separadas e cobrar preços diferentes de cada grupo.

discriminação de preço intertemporal *(página 405)* Prática de separação dos consumidores com diferentes funções de demanda em diferentes grupos, cobrando preços diferentes em momentos diferentes.

diversificação *(página 162)* Prática de redução do risco por meio da alocação de recursos a atividades variadas cujos resultados estejam pouco relacionados entre si.

dualidade *(página 147)* Modo alternativo de olhar a decisão de maximização de utilidade: em vez de escolher a curva de indiferença mais alta, dada a restrição orçamentária, o consumidor escolhe a linha orçamentária mais baixa que passa por dada curva de indiferença.

duopólio *(página 454)* Mercado no qual duas empresas competem entre si.

dupla imposição de margem *(página 436)* Quando cada empresa em uma cadeia vertical aumenta seu preço acima do seu custo marginal, aumentando assim o preço do produto final.

E

economia de trocas *(página 596)* Mercado em que dois ou mais consumidores trocam duas mercadorias entre si.

economia do bem-estar *(página 603)* Avaliação normativa do desempenho dos mercados e da política econômica.

economias de escala *(página 246)* Situação em que a produção pode ser dobrada quando o custo não chega a dobrar.

economias de escopo *(página 249)* Ocorrem quando a produção conjunta de uma única empresa é maior do que aquilo que poderia ser produzido por duas empresas diferentes, cada uma das quais produzindo um único produto.

efeito cumulativo de consumo *(página 131)* Externalidade de rede positiva em que consumidores desejam possuir um bem em parte porque os outros possuem esse mesmo bem.

efeito de diferenciação de consumo *(página 133)* Externalidade de rede negativa que reflete o fato de que os consumidores desejam possuir bens exclusivos ou raros.

efeito dotação *(página 181)* Tendência dos indivíduos a valorizar mais os produtos quando os têm do que quando não os têm.

efeito renda *(página 117)* Mudança no consumo de um bem resultante de um aumento do poder de compra, com os preços relativos mantidos constantes.

efeito substituição *(página 116)* Mudança no consumo de um bem associado a uma mudança em seu preço, mantendo-se constante o nível de utilidade.

efeito substituição de Hicks *(página 149)* Uma alternativa à equação de Slutsky para decompor alterações de preço sem ter de utilizar curvas de indiferença.

efeitos no bem-estar *(página 314)* Ganhos e perdas para consumidores e produtores causados pela intervenção governamental no mercado.

eficiência econômica *(página 318)* Maximização dos excedentes do consumidor e do produtor em conjunto.

eficiência técnica *(página 607)* Condição sob a qual as empresas combinam insumos para alcançar certo nível de produto do modo menos dispendioso possível.

elasticidade *(página 33)* Alteração percentual em uma variável que resulta do aumento de 1% na outra.

elasticidade arco da demanda *(página 36)* Elasticidade de preço calculada em um intervalo de preços.

elasticidade da demanda à propaganda *(página 426)* Porcentagem de variação da quantidade demandada resultante do acréscimo de 1% nas despesas com propaganda.

elasticidade preço cruzada da demanda *(página 35)* Porcentagem de variação da quantidade demandada de uma mercadoria que resultará no aumento de 1% no preço de outra.

elasticidade preço da demanda *(página 33)* Porcentagem de variação na quantidade demandada de um bem que resulta de 1% de aumento em seu preço.

elasticidade preço da oferta *(página 36)* Porcentagem de variação na quantidade ofertada de um bem que resulta de 1% de aumento em seu preço.

elasticidade renda da demanda *(página 35)* Porcentagem de variação na quantidade demandada de uma mercadoria que resulta de um aumento de 1% na renda do consumidor.

elasticidade pontual da demanda *(página 36)* Elasticidade preço em determinado ponto da curva de demanda.

empresa dominante *(página 472)* Empresa que possui uma parcela substancial das vendas totais e escolhe os preços para maximizar seus lucros, levando em conta a reação da oferta de empresas menores.

enquadramento *(página 182)* Tendência de levar em conta o contexto em que uma escolha é descrita ao tomar uma decisão.

equação de Slutsky *(página 149)* Fórmula para decompor os efeitos de uma variação do preço em efeitos substituição e renda.

equilíbrio competitivo no longo prazo *(página 295)* Todas as empresas do setor estão maximizando os lucros, nenhuma delas tem incentivo para entrar ou sair e o preço vigente torna iguais as quantidades ofertada e demandada.

equilíbrio de Cournot *(página 457)* Equilíbrio no modelo de Cournot no qual cada empresa estima quanto seu concorrente produzirá e define sua produção segundo essa estimativa.

equilíbrio em estratégias dominantes *(página 487)* Resultado de um jogo em que cada empresa faz o melhor que pode independentemente das escolhas feitas pelos concorrentes.

equilíbrio de Nash *(página 454)* Conjunto de estratégias ou ações em que cada empresa faz o melhor que pode em função do que as concorrentes estão fazendo.

escassez de oferta *(página 26)* Situação na qual a quantidade demandada excede a quantidade ofertada.

estoque de capital *(página 204)* Quantidade total de capital disponível para emprego na produção.

estratégia *(página 484)* Plano de ação ou regra para participar de um jogo.

estratégia "olho por olho, dente por dente" *(página 494)* Estratégia de repetição na qual o jogador responde de forma igual às jogadas do oponente, cooperando com os oponentes que cooperam e retaliando os que não o fazem.

estratégia dominante *(página 486)* Estratégia que é ótima, não importando o que o oponente faça.

estratégia maximin *(página 491)* Estratégia que maximiza a obtenção de um determinado nível mínimo de ganho que pode ser obtido.

estratégia mista *(página 492)* Estratégia na qual os jogadores fazem escolhas aleatórias entre duas ou mais ações possíveis, com base em um conjunto de probabilidades escolhidas.

estratégia ótima *(página 484)* Estratégia que maximiza o *payoff* esperado do jogador.

estratégia pura *(página 492)* Estratégia em que um jogador faz uma escolha específica ou toma uma ação específica.

excedente do consumidor *(página 127)* Diferença entre o que um consumidor está disposto a pagar por um bem e o que efetivamente paga.

excedente do produtor *(página 290)* Soma das diferenças entre o preço de mercado e o custo marginal de produção relativos a todas as unidades produzidas pela empresa.

excesso de demanda *(página 602)* Quando a quantidade demandada de um bem excede a quantidade ofertada.

excesso de oferta *(página 602)* Quando a quantidade ofertada de um bem excede a quantidade demandada.

extensão do mercado *(página 9)* Os limites do mercado, tanto geográficos quanto em relação à gama de produtos fabricados e vendidos dentro dele.

externalidade de rede *(página 131)* Situação na qual a demanda individual depende das compras feitas por outros indivíduos.

externalidade de estoque *(página 671)* Resultado acumulado da ação de um produtor ou consumidor que, embora não se reflita no preço de mercado, afeta outros produtores ou consumidores.

externalidades *(páginas 318, 656)* Ações de um consumidor ou de um produtor que têm influência sobre outros produtores ou consumidores, mas que não são levadas em conta na fixação do preço de mercado.

F

falha de mercado *(página 318)* Situação na qual um mercado competitivo desregulamentado é ineficiente porque os preços não fornecem sinais adequados aos consumidores e produtores.

fatores de produção *(página 194)* Insumos que entram no processo produtivo (por exemplo, trabalho, capital e matérias-primas).

forma extensiva de um jogo *(página 499)* Representação de possíveis movimentos de um jogo no formato de uma árvore de decisões.

fronteira de possibilidades de produção *(página 607)* Curva que mostra as várias combinações possíveis de dois bens que podem ser produzidos com quantidades fixas de insumos.

fronteira de possibilidades de utilidade *(página 604)* Curva que mostra todas as alocações eficientes de recursos medidas pelo nível de utilidade de dois indivíduos.

função de bem-estar social *(página 605)* Função social que descreve o bem-estar da sociedade como um todo em termos das utilidades dos membros individuais.

função de custo *(página 256)* Função que relaciona o custo de produção com o nível de produção, assim como a outras variáveis que a empresa controla.

função de produção *(página 194)* Função que mostra o produto (ou produção) máximo que uma empresa pode obter para cada combinação específica de insumos.

função de produção de Cobb-Douglas *(página 266)* Função de produção na forma $q = AK^\alpha L^\beta$, sendo q a taxa de produção, K a quantidade de capital e L a quantidade de trabalho. Os valores de A, α e β são constantes.

função de produção de proporções fixas *(página 210)* Função de produção com isoquantas que têm a forma de um L, de tal modo que apenas uma combinação de trabalho e capital pode ser empregada para produzir cada nível de produto.

função de utilidade *(página 77)* Fórmula que atribui níveis de utilidade a cestas de mercado individuais.

função de utilidade cardinal *(página 78)* Função de utilidade que informa quanto uma cesta de mercado é preferível a outra.

função de utilidade de Cobb-Douglas *(página 146)* Função de utilidade $U(X,Y) = X^a Y^{1-a}$, em que X e Y são dois bens e a é uma constante.

função de utilidade ordinal *(página 78)* Função de utilidade que gera uma ordenação de cestas de mercado da maior para a menor preferência.

fundo mútuo *(página 163)* Organização que reúne fundos de investidores individuais para comprar um grande número de ações ou outros ativos financeiros.

G

grau das economias de escopo (GES) *(página 250)* Porcentagem de economia nos custos quando dois ou mais produtos são produzidos em conjunto em vez de serem produzidos individualmente.

I

imposto específico *(página 338)* Imposto que é cobrado na forma de uma determinada quantia de dinheiro por unidade vendida.

índice com pesos constantes *(página 100)* Índice de custo de vida no qual as quantidades de bens e serviços permanecem inalteradas.

índice de custo de vida *(página 98)* Razão do atual custo de uma cesta típica de bens e serviços em comparação com o custo dessa mesma cesta durante um período-base.

índice de custo de vida ideal *(página 99)* Custo para atingir dado nível de utilidade a preços correntes, em relação ao custo para fazê-lo a preços do ano-base.

Índice de Lerner de Poder de Monopólio *(página 365)* Medida do poder de monopólio calculada como o excesso do preço sobre o custo marginal como uma fração do preço.

índice de Paasche *(página 100)* Valor monetário que um indivíduo precisa para comprar, a preços correntes, uma cesta de bens e serviços no próprio ano corrente, dividido pelo custo de comprá-la a preços do ano-base.

Índice de Preços ao Consumidor (IPC) *(página 12)* Medida do nível agregado de preços.

Índice de Preços por atacado (IPA) *(página 13)* Medida do nível agregado de preços para os produtos intermediários e mercadorias no atacado.

índice de preços com pesos encadeados *(página 101)* Índice de custo de vida que leva em conta as mudanças nas quantidades consumidas de bens e serviços.

índice de preços de Laspeyres *(página 99)* Valor monetário que um indivíduo necessita para adquirir, a preços correntes, uma cesta de bens e serviços escolhida no ano-base dividido pelo valor necessário para comprá-la a preços do ano-base.

informação assimétrica *(página 624)* Situação na qual o comprador e o vendedor possuem informações diferentes sobre uma transação.

insumo fixo *(página 195)* Fator de produção que não pode variar.

integração horizontal *(páginas 434, 644)* Forma organizacional em que várias fábricas produzem o mesmo produto ou produtos relacionados para uma empresa.

integração vertical *(páginas 434, 644)* Forma organizacional em que uma empresa contém várias divisões, com algumas produzindo peças e componentes que outras utilizam para produzir bens acabados.

isoquanta *(página 206)* Curva que mostra todas as combinações possíveis de insumos que geram o mesmo volume de produção.

J

jogo *(página 484)* Situação na qual os jogadores (participantes) tomam decisões estratégicas que levam em conta as atitudes e respostas uns dos outros.

jogo cooperativo *(página 484)* Aquele no qual os participantes podem negociar contratos vinculativos de cumprimento obrigatório que lhes permitam planejar estratégias em conjunto.

jogo não cooperativo *(páginas 466, 484)* Jogo no qual a negociação e a existência de mecanismos que obriguem o cumprimento de contratos não são possíveis.

jogo repetitivo *(página 494)* Jogo no qual as ações são tomadas e os decorrentes *payoffs* recebidos são repetidos diversas vezes.

jogo sequencial *(página 498)* Jogo em que os jogadores se movem (um após o outro) em resposta a ações e reações do oponente.

L

lagrangiano *(página 144)* Função constituída pela função a ser maximizada ou minimizada e uma variável (o multiplicador de Lagrange) multiplicada pela restrição.

legislação antitruste *(página 383)* Leis e regras proibindo ações que limitem, ou tenham possibilidade de limitar, a concorrência.

lei dos pequenos números *(página 185)* Tendência a superestimar a probabilidade de determinados eventos ocorrerem quando existe relativamente pouca informação disponível.

lei dos rendimentos marginais decrescentes *(página 200)* Princípio segundo o qual, conforme a utilização de um insumo aumenta, com outros insumos mantidos constantes, a produção adicional, a partir de certo ponto diminui.

leilão de lances fechados *(página 512)* Leilão em que todos os lances são feitos simultaneamente em envelopes lacrados e o vencedor é aquele que oferece maior valor.

leilão de primeiro preço *(página 512)* Leilão em que o preço de venda é igual ao lance mais alto.

leilão de segundo preço *(página 512)* Leilão em que o preço de venda é igual ao segundo lance mais alto.

leilão de valor comum *(página 513)* Leilões em que o item a ser leiloado tem o mesmo valor para todos os potenciais compradores, mas estes não sabem exatamente qual é o valor e, por isso, as estimativas variam.

leilão de valor privado *(página 513)* Leilão em que cada potencial comprador sabe qual é sua avaliação individual do objeto leiloado e as avaliações diferem de um comprador para outro.

leilão holandês *(página 512)* Leilão em que um vendedor inicia oferecendo o item a um preço relativamente alto que depois é reduzido em quantias fixas até que ocorra a venda.

leilão inglês (ou oral) *(página 512)* Leilão em que o vendedor solicita ativamente lances mais altos de um grupo de potenciais compradores.

liderança de preço *(página 470)* Padrão de formação de preço no qual uma empresa anuncia regularmente mudanças de preços que outras empresas seguirão.

linha de isocusto *(página 235)* Gráfico mostrando todas as combinações possíveis de trabalho e capital que podem ser adquiridas mediante dado custo.

linha de orçamento *(página 80)* Todas as combinações de bens para as quais a quantia de dinheiro gasto é igual à renda.

livre entrada (e saída) *(página 273)* Quando não há custos especiais que tornam difícil para uma empresa entrar em um setor (ou sair dele).

longo prazo *(página 195)* Tempo necessário para que todos os insumos de produção possam se tornar variáveis.

lucro *(página 276)* Diferença entre receita total e custo total.

lucro econômico zero *(página 293)* Ocorre quando uma empresa obtém um retorno normal sobre os investimentos, ou seja, quando tem um resultado tão bom quanto teria se investisse os seus recursos em outra atividade.

lucro variável *(página 396)* Soma dos lucros de cada unidade adicionalmente produzida por uma empresa, isto é, o lucro ignorando o custo fixo.

M

macroeconomia *(página 4)* Ramo da economia que lida com as variáveis econômicas agregadas, tais como taxa de crescimento e nível do produto nacional, taxas de juros, desemprego e inflação.

maldição do vencedor *(página 515)* Situação em que o vencedor de um leilão de valor comum obtém pior resultado por haver superestimado o valor do item e oferecido um lance maior.

mapa de indiferença *(página 70)* Gráfico que contém um conjunto de curvas de indiferença mostrando os conjuntos de cestas de mercado entre as quais os consumidores são indiferentes.

mapa de isoquantas *(página 207)* Gráfico no qual são combinadas diversas isoquantas, usado para descrever uma função de produção.

matriz de *payoff* *(página 466)* Tabela que mostra o lucro (*payoff*) que cada empresa obterá em função de sua decisão e da decisão de sua concorrente.

mecanismo de mercado *(página 25)* Tendência, em um mercado livre, de os preços se modificarem até que o mercado fique equilibrado.

mercado *(página 8)* Grupo de compradores e vendedores que, por meio de suas interações efetivas ou potenciais, determinam o preço de um produto ou de um conjunto de produtos.

mercado perfeitamente competitivo *(página 8)* Mercado com muitos compradores e vendedores, de tal modo que nenhum comprador ou vendedor pode, individualmente, afetar o preço.

mercados de leilões *(página 512)* Mercados em que os produtos são comprados e vendidos por meio de processos formais de lances.

método dos mínimos quadrados *(página 694)* Critério de "melhor ajuste" usado para escolher os valores dos parâmetros da regressão, geralmente minimizando a soma dos quadrados dos resíduos, ou seja, das diferenças entre os valores reais das variáveis dependentes e os valores ajustados.

método dos multiplicadores de Lagrange *(página 144)* Técnica para maximizar ou minimizar uma função sujeita a uma ou mais restrições.

microeconomia *(página 4)* Ramo da economia que lida com o comportamento de unidades econômicas individuais — consumidores, empresas, trabalhadores e investidores —, assim como com os mercados que essas unidades englobam.

modelo da "curva de demanda quebrada" *(página 469)* Modelo de oligopólio no qual cada empresa se defronta com uma curva de demanda quebrada no preço que prevalece atualmente: para preços superiores, a demanda é bastante elástica, enquanto para preços inferiores ela é inelástica.

modelo de "displicência" *(página 648)* Princípio segundo o qual os empregados têm incentivos para ser negligentes caso a empresa lhe pague um salário igual àquele que equilibra o mercado, pois aqueles que forem demitidos podem ser contratados por outras empresas recebendo o mesmo salário.

modelo de Bertrand *(página 461)* Modelo de oligopólio no qual as empresas produzem uma mercadoria homogênea, cada uma delas considera fixo o preço de suas concorrentes e todas decidem simultaneamente qual preço será cobrado.

modelo de Cournot *(página 455)* Modelo de oligopólio no qual as empresas produzem mercadorias homogêneas, cada uma considera fixo o nível de produção da concorrente e todas decidem simultaneamente a quantidade a ser produzida.

Modelo de Formação de Preços para Ativos de Capital (CAPM) *(página 569)* Modelo em que o prêmio de risco para um investimento de capital depende da correlação entre o retorno do investimento e o retorno do mercado acionário como um todo.

modelo de Stackelberg *(página 459)* Modelo de oligopólio no qual uma empresa determina o nível de produção antes que outras empresas o façam.

monopólio *(página 352)* Mercado no qual existe apenas um vendedor.

monopólio bilateral *(página 381)* Mercado com apenas um vendedor e apenas um comprador.

monopólio natural *(página 373)* Empresa que tem capacidade de produção para todo o mercado com um custo menor ao que existiria caso houvesse várias empresas.

monopsônio *(página 352)* Mercado com apenas um comprador.

mudança tecnológica *(página 204)* Desenvolvimento de novas tecnologias que permitem que os fatores de produção sejam utilizados mais eficientemente.

N

neutralidade em relação de riscos *(página 159)* Situação de uma pessoa para a qual é indiferente uma renda certa ou uma renda incerta com o mesmo valor esperado.

O

oligopólio *(página 448)* Mercado no qual apenas algumas empresas competem entre si e há barreiras para a entrada de novas empresas.

oligopsônio *(página 375)* Mercado com apenas alguns compradores.

P

pacote misto *(página 418)* Prática de venda de dois ou mais produtos, tanto em pacote como individualmente.

pacote puro *(página 418)* Prática de venda de produtos somente em pacote.

padrão de emissão de poluentes *(página 660)* Limite legal da quantidade de poluentes que uma empresa está autorizada a emitir.

payoff *(páginas 153, 484)* Valor associado a um resultado possível de ocorrer.

permissões transferíveis para emissões *(página 664)* Sistema de permissões negociáveis no mercado, que são distribuídas entre as empresas e especificam o nível máximo de emissões que podem ser geradas.

perpetuidade *(página 560)* Um tipo de título que a cada ano paga uma quantia fixa em dinheiro, para sempre.

peso morto *(página 315)* Perda líquida de excedente total (considerando-se o do consumidor e o do produtor).

poder de mercado *(página 352)* Capacidade tanto do vendedor quanto do comprador de influir no preço de uma mercadoria.

poder de monopsônio *(página 375)* Capacidade de determinados compradores de afetar o preço de um produto.

ponto de referência *(página 181)* O ponto a partir do qual um indivíduo toma uma decisão de consumo.

preço de equilíbrio (ou *market-clearing*) do mercado *(página 25)* Preço que iguala a quantidade ofertada com a quantidade demandada.

preço de mercado *(página 9)* Preço que prevalece em um mercado competitivo.

preço de pico *(página 405)* Prática de cobrança de preços altos durante os períodos de pico, quando as restrições de capacidade fazem com que os custos marginais estejam elevados.

preço de reserva *(página 395)* Preço máximo que um consumidor está disposto a pagar por um produto.

preço de risco *(página 172)* Risco extra que um investidor deve incorrer para desfrutar de um retorno esperado mais alto.

preço nominal *(página 12)* Preço absoluto de um bem, sem nenhum ajuste decorrente da inflação.

preço predatório *(página 383)* Prática de estabelecer preços que excluem a concorrência e desencorajam novas empresas a entrar no mercado, de tal modo que sejam obtidos maiores lucros futuros.

preço real *(página 12)* Preço de um bem relativo a uma medida agregada de preços; preço ajustado de acordo com a inflação.

preços de transferência *(página 434)* Preços internos pelos quais as peças e componentes oriundos das divisões iniciais são "vendidos" para as divisões compradoras e finais de uma empresa.

prêmio de risco *(páginas 160, 567)* Soma máxima em dinheiro que uma pessoa avessa ao risco paga para evitar o risco.

principal *(página 638)* Indivíduo que emprega um ou mais agentes para atingir um objetivo.

princípio da igualdade marginal *(página 94)* Princípio segundo o qual a utilidade é maximizada quando os consumidores igualam a utilidade marginal por unidade monetária gasta em cada um dos bens.

probabilidade *(página 152)* Possibilidade de que dado resultado venha a ocorrer.

problema da relação agente-principal *(página 638)* Problema que surge quando os agentes (os administradores de uma empresa, por exemplo) perseguem suas próprias metas ao invés das metas desejadas pelos principais (os donos da empresa, por exemplo).

produtividade da mão de obra *(página 204)* Produto médio da mão de obra em um setor ou na economia como um todo.

produto marginal *(página 197)* Produto adicional obtido quando se acrescenta uma unidade de determinado insumo.

produto médio *(página 197)* Produto obtido por unidade de determinado insumo.

Q

quantidade forçada *(página 437)* Uso da quota de vendas ou outros incentivos para fazer as empresas finais venderem o máximo possível.

quota de importação *(página 333)* Limite da quantidade de uma mercadoria que pode ser importada.

R

razão propaganda-vendas *(página 426)* Razão entre as despesas de propaganda de uma empresa e suas vendas.

receita marginal do produto *(página 526)* Receita adicional resultante da venda da produção criada pelo emprego de uma unidade adicional de um insumo.

receita marginal *(páginas 276, 353)* Mudança na receita resultante do aumento de uma unidade na produção.

recurso de propriedade comum *(página 679)* Recurso ao qual qualquer pessoa tem livre acesso.

regressão linear *(página 693)* Modelo que estabelece uma relação linear entre uma variável dependente e diversas variáveis independentes (ou explicativas) e um termo de erro.

regulamentação da taxa de retorno *(página 375)* O preço máximo permitido por um órgão regulamentador baseia-se na taxa de retorno esperada que uma empresa pode obter.

renda econômica *(página 296)* Valor que as empresas estão dispostas a pagar por um insumo menos o valor mínimo necessário para obtê-lo.

rendimento efetivo (ou taxa de retorno) *(página 561)* Porcentagem de retorno que se recebe ao investir em um título.

rendimentos constantes de escala *(página 213)* Situação em que a produção dobra quando se dobra a quantidade de todos os insumos.

rendimentos crescentes de escala *(página 213)* Situação em que a produção cresce mais do que o dobro quando se dobra a quantidade de todos os insumos.

rendimentos de escala *(página 213)* Taxa de crescimento do produto à medida que os insumos crescem proporcionalmente.

rendimentos decrescentes de escala *(página 213)* Situação em que a produção aumenta menos do que o dobro quando se dobra a quantidade de todos os insumos.

restrições orçamentárias *(página 80)* Restrições que os consumidores enfrentam como resultado do fato de suas rendas serem limitadas.

retorno *(página 169)* Fluxo monetário total de um ativo como uma fração de seu preço.

retorno efetivo *(página 170)* Retorno que um ativo proporciona.

retorno esperado *(página 170)* Retorno que um ativo pode proporcionar em média.

retorno real *(página 170)* Retorno simples (ou nominal) de um ativo menos a taxa de inflação.

rigidez de preços *(página 469)* Característica dos mercados oligopolistas pela qual as empresas se mostram relutantes em modificar os preços mesmo que os custos ou a demanda sofram alterações.

risco diversificável *(página 567)* Risco que pode ser eliminado por meio do investimento em muitos projetos ou mantendo ações de muitas empresas.

risco moral *(página 636)* Ocorrência relacionada às ações da parte segurada que não podem ser observadas pela parte seguradora, mas que podem afetar a probabilidade ou a magnitude de um pagamento associado a um sinistro.

risco não diversificável *(página 568)* Risco que não pode ser eliminado por meio do investimento em muitos projetos ou em ações de muitas empresas.

R-quadrado (R^2) *(página 697)* Estatística que mede o percentual de variação da variável dependente atribuído a todas as variáveis explicativas.

S

salário de eficiência *(página 648)* Salário que uma empresa paga a um funcionário como incentivo para que ele não se torne negligente em seu trabalho.

seleção adversa *(página 626)* Forma de falha de mercado que ocorre quando, por causa de informações assimétricas, produtos de diferentes qualidades são vendidos a um preço único; dessa maneira, vendem-se inúmeros produtos de baixa qualidade e pouquíssimos de alta qualidade.

setor de custo constante *(página 298)* Setor em que a curva de oferta no longo prazo é horizontal.

setor de custo crescente *(página 300)* Setor em que a curva de oferta no longo prazo é ascendente.

setor de custo decrescente *(página 301)* Setor em que a curva de oferta no longo prazo tem inclinação descendente.

setores cíclicos *(página 41)* Setores em que as vendas tendem a acentuar mudanças cíclicas ocorridas no Produto Nacional Bruto (PNB) e na renda nacional.

sinalização de mercado *(página 631)* Processo pelo qual os vendedores enviam sinais aos compradores, transmitindo informações sobre a qualidade do produto.

sinalização de preço *(página 470)* Forma de acordo implícito na qual uma empresa anuncia um aumento de preço e espera que as outras sigam o exemplo.

solução de canto *(página 87)* Situação na qual a taxa marginal de substituição de um bem por outro, em uma cesta de mercado escolhida, não é igual à inclinação da linha de orçamento.

subsídio *(página 341)* Apoio financeiro fazendo com que o preço de compra fique abaixo do preço de venda; ou seja, um imposto negativo.

substitutos *(página 24)* Dois bens são substitutos quando um aumento no preço de um deles provoca um aumento na quantidade demandada do outro.

substitutos perfeitos *(página 74)* Dois bens são substitutos perfeitos quando a taxa marginal de substituição de um pelo outro é constante.

sustentação de preços *(página 325)* Preço fixado pelo governo acima do nível de mercado livre e mantido pelas compras governamentais da oferta excedente.

T

tarifa de importação *(página 333)* Imposto sobre uma mercadoria importada.

tarifa em duas partes *(página 408)* Forma de precificação na qual se cobra dos consumidores uma taxa de entrada e uma taxa de utilização.

taxa de desconto *(página 564)* Taxa usada para determinar o valor corrente de um dólar recebido no futuro.

taxa de juros *(página 557)* Taxa pela qual se podem tomar ou conceder empréstimos em dinheiro.

taxa de locação *(página 234)* Custo do arrendamento anual de uma unidade de bem de capital.

taxa marginal de substituição (TMS) *(página 73)* Quantidade máxima de um bem que um consumidor está disposto a deixar de consumir para obter uma unidade adicional de um outro bem.

taxa marginal de substituição técnica (TMST) *(página 208)* Decréscimo máximo possível na quantidade de um insumo quando uma unidade adicional de outro insumo é utilizada, mantendo-se o produto constante.

taxa marginal de transformação *(página 608)* Quantidade de um bem que se deve deixar de produzir para produzir uma unidade adicional de um outro.

taxa sobre a emissão de poluentes *(página 661)* Cobrança imposta sobre cada unidade de poluente emitida por uma empresa.

taxa social de desconto *(página 673)* Custo de oportunidade, para a sociedade como um todo, de receber um benefício econômico no futuro ao invés de usufruir dele hoje.

teorema de Coase *(página 677)* Princípio segundo o qual, quando as partes envolvidas puderem negociar sem custo e visando ao benefício mútuo, o resultado será eficiente, independentemente de como estejam alocados os direitos de propriedade.

teoria da firma *(página 192)* Explicação sobre como as empresas tomam decisões de minimização de custos e como esses custos variam com a produção.

teoria do comportamento do consumidor *(página 66)* Descrição de como os consumidores alocam a renda, entre diferentes bens e serviços, procurando maximizar o bem-estar.

teoria do salário de eficiência *(página 647)* Explicação para a presença de desemprego involuntário e de discriminação de salários que reconhece que a produtividade da mão de obra pode ser afetada pelo nível do salário.

tomadora de preços *(página 272)* Empresa que não tem influência sobre o preço de mercado e, portanto, toma esse preço como dado.

título *(página 560)* Contrato por meio do qual um tomador de empréstimo concorda em pagar àquele que mantém o título (ou seja, àquele que concede o empréstimo) um fluxo monetário.

U

utilidade *(página 77)* Índice numérico que representa a satisfação que um consumidor obtém com dada cesta de mercado.

utilidade esperada *(página 158)* Soma das utilidades associadas a todos os resultados possíveis, ponderadas pela probabilidade de que cada um ocorra.

utilidade marginal (UM) *(página 93)* Satisfação adicional obtida pelo consumo de uma unidade adicional de determinado bem.

utilidade marginal decrescente *(página 93)* Princípio segundo o qual, à medida que se consome mais de determinada mercadoria, quantidades adicionais que forem consumidas vão gerar cada vez menores acréscimos à utilidade.

V

valor da informação completa *(página 166)* Diferença entre o valor esperado de uma escolha quando existe informação completa e o valor esperado quando a informação é incompleta.

valor esperado *(página 153)* Média ponderada probabilística dos valores associados a todos os resultados possíveis de um acontecimento.

valor marginal *(página 376)* Benefício adicional derivado da compra de mais uma unidade de um produto.

valor presente descontado (VPD) *(página 557)* O valor corrente de um fluxo de caixa futuro esperado.

vantagem absoluta *(página 612)* Situação na qual o país 1 tem uma vantagem sobre o país 2 na produção de um bem porque o custo de produção do bem em 1 é menor que o custo de produção em 2.

vantagem comparativa *(página 612)* Situação na qual o país 1 tem uma vantagem sobre o país 2 na produção de um bem porque o custo de produção do bem no país 1, em relação ao custo de produzir outros bens em 1, é menor que o custo de produção do bem no país 2, relativamente ao custo de produção de outros bens em 2.

variabilidade *(página 153)* Extensão à qual diferem os resultados possíveis de um acontecimento incerto.

variáveis negativamente correlacionadas *(página 163)* Variáveis que tendem a se mover em direções opostas.

variáveis positivamente correlacionadas *(página 163)* Variáveis que tendem a se mover na mesma direção.

venda casada *(página 423)* Prática que exige que o consumidor adquira um produto para poder adquirir outro.

venda em pacote *(página 414)* Prática de venda de dois ou mais produtos em conjunto (como um pacote).

RESPOSTAS DOS EXERCÍCIOS SELECIONADOS

CAPÍTULO 1

1. **a.** *Falso.* Praticamente não existe qualquer grau de substituição entre as regiões geográficas dos Estados Unidos. Um consumidor de Los Angeles, por exemplo, não viaja até Houston, Atlanta ou Nova York para lanchar só porque o preço do hambúrguer é menor em outra cidade. O McDonald's ou o Burguer King de Nova York também não distribuem hambúrgueres em Los Angeles mesmo que lá os preços sejam mais altos. Ou seja, o aumento de preços de *fast-food* em Nova York não afetaria a quantidade de demanda nem a de oferta de Los Angeles ou de qualquer outra parte do país.
    b. *Falso.* Os consumidores não viajam para comprar roupas, mas os fornecedores podem levá-las com facilidade de um lado ao outro do país. Em consequência, se os preços das roupas estivessem substancialmente mais altos em Atlanta do que em Los Angeles, os fabricantes poderiam transferir o fornecimento para Atlanta, o que reduziria os preços no local.
    c. *Falso.* Apesar de haver consumidores extremamente fiéis à Coca-Cola ou à Pepsi, alguns substituiriam uma pela outra caso existisse diferença de preços. Há, portanto, um único mercado para essa classe de refrigerantes.

CAPÍTULO 2

2. **a.** A cada aumento de US$ 20 no preço, a quantidade demandada diminui em 2 unidades. Assim, $(\Delta Q_D/\Delta P) = -2/20 = -0,1$. A $P = 80$, a quantidade demandada é igual a 20 e $E_D = (80/20)(-0,1) = -0,40$. De maneira semelhante, a $P = 100$, a quantidade demandada é igual a 18 e $E_D = (100/18)(-0,1) = -0,56$.
    b. A cada aumento de US$ 20 no preço, a quantidade ofertada aumenta em 2 unidades. Assim, $(\Delta Q_S/\Delta P) = 2/20 = 0,1$. A $P = 80$, a quantidade ofertada é igual a 16 e $E_S = (80/16)(0,1) = 0,5$. De maneira semelhante, a $P = 100$, a quantidade ofertada é igual a 18 e $E_S = (100/18)(0,1) = 0,56$.
    c. O preço e a quantidade de equilíbrio são encontrados no ponto em que a quantidade ofertada é igual à quantidade demandada pelo mesmo preço. Pelos dados da tabela, temos que $P^* = $ US$ 100 e $Q^* = 18$ milhões.
    d. Com um preço máximo de US$ 80, os consumidores vão querer 20 milhões de unidades, mas os produtores vão ofertar apenas 16 milhões, o que causará uma escassez de 4 milhões.

3. Se Brasil e Indonésia acrescentam 200 milhões de bushels de trigo à demanda de trigo dos Estados Unidos, a nova curva de demanda será $Q + 200$, ou $Q_D = (3.244 - 283P) + 200 = 3.444 - 283P$.
    Iguale a oferta e a nova demanda para determinar o novo preço de equilíbrio. $1.944 + 207P = 3.444 - 283P$, ou $490P = 1.500$ e, assim, $P = $ US$ 3,06 por bushel. Para determinar a quantidade de equilíbrio, substitua o preço na equação de oferta ou de demanda. Usando a demanda, $Q_D = 3.444 - 283(3,06) = 2.578$ milhões de bushels.

5. **a.** A demanda total é $Q = 3.244 - 283P$; a demanda interna é $Q_D = 1.700 - 107P$. Subtraindo-se a demanda interna da total obtém-se a demanda de exportação $Q_E = 1.544 - 176P$. O preço inicial de equilíbrio de mercado (como demonstrado no exemplo) é $P^* = $ US$ 2,65. Com uma queda de 40% na demanda de exportação, o total da demanda passa a ser $Q =$

$Q_D + 0,6Q_E = 1.700 - 107P + 0,6(1.544 - 176P) = 2.626,4 - 212,6P$. A demanda é igual à oferta. Como resultado:

$2.626,4 - 212,6P = 1.944 + 207P$

$682,4 = 419,6P$

Portanto, $P = \dfrac{682,4}{419,6} =$ US$ 1,626 ou US$ 1,63. A esse preço, $Q = 2.281$. Sim, os fazendeiros têm motivos para se preocupar. Por causa da queda na quantidade e no preço, a receita cai de US$ 6.609 milhões para US$ 3.718 milhões.

b. Se o governo dos Estados Unidos mantiver um preço de US$ 3,50, o mercado não estará em equilíbrio. Nesse preço, a demanda é igual a $2.626,4 - 212,6(3,50) = 1.882,3$ e a oferta é $1.944 + 207(3,50) = 2.668,5$. Existe oferta em excesso ($2.668,5 - 1.882,3 = 786,2$), o que deve ser comprado pelo governo ao custo de US$ $3,50(786,2) =$ US$ 2.751,7 milhões.

8. a. Para chegarmos à nova curva de demanda, seguimos o mesmo procedimento descrito na Seção 2.6. Sabemos que $E_D = -b(P^*/Q^*)$, portanto, fazendo as substituições de $E_D = -0,75$, $P^* =$ US$ 3 e $Q^* = 18$, temos $-0,75 = -b(3/18)$, de modo que $b = 4,5$. A equação da curva de demanda linear é $Q_D = a - bP$ e, procedendo às substituições, temos $18 = a - 4,5(3)$. Portanto, $a = 31,5$. A nova curva de demanda é $Q_D = 31,5 - 4,5P$.

b. Para determinar o impacto de uma queda de 20% na demanda do cobre, devemos observar que a quantidade demandada é 80% do que costumava ser. Multiplicando o lado direito da curva de demanda por 0,8, temos $Q_D = (0,8)(31,5 - 4,5P) = 25,2 - 3,6P$. A oferta ainda é $Q_S = -9 + 9P$ e a demanda tem o mesmo valor. Resolvendo, temos $P^* =$ US$ 2,71 por libra. Uma queda de 20% na demanda, portanto, acarreta uma diminuição de US$ 0,29 no preço por libra, ou 9,7%.

10. a. Primeiro, consideremos a oferta não OPEP: $S_C = Q^* = 19$. Com $E_S = 0,05$ e $P^* =$ US$ 80, $E_S = d(P^*/Q)$, o que significa que $d = 0,012$. Fazendo as substituições de d, $S_C = 19$ e $P = 80$ na equação de oferta, temos $19 = c + (0,012)(80)$, de modo que $c = 18,05$. Assim sendo, a curva de demanda é $S_C = 18,05 + 0,012P$. De modo semelhante, como $Q_D = 32$, $E_D = -b(P^*/Q^*) = -0,05$ e, portanto, $b = 0,020$. Fazendo as substituições de b, $Q_D = 32$ e $P = 80$ na equação de demanda, temos $32 = a - (0,020)(80)$ e, portanto, $a = 33,6$. Assim, $Q_D = 33,6 - 0,020P$.

b. As elasticidades no longo prazo são: $E_S = 0,30$ e $E_D = -0,30$. Utilizando o mesmo método de antes, $E_S = d(P^*/Q^*)$ e $E_D = -b(P^*/Q^*)$, o que significa que $0,30 = d(80/19)$ e que $-0,30 = -b(80/32)$. Portanto, $d = 0,07$ e $b = -0,12$. Em seguida, obtemos c e a: $S_C = c + dP$ e $Q_D = a - bP$, o que significa que $19 = c + (0,07)(80)$ e $32 = a - (0,12)(80)$. Portanto, $c = 13,3$ e $a = 41,6$.

c. A descoberta de novos campos petrolíferos aumentará a oferta feita pela OPEP em 2bb/a; portanto, $S_C = 19$, $S_O = 15$ e $D = 34$. A nova curva de oferta total no curto prazo é $S_T = 33,05 + 0,012P$. A demanda não se altera: $D = 33,6 - 0,020P$. Como a oferta se iguala à demanda, $33,05 + 0,012P = 33,6 - 0,020P$. Resolvendo, $P =$ US$ 17,19 por barril. Um aumento na oferta feita pela OPEP acarreta uma queda de US$ 62,81 no preço, ou 79% no curto prazo.

Para analisar a situação no longo prazo, utilize a nova curva de oferta no longo prazo: $S_T = 28,3 + 0,071P$. Igualando essa equação à demanda no longo prazo, temos $28,3 + 0,071P = 41,6 - 0,120P$, de modo que $P =$ US$ 69,63 por barril, somente US$ 10,37 por barril (13%) a menos do que o preço original no longo prazo.

CAPÍTULO 3

3. Não necessariamente verdadeiro. Suponha que ela tenha preferências convexas (uma taxa marginal de substituição decrescente) e uma grande quantidade de ingressos para o cinema. Ainda que esteja disposta a abrir mão de ingressos para o cinema em troca de outro ingresso para o basquete, isso não significa obrigatoriamente que ela gosta mais de basquete.

6. a. Observe a Figura 3(a), em que R é o número de shows de rock e H é o número de jogos de hóquei.

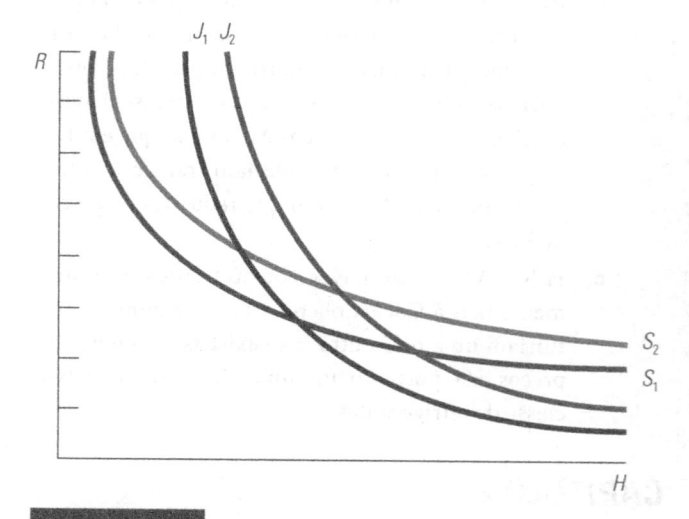

FIGURA 3(a)

b. Para qualquer combinação de R e H, Jones está disposto a abrir mão de menos R em troca de H do que

Smith. Assim, Jones tem uma TMS de H por R mais alta que a de Smith. Em qualquer ponto do gráfico, as curvas de indiferença de Jones são mais pronunciadas que as de Smith.

8. Na Figura 3(b), apresentamos graficamente as milhas voadas, M, em relação a todas as outras mercadorias, G, em dólares. A inclinação da linha de orçamento é $-P_M/P_G$. O preço das milhas muda à medida que varia o número de milhas voadas, de tal modo que a linha de orçamento é quebrada nos pontos correspondentes a 25.000 e 50.000 milhas. Suponha que P_M seja US$ 1 por milha para percursos $\leq$ 25.000 milhas; que P_M = US$ 0,75 para 25.000 < M $\leq$ 50.000; e que P_M = US$ 0,50 para M > 50.000. Suponha também que P_G = US$ 1. Sendo assim, a inclinação do primeiro segmento é -1, a do segundo, $-0,75$, e a do último, $-0,50$.

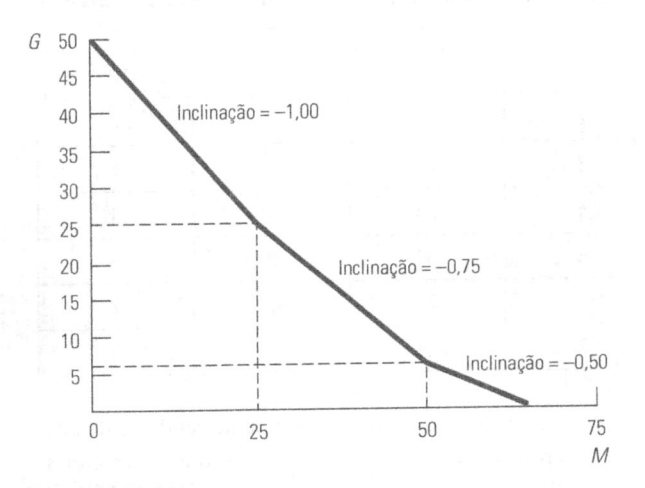

FIGURA 3(b)

CAPÍTULO 4

9. **a.** Para os chips de computadores $E_p = -2$, de modo que $-2 = \%\Delta Q/10$ e, portanto, $\%\Delta Q = -20$. Para as unidades de disco, temos $E_p = -1$, de modo que um aumento de 10% no preço reduzirá as vendas em 10%. A receita de vendas diminuirá para chips de computador porque a demanda é elástica e o preço aumentou. Para estimar a mudança na receita, seja $RT_1 = P_1Q_1$ a receita antes da mudança de preço e seja $RT_2 = P_2Q_2$ a receita depois dessa mudança. Portanto, $\Delta RT = P_2Q_2 - P_1Q_1$ e, assim, $\Delta RT = (1,1P_1)(0,8Q_1) - P_1Q_1 = -0,12P_1Q_1$, ou um declínio de 12%. A receita de vendas para unidades de disco permanecerá inalterada, pois a elasticidade da demanda é -1.

b. Embora conheçamos a reação da demanda às variações de preço, precisamos conhecer as quantidades e os preços dos produtos para determinar as receitas totais.

11. **a.** Se as alterações no preço forem pequenas, a fórmula da elasticidade no ponto seria apropriada. Contudo, como o preço aqui aumenta de US$ 2 para US$ 2,50, deve ser utilizada a elasticidade no arco: $E_p = (\Delta Q/\Delta P)(\bar{P}/\bar{Q})$. Sabemos que $E_p = -1$, $P = 2$, $\Delta P = 0,50$ e $Q = 5.000$. Portanto, se não houver variação da renda, teremos ΔQ: $-1 = (\Delta Q/0,50)$ $[((2 + 0,50)/2)/(5.000 + \Delta Q/2)] = (\Delta Q \cdot 2,50)/(10.000 + \Delta Q)$. Concluímos então que $\Delta Q = -1.000$. Isso significa que ela estará diminuindo seu consumo em alimentação de 5.000 para 4.000 unidades.

b. Uma redução de impostos de US$ 2.500 significa um aumento de renda no valor de US$ 2.500. Para calcular a reação da demanda a essa redução de impostos, utilizamos a definição da elasticidade renda no arco: $E_r = (\Delta Q/\Delta R)(\bar{R}/\bar{Q})$. Sabemos que $E_r = 0,5$, $R = 25.000$, $\Delta R = 2.500$ e que $Q = 4.000$. Resolvemos então para ΔQ:$0,5 = (\Delta Q/2.500)$ $[((25.000 + 27.500)/2)/(4.000 + \Delta Q/2)]$. Como $\Delta Q = 195$, ela aumenta o consumo em alimentação de 4.000 para 4.195 unidades.

c. A situação de Felícia melhoraria depois do desconto. O valor do desconto é suficiente para permitir que ela adquira sua cesta de consumo de alimento original e outras mercadorias. Lembre-se que, de início, ela consumia 5.000 unidades de alimento. Quando o preço subiu em cinquenta centavos por unidade, ela precisou de mais (5.000)(US$ 0,50) = US$ 2.500 para comprar a mesma quantidade de alimento sem reduzir a quantidade de outras mercadorias consumidas. Esse é o valor exato do desconto. Porém, ela não escolheu retornar ao consumo original. Portanto, podemos deduzir que ela encontrou uma cesta melhor, que lhe deu um maior nível de utilidade.

13. **a.** A curva de demanda é uma linha reta com um intercepto vertical em $P = 15$ e um ponto de interseção com o eixo horizontal em que $Q = 30$.

b. Se não houvesse pedágio, o preço P seria 0, de tal modo que $Q = 30$.

c. Se o pedágio fosse US$ 5, então $Q = 20$. A perda em excedente do consumidor é a diferença entre o excedente do consumidor quando $P = 0$ e o excedente do consumidor quando $P = 5$, ou seja, US$ 125.

CAPÍTULO 4 — APÊNDICE

1. A primeira função de utilidade pode ser apresentada como uma série de linhas retas; a segunda, como uma série de hipérboles no quadrante positivo; e a terceira, como uma série de "L". Apenas a segunda função de

utilidade satisfaz a definição da curva de indiferença estritamente convexa.

3. A equação de Slutsky é $dX/dP_X = \partial X/\partial P^*|U = U^* - X(\Delta X/\Delta R)$, em que o primeiro termo representa o efeito substituição e o segundo termo, o efeito renda. Com esse tipo de função de utilidade, o consumidor não substitui um bem pelo outro quando os preços variam e, portanto, o efeito substituição é zero.

CAPÍTULO 5

2. As quatro situações mutuamente exclusivas são apresentadas na Tabela 5 a seguir.

TABELA 5		
	CONGRESSO APROVA TARIFA	CONGRESSO NÃO APROVA TARIFA
Taxa de crescimento lento	Situação 1: Crescimento lento com tarifa	Situação 2: Crescimento lento sem tarifa
Taxa de crescimento rápido	Situação 3: Crescimento rápido com tarifa	Situação 4: Crescimento rápido sem tarifa

4. O valor esperado é $VE = (0,4)(100) + (0,3)(30) + (0,3)(-30) = $ US\$ 40. A variância é $\sigma^2 = (0,4)(100 - 40)^2 + (0,3)(30 - 40)^2 + (0,3)(-30 - 40)^2 = 2.940$.

8. De início, a riqueza total é US\$ 450.000. Calcule a utilidade esperada da riqueza nas três opções. A utilidade esperada na opção segura é $E(U) = (450.000 + 1,05*200.000)^{0,5} = 678$. Com a colheita de milho de verão, $E(U) = 0,7(250.000 + 500.000)^{0,5} + 0,3(250.000 + 50.000)^{0,5} = 770$. Por fim, a utilidade esperada com o milho resistente à seca é $E(U) = 0,7(250.000 + 450.000)^{0,5} + 0,3(250.000 + 350.000)^{0,5} = 818$. A opção com a maior utilidade esperada é plantar o milho resistente à seca.

12. Para determinar a curva de demanda total, somamos 100 curvas de demanda do consumidor padrão e 100 curvas de demanda do consumidor "princípio básico": $Q = 100*(20 - P) + 100*(10$ se $P < 10$ ou 0 se $P \geq 10) = 3.000 - 100P$ se $P < 10$ e $2.000 - 100P$ se $P \geq 10$. A curva de demanda total resultante aparece na Figura 5.

CAPÍTULO 6

2. **a.** O produto médio do trabalho (PMe) é igual a Q/L. O produto marginal do trabalho (PMg) é igual a $\Delta Q/\Delta L$. Os cálculos relevantes são apresentados na tabela a seguir:

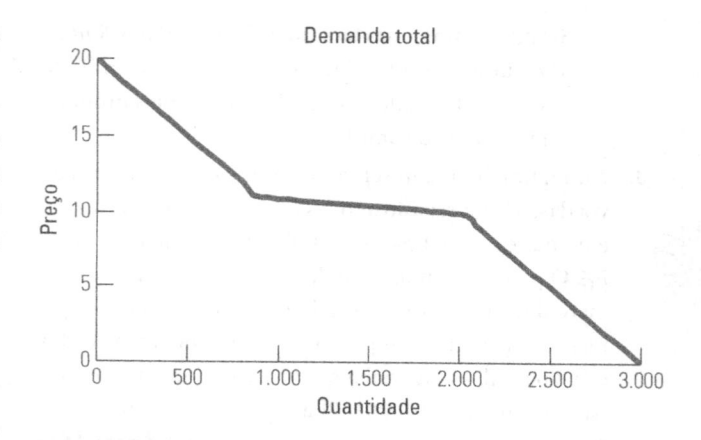

FIGURA 5

L	Q	PMe	PMg
0	0	–	–
1	10	10	10
2	18	9	8
3	24	8	6
4	28	7	4
5	30	6	2
6	28	4,7	–2
7	25	3,6	–3

b. Esse processo produtivo apresenta rendimentos decrescentes para a mão de obra, o que é característico de todas as funções de produção dotadas com um insumo fixo. Cada unidade adicional de mão de obra produz um aumento menor de produção do que a unidade anterior.

c. O produto marginal negativo da mão de obra pode surgir em decorrência de uma superlotação ocorrida na fábrica do produtor de cadeiras. À medida que mais trabalhadores utilizam os mesmos recursos fixos de capital, eles passam a atrapalhar uns aos outros, diminuindo assim a quantidade produzida.

6. Não. Se os insumos são substitutos perfeitos, as isoquantas serão lineares. No entanto, para calcular a inclinação da isoquanta, e em consequência a TMST, precisamos saber a qual taxa um insumo pode ser substituído por outro. Sem o produto marginal de cada insumo, não podemos calcular a TMST.

9. **a.** Suponha que Q_1 seja a quantidade produzida pela Disk, Inc., Q_2 a quantidade produzida pela Floppy, Inc., e X represente as quantidades iguais de capital e de trabalho para as duas empresas. Então, temos $Q_1 = 10X^{0,5}X^{0,5} = 10X^{(0,5+0,5)} = 10X$ e $Q_2 = $

$10X^{0,6}X^{0,4} = 10X^{(0,6 + 0,4)} = 10X$. Pelo fato de $Q_1 = Q_2$, ambas as empresas geram a mesma produção com os mesmos insumos.

b. Com o capital fixado em 9 unidades de máquinas, as funções de produção se tornam $Q_1 = 30L^{0,5}$ e $Q_2 = 37,37L^{0,4}$. Considere os dados da tabela apresentada a seguir:

L	Q EMPRESA 1	PMg EMPRESA 1	Q EMPRESA 2	PMg EMPRESA 2
0	0	—	0	—
1	30,00	30,00	37,37	37,37
2	42,43	12,43	49,31	11,94
3	51,96	9,53	57,99	8,69
4	60,00	8,04	65,07	7,07

Para cada unidade de trabalho acima de 1 unidade, o produto marginal da mão de obra é maior para a primeira empresa, a Disk, Inc.

CAPÍTULO 7

4. a. O custo total (CT) é igual ao custo fixo (CF) mais o custo variável (CV). Considerando que a taxa da franquia (TF) seja uma quantia fixa, os custos fixos da empresa têm aumento igual a essa taxa. O custo médio, (CF + CV)/Q, e o custo fixo médio, (CF/Q), são majorados pela taxa de franquia média (TF/Q). O custo variável médio não é afetado pela taxa de franquia, como ocorre com o custo marginal.

b. Quando um imposto t passa a incidir sobre cada unidade produzida, os custos variáveis sofrem um aumento igual a tQ. O custo variável médio cresce em t e, como o custo fixo é constante, o custo médio (total) também aumenta em t. Visto que o custo total cresce em t para cada unidade adicional, o custo marginal sobe em t.

5. É provável que se refira ao lucro contábil; esse é o conceito-padrão usado na maioria das discussões sobre como as empresas operam financeiramente. Nesse caso, o artigo aponta uma diferença substancial entre lucro econômico e lucro contábil. Ele alega que, sob o contrato de trabalho vigente, as montadoras devem pagar muitos trabalhadores mesmo que eles não estejam trabalhando. Isso implica que seus salários são custos *irreversíveis* durante a vigência do contrato. Os lucros contábeis subtrairiam os salários pagos; os lucros econômicos não o fariam, uma vez que são custos irreversíveis. Portanto, as montadoras podem estar obtendo lucros econômicos, mesmo estando incorrendo em perdas contábeis.

10. Se a empresa pode produzir uma cadeira com 4 horas de trabalho ou 4 horas de máquinas ou, ainda, por meio de qualquer combinação desses dois insumos, a isoquanta será uma linha reta com inclinação –1 e seus pontos de interseção com os eixos serão em $K = 4$ e em $L = 4$. A linha de isocusto CT = $30L + 15K$ possui uma inclinação de –2 e seus pontos de interseção com os eixos encontram-se, respectivamente, em K = CT/15 e em L = CT/30. O ponto de minimização de custo é uma solução de canto, em que $L = 0$, $K = 4$ e CT = US\$ 60.

CAPÍTULO 7 — APÊNDICE

1. a. Rendimentos de escala referem-se à relação existente entre nível de produção e aumentos proporcionais de todos os seus insumos. Se $F(\lambda L, \lambda K) > \lambda F(L,K)$, há rendimentos crescentes de escala; se $F(\lambda L, \lambda K) = \lambda F(L,K)$, há rendimentos constantes de escala; e se $F(\lambda L, \lambda K) < \lambda F(L,K)$, há rendimentos decrescentes de escala. Aplicando essas relações à equação $F(L,K) = K^2L$ $F(\lambda L, \lambda K) = (\lambda K)^2(\lambda L) = \lambda^3 K^2 L = \lambda^3 F(L,K) > \lambda F(L,K)$. Portanto, podemos concluir que essa função de produção apresenta retornos crescentes de escala.

b. $F(\lambda L, \lambda K) = 10\lambda K + 5\lambda L = \lambda F(L,K)$. A função de produção apresenta, portanto, rendimentos constantes de escala.

c. $F(\lambda L, \lambda K) = (\lambda K \lambda L)^{0,5} = (\lambda^2)^{0,5}(KL)^{0,5} = \lambda(KL)^{0,5} = \lambda F(L,K)$. A função de produção apresenta rendimentos constantes de escala.

2. O produto marginal da mão de obra é $100K$, o produto marginal do capital é $100L$ e a taxa marginal de substituição técnica é K/L. Fazendo-se a taxa marginal de substituição técnica, TMST, tornar-se igual à razão entre a remuneração da mão de obra e o aluguel do capital, teremos $K/L = 30/120$ ou $L = 4K$. Ao substituirmos esse valor de L na função de produção, é possível resolver para um K que gere uma produção de 1.000 unidades: $1.000 = 100K \cdot 4K$. Portanto, $K = 2,5^{0,5}$, $L = 4 \boxtimes 2,5^{0,5}$ e o custo total é igual a US\$ 379,20.

CAPÍTULO 8

4. a. O lucro é maximizado onde o custo marginal (CMg) é igual à receita marginal (RMg). Aqui temos RMg igual a US\$ 100. Tornando CMg igual a 100, obtemos a quantidade de 25 unidades, maximizadora do lucro.

b. O lucro é igual à receita total (PQ) menos o custo total, ou seja: $PQ - 200 - 2Q^2$. Para $P = 100$ e $Q = 25$, o lucro é igual a US$ 1.050.

c. A empresa produzirá no curto prazo se sua receita for maior do que seu custo variável. A curva de oferta de curto prazo dessa empresa é sua curva CMg acima do CVMe mínimo. Aqui, o CVMe é igual ao custo variável, $2Q^2$, dividido pela quantidade Q. Portanto, CVMe = $2Q$. Além disso, CMg é igual a $4Q$. Dessa maneira, o CMg é maior do que CVMe para qualquer quantidade superior a 0. Isso significa que a empresa produzirá no curto prazo desde que o preço seja positivo.

11. A empresa deve produzir no ponto em que o preço é igual ao custo marginal, de maneira que $P = 115 = 15 + 4q$ = CMg e $q = 25$. O lucro é de US$ 800. O excedente do produtor é igual ao lucro mais o custo fixo, o que dá US$ 1.250.

14. a. Com a imposição do imposto de US$ 1 para uma única empresa, todas as curvas de custo serão deslocadas para cima em US$ 1.

b. Como a empresa é tomadora de preço, a criação do imposto que incide apenas sobre uma empresa não altera o preço de mercado. Considerando que a curva de oferta de curto prazo da empresa é representada por sua curva de custo marginal (acima do custo variável médio) e que a curva de custo marginal foi deslocada para cima (ou mais para dentro), a empresa oferecerá quantidades menores ao mercado para cada nível de preço.

c. Se o imposto incidir apenas sobre uma empresa, esta encerrará as atividades, a menos que esteja obtendo lucro econômico positivo antes da incidência do imposto.

CAPÍTULO 9

1. a. Em um equilíbrio de livre-mercado, $L^S = L^D$. Resolvendo, w = US$ 4 e $L^S = L^D = 40$. Se o salário-mínimo for de US$ 5, então $L^S = 50$ e $L^D = 30$. O número de pessoas empregadas será dado pela demanda de trabalho e os empregadores contratarão 30 milhões de trabalhadores.

b. Com o subsídio, a empresa pagará apenas $w - 1$. A função de demanda da mão de obra se torna $L^{D*} = 80 - 10(w - 1)$. Portanto, w = US$ 4,50 e $L = 45$.

4. a. Igualando demanda e oferta, $28 - 2P = 4 + 4P$, o que implica que: $P^* = 4$ e $Q^* = 20$.

b. A redução da área plantada em 25% significa que os agricultores passariam a produzir 15 bilhões de bushels. Para estimulá-los a reduzir as áreas de cultivo, o governo deve dar-lhes 5 bilhões de bushels, os quais serão vendidos no mercado pelos próprios agricultores. Considerando que a oferta total do mercado permanece no nível de 20 bilhões de bushels, o preço de mercado continua US$ 4 por bushel. Os agricultores ganham, pois não têm custos para os 5 bilhões de bushels recebidos do governo. Calculamos essas economias de custo tomando a área sob a curva de oferta entre 15 e 20 bilhões de bushels. Os preços quando $Q = 15$ e quando $Q = 20$ são P = US$ 2,75 e P = US$ 4,00. O custo total para produzir os últimos 5 bilhões de bushels é, portanto, a área de um trapezoide com base de $20 - 15 = 5$ bilhões e uma altura média de $(2,75 + 4,00)/2 = 3,375$. A área é de $5(3,375)$ = US$ 16,875 bilhões.

c. Os contribuintes ganham, pois o governo não terá gasto com a armazenagem do trigo por um ano para depois despachá-lo para alguma nação subdesenvolvida. O programa de pagamento em espécie pode durar apenas enquanto durarem as reservas de trigo mantidas pelo governo. Entretanto, esse programa pressupõe que as áreas retiradas do cultivo possam retornar à produção assim que os estoques do governo tenham terminado. Caso essas áreas não possam retornar à produção, os consumidores acabarão tendo de pagar mais por produtos à base de trigo. Por fim, considerando que os fazendeiros não têm custos de produção, eles obterão um lucro adicional.

10. a. Para encontrar o preço do gás natural quando o preço do petróleo é US$ 60 por barril, iguale as quantidades ofertada e demandada de gás natural e resolva P_G. As equações relevantes são: *Oferta*: $Q = 15,90 + 0,72P_G + 0,05P_O$, *Demanda*: $Q = 0,02 - 1,8P_G + 0,69P_O$. Fazendo P_O = US$ 60, temos $15,90 + 0,72P_G + 0,05(60) = 0,02 - 1,8P_G + 0,69(60)$, de modo que o preço do gás natural é P_G = US$ 8,94. Substituindo na curva de oferta ou demanda nos dá uma quantidade de mercado de 25,34 tpc. Se o preço máximo do gás natural fosse fixado em US$ 3, a quantidade ofertada seria 21,06 tpc, e a demanda seria 36,02 tpc. Para calcular o peso morto, medimos a área dos triângulos B e C (veja a Figura 9.4). Para achar a área B, temos que primeiro determinar o preço na curva de demanda quando a quantidade é 21,1. Pela equação de demanda, $21,1 = 41,42 - 1,8PG$. Portanto, P_G = US$ 11,29. A área de B será $(0,5)(25,3 - 21,1)(11,29 - 8,94)$ = US$ 4,9 bilhões. A área de C será $(0,5)(25,3 - 21,1)(8,94 - 3)$ = US$ 12,5 bilhões. O peso morto é $4,9 + 12,5$ = US$ 17,4 bilhões.

b. Para encontrar o preço do petróleo que definiria o preço do gás natural em US$ 3 no mercado livre, igualamos as quantidades demandada e ofertada, fazemos P_G = US$ 3 e resolvemos P_O. Assim sendo, $Q_S = 15,90 + 0,72(3) + 0,05P_O = 0,02 - 1,8(3) + 0,69P_O = Q_D$, ou $18,06 + 0,05P_G = -5,38 + 0,69P_O$, de modo que $0,64P_O = 23,44$ e P_O = US$ 36,63. Isso define o preço do gás no mercado livre em US$ 3.

11. a. Para descobrir o preço interno, definimos a quantidade demandada menos a quantidade ofertada como sendo igual a 10. Portanto, $Q_D - Q_S = (29,73 - 0,19P) - (-7,95 + 0,66P) = 10$. $0,85P = 27,68$, significando que $P = 32,56$ centavos. Se as importações fossem expandidas para 10 bilhões de libras, o preço interno nos EUA teria caído em 3,44 centavos.

b. Substituindo o novo preço de 32,56 centavos nas equações de oferta e de demanda, descobrimos que a produção interna de açúcar diminuiria para 13,54 bilhões de libras, enquanto a demanda aumentaria para 23,54 bilhões de libras, com as 10 bilhões de libras adicionais fornecidas por importação. Para achar a mudança nos excedentes do consumidor e do produtor, pode ser útil redesenhar o gráfico como na Figura 9(a). O ganho dos produtores é dado pela área do trapezoide A: $A = (1/2 \times (32,56 - 24)(8,2)) + (13,54 - 8,2)(32,56 - 24)$ = US$ 930 milhões, que são US$ 500 milhões a menos que o produtor ganha quando as importações eram limitadas a 6,9 bilhões de libras.

Para encontrar o ganho dos consumidores, necessitamos encontrar a mudança no excedente perdido do consumidor, dado pela soma do trapezoide A, triângulos B e C, e retângulo D. Nós já achamos a área do trapezoide A. O triângulo $B = 1/2(32,56 - 24)(13,54 - 8,2)$ = US$ 228,52 milhões, o triângulo $C = 1/2(32,56 - 24)(25,4 - 23,54)$ = US$ 79,47 milhões, e o retângulo $D = (32,56 - 24)(23,54 - 13,54)$ = US$ 856,34 milhões. A soma de A, B, C e D é US$ 2,09 bilhões. Quando as importações eram limitadas a 6,9 bilhões de libras, a perda no excedente do consumidor era de US$ 2,88 bilhões, significando que os consumidores ganham cerca de US$ 790 milhões quando as importações são aumentadas para 10 bilhões de libras.

c. O peso morto é dado pela soma das áreas dos triângulos B e C: $B = 1/2(32,56 - 24)(13,54 - 8,2)$ = US$ 228,52 milhões e $C = 1/2(32,56 - 24)(25,4 - 23,54)$ = US$ 79,47 milhões. $B + C$ = US$ 228,52 + US$ 79,47 = US$ 308 milhões. Para achar a mudança no peso morto pelo Exemplo 9.6, subtraímos isso do peso

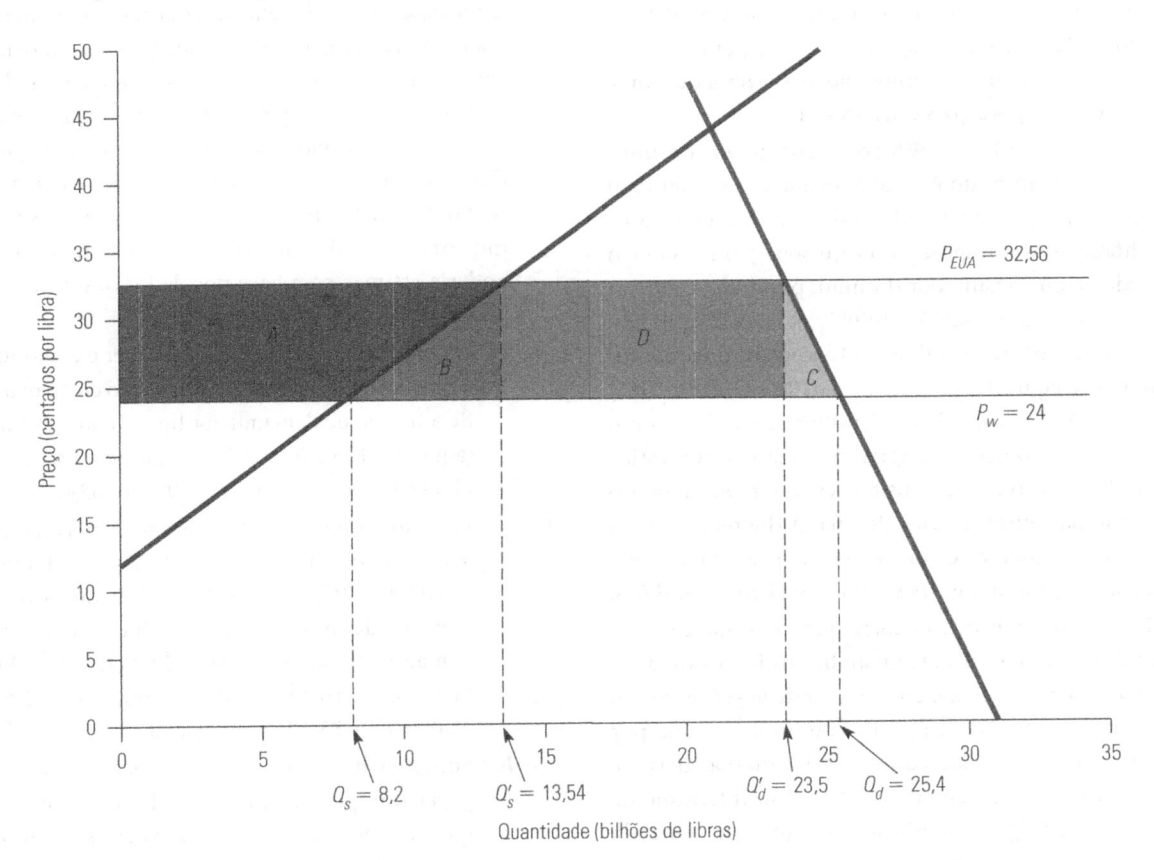

FIGURA 9(a)

morto original de US$ 614,22 milhões. US$ 614,22 milhões – US$ 308 milhões = US$ 306,22 milhões. Em outras palavras, aumentar a quota de importação para 10 bilhões de libras por ano reduz o peso morto em US$ 306,22 milhões.

O ganho para os produtores estrangeiros é dado pela área do retângulo D. Quando as importações são limitadas a 6,9 bilhões de libras, D = US$ 836,4 milhões; quando as importações são limitadas a 10 bilhões de libras, D = (32,56 – 24)(23,54 – 13,54) = US$ 856,34 milhões. Como o preço interno do açúcar aumentou, os produtores estrangeiros podem obter lucros mais altos ⊠ cerca de US$ 19,94 milhões, para ser mais exato.

12. Primeiro, iguale oferta e demanda para determinar a quantidade de equilíbrio: $50 + Q = 200 - 2Q$, ou $Q_{QE} = 50$ (milhões de libras). Para determinar o preço, substitua $Q_{QE} = 50$ ou na equação de oferta ou na de demanda: $P_S = 50 + 50 = 100$ e $P_D = 200 - (2)(50) = 100$. Assim, o preço de equilíbrio P é US$ 1 (100 centavos). Entretanto, o preço no mercado mundial é US$ 0,60. A esse preço, a quantidade interna ofertada é $60 = 50 - Q_S$, ou seja, $Q_S = 10$, e a demanda interna é $60 = 200 - 2Q_D$, ou seja, $Q_D = 70$. As importações equivalem à diferença entre a demanda e a oferta domésticas, ou a 60 milhões de libras. Se o Congresso impuser um imposto de US$ 0,40, o preço efetivo das importações aumentará para US$ 1. A US$ 1, os produtores internos vão satisfazer a demanda interna e as importações cairão a zero.

Como mostra a Figura 9(b), o excedente do consumidor antes do imposto é igual à área $a + b + c$, ou $(0,5)(200 + 60)(70) = 4.900$ milhões de centavos, ou US$ 49 milhões. Após o imposto, o preço sobe para US$ 1 e o excedente do consumidor diminui, passando a equivaler à área a, ou $(0,5)(200 - 100)(50) =$ US$ 25 milhões, uma perda de US$ 24 milhões. O excedente do produtor aumenta o equivalente à área b, ou $(100 - 60)(10) + (0,5)(100 - 60)(50 - 10) =$ US$ 12 milhões. Por fim, como a produção doméstica é igual à demanda doméstica quando o preço é US$ 1, os feijões são importados e o governo não aufere receita alguma. A diferença entre a perda de excedente do consumidor e o aumento no excedente do produtor é o peso morto de US$ 12 milhões.

13. Não. O caso mais claro ocorre quando o mercado de trabalho é competitivo. Com ambos os impostos, a diferença entre a oferta e a demanda deve ser de 12,4% do salário pago. Não importa se o imposto recai por inteiro sobre os trabalhadores (deslocando a curva de oferta efetiva para cima em 12,4%) ou inteiramente sobre os empregados (deslocando a curva de demanda efetiva para baixo em 12,4%). O mesmo se aplica a qualquer combinação dos dois que some 12,4%.

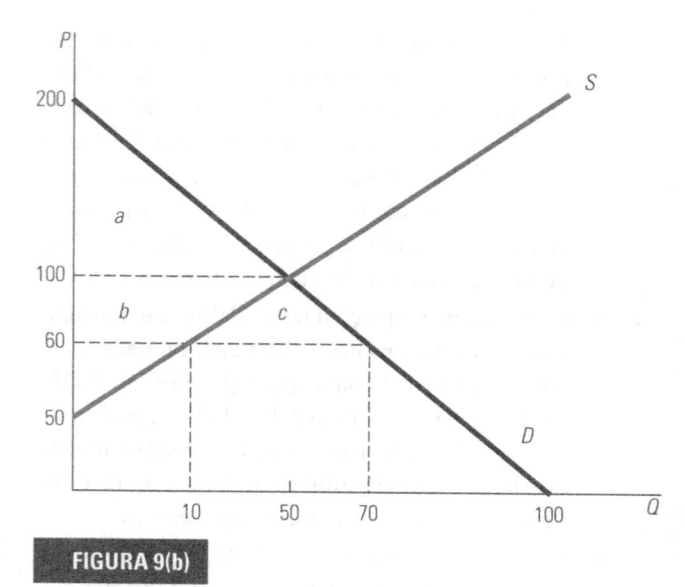

FIGURA 9(b)

CAPÍTULO 10

2. Há três fatores importantes: (1) Quão similares são os produtos oferecidos pelos concorrentes da Caterpillar? Caso tais produtos sejam substitutos próximos, um pequeno aumento de preço poderia induzir os consumidores a adquirir produtos da concorrência. (2) Qual é a idade do estoque existente de tratores? Um aumento de 5% no preço induziria uma queda menor da demanda caso haja um estoque mais antigo de tratores. (3) Em termos do insumo capital para produção agrícola, qual seria a lucratividade esperada do setor em questão? Caso as receitas esperadas das fazendas estejam apresentando queda, um aumento nos preços dos tratores induziria a um declínio maior da demanda do que se poderia estimar com base nos dados das vendas e dos preços de períodos anteriores.

4. **a.** O ponto ótimo de produção pode ser encontrado tornando-se a receita marginal igual ao custo marginal. Se a função de demanda for linear, então $P = a - bQ$ (aqui, $a = 120$ e $b = 0,02$) e a função da receita marginal é $RMg = a - 2bQ = 100 - 2(0,02)Q$.

O custo total é $CT = 25.000 + 60Q$, portanto, $CMg = 60$. Depois, ao igualar RMg a CMg, temos $120 - 0,04Q = 60$, portanto, $Q = 1.500$. Substituindo a quantidade maximizadora de lucro na função de demanda, temos $P = 120 - (0,02)(1.500) = 90$ centavos. O lucro total é $(90)(1.500) - (60)(1.500) - 25.000$, ou US$ 200 por semana.

b. Suponha de início que os consumidores devam pagar o imposto. Considerando que o preço total (já incluído o imposto) que os consumidores estariam dispostos a pagar permaneça inalterado, a função demandada pode ser expressa pela equação:

$P + t = 120 - 0{,}02Q - t$. Como o imposto aumenta o preço de cada unidade produzida, a receita total do monopolista aumentará em t, logo RMg = $120 - 0{,}04Q - t$, sendo $t = 14$ centavos. Para determinar a quantidade maximizadora de lucro havendo imposto, igualamos a receita marginal ao custo marginal: $120 - 0{,}04Q - 14 = 60$, ou seja, $Q = 1.150$ unidades.

Com base na função de demanda, temos que a receita média é $120 - (0{,}02)(1.150) - 14 = 83$ centavos. O lucro total é 1.450 centavos, ou US$ 14,50 por semana.

7. a. A regra de determinação de preço do monopolista é $(P - \text{CMg})/P = -1/E_D$, usando -2 para a elasticidade e 40 para o preço, resolva essa equação e encontre CMg = 20.

b. Em termos de porcentagem, o *markup* é de 50%, uma vez que o custo marginal equivale a 50% do preço.

c. A receita total é o preço vezes a quantidade, ou seja, (US$ 40)(800) = US$ 32.000. O custo total é igual ao custo médio vezes a quantidade, ou seja, (US$ 15)(800) = US$ 12.000, logo o lucro é US$ 20.000. O excedente do produtor é o lucro mais o custo fixo, ou US$ 22.000.

10. a. Argumento a favor: Embora a Alcoa controlasse cerca de 90% da produção de alumínio primário nos Estados Unidos, a produção de alumínio secundário por empresas de reciclagem era responsável por 30% da oferta total do metal. Deveria ser possível obter uma proporção muito maior de oferta de alumínio por parte dos produtores secundários. Portanto, a elasticidade preço da demanda do alumínio primário da Alcoa é muito maior do que seria esperado. Em muitas aplicações, outros metais, como o cobre e o aço, surgem como possíveis substitutos para o alumínio. Assim, a elasticidade da demanda com que se defronta a Alcoa pode ser mais baixa do que o esperado.

b. Argumento contra: O estoque para oferta potencial é limitado. Portanto, mantendo um preço estável, a Alcoa poderia auferir lucros de monopólio. Além disso, uma vez que ela havia originalmente produzido o metal, que depois ressurge com o aspecto de sucata, a empresa poderia ter levado em conta, em suas decisões de produção, o efeito da recuperação da sucata sobre os preços futuros. Portanto, ela teria exercido um efetivo controle monopolístico sobre a oferta do mercado secundário do metal.

c. A Alcoa não foi obrigada a vender nenhuma de suas divisões de produção nos Estados Unidos. As duas medidas punitivas recebidas por ela foram as seguintes: (1) a Alcoa foi impedida de participar do leilão de duas fábricas de alumínio construídas pelo governo durante a Segunda Guerra Mundial; e (2) foi obrigada a vender sua participação acionária em sua subsidiária canadense, que veio a se tornar a Alcan.

13. Não. Em um mercado competitivo, as empresas consideram o preço como horizontal e igual ao retorno médio, que é igual ao retorno marginal. Se os custos marginais de Connecticut aumentarem, o preço ainda será igual ao custo marginal, ao custo marginal total e à receita marginal de Massachusetts. Apenas a quantidade de Connecticut é reduzida (o que, por sua vez, reduz a quantidade total), como mostrado na Figura 10.

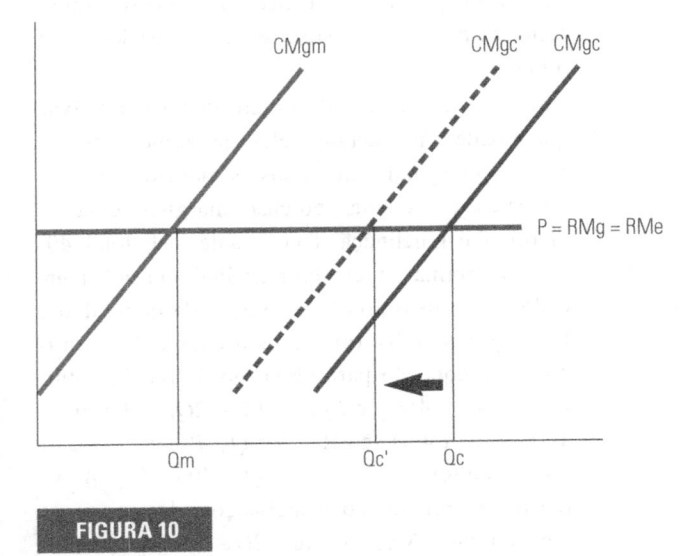

FIGURA 10

CAPÍTULO 11

1. a. O requisito de pernoite no sábado divide os viajantes a negócios, que preferem retornar para casa no fim de semana, e os turistas, que viajam durante os fins de semana.

b. Ao basear seus preços na localização do comprador, a distinção é feita geograficamente. Sendo assim, os preços podem refletir o custo do transporte, que pode variar de cliente para cliente. O cliente paga por essas taxas (de transporte), seja quando a entrega é efetuada diretamente no endereço do comprador, seja quando esta é feita na própria fábrica de cimento.

c. Os cupons de desconto contidos em produtos alimentícios dividem os consumidores em dois grupos: (1) clientes que são menos sensíveis a preço (aqueles que possuem menor elasticidade de demanda), os quais não solicitam o desconto; e (2) clientes que são mais sensíveis a preço (aqueles que têm maior elasticidade de demanda), os quais solicitam o desconto.

    d. Uma redução temporária no preço do papel higiênico seria uma forma de discriminação intertemporal de preço. Durante esse período, os clientes sensíveis a preço compram mais papel higiênico do que normalmente o fariam. Já os não sensíveis a preço continuam adquirindo as mesmas quantidades de sempre, como se não tivesse ocorrido a redução temporária.

    e. O cirurgião plástico pode distinguir seus pacientes de alta renda dos de baixa renda por meio da negociação. A arbitragem não é problema, pois o serviço de cirurgia plástica não é algo que possa ser transferido de pacientes de baixa renda para pacientes de alta renda.

8. a. Um monopolista com dois mercados deveria fixar quantidades em cada um deles, de tal modo que as receitas marginais em ambos os mercados fossem iguais entre si e iguais ao custo marginal. O custo marginal é a inclinação da curva de custo total, 40. Para determinar as receitas marginais em cada mercado, obtemos o preço em função da quantidade. Em seguida, substituímos essa expressão para o preço na equação para obtenção da receita total. $P_{NY} = 240 - 4Q_{NY}$ e $P_{LA} = 200 - 2Q_{LA}$. Portanto, as receitas totais são $RT_{NY} = Q_{NY}P_{NY} = Q_{NY}(240 - 4Q_{NY})$ e $RT_{LA} = Q_{LA}P_{LA} = Q_{LA}(200 - 2Q_{LA})$. As receitas marginais são as inclinações das curvas de receita total: $RMg_{NY} = 240 - 8Q_{NY}$ e $RMg_{LA} = 200 - 4Q_{LA}$. A seguir, tornamos cada receita marginal igual ao custo marginal (= 40), o que significa que $Q_{NY} = 25$ e $Q_{LA} = 40$. Dispondo dessas quantidades, podemos obter o preço em cada um dos dois mercados: $P_{NY} = 240 - (4)(25) = US\$ 140$ e $P_{LA} = 200 - (2)(40) = US\$ 120$.

    b. Com um novo satélite, a Sal não pode mais manter os dois mercados separados. A função de demanda total é a soma horizontal das demandas dos dois mercados. Acima do preço de US$ 200, a demanda total é apenas a função de demanda de Nova York. Abaixo do preço de US$ 200, devemos somar as duas demandas: $Q_T = 60 - 0{,}25P + 100 - 0{,}50P = 160 - 0{,}75P$. A Sal maximiza o lucro optando por uma quantidade tal que RMg = CMg. A receita marginal é $213{,}33 - 2{,}67Q$. Tornar a receita marginal igual ao custo marginal significa obter a quantidade maximizadora de lucros de 65 a um preço de US$ 126,67. No mercado de Nova York, a quantidade adquirida é igual a $60 - 0{,}25(126{,}67) = 28{,}3$, enquanto no de Los Angeles a quantidade adquirida é igual a $100 - 0{,}50(126{,}67) = 36{,}7$. Em conjunto, 65 unidades estarão sendo adquiridas nos dois mercados ao preço de US$ 126,67.

    c. A Sal está em melhores condições com o lucro mais alto, que ocorre na parte (a) com a discriminação de preços. Com discriminação de preços, o lucro é igual a $\pi = P_{NY}Q_{NY} + P_{LA}Q_{LA} - [1.000 + 40(Q_{NY} + Q_{LA})]$, ou $\pi = US\$ 140(25) + US\$ 120(40) - [1.000 + 40(25 + 40)] = US\$ 4.700$. Nas condições de mercado mencionadas em (b), o lucro é $\pi = PQ_T - [1.000 - 40Q_T]$, ou $\pi = US\$ 126{,}67(65) - [1.000 + 40(65)] = US\$ 4.633{,}33$. Portanto, a Sal ganha mais dinheiro com os dois mercados mantendo-os separados. Nas condições de mercado mencionadas em (a), os excedentes do consumidor são $EC_{NY} = (0{,}5)(25)(240 - 140) = US\$ 1.250$ e $EC_{LA} = (0{,}5)(40)(200 - 120) = US\$ 1.600$. Nas condições de mercado em (b), os respectivos excedentes do consumidor são $EC_{NY} = (0{,}5)(28{,}3)(240 - 126{,}67) = US\$ 1.603{,}67$ e $EC_{LA} = (0{,}5)(36{,}7)(200 - 126{,}67) = US\$ 1.345{,}67$. Os clientes de Nova York preferem (b), porque seu preço é US$ 126,67 em vez de US$ 140, portanto, o excedente de consumidor é mais alto. No entanto, os clientes de Los Angeles preferem (a), pois seu preço é US$ 120 em vez de 126,67, e seu excedente do consumidor é maior em (a).

10. a. Com demandas individuais de $Q_1 = 10 - P$, o excedente do consumidor individual é igual a US$ 50 por semana, ou US$ 2.600 por ano. Uma taxa de entrada de US$ 2.600 captaria a totalidade do excedente do consumidor, mesmo que nenhuma taxa de utilização das quadras fosse cobrada, já que o custo marginal é igual a zero. Os lucros semanais seriam iguais ao número de jogadores assíduos, 1.000, vezes a taxa semanal de entrada, US$ 50, menos US$ 10.000 de custos fixos; portanto, os lucros seriam US$ 40.000 por semana.

    b. Quando há duas categorias de consumidores, o proprietário do clube maximiza o lucro cobrando taxas de utilização de quadras acima do custo marginal e fazendo a taxa de entrada ser igual ao excedente remanescente do consumidor para o consumidor com demanda mais baixa, ou seja, do jogador ocasional. A taxa de entrada, T, é igual ao excedente remanescente do consumidor depois da taxa de utilização: $T = (Q_2 - 0)(16 - P)(1/2)$, sendo $Q_2 = 4 - (1/4)P$, ou seja, $T = (1/2)(4 - (1/4)P)(16 - P) = 32 - 4P + P^2/8$. A totalidade de taxas de utilização pagas por todos os jogadores será de $2.000(32 - 4P + P^2/8)$. A receita obtida com a cobrança da taxa de utilização da quadra é igual a $P(Q_1 + Q_2) = P[1.000(10 - P) + 1.000(4 - P/4)] = 14.000P$

− 1.250P^2. Portanto, a receita total é igual a RT = 64.000 + 6.000P − 1.000P^2. O custo marginal é zero e a receita marginal é indicada pela inclinação da curva da receita total: ΔRT/ΔP = 6.000 − 2.000P. Igualando a receita marginal e o custo marginal, temos o preço de US$ 3,00 por hora. A receita total é igual a US$ 73.000. O custo total é igual ao custo fixo de US$ 10.000. Portanto, o lucro é de US$ 63.000 por semana, mais alto do que os US$ 40.000 por semana obtidos quando apenas jogadores profissionais se tornam sócios do clube.

c. Uma taxa de entrada de US$ 50 por semana atrairia apenas jogadores dedicados. Com 3.000 desses jogadores, a receita total seria de US$ 150.000, e os lucros, de US$ 140.000 por semana. Havendo jogadores assíduos e jogadores ocasionais, o valor das entradas seria igual a 4.000 vezes o excedente do consumidor do jogador ocasional, ou seja, T = 4.000(32 − 4P + P^2/8). O valor das taxas de utilização de quadra é P[3.000(10 − P) + 1.000(4 − P/4)] = 34.000P − 3.250P^2. Portanto, RT = 128.000 + 18.000P − 2.750P^2. O custo marginal é zero, de modo que ΔRT/ΔP = 18.000 − 5.500P = 0, ou seja, um preço de US$ 3,27 por hora. Então, a receita total é igual a US$ 157.455 por semana, maior do que os US$ 150.000 por semana que seriam obtidos apenas com jogadores profissionais. O proprietário do clube deveria cobrar anuidades de US$ 1.053, taxa de US$ 3,27 pela utilização da quadra e, assim, poderia gerar lucros de US$ 7,67 milhões por ano.

11. O pacote misto é muitas vezes a estratégia ideal quando as demandas são apenas ligeira e negativamente correlacionadas e/ou quando os custos marginais de produção forem significativos. As tabelas a seguir apresentam os preços de reserva de três consumidores e os lucros obtidos por meio de cada uma das três estratégias:

	PREÇO DE RESERVA		
	Para 1	Para 2	Total
Consumidor A	US$ 3,25	US$ 6,00	US$ 9,25
Consumidor B	8,25	3,25	11,50
Consumidor C	10,00	10,00	20,00

	Preço 1	Preço 2	Pacote	Lucro
Venda separada	US$ 8,25	US$ 6,00	—	US$ 28,50
Pacote puro	—	—	US$ 9,25	27,75
Pacote misto	10,00	6,00	11,50	29,00

A estratégia maximizadora de lucros é vender cada item separadamente.

15. a. Para cada estratégia, os preços e lucros ideais são os seguintes:

	Preço 1	Preço 2	Pacote	Lucro
Venda separada	US$ 80,00	US$ 80,00	—	US$ 320,00
Pacote puro	—	—	US$ 120,00	480,00
Pacote misto	94,95	94,95	120,00	429,00

O pacote puro predomina sobre o misto, pois com custos marginais iguais a zero não há razão para que seja excluída a possibilidade de aquisições de ambas as mercadorias por todos os consumidores.

b. Com um custo marginal de US$ 30, os preços e lucros serão os seguintes:

	Preço 1	Preço 2	Pacote	Lucro
Venda separada	US$ 80,00	US$ 80,00	—	US$ 200,00
Pacote puro	—	—	US$ 120,00	240,00
Pacote misto	94,95	94,95	120,00	249,90

Agora, o pacote misto domina todas as demais estratégias.

CAPÍTULO 11 — APÊNDICE

2. Examinaremos cada caso e, então, compararemos os lucros.

a. As quantidades e os preços ótimos, não havendo mercado externo para os motores, serão $Q_M = Q_A$ = 2.000; P_M = US$ 8.000 e P_A = US$ 18.000. Para a divisão que produz motores, temos RT = 2.000 · US$ 8.000 = US$ 16M, CT = 2(2.000)^2 = US$ 8M e π_M = US$ 8M. Para a divisão de montagem dos automóveis, temos RT = 2.000 · US$ 18.000 = US$ 36M, CT = US$ 8.000 · 2.000 + US$ 16M = US$ 32M e π_A = US$ 4M. O lucro total é de US$ 12M.

b. Havendo um mercado externo para motores, os preços e as quantidades ideais são Q_M = 1.500, Q_A = 3.000, P_M = US$ 6.000 e P_A = US$ 17.000. Para a divisão que produz motores, temos RT = 1.500 · US$ 6.000 = US$ 9M, CT = 2(1.500)^2 = US$ 4,5M e π = US$ 4,5M. Para a divisão de montagem de automóveis, temos RT = 3.000 · US$ 17.000 = US$ 51M, CT = (8.000 + 6.000)3.000 = US$ 42M e π = US$ 9M. Os lucros totais são de US$ 13,5 milhões.

c. Havendo um mercado monopolístico de motores, as quantidades e preços ótimos serão os seguintes: Q_M = 2.200, Q_A = 1.600, P_M = US$ 8.800 e P_A = US$ 18.400, com 600 motores sendo vendidos por US$ 9.400 no mercado monopolizado. Para a divisão que produz motores, temos RT = 1.600 · US$ 8.800 + 600 · 9.400 = US$ 19,72M, CT = 2(2.200)² = US$ 9,68M e p = US$ 10,04M. Para a divisão de montagem de automóveis, temos RT = 1.600 · US$ 18.400 = US$ 29,44M, CT = (8.000 + 8.800)1.600 = US$26,88M e p = US$2,56M. Os lucros totais são de US$ 12,6M.

A divisão superior — nesse caso, a divisão que produz motores — obterá os maiores lucros quando possuir monopólio dos motores. A divisão inferior — que monta os automóveis — obterá os maiores lucros quando houver um mercado competitivo para os motores. Considerando-se o alto custo da fabricação de motores, a empresa fará melhor negócio quando seus produtos forem produzidos pelo menor custo e quando houver um mercado externo e competitivo para eles.

CAPÍTULO 12

1. Cada empresa obtém lucro econômico ao diferenciar sua marca das demais. Caso esses concorrentes fossem fundidos em uma só empresa, o monopolista resultante não produziria tantas marcas diferentes como faria no mercado anterior. Mas a produção com diversas marcas e preços e características diferentes é uma forma de dividir o mercado em grupos de consumidores caracterizados por diferentes elasticidades preço.

3. a. Para maximizar o lucro p = $53Q - Q^2 - 5Q$, encontramos $\Delta p/\Delta Q = -2Q + 48 = 0$. $Q = 24$, então $P = 29$. O lucro é igual a 576.

   b. $P = 53Q_1 - Q_2$, $p_1 = PQ_1 - C(Q) = 53Q_1 - Q_1^2 - Q_1Q_2 - 5Q_1$ e $p_2 = PQ_2 - C(Q_2) = 53Q_2 - Q_1Q_2 - Q_2^2 - 5Q_2$.

   c. O problema com que se defronta a Empresa 1 é o de maximizar o lucro, considerando que a produção da Empresa 2 não variará em reação a uma decisão de produção tomada pela Empresa 1. Portanto, a Empresa 1 escolhe Q_1 de modo que possa maximizar π_1, da mesma maneira que antes. A variação em π_1 em relação a uma variação de Q_1 é $53 - 2Q_1 - Q_2 - 5 = 0$, o que significa que $Q_1 = 24 - Q_2/2$. Considerando que o problema seja simétrico, a função de reação para a Empresa 2 é $Q_2 = 24 - Q_1/2$.

   d. Para os valores de Q_1 e Q_2 capazes de satisfazer ambas as funções de reação: $Q_1 = 24 - (1/2)(24 - Q_1/2)$. Portanto, $Q_1 = 16$ e $Q_2 = 16$. O preço é $P = 53 - Q_1 - Q_2 = 21$. O lucro é $\pi_1 = \pi_2 = P \cdot Q_i - C(Q_i) = 256$. O lucro total do setor é $\pi_1 + \pi_2 = 512$.

5. *Verdadeiro*. A curva de reação para a Empresa 2 será $q_2 = 7,5 - 1/2q_1$ e a curva de reação da Empresa 1 será $q_1 = 15 - 1/2q_2$. Substituindo, obtemos $q_2 = 0$ e $q_1 = 15$. O preço será 15, que é o preço de monopólio.

7. a. (i) Em um equilíbrio de Cournot, quando a Empresa *A* enfrenta um aumento no custo marginal, sua função de reação se desloca para dentro. A quantidade produzida pela Empresa *A* diminui e a produzida pela Empresa *B* aumenta. A quantidade total produzida diminui e o preço sobe. (ii) Em um equilíbrio de coalizão, as duas empresas agem como um monopolista. Quando o custo marginal da Empresa *A* aumenta, ela reduz sua produção para zero, pois a Empresa *B* pode produzir a um custo marginal mais baixo. Como a Empresa *B* pode arcar com a produção inteira do setor a um custo marginal de US$ 50, não haverá mudança na produção ou no preço. Porém, as empresas terão que chegar a um acordo sobre como compartilhar o lucro obtido por *B*. (iii) Como a mercadoria é homogênea, as duas produzem quando o preço se iguala ao custo marginal. A Empresa *A* aumenta o preço para US$ 80 e a Empresa *B* aumenta o preço para US$ 79,99. Supondo que a Empresa *B* possa produzir o suficiente, ela suprirá todo o mercado.

   b. (i) O aumento no custo marginal das duas empresas faz as funções de reação das duas se deslocarem para dentro. As duas empresas diminuem a produção e o preço aumenta. (ii) Quando o custo marginal aumentar, as duas empresas produzirão menos e o preço subirá, como ocorre no caso de monopólio. (iii) O preço aumentará e a quantidade produzida diminuirá.

   c. (i) As funções de reação das duas vão se deslocar para fora e as duas empresas produzirão mais. O preço aumentará. (ii) As duas empresas aumentarão sua produção e o preço também subirá. (iii) As duas empresas produzirão mais. Como o custo marginal é constante, o preço não mudará.

11. a. Para determinar o equilíbrio de Nash é necessário calcular, primeiro, a função de reação de cada empresa e, em seguida, obter simultaneamente o preço. *Supondo que o custo marginal seja zero*, o lucro da Empresa 1 é $P_1Q_1 = P_1(20 - P_1 + P_2) = 20P_1 + P_1^2 + P_2P_1$. $RMg_1 = 20 - 2P_1 + P_2$. Ao preço maximizador de lucros, teremos $RMg_1 = 0$. Portanto, $P_1 = (20 + P_2)/2$. Como a Empresa 2 é simétrica à Empresa 1,

seu preço maximizador de lucros é $P_2 = (20 + P_1)/2$. Fazendo a substituição da função de reação da Empresa 2 na função da Empresa 1, temos $P_1[20 + (20 + P_1)/2]/2 = 15 + P_1/4 = 20$. Por simetria, $P_2 = 20$. Então, $Q_1 = 20$ e, por simetria, $Q_2 = 20$. Assim, o lucro da Empresa 1 é $P_1Q_1 = 400$ e o lucro da Empresa 2 também é 400.

b. Se a Empresa 1 determina seu preço primeiro, ela leva em conta a função de reação da Empresa 2. O lucro da Empresa 1 é $\pi_1 = P_1[20 - P_1 + (20 + P_1)/2]$. Então, $d\pi_1/dP_1 = 20 - 2P_1 + 10 + P_1$. Igualando essa expressão a zero, $P_1 = 30$. Fazendo a substituição de P_1 na função de reação da Empresa 2, temos $P_2 = 25$. A esses preços, temos $Q_1 = 20 - 30 + 25 = 15$ e $Q_2 = 20 + 30 - 25 = 25$. O lucro é $\pi_1 = 30 \cdot 15 = 450$ e $\pi_2 = 25 \cdot 25 = 625$.

c. Sua primeira escolha deveria ser (iii) e sua segunda escolha deveria ser (ii). A elevação dos preços acima dos valores do equilíbrio de Cournot é uma opção para ambas as empresas quando forem seguidas as estratégias de Stackelberg. Com base nas funções de reação, sabemos que a empresa líder de preço provoca um aumento de preço na empresa tomadora de preço. Contudo, a empresa tomadora de preço aumenta seu preço em um nível abaixo do preço da empresa líder. Ambas as companhias desfrutam de lucros, entretanto, a tomadora de preços faz melhor negócio e ambas estão melhor do que estariam se estivessem em equilíbrio de Cournot.

CAPÍTULO 13

1. Se os jogos forem repetidos indefinidamente e os participantes conhecerem todos os possíveis *payoffs*, seu comportamento racional levará a resultados aparentemente cooperativos. Entretanto, em alguns casos, os *payoffs* das outras empresas só podem ser conhecidos mediante um amplo intercâmbio de informações.

   Contudo, o maior problema da manutenção de um resultado cooperativo são as variações exógenas na demanda e nos preços dos insumos. Quando novas informações não estão disponíveis simultaneamente para todos os jogadores, uma reação racional de uma empresa pode vir a ser interpretada como uma ameaça por outra.

2. O excesso de capacidade produtiva pode surgir em setores que apresentam facilidade da entrada e produtos diferenciados. Como as curvas de demanda com inclinação descendente de cada uma das empresas conduzem a níveis de produção com custo médio acima do custo médio mínimo, aumentos de produção resultam em decréscimos do custo médio. O excesso de capacidade produtiva é a diferença entre a produção resultante e a produção com custo médio mínimo no longo prazo e pode ser utilizado para impedir novas entradas no setor.

4. a. Há dois equilíbrios de Nash: (100,800) e (900,600).
   b. Os dois administradores utilizarão a estratégia *high-end*, e o equilíbrio resultante será (50,50), gerando lucros menores para ambas as partes.
   c. O resultado cooperativo (900,600) maximiza o lucro conjunto das duas empresas.
   d. A Empresa 1 é a mais beneficiada pela cooperação. Em comparação com a próxima melhor oportunidade, a Empresa 1 se beneficia de $900 - 100 = 800$, enquanto a Empresa 2 perde $800 - 600 = 200$ com a cooperação. Portanto, a Empresa 1 necessitaria oferecer à Empresa 2 pelo menos 200 para compensar as perdas da última.

6. a. Sim, há duas. (1) Dado que a Empresa 2 escolhe A, a Empresa 1 escolhe C; dado que a Empresa 1 escolhe C, a Empresa 2 escolhe A. (2) Dado que a Empresa 2 escolhe C, a Empresa 1 escolhe A; dado que a Empresa 1 escolhe A, a Empresa 2 escolhe C.
   b. Se ambas as empresas escolherem de acordo com o método maximin, a Empresa 1 escolherá o Produto A e a Empresa 2, o Produto A, resultando em um *payoff* de -10 para ambas.
   c. A Empresa 2 escolherá o Produto C de forma que maximize os *payoffs* em 10,20.

12. Apesar de terem quase sempre um elemento de valor privado, os leilões de antiguidades são essencialmente de valor comum por causa do envolvimento de comerciantes no processo. A comerciante do exercício desapontou-se no leilão público da cidade vizinha porque as estimativas do valor das antiguidades variaram bastante e ela sofreu a maldição do vencedor. Em sua cidade, onde há menos arrematadores bem informados, a maldição não é um problema.

CAPÍTULO 14

2. Com o novo programa, a linha de orçamento se desloca para cima pela concessão de US$ 5.000 do governo quando o trabalhador não tem trabalho algum e usufrui a quantidade máxima de horas de lazer. À medida que o número de horas trabalhadas aumenta (ou seja, o lazer diminui), a linha de orçamento tem metade da inclinação da linha de orçamento original, pois a renda obtida é taxada em 50%. Quando a renda após o desconto do imposto é US$ 10.000, a nova linha de orçamento coincide com a linha original. O resultado é que

o novo programa não terá efeito se o trabalhador ganhava originalmente mais de US$ 10.000 por ano, mas provavelmente reduzirá o tempo trabalhado (isto é, aumentará o tempo de lazer) se o trabalhador ganhava menos de US$ 10.000 originalmente.

6. A demanda de mão de obra é indicada pela receita marginal do produto da mão de obra, $RMgP_L = RMg \times PMg_L$. Em um mercado competitivo, o preço é igual à receita marginal, portanto, $RMg = 10$. O produto marginal da mão de obra é igual à inclinação da função de produção $Q = 12L - L^2$. Essa inclinação é igual a $12 - 2L$. A quantidade de mão de obra capaz de maximizar os lucros da empresa ocorre no ponto em que $RMgP_L = w$, a taxa de salário. Se $w = 30$, obtemos para L rendimento em 4,5 horas por dia. De modo semelhante, se $w = 60$, teremos $L = 3$ horas por dia.

8. O salário de equilíbrio é o ponto em que a quantidade de trabalho ofertada é igual à quantidade de trabalho demandada, ou seja, $20w = 1.200 - 10w$. Resolvendo, temos $w = US\$ 40$. Substituindo esse valor na equação de oferta de trabalho, por exemplo, temos que a quantidade de trabalho no equilíbrio é $L_S = (20)(40) = 800$. A renda econômica é a diferença entre o salário de equilíbrio e o salário dado pela curva de oferta de trabalho. Aqui, é a área acima da curva de oferta de trabalho até $L = 800$ e abaixo do salário de equilíbrio. Essa área é $(0,5)(800)(US\$ 40) = US\$ 16.000$.

CAPÍTULO 15

3. O valor presente descontado do primeiro pagamento de US$ 80 daqui a um ano é $VPD = 80/(1 + 0,10)^1 = US\$ 72,73$. O valor de todos esses pagamentos de juros (cupons) pode ser determinado da mesma forma: $VPD = 80[1/(1,10)^1 + 1/(1,10)^2 + 1/(1,10)^3 + 1/(1,10)^4 + 1/(1,10)^5] = US\$ 303,26$. O valor presente do pagamento final de US$ 1.000 no sexto ano é $1.000/1,1^6 = US\$ 564,47$. Portanto, o valor presente desse título é US$ 303,26 + US$ 564,47 = US$ 867,73. Com uma taxa de juros igual a 15%, teríamos $VPD = US\$ 700,49$.

5. Usando $R = 0,04$, podemos substituir os valores apropriados na Equação 15.5. Descobrimos que $VPL = -5 - 4,808 - 0,925 - 0,445 + 0,821 + 0,789 + 0,759 + 0,730 + 0,701 + 0,674 + 0,649 + 0,624 + 0,600 + 0,577 + 0,554 + 0,533 + 0,513 + 0,493 + 0,474 + 0,456 + 0,438 + 0,456 = -0,338$. O investimento implica uma perda de US$ 338.000 e não se justifica. Porém, se a taxa de desconto fosse 3%, o $VPL = US\$ 866.000$, e o investimento se justificaria.

9. a. Se adquirirmos uma garrafa e a vendermos após t anos, estaremos pagando US$ 100 agora e recebendo $100t^{0,5}$ quando a garrafa for vendida. Para esse investimento, temos $VPL = -100 + e^{-rt}100t^{0,5} = -100 + e^{-0,1t}100t^{0,5}$.

Se optarmos pela aquisição, devemos escolher o valor de t capaz de maximizar seu VPL. A condição necessária é $dVPL/dt = e^{-0,1t}(50 - t^{-0,5}) - 0,1e^{-0,1t} \cdot 100t^{0,5} = 0$. Resolvendo, $t = 5$. Se mantivermos a garrafa por 5 anos, seu VPL será $-100 + e^{-0,1 \cdot 5}100 \cdot 5^{0,5} = 35,62$. Como cada garrafa é um bom investimento, deveríamos adquirir todas as 100 unidades.

b. Você recebe US$ 130 agora, e portanto tem um lucro imediato de US$ 30. Porém, se você mantiver a garrafa por 5 anos, o VPL do seu lucro é US$ 35,62, como mostra o item (a). Portanto, o VPL se você vender imediatamente em vez de manter por 5 anos é US$ 30 – 35,62 = –US$ 5,62, e você não deve vendê-la.

c. Se a taxa de juros mudasse de 10% para 5%, o cálculo do VPL seria alterado para $VPL = -100 + e^{-0,05t} \cdot 100t^{0,5}$. Se mantivéssemos a garrafa por 10 anos antes de vendê-la, o VPL máximo seria $VPL = -100 + e^{-0,05 \cdot 10} \cdot 100 \cdot 10^{0,5} = US\$ 91,80$.

11. a. Compare a compra e o arrendamento do carro, supondo $r = 0,04$. O valor presente do custo líquido de comprar é $-20.000 + 12.000/(1 + 0,04)^6 = -10.516,22$. O valor presente do custo de arrendar é $-3.600 - 3.600/(1 + 0,04)^1 - 3.600/(1 + 0,04)^2 = -10.389,94$. A melhor escolha é arrendar o carro se $r = 4\%$.

b. Compare novamente a compra e o arrendamento: $20.000 + 12.000/(1 + 0,12)^6 = -13.920,43$ com a compra e $-3.600 - 3.600/(1 + 0,12)^1 - 3.600/(1 + 0,12)^2 = -9.684,18$ com o arrendamento. Conclusão: é melhor arrendar o carro caso $r = 12\%$.

c. Os consumidores serão indiferentes quando o valor presente do custo de comprar o carro agora e de vendê-lo depois se igualar ao custo atual de arrendá-lo: $-20.000 + 12.000/(1 + r)^6 = -3.600 - 3.600/(1 + r)^1 - 3.600/(1 + r)^2$. Isso é verdadeiro quando $r = 3,8\%$. Podemos resolver essa equação utilizando uma calculadora capaz de apresentar gráficos, uma planilha eletrônica ou mesmo por meio de tentativa e erro.

CAPÍTULO 16

6. Mesmo havendo preferências idênticas, a curva de contrato pode vir a ser ou não uma linha reta. Isso pode ser facilmente mostrado em um gráfico. Por exemplo, ela é uma linha reta quando duas pessoas possuem funções de utilidade $U = x^2y$, a taxa marginal de substituição é dada por $2y/x$. Não é difícil mostrar que as TMSs das

duas pessoas são iguais em todos os pontos da curva de contrato $y = (Y/X)x$, em que X e Y são as quantidades totais de ambas as mercadorias. Um exemplo no qual a curva de contrato não é uma linha reta ocorre quando duas pessoas possuem rendas diferentes e uma das mercadorias é um bem inferior.

7. A taxa marginal de transformação é igual à razão entre os custos marginais da produção das duas mercadorias. A maior parte das fronteiras de possibilidades de produção é arqueada "para fora". Entretanto, se as duas mercadorias forem produzidas com retornos constantes de funções de produção na escala, a fronteira de possibilidades de produção será uma linha reta.

10. Uma mudança de um processo produtivo com rendimentos constantes de escala para um processo com rendimentos acentuadamente crescentes de escala não implica a ocorrência de uma modificação no formato das isoquantas. As quantidades associadas a cada isoquanta poderiam ser apenas redefinidas de tal maneira que aumentos proporcionais de insumos passassem a gerar elevações mais do que proporcionais de produção. Dentro dessa suposição, a taxa marginal de substituição técnica não seria modificada e não haveria alteração na curva de contrato de produção.

CAPÍTULO 17

5. a. Em um passado recente, os automóveis produzidos nos Estados Unidos tinham fama de baixa qualidade. Visando a reverter essa imagem, as empresas norte-americanas investiram em controle de qualidade e reduziram as necessidades de conserto de seus produtos. As empresas norte-americanas sinalizaram a seus clientes o aprimoramento da qualidade por meio de melhores garantias.

   b. O risco moral ocorre quando a parte a ser segurada (por exemplo, um proprietário de automóvel norte-americano com amplas garantias) pode influenciar a probabilidade ou a magnitude do evento que ocasiona o pagamento do seguro (por exemplo, o conserto do automóvel). A cobertura de todas as peças e mão de obra associada a problemas mecânicos reduz o estímulo de cuidado com o automóvel. Portanto, cria-se um problema de risco moral com tais garantias amplas.

7. No caso dos seguros contra incêndio, o problema do risco moral surge quando a parte segurada pode influenciar a probabilidade de um incêndio. O dono da propriedade pode reduzir a probabilidade de um incêndio ou seu impacto inspecionando e substituindo alguma fiação avariada, instalando sistemas de alarme etc. Após adquirir o seguro completo, o segurado se sente pouco motivado a reduzir tanto a probabilidade quanto a magnitude das perdas; assim, o problema do risco moral pode se tornar grave. A fim de comparar uma cobertura com franquia de US$ 10.000 e uma cobertura de 90%, precisamos de informações sobre o valor das perdas potenciais. As duas reduzem o problema do risco moral que a cobertura completa implicava; no entanto, se a propriedade vale menos (ou mais) de US$ 100.000, o prejuízo total será menor (ou maior) com a cobertura de 90% do que com a cobertura com franquia de US$ 10.000. Quanto mais o valor da propriedade ultrapassar os US$ 100.000, mais provável será que o proprietário implante medidas de prevenção sob a apólice que oferece cobertura de 90% do que sob aquela que oferece uma franquia de US$ 10.000.

CAPÍTULO 18

4. Torna-se necessário conhecer o valor atribuído à prática de natação no rio pelos proprietários de residências ribeirinhas e o respectivo custo marginal de redução de poluição. A escolha de uma política correta para a regulamentação dependerá dos benefícios marginais e dos custos de redução. Se fosse cobrado das empresas um mesmo imposto, estas reduziriam as emissões até o ponto em que o custo marginal da redução dos efluentes se tornasse igual ao valor do imposto. Se essa redução não fosse suficiente para permitir que a natação voltasse a ser praticada, o valor do imposto poderia ser aumentado.

   A determinação de uma quota seria eficiente apenas se o responsável pela regulamentação tivesse informações completas sobre os custos marginais e os benefícios decorrentes da redução do despejo de efluentes. Além disso, a quota não estimularia as empresas a reduzir mais os lançamentos de efluentes caso novas tecnologias de filtragem viessem a se tornar disponíveis. Um sistema de permissões transferíveis para o despejo de efluentes ainda exigiria que o responsável pela regulamentação determinasse qual seria o padrão eficiente de efluentes. Assim que as permissões tivessem sido distribuídas, seria desenvolvido um mercado e as empresas com custo mais elevado de redução de efluentes passariam a adquirir permissões das empresas com custo menor de redução de efluentes. Entretanto, a menos que as permissões tivessem sido vendidas inicialmente, nenhuma receita seria gerada.

9. a. O apicultor maximiza seus lucros quando a receita marginal se iguala ao custo marginal. Com uma receita marginal constante de US$ 40 e um custo marginal de $10 + 5Q$, obtemos $Q = 6$.

b. Se as abelhas não estiverem disponíveis, o fazendeiro deverá pagar US$ 10 por acre pela execução de uma polinização artificial. Portanto, estaria disposto a pagar até US$ 10 ao apicultor para que este mantivesse cada colmeia adicional e o benefício marginal social de cada colmeia seria de US$ 50, maior do que o benefício marginal privado de US$ 40. Igualando o benefício marginal social ao custo marginal, temos $Q = 80$.

c. A modificação mais radical capaz de levar a operações mais eficientes seria uma fusão do negócio da fazenda com o negócio do apicultor. Essa fusão internalizaria a externalidade positiva da polinização pelas abelhas. Não sendo possível essa fusão, o fazendeiro deveria negociar com o apicultor um contrato referente aos serviços de polinização.

ÍNDICE

A

Abadie, Alberto, 33n6
Ackerman, Frank, 669n12
Ações
    compras na margem, 174
    diversificação e, 163
    investindo em, 175-176
    riscos e, 169-171
Acordo de Livre Comércio da América do Norte (NAFTA), 615
Adams, Frank A. III, 321n4
Agostini, Claudio, 49n16
Airbus, 509-510
Ajuste para riscos, 567-571
    Modelo de Formação de Preços para Bens de Capital e, 569-571
    riscos diversificáveis vs. riscos não diversificáveis, 567-568
    taxa de desconto e, 569
Índice de custo de vida, 98
Akerlof, George A., 184n30, 624n1
Allen, Mike, 331n9
Alocação eficiente de Pareto, 596
Alocações eficientes, 596, 598-599
Alocações eficientes, 603-605
    competição perfeita e, 605
    fronteira de possibilidades da utilidade, 603-605
    funções de bem-estar social e, 605
    visão igualitária das, 605
    visão orientada para o mercado, 605
    visão Rawlsiana, 605
    visão utilitarista da, 605
Aluguel de DVDs, efeito nos cinemas ingressos, 590-591
Amazon, 628
Ameaças vazias, 519

American Airlines, 385, 497-498
Amortização, 225
Amostra, definição, 625
Análise de regressão múltipla. Ver Fundamentos da regressão
Análise de equilíbrio geral, 590-595
Análise de equilíbrio parcial, 590
Análise normativa, 6-7
Análise positiva, 6-7
Ancoragem, 185
Apple iPod, 615
Apple, 8
Arbitragem, definição de, 8
Archer Daniels Midland Company, 10, 372, 386
Arranjos para divisão de recompensas, 644-645
Assistência médica, valor da informação e, 167-168
Astra-Merck, 358
AT&T, 412-413
Ataques terroristas de 11 de setembro, 32-33
Ativos
    de risco e sem risco, 169
    definição de, 168
    retorno esperado vs. efetivo, 170
Ativos com risco, 168-169
Ativos sem risco, 169
Atraso na regulamentação, 375
Autor, David H., 550n10
Avaliações relativas, pacotes e, 414-418
Avanços tecnológicos, efeitos dos, 201
Aversão a perda, 182
Axelrod, Robert, 494

B

Babcock, Linda, 187n35
Badger Meter, 497

Bailey, Elizabeth, 667n10
Baily, Martin N., 44n13
Bajari, Patrick, 517n22
Baker, Jonathan B., 137n14
Bancos comerciais, rigidez nos preços e liderança nos, 471
Banzhaf, Spencer, 657n2
Barlow, Connie C., 57n23
Barnes, James, 38n10
Barnett, A.H., 321n4
Barney, Dwane L., 321n4
    Barreiras à entrada
    estratégia competitiva e, 369
    oligopólios e, 453
BASF A.G. da Alemanha, 386
Batalha das fraldas, 511
Becker, Gary S., 156n5
Beisebol. Ver Liga principal de beisebol
Bell, Frederick W., 681n22
Benefício marginal, 85
Bens complementares, 24, 114-115
Bens de Giffen, 118-120
Bens independentes, 114
Bens inferiores, 111
Bens não rivais no consumo, 682
Bens não exclusivos, 682-683
Bens normais vs. bens inferiores, 111
Bens públicos, 682-686
    bens não rivais, 682
    bens não exclusivos, 682-683
    definição de, 619
    eficiência e, 683-684
    falhas de mercado e, 684
    preferências privadas para, 686-688
Bens substitutos, 24-25, 114-116
Berliner, Diane T., 615n10
Berndt, Ernst R., 427n23

Berry, Steven, 87n8
Bertrand, Joseph, 461
Beta do ativo, 569
Blackley, Dixie M., 305n10
Blair, Roger D., 321n5
BMW, 421
Boeing, 509-510
Boskin, Michael, 102n15
Boyle, Robert, 6n2
Bram, Jason, 32n5
Braniff Airways, 385
Brealey, Richard, 567n12
Bryan, Michael F., 102n17
Burrows, James, 288n5

C

Cadeias de supermercados
    preço de *markup* e, 366
    propaganda e, 427-428
Caixa de Edgeworth, 597-598
Camerer, Colin, 180n24, 187n35
caminho de expansão e, 240
custo de uso do capital e, 233
    linha de isocusto e, 235
    preço do capital e, 234
    relação com custo no curto prazo e, 243-244
    taxa de locação do capital e, 234
Caminho de expansão no longo prazo, 240
Caminho de expansão, 239-241
Capital
    custo de capital da empresa, 570
    preço do, 234
    taxa de locação do, 234
Capital humano, 573-576
Captura de renda, 372
Card, David, 15n8, 545n7
Carona, 684
Cartéis, 473-478
    analisando a CIPEC, 475-476
    analisando a OPEP, 474
    análise de preços e, 474-476
    condições para o sucesso de, 474
    definição de, 447
    poder de monopólio e, 474
Cartel de leite, 477-478
Carvão, previsão da demanda por, 699
Casa de leilões Sotherby's, 516
Caulkins, Jonathan P., 665n7
Centner, Terence J., 637n9
Cereais, pronto para o consumo, 137-138
Cestas de mercado, preferências do consumidor e, 67
Chay, Kenneth Y., 131n11

Christensen, Laurits, 258n19
Christie – Casa de leilão, 516
Chrystal, K. Alec, 615n10
Cigliano, Joseph M., 532n2
Civil Aeronautics Board (CAB), 321-323
Clean Air Act, 130, 657
Clinton Corn Processing Company, 10-11
Coalizão, 465-468, 516
Coase, Ronald, 677n20, 683n23
Cobrança por faixas de consumo, 398-399
Cobre
    oferta de, 43-44
    oferta e demanda de, 51
    oferta mundial no curto prazo, 288-290
    preço do, 30-31, 50-52
Combustível de aeronaves, demanda por, 532-533
Comércio, vantagens do, 596-597
Companhias aéreas comerciais. Ver Companhias aéreas/setor de aeronaves
Companhias aéreas/setor de aeronaves
    concorrência e acordo, 497-498
    curva de aprendizagem e, 251
    demanda por combustível de aeronaves, 532-533
    discriminação de preços terceiro grau, 399-400
    política de comércio estratégica e, 508-509
    regulamentação e, 323-325
Compensação, 638
    comércio estratégico e concorrência internacional, política de, 508-511
Competição perfeita, equidade e, 605-606
Competição, 385
Complementos perfeitos, 74-75
Comportamento do consumidor. Ver também Preferências do consumidor
    escolha do consumidor e, 84-90
    etapas e, 66
    índices de custo de vida e, 98-102
    preferências do consumidor, 67-80
    preferências reveladas e, 90-92
    premissas e, 66-67
    restrições orçamentárias e, 80-84
    solução de canto e, 87-88
    sustentação de preços e, 325-326
    trade-offs e, 4-5
    utilidade marginal e escolha do consumidor, 93-97
Comportamento do preço de mercado, 577-578
Comportamento estratégico, 677

Comprador competitivo, vendedor competitivo
    comparação, 376
    compromissos, credibilidade e, 501
Computadores
    custos de produção e, 225-226
    demanda e externalidades de rede, 131-132
    desigualdade de salários, 550
Concentração de mercado, monopólios e, 369-370
Concorrência de preços, 461-465
    com produtos diferenciados, 462-464
    com produtos homogêneos, 461-462
    escolha de preços e, 462-463
    Modelo de Bertrand e, 461-462
Concorrência vs. coalizão, 465-468
Condomínios, 276
Conduta paralela, 383
Congleton, Roger D., 372n12
Contenção das infrações, 156
Controle de preços, 55-58
Controle dos acionistas, 638
Cooperativas habitacionais, 276
Cooperativas, 276
Cooter, Robert, 676n19
Cootner, Paul H., 44n13
Corts, Kenneth S., 231n5
Coughlin, Cletus, 615n10
Cournot, Augustin, 454-455
Cramer, Gail L., 336n13
Crandall, Robert, 498
Credibilidade, 500-501
Crescimento da Internet, 134
Crise dos alimentos, 203-204
Cupons, economia dos, 403-404
Curva de aprendizagem
    gráfico da, 252-253
    mudanças dinâmicas nos custos da, 251-254
    na prática, 254-255
    versus economias de escala, 253-254
Curva de contrato, 600
Curva de custo marginal no longo prazo, 245
Curva de custo médio no curto prazo (CMeCP), 245
Curva de custo médio no longo prazo (CMeLP), 245
Curva de demanda, 23-24. Ver também Oferta e demanda; Demanda individual
    bens complementares e, 24
    bens substitutos e, 24
    curva de demanda de mercado, 121-126
    curva de demanda individual, 109-110

deslocando a, 24
empresas competitivas e a, 278-279
monopólios e, 363
Curva de demanda com elasticidade unitária, 123
Curva de oferta no curto prazo, 284
Curva de preço-consumo, 108
Curva de renda-consumo, 111
Curva de restrição de ausência de negligência, 649
Curva do trabalho
produto marginal do, 199
produto médio do, 199
Curvas de custo, 228-232
Curvas de Engel, 112-114
Curvas de indiferença
aversão a riscos e, 161
funçâo de utilidade ordinal e, 78
funções de utilidade e, 78-79
preferências do consumidor e, 67-68
riscos e, 173-176
Curvas de isoutilidade, 77
Curvas de reação, Equilíbrio de Cournot e, 454-455
Curvas lineares de oferta e de demanda, 32, 46-48, 128, 457-459
Custo da matéria-prima, 23
Custo de capital da empresa, 570
Custo de uso da produção, 578
Custo de uso do capital, 233
Custo marginal social, 655
Custo mínimo, produção e, 235
Custos contábeis, 220
Custos. Ver custos de produção
Custos de produção
curva de aprendizagem e, 251-256
curvas de transformação de produto, 248-249
custos contábeis, 220
custos de oportunidade, 220-221
custos econômicos, 220
custos fixos, 223-226
custos irreversíveis, 222-226
custos marginais, 226
custos médios, 226-227
custos médios no longo prazo e, 232-233
custos no curto prazo, 227-232
custos no longo prazo, 232-242
custo total, 223-224
custos variáveis, 223-224
deixando de operar, 223
deseconomias de escala e, 246
dinâmica de mudança nos custos, 251-256
dualidade na teoria da produção e custos, 266
economias de escala e, 253-256
economias e deseconomias de escala e, 245-246
estimando e prevendo, 256-259
função de produção de Cobb-Douglas e, 266-267
funções de custo e, 258-259
grau das economias de escopo, 250-251
inflexibilidade da produção no curto prazo, 243-244
minimização de custos e, 264-265
relação no longo prazo e no curto prazo e, 243-244
taxa marginal de substituição técnica, 265
Custos de oportunidade
custo marginal e, 283
do terreno, 296
do capital, 564
medindo, 220-221
Custos externos, negativos, 654-656
Custos fixos, 223-226
Custos irreversíveis, 224-226
amortização de, 225
desencorajamento à entrada e, 507
versus custos fixos, 224-226
Custos irreversíveis, 222, 224
Custos marginais
curto prazo, 227-228
escolha do consumidor e, 84
externo, 655-656
maximização de lucros e, 271-274
monopólios e, 355-357
oportunidade, 547
produção e, 225
relação marginal e médio, 230
Custos fixo médio, 227
Custos médios, 230
Custos no curto prazo, 227-230
curva de custos e, 257-259
custo total como um fluxo, 230
custos marginais e, 228
determinantes de, 227-228
diminuição do retorno marginal e, 228
inflexibilidade e, 243-244
relação entre custos marginal e médio, 230
relação entre custos no longo prazo, 247-248
Custos no longo prazo, 232-242
custos médios, 244-245
escolha de insumos e, 236-239
minimização de custos com variação dos níveis de produção e, 239

minimização dos custos com, escolha de insumos e, 234
taxas para efluentes e, 237-239
Custos sociais
monopólios e, 370-375
monopsônios e, 380-381
Custos totais médios, 227
Custos totais, 223, 229
Custos variáveis totais, 227, 284
Custos variáveis, 223-224
Custos. Ver Custos de produção

D

Dados do mercado, ajuste das curvas lineares de oferta e demanda aos, 48
Dahl, Carol, 42n12
Daniel G. De La Torre Ugarte, 38n10
Decisões de aquisição, 84
Decisões de aquisição, com poder de monopsônio, 543
Decisões de consumo. Ver também Pacote
produtos vendidos em pacotes, 413-414
produtos vendidos separadamente, 416
Decisões de investimento dos consumidores, 571-573
Decisões de produção intertemporal, 576-580
comportamento do preço de mercado, 577-578
custo de uso e, 578
produção de recursos por um monopolista, 579
produtor de recurso esgotável único e, 577
Decisões de produção, monopólios e, 351-352
Decisões estratégicas, jogos e, 483-486
Dedrick, Jason, 614n9
Deere, Donald, 546n8
Defesa Nacional, 682
Definição de mercado, 7, 8-9
Dell, 8, 225
Delta Air Lines, 223, 233
Demanda agregada, 123-124
Demanda completamente inelástica, 35
Demanda de mercado, 120-127
cupons e abatimentos e, 403
curva de, 530-533
da individual à demanda de mercado, 120-122
demanda inelástica, 122
demanda isoelástica, 122

elasticidade da demanda e, 122-124
Demanda individual, 107-115. Ver também Demanda de mercado; Externalidade de rede
    Bens de Giffen e, 118-119
    bens normais vs. bens inferiores, 111-112
    curva de demanda individual, 109-111
    Curvas de Engel e, 112-114
    efeito renda e efeito substituição e, 115-120
    modificações na renda e, 110-111
    modificações no preço e, 108-109
    substitutos e complementares e, 114-115
Demanda inelástica, 122, 316-317
Demanda infinitamente elástica, 35
Demanda isoelástica, 122
Demanda por e-mails, externalidades de rede positivas, 131-132
Demanda setorial, determinação da, 531-532
Demanda. Ver também Curva de demanda; Oferta e demanda
    durabilidade e, 40-42
    elasticidade da, 122-123
    elasticidade renda e, 40
    elasticidades no curto e no longo prazo, 39-46
    empresas competitivas e, 277-278
    excedente do consumidor e, 127-131
    setores cíclicas e, 40
Demandas derivadas, 526
Depósitos reembolsáveis, 669-670
Depreciação, 233
Dermisi, Sofia, 33n6
Despejo de lixo, 667-670
Descontos para quantidades, 398
Deseconomias de escala, 258-259, 292, 298
Deseconomias de escopo, 249
Desemprego, 649
Desencorajamento à entrada, 506-511
Desequilíbrio, mercado, 602
Deslocamentos da demanda, monopólios e, 359-360
Despesa marginal, 376, 533, 543
Despesas médias
    curva, 533, 543
    definição de, 376
    poder de monopsônio e, 543
Desregulamentação, 323-324
Desvio padrão, 154
Desvio padrão da regressão (DPR), 697
Desvio padrão de previsão, 698

Desvio padrão do coeficiente, 695
Desvios, riscos e, 152-157
Dilema do prisioneiro, 465-473, 494
Diminuição da utilidade marginal, 94
Direito autoral, 370
Direitos de propriedade, 676-679
    negociação e eficiência econômica, 676-677
    solução legal e, 678-679
Discriminação de preço de primeiro grau, 395-398
Discriminação de preço imperfeita, 397-398
Discriminação de preço intertemporal, 405-406
Discriminação de preços de segundo grau, 398-399
Discriminação de preços de terceiro grau, 399-342
Discriminação de preços, 395-406. Ver também Pacote
    criação de grupos de consumo e, 399-342
    imperfeita, 397-398
    intertemporal, 405-406
    perfeita, 396-397
    preço de pico e, 406-408
    preços relativos e, 401-404
    primeiro grau, 395-398
    segundo grau, 398-399
    tarifa em duas partes e, 408-413
    terceiro grau, 399-342
Discriminação, preço. Ver Discriminação de preços
Disney Channel, 421
Disneylândia, 411
Di Tella, Raphael, 79n4
Diversificação
    mercado de ações e, 163
    riscos e, 162-163
Divisão Antitruste do Ministério da Justiça, 384
Dixit, Avinash, 488n5, 512n19, 564n10
Dois assalariados, oferta de trabalho para, 537-538
Dranove, David, 168n10
Dreyfus, Mark K., 573n15
Dualidade, 147-148
Dulberger, Ellen R., 102n15
Duopólio, 454, 459-461
DuPont, 510-511
Durabilidade
    demanda e, 40
    oferta e, 44

E

Eastman Kodak, 570n13
eBay, 517-518
Economia comportamental, 67, 180-184
    ancoragem e, 185
    aversão à perda e, 181-182
    efeito dotação e, 181
    ponto de referência e, 180-181
    princípios básicos e, 184-185
    probabilidades e incertezas, 185-186
    tendência na tomada de decisões e, 186
Economia de trocas, definição, 596
Economia do bem-estar, 605
Economias de escala, 245-246
    aprendizado *versus*, 253-255
    barreiras à entrada e, 369
Economias de escopo, 248-251
Educação
    benefícios da, 631-632
    custos da educação superior, 14, 28-30
    determinando o nível de gasto com, 686-687
    pública, 683
    valor real e, 574
Educação pública, 683
Educação superior
    custos da, 14, 28-30
    valor presente líquido, 574
Efeito cumulativo, 131-132
Efeito de diferenciação de consumo, 132-133
Efeito dotação, 181
Efeito manada, 175-176, 185
Efeito substituição de Hicks, 148-150
Efeito substituição, 116
Efeito renda, 117-120, 148-150
Efeitos no bem-estar, 312, 313, 314
Efeitos estufa. Ver Aquecimento global
Eficiência econômica
    competição monopolística e, 447-448
    de mercados competitivos, 318-321, 595
    equidade e, 603-606
    falhas de mercado e, 617-618
    livre-comércio e, 612-616
    negociação e, 676-677
    produção e, 606-611, 617
    troca e, 596-603, 617
Eficiência na produção, 609-610
Eficiência nas trocas, 596-603
    alocações eficientes, 598-599
    Caixa de Edgeworth e, 597-598
    curva de contrato e, 599-600

equilíbrio competitivo e, 600-602
vantagens de comércio e, 596-597
Eficiência nos insumos, 607
Eficiência na produção, 606-611
  eficiência na produção e, 609-610
  eficiência nos insumos, 607
  mercados produtivos e, 610-611
  taxa marginal de transformação e, 608-609
Eficiência técnica, 607
Eficiência, bens públicos e, 683-684
Elasticidades no ponto e no arco, 36
Elasticidade preço. Ver também
  Elasticidade da oferta e da demanda
    cupons e, 403
    demanda habitacional e, 125-126
    gastos do consumidor e, 122-124
    tarifas aéreas e, 404
Elasticidade de oferta e de demanda, 33-38, 122-123. Ver também Elasticidade preço
  curva de demanda linear, 34
  definição de, 33
  elasticidade da demanda no arco, 36
  elasticidade no longo e no curto prazos, 39-46
  elasticidade no ponto *versus* no arco, 36-38
  elasticidade preço cruzada da demanda, 35
  elasticidade renda da demanda, 35, 40-41
  elasticidades de oferta, 36
  impacto dos impostos sobre a, 342
  longo prazo, 298-299
  mercado de curto prazo e, 290-291
  monopólios e, 370
  monopsônios e, 375-376
  petróleo e, 52-55
  propaganda e, 426-427
Elasticidade da demanda no ponto, 36
Elasticidade preço cruzada da demanda, 35
Elasticidades no curto prazo, 39-46
Elasticidades no longo prazo, 39-46
Ellerman, Denny, 667n10
Elliott, Kimberly Ann, 615n10
Ellis, Gregory M., 579n21
Elobeid, Amani, 592n1
Emenda Robinson-Patman (criada em 1936), 384
Emissões
  custos marginais externos de, 654-656
  dióxido de enxofre, 657-658, 665
  externalidades e, 676-679
  nível eficiente de, 660-661

padrões de emissões vs. taxas e, 661-665
permuta de emissões e o ar puro, 666-667
permissões transferíveis para, 664-665
Emissões de dióxido de enxofre, 657-658, 665. Ver também Emissões
Emissões de dióxido de enxofre em Pequim, 665
Empresa com múltiplas instalações, monopólios e, 361-362
Empresa competitiva. Ver também
  Lucros, maximização dos
    curva de oferta no curto prazo e, 284-286
    demanda e receita marginal para, 277-279
    equilíbrio competitivo no longo prazo e, 293-296
    excedente do produtor no curto prazo e, 290-291
    excedente do produtor no longo prazo e, 296-297
    maximização de lucros no curto prazo por uma, 279-283
    maximização de lucros por, 279
    maximização do lucro no longo prazo e, 292-297
    modificação de preço dos insumos e, 285-286
    oferta no longo prazo e, 298-299
    renda econômica e, 296
Empresa integrada, informação assimétrica na, 644-646
Empresas transportadoras, economias de escopo em, 250-251
Energia elétrica, funções de custo para, 258-259
Enomoto, Carl E., 367n9
Entrada e saída, equilíbrio competitivo e, 292
Entrevistas, determinação da demanda e, 138
Equação de Slutsky, 149
Equilíbrio competitivo, 293-296, 600-602
Equilíbrio competitivo no longo prazo, 293-296
  competição monopolista e, 448-452
  custo de oportunidade do terreno e, 296
  empresas com custos diferentes e, 295
  empresas com custos idênticos e, 295
  entrada e saída e, 294-295
  lucro contábil e, 293
  lucro econômico e, 293
  lucro econômico nulo e, 293

Equilíbrio de Cournot, 457, 461-462
Equilíbrio de Cournot-Nash, 457
Equilíbrio de Nash, 454, 461-462, 465, 488-493
Equilíbrio de Stackelberg, 488n6
Equilíbrio no curto prazo, competição monopolística e, 452
Equilíbrio, 25-26
  análise geral e, 590-595
  competitivo, 293-296, 600-603
  consumidor, 600-603
  curto prazo, 449-450
  eficiência na troca e, 600-603
  equilíbrio de Cournot, 457, 461-462
  equilíbrio de Nash, 454, 461-462, 465, 488-493
  Equilíbrio de Stackelberg, 488
  estratégias dominantes e, 447-448
  longo prazo, 292-297, 449-450
  mercado de fatores e, 542-546
  mercado de trabalho, 542-546
  mudanças de mercado e, 26-33
  oferta e demanda e, 22-25
  oligopólio e, 453-454
Equipamento durável
  consumo de, 40
  investimento em, 40-43
Escassez de gás natural, controles de preços e, 57-58, 316-317
Escassez, pressão dos preços e, 24-25
Escolha de insumos, produção e, 192
Escolha do consumidor, 84-90
Espey, Molly, 42n12
Esporte interuniversitário, cartelização do, 476-477
Estabilidade do Golfo Pérsico, 52-55
Estatística-t, 696
Estimativa empírica da demanda, 135-138
  abordagens estatísticas, 135-136
  entrevistas e abordagens experimentais, 138
  formatos da curva de demanda e, 136-138
Estimativa, análise de regressão e, 694-695
Estoque de capital, 204
Estoques vs. fluxos, 556-557
Estratégia de negociação, 503-505
Estratégias dominantes, 486-488
Estratégia ótima, definida, 483
Estratégia "olho por olho, dente por dente", 494-495
Estratégia, definição, 482-483
Estratégias de investimento preemptivo, 505-506

Estratégias maximin, teoria dos jogos e, 490-492
Estratégias mistas, teoria dos jogos e, 492-493
Excedente do consumidor, 127-131, 314-317
   aplicação do, 129
   captura do, 394-395
   demanda e, 128-131
   generalizado, 129
   mudança no, 314-315
Excedente do produtor, 314-317
   mudança no, 314-315
   no curto prazo, 290-291
   no longo prazo, 296-297
   versus lucro, 290-291
Excedente
   equilíbrio do mercado e, 25-26
   do consumidor, 127-131
Excedente do consumidor no longo prazo, 296-297
Excesso de demanda, 56, 602
Excesso de oferta, 602
Executivos, escolhas arriscadas e, 159
Experimentos de marketing, diretos, 138
Extensão do mercado, 7-12
Externalidades de rede, 131-134
   efeito cumulativo e, 131-132
   efeito de diferenciação de consumo e, 133-134
   leilões na Internet e, 517-518
Externalidades de estoque, 671-676
Externalidades negativas, 654-656
Externalidades, 653-658
   ações, 671-676
   benefício marginal externo, 656
   benefício marginal social, 657
   bens públicos, 682-686
   custo marginal externo, 655
   custo marginal social, 655
   direitos de propriedade, 676-679
   exemplo de emissões, 657-658
   exemplo de reciclagem, 667-669
   exemplo do lixo sólido municipal, 670
   externalidades negativas e ineficiências, 654-656
   externalidades positivas e ineficiências, 656-658
   falhas de mercado, 318-319, 659-670
   recursos de propriedade comum, 679-680

F

Fábrica, valor presente líquido da, 563-564

Faculdade de Direito da Universidade de Northwestern, 222
Fair, Ray C., 537n3
Faixas de consumo, 398-399
Falências, aumento no número de, 274
Falha de mercado, 318-321
   bens públicos e, 619, 684-685
   carência de informações e, 318
   corrigir, 659-670
   externalidades e, 318, 619
   informações incompletas e, 618
   poder de mercado e, 618
Farber, Henry S., 187n35
Fator de produção
   demanda quando apenas um fator é variável, 526-529
   demanda quando diversos insumos são variáveis, 529-530
   oferta de insumos mercado de, 535-537
   oferta de insumos para uma empresa, 533-535
Fatores de produção, 194
Federal Trade Commission Act (aprovada em 1914, e emendas em 1938, 1973, 1975), 384
Felicidade
   escala ordinal de, 79-80
   utilidade marginal e, 93-95
Filmes
   efeitos do aluguel de DVDs nos, 590-591
   pacote de, 413-424
Fisher, Franklin M., 44n13
Fixação de preço, por empresa dominantes, 473
Flexibilidade do insumo, 207
Fluxos de caixa futuros, negativos, 566
Fluxos de pagamentos, avaliação de, 558
Fluxos vs. estoques, 556-557
Ford Motor Company, 16-17, 75-76, 301, 382, 453, 640
Ford, Henry, 649
Forma extensiva de um jogo, 499
Formby, John P., 126n7
Fox, Merrit B., 639n10
Frech, H. E. III, 96n12
Freedom to farm (Liberdade para Plantar), 330-331
Friedlaender, Ann F., 250n11
Friedman, James W., 488n5
Frijters, Paul, 79n5
Fronteira de possibilidades da utilidade, 603-605
Fronteiras de possibilidades de produção, 607-609

Fudenberg, Drew, 488n5
Fullerton, Don, 665n7
Função de custo cúbica, 257-258
Função de custo quadrática, 257
Função de produção Cobb-Douglas, 266-269
Função de produção de Leontief, 210-213
Função de produção de proporções fixas, 210-213
Função de utilidade cardinal, 78
Função de utilidade Cobb-Douglas, 146
Função de utilidade ordinal, 76-78
Função lagrangiano, 144
Funções de bem-estar social, 605
Funções de utilidade, 76-78, 143
Fundamentos da regressão, 693-698
   desvio padrão da regressão (DPR), 697
   estimativa, 694-695
   método dos mínimos quadrados, 694
   previsões econômicas, 698-699
   qualidade do ajuste, 697
   regressão linear, 693
   R-quadrado, 697
   testes estatísticos, 695-697
Fundos mútuos, diversificação e, 163
Fundos para empréstimos, oferta e demanda de, 580-582

G

Ganho de capital, 169
Garantias de saúde animal, 637-638
Garantias, 634-635
Garantias, produtos, 623
Gasolina
   demanda por, 39, 42-43
   impostos sobre a, 119-120, 342-344
   racionamento de, 95-97
Gastos do consumidor
   elasticidade preços e, 122-124
   norte-americanos, 113-114
Gateway, 225-226
General Electric, 41, 434-435,
General Foods, 452
General Mills, 65
General Motors, 5, 41, 87, 135, 168, 169, 170, 191, 257, 301, 352, 378, 470
Ghemawat, Pankaj, 505n12, 510n16
Ghosh, Soumendra N., 367n9
Gibson, Robert C., 42n12
Gillette, 394
Glaister, Stephen, 42n12
Gokhale, Jagadeesh, 102n17
Gonik, Jacob, 647n20
Gordon, Robert J., 102n15
Graham, Daniel, 42n12
Graham, David, 325n7

Grau das economias de escopo, 250
Greene, David, 42n12
Greene, William H., 258n19
Greenstone, Michael, 131n11
Griffin, James M., 53n21, 285n4
Griliches, Zvi, 102n15
Grossman, Gene M., 614n8
Grupos de consumidores, criação de, 400-401

H
Hahn, Robert W., 666n8
Haisken-Denew, John P., 79n5
Halvorsen, Robert, 579n21
Hansen, Julia, 126n7
Harrison, David, Jr., 685n25
Hauser, John, 464n5
Hausman, Jerry A., 573n14
Herzlinger, Regina E., 641n17
Hester, Gordon L., 667n8
Hewlett-Packard, 8, 225
Himmelberg, Charles, 186n34
Holden, Reed, 283n3
Hortaçsu, Ali, 517n22
Hospitais sem fins lucrativos, 563
Hossain, Tankim, 185n33
Hotelling, Harold, 577n20
Hufbauer, Gary Clyde, 615n10

I
IBM, 225, 423-424
Imóveis comerciais, 11 de setembro efeitos nos, 32-33
Imposto ad valorem, 338
Imposto de consumo sobre um monopolista, 360
Impostos
    impacto dos, 338-344
    monopólios e, 363-364
    produção da empresa e, 302-303
Incentivos gerenciais, 644-647
Incerteza sobre a qualidade, 624-630
Incerteza, comportamento do consumidor e, 180
Indicador de rendimento do S&P 500, 175
Índice de economias de escala (IES), 258
Índice de Lerner de Poder de Monopólio, 365, 366
Índice de Paasche, 100-102
Índice de Preços ao Consumidor (IPC), 12-14, 101-102, 98
Índice de Preços ao Produtor (IPP), , 101-102
Índice de preços com pesos encadeados, 101-102

Índice de preços de Laspeyres, 99-100
Índices com pesos constantes, 100
Índices de custo de vida, 98-102
    ideal, 98-99
    índice de Laspeyres, 99-100
    índice de Paasche, 100-102
    índice de preços com pesos encadeados e, 101-102
Índices ideais de custo de vida, 98-99
Indústria automobilística
    análise de regressão e, 694
    curva de custo variável e, 257
    demanda e, 39, 42-43
    diferenciação de produtos e, 447-448
    escolhendo um automóvel novo, 572-573
    padrões de emissão e, 17
    projeto e, 75-76, 86-87
Indústria da pesca
    direitos de propriedade e, 676
    recursos de propriedade comum, 679-681
Indústria de dióxido de titânio, desencorajamento à entrada e, 510
Indústria de medidores de água, 497
Indústria de processamento químico, curva de aprendizagem e, 254
Indústria de tapetes, rendimentos de escala na, 215-216
Indústrias cíclicas, 40
Ineficiência econômica, risco moral e, 637
Ineficiências
    externalidades negativas e, 654-656
    externalidades positivas e, 656-658
Inflexibilidade, produção no curto prazo, 243
Informação
    falhas de mercado e, 318
    valor e risco da, 166-167
Informação assimétrica
    risco moral e, 636-638
    empresas integradas e, 644-647
    garantias e certificados, 637
    implicações da, 626-628
    incentivos aos administradores e, 644-647
    incerteza da qualidade e, 624-630
    mercados de trabalho e, 647-649
    padronização e, 628-629
    problema da relação agente–principal, 638-644
    reputação e, 628-629
    seleção adversa e, 626
    sinalização de mercado e, 631-635
    teoria do salário de eficiência e, 647-649

Inglehart, Ronald, 79n6
Inovações redutoras de custos, 511
Insumos fixos, 195
Integração horizontal, 644
Integração vertical, 644
Intel Corporation, 570n13
Interação entre compradores, monopsônio e, 375-376
Interações entre empresas, poder de monopólio e, 370
Interações potenciais, 8
International Bauxite Association (IBA), 473
International Council of Copper Exporting Countries (CIPEC), 474, 475
Intervenção governamental
    controle de preços, 55-58
    mercados competitivos e, 313-318
    sustentação de preços e, 326
Investimento de capital
    critério do valor presente líquido, 563-566
    custo de oportunidade do capital, 564
    fluxos de caixa futuros negativos e, 566
    taxa de desconto e, 564
    taxas de desconto real vs. nominal e, 565-566
Irvin, Thomas R., 658n3
Irwin, D. A., 255n15
Isenção de impostos, 592-593
Isoquantas, 206-207

J
Jensen, Clarence W., 336n13
Jogo cooperativo, 483
Jogo da guerra dos sexos, 493
Jogo da propaganda, 487-488
Jogo das moedas, 492-493
Jogo de localização na praia, 489-490
Jogo de soma não constante, 484n2
Jogo do ultimato, 184
Jogo repetido infinitas vezes, 495
Jogos cooperativos, 483-484
Jogos não cooperativos, 465, 484-485
Jogos repetitivos, 494-496
Jogos sequenciais, 498-500
Jogos, definição, 483-484
Johnson, D. Gale, 336n13
Jorgenson, Dale W., 102n15
Joskow, Paul, 667n10
Justiça atuarial, 164-165

K
Kahn, James R., 42n12
Kahneman, Daniel, 180n25, 181n28, 185n32
Kao Soap Ltd., 464-465, 467-468

Kaplan, Daniel P., 325n7
Kaplow, Louis, 664n5
Kaserman, David L., 321n4, 321n5
Katz, Lawrence, 550n10
Kessler, Daniel, 168n10
Kimberly-Clark, 511, 570-571
Klein, Benjamin, 424n19
Klenow, P. J., 255n15
Knetsch, Jack, 180n25, 181n28
Knight, Frank, 152n1
Kohlhase, Janet E., 537n3
Kraemer, Kenneth L., 614n9
Kraft General Foods, 137-138
Krasker, William S., 641n17
Kreps, David, 462n2, 493n7
Krishnamurthi, Lakshman, 452n1
Krueger, Alan, 15n8, 545n7, 550n10
Krugman, Paul R., 509n14

L

Langley, Sudchada, 37n8, 124n5
Lee, William C., 96n12
Legislações antitruste europeias, 385
Legislação antitruste, 382-387
    combinações ilegais e, 382-383
    conduta anticompetitiva e, 382
    Divisão Antitruste do Ministério da Justiça, 385
    conduta paralela e, 383
    Federal Trade Commission e, 384
    na Europa, 385
    preço predatório e, 383
    processos privados e, 385
    reforço da, 385
Lehn, Kenneth, 630n4
Lei Clayton (1914), 383
Lei de Webb-Pomerene (aprovada em 1918), 383n18
Lei do retorno marginal decrescente, 200-201
Lei dos grandes números, 164
Lei dos pequenos números, 185
Lei Sherman (aprovada em 1890), 385-387
Lei sobre o transplante de órgãos, 319-321
Leilão de lances fechados, 512
Leilão de serviços jurídicos, 517
Leilão holandês, 512
Leilão inglês (ou oral), 512
Leilões de valor comum, 513, 514-515
Leilões de valor privado, 513-514
Leilões na Internet, 517-518
Leilões, 512-518
    avaliação e informação, 513
    de valor privado, 513-514
    formatos, 512
    Internet, 517-518
    lances e coalizões e, 516
    leilões de valor comum, 514-515
    maldição do vencedor, 515
    maximização da receita, 515-516
    serviços jurídicos e, 517
Lenovo, 8
Letras do Tesouro
    riscos e, 171-172
    taxas de, 582
Levinsohn, James, 87n8
Lewbel, Arthur, 420n17
Lexus, 421
Liderança de preços, 470-471
Lieberman, Marvin, 255n13
Liga principal de beisebol
    Informação assimétrica e, 630
    limões na, 630
    poder de monopsônio na, 544-545
Lin, William, 38n10
Linden, Greg, 614n9
Linha de isocusto, 235
Linha de orçamento, 80-81, 82, 172
List, John A., 182n29
Livre-comércio, 612-616
    fronteira expandida e, 613-614
    ganhos a partir do, 613
    protecionismo e, 615
    vantagem comparativa e, 612-613
Livre Entrada e Saída, competição perfeita da, 273
Loewenstein, George, 180n24, 181n26, 187n35
Lojas de conveniência
    preço de markup, 366-367
    propaganda e, 427-428
Lucro contábil, competitivo no longo prazo
    Equilíbrio e, 293
Lucro econômico zero, 293, 372
Lucro incremental, 395
Lucro variável, 396, 397
Lucros
    equilíbrio competitivo e, 293
    excedente do produtor *versus*, 290-291
Lustgarten, Steven H., 382n17

M

MacAvoy, Paul W., 57n23
MacCrimmon, Kenneth R., 162n7
MacCulloch, Robert, 79n4
MacKie-Mason, Jeffrey K., 474n12
Macroeconomia, definição de, 3
Macunovich, Diane J., 537n3
Maldição do vencedor, 515
Maloney, M. T., 666n9
Malthus, Thomas, 2002-10
Mapas de indiferença, 69-70
Mapas de isoquantas, 207
Maximização da renda, 546
Maximização da satisfação do consumidor, 84
Maximização da utilidade, teoria da demanda e, 143
Maximização de lucros no curto prazo, 271, 274-276
Maximização do valor de mercado, 271
Maximização dos lucros no longo prazo, 292-297
Maximização dos lucros, 274-276 Ver também Empresas competitivas
    considerações sobre custos para administradores e, 283
    custo e receita marginais e, 276-277, 353-354
    formas organizacionais e, 271
    no curto prazo por empresas competitivas, 279-283
    no longo prazo, 292-297
    premissas de, 271
Mayer, Christopher, 186n34
MBA, valor do, 575
McAfee, Preston, 512n19
McClennan, Mark, 168n10
McDermott, Shaun P., 665n7
McDonald's, 422-424, 629
McKean, Brian J., 666n8
McMillian, John, 512n20
Mecanismo de mercado, curva de oferta e de demanda e, 24
Medicamentos que dispensam receita médica, gastos com propaganda e, 427-428
Medicare, 627
Menell, Peter S., 670n13
Mercado
    competitivo vs. não competitivo, 8-9
    extensão do, 9-10
    natureza do, 7-12
    papel do, 5
    perfeitamente competitivo, 8
Mercado de ações. Ver Ações
Mercado de automóveis usados, informação assimétrica e, 624-625
Mercado de crédito, seleção adversa e, 626
Mercado de creme dental, 448

Mercado de fatores competitivos, 525-538
   com poder de monopólio, 546-550
   com poder de monopsônio, 542-546
   curva de demanda do mercado e, 530-533
   equilíbrio no, 538-542
   renda econômica e, 539-541
Mercado de leilões, definição, 512
Mercado de petróleo, alta no, 52-55
Mercado de refrigerantes, competição monopolista no, 452
Mercado de trabalho
   equilíbrio no, 538-539
   informação assimétrica no, 647-649
   produtividade e, 204-205
   sinalização no, 631-635
Mercado de trabalho para adolescentes, salário mínimo e, 545-546
Mercado global de etanol, 592-594
Mercado internacional
   fronteiras expandidas e, 613-614
   ganhos a partir do, 613
   protecionismo e, 616
   vantagem comparativa e, 612-616
Mercados competitivos
   eficiência econômica de, 318-321, 602-603
   equilíbrio do consumidor e, 600-602
   excedentes do consumidor e do produtor e, 314-317
   falha de mercado e, 318-319
   falhas e, 618
   imposto ou subsídios e, 338-344
   mercados perfeitamente competitivos, 272-273
   oferta em, 535-537
   perda de bem-estar e, 318-319
   peso morto e, 315
   políticas governamentais e, 312-317
   preços mínimos e, 321-325
   programas de incentivo e, 327-329
   quotas de produção e, 325-329
   sustentação de preços e, 326-333
Mercados de café
   clima e preço, 45-46
   competição monopolística no, 447-448
Mercados não competitivos, 8-9
Mercados perfeitamente competitivos, 272-273
   homogeneidade do produtos e, 272
   livre entrada e saída e, 272
   tomadora de preços e, 272
Mercados, definição de, 7
Merck, 273
Mercurio Europeo, 473

Metais, oferta de, 43-44
Método dos mínimos quadrados, 694-695
Método dos multiplicadores de Lagrange, 144
Microeconomia
   definição de, 3
   razões para estudar, 14-15
   temas da, 4-7
Microsoft Corporation, 225-226, 383-387 424, 526
Milgrom, Paul, 512n19
Miller, Jonathan, 276n2
Minimização de custos, 239, 264-265
Miranda, Marie Lynn, 670n13
Mobil Oil, 424
Modelo da curva de demanda quebrada, 469
Modelo da empresa dominante, 472-473
Modelo de "displicência", 648
Modelo de Bertrand, 461-462
   Lances, coalizões e, 516
Modelo de Cournot, 454-457
   curva de demanda linear, 457-469
   curva de reação e, 456-457
   equilíbrio no, 457
Modelo de Formação de Preços para Ativos de Capital, 569
Modelo de Stackelberg, 469-470, 500-501
Modelos, 5-6
Monopólio bilateral, 381
Monopólio natural, 373, 374
Monopólio puro, 363,
Monopólio, 352-375. Ver também Legislações antitruste; Monopsônio
   captura de renda e, 372
   cartéis e, 473
   competição perfeita *versus*, 451
   custos sociais do, 370-375
   decisões de produção e, 364-365
   definição de, 363, 447
   deslocamentos da demanda e, 359-360
   efeito de um imposto e, 360-361
   eficiência econômica e, 450-451
   elasticidade da demanda de mercado e, 369
   empresa com múltiplas instalações e, 361-362
   equilíbrio no longo e no curto prazo e, 449-450
   fontes de poder e, 368-370
   formação do, 448-449
   Índice de Lerner e, 365, 366
   interações entre empresas e, 370
   mercado de fatores e, 546-550
   monopólio bilateral, 381

   monopólio natural, 373
   monopsônio comparado ao, 376
   nível de salários e, 546-547
   número de empresas e, 369-370
   peso morto e, 372-373
   poder do, 363-368
   produção de recursos por monopolistas, 577
   regra prática para determinação de preços e, 365-368,
   regulamentação de preços, 372-373
   regulamentação na prática e, 374-375
   trabalhadores sindicalizados e não sindicalizados e, 549-550
Monopsônio, 375-382
   custos sociais e, 380
   decisões de compra e, 543
   definição de, 363
   elasticidade da oferta de mercado e, 379
   fabricação americana e, 381-382
   fontes de poder, 379-380
   gastos marginal e médio e, 542-543
   interação entre compradores, 380
   mercado de fatores e, 542-546
   monopólio comparado ao, 378
   número de compradores e, 380
   peso morto do, 380-381
   poder de negociação e, 543
   poder e, 378-382
Montero, J. P., 667n10
Moradia
   cooperativas de, 276
   demanda por, 125-126
   oferta no longo prazo de, 300-301
Morgan, John, 167n9, 185n33
Morkre, Morris E., 336n13
Morrison, S., 325n7
Modificação no preço
   demanda individual e, 108-109
   restrições orçamentárias e, 80-82
Modificação de preço dos insumos, 285-286
Mudança tecnológica, 204
Mueller, Michael J., 579n21
Multiplicadores de Lagrange, 147-148
Murply, Kevin M., 546n8
Myers, Stewart, 567n12

N

Nagle, Thomas, 283n3
Nash, John, 454
National Collegiate Athletic Association (NCAA), 477
Natural Gas Policy Act de 1978, 57n23
Negociação

eficiência econômica e, 676-677
estratégia de, 503-506, 677-678
teorema de Coase e, 677, 679
Neptune Water Meter Company, 497
Neumark, David, 15n8, 546n8
Nevin, John R., 452n1
Nocivos (bens), 75
Noll, Roger, 544n5
Northeast Interstate Dairy Compact, 477
Número de compradores, monopsônio e, 380

O

Oferta de mercado
curvas no curto prazo e, 284-286
elasticidade da, 288-290
Oferta de trabalho
deslocamento na, 529
elasticidades da, 537-538
com um ou dois assalariados, 537-538
Oferta de trabalho com curvatura para trás, 535-537
Oferta de fundos disponíveis para empréstimos, 580
Oferta e demanda. Ver também Elasticidades, oferta e demanda
alterações no equilíbrio de mercado e, 26-33
controle de preços e, 57-58
curvas de demanda, 23-24
curvas de oferta, 22-23
curvas lineares e, 47-48
equilíbrio e, 25
mecanismo de mercado e, 25-26
modificações nas condições de mercado e, 47-50
Oferta mundial de cobre, 288-289
Oferta no longo prazo, 298-306
efeitos de um imposto e, 302-303
elasticidade e, 303-304
setores com custos constantes e, 298-299
setores com custos crescentes e, 300-301
setores com custos decrescentes e, 301
Oferta perfeitamente elástica, 288
Oferta perfeitamente inelástica, 288
Oferta secundária, 44
Oferta. Ver também Oferta e demanda
curvas de oferta, 22-23
de fundos disponíveis para empréstimos, 580-582
durabilidade e, 44
no longo prazo, 298-306
restrições, 328-331
Oi, Walter Y., 408n12

Oligopólio, 453-460
definição de, 447
dilema do prisioneiro e, 466-468
equilíbrio no mercado e, 453-454
equilíbrio de Nash, 454
modelo da 'curva de demanda quebrada' e, 469
modelo da empresa dominante, 472-473
Modelo de Cournot e, 454-457
modelo de Stackelberg e, 459-460
vantagem em ser o primeiro, 459-460
Oligopsônio, 375
Olson, C. Vincent, 325n7
Otimização, restrição, 143
Organizações públicas, problema da relação agente-principal e, 638-642
Organizações sem fins lucrativos, 641
Organização dos Países Produtores de Petróleo (OPEP), 42-43, 51-52, 448, 577, 580
Orr, James, 32n5
Ovos, custos dos, 12, 28-30

P

Pacote misto, 418-421
Pacote puro, 418-421
Pacote, 414-424
avaliações relativas e, 414-416
custo marginal zero e, 419-420
misto vs. puro, 418-420
na prática, 421-422
venda casada e, 423-424
Padrão de vida, produtividade e, 204-205
Países desenvolvidos, produtividade do trabalho em, 204-205
Pakes, Ariel, 87n10
Parry, Ian, 42n12
Patentes, 453
Payoff
definição, 483
esperado, 491
matriz de, 466
risco e, 155
Payoff esperado, 491
Perda de capital, 169
Perda de bem-estar, 318-319, 322
Perdas financeiras, empresas competitivas sofrendo, 281-282
Permissões transferíveis para emissões, 664-665
Perpetuidades, 560-561
Peso morto
decorrente do poder de monopólio, 372-373

decorrente do poder de monopsônio, 380
definição de, 315
taxas e, 340
Pesquisa & Desenvolvimento (P&D), 657, 671
Petrin, Amil, 76n3
Pfizer, 273
Phelps Dodge, 51
Pindyck, Robert S., 39n12, 53n21, 57n23, 365n8, 474n12, 564n10, 579n21, 675n18, 693n1
Plenitude, preferências do consumidor e, 67
Poder de mercado, 363, 618
Poder de negociação, 544
Polinsky, A. Mitchell, 156n5
Política de comércio estratégico, concorrência internacional e, 508-509
internacional e, 508-509
Poluição
aquecimento global e, 674-675
demanda por ar puro e, 666-667
exemplo de emissões, 657-658
lixo sólido, 670
reciclagem e, 667-668
valor do ar puro e, 130-131
Ponto de referência, 182
Portfolio de investimentos, riscos e, 171-172
Poupança para educação universitária, 89-90
Precisão na previsão, 6
Preço de equilíbrio, 25, 318, 319
Preço de markup, 366
Preço de mercado, 7
Preço de pico, 405-407
Preço de risco, 171
Preço do capital, 234
Preço dos serviços de telefonia celular, 412-413
Preço predatório, 383
Preços dos recursos naturais, 30-31
Preços máximos, 56, 314
Preços mínimos, 321-325
Preços nominais, 12-15
Preços para o Prilosec, 358
Preços reais, 12-15
Preços relativos, determinação de, 401-402
Preços, monopólios e, 363-368
Preços, papel dos, 5
Preferência revelada, 90-92
Preferências do consumidor, 67-80.
Ver também Comportamento do consumidor

cestas de mercado e, 67
curvas de indiferença e, 69-72
funções de utilidade e, 77-78
mais vs. menos e, 71
mapas de indiferença e, 70-71
plenitude e, 68
premissas básicas e, 67-68
substitutos e complementares perfeitos e, 74-75
taxa marginal de substituição e, 73-74
transitividade e, 68
utilidade ordinal vs. utilidade cardinal, 78-79
Previsões econômica, 698-699
Previsões ex ante, 698
Previsões ex post, 698
Prime rate, 471
Princípio da igualdade marginal, 94, 145
Princípios básicos, 185
Probabilidade subjetiva, 152
Probabilidades diferentes de renda, 155
Problema da escolha de produtos, 489
    curvas de transformação, 248-249
    diferenciados, concorrência de preços e, 460-462
    diversidade, competição monopolística e, 451
    homogeneidade, competição perfeita e, 272
    inclinações das curvas, 197-198
Problema dos limões, 624
Problema da relação agente-principal, 638-644
    em empresas privadas, 638-641
    em empresas públicas, 641-642
    incentivos e, 642-644
Procedimentos particulares, legislações antitruste e, 385
Procter & Gamble, 448, 464-465, 467-468, 511-512, 570
Produção com dois insumos variáveis, 205-213
    flexibilidade de insumos e, 207
    função de produção de proporções fixas e, 210-212
    isoquantas e, 206-207
    rendimentos marginais decrescentes e, 207-208
    substituição entre insumos e, 208-209
    substitutos perfeitos e, 210-211
Produção com um insumo variável (trabalho), 196-205
    inclinações da curva de produto e, 197-199
    lei dos rendimentos marginais decrescentes e, 200-201

produtividade e, 204-205
produto marginal da curva de trabalho, 199
produto médio da curva de trabalho e, 199-200
produtos médio e marginal e, 197
Produção de aço, 237-238
Produção de alumínio
    custos de curto prazo, 231-233
    produção no curto prazo, 282-285
Produção de iPod, 614-615
Produção de petróleo na Arábia Saudita, 51-54
Produção de recursos, por monopolistas, 579
Produção no curto prazo, 195-196
Produção no longo prazo, 195-196
Produção. Ver também Custos de produção
    curto prazo vs. longo prazo, 195-196
    decisões das empresas e, 192-193
    escolha de insumos e, 194
    fatores de, 194
    função de, 192
    medindo os custos de, 220-227
    rendimentos de escala e, 213-216
    restrições de custos e, 192
    tecnologia e, 192
Produto Nacional Bruto (PNB), 41-42
Produtor de recurso único, produção decisões de, 577
Produtores, sustentação de preços e, 325
Produtos diferenciados, concorrência de preços e, 462-463
Produtos do petróleo, produção no curto prazo de, 285-286
Produtos Hersey, 497
Produtos homogêneos, concorrência de preços com, 461-462
Produtos marginais
    curva de trabalho e, 199
    processo de produção e, 197
    relação com produtos médios, 199
Produtos médios
    da curva de trabalho, 199
    processo de produção e, 197
    relação com produtos marginais, 199
Programas de incentivo, 327-328
Programas de limitação da área de plantio, 327-328
Projeto de incentivos, em empresas integradas, 644-647
Propaganda
    efeitos da, 424-428
    elasticidade da demanda e, 426

na prática, 426-428
regras práticas para, 427-428
Proteção especial, 615
Publicações, discriminação de preços e, 402

Q
Qualidade do ajuste, 697
Questão de escolha de produção, 5005-01
Quigley, John, 125n6
Quota de açúcar, 336-337
Quotas de produção, 327-328

R
Rabin, Matthew, 180n24
Racionamento, 95-97
Racionamento, gasolina, 95-97
Rapaport, Carol, 32n5
Raphael, Steven, 125n6
Rawls, John, 605n4
Razão preço/lucro para a S&P 500, 175
Razão propagandas-venda, 422
Receita marginal
    insumos com diversas variáveis e, 529-530
    insumos com uma variável e, 526-529
    maximização do lucro e, 271, 361-362
    monopólio e, 370-372
Receita média, monopólio e, 370-372
Reciclagem, 667-670
Recreação, preferência revelada por, 92
Recursos de propriedade comum, 679-681
Recursos esgotáveis, 576-580
Recursos minerais, 30-32
Recursos esgotáveis, 576-580
Reembolsos, 110-112, 403-404
Regra da maioria dos votos, 686
Regra de Hotelling, 577
Regra da produção, 280
Regressão dos mínimos quadrados, 256
Regressão linear, 642. Ver também Fundamentos da regressão
Regulamentação de preços, monopólios e, 372-373
Regulamentação da taxa de retorno, 375
Regulamentação do lixo sólido municipal, 670
Regulamentação, monopólios e, 375
Relação Agente-Principal, 638-644
Remuneração de CEOs, 638-640
Renda
    aversão a riscos e, 160

demanda individual e, 109-110
distribuição de, 29
elasticidades da demanda, 36, 40-41
felicidade e, 79
restrições de orçamento e, 80
Renda da terra, 540
    Renda econômica
    definição de, 296
    mercado de fatores e, 542-543
Rendimento efetivo, título, 561-563
Rendimentos constantes de escala, 213
Rendimentos crescentes de escala, 213, 244
Rendimentos decrescentes de escala, 213
Rendimentos perdidos, valor dos, 559
Reputação, 503
Reserva de preços, 395, 396
Reserva de preços, leilões e, 517-518
Restaurantes, preço e, 422-424
Restrições de capacidade e, 43-44
Restrições orçamentárias, 80-84
Restrições de otimização, 143
Restrições de preço, produção e, 191
Retorno sobre ativos, 172-173
Retorno, *trade-off* entre riscos, 172-173
Retornos ajustados pela inflação, 171
Retornos de escala, 213-214
    constantes, 213
    crescentes, 213
    decrescentes, 213
    descrição de, 214-215
Retornos esperados, 172-173
Retornos reais, 171
Reynolds, R. Larry, 321n4
Rhone-Poulenc da França, 386
Rigidez de preços, 469, 470
Risco diversificável, 567
Risco moral, 636-638
Risco não sistemático, 567n12
Risco sistemático, 567n11
Riscos não diversificáveis, 171n14, 567-568
Riscos. Ver também Ativos; Economia comportamental
    agrupamento de, 627n3
    amante do, 159
    aversão a, 159, 161-162
    carteira de investimentos e, 171-172
    curvas de indiferença e, 173-175
    demanda por ativos de risco, 168-176
    descrição de, 152-157
    diversificação e, 162-163
    executivos e, 162
    linha de orçamento e, 173
    neutralidade diante dos riscos, 162
    preço dos, 175
    preferências em relação ao, 157-162
    prêmios, 160,
    probabilidade e, 157
    problema da escolha do investidor e, 172-175
    reduzindo o, 162-168
    riscos não diversificáveis, 171n14
    seguros e, 165-166
    tomada de decisão e, 156-157
    trade-off entre risco e retorno, 171
    valor da informação e, 166-168
    valor esperado e, 154
    variância e, 154
Roche A.G. of Switzerland, 386
Rockwell International, 497
Rose, Nancy L., 325n7
Rose-Ackerman, Susan, 321n5
Rossi-Hansberg, Esteban, 614n8
Rotemberg, Julio J., 184n31, 470n10
Roth, Alvin E., 314n2
R-quadrado, 697
Rubinfeld, Daniel L., 137n14, 130n10, 685n25, 693n1

S

Saft, Lester F., 424n19
Salário mínimo
    desemprego e, 323
    história do, 14-15
    mercado de trabalho para adolescentes, 545-546
    Salários
    desigualdade de, 29
    discriminação de, 548
    efeitos substituição e renda e, 436
    eficiência e, 647-648
    habilidades computacionais e, 550
    poder de monopólio e, 546-548
Salários. Ver Renda
Salathe, Larry, 37n8, 124n5
Saloner, Garth, 470n10
Sanford, Scott, 38n10
Sanger, David E., 331n9
Satterthwaite, Mark, 168n10
Scheinkman, José, 462n2
Schelling, Thomas, 508n13
Scherer, F. M., 10n4, 336n13
Schill, Michael H., 276n2
Schmalensee, Richard L., 420n17, 667n10
Seguro de titularidade, 165-166
Seguros
    risco moral e, 636-638
    justiça atuarial e, 165
    lei dos grandes números, 165
    riscos e, 165
    seguro de títulos, 165-166
    seleção adversa e, 626
Seleção adversa, 626
Setor de custo constante, 298-299
Setor de fraldas descartáveis, capital investimento no, 570-571
Setores com custos decrescentes, 301
Setores com custos crescentes, 300-301
Shavell, Steven, 156n5, 664n5
Sherwin, Robert A., 10n3
Shields, Dennis, 38n10
Shields, Michael A., 79n5
Shiller, Robert, 175n20
Shubik, Martin, 485
Sibley, David S., 325n7
Simonsohn, Uri, 181n26
Sinai, Todd, 186n34
Sinalização
    de mercado, 631-636
    de preços, 470-471
Sinalização de mercado, informação assimétrica e, 631-636
Sinalização de preços, 470-471
Sinalização do mercado de trabalho, 631-636
Sindicalismo no setor privado, declínio do, 549
Sistemas de remuneração de bônus, 643-644
Skeath, Susan, 488n5, 512n19
Skinner, Robert, 38n10
Small, Kenneth, 42n12
Smith, Adam, 602
Smith, Vernon, 181n27
Smith, W. James, 126n7
Software, custos de produção de, 225-226
Soldo dos militares, 541
Solução de canto, 87-88
Soluções jurídicas, direitos de propriedade e, 676-679
Soma horizontal da demanda, 126
Sönmez, Tayfun, 321n4
Spence, Michael, 631n5
Sprint, 412-413
Sterner, Thomas, 42n12
Stigler, George J., 10n3
Stollery, Kenneth R., 579n21
Subsídios, efeitos dos, 341-344
Substituição entre insumos, 208-209
Substitutos perfeitos, 74-75
Sumner, Daniel A., 340n14
Sustentação de preços, 326-331
    consumidores e, 326

governo e, 327
produtores e, 326
quotas e tarifas de importação, 333-337

T

Takeda Chemical Industries, 386
Taxa de entrada, 409
Taxa de utilização, 409
Tarifas em duas partes, 408-413
    consumidor único e, 409
    dois consumidores e, 409-410
    vários consumidores e, 410-411
Tarifas e quotas de importação, 33-337
Tarifas, 333-337
    mercado global de etanol e, 592-594
    tarifa em duas partes, 408-413
Tarr, David G., 336n13
Taubenslag, Nancy, 497n10
Taxa de concentração, 369
Taxa de fundos federais, 582
Taxa de locação de capital, 237
Taxa de retorno. Ver Rendimento efetivo
Taxa de título do Tesouro, 582
Taxa de títulos comerciais, 582-583
Taxa marginal de substituição técnica, 208, 236, 265-266
Taxa marginal de substituição, 73-74, 109-110, 145-146
Taxa marginal de transformação, 610-611
Taxa de desconto nominal, 565-566
Taxa de desconto real, 565-566
Taxa social de desconto, 673
Taxas de desconto
    ajustada ao risco, 569
    bancos comerciais e, 582
    determinação das, 564
    real vs. nominal, 565-566
Taxas de juros
    determinação das, 580-583
    valor presente descontado e, 557
    variedade de, 582-583
Taxas para efluentes, 237-238
Taxistas, 186-187
Tecnicamente viável, 195
Tecnologia de produção, 194
Tecnologia intensiva em capital, 208
Tecnologia, produção de, 194-195
Teece, David J., 53n21
Televisão a cabo, pacotes e, 421-422
Tendências na tomada de decisões, 186
Teorema de Coase, 677, 679
Teoria da demanda, 143-150
    dualidade na teoria do consumidor e, 147-148

efeitos renda e substituição e, 148-150
Função utilidade de Cobb-Douglas e, 148
    maximização da utilidade e, 143
    método dos multiplicadores de Lagrange e, 144
    princípio da igualdade marginal, 145
    taxa marginal de substituição e, 145
    utilidade marginal da renda e, 146
Teoria da firma, 5, 191
Teoria de custo, dualidade na, 266
Teoria do salário de eficiência, 647-649
Teoria dos jogos. Ver também Dilema do prisioneiro
    adquirindo uma empresa e a, 486
    ameaças vazias e, 501-502
    desencorajamento à entrada e, 506-511
    compromisso e credibilidade e, 502-503
    decisões estratégicas e, 483-486
    equilíbrio de Nash e, 488-493
    estratégia dominante e, 491
    estratégia "olho por olho, dente por dente", 494, 495-496
    estratégias de negociação e a, 503-505
    estratégias maximin e, 490-491
    estratégias mistas e, 492-493
    forma extensiva de um jogo e, 499
    jogo da guerra dos sexos, 493
    jogo de localização na praia, 489-490
    jogo das moedas, 492-493
    jogo repetido infinitas vezes, 495
    jogos cooperativos vs. jogos não cooperativos, 484-485
    jogos repetidos, 494-498
    jogos sequenciais, 498-500
    leilões e a, 512-518
    maldição do vencedor, 515-516
    número finito de repetições e, 495
    problema da escolha de produto, 489
    reputação e, 503
    vantagem em ser o primeiro e, 500
Teorias econômicas, 5-6
Teorias, 5-6
Testes estatísticos, 695-697
Thaler, Richard, 180n25, 181n28, 187n35
Tirole, Jean, 488n5
Títulos
    definição de, 560
    perpetuidades, 560-561
    rendimento efetivo de, 561-563
    valor de, 560-563
    valor presente do fluxo de pagamentos de um, 558
Títulos corporativos

    rendimentos sobre, 559
    taxas e, 582
    versus prime rate, 471
Título baseado em desconto, 582
T-Mobile, 412-413
Tokgoz, Simla, 592n1
Tollison, Robert D., 372n12
Tomada de decisao, 156
Tomadoras de preços, 272
Toyota, 301
Trabalhadores não sindicalizados, poder de monopólio e, 548-550
Trabalhadores sindicalizados
    como porcentagem do total, 549
    poder de monopólio e, 546-547
    declínio no número de, 549-550
Trabalhadores, *trade-offs* e, 4-5
Trade-offs, ótimos, 4-5
Transações on-line, 175-176
Transferência de preços
    com mercado externo competitivo, 440-443
    na empresa integrada, 437-443
    mercado externo e, 437-440
    com mercado externo não competitivo, 442-443
Transitividade, preferências do consumidor e, 68
Trapani, John M., 325n7
Tratado da Comunidade Europeia, 387
Trigo
    sustentação de preços e, 327-329
    demanda agregada de, 123-124
    função de produção para o, 210-211
    mercado de, 37-38
Tullock, Gordon, 372n12
Tussing, Arlon R., 57n23
Tversky, Amos, 185n32

U

Ulen, Thomas, 676n19
Um assalariado, oferta de mão de obra e, 537-538
Unilever, Ltd., 464-465, 467-468
Unver, M. Utku, 321n4
Utilidade esperada, 158, 185
Utilidade marginal
    da renda, 146
    escolha do consumidor e, 93-97
    maximização da utilidade e, 143
Utilidade, 76

V

Valor da informação completa, 166
Valor esperado, 153
Valor presente descontado, 557-559

Valor presente líquido
    da educação universitária, 574
    decisões de investimento de capital e, 563-567
    taxas de desconto e, 564
    taxas de juros e, 580-583
Vantagem absoluta, 612
Vantagem comparativa, 612-613
Vantagem de ser o primeiro, 459-460
Variabilidade, 153-155
Variância, cálculo da, 154
Variáveis negativamente correlacionadas, 163
Variáveis positivamente correlacionadas, 163
Veículos utilitários, 16-17
Venda casada, 423-424
Verizon, 412-413
Vídeos, preço dos, 367-368
Visão da equidade orientada para o mercado, 605
Visão igualitária da equidade, 605
Visão rawlsiana de equidade, 605
Visão utilitária da equidade, 605
Viscusi, W. Kip, 573n15
Voicu, Ioan, 276n2

W

Wal-Mart, 505-506
Walt Disney World, 411
Walton, Sam, 505
Wang, Judy S., 250n11
Wascher, William, 15n8, 546n8
Wehrung, Donald A., 162n7
Weitzman, Martin, 579n21, 646n19, 677n18
Welch, Finis, 546n8
Westcott, Paul C., 38n10
Wetzstein, Michael E., 637n9
Whinston, Clifford, 325n7
Whitacre, Mark, 386n20
Wohlgenant, Michael K., 340n14
Wood, Geoffrey E., 615n10

X

Xerox Corporation, 424, 635

Y

Yahoo, 517-518
Yandle, Bruce, 666n9
Yellen, Janet L., 647n21

Z

Zadodny, Madeline, 545n7